Business English
WÖRTERBUCH

Englisch/Deutsch
Deutsch/Englisch

Sonderausgabe

© Genehmigte Sonderausgabe

Alle Rechte vorbehalten. Nachdruck, auch auszugsweise,
nur mit ausdrücklicher Genehmigung des Verlages gestattet.

Umschlaggestaltung: Axel Ganguin

ISBN 978-3-8174-6253-7
5162531

Inhalt

Benutzerhinweise	IV
Im Text verwendete Abkürzungen	VII
Lautschrift	VIII
Wörterbuch	**1**
Englisch – Deutsch	3
Deutsch – Englisch	181
Begriffe und Wendungen	**359**
1. Unternehmen und Management	361
2. Personal und Verwaltung	378
3. Einkauf und Verkauf	390
4. Auftragsabwicklung	408
5. Rechnungswesen und Finanzen	425
6. Telefonieren	443
7. Geschäftskorrespondenz	447
8. Geschäftsreisen	505
9. Besprechungen	524
10. Konversation	544
Anhang	**557**
1. Berufsbezeichnungen	559
2. Unternehmensaufbau, Rechtsformen	565
3. Wichtige Internationale Organisationen	567
4. Lebenslauf	570
5. Länder und Kontinente	572
6. Buchstabieralphabet	582
7. Unregelmäßige Verben	583
8. Wichtige Abkürzungen	593
9. SMS-Glossar	597
10. Zahlen	598
11. Maße und Gewichte	600

Benutzerhinweise

Das Business English Wörterbuch ermöglicht mit rund 120.000 Angaben den schnellen Zugriff auf einen umfassenden Fachwortschatz der modernen Industrie- und Wirtschaftssprache. Somit bietet dieses Nachschlagewerk schnelle Hilfe und zuverlässige Unterstützung für alle Bereiche der internationalen Geschäftswelt.

1. Wörterverzeichnis Englisch–Deutsch, Deutsch–Englisch

Alphabetisierung

Alle Stichwörter sind alphabetisch geordnet.

Die Buchstaben ä, ö, ü werden wie a, o, u alphabetisiert; ß wird wie ss eingeordnet.

Abkürzungen stehen in Klammern hinter dem Stichwort: *Master of Business Administration (MBA), Automatic Transferservice (ATS)*. Die in Klammern stehenden Abkürzungen unterliegen nicht der Alphabetisierung.

Gliederung der Stichwörter

Abkürzungen, die einer Erläuterung oder mehrerer Übersetzungen bedürfen (z. B. *GmbH & Co. KG*), werden als Stichwörter aufgeführt.

Um einen raschen Zugriff auf das gesuchte Wort zu ermöglichen, steht jedes Stichwort als eigener Eintrag; *multilateral* und *multilateraler Handel* stehen zum Beispiel nicht zusammen in einem Abschnitt, sondern sind selbstständige Stichwörter mit Lautschriftangabe.

Aufbau eines Eintrags

Innerhalb eines Stichworteintrages wird das fett gedruckte Stichwort nicht wiederholt, sondern durch eine Tilde (~) ersetzt, es sei denn, es steht in einer Form, die eine andere Schreibweise nach sich zieht. Im Eintrag *cancel* z. B. steht statt *cancelled* einfach *~led*. Die Tilde bezieht sich nie auf eventuelle Klammerergänzungen im Stichwort.

Innerhalb eines Stichworteintrags sind die einzelnen Übersetzungen nach Wortart und Häufigkeit geordnet. Bedeutungsgleiche (synonyme) Übersetzungen werden durch Komma voneinander getrennt. Nicht bedeutungsgleiche Übersetzungen werden entsprechend der Häufigkeit ihrer Verwendung durchnummeriert und mit Strichpunkt abgetrennt.

Englische Verben werden in diesem Buch im Infinitiv ohne *to* aufgeführt. Eine Ausnahme bilden Wendungen mit *to be*, z. B. *to be in first place*.

Sind Auslassungszeichen (...) direkt an ein Wort angehängt, bedeutet dies, dass das Wort als Teil einer Zusammensetzung wiedergegeben wird.
Beispiel: ***speculative*** [ˈspekjʊlətɪv] *adj* Spekulations...

Lautschrift
Der Stichwortangabe folgt jeweils in eckigen Klammern die dazugehörige Aussprache. Die Lautschrift richtet sich nach der international gebräuchlichen Phonetik. Eine Übersicht über die Lautschriftzeichen befindet sich auf Seite VIII. Das Betonungszeichen (') steht jeweils vor der Silbe, die betont werden muss. Die Lautschrift eines englischen Stichwortes orientiert sich an der britischen Hochsprache („Received Pronunciation").

Steht in einem Eintrag eine zusätzliche Lautschriftangabe, bedeutet dies, dass alle folgenden Bedeutungen entsprechend dieser Phonetikangabe ausgesprochen werden.

Wortart
Nach Stichwort und Lautschrift wird die Wortart des fett gedruckten Stichwortes in abgekürzter Form angegeben. Sie ist kursiv gedruckt. Die Abkürzungen werden auf Seite VII erläutert. Gibt es für ein Stichwort mehrere Bedeutungen mit unterschiedlichen Wortarten, so werden diese durch Strichpunkt voneinander getrennt aufgeführt.

Hat ein Stichwort sowohl eine maskuline als auch eine feminine Form oder werden für ein Wort zwei unterschiedliche Genera gleich häufig verwendet, so stehen die entsprechenden Angaben kursiv hinter dem betreffenden Wort.

Alle unregelmäßigen Verben sind mit der Abkürzung *v irr* gekennzeichnet. Die unregelmäßigen Formen der Verben beider Sprachen werden im Anhang (Seiten 583–592) aufgeführt.

Redewendungen
Die zahlreichen Wendungen und idiomatischen Ausdrücke sind dem bedeutungstragenden Wort der Wendung – in der Regel dem Substantiv – zugeordnet.
(z.B. stock; *take ~ of the situation* die Lage abschätzen).

Britisches und amerikanisches Englisch
Wichtige Unterschiede und Unregelmäßigkeiten in der Rechtschreibung werden aufgeführt. Ob Wörter oder Wortformen nur im britischen *(UK)* oder nur im amerikanischen *(US)* Englisch gebräuchlich sind, wird hinter dem Wort gekennzeichnet. Können Verben sowohl mit *-ise* als auch mit *-ize* geschrieben werden (*realise/realize, criticise/criticize*), ist in diesem Buch lediglich die Schreibweise mit *-ize* angegeben.

2. Begriffe und Wendungen

Der zweite Teil des Buches „Begriffe und Wendungen" (Seiten 359–556) ist in zehn Kapitel untergliedert. Hier steht der praxisnahe Aspekt der englischen Business-Sprache im Vordergrund. Die Anwendung der häufigsten Begriffe und Wendungen aus dem Geschäftsleben wird in Beispielsätzen, Textbausteinen und Dialogen verdeutlicht. Hierbei sind die Schlüsselbegriffe im Text durch Fettung hervorgehoben.

So wird dem Benutzer der wesentliche Wortschatz einprägsam und praxisnah vermittelt – von der Unternehmensstruktur über die Auftragsabwicklung bis hin zu Besprechungen und Konversation im Geschäftsumfeld.

Ein ausführliches Kapitel widmet sich der Geschäftskorrespondenz mit zahlreichen Textbausteinen und stellt Beispiele für Geschäftsbriefe, Faxe und E-Mails mit den jeweiligen Übersetzungen vor.

3. Anhang

Im dritten Teil des Buches (Seiten 557–600) findet der Benutzer umfangreiches Informationsmaterial in tabellarischer Form in Englisch und Deutsch zu Berufsbezeichnungen, Aufbau von Unternehmen und Rechtsformen, wichtigen internationalen Organisationen sowie Staaten der Welt mit Hauptstädten ebenso wie Musterlebenslauf, SMS-Glossar, Buchstabieralphabete, wichtige Abkürzungen, die unregelmäßigen Verben beider Sprachen, Zahlen und Ordnungszahlen sowie Maße und Gewichte.

Im Text verwendete Abkürzungen

adj	Adjektiv
adv	Adverb
art	Artikel
dem	demonstrativ
etw	etwas
f	weiblich
fam	umgangssprachlich
fig	bildlich
interj	Interjektion
interr	interrogativ
irr	unregelmäßig
jdm	jemandem
jdn	jemanden
jds	jemandes
jmd	jemand
konj	Konjunktion
m	männlich
n	sächlich
num	Zahlwort
o.s.	oneself
pl	Plural
pref	Präfix
prep	Präposition
pron	Pronomen
rel	relativ
sb	Substantiv
s.o.	someone
sth	something
UK	britisches Englisch
US	amerikanisches Englisch
v	Verb

Lautschrift

Konsonanten

<u>B</u>aum	b	<u>b</u>ig	<u>P</u>ost, a<u>b</u>	p		<u>p</u>ass
mi<u>ch</u>	ç		<u>R</u>and	r		<u>r</u>oad
<u>d</u>enn	d	<u>d</u>ay	na<u>ss</u>, be<u>ss</u>er	s		<u>s</u>un, <u>c</u>ellar
<u>f</u>ünf, <u>v</u>ier	f	<u>f</u>ish, <u>ph</u>oto	<u>Sch</u>ule, <u>St</u>urm	ʃ		<u>sh</u>ot
<u>g</u>ut	g	<u>g</u>et	<u>T</u>isch, San<u>d</u>	t		<u>t</u>ap
<u>H</u>emd	h	<u>h</u>at			θ	<u>th</u>ink
<u>j</u>a, Mi<u>ll</u>ion	j	<u>y</u>es			ð	<u>th</u>at
<u>K</u>ind	k	<u>k</u>eep, <u>c</u>at	<u>W</u>eg	v		<u>v</u>ote
<u>L</u>ob	l	<u>l</u>ife			w	<u>w</u>ish
<u>m</u>ir	m	<u>m</u>e				
<u>n</u>ein	n	<u>n</u>o, <u>kn</u>it	la<u>ch</u>en	x		
li<u>nk</u>s, la<u>ng</u>	ŋ	ha<u>ng</u>	<u>s</u>ein	z		<u>z</u>oo, i<u>s</u>
			<u>G</u>enie	ʒ		plea<u>s</u>ure

Vokale

bl<u>a</u>ss	a	
B<u>a</u>hn, S<u>aa</u>l	aː	
	ɑː	j<u>a</u>r, h<u>ea</u>rt
	æ	b<u>a</u>ck
<u>e</u>gal	e	
w<u>e</u>h, S<u>ee</u>	eː	y<u>e</u>s
h<u>ä</u>tte, f<u>e</u>tt	ɛ	
S<u>ä</u>ge	ɛː	
g<u>e</u>fallen	ə	<u>a</u>bove
	ɜː	t<u>ur</u>n, wh<u>ir</u>l
<u>i</u>st	ɪ	<u>i</u>f
D<u>i</u>amant	i	
L<u>ie</u>be	iː	b<u>e</u>, m<u>ee</u>t
M<u>o</u>ral	o	
B<u>oo</u>t	oː	
v<u>o</u>n	ɔ	
	ɔː	sh<u>o</u>rt, w<u>a</u>rm
	ɒ	d<u>o</u>g
<u>ö</u>konomisch	ø	
<u>Ö</u>l	øː	
v<u>ö</u>llig	œ	
Z<u>u</u>nge	u	t<u>o</u>
Z<u>u</u>g	uː	bl<u>u</u>e, m<u>oo</u>d
	ʊ	p<u>u</u>t, h<u>oo</u>d
	ʌ	r<u>u</u>n, sh<u>o</u>ve
St<u>ü</u>ck	y	
T<u>y</u>p	yː	

Diphthonge

h<u>ei</u>ß	aɪ	b<u>y</u>, b<u>uy</u>, l<u>ie</u>
M<u>au</u>s	au	
	aʊ	r<u>ou</u>nd, n<u>ow</u>
	eɪ	l<u>a</u>te, d<u>ay</u>
	ɛə	ch<u>air</u>, st<u>are</u>
	əʊ	m<u>ow</u>, g<u>o</u>
	ɪə	n<u>ear</u>, h<u>ere</u>
n<u>eu</u>, H<u>äu</u>ser	ɔy	
	ɔɪ	j<u>oy</u>, b<u>oi</u>l
	ʊə	s<u>ure</u>, p<u>ure</u>

Nasale (nur bei Fremdwörtern)

Or<u>an</u>ge	ã	fi<u>an</u>cée
Cous<u>in</u>	ɛ̃	
Sais<u>on</u>	ɔ̃	bouill<u>on</u>

Englisch – Deutsch

A

abandon [əˈbændən] v (a plan) aufgeben
abandonment [əˈbændənmənt] sb 1. (of a plan) Aufgabe f; 2. (of a claim) Verzicht m; 3. (a plant) Stilllegung f, Abandon m
abatement [əˈbeɪtmənt] sb Erstattung f
ABC evaluation analysis [eɪ biː ˈsiː ɪvælˈjuːeɪʃən əˈnæləsɪz] sb ABC-Analyse f
abeyance [əˈbeɪəns] sb 1. Schwebezustand m; 2. (legal) Anwartschaft f
ability [əˈbɪlɪtɪ] sb Fähigkeit f, Befähigung f, Können n
ability to inherit [əˈbɪlɪtɪ tu ɪnˈherɪt] sb Erbenfähigkeit f
able [ˈeɪbl] adj 1. fähig; to be ~ to do sth etw können, imstande sein, etw zu tun; 2. (efficient) tüchtig
abolition [æbəˈlɪʃən] sb Abschaffung f; Aufhebung f
above-average [əˈbʌv ˈævərɪdʒ] adv überdurchschnittlich
abroad [əˈbrɔːd] adv 1. (in another country) im Ausland; 2. (to another country) ins Ausland
abrogate [ˈæbrəgeɪt] v aufheben, abschaffen
abrogation [æbrəʊˈgeɪʃən] sb Widerruf m, Aufhebung f
absence [ˈæbsəns] sb 1. Abwesenheit f, Fehlzeit f, Fehlzeiten f/pl
absence rate [ˈæbsəns reɪt] sb Fehlzeitenquote f
absent [ˈæbsənt] adj abwesend, nicht erschienen
absenteeism [æbsənˈtiːɪzəm] sb Absentismus m
absolute monopoly [ˈæbsəluːt məˈnɒpəlɪ] sb absolutes Monopol n
absolute value [ˈæbsəluːt ˈvæljuː] sb Absolutwert m, absoluter Wert m
absorption [əbˈzɔːpʃən] sb Absorption f, Übernahme f, Vollkostenrechnung f
absorption account [əbˈzɔːpʃən əˈkaʊnt] sb Wertberichtigungskonto n
absorption costing [əbˈzɔːpʃən ˈkɒstɪŋ] sb Durchschnittskostenrechnung f
absorption of liquidity [əbˈzɔːpʃən əv lɪˈkwɪdɪtɪ] sb Liquiditätsabschöpfung f
absorption system [əbˈzɔːpʃən ˈsɪstəm] sb Abschöpfungssystem n
absorptive capacity of the market [əbˈzɔːptɪv kəˈpæsətɪ əv ðə ˈmɑːkɪt] sb Aufnahmefähigkeit des Marktes f

abuse [əˈbjuːz] v 1. missbrauchen, misshandeln; [əˈbjuːs] sb 2. Missbrauch m
abuse of authority [əˈbjuːs əv ɔːˈθɒrɪtɪ] sb Amtsmissbrauch m
acceleration clause [əksələˈreɪʃən klɔːz] sb Fälligkeitsklausel f
acceleration in demand [əksələˈreɪʃən ɪn dɪˈmɑːnd] sb Nachfragebelebung f
acceleration maturity [əksələˈreɪʃən məˈtjʊərɪtɪ] sb frühzeitige Fälligstellung f
acceleration of inflation [əksələˈreɪʃən əv ɪnˈfleɪʃən] sb Inflationsbeschleunigung f
acceleration principle [əksələˈreɪʃən ˈprɪnsɪpl] sb Akzelerationsprinzip n
accelerator [əkˈseləreɪtə] sb Akzelerator m, Beschleuniger m
accept [əkˈsept] v 1. annehmen, akzeptieren; (responsibility) übernehmen; 2. Übernahme f
acceptability as collateral [əkˈseptəˈbɪlɪtɪ æz kəˈlætərəl] sb Lombardfähigkeit f
acceptable risk [əkˈseptəbl rɪsk] sb Restrisiko n
acceptance [əkˈseptəns] sb 1. (receipt) Annahme f; 2. (of a bill of exchange) Akzept n
acceptance banks [əkˈseptəns bæŋks] pl Akzepthäuser n/pl
acceptance bill [əkˈseptəns bɪl] sb Dokumententratte f
acceptance commitments [əkˈseptəns kəˈmɪtmənts] pl Wechselverbindlichkeiten f/pl
acceptance credit [əkˈseptəns ˈkredɪt] sb Akzeptkredit m, Wechselkredit m, Trassierungskredit m
acceptance credit scheme [əkˈseptəns ˈkredɪt ˈskiːm] sb Wechselkreditverfahren n
acceptance for collection [əkˈseptəns fɔː kəˈlekʃən] sb Inkassoakzept n
acceptance in blank [əkˈseptəns ɪn blæŋk] sb Blanko-Akzept n
acceptance in the marketplace [əkˈseptəns ɪn ðə ˈmɑːkɪtpleɪs] sb Marktakzeptanz f
acceptance liability [əkˈseptəns laɪəˈbɪlɪtɪ] sb Akzeptverbindlichkeit f
acceptance of a bid [əkˈseptəns əv ə bɪd] sb Auftragsvergabe f, Zuschlag m
acceptance of a bill [əkˈseptəns əv ə bɪl] sb Wechselakzept n
acceptance of a shipment [əkˈseptəns əv ə ˈʃɪpmənt] sb Frachtannahme f

acceptance test [əkˈsept̬əns test] *sb* Markttest *m*

acceptance without reservation [əkˈsept̬əns wɪˈðaʊt rezəˈveɪʃən] *sb* vorbehaltlose Annahme *f*

accepted bill [əkˈsept̬ɪd bɪl] *sb* Akzept *n*

accepted finance bill [əkˈsept̬ɪd ˈfaɪnəns bɪl] *sb* Finanzakzept *m*

acceptor [əkˈseptə] *sb* Akzeptant(in) *m/f*

access [ˈækses] *sb* Zugang *m*, Zutritt *m*, Zugriff *m*

access code [ˈækses kəʊd] *sb* Zugangscode *m*, Zugriffscode *m*

accession [əkˈseʃən] *sb* Eintritt *m*, Beitritt *m*

accident-prevention rules [ˈæksɪdənt prɪˈvenʃən ruːlz] *pl* Unfallverhütungsvorschriften *f/pl*

accommodation [əkɒməˈdeɪʃən] *sb* Kulanz *f*, Entgegenkommen *n*

accommodation acceptance [əkɒməˈdeɪʃən əkˈseptəns] *sb* Gefälligkeitsakzept *m*

accommodation allowance [əkɒməˈdeɪʃən əˈlaʊəns] *sb* Wohngeld *n*

accommodation credit [əkɒməˈdeɪʃən ˈkredɪt] *sb* Überbrückungskredit *m*

accommodation endorsement [əkɒməˈdeɪʃən enˈdɔːsmənt] *sb* Gefälligkeitsgiro *m*

accompanying documents [əˈkʌmpəniːɪŋ ˈdɒkjʊmənts] *pl* Begleitpapiere *n/pl*

account [əˈkaʊnt] *v* 1. ~ for *(substantiate)* belegen; ~ for *(explain)* erklären; 2. Konto *n*

account analysis [əˈkaʊnt əˈnæləsɪs] *sb* Kostenanalyse *f*

account balance [əˈkaʊnt ˈbæləns] *sb* Kontostand *m*

account billing [əˈkaʊnt ˈbɪlɪŋ] *sb* Werbekostenabrechnung *f*

account books and balance-sheets [əˈkaʊnt bʊks ænd ˈbælənzʃiːts] *pl* Geschäftsbücher *n/pl*

account classification [əˈkaʊnt klæsɪfɪˈkeɪʃən] *sb* Kontengliederung *f*

account costing [əˈkaʊnt ˈkɒstɪŋ] *sb* Kontenkalkulation *f*

account current [əˈkaʊnt ˈkʌrənt] für Konto, für Rechnung (a/c)

account day [əˈkaʊnt deɪ] *sb* Börsentag *m*

account development [əˈkaʊnt dɪˈveləpmənt] *sb* Kundenakquisition *f*

account executive [əˈkaʊnt ɪkˈzekjʊtɪv] *sb (in advertising)* Klientenbetreuer(in) *m/f*

account expenditures [əˈkaʊnt ɪkˈspendɪtʃəz] *pl* Aufwandsrechnung *f*

account expenses [əˈkaʊnt ɪkˈspensɪz] *pl* Spesenkonto *n*

account for reimbursements of expenses [əˈkaʊnt fɔː riːɪmˈbɜːsmənts ɒv ɪkˈspensəz] *sb* Aufwandsausgleichkonto *n*

account heading [əˈkaʊnt ˈhedɪŋ] *sb* Kontobezeichnung *f*

account holder [əˈkaʊnt ˈhəʊldə] *sb* Kontoinhaber(in) *m/f*

account in arrears [əˈkaʊnt ɪn əˈrɪəz] *sb* Rechnungsrückstand *m*

account in foreign currency [əˈkaʊnt ɪn ˈfɒrən ˈkʌrənsi] *sb* Fremdwährungskonto *n*

account management [əˈkaʊnt ˈmænɪdʒmənt] *sb* Kontoführung *f*

account movement [əˈkaʊnt ˈmuːvmənt] *sb* Kontenbewegung *f*

account number [əˈkaʊnt ˈnʌmbə] *sb* Kontonummer *f*

account receivable [əˈkaʊnt rɪˈsiːvəbl] *sb* Buchforderung *f*

accountable [əˈkaʊntəbl] *adj* verantwortlich, rechenschaftspflichtig

accountancy [əˈkaʊntənsi] *sb* Buchführung *f*, Buchhaltung *f*, Rechnungswesen *n*

accountant [əˈkaʊntənt] *sb* Buchhalter(in) *m/f*, Rechnungsprüfer(in) *m/f*

accounting [əˈkaʊntɪŋ] *sb* Buchführung *f*, Buchhaltung *f*, Rechnungslegung *f*

Accounting and Reporting Law [əˈkaʊntɪŋ ænd rɪˈpɔːtɪŋ lɔː] *sb* Bilanzrichtliniengesetz *n*

accounting department [əˈkaʊntɪŋ dɪˈpɑːtmənt] *sb* Buchhaltung *f*, Rechnungstelle *f*

accounting exchange on the asset side [əˈkaʊntɪŋ ɪksˈtʃeɪndʒ ɒn ði ˈæset saɪd] *sb* Aktivtausch *m*

accounting exchange on the liabilities side [əˈkaʊntɪŋ ɪksˈtʃeɪndʒ ɒn ðə leɪəˈbɪlɪtiːz saɪd] *sb* Passivtausch *m*

accounting loss [əˈkaʊntɪŋ lɒs] *sb* Buchverlust *m*

accounting period [əˈkaʊntɪŋ ˈpɪərɪəd] *sb* Abrechnungszeitraum *m*

accounting policy [əˈkaʊntɪŋ ˈpɒlɪsi] *sb* Bilanzpolitik *f*

accounting principles [əˈkaʊntɪŋ ˈprɪnsɪpəlz] *pl* Bilanzierungsgrundsätze *m/pl*

accounting profit [əˈkaʊntɪŋ ˈprɒfɪt] *sb* Buchgewinn *m*

accounting reference day [əˈkaʊntɪŋ ˈrefrəns deɪ] *sb* Bilanzstichtag *m*

accounting regulations [əˈkaʊntɪŋ regjʊˈleɪʃənz] *pl* Bilanzierungsvorschriften *f/pl*

accounting rules [əˈkaʊntɪŋ ruːlz] *pl* Buchführungsrichtlinien *f/pl*

accounting statement [əˈkaʊntɪŋ ˈsteɪtmənt] *sb* Rechnungsaufstellung *f*

accounting system [əˈkaʊntɪŋ ˈsɪstəm] *sb* Rechnungswesen *n*, Buchführung *f*

accounting transparency [əˈkaʊntɪŋ trænzˈpærənsɪ] *sb* Bilanzklarheit *f*

accounting value [əˈkaʊntɪŋ ˈvæljuː] *sb* Buchwert *m*

accounting voucher [əˈkaʊntɪŋ ˈvaʊtʃə] *sb* Buchungsbeleg *m*

accounts collection method [əˈkaʊnts kəˈlekʃən ˈmeθəd] *sb* Rechnungseinzugsverfahren *n*

accounts payable [əˈkaʊnts ˈpeɪəbl] *pl* 1. Verbindlichkeiten *f/pl*; 2. Lieferkonto *n*

accounts payable department [əˈkaʊnts ˈpeɪəbl dɪˈpɑːtmənt] *sb* Kreditorenbuchhaltung *f*

accounts Außenstände *m/pl*, Forderungen *f/pl*

accounts receivable [əˈkaʊnts rɪˈsiːvəbl] *pl* Außenstände *m/pl*, Forderungen *f/pl*

accounts receivable accounting [əˈkaʊnts rɪˈsiːvəbl əˈkaʊntɪŋ] *sb* Debitorenbuchhaltung *f*

accounts receivable department [əˈkaʊnts rɪˈsiːvəbl dɪˈpɑːtmənt] *sb* Debitorenbuchhaltung *f*

accounts receivable risk [əˈkaʊnts rɪˈsiːvəbl rɪsk] *sb* Vertriebswagnis *n*

accredit [əˈkredɪt] *v (a representative)* akkreditieren, beglaubigen

accretion [əˈkriːʃən] *sb* 1. *(growth)* Zunahme *f*, Wachstum *n*; 2. *(growing together)* Verschmelzung *f*

accrual basis [əˈkruːəl ˈbeɪsɪs] *sb* Fälligkeitsbasis *f*

accruals [əˈkruːəlz] *pl* Rückstellungen *f/pl*, Abgrenzungsposten *m/pl*, antizipative Posten *m/pl*

accruals and deferrals [əˈkruːəlz ænd dəˈfɜːrəlz] *pl* Rechnungsabgrenzungsposten *m/pl*

accrue [əˈkruː] *v* 1. anfallen, entstehen; 2. *(interest)* auflaufen

accrued expense [əˈkruːd ɪkˈspens] *sb* passive Rechnungsabgrenzung *f*

accumulation [əkjuːmjʊˈleɪʃən] *sb* Akkumulation *f*, Ansammlung *f*

accumulation of capital [əkjuːmjʊˈleɪʃən əv ˈkæpɪtl] *sb* Kapitalbildung *f*, Kapitalakkumulation *f*, Thesaurierung *f*, Kapitalansammlung *f*

accumulative investment fund [əˈkjuːmjʊlətɪv ɪnˈvestmənt fʌnd] *sb* Thesaurierungsfonds *m*

accusation [ækjuːˈzeɪʃən] *sb* Anklage *f*, Anschuldigung *f*, Beschuldigung *f*

acknowledgement of a debt [əkˈnɒlɪdʒmənt əv ə det] *sb* Schuldanerkenntnis *n*

acknowledgement of receipt [əkˈnɒlɪdʒmənt əv rɪˈsiːt] *sb* Empfangsbestätigung *f*

acquire [əˈkwaɪə] *v* 1. erwerben, erlangen, aneignen *(fam)*; 2. *(purchase)* ankaufen

acquirer model [əˈkwaɪərə ˈmɒdl] *sb* Erwerbermodell *n*

acquisition [ækwɪˈzɪʃən] *sb* 1. Erwerb *m*, Anschaffung *f*, Akquisition *f*; 2. *(purchase)* Ankauf *m*, Kauf *m*

acquisition agreement [ækwɪˈzɪʃən əˈgriːmənt] *sb* Unternehmenskaufvertrag *m*

acquisition value [ækwɪˈzɪʃən ˈvæljuː] *sb* Anschaffungswert *m*

acquittal [əˈkwɪtl] *sb* Schuldenerlass *m*; *(in court)* Freispruch *m*

act [ækt] *v (function)* handeln, tätig sein; ~ upon sth, ~ on sth aufgrund von etw handeln; ~ for (~ on behalf of) vertreten

Act on Foreign Trade and Payments [ækt ɒn ˈfɒrən treɪd ænd ˈpeɪmənts] *sb* Außenwirtschaftsgesetz *n*

acting [ˈæktɪŋ] *adj (president, director)* stellvertretend

action [ˈækʃən] *sb* Tat *f*, Handlung *f*, Aktion *f*; *(measure)* Maßnahme *f*

action for damages [ˈækʃən fɔː ˈdæmɪdʒɪz] *sb* Schadensersatzklage *f*

action parameters [ˈækʃən pəˈrɑːmɪtəz] *pl* Aktionsparameter *m/pl*

active balance [ˈæktɪv ˈbæləns] *sb* Aktivsaldo *m*

active partner [ˈæktɪv ˈpɑːtnə] *sb* aktiver Teilhaber *m*

activity accounting [ækˈtɪvɪtɪ əˈkaʊntɪŋ] *sb* Grenzplankostenrechnung *f*

activity base [ækˈtɪvɪtɪ beɪs] *sb* Planbeschäftigung *f*

activity rate [ækˈtɪvɪtɪ reɪt] *sb* Erwerbsquote *f*, Erwerbsrate *f*

actual accounting [ˈæktʃʊəl əˈkaʊntɪŋ] *sb* Nachkalkulation *f*

actual amount [ˈæktʃʊəl əˈmaʊnt] *sb* ausmachender Betrag *m*

actual costs [ˈæktʃʊəl kɒsts] *pl* Istkosten *pl*, tatsächliche Kosten *pl*

actual cost system [ˈæktʃʊəl kɒst ˈsɪstəm] *sb* Istkostenrechnung *f*

actual currency clause [ˈæktʃʊəl ˈkʌrɪnsɪ klɔːz] *sb* Effektivvermerk *m*

actual profit ['æktʃuəl 'prɒfɪt] *sb* bereinigter Gewinn *m*

actual transaction ['æktʃuəl trænˈzækʃən] *sb* Effektivgeschäft *n*

actual value comparison ['æktjuəl 'vælju: kəmˈpærɪsən] *(production)* Soll-Ist-Vergleich *m*

actual wage ['æktʃuəl weɪdʒ] *sb* Effektivlohn *m*

actuarial [æktʃuˈeərɪəl] *adj* versicherungsstatistisch, versicherungsmathematisch

actuary ['æktʃuərɪ] *sb* Versicherungsstatistiker *m*, Versicherungsmathematiker *m*

ad [æd] *sb (fam: advertisement)* Anzeige *f*, Annonce *f*, Inserat *n*

ad hoc cooperation [æd 'hɒk kəʊpəˈreɪʃən] *sb* Ad-hoc-Kooperation *f*

ad hoc disclosure [æd 'hɒk dɪsˈkləʊʒə] *sb* Ad-hoc-Publizität *f*

ad valorem [æd vælˈɔːrəm] *adj* dem Wert entsprechend, dem Wert nach

ad valorem duty [æd vælˈɔːrəm 'djuːtɪ] *sb* Wertzoll *m*

ad valorem tax [æd vælˈɔːrəm tæks] *sb* Wertzollsteuer *f*

adaptation [ædæpˈteɪʃən] *sb* Anpassung *f*, Umstellung *f*, Einstellung *f*

adaptive inflation [əˈdæptɪv ɪnˈfleɪʃən] *sb* Anpassungsinflation *f*

add [æd] *v* 1. hinzufügen, anfügen, anschließen; 2. *(contribute)* beitragen; 3. *(numbers)* addieren, summieren

added value ['ædɪd 'væljuː] *sb* Wertschöpfung *f*

adding machine ['ædɪŋ məˈʃiːn] *sb* Addiermaschine *f*

adding machine reel ['ædɪŋ məˈʃiːn riəl] *sb* Additionsrolle *f*

addition [əˈdɪʃən] *sb* 1. Addition *f*; 2. *(adding sth to sth)* Beigabe *f*, Zusatz *m*

addition of accrued interest [əˈdɪʃən əv əˈkruːd ˈɪntrɪst] *sb* Aufzinsung *f*

additional capital [əˈdɪʃənl ˈkæpɪtl] *sb* Zusatzkapital *n*, zusätzliches Kapital *n*

additional carriage [əˈdɪʃənl ˈkærɪdʒ] *sb* Frachtzuschlag *m*

additional contribution [əˈdɪʃənl kɒnˈtrɪbjuːʃən] *sb* Zuzahlung *f*

additional cost [əˈdɪʃənl kɒst] *sb* Zusatzkosten *pl*

additional delivery [əˈdɪʃənl dɪˈlɪvərɪ] *sb* Mehrlieferung *f*, zusätzliche Lieferung *f*

additional expenses [əˈdɪʃənl ɪkˈspensɪz] *pl* Nebenkosten *pl*, Mehrkosten *pl*

additional payment of taxes [əˈdɪʃənl 'peɪmənt əv 'tæksɪz] *sb* Steuernachzahlung *f*

additional period [əˈdɪʃənl 'pɪərɪəd] *sb* Nachfrist *f*

additional risk premium [əˈdɪʃənl rɪsk 'priːmjəm] *sb* Risikozuschlag *m*

additional sale [əˈdɪʃənl seɪl] *sb* Zusatzverkauf *m*

address [əˈdres] *sb* 1. *(a letter)* adressieren; *(speak to)* ansprechen; *sb* 2. *(where one lives)* Adresse *f*, Anschrift *f*; 3. *(speech)* Ansprache *f*

address index [əˈdres ˈɪndeks] *sb* Adresskartei *f*

address labels [əˈdres ˈleɪblz] *pl* Adressetiketten *n/pl*

addressee [ədreˈsiː] *sb* Empfänger *m*, Adressat *m*

adequate and orderly accounting ['ædɪkwət ənd 'ɔːdəlɪ əˈkaʊntɪŋ] *sb* ordnungsgemäße Buchführung *f*

adequate and orderly preparation of a balance sheet ['ædɪkwət ænd 'ɔːdəlɪ prepəˈreɪʃən əv ə ˈbæləns ʃiːt] *sb* ordnungsmäßige Bilanzierung *f*

adhesive [ədˈhiːsɪv] *sb* Klebstoff *m*

adhesive stick [ədˈhiːsɪv stɪk] *sb* Klebestift *m*

adhesive tape [ədˈhiːsɪv teɪp] *sb* Klebeband *n*

adjacent right [əˈdʒeɪsənt raɪt] *sb* Nachbarrecht *n*

adjourn [əˈdʒɜːn] *v* 1. *(stop for the time being)* vertagen; 2. *(to another place)* sich begeben; 3. *(end for good)* (US) beenden

adjournment [əˈdʒɜːnmənt] *sb* Vertagung *f*; *(within a day)* Unterbrechung *f*

adjudicated bankrupt [əˈdʒuːdɪkeɪtɪd ˈbæŋkrʌpt] *sb* Gemeinschuldner *m*

adjunct ['ædʒʌŋkt] *sb (person)* Mitarbeiter(in) *m/f*, Assistent(in) *m/f*

adjust [əˈdʒʌst] *v* 1. *(a device)* einstellen, regulieren, justieren; 2. *(an account)* ausgleichen; 3. ~ *to* sich einstellen auf, sich anpassen an; 4. *(settle differences)* schlichten; 5. *(coordinate)* abstimmen; 6. *(parameter)* bereinigen, korrigieren

adjustment bond [əˈdʒʌstmənt bɒnd] *sb* Gewinnschuldverschreibung *f*

adjustment clause [əˈdʒʌstmənt klɔːz] *sb* Wertanpassungsklausel *f*, Preisanpassungsklausel *f*

adjustment item [əˈdʒʌstmənt ˈaɪtəm] *sb* Ausgleichsposten *m/pl*

adjustment lag [ə'dʒʌstmənt læg] *sb* Anpassungsverzögerung *f*

adjustment of an account [ə'dʒʌstmənt əv ən ə'kaʊnt] *sb* Kontobereinigung *f*

adjustment of value [ə'dʒʌstmənt əv 'vælju:] *sb* Wertberichtigung *f*

adjustment project [ə'dʒʌstmənt 'prɒdʒekt] *sb* Anpassungsinvestition *f*

administer [əd'mɪnɪstə] *v (run a business)* verwalten; ~ *an oath* vereidigen

administration [ədmɪnɪs'treɪʃən] *sb* 1. Verwaltung *f*; 2. *(government under a certain leader)* Regierung *f*

administration of the finances [ədmɪnɪs'treɪʃən əv ðə faɪ'nænsəz] *sb* Finanzverwaltung *f*

administrative [əd'mɪnɪstrətɪv] *adj* Verwaltungs..., administrativ

administrator [əd'mɪnɪstreɪtə] *sb* Verwalter(in) *m/f*, Verwaltungsbeamter/Verwaltungsbeamtin *m/f*

administrator in bankruptcy (proceedings) [əd'mɪnɪstreɪtə ɪn 'bæŋkrəpsɪ (prə'si:dɪŋz)] *sb* Konkursverwalter *m*

administrator of the deceased's estate [əd'mɪnɪstreɪtə əv ðə dɪ'si:sts ɪ'steɪt] *sb* Nachlassverwalter *m*

admission [əd'mɪʃən] *sb* Zulassung *f*; *(entry)* Zutritt *m*

admission of shares to official quotation [əd'mɪʃən əv ʃeəz tu ə'fɪʃəl kwəʊ'teɪʃən] *sb* Kotierung *f*

admission to the stock exchange [əd'mɪʃən tu ðə stɒk ɪks'tʃeɪndʒ] *sb* Börsenzulassung *f*

advance [əd'vɑ:ns] *v* 1. fortschreiten, vordringen, vorankommen; 2. *(to be promoted)* aufsteigen; 3. *(further sth)* fördern; *sb* 4. *(of money)* Vorschuss *m*

advance against securities [əd'vɑ:ns ə'genst sɪ'kjʊərɪtɪz] *sb* Lombardkredit *m*

advance on receivables [əd'vɑ:ns ɒn rɪ'si:vəbəlz] *sb* Zessionskredit *m*

advance payment [əd'vɑ:ns 'peɪmənt] *sb* Vorauszahlung *f*

advanced vocational training [əd'vɑ:nst vəʊ'keɪʃənəl 'treɪnɪŋ] *sb* berufliche Fortbildung *f*, Weiterbildung *f*

advancement [əd'vɑ:nsmənt] *sb* 1. *(progress)* Fortschritt *m*; 2. *(promotion)* Beförderung *f*; 3. *(career ~)* Aufstieg *m*

advances against securities [əd'vɑ:nsəz ə'genst se'kjʊ:rɪtɪz] *pl* Effektenlombard *m*

advantage [əd'vɑ:ntɪdʒ] *sb* Vorteil *m*, Vorzug *m*; *take* ~ *of sth* etw ausnutzen

adventure marketing [əd'ventʃə 'mɑ:ketɪŋ] *sb* Erlebnis-Marketing *n*

adverse selection [ædvɜ:s sɪ'lekʃən] *sb* Adverse Selektion *f*

advert ['ædvɜ:t] *sb (fam: advertisement)* Anzeige *f*, Annonce *f*, Inserat *n*

advertise ['ædvətaɪz] *v* 1. Werbung machen für, anzeigen, ankündigen; 2. *(place an advertisement)* annoncieren, inserieren; 3. ~ *a vacancy* eine Stelle ausschreiben; 4. *(promote)* werben für

advertisement [əd'vɜ:tɪsmənt] *sb* 1. Werbung *f*, Reklame *f*; 2. *(in the newspaper)* Anzeige *f*, Annonce *f*, Inserat *n*; 3. *(announcement)* Bekanntmachung *f*, Ankündigung *f*; 4. *an* ~ *for sth* (fig: *a fine representative)* ein Aushängeschild für etw

advertisement of a vacancy [əd'vɜ:tɪsmənt əv ə 'veɪkənsɪ] *sb* Stellenausschreibung *f*

advertiser ['ædvətaɪzə] *sb* Werbekunde/Werbekundin *m/f*

advertising ['ædvətaɪzɪŋ] *sb* Werbung *f*, Reklame *f*

advertising activity [ædvətaɪzɪŋ æk'tɪvɪtɪ] *sb* Werbeaktion *f*

advertising agency [ædvətaɪzɪŋ 'eɪdʒənsɪ] *sb* Werbeagentur *f*

advertising aids [ædvətaɪzɪŋ eɪdz] *pl* Werbemittel *n/pl*

advertising budget [ædvətaɪzɪŋ 'bʌdʒɪt] *sb* Werbebudget *n*, Werbeetat *m*

advertising campaign [ædvətaɪzɪŋ kæm'peɪn] *sb* Werbekampagne *f*

advertising copy [ædvətaɪzɪŋ 'kɒpɪ] *sb* Werbetext *m*

advertising expert [ædvətaɪzɪŋ 'ekspɜ:t] *sb* Werbefachmann/Werbefachfrau *m/f*

advertising frequency [ædvətaɪzɪŋ 'fri:kwənsɪ] *sb* Werbefrequenz *f*

advertising gift [ædvətaɪzɪŋ gɪft] *sb* Werbegeschenk *n*

advertising spot [ædvətaɪzɪŋ spɒt] *sb* Werbespot *m*

advice [əd'vaɪs] *sb (counsel)* Beratung *f*, Rat *m*

advice note [əd'vaɪs nəʊt] *sb* Benachrichtigung *f*, Avis *m/n*

advice of delivery [əd'vaɪs əv dɪ'lɪvərɪ] *sb* Rückschein *m*

advise [əd'vaɪz] *v* 1. *(give advice)* raten, anraten, *(professionally)* beraten; ~ *against* abraten; 2. *(inform)* verständigen, benachrichtigen

adviser [əd'vaɪzə] *sb* Berater(in) *m/f*
advisory board [əd'vaɪzərɪ bɔːd] *sb* beratendes Gremium *n*, Beratungsgremium *n*
aeroplane ['eərəpleɪn] *sb* (UK) Flugzeug *n*
affidavit [æfɪ'deɪvɪt] *sb* Affidavit *n*
affiliated [ə'fɪlɪeɪtɪd] *adj* angegliedert, Tochter...
affiliated company [ə'fɪlɪeɪtɪd 'kʌmpənɪ] *sb* Tochtergesellschaft *f*
affiliation [əfɪlɪ'eɪʃən] *sb* Affiliation *f*
affluent society [æfluənt sə'saɪətɪ] *sb* Wohlstandsgesellschaft *f*
afford [ə'fɔːd] *v* 1. sich leisten; 2. (provide) bieten
affordable [ə'fɔːdəbl] *adj* erschwinglich
after treatment ['ɑːftə 'triːtmənt] *sb* Nachbereitung *f*
after-date bill ['ɑːftə deɪt bɪl] *sb* Datowechsel *m*
after-hours dealing ['ɑːftə 'aʊəz 'diːlɪŋ] *sb* Nachbörse *f*
after-sales service ['ɑːftə seɪlz 'sɜːvɪs] *sb* Kundendienst *m*, After-Sales-Services *m/pl*
after-sight bill ['ɑːftə saɪt bɪl] *sb* Nachsichtwechsel *m*
against cash [ə'genst kæʃ] gegen Barzahlung
against letter of credit [ə'genst 'letə əv 'kredɪt] gegen Akkreditiv
age profile [eɪdʒ 'prəʊfaɪl] *sb* Altersprofil *n*
agency ['eɪdʒənsɪ] *sb* 1. Agentur *f*; 2. (government ~) Amt *n*, Behörde *f*
agency abroad ['eɪdʒənsɪ ə'brɔːd] *sb* Auslandsvertretung *f*
agency agreement ['eɪdʒənsɪ ə'griːmənt] *sb* Geschäftsbesorgungsvertrag *m*
agency of equity financing transactions ['eɪdʒənsɪ əv 'ekwɪtɪ faɪ'nænsɪŋ træn'zækʃənz] *sb* Beteiligungsvermittlung *f*
agenda [ə'dʒendə] *sb* Tagesordnung *f*, Agenda *f*
agent ['eɪdʒənt] *sb* 1. Agent(in) *m/f*, Makler(in) *m/f*, Vermittler(in) *m/f*; 2. (representative) Stellvertreter(in) *m/f*
agglomeration [əgloməˈreɪʃən] *sb* Agglomeration *f*, Anhäufung *f*
aggregate property ['ægrɪgət 'prɒpətɪ] *sb* Gesamtvermögen *n*
aggregation [ægrɪ'geɪʃən] *sb* Agglomeration *f*, Ansammlung *f*
agio ['ædʒɪəʊ] *sb* Aufgeld *n*, Agio *n*
agiotage ['ædʒɪəʊtədʒ] *sb* Agiotage *f*
agree [ə'griː] *v* 1. übereinstimmen; (express ~ment) zustimmen; 2. (come to an ~ment)

sich einigen, vereinbaren, sich absprechen; 3. ~ to, ~ with (approve, consent to) billigen, einwilligen, auf etw eingehen
agreed [ə'griːd] *adj* vereinbart; Agreed! Abgemacht!
agreement [ə'griːmənt] *sb* 1. Vereinbarung *f*, Übereinkunft *f*, Verständigung *f*; 2. come to an ~ übereinkommen, sich einigen; 3. (consent) Einwilligung *f*, Zustimmung *f*; 4. (between different countries) Abkommen *n*
agreement between interlocking companies [ə'griːmənt bɪ'twiːn ɪntə'lɒkɪŋ 'kʌmpənɪz] *sb* Organschaftsvertrag *m*
agreement of purchase and sale [ə'griːmənt əv 'pɜːtʃəs ænd seɪl] *sb* Kaufvertrag *m*
agreement to cancel an obligatory relation [ə'griːmənt tu 'kænsəl ən ə'blɪgətrɪ rɪ'leɪʃən] *sb* Aufhebungsvertrag *m*
agricultural [ægrɪ'kʌltʃərəl] *adj* landwirtschaftlich, Landwirtschafts..., Agrar...
agricultural crisis [ægrɪ'kʌltʃərəl 'kraɪsɪs] *sb* Agrarkrise *f*
agricultural economics [ægrɪ'kʌltʃərəl iːkə'nɒmɪks] *sb* Agrarwissenschaften *f/pl*
agricultural enterprise [ægrɪ'kʌltʃərəl 'entəpraɪz] *sb* Agrarbetrieb *m*
agricultural goods [ægrɪ'kʌltʃərəl gʊdz] *pl* Agrargüter *n/pl*
agricultural loan [ægrɪ'kʌltʃərəl ləʊn] *sb* Landwirtschaftskredit *m*
agricultural market [ægrɪ'kʌltʃərəl 'mɑːkɪt] *sb* Agrarmarkt *m*
agricultural mortgage bond [ægrɪ'kʌltʃərəl 'mɔːgɪdʒ bɒnd] *sb* Landwirtschaftsbrief *m*
agricultural policy [ægrɪ'kʌltʃərəl 'pɒləsɪ] *sb* Agrarpolitik *f*
agricultural producer cooperative [ægrɪ'kʌltʃərəl prə'djuːsə kəʊ'ɒprətɪv] *sb* Landwirtschaftliche Produktionsgenossenschaft (LPG) *f*
agricultural protectionism [ægrɪ'kʌltʃərəl prə'tekʃənɪzm] *sb* Agrarprotektionismus *m*
agricultural state [ægrɪ'kʌltʃərəl steɪt] *sb* Agrarstaat *m*
agricultural subsidies [ægrɪ'kʌltʃərəl 'sʌbsɪdiːz] *pl* Agrarsubventionen *f/pl*
agricultural surpluses [ægrɪ'kʌltʃərəl 'sɜːpləsɪz] *pl* Agrarüberschüsse *m/pl*
agriculture ['ægrɪkʌltʃə] *sb* Landwirtschaft *f*, Ackerbau *m*
aide [eɪd] *sb* Assistent(in) *m/f*, Helfer(in) *m/f*

air freight [ɛə freɪt] sb Luftfracht f
airline [ˈeəlaɪn] sb Fluggesellschaft f, Airline f
air mail [ɛə meɪl] sb Luftpost f
air route [ɛə ruːt] sb Luftweg m
airplane [ˈeəpleɪn] sb (US) Flugzeug n
airport [ˈeəpɔːt] sb Flughafen m
airwaybill [ˈeəweɪbɪl] sb Luftfrachtbrief m
allegiance [əˈliːdʒəns] sb Treuepflicht f
allocation [æləˈkeɪʃən] sb Verteilung f, Zuteilung f, (of tasks) Vergabe f, Allokation f
allocation of capital [æləˈkeɪʃən əv ˈkæpɪtəl] sb Kapitalallokation f
allocation policy [æləˈkeɪʃən ˈpɒləsi] sb Allokationspolitik f
allonge [əˈlõʒ] sb Allonge f
allot [əˈlɒt] v verteilen, zuweisen
allotment [əˈlɒtmənt] sb Verteilung f, Zuteilung f, Zuweisung f
allotment right [əˈlɒtmənt raɪt] sb Zuteilungsrechte n/pl
allowance [əˈlaʊəns] sb 1. Zuschuss m; 2. (supplement to salary) Gehaltszulage f, Zuschuss m; 3. (paid by the state) Beihilfe f; 4. (pocket money) Taschengeld n, Bewilligung f
allowance for expenses [əˈlaʊəns fɔː ɪkˈspensɪz] sb Spesenpauschale f
all-round bank [ˈɔːlraʊnd bæŋk] sb Universalbank f
all-share certificate [ɔːl ˈʃeə səˈtɪfɪkət] sb Global-Anleihe f
alteration of a balance sheet [ɔːltəˈreɪʃən əv ə ˈbæləns ʃiːt] sb Bilanzänderung f
alternating current [ɔːlˈtəneɪtɪŋ ˈkʌrənt] sb (AC) Wechselstrom m
alternative [ɔːlˈtɜːnətɪv] sb 1. (choice) Alternative f, Wahl f; 2. I have no other ~. Ich habe keine andere Wahl. 3. (substitute) Ersatz m
amalgamate [əˈmælgəmeɪt] v (companies) verschmelzen, fusionieren
amalgamation [əmælgəˈmeɪʃən] sb Fusion f
amalgamation tax [əmælgəˈmeɪʃən tæks] sb Fusionssteuer f
amendment [əˈmendmənt] sb (to a bill) Abänderung f, Änderung f
amendment of a contract [əˈmendmənt əv ə ˈkɒntrækt] sb Vertragsänderung f
amendment of the statutes [əˈmendmənt əv ðə ˈstætjuːts] sb Satzungsänderung f
amends [əˈmendz] pl Wiedergutmachung f; make ~ for sth etw wiedergutmachen

American accounting system [əˈmærɪkəns əˈkaʊntɪŋ ˈsɪstəm] sb amerikanisches Rechnungswesen n
American Bankers Association [əˈmærɪkən ˈbæŋkəs əsəʊsiˈeɪʃən] sb American Bankers Association f
amnesty [ˈæmnəsti] sb Amnestie f
amortizable mortgage loan [əˈmɔːtɪzəbəl ˈmɔːgɪdʒ ləʊn] sb Tilgungshypothek f
amortization [əmɔːtɪˈzeɪʃən] sb Amortisierung f, Tilgung f
amortization fund [əmɔːtɪˈzeɪʃən fʌnd] sb Tilgungsfonds m
amortization instalment [əmɔːtɪˈzeɪʃən ɪnˈstɔːlmənt] sb Tilgungsrate f
amount [əˈmaʊnt] sb 1. (of money) Betrag m, Summe f, Geldbetrag m; 2. (quantity) Menge f, Quantität f v 3. ~ to sich belaufen auf
analyse [ˈænəlaɪz] v analysieren, auswerten
analysis [əˈnælɪsɪs] sb Analyse f
analysis of actual performance [əˈnælɪsɪs əv ˈæktʃuəl pəˈfɔːməns] sb Istanalyse f
analysis of competitors [əˈnælɪsɪs əv kəmˈpetɪtəs] sb Konkurrenzanalyse f
analysis of fixed-cost allocation [əˈnælɪsɪs əv fɪkstkɒst æləˈkeɪʃən] sb Fixkostendeckungsrechnung f
analysis of purchasing power [əˈnælɪsɪs əv ˈpɜːtʃəsɪŋ ˈpaʊə] sb Kaufkraftanalyse f
analysis of requirements [ənˈælɪsɪs əv rɪˈkwaɪəmənts] sb Bedarfsanalyse f
analysis of shares [əˈnælɪsɪs əv ʃeəs] sb Aktienanalyse f
anchorage [ˈæŋkərɪdʒ] sb 1. (place for anchoring) Ankerplatz m, Liegeplatz m; 2. (fees) Liegegebühren f/pl
ancillary costs [ænˈsɪləri kɒsts] pl Nebenkosten pl
ancillary wage costs [ænˈsɪləri weɪdʒ kɒsts] pl Lohnnebenkosten pl
angible fixed assets [ˈændʒɪbəl fɪkst ˈæsets] pl Realkapital n
anniversary sales [ænɪˈvɜːsəri seɪlz] pl Jubiläumsverkauf m
announcement effect of price [əˈnaʊnsmənt ɪˈfekt əv praɪs] sb Signalfunktion des Preises f
annual [ˈænjuəl] adj jährlich, alljährlich, jährlich, Jahres...
annual accounts [ˈænjuəl əˈkaʊnts] pl Jahresabschluss m
annual audit [ˈænjuəl ˈɔːdɪt] sb Jahresabschlussprüfung f

annual balance sheet ['ænjʊəl 'bæləns ʃiːt] sb Jahresbilanz f
annual economic report ['ænjʊəl ˌiːkə'nɒmɪk rɪ'pɔːt] sb Jahreswirtschaftsbericht m
annual general meeting ['ænjʊəl 'dʒenərəl 'miːtɪŋ] sb Jahreshauptversammlung f
annual holiday ['ænjʊəl 'hɒlɪdeɪ] sb Betriebsferien pl
annual income ['ænjʊəl 'ɪnkʌm] sb Jahreseinkommen n
annual need ['ænjʊəl niːd] sb Jahresbedarf m
annual profits ['ænjʊəl 'prɒfɪts] pl Jahresgewinn m
annual report ['ænjʊəl rɪ'pɔːt] sb Geschäftsbericht m, Jahresgutachten n, Lagebericht m
annual statement of accounts ['ænjʊəl 'steɪtmənt əv ə'kaʊnts] sb Jahresabschluss m
annual surplus ['ænjʊəl 'sɜːplʌs] sb Jahresüberschuss m
annuity [ə'njuːɪtɪ] sb Rente f, Jahreszahlung f, Annuität f
annuity bond [ə'njuːɪtɪ bɒnd] sb Annuitätenanleihe f
annuity certificate [ə'njuːɪtɪ sə'tɪfɪkət] sb Rentenbrief m
annuity department [ə'njuːɪtɪ dɪ'pɑːtmənt] sb Rentenabteilung f
annuity loan [ə'njuːɪtɪ ləʊn] sb Annuitätendarlehen n
annul [ə'nʌl] v annullieren; (a will) umstoßen
annulment [ə'nʌlmənt] sb Annullierung f, Aufhebung f
anonymous savings accounts [ə'nɒnɪməs 'seɪvɪŋz ə'kaʊnts] pl anonyme Sparkonten n/pl
answering machine ['ɑːnsərɪŋ mə'ʃiːn] sb Anrufbeantworter m
answering service ['ɑːnsərɪŋ 'sɜːvɪs] sb Telefonauftragsdienst m
antedated cheque ['æntɪdeɪtɪd tʃek] sb zurückdatierter Scheck m
anticipation term [æntɪsɪ'peɪʃən tɜːm] sb Erwartungswert m
anticyclical reserve [æntɪ'saɪklɪkəl rɪ'sɜːv] sb Konjunkturausgleichsrücklage f
anti-dumping duty [æntɪ'dʌmpɪŋ 'djuːtɪ] sb Antidumpingzoll m
antitrust [ænti'trʌst] adj (US) Antitrust..., kartellfeindlich
antitrust authority [ænti'trʌst ɔː'θɒrɪtɪ] sb Kartellbehörde f

appeal [ə'piːl] sb Berufung f, Rechtsbeschwerde f; (actual trial) Revision f
applicant ['æplɪkənt] sb Bewerber(in) m/f, Antragsteller(in) m/f
application [æplɪ'keɪʃən] sb 1. Antrag m, Bewerbung f, Gesuch n; letter of ~ Bewerbungsschreiben n; 2. (use) Verwendung f, Anwendung f; (software ~) Anwendungsprogramm n
application documents [æplɪ'keɪʃən 'dɒkjʊmənts] pl Bewerbungsunterlagen pl
application file [æplɪ'keɪʃən faɪl] sb Bewerbungsunterlagen pl
application form [æplɪ'keɪʃən fɔːm] sb Anmeldeformular n, Antragsformular n
application for quotation [æplɪ'keɪʃən fɔː kwəʊ'teɪʃən] sb Antrag auf Börsenzulassung m
application service provider [æplɪ'keɪʃən 'sɜːvɪs prə'vaɪdə] sb Application Service Provider (ASP) m
appointment [ə'pɔɪntmənt] sb 1. (arranged meeting) Termin m, Verabredung f; 2. (to office) Ernennung f, Berufung f, Bestellung f
appointment book [ə'pɔɪntmənt bʊk] sb Terminkalender m
appointment for a meeting [ə'pɔɪntmənt fɔːr ə 'miːtɪŋ] sb Gesprächstermin m
apportionment [ə'pɔːʃənmənt] sb 1. Verteilung f, Einteilung f; 2. Erteilung f
apportionment between accounting periods [ə'pɔːʃənmənt bɪ'twiːn ə'kaʊntɪŋ 'pɪərɪədz] sb Rechnungsabgrenzung f
appraisal [ə'preɪzəl] sb Bewertung f, Schätzung f, Taxierung f
appraise [ə'preɪz] v abschätzen, einschätzen, beurteilen
appreciation [əpriːʃɪ'eɪʃən] sb 1. Wertzuwachs m; 2. (esteem) Wertschätzung f
apprentice [ə'prentɪs] sb Lehrling m, Auszubildende(r) f/m
apprenticeship [ə'prentɪʃɪp] sb Lehre f, Lehrstelle f, Ausbildung f; (period) Lehrzeit f
appropriation account [əprəʊprɪ'eɪʃən ə'kaʊnt] sb Bereitstellungskonto n
approval procedure [ə'pruːvəl prə'siːdʒə] sb Genehmigungsverfahren n
aptitude test ['æptɪtjuːd test] sb Eignungstest m, Eignungsprüfung f
arbitrage ['ɑːbɪtrɪdʒ] sb Arbitrage f
arbitrage clause ['ɑːbɪtrɪdʒ klɔːz] sb Arbitrageklausel f
arbitrage dealings ['ɑːbɪtrɪdʒ 'diːlɪŋz] pl Arbitragegeschäft n

arbitrage in bullion ['ɑːbɪtrɪdʒ ɪn 'bʊljən] *sb* Goldarbitrage *f*
arbitrage in securities ['ɑːbɪtrɪdʒ ɪn sɪ-'kjʊərɪtiːz] *sb* Wertpapierarbitrage *f*
arbitrageur [ɑːbɪtrɑːˈʒuə] *sb* Arbitrageur *m*, Arbitragehändler *m*
arbitrage value ['ɑːbɪtrɪdʒ 'væljuː] *sb* Arbitragewert *m*
arbitrage voucher ['ɑːbɪtrɪdʒ 'vaʊtʃə] *sb* Arbitragerechnung *f*
arbitrate ['ɑːbɪtreɪt] *v* schlichten
arbitration [ɑːbɪˈtreɪʃən] *sb* Schlichtung *f*
arbitration in foreign exchange ['ɑːbɪ-treɪʃən ɪn 'fɒrən ɪksˈtʃeɪndʒ] *sb* Devisenarbitrage *f*
arbitrator ['ɑːbɪtreɪtə] *sb* Vermittler(in) *m/f*, Schlichter(in) *m/f*
archive ['ɑːkaɪv] *sb* Archiv *n*
archives ['ɑːkaɪvz] *pl* Aktenablage *f*
area calculation ['eərɪə kælkjʊˈleɪʃən] *sb* Flächenbedarfsermittlung *f*
area code ['eərɪə kəʊd] *sb (US)* Vorwahl *f*
argue ['ɑːgjuː] *v* 1. streiten; 2. *(with one another)* sich streiten; 3. *(a case)* diskutieren
argument ['ɑːgjʊmənt] *sb* 1. Wortstreit *m*, Streit *m*, Auseinandersetzung *f*; 2. *(reason)* Argument *n*; 3. *(line of reasoning)* Beweisführung *f*, Debatte *f*; 4. *(discussion)* Diskussion *f*
argumentation [ɑːgjʊmənˈteɪʃən] *sb* Argumentation *f*
arithmetical average [ærɪθˈmetɪkəl ˈævərɪdʒ] *sb* arithmetisches Mittel *n*
arraign [əˈreɪn] *v* to be ~ed angeklagt werden, beschuldigt werden
arrangement [əˈreɪndʒmənt] *sb* Disposition *f*
arranging for a credit [əˈreɪndʒɪŋ fɔːr ə ˈkredɪt] *sb* Kreditvermittlung *f*
arrears of payment [əˈrɪəz əv ˈpeɪmənt] *pl* Zahlungsrückstände *m/pl*
arrear on interests [əˈrɪə ɒn ˈɪntrɪsts] *sb* Zinsrückstand *m*
arrears [əˈrɪəz] *pl* Rückstand *m*, Rückstände *m/pl*
arrival of goods [əˈraɪvəl əv gʊdz] *sb* Wareneingang *m*
article ['ɑːtɪkl] *sb* 1. *(item)* Gegenstand *m*; 2. ~ *of clothing* Kleidungsstück *n*; 3. *(in a contract)* Paragraf *m*; 4. ~*s of incorporation* Satzung *f*; 5. *(goods)* Ware *f*, Artikel *m*
article coding system ['ɑːtɪkl ˈkəʊdɪŋ ˈsɪstəm] *sb* Artikelnummernsystem *n*

articulated lorry [ɑːˈtɪkjʊleɪtɪd ˈlɒrɪ] *sb (UK)* Sattelschlepper *m*
as agreed [æz əˈgriːd] *adv* vereinbarungsgemäß, wie vereinbart
as guarantor of payment [æz gærənˈtə əv ˈpeɪmənt] *sb* per aval
ASAP [eɪeseɪˈpiː] *(fam: as soon as possible)* so bald wie möglich
Asian Dollar market [ˈeɪʒən ˈdɒlə ˈmɑːkɪt] *sb* Asiendollarmarkt *m*
ask [ɑːsk] *v* fragen; ~ *a question* eine Frage stellen; *If you ~ me...* Wenn Sie mich fragen... ~ *after s.o.* nach jdm fragen; *(require, demand)* verlangen, fordern
ask drawn by lot [ɑːsk drɔːn baɪ lɒt] Brief verlost (BV)
ask(ed) price [ɑːsk(d) praɪs] *sb* Briefkurs *m*
asking price [ˈɑːskɪŋ praɪs] *sb* offizieller Verkaufspreis *m*
assemble [əˈsembl] *v* 1. *(come together, convene)* sich versammeln, sich ansammeln, zusammentreten; 2. *(an object)* zusammenbauen, montieren
assembler [əˈsemblə] *sb* Monteur(in) *m/f*
assembly [əˈsemblɪ] *sb* 1. Versammlung *f*, Zusammenkunft *f*; 2. *(of an object)* Zusammenbau *m*, Montage *f*
assembly line [əˈsemblɪ laɪn] *sb* Fließband *n*, Montageband *n*
assess [əˈses] *v* bewerten, einschätzen
assessment [əˈsesmənt] *sb* Beurteilung *f*, Bewertung *f*
assessment basis [əˈsesmənt ˈbeɪsɪs] *sb* Bemessungsgrundlage *f*
assessment centre [əˈsesmənt ˈsentə] *sb* Assessment Center *n*
assessment note [əˈsesmənt nəʊt] *sb* Steuerbescheid *m*, Steuerfestsetzung *f*
assessor [əˈsesə] *sb* 1. Beisitzer(in) *m/f*; 2. Steuereinschätzer(in) *m/f*
asset [ˈæset] *sb* 1. Vermögenswert *m*; 2. *(fig)* Vorzug *m*, Plus *n*, Vorteil *m*
asset and liability statement [ˈæset ænd leɪəˈbɪlɪtɪ ˈsteɪtmənt] *sb* Vermögensbilanz *f*
asset erosion [ˈæset ɪˈrəʊʒən] *sb* substanzielle Abnutzung *f*
asset management [ˈæset ˈmænɪdʒmənt] *sb* Asset Management *n*, Vermögensverwaltung *f*
asset market [ˈæset ˈmɑːkɪt] *sb* Asset Market *m*
asset write-down [ˈæset ˈraɪtdaʊn] *sb* Anlagenabschreibung *f*
assets [ˈæsets] *pl* Vermögen *n*, Guthaben *n*, Güter *pl*; *(on a balance sheet)* Aktiva *pl*

assets account ['æsets ə'kaʊnt] sb Bestandskonto n
assign [ə'saɪn] v 1. (a task) anweisen, zuweisen; 2. (someone to a task) beauftragen, aufgeben; 3. (sth to a purpose) bestimmen; 4. (classify) zuordnen; 5. (transfer rights or titles) übereignen, übertragen
assignee [əsaɪ'niː] sb Zessionar m, Assignat(in) m/f
assigner [ə'saɪnə] sb Zedent m
assignment [ə'saɪnmənt] sb 1. (instruction) Anweisung f; 2. (assigned task) Aufgabe f, Auftrag m; 3. (legally) Übertragung f, Abtretung f
assignment by way of security [ə'saɪnmənt baɪ weɪ əv sɪ'kjʊərɪti] sb Sicherungsabtretung f
assistant [ə'sɪstənt] sb Assistent(in) m/f, Gehilfe/Gehilfin m/f
associate [ə'səʊʃɪət] sb 1. Kollege/Kollegin m/f, Mitarbeiter(in) m/f; 2. (partner in a firm) Gesellschafter(in) m/f
associated companies [ə'səʊsɪeɪtɪd 'kʌmpəniːz] pl verbundene Unternehmen n/pl
association [əsəʊsɪ'eɪʃən] sb Verein m, Verband m, Vereinigung f, Gemeinschaft f, Gesellschaft f; articles of ~ Gesellschaftsvertrag m
Association of German Chambers of Industry and Commerce [əsəʊsɪ'eɪʃən əv dʒɜːmən 'tʃeɪmbəz əv 'ɪndəstri ænd 'kɒməs] sb Deutscher Industrie- und Handelstag (DIHT) m
association on which the law confers the attributes of a merchant, regardless of the object of its business [əsəʊsɪ'eɪʃən ɒn wɪtʃ ðə lɔː kɒn'fɜːz ðə 'ætrɪbjuːts əv ə 'mɜːtʃənt rɪ'gɑːdlɪs əv ðə 'ɒbdʒekt əv ɪts 'bɪznɪs] sb Formkaufmann m
associations of shareholders [əsəʊsɪ'eɪʃənz əv 'ʃeəhəʊldəz] pl Aktionärsvereinigungen f/pl
assort [ə'sɔːt] v sortieren, ordnen, assortieren
assorted [ə'sɔːtɪd] adj gemischt, assortiert
assortment [ə'sɔːtmənt] sb Sortiment n, Mischung f
assortment policy [ə'sɔːtmənt 'pɒlɪsi] sb Sortimentspolitik f
assumption of an obligation [ə'sʌmpʃən əv ən ɒblɪ'geɪʃən] sb Schuldübernahme f
assurance [ə'ʃʊərəns] sb Assekuranz f, Versicherung f

asynchronous data transfer [eɪsɪŋ'krɒnəs 'deɪtə 'trænsfɜː] sb asynchrone Datenübertragung f
asynchronous transmission [eɪsɪŋ'krɒnəs trænz'mɪʃən] sb asynchrone Datenübertragung f
at best [æt best] bestens
at lowest [æt 'ləʊəst] billigst
atomic energy [ə'tɒmɪk 'enədʒɪ] sb Atomenergie f
attach [ə'tætʃ] v beschlagnahmen, pfänden
attachable [ə'tætʃəbl] adj beschlagnahmefähig, pfändbar
attaché case [ə'tæʃeɪ keɪs] sb Aktenkoffer m, Aktentasche f
attached [ə'tætʃt] adj 1. verbunden; 2. Please find ~ ... In der Anlage erhalten Sie ...
attachment [ə'tætʃmənt] sb 1. Beschlagnahme f, Pfändung f; 2. (accessory) Zubehörteil n, Zusatzteil n
attachment of earnings [ə'tætʃmənt əv 'ɜːnɪŋz] sb Lohnpfändung f
attendance stock exchange [ə'tendəns stɒk ɪks'tʃeɪndʒ] sb Präsenzbörse f
attend to [ə'tend tu] v 1. (see to) sich kümmern um, erledigen, sorgen für; 2. (serve) bedienen, betreuen, abfertigen
attest [ə'test] v beglaubigen, bescheinigen; ~ to bezeugen
attestation [ətes'teɪʃən] sb (document) Bescheinigung f, Attest n
attorney [ə'tɜːni] sb Anwalt/Anwältin m/f, Rechtsanwalt/Rechtsanwältin m/f; power of ~ Vollmacht f, Bevollmächtigte(r) f/m
auction ['ɔːkʃən] sb Auktion f, Versteigerung f
audio conference ['ɔːdɪəʊ 'kɒnfərəns] sb Audiokonferenz f
audit ['ɔːdɪt] v 1. prüfen; 2. sb Buchprüfung f; 3. (final ~) Abschlussprüfung f, Revision f
audit department ['ɔːdɪt dɪ'pɑːtmənt] sb Revisionsabteilung f
auditing ['ɔːdɪtɪŋ] sb Wirtschaftsprüfung f, Rechnungsprüfung f, Buchprüfung f
auditing association ['ɔːdɪtɪŋ əsəʊsɪ'eɪʃən] sb Prüfungsverband m
auditing requirements ['ɔːdɪtɪŋ rɪ'kwaɪəmənts] pl Revisionspflicht f
audit of prospectus ['ɔːdɪt əv 'prɒspektəs] sb Prospektprüfung f
audit opinion ['ɔːdɪt ə'pɪnjən] sb Testat n
auditor ['ɔːdɪtə] sb Wirtschaftsprüfer m, Rechnungsprüfer m

audit report [ˈɔːdɪt rɪˈpɔːt] *sb* Prüfungsbericht *m*

autarky [ˈɔːtəkiː] *sb* Autarkie *f*

authenticate [ɔːˈθentɪkeɪt] *v* beglaubigen, authentifizieren

authentication [ɔːθentɪˈkeɪʃən] *sb* Beglaubigung *f*

authorisation [ɔːθəraɪˈzeɪʃən] *(UK) see "authorization"*

authoritative style of leadership [ɔːˈθɒrɪteɪtɪv staɪl əv ˈliːdəʃɪp] *sb* autoritärer Führungsstil *m*

authority [ɔːˈθɒrɪtɪ] *sb 1. (power)* Autorität *f*; *2. (of a ruler)* Staatsgewalt *f*; *3.* authorities *pl* Obrigkeit *f*; *4. (entitlement)* Befugnis *f*; *5. (specifically dedicated)* Vollmacht *f*; *6. (government, government department)* Amt *n*, Behörde *f*; *7. (an expert)* Sachverständige(r) *f/m*, Fachmann *m*, Fachfrau *f*

authorization [ɔːθəraɪˈzeɪʃən] *sb 1.* Ermächtigung *f*, Genehmigung *f*, Berechtigung *f*; *2. (delegation of authority)* Bevollmächtigung *f*, Mandat *n*

authorization to sign [ɔːθəraɪˈzeɪʃən tʊ saɪn] *sb* Zeichnungsberechtigung *f*

authorize [ˈɔːθəraɪz] *v* ermächtigen, genehmigen, berechtigen; *(delegate authority)* bevollmächtigen

authorized [ˈɔːθəraɪzd] *adj* berechtigt, befugt

authorized balance sheet [ˈɔːθəraɪzd ˈbælənsˌʃiːt] *sb* genehmigte Bilanz *f*

authorized capital [ˈɔːθəraɪzd ˈkæpɪtəl] *sb* autorisiertes Kapital *n*, genehmigtes Kapital *n*

authorized clerk [ˈɔːθəraɪzd klɑːk] *sb* Prokurist(in) *m/f*

authorized deposit [ˈɔːθəraɪzd dɪˈpɒzɪt] *sb* Ermächtigungsdepot *n*

authorized person [ˈɔːθəraɪzd ˈpɜːsən] *sb* Bevollmächtigte(r) *f/m*

authorized representative [ˈɔːθəraɪzd reprɪˈzentətɪv] *sb* Prokurist(in) *m/f*

authorized to undertake collection [ˈɔːθəraɪzd tʊ ʌndəˈteɪk kəˈlekʃən] *adj* inkassoberechtigt

autocorrelation [ɔːtəʊkɒrəˈleɪʃən] *sb* Autokorrelation *f*

automate [ˈɔːtəmɪt] *v* automatisieren

automatic quotation [ɔːtəˈmætɪk kwəʊˈteɪʃən] *sb* automatische Kursanzeige *f*

automated teller machine [ɔːtəˈmeɪtɪd ˈteləˈməʃiːn] *sb (US)* Geldautomat *m*

Automatic Transfer Service [ɔːtəˈmætɪk ˈtrænsfɜː ˈsɜːvɪs] *sb* Automatic Transfer Service (ATS) *m*

automation [ɔːtəˈmeɪʃən] *sb* Automation *f*, Automatisierung *f*

automation degree [ɔːtəˈmeɪʃən dɪˈgriː] *sb* Automatisationsgrad *m*

automatism [ɔːˈtɒmətɪzm] *sb* Automatismus *m*

automaton [ɔːˈtɒmətən] *sb* Roboter *m*, Automat *m*

autonomous teams [ɔːˈtɒnəməs tiːmz] *pl* autonome Arbeitsgruppen *f/pl*

autonomous variables [ɔːˈtɒnəməs ˈværɪəbəlz] *pl* autonome Größen *f/pl*

autonomous wage bargaining [ɔːˈtɒnəməs weɪdʒ ˈbɑːgənɪŋ] *sb* Tarifautonomie *f*

autonomy [ɔːˈtɒnəmɪ] *sb* Autonomie *f*

autumn fair [ˈɔːtəm feə] *sb* Herbstmesse *f*, Herbstausstellung *f*

auxiliary [ɔːgˈzɪljərɪ] *adj* mitwirkend, Hilfs..., Zusatz...

availability [əveɪləˈbɪlɪtɪ] *sb* Verfügbarkeit *f*, Vorhandensein *n*, Wertstellung *f*

available [əˈveɪləbl] *adj 1.* verfügbar, vorhanden, zu haben; *2. (not busy)* abkömmlich; *3. (to be bought)* erhältlich; *4. (from a supplier)* lieferbar; *5. (in stock)* vorrätig

available funds [əˈveɪləbəl fʌndz] *pl* Finanzdecke *f*

average [ˈævərɪdʒ] *adj 1.* durchschnittlich; *sb 2.* Durchschnitt *m*; on ~ durchschnittlich

average costs [ˈævərɪdʒ kɒsts] *pl* Durchschnittskosten *pl*

averaging [ˈævərɪdʒɪŋ] *sb* Averaging *n*

average price [ˈævərɪdʒ praɪs] *sb* Durchschnittspreis *m*

average product [ˈævərɪdʒ ˈprɒdʌkt] *(economics)* Durchschnittserlöse *m/pl*

average rate [ˈævərɪdʒ reɪt] *sb* Durchschnittssatz *m*

average value [ˈævərɪdʒ ˈvæljuː] *sb* Mittelwert *m*

average value date [ˈævərɪdʒ ˈvæljuː deɪt] *sb* Durchschnittsvaluta *f*

average yield [ˈævərɪdʒ ˈjiːld] *sb* Durchschnittsertrag *m*

avoidance [əˈvɔɪdəns] *sb 1.* Vermeidung *f*; *2.* tax ~ Steuerhinterziehung *f*

avoirdupois [ævwɑːdjuːˈpwɑː] *sb* ~ weight Handelsgewicht *n*

B

baby bonds ['beɪbɪ bɒndz] *pl* Baby-Bonds *pl*
back delegation [bæk delɪ'geɪʃən] *sb* Rückdelegation *f*
back instalment [bæk ɪn'stɔːlmənt] *sb* rückständige Rate *f*
backlog ['bæklɒg] *sb* Rückstand *m*
back-office career ['bækɒfɪs kə'rɪə] *sb* Innendienstkarriere *f*
back-office manager ['bækɒfɪs 'mænɪdʒə] *sb* Innendienstleiter(in) *m/f*
backpay ['bækpeɪ] *sb* Nachzahlung *f*
back-to-back letter of credit [bæk tu bæk 'letə ɒv 'kredɪt] *sb* Gegenakkreditiv *n*
backup ['bækʌp] *sb* Backup *n*, Sicherungskopie *f*
backwardation [bækwə'deɪʃən] 1. Rückdatierung *f*; 2. Deport *m*, Kursabschlag *m*
bad debt loss [bæd det lɒs] *sb* Ausfallforderung *f*
bad-weather compensation [bæd 'weðə kɒmpən'seɪʃən] *sb* Schlechtwettergeld *n*
bail [beɪl] *sb* Kaution *f*
bail bond [beɪl bɒnd] *sb* Sicherheitsleistung *f*
bailiff ['beɪlɪf] *sb* Gerichtsvollzieher *m*
bailment ['beɪlmənt] *sb* Bürgschaftsleistung *f*, Kaution *f*
bail-out ['beɪlaʊt] *sb* Sanierung *f*
balance ['bæləns] *sb* 1. (*account* ~) Saldo *m*; ~ carried forward Übertrag *m*; 2. (*remainder*) Rest *m*, Restbetrag *m*; *v* 3. (*to be* ~*d*) ausgeglichen sein; 4. (~ *the accounts*, ~ *the budget*) ausgleichen
balance analysis ['bæləns ə'nælɪsɪs] *sb* Bilanzanalyse *f*
balance date ['bæləns deɪt] *sb* Bilanzstichtag *m*
balance of account ['bæləns ɒv ə'kaʊnt] *sb* Kontenstand *m*, Saldo *m*
balance of capital transactions ['bæləns ɒv 'kæpɪtl træn'zækʃənz] *sb* Kapitalbilanz *f*
balance of goods and services ['bæləns ɒv gʊdz ænd 'sɜːvɪsɪz] *sb* Leistungsbilanz *f*
balance of interest ['bæləns ɒv 'ɪntrəst] *sb* Zinssaldo *m*
balance of payments ['bæləns ɒv 'peɪmənts] *sb* Zahlungsbilanz *f*
balance of payments deficit ['bæləns ɒv 'peɪmənts 'defəsɪt] *sb* Zahlungsbilanzdefizit *n*
balance of payments equilibrium ['bæləns ɒv 'peɪmənts ɪkwə'lɪbrɪəm] *sb* Zahlungsbilanzgleichgewicht *n*
balance of payments surplus ['bæləns ɒv 'peɪmənts 'sɜːpləs] *sb* Zahlungsbilanzüberschuss *m*
balance of trade ['bæləns ɒv 'treɪd] *sb* Handelsbilanz *f*
balance sheet ['bæləns ʃiːt] *sb* Bilanz *f*, Handelsbilanz *f*
balance sheet account ['bæləns ʃiːt ə'kaʊnt] *sb* Bilanzkonto *n*
balance sheet analysis ['bæləns ʃiːt ə'nælɪsɪs] *sb* Bilanzanalyse *f*, Bilanzkritik *f*
balance sheet audit ['bæləns ʃiːt 'ɔːdɪt] *sb* Bilanzprüfung *f*
balance sheet continuity ['bæləns ʃiːt kɒntɪ'njuːɪtɪ] *sb* Bilanzkontinuität *f*
balance sheet equation ['bæləns ʃiːt ɪ'kweɪʒən] *sb* Bilanzgleichung *f*
balance sheet figures ['bæləns ʃiːt 'fɪgəz] *pl* Bilanzzahlen *f/pl*
balance sheet statistics ['bæləns ʃiːt stə'tɪstɪks] *pl* Bilanzstatistik *f*
balance sheet total ['bæləns ʃiːt 'təʊtəl] *sb* Bilanzsumme *f*
balance sheet valuation ['bæləns ʃiːt væljʊ'eɪʃən] *sb* Bilanzbewertung *f*
balance sheet value ['bæləns ʃiːt 'væljuː] *sb* Bilanzwert *m*
balance-sheet items ['bælənsʃiːt 'aɪtɪmz] *pl* Bilanzpositionen *f/pl*
balance statement ['bæləns 'steɪtmənt] *sb* Saldoanzeige *f*
balance transparency ['bæləns træns'pærənsɪ] *sb* Bilanzklarheit *f*
balancing item ['bælənsɪŋ 'aɪtɪm] *sb* Ausgleichsposten *m*
balancing of the budget ['bælənsɪŋ ɒv ðə 'bʌdʒɪt] *sb* Budgetausgleich *m*
ballot ['bælət] *sb* Stimmzettel *m*; ~ vote geheime Abstimmung *f*
ban on advertising [bæn ɒn 'ædvətaɪzɪŋ] *sb* Werbeverbot *n*
ban on competition [bæn ɒn kɒmpə'tɪʃən] *sb* Wettbewerbsverbot *n*
ban on exports [bæn ɒn 'ekspɔːts] *sb* Ausfuhrverbot *n*
ban on imports [bæn ɒn 'ɪmpɔːts] *sb* Importverbot *n*

ban on new issues [bæn ɒn njuː 'ɪʃuːz] sb Emissionssperre f
ban on recruitment [bæn ɒn rɪ'kruːtmənt] sb Einstellungsstopp m
bandwagon effect ['bændwægən ɪ'fekt] sb Nachahmungseffekt m, Bandwagon-Effekt m
bank [bæŋk] sb (for financial affairs) Bank f
bank acceptance [bæŋk ɪk'septəns] sb Bankakzept n
bank account [bæŋk ə'kaʊnt] sb Bankkonto n
bank audit [bæŋk 'ɔːdɪt] sb Bankrevision f
bank automation [bæŋk ɔːtə'meɪʃən] sb Bankautomation f
bank balance [bæŋk 'bæləns] sb Bankguthaben f, Kontostand m
bank balance sheet [bæŋk 'bæləns ʃiːt] sb Bankbilanz f
bank bonds ['bæŋk bɒndz] pl Bankanleihen f/pl, Bankobligation f, Bankschuldverschreibung f
bank branch numbering [bæŋk braːntʃ 'nʌmbərɪŋ] sb Bankennummerierung f
bank charges [bæŋk 'tʃɑːdʒɪz] pl Kontogebühren f/pl, Bankspesen pl
bank clerk ['bæŋk klɑːk] sb Bankangestellter m, Bankkaufmann f
bank conditions [bæŋk kən'dɪʃənz] pl Bankkonditionen f/pl
bank credit [bæŋk 'kredɪt] sb Bankkredit m
Bank Custody Act [bæŋk 'kʌstɪdi ækt] sb Bankdepotgesetz n
bank customer [bæŋk 'kʌstəmə] sb Bankkunde m
bank debit [bæŋk 'debɪt] sb Lastschrift f, Kontobelastung f
bank debts ['bæŋk dets] pl Bankschulden f/pl
bank deposit [bæŋk dɪ'pɒzɪt] sb Bankeinlage f
bank deposit insurance [bæŋk dɪ'pɒzɪt ɪn'ʃʊərəns] sb Depositenversicherung f
bank discount [bæŋk 'dɪskaʊnt] sb Wechseldiskont m, Bankdiskont m
bank endorsed bill [bæŋk ɪn'dɔːst bɪl] sb bankgirierter Warenwechsel m
Bank for International Settlements (BIS) [bæŋk fɔː ɪntəˈnæʃənəl 'setəlmənts] sb Bank für Internationales Zahlungsausgleich (BIZ) f
bank guarantee [bæŋk gærən'tiː] sb Bankgarantie f, Bankaval m/n
bank holding securities on deposit [bæŋk 'həʊldɪŋ sɪ'kjʊərətɪz ɒn dɪ'pɒzɪt] sb Depotbank f

bank holiday [bæŋk 'hɒlɪdeɪ] sb gesetzlicher Feiertag m
bank identification number [bæŋk aɪdentɪfɪ'keɪʃən 'nʌmbə] sb Bankleitzahl f
bank inquiry [bæŋk ɪn'kwaɪrɪ] sb Bankauskunft f
bank letter of credit [bæŋk 'letə əv 'kredɪt] sb Bankakkreditiv n
bank liquidity [bæŋk lɪ'kwɪdɪtɪ] sb Bankliquidität f
bank manager [bæŋk 'mænɪdʒə] sb Filialleiter(in) m/f
bank money order [bæŋk 'mʌnɪ 'ɔːdə] sb Bankanweisung f
bank notification [bæŋk nəʊtɪfɪ'keɪʃən] sb Bankavis m/n
bank of deposit [bæŋk əv dɪ'pɒzɪt] sb Depositenbank f
bank office network [bæŋk 'ɒfɪs 'netwɜːk] sb Bankstellennetz n
bank order [bæŋk 'ɔːdə] sb Zahlungsanweisung f
bank place ['bæŋk pleɪs] sb Bankplatz m
bank rate ['bæŋk reɪt] sb Diskontsatz m
bank rate for loans on securities ['bæŋk reɪt fɔː ləʊns ɒn sɪ'kjʊərətɪz] sb Lombardsatz m
bank rate policy ['bæŋk reɪt 'pɒlɪsɪ] sb Diskontpolitik f
bank relations [bæŋk rɪ'leɪʃənz] pl Bankbeziehungen f/pl
bank return [bæŋk rɪ'tɜːn] sb Bankausweis m
bank shares ['bæŋk ʃeəz] pl Bankaktie f
bank sort code [bæŋk 'sɔːt kəʊd] sb Bankleitzahl f
bank statement [bæŋk 'steɪtmənt] sb Kontoauszug m, Bankauszug m
bank status [bæŋk 'steɪtɪs] sb Bankstatus m
bank stock ['bæŋk stɒk] sb Bankkapital n
bank supervision [bæŋk suːpə'vɪʒən] sb Bankkontrolle f
bank transfer [bæŋk 'trænsfə] sb Banküberweisung f
bank turnover [bæŋk 'tɜːnəʊvə] sb Bankumsätze m/pl
bankbook ['bæŋkbʊk] sb Kontobuch n
banker ['bæŋkə] sb Bankier m, Banker m
banker's commission ['bæŋkəz kə'mɪʃən] sb Bankprovision f
banker's duty of secrecy ['bæŋkəz 'djuːtɪ əv 'siːkrɪsɪ] sb Bankgeheimnis n
banker's guarantee ['bæŋkəz gærən'tiː] sb Bankgarantie f

banker's note [ˈbæŋkəz nəut] sb Dispositionsschein m
banker's order [ˈbæŋkəz ˈɔːdə] sb Dauerauftrag m
banker's reference [ˈbæŋkəz ˈrefərins] sb Bankauskunft f
banking [ˈbæŋkɪŋ] sb Bankwesen n, Bankgeschäft n
banking business [ˈbæŋkɪŋ ˈbɪznɪs] sb Bankgewerbe n
banking cover [ˈbæŋkɪŋ ˈkʌvə] sb Bankdeckung f
banking crisis [ˈbæŋkɪŋ ˈkraɪsɪs] sb Bankenkrise f
banking industry [ˈbæŋkɪŋ ˈɪndəstrɪ] sb Kreditwirtschaft f, Bankgewerbe n
banking inquiry [ˈbæŋkɪŋ ɪnˈkwaɪərɪ] sb Bankenquete f
banking interest [ˈbæŋkɪŋ ˈɪntrɪst] sb Bankzinsen m/pl
Banking Law [ˈbæŋkɪŋ lɔː] sb Kreditwesengesetz n
banking legislation [ˈbæŋkɪŋ ledʒɪsˈleɪʃən] sb Bankengesetzgebung f
banking organization [ˈbæŋkɪŋ ɔːgənaɪˈzeɪʃən] sb Bankorganisation f
banking secrecy [ˈbæŋkɪŋ ˈsiːkrəsɪ] sb Bankgeheimnis n
banking statistics [ˈbæŋkɪŋ stəˈtɪstɪks] pl Bankenstatistik f
banking stocks [ˈbæŋkɪŋ stɒks] pl Bankaktien f/pl, Bankwerte m/pl
banking syndicate [ˈbæŋkɪŋ ˈsɪndɪkət] sb Bankenkonsortium n
banking system [ˈbæŋkɪŋ ˈsɪstɪm] sb Bankensystem n
banking transactions [ˈbæŋkɪŋ trænˈzækʃənz] pl Bankgeschäfte n
banknote [ˈbæŋknəut] sb Banknote f, Geldschein m
bankrate for advances against collateral [ˈbæŋkreɪt fɔː ædˈvænsɪz əˈgenst kəˈlætərəl] sb Lombardsatz m
bankrupt [ˈbæŋkrʌpt] adj bankrott, nicht zahlungsfähig
bankruptcy [ˈbæŋkrʌptsɪ] sb Bankrott m, Konkurs m; ~ proceedings Konkursverfahren n
Bankruptcy Act [ˈbæŋkrʌptsɪ ækt] sb Konkursordnung f
bankruptcy assets [ˈbæŋkrʌptsɪ ˈæsets] pl Konkursmasse f
bankruptcy court [ˈbæŋkrʌptsɪ kɔːt] sb Konkursgericht n

bankruptcy offence [ˈbæŋkrʌptsɪ əˈfens] sb Konkursdelikt n
bankruptcy petition [ˈbæŋkrʌptsɪ pəˈtɪʃən] sb Konkursantrag m
bankruptcy proceedings [ˈbæŋkrʌptsɪ prəˈsiːdɪŋz] pl Konkursverfahren n
bankrupt's creditor [ˈbæŋkrʌpts ˈkredɪtə] sb Konkursgläubiger m
bankrupt's estate [ˈbæŋkrʌpts ɪˈsteɪt] sb Konkursmasse f
bank's accounting [bæŋks əˈkauntɪŋ] sb Bankbuchhaltung f
bank's confirmation of a letter of credit [bæŋks kɒnfəˈmeɪʃən əv ə ˈletə əv ˈkredɪt] sb Bankavis m/n
banks' duty to publish [bæŋks ˈdjuːtɪ tu ˈpʌblɪʃ] sb Bankpublizität f
bank's transaction dealing with cashless [bæŋks trænˈzækʃən ˈdiːlɪŋ wɪθ ˈkæʃləs] sb Girogeschäft n
banks' voting rights [bæŋks ˈvəutɪŋ raɪts] pl Bankenstimmrecht n
bar chart [ˈbɑː tʃɑːt] sb Balkendiagramm n, Säulenschaubild n, Blockdiagramm n
bar code [ˈbɑː kəud] sb Strichcode m, Barcode m, Balkencode m
bargain [ˈbɑːgɪn] v 1. feilschen, handeln; 2. ~ for rechnen mit, erwarten; sb 3. (transaction) Handel m, Geschäft n, Abkommen n; 4. drive a hard ~ hart feilschen; 5. strike a ~ sich einigen; 6. (sth bought at a ~ price) Gelegenheitskauf m; 7. (lower-than-usual price) preiswertes Angebot n
bargaining [ˈbɑːgənɪŋ] sb Verhandeln n, Bargaining n
barrel [ˈbærəl] sb Fass n, Tonne f, Barrel n
barriers to entry [ˈbærɪəz tu ˈentrɪ] pl Markteintrittsbarrieren f/pl
barrister [ˈbærɪstə] sb Rechtsanwalt/Rechtsanwältin m/f, Barrister m
barter [ˈbɑːtə] v tauschen; sb Tauschhandel m, Tausch m
barter transaction [ˈbɑːtə trænˈzækʃən] sb Kompensationsgeschäft n, Tauschgeschäft n, Bartergeschäft n
base [beɪs] sb Basis f, Grundlage f
base level [ˈbeɪs levl] sb Ausgangsniveau n
base line [ˈbeɪs laɪn] sb Vergleichsbasis f
base period [beɪs ˈpɪərɪəd] sb Vergleichszeitraum m
base rate [ˈbeɪs reɪt] sb Leitzins m
base year [ˈbeɪs jɪə] sb Vergleichsjahr n, Basisjahr n

basic collective agreement ['beɪsɪk kə'lektɪv ə'griːmənt] *sb* Manteltarifvertrag *m*
basic income ['beɪsɪk 'ɪnkʌm] *sb* Grundgehalt *n*, Basiseinkommen *n*
basic knowledge ['beɪsɪk 'nɒlɪdʒ] *sb* Grundwissen *n*, Grundkenntnisse *pl*
basic price ['beɪsɪk praɪs] *sb* Basispreis *m*
basic rate ['beɪsɪk reɪt] *sb* Eingangssteuersatz *m*
basic rate of interest ['beɪsɪk reɪt əv 'ɪntrɪst] *sb* Eckzins *m*
basic salary ['beɪsɪk 'sælərɪ] *sb* Grundgehalt *n*, Basislohn *m*
basic savings ['beɪsɪk 'seɪvɪŋz] *pl* Spareckzins *m*
basic trend ['beɪsɪk trend] *sb* Basistrend *m*
basic wage ['beɪsɪk weɪdʒ] *sb* Grundgehalt *n*, Grundlohn *m*
basis ['beɪsɪs] *sb* Basis *f*, Grundlage *f*, Fundament *n*
basis price ['beɪsɪs praɪs] *sb* Grundpreis *m*, Erwerbskurs *m*
basis rate ['beɪsɪs reɪt] *sb* Basiszins *m*
basket currency ['bɑːskɪt 'kʌrənsɪ] *sb* Korbwährung *f*
batch of commodities [bætʃ əv kə'mɒdɪtiːz] *sb* Warenkorb *m*
batch production [bætʃ prə'dʌkʃən] *sb* Chargenproduktion *f*
batch size [bætʃ saɪz] *(production)* Losgröße *f*, Serienngröße *f*
baud rate ['bɔːd reɪt] *sb* Baudrate *f*
bear [beə] *sb* Baissespekulant *m*, Baissier *m*
bear clause [beə klɔːz] *sb* Baisseklausel *f*
bearer ['beərə] *sb* 1. *(of a message, of a cheque)* Überbringer *m/f*; 2. *(of a document)* Inhaber(in) *m/f*; 3. *(carrier)* Träger(in) *m/f*
bearer bond ['beərə bɒnd] *sb* Inhaberschuldverschreibung *f*
bearer cheque ['beərə tʃek] *sb* Inhaberscheck *m*, Überbringerscheck *m*
bearer clause ['beərə klɔːz] *sb* Inhaberklausel *f*
bearer instrument ['beərə 'ɪnstrəmənt] *sb* Inhaberpapier *n*
bearer land charge ['beərə lænd tʃɑːdʒ] *sb* Inhabergrundschuld *f*
bearer share ['beərə ʃeə] *sb* Inhaberaktie *f*
bearer-type mortgage ['beərə taɪp 'mɔːgɪdʒ] *sb* Inhaberhypothek *f*
bearish ['beərɪʃ] *adj (market)* bearish, auf Baisse gerichtet, flau
bear market [beə 'mɑːkɪt] *sb* Baisse *f*
bear sale [beə seɪl] *sb* Leerverkauf *m*

bear seller [beə 'selə] *(Börse)* Fixer *m*
bear selling [beə 'selɪŋ] *sb* Leerverkauf *m*
bear selling position [beə 'selɪŋ pə'zɪʃən] *sb* Leerposition *f*
bear slide [beə slaɪd] *sb* Kursrutsch *m*
beat [biːt] *v irr* 1. *(s.o. to sth)* zuvorkommen; 2. *(surpass)* überbieten
beat down [biːt 'daʊn] *v irr (prices)* herunterdrücken, herunterhandeln
before hours dealing [bɪ'fɔːr 'aʊəz 'diːlɪŋ] *sb* Vorbörse *f*
belong [bɪ'lɒŋ] *v* gehören
belongings [bɪ'lɒŋɪŋz] *pl* Habe *f*, Besitz *m*, Eigentum *n*
benchmark rate ['bentʃmɑːk reɪt] *sb* Ecklohn *m*
benchmarking ['bentʃmɑːkɪŋ] *sb* Benchmarking *n*, Leistungsvergleich *m*
beneficial [benɪ'fɪʃəl] *adj* nützlich, gut, von Vorteil
beneficiary [benɪ'fɪʃərɪ] *sb* Nutznießer(in) *m/f*, Begünstigte(r) *f/m*
beneficiary of payment [benɪ'fɪʃərɪ əv 'peɪmənt] *sb* Zahlungsberechtigte(r) *f/m*
benefit ['benɪfɪt] *v* 1. Nutzen ziehen, profitieren, gewinnen; *sb* 2. Vorteil *m*, Nutzen *m*, Gewinn *m*; 3. *give s.o. the ~ of the doubt* im Zweifelsfalle zu jds Gunsten entscheiden; *(insurance ~)* Leistung *f*, Unterstützung *f*
benefit analysis ['benɪfɪt ə'nælɪsɪs] *sb* Nutzwertanalyse *f*
benefit in money's worth ['benɪfɪt ɪn 'mʌnɪz wɜːθ] *sb* geldwerter Vorteil *m*
bequeath [bɪ'kwiːð] *v* vermachen, vererben
bequest [bɪ'kwest] *sb* Vermächtnis *n*; *(to a museum)* Stiftung *f*
bespoke [bɪ'spəʊk] *adj (UK)* nach Maß angefertigt, Maß...
best price [best 'praɪs] *adj* billigst
bestow [bɪ'stəʊ] *v* schenken, erweisen
bestseller [best'selə] *sb* Bestseller *m*
bestselling ['bestselɪŋ] *adj* Erfolgs..., bestverkauft
beta factor ['biːtə fæktə] *sb* Betafaktor *m*
beverage tax ['bevərɪdʒ tæks] *sb* Getränkesteuer *f*
bid [bɪd] *v irr* 1. bieten; *sb* 2. Angebot *n*; 3. *(at an auction)* Gebot *n*
bidder ['bɪdə] *sb* Bieter(in) *m/f*; *the highest ~* der/die Meistbietende *m/f*; *the lowest ~* der/die Mindestbietende *m/f*
bidding ['bɪdɪŋ] *sb* Bieten *n*, Gebot *n*; *do s.o.'s ~* wie geheißen tun
bid price [bɪd 'praɪs] *sb* Geldkurs *m*

big bank [bɪg bæŋk] sb Großbank f
bilateral [baɪ'lætərəl] adj zweiseitig, bilateral, beiderseitig
bill [bɪl] v 1. (charge) in Rechnung stellen; sb 2. Rechnung f, Abrechnung f; 3. (US: banknote) Banknote f, Geldschein m; 4. ~ of sale Verkaufsurkunde f
billboard ['bɪlbɔːd] sb Reklametafel f, Werbetafel f
bill brokerage provision [bɪl 'brəʊkərɪdʒ prə'vɪʒən] sb Wechselcourtage f
bill business [bɪl 'bɪznɪs] sb Wechselgeschäft n
bill discount rate [bɪl 'dɪskaʊnt reɪt] sb Wechseldiskontsatz m
bill drawn by the drawer himself [bɪl 'drɔːn baɪ ðə 'drɔːə hɪm'self] sb trassiert-eigener Wechsel m
billed [bɪld] adj in Rechnung gestellt, berechnet
bill endorsement [bɪl ɪn'dɔːsmənt] sb Wechselindossament n
bill finance [bɪl 'faɪnæns] sb Wechselfinanzierung f
bill for collection [bɪl fɔː kə'lekʃən] sb Inkassowechsel m
bill guarantee [bɪl gærən'tiː] sb Wechselbürgschaft f, Wechselgarantie f
bill in foreign currency [bɪl ɪn 'fɒrɪn 'kʌrɪnsɪ] sb Devisen-Wechsel m
billion ['bɪljən] sb 1. (a thousand millions) Milliarde f; 2. (formerly UK: a million millions) Billion f
bill jobbing [bɪl 'dʒɒbɪŋ] sb Wechselreiterei f
bill of entry [bɪl əv 'entrɪ] sb Zolleinfuhrschein m
bill of exchange [bɪl əv ɪk'stʃeɪndʒ] sb Wechsel m
bill of exchange drawn for third-party account [bɪl əv ɪk'stʃeɪndʒ drɔːn fɔː θɜːd 'pɑːtɪ ə'kaʊnt] sb Kommissiontratte f
bill of lading [bɪl əv 'leɪdɪŋ] sb Konnossement m, Seefrachtbrief m
bill of quantity [bɪl əv 'kwɒntɪtɪ] sb Kostenvoranschlag m
bill of receipts and expenditures [bɪl əv rɪ'siːts ənd ɪk'spendɪtʃəz] Einnahmen-Ausgabenrechnung f
bill on deposit [bɪl ɒn dɪ'pɒzɪt] sb Depotwechsel m
bill payable [bɪl 'peɪəbəl] sb Schuldwechsel m
bill payable at sight [bɪl 'peɪəbəl ət saɪt] sb Sichtwechsel m
bill payable in instalments [bɪl 'peɪəbəl ɪn ɪn'stɔːlmənts] sb Ratenwechsel m

bills and checks returned unpaid [bɪlz ænd tʃeks rɪ'tɜːnd ʌn'peɪd] pl (finance) Retouren f/pl
bills discounted [bɪlz 'dɪskaʊntɪd] pl Diskonten pl, inländische Wechsel m/pl
bills discounted ledger [bɪlz 'dɪskaʊntɪd 'ledʒə] sb Obligobuch n
bills drawn on debtors [bɪlz drɔːn ɒn 'detəz] pl Debitorenziehung f
bills receivable [bɪlz rɪ'siːvəbəl] pl Besitzwechsel m
bills rediscountable at the Federal Bank [bɪlz rɪdɪs'kaʊntəbl æt ðə 'fedərəl bæŋk] pl bundesbankfähige Wertpapiere n/pl
binding ['baɪndɪŋ] adj verbindlich, bindend, verpflichtend
biodegradable [baɪəʊdɪ'greɪdəbl] adj biologisch abbaubar
biotechnology [baɪəʊtek'nɒlədʒɪ] sb Biotechnologie f
birthday ['bɜːθdeɪ] sb Geburtstag m
birthplace ['bɜːθpleɪs] sb Geburtsort m
bit [bɪt] sb 1. Stückchen n, Stück n; ~ by ~ stückweise, Stück für Stück; every ~ as good as ... genauso gut wie ...; 2. (UK: coin) Münze f; 3. (computer) Bit n
black box model [blæk bɒks 'mɒdəl] sb Black-Box-Modell n
black list [blæk lɪst] sb Black list f, schwarze Liste f
black market [blæk 'mɑːkɪt] sb Schwarzmarkt m
black stock exchange [blæk stɒk ɪks'tʃeɪndʒ] sb schwarze Börse f
blank [blæŋk] adj Blanko..., leer
blank bill [blæŋk bɪl] sb Blanko-Wechsel m
blank cheque [blæŋk tʃek] sb Blankoscheck m
blanket agreement ['blæŋkɪt ə'griːmənt] sb Rahmenvereinbarung f
blanket allowance for special expenses ['blæŋkɪt ə'laʊəns fɔː 'speʃəl ɪk'spensɪz] sb Sonderausgaben-Pauschbetrag m
blank form [blæŋk fɔːm] sb Blankoformular n
blank indorsement [blæŋk ɪn'dɔːsmənt] sb Blanko-Indossament n
blank signature [blæŋk 'sɪgnətʃə] sb Blankounterschrift f
block [blɒk] v (credit) sperren
block credit [blɒk 'kredɪt] sb Rahmenkredit m
blocked account [blɒkt ə'kaʊnt] sb Sperrkonto n

blocked balance [blɒkt 'bæləns] *sb* Sperrguthaben *n*
blocked deposit [blɒkt dɪ'pɒzɪt] *sb* gesperrtes Depot *n*
blocked safe-deposit [blɒkt seɪf dɪ'pɒzɪt] *sb* Sperrdepot *n*
blocked shares [blɒkt 'ʃeəz] *sb* gesperrte Stücke *n/pl*
block floating [blɒk 'fləʊtɪŋ] *sb* Blockfloating *n*
block grant [blɒk 'grɑːnt] *sb* Pauschalsubvention *f*
block of shares [blɒk əv 'ʃeəz] *pl* Aktienpaket *n*
blue chips ['bluː tʃɪps] *pl* erstklassige Aktien *f*, Blue Chips *m/pl*
board [bɔːd] *sb* 1. *(of a computer)* Platine *f*; 2. *(~ of directors)* Vorstand *m*, Direktorium *n*, Verwaltungsrat *m*
board of directors [bɔːd əv dɪ'rektəz] *sb* Direktion *f*, Vorstand *m*
board of trustees [bɔːd əv trʌs'tiːz] *sb* Kuratorium *n*
boardroom ['bɔːdruːm] *sb* Sitzungssaal *m*
body ['bɒdɪ] *sb* 1. *(group of people)* Gruppe *f*, Gesellschaft *f*; 2. *(administrative)* Körperschaft *f*
body of assets ['bɒdɪ əv 'æsets] *sb* Vermögensmasse *f*
bogus company ['bəʊgəs 'kʌmpənɪ] *sb* Briefkastenfirma *f*, Scheinfirma *f*
bond [bɒnd] *sb* Obligation *f*, festverzinsliches Wertpapier *n*
bond and share [bɒnd ænd 'ʃeə] *sb* Manteltresor *m*
bond capital [bɒnd 'kæpɪtəl] *sb* Anleihekapital *n*
bond certificate [bɒnd sə'tɪfɪkɪt] *sb* Anleiheschein *m*
bond coupon [bɒnd 'kuːpɒn] *sb* Zinsschein *m*
bonded ['bɒndɪd] *adj* unter Zollverschluss *m*
bonded warehouse ['bɒndɪd 'weəhaʊs] *sb* Zolllagerhaus *n*
bondholder ['bɒndhəʊldə] *sb* Pfandbriefinhaber *m*, Obligationär *m*
bond issue [bɒnd 'ɪʃuː] *sb* Obligationsausgabe *f*
bond market [bɒnd 'mɑːkɪt] *sb* Rentenmarkt *m*
bond option [bɒnd 'ɒpʃən] *sb* Bond-Option *f*
bonds [bɒndz] *pl* Rentenpapiere *n/pl*, Bonds *m/pl*, Obligation *s*
bond trading [bɒnd 'treɪdɪŋ] *sb* Rentenhandel *m*

bond warrant [bɒnd 'wɒrənt] *sb* Zollbegleitschein *m*
bonus ['bəʊnəs] *sb (monetary)* Prämie *f*, Bonus *m*, Gratifikation *f*, Bonifikation *f*, Zulage *f*
bonus-aided saving ['bəʊnəs 'eɪdɪd 'seɪvɪŋ] *sb* Prämiensparen *n*
bonus savings contract ['bəʊnəs 'seɪvɪŋz 'kɒntrækt] *sb* Prämiensparvertrag *m*
bonus share ['bəʊnəs 'ʃeə] *sb* Berichtigungsaktie *f*, Gratisaktie *f*, Zusatzaktie *f*
book [bʊk] *v (reserve)* buchen, reservieren, vorbestellen; *to be ~ed up* ausgebucht sein
book credit [bʊk 'kredɪt] *sb* Buchkredit *m*
book debt [bʊk det] *sb* Buchschuld *f*
booking ['bʊkɪŋ] *sb* Buchung *f*, Bestellung *f*
booking amount ['bʊkɪŋ ə'maʊnt] *sb* Buchungsbetrag *m*
bookkeeper ['bʊkiːpə] *sb* Buchhalter(in) *m/f*
bookkeeping ['bʊkiːpɪŋ] *sb* Buchhaltung *f*, Buchführung *f*
bookkeeping department ['bʊkiːpɪŋ dɪ'pɑːtmənt] *sb* Buchhaltungsabteilung *f*
bookkeeping error ['bʊkiːpɪŋ 'erə] *sb* Buchungsfehler *m*
book profit [bʊk 'prɒfɪt] *sb* Buchgewinn *m*
books [bʊks] *pl* Bücher *n/pl*, Geschäftsbücher *n/pl*; *keep the ~s* die Bücher führen
book value [bʊk 'væljuː] *sb* Bilanzkurs *m*, Buchbestände *m/pl*, Buchwert *m*
boom [buːm] *v* 1. *(prosper)* einen Aufschwung nehmen; *Business is ~ing.* Das Geschäft blüht. *sb* 2. *(upswing)* Aufschwung *m*, Boom *m*, Hochkonjunktur *f*
boot disk [buːt dɪsk] *sb* Bootdiskette *f*
borrow ['bɒrəʊ] *v* borgen, sich leihen, sich entleihen
borrowed funds ['bɒrəʊd fʌndz] *pl* aufgenommene Gelder *n/pl*, fremde Mittel *n/pl*
borrower ['bɒrəʊə] *sb* Entleiher(in) *m/f*; *(with a bank)* Kreditnehmer(in)
borrowing ['bɒrəʊɪŋ] *sb* Passivkredit *m*
borrowing customers' card index ['bɒrəʊɪŋ 'kʌstəməz kɑːd 'ɪndeks] *sb* Kreditkartei *f*
borrowing limit ['bɒrəʊɪŋ 'lɪmɪt] *sb* Kreditlimit *n*
borrowing line ['bɒrəʊɪŋ 'laɪn] *sb* Kreditlinie *f*
bottleneck ['bɒtlnek] *sb (fig)* Engpass *m*
bottle-neck factor ['bɒtlnek 'fæktə] *sb* Engpassfaktor *m*
bottom ['bɒtəm] *v* auf dem Tiefpunkt sein, den tiefsten Stand erreicht haben; *~ out* die Talsohle verlassen

bottom line ['bɒtəm 'laɪn] sb Saldo m
bottom-up planning system ['bɒtəmʌp 'plænɪŋ 'sɪstɪm] sb Gegenstromverfahren n
bottom-up principle ['bɒtəmʌp 'prɪnsɪpəl] sb Bottom-Up-Prinzip n
bottom wage groups ['bɒtəm weɪdʒ gru:ps] pl Leichtlohngruppen f/pl
bourse [bʊəs] sb Börse f (auf dem europäischen Kontinent)
box [bɒks] v 1. (put in boxes) verpacken; 2. sb Kasten m, Kiste f; (made of thin cardboard) Schachtel f
boxboard ['bɒksbɔ:d] sb Wellpappe f, Karton m
boxcar ['bɒkskɑ:] sb geschlossener Güterwagon m
box number ['bɒks 'nʌmbə] sb Postfach n
boycott ['bɔɪkɒt] sb 1. Boykott m; v 2. boykottieren
brain drain [breɪn dreɪn] sb (fam) Braindrain m, Abwanderung hochqualifizierter Arbeitskräfte f
brains trust [breɪnz trʌst] sb Expertenausschuss m, Braintrust m
brainstorming ['breɪnstɔ:mɪŋ] sb Brainstorming n, Ideensammeln n
branch [brɑ:ntʃ] sb 1. (area) Zweig m, Sparte f, Branche f; 2. (~ office) Filiale f, Zweigstelle f; v 3. ~ out sich ausdehnen
branch abroad [brɑ:ntʃ ə'brɔ:d] sb Auslandsniederlassung f
branch manager [brɑ:ntʃ 'mænɪdʒə] sb Filialleiter m
branch office [brɑ:ntʃ 'ɒfɪs] sb Geschäftsstelle f, Zweigstelle f, Filiale f
branch operation [brɑ:ntʃ ɒpə'reɪʃən] sb Zweigstelle f
brand [brænd] sb (name) Marke f, Schutzmarke f
brand family [brænd 'fæmɪlɪ] sb Markenfamilie f
brand leader [brænd 'li:də] sb führende Marke f
brand management [brænd 'mænɪdʒmənt] sb Produktmanagement n, Markenmanagement n
brand marketing [brænd 'mɑ:kɪtɪŋ] sb Brandmarketing n
brand name [brænd neɪm] sb Markenname m
brand name article [brænd neɪm 'ɑ:tɪkl] sb Markenartikel m
brand (name) loyalty [brænd (neɪm) 'lɔɪəltɪ] sb Markentreue f

brand switching [brænd 'swɪtʃɪŋ] sb Markenwechsel m
brand trademark [brænd 'treɪdmɑ:k] sb Marke f
brand trend survey [brænd trend 'sɜ:veɪ] sb Markenanalyse f
branding ['brændɪŋ] sb Branding n
breach [bri:tʃ] v 1. (a contract) brechen, verletzen; sb 2. Übertretung f, Verstoß m, Verletzung f; 3. ~ of contract Vertragsbruch m
break [breɪk] v irr 1. brechen; 2. ~ even Kosten decken; 3. ~ the news to s.o. jdm etw mitteilen; 4. (stop functioning) kaputtgehen; 5. (put out of working order) kaputtmachen; sb 6. (pause) Pause f; take a ~ eine Pause machen
breakage ['breɪkɪdʒ] sb Bruch m; (damage) Bruchschaden m
breakage frequency ['breɪkɪdʒ 'fri:kwənsɪ] sb Ausschussquote f
break down [breɪk 'daʊn] v irr (machine) versagen, stehen bleiben
breakdown ['breɪkdaʊn] sb 1. (of a machine) Versagen n, Betriebsstörung f; 2. (of a car) Panne f; 3. (analysis) Aufgliederung f
breakeven analysis [breɪk'i:vən ə'nælɪsɪs] sb Break-Even-Analyse f, Gewinnschwellenanalyse f
break-even point [breɪk'i:vən pɔɪnt] sb Gewinnschwelle f, Rentabilitätsschwelle f, Break-Even-Point m
breakthrough ['breɪkθru:] sb Durchbruch m
bribe [braɪb] v 1. bestechen, schmieren; 2. (money) Bestechung f, Bestechungsgeld n
bridging loan ['brɪdʒɪŋ ləʊn] sb Überbrückungskredit m
brief [bri:f] sb 1. Instruktionen f/pl; v 2. ~ s.o. jdn einweisen, jdn instruieren
briefcase ['bri:fkeɪs] sb Aktentasche f, Aktenmappe f
briefing ['bri:fɪŋ] sb Briefing, vorbereitende Besprechung f
bring [brɪŋ] v irr 1. bringen; 2. ~ a charge against s.o. gegen jdn Anklage erheben
bring forward [brɪŋ 'fɔ:wəd] v irr 1. übertragen; 2. (a meeting) vorverlegen
broadcast ['brɔ:dkɑ:st] v irr 1. senden, übertragen; sb 2. Übertragung f, Sendung f
brochure ['brəʊʃə] sb Broschüre f, Prospekt m
broken-period interest ['brəʊkənpɪərɪəd 'ɪntrest] sb Stückzinsen m
broker ['brəʊkə] sb Broker m, Makler(in) m/f
brokerage ['brəʊkərɪdʒ] sb Maklergeschäft n, Maklergebühr f, Provision f, Courtage f

brokerage bank ['brəʊkərɪdʒ bæŋk] *sb* Maklerbank *f*
brokerage business ['brəʊkərɪdʒ 'bɪznɪs] *sb* Vermittlungsgeschäft *n*
brokers' code of conduct ['brəʊkəz kəʊd əv 'kɒndʌkt] *sb* Maklerordnung *f*
broker's note ['brəʊkəz nəʊt] *sb* Schlussnote *f*
bubble company ['bʌbəl 'kʌmpəni] *sb* Briefkastenfirma *f*, Scheinfirma *f*
bucket shop ['bʌkɪt ʃɒp] *sb* Winkelbörse *f*
budget ['bʌdʒɪt] *v* 1. ~ for sth einplanen, einkalkulieren; *sb* 2. Etat *m*, Budget *n*, Haushalt *m*
budget adjustment ['bʌdʒɪt ə'dʒʌstmənt] *sb* Planrevision *f*
budgetary deficit ['bʌdʒɪtəri 'defəsɪt] *sb* Haushaltsdefizit *n*, Budgetdefizit *n*
budgetary planning ['bʌdʒɪtəri 'plænɪŋ] *sb* Budgetplanung *f*
budget control ['bʌdʒɪt kən'trəʊl] *sb* Budgetkontrolle *f*
budget credit ['bʌdʒɪt 'kredɪt] *sb* Haushaltskredit *m*
budget cut ['bʌdʒɪt kʌt] *sb* Etatkürzung *f*, Budgetkürzung *f*
budgeted balance sheet ['bʌdʒɪtɪd 'bælənsʃiːt] *sb* Planbilanz *f*
budgeted costs ['bʌdʒɪtɪd kɒsts] *pl* Sollkosten *pl*
budget law ['bʌdʒɪt lɔː] *sb* Haushaltsgesetz *n*
budgeting ['bʌdʒɪtɪŋ] *sb* Budgetierung *f*, Finanzplanung *f*
buffer stock ['bʌfə stɒk] *sb* Pufferbestand *m*
bug [bʌg] *v* 1. verwanzen, abhören; *sb* 2. (programming error) Defekt *m*
build [bɪld] *v* irr 1. bauen, erbauen, errichten; 2. (fig: business, career, relationship) aufbauen; 3. (assemble) bauen, konstruieren, herstellen
builder ['bɪldə] *sb* 1. (contractor) Bauunternehmer *m*; 2. Erbauer *m*, Bauträger *m*
building and contracting industry ['bɪldɪŋ ənd kən'træktɪŋ 'ɪndəstri] *sb* Bauwirtschaft *f*
building financing ['bɪldɪŋ 'faɪnænsɪŋ] *sb* Baufinanzierung *f*
building loan ['bɪldɪŋ ləʊn] *sb* Baukredit *m*, Baudarlehen *n*
building site ['bɪldɪŋ saɪt] *sb* Bauland *n*, Baustelle *f*
building society ['bɪldɪŋ sə'saɪɪti] *sb* (UK) Bausparkasse *f*

build-up account ['bɪldʌp ə'kaʊnt] *sb* Aufbaukonto *n*
bulk [bʌlk] *sb* 1. (size) Größe *f*, Masse *f*; 2. (large quantity) Masse *f*
bulk buyer [bʌlk 'baɪə] *sb* Großabnehmer *m*
bulk buying [bʌlk 'baɪɪŋ] *sb* Großeinkauf *m*
bulk carrier [bʌlk 'kærɪə] *sb* Frachtschiff *n*, Frachter *m*
bulk delivery [bʌlk dɪ'lɪvəri] *sb* Großlieferung *f*
bulk goods [bʌlk gʊdz] *pl* Massengüter *n/pl*
bulk mail [bʌlk meɪl] *sb* Postwurfsendung *f*
bull [bʊl] *sb* Haussespekulant *m*, Haussier *m*
bull market [bʊl 'maːkɪt] *sb* Hausse *f*
bullion ['bʊljən] *sb* 1. Bullion *n*; 2. Barren *m*
bullion broker ['bʊljən 'brəʊkə] *sb* Bullionbroker *m*
bullish ['bʊlɪʃ] *sb* Bullish *n*
buoyant ['bɔɪjənt] *adj* freundlich, lebhaft
burden ['bɜːdn] *v* 1. belasten; ~ s.o. with sth jdm etw aufbürden; *sb* 2. Last *f*; 3. (of taxes) Belastung *f*
burden department ['bɜːdn dɪ'paːtmənt] *sb* Kostenstelle *f*
bureau ['bjʊərəʊ] *sb* (of the government) Amt *n*, Behörde *f*
bureaucracy [bjʊə'rɒkrəsi] *sb* Bürokratie *f*
bureaucrat ['bjʊərəkræt] *sb* Bürokrat *m*
bureaucratic [bjʊərə'krætɪk] *adj* bürokratisch
business ['bɪznɪs] *sb* 1. (firm) Geschäft *n*, Betrieb *m*, Unternehmen *n*; 2. go out of ~ zumachen; 3. (trade) Geschäft *n*, Gewerbe *n*; (matter) Sache *f*, Affäre *f*, Angelegenheit *f*; 4. get down to ~ zur Sache kommen
business acquisition ['bɪznɪs ækwɪ'zɪʃən] *sb* Geschäftsübernahme *f*
business administration ['bɪznɪs ədmɪnɪ'streɪʃən] *sb* Betriebswirtschaftslehre *f*
business barometer ['bɪznɪs bə'rɒmɪtə] *sb* Konjunkturbarometer *n*
business card ['bɪznɪs kaːd] *sb* Geschäftskarte *f*, Visitenkarte *f*
business category costing ['bɪznɪs 'kætəgəri 'kɒstɪŋ] *sb* Geschäftsspartenkalkulation *f*
business combination ['bɪznɪs kɒmbɪ'neɪʃən] *sb* Unternehmenszusammenschluss *m*
business concentration ['bɪznɪs kɒnsən'treɪʃən] *sb* Unternehmenskonzentration *f*
business connections ['bɪznɪs kə'nekʃənz] *pl* Geschäftsbeziehungen *f/pl*, Geschäftsverbindungen *f/pl*

business consulting [ˈbɪznɪs kənˈsʌltɪŋ] *sb* Unternehmensberatung *f*
business cycle [ˈbɪznɪs ˈsaɪkəl] *sb* Konjunkturverlauf *m*, Konjunkturzyklus *m*
business data processing [ˈbɪznɪs ˈdeɪtə ˈprəʊsesɪŋ] *sb* Wirtschaftsinformatik *f*
business deal [ˈbɪznɪs diːl] *sb* Geschäftsabschluss *m*
business economics [ˈbɪznɪs iːkəˈnɒmɪks] *pl* Betriebswirtschaftslehre *f*
business engaged in the distributive trade [ˈbɪznɪs ɪnˈgeɪdʒd ɪn ðə dɪsˈtrɪbjutɪv treɪd] *sb* Handelsbetrieb *m*
business enterprise [ˈbɪznɪs ˈentəpraɪz] *sb* Erwerbsbetrieb *m*, Unternehmung *f*
business environment risk index [ˈbɪznɪs enˈvaɪənmənt rɪsk ˈɪndeks] *sb* BERI-Index *m*
business excise tax [ˈbɪznɪs ˈeksaɪz tæks] *sb* Gewerbeertragssteuer *f*
business forecasting [ˈbɪznɪs ˈfɔːkɑːstɪŋ] *sb* Konjunkturprognose *f*
business friend [ˈbɪznɪs frend] *sb* Geschäftsfreund *m*
business hours [ˈbɪznɪs ˈaʊəz] *sb* Geschäftszeit *f*
business in foreign countries [ˈbɪznɪs ɪn ˈfɒrɪn ˈkʌntrɪz] *sb* Auslandsgeschäft *n*
business income [ˈbɪznɪs ˈɪnkʌm] *sb* Erwerbseinkünfte *f/pl*
business indicator [ˈbɪznɪs ˈɪndɪkeɪtə] *sb* Konjunkturindikator *m*
business letter [ˈbɪznɪs ˈletə] *sb* Handelsbrief *m*
business licence [ˈbɪznɪs ˈlaɪsəns] *sb* Gewerbeschein *m*
businessman [ˈbɪznɪsmæn] *sb* Geschäftsmann *m*, Kaufmann *m*
business over the counter [ˈbɪznɪs ˈəʊvə ðə ˈkaʊntə] *sb* Schaltergeschäft *n*
business papers [ˈbɪznɪs ˈpeɪpəz] *pl* Geschäftspapiere *n/pl*
business park [ˈbɪznɪs pɑːk] *sb* Gewerbegebiet *n*
business partner [ˈbɪznɪs ˈpɑːtnə] *sb* Geschäftspartner(in) *m/f*
business practice [ˈbɪznɪs ˈpræktɪs] *sb* Handelsbrauch *m*
business relations [ˈbɪznɪs rɪˈleɪʃənz] *sb* Geschäftsverbindung *f*, Geschäftsbeziehung *f*
business report [ˈbɪznɪs rɪˈpɔːt] *sb* Geschäftsbericht *m*
business reply [ˈbɪznɪs rɪˈplaɪ] *sb* Werbeantwort *f*

business secret [ˈbɪznɪs ˈsiːkrət] *sb* Geschäftsgeheimnis *n*
business taxation [ˈbɪznɪs tækˈseɪʃən] *sb* Unternehmensbesteuerung *f*
business-to-business (B2B) [ˈbɪznɪs tʊ ˈbɪznɪs] *sb* Business-to-Business, B2B (Abwicklung von Geschäftsvorgängen zwischen Unternehmen)
business-to-customer (B2C) [ˈbɪznɪs tʊ ˈkʌstəmə] *sb* Business-to-Customer, B2C (Abwicklung von Geschäftsvorgängen zwischen Unternehmen und Endkunden)
businesswoman [ˈbɪznɪswʊmən] *sb* Geschäftsfrau *f*
business year [ˈbɪznɪs jɪə] *sb* Wirtschaftsjahr *n*
busy [ˈbɪzi] *adj* 1. beschäftigt, tätig; 2. *(telephone line)* (US) besetzt
buy [baɪ] *v irr* 1. kaufen, einkaufen; *sb* 2. *(fam)* Kauf *m*; a good ~ ein günstiger Kauf *m*
buy-back [ˈbaɪbæk] *sb* Anteilsrückkauf *m*
buy-back arrangements [ˈbaɪbæk əˈreɪndʒmənts] *pl* Rückkaufgeschäfte *n/pl*
buyer [ˈbaɪə] *sb* Käufer(in) *m/f*, Abnehmer(in) *f*
buyer's commission [ˈbaɪəz kəˈmɪʃən] *sb* Käuferprovision *f*
buyers ahead [ˈbaɪəz əˈhed] *sb* bezahlt und Geld (BG, bzG)
buyer's market [ˈbaɪəz ˈmɑːkɪt] *sb* Käufermarkt *m*
buying or selling for customers [ˈbaɪɪŋ ɔː ˈselɪŋ fə ˈkʌstəməz] *sb* Anschaffungsgeschäft *n*
buying rate [ˈbaɪɪŋ reɪt] *sb* Geldkurs *m*
buying-up wholesale trade [ˈbaɪɪŋʌp ˈhəʊlseɪl treɪd] *sb* Aufkaufgroßhandel *m*
buy off [baɪ ˈɒf] *v irr* (s.o.) jdn abfinden
buy out [baɪ ˈaʊt] *v irr* 1. *(s.o.)* auszahlen; 2. *(s.o.'s stock)* aufkaufen
by express [baɪ ɪkˈspres] per Express
by lorry [baɪ ˈlɒri] per Lastkraftwagen
by order [baɪ ˈɔːdə] im Auftrag
by procuration [baɪ prəkjuˈreɪʃən] per procura
by registered post [baɪ ˈredʒɪstəd ˈpəʊst] per Einschreiben
by return of post [baɪ rɪˈtɜːn əv ˈpəʊst] postwendend
bylaws [ˈbaɪlɔːz] *pl* Satzung *f*
by-product [ˈbaɪprɒdʌkt] *sb* Nebenprodukt *n*, Abfallprodukt *n*
byte [baɪt] *sb* Byte *n*

C

cable transfer ['keɪbl 'trænsfɜː] sb Kabelüberweisung f, telegrafische Überweisung f
cabotage ['kæbətɑːʒ] sb Kabotage f
calculable ['kælkjʊləbl] adj berechenbar, kalkulierbar
calculate ['kælkjʊleɪt] v 1. rechnen, (sth) berechnen, errechnen; 2. (estimate) kalkulieren
calculation [kælkjʊ'leɪʃən] sb Berechnung f, Kalkulation f, Rechnung f
calculation of compound interest [kælkjʊ'leɪʃən əv 'kɒmpaʊnd 'ɪntrɪst] sb Zinseszinsrechnung f
calculation of earning power [kælkjʊ'leɪʃən əv 'ɜːnɪŋ 'paʊə] sb Rentabilitätsberechnung f
calculation of price of shares [kælkjʊ'leɪʃən əv praɪs əv ʃeəz] sb Effektenrechnung f
calculation of probabilities [kælkjʊ'leɪʃən əv prɒbə'bɪlɪtɪz] sb Wahrscheinlichkeitsrechnung f
calculation of the budget costs [kælkjʊ'leɪʃən əv ðə 'bʌdʒɪt kɒsts] sb Plankostenrechnung f
calculation unit [kælkjʊ'leɪʃən 'juːnɪt] sb Recheneinheit f
calculator ['kælkjʊleɪtə] sb (pocket ~) Taschenrechner m
calendar year ['kæləndə jɪə] sb Kalenderjahr n
call [kɔːl] v 1. (on the telephone) anrufen; (a meeting) einberufen; 2. (a bond) aufrufen; 3. (a loan) abrufen; sb 4. (telephone ~) Anruf m; 5. make a ~ telefonieren; 6. (summons) Aufruf m
callable ['kɔːləbl] adj rückkaufbar, rückforderbar
callable forward transaction anticipato m ['kɔːləbəl 'fɔːwəd træn'zækʃən æntɪsɪ'pɑːto] sb Wandelgeschäft n
callable bond ['kɔːləbəl bɒnd] sb Anleihe mit Emittentenkündigungsrecht f, Schuldverschreibung mit Emittentenkündigungsrecht f
called ['kɔːld] adj eingefordert
called in ['kɔːld 'ɪn] adj eingefordert
called in capital ['kɔːld ɪn 'kæpɪtl] sb eingefordertes Kapital n
call forwarding [kɔːl 'fɔːwədɪŋ] sb Anrufumleitung f
call letter [kɔːl letə] sb Einzahlungsaufforderung f

call off [kɔːl 'ɒf] v (cancel) absagen
call officer [kɔːl 'ɒfɪsə] sb Firmenkundenbetreuer(in) m/f
call option [kɔːl 'ɒpʃən] sb Kaufoption f
call order [kɔːl 'ɔːdə] sb Abrufauftrag m
call transaction [kɔːl træn'zækʃən] sb Call-Geschäft n
call up [kɔːl 'ʌp] v 1. aufrufen, 2. (telephone) anrufen
call-box ['kɔːlbɒks] sb (UK) Telefonzelle f, Münzfernsprecher m
caller ['kɔːlə] sb (on the telephone) Anrufer m; (visitor) Besucher m
calling card ['kɔːlɪŋ kɑːd] sb (fig, US) Visitenkarte f
call-number ['kɔːlnʌmbə] sb (UK) Rufnummer f
camouflaged advertising ['kæməflɑːʒd 'ædvətaɪzɪŋ] sb Schleichwerbung f
canban system ['kænbæn 'sɪstɪm] sb Kanban-System n
cancel ['kænsəl] v 1. streichen, durchstreichen; 2. ~ each other out (fig) sich gegenseitig aufheben; 3. (a command) widerrufen, aufheben; 4. (call off) absagen; 5. (an order for goods) abbestellen, stornieren; 6. (a contract) annullieren, kündigen; 7. to be ~led ausfallen
cancellation [kænsə'leɪʃən] sb 1. Streichung f, Aufhebung f, Annullierung f; 2. (of a contract) Kündigung f, Abbestellung f, Stornierung f, Löschung f
cancellation fee [kænsə'leɪʃən fiː] sb Rücktrittsgebühr f, Stornogebühr f
cancellation notice [kænsə'leɪʃən 'nəʊtɪs] sb Kündigungsschreiben n
cancellation of a debt [kænsə'leɪʃən əv ə det] sb Schuldenerlass m
cancelled ['kænsld] adj 1. ungültig, gestrichen; 2. (order) storniert; 3. (meeting) abgesagt
candidate ['kændɪdeɪt] sb Kandidat(in) m/f, Anwärter(in) m/f, Bewerber(in) m/f
candidature ['kændɪdətʃə] sb Anwartschaft f, Kandidatur f
cap [kæp] sb Cap n, Obergrenze f
capable of acting in law ['keɪpəbl əv 'æktɪŋ ɪn lɔː] adv rechtsfähig
capacity [kə'pæsɪtɪ] sb 1. (ability) Fähigkeit f; 2. (role) Eigenschaft f; 3. in an advisory ~ in beratender Funktion; 4. (content) Inhalt m, Umfang m; 5. Kapazität f, Leistung f

capacity to contract [kəˈpæsɪtɪ tu ˈkɒntrækt] sb Geschäftsfähigkeit f
capacity to compete [kəˈpæsɪtɪ tu kəmˈpiːt] sb Wettbewerbsfähigkeit f
capacity to draw cheques [kəˈpæsɪtɪ tu drɔː tʃeks] sb Scheckfähigkeit f
capacity to pay [kəˈpæsɪtɪ tu peɪ] sb Zahlungsfähigkeit f
capital [ˈkæpɪtəl] sb Kapital n
capital account [ˈkæpɪtəl əˈkaʊnt] sb Vermögensrechnung f
capital accumulation [ˈkæpɪtəl əkjuːmjuˈleɪʃən] sb Kapitalansammlung f
capital addition [ˈkæpɪtəl əˈdɪʃən] sb Anlagenzugang m
capital adjustment [ˈkæpɪtəl əˈdʒʌstmənt] sb Kapitalberichtigung f
capital aid [ˈkæpɪtəl eɪd] sb Kapitalhilfe f
capital analysis [ˈkæpɪtəl əˈnælɪsɪs] sb Kapitalanalyse f
capital assets [ˈkæpɪtəl ˈæsets] pl Kapitalvermögen n
capital base [ˈkæpɪtəl beɪs] sb Kapitalbasis f
capital drain [ˈkæpɪtəl dreɪn] sb Kapitalabfluss m
capital encouragement treaty [ˈkæpɪtəl enˈkʌrɪdʒmənt ˈtriːtɪ] sb Kapitalförderungsvertrag m
capital export [ˈkæpɪtəl ˈekspɔːt] sb Kapitalexport m
capital flow [ˈkæpɪtəl fləʊ] sb Capital flow m, Kapitalfluss m
capital formation [ˈkæpɪtəl fɔːˈmeɪʃən] sb Vermögensbildung f
capital forming payment [ˈkæpɪtəl ˈfɔːmɪŋ ˈpeɪmənt] sb vermögenswirksame Leistungen f/pl
capital fund [ˈkæpɪtəl fʌnd] sb Kapitalfonds m
capital gains tax [ˈkæpɪtəl geɪnz tæks] sb Kapitalertragssteuer f
capital gearing [ˈkæpɪtəl ˈgɪərɪŋ] sb Fremdkapitalanteil m, Verschuldungsgrad m
capital goods [ˈkæpɪtəl gʊdz] pl Investitionsgüter pl, Anlagegüter pl
capital grant [ˈkæpɪtəl grɑːnt] sb Investitionszuschuss m
capital import [ˈkæpɪtəl ˈɪmpɔːt] sb Kapitalimport m
capital industry [ˈkæpɪtəl ˈɪndəstrɪ] sb Produktionsgüterindustrie f
capital investment [ˈkæpɪtəl ɪnˈvestmənt] sb Kapitalanlage f

capital investment company [ˈkæpɪtəl ɪnˈvestmənt ˈkʌmpənɪ] sb Kapitalanlagegesellschaft f
capital investment law [ˈkæpɪtəl ɪnˈvestmənt lɔː] sb Kapitalanlagegesetz n
capital issue [ˈkæpɪtəl ˈɪʃuː] sb Aktienemission f, Effektenemission f
capital levy [ˈkæpɪtəl ˈlevɪ] sb Vermögensabgabe f
capital majority [ˈkæpɪtəl məˈdʒɒrɪtɪ] sb Kapitalmehrheit f
capital market [ˈkæpɪtəl ˈmɑːkɪt] sb Kapitalmarkt m
Capital Market Encouragement Law [ˈkæpɪtəl ˈmɑːkɪt ɪnˈkʌrɪdʒmənt lɔː] sb Kapitalmarktförderungsgesetz n
capital market interest rate [ˈkæpɪtəl ˈmɑːkɪt ˈɪntrɪst reɪt] sb Kapitalmarktzins m
capital market research [ˈkæpɪtəl ˈmɑːkɪt rɪˈsɜːtʃ] sb Kapitalmarktforschung f
capital movements [ˈkæpɪtəl ˈmuːvmənts] pl Kapitalbewegungen f/pl
capital outflows [ˈkæpɪtəl ˈaʊtfləʊz] sb Kapitalabfluss m
capital productivity [ˈkæpɪtəl prɒdʌkˈtɪvɪtɪ] sb Kapitalproduktivität f
capital program [ˈkæpɪtəl ˈprəʊgræm] sb Investitionsprogramm n
capital protection [ˈkæpɪtəl prəˈtekʃən] sb Kapitalschutz m
capital reduction [ˈkæpɪtəl rɪˈdʌkʃən] sb Kapitalherabsetzung f
capital requirement calculation [ˈkæpɪtəl rɪˈkwaɪəmənt kælkjʊˈleɪʃən] sb Kapitalbedarfsrechnung f
capital requirement(s) [ˈkæpɪtəl rɪˈkwaɪəmənt(s)] sb Kapitalbedarf m
capital reserves [ˈkæpɪtəl rɪˈzɜːvz] pl Kapitalrücklage f
capital resources [ˈkæpɪtəl rɪˈsɔːsɪz] pl Kapitalausstattung f
capital serving as a guarantee [ˈkæpɪtəl ˈsɜːvɪŋ æz ə gærənˈtiː] sb Garantiekapital n
capital share [ˈkæpɪtəl ʃeə] sb Kapitalanteil m
capital spending [ˈkæpɪtəl ˈspendɪŋ] sb Investitionsaufwand m, Kapitalaufwand m
capital stock [ˈkæpɪtəl stɒk] sb Grundkapital n
capital sum required as cover [ˈkæpɪtəl sʌm rɪˈkwaɪəd æz ˈkʌvə] sb Deckungskapital n
capital tie-up [ˈkæpɪtəl ˈtaɪʌp] sb Kapitalbindung f

capital transaction tax ['kæpɪtəl træn-'zækʃən tæks] sb Kapitalverkehrssteuer f
capital transactions ['kæpɪtəl træn'zæk-ʃənz] pl Kapitalverkehr m
capital transfer tax ['kæpɪtəl 'trænsfɜː tæks] sb (UK) Erbschaftssteuer f
capital turnover ['kæpɪtəl 'tɜːnəʊvə] sb Kapitalumschlag m
capital value ['kæpɪtəl 'væljuː] sb Kapitalwert m
capital yield tax ['kæpɪtəl 'jiːld tæks] sb Kapitalertragsteuer f
capitalism ['kæpɪtəlɪzm] sb Kapitalismus m
capitalist ['kæpɪtəlɪst] sb Kapitalist(in) m/f
capitalization [kæpɪtəlaɪ'zeɪʃən] sb Kapitalisierung f
capitalized value ['kæpɪtəlaɪzd 'væljuː] sb Ertragswert m
capitation [kæpɪ'teɪʃən] sb Kopfsteuer f
cap rate of interest [kæp reɪt əv 'ɪntrɪst] sb Zinskappe f
car [kɑː] sb Auto n, Wagen m
cardboard [kɑː'dbɔːd] sb Karton m, Pappe f; ~ box Pappkarton m
cardphone ['kɑːdfəʊn] sb Kartentelefon n
card holder [kɑːd 'həʊldə] sb Karteninhaber(in) m/f
card index [kɑːd 'ɪndeks] sb Kartei f
career [kə'rɪə] sb Karriere f, Laufbahn f
cargo ['kɑːgəʊ] sb Ladung f, Fracht f
carnet ['kɑːneɪ] sb Zollcarnet n, Carnet n
car phone ['kɑː fəʊn] sb Autotelefon n
carriage ['kærɪdʒ] sb Fracht f
carriage charges ['kærɪdʒ 'tʃɑːdʒɪz] pl Frachtkosten pl, Transportkosten pl
carriage of goods ['kærɪdʒ əv 'gʊdz] sb Güterbeförderung f, Gütertransport m
carriage paid ['kærɪdʒ peɪd] adj franko, portofrei
carrier ['kærɪə] sb 1. Träger m, Frachtführer m; 2. (shipping firm) Spediteur m
carry ['kærɪ] v 1. tragen; 2. (the cost of sth) bestreiten; 3. (ship goods) befördern
carry forward ['kærɪ fɔː'wəd] v vortragen
carry-forward of the losses ['kærɪ'fɔː-wəd əv ðə 'lɒsɪz] sb Verlustvortrag m
carry over ['kærɪ 'əʊvə] v vortragen
carte blanche ['kɑːt 'blɒ̃ʃ] sb Blankovollmacht f, Carte blanche f
cartel [kɑː'tel] sb Kartell n
cartel act [kɑː'tel ækt] sb Kartellgesetz n
cartel authority [kɑː'tel ɔː'θɒrɪtɪ] sb Kartellbehörde f
cartel law [kɑː'tel lɔː] sb Kartellgesetz n

cartel to be registered [kɑː'tel tu biː 're-dʒɪstəd] sb genehmigungspflichtiges Kartell n
carton ['kɑːtən] sb Karton m, Pappschachtel f
cascade tax [kæ'skeɪd tæks] sb Kaskadensteuer f
case [keɪs] sb 1. (packing ~) Kiste f; (display ~) Vitrine f, Schaukasten m; 2. (situation) Angelegenheit f, Fall m
cash [kæʃ] sb 1. Bargeld n; 2. ~ on delivery per Nachnahme; adj 3. bar; v 4. einlösen, einkassieren
cash accountancy [kæʃ ə'kaʊntənsɪ] sb Kassenhaltung f
cash against documents (c. a. d.) [kæʃ ə'genst 'dɒkjʊmənts] sb Zahlung gegen Dokumente (c.a.d.) f
cash and carry [kæʃ ænd 'kærɪ] sb Cash & Carry (C & C) n
cash-and-carry clause [kæʃənd'kærɪ klɔːz] sb Cash-and-carry-Klausel f
cash assets [kæʃ 'æsets] pl Barvermögen n
cash audit [kæʃ 'ɔːdɪt] sb Kassenrevision f
cash-based ['kæʃbeɪst] adj pagatorisch
cash basis of accounting [kæʃ 'beɪsɪs əv ə'kaʊntɪŋ] sb Geldrechnung f
cash book ['kæʃ bʊk] sb Kassenbuch n
cash card [kæʃ kɑːd] sb Bankautomatenkarte f, Geldautomatenkarte f
cash cheque [kæʃ tʃek] sb (UK) Barscheck m
cash contribution [kæʃ kɒntrɪ'bjuːʃən] sb Bareinlage f
cash cover [kæʃ 'kʌvə] sb Bardeckung f
cash cow [kæʃ kaʊ] sb Cashcow f
cash credit [kæʃ 'kredɪt] sb Kassenkredit m, Barkredit m
cash deposit [kæʃ dɪ'pɒzɪt] sb Bardepot n, Bareinlage f
cash desk [kæʃ desk] sb Kasse f
cash discount [kæʃ 'dɪskaʊnt] sb Barzahlungsrabatt m, Skonto n
cash dispenser [kæʃ dɪs'pensə] sb Geldautomat m
cash dividend [kæʃ 'dɪvɪdend] sb Bardividende f
cash flow [kæʃ fləʊ] sb Cash-Flow m
cashier [kæ'ʃɪə] sb 1. Kassierer(in) m/f; 2. ~'s check (US) Bankscheck m
cash in [kæʃ 'ɪn] v ~ on sth aus etw Kapital schlagen
cash in advance (c. i. a.) [kæʃ ɪn əd'vɑːns] sb Vorauszahlung (c.i.a.) f
cash in hand ['kæʃ ɪn hænd] sb Geldbestand m, Kassenbestand m

cash inpayment [kæʃ 'ɪnpeɪmənt] *sb* Bareinzahlung *f*
cashless checkout systems ['kæʃlɪs 'tʃekaʊt 'sɪstɪmz] *pl* bargeldlose Kassensysteme *n/pl*
cashless payments ['kæʃlɪs 'peɪmənts] *pl* bargeldloser Zahlungsverkehr *m*
cash letter of credit [kæʃ 'letə əv 'kredɪt] *sb* Bar-Akkreditiv *n*
cash loss payment [kæʃ lɒs 'peɪmənt] *sb* Bareinschuss *m*
cash on delivery (c. o. d.) [kæʃ ɒn dɪ'lɪvərɪ] *sb* (Lieferung gegen) Nachnahme *f*, Zahlung per Nachnahme *f*, Cash on delivery (c.o.d.)
cash on shipment (c. o. s.) [kæʃ ɒn 'ʃɪpmənt] *sb* zahlbar bei Verschiffung (c.o.s.)
cash payment [kæʃ 'peɪmənt] *sb* Barzahlung *f*
cash point ['kæʃ pɔɪnt] *sb* Kasse *f*
cash purchase [kæʃ 'pɜːtʃɪs] *sb* Barkauf *m*
cash receipts and disbursement method [kæʃ rɪ'siːts ænd dɪs'bɜːsmənt 'meθɪd] *sb* Überschussrechnung *f*
cash sale [kæʃ seɪl] *sb* Barverkauf *m*
cash transactions [kæʃ træn'zækʃənz] *pl* Bargeschäft *n*, Kassageschäft *n*
cash transfer [kæʃ 'trænsfɜː] *sb* Barüberweisung *f*
cash with order (c. w. o.) [kæʃ wɪθ 'ɔːdə] *sb* Zahlung bei Auftragserteilung (c.w.o.)
casualty insurance ['kæʒʊəltɪ ɪn'sʊərəns] *sb* Schadensversicherung *f*
catalogue-based purchase ['kætəlɒg beɪst 'pɜːtʃɪs] *sb* Katalogkauf *m*
catalogue ['kætəlɒg] *v 1.* katalogisieren; *sb 2.* Katalog *m*, Verzeichnis *n*
catalytic converter [kætə'lɪtɪk kən'vɜːtə] *sb* Katalysator *m*
category of goods ['kætɪgərɪ əv 'gʊdz] *sb* Gütergruppe *f*, Güterkategorie *f*
cause [kɔːz] *v 1.* verursachen, anstiften, bewirken; ~ *s.o. to do sth* jdn veranlassen, etw zu tun; *sb 2.* Ursache *f*; ~ *and effect* Ursache und Wirkung
caution ['kɔːʃən] *v* warnen; *(officially)* verwarnen
cautionary land charge ['kɔːʃənərɪ lænd tʃɑːdʒ] *sb* Sicherungsgrundschuld *f*
cautionary mortgage ['kɔːʃənərɪ 'mɔːgɪdʒ] *sb* Sicherungshypothek *f*
CD-I [siːdiː'aɪ] *sb* CD-I *f*
CD-ROM [siːdiː'rɒm] *sb* CD-ROM *f*
cease [siːs] *v 1.* aufhören, enden; *2. (payments)* einstellen

ceiling ['siːlɪŋ] *sb* Plafond *m*
ceiling rate ['siːlɪŋ reɪt] *sb* Höchstzinssatz *m*
cellular phone ['seljʊlə fəʊn] *sb* Funktelefon *n*, Handy *n*
centigrade ['sentɪgreɪd] *adj degrees* ~ Grad Celsius
centimetre ['sentɪmiːtə] *sb* Zentimeter *m*
central bank ['sentrəl bæŋk] *sb* Zentralbank *f*, Notenbank *f*
Central Bank Council ['sentrəl bæŋk 'kaʊnsəl] *sb* Zentralbankrat *m*
central bank money ['sentrəl bæŋk 'mʌnɪ] *sb* Zentralbankgeld *n*
central credit institution ['sentrəl 'kredɪt ɪnstɪ'tjuːʃən] *sb* Zentralkasse *f*
central depository for securities ['sentrəl dɪ'pɒzɪtərɪ fɔː sɪ'kjʊərɪtɪz] *sb* Wertpapiersammelbank *f*
central giro institution ['sentrəl 'dʒaɪrəʊ ɪnstɪ'tjuːʃən] *sb* Girozentrale *f*
central rate ['sentrəl reɪt] *sb* Leitkurs *m*
centralization ['sentrəlaɪ'zeɪʃən] *sb* Zentralisierung *f*, Zentralisation *f*
centralize ['sentrəlaɪz] *v* zentralisieren
centralized purchasing ['sentrəlaɪzd 'pɜːtʃəsɪŋ] *sb* Zentraleinkauf *m*
certificate [sə'tɪfɪkət] *sb* Bescheinigung *f*, Attest *n*, Urkunde *f*, Zertifikat *n*
certificate of audit [sə'tɪfɪkət əv 'ɔːdɪt] *sb* Prüfungsvermerk *m*
certificate of good delivery [sə'tɪfɪkət əv gʊd dɪ'lɪvərɪ] *sb* Lieferbarkeitsbescheinigung *f*
certificate of indebtedness [sə'tɪfɪkət əv ɪn'detɪdnəs] *sb* Schuldschein *m*, Schuldbrief *m*
certificate of inheritance [sə'tɪfɪkət əv ɪn'herɪtəns] *sb* Erbschein *m*
certificate of insurance (C/I) [sə'tɪfɪkət əv ɪn'ʃʊərəns] *sb* Versicherungszertifikat (C/I) *n*
certificate of origin [sə'tɪfɪkət əv 'ɒrɪdʒɪn] *sb* Ursprungszeugnis *n*, Ursprungszertifikat *n*
certificate of participation in an investment program [sə'tɪfɪkət əv pɑːtɪsɪ'peɪʃən ɪn ən ɪn'vestmənt 'prəʊgræm] *sb* Programmzertifikat *n*
certificate of pledge [sə'tɪfɪkət əv pledʒ] *sb* Pfandschein *m*
certificate of warranty [sə'tɪfɪkət əv 'wɒrəntɪ] *sb* Garantiekarte *f*
certificated land charge [sə'tɪfɪkeɪtɪd lænd tʃɑːdʒ] *sb* Briefgrundschuld *f*

certificated mortgage [sə'tɪfɪkeɪtɪd 'mɔːgɪdʒ] sb Briefhypothek f
certificate of deposit [sə'tɪfɪkɪt əv dɪ'pɒzɪt] sb Einlagenzertifikat n
certification [ˌsɜːtɪfɪ'keɪʃən] sb Bescheinigung f, Beurkundung f, Beglaubigung f
certified [tʃɜːtɪfaɪd] adj 1. bescheinigt, bestätigt, beglaubigt; sb 2. ~ public accountant amtlich zugelassener Bücherrevisor m
certified bonds ['sɜːtɪfaɪd bɒndz] pl zertifizierte Bonds m/pl
certified cheque ['sɜːtɪfaɪd tʃek] sb als gedeckt bestätigter Scheck m
certified copy ['sɜːtɪfaɪd 'kɒpɪ] sb beglaubigte Abschrift f, beglaubigte Kopie f
certify ['sɜːtɪfaɪ] v bescheinigen, bestätigen, beglaubigen; this is to ~ hiermit wird bescheinigt
cessation [se'seɪʃən] sb Einstellung f, Ende n
cessation of payments [se'seɪʃən əv 'peɪmənts] sb Zahlungseinstellung f
cession ['seʃən] sb Abtretung f, Zession f
chain store [tʃeɪn stɔː] sb Filialbetrieb m, Filiale f
chair [tʃeə] sb 1. (chairmanship) Vorsitz m; v 2. ~ a committee sich den Vorsitz über ein Komitee haben
chairman ['tʃeəmən] sb Vorsitzender m
chairman of the board ['tʃeəmən əv ðə bɔːd] sb Vorstandsvorsitzender m
chairman of the supervisory board ['tʃeəmən əv ðə suːpə'vaɪzərɪ bɔːd] sb Aufsichtsratsvorsitzender m
chairmanship ['tʃeəmənʃɪp] sb Vorsitz m
chairwoman ['tʃeəwʊmən] sb Vorsitzende f
challenge ['tʃælɪndʒ] v 1. anfechten; sb 2. Anfechtung f; 3. Ablehnung f; 4. Herausforderung f
chamber of commerce ['tʃeɪmbər əv 'kɒmɜːs] sb Handelskammer f
chamber of foreign trade ['tʃeɪmbər əv 'fɒrən treɪd] sb Außenhandelskammer f
chamber of handicrafts ['tʃeɪmbər əv 'hændɪkrɑːfts] sb Handwerkskammer f
Chamber of Industry and Commerce ['tʃeɪmbər əv 'ɪndʌstrɪ ænd 'kɒmɜːs] sb Industrie- und Handelskammer (IHK) f
Chancellor of the Exchequer ['tʃɑːnsələr əv ðiː ɪks'tʃekə] sb (UK) Finanzminister(in) m/f
chancery ['tʃɑːnsərɪ] sb Amtsvormundschaft f, Vormundschaft f
change [tʃeɪndʒ] sb 1. (money) Wechselgeld n; (small ~) Kleingeld n; v 2. (money: into smaller denominations) wechseln; 3. (money: into another currency) umtauschen
change in plant operation [tʃeɪndʒ ɪn plɑːnt ɒpə'reɪʃən] sb Betriebsänderung f
change of shift [tʃeɪndʒ əv ʃɪft] sb Schichtwechsel m
changeover ['tʃeɪndʒəʊvə] sb Umstellungsmaßnahme f, Wechsel m
channel ['tʃænl] sb 1. Kanal; 2. official ~s pl Dienstweg m, amtlicher Weg
channel discount ['tʃænl 'dɪskaʊnt] sb Großkundenrabatt m
channel of distribution ['tʃænl əv dɪstrɪ'bjuːʃən] sb Absatzweg m, Absatzkanal m
channel of information ['tʃænl əv ɪnfə'meɪʃən] sb Informationsweg m
character ['kærɪktə] sb (sign) Zeichen n
character reference ['kærɪktə 'refərəns] sb Leumundszeugnis n, Referenz f
charge [tʃɑːdʒ] v 1. ~ s.o. with a task jdn mit einer Arbeit beauftragen; 2. (ask in payment) berechnen, anrechnen; 3. (set as the price) fordern; 4. ~ s.o. for sth jdm etw belasten, jdm etw in Rechnung stellen; 5. (arrange to be billed for) in Rechnung stellen lassen, anschreiben lassen; ~ sth to s.o. etw auf Rechnung eines anderen kaufen; 6. (a battery) laden, aufladen; sb 7. Belastung f; 8. (official accusation) Anklage f, (in a civil case) Klage f; press ~s against s.o. pl gegen jdn Anzeige erstatten; 9. (fee) Gebühr f; free of ~ kostenlos; 10. in ~ verantwortlich; put s.o. in ~ of sth jdm die Leitung übertragen; Who's in ~ here? Wer ist hier der Verantwortliche?
charge card [tʃɑːdʒ kɑːd] sb Kundenkreditkarte f
charge levied [tʃɑːdʒ 'levɪd] sb Umlage f
charge material [tʃɑːdʒ mə'tɪərɪəl] sb (manufacturing) Fertigunglos n
chargeable to ['tʃɑːdʒəbl tu] adj zu Lasten von, auf Kosten von
charge-back ['tʃɑːdʒbæk] sb Ausgleichsbuchung f
charge-off ['tʃɑːdʒɒf] sb Abschreibung f
chart [tʃɑːt] sb Tabelle f; (diagram) Schaubild n
chart analysis [tʃɑːt ə'nælɪsɪs] sb Chartanalyse f
chart of accounts [tʃɑːt əv ə'kaʊnts] sb Kontenplan m
charter ['tʃɑːtə] sb 1. Charter f; v 2. (plane, bus, ship) chartern, mieten
charter flight ['tʃɑːtə flaɪt] sb Charterflug m

charter member ['tʃɑːtə 'membə] sb Gründungsmitglied n
chartered accountant ['tʃɑːtəd ə'kaʊntənt] sb Wirtschaftsprüfer(in) m/f, Bilanzbuchhalter(in) m/f
cheap [tʃiːp] adj billig, preiswert
cheapen ['tʃiːpn] v (price) herabsetzen, senken, verbilligen
cheapening ['tʃiːpnɪŋ] adj Verbilligung f, Herabsetzung f
cheat [tʃiːt] v (s.o.) 1. betrügen; sb 2. Betrüger m, Schwindler m
check [tʃek] v 1. (make sure) nachprüfen; 2. (~ figures) nachrechnen; 3. (examine) prüfen, kontrollieren, nachsehen; 4. (examination) Kontrolle f, Überprüfung f; 5. (US: cheque) Scheck m; 6. (US: bill) Rechnung f
checker [tʃekə] sb Kontrolleur(in) m/f; (cashier) Kassierer(in) m/f
check in [tʃek ɪn] v sich anmelden; (at an airport) einchecken
checking account ['tʃekɪŋ ə'kaʊnt] sb (US) Girokonto n
check list [tʃek lɪst] sb Checkliste f
checkout scanner ['tʃekaʊt 'skænə] sb Scannerkasse f
check truncation procedure [tʃek trʌn'keɪʃən prə'siːdjə] sb belegloser Scheckeinzug m
cheque [tʃek] sb (UK) Scheck m; pay by ~ mit Scheck bezahlen
cheque book ['tʃek bʊk] sb Scheckheft n
cheque card [tʃek kɑːd] sb Scheckkarte f
cheque certification [tʃek sɜːtɪfɪ'keɪʃən] sb Scheckbestätigung f
cheque clause [tʃek klɔːz] sb Scheckklausel f
cheque clearance [tʃek 'klɪərəns] sb Scheckabrechnung f
cheque collection [tʃek kə'lekʃən] sb Scheckeinzug m
cheque department [tʃek dɪ'pɑːtmənt] sb Scheckabteilung f
cheque drawn by the drawer himself [tʃek drɔːn baɪ ðə 'drɔːə hɪm'self] sb trassiert-eigener Scheck m
cheque fraud [tʃek frɔːd] sb Scheckbetrug m
cheque recourse [tʃek rɪ'kɔːs] sb Scheckregress m
cheque to bearer [tʃek tu 'beərə] sb Inhaberscheck m
cheque transactions [tʃek træn'zækʃənz] pl Scheckverkehr m

cheque voucher [tʃek 'vaʊtʃə] sb Belegabschnitt m
chief accountancy [tʃiːf ə'kaʊntənsɪ] sb Hauptbuchhaltung f
chief executive officer [tʃiːf ɪg'zekjʊtɪv 'ɒfɪsə] sb (US) Generaldirektor(in) m/f
child allowance [tʃaɪld ə'laʊəns] sb Kinderfreibetrag m
child benefit [tʃaɪld 'benɪfɪt] sb Kindergeld n
child-rearing period ['tʃaɪldrɪərɪŋ 'pɪərɪəd] sb Erziehungszeit f
chip [tʃɪp] sb Chip m
choice [tʃɔɪs] sb 1. (variety to choose from) Auswahl f; 2. (chance to choose, act of choosing) Wahl f; 3. make a ~, take one's ~ wählen, eine Wahl treffen; 4. (thing chosen) Wahl f, Option f
choice of location [tʃɔɪs əv ləʊ'keɪʃən] sb Standortwahl f
circular ['sɜːkjʊlə] sb (letter) Rundschreiben n
circular letter from board to shareholders ['sɜːkjʊlə 'letə frɒm bɔːd tə 'ʃeəhəʊldəz] sb Aktionärsbrief m
circulate ['sɜːkjʊleɪt] v (blood, money) fließen; (news: get around) in Umlauf sein, kursieren, sich verbreiten
circulation [sɜːkjʊ'leɪʃən] sb 1. Kreislauf m, Zirkulation f; out of ~ außer Kurs; 2. (number of copies sold) Auflagenziffer f
circulation of money [sɜːkjʊ'leɪʃən əv 'mʌnɪ] sb Geldumlauf m
circumstances ['sɜːkəmstænsɪz] pl (financial state) Vermögensverhältnisse f/pl
citizenship ['sɪtɪzənʃɪp] sb Staatsangehörigkeit f, Staatsbürgerschaft f
civic ['sɪvɪk] adj bürgerlich, Bürger...
civil [sɪvəl] adj zivil, bürgerlich, Zivil...
civil code ['sɪvəl kəʊd] sb bürgerliches Gesetzbuch n
civil engineer ['sɪvəl endʒɪ'nɪə] sb Bauingenieur(in) m/f
civil engineering ['sɪvəl endʒɪ'nɪərɪŋ] sb Tiefbau m
civil law ['sɪvəl lɔː] sb Zivilrecht n
civil partnership ['sɪvəl 'pɑːtnəʃɪp] sb Gesellschaft bürgerlichen Rechts (GbR) f
civil servant ['sɪvəl 'sɜːvənt] sb Beamter/Beamtin m/f, Staatsbeamter/Staatsbeamtin m/f
civil service ['sɪvəl 'sɜːvɪs] sb Staatsdienst m
claim [kleɪm] v 1. (demand) fordern, Anspruch erheben auf, beanspruchen; sb 2. (demand) Anspruch m, Forderung f; lay ~ to sth auf etw Anspruch erheben

claimable ['kleɪməbl] *adj* einforderbar, rückforderbar
claimant ['kleɪmənt] *sb (by application)* Antragsteller(in) *m/f*
claim for return [kleɪm fɔː rɪ'tɜːn] *sb* Herausgabeanspruch *m*
claim in default [kleɪm ɪn də'fɔːlt] *sb* Not leidende Forderung *f*
claim of damages [kleɪm əv 'dæmɪdʒɪz] *sb* Schadenersatzansprüche *m/pl*, Schadensforderungen *f/pl*
class of goods ['klɑːs əv gʊdz] *sb* Warenart *f*, Klasse *f*
classified advertisements ['klæsɪfaɪd əd'vɜːtɪsmənts] *pl* Kleinanzeigen *f/pl*
classified directory [klæsɪfaɪd daɪ'rektərɪ] *sb* Branchenverzeichnis *n*
classify ['klæsɪfaɪ] *v* klassifizieren, einteilen, einstufen
clause [klɔːz] *sb* Klausel *f*
clean bill of lading [kliːn bɪl əv 'leɪdɪŋ] *sb* reines Konnossement *n*
clean factoring [kliːn 'fæktərɪŋ] *sb* echtes Factoring *n*
clear [klɪə] *v (approve)* abfertigen; ~ sth through customs etw zollamtlich abfertigen
clear off [klɪər 'ɒf] *v* 1. *(debt)* zurückzahlen; 2. *(mortgage)* abzahlen
clear up [klɪər 'ʌp] *v (a point, a situation)* klären, bereinigen, ausräumen
clearance ['klɪərəns] *sb* 1. *(go-ahead)* Freigabe *f*; 2. *(by customs)* Abfertigung *f*; 3. *(of a debt)* volle Bezahlung *f*
clearance sale ['klɪərəns seɪl] *sb* Ausverkauf *m*, Räumungsverkauf *m*; *(end-of-season* ~*)* Schlussverkauf *m*
clearing bank ['klɪərɪŋ bæŋk] *sb* Clearingbank *f*
clearing house ['klɪərɪŋ haʊs] *sb* Abrechnungsstelle *f*
clearing system ['klɪərɪŋ 'sɪstɪm] *sb* Abrechnungsverkehr *m*, Gironetz *n*
clearing unit ['klɪərɪŋ 'juːnɪt] *sb* Verrechnungseinheit *f*
clerical work ['klerɪkl wɜːk] *sb* Büroarbeit *f*
clerk [klɑːk] *sb* 1. *(office* ~*)* Büroangestellte(r) *f/m*, kaufmännische(r) Angestellte(r) *f/m*; 2. *(US: shop assistant)* Verkäufer(in) *m/f*
client ['klaɪənt] *sb* Kunde/Kundin *m/f*, Auftraggeber(in) *m/f*; *(of a solicitor)* Klient(in) *m/f*; *(of a barrister)* Mandant(in) *m/f*
client base ['klaɪənt beɪs] *sb* Kundenstamm *m*

clientele [kliːɒn'tel] *sb* Kundschaft *f*, Kundenkreis *m*
climb [klaɪm] *v (prices)* steigen, klettern
clock off [klɒk 'ɒf] *v* stempeln (wenn man die Arbeit verlässt)
clock on [klɒk 'ɒn] *v* stempeln (wenn man zur Arbeit kommt)
close [kləʊz] *v* 1. *(sth)* zumachen, schließen, verschließen; 2. *(a deal)* abschließen; 3. *(bring to an end)* schließen, beendigen; *sb* 4. Ende *n*, Schluss *m*; bring to a ~ abschließen, beendigen
close down [kləʊz 'daʊn] *v* schließen, einstellen, beenden
close off [kləʊz 'ɒf] *v* abbuchen
closed-end real estate fund [kləʊzdend rɪəl ɪ'steɪt fʌnd] *sb* geschlossener Immobilienfonds *m*
close of stock exchange business [kləʊz əv stɒk ɪk'stʃeɪndʒ 'bɪznɪs] *sb* Börsenschluss *m*
closed shop principle [kləʊzd ʃɒp 'prɪnsɪpəl] *sb* Closed-Shop-Prinzip *n*
closing balance ['kləʊzɪŋ 'bæləns] *sb* Schlussbilanz *f*
closing date ['kləʊzɪŋ deɪt] *sb* letzter Termin *m*, letzter Tag *m*
closing price ['kləʊzɪŋ praɪs] *sb* Schlusskurs *m*, Schlussnotierung *f*
closing time ['kləʊzɪŋ taɪm] *sb* Geschäftsschluss *m*, Büroschluss *m*, Ladenschluss *m*
closure ['kləʊʒə] *sb* Schließung *f*, Schließen *n*, Stilllegung *f*, Schluss *m*
code [kəʊd] *v* 1. kodieren; *sb* Gesetzbuch *n*, Kodex *m*; 2. *(of a computer)* Code *m*
code number [kəʊd 'nʌmbə] *sb* Kennzahl *f*
Code of Civil Procedure [kəʊd əv 'sɪvəl prə'siːdʒə] *sb* Zivilprozessordnung (ZPO) *f*
codeword ['kəʊdwɜːd] *sb* Kodewort *n*, Kennwort *n*
co-contractor [kəʊkən'træktə] *sb* Mitunternehmer *m*
co-entrepreneur [kəʊɒntrəprə'nɜː] *sb* Mitunternehmer *m*
coin [kɔɪn] *sb* Münze *f*, Geldstück *n*
cold call [kəʊld kɔːl] *sb* Telefonaktion zur Werbung von Neukunden *f*
cold storage lorry [kəʊld 'stɔːrɪdʒ 'lɒrɪ] *sb* Kühlwagen *m*
collaborate [kə'læbəreɪt] *v* zusammenarbeiten, mitarbeiten
collaboration [kəlæbə'reɪʃən] *sb* Zusammenarbeit *f*, Mitarbeit *f*
collaborator [kə'læbəreɪtə] *sb (associate)* Mitarbeiter(in) *m/f*

collapse [kəˈlæps] sb Deroute f, Preissturz m
collapse of prices [kəˈlæps əv ˈpraɪsɪz] sb Kurszusammenbruch m
collateral credit [kəˈlætərəl ˈkredɪt] sb Lombardkredit m
collateral deposit [kəˈlætərəl dɪˈpɒzɪt] sb Lombarddepot n
collateral guarantee [kəˈlætərəl gærənˈtiː] sb Nachbürgschaft f
collateral holdings [kəˈlætərəl ˈhəʊldɪŋz] pl Lombard m
collateral loan based on a bill of exchange [kəˈlætərəl ləʊn beɪst ɒn ə bɪl əv ɪksˈtʃeɪndʒ] sb Wechsellombard m
collateral loan business [kəˈlætərəl ləʊn ˈbɪznɪs] sb Lombardgeschäft n
colleague [ˈkɒliːg] sb Kollege/Kollegin m/f, Mitarbeiter(in) m/f
collect [kəˈlekt] v 1. (accumulate) sich ansammeln, sich sammeln; 2. (get payment) kassieren, einkassieren; 3. (taxes) einnehmen, einziehen; 4. (debts) einziehen
collect call [kəˈlekt kɔːl] sb (US) R-Gespräch n
collection [kəˈlekʃən] sb 1. (line of fashions) Kollektion f; 2. (assortment) Sortiment n, Ansammlung f; 3. (of taxes) Einziehen n; 4. (of debts) Eintreiben n, Inkasso n
collection business [kəˈlekʃən ˈbɪznɪs] sb Inkassogeschäft n, Einziehungsgeschäft n
collection commission [kəˈlekʃən kəˈmɪʃən] sb Inkassoprovision f
collection department [kəˈlekʃən dɪˈpɑːtmənt] sb Inkasso-Abteilung f
collection fee [kəˈlekʃən fiː] sb Inkassogebühr f
collection of bills of exchange [kəˈlekʃən əv bɪlz əv ɪksˈtʃeɪndʒ] sb Wechselinkasso n
collection on delivery (c. o. d.) [kəˈlekʃən ɒn dɪˈlɪvərɪ] sb Zahlung gegen Nachnahme (c.o.d.) f
collection procedure [kəˈlekʃən prəˈsiːdʒə] sb Einzugsermächtigungsverfahren n
collection receipt [kəˈlekʃən rɪˈsiːt] sb Einzugsquittung f
collective [kəˈlektɪv] adj Kollektiv..., Gemeinschafts...
collective account [kəˈlektɪv əˈkaʊnt] sb Sammelkonto n
collective agreement [kəˈlektɪv əˈgriːmənt] sb Tarifvertrag m
collective bargaining [kəˈlektɪv ˈbɑːgənɪŋ] sb Tarifverhandlungen f/pl
collective bill [kəˈlektɪv bɪl] sb Sammeltratte f
collective debt register claim [kəˈlektɪv det ˈredʒɪstə kleɪm] sb Sammelschuldbuchforderung f
collective deposit [kəˈlektɪv dɪˈpɒzɪt] sb Sammeldepot n
collective order [kəˈlektɪv ˈɔːdə] sb Sammelauftrag m
collective property [kəˈlektɪv ˈprɒpətɪ] sb Gemeinschaftseigentum n
collective saving [kəˈlektɪv ˈseɪvɪŋ] sb Kollektivsparen n
collective transport [kəˈlektɪv ˈtrænspɔːt] sb Sammeltransport m
combat [ˈkɒmbæt] v (sth) bekämpfen, kämpfen gegen
combating rising costs [ˈkɒmbætɪŋ ˈraɪsɪŋ kɒsts] adj kostendämpfend
combination bank [kɒmbɪˈneɪʃən bæŋk] sb Gemeinschaftsbank f
combine [ˈkɒmbaɪn] sb 1. Konzern m; [kəmˈbaɪn] v 2. kombinieren, verbinden, vereinigen
combined bank transfer [kəmˈbaɪnd bæŋk ˈtrænsfɜː] sb Sammelüberweisung f
come down [kʌm ˈdaʊn] v irr (prices) sinken, heruntergehen
come off [kʌm ˈɒf] v irr 1. (take place) stattfinden; 2. ~ successfully erfolgreich verlaufen; 3. ~ well/badly gut/schlecht abschneiden
come out [kʌm ˈaʊt] v irr ~ on the market erscheinen, herauskommen
commencement of bankruptcy proceedings [kəˈmensmənt əv ˈbæŋkrʌpsɪ prəˈsiːdɪŋz] sb Konkurseröffnung f
comment [ˈkɒment] sb ~ on Stellungnahme f, Kommentar m
commerce [ˈkɒmɜːs] sb Handel m, Handelsverkehr m
commercial [kəˈmɜːʃəl] adj 1. kommerziell, kaufmännisch, geschäftlich; sb 2. (advertisement) Werbespot m
commercial agency [kəˈmɜːʃəl ˈeɪdʒənsɪ] sb Handelsvertretung f, Auskunftei f
commercial agent [kəˈmɜːʃəl ˈeɪdʒənt] sb Handelsvertreter m
commercial balance sheet [kəˈmɜːʃəl ˈbæləns ʃiːt] sb Handelsbilanz f
commercial bank [kəˈmɜːʃəl bæŋk] sb Handelsbank f, Geschäftsbank f, Kreditbank f
commercial bill [kəˈmɜːʃəl bɪl] sb Warenwechsel m, Handelswechsel m
commercial book [kəˈmɜːʃəl bʊk] sb Handelsbuch n

commercial broker [kəˈmɜːʃəl ˈbrəʊkə] *sb* Handelsmakler *m*

Commercial Code [kəˈmɜːʃəl kəʊd] *sb* Handelsgesetzbuch *n*

commercial credit [kəˈmɜːʃəl ˈkredɪt] *sb* Handelskredit *m*, Warenkredit *m*

commercial employee [kəˈmɜːʃəl ɪmˈplɔɪiː] *sb* Handlungsgehilfe *m*

commercial enterprise [kəˈmɜːʃəl ˈentəpraɪz] *sb* Handelsgewerbe *n*

commercial instruments to order [kəˈmɜːʃəl ˈɪnstrʊmənts tu ˈɔːdə] *pl* kaufmännische Orderpapiere *n/pl*

commercial invoice [kəˈmɜːʃəl ˈɪnvɔɪs] *sb* Handelsfaktura *f*

commercial law [kəˈmɜːʃəl lɔː] *sb* Handelsrecht *n*

commercial letter of credit [kəˈmɜːʃəl ˈletə əv ˈkredɪt] *sb* Handelskreditbrief *m*, Akkreditiv (L/C) *n*

commercial paper [kəˈmɜːʃəl ˈpeɪpə] *sb* Commercial Paper *n*

commercial papers [kəˈmɜːʃəl ˈpeɪpəz] *pl* Geschäftspapier *n*, Handelspapiere *n/pl*

commercial policy [kəˈmɜːʃəl ˈpɒlɪsɪ] *sb* Handelspolitik *f*

commercial power of attorney [kəˈmɜːʃəl ˈpaʊə əv əˈtɜːnɪ] *sb* Handlungsvollmacht *f*

commercial principle [kəˈmɜːʃəl ˈprɪnsɪpəl] *sb* erwerbswirtschaftliches Prinzip *n*

commercial register [kəˈmɜːʃəl ˈredʒɪstə] *sb* Handelsregister *n*

commercial sample [kəˈmɜːʃəl ˈsɑːmpəl] *sb* Warenmuster *n*

commercial transactions [kəˈmɜːʃəl trænˈzækʃənz] *pl* Handelsgeschäfte *n/pl*

commercialism [kəˈmɜːʃəlɪzəm] *sb* Kommerz *m*, Kommerzialisierung *f*

commercialize [kəˈmɜːʃəlaɪz] *v* kommerzialisieren, vermarkten

commission [kəˈmɪʃən] *v 1. (a person)* beauftragen; *(a thing)* in Auftrag geben; *2. ~ s.o. to do sth* jdn damit beauftragen, etw zu tun; *sb 3. ~ to do sth* Auftrag *m*; *(form of pay)* Provision *f*, Kommission *f*; *4. out of ~* außer Betrieb; *5. (committee)* Kommission *f*, Ausschuss *m*

commission agent [kəˈmɪʃən ˈeɪdʒənt] *sb* Kommissionär *m*

commission business [kəˈmɪʃən ˈbɪznɪs] *sb* Kommissionsgeschäft *n*

commission fee [kəˈmɪʃən fiː] *sb* Provisionsgebühr *f*

commission for acceptance [kəˈmɪʃən fɔː əkˈseptəns] *sb* Akzeptprovision *f*

commission guarantee [kəˈmɪʃən gærənˈtiː] *sb* Provisionsgarantie *f*

Commission of the European Union [kəˈmɪʃən əv ðə jʊərəˈpɪən ˈjuːnjən] *sb* EU-Kommission *f*

commission on bank guarantee [kəˈmɪʃən ɒn bæŋk gærənˈtiː] *sb* Aval-Provision *f*

commission on turnover [kəˈmɪʃən ɒn ˈtɜːnəʊvə] *sb* Umsatzprovision *f*

commission payment [kəˈmɪʃən ˈpeɪmənt] *sb* Provisionszahlung *f*

commission trade [kəˈmɪʃən treɪd] *sb* Kommissionshandel *m*

commission-bearing account [kəˈmɪʃən ˈbeərɪŋ əˈkaʊnt] *sb* provisionspflichtiges Konto *n*

commissioner [kəˈmɪʃənə] *sb* Bevollmächtigte(r) *f/m*

commission-free account [kəˈmɪʃənfriː əˈkaʊnt] *sb* provisionsfreies Konto *n*

commissioning [kəˈmɪʃənɪŋ] *sb 1.* Auftragsvergabe *f*; *2.* Inbetriebnahme *f*

commitment [kəˈmɪtmənt] *sb* Engagement *n*

commitment fee [kəˈmɪtmən fiː] *sb* Bereitstellungskosten *pl*

committee of inspection [kəˈmɪtɪ əv ɪnˈspekʃən] *sb* Gläubigerausschuss *m*

commodities [kəˈmɒdɪtɪz] *pl 1.* manufactured ~ Bedarfsartikel *m*; *2. (on the stock exchange)* Rohstoffe *m/pl*, Commodities *f/pl*

commodities cartel [kəˈmɒdɪtɪz kɑːˈtel] *sb* Rohstoffkartell *n*

commodity [kəˈmɒdɪtɪ] *sb* Ware *f*, Artikel *m*

commodity exchange [kəˈmɒdɪtɪ ɪksˈtʃeɪndʒ] *sb* Warenbörse *f*

commodity forward trading [kəˈmɒdɪtɪ ˈfɔːwəd ˈtreɪdɪŋ] *sb* Warenterminhandel *m*

commodity forward transaction [kəˈmɒdɪtɪ ˈfɔːwəd trænˈzækʃən] *sb* Rohstoffmarkt *m*

commodity futures [kəˈmɒdɪtɪ ˈfjuːtʃəz] *pl* Commodity Futures *n/pl*

commodity futures exchange [kəˈmɒdɪtɪ ˈfjuːtʃəz ɪksˈtʃeɪndʒ] *sb* Warenterminbörse *f*

commodity futures trading [kəˈmɒdɪtɪ ˈfjuːtʃəz ˈtreɪdɪŋ] *sb* Warentermingeschäft *n*

commodity market [kəˈmɒdɪtɪ ˈmɑːkɪt] *sb* Gütermarkt *m*

commodity money [kəˈmɒdɪtɪ ˈmʌnɪ] *sb* Naturalgeld *n*

commodity restriction scheme [kəˈmɒdɪtɪ rɪˈstrɪkʃən skiːm] *sb* Quotenkartell *n*

commodity securities [kəˈmɒdɪtɪ sɪˈkjʊərɪtɪz] *pl* Warenwertpapiere *n/pl*

common business-oriented language [ˈkɒmən ˈbɪznɪsˈɔrɪəntɪd ˈlæŋwɪdʒ] *sb* Programmiersprache *f*

common debtor [ˈkɒmən ˈdetə] *sb* Gemeinschaftsschuldner *m*

common law [ˈkɒmən lɔː] *sb* Gewohnheitsrecht *n*

common market [ˈkɒmən ˈmɑːkɪt] *sb* gemeinsamer Markt *m*

communicate [kəˈmjuːnɪkeɪt] *v* 1. (with one another) kommunizieren, sich verständigen; 2. (news, ideas) vermitteln, übermitteln, mitteilen

communication facilities [kəmjuːnɪˈkeɪʃən fəˈsɪlɪtiːz] *pl* Kommunikationsmittel *n*

communism [ˈkɒmjʊnɪzm] *sb* Kommunismus *m*

community [kəˈmjuːnɪtɪ] *sb* Gemeinde *f*, Gemeinschaft *f*

community of heirs [kəˈmjuːnɪtɪ əv ɛəz] *sb* Erbengemeinschaft *f*

community of interests [kəˈmjuːnɪtɪ əv ˈɪntrɪsts] *sb* Interessengemeinschaft (IG) *f*

community of property [kəˈmjuːnɪtɪ əv ˈprɒpətɪ] *sb* eheliche Gütergemeinschaft *f*

commute [kəˈmjuːt] *v* 1. (travel back and forth) pendeln; 2. (a right) umwandeln

commuter [kəˈmjuːtə] *sb* Pendler(in) *m/f*

compact [ˈkɒmpækt] *sb* (agreement) Vereinbarung *f*, Abmachung *f*

Companies Act [ˈkʌmpənɪz ækt] *sb* Aktiengesetz *n*

company [ˈkʌmpənɪ] *sb* (firm) Firma *f*, Unternehmen *n*, Gesellschaft *f*

company account [ˈkʌmpənɪ əˈkaʊnt] *sb* Firmenkonto *n*

company address [ˈkʌmpənɪ əˈdres] *sb* Firmenanschrift *f*

company assets [ˈkʌmpənɪ ˈæsets] *pl* Gesellschaftsvermögen *n*

company audit [ˈkʌmpənɪ ˈɔːdɪt] *sb* Unternehmensprüfung *f*, Betriebsprüfung *f*

company board [ˈkʌmpənɪ bɔːd] *sb* Aufsichtsrat *m*, Verwaltungsrat *m*

company car [ˈkʌmpənɪ kɑː] *sb* Firmenwagen *m*, Dienstwagen *m*

company exploiting third-party rights [ˈkʌmpənɪ ɪksˈplɔɪtɪŋ θɜːd ˈpɑːtɪ raɪts] *sb* Verwertungsgesellschaft *f*

company law [ˈkʌmpənɪ lɔː] *sb* Aktienrecht *n*, Firmenrecht *n*

company limited by shares [ˈkʌmpənɪ ˈlɪmɪtɪd baɪ ʃɛəz] *sb* Kapitalgesellschaft *f*

company merger [ˈkʌmpənɪ ˈmɜːdʒə] *sb* Firmenzusammenschluss *m*, Fusion *f*

company name [ˈkʌmpənɪ neɪm] *sb* Firmenname *m*

company objective [ˈkʌmpənɪ əbˈdʒektɪv] *sb* Unternehmensziel *n*

company pension [ˈkʌmpənɪ ˈpenʃən] *sb* Betriebsrente *f*

company philosophy [ˈkʌmpənɪ fɪˈlɒsəfɪ] *sb* Unternehmensphilosophie *f*

company planning [ˈkʌmpənɪ ˈplænɪŋ] *sb* Unternehmensplanung *f*

company policy [ˈkʌmpənɪ ˈpɒlɪsɪ] *sb* Unternehmenspolitik *f*

company profile [ˈkʌmpənɪ ˈprəʊfaɪl] *sb* Unternehmensprofil *n*, Firmenportrait *n*

company profit [ˈkʌmpənɪ ˈprɒfɪt] *sb* Unternehmensgewinn *m*

company register [ˈkʌmpənɪ ˈredʒɪstə] *sb* Firmenregister *n*

company stability [ˈkʌmpənɪ stəˈbɪlɪtɪ] *sb* Firmenbeständigkeit *f*

company tax [ˈkʌmpənɪ tæks] *sb* Gesellschaftssteuer *f*

company-owned shares [ˈkʌmpənɪ əʊnd ʃɛəz] *pl* eigene Aktien *f/pl*

company's bank [ˈkʌmpənɪz bæŋk] *sb* Hausbank *f*

company's debts [ˈkʌmpənɪz dets] *pl* Gesellschaftsschulden *f/pl*

comparative balance sheet [kəmˈpærɪtɪv ˈbæləns ʃiːt] *sb* Vergleichsbilanz *f*

comparison [kəmˈpærɪsən] *sb* Vergleich *m*; *in ~ with* im Vergleich zu; *by way of ~* vergleichsweise

comparison of prices [kəmˈpærɪsən əv ˈpraɪsɪz] *sb* Kursvergleich *m*

compatibility [kəmpætəˈbɪlɪtɪ] *sb* Kompatibilität *f*, Vereinbarkeit *f*

compensate [ˈkɒmpenseɪt] *v* 1. (recompense) entschädigen; 2. (US: pay in wages) bezahlen; 3. ~ *for* (in money, in goods) ersetzen, vergüten, wettmachen; 4. ~ *a loss* jdm einen Verlust ersetzen

compensating item [ˈkɒmpenseɪtɪŋ ˈeɪtəm] *sb* Ausgleichsposten *m*

compensation [kɒmpenˈseɪʃən] *sb* 1. (damages) Entschädigung *f*, Ersatz *m*, Schadenersatz *m*; 2. *in ~ as* Entschädigung; 3. (settlement) Abfindung *f*, Kompensation *f*, Verrechnung *f*; 4. (US: pay) Vergütung *f*, Entgelt *n*

compensation for loss suffered [kɒmpenˈseɪʃən fɔː lɒs ˈsʌfəd] *sb* Schadensersatz *m*

compensation fund [kɒmpenˈseɪʃən fʌnd] sb Ausgleichsfonds m

compensation offer [kɒmpenˈseɪʃən ɒfə] sb Abfindungsangebot n

compensation payment [kɒmpenˈseɪʃən ˈpeɪmənt] sb Ausgleichszahlung f

compensatory pricing [kɒmpenˈsəɪtərɪ ˈpraɪsɪŋ] sb Mischkalkulation f

compete [kəmˈpiːt] v konkurrieren, in Wettstreit treten

competence [ˈkɒmpətəns] sb 1. Fähigkeit f; 2. (authority, responsibility) Kompetenz f, Zuständigkeit f

competence to decide [ˈkɒmpətəns tu dɪˈsaɪd] sb Entscheidungskompetenz f

competent [ˈkɒmpɪtənt] adj 1. (responsible) zuständig; 2. (witness) zulässig

competing firm [kəmˈpiːtɪŋ fɜːm] sb Konkurrenzfirma f, konkurrierende Firma f

competition [kɒmpəˈtɪʃən] sb 1. Konkurrenz f; 2. to be in ~ with s.o. mit jdm konkurrieren, mit jdm wetteifern; 3. a ~ Wettbewerb m, Wettkampf m; 4. (write-in contest) Preisausschreiben n

competition supervisory office [kɒmpəˈtɪʃən suːpəˈvaɪzərɪ ˈɒfɪs] sb Wettbewerbsaufsicht f

competitive [kəmˈpetɪtɪv] adj 1. (able to hold its own) konkurrenzfähig, wettbewerbsfähig; 2. (nature, person) vom Konkurrenzdenken geprägt; 3. (industry, market) mit starker Konkurrenz

competitive advantage [kəmˈpetɪtɪv ədˈvɑːntɪdʒ] sb Wettbewerbsvorteil m

competitive policy [kəmˈpetɪtɪv ˈpɒlɪsɪ] sb Wettbewerbspolitik f

competitiveness [kəmˈpetɪtɪvnəs] sb (of a thing) Wettbewerbsfähigkeit f, Konkurrenzfähigkeit f

competitor [kəmˈpetɪtə] sb Konkurrent(in) m/f, Gegner(in) m/f

complain [kəmˈpleɪn] v sich beklagen, sich beschweren; ~ about klagen über

complainant [kəmˈpleɪnənt] sb Kläger(in) m/f

complaint [kəmˈpleɪnt] sb 1. Reklamation f, Beanstandung f; 2. Strafanzeige f

complementary goods [kɒmpləˈmentərɪ gʊdz] pl komplementäre Güter pl

complete [kəmˈpliːt] v (finish) beenden, abschließen, absolvieren; (a form) ausfüllen; adj (finished) fertig

completion [kəmˈpliːʃən] sb Fertigstellung f, Beenden n

compliance [kəmˈplaɪəns] sb Einhalten n, Befolgung f

comply [kəmˈplaɪ] v 1. ~ with (a rule) befolgen; 2. ~ with (a request) nachkommen, entsprechen

component [kəmˈpəʊnənt] sb 1. Bestandteil m, Komponente f; 2. (technical ~) Bauelement n

composition proceedings [kɒmpəˈzɪʃən prəˈsiːdɪŋz] pl Ausgleichsverfahren n, Vergleichsverfahren n

compound interest [ˈkɒmpaʊnd ˈɪntrəst] sb Zinseszins m

comprehensive insurance [kɒmprɪˈhensɪv ɪnˈʃʊərəns] sb Vollkaskoversicherung f

compromise [ˈkɒmprəmaɪz] sb 1. Kompromiss m; v 2. (agree on a ~) einen Kompromiss schließen; 3. (put at risk) kompromittieren, gefährden

compulsory [kəmˈpʌlsərɪ] adj obligatorisch, Pflicht...

compulsory auction [kəmˈpʌlsərɪ ˈɔːkʃən] sb Zwangsversteigerung f

compulsory contribution [kəmˈpʌlsərɪ kɒntrɪˈbjuːʃən] sb Pflichteinlage f

compulsory disclosure [kəmˈpʌlsərɪ dɪsˈkləʊʒə] sb Publikationspflicht f

compulsory health insurance funds [kəmˈpʌlsərɪ helθ ɪnˈʃʊərəns fʌndz] pl Pflichtkrankenkassen f/pl

compulsory loan [kəmˈpʌlsərɪ ləʊn] sb Zwangsanleihe f

compulsory saving [kəmˈpʌlsərɪ ˈseɪvɪŋ] sb Zwangssparen n

compulsory settlement [kəmˈpʌlsərɪ ˈsetlmənt] sb Zwangsvergleich m

computation [kɒmpjuːˈteɪʃən] sb Berechnung f, Kalkulation f

compute [kəmˈpjuːt] v (make calculations) rechnen; (sth) berechnen, errechnen

computer [kəmˈpjuːtə] sb Computer m, Rechner m

computer-aided design (CAD) [kəmˈpjuːtə ˈeɪdɪd dɪˈzaɪn] sb Computer Aided Design (CAD) n

computer-aided engineering (CAE) [kəmˈpjuːtə ˈeɪdɪd endʒɪˈnɪərɪŋ] sb Computer Aided Engineering (CAE) n

computer-aided manufacturing (CAM) [kəmˈpjuːtə ˈeɪdɪd mænjuːˈfæktʃʊərɪŋ] sb Computer Aided Manufacturing (CAM) n

computer-aided quality assurance (CAQ) [kəmˈpjuːtə ˈeɪdɪd ˈkwɒlɪtɪ əˈʃʊərəns] sb Computer Aided Quality Assurance (CAQ) f

computer-aided selling (CAS) [kəm-ˈpjuːtə ˈeɪdɪd ˈselɪŋ] sb Computer Aided Selling (CAS) n

computer centre [kəmˈpjuːtə ˈsentə] sb Rechenzentrum n

computer graphics [kəmˈpjuːtə ˈgræfɪks] pl Computergrafik f

computer-integrated manufacturing (CIM) [kəmˈpjuːtə ˌɪntəˈgreɪtɪd mænjuˈfæktʃʊərɪŋ] sb Computer Integrated Manufacturing (CIM) n

computer network [kəmˈpjuːtə ˈnetwɜːk] sb Computernetzwerk n

computer ordering system [kəmˈpjuːtə ˈɔːdərɪŋ ˈsɪstəm] sb EDV-Bestellwesen n

computer program [kəmˈpjuːtə ˈprəʊgræm] sb Computerprogramm n

computerise [kəmˈpjuːtəraɪz] v computerisieren, auf Computer umstellen

concentration [ˌkɒnsənˈtreɪʃən] sb Konzentration f

concentration of banks [ˌkɒnsənˈtreɪʃən əv bæŋks] sb Bankenkonzentration f

concentration of capital [ˌkɒnsənˈtreɪʃən əv ˈkæpɪtəl] sb Kapitalkonzentration f

concept [ˈkɒnsept] sb Konzept n, Vorstellung f

conception [kənˈsepʃən] sb Konzeption f, Vorstellung f

concern [kənˈsɜːn] v 1. ~ o.s. with sth sich mit etw beschäftigen, sich für etw interessieren; 2. (worry) beunruhigen; 3. to be ~ed about sich kümmern um; 4. (to be about) sich handeln um, gehen um

concerted [kənˈsɜːtɪd] adj konzertiert, gemeinsam

concession [kənˈseʃən] sb Zugeständnis n, Konzession f

concessionary [kənˈseʃənəri] adj in Konzession, Konzessions...

conciliation board [kənsɪlɪˈeɪʃən bɔːd] sb Einigungsstelle f

conclusion [kənˈkluːʒən] sb Abschluss m

conclusion of a contract [kənˈkluːʒən əv ə ˈkɒntrækt] sb Vertragsabschluss m

conclusion of a deal [kənˈkluːʒən əv ə diːl] sb Geschäftsabschluss m

concordance of maturities [kənˈkɔːdəns əv məˈtʊərɪtɪz] sb Fristenkongruenz f

concretion [kənˈkriːʃən] sb Konkretisierung f, Verwirklichung f

concurrent [kənˈkʌrənt] adj zusammentreffend

condition [kənˈdɪʃən] sb 1. (stipulation) Bedingung f, Voraussetzung f, Kondition f; 2. on ~ that ... unter der Bedingung, dass ...

condition cartel [kənˈdɪʃən kɑːˈtel] sb Konditionenkartell n

conditional capital increase [kənˈdɪʃənəl ˈkæpɪtəl ˈɪnkriːs] sb bedingte Kapitalerhöhung f

conditions [kənˈdɪʃənz] pl Konditionen f

conditions of acceptance [kənˈdɪʃənz əv əkˈseptəns] pl Übernahmebedingungen f/pl

conditions of competition [kənˈdɪʃənz əv kɒmpəˈtɪʃən] pl Wettbewerbsverhältnisse n/pl, Wettbewerbsbedingungen f/pl

conditions of a contract [kənˈdɪʃənz əv ə ˈkɒntrækt] pl Vertragsbedingungen f/pl

conditions of delivery [kənˈdɪʃənz əv dɪˈlɪvəri] pl Lieferbedingungen f/pl

conduct [kənˈdʌkt] v 1. (direct) führen, leiten, verwalten; sb 2. [ˈkɒndʌkt] (management) Führung f, Leitung f; 3. (document) Geleitbrief m

confer [kənˈfɜː] v 1. (consult together) sich beraten, sich besprechen; 2. (bestow) verleihen, übertragen

conference [ˈkɒnfərəns] sb Konferenz f, Besprechung f, Sitzung f, Tagung f

conference call [ˈkɒnfərəns kɔːl] sb Konferenzgespräch n

conference date [ˈkɒnfərəns deɪt] sb Besprechungstermin m

confidence goods [ˈkɒnfɪdəns gʊdz] pl Vertrauensgüter n/pl

confidential [ˌkɒnfɪˈdenʃəl] adj vertraulich, geheim

confidential communication [ˌkɒnfɪˈdenʃəl kəmjuːnɪˈkeɪʃən] sb vertrauliche Mitteilung f

confidentiality [ˌkɒnfɪdenʃɪˈælɪti] sb Vertraulichkeit f, Schweigepflicht f

configuration [kənˌfɪgjʊˈreɪʃən] sb Konfiguration f

confirmation [ˌkɒnfəˈmeɪʃən] sb Bestätigung f

confirmation note [ˌkɒnfəˈmeɪʃən nəʊt] sb Bestätigungsschreiben n

confirmation of cover [ˌkɒnfəˈmeɪʃən əv ˈkʌvə] sb Deckungszusage f

confirmation of order [ˌkɒnfəˈmeɪʃən əv ˈɔːdə] sb Auftragsbestätigung f

confiscate [ˈkɒnfɪskeɪt] v beschlagnahmen, einziehen, sicherstellen

confiscation [ˌkɒnfɪsˈkeɪʃən] sb Beschlagnahme f, Einziehung f

conglomerate [kənˈglɒmərɪt] sb Konglomerat n
congress [ˈkɒŋgres] sb Kongress m, Tagung f
congruent [ˈkɒŋgruənt] adj 1. deckungsgleich, kongruent; 2. (in agreement, corresponding) übereinstimmend, sich deckend
connection [kəˈnekʃən] sb Verbindung f, Beziehung f
consent [kənˈsent] v 1. zustimmen, einwilligen, mit einverstanden sein; sb 2. Zustimmung f, Einwilligung f, Genehmigung f; age of ~ Mündigkeit f
consequence [ˈkɒnsɪkwəns] sb 1. (importance) Bedeutung f, Wichtigkeit f; 2. (effect) Konsequenz f, Folge f, Wirkung f; take the ~s die Folgen tragen
consequential [kɒnsɪˈkwenʃəl] adj sich ergebend, folgend
conservation technology [kɒnsəˈveɪʃən tekˈnɒlədʒɪ] sb Umwelttechnik f
consign [kənˈsaɪn] v versenden, verschicken, schicken
consignee [kɒnsaɪˈniː] sb Adressat m, Empfänger m, Konsignatar m
consignment [kənˈsaɪnmənt] sb 1. Übersendung f; 2. on ~ in Kommission; (overseas) in Konsignation
consignment note [kənˈsaɪnmənt nəʊt] sb Frachtbrief m
consignment of goods [kənˈsaɪnmənt əv gʊdz] sb Warensendung f
consignment sale [kənˈsaɪnmənt seɪl] sb Kommissionsverkauf m
consignment stock [kənˈsaɪnmənt stɒk] sb Konsignationslager n, Kommissionslager n
consignment with value declared [kənˈsaɪnmənt wɪð ˈvæljuː dɪˈkleəd] sb Wertsendung f
consistency [kənˈsɪstənsɪ] sb (of a substance) Konsistenz f, Beschaffenheit f
consoles [ˈkɒnsəʊlz] pl Konsols m/pl
consolidate [kənˈsɒlɪdeɪt] v 1. konsolidieren, fundieren; 2. (combine) zusammenlegen, vereinigen, zusammenschließen
consolidated balance sheet [kənˈsɒlɪdeɪtɪd ˈbælənts fiːt] sb konsolidierte Bilanz f
consolidated financial statement [kənˈsɒlɪdeɪtɪd faɪˈnænʃəl ˈsteɪtmənt] sb Konzernabschluss m
consolidation [kənsɒlɪˈdeɪʃən] sb 1. (bringing together) Zusammenlegung f, Vereinigung f, Zusammenschluss m, Unifizierung f; 2. Konsolidierung f

consolidation of shares [kənˈsɒlɪdeɪʃən əv ʃeəz] sb Aktienzusammenlegung f
consortium [kənˈsɔːtɪəm] sb Konsortium n, Zusammenschluss m
constant issuer [ˈkɒnstənt ˈɪʃjʊə] sb Dauerremittent m
Constitutional Court [kɒnstɪˈtjuːʃənəl kɔːt] sb Verfassungsgericht n
construction [kənˈstrʌkʃən] sb (constructing) Bau m, Konstruktion f, Errichtung f; under ~ im Bau
construction industry [kənˈstrʌkʃən ˈɪndəstrɪ] sb Bauindustrie f
consular invoice [ˈkɒnsjʊlə ˈɪnvɔɪs] sb Konsulatsfaktura f
consult [kənˈsʌlt] v 1. konsultieren, befragen, um Rat fragen; 2. (files) einsehen
consultant [kənˈsʌltənt] sb Berater(in) m/f
consultant on pensions [kənˈsʌltənt ɒn ˈpenʃən] sb Rentenberater m
consultation [kɒnsəlˈteɪʃən] sb Beratung f, Rücksprache f
consulting [kənˈsʌltɪŋ] adj beratend
consumable [kənˈsjuːməbl] adj Konsum...
consume [kənˈsjuːm] v (use up) verbrauchen, verzehren
consumer [kənˈsjuːmə] sb Verbraucher(in) m/f, Konsument(in) m/f
consumer acceptance [kənˈsjuːmə əkˈseptəns] sb Kaufbereitschaft f
consumer advice [kənˈsjuːmə ədˈvaɪs] sb Kundenberatung f
consumer cooperative [kənˈsjuːmə kəʊˈɒpərətɪv] sb Konsumgenossenschaft f
consumer credit [kənˈsjuːmə ˈkredɪt] sb Konsumkredit m, Konsumentenkredit m
consumer credit act [kənˈsjuːmə ˈkredɪt ækt] sb Verbraucherkreditgesetz n
consumer goods [kənˈsjuːmə gʊdz] pl Verbrauchsgüter pl, Konsumgüter pl
consumer loan [kənˈsjuːmə ləʊn] sb Anschaffungsdarlehen n
consumer market [kənˈsjuːmə ˈmɑːkɪt] sb Verbrauchermarkt m
consumer protection [kənˈsjuːmə prəˈtekʃən] sb Verbraucherschutz m
consumer society [kənˈsjuːmə səˈsaɪɪtɪ] sb Konsumgesellschaft f
Consumers' Central Offices [kənˈsjuːməz ˈsentrəl ˈɒfɪsɪz] sb Verbraucherzentralen f/pl
consumption [kənˈsʌmpʃən] sb Verbrauch m, Konsum m, Verzehr m
consumption financing [kənˈsʌmpʃən faɪˈnænsɪŋ] sb Konsumfinanzierung f

contact ['kɒntækt] sb 1. (communication) Verbindung f; to be in ~ with s.o. mit jdm in Verbindung stehen; lose ~ with s.o. die Verbindung zu jdm verlieren; (person to ~) Kontaktperson f, Ansprechpartner(in) m/f; 2. (useful acquaintance) Verbindung f; make ~s Verbindungen knüpfen; v 3. sich in Verbindung setzen mit, Kontakt aufnehmen zu

contain [kən'teɪn] v (have room for) fassen, umfassen

container [kən'teɪnə] sb Behälter m, Gefäß n, Container m

container transport [kən'teɪnə 'trænspɔːt] sb Behälterverkehr m

containerize [kən'teɪnəraɪz] v in Container verpacken

contamination [kəntæmɪ'neɪʃən] sb Kontamination f, Verschmutzung f

contango [kən'tæŋgəʊ] sb Report m

contango securities [kən'tæŋgəʊ sɪ'kjuːrɪtɪz] pl Reporteffekten f/pl

contango transaction [kən'tæŋgəʊ træn'zækʃən] sb Reportgeschäft n

content ['kɒntent] sb ~s pl Inhalt m

content norms ['kɒntent nɔːmz] pl Inhaltsnormen f/pl

contest [kən'test] v anfechten; (dispute) angreifen, bestreiten

contingency budget [kən'tɪndʒənsi 'bʌdʒɪt] sb Eventualhaushalt m

contingency plan [kən'tɪndʒənsi plæn] sb Ausweichplan m

contingent [kən'tɪndʒənt] adj ~ upon abhängig von

contingent liability [kən'tɪndʒənt laɪə'bɪlɪti] sb Eventualverbindlichkeit f

continued pay [kən'tɪndjuːd peɪ] sb Entgeltfortzahlung f

continuous flow production [kən'tɪnjuəs fləʊ prə'dʌkʃən] sb Fließfertigung f

contract ['kɒntrækt] sb 1. Vertrag m; (order) Auftrag m; v [kən'trækt] 2. ~ out of sth außer Haus machen lassen; ~ to do sth sich vertraglich verpflichten, etw zu tun

contract goods ['kɒntrækt gʊdz] pl Kontraktgüter n/pl

contract of assignment ['kɒntrækt əv ə'saɪnmənt] sb Abtretungsvertrag m

contract of carriage ['kɒntrækt əv 'kærɪdʒ] sb Frachtvertrag m

contract of employment ['kɒntrækt əv ɪm'plɔɪmənt] sb Arbeitsvertrag m, Dienstvereinbarung f

contract of pledge ['kɒntrækt əv pledʒ] sb Pfandvertrag m

contract of sale ['kɒntrækt əv seɪl] sb Kaufvertrag m

contract of service ['kɒntrækt əv 'sɜːvɪs] sb Dienstvertrag m

contract period ['kɒntrækt 'pɪərɪəd] sb Vertragsdauer f

contraction [kən'trækʃən] sb Kontrahierung f

contractor [kən'træktə] sb Auftragnehmer m

contractor work and services [kən'træktə wɒk ənd 'sɜːvɪsɪz] sb Werkvertrag m

contracts on capital collecting ['kɒntrækts ɒn 'kæpɪtəl kə'lektɪŋ] pl Kapitalsammlungsverträge m/pl

contractual [kən'træktʃʊəl] adj vertraglich, Vertrags...

contractual obligation [kən'træktʃʊəl ɒblɪ'geɪʃən] sb Vertragsbindung f

contractual penalty [kən'træktʃʊəl 'penəlti] sb Konventionalstrafe f, Vertragsstrafe f

contribute [kən'trɪbjuːt] v 1. beitragen; 2. ~ to charity spenden; 3. (food, supplies) beisteuern

contribution [kɒntrɪ'bjuːʃən] sb 1. Beitrag m; make a ~ to sth einen Beitrag zu etw leisten; 2. (donation) Spende f

contribution margin [kɒntrɪ'bjuːʃən 'mɑːdʒɪn] sb Deckungsbeitrag m

contribution receipt [kɒntrɪ'bjuːʃən rɪ'siːt] sb Einschussquittung f

contribution refund [kɒntrɪ'bjuːʃən 'riːfʌnd] sb Beitragserstattung f

contributions [kɒntrɪ'bjuːʃənz] pl Beiträge m/pl

contributions paid to the building society [kɒntrɪ'bjuːʃənz peɪd tu ðə 'bɪldɪŋ sə'saɪəti] pl Bausparkassenbeiträge m/pl

control [kən'trəʊl] v (sth) 1. Kontrolle haben über, kontrollieren; (regulate) kontrollieren; (keep within limits) in Schranken halten, in Rahmen halten, beschränken; sb 2. Kontrolle f; get under ~ unter Kontrolle bringen; get out of ~ außer Kontrolle geraten; 3. (authority) Gewalt f, Macht f, Herrschaft f; have no ~ over sth keinen Einfluss auf etw haben; 4. (check) Kontrolle f

control agreement [kən'trəʊl ə'griːmənt] sb Beherrschungsvertrag m

control board [kən'trəʊl bɔːd] sb Aufsichtsamt n

control by foreign capital [kənˈtrəʊl baɪ ˈfɒrɪn ˈkæpɪtəl] *sb* Überfremdung *f*
control group [kənˈtrəʊl gruːp] *sb* Kontrollgruppe *f*
control key [kənˈtrəʊl kiː] *sb* Control-Taste *f*
controllable [kənˈtrəʊləbl] *adj* kontrollierbar
controlled company [kənˈtrəʊld ˈkʌmpəni] *sb* Organgesellschaft *f*
controlled corporate group [kənˈtrəʊld ˈkɔːpərət gruːp] *sb* Beteiligungskonzern *m*
controlled economy [kənˈtrəʊld ɪˈkɒnəmi] *sb* Dirigismus *m*
controlling [kənˈtrəʊlɪŋ] *sb* 1. Controlling; *adj* 2. have a ~ interest in sth eine Mehrheitsbeteiligung an etw besitzen
controlling [kənˈtrəʊlɪŋ] *sb* Controlling *n*
control of advertising effectiveness [kənˈtrəʊl əv ˈædvətaɪzɪŋ ɪˈfektɪvnɪs] *sb* Werbeerfolgskontrolle *f*
control panel [kənˈtrəʊl pænl] *sb* Schalttafel *f*, Bedienungsfeld *n*
convene [kənˈviːn] *v* (call together) einberufen, versammeln
convenience goods [kənˈviːniəns gʊdz] *pl* Verbrauchsgüter *pl*, Convenience Goods *pl*
convenient [kənˈviːniənt] *adj* 1. günstig, passend, geeignet; 2. ~ly located (shop) verkehrsgünstig; 3. (functional) brauchbar, praktisch, zweckmäßig
convention [kənˈvenʃən] *sb* 1. (conference) Fachkongress *m*, Tagung *f*; 2. (agreement) Abkommen *n*; 3. (social rule) Konvention *f*
conversion [kənˈvɜːʒən] *sb* Konvertierung *f*
conversion charge [kənˈvɜːʒən tʃɑːdʒ] *sb* Transaktionskosten *pl*
conversion table [kənˈvɜːʃən teɪbl] *sb* Umrechnungstabelle *f*
convert [kənˈvɜːt] *v* 1. umwandeln, verwandeln; 2. (measures) umrechnen; 3. (of currency) konvertieren, umwandeln
convertibility [kənvɜːtɪˈbɪlɪti] *sb* Konvertibilität *f*, Konvertierbarkeit *f*
convertibility for residents [kənvɜːtɪˈbɪlɪti fɔː ˈrezɪdənts] *sb* Inländerkonvertibilität *f*
convertible [kənˈvɜːtɪbl] *adj* konvertibel, austauschbar
convertible bonds [kənˈvɜːtɪbl bɒndz] *pl* Wandelschuldverschreibung *f*
convey [kənˈveɪ] *v* (rights, title) übertragen
conveyance [kənˈveɪəns] *sb* Übertragung *f*
conveyance by agreement [kənˈveɪəns aɪ əˈgriːmənt] *sb* Auflassung *f*
conveyor [kənˈveɪə] *sb* Fördergerät *n*

conveyor belt [kənˈveɪə belt] *sb* Fließband *n*, Förderband *n*
cooperate [kəʊˈɒpəreɪt] *v* 1. zusammenarbeiten; 2. (comply) mitmachen
cooperation [kəʊɒpəˈreɪʃən] *sb* Zusammenarbeit *f*, Kooperation *f*
cooperation loan [kəʊɒpəˈreɪʃən ləʊn] *sb* Kooperationsdarlehen *n*
cooperative [kəʊˈɒpərətɪv] *adj* 1. (prepared to comply) kooperativ, kollegial; *sb* 2. Genossenschaft *f*
cooperative apartment [kəʊˈɒpərətɪv əˈpɑːtmənt] *sb* Eigentumswohnung *f*
cooperative banking sector [kəʊˈɒpərətɪv ˈbæŋkɪŋ ˈsektə] *sb* genossenschaftlicher Bankensektor *m*
cooperative central banks [kəʊˈɒpərətɪv ˈsentrəl bæŋks] *pl* genossenschaftliche Zentralbanken *f/pl*
coordination [kəʊɔːdɪˈneɪʃən] *sb* Koordination *f*, Koordinierung *f*
co-owner [kəʊˈəʊnə] *sb* Mitinhaber(in) *m/f*, Mitbesitzer(in) *m/f*
co-ownership [kəʊˈəʊnəʃɪp] *sb* Miteigentum *n*
co-partner [kəʊˈpɑːtnə] *sb* Partner(in) *m/f*, Teilhaber(in) *m/f*, Mitunternehmer *m*
copier [ˈkɒpɪə] *sb* Kopierer *m*, Kopierautomat *m*
co-plaintiff [kəʊˈpleɪntɪf] *sb* Nebenkläger *m*
co-product [kəʊˈprɒdʌkt] *sb* Nebenerzeugnis *n*
copy [ˈkɒpi] *v* 1. (reproduce) kopieren, nachbilden; 2. (imitate) nachmachen; *sb* Kopie *f*; 3. (written out separately) Abschrift *f*; 4. (text of an advertisement or article) Text *m*
copy machine [ˈkɒpi məˈʃiːn] *sb* (fam) Kopierer *m*
copyright [ˈkɒpɪraɪt] *sb* Copyright *n*, Urheberrecht *n*
copy test [ˈkɒpi test] *sb* Copy-Test *m*
copywriter [ˈkɒpɪraɪtə] *sb* Werbetexter(in) *m/f*
core time [kɔː taɪm] *sb* Kernarbeitszeit *f*
corner [ˈkɔːnə] *v* in die Ecke treiben; ~ *the market* den Markt beherrschen
corporate [ˈkɔːpərət] *adj* (of a corporation) korporativ, Unternehmens...
corporate culture [ˈkɔːpərət ˈkʌltʃə] *sb* Unternehmenskultur *f*
corporate design [ˈkɔːpərət dɪˈsaɪn] *sb* Corporate Design *n*
corporate identity [ˈkɔːpərət aɪˈdentɪti] *sb* Corporate Identity *f*

corporate management ['kɔːpərɪt 'mænɪdʒmənt] sb Unternehmensleitung f
corporate profit ['kɔːpərɪt 'prɒfɪt] sb Unternehmensgewinn m
corporate strategy ['kɔːpərɪt 'strætədʒɪ] sb Unternehmensstrategie f
corporate value ['kɔːpərɪt 'væljuː] sb Unternehmungswert m
corporation [kɔːpə'reɪʃən] sb 1. (UK) Handelsgesellschaft f; 2. (US) Aktiengesellschaft f, Unternehmen n
corporation tax [kɔːpə'reɪʃən tæks] sb Unternehmenssteuer f, Körperschaftssteuer f
corporative ['kɔːpərətɪv] adj Unternehmens..., Firmen...
correct [kə'rekt] v korrigieren, berichtigen
correction [kə'rektʃən] sb Berichtigung f, Korrektur f
correction of a balance sheet [kə'rekʃən əv ə 'bæləns ʃiːt] sb Bilanzberichtigung f
correlation [kɒrə'leɪʃən] sb Korrelation f, Wechselbeziehung f
correspond [kɒrɪs'pɒnd] v (exchange letters) korrespondieren, in Briefwechsel stehen
correspondence [kɒrɪs'pɒndəns] sb (letter writing) Korrespondenz f, Briefwechsel m
correspondent bank [kɒrəs'pɒndənt bæŋk] sb Korrespondenzbank f
cost [kɒst] v irr 1. kosten; sb 2. Kosten pl; at no ~ kostenlos; 3. (fig) Preis m; at all ~s, at any ~ um jeden Preis
cost accounting centre [kɒst ə'kaʊntɪŋ 'sentə] sb Kostenstelle f
cost advantage [kɒst əd'vɑːntɪdʒ] sb Kostenvorteil m
cost allocation [kɒst ælə'keɪʃən] sb Kostenverrechnung f
cost and freight (c. & f.) [kɒst ænd freɪt] sb Kosten und Fracht (c. & f.)
cost-benefit analysis [kɒst'benɪfɪt ə'næləsɪs] sb Kosten-Nutzen-Analyse f
cost centre [kɒst 'sentə] sb Kostenstelle f
cost-effective [kɒstɪ'fektɪv] adj rentabel
cost escalation [kɒst eskə'leɪʃən] sb Kostenexplosion f
cost estimate [kɒst 'estɪmət] sb Kostenvoranschlag m
cost factor [kɒst 'fæktə] sb Kostenfaktor m
costing expenditures ['kɒstɪŋ ɪks'pendɪtʃəz] pl Anderskosten pl
costing rate ['kɒstɪŋ reɪt] sb Zuschlagssatz m
cost, insurance (c. & i.) [kɒst ɪn'ʃʊərəns] sb Kosten und Versicherung (c. & i.)

cost, insurance, freight (c. i. f.) [kɒst ɪn'ʃʊərəns freɪt] sb Kosten, Versicherung, Fracht eingeschlossen (c.i.f.)
cost, insurance, freight, commission (c. i. f. & c.) [kɒst ɪn'ʃʊərəns freɪt kə'mɪʃən] sb Kosten, Versicherung, Fracht und Kommission eingeschlossen (c.i.f.& c.)
cost, insurance, freight, commission, interest (c. i. f. c. & i.) [kɒst ɪn'ʃʊərəns freɪt kə'mɪʃən 'ɪntrɪst] sb Kosten, Versicherung, Fracht, Kommission und Zinsen (c.i.f.c.& i.)
costly ['kɒstlɪ] adj teuer, kostspielig
cost of acquisition ['kɒst əv ækwɪ'zɪʃən] sb Anschaffungskosten pl
cost of capital [kɒst əv 'kæpɪtəl] sb Kapitalkosten pl
cost of credit [kɒst əv 'kredɪt] sb Kreditkosten pl
cost of services [kɒst əv 'sɜːvɪsɪz] sb Dienstleistungskosten pl
cost-of-service principle [kɒst əv 'sɜːvɪs 'prɪnsɪpəl] sb Äquivalenzprinzip n
cost of wages [kɒst əv 'weɪdʒɪz] sb Lohnkosten pl
cost per unit [kɒst pə 'juːnɪt] sb Stückkosten pl
cost pressure [kɒst 'preʃʊə] sb Kostendruck m
cost price [kɒst praɪs] sb Selbstkostenpreis m, Einstandspreis m
cost recovery [kɒst rɪ'kʌvərɪ] sb Kostendeckung f
cost reduction [kɒst rɪ'dʌkʃən] sb Kostensenkung f
costs [kɒsts] pl Kosten pl
cost schedule [kɒst 'ʃedjuːl] sb Kostenplan m
cost types [kɒst taɪps] pl Kostenarten f/pl
cost unit [kɒst 'juːnɪt] sb Kostenträger m
cost variance analysis [kɒst 'veərɪəns ə'næləsɪs] sb Abweichungsanalyse f
Cotton Exchange ['kɒtən ɪks'tʃeɪndʒ] sb Baumwollbörse f
council tax ['kaʊnsl tæks] sb (UK) Gemeindesteuer f
counsel ['kaʊnsl] sb 1. Rat m, Gremium n; 2. (US) Anwalt/Anwältin m/f
counseling ['kaʊnsəlɪŋ] sb Beratung f
count [kaʊnt] v 1. zählen; sb 2. Zählung f;
count in [kaʊnt ɪn] v mitzählen, mitrechnen
counter ['kaʊntə] sb Ladentisch m, Tresen m, Theke f
counterclaim ['kaʊntəkleɪm] sb Gegenanspruch m, Gegenforderung f

countercyclical development [kaʊntə-'sɪklɪkəl də'veləpmənt] sb antizyklisches Verhalten n

countercyclical fiscal policy [kaʊntə-'sɪklɪkəl 'fɪskəl 'pɒlɪsɪ] sb antizyklische Finanzpolitik f

counter entry ['kaʊntə 'entrɪ] sb Storno n, Gegenbuchung f

counterfeit ['kaʊntəfɪt] sb 1. Fälschung f; adj 2. gefälscht

counterfeit money ['kaʊntəfɪt 'mʌnɪ] sb Falschgeld n

counterfeiting ['kaʊntəfɪtɪŋ] 1. Produktpiraterie f; 2. Falschmünzerei f

countermand [kaʊntə'mɑːnd] sb Abbestellung f, Widerruf m, Storno m/n

counteroffer ['kaʊntərɒfə] sb Gegenangebot n, Gegengebot n

countersign ['kaʊntəsaɪn] v gegenzeichnen

counter stock ['kaʊntə stɒk] sb Schalterstücke n/pl

countertrade ['kaʊntətreɪd] sb Gegengeschäft n

countervailing duty [kaʊntə'veɪlɪŋ 'djuːtɪ] sb Ausgleichsabgabe f

counting ['kaʊntɪŋ] sb Auszählung f

countries within the customs frontier ['kʌntrɪz aʊt'saɪd ðə 'kʌstəmz 'frʌntɪə] pl Zollausland n

country of origin ['kʌntrɪ əv 'ɒrɪdʒɪn] sb Herkunftsland n

country of purchase ['kʌntrɪ əv 'pɜːtʃɪs] sb Einkaufsland n

country risk ['kʌntrɪ rɪsk] sb Länderrisiko n

coupon ['kuːpɒn] sb (voucher) Gutschein m, Kupon m, Zinsschein m

coupon collection department ['kuːpɒn kə'lekʃən də'pɑːtmənt] sb Kuponkasse f

coupon market ['kuːpɒn 'mɑːkɪt] sb Kuponmarkt m

coupon price ['kuːpɒn praɪs] sb Kuponkurs m

coupon sheet ['kuːpɒn ʃiːt] sb Kuponbogen m

coupon tax ['kuːpɒn tæks] sb Kuponsteuer f

courier ['kʊrɪə] sb Eilbote m, Kurier m

course of business [kɔːs əv 'bɪznɪs] sb Geschäftsprozess m

court [kɔːt] sb 1. (~ of law) Gericht n; 2. take s.o. to ~ jdn verklagen

court fees [kɔːt fiːz] pl Gerichtskosten pl, Prozesskosten pl

court of arbitration [kɔːt əv ɑːbɪ'treɪʃən] sb Schiedsgericht n

Court of Auditors [kɔːt əv 'ɔːdɪtəz] sb Rechnungshof m

Court of Justice of the European Community [kɔːt əv 'dʒʌstɪs əv ðə jʊərə'piːən kə'mjuːnɪtɪ] sb Europäischer Gerichtshof (EuGH) m

court order [kɔːt 'ɔːdə] sb Gerichtsbeschluss m

court proceedings for order to pay debt [kɔːt prə'siːdɪŋz fɔː ɔːdə tu peɪ det] pl gerichtliches Mahnverfahren n

courtroom ['kɔːtruːm] sb Gerichtssaal m

cover ['kʌvə] sb 1. Deckung f; under separate ~ mit getrennter Post; v 2. (a loan, a check) decken; 3. (costs) bestreiten; 4. (insure) versichern; 5. (include) einschließen, umfassen, enthalten

cover clause ['kʌvə klɔːz] sb Deckungsklausel f

cover note ['kʌvə nəʊt] sb (UK) Deckungszusage f

cover of note circulation ['kʌvə əv nəʊt sɜːkjʊ'leɪʃən] sb Notendeckung f

coverage ['kʌvrɪdʒ] sb (insurance ~) Versicherungsschutz m, Deckung f

coverage interest rate ['kʌvrɪdʒ 'ɪntrɪst reɪt] sb Deckungszinsen m/pl

coverage loan ['kʌvrɪdʒ ləʊn] sb Deckungsdarlehen n

covered cheque ['kʌvəd tʃek] sb gedeckter Scheck m

covered credit ['kʌvəd 'kredɪt] sb gedeckter Kredit m

covering claim ['kʌvərɪŋ kleɪm] sb Deckungsforderung f

covering letter ['kʌvərɪŋ 'letə] sb Begleitbrief m

covering operation ['kʌvərɪŋ ɒpə'reɪʃən] sb Deckungsgeschäft n

covin ['kʌvɪn] sb Komplott n

coworker [kəʊ'wɜːkə] sb Mitarbeiter(in) m/f

craft [krɑːft] sb (trade) Handwerk n, Gewerbe n

craft trade [krɑːft treɪd] sb Handwerk n

craftsman [krɑːftsmən] sb Handwerker m

crank [kræŋk] v ~ up the economy die Wirtschaft ankurbeln

crash [kræʃ] v 1. (fam: computer) abstürzen; sb 2. (stock market ~) Börsenkrach m

crate [kreɪt] sb Kiste f, Kasten m

creation of credit [krɪ'eɪʃən əv 'kredɪt] sb Kreditschöpfung f

creation of deposit money [krɪ'eɪʃən əv dɪ'pɒzɪt 'mʌnɪ] sb Giralgeldschöpfung f

creation of money [krɪ'eɪʃən əv 'mʌnɪ] sb Geldschöpfung f
credential [krɪ'denʃəl] sb 1. Beglaubigungsschreiben n; pl 2. ~s (papers) Ausweispapiere pl
credible promise [kredɪbəl 'prɒmɪs] sb glaubhafte Zusicherung f
credit ['kredɪt] sb 1. Kredit m; 2. (balance) Guthaben n, Haben n; v 3. gutschreiben
credit account ['kredɪt ə'kaʊnt] sb Kreditkonto n
credit advice ['kredɪt əd'vaɪs] sb Gutschriftsanzeige f
credit against securities ['kredɪt ə'genst sɪ'kjʊərɪtɪ] sb Lombardkredit m
credit agreement ['kredɪt ə'gri:mənt] sb Krediteröffnungsvertrag m, Kreditvertrag m
credit authorizing negotiation of bills ['kredɪt 'ɔ:θəraɪzɪŋ nɪɡəʊʃɪ'eɪʃən əv bɪlz] sb Negoziationskredit m
credit balance ['kredɪt 'bæləns] sb Guthaben n
credit bank ['kredɪt bæŋk] sb Kreditbank f
credit based on collateral security ['kredɪt beɪst ɒn kə'lætərəl sɪ'kjʊərɪtɪ] sb Sachkredit m
credit business ['kredɪt 'bɪznɪs] sb Kreditgeschäft n
credit by way of bank guarantee ['kredɪt baɪ weɪ əv bæŋk gærən'ti:] sb Bürgschaftskredit m, Aval-Kredit m
credit by way of discount of bills ['kredɪt baɪ weɪ əv 'dɪskaʊnt əv bɪlz] sb Wechseldiskontkredit m
credit by way of overdraft ['kredɪt baɪ weɪ əv 'əʊvədrɑ:ft] sb Überziehungskredit m, Dispositionskredit m
credit card ['kredɪt kɑ:d] sb Kreditkarte f
credit ceiling ['kredɪt 'si:lɪŋ] sb Kreditplafond m
credit check ['kredɪt tʃek] sb Bonitätsprüfung f
credit-checking sheets [kredɪt'tʃekɪŋ ʃi:ts] pl Kreditprüfungsblätter n/pl
credit commission ['kredɪt kə'mɪʃən] sb Kreditprovision f
credit committee ['kredɪt kə'mɪtɪ] sb Kreditausschuss m
credit control ['kredɪt kən'trəʊl] sb Kreditkontrolle f
credit cooperative ['kredɪt kəʊ'ɒpərətɪv] sb Kreditgenossenschaft f
credit culture ['kredɪt 'kʌltʃə] sb Kreditkultur f

credit demand ['kredɪt də'mɑ:nd] sb Kreditbedarf m
credit department ['kredɪt də'pɑ:tmənt] sb Kreditabteilung f
credit facilities ['kredɪt fə'sɪlɪtɪz] pl Kreditfazilität f
credit financing register ['kredɪt faɪ'nænsɪŋ 'redʒɪstə] sb Teilzahlungsbuch n
credit folder ['kredɪt fəʊldə] sb Kreditakte f
credit granted in kind ['kredɪt 'grɑ:ntɪd ɪn kaɪnd] sb Naturalkredit m
credit granted to a local authority ['kredɪt 'grɑ:ntɪd tu ə 'ləʊkəl ə'θɒrɪtɪ] sb Kommunalkredit m
credit granted to the issuer by the bank ['kredɪt 'grɑ:ntɪd tu ðə 'ɪsjʊə baɪ ðə bæŋk] sb Emissionskredit m
credit guarantee ['kredɪt gærən'ti:] sb Kreditgarantie f
credit inflation ['kredɪt ɪn'fleɪʃən] sb Kreditinflation f
credit information ['kredɪt ɪnfə'meɪʃən] sb Kreditauskunft f
credit institution ['kredɪt ɪnstɪ'tju:ʃən] sb Kreditinstitut n
credit insurance ['kredɪt ɪn'ʃʊərəns] sb Kreditversicherung f
credit interest ['kredɪt 'ɪntrəst] sb Habenzinsen pl
credit item ['kredɪt 'aɪtəm] sb Aktivposten m
credit limit ['kredɪt 'lɪmɪt] sb Kreditlimit n
credit limitation ['kredɪt lɪmɪ'teɪʃən] sb Kreditplafondierung f
credit line ['kredɪt laɪn] sb Rahmenkredit m, Kreditlinie f
credit margin ['kredɪt 'mɑ:dʒɪn] sb Kreditrahmen m
credit money ['kredɪt 'mʌnɪ] sb Kreditgeld n
credit on real estate ['kredɪt ɒn rɪəl ɪ'steɪt] sb Realkredit m
creditor ['kredɪtə] sb Gläubiger m, Kreditor m
creditor paper ['kredɪtə 'peɪpə] sb Gläubigerpapier n
creditors' meeting ['kredɪtəz 'mi:tɪŋ] sb Gläubigerversammlung f
credit period ['kredɪt 'pɪərɪəd] sb Kreditfrist f
credit policy ['kredɪt 'pɒlɪsɪ] sb Kreditpolitik f
credit purchase ['kredɪt 'pɜ:tʃəs] sb Kreditkauf m

credit rating ['kredɪt 'reɪtɪŋ] *sb* Kreditwürdigkeit *f*
credit restriction ['kredɪt rɪ'strɪkʃən] *sb* Kreditrestriktion *f*
credit risk ['kredɪt rɪsk] *sb* Kreditrisiko *n*
credit share ['kredɪt ʃeə] *sb* Kreditaktie *f*
credit side ['kredɪt saɪd] *sb* Habenseite *f*, Haben *n*
credit slip ['kredɪt slɪp] *sb* Einzahlungsbeleg *m*
credits extended to public authorities ['krediːts ɪks'tendɪd tu 'pʌblɪk ə'θɒrɪtiːz] *pl* öffentliche Kredite *m/pl*
credit solvency risk ['kredɪt 'sɒlvənsɪ rɪsk] *sb* Bonitätsrisiko *n*
credit standing ['kredɪt 'stændɪŋ] *sb* Kreditwürdigkeit *f*, Kreditstatus *m*
credit status investigation ['kredɪt 'steɪtəs ɪnvestɪ'geɪʃən] *sb* Kreditprüfung *f*
credit system ['kredɪt 'sɪstɪm] *sb* Kreditwesen *n*
credit tranche ['kredɪt trɑːnʃ] *sb* Kredittranche *f*
credit transaction ['kredɪt træn'zækʃən] *sb* Aktivgeschäft *n*
credit transfer ['kredɪt 'trænsfɜː] *sb* Kredittransfer *m*, Giro *n*
creditworthiness ['kredɪt'wɜːðɪnəs] *sb* Kreditwürdigkeit *f*
creditworthy ['kredɪtwɜːðɪ] *adj* kreditwürdig
creeping inflation ['kriːpɪŋ ɪn'fleɪʃən] *sb* schleichende Inflation *f*
crisis ['kraɪsɪs] *sb* Krise *f*
crisis feeling ['kraɪsɪs 'fiːlɪŋ] *sb* Krisenstimmung *f*
crisis-proof ['kraɪsɪspruːf] *adj* krisenfest, krisensicher
criteria of decision [kraɪ'tɪərɪə əv də'sɪʒən] *pl* Entscheidungskriterien *n/pl*
critical factors of performance ['krɪtɪkəl 'fæktəz əv pə'fɔːməns] *pl* kritische Erfolgsfaktoren *m/pl*
cross [krɒs] *v (a cheque: UK)* zur Verrechnung ausstellen
cross rate [krɒs reɪt] *sb* Kreuzparität *f*
crossed cheque [krɒst tʃek] *sb* Verrechnungsscheck *m*, gekreuzter Scheck *m*
crowding-out competition ['kraʊdɪŋ aʊt kɒmpə'tɪʃən] *(finance)* Verdrängungswettbewerb *m*
crude oil [kruːd ɔɪl] *sb* Rohöl *n*
cubic measures ['kjuːbɪk 'meʒəz] *pl* Raummaße *n/pl*

culpa in contrahendo ['kʊlpə ɪn kɒntrə'hendəʊ] *sb* Verschulden vor Vertragsabschluss (culpa in contrahendo) *n*
culpable ['kʌlpəbl] *adj* schuldig, schuldhaft
culprit ['kʌlprɪt] *sb* Täter(in) *m/f*, Schuldige(r) *f/m*
cum [kʌm] *adj* eingeschlossen
cumulate ['kjuːmjʊleɪt] *v* akkumulieren, anhäufen
cumulative dividend ['kjuːmjʊlətɪv 'dɪvɪdend] *sb* kumulative Dividende *f*
cure [kjʊə] *sb* Kur *f*
currency ['kʌrənsɪ] *sb* Währung *f*, Devisen *f/pl*
currency account [kʌrənsɪ ə'kaʊnt] *sb* Währungskonto *n*
currency accounting [kʌrənsɪ ə'kaʊntɪŋ] *sb* Devisenbuchhaltung *f*
currency agreement [kʌrənsɪ ə'griːmənt] *sb* Währungsabkommen *n*
currency area [kʌrənsɪ 'ɛərɪə] *sb* Währungsgebiet *n*
currency basket [kʌrənsɪ 'bɑːskɪt] *sb* Währungskorb *m*
currency clause [kʌrənsɪ klɔːz] *sb* Währungsklausel *f*, Kursklausel *f*
currency conversion [kʌrənsɪ kən'vɜːʒən] *sb* Währungsumstellung *f*
currency conversion compensation [kʌrənsɪ kən'vɜːʒən kɒmpen'seɪʃən] *sb* Währungsausgleich *m*
currency dumping [kʌrənsɪ 'dʌmpɪŋ] *sb* Währungsdumping *n*
currency erosion [kʌrənsɪ ɪ'rəʊʒən] *sb* Geldwertschwund *m*
currency exchange business [kʌrənsɪ ɪks'tʃeɪndʒ 'bɪznɪs] *sb* Geldwechselgeschäft *n*
currency future [kʌrənsɪ 'fjuːtʃə] *sb* Devisentermingeschäft *n*
currency in circulation [kʌrənsɪ ɪn sɜːkju'leɪʃən] *sb* Bargeldumlauf *m*
currency of investment [kʌrənsɪ ɒv ɪn'vestmənt] *sb* Anlagewährung *f*
currency policy [kʌrənsɪ 'pɒlɪsɪ] *sb* Valutapolitik *f*
currency pool [kʌrənsɪ puːl] *sb* Währungspool *m*
currency risk ['kʌrənsɪ rɪsk] *sb* Währungsrisiko *n*
currency substitution [kʌrənsɪ sʌbstɪ'tjuːʃən] *sb* Währungssubstitution *f*
currency swap [kʌrənsɪ swɒp] *sb* Währungsswap *m*
currency transactions [kʌrənsɪ træn'zækʃənz] *pl* Valutageschäft *n*

currency union ['kʌrənsɪ 'juːnjən] sb Währungsunion f
currency zone ['kʌrənsɪ zəʊn] sb Währungszone f
current ['kʌrənt] sb 1. (of electricity) Strom m; adj 2. gegenwärtig
current account ['kʌrənt ə'kaʊnt] sb Girokonto n, Kontokorrent n, laufende Rechnung f
current account credit ['kʌrənt ə'kaʊnt 'kredɪt] sb Kontokorrentkredit m
current account with a bank ['kʌrənt ə'kaʊnt wɪθ ə bæŋk] sb Bankkontokorrent n
current assets ['kʌrənt 'æsets] pl Umlaufvermögen n
current market value ['kʌrənt 'mɑːkɪt 'væljuː] sb Zeitwert m, gegenwärtiger Marktwert m
current quotation ['kʌrənt kwəʊ'teɪʃən] sb Tageskurs m
current value ['kʌrənt 'væljuː] sb Tageswert m
curriculum vitae [kə'rɪkjʊləm 'viːtaɪ] sb (UK) Lebenslauf m
cursor ['kɜːsə] sb Cursor m
custody ['kʌstədɪ] sb Verwahrung f, Gewahrsam m
custody fee ['kʌstədɪ fiː] sb Verwahrungskosten pl
custody ledger ['kʌstədɪ 'ledʒə] sb Verwahrungsbuch n
custom of trade ['kʌstəm əv treɪd] sb Handelsusancen f/pl
customary law ['kʌstəməərɪ lɔː] sb Stammrecht n
custom-built ['kʌstəmbɪlt] adj maßgefertigt, spezialgefertigt
customer ['kʌstəmə] sb Kunde/Kundin m/f
customer account ['kʌstəmə ə'kaʊnt] sb Debitorenkonto n
customer costing ['kʌstəmə 'kɒstɪŋ] sb Kundenkalkulation f
customer service ['kʌstəmə 'sɜːvɪs] sb Kundenbetreuung f, Kundendienst m
customer survey ['kʌstəmə 'sɜːveɪ] sb Kundenbefragung f, Kundenumfrage f
customers' credit ['kʌstəməz 'kredɪt] sb Kundschaftskredit m
customer's liability on bills ['kʌstəməz laɪə'bɪlɪtɪ ɒn bɪlz] sb Wechselobligo n
customer's order ['kʌstəməz 'ɔːdə] sb Kundenauftrag m
customer's reference number ['kʌstəməz 'refərəns 'nʌmbə] sb Kundennummer f
customer's security deposit ['kʌstəməz sɪ'kjʊərɪtɪ də'pɒzɪt] sb Personendepot n

customize ['kʌstəmaɪz] v individuell herrichten, speziell anfertigen
customs ['kʌstəmz] pl Zoll m
customs application ['kʌstəmz æplɪ'keɪʃən] sb Zollantrag m
customs convention ['kʌstəmz kən'venʃən] sb Zollabkommen n
customs declaration ['kʌstəmz deklə'reɪʃən] sb Zollerklärung f
customs documents ['kʌstəmz 'dɒkjʊmənts] pl Zollpapiere n/pl
customs drawback ['kʌstəmz 'drɔːbæk] sb Rückzoll m
customs duties ['kʌstəmz 'djuːtɪz] pl Zollgebühren f/pl
customs duty ['kʌstəmz 'djuːtɪ] sb Zoll m
customs frontier ['kʌstəmz 'frʌntɪə] sb Zollgrenze f
customs inspection ['kʌstəmz ɪn'spekʃən] sb Zollkontrolle f
customs invoice ['kʌstəmz 'ɪnvɔɪs] sb Zollfaktura f
customs official ['kʌstəmz ə'fɪʃəl] sb Zollbeamter/Zollbeamtin m/f
customs procedure ['kʌstəmz prə'siːdʒə] sb Zollverkehr m
customs seal ['kʌstəmz siːl] sb Zollverschluss m
customs tariff ['kʌstəmz 'tærɪf] sb Zolltarif m
customs territory ['kʌstəmz 'terɪtərɪ] sb Zollgebiet n
customs union ['kʌstəmz 'juːnjən] sb Zollunion f
customs warehouse ['kʌstəmz 'weəhaʊs] sb Zolllager n
customs warehouse procedure ['kʌstəmz 'weəhaʊs prə'siːdʒə] sb Zolllagerung f
cut back [kʌt 'bæk] v irr (reduce) kürzen, verringern
cut down [kʌt 'daʊn] v irr (reduce expenditures) sich einschränken
cut in working time [kʌt ɪn 'wɜːkɪŋ taɪm] sb Arbeitszeitverkürzung f
cutback ['kʌtbæk] sb Verringerung f, Kürzung f
cybernetics [saɪbə'netɪks] pl Kybernetik f
cycle ['saɪkl] sb Zyklus m, Kreislauf m
cycle operations ['saɪkl ɒpə'reɪʃənz] pl Taktproduktion f
cyclical ['sɪklɪkəl] adj zyklisch, konjunkturell
cyclical unemployment ['sɪklɪkəl ʌnɪm'plɔɪmənt] sb konjunkturelle Arbeitslosigkeit f

D

daily statement ['deɪlɪ 'steɪtmənt] sb Tagesauszug m

daily trial balance sheet ['deɪlɪ 'traɪəl 'bæləns ʃiːt] sb Tagesbilanz f

damage ['dæmɪdʒ] v 1. schaden, beschädigen, schädigen; sb 2. Schaden m, Beschädigung f; ~s pl 3. (compensation for ~s) Schadenersatz m

damage by sea ['dæmɪdʒ baɪ siː] sb Havarie f

damage limitation ['dæmɪdʒ lɪmɪ'teɪʃən] sb Schadensbegrenzung f

damage report ['dæmɪdʒ rɪ'pɔːt] sb Schadensbericht m, Havariezertifikat n

damaged share certificates ['dæmɪdʒd ʃeə sə'tɪfɪkɪts] pl beschädigte Aktie f

danger ['deɪndʒə] sb Gefahr f

danger money ['deɪndʒə 'mʌnɪ] sb Gefahrenzulage f

data ['deɪtə] sb Daten pl, Angaben pl

data access security ['deɪtə 'ækses sɪ'kjuːrɪtɪ] sb Datensicherheit f

data acquisition ['deɪtə ækwɪ'zɪʃn] sb Datenerfassung f

data administration ['deɪtə ədmɪnɪ'streɪʃən] sb Datenverwaltung f

data analysis ['deɪtə ə'nælɪsɪs] sb Datenanalyse f

data bank ['deɪtə bæŋk] sb Datenbank f

database ['deɪtəbeɪs] sb Datenbank f

database access ['deɪtəbeɪs 'ækses] sb Datenbankabfrage f

data collection ['deɪtə kə'lekʃən] sb Datenerfassung f

data entry ['deɪtə 'entrɪ] sb Datenerfassung f

data integration ['deɪtə ɪntə'greɪʃən] sb Datenintegration f

data medium ['deɪtə 'miːdɪəm] sb Datenträger m

data processing ['deɪtə 'prəʊsesɪŋ] sb Datenverarbeitung f

data protection ['deɪtə prə'tekʃən] sb Datenschutz m

Data Protection Act ['deɪtə prə'tekʃən ækt] sb Datenschutzgesetz n

data record ['deɪtə 'rekɔːd] sb Datensatz m

data security ['deɪtə sɪ'kjuərɪtɪ] sb Datensicherung f

data transmission ['deɪtə trænz'mɪʃən] sb Datenfernübertragung f

date [deɪt] v datieren; sb Datum n, Termin m

date bill ['deɪt bɪl] sb Datowechsel m

date of application ['deɪt əv æplɪ'keɪʃn] sb Bewerbungsdatum n, Antragsdatum n

date of arrival ['deɪt əv ə'raɪvl] sb Ankunftsdatum n, Ankunftstermin m

date of balance sheet ['deɪt əv 'bæləns ʃiːt] sb Bilanzstichtag m

date of delivery ['deɪt əv dɪ'lɪvərɪ] sb Liefertermin m

date of departure ['deɪt əv dɪ'pɑːtʃə] sb Abreisedatum n, Abreisetermin m

date of dispatch ['deɪt əv dɪ'spætʃ] sb Versanddatum n

date of entry ['deɪt əv 'entrɪ] sb Buchungsdatum n

date of payment ['deɪt əv 'peɪmənt] sb Zahlungstermin m

date of receipt ['deɪt əv rɪ'siːt] sb Empfangsdatum n

date of the balance ['deɪt əv ðə 'bæləns] sb Bilanzstichtag m

date stamp ['deɪt stæmp] sb Datumsstempel m

DAX-index [dæks 'ɪndeks] sb DAX-Index m

day bill ['deɪ bɪl] sb Tageswechsel m

day of account ['deɪ əv ə'kaʊnt] sb Abrechnungstag m

day of expiry [deɪ əv ɪks'paɪrɪ] sb Verfallstag m

day rate ['deɪ reɪt] sb Tageskurs m

day-to-day money [deɪ tu deɪ 'mʌnɪ] sb Tagesgeld n

de facto employer/employee relationship [dɪ 'fæktəʊ ɪm'plɔɪə/ɪm'plɔɪiː rɪ'leɪʃənʃɪp] sb faktisches Arbeitsverhältnis n

de facto group [dɪ 'fæktəʊ gruːp] sb faktischer Konzern m

de facto standard [dɪ 'fæktəʊ 'stændəd] sb De-facto-Standard m

dead capital [ded 'kæpɪtl] sb totes Kapital n, ungenutzte Mittel n/pl

dead freight (d.f.) [ded 'freɪt] sb Leerfracht (d.f.) f

deadline ['dedlaɪn] sb letzter Termin m, Frist f; set a ~ eine Frist setzen; meet the ~ die Frist einhalten

deadweight [ded'weɪt] sb Leergewicht n, Eigengewicht n

deal [di:l] *v irr* 1. ~ in sth mit etw handeln; *sb* 2. Geschäft *n*, Handel *m*, Abkommen *n*; make a ~ with s.o. mit jdm ein Geschäft machen

dealer ['di:lə] *sb* 1. Händler(in) *m/f*; 2. *(wholesaler)* Großhändler(in) *m/f*; 3. Eigenhändler *m*; 4. Händlerfirma *f*

dealer commission ['di:lə kə'mɪʃən] *sb* Händlerprovision *f*

dealer in securities ['di:lə ɪn sɪ'kjʊərɪti:z] *pl* Effektenhändler *m*

dealer transaction ['di:lə træn'zækʃən] *sb* Händlergeschäft *n*

dealer's brand ['di:ləz brænd] *sb* Handelsmarke *f*

dealership ['di:ləʃɪp] *sb* Händlerbetrieb *m*

dealing before official hours ['di:lɪŋ bɪ'fɔ: ə'fɪʃəl 'auəz] *adv* Vorbörse *f*

dealing in foreign notes and coins ['di:lɪŋ ɪn 'fɒrən nəʊts ænd kɔɪnz] *sb* Sortenhandel *m*

dealing in large lots ['di:lɪŋ ɪn lɑ:dʒ lɒts] *sb* Pakethandel *m*

debenture [dɪ'bentʃə] *sb* Schuldschein *m*

debenture bond [dɪ'bentʃə bɒnd] *sb* Pfandbrief *m*, Obligation *f*, Schuldverschreibung *f*

debenture loan [dɪ'bentʃə ləʊn] *sb* Obligationsanleihe *f*

debenture stock [dɪ'bentʃə stɒk] *sb* Schuldverschreibung *f*

debit ['debɪt] *v* 1. debitieren, belasten; *sb* 2. Soll *n*, Belastung *f*, Debet *n*

debit card ['debɪt kɑ:d] *sb* Kundenkreditkarte *f*, Lastschriftkarte *f*

debit entry ['debɪt 'entrɪ] *sb* Lastschrift *f*

debiting ['debɪtɪŋ] *sb* Einziehung *f*, Belastung *f*

debit interest ['debɪt 'ɪntrəst] *sb* Kreditzins *m*, Sollzins *m*

debit note ['debɪt nəʊt] *sb* Lastschrift *f*, Debet Nota (D/N) *f*

debt [det] *sb* 1. Schuld *f*; to be in ~ verschuldet sein; *repay a* ~ eine Schuld begleichen

debt agency [det 'eɪdʒənsɪ] *sb* Inkassobüro *n*

debt capital [det 'kæpɪtəl] *sb* Fremdkapital *n*, Leihkapital *n*

debt deferral [det dɪ'fərəl] *sb* (money) Moratorium *n*

debt discount [det 'dɪskaʊnt] *sb* Damnum *n*

debt facility [det fə'sɪlətɪ] *sb* Dispositionskredit *m*, Kreditrahmen *m*

debt financing [det faɪ'nænsɪŋ] *sb* Fremdfinanzierung *f*

debtor ['detə] *sb* Schuldner(in) *m/f*, Debitor(in) *m/f*

debtor interest rates ['detə 'ɪntrəst reɪts] *pl* Sollzinsen *m/pl*

debtor warrant ['detə 'wɒrənt] *sb* Besserungsschein *m*

debt-register claim [det'redʒɪstə kleɪm] *sb* Schuldbuchforderung *f*

debt rescheduling [det rɪ'ʃedju:lɪŋ] *sb* Umschuldung *f*

debt service [det 'sɜ:vɪs] *sb* Schuldendienst *m*

debt terms [det tɜ:ms] *pl* Kreditbedingungen *f/pl*

debt to be discharged at the domicile of the debtor [det tu bi: dɪs'tʃɑ:dʒd æt ðə 'dɒmɪsaɪl əv ðə 'detə] *sb* Holschuld *f*

debts [dets] *pl* Schulden *pl*

debts profit levy [dets 'prɒfɪt 'levɪ] *sb* Kreditgewinnabgabe *f*

debug [di:'bʌg] *v* von Fehlern befreien

decease [dɪ'si:s] *v* sterben

deceit [dɪ'si:t] *sb* Betrug *m*, Täuschung *f*

deceitful [dɪ'si:tfʊl] *adj* betrügerisch, falsch, hinterlistig

deceive [dɪ'si:v] *v* täuschen, betrügen

decentralization [di:sentrəlaɪ'zeɪʃn] *sb* Dezentralisierung *f*

decentralize [di:'sentrəlaɪz] *v* dezentralisieren

decimetre ['desɪmi:tə] *sb* Dezimeter *m/n*

decision [dɪ'sɪʒən] *sb* Entscheidung *f*, Entschluss *m*, Beschluss *m*; make a ~ eine Entscheidung treffen

decision exercise [dɪ'sɪʒn 'eksəsaɪz] *sb* Unternehmensplanspiel *n*

decision-making [dɪ'sɪʒənmeɪkɪŋ] *sb* Entscheidungsfindung *f*

decision-making hierarchy [dɪ'sɪʒənmeɪkɪŋ 'haɪərɑ:kɪ] *sb* Entscheidungshierarchie *f*

decision of accession [dɪ'sɪʒən əv ək'seʃən] *sb* Beitrittsbeschluss *m*

decision rule [dɪ'sɪʒən ru:l] *sb* Entscheidungsregel *f*

decision to purchase [dɪ'sɪʒən tu 'pɜ:tʃəs] *sb* Kaufentscheidung *f*

declarable [dɪ'kleərəbl] *adj* zu verzollen

declaration inwards [deklə'reɪʃən 'ɪnwədz] *pl* Zolleinfuhrdeklaration *f*

declaration of intention [deklə'reɪʃən əv ɪn'tenʃən] *sb* Willenserklärung *f*

declaration to exercise the subscription right [deklə'reɪʃən tu 'eksəsaɪz ðə sʌb'skrɪpʃən raɪt] *sb* Bezugsrechterklärung *f*

declaratory protest [dɪˈklærətərɪ ˈprəʊtest] *sb* Deklarationsprotest *m*
declare [dɪˈkleə] *v (to customs)* verzollen
decline [dɪˈklaɪn] *v* 1. *(business, prices)* zurückgehen; 2. *(not accept)* ablehnen
decline in gross profits [dɪˈklaɪn ɪn grəʊs ˈprɒfɪts] *sb* Rohertragsminderung *f*
decline in prices [dɪˈklaɪn ɪn ˈpraɪsɪz] *sb* Preisverfall *m*, Preisrückgang *m*
declining balance depreciation [dɪˈklaɪnɪŋ ˈbæləns dəprɪʃɪˈeɪʃən] *sb* Buchwertabschreibung *f*
decline in profits [dɪˈklaɪn ɪn ˈprɒfɪts] *sb* Gewinnabschwächung *f*
decode [diːˈkəʊd] *v* dekodieren, entschlüsseln, dechiffrieren
decommission [diːkəˈmɪʃən] *v* außer Betrieb setzen, stilllegen
decoration [dekəˈreɪʃən] *sb* Schmuck *m*, Dekoration *f*, Verzierung *f*
decrease [dɪˈkriːs] *v* 1. abnehmen, sich vermindern, nachlassen; verringern, vermindern, reduzieren; *sb* 2. Abnahme *f*, Verminderung *f*, Verringerung *f*, Rückgang *m*
decrease in demand [ˈdiːkriːs ɪn dɪˈmɑːnd] *sb* Nachfragerückgang *m*, Verringerung der Nachfrage *f*
decrease in value [ˈdiːkriːs ɪn ˈvæljuː] *sb* Wertminderung *f*
decree [dɪˈkriː] *sb* Verordnung *f*, Erlass *m/f*
deduct [dɪˈdʌkt] *v* abziehen, abrechnen, absetzen
deductible [dɪˈdʌktɪbl] *adj* abzugsfähig; *(tax ~)* absetzbar
deduction [dɪˈdʌkʃən] *sb* 1. *(from a price)* Nachlass *m*, Dekort *m*; 2. *(from one's wage)* Abzug *m*
deduction of input tax [dɪˈdʌkʃən əv ˈɪnpʊt tæks] *sb* Vorsteuerabzug *m*
deduction of travelling expenses [dɪˈdʌkʃən əv ˈtrævəlɪŋ ɪkˈspensɪz] *sb* Reisekostenabrechnung *f*, Reisekostenabzug *m*
deed [diːd] *sb (document)* Urkunde *f*, Dokument *n*
deed of partnership [ˈdiːd əv ˈpɑːtnəʃɪp] *sb* Gesellschaftsvertrag *m*
default [dɪˈfɔːlt] *sb* 1. Versäumnis *n*, Nichterfüllung *f*; 2. *(failure to pay)* Nichtzahlung *f*; *v* ~ on a debt seine Schuld nicht bezahlen
default action [dɪˈfɔːlt ˈækʃn] *sb* Mahnverfahren *n*
default interest [dɪˈfɔːlt ˈɪntrest] *sb* Verzugszinsen *pl*

default of acceptance [dɪˈfɔːlt əv əkˈseptəns] *sb* Annahmeverzug *m*
default of delivery [dɪˈfɔːlt əv dɪˈlɪvərɪ] *sb* Lieferverzug *m*
default risk [dɪˈfɔːlt rɪsk] *sb* Ausfallrisiko *n*
defaulter [dɪˈfɔːltə] *sb* säumiger Schuldner *m*
defect [ˈdiːfekt] *sb* Fehler *m*, Defekt *m*, Mangel *m*
defective [dɪˈfektɪv] *adj* fehlerhaft, mangelhaft, schadhaft, defekt
defects rate [dɪˈfekts reɪt] *sb* Ausschussquote *f*
defence of fraud [dɪˈfens əv frɔːd] *sb* Einrede der Arglist *f*
deferment [dɪˈfɜːmənt] *sb* Verschiebung *f*, Verlegung *f*
deferrals [dɪˈfɜːrəlz] *sb* transitorische Posten *m/pl*
deferred payment [dɪˈfɜːd ˈpeɪmənt] *sb* Ratenzahlung *f*
deferred taxes [dɪˈfɜːd ˈtæksɪz] *pl* latente Steuern *f/pl*
deficiency [dɪˈfɪʃənsɪ] *sb* 1. *(shortage)* Mangel *m*, Fehlen *n*; 2. *(defect)* Mangelhaftigkeit *f*, Schwäche *f*
deficiency guarantee [dɪˈfɪʃənsɪ gærənˈtiː] *sb* Ausfallbürgschaft *f*
deficiency payment [dɪˈfɪʃənsɪ ˈpeɪmənt] *sb* Ausgleichszahlung *f*
deficient [dɪˈfɪʃənt] *adj* unzulänglich, mangelhaft
deficit [ˈdefɪsɪt] *sb* Defizit *n*, Fehlbetrag *m*
deficit balance [ˈdefɪsɪt ˈbæləns] *sb* Unterbilanz *f*
deficit financing [ˈdefɪsɪt faɪˈnænsɪŋ] *sb* Defizitfinanzierung *f*
deficit spending [ˈdefɪsɪt ˈspendɪŋ] *sb* Deficit Spending *n*
definite [ˈdefɪnət] *adj* 1. endgültig, eindeutig; 2. *(confirmation)* bindend, fest
definitive [dɪˈfɪnətɪv] *adj* maßgeblich
deflation [diːˈfleɪʃən] *sb* Deflation *f*
deflection [dɪˈflekʃən] *sb* Umlenkung *f*, Ablenkung *f*
defraud [dɪˈfrɔːd] *v* betrügen; ~ the revenue *(UK)* Steuern hinterziehen
defrauder [dɪˈfrɔːdə] *sb* Steuerhinterzieher *m*
defray [dɪˈfreɪ] *v (costs)* tragen, übernehmen
defrayal [dɪˈfreɪəl] *sb (of costs)* Übernahme *f*
degradable [dɪˈgreɪdəbl] *adj* abbaubar
degree of unionization [dɪˈgriː əv juːnjənaɪˈzeɪʃən] *(employees)* Organisationsgrad *m*
degree of utilisation [dɪˈgriː əv juːtɪlaɪˈzeɪʃən] *sb* Auslastungsgrad *m*

degression [dɪˈgreʃən] sb Degression f
degressive costs [dɪˈgresɪv kɒsts] pl degressive Kosten pl
degressive depreciation [dɪˈgresɪv dipriːʃɪˈeɪʃən] sb degressive Abschreibung f
del credere [del krəˈdɛrə] sb Delkredere n
delay [dɪˈleɪ] v 1. (sth, s.o.) (hold up) aufhalten, hinhalten; 2. (postpone) verschieben, aufschieben, hinausschieben; 3. to be ~ed aufgehalten werden; sb 4. Verspätung f, Verzögerung f, Aufschub m, Verzug m
delay in delivery [dɪˈleɪ ɪn dɪˈlɪvərɪ] sb Lieferverzug m, Lieferungsverzögerung f
delay penalty [dɪˈleɪ ˈpenəltɪ] sb Säumniszuschlag m
delegate [ˈdelɪgeɪt] v 1. (a task) delegieren, übertragen; 2. (a person) abordnen, delegieren, bevollmächtigen; 3. a Delegierte(r) f/m, bevollmächtigter Vertreter m
delegated authority [ˈdelɪgeɪtɪd ɔːˈθɒrətɪ] sb Untervollmacht f
delegation [delɪˈgeɪʃən] sb Delegation f, Abordnung f
delete [dɪˈliːt] v streichen; (data) löschen
delete reservation [dɪˈliːt rezəˈveɪʃən] sb Löschungsvormerkung m
deletion [dɪˈliːʃən] sb Streichung f
deliver [dɪˈlɪvə] v 1. liefern, zustellen, überbringen; 2. (by car) ausfahren; (on foot) austragen; 3. (a message) überbringen; (~ the post each day) zustellen; (~ up: hand over) aushändigen, übergeben, überliefern; 4. (an ultimatum) stellen
deliverable [dɪˈlɪvərəbl] adj lieferbar
deliverable security [dɪˈlɪvərəbl sɪˈkjʊərɪtɪ] sb lieferbares Wertpapier n
deliverer [dɪˈlɪvərə] sb Lieferant(in) m/f
delivery [dɪˈlɪvərɪ] sb Lieferung f, Auslieferung f; (of the post) Zustellung f, Erfüllungsgeschäft n
delivery capacity [dɪˈlɪvərɪ kəˈpæsɪtɪ] sb Lieferkapazität f
delivery clause [dɪˈlɪvərɪ klɔːz] sb Lieferklausel f
delivery costs [dɪˈlɪvərɪ kɒsts] pl Bezugskosten pl, Lieferkosten pl
delivery note [dɪˈlɪvərɪ nəʊt] sb Lieferschein m
delivery order [dɪˈlɪvərɪ ˈɔːdə] sb Auslieferungsschein (D.O.) m
delivery van [dɪˈlɪvərɪ væn] sb Lieferwagen m
demand [dɪˈmɑːnd] v 1. verlangen, fordern; 2. (task) erfordern, verlangen; sb 3. Verlangen n, Forderung f; 4. in ~ gefragt, begehrt; 5. (for goods) Nachfrage f

demandable [dɪˈmɑːndəbl] adj einzufordernd
demand assessment [dɪˈmɑːnd əˈsesmənt] sb Bedarfsermittlung f
demand bill [dɪˈmɑːnd bɪl] sb Sichtwechsel m
demand for money [dɪˈmɑːnd fɔː ˈmʌnɪ] sb Geldnachfrage f
demand for payment [dɪˈmɑːnd fɔː ˈpeɪmənt] sb Mahnung f
demand instrument [dɪˈmɑːnd ˈɪnstrəmənt] sb Sichtpapier n
demand price [dɪˈmɑːnd praɪs] sb Geldkurs m
demarcation [dɪmɑːˈkeɪʃən] sb Abgrenzung f, Begrenzung f
demote [dɪˈməʊt] v zurückstufen, degradieren
demurrage [dɪˈmʌrɪdʒ] sb Liegegeld n, Standgeld n, Lagergeld n
denationalization [diːnæʃənəlɪˈzeɪʃən] sb Privatisierung f
denomination [dɪnɒmɪˈneɪʃən] sb (of money) Nennwert m
denote [dɪˈnəʊt] v kennzeichnen, bezeichnen
density of population [ˈdensɪtɪ əv pɒpjuːˈleɪʃən] sb Bevölkerungsdichte f
department [dɪˈpɑːtmənt] sb Abteilung f; Ministerium n, Ressort n
department manager [dɪˈpɑːtmənt ˈmænɪdʒə] sb Abteilungsleiter(in) m/f
department store [dɪˈpɑːtmənt stɔː] sb Kaufhaus n, Warenhaus n
departure [dɪˈpɑːtʃə] sb (of a train, of a bus) Abfahrt f; (of a plane) Abflug m
deposit [dɪˈpɒzɪt] v 1. (money) deponieren, einzahlen; sb 2. (to a bank account) Einzahlung, Depot f; 3. (returnable security) Kaution, Aufbewahrung f; 4. (down payment) Anzahlung f
depositary [dɪˈpɒzɪtərɪ] sb Treuhänder m
deposit account [dɪˈpɒzɪt əˈkaʊnt] sb Sparkonto n
deposit acknowledgement [dɪˈpɒzɪt əkˈnɒlɪdʒmənt] sb Depotanerkenntnis f
deposit at call [dɪˈpɒzɪt æt kɔːl] sb täglich fälliges Geld n
deposit at notice [dɪˈpɒzɪt æt ˈnəʊtɪs] sb Kündigungsgeld n
deposit balance [dɪˈpɒzɪt ˈbæləns] sb Guthabenkonto n

deposit banking [dɪˈpɒzɪt ˈbæŋkɪŋ] *sb* Depotgeschäft *n*, Depositengeschäft *n*
deposit book [dɪˈpɒzɪt bʊk] *sb* Depotbuch *n*
deposit business [dɪˈpɒzɪt ˈbɪznɪs] *sb* Einlagengeschäft *n*
deposit clause [dɪˈpɒzɪt klɔːz] *sb* Depositenklausel *f*
deposit clearing bank [dɪˈpɒzɪt ˈklɪərɪŋ bæŋk] *sb* Girobank *f*
deposited share [dɪˈpɒzɪtɪd ʃeə] *sb* Depotaktie *f*
deposit for insurance payments [dɪˈpɒzɪt fɔː ɪnˈʃʊərəns ˈpeɪmənts] *sb* Prämiendepot *n*
deposit guarantee fund [dɪˈpɒzɪt gærənˈtiː fʌnd] *sb* Einlagensicherungsfonds *m*
deposit money [dɪˈpɒzɪt ˈmʌnɪ] *sb* Buchgeld *n*
deposit money creation multiplier [dɪˈpɒzɪt ˈmʌnɪ kriːˈeɪʃən ˈmʌltɪplaɪə] *sb* Buchgeldschöpfungsmultiplikator *m*
deposit of securities [dɪˈpɒzɪt əv sɪˈkjʊərɪtɪz] *sb* Effektendepot *n*
depositor [dɪˈpɒzɪtə] *sb* Einzahler *m*, Deponent *m*
depository [dɪˈpɒzɪtərɪ] *sb* Verwahrungsort *m*, Aufbewahrungsort *m*
deposit payment [dɪˈpɒzɪt ˈpeɪmənt] *sb* Anzahlung *f*
deposit policy [dɪˈpɒzɪt ˈpɒlɪsɪ] *sb* Einlagenpolitik *f*
deposit receipt [dɪˈpɒzɪt rɪˈsiːt] *sb* Depotschein *m*
deposit transactions passive [dɪˈpɒzɪt trænˈzækʃəns ˈpæsɪv] *sb* Passivgeschäft *n*
deposits [dɪˈpɒzɪts] *sb* Depositen *pl*
deposits on a current account [dɪˈpɒzɪts ɒn ə ˈkʌrənt əˈkaʊnt] *sb* Giroeinlage *f*
depot [ˈdepəʊ] *sb* Depot *n*
depreciate [dɪˈpriːʃɪeɪt] *v* 1. *(fall in value)* an Kaufkraft verlieren; 2. *(sth)* mindern
depreciation [dɪpriːʃɪˈeɪʃən] *sb* 1. Kaufkraftverlust *m*, 2. Abschreibung; *f* 3. Entwertung *f*
depreciation fund [dɪpriːʃɪˈeɪʃən fʌnd] *sb* Abschreibungsfonds *m*
depreciation per period [dɪpriːʃɪˈeɪʃən pɜː ˈpɪərɪəd] *sb* Zeitabschreibung *f*
depressed [dɪˈpresd] *adj* *(market)* schleppend
depression [dɪˈpreʃən] *sb* Wirtschaftskrise *f*, Depression *f*

depute [ˈdepjʊt] *v* deligieren
deputize [ˈdepjʊtaɪz] *v* *(for s.o.)* die Vertretung übernehmen
deputy [ˈdepjʊtɪ] *sb* Stellvertreter *m*
deregulate [diːˈregjʊleɪt] *v* freigeben
deregulation [diːregjʊˈleɪʃən] *sb* Deregulierung *f*
derelict [ˈderɪlɪkt] *adj* *(in one's duties)* pflichtvergessen, nachlässig
dereliction [derɪˈlɪkʃən] *sb* Vernachlässigung *f*, Versäumen *n*
derivative financial instruments [dɪˈrɪvɪtɪv faɪˈnænʃəl ˈɪnstrəmənts] *pl* Derivate *n/pl*
design [dɪˈzaɪn] *v* 1. entwerfen, zeichnen; 2. *(machine, bridge)* konstruieren; *sb* 3. *(planning)* Entwurf *m*; 4. *(of a machine, of a bridge)* Konstruktion *f*; 5. *(as a subject)* Design *n*; 6. *(pattern)* Muster *n*; 7. *(intention)* Absicht *f*
designation [dezɪgˈneɪʃən] *sb* Designation *f*
designer [dɪˈzaɪnə] *sb* Entwerfer(in) *m/f*, Designer(in) *m/f*
design fault [dɪˈzaɪn fɔːlt] *sb* Konstruktionsfehler *m*
design patent [dɪˈzaɪn ˈpætɪnt] *sb* Geschmacksmuster *n*
desk [desk] *sb* 1. Schreibtisch *m*, Pult *n*; 2. *(in a store)* Kasse *f*
desktop [ˈdesktɒp] *sb* Arbeitsfläche *f*
desktop publishing [ˈdesktɒp ˈpʌblɪʃɪŋ] *sb* Desktop-Publishing (DTP) *n*
despatch [dɪˈspætʃ] *v* versenden, verschicken
destroyed securities [dɪsˈtrɔɪd sɪˈkjʊərɪtiːz] *pl* vernichtete Wertpapiere *n/pl*
destructive price cutting [dɪsˈtrʌktɪv praɪs ˈkʌtɪŋ] *sb* Verdrängungswettbewerb *m*
details of order [ˈdiːteɪlz əv ˈɔːdə] *sb* Bestelldaten *pl*, Bestellangaben *pl*
determination [dɪtɜːmɪˈneɪʃən] *sb* 1. *(specifying)* Bestimmung *f*, Festsetzung *f*; 2. *(decision)* Entschluss *m*, Beschluss *m*
determination of profits [dɪtɜːmɪˈneɪʃən əv ˈprɒfɪts] *sb* Gewinnermittlung *f*
determination of the value [dɪtɜːmɪˈneɪʃən əv ðə ˈvæljuː] *sb* Wertermittlung *f*
determine [dɪˈtɜːmɪn] *v* 1. *(resolve)* sich entschließen, beschließen; 2. *(fix, set)* festsetzen, festlegen; 3. *(be a decisive factor in)* bestimmen, determinieren; 4. *(ascertain)* ermitteln
detriment [ˈdetrɪmənt] *sb* Nachteil *m*, Schaden *m*; *to the ~ of sth* zum Nachteil einer Sache, zum Schaden von etw

devaluation [diːvæljuːˈeɪʃən] sb Abwertung f
devaluation race [diːvæljuːˈeɪʃən reɪs] sb Abwertungswettlauf m
devalue [diːˈvæljuː] v abwerten, entwerten
develop [dɪˈveləp] v 1. (sth) entwickeln; 2. (~ something already begun) weiterentwickeln; 3. (a plot of land) erschließen
developer [dɪˈveləpə] sb (property ~) Baulandentwickler m
developing [dɪˈveləpɪŋ] adj ~ country Entwicklungsland n
development [dɪˈveləpmənt] sb 1. Entwicklung f, Ausführung f, Entfaltung f, Erschließung f; 2. (economic) Wachstum n, Aufbau m
development aid [dɪˈveləpmənt eɪd] sb Entwicklungshilfe f
development area [dɪˈveləpmənt ˈeərɪə] sb Entwicklungsgebiet n
development bank [dɪˈveləpmənt bæŋk] sb Entwicklungsbank f
development costs [dɪˈveləpmənt kɒsts] pl Entwicklungskosten pl, Erschließungsbeiträge m/pl
development fund [dɪˈveləpmənt fʌnd] sb Entwicklungsfonds m
development phase [dɪˈveləpmənt feɪz] sb Aufbauphase f, Entwicklungsphase f
deviation [diːvɪˈeɪʃən] sb Abweichen n, Abweichung f
device [dɪˈvaɪs] sb 1. Gerät n, Vorrichtung f, Apparat m; 2. (scheme) List f; 3. leave s.o. to his own ~s jdn sich selbst überlassen
dexterity [deksˈterɪtɪ] sb Geschicklichkeit f, Gewandtheit f, Fingerfertigkeit f
dexterous [ˈdekstərəs] adj gewandt, geschickt, behände
diagram [ˈdaɪəgræm] sb Diagramm n, Schaubild n, Schema n
dial [daɪl] v (telephone) wählen
dialling code [ˈdaɪlɪŋ kəʊd] sb (UK) Vorwahl f
diameter [daɪˈæmɪtə] sb Durchmesser m, Diameter m
diary [ˈdaɪərɪ] sb (appointment book) Terminkalender m
dictaphone [ˈdɪktəfəʊn] sb Diktaphon n, Diktiergerät n
dictate [dɪkˈteɪt] v diktieren
dictating machine [dɪkˈteɪtɪŋ məˈʃiːn] sb Diktiergerät n
dictation [dɪkˈteɪʃən] sb Diktat n; take ~ ein Diktat aufnehmen

dictionary [ˈdɪkʃənrɪ] sb Wörterbuch n, Lexikon n
differ [ˈdɪfə] v 1. sich unterscheiden; 2. (hold a different opinion) anderer Meinung sein
difference between purchase and hedging price [ˈdɪfrəns bɪˈtwiːn ˈpɜːtʃəs ænd ˈhedʒɪŋ praɪs] sb Kursspanne f
differential piece-rate system [dɪfəˈrentʃəl ˈpiːsreɪt ˈsɪstɪm] sb Differenziallohnsystem n
differentiated tariffs [dɪfəˈrentʃieɪtɪd ˈtærɪfs] pl gespaltener Tarif m
differentiation [dɪfərenʃɪˈeɪʃən] sb Unterscheidung f, Differenzierung f
diffusion barriers [dɪˈfjuːʒən ˈbærɪəz] pl Diffusionsbarrieren f/pl
diffusion process [dɪˈfjuːʒən ˈprɒses] sb Diffusion f
diffusion strategy [dɪˈfjuːʒən ˈstrætɪdʒɪ] sb Diffusionsstrategie f
digest [ˈdaɪdʒest] sb Auslese f, Auswahl f
digit [ˈdɪdʒɪt] sb Ziffer f, Stelle f
digital [ˈdɪdʒɪtəl] adj digital, Digital
diminish [dɪˈmɪnɪʃ] v (to be ~ed) sich vermindern, abnehmen; (sth) verringern, vermindern, verkleinern
diminished [dɪˈmɪnɪʃt] adj verringert, reduziert
dip into [dɪp ˈɪntuː] v ~ funds Reserven angreifen
diploma [dɪˈpləʊmə] sb Diplom n
dipstick [ˈdɪpstɪk] sb Messtab m
direct [daɪˈrekt] v 1. (aim, address) richten; 2. ~ s.o.'s attention to sth jds Aufmerksamkeit auf etw lenken; 3. (order) anweisen, befehlen; 4. (supervise) leiten, lenken, führen
direct access [daɪˈrekt ˈækses] sb Direktzugriff m
direct advertising [daɪˈrekt ˈædvɜːtaɪzɪŋ] sb Direktwerbung f
direct and indirect material [daɪˈrekt ænd ˈɪndaɪrekt məˈtɪərɪəl] (cost accounting) Fertigungslos n
direct bank [daɪˈrekt bæŋk] sb Direktbank f
direct cost [daɪˈrekt kɒst] sb Einzelkosten pl
direct costing [daɪˈrekt kɒstɪŋ] sb Direct Costing n
direct current [daɪˈrekt ˈkʌrənt] sb Gleichstrom m
direct debit [daɪˈrekt ˈdebɪt] sb (UK) Einzugsermächtigung f
direct debit authorization [daɪˈrekt ˈdebɪt ɔːθəraɪˈzeɪʃən] sb Einziehungsermächtigung f

direct debit instruction [daɪˈrekt ˈdebɪt ɪnˈstrʌkʃən] *sb* Abbuchungsauftrag *m*, Einzugsermächtigung *f*
direct debit procedure [daɪˈrekt ˈdebɪt prəˈsiːdʒə] *pl* Abbuchungsverfahren *n*
direct debiting [daɪˈrekt ˈdebɪtɪŋ] *sb* Bankeinzugsverfahren *n*, Lastschrifteinzugsverfahren *n*
direct debiting transactions [daɪˈrekt ˈdebɪtɪŋ trænˈzækʃənz] *pl* Lastschriftverkehr *m*
direct discount [daɪˈrekt ˈdɪskaʊnt] *sb* Direktdiskont *m*
direct exchange [daɪˈrekt ɪksˈtʃeɪndʒ] *sb* Mengenkurs *m*
direct export [daɪˈrekt ˈekspɔːt] *sb* Direktausfuhr *f*
direct insurance [daɪˈrekt ɪnˈʃʊərəns] *sb* Direktversicherung *f*
direct investments [daɪˈrekt ɪnˈvestmənts] *pl* Direktinvestitionen *pl*
direction [daɪˈrekʃən] *sb* 1. *(management)* Leitung *f*, Führung *f*; 2. ~s *pl* Anweisungen *pl*; 3. *(~s for use)* Gebrauchsanweisung *f*
directive [daɪˈrektɪv] *sb* Direktive *f*, Vorschrift *f*
direct marketing [daɪˈrekt ˈmɑːkɪtɪŋ] *sb* Direct Marketing *n*
director [daɪˈrektə] *sb* Direktor(in) *m/f*, Leiter(in) *m/f*
direct ordering [daɪˈrekt ˈɔːdərɪŋ] *sb* Direktbestellung *f*
director general [daɪˈrektə ˈdʒenərəl] *sb* Generaldirektor *m*
directorate [daɪˈrektərɪt] *sb (body of directors)* Direktorium *n*, Vorstand *m*
directors' fees tax [daɪˈrektəz fiːz tæks] *sb* Aufsichtsratsteuer *f*
directory [dɪˈrektərɪ] *v* 1. Telefonbuch *n*; 2. *(yellow pages)* Branchenverzeichnis *n*; 3. *(table of contents)* Inhaltsverzeichnis *n*
directory enquiries [daɪˈrektərɪ ɪnˈkwaɪərɪːz] *pl (UK)* Telefonauskunft *f*
direct selling [daɪˈrekt ˈselɪŋ] *sb* Direktverkauf *m*, Direktvertrieb *m*, direkter Absatz *m*
direct taxes [daɪˈrekt ˈtæksɪz] *pl* direkte Steuern *pl*
direct telex transfer system [daɪˈrekt ˈteleks ˈtrænsfəː ˈsɪstɪm] *sb* Blitzgiro *n*
dirigisme [dɪrɪˈʒɪːzm] *sb* Dirigismus *m*
disability for work [dɪsəˈbɪlɪtɪ fɔː wɜːk] *sb* Erwerbsunfähigkeit *f*, Arbeitsunfähigkeit *f*
disabled [dɪsˈeɪbld] *adj* 1. behindert, arbeitsunfähig, erwerbsunfähig; 2. *(machine)* unbrauchbar

disadvantage [dɪsədˈvɑːntɪdʒ] *sb* Nachteil *m*, Schaden *m*
disaffirm [dɪsəˈfɜːm] *v* widerrufen
disagio [dɪsˈeɪdʒəʊ] *sb* Disagio *n*
disapproval [dɪsəˈpruːvl] *sb (of sth)* Missbilligung *f*
disapprove [dɪsəˈpruːv] *v* dagegen sein; ~ of sth etw missbilligen
disarmament [dɪsˈɑːməmənt] *sb* Abrüstung *f*
disassemble [dɪsəˈsembl] *v* auseinander nehmen, zerlegen
disburse [dɪsˈbɜːs] *v* auszahlen, ausbezahlen
disbursement [dɪsˈbɜːsmənt] *sb* Auszahlung *f*, Ausbezahlung *f*
discard [dɪsˈkɑːd] *v* ablegen, aufgeben, ausrangieren
discharge [dɪsˈtʃɑːdʒ] *v* 1. *(electricity)* entladen; 2. *(cargo)* löschen; 3. *(a debt)* begleichen; *sb* [ˈdɪstʃɑːdʒ] 4. *(of electricity)* Entladung *f*; 5. *(dismissal)* Entlassung *f*; 6. *(~ papers)* Entlassungspapier *n*; 7. Freispruch *m*
discharging expenses [dɪsˈtʃɑːdʒɪŋ ɪksˈpensɪz] *pl* Entladungskosten *pl*, Löschgebühren *pl*
disciplinary [ˈdɪsəplɪnərɪ] *adj* Disziplinar..., disziplinarisch
discipline [ˈdɪsəplɪn] *v* disziplinieren; *sb* Disziplin *f*
disclaim [dɪsˈkleɪm] *v* ausschlagen, ablehnen
disclaimer [dɪsˈkleɪmə] *sb* Dementi *n*, Widerruf *m*
disclose [dɪsˈkləʊz] *v* bekannt geben, bekannt machen
disconnection [dɪskəˈnekʃən] *sb (on the telephone)* Unterbrechung *f*
discontinue [dɪskənˈtɪnjuː] *v* 1. *(a line of products)* auslaufen lassen; *(2. a subscription)* abbestellen
discount [ˈdɪskaʊnt] *sb* Preisnachlass *m*, Rabatt *m*, Abschlag *m*, Skonto *n*, Diskont *m*
discountable [dɪsˈkaʊntəbl] *adj* abzugsfähig
discountable paper [dɪsˈkaʊntəbl ˈpeɪpə] *sb* Diskontpapier *n*
discount bank [ˈdɪskaʊnt bæŋk] *sb* Diskontbank *f*
discount broker [ˈdɪskaʊnt ˈbrəʊkə] *sb* Diskontmakler *m*, Wechselmakler *m*
discount business [ˈdɪskaʊnt ˈbɪznɪs] *sb* Diskontgeschäft *n*
discount calculation [ˈdɪskaʊnt kælkjuːˈleɪʃən] *sb* Diskontrechnung *f*

discount commission [ˈdɪskaʊnt kəˈmɪʃən] *sb* Diskontprovision *f*
discount credit [ˈdɪskaʊnt ˈkredɪt] *sb* Diskontkredit *m*
discount deduction [ˈdɪskaʊnt dɪˈdʌkʃən] *sb* Skontoabzug *m*
discount factor [ˈdɪskaʊnt ˈfæktə] *sb* Diskontierungsfaktor *m*
discount houses [ˈdɪskaʊnt ˈhaʊzɪz] *pl* Diskonthäuser *n/pl*
discounting [ˈdɪskaʊntɪŋ] *sb* Diskontierung *f*, Abzinsung *f*
discount market [ˈdɪskaʊnt ˈmɑːkɪt] *sb* Diskontmarkt *m*
discount of bills [ˈdɪskaʊnt əv bɪls] *sb* Wechseldiskont *m*
discount on advance orders [ˈdɪskaʊnt ɒn ədˈvɑːns ˈɔːdəz] *sb* Vorbestellrabatt *m*
discount on repurchase [ˈdɪskaʊnt ɒn rɪˈpɜːtʃəs] *sb* Rückkaufdisagio *m*
discount rate [ˈdɪskaʊnt reɪt] *sb* Diskontsatz *m*
discount store [ˈdɪskaʊnt stɔː] *sb* Discountgeschäft *n*, Discountladen *m*
discredit [dɪsˈkredɪt] *v* in Misskredit bringen, in Verruf bringen; *sb* Misskredit *m*
discrepancy [dɪsˈkrepənsɪ] *sb* Diskrepanz *f*, Unstimmigkeit *f*
discretion [dɪsˈkreʃən] *sb* 1. *(tact)* Diskretion *f*; 2. *(prudence)* Besonnenheit *f*; 3. *(freedom to decide)* Gutdünken *n*, Ermessen *n*; use your own ~ handle nach eigenem Ermessen; *at one's* ~ nach Belieben
discretionary [dɪsˈkreʃənrɪ] *adj* Ermessens...
discriminate [dɪˈskrɪmɪneɪt] *v* ~ against s.o. jdn diskriminieren
discrimination [dɪskrɪmɪˈneɪʃən] *sb (differential treatment)* Diskriminierung *f*
discrimination of flags [dɪskrɪmɪˈneɪʃən əv flægz] *sb* Flaggendiskriminierung *f*
discussion [dɪsˈkʌʃən] *sb* Diskussion *f*, Erörterung *f*; *(meeting)* Besprechung *f*
disencumberment [dɪsɪnˈkʌmbəmənt] *sb* Entschuldung *f*
disinflation [dɪsɪnˈfleɪʃən] *sb* Deflation *f*
disinvestment [dɪsɪnˈvestmənt] *sb* Desinvestition *f*
disk [dɪsk] *sb* Platte *f*, Diskette *f*
disk crash [ˈdɪsk kræʃ] *sb* Diskcrash *m*, Störung eines Laufwerkes *f*
disk drive [ˈdɪsk draɪv] *sb* Laufwerk *n*
diskette [dɪsˈket] *sb* Diskette *f*
disloyalty [dɪsˈlɔɪəltɪ] *sb* Untreue *f*

dismantlement [dɪsˈmæntlmənt] *sb* Abbruch *m*, Demontage *f*
dismiss [dɪsˈmɪs] *v* entlassen, gehen lassen
dismissal [dɪsˈmɪsəl] *sb* Entlassung *f*
disparity [dɪsˈpærɪtɪ] *sb* Disparität *f*
dispatch [dɪˈspætʃ] *v* 1. senden, schicken, absenden; *sb* 2. *(sending)* Versand *m*, Absendung *f*, Abfertigung *f*
dispatch agent [dɪˈspætʃ ˈeɪdʒənt] *sb* Abfertigungsspediteur *m*
dispatch case [dɪˈspætʃ keɪs] *sb* *(UK)* Aktenmappe *f*
dispatch department [dɪˈspætʃ dɪˈpɑːtmənt] *sb* Versandabteilung *f*
dispatch manager [dɪˈspætʃ ˈmænɪdʒə] *sb* Versandleiter(in) *m/f*
display [dɪsˈpleɪ] *v* 1. *(show)* zeigen, beweisen; 2. *(goods)* ausstellen, auslegen; *sb* 3. Zeigen *n*, Zurschaustellung *f*, Vorführung *f*; *to be on* ~ ausgestellt sein; 4. *(of goods)* Ausstellung *f*, Auslage *f*
displayer [dɪsˈpleɪə] *sb* Aussteller *m*
disposable [dɪsˈpəʊzəbl] *adj* 1. *(to be thrown away)* wegwerfbar; 2. *(available)* verfügbar; ~ *income* verfügbares Einkommen *n*
disposable income [dɪsˈpəʊzəbl ˈɪnkʌm] *sb* verfügbares Einkommen *n*
disposable share [dɪsˈpəʊzəbl ʃeə] *sb* Vorratsaktie *f*
disposal [dɪsˈpəʊzəl] *sb* 1. *(throwing away)* Wegwerfen *n*; 2. *(waste ~ unit)* Müllschlucker *m*; 3. *(removal)* Beseitigung *f*; 4. *(control)* Verfügungsrecht *n*; 5. *place sth at s.o.'s* ~ jdm etw zur Verfügung stellen; *have sth at one's* ~ über etw verfügen; 6. *(positioning)* Aufstellung *f*
disposal business [dɪsˈpəʊzl ˈbɪznɪs] *sb* Entsorgungsunternehmen *n*
dispose [dɪsˈpəʊz] *v* ~ *of (have at one's disposal)* verfügen über
disposition [dɪspəˈzɪʃən] *sb* Verfügung *f*
dispossess [dɪspəˈzes] *v* enteignen
disproportionate [dɪsprəˈpɔːʃənɪt] *adj* unverhältnismäßig
dispute [dɪsˈpjuːt] *v* 1. streiten; 2. *(a claim)* anfechten; *sb* 3. Streit *m*, Disput *m*
dissaving [dɪsˈseɪvɪŋ] *sb* Entsparen *n*
dissociate [dɪˈsəʊʃieɪt] *v* ~ *o.s. from* sich distanzieren von
distribute [dɪsˈtrɪbjuːt] *v* 1. *(goods)* vertreiben; 2. *(dividends)* ausschütten
distribution [dɪstrɪˈbjuːʃən] *sb* 1. *(of dividends)* Ausschüttung *f*; 2. *(of goods)* Vertrieb *m*, Verteilung *f*

distribution centre [dɪstrɪ'bjuːʃən 'sentə] sb Auslieferungslager n

distribution channel [dɪstrɪ'bjuːʃən 'tʃænl] sb Vertriebskanal m, Vertriebsweg m

distribution cost [dɪstrɪ'bjuːʃən kɒst] sb Distributionskosten pl

distribution of income [dɪstrɪ'bjuːʃən əv 'ɪnkʌm] sb Einkommensverteilung f

distribution of profit [dɪstrɪ'bjuːʃən əv 'prɒfɪt] sb Gewinnausschüttung f

distribution organs [dɪstrɪ'bjuːʃən 'ɔːgənz] pl Distributionsorgane n/pl

distribution policy [dɪstrɪ'bjuːʃən 'pɒlɪsi] sb Distributionspolitik f

distribution store [dɪstrɪ'bjuːʃən stɔː] sb Auslieferungslager n

distributor [dɪ'strɪbjutə] sb (wholesaler) Großhändler(in) m/f

diversification [daɪvɜːsɪfɪ'keɪʃən] sb Diversifizierung f, Streuung der Aktivitäten f

diversified holdings [daɪ'vɜːsɪfaɪd 'həʊldɪŋz] pl Streubesitz m

diversify [daɪ'vɜːsɪfaɪ] v diversifizieren, streuen

dividend ['dɪvɪdənd] sb Dividende f; pay ~s (fig) sich bezahlt machen

dividend coupon ['dɪvɪdend 'kuːpɒn] sb Gewinnanteilsschein m

dividend guarantee ['dɪvɪdend gærən'tiː] sb Dividendengarantie f

dividend in bankruptcy ['dɪvɪdend ɪn 'bæŋkrʌpsi] sb Konkursquote f

dividend on account ['dɪvɪdend ɒn ə'kaʊnt] sb Abschlagsdividende f

dividend tax ['dɪvɪdend tæks] sb Dividendenabgabe f

division [dɪ'vɪʒən] sb 1. Teilung f, Aufteilung f, Einteilung f; 2. (of a firm) Abteilung f; 3. Sparte f

divisional organization [dɪ'vɪʒənl ɔːgənaɪ'zeɪʃən] sb Geschäftsbereichsorganisation f

division of labour [dɪ'vɪʒən əv 'leɪbə] sb Arbeitsteilung f

dock [dɒk] sb Dock n; ~s Hafen m

dockage ['dɒkɪdʒ] sb Hafengebühren pl, Dockgebühren pl

dockyard ['dɒkjɑːd] sb Werft f

doctoring a balance sheet ['dɒktərɪŋ ə 'bæləns ʃiːt] sb Bilanzverschleierung f

document ['dɒkjumənt] v beurkunden, dokumentieren; sb Dokument n, Urkunde f, Unterlage f

documentary [dɒkju'mentərɪ] adj ~ evidence Urkundenbeweis m

documentary acceptance credit [dɒkju'mentərɪ ək'septəns 'kredɪt] sb Rembourskredit m

documentary letter of credit [dɒkju'mentərɪ 'letər əv 'kredɪt] sb Dokumentakkreditiv n

document of title ['dɒkjumənt əv 'taɪtəl] sb Warenpapier n

documents against acceptance (D/A) ['dɒkjumənts ə'genst ək'septəns] pl Dokumente gegen Akzept (d/a)

documents against payment (D/P) ['dɒkjumənts ə'genst 'peɪmənt] pl Dokumente gegen Bezahlung (d/p) pl

dole [dəʊl] sb (fam) Stempelgeld n; to be on the ~ stempeln gehen

dollar area ['dɒlə 'ɛərɪə] sb Dollarblock m

dollar bond ['dɒlə bɒnd] sb Dollaranleihe f

dollar clause ['dɒlə klɔːz] sb Dollarklausel f

dollar quotation ['dɒlə kwəʊ'teɪʃn] sb Dollarnotierung f

dollar standard ['dɒlə 'stændəd] sb Dollar-Standard m

domestic [də'mestɪk] adj Innen..., Inland..., Binnen...

domestic capital [də'mestɪk 'kæpɪtəl] sb Inlandsvermögen n

domestic customs territory [də'mestɪk 'kʌstəmz 'terɪtərɪ] sb Zollinland n

domestic market [də'mestɪk 'mɑːkɪt] sb Binnenmarkt m

domestic trade [də'mestɪk treɪd] sb Binnenhandel m

donation [dəʊ'neɪʃən] sb 1. (thing donated) Spende f, Stiftung f, Gabe f, Schenkung f; 2. (the act of donating) Spenden n, Stiften n

dormant deposit ['dɔːmənt dɪ'pɒzɪt] sb totes Depot n

dormant partnership ['dɔːmənt 'pɑːtnəʃɪp] sb stille Gesellschaft f

double currency ['dʌbl 'kʌrənsi] sb Doppelwährung f

double currency loan ['dʌbl 'kʌrənsi ləʊn] sb Doppelwährungsanleihe f

double entry book-keeping ['dʌbl 'entri 'bʊkiːpɪŋ] sb doppelte Buchführung f

double housekeeping ['dʌbl 'haʊskiːpɪŋ] sb doppelte Haushaltsführung f

double option operation ['dʌbl 'ɒpʃən ɒpə'reɪʃən] sb Stellagegeschäft n

double taxation ['dʌbl tæk'seɪʃən] sb Doppelbesteuerung f

double time ['dʌbl taɪm] *sb (payment)* hundert Prozent Überstundenzuschlag *m*
doubtful account ['daʊtfəl ə'kaʊnt] *sb* zweifelhafte Forderung *f*
doubtful debts ['daʊtfəl dets] *pl* dubiose Forderung *f*
down cycle [daʊn saɪkl] *sb* rückläufiger Konjunkturzyklus *m*
downfall ['daʊnfɔːl] *sb (fig)* Niedergang *m*, Untergang *m*
download ['daʊnləʊd] *v (a computer)* laden
down payment [daʊn 'peɪmənt] *sb* Anzahlung *f*, Abschlagszahlung *f*
down-ship [daʊn'ʃɪp] *sb* Abschwung *m*
downsizing ['daʊnsaɪzɪŋ] *sb* Abbau *m*, Verkleinerung *f*
downswing ['daʊnswɪŋ] *sb* Abwärtstrend *m*
down time ['daʊn taɪm] *sb* Ausfalldauer *f*, Stillstandszeit *f*
downturn ['daʊntɜːn] *sb* Rückgang *m*, Abnahme *f*
downward trend ['daʊnwəd trend] *sb* Abwärtstrend *m*
draft [drɑːft] *v* 1. *(draw)* entwerfen, skizzieren; 2. *(army)* aufsetzen, abfassen; *sb* 3. Entwurf *m*, Tratte *f*
draft book ['drɑːft bʊk] *sb* Wechselbuch *n*
draft collection ['drɑːft kə'lekʃən] *sb* Wechselinkasso *n*
drag [dræg] *sb* Belastung *f*
draw [drɔː] *v irr* 1. *(money from a bank)* abheben; 2. *(a salary)* beziehen
drawee [drɔː'iː] *sb* Bezogener *m*, Trassat *m*
drawer ['drɔːə] *sb* Trassant *m*
drawer of a bill ['drɔːə əv ə bɪl] *sb* Wechselaussteller *m*
drawing ['drɔːɪŋ] *sb* Trassierung *f*, Ziehung *f*
drawing authorization ['drɔːɪŋ ɔːθəraɪ'zeɪʃən] *sb* Kontovollmacht *f*, Verfügungsermächtigung *f*
drawing credit ['drɔːɪŋ 'kredɪt] *sb* Wechselkredit *m*, Trassierungskredit *m*
drawing limit ['drɔːɪŋ 'lɪmɪt] *sb* Abhebungshöchstbetrag *m*
drawing rights ['drɔːɪŋ raɪts] *pl* Ziehungsrechte *pl*
drawing up of a budget ['drɔːɪŋ ʌp əv ə 'bʌdʒɪt] *sb* Budgetierung *f*
drawn bill [drɔːn 'bɪl] *sb* gezogener Wechsel *m*
drive [draɪv] *sb (of a computer)* Laufwerk *n*; *(energy)* Schwung *m*

drop [drɒp] *sb (fall)* Sturz *m*, Fall *m*; *(decrease)* Rückgang *m*, Abfall *m*
drop in demand [drɒp ɪn dɪ'mɑːnd] *sb* Nachfragerückgang *m*
drop in expenditure [drɒp ɪn ɪk'spendɪtʃə] *sb* Ausgabensenkung *f*
drop in investment [drɒp ɪn ɪn'vestmənt] *sb* Investitionsrückgang *m*
duality [djuː'ælɪtɪ] *sb* Dualität *f*
dud [dʌd] *sb* ungedeckter Scheck *m*
due [djuː] *adj* 1. *(owed)* fällig; *(expected)* fällig, erwartet; 2. in ~ time zur rechten Zeit
due date [djuː deɪt] *sb* Fälligkeitstag *m*, Fälligkeitstermin *m*
due payment reserved [djuː 'peɪmənt rɪ'zɜːvd] *adv* Eingang vorbehalten
dues [djuːz] *pl* Gebühren *pl*
dumping ['dʌmpɪŋ] *sb* Dumping *n*
dun [dʌn] *v* (an)mahnen
duopoly [djuː'ɒpəlɪ] *sb* Dyopol *n*
duplicate ['djuːplɪkət] *v* 1. kopieren, vervielfältigen; *sb* 2. Duplikat *n*, Kopie *f*, Doppel *n*; in ~ in zweifacher Ausfertigung
durability [djʊərə'bɪlɪtɪ] *sb (of goods)* Haltbarkeit *f*
durable ['djʊərəbl] *adj (material, goods)* haltbar
durable consumer goods ['djʊərəbl kən'sjuːmə gʊdz] *pl* Gebrauchsgüter *pl*
duration [djuː'reɪʃən] *sb* Länge *f*, Dauer *f*, Duration *f*
duration of capital tie-up [djuː'reɪʃən əv 'kæpɪtəl taɪʌp] *sb* Kapitalbindungsdauer *f*
duration of credit [djuː'reɪʃən əv 'kredɪt] *sb* Kreditlaufzeit *f*
dutiable ['djuːtɪəbl] *adj* zollpflichtig
duty ['djuːtɪ] *sb* 1. *(task)* Aufgabe *f*, Pflicht *f*; 2. *(working hours)* Dienst *m*; on ~ Dienst habend; 3. to be off ~ dienstfrei haben; 4. *(tax)* Zoll *m*
duty based on weight ['djuːtɪ beɪst ɒn weɪt] *sb* Gewichtszoll *m*
duty on exports ['djuːtɪ ɒn 'ekspɔːts] *sb* Ausfuhrzoll *m*
duty on imports ['djuːtɪ ɒn 'ɪmpɔːts] *sb* Einfuhrzoll *m*
duty to deliver ['djuːtɪ tu dɪ'lɪvə] *sb* Lieferungspflicht *f*
duty unpaid ['djuːtɪ ʌn'peɪd] *adj* unverzollt
duty-free [djuːtɪ'friː] *adj* zollfrei, unverzollt
duty-paid [djuːtɪ'peɪd] *adj* verzollt

E

early retirement ['ɜːlɪ rɪ'taɪəmənt] *sb* Vorruhestand *m*

earn [ɜːn] *v* verdienen; *(interest)* bringen

earned income [ɜːnd 'ɪnkʌm] *sb* Arbeitseinkommen *n*

earner ['ɜːnə] *sb* Erwerbsfähige(r) *f/m*, Verdiener(in) *m/f*

earnest of intent ['ɜːnɪst əv ɪn'tent] *sb* Absichtserklärung *f*

earning power ['ɜːnɪŋ 'paʊə] *sb* Verdienstchancen *f/pl*

earnings ['ɜːnɪŋz] *pl* 1. Verdienst *m*, Bezüge *pl*; 2. *(of a business)* Einnahmen *f/pl*

earnings after tax ['ɜːnɪŋz 'ɑːftə tæks] *pl* Gewinn nach Steuern *m*

earnings analysis ['ɜːnɪŋz ə'nælɪsɪs] *sb* Erfolgsanalyse *f*

earnings available for distribution ['ɜːnɪŋz ə'veɪləbl fɔː dɪstrɪ'bjuːʃən] *pl* ausschüttungsfähiger Gewinn *m*

earnings before tax ['ɜːnɪŋz bɪ'fɔː tæks] *pl* Bruttogewinn *m*, Vorsteuergewinn *m*

earnings per share ['ɜːnɪŋz pɜː ʃeə] *pl* Aktienrendite *f*

earnings retention ['ɜːnɪŋz rɪ'tenʃən] *pl* Gewinnthesaurierung *f*

earnings statement ['ɜːnɪŋz 'steɪtmənt] *pl* Erfolgsrechnung *f*

ecological [iːkə'lɒdʒɪkəl] *adj* ökologisch

ecological balance [iːkə'lɒdʒɪkəl 'bæləns] *sb* Öko-Bilanz *f*

ecological tax reform [iːkə'lɒdʒɪkəl tæks rɪ'fɔːm] *sb* ökologische Steuerreform *f*

ecologist [ɪ'kɒlədʒɪst] *sb* Ökologe/Ökologin *m/f*, Umweltschützer(in) *m/f*

e-commerce [iː'kɒmɜːs] *sb* elektronischer Handel *m*, E-commerce *m*

economic [iːkə'nɒmɪk] *adj* wirtschaftlich, ökonomisch, Wirtschafts...

economical [iːkə'nɒmɪkəl] *adj* wirtschaftlich, sparsam

economic circulation [iːkə'nɒmɪk sɜːkju:'leɪʃən] *sb* Wirtschaftskreislauf *m*

economic cycle [iːkə'nɒmɪk 'saɪkl] *sb* Konjunktur *f*

economic miracle [iːkə'nɒmɪk 'mɪrəkəl] *sb* Wirtschaftswunder *n*

economic order [iːkə'nɒmɪk 'ɔːdə] *sb* Wirtschaftsordnung *f*

economic policy [iːkə'nɒmɪk 'pɒlɪsɪ] *sb* Wirtschaftspolitik *f*, Konjunkturpolitik *f*

economic process [iːkə'nɒmɪk 'prəʊses] *sb* Wirtschaftskreislauf *m*

economic purchasing quantity [iːkə'nɒmɪk 'pɜːtʃəsɪŋ 'kwɒntɪtɪ] *sb* optimale Bestellmenge *f*

economics [iːkə'nɒmɪks] *pl (subject)* Volkswirtschaft *f*, Wirtschaftswissenschaften *f/pl*

economic union [iːkə'nɒmɪk 'juːnjən] *sb* Wirtschaftsunion *f*

economic upturn [iːkə'nɒmɪk 'ʌptɜːn] *sb* Konjunkturbelebung *f*

economies of scale [ɪ'kɒnəmɪz əv skeɪl] *pl* Größenvorteile *m/pl*

economist [ɪ'kɒnəmɪst] *sb* Volkswirtschaftler(in) *m/f*; Betriebswirt(in) *m/f*

economize [ɪ'kɒnəmaɪz] *v* sparen, haushalten

economy [ɪ'kɒnəmɪ] *sb* 1. *(system)* Wirtschaft *f*, Ökonomie *f*; 2. *(thrift)* Sparsamkeit *f*; 3. *(measure to save money)* Einsparung *f*, Sparmaßnahme *f*

economy drive [ɪ'kɒnəmɪ draɪv] *sb* Sparprogramm *n*

ECU loan [iːsiːjuː ləʊn] *sb* ECU-Anleihe *f*

ECU option [iːsiːjuː 'ɒpʃn] *sb* ECU-Option *f*

education [edjʊ'keɪʃən] *sb* Erziehung *f*, Ausbildung *f*, Bildung *f*

educational policy [edjʊ'keɪʃənəl 'pɒlɪsɪ] *sb* Bildungspolitik *f*

effective [ɪ'fektɪv] *adj* 1. *(getting results)* wirksam, erfolgreich, wirkungsvoll; 2. *(in effect)* gültig, in Kraft, rechtskräftig; 3. *(real)* effektiv, tatsächlich, wirklich

effective interest [ɪ'fektɪv 'ɪntrəst] *sb* Effektivzins *m*

effective interest yield [ɪ'fektɪv 'ɪntrəst jiːəld] *sb* Effektivverzinsung *f*

effectiveness [ɪ'fektɪvnɪs] *sb* Wirksamkeit *f*

effectivity [efek'tɪvɪtɪ] *sb* Effektivität *f*, Wirksamkeit *f*

efficiency [ɪ'fɪʃənsɪ] *sb* 1. *(of a person)* Tüchtigkeit *f*, Fähigkeit *f*; 2. *(of a method)* Effizienz *f*; 3. *(of a machine, of a firm)* Leistungsfähigkeit *f*

efficiency audit [ɪ'fɪʃənsɪ 'ɔːdɪt] *sb* Wirtschaftlichkeitsprüfung *f*

efficiency bonus [ɪˈfɪʃənsɪ ˈbəʊnəs] *sb* Leistungsprämie *f*, Leistungszulage *f*

efficiency drive [ɪˈfɪʃənsɪ draɪv] *sb* Rationalisierungsprogramm *n*

efficiency improvement [ɪˈfɪʃənsɪ ɪmˈpruːvmənt] *sb* Produktivitätssteigerung *f*

efficiency review [ɪˈfɪʃənsɪ rɪˈvjuː] *sb* Erfolgskontrolle *f*

efficient [ɪˈfɪʃənt] *adj (person)* tüchtig, fähig, effizient; *(method)* effizient; *(machine, firm)* leistungsfähig

elasticity of purchasing power [ɪlæsˈtɪsɪtɪ əv ˈpɜːtʃəsɪŋ ˈpaʊə] *sb* Kaufkraftelastizität *f*

electrical engineering [ɪˈlektrɪkəl endʒɪˈnɪərɪŋ] *sb* Elektrotechnik *f*

electricity and fuels funds [ɪlekˈtrɪsɪtɪ ænd ˈfjuːəlz fʌndz] *pl* Energiefonds *m/pl*

electronic [ɪlekˈtrɒnɪk] *adj* elektronisch

electronic commerce [ɪlekˈtrɒnɪk ˈkɒməs] *sb* Electronic Commerce *m*

electronic fund transfer [ɪlekˈtrɒnɪk fʌnd ˈtrænsfɜː] *sb* elektronischer Zahlungsverkehr *m*

electronics [ɪlekˈtrɒnɪks] *pl* Elektronik *f*

element of costs [ˈelɪmənt əv kɒsts] *sb* Kostenbestandteil *m*

element in demand [ˈelɪmənt ɪn dɪˈmɑːnd] *sb* Nachfragekomponente *f*

eligibility [elɪdʒəˈbɪlɪtɪ] *v* 1. *(entitlement)* Berechtigung *f*, Anspruch *m*; 2. *(for a job)* Eignung *f*, Qualifikation *f*

eligible paper [ˈelɪdʒɪbəl ˈpeɪpə] *sb* discontfähiges Wechselmaterial *n*

e-mail [ˈiːmeɪl] *sb (electronic mail)* elektronische Post *f*, E-Mail *f*

embargo [ɪmˈbɑːɡəʊ] *sb* Embargo *n*

embark [ɪmˈbɑːk] *v* einschiffen; *(goods)* verladen

embarkation [embɑːˈkeɪʃən] *sb (of freight)* Verschiffung *f*, Verladung *f*

embezzlement [ɪmˈbezlmənt] *sb* Veruntreuung *f*, Unterschlagung *f*

emblem [ˈembləm] *sb* Emblem *n*, Symbol *n*, Abzeichen *n*

emergency meeting [ɪˈmɜːdʒənsɪ ˈmiːtɪŋ] *sb* Krisensitzung *f*

emergency money [ɪˈmɜːdʒənsɪ ˈmʌnɪ] *sb* Notgeld *n*

emission [ɪˈmɪʃən] *sb* 1. *(bonds)* Ausgabe *f*, Emission *f*; 2. *(environment)* Schadstoffausstoß *m*, Emission *f*

emit [ɪˈmɪt] *v* 1. ausstoßen; 2. *(bonds)* ausgeben, emittieren

empirical contents [ɪmˈpɪrɪkəl ˈkɒntents] *sb* empirischer Gehalt *m*

empirical economic research [ɪmˈpɪrɪkəl ɪkəˈnɒmɪk rɪˈsɜːtʃ] *sb* empirische Wirtschaftsforschung *f*

employ [ɪmˈplɔɪ] *v* 1. beschäftigen; *(take on)* anstellen; 2. *(use)* anwenden, einsetzen, verwenden

employed [ɪmˈplɔɪd] *adj* berufstätig, beschäftigt

employee [ɪmplɔɪˈiː] *sb* Arbeitnehmer(in) *m/f*, Angestellte(r) *f/m*

employee appraisal [ɪmplɔɪˈiː əˈpreɪzl] *sb* Mitarbeiterbeurteilung *f*

employee leasing [ɪmplɔɪˈiː ˈliːsɪŋ] *sb* Arbeitnehmerüberlassung *f*

employee meeting [ɪmplɔɪˈiː ˈmiːtɪŋ] *sb* Betriebsversammlung *f*

employee pension scheme [ɪmplɔɪˈiː ˈpenʃən skiːm] *sb* betriebliche Altersversorgung *f*

employee's contribution [ɪmplɔɪˈiːz kɒntrɪˈbjuːʃən] *sb* Arbeitnehmeranteil *m*

employee selection [ɪmplɔɪˈiː sɪˈlekʃən] *sb* Personalauswahl *f*

employee's allowable deduction [ɪmplɔɪˈiːz əˈlaʊəbəl dɪˈdʌkʃən] *sb* Arbeitnehmer-Freibetrag *m*

employee's savings premium [ɪmplɔɪˈiːz ˈseɪvɪŋz ˈpriːmɪəm] *sb* Arbeitnehmersparzulage *f*

employee's shares [ɪmplɔɪˈiːz ʃeəz] *sb* Arbeitnehmeraktie *f*

employee suggestion system [ɪmplɔɪˈiː sʌˈdʒestʃən ˈsɪstɪm] *sb* betriebliches Vorschlagswesen *n*

employee's zero bracket amount [ɪmplɔɪˈiːz ˈzɪərəʊ ˈbrækɪt əˈmaʊnt] *sb* Arbeitnehmer-Pauschalbetrag *m*

employer [ɪmˈplɔɪə] *sb* Arbeitgeber(in) *m/f*

employer's association [ɪmˈplɔɪəz əsəʊsɪˈeɪʃən] *sb* Arbeitgeberverband *m*

employer's contribution [ɪmˈplɔɪəz kɒntrɪˈbjuːʃən] *sb* Arbeitgeberanteil *m*, Arbeitgeberzuschüsse *m/pl*

employer's duty of care [ɪmˈplɔɪəz ˈdjuːtɪ əv keə] *sb* Fürsorgepflicht des Arbeitgebers *f*

employer's pension commitment [ɪmˈplɔɪəz ˈpenʃən kəˈmɪtmənt] *sb* Pensionszusage *f*

employment [ɪmˈplɔɪmənt] *sb* 1. Arbeit *f*, Stellung *f*, Beschäftigung *f*, Dienstverhältnis *n*; 2. *(employing)* Beschäftigung *f*, 3. *(taking*

employment agency [ɪmˈplɔɪmənt ˈeɪdʒənsɪ] sb Stellenvermittlung f
employment costs [ɪmˈplɔɪmənt kɒsts] pl Personalkosten pl
employment exchange [ɪmˈplɔɪmənt ɪksˈtʃeɪndʒ] sb (UK) Arbeitsamt n
employment policy [ɪmˈplɔɪmənt ˈpɒlɪsɪ] sb Beschäftigungspolitik f, Arbeitspolitik f
employment protection [ɪmˈplɔɪmənt prəˈtekʃən] sb Arbeitsplatzschutz m
employment rate [ɪmˈplɔɪmənt reɪt] sb Erwerbsquote f
employment relationship [ɪmˈplɔɪmənt rɪˈleɪʃənʃɪp] sb Arbeitsverhältnis n
employment structure [ɪmˈplɔɪmənt ˈstrʌktʃə] sb Beschäftigtenstruktur f
emporium [emˈpɔːrɪəm] sb Warenhaus n
empower [ɪmˈpaʊə] v ermächtigen, bevollmächtigen
enclose [ɪnˈkləʊz] v (in a package) beilegen, beifügen
enclosure [ɪnˈkləʊʒə] sb (in a package) Anlage f
encode [ɪnˈkəʊd] v verschlüsseln, chiffrieren, kodieren
end of the month [ˈend əv ðə mʌnθ] sb Ultimo m, Monatsende n
end of the quarter [ˈend əv ðə ˈkwɔːtə] sb Quartalsende n
end of the year [end əv ðə jɪə] sb Jahresultimo m
end of term [end əv tɜːm] sb Fristablauf m
end-of-period inventory [end əv ˈpɪərɪəd ˈɪnvəntərɪ] sb Stichtagsinventur f
endogenous variable [enˈdɒdʒənəs ˈvɛərɪəbəl] sb endogene Variable f
endorsable [ɪnˈdɔːsəbl] adj indossabel
endorsable securities [ɪnˈdɔːsəbl sɪˈkjʊərɪtɪz] sb indossable Wertpapiere n/pl
endorse [ɪnˈdɔːs] v 1. (approve of) billigen, gutheißen; 2. (a cheque) auf der Rückseite unterzeichnen, indossieren
endorsee [ɪndɔːˈsiː] sb Indossatar(in) m/f
endorsement [ɪnˈdɔːsmənt] sb 1. (approval) Billigung f; 2. (on a cheque) Indossament n, Giro f
endorsement for collection [ɪnˈdɔːsmənt fɔː kəˈlekʃən] sb Inkasso-Indossament n
endorsement liabilities [ɪnˈdɔːsmənt leɪəˈbɪlɪtɪz] pl Indossamentverbindlichkeiten f/pl

endorsement made out to bearer [ɪnˈdɔːsmənt meɪd aʊt tu ˈbɛərə] sb Inhaberindossament n
endorsement of an overdue bill of exchange [ɪnˈdɔːsmənt əv æn ˈəʊvədjuː bɪl əv ɪksˈtʃeɪndʒ] sb Nachindossament n
endorser [ɪnˈdɔːsə] sb Girant m, Indossant m
endow [ɪnˈdaʊ] v stiften; ~ s.o. with sth jdm etw schenken
endowment [ɪnˈdaʊmənt] sb Dotierung f
endowment funds [ɪnˈdaʊmənt fʌndz] pl Dotationskapital n
energizer [ˈenədʒaɪzə] sb Energiequelle f
energy [ˈenədʒɪ] sb Energie f
energy balance statement [ˈenədʒɪ ˈbæləns ˈsteɪtmənt] sb Energiebilanz f
energy policy [ˈenədʒɪ ˈpɒlɪsɪ] sb Energiepolitik f
energy tax [ˈenədʒɪ tæks] sb Energiesteuer f
energy taxation [ˈenədʒɪ tækˈseɪʃən] sb Energiebesteuerung f
enforce [ɪnˈfɔːs] v durchführen, Geltung verschaffen
enforcement [ɪnˈfɔːsmənt] sb Durchführung f; (judicial) Vollstreckung f
enforcement fine [ɪnˈfɔːsmənt faɪn] sb Zwangsgeld n
engage [ɪnˈgeɪdʒ] v 1. (employ) anstellen, einstellen; 2. ~ in sth sich an etw beteiligen, sich mit etw beschäftigen
engagement [ɪnˈgeɪdʒmənt] sb (job) Anstellung f, Stellung f; (appointment) Verabredung f
engagement book [ɪnˈgeɪdʒmənt bʊk] sb Terminkalender m
engagement clause [ɪnˈgeɪdʒmənt klɔːz] sb Freizeichnungsklausel f
enrol [ɪnˈrəʊl] v 1. verzeichnen, registrieren; 2. (sign in) einschreiben
entailment [ɪnˈteɪlmənt] sb Fideikommiss n, unveräußerliches Erbe n
enterprise [ˈentəpraɪz] sb 1. (an undertaking, a firm) Unternehmen n; 2. (in general) Unternehmertum n; free ~ freies Unternehmertum n
enterprise commercial by its nature [ˈentəpraɪz kəˈmɜːʃəl baɪ ɪts ˈneɪtʃə] sb Musskaufmann m
entitle [ɪnˈtaɪtl] v ~ to (authorize) berechtigen zu, ein Anrecht geben auf
entitlement [ɪnˈtaɪtlmənt] sb Berechtigung f, Anspruch m
entrant [ˈentrənt] sb Bewerber(in) m/f

entrepôt ['ɒntrəpəʊ] *sb (warehouse)* Lagerhalle *f; (port)* Umschlaghafen *m*
entrepreneur [ɒntrəprə'nɜː] *sb* Unternehmer(in) *m/f*
entrepreneurial [ɒntrəprə'nɜːrɪəl] *adj* unternehmerisch
entrepreneurship [ɒntrəprə'nɜːʃɪp] *sb* Unternehmertum *n*
entry ['entrɪ] *sb* 1. *(notation)* Eintrag *m*; 2. *(act of entering)* Eintragung *f*, (Ver-)Buchung *f*
entry certificate ['entrɪ sə'tɪfɪkət] *sb* Einfuhrbescheinigung *f*
entry form ['entrɪ fɔːm] *sb* Anmeldeformular *n*
entry formula ['entrɪ 'fɔːmjʊlə] *sb* Buchungssatz *m*
entry inwards ['entrɪ 'ɪnwədz] *sb* Einfuhrerklärung *f*, Einfuhrdeklaration *f*
entry outwards ['entrɪ 'aʊtwədz] *sb* Ausfuhrerklärung *f*, Ausfuhrdeklaration *f*
entry strategies ['entrɪ 'strætədʒiːz] *pl* Eintrittstrategien *f/pl*
envelope ['envələʊp] *sb* Briefumschlag *m*, Kuvert *n*
environment [ɪn'vaɪrənmənt] *sb* Umwelt *f*
environmental [ɪnvaɪrən'mentəl] *adj* umweltbedingt
environmental label [ɪnvaɪrən'mentəl 'leɪbəl] *sb* Umweltzeichen *n*
environmental levy [ɪnvaɪrən'mentəl 'levɪ] *sb* Umweltabgabe *f*
environmental policy [ɪnvaɪrən'mentəl 'pɒlɪsɪ] *sb* Umweltpolitik *f*
environmental pollution [ɪnvaɪrən'mentəl pə'luːʃən] *sb* Umweltverschmutzung *f*
environmentalist [ɪnvaɪrə'mentəlɪst] *sb* Umweltschützer(in) *m/f*
environmentally damaging activities [ɪnvaɪrən'mentəlɪ 'dæmɪdʒɪŋ æk'tɪvɪtɪz] *pl* Umweltbelastungen *f/pl*
equalization and covering claim [iːkwəlaɪ'zeɪʃən ænd 'kʌvərɪŋ kleɪm] *sb* Ausgleichs- und Deckungsforderung *f*
equalization claim [iːkwəlaɪ'zeɪʃən kleɪm] *sb* Ausgleichsforderung *f*
equalization of burdens [iːkwəlaɪ'zeɪʃən əv 'bɜːdənz] *sb* Lastenausgleich *m*
Equalization of Burdens Fund [iːkwəlaɪ'zeɪʃən əv 'bɜːdənz fʌnd] *sb* Lastenausgleichsfonds *m*
equal opportunity ['iːkwəl ɒpə'tjuːnɪtɪ] *sb* Chancengleichheit *f*
equalization right [iːkwəlaɪ'zeɪʃən raɪt] *sb* Ausgleichsrecht *n*

equilibrium interest rate [iːkwɪ'lɪbrɪəm 'ɪntrɪst reɪt] *sb* Gleichgewichtszins *m*
equilibrium on current account [iːkwɪ'lɪbrɪəm ɒn 'kʌrənt ə'kaʊnt] *sb* Leistungsbilanzausgleich *m*
equilibrium price [iːkwɪ'lɪbrɪəm praɪs] *sb* Gleichgewichtspreis *m*
equip [ɪ'kwɪp] *v* ausrüsten, ausstatten, einrichten; *to be ~ped with* verfügen über, ausgestattet sein mit
equipment [ɪ'kwɪpmənt] *sb* Ausrüstung *f*, *(appliances)* Geräte *n/pl*, Anlagen *f/pl*, Apparatur *f*
equity ['ekwɪtɪ] *sb* 1. Gerechtigkeit *f*; 2. Eigenkapital *n*
equity account ['ekwɪtɪ ə'kaʊnt] *sb* Eigenkapitalkonto *n*
equity capital ['ekwɪtɪ 'kæpɪtl] *sb* Eigenkapital *n*
equity financing ['ekwɪtɪ faɪ'nænsɪŋ] *sb* Beteiligungsfinanzierung *f*
equity financing transactions ['ekwɪtɪ faɪ'nænsɪŋ træns'ækʃənz] *pl* Beteiligungshandel *m*
equity fund ['ekwɪtɪ fʌnd] *sb* Aktienfonds *m*, Beteiligungsfonds *m*
equity holder ['ekwɪtɪ 'həʊldə] *sb* Anteilseigner(in) *m/f*, Aktionär(in) *m/f*
equity investment ['ekwɪtɪ ɪn'vestmənt] *sb* Kapitalinvestition *f*, Kapitalbeteiligung *f*
equity participation ['ekwɪtɪ pɑːtɪsɪ'peɪʃən] *sb* Kapitalbeteiligung *f*
equity ratio ['ekwɪtɪ 'reɪʃɪəʊ] *sb* Eigenkapitalquote *f*
equity return ['ekwɪtɪ rɪ'tɜːn] *sb* Eigenkapitalrentabilität *f*
equity security ['ekwɪtɪ sɪ'kjʊərɪtɪ] *sb* Anteilspapiere *n/pl*
equity yield rate ['ekwɪtɪ jiːld reɪt] *sb* Eigenkapitalzinsen *m/pl*
equivalence coefficient costing [ɪ'kwɪvələns kəʊɪ'fɪʃənt 'kɒstɪŋ] *sb* Äquivalenzzifferkalkulation *f*
error ['erə] *sb* 1. Irrtum *m*, Fehler *m*, Versehen *n*; 2. *~ of omission* Unterlassungssünde *f*
errors and omissions excepted (E. & O.E.) ['erəz ænd ə'mɪʃənz ɪk'septɪd] Irrtümer und Auslassungen vorbehalten (E. & O.E.)
escalation clause [eskə'leɪʃən klɔːz] *sb* Gleitklausel *f*
escalation parity [eskə'leɪʃən 'pærɪtɪ] *sb* Gleitparität *f*
escape clause [ɪ'skeɪp klɔːz] *sb* Rücktrittsklausel *f*

establish [ɪˈstæblɪʃ] v 1. (found) gründen; 2. (relations) herstellen, aufnehmen; 3. (power, a reputation) sich verschaffen

establishment [ɪˈstæblɪʃmənt] sb (institution) Institution f, Anstalt f; (founding) Gründung f

estate [ɪˈsteɪt] sb 1. (possessions) Besitz m, Eigentum n; 2. (land) Gut n; 3. (dead person's) Nachlass m, Erbmasse f; 4. (rank) Stand m; 5. the fourth ~ (fam) die Presse f

estate agent [ɪˈsteɪt ˈeɪdʒənt] sb (UK) Immobilienmakler(in) m/f

estate register [ɪˈsteɪt ˈredʒɪstə] sb Grundbuch n, Kataster m/n

estimate [ˈestɪmeɪt] v schätzen; sb Schätzung f; rough ~ grober Überschlag m; (of cost) Kostenvoranschlag m

estimated [ˈestɪmeɪtɪd] adj geschätzt

estimated quotation [ˈestɪmeɪtɪd kwəʊˈteɪʃən] sb Taxkurs m

estimated value [ˈestɪmeɪtɪd ˈvæljuː] sb Schätzwert m, Taxwert m

estimation [estɪˈmeɪʃən] sb Einschätzung f; in my ~ meiner Einschätzung nach

estimation of cost [estɪˈmeɪʃən əv kɒst] sb Vorkalkulation f

euro [ˈjʊərəʊ] sb Euro m

Eurobank [ˈjʊərəʊbæŋk] sb Euro-Bank f

Eurobond [ˈjʊərəʊbɒnd] sb Euroanleihe f

Eurobond market [ˈjʊərəʊbɒnd ˈmɑːkɪt] sb Euro(bond)markt m

Eurocapital market [ˈjʊərəʊkæpɪtəl ˈmɑːkɪt] sb Euro-Kapitalmarkt m

Eurocheque [ˈjʊərəʊtʃek] sb Euroscheck m

Eurocheque card [ˈjʊərəʊtʃek kɑːd] sb Euroscheck-Karte f

Eurocurrency [ˈjʊərəʊkʌrənsɪ] sb Eurowährung f

Eurocurrency loan market [ˈjʊərəʊkʌrənsɪ ləʊn ˈmɑːkɪt] sb Euro-Anleihenmarkt m

Eurocurrency loans [ˈjʊərəʊkʌrənsɪ ləʊnz] pl Euro-Anleihe f

Eurocurrency market [ˈjʊərəʊkʌrənsɪ ˈmɑːkɪt] sb Euro-Geldmarkt m

Eurodollar [ˈjʊərəʊdɒlə] sb Euro-Dollar m

Eurodollar market [ˈjʊərəʊdɒlə ˈmɑːkɪt] sb Euro-Dollarmarkt m

Euromarket [ˈjʊərəʊmɑːkɪt] sb Euromarkt m

Euronotes [ˈjʊərəʊnəʊts] pl Euronotes pl

European article number (EAN) [jʊərəˈpiːən ˈɑːtɪkəl ˈnʌmbə] sb Einheitliche Europäische Artikelnummer (EAN) f

European Central Bank (ECB) [jʊərəˈpiːən ˈsentrəl bæŋk] sb Europäische Zentralbank (EZB) f

European Commission [jʊərəˈpiːən kəˈmɪʃən] sb Europäische Kommission f

European Community [jʊərəˈpiːən kəˈmjuːnɪtɪ] sb Europäische Gemeinschaft f

European Council [jʊərəˈpiːən ˈkaʊnsəl] sb Europäischer Rat m

European Court of Auditors [jʊərəˈpiːən kɔːt əv ˈɔːdɪtəz] sb Europäischer Rechnungshof (EuRH) m

European Currency Unit (ECU) [jʊərəˈpiːən ˈkʌrənsɪ ˈjuːnɪt] sb Europäische Währungseinheit (ECU) f

European Development Fund (EDF) [jʊərəˈpiːən dɪˈveləpmənt fʌnd] sb Europäischer Entwicklungsfonds m

European Investment Bank [jʊərəˈpiːən ɪnˈvestmənt bæŋk] sb Europäische Investitionsbank f

European Monetary Agreement [jʊərəˈpiːən ˈmʌnɪtərɪ əˈgriːmənt] sb Europäisches Währungsabkommen f

European Monetary Cooperation Fund (EMCF) [jʊərəˈpiːən ˈmʌnɪtərɪ kəʊpəˈreɪʃən fʌnd] sb Europäischer Fonds für Währungspolitische Zusammenarbeit (EFWZ) m

European Monetary System [jʊərəˈpiːən ˈmʌnɪtərɪ ˈsɪstəm] sb Europäisches Währungssystem n

European monetary union (EMU) [jʊərəˈpiːən ˈmʌnɪtərɪ ˈjuːnjən] sb Europäische Währungsunion f

European Parliament [jʊərəˈpiːən ˈpɑːləmənt] sb Europäisches Parlament n

European patent [jʊərəˈpiːən ˈpeɪtənt] sb Europapatent n

European Patent Office [jʊərəˈpiːən ˈpeɪtənt ˈɒfɪs] sb Europäisches Patentamt n

European Payments Union [jʊərəˈpiːən ˈpeɪmənts ˈjuːnjən] sb Europäische Zahlungsunion f

European single market [jʊərəˈpiːən ˈsɪŋgl ˈmɑːkɪt] sb EG-Binnenmarkt m

European standard specification [jʊərəˈpiːən ˈstændəd spesɪfɪˈkeɪʃən] sb europäische Norm f

European stock exchange guide-lines [jʊərəˈpiːən stɒk ɪksˈtʃeɪndʒ ˈgaɪdlaɪnz] pl europäische Börsenrichtlinien f/pl

European trading company [jʊərəˈpiːən ˈtreɪdɪŋ ˈkʌmpənɪ] sb Europäische Handelsgesellschaft f

European Union [juərə'pi:ən 'ju:njən] *sb* Europäische Union *f*
Euro security issue ['juərəu sɪ'kjuərɪtɪ 'ɪsju:] *sb* Euro-Emission *f*
Euro share market ['juərəu ʃeə 'mɑ:kɪt] *sb* Euro-Aktienmarkt *m*
evade [ɪ'veɪd] *v* 1. *(taxes)* hinterziehen; 2. *(an obligation)* sich entziehen
evaluation [ɪvælju'eɪʃən] *sb* Bewertung *f,* Beurteilung *f,* Einschätzung *f,* Auswertung *f*
evasion of taxes [ɪ'veɪʃən əv 'tæksɪz] *sb* Steuerhinterziehung *f*
evening stock exchange ['i:vnɪŋ stɒk ɪks'tʃeɪndʒ] *sb* Abendbörse *f*
eviction notice [ɪ'vɪkʃən 'nəutɪs] *sb* Räumungsbefehl *m*
evidence ['evɪdəns] *sb* Beweis *m*
examination [ɪgzæmɪ'neɪʃən] *sb* Prüfung *f*
examining commission [ɪk'sæmɪnɪŋ kə'mɪʃən] *sb* Prüfungskommission *f*
exceed [ɪk'si:d] *v* überschreiten, übersteigen; *(expectations)* übertreffen
excess [ɪk'ses] *sb* Übermaß *n; (remainder)* Überschuss *m;* in ~ of mehr als
excess of authority [ɪk'ses əv ɔ:'θɒrətɪ] *sb* Kompetenzüberschreitung *f,* Währungsgarantie *f*
excess of weight [ɪk'ses əv weɪt] *sb* Mehrgewicht *n*
excessive indebtedness [ɪk'sesɪv ɪn'detɪdnɪs] *sb* Überschuldung *f*
excessive supply of money [ɪk'sesɪv sə'plaɪ əv 'mʌnɪ] *sb* Geldüberhang *m*
exchange [ɪks'tʃeɪndʒ] *v* 1. tauschen; 2. *(letters, glances, words)* wechseln; 3. *(currency)* wechseln, umtauschen; 4. *(ideas, stories)* austauschen; *sb* 5. (Um-)Tausch *m;* 6. *(act of exchanging)* Wechseln *m,* 7. bill of ~ Wechsel *m;* 8. *(place)* Wechselstube *f;* 9. (Stock Exchange) Börse *f;* 10. *(telephone ~)* Fernvermittlungsstelle *f; (switchboard)* Telefonzentrale *f*
exchange arbitrage [ɪks'tʃeɪndʒ 'ɑ:bɪtrɑ:ʒ] *sb* Devisenarbitrage *f*
exchange broker [ɪks'tʃeɪndʒ 'brəukə] *sb* Devisenkursmakler *m*
exchange clearing [ɪks'tʃeɪndʒ 'klɪərɪŋ] *sb* Devisenclearing *n*
exchange cover [ɪks'tʃeɪndʒ 'kʌvə] *sb* Devisendeckung *f*
exchange department [ɪks'tʃeɪndʒ də'pɑ:tmənt] *sb* Börsenabteilung *f*
exchange for forward delivery [ɪks'tʃeɪndʒ fɔ: 'fɔ:wəd də'lɪvərɪ] *sb* Termindevisen *f/pl*

exchange guarantee [ɪks'tʃeɪndʒ gærən'ti:] *sb* Devisenkurssicherung *f*
exchange listing [ɪks'tʃeɪndʒ 'lɪstɪŋ] *sb* Börsennotierung *f*
exchange market intervention [ɪks'tʃeɪndʒ 'mɑ:kɪt ɪntə'venʃən] *sb* Devisenmarktinterventionen *f*
exchange of acceptances [ɪks'tʃeɪndʒ əv ɪk'septənsɪz] *sb* Akzeptaustausch *m*
exchange of shares [ɪks'tʃeɪndʒ əv ʃeəz] *sb* Aktienaustausch *m*
exchange office [ɪks'tʃeɪndʒ 'ɒfɪs] *sb* Wechselstube *f*
exchange option [ɪks'tʃeɪndʒ 'ɒpʃən] *sb* Devisenoption *f*
exchange price [ɪks'tʃeɪndʒ praɪs] *sb* Börsenpreis *m*
exchange rate [ɪks'tʃeɪndʒ reɪt] *sb* Umrechnungskurs *m,* (Wechsel-)Kurs *m,* Devisenkurs *m*
exchange rate formation [ɪks'tʃeɪndʒ reɪt fɔ:'meɪʃən] *sb* Devisenkursbildung *f*
exchange rate mechanism [ɪks'tʃeɪndʒ reɪt 'mekənɪzəm] *sb* Wechselkursmechanismus *m*
exchange risk [ɪks'tʃeɪndʒ rɪsk] *sb* Valutarisiko *n*
exchequer [ɪks'tʃekə] *sb* (UK) Schatzamt *n,* Fiskus *m,* Staatskasse *f*
exchequer bond [ɪks'tʃekə bɒnd] *sb* (UK) Schatzanweisung *f*
excisable [ɪk'saɪzəbl] *adj* steuerpflichtig
excise tax ['eksaɪz tæks] *sb* Verbrauchssteuer *f*
exclusion principle [ɪks'klu:ʒən 'prɪnsɪpl] *sb* Ausschlussprinzip *f*
exclusive service clause [ɪks'klu:sɪv 's3:vɪs klɔ:z] *sb* Wettbewerbsklausel *f*
ex coupon [eks 'ku:pɒn] *adj* ohne Kupon
ex dividend [eks 'dɪvɪdənd] *adj* ohne Dividende
ex drawing [eks 'drɔ:ɪŋ] *adj* ex Ziehung
execute ['eksɪkju:t] *v (a task)* durchführen, ausführen, erfüllen
execution [eksɪ'kju:ʃən] *sb (of a task)* Durchführung *f,* Ausführung *f,* Erfüllung *f*
executive [ɪg'zekjutɪv] *adj* 1. exekutiv, geschäftsführend; *sb* 2. Exekutive *f,* Verwaltung *f;* 3. *(of a firm)* leitende(r) Angestellte(r) *f/m*
executive employee [ɪg'zekjutɪv ɪm'plɔɪ:] *sb* leitende(r) Angestellte(r) *f/m*
executive level [ɪg'zekjutɪv 'levl] *sb* Führungsebene *f*
exemption [ɪg'zempʃən] *sb* 1. Befreiung *f,* Freistellung *f;* 2. *(tax)* Freibetrag *m*

exemption from liability [ɪgˈzempʃən frɔm laɪəˈbɪlɪtɪ] *sb* Haftungsausschluss *m*

exercise [ˈeksəsaɪz] *v 1. (use)* ausüben, geltend machen, anwenden; *sb 2. (use)* Ausübung *f*, Gebrauch *m*, Anwendung *f*

exhaust [ɪgˈzɔːst] *sb* Ermattung *f*

exhibit [ekˈzɪbɪt] *v (merchandise)* ausstellen, auslegen

exhibition [eksɪˈbɪʃən] *sb 1.* Ausstellung *f*, Schau *f*; *2. (act of showing)* Vorführung *f*

exhibitor [ekˈzɪbɪtə] *sb* Aussteller *m*

exodus of capital [ˈeksədəs əv ˈkæpɪtəl] *sb* Kapitalflucht *f*

expand [ɪkˈspænd] *v 1.* expandieren, sich ausweiten; *2. (production)* zunehmen

expansion [ɪksˈpænʃən] *sb* Ausdehnung *f*, Expansion *f*, Ausweitung *f*

expansion investment [ɪkˈspænʃən ɪnˈvestmənt] *sb* Erweiterungsinvestition *f*

expansion of credit [ɪkˈspænʃən əv ˈkredɪt] *sb* Kreditausweitung *f*

expectancy cover procedure [ɪkˈspektənsɪ ˈkʌvə prəʊˈsiːdʒə] *sb* Anwartschaftsdeckungsverfahren *n*

expected inflation [ɪkˈspektɪd ɪnˈfleɪʃən] *sb* Inflationserwartung *f*

expend [ɪkˈspend] *v 1. (energy, time)* aufwenden; *2. (money)* ausgeben

expenditure [ɪksˈpendɪtʃə] *sb 1.* Ausgabe *f*; *(money spent)* Ausgaben *pl*; *3. (time, energy)* Aufwand *m*

expenditure of material [ɪksˈpendɪtʃər əv məˈtɪrɪəl] *sb* Materialaufwand *m*

expenditure of time [ɪksˈpendɪtʃər əv taɪm] *sb* Zeitaufwand *m*

expense [ɪkˈspens] *sb 1.* Kosten *pl*; *at great ~* mit großen Kosten; *pl 2. ~s (business ~, travel ~)* Spesen *pl*, Kosten *pl*; *incur ~* Unkosten haben

expense account [ɪkˈspens əˈkaʊnt] *sb* Spesenkonto *n*, Aufwandskonto *n*

expenses [ɪkˈspensɪz] *pl* Ausgaben *pl*, Spesen *pl*

expenses incurred [ɪkˈspensɪz ɪnˈkɜːd] *sb* Aufwandskosten *pl*

expensive [ɪkˈspensɪv] *adj* teuer, kostspielig

experience curve [ɪkˈspɪrɪəns kɜːv] *sb* Erfahrungskurve *f*

expert [ˈekspɜːt] *sb* Sachverständige(r) *f/m*, Experte/Expertin *m/f*, Fachmann/Fachfrau *m/f*

expert interview [ˈekspɜːt ˈɪntəvjuː] *sb* Expertenbefragung *f*

expert opinion [ˈekspɜːt əˈpɪnjən] *sb* Gutachten *n*

expert witness [ˈekspɜːt ˈwɪtnɪs] *sb* Sachverständige(r) *f/m*

expiration [ekspɪˈreɪʃən] *sb* Ablauf *m*, Verfall *m*

expiration date [ekspɪˈreɪʃən deɪt] *sb (US)* Verfallsdatum *n*

expire [ɪkˈspaɪə] *v* ablaufen, ungültig werden

expiry date [ɪksˈpaɪrɪ deɪt] *sb (UK)* Verfallsdatum *n*

explanation [ekspləˈneɪʃən] *sb* Erklärung *f*

exploit [eksˈplɔɪt] *v* ausbeuten, ausnutzen; *(commercially)* verwerten

exploitation [eksplɔɪˈteɪʃən] *sb* Ausbeutung *f*, Ausnutzung *f*; *(commercial)* Verwertung *f*

export [ekˈspɔːt] *sb 1.* Export *m*, Ausfuhr *f*; [ɪksˈpɔːt] *v 2.* exportieren, ausführen

export clearance [ˈekspɔːt ˈklɪərəns] *sb* Ausfuhrabfertigung *f*

export control [ˈekspɔːt kɒnˈtrəʊl] *sb* Ausfuhrkontrolle *f*, Exportkontrolle *f*

export coverage [ˈekspɔːt ˈkʌvərɪdʒ] *sb* Ausfuhrdeckung *f*

Export Credit Company [ˈekspɔːt ˈkredɪt ˈkʌmpənɪ] *sb* Ausfuhrkreditanstalt (AKA) *f*

export credit guarantee [ˈekspɔːt ˈkredɪt gærənˈtiː] *sb* Ausfuhrbürgschaften *f/pl*, Ausfuhrgarantie *f*

export credits [ˈekspɔːt ˈkredɪts] *pl* AKA-Kredite *m/pl*; Exportkredit *m*

export declaration [ˈekspɔːt dekləˈreɪʃn] *sb* Ausfuhrerklärung *f*, Zollerklärung *f*

export department [ˈekspɔːt dəˈpɑːtmənt] *sb* Außenhandelsabteilung *f*

export documents [ˈekspɔːt ˈdɒkjʊmənts] *pl* Ausfuhrpapiere *n/pl*, Exportpapiere *n/pl*

export duties [ˈekspɔːt ˈdjuːtiːz] *pl* Ausfuhrabgaben *f/pl*

export duty [ˈekspɔːt ˈdjuːtɪ] *sb* Exportzoll *m*, Ausfuhrzoll *m*

export exchange [ˈekspɔːt ɪksˈtʃeɪndʒ] *sb* Exportdevisen *f/pl*

export financing [ˈekspɔːt faɪˈnænsɪŋ] *sb* Ausfuhrfinanzierung *f*

export licence [ˈekspɔːt ˈlaɪsəns] *sb* Ausfuhrgenehmigung *f*

export of capital [ˈekspɔːt əv ˈkæpɪtəl] *sb* Kapitalausfuhr *f*

export premium [ˈekspɔːt ˈpriːmɪəm] *sb* Exportprämie *f*

export promotion [ˈekspɔːt prəˈməʊʃən] *sb* Exportförderung *f*

export regulations ['ekspɔːt regjuˈleɪʃənz] *pl* Exportbestimmungen *f/pl*, Ausfuhrbestimmungen *f/pl*

export restriction ['ekspɔːt rɪsˈtrɪkʃən] *sb* Exportbeschränkung *f*, Ausfuhrbeschränkung *f*

export subsidy ['ekspɔːt ˈsʌbsɪdɪ] *sb* Exportsubvention *f*

export surplus ['ekspɔːt ˈsɜːpləs] *sb* Exportüberschuss *m*, Ausfuhrüberschuss *m*

export trade ['ekspɔːt treɪd] *sb* Ausfuhrhandel *m*

express delivery [ɪkˈspres dɪˈlɪvərɪ] *sb* Eilzustellung *f*

express goods [ɪkˈspres gʊdz] *sb* Expressgut *n*

express letter [ɪkˈspres ˈletə] *sb* Eilbrief *m*

express messenger [ɪkˈspres ˈmesɪndʒə] *sb* Eilbote *m*

express parcel [ɪkˈspres ˈpɑːsl] *sb* Eilpaket *n*

express tariff [ɪkˈspres ˈtærɪf] *sb* Eilguttarif *m*

express train [ɪksˈpres treɪn] *sb* Schnellzug *m*

expropriate [ɪkˈsprəʊprɪeɪt] *v* enteignen

expropriation [ɪksprəʊprɪˈeɪʃən] *sb* Enteignung *f*

ex-rights markdown [eksˈraɪts ˈmɑːkdaʊn] *sb* Bezugsrechtabschlag *m*

extension [ɪksˈtenʃən] *sb* 1. Verlängerung *f*, Prolongation *f*, 2. Nebenanschluss *m*, Apparat *m*; 3. (*individual number*) Durchwahl *f*

extension of contract [ɪksˈtenʃən əv ˈkɒntrækt] *sb* Vertragsverlängerung *f*

extension of credit [ɪksˈtenʃən əv ˈkredɪt] *sb* Zahlungsaufschub *m*

extension of liability [ɪksˈtenʃən əv laɪəˈbɪlətɪ] *sb* Haftungserweiterung *f*

extension of time for payment [ɪksˈtenʃən əv taɪm fɔː ˈpeɪmənt] *sb* Zahlungsaufschub *m*

extent [ɪksˈtent] *sb* 1. (*degree*) Grad *m*, Maß *n*; *to some ~* einigermaßen; *to a certain ~* in gewissem Maße; *to what ~* inwieweit; 2. (*scope*) Umfang *m*, Ausmaß *n*; 3. (*size*) Ausdehnung *f*

external accounting [ɪksˈtɜːnəl əˈkaʊntɪŋ] *sb* externes Rechnungswesen *n*

external analysis [ɪksˈtɜːnəl əˈnælɪsɪs] *sb* Betriebsvergleich *m*

external balance [ɪksˈtɜːnəl ˈbæləns] *sb* außenwirtschaftliches Gleichgewicht *n*

external bonds validation [ɪksˈtɜːnəl bɒndz vælɪˈdeɪʃən] *sb* Auslandsbondsbereinigung *f*

external effects [ɪksˈtɜːnəl ɪˈfekts] *pl* externe Effekte *pl*

external financing [ɪksˈtɜːnəl faɪˈnænsɪŋ] *sb* Außenfinanzierung *f*

external funds [ɪksˈtɜːnəl fʌndz] *pl* fremde Gelder *n/pl*

external income [ɪksˈtɜːnəl ˈɪnkʌm] *sb* externe Erträge *m/pl*

external indebtedness [ɪksˈtɜːnəl ɪnˈdetɪdnəs] *sb* Auslandsverschuldung *f*

external investment [ɪksˈtɜːnəl ɪnˈvestmənt] *sb* Fremdinvestition *f*

external market [ɪksˈtɜːnəl ˈmɑːkɪt] *sb* Außenmarkt *m*

external procurement [ɪksˈtɜːnəl prəˈkjʊəmənt] *sb* Fremdbezug *m*

external value of the currency [ɪksˈtɜːnəl ˈvæljuː əv ðə ˈkʌrənsɪ] *sb* Außenwert der Währung *m*

extort [ɪkˈstɔːt] *v* erpressen

extortion [ɪksˈtɔːʃən] *sb* Erpressung *f*

extra [ˈekstrə] *adv* (*costing ~*) gesondert berechnet, extra berechnet; *sb* Zugabe *f*

extra charge [ˈekstrə tʃɑːdʒ] *sb* Zuschlag *m*

extra dividend [ˈekstrə ˈdɪvɪdend] *sb* Bonus *m*, Sonderausschüttung *f*

extra pay [ˈekstrə peɪ] *sb* Zulage *f*

extradite [ˈekstrədaɪt] *v* ausliefern

extradition [ekstrəˈdɪʃən] *sb* Auslieferung *f*

extrajudicial [ekstrədʒuːˈdɪʃəl] *adj* außergerichtlich

extraordinary budget [ɪkˈstrɔːdənərɪ ˈbʌdʒɪt] *sb* außerordentlicher Haushalt *m*

extraordinary depreciation [ɪkˈstrɔːdənərɪ dɪpriːʃɪˈeɪʃən] *sb* außerordentliche Abschreibung *f*

extraordinary expenditures [ɪkˈstrɔːdənərɪ ɪkˈspendɪtʃəz] *pl* außerordentliche Aufwendungen *f/pl*, außerordentliche Ausgaben *f/pl*

extraordinary expenses [ɪkˈstrɔːdənərɪ ɪkˈspensɪz] *pl* außergewöhnliche Belastung *f*

extraordinary income [ɪkˈstrɔːdənərɪ ˈɪnkʌm] *sb* außerordentliche Einkünfte *pl*, außerordentliche Einnahmen *f/pl*, außerordentliche Erträge *m/pl*

extraordinary trend [ɪkˈstrɔːdənərɪ trend] *sb* Sonderbewegung *f*

extrapolation [ɪkstrəpəˈleɪʃən] *sb* Extrapolation *f*

F

face value [feɪs 'væljuː] sb Nennwert m, Nominalwert m
face-to-face communication ['feɪs tu feɪs kəmjuːnɪ'keɪʃən] sb Face-to-Face-Kommunikation f, direkte Kommunikation f
facility [fə'sɪlɪtɪ] sb (building) Anlage f
facility location [fə'sɪlɪtɪ ləʊ'keɪʃən] sb Betriebsstandort m
facility management [fə'sɪlɪtɪ 'mænɪdʒmənt] sb Objektverwaltung f, Immobilienverwaltung f
facsimile [fæk'sɪmɪlɪ] sb 1. Reproduktion f, Kopie f; 2. (fax) Fax n
fact [fækt] sb Tatsache f
factorage ['fæktərɪdʒ] sb Kommissionsgebühr f, Provision f
factor costs ['fæktə kɒsts] sb Faktorkosten pl
factor income ['fæktə 'ɪnkʌm] sb Leistungseinkommen n, Faktoreinkommen n
factoring ['fæktərɪŋ] sb Finanzierung von Forderungen f, Factoring n
factory ['fæktərɪ] sb Fabrik f, Werk n, Betrieb m
factory costs ['fæktərɪ kɒsts] pl Herstellungskosten pl, Produktionskosten pl
factory outlet store ['fæktərɪ 'aʊtlət stɔː] sb Fabrikverkauf m
factory supplies ['fæktərɪ sə'plaɪz] pl (manufacturing) Betriebsstoffe m/pl
facts [fækts] pl 1. Daten pl, Sachverhalt m; 2. (~ of the case) Tatbestand m
factsheet ['fæktfiːt] sb Tatsachendokument n, Informationsblatt n
facultative money ['fækəlteɪtɪv 'mʌnɪ] sb fakultatives Geld n
failure ['feɪljə] sb 1. (unsuccessful thing) Misserfolg m, Fehlschlag m, Scheitern n; Pleite f; 2. (breakdown) Ausfall m, Versagen n, Störung f; 3. (to do sth) Versäumnis n, Unterlassung f
failure cause ['feɪljə kɔːz] sb Ausfallursache f
failure to complete ['feɪljə tu kəm'pliːt] sb Nichtfertigstellung f
failure to pay on due date ['feɪljə tu peɪ ɒn djuː deɪt] sb Zahlungsverzug m
failure to perform ['feɪljə tu pə'fɔːm] sb mangelnde Vertragserfüllung f, Nichterfüllung f

fair [feə] sb (trade show) Messe f, Ausstellung f
fair market value [feə 'mɑːkɪt 'væljuː] sb Marktwert m
fairness in trade ['feənɪs ɪn treɪd] sb Kulanz f
fake [feɪk] v 1. vortäuschen, fingieren; 2. (forge) fälschen; sb 3. Fälschung f
fall [fɔːl] v irr 1. (decrease) fallen, sinken, abnehmen; sb 2. (decrease) Fallen n, Sinken n, Abnahme f
fall-back ['fɔːlbæk] sb Abschwächung f, Rückgang m
falling ['fɔːlɪŋ] adj rückläufig, nachgebend
fall-off ['fɔːlɒf] sb Rückgang m, Abnahme f
fallow ['fæləʊ] sb 1. brachliegendes Land n; adj 2. brachliegend
false factoring [fɔːls 'fæktərɪŋ] sb unechtes Factoring n
falsification [fɔːlsɪfɪ'keɪʃən] sb Falsifikat n
falsification of the balance sheet [fɔːlsɪfɪ'keɪʃən ɒv ðə 'bæləns ʃiːt] sb Bilanzfälschung f
family allowance ['fæmlɪ ə'laʊəns] sb Familienzulage f
family-owned companies ['fæmlɪ əʊnd 'kʌmpənɪz] pl Familiengesellschaften f/pl
fare [feə] sb 1. (bus ~, train ~) (charge) Fahrpreis m; 2. air ~ Flugpreis m; 3. (money) Fahrgeld n
fare cut [feə kʌt] sb Tarifsenkung f
farm product [fɑːm 'prɒdəkt] sb Agrarprodukt n, landwirtschaftliches Produkt n
farming ['fɑːmɪŋ] sb Agrarwirtschaft f, Landwirtschaft f
fashion ['fæʃən] sb Mode f
fashion article ['fæʃən 'ɑːtɪkl] sb Modeartikel m
fax [fæks] sb 1. (facsimile transmission) Fax n, Telefax n; v 2. faxen
fax machine [fæks mə'ʃiːn] sb Telefaxgerät n, Faxgerät n
fax number [fæks 'nʌmbə] sb Telefaxnummer f, Faxnummer f
feasibility study [fiːzə'bɪlɪtɪ 'stʌdɪ] sb Durchführbarkeits-Studie f
Federal Administrative Court ['fedərəl əd'mɪnɪstrətɪv kɔːt] sb Bundesverwaltungsgericht (BVerwG) n
Federal Audit Office ['fedərəl 'ɔːdɪt 'ɒfɪs] sb Bundesrechnungshof m

Federal Bank assets ['fedərəl bæŋk 'æsets] sb Bundesbankguthaben n
Federal bonds ['fedərəl bɒndz] sb Bundesobligation f
federal budget ['fedərəl 'bʌdʒɪt] sb Bundeshaushalt m
Federal Cartel Authority ['fedərəl kɑː'tel ɔː'θɒrɪtɪ] sb Bundeskartellamt n
Federal Cartel Register ['fedərəl kɑː'tel 'redʒɪstə] sb Kartellregister n
Federal Collective Agreement for Public Employees ['fedərəl kə'lektɪv ə'griːmənt fɔː 'pʌblɪk ɪmplɔɪ'iːz] sb Bundes-Angestellten-Tarifvertrag (BAT) m
Federal Constitutional Court ['fedərəl kɒnstɪ'tjuːʃənəl kɔːt] sb Bundesverfassungsgericht (BverfG) n
Federal Court ['fedərəl kɔːt] sb Bundesgericht n
Federal Fiscal Court ['fedərəl 'fɪskəl kɔːt] sb Bundesfinanzhof (BFH) m
Federal guarantee ['fedərəl gærən'tiː] sb Bundesbürgschaft f
Federal Labour Court ['fedərəl 'leɪbə kɔːt] sb Bundesarbeitsgericht n
Federal Labour Office ['fedərəl 'leɪbə 'ɒfɪs] sb Bundesagentur für Arbeit (BA) f
Federal loan ['fedərəl ləʊn] sb Bundesanleihe f
Federal Official Gazette ['fedərəl ə'fɪʃəl gə'zet] sb Bundesanzeiger m
federal revenue authorities ['fedərəl 'revɪnjuː ɔː'θɒrɪtiːz] sb Bundesfinanzbehörden f/pl
Federal Statistical Office ['fedərəl stə'tɪstɪkəl 'ɒfɪs] sb Statistisches Bundesamt n
Federal Supervisory Office ['fedərəl suːpə'vaɪzərɪ 'ɒfɪs] sb Bundesaufsichtsamt n
Federal Supreme Court ['fedərəl suː'priːm kɔːt] sb Bundesgerichtshof (BGH) m
federal tax ['fedərəl tæks] sb Bundessteuer f
federal treasury bill ['fedərəl 'treʒərɪ bɪl] sb Bundesschatzbrief m
federation [fedə'reɪʃən] sb Vereinigung f, Verband m
fee [fiː] sb Gebühr f, Honorar n
feedback ['fiːdbæk] sb Rückkopplung f, Feedback n
fictitious bill [fɪk'tɪʃəs bɪl] sb Kellerwechsel m
fictitious formation [fɪk'tɪʃəs fɔː'meɪʃən] sb Scheingründung f
fictitious independence [fɪk'tɪʃəs ɪndə'pendəns] sb Scheinselbstständigkeit f

fictitious invoice [fɪk'tɪʃəs 'ɪnvɔɪs] sb fingierte Rechnung f
fictitious order [fɪk'tɪʃəs 'ɔːdə] sb fingierte Order f
fictitious overheads [fɪk'tɪʃəs 'əʊvəhedz] pl unechte Gemeinkosten pl
fictitious profit [fɪk'tɪʃəs 'prɒfɪt] sb Scheingewinn m
fictitious quotation price [fɪk'tɪʃəs kwəʊ'teɪʃən praɪs] sb Scheinkurs m
fictitious security price [fɪk'tɪʃəs sɪ'kjʊərɪtɪ praɪs] sb Ausweichkurs m
fictitious transaction [fɪk'tɪʃəs træn'zækʃən] sb Scheingeschäft n
fiduciary [fɪ'djuːʃɪərɪ] sb 1. Treuhänder m; adj 2. treuhänderisch
fiduciary account [fɪ'djuːʃɪərɪ ə'kaʊnt] sb Anderkonto n
fiduciary deposit [fɪ'djuːʃɪərɪ dɪ'pɒzɪt] sb Anderdepot n, Fremddepot n
fiduciary funds [fɪ'djuːʃɪərɪ fʌndz] sb fiduziäres Geld n
field [fiːld] sb 1. (profession, ~ of study) Gebiet n, Fach n, Bereich m; 2. the ~ (for a salesman) Außendienst m
field audit [fiːld 'ɔːdɪt] (accountancy) Außenprüfung f
field of activity [fiːld əv æk'tɪvɪtɪ] sb Tätigkeitsfeld n, Tätigkeitsbereich m
field of application [fiːld əv æplɪ'keɪʃən] sb Einsatzgebiet n, Anwendungsgebiet n
field of reference [fiːld əv 'refrəns] sb Sachgebiet n
field of the economy [fiːld əv ðiː ɪ'kɒnəmɪ] sb Wirtschaftszweig m, Wirtschaftsbereich m
field office [fiːld 'ɒfɪs] sb Außenstelle f, Geschäftsstelle f
field research [fiːld rɪ'sɜːtʃ] sb Feldforschung f
field staff [fiːld stɑːf] sb Außendienstmitarbeiter m
field survey [fiːld 'sɜːveɪ] sb Marktforschung vor Ort f
field work ['fiːld wɜːk] sb (for a salesman) Außendienst m
figure ['fɪgə] sb 1. (number) Zahl f; (digit) Ziffer f; 2. (sum) Summe f; 3. facts and ~s klare Informationen pl, genaue Daten pl
figure out ['fɪgə aʊt] v (calculate) berechnen, ausrechnen
file [faɪl] v 1. (put in files) ablegen, abheften, einordnen; 2. (a petition, a claim) einreichen, erheben; sb 3. Akte f; on ~ bei den Akten;

4. *(holder)* Aktenordner *m*, Aktenhefter *m*, Sammelmappe *f*; 5. *(computer)* Datei *f*
file access [faɪl 'ækses] *sb* Datenzugriff *m*
file card ['faɪlkɑːd] *sb* Karteikarte *f*
file index [faɪl 'ɪndeks] *sb* Aktenverzeichnis *n*
filename ['faɪlneɪm] *sb* Dateiname *m*
filing ['faɪlɪŋ] *sb* Aktenablage *f*, Archivierung *f*
filing cabinet ['faɪlɪŋ 'kæbɪnət] *sb* Aktenschrank *m*
filing clerk ['faɪlɪŋ klɑːk] *sb* Archivar(in) *m/f*, Registrator(in) *m/f*
fill [fɪl] *v* 1. *(a job opening)* besetzen; 2. *(take a job opening)* einnehmen
fill in [fɪl 'ɪn] *v* 1. ~ for s.o. für jdn einspringen; 2. *(a form)* ausfüllen; *(information)* eintragen
final control ['faɪnəl kən'trəʊl] *sb* Endkontrolle *f*, Schlusskontrolle *f*
final cost center ['faɪnəl kɒst 'sentə] *sb* Endkostenstelle *f*
final demand ['faɪnəl dɪ'mɑːnd] *sb* Endnachfrage *f*
final dividend ['faɪnəl 'dɪvɪdend] *sb* Schlussdividende *f*
final order ['faɪnəl 'ɔːdə] *sb* Abschlussauftrag *m*
finance ['faɪnæns] *v* 1. finanzieren; 2. Finanz *f*, Finanzwesen *n*; 3. ~s *pl* Finanzen *pl*, Vermögenslage *f*, Finanzlage *f*
finance bill ['faɪnæns bɪl] *sb* Finanzwechsel *m*, Leerwechsel *m*
finance deficit ['faɪnæns 'defɪsɪt] *sb* Finanzierungsdefizit *n*
finance house ['faɪnæns haʊs] *sb* Finanzierungsgesellschaft *f*, Kreditinstitut *n*
financial [faɪ'nænʃəl] *adj* finanziell, pagatorisch, Finanz..., Wirtschafts...
financial acceptance [faɪ'nænʃəl ɪk'septəns] *sb* Kreditakzept *n*
financial account [faɪ'nænʃəl ə'kaʊnt] *sb* Finanzkonto *n*
financial accounting [faɪ'nænʃəl ə'kaʊntɪŋ] *sb* Finanzbuchhaltung *f*
financial aid [faɪ'nænʃəl eɪd] *sb* Beihilfe *f*
financial analysis [faɪ'nænʃəl ə'nælɪsɪs] *sb* Finanzanalyse *f*
financial arrangement [faɪ'nænʃəl ə'reɪndʒmənt] *sb* Finanzdisposition *f*
financial assets [faɪ'nænʃəl 'æsets] *sb* Geldvermögen *n*, Finanzanlagevermögen *n*, Finanzvermögen *n*

financial assistance [faɪ'nænʃəl ə'sɪstəns] *sb* finanzieller Beistand *m*
financial capital [faɪ'nænʃəl 'kæpɪtəl] *sb* Finanzkapital *n*
financial credit [faɪ'nænʃəl 'kredɪt] *sb* Finanzkredit *m*
financial difficulties [faɪ'nænʃəl 'dɪfɪkəltɪz] *pl* Zahlungsschwierigkeit *f*
financial equalization [faɪ'nænʃəl iːkwəlaɪ'zeɪʃən] *sb* Finanzausgleich *m*
financial equilibrium [faɪ'nænʃəl iːkwɪ'lɪbrɪəm] *sb* finanzielles Gleichgewicht *n*
financial facilities [faɪ'nænʃəl fə'sɪlɪtɪz] *pl* Finanzierungsmöglichkeiten *f/pl*, Finanzierungsinstrumente *n/pl*
financial failure [faɪ'nænʃəl 'feɪljə] *sb* finanzieller Zusammenbruch *m*
financial futures contract [faɪ'nænʃəl 'fjuːtʃəz 'kɒntrækt] *sb* Finanzterminkontrakt *n*
financial hedging [faɪ'nænʃəl 'hedʒɪŋ] *sb* Finanzhedging *n*
financial innovation [faɪ'nænʃəl ɪnəʊ'veɪʃən] *sb* Finanzinnovationen *f/pl*
financial institution [faɪ'nænʃəl ɪnstɪ'tjuːʃən] *sb* Geldinstitut *n*
financial investment [faɪ'nænʃəl ɪn'vestmənt] *sb* Finanzanlage *f*
financial market [faɪ'nænʃəl 'mɑːkɪt] *sb* Finanzmarkt *m*
financial mathematics [faɪ'nænʃəl mæθə'mætɪks] *sb* Finanzmathematik *f*
financial obligation [faɪ'nænʃəl ɒblɪ'geɪʃən] *sb* Obligo *n*
financial plan [faɪ'nænʃəl plæn] *sb* Finanzplan *m*
financial policy [faɪ'nænʃəl 'pɒlɪsɪ] *sb* Geldpolitik *f*, Finanzpolitik *f*
financial press [faɪ'nænʃəl pres] *sb* Finanzpresse *f*
financial reform [faɪ'nænʃəl rɪ'fɔːm] *sb* Finanzreform *f*
financial report [faɪ'nænʃəl rɪ'pɔːt] *sb* Finanzbericht *m*
financial requirements [faɪ'nænʃəl rɪ'kwaɪəmənts] *pl* Finanzbedarf *m*
financial reserve [faɪ'nænʃəl rɪ'zɜːv] *sb* Finanzierungsreserve *f*
financial sector [faɪ'nænʃəl 'sektə] *sb* Finanzsektor *m*
financial services [faɪ'nænʃəl 'sɜːvɪsɪz] *pl* Finanzdienstleistungen *f/pl*
financial soundness [faɪ'nænʃəl 'saʊndnɪs] *sb* Bonität *f*

financial sovereignty [faɪˈnænʃəl ˈsɒvrɪntɪ] *sb* Finanzhoheit *f*
financial standing [faɪˈnænʃəl ˈstændɪŋ] *sb* Kreditfähigkeit *f*
financial statement [faɪˈnænʃəl ˈsteɪtmənt] *sb* Bilanz *f*
financial strength [faɪˈnænʃəl streŋθ] *sb* Finanzkraft *f*
financial system [faɪˈnænʃəl ˈsɪstəm] *sb* Finanzverfassung *f*
financial transaction [faɪˈnænʃəl trænˈzækʃən] *sb* Finanztransaktion *f*
financial year [faɪˈnænʃəl jɪə] *sb* (UK) Geschäftsjahr *n*, Rechnungsjahr *n*
financier [faɪˈnænsɪə] *sb* Finanzier *m*
financing [faɪˈnænsɪŋ] *sb* Finanzierung *f*
financing mix [faɪˈnænsɪŋ mɪks] *sb* Kapitalstruktur *f*
financing of building projects [faɪˈnænsɪŋ əv ˈbɪldɪŋ ˈprɒdʒekts] *sb* Baufinanzierung *f*
financing of capital projects [faɪˈnænsɪŋ əv ˈkæpɪtl ˈprɒdʒekts] *sb* Investitionsfinanzierung *f*
financing of exports [faɪˈnænsɪŋ əv ˈekspɔːts] *sb* Exportfinanzierung *f*
financing of investment in fixed assets [faɪˈnænsɪŋ əv ɪnˈvestmənt ɪn fɪkst ˈæsets] *sb* Anlagenfinanzierung *f*
financing power [faɪˈnænsɪŋ ˈpaʊə] *sb* Finanzierungsvermögen *n*
financing principles [faɪˈnænsɪŋ ˈprɪnsɪpəlz] *pl* Finanzierungsgrundsätze *m/pl*
financing ratio [faɪˈnænsɪŋ ˈreɪʃɪəʊ] *sb* Finanzierungskennzahl *f*
financing rules [faɪˈnænsɪŋ ruːlz] *sb* Finanzierungsregeln *f/pl*
financing theory [faɪˈnænsɪŋ ˈθɪərɪ] *sb* Finanzierungstheorie *f*
fine [faɪn] *v 1.* mit einer Geldstrafe belegen; *sb 2.* Geldstrafe *f*, Bußgeld *n*
fine print [faɪn ˈprɪnt] *sb the ~* das Kleingedruckte *n*
finished product [ˈfɪnɪʃt ˈprɒdʌkt] *sb* Fertigprodukt *n*, Endprodukt *n*
finishing technique [ˈfɪnɪʃɪŋ tekˈniːk] *sb* Abschlusstechnik *f*
fire-fighting fund [ˈfaɪəfaɪtɪŋ fʌnd] *sb* Feuerwehrfonds *m*
firm [fɜːm] *sb* Firma *f*, Unternehmen *n*
firm deal [fɜːm diːl] *sb* Festgeschäft *n*
firm name derived from the object of the enterprise [fɜːm neɪm dəˈraɪvd frɒm ði ˈɒbdʒɪkt əv ði ˈentəpraɪz] *sb* Sachfirma *f*

firm's bank [fɜːmz bæŋk] *sb* Hausbank *f*
first acquisition [fɜːst ækwɪˈzɪʃən] *sb* Ersterwerb *m*
first class [fɜːst klɑːs] *adj 1.* erstklassig; *2. (train ticket)* erster Klasse
first-class quality [ˈfɜːstklɑːs ˈkwɒlɪtɪ] *sb* beste Qualität *f*
first issue [fɜːst ˈɪʃuː] *sb* Erstemission *f*
first of exchange [fɜːst əv ɪksˈtʃeɪndʒ] *sb* Prima Warenwechsel *m*
first-quarter [ˈfɜːstkwɔːtə] *adj* im ersten Quartal
fiscal [ˈfɪskəl] *adj* fiskalisch, Finanz..., Steuer...
fiscal audit of operating results [ˈfɪskəl ˈɔːdɪt əv ˈɒpəreɪtɪŋ rɪˈzʌlts] *sb* Betriebsprüfung *f*
fiscal code [ˈfɪskəl kəʊd] *sb* Abgabenordnung *f*
fiscal fraud [ˈfɪskəl frɔːd] *sb* Steuerbetrug *m*
fiscal illusion [ˈfɪskəl ɪˈluːʒən] *sb* Fiskalillusion *f*
fiscal monopoly [ˈfɪskəl məˈnɒpəlɪ] *sb* Finanzmonopol *n*
fiscal policy [ˈfɪskəl ˈpɒlɪsɪ] *sb* Steuerpolitik *f*, Finanzpolitik *f*, Fiskalpolitik *f*
fitter [ˈfɪtə] *sb* Monteur *m*; *(for machines)* Schlosser *m*
fixed annual salary [fɪkst ˈænjʊəl ˈsæləri] *sb* Jahresfixum *n*
fixed assets [fɪkst ˈæsets] *pl* feste Anlagen *pl*, Anlagevermögen *n*
fixed cost degression [fɪkst kɒst dəˈgreʃən] *sb* Fixkostendegression *f*
fixed costs [fɪkst kɒsts] *pl* Festkosten *pl*, Fixkosten *pl*
fixed-date land charge [ˈfɪkstdeɪt lænd tʃɑːdʒ] *sb* Fälligkeitsgrundschuld *f*
fixed-date land mortgage [ˈfɪkstdeɪt lænd ˈmɔːgɪdʒ] *sb* Fälligkeitshypothek *f*
fixed department costs [fɪkst dəˈpɑːtmənt kɒsts] *pl* bereichsfixe Kosten *pl*
fixed deposit [fɪkst dɪˈpɒzɪt] *sb* Festgeld *n*, befristete Einlagen *f/pl*
fixed exchange rate [fɪkst ɪksˈtʃeɪndʒ reɪt] *sb* Mengennotierung *f*, starrer Wechselkurs *m*
fixed income [fɪkst ˈɪnkʌm] *sb* Festeinkommen *n*
fixed-interest bearing account [fɪkst ˈɪntrəst ˈbeərɪŋ əˈkaʊnt] *sb* Festzinskonto *n*
fixed interest (rate) [fɪkst ˈɪntrəst (reɪt)] *sb* fester Zins *m*, Festzins *m*

fixed-interest securities [fɪkst'ɪntrəst sɪ'kjʊərɪtɪz] *pl* festverzinsliche Wertpapiere *n/pl*
fixed-interest securities fund [fɪkst'ɪntrəst sɪ'kjʊərɪtɪz fʌnd] *sb* Rentenfonds *m*
fixed issue of notes [fɪkst 'ɪʃu: əv nəʊts] *sb* Notenkontingent *n*
fixed price [fɪkst praɪs] *sb* Festpreis *m*
fixed property [fɪkst prɒpətɪ] *sb* Gebäude und Grundstücke *pl*
fixed-rate mortgage ['fɪkstreɪt 'mɔ:ɡɪdʒ] *sb* Festzinshypothek *f*
fixed sum [fɪkst sʌm] *sb* Fixum *n*
fixed value [fɪkst 'vælju:] *sb* Festwert *m*
fixing ['fɪksɪŋ] *sb (fig)* Festsetzen *n*, Fixing *n*
fixing of a quota ['fɪksɪŋ əv ə 'kwəʊtə] *sb* Kontingentierung *f*
fixing of exchange rate ['fɪksɪŋ əv ɪks'tʃeɪndʒ reɪt] *sb* Valutierung *f*
fixing of prices ['fɪksɪŋ əv 'praɪsɪz] *sb* Kursfestsetzung *f*
flat [flæt] *adj* 1. *(market)* lau, lahm, lustlos; 2. *(rate, fee)* Pauschal...
flat fee [flæt fi:] *sb* Pauschalgebühr *f*
flat rate [flæt reɪt] *sb* Pauschalbetrag *m*
flexibility [fleksɪ'bɪlɪtɪ] *sb* Flexibilität *f*
flexible ['fleksɪbəl] *adj* flexibel
flexible age limit ['fleksɪbəl eɪdʒ 'lɪmɪt] *sb* flexible Altersgrenze *f*
flexible budgeting ['fleksɪbəl 'bʌdʒɪtɪŋ] *sb* flexible Plankostenrechnung *f*
flexible currency rates ['fleksɪbəl 'kʌrənsɪ reɪts] *pl* flexible Wechselkurse *m/pl*
flexible discount rate ['fleksɪbəl 'dɪskaʊnt reɪt] *sb* flexibler Diskontsatz *m*
flexible exchange rate ['fleksɪbəl ɪks'tʃeɪndʒ reɪt] *sb* flexibler Wechselkurs *m*
flexible retirement ['fleksɪbəl rɪ'taɪəmənt] *sb* gleitender Ruhestand *m*
flexible working hours ['fleksɪbəl 'wɜ:kɪŋ aʊəz] *pl* gleitende Arbeitszeit *f*
flexitime ['fleksɪtaɪm] *sb* Gleitzeit *f*
flight into real assets [flaɪt 'ɪntʊ rɪəl 'æsets] *sb* Flucht in die Sachwerte *f*
float [fləʊt] *sb* Float *m*
floatation [fləʊ'teɪʃən] *sb* 1. *(bond)* Ausgabe *f*, Emission *f*; 2. *(company)* Börseneinführung *f*, Börsengang *m*, Gründung *f*
floater ['fləʊtə] *sb* Springer *m/f*
floating ['fləʊtɪŋ] *sb* Floating *n*
floating assets ['fləʊtɪŋ 'æsets] *pl* Umlaufvermögen *n*
floating debt ['fləʊtɪŋ det] *sb* schwebende Schuld *f*

floating policy ['fləʊtɪŋ 'pɒlɪsɪ] *sb* offene Police (O.P.) *f*
floating rate note ['fləʊtɪŋ reɪt nəʊt] *sb* Floating Rate Note *f*
floor [flɔ:] *sb (stock market)* Floor *m*, Parkett *n*
floor price [flɔ: praɪs] *sb* Niedrigstkurs *m*
floor trader [flɔ: 'treɪdə] *sb* freier Makler *m*
floppy disk ['flɒpɪ 'dɪsk] *sb* Diskette *f*, Floppy Disk *f*
flow chart [fləʊ tʃa:t] *sb* Flussdiagramm *n*, Ablaufdiagramm *n*
flow of capital [fləʊ əv 'kæpɪtl] *sb* Kapitalverkehr *m*, Kapitalwanderung *f*
flow shop production [fləʊ ʃɒp prə'dʌkʃən] *sb* Reihenfertigung *f*
flow statement [fləʊ 'steɪtmənt] *sb* Bewegungsbilanz *f*
flow-of-funds analysis [fləʊ əv fʌndz ə'nælɪsɪs] *sb* Geldstromanalyse *f*
fluctuate ['flʌktjʊeɪt] *v* schwanken, fluktuieren
fluctuation [flʌktjʊ'eɪʃən] *sb* Schwankung *f*, Fluktuation *f*
fluctuation inventory [flʌktjʊ'eɪʃən 'ɪnvəntrɪ] *sb* Sicherheitsbestand *m*
folder ['fəʊldə] *sb* 1. Aktendeckel *m*, Mappe *f*, Schnellhefter *m*; 2. *(brochure)* Faltblatt *n*, Broschüre *f*
follow-up financing ['fɒləʊʌp faɪ'nænsɪŋ] *sb* Anschlussfinanzierung *f*
follow-up order ['fɒləʊʌp 'ɔ:də] *sb* Folgeauftrag *m*, Nachorder *f*
for account only [fɔ: ə'kaʊnt 'əʊnlɪ] *adv* nur zur Verrechnung
for safekeeping [fɔ: seɪf'ki:pɪŋ] *adv* zu treuen Händen
for the monthly settlement [fɔ: ðə 'mʌnθlɪ 'setəlmənt] *adv* per Ultimo
force [fɔ:s] *v* 1. ~ sth on s.o. jdm etw aufdrängen; 2. *(conditions)* jdm etw auferlegen
force down [fɔ:s 'daʊn] *v (prices)* drücken
force majeure [fɔ:s mæ'ʒɜ:] *sb* höhere Gewalt *f*
forced sale [fɔ:st seɪl] *sb* Zwangsverkauf *m*
forecast ['fɔ:kɑ:st] *sb* Voraussage *f*, Vorhersage *f*, Prognose *f*
foreclosure [fɔ:'kləʊʒə] *sb* Zwangsvollstreckung *f*
foreign acceptance ['fɒrən ək'septəns] *sb* Auslandsakzept *n*
foreign account ['fɒrən ə'kaʊnt] *sb* Auslandskonto *n*
foreign assets ['fɒrən 'æsets] *sb* Auslandsvermögen *n*

foreign bank ['fɒrən bæŋk] *sb* Auslandsbank *f*

foreign bill of exchange ['fɒrən bɪl əv ɪks'tʃeɪndʒ] *sb* Auslandswechsel *m*

foreign bond ['fɒrən bɒnd] *sb* Auslandsanleihe *f*

foreign business ['fɒrən 'bɪznɪs] *sb* Auslandsgeschäft *n*

foreign capital ['fɒrən 'kæpɪtl] *sb* Auslandskapital *n*

foreign cheque ['fɒrən tʃek] *sb* Auslandsscheck *m*

foreign credit ['fɒrən 'kredɪt] *sb* Auslandskredit *m*

foreign currencies eligible as cover ['fɒrən 'kʌrənsɪz 'elɪdʒɪbəl æz 'kʌvə] *pl* deckungsfähige Devisen *f/pl*

foreign currency ['fɒrən 'kʌrənsɪ] *sb* Devisen *pl*

foreign currency accept ['fɒrən 'kʌrənsɪ ək'sept] *sb* Valuta-Akzept *n*

foreign currency account ['fɒrən 'kʌrənsɪ ə'kaʊnt] *sb* Währungskonto *n*

foreign currency bill ['fɒrən 'kʌrənsɪ bɪl] *sb* Fremdwährungswechsel *n*

foreign currency bonds ['fɒrən 'kʌrənsɪ bɒndz] *pl* Auslandsbonds *m/pl*

foreign currency clause ['fɒrən 'kʌrənsɪ klɔːz] *sb* Valutaklausel *f*

foreign currency coupon ['fɒrən 'kʌrənsɪ 'kuːpɒn] *sb* Valutakupon *m*

foreign currency debt ['fɒrən 'kʌrənsɪ det] *sb* Währungsschuld *f*

foreign currency loan ['fɒrən 'kʌrənsɪ ləʊn] *sb* Valutakredit *m*

foreign currency rate ['fɒrən 'kʌrənsɪ reɪt] *sb* Sortenkurs *m*

foreign customer ['fɒrən 'kʌstəmə] *sb* Auslandskunde *m*

foreign debts ['fɒrən dets] *pl* Auslandsschulden *pl*

foreign demand ['fɒrən dɪ'mɑːnd] *sb* Auslandsnachfrage *f*

foreigner ['fɒrənə] *sb* Ausländer(in) *m/f*

foreign exchange ['fɒrən ɪks'tʃeɪndʒ] *sb* Devisen *pl*, Valuta *f*

foreign exchange account ['fɒrən ɪks'tʃeɪndʒ ə'kaʊnt] *sb* Devisenkonto *n*

foreign exchange advisor ['fɒrən ɪks'tʃeɪndʒ əd'vaɪzə] *sb* Devisenberater *m*

foreign exchange balance ['fɒrən ɪks'tʃeɪndʒ 'bæləns] *sb* Devisenbilanz *f*

foreign exchange business ['fɒrən ɪks'tʃeɪndʒ 'bɪznɪs] *sb* Devisengeschäft *n*

foreign exchange control ['fɒrən ɪks'tʃeɪndʒ kən'trəʊl] *sb* Devisenbewirtschaftung *f*, Devisenkontrolle *f*

foreign exchange dealer ['fɒrən ɪks'tʃeɪndʒ 'diːlə] *sb* Devisenhändler *m*

foreign exchange dealings ['fɒrən ɪks'tʃeɪndʒ 'diːlɪŋz] *pl* Devisenhandel *m*

foreign exchange market ['fɒrən ɪks'tʃeɪndʒ 'mɑːkɪt] *sb* Devisenmarkt *m*, Devisenbörse *f*

foreign exchange operations ['fɒrən ɪks'tʃeɪndʒ ɒpə'reɪʃənz] *sb* Devisenverkehr *m*

foreign exchange outflow ['fɒrən ɪks'tʃeɪndʒ 'aʊtfləʊ] *sb* Devisenabschluss *m*

foreign exchange quotas ['fɒrən ɪks'tʃeɪndʒ 'kwəʊtəz] *sb* Devisenquoten *f/pl*

foreign exchange quotations ['fɒrən ɪks'tʃeɪndʒ kwəʊ'teɪʃənz] *pl* Devisennotierung *f*

foreign exchange rate ['fɒrən ɪks'tʃeɪndʒ reɪt] *sb* Devisenkurs *m*

foreign exchange risk ['fɒrən ɪks'tʃeɪndʒ rɪsk] *sb* Wechselkursrisiko *n*

foreign exchange spot dealings ['fɒrən ɪks'tʃeɪndʒ spɒt 'diːlɪŋz] *pl* Devisenkassageschäft *n*

foreign exchange spot operations ['fɒrən ɪks'tʃeɪndʒ spɒt ɒpə'reɪʃənz] *pl* Devisenkassakurs *m*

foreign exchange surplus ['fɒrən ɪks'tʃeɪndʒ 'sɜːpləs] *sb* Devisenüberschuss *m*

foreign exchange transactions for customers ['fɒrən ɪks'tʃeɪndʒ træn'zækʃənz fɔː 'kʌstəməz] *pl* Devisenkommissionsgeschäft *n*

foreign investment ['fɒrən ɪn'vestmənt] *sb* Auslandsinvestition *f*

foreign loan ['fɒrən ləʊn] *sb* Auslandsanleihe *f*

foreign markets ['fɒrən 'mɑːkɪts] *pl* Auslandsmärkte *m/pl*

foreign patents ['fɒrən 'pætənts] *pl* Auslandspatente *n/pl*

foreign security ['fɒrən sɪ'kjʊərɪtɪ] *sb* ausländisches Wertpapier *n*

foreign shareholder ['fɒrən 'ʃeəhəʊldə] *sb* ausländischer Anteilseigner *m*

foreign trade ['fɒrən treɪd] *sb* Außenhandel *m*, Außenwirtschaft *f*

foreign trade and payments transactions ['fɒrən treɪd ænd 'peɪmənts træn'zækʃənz] *pl* Außenwirtschaftsverkehr *m*

foreign trade deficit ['fɒrən treɪd 'defɪsɪt] *sb* Außenhandelsdefizit *n*

foreign trade monopoly ['fɔrən treɪd mə'nɒpəlɪ] *sb* Außenhandelsmonopol *n*
foreign trade structure ['fɔrən treɪd 'strʌkʃə] *sb* Außenhandelsrahmen *m*
foreign workers ['fɔrən 'wɜːkəz] *pl* ausländische Arbeitnehmer *pl*
forfaiting ['fɔːfeɪtɪŋ] *sb* Forfaitierung *f*
forfeit ['fɔːfɪt] *v* verwirken
forfeiture ['fɔːfɪtʃə] *sb* Verwirkung *f*, Verfall *m*
forfeiture of shares ['fɔːfɪtʃə əv ʃeəz] *sb* Kaduzierung *f*
forge [fɔːdʒ] *v (counterfeit)* fälschen
forged cheque [fɔːdʒd tʃek] *sb* gefälschter Scheck *m*
form [fɔːm] *sb (document)* Formular *n*, Vordruck *m*
form of address ['fɔːm əv ə'dres] *sb* Anrede *f*
form of application [fɔːm əv æplɪ'keɪʃən] *sb* Anmeldeformular *n*, Antragsformular *n*
formal identity ['fɔːməl aɪ'dentɪtɪ] *sb* Bilanzkontinuität *f*
formal requirements ['fɔːməl rɪ'kwaɪəmənts] *pl* Formvorschriften *f/pl*
formality [fɔː'mælɪtɪ] *sb (a ~)* Formalität *f*: *Let's dispense with the formalities.* Lassen wir die Formalitäten beiseite.
format ['fɔːmæt] *(a disk) v* formatieren; *sb* Format *n*
format of the balance sheet ['fɔːmæt əv ðə 'bæləns ʃiːt] *sb* Bilanzgliederung *f*
formation [fɔː'meɪʃən] *sb* Gründung *f*
formation by founders' non-cash capital contributions [fɔː'meɪʃən baɪ 'faʊndəz 'nɒnkæʃ 'kæpɪtəl kɒntrɪ'bjuːʃənz] *sb* Illationsgründung *f*
formation involving subscription in kind [fɔː'meɪʃən ɪn'vɒlvɪŋ sʌb'skrɪpʃən ɪn kaɪnd] *sb* qualifizierte Gründung *f*
formation of capital [fɔː'meɪʃən əv 'kæpɪtəl] *sb* Kapitalbildung *f*
formation report [fɔː'meɪʃən rɪ'pɔːt] *sb* Gründungsbericht *m*
forward ['fɔːwəd] *v* 1. *(send on)* nachsenden; 2. *(dispatch)* befördern
forward contract ['fɔːwəd 'kɒntrækt] *sb* Terminkontrakt *m*
forwarder ['fɔːwədə] *sb* Absender *m*; *(freight)* Spediteur *m*
forward exchange dealings ['fɔːwəd ɪks'tʃeɪndʒ 'diːlɪŋz] *pl* Devisentermingeschäft *n*
forward exchange market ['fɔːwəd ɪks'tʃeɪndʒ 'mɑːkɪt] *sb* Devisenterminmarkt *m*

forward exchange rate ['fɔːwəd ɪks'tʃeɪndʒ reɪt] *sb* Devisenterminkurs *m*
forward exchange trading ['fɔːwəd ɪks'tʃeɪndʒ 'treɪdɪŋ] *sb* Devisenterminhandel *m*
forwarding ['fɔːwədɪŋ] *sb* Versand *m*
forwarding address ['fɔːwədɪŋ ə'dres] *sb* Nachsendeadresse *f*
forwarding agent ['fɔːwədɪŋ 'eɪdʒənt] *sb* Spediteur *m*
forwarding conditions ['fɔːwədɪŋ kən'dɪʃənz] *pl* Beförderungsbedingungen *f/pl*
forwarding goods ['fɔːwədɪŋ gʊdz] *pl* Speditionsgut *n*
forwarding merchandise ['fɔːwədɪŋ 'mɜːtʃəndaɪz] *sb* Speditionsgut *n*
forward merchandise dealings ['fɔːwəd 'mɜːtʃəndaɪz 'diːlɪŋz] *pl* Warentermingeschäft *n*
forward price ['fɔːwəd praɪs] *sb* Terminkurs *m*
forward sale ['fɔːwəd seɪl] *sb* Terminverkauf *m*
forward securities ['fɔːwəd sɪ'kjʊərɪtɪz] *pl* Terminpapiere *n/pl*
found [faʊnd] *v* gründen, errichten
foundation [faʊn'deɪʃən] *sb* 1. *(founding)* Gründung *f*, Errichtung *f*; 2. *(institution)* Stiftung *f*; 3. *(fig: basis)* Grundlage *f*, Basis *f*
foundation in which founders take all shares [faʊn'deɪʃən ɪn wɪtʃ 'faʊndəz teɪk ɔːl ʃeəz] *sb* Übernahmegründung *f*
founder ['faʊndə] *sb* Gründer(in) *m/f*
fraction ['frækʃən] *sb* Bruchteil *m*
fractional amount ['frækʃənəl ə'maʊnt] *sb* Kleinstücke *n/pl*
fractional order ['frækʃənəl 'ɔːdə] *sb* Fraktion *f*
fragile ['frædʒaɪl] *adj* zerbrechlich; *"~, handle with care"* „Vorsicht, zerbrechlich"
fragmentation [frægmen'teɪʃən] *sb* Stückelung *f*
framework ['freɪmwɜːk] *sb* Gefüge *n*, Rahmen *m*
franchise ['fræntʃaɪz] *sb* Konzession *f*, Franchise *n*
franchisee [fræntʃaɪ'ziː] *sb* Franchisenehmer *m*
franchising ['fræntʃaɪzɪŋ] *sb* Franchising *n*
frank [fræŋk] *v* frankieren, freimachen
fraud [frɔːd] *sb* Betrug *m*
fraud foundation [frɔːd faʊn'deɪʃən] *sb* Schwindelgründung *f*
fraudulent ['frɔːdjʊlənt] *adj* betrügerisch

fraudulent bankruptcy ['frɔːdjʊlənt 'bæŋkrʌptsɪ] *sb* betrügerischer Bankrott *m*

free [friː] *adj* (~ of charge) kostenlos, frei, gratis; *get sth* ~ etw umsonst bekommen

free access to the market [friː 'ækses tu ðə 'maːkɪt] *sb* freier Marktzutritt *m*

free alongside ship (f. a. s.) [friː əˈlɒŋsaɪd ʃɪp] frei Längsseite Schiff (f.a.s.)

free currency area ['kʌrənsɪ 'ɛərɪə] *sb* freier Währungsraum *m*

free domicile [friː 'dɒmɪsaɪl] frei Haus

freedom of contract ['friːdəm əv 'kɒntrækt] *sb* Vertragsfreiheit *f*

freedom of occupation ['friːdəm əv ɒkjuː'peɪʃən] *sb* Berufsfreiheit *f*

freedom of trade ['friːdəm əv treɪd] *sb* Gewerbefreiheit *f*

free enterprise [friː 'entəpraɪz] *sb* freies Unternehmertum *n*

free ex station ['friː eks 'steɪʃən] frei Station

free ex warehouse ['friː eks 'wɛəhaʊs] frei Lager

free export [friː 'ekspɔːt] frei Hafen

free frontier [friː 'frʌntɪə] frei Grenze

free goods [friː ɡʊdz] *pl* freie Güter *n/pl*

free in and out (f. i. o.) [friː ɪn ænd aʊt] freie Ein- und Ausladung (f.i.o.)

freelance ['friːlæns] *v* freiberuflich tätig sein; *adj* freiberuflich, freischaffend

freelancer ['friːlænsə] *sb* 1. Freiberufler(in) *m/f*; 2. (with a particular firm) freie(r) Mitarbeiter(in) *m/f*

free liquid reserves [friː 'lɪkwɪd rɪ'zɜːvz] *pl* freie Liquiditätsreserven *f/pl*

freely convertible [friːlɪ kən'vɜːtɪbəl] *adj* frei konvertierbar

freely convertible currency ['friːlɪ kən'vɜːtɪbəl 'kʌrənsɪ] *sb* freie Währung *f*

freely fluctuating exchange rate ['friːlɪ 'flʌktʃueɪtɪŋ ɪks'tʃeɪndʒ reɪt] *sb* freier Wechselkurs *m*

free market economy [friː 'maːkɪt ɪ'kɒnəmɪ] *sb* freie Marktwirtschaft *f*

free movement of capital [friː 'muːvmənt əv 'kæpɪtl] *sb* freier Kapitalverkehr *m*

free of all average (f. a. a.) [friː əv ɔːl 'æverɪdʒ] frei von jeder Beschädigung (f.a.a.)

free of charge (f. o. c.) [friː əv 'tʃaːdʒ] gratis, kostenfrei, kostenlos, unentgeltlich (f.o.c.)

free of damage (f. o. d.) [friː əv 'dæmɪdʒ] keine Beschädigung (f.o.d.)

free of defects [friː əv 'diːfekts] mangelfrei

free on board (f. o. b.) [friː ɒn bɔːd] frei an Bord (f.o.b.)

free on board harbour (f. b. h.) [friː ɒn bɔːd 'haːbə] frei an Bord im Hafen (f.b.h.)

free on board railroad station (f. o. r.) [friː ɒn bɔːd 'reɪlrəʊd 'steɪʃən] frei Bahnhof (f.o.r.)

free on rail [friː ɒn reɪl] ab Bahnhof

free on ship [friː ɒn ʃɪp] frei Schiff

free on steamer (f. o. s.) [friː ɒn 'stiːmə] frei Schiff (f.o.s.)

free on truck (f. o. t.) [friː ɒn trʌk] frei Waggon (f.o.t.)

free port [friː pɔːt] *sb* Freihafen *m*

free rider principle [friː 'raɪdə 'prɪnsɪpəl] *sb* Trittbrettfahrer-Verhalten *n*

free station [friː 'steɪʃən] *sb* frei Station

free trade [friː treɪd] *sb* Freihandel *m*

free trade area [friː treɪd 'ɛərɪə] *sb* Freihandelszone *f*

free trade zone [friː treɪd zəʊn] *sb* Freihandelszone *f*

free warehouse [friː 'wɛəhaʊs] *sb* frei Lager

freeze [friːz] *v irr* 1. (wages) stoppen, einfrieren; 2. (assets) festlegen

freight [freɪt] *sb* (goods transported) Fracht *f*, Frachtgut *n*, Ladung *f*

freight and charges paid [freɪt ænd 'tʃaːdʒɪz peɪd] fracht- und spesenfrei

freight basis [freɪt 'beɪsɪs] *sb* Frachtbasis *f*

freight bill (w/b) [freɪt bɪl] *sb* Frachtbrief *m*, Frachtzettel (w/b) *m*

freight charges [freɪt 'tʃaːdʒɪz] *pl* Frachtkosten *pl*, Frachtgebühren *pl*

freighter ['freɪtə] *sb* Frachter *m*, Frachtschiff *n*

freight exchange [freɪt ɪks'tʃeɪndʒ] *sb* Frachtbörse *f*

freight forward (frt. fwd.) [freɪt 'fɔːwəd] *sb* Frachtnachnahme (frt. fwd) *f*

freight goods [freɪt ɡʊdz] *pl* Frachtgut *n*

freight management [freɪt 'mænɪdʒmənt] *sb* Transportdisposition *f*

freight operator [freɪt 'ɒpəreɪtə] *sb* Fuhrunternehmer *m*

freight paid [freɪt peɪd] Fracht bezahlt

freight per weight or measurement (w/m) [freɪt pə weɪt ɔː 'meʒəmənt] Fracht nach Gewicht oder Maß (w/m)

freight prepaid (frt. pp.) [freɪt priː'peɪd] Fracht vorausbezahlt (frt. pp.)

freight train ['freɪt treɪn] *sb* Güterzug *m*

frequency of contact ['friːkwɪnsɪ əv 'kɒntækt] *sb* Kontakthäufigkeit *f*

fringe benefits [frɪndʒ 'benəfits] pl zusätzliche Leistungen f/pl, freiwillige Sozialleistungen des Arbeitgebers f/pl

front desk [frʌnt desk] sb Rezeption f, Empfang m

front money [frʌnt 'mʌni] sb Vorschuss m

frozen ['frəʊzn] adj (wages) eingefroren

frustrate [frʌ'streɪt] v (plans) vereiteln, zunichte machen

frustration of contract [frʌ'streɪʃən əv 'kɒntrækt] sb Wegfall der Geschäftsgrundlage m

full cost [fʊl kɒst] sb Vollkosten pl

full employment [fʊl ɪm'plɔɪmənt] sb Vollbeschäftigung f

full power [fʊl 'paʊə] adj Vollmacht f

full power of attorney [fʊl 'paʊə əv ə'tɜːnɪ] sb Prokura f

Fullarton reflux principle ['fʊlətən 'riːflʌks 'prɪnsɪpəl] sb Fullartonsches Rückströmungsprinzip n

full-scale ['fʊlskeɪl] adj in vollem Umfang

full-time ['fʊltaɪm] adj 1. ganztägig, Ganztags...; adv 2. ganztags

full-time job ['fʊltaɪm dʒɒb] sb Ganztagsstellung f, Full-time-Job m

function ['fʌŋkʃən] v 1. funktionieren; sb 2. Funktion f; 3. (duties) Aufgaben f/pl, Pflichten f/pl; 4. (official ceremony) Feier f

function key ['fʌŋkʃən kiː] sb (of a computer) Funktionstaste f

function of markets ['fʌŋkʃən əv 'mɑːkɪts] sb Funktionsweise von Märkten f

functional ['fʌŋkʃənl] adj (in working order) funktionsfähig

functional analysis ['fʌŋkʃənəl ə'nælɪsɪs] sb Aufgabenanalyse f, Funktionsanalyse f

functional organization ['fʌŋkʃənəl ɔːgənaɪ'zeɪʃən] sb Funktionalorganisation f

functionary ['fʌŋkʃənərɪ] sb Funktionär m

functions of money ['fʌŋkʃənz əv 'mʌnɪ] pl Geldfunktionen f/pl

fund [fʌnd] v 1. (put up money for) das Kapital aufbringen für; sb 2. Fonds m; pl 3. ~s Mittel n/pl, Gelder n/pl

fund assets [fʌnd 'æsets] pl Fondsvermögen n

funded debts ['fʌndɪd dets] pl fundierte Schulden f/pl

funding cutback ['fʌndɪŋ 'kʌtbæk] sb Mittelkürzung f

funding start-up of a business ['fʌndɪŋ 'stɑːtʌp əv ə 'bɪznɪs] sb Gründungsfinanzierung f

funding loan ['fʌndɪŋ ləʊn] sb Fundierungsanleihe f

funding paper ['fʌndɪŋ 'peɪpə] sb Finanzierungspapier n

fund-linked life insurance ['fʌndlɪŋkt laɪf ɪn'ʃʊərəns] sb fondsgebundene Lebensversicherung f

fund management [fʌnd 'mænɪdʒmənt] sb Fondsverwaltung f

fund of funds [fʌnd əv fʌndz] sb Dachfonds m

fund raiser [fʌnd 'reɪzə] sb Kapitalnehmer(in) m/f, Geldbeschaffer(in) m/f

funds flow [fʌndz fləʊ] sb Kapitalströme pl, Kapitalfluss m

funds statement [fʌndz 'steɪtmənt] sb Kapitalflussrechnung f

funds transfer [fʌndz 'trænsfɜː] sb Mittelumschichtung f

fungibility [fʌndʒɪ'bɪlɪtɪ] sb Fungibilität f

fungible securities ['fʌndʒɪbəl sɪ'kjʊərɪtɪz] pl vertretbare Wertpapiere n/pl

fungible security deposit ['fʌndʒɪbəl sɪ'kjʊərɪtɪ dɪ'pɒzɪt] sb Aberdepot n

further processing ['fɜːðə 'prəʊsesɪŋ] sb Weiterverarbeitung f

furtherance granted to set up new business ['fɜːðərəns 'grɑːntɪd tu set ʌp njuː 'bɪznɪs] sb Existenzgründungsförderung f

fuse [fjuːz] v verschmelzen, vereinigen

fusion ['fjuːʒən] sb Fusion f, Verschmelzung f

futile ['fjuːtaɪl] adj nutzlos, vergeblich

future bonds ['fjuːtʃə bɒndz] pl Zukunftswert m

future deal ['fjuːtʃə diːl] sb Fixkauf m

futures exchange ['fjuːtʃəz ɪks'tʃeɪndʒ] sb Terminbörse f

futures price ['fjuːtʃəz praɪs] sb Terminkurs m, Terminpreis m

future prospects ['fjuːtʃə 'prɒspekts] pl Zukunftschancen pl, Zukunftsaussichten pl

futures ['fjuːtʃəz] pl Termingeschäfte pl, Futures pl

futures business ['fjuːtʃəz 'bɪznɪs] sb Termingeschäft n

futures market ['fjuːtʃəz 'mɑːkɪt] sb Terminbörse f, Terminkontraktmarkt m, Futures-Markt m

futures quotation ['fjuːtʃəz kwəʊ'teɪʃən] sb Terminnotierung f

futures trading in stocks and bonds ['fjuːtʃəz 'treɪdɪŋ ɪn stɒks ænd bɒndz] sb Effektenterminhandel m

fuzzy logic ['fʌzɪ 'lɒdʒɪk] sb Fuzzy-Logik f

G

gain [geɪn] v 1. gewinnen, erwerben, sich verschaffen; 2. (*profit*) profitieren; sb 3. (*increase*) Zunahme f, Zuwachs m, Gewinn m, Profit m

gainful ['geɪnfəl] adj Gewinn bringend, einträglich

gainfully-employed ['geɪnfəli ɪm'plɔɪd] adj erwerbstätig

gainfully-employed person ['geɪnfəli ɪm'plɔɪd 'pɜːsən] sb Erwerbstätige(r) f/m

gain in efficiency [geɪn ɪn ɪ'fɪʃnsɪ] sb Produktivitätsgewinn m, Produktivitätszuwachs m

gainings ['geɪnɪŋz] pl Gewinn m, Verdienst m, Einkünfte n/pl

gain of redemption [geɪn əv rɪ'dempʃən] sb Tilgungsgewinn m

gain on disposal [geɪn ɒn dɪs'pəʊzəl] sb Veräußerungsgewinn m

gains from trade [geɪnz frɒm treɪd] sb Außenhandelsgewinn m

gains tax [geɪnz tæks] sb Gewinnabgabe f

galloping inflation ['gæləpɪŋ ɪn'fleɪʃən] sb galoppierende Inflation f

gambling in futures ['gæmblɪŋ ɪn 'fjuːtʃəz] sb Terminspekulation f

gambling on the exchange ['gæmblɪŋ ɒn ðɪ ɪks'tʃeɪndʒ] sb Börsenspekulation f

gap analysis [gæp ə'nælɪsɪs] sb Gap-Analyse f, Lückenanalyse f

gap between interest rates [gæp bɪ'twiːn 'ɪntrəst reɪts] sb Zinsgefälle n

garnish ['gɑːnɪʃ] v (*impound*) pfänden

garnishment ['gɑːnɪʃmənt] sb Zahlungsverbot n

gather ['gæðə] v 1. erfassen, (auf)sammeln; 2. (*taxes*) einziehen

gear up [gɪə ʌp] v (*production*) hochfahren

general agent ['dʒenərəl 'eɪdʒənt] sb Generalvertreter m, Handelsbevollmächtiger m

General Arrangements to Borrow ['dʒenərəl ə'reɪndʒmənts tu 'bɒrəʊ] sb Allgemeine Kreditvereinbarung f

general assembly ['dʒenərəl ə'semblɪ] sb Generalversammlung f

general bad-debt provision ['dʒenərəl bæd det prə'vɪʒən] sb Pauschalwertberichtigung f

general charge ['dʒenərəl tʃɑːdʒ] sb Arbeitnehmer-Pauschbetrag m

general contractor ['dʒenərəl kən'træktə] sb Generalunternehmer m

general credit agreements ['dʒenərəl 'kredɪt ə'griːmənts] sb allgemeine Kreditvereinbarungen pl

General Insurance Conditions ['dʒenərəl ɪn'ʃʊərəns kən'dɪʃənz] sb Allgemeine Versicherungsbedingungen f/pl

general mortgage ['dʒenərəl 'mɔːgɪdʒ] sb Gesamthypothek f

general partner ['dʒenərəl 'pɑːtnə] sb Komplementär m

general partnership ['dʒenərəl 'pɑːtnəʃɪp] sb offene Handelsgesellschaft f

general power of attorney ['dʒenərəl 'paʊər əv ə'tɜːnɪ] sb Generalvollmacht f

general public ['dʒenərəl 'pʌblɪk] sb Öffentlichkeit f, Allgemeinheit f

general-purpose ['dʒenərəl 'pɜːpəs] adj Mehrzweck..., Universal...

General Standard Terms and Conditions ['dʒenərəl 'stændəd tɜːmz ænd kən'dɪʃənz] sb Allgemeine Geschäftsbedingungen (AGB) f/pl

general strike ['dʒenərəl straɪk] sb Generalstreik m

general tax on consumption ['dʒenərəl tæks ɒn kən'sʌmpʃən] sb Verbrauchsteuern f/pl

generic [dʒə'nerɪk] adj nicht geschützt

generic product [dʒə'nerɪk 'prɒdʌkt] sb No-Name-Produkt n

German bond market ['dʒɜːmən bɒnd 'mɑːkɪt] sb Markt für deutsche Staatsanleihen m

German commercial code ['dʒɜːmən kə'mɜːʃəl kəʊd] sb Handelsgesetzbuch (HGB) f

German Council of Economic Experts ['dʒɜːmən 'kaʊnsəl əv iːkə'nɒmɪk 'ekspɜːts] sb Sachverständigenrat m

German Salaried Employee Union ['dʒɜːmən 'sælərɪd ɪmplɔɪ'iː 'juːnjən] sb Deutsche Angestellten-Gewerkschaft (DAG) f

German Trade Union Federation ['dʒɜːmən treɪd 'juːnjən fedə'reɪʃən] sb Deutscher Gewerkschaftsbund (DGB) m

gestation period [dʒe'steɪʃən 'pɪərɪəd] sb Entwicklungszeit f, Ausreifungszeit f

gift advertising [gɪft 'ædvətaɪzɪŋ] sb Zugabewerbung f

gift tax [gɪft tæks] *sb* Schenkungssteuer *f*

gilt-edged securities [gɪltˈedʒd sɪˈkjʊərɪtɪz] *pl* mündelsichere Wertpapiere *pl*

gilts [gɪlts] *sb* Staatsanleihen *f/pl*, Staatspapiere *f/pl*

giro [ˈdʒaɪrəʊ] *sb (UK)* Giro *n*

giro account [ˈdʒaɪrəʊ əˈkaʊnt] *sb (UK)* Girokonto *n*

giro inpayment form [ˈdʒaɪrəʊ ˈɪnpeɪmənt fɔːm] *sb* Zahlkarte *f*

giro slip [ˈdʒaɪrəʊ slɪp] *sb* Überweisungsformular *n*

giro transfer [ˈdʒaɪrəʊ ˈtrænsfɜː] *sb* Banküberweisung *f*, Postschecküberweisung *f*

giveaway [ˈgɪvəweɪ] *sb* 1. *(gift)* Geschenk *n;* 2. *(of prizes)* Preisraten *pl*

giving for a call [ˈgɪvɪŋ fɔː ə kɔːl] *sb* Erwerb einer Kaufoption *m*

glamour stock [ˈglæmə stɒk] *sb* spekulativer Wachstumswert *m*

global [ˈgləʊbəl] *adj* global, Welt..., Global...

global control [ˈgləʊbəl kənˈtrəʊl] *sb* Globalsteuerung *f*

global delcredere [ˈgləʊbəl delkreˈdɜːrɪ] *sb* Pauschaldelkredere *n*

globalization [gləʊbəlaɪˈzeɪʃən] *sb* Globalisierung *f*

global share [ˈgləʊbəl ʃeə] *sb* Sammelaktie *f*

global value adjustment [ˈgləʊbəl ˈvæljuːəˈdʒʌstmənt] *sb* Sammelwertberichtigung *f*

glossary [ˈglɒsərɪ] *sb* Wörterverzeichnis *n*, Glossar *n*

glut [glʌt] *v* 1. überschwemmen; *sb* 2. Schwemme *f*, Überangebot *n*

go about [gəʊ əˈbaʊt] *v irr (set to work at)* anpacken, in Angriff nehmen

go against [gəʊ əˈgenst] *v* ungünstig verlaufen

go-ahead [ˈgəʊəhed] *sb* 1. Zustimmung *f*, grünes Licht *n;* *adj* 2. fortschrittlich, modern

goal [gəʊl] *sb (objective)* Ziel *n*

go-between [ˈgəʊbɪtwiːn] *sb* Vermittler *m*, Unterhändler *m*

go down [gəʊ ˈdaʊn] *v irr (decrease)* zurückgehen, sinken, fallen

going [ˈgəʊɪŋ] *adj* in Betrieb

go into [gəʊ ˈɪntʊ] *v irr (a profession)* gehen in, einsteigen in

gold [gəʊld] *sb* Gold *n*

gold and foreign exchange balance [gəʊld ənd ˈfɒrən eksˈtʃeɪndʒ ˈbæləns] *sb* Gold- und Devisenbilanz *f*

gold auction [gəʊld ˈɔːkʃən] *sb* Goldauktion *f*

gold backing [gəʊld ˈbækɪŋ] *sb* Golddeckung *f*

gold bar [gəʊld ˈbɑː] *sb* Goldbarren *m*

gold card [ˈgəʊld kɑːd] *sb* goldene Kreditkarte *f*

gold certificate [gəʊld səˈtɪfɪkɪt] *sb* Goldzertifikat *n*

gold characteristics [gəʊld kærəktəˈrɪstɪks] *pl* Goldeigenschaften *f/pl*

gold coin [gəʊld kɔɪn] *sb* Goldmünze *f*

gold content [gəʊld ˈkɒntent] *sb* Goldgehalt *m*

gold convertibility [gəʊld kɒnˈvɜːtəbɪlɪtɪ] *sb* Goldkonvertibilität *f*

gold cover [gəʊld ˈkʌvə] *sb* Golddeckung *f*

gold currency [gəʊld ˈkʌrənsɪ] *sb* Goldwährung *f*

golden parachute [ˈgəʊldn ˈpærəʃuːt] *sb (fig)* reichliche Abfindung eines leitenden Angestellten *f*

gold quotation [gəʊld kwəʊˈteɪʃn] *sb* Goldnotierung *f*

golden rule of financing [ˈgəʊldən ruːl əv faɪˈnænsɪŋ] *sb* goldene Finanzierungsregel *f*

gold exchange standard [gəʊld ɪksˈtʃeɪndʒ ˈstændəd] *sb* Gold-Devisen-Standard *m*

gold in bars [gəʊld ɪn bɑːz] *sb* Barrengold *n*

gold market [gəʊld ˈmɑːkɪt] *sb* Goldmarkt *m*

gold option [gəʊld ˈɒpʃən] *sb* Goldoption *f*

gold parity [gəʊld ˈpærɪtɪ] *sb* Goldparität *f*

gold point [gəʊld pɔɪnt] *sb* Goldpunkt *m*

gold pool [gəʊld puːl] *sb* Goldpool *m*

gold price [gəʊld praɪs] *sb* Goldpreis *m*

gold production [gəʊld prəˈdʌkʃən] *sb* Goldproduktion *f*

gold reserve [gəʊld rɪˈzɜːv] *sb* Goldreserven *f/pl*

gold reserves [gəʊld rɪˈzɜːvz] *pl* Goldreserven *pl*

gold share [gəʊld ʃeə] *sb* Goldaktie *f*

gold specie standard [gəʊld ˈspiːʃiː ˈstændəd] *sb* Goldumlaufwährung *f*

gold standard [gəʊld ˈstændəd] *sb* Goldwährung *f*, Goldstandard *m*

gold swap [gəʊld swɒp] *sb* Goldswap *m*

gold trade [gəʊld treɪd] *sb* Goldhandel *m*

gold transactions [gəʊld trænˈzækʃənz] *pl* Goldgeschäft *n*

good faith [gʊd feɪθ] *sb* guter Glauben *m*, Treu und Glaube

goods [gʊdz] *pl* Güter *pl*, Waren *pl*

goods department [gʊdz dɪˈpɑːtmənt] sb Güterabfertigungsstelle f
goods on approval [gʊdz ɒn əˈpruːvəl] sb Ware zur Ansicht f
goods on hand [gʊdz ɒn hænd] sb Lagerbestand m, Warenbestand m
goods on sale or return [gʊdz ɒn seɪl ɔː rɪˈtɜːn] sb Kommissionsware f
goods receipt [gʊdz rɪˈsiːt] sb Warenempfangsschein m
goods returned [gʊdz rɪˈtɜːnd] sb Rückwaren f/pl, Retouren f/pl
goods tariff [gʊdz ˈtærɪf] sb Gütertarif m
goods to declare [gʊdz tu dɪˈkleə] sb anmeldepflichtige Ware f
goodwill [ˈgʊdˈwɪl] sb (immaterieller) Firmenwert m, Geschäftswert m
goodwill advertising [ˈgʊdwɪl ˈædvətaɪzɪŋ] sb Vertrauenswerbung f, Imagewerbung f
go-slow [ˈgəʊsləʊ] sb (UK) Bummelstreik m
government [ˈgʌvənmənt] sb Regierung f
government assistance [ˈgʌvənmənt əˈsɪstəns] sb staatliche Unterstützung f, Subvention f
government audit [ˈgʌvənmənt ˈɔːdɪt] (taxes) Außenprüfung f
government bond [ˈgʌvənmənt bɒnd] sb Staatsanleihe f, Regierungsanleihe f
government expenditure rate [ˈgʌvənmənt ɪkˈspendɪtʃə reɪt] sb Staatsquote f
government grant [ˈgʌvənmənt grɑːnt] sb Staatszuschuss m, Regierungszuschuss m
government loan [ˈgʌvənmənt ləʊn] sb Staatsanleihen pl
government supervision of certain economic branches [ˈgʌvənmənt suːpəˈvɪʒən ɒv ˈsɜːtən iːkəˈnɒmɪk ˈbrɑːntʃɪz] sb Fachaufsicht f
government unit [ˈgʌvənmənt ˈjuːnɪt] sb Gebietskörperschaft f
government-inscribed debt [ˈgʌvənmənt ɪnˈskraɪbd det] sb Wertrechtanleihe f
governor [ˈgʌvənə] sb (UK: of a bank or prison) Direktor m
grace [greɪs] sb (until payment is due) Aufschub m, Zahlungsfrist f
gradation [grəˈdeɪʃən] sb Gradeinteilung f, Abstufung f
grade [greɪd] sb 1. (quality) Qualität f, Handelsklasse f, Güteklasse f; v 2. (classify) klassifizieren, sortieren
grade labeling [greɪd ˈleɪblɪŋ] sb Qualitätskennzeichnung f, Gütekennzeichnung f
graduated [ˈgrædjueɪtɪd] adj gestaffelt

graduated price [ˈgrædjueɪtɪd praɪs] sb Staffelpreis m
graduated tariff [ˈgrædjueɪtɪd ˈtærɪf] sb Staffeltarif m
graduated-interest loan [ˈgrædjueɪtɪd ˈɪntrɪst ləʊn] sb Staffelanleihe f
grain exchange [greɪn ɪksˈtʃeɪndʒ] sb Getreidebörse f
gram [græm] sb (US) see "gramme"
gramme [græm] sb Gramm n
grant [grɑːnt] v 1. (permission) erteilen; 2. (a request) stattgeben; 3. (land, pension) zusprechen, bewilligen; sb 4. Subvention f
grant of delay [grɑːnt əv dɪˈleɪ] sb Stundung f
grant of discharge [grɑːnt əv ˈdɪstʃɑːdʒ] sb Entlastung f
gratis [ˈgrætɪs] adj gratis, unentgeltlich, umsonst
gratuitous [grəˈtjuːɪtəs] adj kostenlos, unentgeltlich, gratis
gratuity [grəˈtjuːɪtɪ] sb Gratifikation f
greenback [ˈgriːnbæk] sb US-Dollarnote f
green card [ˈgriːn kɑːd] sb 1. (US: for foreigners) Arbeits- und Aufenthaltsgenehmigung f; 2. (for motorists) grüne Versicherungskarte f
grocery [ˈgrəʊsərɪ] sb 1. (~ store) Lebensmittelgeschäft n; pl 2. groceries Lebensmittel pl
gross [grəʊs] adj (total) brutto, Brutto...
gross dividend [grəʊs ˈdɪvɪdend] sb Brutto-Dividende f
gross domestic product (GDP) [grəʊs dəˈmestɪk ˈprɒdʌkt] sb Bruttoinlandsprodukt n
gross earnings [grəʊs ˈɜːnɪŋz] sb Bruttoverdienst m
gross income [grəʊs ˈɪnkʌm] sb Bruttoeinkommen n
grossing up [ˈgrəʊsɪŋ ʌp] sb Bruttoberechnung f
gross monetary reserve [grəʊs ˈmɒnɪtərɪ rɪˈzɜːv] sb Bruttowährungsreserve f
gross national product (GNP) [grəʊs ˈnæʃənl ˈprɒdʌkt] sb Bruttosozialprodukt n
gross pay [grəʊs peɪ] sb Bruttolohn m
gross price [grəʊs praɪs] sb Bruttopreis m
gross proceeds [grəʊs ˈprəʊsiːdz] sb Rohertrag m
gross profit [grəʊs ˈprɒfɪt] sb Rohgewinn m, Bruttogewinn m
gross register(ed) ton [grəʊs ˈredʒɪstə(d) tʌn] sb Bruttoregistertonne f

gross return [grəʊs rɪ'tɜːn] sb Bruttoertrag m
gross wage [grəʊs weɪdʒ] sb Bruttolohn m
gross weight [grəʊs weɪt] sb Bruttogewicht n
ground annual [graʊnd 'ænjʊəl] sb Jahrespacht f
ground rent [graʊnd rent] sb Grundrente f
ground work [graʊnd wɜːk] sb Vorarbeit f, Grundlagenarbeit f
group [gruːp] sb Konzern m
group account [gruːp ə'kaʊnt] sb Konzernkonto n
group accounting [gruːp ə'kaʊntɪŋ] sb Konzernbuchhaltung f
group assets [gruːp 'æsets] sb Konzernvermögen n
group balance sheet [gruːp 'bæləns ʃiːt] sb Konzernbilanz f
group collection security [gruːp kə'lekʃən sɪ'kjʊərɪtɪ] sb Sammelinkassoversicherung f
group depreciation [gruːp dəpriːʃɪ'eɪʃən] sb Pauschalabschreibung f
group funds [gruːp fʌndz] sb Konzerneigenmittel pl
group holding [gruːp 'həʊldɪŋ] sb Konzernbeteiligung f
group interim benefits [gruːp 'ɪntərɪm 'benɪfɪts] sb Konzernzwischengewinn m
group manufacturing [gruːp mænjʊ'fækʃərɪŋ] sb Fertigungsinsel f
group of Seventy-Seven [gruːp əv 'sevɪntɪ 'sevən] sb (at UN) Gruppe der 77 f (loser Zusammenschluss von Staaten der Dritten Welt)
group orders [gruːp 'ɔːdəz] sb Konzernaufträge m/pl
group piece rate [gruːp piːs reɪt] sb Gruppenakkordlohn m
group piecework [gruːp 'piːswɜːk] sb Gruppenakkord m
group relationships [gruːp rɪ'leɪʃənʃɪps] sb Unternehmensvernetzung f
group valuation [gruːp vælju'eɪʃən] sb Pauschalbewertung f
grow [grəʊ] v irr 1. wachsen, größer werden; 2. (number) zunehmen
growing ['grəʊɪŋ] adj 1. wachsend; 2. (increasing) zunehmend
growth [grəʊθ] sb Wachstum n
growth centre [grəʊθ 'sentə] sb Entwicklungsschwerpunkt m
growth fund [grəʊθ 'fʌnd] sb Wachstumsfonds m

growth impulse [grəʊθ 'ɪmpʌls] sb Wachstumsimpuls m
growth industry [grəʊθ 'ɪndəstrɪ] sb Wachstumsindustrie f
growth policy [grəʊθ 'pɒlɪsɪ] sb Wachstumspolitik f
growth rate ['grəʊθ reɪt] sb Wachstumsrate f
guarantee [gærən'tiː] v 1. garantieren, Gewähr leisten; 2. (a loan, a debt) bürgen für; sb 3. Garantie f; 4. (pledge of obligation) Bürgschaft f; 5. (deposit, money as a ~) Kaution f, Haftsumme f
guarantee authorization [gærən'tiː ɔːθəraɪ'zeɪʃən] sb Garantiezusage f
guarantee business [gærən'tiː 'bɪznɪs] sb Garantiegeschäft n
guarantee commission [gærən'tiː kə'mɪʃən] sb Delkredereprovision f
guarantee for proper execution [gærən'tiː fɔː 'prɒpə eksɪ'kjuːʃən] sb Gewährleistungsgarantie f
guarantee limit [gærən'tiː 'lɪmɪt] sb Bürgschaftsplafond m
guarantee obligation [gærən'tiː ɒblɪ'geɪʃən] sb Garantieverpflichtung f
guarantee of a bill [gærən'tiː əv ə bɪl] sb Aval m
guarantee of delivery [gærən'tiː əv də'lɪvərɪ] sb Liefergarantie f
guarantee of deposit [gærən'tiː əv dɪ'pɒzɪt] sb Einlagensicherung f
guarantee of foreign exchange transfer [gærən'tiː əv 'fɒrən ɪks'tʃeɪndʒ 'trænsfɜː] sb Transfergarantie f
guarantee of tender [gærən'tiː əv 'tendə] sb Submissionsgarantie f
guarantee period [gærən'tiː 'pɪərɪəd] sb Garantiezeit f, Gewährleistungsfrist f
guarantee securities [gærən'tiː sɪ'kjʊərɪtɪz] pl Kautionseffekten f/pl
guaranteed interest [gærən'tiːd 'ɪntrɪst] sb Zinsgarantie f, garantierter Zins m
guarantor [gærən'tɔː] sb Bürge m, Garant m, Garantiegeber m
guaranty ['gærəntɪ] sb 1. Garantie f; 2. (pledge of obligation) Bürgschaft f
guaranty fund ['gærəntɪ fʌnd] sb Garantiefonds m/pl
guide price [gaɪd praɪs] sb Orientierungspreis m
guideline ['gaɪdlaɪn] sb (fig) Richtlinie f
guild [gɪld] sb Gilde f, Zunft f, Innung f
guildsman ['gɪldzmən] sb Mitglied einer Innung n

H

half-year [ˈhɑːfjɪə] *adj* Halbjahres...
hall [hɔːl] *sb (building)* Halle *f*
hallmark [ˈhɔːlmɑːk] *sb* 1. Gütesiegel *n*, Kennzeichen *n*; 2. *(on precious metals)* Feingehaltsstempel *m*
halt [hɔːlt] *v (come to a ~)* zum Stillstand kommen, anhalten, stehen bleiben
hand [hænd] *sb* 1. *cash in ~* Kassenbestand *m*; 2. *(worker)* Arbeitskraft *f*, Arbeiter *m*
hand assembly [hænd əˈsemblɪ] *sb* manuelle Fertigung *f*
handfast [ˈhændfɑːst] *sb* durch Handschlag besiegeltes Geschäft *n*
handicraft [ˈhændɪkrɑːft] *sb* Kunsthandwerk *n*, Handwerk *n*
handle [hændl] *v* 1. *(work with, deal with)* sich befassen mit, handhaben; 2. *(succeed in dealing with)* fertig werden mit, erledigen
handling [ˈhændlɪŋ] *sb* 1. Behandlung *f*, Handhabung *f*, Handling *n*; 2. Beförderung *f*
handling capacity [ˈhændlɪŋ kəˈpæsətɪ] *sb* Umschlagskapazität *f*
handling fee [ˈhændlɪŋ fiː] *sb* Bearbeitungsgebühr *f*, Verwaltungsgebühr *f*
handling of business [ˈhændlɪŋ ɒv ˈbɪznɪs] *sb* Geschäftsabwicklung *f*
handling of goods [ˈhændlɪŋ ɒv ɡʊdz] *sb* Güterumschlag *m*
handling of mail [ˈhændlɪŋ ɒv meɪl] *sb* Postbearbeitung *f*
hand-made [ˈhændmeɪd] *adj* handgearbeitet, von Hand gemacht
hand-over [ˈhændəʊvə] *sb* Übergabe *f*
handwork [ˈhændwɜːk] *sb* Handarbeit *f*
handy [ˈhændɪ] *adj* 1. *(useful)* praktisch; 2. *come in ~* gelegen kommen; *(skilled)* geschickt, gewandt
hanging file [ˈhæŋɪŋ faɪl] *sb* Hängeordner *m*
hang up [hæŋ ˈʌp] *v irr (a telephone receiver)* auflegen, aufhängen
harbour [ˈhɑːbə] *sb* Hafen *m*
harbour dues [ˈhɑːbə djuːz] *sb* Hafengebühren *f/pl*
hard currency [hɑːd ˈkʌrənsɪ] *sb* harte Währung *f*
hard disk [hɑːd dɪsk] *sb* Festplatte *f*
hardening [ˈhɑːdnɪŋ] *sb (stock-exchange)* Befestigung *f*, Anstieg *m*
hardware [ˈhɑːdweə] *sb* Hardware *f*

hardware failure [ˈhɑːdweə ˈfeɪljə] *sb* Maschinenstörung *f*
hard-wearing [ˈhɑːdˈweərɪŋ] *adj* verschleißfest, strapazierfähig
harmonization [hɑːmənaɪˈzeɪʃən] *sb* Harmonisierung *f*
haul [hɔːl] *v (transport by lorry)* befördern, transportieren
haulage [ˈhɔːlɪdʒ] *sb* Spedition *f*, Rollgeld *n*
haulage contractor [ˈhɔːlɪdʒ kənˈtræktə] *sb* Transportunternehmer *m*
haulage fleet [ˈhɔːlɪdʒ fliːt] *sb* Fahrzeugpark *m*
haulage trade [ˈhɔːlɪdʒ treɪd] *sb* Speditionsgewerbe *n*, Straßengüterverkehr *m*
have in stock [hæv ɪn stɒk] *v irr* auf Lager haben, vorrätig haben
having legal capacity [ˈhævɪŋ ˈliːɡl kəˈpæsɪtɪ] *adj* rechtsfähig
head [hed] *v* 1. *(lead)* anführen, führen, an der Spitze stehen von; *sb* 2. *(leader, boss)* Chef(in) *m/f*, Leiter(in) *m/f*, Führer(in) *m/f*
head agency [hed ˈeɪdʒənsɪ] *sb* Generalvertretung *f*
head branch [hed brɑːntʃ] *sb* Hauptfiliale *f*
head clerk [hed klɑːk] *sb* Bürovorsteher(in) *m/f*
header information [ˈhedə ˌɪnfəˈmeɪʃən] *sb* Vorlaufinformation *f*
headhunter [ˈhedhʌntə] *sb* Headhunter *m*
heading [ˈhedɪŋ] *sb (on a letter)* Briefkopf *m*
head of administration [hed ɒv ədˌmɪnɪˈstreɪʃən] *sb* Verwaltungsdirektor(in) *m/f*
head of department [hed ɒv dɪˈpɑːtmənt] *sb* Abteilungsleiter(in) *m/f*
head of division [hed ɒv dɪˈvɪʒn] *sb* Abteilungsleiter(in) *m/f*
head office [hed ˈɒfɪs] *sb* Zentrale *f*, Hauptbüro *n*, Hauptgeschäftsstelle *f*
head organization [hed ˌɔːɡənaɪˈzeɪʃən] *sb* Dachverband *m*, Dachorganisation *f*
headquarters [ˈhedkwɔːtəz] *sb* Zentrale *f*, Hauptgeschäftsstelle *f*
head reduction [hed rɪˈdʌkʃən] *sb (US)* Personalabbau *m*
health and safety legislation [helθ ænd ˈseɪftɪ ˌledʒɪsˈleɪʃən] *sb* Arbeitsschutzgesetze *n/pl*
health care [helθ keə] *sb* Gesundheitsfürsorge *f*; *~ reform* Gesundheitsreform *f*
health certificate [helθ səˈtɪfɪkət] *sb* Gesundheitszeugnis *n*

health insurance [helθ ɪn'ʃʊərəns] *sb* Krankenversicherung *f*
health insurance contribution [helθ ɪn'ʃʊərəns kɒntrɪ'bjuːʃən] *sb* Krankenkassenbeitrag *m*
health insurance society [helθ ɪn'ʃʊərəns sə'saɪətɪ] *sb* Ersatzkasse *f*
health protection [helθ prə'tekʃən] *sb* Gesundheitsschutz *m*
hearing ['hɪərɪŋ] *sb* Verhandlung *f*, Vernehmung *f*, Hearing *n*
heartland ['hɑːtlænd] *sb* Hauptabsatzgebiet *n*
heavy-duty [hevɪ'djuːtɪ] *adj* 1. Hochleistungs...; 2. strapazierfähig
heavyfreight [hevɪ'freɪt] *sb* Schwergut *n*
heavy-priced securities ['hevɪpraɪst sɪ'kjʊərɪtɪz] *pl* schwere Papiere *n/pl*
hectogram ['hektəgræm] *sb* Hektogramm *n*
hectolitre ['hektəliːtə] *sb* Hektoliter *m*
hedge [hedʒ] *sb* Sicherungsgeschäft *n*, Deckungsgeschäft *n*
hedge fund [hedʒ fʌnd] *sb* spekulativer Fonds *m*, Hedge-Fonds *m*
hedge operation [hedʒ ɒpə'reɪʃən] *sb* Hedgegeschäft *n*
height [haɪt] *sb* 1. Höhe *f*; 2. *(of a person)* Größe *f*
heir [ɛə] *sb* Erbe *m*
heirdom ['ɛədəm] *sb* Erbe *n*
heiress ['ɛəres] *sb* Erbin *f*
heritage ['herɪtɪdʒ] *sb* Erbe *n*, Erbschaft *f*
heterogeneous goods [hetərəʊ'dʒiːnɪəs gʊdz] *pl* heterogene Güter *n/pl*
hidden inflation ['hɪdən ɪn'fleɪʃən] *sb* versteckte Inflation *f*
hidden reserves ['hɪdn rɪ'zɜːvz] *pl* stille Reserve *f*
hidden unemployment ['hɪdən ʌnɪm'plɔɪmənt] *sb* versteckte Arbeitslosigkeit *f*
hierarchy ['haɪərɑːkɪ] *sb* Hierarchie *f*, Rangordnung *f*
hierarchy of authority ['haɪərɑːkɪ əv ɔː'θɒrətɪ] *sb* Entscheidungshierarchie *f*
Hifo-procedure ['haɪfəʊ prə'siːdʒə] *sb* Hifo-Verfahren *n*
high [haɪ] *adj* 1. hoch; *the ~ season* die Hochsaison *f*; *It's ~ time that...* Es wird höchste Zeit, dass ...; *adv* 2. *aim ~ (fig)* sich hohe Ziele setzen
high-bay racking ['haɪbeɪ 'rækɪŋ] *sb* Hochregallager *n*
high-coupon [haɪ'kuːpɒn] *adj* hochverzinslich
high-end ['haɪend] *adj* hochwertig

Higher Administrative Court ['haɪə əd'mɪnɪstrətɪv kɔːt] *sb* Oberverwaltungsgericht (OVG) *n*
higher bid ['haɪə bɪd] *sb* Übergebot *n*
highest-bidding ['haɪɪstbɪdɪŋ] *adj* meistbietend
highest rate ['haɪɪst reɪt] *sb* Höchstkurs *m*
high-freight ['haɪfreɪt] *adj* frachtintensiv
high-income [haɪ'ɪnkʌm] *adj* einkommensstark
high interest rate policy [haɪ 'ɪntrɪst reɪt 'pɒlɪsɪ] *sb* Hochzinspolitik *f*
highly speculative securities ['haɪlɪ 'spekjʊlətɪv sɪ'kjʊərɪtɪz] *pl* Exoten *m/pl*
high-margin [haɪ'mɑːdʒɪn] *adj* mit hoher Gewinnspanne, gewinnträchtig
high point [haɪ pɔɪnt] *sb* Höhepunkt *m*
high-return [haɪrɪ'tɜːn] *adj* hochrentierlich
high voltage [haɪ 'vəʊltɪdʒ] *sb* Hochspannung *f*
high-wage [haɪ'weɪdʒ] *adj* lohnintensiv
high-yielding ['haɪjiːldɪŋ] *adj* hochverzinslich, renditestark
hike [haɪk] *sb* Steigerung *f*, (Preis-)Anstieg *m*
hire [haɪə] *v* 1. *(give a job to)* anstellen, engagieren; 2. mieten; *~ out* vermieten, verleihen
hired car ['haɪəd kɑː] *sb* Leihwagen *m*, Mietwagen *m*
hire-purchase ['haɪəpɜːtʃɪs] *sb* (UK) Ratenkauf *m*, Teilzahlungskauf *m*
hiring ['haɪərɪŋ] *sb* 1. Anmietung *f*; 2. *(of personnel)* Anwerbung *f*, Einstellung *f*
histogram ['hɪstəgræm] *sb* Stabdiagramm *n*, Säulengrafik *f*
historical costing [hɪ'stɒrɪkəl 'kɒstɪŋ] *sb* Nachkalkulation *f*
historical securities [hɪs'tɒrɪkəl sɪ'kjʊərɪtɪz] *sb* historische Wertpapiere *n/pl*
hitch [hɪtʃ] *sb* Stockung *f*, Störung *f*
hive off [haɪv ɒf] *v* abstoßen, verkaufen, ausgliedern
hold [həʊld] *v irr* 1. *(shares)* besitzen; 2. *(contain)* fassen; 3. *(truck, plane)* Platz haben für; 4. *(a meeting)* abhalten; 5. *(an office, a post)* innehaben, bekleiden; *sb* 6. Laderaum *m*
holder ['həʊldə] *sb (person)* Besitzer(in) *m/f*, Inhaber(in) *m/f*
holder in due course ['həʊldər ɪn djuː kɔːs] *sb* rechtmäßige(r) Inhaber(in) *m/f*
holder of an interest ['həʊldər əv ən 'ɪntrəst] *sb* Anteilsinhaber(in) *m/f*, Miteigentümer(in) *m/f*
holding company ['həʊldɪŋ 'kʌmpənɪ] *sb* Dachgesellschaft *f*, Holdinggesellschaft *f*
holding costs ['həʊldɪŋ kɒsts] *pl* Lagerhaltungskosten *pl*

holding fund ['həʊldɪŋ fʌnd] *sb* Dachfonds *m*
holding level ['həʊldɪŋ lɛvl] *sb* Bestandshöhe *f*, Lagerbestand *m*
holding period ['həʊldɪŋ ˈpɪərɪəd] *sb* Sperrfrist *f*
holdings ['həʊldɪŋz] *pl* Besitz *m*; *(financial)* Anteile *m/pl*
holdings of foreign exchange ['həʊldɪŋz əv ˈfɒrən ɪksˈtʃeɪndʒ] *pl* Währungsreserven *f/pl*, Devisenbestände *m/pl*
holdings of securities ['həʊldɪŋz əv sɪˈkjʊərɪtɪz] *pl* Wertpapierbestand *m*
hold order [həʊld ˈɔːdə] *sb* Arbeitsunterbrechungsanweisung *f*
holdover ['həʊldəʊvə] *sb* übertragene Konzession *f*
hold-up ['həʊldʌp] *sb (delay)* Verzögerung *f*
holiday ['hɒlɪdeɪ] *sb* Feiertag *m*; *(day off)* freier Tag *m*
holiday allowance ['hɒlɪdeɪ əˈlaʊəns] *sb* Urlaubsgeld *n*
holiday closing ['hɒlɪdeɪ ˈkləʊzɪŋ] *sb* Feiertagsruhe *f*
holiday deputy ['hɒlɪdeɪ ˈdɛpjʊti] *sb* Urlaubsvertretung *f*
home banking [həʊm ˈbæŋkɪŋ] *sb* Homebanking *n*
home consumption [həʊm kənˈsʌmʃən] *sb* Inlandsverbrauch *m*
home delivery [həʊm dɪˈlɪvəri] *sb* Hauszustellung *f*
home demand [həʊm dɪˈmɑːnd] *sb* Inlandsnachfrage *f*
home market [həʊm ˈmɑːkɪt] *sb* Binnenmarkt *m*
homepage ['həʊmpeɪdʒ] *sb* Homepage *f*
home trade [həʊm treɪd] *sb* Binnenwirtschaft *f*, Binnenhandel *m*
homework ['həʊmwɜːk] *sb* Heimarbeit *f*
homogeneous products [həʊməʊˈdʒiːnɪəs ˈprɒdʌkts] *pl* homogene Güter *n/pl*
honorary degree ['ɒnərəri dɪˈɡriː] *sb* ehrenhalber verliehener akademischer Grad *m*
honour ['ɒnə] *v 1. (a cheque)* annehmen, einlösen; *2. (a credit card)* anerkennen; *3. (a debt)* begleichen; *4. (a commitment)* stehen zu; *5. (a contract)* erfüllen
horizontal corporate concentration [hɒrɪˈzɒntəl ˈkɔːpərɪt kɒnsənˈtreɪʃən] *sb* horizontale Unternehmenskonzentration *f*
horizontal diversification [hɒrɪˈzɒntəl daɪvɜːsɪfɪˈkeɪʃən] *sb* horizontale Diversifikation *f*

horizontal financing rules [hɒrɪˈzɒntəl faɪˈnænsɪŋ ruːlz] *pl* horizontale Finanzierungsregeln *f*
horizontal restraints of competition [hɒrɪˈzɒntəl rɪˈstreɪnts əv kɒmpɪˈtɪʃən] *pl* horizontale Wettbewerbsbeschränkung *f*
hospitality [hɒspɪˈtælɪti] *sb* Gastfreundschaft *f*, Bewirtung *f*
hotline ['hɒtlaɪn] *sb* Hotline *f*
hourly wage ['aʊəli weɪdʒ] *sb* Stundenlohn *m*
hours of business ['aʊəz əv ˈbɪznɪs] *sb* Öffnungszeiten *f/pl*, Geschäftszeiten *f/pl*
hours reduction ['aʊəz rɪˈdʌkʃən] *sb* Arbeitszeitverkürzung *f*
house bill [haʊs bɪl] *sb* Spediteur-Konnossement *n*
house brand [haʊs brænd] *sb* Eigenmarke *f*, Hausmarke *f*
house cheque [haʊs tʃɛk] *sb* Filialscheck *m*
housebreaking insurance ['haʊsbreɪkɪŋ ɪnˈʃʊərəns] *sb* Einbruchversicherung *f*
household ['haʊshəʊld] *sb* Haushalt *m*
housekeeping account ['haʊskiːpɪŋ əˈkaʊnt] *sb* Wirtschaftsstatistik *f*
housing construction ['haʊzɪŋ kənˈstrʌkʃən] *sb* Wohnungsbau *m*
hub [hʌb] *sb 1.* Verkehrsknotenpunkt *m*; *2. (centre)* Zentrum *n*
huckster ['hʌkstə] *sb 1. (person preparing advertising)* Werbemensch *m*; *2. (peddler)* Straßenhändler *m*, Trödler *m*
human assets ['hjuːmən ˈæsɛts] *pl* Humanvermögen *n*
human capital ['hjuːmən ˈkæpɪtəl] *sb* Humankapital *n*
human resources ['hjuːmən rɪˈsɔːsɪz] *pl* Humanvermögen *n*, Arbeitskraft *f*
hundredweight ['hʌndrɪdweɪt] *sb (UK: 50,8 kg) (US: 45,4 kg)* Zentner *m*
hybrid competitive strategies ['haɪbrɪd kɒmˈpɛtɪtɪv ˈstrætɪdʒiːz] *pl* hybride Wettbewerbsstrategien *f/pl*
hybrid financing instruments ['haɪbrɪd faɪˈnænsɪŋ ˈɪnstrʊmənts] *pl* hybride Finanzierungsinstrumente *n/pl*
hybrid forms of organization ['haɪbrɪd fɔːmz əv ɔːɡənaɪˈzeɪʃən] *pl* hybride Organisationsformen *f/pl*
hype [haɪp] *v 1. (promote, publicize)* aggressiv propagieren; *sb 2. (publicity)* Publizität *f*, aggressive Propaganda *f*
hyperinflation [haɪpərɪnˈfleɪʃən] *sb* Hyperinflation *f*
hypermarket ['haɪpəmɑːkɪt] *sb (UK)* Großmarkt *m*, Verbrauchermarkt *m*

I

ID card [aɪˈdiː kɑːd] sb Dienstausweis m, Personalausweis m
idea [aɪˈdɪə] f 1. Idee f, Einfall m; 2. (concept) Vorstellung f, Ansicht f; give s.o. an ~ of ... jdm eine ungefähre Vorstellung von ... geben
identification [aɪdentɪfɪˈkeɪʃən] sb (proof of identity) Ausweis m, Legitimation f
identification character [aɪdentɪfɪˈkeɪʃən ˈkærəktə] sb Kennung f
identification paper [aɪdentɪfɪˈkeɪʃən ˈpeɪpə] sb Ausweispapier n, Legitimationspapier n
idle [ˈaɪdl] adj 1. (not working) müßig, untätig; 2. (machine) stillstehend, außer Betrieb; 3. (threat, words) leer
ill-effect [ɪlɪˈfekt] sb nachteilige Folge f
illegal [ɪˈliːgəl] adj illegal, ungesetzlich, gesetzwidrig
illegality [ɪlɪˈgælətɪ] sb Rechtswidrigkeit f
illegible [ɪˈledʒɪbl] adj unleserlich
illicit [ɪˈlɪsɪt] adj verboten, illegal
illicit trade [ɪˈlɪsɪt treɪd] sb Schwarzhandel m
illicit work [ɪˈlɪsɪt wɜːk] sb Schwarzarbeit f
illiquidity [ɪlɪˈkwɪdɪtɪ] sb Illiquidität f
image advertising [ˈɪmɪdʒ ˈædvətaɪzɪŋ] sb Prestigewerbung f
image building [ˈɪmɪdʒ ˈbɪldɪŋ] sb Imagepflege f
imaginary profit [ɪˈmædʒɪnərɪ ˈprɒfɪt] sb imaginärer Gewinn m
imitate [ˈɪmɪteɪt] v nachahmen, imitieren, nachmachen
imitation [ɪmɪˈteɪʃən] sb Imitation f, Nachahmung f
immaterial [ɪməˈtɪərɪəl] adj unwesentlich, unerheblich
immediate delivery [ɪˈmiːdɪət dɪˈlɪvərɪ] sb sofortige Lieferung f
immediately [ɪˈmiːdɪətlɪ] adv umgehend, sofort
immediate payment [ɪˈmiːdɪət ˈpeɪmənt] sb sofortige Zahlung f
immobilization [ɪmɒʊbɪlaɪˈzeɪʃən] sb 1. Stillegung f, Immobilisierung f; 2. (money) Festlegung f, Bindung f
immovable property [ɪˈmuːvəbl ˈprɒpətɪ] sb Liegenschaft f, unbewegliches Vermögen n
immovables [ɪˈmuːvəbəlz] pl Immobilien f/pl

immunity [ɪˈmjuːnɪtɪ] sb Immunität f; Straffreiheit f
impact analysis [ˈɪmpækt əˈnæləsɪs] sb Werbewirksamkeitsanalyse f
impact of tax [ˈɪmpækt əv tæks] sb Steuerbelastung f
impairment in value [ɪˈmpeəmənt ɪn ˈvæljuː] sb Wertminderung f
impediment [ɪmˈpedɪmənt] sb Hindernis n, Hemmnis n
imperfect market [ɪmˈpɜːfekt ˈmɑːkɪt] sb unvollkommener Markt m
impersonal security deposit [ɪmˈpɜːsənəl sɪˈkjʊərɪtɪ dəˈpɒzɪt] sb Sachdepot n
impersonal taxes [ɪmˈpɜːsənəl ˈtæksɪz] pl Realsteuern pl
implement [ˈɪmplɪmənt] v durchführen, ausführen
implementation [ɪmplɪmənˈteɪʃən] sb 1. Ausführung f, Durchführung f, Handhabung f; 2. (EDV) Implementierung f
implication [ɪmplɪˈkeɪʃən] sb Auswirkung f, Begleiterscheinung f
implicit basis of a contract [ɪmˈplɪsɪt ˈbeɪsɪs əv ə ˈkɒntrækt] sb Geschäftsgrundlage f
implicit costs [ɪmˈplɪsɪt kɒsts] sb kalkulatorische Kosten pl
import [ɪmˈpɔːt] v einführen, importieren; [ˈɪmpɔːt] sb Einfuhr f, Import m ; ~s pl (goods) Einfuhrartikel m/pl, Einfuhrwaren f/pl
import and export merchant [ˈɪmpɔːt ənd ˈekspɔːt ˈmɜːtʃənt] sb Außenhandelskaufmann/Außenhandelskauffrau m/f
import cartel [ˈɪmpɔːt kɑːˈtel] sb Importkartell n
import ceiling [ˈɪmpɔːt ˈsiːlɪŋ] sb Importquote f
import declaration [ˈɪmpɔːt deklɔˈreɪʃən] sb Einfuhrerklärung f, Importerklärung f
import deposit [ˈɪmpɔːt dɪˈpɒzɪt] sb Importdepot n
import documents [ˈɪmpɔːt ˈdɒkjʊmənts] pl Einfuhrpapiere m/pl, Importdokumente m/pl
import duty [ˈɪmpɔːt ˈdjuːtɪ] sb Einfuhrzoll m, Einfuhrabgabe f
import financing [ˈɪmpɔːt faɪˈnænsɪŋ] sb Importfinanzierung f
import levy [ˈɪmpɔːt ˈlevɪ] sb Einfuhrabschöpfung f

import licence ['impɔːt 'laɪsəns] sb Einfuhrgenehmigung f, Importlizenz f
import of capital ['impɔːt əv 'kæpɪtəl] sb Kapitalimport m
import penetration ['impɔːt penɪ'treɪʃən] sb Importanteil m
import permit ['impɔːt 'pɜːmɪt] sb Einfuhrgenehmigung f, Importerlaubnis f
import quota ['impɔːt 'kwəʊtə] sb Importquote f, Importkontingent n
import restriction ['impɔːt rɪ'strɪkʃən] sb Einfuhrbeschränkung f, Importbeschränkung f
import restrictions ['impɔːt rɪ'strɪkʃənz] pl Importrestriktionen f/pl
import surcharge ['impɔːt 'sɜːtʃɑːdʒ] sb Einfuhrsonderzoll m
import surplus ['impɔːt 'sɜːpləs] sb Importüberschuss m
import tariff ['impɔːt 'tɛərɪf] sb Importzoll m
import trade ['impɔːt treɪd] sb Importhandel m
import turnover tax [im'pɔːt 'tɜːnəʊvə tæks] sb Einfuhrumsatzsteuer f
imported inflation [im'pɔːtɪd in'fleɪʃən] sb importierte Inflation f
importer [im'pɔːtə] sb Importeur(in) m/f
impose [im'pəʊz] v 1. (a fine) verhängen; 2. (a tax) erheben
imposition [impə'zɪʃən] sb Auferlegung f, Verhängung f, Erhebung f
impost ['impəʊst] sb 1. (tax, duty) Ausgleichsabgabe f, Steuer; 2. Einfuhrzoll m
impound [im'paʊnd] v beschlagnahmen, sicherstellen
imprest [im'prest] sb Vorschuss m, Spesenvorschuss m
improper [im'prɒpə] adj unsachgemäß, nicht sachgerecht
improve [im'pruːv] v 1. (sth) verbessern; 2. (refine) verfeinern; 3. (sth's appearance) verschönern
improvement [im'pruːvmənt] sb Verbesserung f, Besserung f, Verschönerung f
improvement area [im'pruːvmənt 'ɛərɪə] sb Erschließungsgebiet n
improvement grant [im'pruːvmənt grɑːnt] sb Modernisierungszuschuss m
improvement of efficiency [im'pruːvmənt əv ɪ'fɪʃənsɪ] sb Rationalisierungserfolg m
improver [im'pruːvə] sb Praktikant(in) m/f, Volontär(in) m/f
impulse purchase ['impʌls 'pɜːtʃɪs] sb Impulskauf m
imputation [impjʊ'teɪʃən] sb Anrechnung f, Zuschreibung f

impute [im'pjuːt] v zuschreiben, beimessen
in cash [in kæʃ] in bar
in duplicate [in 'djuːplɪkət] in zweifacher Ausfertigung
in lieu of payment [in ljuː əv 'peɪmənt] zahlungsstatt
in liquidation [in lɪkwɪ'deɪʃən] in Liquidation
in prospect [in 'prɒspekt] Exante
in rem [in 'rem] dinglich
in retrospect [in 'retrəspekt] Expost
in stock [in 'stɒk] auf Lager, vorrätig
in total [in 'təʊtəl] unter dem Strich
inactive security [in'æktɪv sɪ'kjʊərɪtɪ] sb totes Papier n
inaugurate [ɪ'nɔːgjʊreɪt] v (an official) ins Amt einsetzen; (a building) einweihen
incapacitated [inkə'pæsɪteɪtɪd] adj (unable to work) erwerbsunfähig
incapacity to contract [inkə'pæsɪtɪ tuː kən'trækt] sb Geschäftsunfähigkeit f
incentive [in'sentɪv] sb Ansporn m, Anreiz m
incentive bonus [in'sentɪv 'bəʊnəs] sb Leistungsprämie f
incentive payment [in'sentɪv 'peɪmənt] sb Erfolgsprämie f, Gratifikation f
incentive system [in'sentɪv 'sɪstəm] sb Anreizsystem n
inch [intʃ] sb (measurement) Zoll m; ~ by ~ Zentimeter um Zentimeter
incidence of taxation ['insɪdəns əv tæk'seɪʃən] sb Steuerbelastung f
incidental [insɪ'dentəl] sb (~ expenses) Nebenkosten pl
incidental labour costs [insɪ'dentəl 'leɪbə kɒsts] sb Lohnnebenkosten pl
incidentals [insɪ'dentəlz] pl Nebenkosten pl
include [in'kluːd] v einschließen, enthalten, umfassen; tax ~d einschließlich Steuer, inklusive Steuer
included [in'kluːdɪd] adj eingeschlossen, inbegriffen
included in the price [in'kluːdɪd in ðə praɪs] adv im Preis inbegriffen, im Preis enthalten
including [in'kluːdɪŋ] adv einschließlich, inklusive
inclusion on the liabilities side [in'kluːʒən ɒn ðə laɪə'bɪlɪtɪːz saɪd] sb Passivierung f
inclusive [in'kluːsɪv] adj ~ of einschließlich, inklusive
income ['ɪnkʌm] sb Einkommen n, Einkünfte pl, Erfolgsrechnung f

income after tax ['ɪnkʌm 'ɑːftə tæks] sb Gewinn nach Abzug der Steuern m
income band ['ɪnkʌm bænd] sb Gehaltsstufe f, Gehaltsklasse f
income before tax ['ɪnkʌm bɪˈfɔː tæks] sb Gewinn vor Abzug der Steuern m
income bond ['ɪnkʌm bɒnd] sb Gewinnobligation f
income bracket ['ɪnkʌm 'brækɪt] sb 1. Einkommensgruppe f, Einkommenskategorie f; 2. (tax) Einkommensteuerklasse f
income declaration ['ɪnkʌm dekləˈreɪʃən] sb Einkommenserklärung f
income effect ['ɪnkʌm ɪˈfekt] sb Einkommenseffekt m
income from capital ['ɪnkʌm frɒm 'kæpɪtəl] sb Kapitalertrag m
income from gainful employment ['ɪnkʌm frɒm 'geɪnfəl ɪmˈplɔɪmənt] sb Erwerbseinkommen n
income from interests ['ɪnkʌm frɒm 'ɪntrɪsts] sb Zinsertrag m
income from investments ['ɪnkʌm frɒm ɪnˈvestmənts] sb Kapitalerträge m/pl
income fund ['ɪnkʌm fʌnd] sb Einkommensfond m
income generating effect ['ɪnkʌm 'dʒenəreɪtɪŋ ɪˈfekt] sb Einkommenseffekt m
income limit for the assessment of contributions ['ɪnkʌm 'lɪmɪt fɔː ðiː əˈsesmənt əv kɒntrɪˈbjuːʃənz] sb Beitragsbemessungsgrenze f
income statement ['ɪnkʌm 'steɪtmənt] sb Erfolgsbilanz f
income tax ['ɪnkʌm tæks] sb Einkommensteuer f; ~ return Einkommensteuererklärung f
income tax allowance ['ɪnkʌm tæks əˈlaʊəns] sb Einkommensteuerfreibetrag m
income value ['ɪnkʌm 'væljuː] sb Ertragswert m
incoming ['ɪnkʌmɪŋ] adj (post) eingehend
incoming order ['ɪnkʌmɪŋ 'ɔːdə] sb Auftragseingang m
incompetence [ɪnˈkɒmpɪtəns] sb Unfähigkeit f, Untauglichkeit f, Inkompetenz f, Unzuständigkeit f
incompetent [ɪnˈkɒmpɪtənt] adj unfähig; (for sth) untauglich, inkompetent; (legally) nicht zuständig
incomplete [ɪnkəmˈpliːt] adj unvollständig, unvollendet, unvollkommen
incorporate [ɪnˈkɔːpəreɪt] v 1. gesellschaftlich organisieren; 2. (US) als Aktiengesellschaft eintragen

incorporation [ɪnkɔːpəˈreɪʃən] sb Gründung f, Eintragung einer Gesellschaft f
increase [ɪnˈkriːs] v 1. zunehmen; 2. (amount, number) anwachsen; 3. (sales, demand) steigen; 4. (sth) vergrößern; 5. (taxes, price, speed) erhöhen; 6. (performance) steigern; ['ɪnkriːs] 7. Zunahme f, Erhöhung f, Steigerung f
increase in efficiency [ɪnˈkriːs ɪn ɪˈfɪʃənsɪ] sb Leistungssteigerung f
increase in own capital ['ɪnkriːs ɪn əʊn 'kæpɪtəl] sb Eigenkapitalerhöhung f
increase in salary [ɪnˈkriːs ɪn 'sælərɪ] sb Gehaltserhöhung f
increase in taxes [ɪnˈkriːs ɪn 'tæksɪz] sb Steuererhöhung f
increase in total assets and liabilities ['ɪnkriːs ɪn 'təʊtəl 'æsets ænd laɪəˈbɪlɪtɪz] sb Bilanzverlängerung f
increase in wages ['ɪnkriːs ɪn 'weɪdʒɪz] sb Lohnerhöhung f
increase of capital ['ɪnkriːs əv 'kæpɪtl] sb Kapitalerhöhung f
increase of the share capital ['ɪnkriːs əv ðə ʃeə 'kæpɪtl] sb Kapitalerhöhung f
increased valuation on previous balance-sheet figures [ɪnˈkriːst væljuˈeɪʃən ɒn 'priːvɪəs bælənsfiːt 'fɪɡəz] (taxes) Wertaufholung f
increment ['ɪnkrəmənt] sb Zuwachs m, (Wert-)Steigerung f
incriminate [ɪnˈkrɪmɪneɪt] v belasten
incrimination [ɪnkrɪmɪˈneɪʃən] sb Belastung f
indebtedness [ɪnˈdetɪdnɪs] sb Verschuldung f
indemnification [ɪndemnɪfɪˈkeɪʃən] sb 1. Entschädigung f; 2. (insurance) Versicherung f
indemnify [ɪnˈdemnɪfaɪ] v 1. entschädigen; 2. (insurance) versichern
indemnity [ɪnˈdemnɪtɪ] sb 1. Entschädigung f; 2. (insurance) Versicherung f
indemnity bond [ɪnˈdemnətɪ bɒnd] sb Garantieverpflichtung f, Ausfallbürgschaft f
indemnity claim [ɪnˈdemnətɪ kleɪm] sb Schadensersatzanspruch m
indemnity clause [ɪnˈdemnətɪ klɔːz] sb Haftungsfreistellungsklausel f
independence [ɪndɪˈpendəns] sb Unabhängigkeit f, Selbstständigkeit f
independent [ɪndɪˈpendənt] adj unabhängig, selbstständig
index [ˈɪndeks] sb 1. (number showing ratio) Index m; 2. (card ~) Kartei f
index card ['ɪndeks kɑːd] sb Karteikarte f
index clause ['ɪndeks klɔːz] sb Indexklausel f

index numbers ['ındeks 'nʌmbəz] pl Kennziffern f/pl

index tracker fund ['ındeks 'trækə fʌnd] sb dynamischer Fonds m, Indexfonds m

indexation [ındek'seıʃən] sb Indexierung f

index-based ['ındeksbeısd] adj indexgebunden, indexiert, Index...

index-linked ['ındekslıŋkd] adj sich nach der Inflationsrate richtend

index-linked currency ['ındekslıŋkt 'kʌrənsı] sb Indexwährung f

index-linked loan ['ındekslıŋkt ləun] sb Indexanleihe f

index-linked wage ['ındekslıŋkt weıdʒ] sb Indexlohn m

index-linking ['ındeks'lıŋkıŋ] sb Indexbindung f

indicator ['ındıkeıtə] sb Indikator m

indifferent goods [ın'dıfərənt gudz] pl indifferente Güter n/pl

indirect center ['ındaırekt 'sentə] sb Nebenkostenstelle f

indirect method of depreciation ['ındaırekt 'meθəd əv dıprı:ʃı'eıʃən] sb indirekte Abschreibung f

indirect selling ['ındaırekt selıŋ] sb indirekter Absatz m

indirect taxes ['ındaırekt 'tæksız] pl indirekte Steuern f/pl

individual [ındı'vıdjuəl] adj einzeln, Einzel...

individual credit insurance [ındı'vıdjuəl 'kredıt ın'ʃuərəns] sb Einzelkreditversicherung f

individual deposit of securities [ındı'vıdjuəl də'pɒzıt əv sı'kjuərıtı:z] sb Streifbanddepot n

individual employment contract [ındı'vıdjuəl ım'plɔımənt 'kɒntrækt] sb Einzelarbeitsvertrag m

individual income [ındı'vıdjuəl 'ınkʌm] sb Individualeinkommen n

individual labor law [ındı'vıdjuəl 'leıbə lɔ:] sb Individualarbeitsrecht n

individually [ındı'vıdjuəlı] adv (separately) einzeln

individual power of procuration [ındı'vıdjuəl 'pauə əv prɒkju:'reıʃən] sb Einzelprokura f

individual power of representation [ındı'vıdjuəl 'pauə əv reprızən'teıʃən] sb Einzelvollmacht f

individual production sb [ındı'vıdjuəl prə'dʌkʃən] sb Einzelfertigung f

indorsement [ın'dɔ:smənt] sb Indossament n

induce [ın'dju:s] v 1. (a reaction) herbeiführen; 2. ~ s.o. to do sth (persuade) jdn veranlassen, etw zu tun/jdn dazu bewegen, etw zu tun/jdn dazu bringen, etw zu tun

inducement [ın'dju:smənt] sb (incentive) Anreiz m, Ansporn m

industrial [ın'dʌstrıəl] adj industriell, Industrie..., Betriebs..., Arbeits...

industrial accident [ın'dʌstrıəl 'æksıdənt] sb Arbeitsunfall m

industrial area [ın'dʌstrıəl 'εərıə] sb Industriegebiet n

industrial bank [ın'dʌstrıəl bæŋk] sb Gewerbebank f

industrial bond [ın'dʌstrıəl bɒnd] sb Industrieobligation f

Industrial Constitution Law [ın'dʌstrıəl kɒnstı'tju:ʃən lɔ:] sb Betriebsverfassungsgesetz (BetrVerfG, BetrVG) n

industrial credit [ın'dʌstrıəl 'kredıt] sb Industriekredit m

industrial credit bank [ın'dʌstrıəl 'kredıt bæŋk] sb Industriekreditbank f

industrial design [ın'dʌstrıəl dı'zaın] sb Industriedesign n

industrial enterprise [ın'dʌstrıəl 'entəpraız] sb Industriebetrieb m

industrial espionage [ın'dʌstrıəl 'espıəna:ʒ] sb Industriespionage f

industrial estate [ın'dʌstrıəl ı'steıt] sb (UK) Industriegebiet n

industrial injury [ın'dʌstrıəl 'ındʒərı] sb Arbeitsunfall m, Betriebsunfall m

industrialism [ın'dʌstrıəlızm] sb Industrialismus m

industrialist [ın'dʌstrıəlıst] sb Industrielle(r) f/m

industrialization [ındʌstrıəlaı'zeıʃən] sb Industrialisierung f

industrial loan [ın'dʌstrıəl ləun] sb Industrieanleihe f, Industriekredit m

industrial plant [ın'dʌstrıəl pla:nt] sb Industrieanlage f

industrial production [ın'dʌstrıəl prə'dʌkʃn] sb Industrieproduktion f, industrielle Herstellung f

industrial robot [ın'dʌstrıəl 'rəubɒt] sb Industrieroboter m

industrial shares [ın'dʌstrıəl ʃεəz] pl Industrieaktie f

industrial stock exchange [ın'dʌstrıəl stɒk ıks'tʃeındʒ] sb Industriebörse f

industrial syndicate [ın'dʌstrıəl 'sındıkət] sb Industriekonsortium n

industrial undertaking [ɪnˈdʌstrɪəl ˌʌndəˈteɪkɪŋ] *sb* Industrieunternehmen *n*
industry [ˈɪndəstrɪ] *sb* Industrie *f*, Branche *f*, Industriezweig *m*
industry ratio [ˈɪndəstrɪ ˈreɪʃɪəʊ] *sb* Branchenkennziffer *f*
industry standard [ˈɪndəstrɪ ˈstændəd] *sb* Industriestandard *m*
industry statistics [ˈɪndəstrɪ stəˈtɪstɪks] *sb* Branchenstatistik *f*
industry survey and appraisal [ˈɪndəstrɪ ˈsɜːveɪ ænd əˈpreɪzəl] *sb* Branchenbeobachtung *f*
industry-wide union [ˈɪndəstrɪwaɪd ˈjuːnjən] *sb* Industriegewerkschaft (IG) *f*
inefficiency [ɪnɪˈfɪʃənsɪ] *sb* 1. *(of a method)* Unproduktivität *f*; 2. *(of a person)* Untüchtigkeit *f*; 3. *(of a machine, of a company)* Leistungsunfähigkeit *f*
inefficient [ɪnɪˈfɪʃənt] *adj* 1. *(method)* unproduktiv; *(person)* untüchtig; 2. *(machine, company)* leistungsunfähig
inexpensive [ɪnɪkˈspensɪv] *adj* nicht teuer, billig
inexperienced [ɪnɪksˈpɪərɪənst] *adj* unerfahren
inexpert [ɪnˈekspɜːt] *adj* unfachmännisch, laienhaft
inferior [ɪnˈfɪərɪə] *adj* 1. niedriger, geringer, geringwertiger; 2. *to be ~ to s.o.* jdm unterlegen sein; *(low-quality)* minderwertig
inferior goods [ɪnˈfɪərɪə gʊdz] *pl* geringwertige Güter *pl*
inflate [ɪnˈfleɪt] *v (prices)* hochtreiben, in die Höhe treiben
inflation [ɪnˈfleɪʃən] *sb* Inflation *f*; *rate of ~* Inflationsrate *f*
inflation import [ɪnˈfleɪʃən ˈɪmpɔːt] *sb* Inflationsimport *m*
inflationary [ɪnˈfleɪʃənərɪ] *adj* inflationär
influence [ˈɪnflʊəns] *sb* Einfluss *m*
influence of demand [ˈɪnflʊəns əv dəˈmɑːnd] *sb* Bedarfsbeeinflussung *f*
influential [ɪnflʊˈenʃəl] *adj* einflussreich
influx [ˈɪnflʌks] *sb* Zufuhr *f*, Zufluss *m*
infomercial [ɪnfəʊˈmɜːʃəl] *sb* Werbesendung *f*
informal [ɪnˈfɔːməl] *adj* zwanglos, ungezwungen, inoffiziell
informal groups [ɪnˈfɔːməl gruːps] *pl* informelle Gruppen *f/pl*
informal organization [ɪnˈfɔːməl ɔːgənaɪˈzeɪʃən] *sb* informelle Organisation *f*
information [ɪnfəˈmeɪʃən] *sb* 1. Information *f*; 2. *(provided)* Auskunft *f*, Informationen *f/pl*

information and communications system [ɪnfəˈmeɪʃən ænd kəmjuːnɪˈkeɪʃənz ˈsɪstɪm] *sb* Informations- und Kommunikationssystem (IuK-System) *n*
information broker [ɪnfəˈmeɪʃən ˈbrəʊkə] *sb* Informationsbroker *m*
information bureau [ɪnfəˈmeɪʃən ˈbjʊərəʊ] *sb* Auskunftei *f*, Informationsbüro *n*
information centre [ɪnfəˈmeɪʃən ˈsentə] *sb* Evidenzzentrale *f*
information costs [ɪnfəˈmeɪʃən kɒsts] *pl* Informationskosten *pl*
information desk [ɪnfəˈmeɪʃən desk] *sb* Auskunft *f*, Information *f*, Informationsstand *m*
information file [ɪnfəˈmeɪʃən faɪl] *sb* Auskunftdatei *f*
information highway [ɪnfəˈmeɪʃən ˈhaɪweɪ] *sb* Datenautobahn *f*, Datenhighway *m*
information markets [ɪnfəˈmeɪʃən ˈmɑːkɪts] *pl* Informationsmärkte *m/pl*
information processing [ɪnfəˈmeɪʃən ˈprəʊsesɪŋ] *sb* Datenverarbeitung *f*
information resource management [ɪnfəˈmeɪʃən rɪˈsɜːs ˈmænɪdʒmənt] *sb* Informationsmanagement *n*
information retrieval [ɪnfəˈmeɪʃən rɪˈtriːvl] *sb* Datenabruf *m*
information science [ɪnfəˈmeɪʃən ˈsaɪəns] *sb* Informatik *f*
information search [ɪnfəˈmeɪʃən sɜːtʃ] *sb* Informationsbeschaffung *f*
information services [ɪnfəˈmeɪʃən ˈsɜːvɪsɪz] *pl* Informationsdienste *m/pl*
information technology [ɪnfəˈmeɪʃən tekˈnɒlədʒɪ] *sb* Informationstechnologie *f*
information theory [ɪnfəˈmeɪʃən ˈθɪərɪ] *sb* Informationstheorie *f*
information value [ɪnfəˈmeɪʃən ˈvæljuː] *sb* Informationswert *m*
infrastructural credit [ɪnfrəˈstrʌktərəl ˈkredɪt] *sb* Infrastrukturkredit *m*
infrastructural measures [ˈɪnfrəˈstrʌktərəl ˈmeʒəz] *sb* Infrastrukturmaßnahmen *f/pl*
infrastructure [ˈɪnfrəstrʌktʃə] *sb* Infrastruktur *f*
infrastructure policy [ˈɪnfrəstrʌktʃə ˈpɒlɪsɪ] *sb* Infrastrukturpolitik *f*
infringe [ɪnˈfrɪndʒ] *v* 1. *~ upon* verstoßen gegen; 2. *(law, copyright)* verletzen; *~ upon s.o.'s rights* in jds Rechte eingreifen
infringement [ɪnˈfrɪndʒmənt] *sb* Verletzung *f*, Verstoß *m*
inherit [ɪnˈherɪt] *v* erben

inheritable [ɪnˈherɪtəbl] *adj* vererbbar, erblich
inheritance [ɪnˈherɪtəns] *sb* Nachlass *m*, Erbschaft *f*
inheritance tax [ɪnˈherɪtəns tæks] *sb* Erbschaftssteuer *f*
in-house training [ˈɪnhaʊs ˈtreɪnɪŋ] *sb* betriebliche Ausbildung *f*
initial allowance set [ɪˈnɪʃəl əˈlaʊəns set] *sb* Erstausstattung *f*
initial contribution [ɪˈnɪʃəl kɒntrɪˈbjuːʃən] *sb* Stammeinlage *f*
initial period [ɪˈnɪʃəl ˈpɪərɪəd] *sb* Anlaufperiode *f*, Anlaufzeit *f*
initialize [ɪˈnɪʃəlaɪz] *v (a computer)* initialisieren
initiative right [ɪˈnɪʃətɪv raɪt] *sb* Initiativrecht *n*
injection of credit [ɪnˈdʒekʃən əv ˈkredɪt] *sb* Kreditspritze *f*
injunction [ɪnˈdʒʌŋkʃən] *sb* gerichtliche Verfügung *f*
ink pad [ˈɪŋkpæd] *sb* Stempelkissen *n*
inland [ˈɪnlænd] *adj* 1. Inland...; *adv* 2. landeinwärts
Inland Revenue [ˈɪnlænd ˈrevənjuː] *sb (UK)* Finanzamt *n*
inland revenue office [ˈɪnlænd ˈrevənuː ˈɒfɪs] *sb* Finanzamt *n*
inner notice to terminate [ˈɪnə ˈnəʊtɪs tu ˈtɜːmɪneɪt] *sb* innere Kündigung *f*
innovate [ˈɪnəveɪt] *v* Neuerungen vornehmen
innovation [ɪnəˈveɪʃən] *sb* Neuerung *f*, Innovation *f*
innovation management [ɪnəˈveɪʃən ˈmænɪdʒmənt] *sb* Innovationsmanagement *n*
innovative [ˈɪnəvətɪv] *adj* auf Neuerungen aus, innovatorisch, innovativ
innovator [ˈɪnəveɪtə] *sb* Neuerer *m*
inoperative [ɪnˈɒprətɪv] *adj (not working)* außer Betrieb, nicht einsatzfähig
inoperative account [ɪnˈɒprətɪv əˈkaʊnt] *sb* totes Konto *n*
input [ˈɪnpʊt] *v* 1. eingeben; *sb* 2. Input *m*
input factor [ˈɪnpʊt ˈfæktə] *sb* Einsatzfaktor *m*
input tax [ˈɪnpʊt tæks] *sb* Vorsteuer *f*
input-output analysis [ɪnpʊtˈaʊtpʊt əˈnælɪsɪs] *sb* Input-Output-Analyse *f*
inquest [ˈɪŋkwest] *sb* gerichtliche Untersuchung *f*
inquiry [ɪnˈkwaɪrɪ] *sb* Anfrage *f*
insert [ɪnˈsɜːt] *v* 1. *(an advertisement)* setzen; [ˈɪnsɜːt] 2. *(in a magazine or newspaper)* Beilage *f*

inserted [ɪnˈsɜːtɪd] *adj* beigefügt, beigelegt, hineingesteckt
insertion of an advertisement [ɪnˈsɜːʃən əv ən ədˈvɜːtɪsmənt] *sb* Anzeigenschaltung *f*
in-service training [ˈɪnsɜːvɪs ˈtreɪnɪŋ] *sb* innerbetriebliche Weiterbildung *f*
inside money [ˈɪnsaɪd ˈmʌnɪ] *sb* Innengeld *n*
insider information [ˈɪnsaɪdə ɪnfəˈmeɪʃən] *sb* Insiderinformation *f*
insider security [ˈɪnsaɪdə sɪˈkjʊərɪtɪ] *sb* Insiderpapier *n*
insider trading [ˈɪnsaɪdə ˈtreɪdɪŋ] *sb* Insiderhandel *m*
insolvency [ɪnˈsɒlvənsɪ] *sb* Zahlungsunfähigkeit *f*, Insolvenz *f*
insolvent [ɪnˈsɒlvənt] *adj* zahlungsunfähig
insourcing [ˈɪnsɔːsɪŋ] *sb* Insourcing *n*
inspect [ɪnˈspekt] *v* kontrollieren, prüfen
inspection [ɪnˈspekʃən] *sb* Kontrolle *f*, Prüfung *f*, Einsichtnahme *f*
inspection of records [ɪnˈspekʃən əv ˈrekɔːds] *sb* Akteneinsicht *f*
installation [ɪnstəˈleɪʃən] *sb* Installation *f*, Montage *f*, Aufbau *m*, Einbau *m*
installment *(US see "instalment")*
instalment [ɪnˈstɔːlmənt] *sb (payment)* Rate *f*
instalment arrears [ɪnˈstɔːlmənt əˈrɪəz] *sb* Ratenverzug *m*, Ratenrückstand *m*
instalment contract [ɪnˈstɔːlmənt ˈkɒntrækt] *sb* Abzahlungskauf *m*
instalment credit [ɪnˈstɔːlmənt ˈkredɪt] *sb* Teilzahlungskredit *m*
instalment loans [ɪnˈstɔːlmənt ləʊnz] *pl* Ratenanleihen *f/pl*
instalment mortgage [ɪnˈstɔːlmənt ˈmɔːgɪdʒ] *sb* Abzahlungshypothek *f*, Amortisationshypothek *f*
instalment plan [ɪnˈstɔːlmənt plæn] *sb (US)* Ratenzahlung *f*
instalment rate [ɪnˈstɔːlmənt reɪt] *sb* Amortisationsquote *f*
instalment sale transaction [ɪnˈstɔːlmənt seɪl trænˈzækʃən] *sb* Abzahlungsgeschäft *n*
instalment sales credit [ɪnˈstɔːlmənt seɪlz ˈkredɪt] *sb* Ratenkredit *m*
instalment sales financing institution [ɪnˈstɔːlmənt seɪlz faɪˈnænsɪŋ ɪnstɪˈtjuːʃən] *sb* Teilzahlungsbank *f*
instance [ˈɪnstəns] *(legal system)* Instanz *f*
institutional investor [ɪnstɪˈtjuːʃənəl ɪnˈvestə] *sb* institutioneller Anleger *m*
institutional investors [ɪnstɪˈtjuːʃənəl ɪnˈvestəz] *sb* Kapitalsammelstelle *f*

institutional trustee [ɪnstɪ'tjuːʃənəl trʌs'tiː] sb Treuhandanstalt f

in-store ['ɪnstɔː] adj ladeneigen

instruct [ɪn'strʌkt] v 1. unterrichten; 2. (tell, direct) anweisen; 3. (a jury) instruieren

instruction [ɪn'strʌkʃən] sb 1. (order) Anweisung f, Instruktion f; ~s pl 2. (for use) Gebrauchsanweisung f

instrument made out to order ['ɪnstrʊmənt meɪd aʊt tu 'ɔːdə] sb Orderpapier n

instruments conferring title ['ɪnstrʊmənts kən'fɜːrɪŋ 'taɪtəl] pl Forderungspapiere n/pl

instruments of balance sheet policy ['ɪnstrʊmənts əv 'bæləns ʃiːt 'pɒlɪsɪ] pl bilanzpolitische Instrumente n/pl

instruments to order by law ['ɪnstrʊmənts tu 'ɔːdə baɪ lɔː] pl geborene Orderpapiere n/pl

instruments to order by option ['ɪnstrʊmənts tu 'ɔːdə baɪ 'ɒpʃən] pl gewillkürte Orderpapiere n/pl

insubordination [ɪnsəbɔːdɪ'neɪʃən] sb Ungehorsamkeit f, Insubordination f

insurance [ɪn'ʃʊərəns] sb Versicherung f

insurance agent [ɪn'ʃʊərəns 'eɪdʒənt] sb Versicherungsvertreter m

insurance benefit [ɪn'ʃʊərəns 'benɪfɪt] sb Versicherungsleistung f

insurance clause [ɪn'ʃʊərəns klɔːz] sb Versicherungsklausel f

insurance company [ɪn'ʃʊərəns 'kʌmpənɪ] sb Versicherungsgesellschaft f

insurance company share [ɪn'ʃʊərəns 'kʌmpənɪ ʃeə] sb Versicherungsaktie f

insurance contract [ɪn'ʃʊərəns 'kæntrəkt] sb Versicherungsvertrag m

insurance coverage [ɪn'ʃʊərəns 'kʌvərɪdʒ] sb Versicherungsschutz m

insurance fund [ɪn'ʃʊərəns fʌnd] sb Versicherungsfonds m

insurance industry principle [ɪn'ʃʊərəns 'ɪndəstrɪ 'prɪnsɪpəl] sb Assekuranzprinzip n

insurance of persons [ɪn'ʃʊərəns əv 'pɜːsənz] sb Personenversicherung f

insurance policy [ɪn'ʃʊərəns 'pɒlɪsɪ] sb Versicherungspolice f

insurance premium [ɪn'ʃʊərəns 'priːmɪəm] sb Versicherungsprämie f

insurance reserve [ɪn'ʃʊərəns rɪ'zɜːv] sb Deckungsrücklage f

insurance system [ɪn'ʃʊərəns 'sɪstəm] sb Assekuranz f

insure [ɪn'ʃʊə] v versichern

insured [ɪn'ʃʊəd] adj versichert

insured letter [ɪn'ʃʊəd 'letə] sb Wertbrief m

insured person [ɪn'ʃʊəd 'pɜːsən] sb Versicherungsnehmer(in) m/f, Versicherte(r) f/m

insured sum [ɪn'ʃʊəd sʌm] sb Versicherungssumme f

insurer [ɪn'ʃʊərə] sb Versicherer m, Versicherungsgesellschaft f

intake [ɪn'teɪk] sb 1. Aufnahme f, Abnahme f; 2. (of orders) Eingang m

intangible assets [ɪn'tændʒɪbəl 'æsets] pl immaterielle Werte m/pl

intangible stocks and bonds [ɪn'tændʒɪbəl stɒks ænd bɒndz] pl intangible Effekte f/pl

integral part ['ɪntɪgrəl pɑːt] sb wesentlicher Bestandteil m

integration [ɪntɪ'greɪʃən] sb Integration f, Eingliederung f

interact [ɪntər'ækt] v aufeinander wirken, interagieren

interaction [ɪntər'ækʃən] sb Wechselwirkung f, Interaktion f

interactive [ɪntər'æktɪv] adj interaktiv

interbank rate [ɪn'təbæŋk reɪt] sb Interbankrate f, Interbankensatz m

intercom ['ɪntəkɒm] sb Gegensprechanlage f; (in a building) Lautsprecheranlage f

inter-company agreements [ɪntə'kʌmpənɪ ə'griːmənts] pl Unternehmensverträge m/pl

intercontinental [ɪntəkɒntɪ'nentəl] adj interkontinental

interdependence [ɪntədɪ'pendəns] sb Interdependenz f

interest ['ɪntrəst] sb 1. Zinsen m/pl; 2. (share, stake) Anteil m, Beteiligung f; 3. taxation of ~ Zinsbesteuerung f

interest account ['ɪntrest ə'kaʊnt] sb Zinsmarge f

interest balance ['ɪntrest 'bæləns] sb Zinssaldo m

interest differential ['ɪntrest dɪfə'renʃəl] sb Zinsgefälle n

interested party ['ɪntrestɪd 'pɑːtɪ] sb Interessent m

interest elasticity ['ɪntrest ɪlæs'tɪsɪtɪ] sb Zinselastizität f

interest-free [ɪntrest'friː] adj zinslos

interest group ['ɪntrest gruːp] sb Interessenverband m

interest margin ['ɪntrest 'mɑːdʒɪn] sb Zinsmarge f, Zinsspanne f

interest on borrowed capital ['ɪntrest ɒn 'bɒrəʊd 'kæpɪtl] sb Fremdkapitalzins m

interest on capital ['ɪntrest ɒn 'kæpɪtl] sb Kapitalzins m

interest on debts ['ɪntrest ɒn dets] *sb* Schuldzins *m*

interest on long-term debts ['ɪntrest ɒn 'lɒŋtɜːm dets] *sb* Dauerschuldzinsen *m/pl*

interest on money ['ɪntrest ɒn 'mʌnɪ] *sb* Geldzins *m*

interest parity ['ɪntrest 'pærɪtɪ] *sb* Zinsparität *f*

interest payable ['ɪntrest 'peɪəbl] *sb* Passivzins *m*

interest payment date ['ɪntrest 'peɪmənt deɪt] *sb* Zinstermin *m*

interest rate ['ɪntrest reɪt] *sb* Zinssatz *m*

interest rate arbitrage ['ɪntrest reɪt 'ɑːbɪtrɪdʒ] *sb* Zinsarbitrage *f*

interest rate control ['ɪntrest reɪt kən'trəʊl] *sb* Zinsbindung *f*

interest rate customary in the market ['ɪntrest reɪt 'kʌstəmərɪ ɪn ðə 'mɑːkɪt] *sb* marktüblicher Zins *m/pl*

interest rate for accounting purposes ['ɪntrest reɪt fɔː ə'kaʊntɪŋ 'pɜːpəsɪs] *sb* Rechnungszins *m*

interest rate future ['ɪntrest reɪt 'fjuːtʃə] *sb* Interest Rate Future *n*

interest rate level ['ɪntrest reɪt 'levl] *sb* Zinsniveau *n*

interest rate on a loan ['ɪntrest reɪt ɒn ə ləʊn] *sb* Leihzins *m*

interest rate policy ['ɪntrest reɪt 'pɒlɪsɪ] *sb* Zinspolitik *f*

interest rate structure ['ɪntrest reɪt 'strʌktʃə] *sb* Zinsstruktur *f*

interest rate swap ['ɪntrest reɪt swɒp] *sb* Zinsswap *m*

interest rate table ['ɪntrest reɪt 'teɪbl] *sb* Zinsstaffel *f*

interest receivable ['ɪntrest rɪ'siːvəbl] *sb* Aktivzins *m*

interest service ['ɪntrest 'sɜːvɪs] *sb* Zinsendienst *m*

interest surplus ['ɪntrest 'sɜːplʌs] *sb* Zinsüberschuss *m*

interest tender ['ɪntrest 'tendə] *sb* Zinstender *m*

interface ['ɪntəfeɪs] *sb* Interface *n*, Schnittstelle *f*

inter-generation compact [ɪntədʒenə'reɪʃən 'kɒmpækt] *sb* Generationenvertrag *m*

interim ['ɪntərɪm] *adj* 1. vorläufig, Übergangs..., Interims...; *sb* 2. Zwischenzeit *f*

interim account ['ɪntərɪm ə'kaʊnt] *sb* Zwischenkonto *n*

interim balance sheet ['ɪntərɪm 'bæləns ʃiːt] *sb* Zwischenbilanz *f*

interim budget ['ɪntərɪm 'bʌdʒɪt] *sb* Nachtragshaushalt *m*

interim financing ['ɪntərɪm faɪ'nænsɪŋ] *sb* Zwischenfinanzierung, Überbrückungsfinanzierung *f*

interim interest ['ɪntərɪm 'ɪntrest] *sb* Zwischenzinsen *m/pl*

interim loan ['ɪntərɪm ləʊn] *sb* Zwischenkredit *m*

interim retirement pension ['ɪntərɪm rɪ'taɪəmənt 'penʃən] *sb* Überbrückungsrente *f*

interim shareholder ['ɪntərɪm 'ʃeəhəʊldə] *sb* Zwischenaktionär *m*

interim solution ['ɪntərɪm sə'luːʃən] *sb* Interimslösung *f*, Übergangslösung *f*

interior [ɪn'tɪərɪə] *adj (domestic)* Binnen..., Innen...

interlocking ['ɪntəlɒkɪŋ] *sb* Verschachtelung *f*

interlocking directorate ['ɪntəlɒkɪŋ daɪ'rektərɪt] *sb* Überkreuzverflechtung *f*

intermediary [ɪntə'miːdɪərɪ] *sb* 1. Vermittler *m*, Mittelsmann *m*; 2. *act as ~* vermitteln

intermediate broker [ɪntə'miːdjət 'brəʊkə] *sb* Untermakler *m*

intermediate company [ɪntə'miːdjət 'kʌmpənɪ] *sb* Zwischengesellschaft *f*

Intermediate Court of Appeals [ɪntə'miːdjət kɔːt əv ə'piːlz] *sb* Oberlandesgericht (OLG) *n*

intermediate inventory [ɪntə'miːdjət 'ɪnventrɪ] *sb* Zwischenlager *n*

intermediate products [ɪntə'miːdjət 'prɒdʌkts] *pl* Vorprodukte *n/pl*

intermediate share certificate [ɪntə'miːdjət ʃeə sə'tɪfɪkɪt] *sb* Anrechtscheine *m/pl*

intermediation [ɪntəmiːdɪ'eɪʃən] *sb* Mitwirkung *f*

internal [ɪn'tɜːnl] *adj* 1. *(within an organization)* intern; 2. *(within a country)* Innen..., Binnen...

internal accounting [ɪn'tɜːnl ə'kaʊntɪŋ] *sb* internes Rechnungswesen *n*

internal audit [ɪn'tɜːnl 'ɔːdɪt] *sb* interne Revision *f*

internal financing [ɪn'tɜːnl faɪ'nænsɪŋ] *sb* Innenfinanzierung *f*

internal interest rate [ɪn'tɜːnl 'ɪntrest reɪt] *sb* interner Zinsfuß *m*

internalization of external effects [ɪntɜːnəlaɪ'zeɪʃən əv ɪk'stɜːnl 'ɪfekts] *sb* Internalisierung externer Effekte *f*

Internal Market of the European Community [ɪn'tɜ:nl 'mɑ:kɪt əv ðɪ 'juərəpɪən kə'mju:nɪtɪ] sb Europäischer Binnenmarkt m

internal partnership [ɪn'tɜ:nl 'pɑ:tnəʃɪp] sb Innengesellschaft f

internal services [ɪn'tɜ:nl 'sɜ:vɪsɪz] pl innerbetriebliche Leistungen f/pl

internal supervision system [ɪn'tɜ:nl su:pə'vɪʒən 'sɪstɪm] sb internes Überwachungssystem n

internal syndicate [ɪn'tɜ:nl 'sɪndɪkɪt] sb Innenkonsortium n

international [ɪntə'næʃnəl] adj international

international capital transactions [ɪntə'næʃnəl 'kæpɪtəl træn'zækʃənz] sb internationaler Kapitalverkehr m

international cash position [ɪntə'næʃnəl kæʃ pə'zɪʃən] sb internationale Liquidität f

International Commodity Agreements [ɪntə'næʃnəl kə'mɒdɪtɪ ə'gri:mənts] sb Rohstoffabkommen n

international commodity exchange [ɪntə'næʃnəl kə'mɒdɪtɪ ɪks'tʃeɪndʒ] sb Internationale Warenbörsen f/pl

international consignment note [ɪntə'næʃnəl kən'saɪnmənt nəʊt] sb internationaler Frachtbrief m

international credit markets [ɪntə'næʃnəl 'kredɪt 'mɑ:kɪts] pl internationale Kreditmärkte m/pl

international economic order [ɪntə'næʃnəl i:kə'nɒmɪk 'ɔ:də] sb Weltwirtschaftsordnung f

international economic policy [ɪntə'næʃnəl i:kə'nɒmɪk 'pɒlɪsɪ] sb Außenwirtschaftspolitik f

international economic system [ɪntə'næʃnəl i:kə'nɒmɪk 'sɪstɪm] sb Weltwirtschaftsordnung f

International Federation of Stock Exchanges [ɪntə'næʃnəl fedə'reɪʃən əv stɒk ɪks'tʃeɪndʒɪz] sb Internationale Vereinigung der Wertpapierbörsen f

international foreign exchange markets [ɪntə'næʃnəl 'fɒrən ɪks'tʃeɪndʒ 'mɑ:kɪts] pl internationale Devisenbörsen f/pl

internationalization strategy [ɪntə'næʃnəlaɪ'zeɪʃən 'strætɪdʒɪ] sb Internationalisierungsstrategie f

international law ['ɪntənəʃnəl lɔ:] sb Völkerrecht n

international monetary system [ɪntə'næʃnəl 'mʌnɪtərɪ 'sɪstɪm] sb Weltwährungssystem n, internationales Währungssystem n

international payments [ɪntə'næʃnəl 'peɪmənts] sb internationaler Zahlungsverkehr m

international price system [ɪntə'næʃnəl praɪs 'sɪstɪm] sb internationaler Preiszusammenhang m

international product liability [ɪntə'næʃnəl 'prɒdʌkt laɪə'bɪlɪtɪ] sb internationale Produkthaftung f

Internet ['ɪntənet] sb Internet n

Internet economy ['ɪntənet ɪ'kɒnəmɪ] sb Internet-Ökonomie f

internship ['ɪntɜ:nʃɪp] sb Praktikum n, Volontariat n

interpolation [ɪntəpə'leɪʃən] sb Interpolation f

interprete [ɪn'tɜ:prɪt] v dolmetschen, übersetzen

interpreter [ɪn'tɜ:prɪtə] sb Dolmetscher(in) m/f, Übersetzer(in) m/f

interrelation [ɪntərɪ'leɪʃən] sb Verflechtung f, Wechselbeziehung f

intertemporal trade [ɪntə'tempərəl treɪd] sb intertemporaler Handel m

intervene [ɪntə'vi:n] v intervenieren, eingreifen

intervention [ɪntə'venʃən] sb Intervention f, Eingreifen n

intervention buying [ɪntə'venʃən 'baɪɪŋ] sb Interventionskäufe m/pl

intervention point [ɪntə'venʃən pɔɪnt] sb Interventionspunkte m/pl

interview ['ɪntəvju:] sb 1. (formal talk) Gespräch n; 2. (job ~) Vorstellungsgespräch n

interviewer ['ɪntəvju:ə] sb (for a job) Leiter eines Vorstellungsgesprächs m

intra-Community deliveries [ɪntrəkə'mju:nətɪ də'lɪvərɪ:z] pl innergemeinschaftliche Lieferungen f/pl

intra-Community trade [ɪntrəkə'mju:nətɪ treɪd] sb innergemeinschaftlicher Verkehr m

Intranet ['ɪntrənet] sb Intranet n

intra-trade statistics ['ɪntrətreɪd stə'tɪstɪks] pl Intrahandelsstatistik f

intrinsic motivation [ɪn'trɪnzɪk məʊtɪ'veɪʃən] sb intrinsische Motivation f

intrinsic value [ɪn'trɪnzɪk 'vælju:] sb innerer Wert m, Substanzwert m

introduce [ɪntrə'dju:s] v (s.o.) vorstellen; (to a subject) einführen; ~ o.s. sich vorstellen; (reforms, a method, a fashion) einführen

introduction [ɪntrə'dʌkʃən] sb 1. (to a person) Vorstellung f; 2. letter of ~ Empfehlungsschreiben n, Empfehlungsbrief m; 3. (of a method) Einführung f

introduction stage [ɪntrə'dʌkʃən steɪdʒ] sb Einführungsphase f

introductory discount [ɪntrə'dʌktəri 'dɪskaʊnt] sb Einführungsrabatt m

introductory price [ɪntrə'dʌktəri praɪs] sb Einführungskurs m

inure [ɪn'jʊə] v in Kraft treten

invent [ɪn'vent] v erfinden

invention [ɪn'venʃən] sb Erfindung f

inventor [ɪn'ventə] sb Erfinder(in) m/f

inventory ['ɪnvəntəri] sb Inventar n, Bestandsaufnahme f; take an ~ of sth Inventar von etw aufnehmen

inventory accounting ['ɪnvəntəri ə'kaʊntɪŋ] sb Lagerbuchführung f, Materialbuchhaltung f

inventory balance sheet ['ɪnvəntəri 'bæləns ʃiːt] sb Inventurbilanz f

inventory change ['ɪnvəntəri tʃeɪndʒ] sb Bestandsveränderung f

inventory-sales ratio ['ɪnvəntəri seɪlz 'reɪʃiəʊ] sb Umschlagshäufigkeit eines Lagers f

inventory valuation at average prices ['ɪnvəntəri vælju:'eɪʃən ət 'ævərɪdʒ 'praɪsɪz] sb Durchschnittsbewertung f

inventory value ['ɪnvəntəri 'væljuː] sb Inventarwert m

inverse interest rate structure ['ɪnvɜːs 'ɪntrɪst reɪt 'strʌkt[ə] sb inverse Zinsstruktur f

inverse method of cost estimating ['ɪnvɜːs 'meθəd əv kɒst 'estɪmeɪtɪŋ] sb retrograde Kalkulation f

inverse method of determining income ['ɪnvɜːs 'meθəd əv dɪ'tɜːmɪnɪŋ 'ɪnkʌm] sb retrograde Erfolgsrechnung f

invested capital [ɪn'vestɪd 'kæpɪtəl] sb investiertes Kapital n

invested wages [ɪn'vestɪd 'weɪdʒɪz] pl Investivlohn m

investigation [ɪnvestɪ'geɪʃən] sb Nachforschung f, Ermittlung f

investigation by the tax authorities [ɪnvestɪ'geɪʃən baɪ ðə tæks ɔː'θɒrɪtiːz] sb Betriebsprüfung f

investigation into tax evasion [ɪnvestɪ'geɪʃən 'ɪntuː tæks ɪ'veɪʃən] sb Steuerfahndung f

investment [ɪn'vestmənt] sb Anlage f, Geldanlage f, Investition f, Vermögensanlage f

investment accounts [ɪn'vestmənt ə'kaʊnts] pl Anlagekonten n/pl

investment aid [ɪn'vestmənt eɪd] sb Investitionshilfe f

investment advisor [ɪn'vestmənt əd'vaɪzə] sb Vermögensberater m, Anlageberater m, Wertpapierberater m

investment appraisal [ɪn'vestmənt ə'preɪzəl] sb Investitionsrechnung f

investment assistance [ɪn'vestmənt ə'sɪstəns] sb Investitionshilfe f

investment bank [ɪn'vestmənt bæŋk] sb Investmentbank f, Investitionsbank f

investment banking [ɪn'vestmənt 'bæŋkɪŋ] sb Effektengeschäft n

investment bond [ɪn'vestmənt bɒnd] sb festverzinsliches Anlagepapier n

investment boom [ɪn'vestmənt buːm] sb Investmentboom m

investment business [ɪn'vestmənt 'bɪznɪs] sb Emissionsgeschäft n

investment capital [ɪn'vestmənt 'kæpɪtl] sb Kapitalanlage f, Anlagekapital n

investment certificate [ɪn'vestmənt sə'tɪfɪkət] sb Investmentzertifikat n

investment committee [ɪn'vestmənt kə'mɪti] sb Anlageausschuss m

investment company [ɪn'vestmənt 'kʌmpəni] sb Investmentgesellschaft f

investment counseling [ɪn'vestmənt 'kaʊnsəlɪŋ] sb Anlageberatung f, Vermögensberatung f, Wertpapierberatung f

investment credit [ɪn'vestmənt 'kredɪt] sb Investitionskredit m, Anlagekredit m

investment credit insurance [ɪn'vestmənt 'kredɪt ɪn'ʃʊərəns] sb Investitionskreditversicherung f

investment fund [ɪn'vestmənt fʌnd] sb Investmentfonds m

investment fund certificates [ɪn'vestmənt fʌnd sə'tɪfɪkɪts] pl Investmentzertifikate n/pl

investment grant [ɪn'vestmənt graːnt] sb Investitionszulage f

investment in kind [ɪn'vestmənt ɪn kaɪnd] sb Sacheinlage f

investment in securities [ɪn'vestmənt ɪn sɪ'kjʊərɪtiːz] sb Wertpapieranlage f

investment index [ɪn'vestmənt 'ɪndeks] sb Investitionskennzahl f

investment mix [ɪn'vestmənt mɪks] sb Anlagestruktur f

investment loan [ɪn'vestmənt ləʊn] sb Investitionskredit m

investment program [ɪn'vestmənt 'prəʊɡræm] sb Programmgesellschaft f

investment promotion [ɪn'vestmənt prə'məʊʃən] sb Investitionsförderung f

investment return [ɪn'vestmənt rɪ'tɜːn] *sb* Anlageertrag *m*, Kapitalrendite *f*
investment risk [ɪn'vestmənt rɪsk] *sb* Anlagewagnis *n*
investment scheme [ɪn'vestmənt skiːm] *sb* Investitionsplan *m*
investment securities [ɪn'vestmənt sɪ'kjʊərɪtiːz] *pl* Anlagepapiere *n/pl*
investment share [ɪn'vestmənt ʃeə] *sb* Investmentanteil *m*
investment subsidy [ɪn'vestmənt 'sʌbsədi] *sb* Investitionszuschuss *m*
investment tax [ɪn'vestmənt tæks] *sb* Investitionssteuer *f*
investor [ɪn'vestə] *sb* Kapitalanleger *m*, Investor *m*
invisible hand [ɪn'vɪzɪbəl hænd] *sb* Ausgleichsfunktion des Preises *f*; unsichtbare Hand *f* (nach Adam Smith)
invitation to tender [ɪnvɪ'teɪʃən tu 'tendə] *sb* Ausschreibung *f*, Submission *f*
invoice ['ɪnvɔɪs] *sb 1.* Rechnung *f*, Faktura *f*; *v 2.* fakturieren, in Rechnung stellen
invoice amount ['ɪnvɔɪs ə'maʊnt] *sb* Rechnungssumme *f*
invoice number ['ɪnvɔɪs 'nʌmbə] *sb* Rechnungsnummer *f*
invoice total ['ɪnvɔɪs 'təʊtl] *sb* Rechnungsbetrag *m*
invoicing ['ɪnvɔɪsɪŋ] *sb 1.* Fakturierung *f*, Rechnungsstellung *f*; *2.* Inrechnungstellung *f*, Berechnung *f*
iron and steel producing industry ['aɪən ænd stiːl prə'djuːsɪŋ 'ɪndəstri] *sb* Eisen schaffende Industrie *f*
iron exchange ['aɪən ɪks'tʃeɪndʒ] *sb* Eisenbörse *f*
irredeemable [ɪrɪ'diːməbl] *adj 1. (bonds)* unkündbar; *2. (currency)* nicht einlösbar; *3. (debt, pawned object)* nicht ablösbar
irregularity [ɪregjʊ'lærətɪ] *sb* Unregelmäßigkeit *f*
ISO standards [aɪ es əʊ 'stændədz] *pl* ISO-Normen *f/pl*
issue ['ɪʃuː] *v 1. (a command)* ausgeben, erteilen; *2. (currency)* ausgeben, emittieren; *3. (documents)* ausstellen; *4. (stamps, a newspaper, a book)* herausgeben; *sb 5. (magazine, currency, stamps)* Ausgabe *f*; *6. (of documents)* Ausstellung *f*; date of ~ Ausstellungsdatum *n*; *7. (of stocks)* Emission *f*, Ausgabe *f*; *8. (goods)* Abgang *m*
issue at par ['ɪʃuː æt pɑː] *sb* Pari-Emission *f*

issue below par ['ɪʃuː bə'ləʊ pɑː] *sb* Unter-Pari-Emission *f*
issue broker ['ɪʃuː 'brəʊkə] *sb* Emissionsmakler *m*
issue calendar ['ɪʃuː 'kælɪndə] *sb* Emissionskalender *m*
issue commission ['ɪʃuː kə'mɪʃən] *sb* Emissionsvergütung *f*
issue date ['ɪʃuː deɪt] *sb* Ausstellungstag *m*
issue department ['ɪʃuː də'pɑːtmənt] *sb* Emissionsabteilung *f*
Issue Law ['ɪʃuː lɔː] *sb* Emissionsgesetz *n*
issue market ['ɪʃuː 'mɑːkət] *sb* Emissionsmarkt *m*, Primärmarkt *m*
issue of securities ['ɪʃuː əv sɪ'kjʊərɪtiːz] *sb* Effektenemission *f*, Wertpapieremission *f*
issue of shares ['ɪʃuː əv ʃeəz] *sb* Aktienemission *f*, Aktienausgabe *f*
issue permit ['ɪʃuː 'pɜːmɪt] *sb* Emissionsgenehmigung *f*
issue premium ['ɪʃuː 'priːmɪəm] *sb* Emissionsagio *n*
issue price ['ɪʃuː praɪs] *sb* Emissionskurs *m*
issuer ['ɪʃuːə] *sb* Emittent *m*, emittierendes Unternehmen *n*
issue yield ['ɪʃuː jiːld] *sb* Emissionsrendite *f*
issuing ['ɪʃuːɪŋ] *sb* Emission *f*, Erscheinen *n*
issuing bank ['ɪʃuːɪŋ bæŋk] *sb* Effektenbank *f*, Emissionsbank *f*
issuing house ['ɪʃuːɪŋ haʊs] *sb* Emissionshaus *n*
issuing of shares ['ɪʃuːɪŋ əv ʃeəz] *sb* Aktienausgabe *f*
issuing price ['ɪʃuːɪŋ praɪs] *sb* Ausgabepreis *m*, Begebungspreis *m*, Ausgabekurs *m*
issuing procedure ['ɪʃuːɪŋ prəʊ'siːdʒə] *sb* Emissionsverfahren *n*
item ['aɪtəm] *sb 1. (object, thing)* Stück *n*, Ding *n*, Gegenstand *m*; *2. (on an agenda)* Punkt *m*; *3. (in an account book)* Posten *m*
item charge ['aɪtəm tʃɑːdʒ] *sb* Postengebühr *f*
item free of charge ['eɪtəm friː əv tʃɑːdʒ] *sb* Frankoposten *m*
itemization [aɪtəmaɪ'zeɪʃən] *sb* Aufgliederung *f*, Spezifizierung *f*
itemize ['aɪtəmaɪz] *v* einzeln aufführen, spezifizieren
item numbering system ['eɪtəm 'nʌmbərɪŋ 'sɪstɪm] *sb* Artikelnummernsystem *n*
item of real estate ['aɪtəm əv 'rɪəl ɪ'steɪt] *sb* Immobilie *f*
itinerant trade [aɪ'tɪnərənt treɪd] *sb* ambulantes Gewerbe *n*

J/K

jacket ['dʒækɪt] sb Schutzhülle f, Umschlag m

jam [dʒæm] sb 1. (blockage) Stauung f; 2. traffic ~ (Verkehrs-)Stau m

janitor ['dʒænɪtə] sb Hausmeister(in) m/f

jargon ['dʒɑːgən] sb Jargon m, Fachsprache f

jet [dʒet] sb (~ plane) Düsenflugzeug n, Jet m

jingle ['dʒɪŋgl] sb Werbemelodie f, Erkennungsmelodie f

job [dʒɒb] sb 1. (employment) Stelle f, Job m, Stellung f; 2. (piece of work) Arbeit f; 3. to be paid by the ~ pro Auftrag bezahlt werden; pl 4. odd ~s Gelegenheitsarbeiten pl; 5. (responsibility, duty) Aufgabe f; That's not my ~. Dafür bin ich nicht zuständig.

job account log [dʒɒb ə'kaʊnt lɒg] sb Auftragsabrechnungsbuch n

job account number [dʒɒb ə'kaʊnt 'nʌmbə] sb Auftragsnummer f

job allocation [dʒɒb ælə'keɪʃən] sb Aufgabenverteilung f, Aufgabenzuweisung f

job application [dʒɒb æplɪ'keɪʃən] sb Bewerbung f, Stellengesuch n

jobbing ['dʒɒbɪŋ] sb Jobben n

job card [dʒɒb kɑːd] sb Arbeitszettel m

job centre [dʒɒb sentə] sb (UK) Arbeitsamt n

job changeover [dʒɒb 'tʃeɪndʒəʊvə] sb Auftragswechsel m

job controlling [dʒɒb kən'trəʊlɪŋ] sb Auftragssteuerung f

job counselor [dʒɒb 'kaʊnsələ] sb Berufsberater(in) m/f

job demand [dʒɒb dɪ'mɑːnd] sb Arbeitsnachfrage f

job description ['dʒɒb dɪskrɪpʃən] sb Tätigkeitsbeschreibung f

job engineering [dʒɒb endʒɪn'ɪərɪŋ] sb Arbeitsplatzgestaltung f

job enlargement [dʒɒb ɪn'lɑːdʒmənt] sb Erweiterung des Aufgabenbereichs f

job entrant [dʒɒb 'entrənt] sb Berufsanfänger(in) m/f

job experience [dʒɒb ɪk'spɪərɪəns] sb Berufserfahrung f

job execution [dʒɒb eksɪ'kjuːʃən] sb Auftragsdurchführung f

job evaluation ['dʒɒb ɪvælju'eɪʃən] sb Arbeitsbewertung f

job freeze [dʒɒb friːz] sb Einstellungsstopp m, Einstellungssperre f

job history [dʒɒb 'hɪstrɪ] sb beruflicher Werdegang m

job interview [dʒɒb 'ɪntəvjuː] sb Vorstellungsgespräch n, Bewerbungsgespräch n

job layout [dʒɒb 'leɪaʊt] sb Arbeitsplatzgestaltung f

jobless ['dʒɒbləs] adj arbeitslos

job lot [dʒɒb lɒt] sb (of articles) Posten m

job order [dʒɒb 'ɔːdə] sb Arbeitsauftrag m, (Lohn-)Fertigungsauftrag m

job order costing [dʒɒb 'ɔːdə 'kɒstɪŋ] sb Zuschlagskalkulation f

job placement [dʒɒb 'pleɪsmənt] sb Stellenvermittlung f

job preparation [dʒɒb prepə'reɪʃən] sb Arbeitsvorbereitung f

job pricing [dʒɒb 'praɪsɪŋ] sb Lohnkostenkalkulation f

job production [dʒɒb prə'dʌkʃən] sb Einzelfertigung f, Auftragsfertigung f

job rate [dʒɒb 'reɪt] sb 1. Tarifgrundlohn m; 2. (piece work) Akkordlohnsatz m

job record [dʒɒb 'rekɔːd] sb beruflicher Werdegang m

job rotation [dʒɒb rəʊ'teɪʃən] sb Jobrotation f, systematischer Arbeitsplatzwechsel m

job satisfaction ['dʒɒb sætɪs'fækʃən] sb Arbeitszufriedenheit f

job search ['dʒɒb sɜːtʃ] sb Stellensuche f

job sequence [dʒɒb 'siːkwəns] sb Arbeitsfolge f, Arbeitsablauf m

job sharing [dʒɒb 'ʃeərɪŋ] sb Jobsharing n, Teilen einer Arbeitsstelle n

job shop operation [dʒɒb ʃɒp ɒpə'reɪʃən] sb Werkstattfertigung f

job shop schedule [dʒɒb ʃɒp 'ʃedjuːl] sb Maschinenbelegungsplan m

job time ['dʒɒb taɪm] sb Stückzeit f, Auftragszeit f

join [dʒɔɪn] v 1. eintreten, beitreten; 2. (combine) zusammenfügen, verbinden

joining ['dʒɔɪnɪŋ] sb Beitritt m

joint [dʒɔɪnt] adj gemeinsam, gemeinschaftlich, Gemeinschafts...; ~ and several solidarisch

joint account [dʒɔɪnt ə'kaʊnt] sb Gemeinschaftskonto n, Oder-Konto n

joint and several debtor ['dʒɔɪnt ænd 'sevərəl 'detə] sb sb Gesamtschuldner m
joint and several guaranty ['dʒɔɪnt ænd 'sevərəl gærən'ti:] sb gesamtschuldnerische Bürgschaft f
joint and several liability ['dʒɔɪnt ænd 'sevərəl laɪə'bɪlɪtɪ] sb Solidarhaftung f
joint committee [dʒɔɪnt kə'mɪtɪ] sb gemischter Ausschuss m
joint debt [dʒɔɪnt det] sb Gesamthandschuld f
joint debtor [dʒɔɪnt 'detə] sb Mitschuldner(in) m/f
joint deposit [dʒɔɪnt dɪ'pɒsɪt] sb Oderdepot n
joint funds [dʒɔɪnt fʌnds] pl Gemeinschaftsfonds m
joint issue [dʒɔɪnt 'ɪʃu:] sb Gemeinschaftsemission f
joint loan [dʒɔɪnt ləʊn] sb Gemeinschaftsanleihe f
joint loan issue [dʒɔɪnt ləʊn 'ɪʃu:] sb Sammelanleihe f
joint owner [dʒɔɪnt 'əʊnə] sb Miteigentümer m, Mitbesitzer m
joint power of attorney [dʒɔɪnt 'paʊə əv ə'tɜ:nɪ] sb Gesamtvollmacht f
joint proxy [dʒɔɪnt 'prɒksɪ] sb Gesamtprokura f
joint property [dʒɔɪnt 'prɒpətɪ] sb gemeinschaftliches Eigentum n
joint publicity [dʒɔɪnt pʌ'blɪsɪtɪ] sb Gemeinschaftswerbung f
joint saving [dʒɔɪnt 'seɪvɪŋ] sb Gemeinschaftssparen n
joint security deposit [dʒɔɪnt sɪk'jʊərɪtɪ dɪ'pɒsɪt] sb Gemeinschaftsdepot n
joint stock [dʒɔɪnt stɒk] sb Aktienkapital n
joint stock bank [dʒɔɪnt stɒk bæŋk] sb Aktienbank f
joint stock company [dʒɔɪnt stɒk 'kʌmpənɪ] sb Aktiengesellschaft f
joint tenancy [dʒɔɪnt 'tenənsɪ] sb Gesamthandeigentum n
jointly owned claim ['dʒɔɪntlɪ əʊnd kleɪm] sb Gesamthandforderung f
joint-stock company ['dʒɔɪntstɒk 'kʌmpənɪ] sb Kapitalgesellschaft f, Aktiengesellschaft f
joint venture [dʒɔɪnt 'ventʃə] sb Gemeinschaftsunternehmen n, Joint Venture n
joint-venture company [dʒɔɪnt'ventʃə 'kʌmpənɪ] sb Projektgesellschaft f

jottings ['dʒɒtɪŋz] pl Notizen f/pl
journal ['dʒɜ:nəl] sb 1. Journal n; 2. (Rechnungswesen) Primanota f
journeyman ['dʒɜ:nɪmən] sb Geselle m
judge [dʒʌdʒ] v 1. urteilen; 2. (sth) beurteilen; 3. (consider, deem) halten für, erachten für; 4. (estimate) einschätzen
judge in bankruptcy [dʒʌdʒ ɪn 'bæŋkrəpsɪ] sb Konkursrichter(in) m/f
judgement ['dʒʌdʒmənt] sb 1. Urteil n, Beurteilung f; 2. (estimation) Einschätzung f
judgement debt ['dʒʌdʒmənt det] sb Vollstreckungsschuld f
judgement note ['dʒʌdʒmənt nəʊt] sb Schuldanerkenntnisschein m
judgement on appeal ['dʒʌdʒmənt ɒn ə'pi:l] sb Berufungsurteil n
judicial [dʒu:'dɪʃəl] adj gerichtlich, Justiz...
judicial authority [dʒu:'dɪʃəl ɔ:'θɒrətɪ] sb Gerichtsbehörde f, gerichtliche Instanz f
jumbo bond issue [dʒʌmbəʊ bɒnd 'ɪʃu:] sb Großemission f
jump [dʒʌmp] v 1. sprunghaft ansteigen; sb 2. sprunghafter Anstieg m
jump in prices [dʒʌmp ɪn 'praɪsɪz] sb Kurssprung m
junior financing ['dʒu:nɪə faɪ'nænsɪŋ] sb nachrangige Finanzierung f
junior lawyer ['dʒu:nɪə 'lɔ:jə] sb Rechtsreferendar(in) m/f
junior market ['dʒu:nɪə 'mɑ:kɪt] sb nachrangiger Markt m
junior mortgage ['dʒu:nɪə 'mɔ:gɪdʒ] sb nachrangige Hypothek f
junior partner ['dʒu:nɪə 'pɑ:tnə] sb jüngere(r) Teilhaber(in) m/f, jüngere(r) Partner(in) m/f
junior stock ['dʒu:nɪə stɒk] sb junge Emission f
junk bond [dʒʌŋk bɒnd] sb niedrig eingestuftes Wertpapier n
junk mail [dʒʌŋk meɪl] sb Postwurfsendungen f/pl, Reklame f
jurisdiction [dʒʊərɪs'dɪkʃən] sb Zuständigkeitsbereich m, Zuständigkeit f
jurisdiction at the place of performance [dʒʊərɪs'dɪkʃən æt ðə pleɪs əv pə'fɔ:məns] sb Gerichtsstand des Erfüllungsortes m
jurisdiction clause [dʒʊərɪs'dɪkʃən klɔ:z] sb Zuständigkeitsklausel f
jurisdiction to tax [dʒʊərɪs'dɪkʃən tu 'tæks] sb Steuerhoheit f

jurisprudence [dʒʊərɪs'pruːdəns] *sb* Rechtswissenschaft *f*
juror ['dʒʊərə] *sb* Geschworene(r) *f/m*, Schöffe/Schöffin *m/f*
jury ['dʒʊərɪ] *sb* Geschworene *pl*
justice ['dʒʌstɪs] *sb (system)* Gerichtsbarkeit *f*, Justiz *f*
just-in-time [dʒʌstɪn'taɪm] *adv* just-in-time, produziert zur sofortigen Auslieferung
juxtaposition [dʒʌkstəpə'zɪʃən] *sb* Nebeneinanderdarstellung *f*
keelage ['kiːlɪdʒ] *sb* Hafengebühr *f*
keep [kiːp] *v irr* 1. *(accounts, a diary)* führen; 2. *(an appointment)* einhalten; 3. *(a promise)* halten, einhalten, einlösen; 4. *(run a shop, a hotel)* führen
keeping of an account ['kiːpɪŋ əv ən ə'kaʊnt] *sb* Kontoführung *f*
keeper ['kiːpə] *sb* Verwahrer(in) *m/f*, Halter(in) *m/f*
keeping in stock ['kiːpɪŋ ɪn stɒk] *sb* Lagerhaltung *f*
keeping of the minutes ['kiːpɪŋ əv ðə 'mɪnɪts] *sb* Protokollführung *f*
keeping of the records ['kiːpɪŋ əv ðə 'rekɔːdz] *sb* Registerführung *f*, Geschäftsbuchführung *f*
keeping period ['kiːpɪŋ 'pɪərɪəd] *sb* Aufbewahrungsfrist *f*
kerb market [kɜːb 'mɑːkɪt] *sb* Nachbörse *f*, Freiverkehr *m*
key [kiː] *sb* 1. Schlüssel *m*; 2. *(of a typewriter, of a keyboard)* Taste *f*
key account manager [kiː ə'kaʊnt 'mænɪdʒə] *sb* Key-account-Manager *m*
keyboard ['kiːbɔːd] *sb* Tastatur *f*
key costs [kiː kɒsts] *sb* Hauptkosten *f*
key currency [kiː 'kʌrənsɪ] *sb* Leitwährung *f*
key customer [kiː 'kʌstəmə] *sb* Hauptkunde *m*, Großkunde *m*
key data [kiː 'deɪtə] *sb* Eckdaten *pl*, Schlüsselwerte *m/pl*
key date [kiː deɪt] *sb* Stichtag *m*
key employee [kiː ɪmplɔɪ'iː] *sb* leitende(r) Angestellte(r) *f/m*
key indicator [kiː 'ɪndɪkeɪtə] *sb* Primärindikator *m*
key industry [kiː 'ɪndəstrɪ] *sb* Schlüsselindustrie *f*
key interest rate [kiː 'ɪntrest reɪt] *sb* Leitzinssatz *m*
keylock ['kiːlɒk] *sb* Tastensperre *f*
key money [kiː 'mʌnɪ] *sb (UK)* Provision *f*

Keynes Theory [kiːns 'θɪərɪ] *sb* Keynes'-sche Theorie *f*
key number [kiː 'nʌmbə] *sb* Kontrollnummer *f*
key of payment [kiː əv 'peɪmənt] *sb* Kostenschlüssel *m*
key of ratings [kiː əv 'reɪtɪŋz] *sb* Bewertungsschlüssel *m*
key operating area [kiː 'ɒpəreɪtɪŋ 'eərɪə] *sb* Hauptgeschäftsbereich *m*
key qualification [kiː kwɒlɪfɪ'keɪʃn] *sb* Schlüsselqualifikation *f*
key rate [kiː reɪt] *sb* Leitzins *m*
key responsibility area [kiː rɪspɒnsə'bɪlət 'eərɪə] *sb* Hauptverantwortungsbereich *m*
keystroke ['kiːstrəʊk] *sb* Anschlag *m*
key word [kiː wɜːd] *sb* Schlüsselwort *n*
key workers [kiː 'wɜːkəs] *sb* Stammbelegschaft *f*
kill [kɪl] *v* 1. *(fam) (a proposal)* zu Fall bringen; 2. *(an engine)* abschalten
kilobyte ['kɪləbaɪt] *sb* Kilobyte *n*
kilogramme ['kɪləgræm] *sb (UK)* Kilogramm *n*
kilohertz ['kɪləhɜːts] *sb* Kilohertz *n*
kilometre [kɪ'lɒmɪtə] *sb* Kilometer *m*; ~ per hour Stundenkilometer *m/pl*
kiloton ['kɪlətən] *sb* Kilotonne *f*
kilovolt ['kɪləvɒlt] *sb* Kilovolt *n*
kilowatt ['kɪləwɒt] *sb* Kilowatt *n*
king-sized ['kɪŋsaɪzd] *adj* Riesen..., sehr groß
kite [kaɪt] *sb* 1. Gefälligkeitswechsel; 2. *(uncovered cheque)* ungedeckter Scheck *m*
kite flying [kaɪt 'flaɪɪŋ] *sb* Wechselreiterei *f*
knitwear industry ['nɪtweə 'ɪndəstrɪ] *sb* Strickwarenindustrie *f*
knock down [nɒk daʊn] *v (Auktion)* zuschlagen
knock-down price ['nɒkdaʊn praɪs] *sb* 1. Schleuderpreis *m*; 2. *(auction)* Mindestgebot *n*
knock-for-knock [nɒkfə:'nɒk] *sb (insurance)* gegenseitige Aufrechnung *f*
knockoff ['nɒkɒf] *sb* Imitation *f*
knock-on ['nɒkɒn] *adj* ~ effect Dominoeffekt *m*
knowhow ['nəʊhaʊ] *sb* Sachkenntnis *f*, Know-how *n*
knowhow agreement ['nəʊhaʊ ə'griːmənt] *sb* Lizenzvertrag *m*
knowledge management ['nɒlɪdʒ 'mænɪdʒmənt] *sb* Wissensmanagement *n*

L

label ['leɪbl] v 1. etikettieren; sb 2. Etikett n, Schild n

labeling ['leɪbəlɪŋ] sb Etikettierung f, Kennzeichnung f

labeling provisions ['leɪbəlɪŋ prə'vɪʃns] pl Kennzeichnungsverordnung f

labor market policy ['leɪbə 'mɑːkɪt 'pɒlɪsɪ] sb Arbeitsmarktpolitik f

Labor Promotion Law ['leɪbə prɒ'məʊʃn lɔː] sb Arbeitsförderungsgesetz (AFG) n

labor/employment costs ['leɪbə ɪm'plɔɪmənt kɒsts] sb (Personal) Arbeitskosten f

laboratory [lə'bɒrətrɪ] sb Laboratorium n, Labor n

labour ['leɪbə] sb 1. Arbeit f, Anstrengung f, Mühe f; 2. (workers) Arbeiter pl, Arbeitskräfte pl

labour and management ['leɪbə ænd 'mænɪdʒmənt] sb Tarifpartner m/pl, Tarifparteien f/pl

labour agreement ['leɪbə ə'griːmənt] sb Tarifvertrag m

labour cost level ['leɪbə kɒst 'levl] sb Lohnkostenniveau n

labour costs ['leɪbə kɒsts] pl Lohnkosten pl

labour cost subsidy ['leɪbə kɒst 'sʌbsədɪ] sb Lohnkostenzuschuss m

labour court ['leɪbə kɔːt] sb Arbeitsgericht n

labour exchange ['leɪbə ɪk'stʃeɪndʒ] sb (UK) Arbeitsamt n

labour grading ['leɪbə 'greɪdɪŋ] sb Arbeitsbewertung f

labour law ['leɪbə lɔː] sb Arbeitsrecht n

labour leader ['leɪbə 'liːdə] sb Gewerkschaftsführer m

labour market ['leɪbə 'mɑːkɪt] sb Arbeitsmarkt m

labour permit ['leɪbə 'pɜːmɪt] sb Arbeitserlaubnis f, Arbeitsgenehmigung f

labour relations ['leɪbə rɪ'leɪʃənz] pl Arbeitsverhältnis, Arbeitsklima n

labour time standard ['leɪbə taɪm 'stændəd] sb Arbeitszeitvorgabe f

labourer ['leɪbərə] sb Arbeiter m, Arbeitskraft f

labour-intensive ['leɪbərɪntensɪv] adj arbeitsintensiv

lack [læk] v 1. Mangel haben an, nicht haben, nicht besitzen; sb 2. Mangel m

lack of foreign exchange [læk əv 'fɒrɪn ɪk'stʃeɪndʒ] sb Devisenmangel m

lack of jurisdiction [læk əv dʒʊərɪs'dɪkʃən] sb Unzuständigkeit f

lack of liquidity [læk əv lɪ'kwɪdɪtɪ] sb Unterliquidität f

lading ['leɪdɪŋ] sb Ladung f

lag [læg] sb Verzögerung f, Rückstand m

lagged adjustment of variable costs [lægd ə'dʒʌstmənt əv 'veərɪəbl kɒsts] sb Kostenremanenz f

land bank [lænd bæŋk] sb Bodenkreditanstalt f, Hypothekenbank f

land central bank [lænd 'sentrəl bæŋk] sb Landeszentralbank (LZB) f

land charge ['lænd tʃɑːdʒ] sb Grundschuld f

land charge certificate [lænd tʃɑːdʒ sə'tɪfɪkət] sb Grundschuldbrief m

land charge in favour of the owner [lænd tʃɑːdʒ ɪn 'feɪvə əv ðiː 'əʊnə] sb Eigentümer-Grundschuld f

land charge not repayable until called [lænd tʃɑːdʒ nɒt riː'peɪəbl ʌntɪl kɔːld] sb Kündigungsgrundschuld f

land credit [lænd 'kredɪt] sb Immobiliarkredit m

land holder [lænd 'həʊldə] sb Grundbesitzer m

land investment [lænd ɪn'vestmənt] sb Grundstücksanlage f

land price [lænd praɪs] sb Bodenpreis m

land reform [lænd rɪ'fɔːm] sb Bodenreform f

land surveying [lænd sə'veɪɪŋ] sb Landvermessung f

land tenancy [lænd 'tenənsɪ] sb Landpacht f, Grundstückspacht f

land transfer tax [lænd 'trænsfɜː tæks] sb Grunderwerbssteuer f

landlord ['lændlɔːd] sb Vermieter m

lane [leɪn] sb 1. (shipping route) Schifffahrtsweg m; 2. (of an aircraft) Route f

lapse [læps] sb 1. (of time) Zeitspanne f, Zeitraum m; 2. (expiration) Ablauf m; 3. (of a claim) Verfall m; 4. (mistake) Fehler m, Versehen n

lapse profit [læps 'prɒfɪt] sb Stornogewinn m

lapse provision [læps prə'vɪʒən] sb Stornoklausel f

laptop ['læptɒp] sb Laptop m

large container [lɑːdʒ kən'teɪnə] sb Großcontainer m

large-scale ['lɑː:dʒskeɪl] *adj* Groß..., groß, umfangreich
large-scale chain operation ['lɑː:dʒskeɪl tʃeɪn ɒpəˈreɪʃn] *sb* Massenfilialbetrieb *m*
large-scale lending ['lɑː:dʒskeɪl 'lendɪŋ] *sb* Großkredit *m*
large-scale operation ['lɑː:dʒskeɪl ɒpəˈreɪʃn] *sb* Großbetrieb *m*, Großunternehmen *n*
large-scale order ['lɑː:dʒskeɪl 'ɔː:də] *sb* Großauftrag *m*
laser printer ['leɪzə 'prɪntə] *sb* Laserdrucker *m*
last will and testament ['lɑː:st wɪl ænd 'testəmənt] *sb* Testament *n*
last-day business [lɑː:st'deɪ 'bɪznɪs] *sb* Ultimogeschäft *n*
last-day money [lɑː:st'deɪ 'mʌnɪ] *sb* Ultimogeld *n*
latency time ['leɪtənsɪ taɪm] *sb* Zugriffszeit *f*, Wartezeit *f*
lateness ['leɪtnɪs] *sb* 1. Zuspätkommen *n*; 2. (of payments, of a train) Verspätung *f*
latent funds ['leɪtənt fʌndz] *pl* stille Rücklage *f*
launch [lɔ:ntʃ] *v* 1. (a product) auf den Markt bringen; 2. (with publicity) lancieren; 3. (a company) gründen
launch customer [lɔ:ntʃ 'kʌstəmə] *sb* Pilotkunde/Pilotkundin *m/f*
launch of a product [lɔ:ntʃ əv ə 'prɒdʌkt] *sb* Produkteinführung *f*
launching costs ['lɔ:ntʃɪŋ kɒsts] *pl* Anlaufkosten *pl*
launching finance ['lɔ:ntʃɪŋ 'faɪnæns] *sb* Anschubfinanzierung *f*
law [lɔ:] *sb* 1. (system) Recht *n*; under German ~ nach deutschem Recht
law of balancing organizational plans [lɔ: əv 'bælənsɪŋ ɔ:gənaɪ'zeɪʃnl plænz] *sb* Ausgleichsgesetz der Planung *n*
law of non-proportional returns [lɔ: əv nɒnprɒ'pɔ:ʃənl rɪ'tɜ:nz] *sb* Ertragsgesetz *n*
law of obligations [lɔ: əv ɒblɪ'ɡeɪʃns] *sb* Schuldrecht *n*
law of real and personal property [lɔ: əv 'rɪəl ænd 'pɜ:sənl 'prɒpəti] *sb* Sachenrecht *n*
Law of Succession [lɔ: əv sʌk'seʃn] *sb* Erbrecht *n*
law of taxation [lɔ: əv tæk'seɪʃn] *sb* Steuerrecht *n*
law on competition [lɔ: ɒn kɒmpəˈtɪʃən] *sb* Wettbewerbsrecht *n*
Law on Environmental Issues [lɔ: ɒn ɪnvaɪrən'mentl 'ɪʃu:s] *sb* Umwelthaftungsgesetz (UmweltHG) *n*

Law on food processing and distribution [lɔ: ɒn fu:d 'prəʊsesɪŋ ænd dɪstrɪ'bju:ʃn] *sb* Lebensmittelgesetz *n*
Law on old-age part-time employment [lɔ: ɒn 'əʊld-eɪdʒ 'pɑ:t-taɪm ɪm'plɔɪmənt] *sb* Altersteilzeitgesetz *n*
lawful ['lɔ:fəl] *adj* rechtmäßig
lawless ['lɔ:ləs] *adj* gesetzlos
lawsuit ['lɔ:su:t] *sb* Prozess *m*, Klage *f*
lawyer ['lɔ:jə] *sb* Anwalt/Anwältin *m/f*, Rechtsanwalt/Rechtsanwältin *m/f*
lay off [leɪ 'ɒf] *v irr* (worker) entlassen
layoff ['leɪɒf] *sb* Massenentlassung *f*
lay out [leɪ aʊt] *v irr* 1. (money) ausgeben; 2. (invest) investieren; 3. (design) anlegen, planen
layout ['leɪaʊt] *sb* 1. Anordnung *f*, Anlage *f*, Planung *f*; 2. (of a publication) Layout *n*
lead [liːd] *v irr* führen; ~ the way vorangehen
lead contractor [liːd kən'træktə] *sb* Generalunternehmer(in) *m/f*
lead hand ['liːd hænd] *sb* Vorarbeiter(in) *m/f*
leader ['liːdə] *sb* (of a project) Leiter(in) *m/f*
leadership ['liːdəʃɪp] *sb* 1. Führung *f*, Leitung *f*; 2. (quality) Führungsqualitäten *pl*
lead time [liːd taɪm] *sb* 1. (production) Produktionszeit *f*; 2. (delivery) Lieferzeit *f*
leaflet ['liːflɪt] *sb* Prospekt *m*, Flugblatt *n*
learning curve ['lɜːnɪŋ kɜːv] *sb* Lernkurve *f*
lease [liːs] *v* 1. (take) pachten, in Pacht nehmen, mieten; 2. (give) verpachten, in Pacht geben, vermieten; *sb* Pacht *f*, Miete *f*
leasehold ['liːshəʊld] *sb* Pacht *f*
leasehold rent ['liːshəʊld rent] *sb* Pachtzins *m*
leaseholder ['liːshəʊldə] *sb* Pächter *m*
lease renewal option [liːs rɪ'nju:əl 'ɒpʃn] *sb* Mietverlängerungsoption *f*
lease with option to purchase [liːs wɪð 'ɒpʃn tu: 'pɜ:tʃɪs] *sb* Mietkauf *m*
leasing ['liːsɪŋ] *sb* Leasing *n*
leasing company ['liːsɪŋ 'kʌmpəni] *sb* Leasing-Gesellschaft *f*
leasing contract ['liːsɪŋ 'kɒntrækt] *sb* Leasing-Vertrag *m*
leasing payment ['liːsɪŋ 'peɪmənt] *sb* Leasing-Rate *f*
leasing rate ['liːsɪŋ reɪt] *sb* Leasingrate *f*
leasing rental ['liːsɪŋ 'rentl] *sb* Pachtertrag *m*
leave [liːv] *v irr* 1. weggehen; 2. (car, bus, train) abfahren; 3. (plane) abfliegen; ~ for fahren nach; 3. (a message, a scar) ~ behind hinterlassen; 4. (entrust) überlassen; *sb* 5. (time off) Urlaub *m*

leave bonus [ˈliːv ˈbəʊnəs] *sb* Urlaubsgeld *n*
ledger [ˈledʒə] *sb* Hauptbuch *n*
ledger account [ˈledʒə əˈkaʊnt] *sb* Sachkonto *n*
legacy [ˈleɡəsɪ] *sb* Vermächtnis *n*
legal [ˈliːɡl] *adj (lawful)* legal; *(tender, limit)* gesetzlich
legal action [ˈliːɡl ˈækʃən] *sb* Klage *f*, Rechtsstreit *m*; take ~ against s.o. gegen jdn gerichtlich vorgehen
legal adviser [ˈliːɡl ədˈvaɪzə] *sb* Syndikus *m*, Rechtsbeistand *m*
legal aid [ˈliːɡəl eɪd] *sb* Rechtsbeistand *m*, Rechtshilfe *f*
legal capacity [ˈliːɡəl kəˈpæsɪtɪ] *sb* Rechtsfähigkeit *f*
legal competence [ˈliːɡl ˈkɒmpɪtəns] *sb* Geschäftsfähigkeit *f*
legal costs [ˈliːɡəl kɒsts] *pl* Gerichtskosten *pl*
legal entity [ˈliːɡəl ˈentɪtɪ] *sb* juristische Person *f*
legal fees [ˈliːɡəl fiːz] *pl* Gerichtskosten *pl*
legal forms of commercial entities [ˈliːɡəl fɔːmz əv kəˈmɜːʃl ˈentɪtɪs] *pl* Gesellschaftsformen *pl*
legalize [ˈliːɡəlaɪz] *v* legalisieren
legally restricted retained earnings [ˈliːɡəlɪ rɪˈstrɪktɪd rɪˈteɪnd ˈɜːnɪŋs] *pl* gesetzliche Rücklage *f*
legal obligation to capitalize [ˈliːɡəl ɒblɪˈɡeɪʃn tuː ˈkæpɪtəlaɪz] *sb* Aktivierungspflicht *f*
legal obligation to disclose one's results [ˈliːɡəl ɒblɪˈɡeɪʃn tuː dɪsˈkləʊz wʌns rɪˈzʌlts] *sb* Anzeigepflicht *f*
legal position [ˈliːɡəl pəˈzɪʃən] *sb* Rechtslage *f*, rechtliche Lage *f*
legal prohibition to capitalize [ˈliːɡəl prəʊhɪˈbɪʃn tuː ˈkæpɪtəlaɪz] *sb* Aktivierungsverbot *n*
legal recourse for non-payment of a bill [ˈliːɡəl rɪˈkɔːs fɔː nɒnˈpeɪmənt əv ə bɪl] *sb* Wechselregress *m*
legal relationship [ˈliːɡəl rɪˈleɪʃənʃɪp] *sb* Rechtsverhältnis *n*
legal remedy [ˈliːɡəl ˈremədɪ] *sb* Rechtsbehelf *m*
legal responsibility [ˈliːɡəl rɪsponsəˈbɪlɪtɪ] *sb* Rechtshaftung *f*
legal settlement in bankruptcy [ˈliːɡəl ˈsetlmənt ɪn ˈbæŋkrʌpsɪ] *sb* Zwangsvergleich *m*
legal situation [ˈliːɡəl sɪtjuˈeɪʃən] *sb* Rechtslage *f*, rechtliche Lage *f*

legal structure [ˈliːɡəl ˈstrʌkʃə] *sb* Rechtsform *f*
legal succession [ˈliːɡəl sʌkˈseʃn] *sb* Rechtsnachfolge *f*
legal supervision [ˈliːɡəl suːpəˈvɪʒn] *sb* Rechtsaufsicht *f*
legal system [ˈliːɡəl ˈsɪstəm] *sb* Rechtsordnung *f*
legal tender [ˈliːɡəl ˈtendə] *sb* gesetzliches Zahlungsmittel *n*
legal transaction [ˈliːɡəl trænˈzækʃn] *sb* Rechtsgeschäft *n*
legal transaction in fulfillment of an obligation [ˈliːɡəl trænˈzækʃn ɪn fʊlˈfɪlmənt əv ən ɒblɪˈɡeɪʃn] *sb* Erfüllungsgeschäft *n*
legislation [ledʒɪsˈleɪʃən] *sb* Gesetzgebung *f*; *(laws)* Gesetze *n/pl*
legislative sovereignty [ˈledʒɪslətɪv ˈsɒvərɪntɪ] *sb* Gesetzgebungshoheit *f*
lend [lend] *v irr* leihen, verleihen
lender [ˈlendə] *sb* Darlehensgeber *m*
lending limit [ˈlendɪŋ ˈlɪmɪt] *sb* Beleihungssatz *m*
lending margin [ˈlendɪŋ ˈmɑːdʒɪn] *sb* Kreditrente *f*, Kreditzinsen *pl*
lending on bills [ˈlendɪŋ ɒn bɪlz] *sb* Wechsellombard *m*
lending on goods [ˈlendɪŋ ɒn ɡʊdz] *sb* Warenbeleihung *f*
lending on securities [ˈlendɪŋ ɒn sɪˈkjʊərɪtɪz] *sb* Wertpapierleihe *f*, Lombardgeschäft *n*
lending rate [ˈlendɪŋ reɪt] *sb* Lombardzinsfuß *m*
lend-lease [ˈlendˈliːs] *sb* ~ agreement Leih-Pacht-Abkommen *n*
less [les] *prep* abzüglich
lessee [leˈsiː] *sb* 1. Pächter *m*, 2. Mieter *m*, 3. Leasing-Nehmer *m*
lessor [leˈsɔː] *sb* Verpächter(in) *m/f*, Vermieter(in) *m/f*
let [let] *v irr* 1. *(UK: hire out)* vermieten; *sb* 2. Vermietung *f*, Verpachtung *f*
let-down [ˈletdaʊn] *sb* Abnahme *f*, Rückgang *m*
letter [ˈletə] *sb (written message)* Brief *m*, Schreiben *n*
letter-box [ˈletəbɒks] *sb* Briefkasten *m*
letterhead [ˈletəhed] *sb* Briefkopf *m*; *(paper with ~)* Kopfbogen *m*
letter of acceptance [ˈletər əv əkˈseptəns] *sb* Akzept *n*
letter of allotment [ˈletər əv əˈlɒtmənt] *sb* Bezugsrechtsmitteilung *f*

letter of application ['letər əv æpli'keiʃən] *sb* Bewerbungsschreiben *n*, Bewerbung *f*
letter of authority ['letər əv ɔː'θɒrəti] *sb* Vollmachtserklärung *f*
letter of confirmation ['letər əv kɒnfə'meiʃn] *sb* Bestätigungsschreiben *n*
letter of credit (L/C) ['letər əv 'kredit] *sb* Kreditbrief (L/C) *m*, Akkreditiv *n*
letter of deposit ['letər əv di'pɒzit] *sb* Hinterlegungsurkunde *f*
letter of recommendation ['letər əv rekəmen'deiʃən] *sb* Empfehlungsschreiben *n*, Referenz *f*
letter of reference ['letər əv 'refərəns] *sb* Zeugnis *n*
letter of renunciation ['letər əv rinʌnsi'eiʃən] *sb* Verzichtserklärung *f*
letter of thanks ['letər əv θæŋks] *sb* Dankschreiben *n*
level ['levl] *sb (standard)* Niveau *n*, Ebene *f*
level of employment ['levl əv im'plɔimənt] *sb* Beschäftigungsgrad *m*
level of internationalization ['levl əv intənæʃənəlai'zeiʃn] *sb* Internationalisierungsgrad *m*
level of organization ['levl əv ɔːgənai'zeiʃn] *sb (Betrieb)* Organisationsgrad *m*
level of taxation ['levl əv tæk'seiʃən] *sb* Steuerlastquote *f*
levelling ['levəliŋ] *sb* Nivellierung *f*
leverage effect ['liːvəridʒ i'fekt] *sb* Leverage-Effekt *m*
leveraged buyout ['liːvəridʒd 'baiaut] *sb* Management-Buyout *n*
levy ['levi] *sb* 1. *(tax)* Steuer *f*, Abgaben *pl*; 2. *(act of ~ing)* Erhebung *f*, Umlage *f*
levy on mortgage profits ['levi ɒn 'mɔːgidʒ 'prɒfits] *sb* Hypothekengewinnabgabe *f*
liabilities [laiə'bilitiːz] *pl* Passiva *pl*
liability [laiə'biliti] *sb* 1. Obligo *n*, Verbindlichkeit *f*; 2. *assets and liabilities* Aktiva und Passiva *pl*; 3. *(responsibility)* Haftung *f*
liability account [laiə'bilәti ə'kaunt] *sb* Passivkonto *n*
liability for breach of warranty [laiə'biliti fɔː 'briːtʃ əv 'wɒrənti] *sb* Gewährleistungshaftung *f*, Garantiehaftung *f*
liability for damages [laiə'biliti fɔː 'dæmidʒiz] *sb* Schadensersatzpflicht *f*
liability of heirs [laiə'biliti əv eəz] *sb* Erbenhaftung *f*
liability to insure [laiə'biliti tuː in'ʃuə] *sb* Versicherungspflicht *f*

liable equity capital ['laiəbl 'ekwiti 'kæpitl] *sb* Haftungskapital *n*
liable funds ['laiəbl 'fʌnds] *pl* haftendes Eigenkapital *n*
liable to prosecution ['laiəbl tuː prɒsi'kjuːʃən] *adj* straffällig
liable to tax ['laiəbl tuː tæks] *adj* abgabenpflichtig, steuerpflichtig
liaison ['liːeizən] *sb* 1. Verbindung *f*, Zusammenarbeit *f*; 2. *(person)* Verbindungsmann *m*
liberal ['libərəl] *adj (supply)* großzügig; *(politically)* liberal
liberal profession ['libərəl prɒ'feʃn] *sb* freier Beruf *m*
liberalism ['libərəlizm] *sb* Liberalismus *m*
liberalization of foreign trade [libərəlai'zeiʃn əv 'fɒrin treid] *sb* Liberalisierung *f* des Außenhandels *m*
liberation of capital [libə'reiʃn əv 'kæpitl] *sb* Kapitalfreisetzung *f*
Libor loan ['laibə ləun] *sb* Liboranleihe *f*
licence ['laisəns] *sb* Genehmigung *f*, Erlaubnis *f*, Lizenz *f*, Konzession *f*
licence agreement ['laisəns ə'griːmənt] *sb* Lizenzvertrag *m*
licence fee ['laisəns fiː] *sb* Lizenzgebühr *f*
licence number ['laisəns 'nʌmbə] *sb* Kraftfahrzeugnummer *f*, Kraftfahrzeugkennzeichen *n*
license ['laisəns] *v* 1. eine Lizenz vergeben an; 2. *(a product)* lizensieren, konzessionieren; *sb* 3. *(US: see "licence")*
license to trade ['laisəns tuː treid] *sb* Gewerbeschein *m*
licensee [laisən'siː] *sb* Konzessionsinhaber *m*, Lizenzinhaber *m*
licenser ['laisənsə] *sb* Lizenzgeber *m*
licensing application ['laisənsiŋ æpli'keiʃn] *sb* Zulassungsantrag *m*
licensor ['laisənsə] *sb (US: siehe „licenser")*
lien ['liːn] *sb* Pfandrecht *n*
life annuity [laif ə'njuːiti] *sb* Leibrente *f*
life assurance [laif ə'ʃuərəns] *sb (UK)* Lebensversicherung *f*
life cycle of a product [laif 'saikl əv ə 'prɒdʌkt] *sb* Lebenszyklus eines Produkts *m*
life insurance [laif in'ʃuərəns] *sb* Lebensversicherung *f*
limit ['limit] *v* 1. begrenzen, beschränken, einschränken; *sb* 2. Grenze *f*, Beschränkung *f*, Begrenzung *f*; *"off ~s" pl* "Zutritt verboten"
limitation [limi'teiʃən] *sb* Beschränkung *f*, Einschränkung *f*; *(statutory period of ~)* Verjährung *f*, Verjährungsfrist *f*

limitation of actions [lɪmɪ'teɪʃən əv 'ækʃənz] sb Verjährung f
limited ['lɪmɪtɪd] adj begrenzt, beschränkt
limited capacity to enter into legal transactions ['lɪmɪtɪd kə'pæsɪtɪ tuː 'entə 'ɪntuː 'liːgəl træn'zækʃns] sb beschränkte Geschäftsfähigkeit f
limited commercial partnership ['lɪmɪtɪd kə'mɜːʃl 'pɑːtnəʃɪp] sb Kommanditgesellschaft (KG) f
limited company ['lɪmɪtɪd 'kʌmpənɪ] sb Aktiengesellschaft f
limited dividend ['lɪmɪtɪd 'dɪvɪdend] sb limitierte Dividende f
limited employment contract ['lɪmɪtɪd ɪm'plɔɪmənt 'kɒntrækt] sb befristetes Arbeitsverhältnis n
limited liability ['lɪmɪtɪd laɪə'bɪlɪtɪ] sb beschränkte Haftung f
limited liability company ['lɪmɪtɪd laɪə'bɪlɪtɪ 'kʌmpənɪ] sb Gesellschaft mit beschränkter Haftung (GmbH) f
limited liability shareholder ['lɪmɪtɪd laɪə'bɪlɪtɪ 'ʃeəhəʊldə] sb Kommanditaktionär m
limited partner ['lɪmɪtɪd 'pɑːtnə] sb Kommanditist m
limited partnership ['lɪmɪtɪd 'pɑːtnəʃɪp] sb Kommanditgesellschaft f
limiting value ['lɪmɪtɪŋ 'væljuː] sb Grenzwert m
limit of liability ['lɪmɪt əv laɪə'bɪlɪtɪ] sb Haftungsgrenze f
line [laɪn] sb 1. (of products) Produktlinie f; 2. (type of business) Branche f, Fach n; What's his ~? Was macht er beruflich? 3. (telephone ~) Leitung f, Hold the ~! Bleiben Sie am Apparat! 4. (of products) Posten m
linear depreciation ['lɪnɪə dɪpriː'ʃɪeɪʃən] sb lineare Abschreibung f
linear measures ['lɪnɪə 'meʒəs] pl Längenmaße n/pl
line management [laɪn 'mænɪdʒmənt] sb Fachgebietsleitung f
line of acceptance [laɪn əv ək'septæns] sb Akzeptlinie f
line of business ['laɪn əv 'bɪznɪs] sb Branche f, Zweig m, Sparte f
line of goods [laɪn əv 'gʊdz] sb Artikelserie f, Warensortiment n
line of resistance [laɪn əv rɪ'sɪstəns] sb Widerstandslinie f
line-staff organization structure ['laɪnstɑːf ɔːgənaɪ'zeɪʃn 'strʌkʃə] sb Stab-Linien-Organisation f

linked currency [lɪŋkd 'kʌrənsɪ] sb gebundene Währung f
liquid assets ['lɪkwɪd 'æsɪts] pl flüssige Mittel n/pl
liquid money market ['lɪkwɪd 'mʌnɪ 'mɑːkɪt] sb flüssiger Geldmarkt m
liquid reserves ['lɪkwɪd rɪ'zɜːvz] pl Liquiditätsreserve f
liquidate ['lɪkwɪdeɪt] v (a company) liquidieren, auflösen; (a debt) tilgen
liquidating dividend ['lɪkwɪdeɪtɪŋ 'dɪvɪdend] sb Liquidationsrate f
liquidation [lɪkwɪ'deɪʃn] sb Liquidation f, Realisierung f, Tilgung f
liquidation account [lɪkwɪ'deɪʃn ə'kaʊnt] sb Abwicklungskonto n
liquidation bond [lɪkwɪ'deɪʃn bʌnd] sb Liquidationsschuldverschreibung f
liquidation certificate [lɪkwɪ'deɪʃn sɜː'tɪfɪkɪt] sb Liquidationsanteilsschein m
liquidation fee [lɪkwɪ'deɪʃn fiː] sb Liquidationsgebühr f
liquidation gain [lɪkwɪ'deɪʃn geɪn] sb Verwertungsgewinn m
liquidation outpayment rate [lɪkwɪ'deɪʃn aʊt'peɪmənt reɪt] sb Liquidationsauszahlungskurs m
liquidation-type composition [lɪkwɪ'deɪʃn taɪp kɒmpə'zɪʃn] sb Liquidationsvergleich m
liquidator ['lɪkwɪdeɪtə] sb Liquidator m
liquidity [lɪ'kwɪdɪtɪ] sb (of assets) Liquidität f
liquidity audit [lɪ'kwɪdɪtɪ 'ɔːdɪt] sb Liquiditätsprüfung f
liquidity crunch [lɪ'kwɪdɪtɪ krʌntʃ] sb Zahlungsstockung f
liquidity loan [lɪ'kwɪdɪtɪ ləʊn] sb Liquiditätsanleihe f
liquidity loss [lɪ'kwɪdɪtɪ lɒs] sb Liquiditätsentzug m
liquidity management [lɪ'kwɪdɪtɪ 'mænɪdʒmənt] sb Liquiditätsmanagement n, Liquiditätssteuerung f
liquidity of the banking system [lɪ'kwɪdɪtɪ əv ðə 'bæŋkɪŋ 'sɪstəm] sb Bankenliquidität f
liquidity papers [lɪ'kwɪdɪtɪ 'peɪpəs] pl Liquiditätspapier n
liquidity ratio [lɪ'kwɪdɪtɪ 'reɪʃɪəʊ] sb Deckungsgrad m, Liquiditätsgrad m, Liquiditätsquote f
liquidity reserves [lɪ'kwɪdɪtɪ rɪ'zɜːvz] pl Liquiditätsreserve f
liquidity risk [lɪ'kwɪdɪtɪ rɪsk] sb Liquiditätsrisiko n

liquidity squeeze [li'kwiditi skwi:z] sb Liquiditätsengpass *m*
liquidity status [li'kwiditi 'steitəs] sb Liquiditätsstatus *m*
liquidity syndicate bank [li'kwiditi 'sindikət bæŋk] sb Liquiditätskonsortialbank *f*
liquidity theory [li'kwiditi 'θiəri] sb Liquiditätstheorie *f*
listing ['listiŋ] sb 1. Auflistung *f*; 2. (stock index) Börsenzulassung *f*, Börsennotierung *f*
list of balances [list əv 'bælənsiz] sb Saldenbilanz *f*
list of exchange [list əv ik'stʃeindʒ] sb Devisenkurszettel *m*
list of insolvent [list əv in'sɒlvənt] sb Schuldnerverzeichnis *n*
list of securities deposited [list əv si'kjʊəritiːz di'pɒzitid] sb Depotaufstellung *f*
list of securities eligible as collateral [list əv si'kjʊəritiːz 'elidʒibl æz kɒ'lætərəl] sb Lombardverzeichnis *n*
list of serial numbers of securities purchases [list əv 'siəriəl 'nʌmbəz əv si'kjʊəritiːz 'pɜːtʃisiz] sb Nummernverzeichnis *n*
list price [list prais] sb Listenpreis *m*
liter ['liːtə] sb (US: siehe "litre")
litigant ['litigənt] sb Prozess führende Partei *f*
litre ['liːtə] sb Liter *m*
load [ləʊd] v 1. laden, beladen; ~ up auf-laden; sb 2. (cargo) Ladung *f*, Fracht *f*
loading ['ləʊdiŋ] sb Ladung *f*, Fracht *f*
loading charges ['ləʊdiŋ 'tʃɑːdʒiz] sb Verladekosten *pl*, Frachtkosten *pl*
loan [ləʊn] v 1. leihen; sb 2. Darlehen *n*, Anleihe *f*, Kredit *m*
loan at variable rates [ləʊn æt 'væriəbl reits] sb zinsvariable Anleihe *f*
loan business [ləʊn 'biznis] sb Anleihegeschäft *n*
loan calculation [ləʊn kælkjʊ'leiʃn] sb Anleiheberechnung *f*
loan ceiling ['ləʊn siːliŋ] sb Kreditobergrenze *f*, Kredithöchstgrenze *f*
loan custodianship [ləʊn kʌs'təʊdiənʃip] sb Anleihetreuhänderschaft *f*
loan extension [ləʊn ik'stenʃn] sb Kreditvergabe *f*, Kreditgewährung *f*
loan financing [ləʊn fai'nænsiŋ] sb Darlehensfinanzierung *f*
loan for special purposes [ləʊn fɔː 'speʃl 'pɜːpəsiz] sb Objektkredit *m*
loan granted by way of bank guarantee [ləʊn 'grɑːntid bai 'wei əv 'bæŋk gærən'tiː] sb Avalkredit *m*

loan granted for building purposes ['ləʊn 'grɑːntid fɔː 'bildiŋ 'pɜːpəsiz] sb Bauspardarlehen *n*
loan granted in form of a mortgage bond ['ləʊn 'grɑːntid in fɔːm əv ə 'mɔːgidʒ bɒnd] sb Naturadarlehen *n*
loan granted to a local authority ['ləʊn 'grɑːntid tuː ə 'ləʊkl ɔː'θɒriti] sb Kommunaldarlehen *n*
loan guarantee [ləʊn gærən'tiː] sb Kreditbürgschaft *f*
loan in foreign currency [ləʊn in 'fɒrin 'kʌrənsi] sb Valuta-Anleihen *f/pl*
loan of credit [ləʊn əv 'kredit] sb Kreditleihe *f*
loan on a gold basis ['ləʊn ɒn ə gəʊld 'beisiz] sb Goldanleihe *f*
loan on a trust basis ['ləʊn ɒn ə trʌst 'beisiz] sb Treuhandkredit *m*
loan on landed property ['ləʊn ɒn 'lændid 'prɒpəti] sb Bodenkredit *m*
loan repayable in full at a due date [ləʊn riː'peiəbl in 'fʊl æt ə djuː deit] sb Zinsanleihe *f*
loan with profit participation [ləʊn wiθ 'prɒfit pɑːtisi'peiʃn] sb Beteiligungsdarlehen *n*
loans granted to members of a managing board [ləʊns 'grɑːntid tuː 'membəs əv ə 'mænidʒiŋ bɔːd] sb Organkredit *m*
lobby ['lɒbi] v 1. Einfluss nehmen; sb 2. Lobby *f*; 3. Vorzimmer *n*
lobbyist ['lɒbiːist] sb Lobbyist *m*
local ['ləʊkl] adj örtlich, Orts...
local authorities bank ['ləʊkl ɔː'θɒritiz bæŋk] sb Kommunalbank *f*
local authorities loan ['ləʊkl ɔː'θɒritiz ləʊn] sb Kommunalanleihe *f*
local authority ['ləʊkl ɔː'θɒriti] sb (UK) örtliche Behörde *f*
local authority loan ['ləʊkl ɔː'θɒriti ləʊn] sb Kommunalanleihen *f/pl*
local bank ['ləʊkl bæŋk] sb Lokalbank *f*
local bill ['ləʊkl 'bil] sb Platzwechsel *m*
local bond ['ləʊkl 'bɒnd] sb Kommunalobligation *f*
local call ['ləʊkl kɔːl] sb Ortsgespräch *n*
local expenses ['ləʊkl iks'pensiz] sb Platzspesen *pl*
localization [ləʊkəlai'zeiʃn] sb Lokalisierung *f*, Dezentralisierung *f*
local stock exchange ['ləʊkl stɒk iks'tʃeindʒ] sb Lokalbörse *f*
local time ['ləʊkl taim] sb Ortszeit *f*

local transfer [ˈləʊkəl ˈtrænsfə] sb Platzübertragung f
location [ləʊˈkeɪʃən] sb Standort m, Lage f
locational [ləʊˈkeɪʃənəl] adj standortbedingt
location factor [ləʊˈkeɪʃən ˈfæktə] sb Standortfaktor m
lock out [lɒk ˈaʊt] v aussperren
lockage [ˈlɒkɪdʒ] sb (fees) Schleusengebühr f
locker [ˈlɒkə] sb Schließfach n
lockout [ˈlɒkaʊt] sb (of workers) Aussperrung f
log [lɒg] v – in einloggen
logistics [ləˈdʒɪstɪks] pl Logistik f
logo [ˈləʊgəʊ] sb Logo n, Emblem n
long-distance call [lɒŋ ˈdɪstəns kɔːl] sb Ferngespräch n
long distance giro [lɒŋ ˈdɪstæns ˈdʒaɪrəʊ] sb Ferngiro n
long distance traffic [lɒŋ ˈdɪstəns ˈtræfɪk] sb Fernverkehr m
long run [ˈlɒŋ rʌn] sb lange Sicht f
long-term [ˈlɒŋtɜːm] adj langfristig, Langzeit...
long-term credit [ˈlɒŋtɜːm ˈkredɪt] sb langfristiger Kredit m
long-term deposit [ˈlɒŋtɜːm dɪˈpɒsɪt] sb langfristige Einlage f
loose-leaf savings book [ˈluːsliːf ˈseɪvɪŋz bʊk] sb Loseblattsparbuch n
loro account [ˈlɒrəʊ əˈkaʊnt] sb Lorokonto n
loro balance [ˈlɒrəʊ ˈbæləns] sb Loroguthaben n
lorry [ˈlɒrɪ] sb (UK) Lastwagen m, Lastkraftwagen m
lorry-load [ˈlɒrɪləʊd] sb Wagenladung f, Lastwagenladung f
losing business [ˈluːzɪŋ ˈbɪznɪs] sb Verlustgeschäft n
loss [lɒs] sb Damnum n, Verlust m
loss adjuster [lɒs əˈdʒʌstə] sb Schadenssachbearbeiter(in) m/f
loss advice [lɒs ədˈvaɪs] sb Schadensanzeige f
loss allocation [lɒs æləˈkeɪʃn] sb Verlustzuweisung f
loss assumption [lɒs əˈsʌmpʃən] sb Verlustübernahme f
loss-compensation [lɒs kɒmpənˈseɪʃn] sb Verlustausgleich m
loss in exchange [lɒs ɪn ɪksˈtʃeɪndʒ] sb Produktionsausfall m
loss in value [lɒs ɪn ˈvæljuː] sb Wertverfall m, Wertverlust m

lossmaker [ˈlɒsmeɪkə] sb (UK) Verlustgeschäft n
loss-making business [ˈlɒsmeɪkɪŋ ˈbɪznɪs] sb Verlustgeschäft n
loss of production [ˈlɒs əv prəˈdʌkʃən] sb Produktionsausfall m
loss on goods in transit [lɒs ɒn gʊdz ɪn ˈtrænsɪt] sb Transportschaden m
loss on stock prices [lɒs ɒn ˈstɒk ˈpraɪsɪz] sb Kursverlust m
loss on takeover [lɒs ɒn ˈteɪkəʊvə] sb Übernahmeverlust m
lost shipment [lɒst ˈʃɪpmənt] sb verloren gegangene Sendung f
lot [lɒt] sb 1. (property, plot) Parzelle f, Gelände n; 2. (quantity) Posten m
lot size [lɒt saɪz] sb (Statistik) Losgröße f
lottery bond [ˈlɒtərɪ bɒnd] sb Lotterieanleihe f, Auslosungsanleihe f
lottery loan [ˈlɒtərɪ ləʊn] sb Prämienanleihe f
lottery premium saving [ˈlɒtərɪ ˈpriːmjəm ˈseɪvɪŋ] sb Gewinnsparen n
lottery quotation [ˈlɒtərɪ kwəʊˈteɪʃn] sb Loskurs m
low-denomination share for small savers [ˈləʊdɪnɒmɪˈneɪʃn ʃeə fɔː smɔːl ˈseɪvəz] sb Volksaktie f
lowest value principle [ˈləʊɪst ˈvæljuː ˈprɪnsɪpl] sb Niederstwertprinzip n
low-grade [ˈləʊgreɪd] adj minderwertig
low-loader [ˈləʊləʊdə] sb Tieflader m
low-margin [ˈləʊˈmɑːdʒɪn] adj mit niedriger Gewinnspanne, knapp kalkuliert
low-paid employment [ˈləʊpeɪd ɪmˈplɔɪmənt] sb geringfügige Beschäftigung f
low-price store [ˈləʊpraɪs stɔː] sb Kleinpreisgeschäft n
low-priced securities [ˈləʊpraɪsd sɪˈkjʊərɪtiːz] sb leichte Papiere n/pl
low-value items [ˈləʊˈvæljuː ˈaɪtəms] pl geringwertige Wirtschaftsgüter n/pl
lull [lʌl] sb Stagnation f, Flaute f
lump sum [ˈlʌmp sʌm] sb 1. Pauschalsumme f, Pauschalbetrag m; 2. Arbeitnehmer-Pauschbetrag m
lump-sum payment [ˈlʌmpsʌm ˈpeɪmənt] sb Kapitalabfindung f
lunch break [ˈlʌntʃ breɪk] sb Mittagspause f
lunch hour [ˈlʌntʃ aʊə] sb Mittagspause f
luxury [ˈlʌkʃərɪ] sb Luxus m
luxury goods [ˈlʌkʃərɪ gʊdz] sb Luxusgüter pl, Luxusartikel pl
luxury tax [ˈlʌkʃərɪ tæks] sb Luxussteuer f

M

machine [məˈʃiːn] sb 1. Maschine f, Apparat m; 2. (vending ~) Automat m
machine accounting [məˈʃiːn əˈkaʊntɪŋ] sb Maschinenbuchhaltung f
machine breakdown [məˈʃiːn ˈbreɪkdaʊn] sb Anlagenausfall m, Maschinenstörung f
machine insurance [məˈʃiːn ɪnˈʃʊərəns] sb Maschinenversicherung f
machine loading [məˈʃiːn ˈləʊdɪŋ] sb Maschinenbelastung f
machine operator [məˈʃiːn ˈɒpəreɪtə] sb Maschinist(in) m/f
machine overhead rate [məˈʃiːn ˈəʊvəhed reɪt] sb Maschinenkostensatz m
machine processing [məˈʃiːn ˈprəʊsesɪŋ] sb maschinelle Produktion f
machine-readable [məˈʃiːnriːdəbl] adj maschinenlesbar, computerlesbar
machinery [məˈʃiːnəri] sb Maschinen f/pl, Maschinenpark m
machine scheduling [məˈʃiːn ˈʃedjuːlɪŋ] sb Maschinenbelegung f
machine utilization [məˈʃiːn juːtɪlaɪˈzeɪʃən] sb Maschinenauslastung f
machining [məˈʃiːnɪŋ] sb maschinelle Bearbeitung f
macroeconomics [mækrəʊiːkəˈnɒmɪks] sb Makroökonomie f
made-to-order [meɪdtuːˈɔːdə] adj auf Bestellung, kundenspezifisch
magazine [ˌmægəˈziːn] sb Zeitschrift f, Magazin n
magnitude [ˈmægnɪtjuːd] sb 1. Größe f; 2. (importance) Bedeutung f
maiden name [ˈmeɪdn neɪm] sb Mädchenname m
mail [meɪl] sb 1. Post f; 2. by ~ mit der Post; v 3. (US) schicken, abschicken
mailbag [ˈmeɪlbæg] sb Postsack m
mailbox [ˈmeɪlbɒks] sb (computer ~) Mailbox f; (US) Briefkasten m
mail distribution [meɪl dɪstrɪˈbjuːʃən] sb Postvertrieb m
mailing department [ˈmeɪlɪŋ dɪˈpɑːtmənt] sb Postabteilung f
mailing list [ˈmeɪlɪŋ lɪst] sb Adressenliste f, Versandliste f
mailing machine [ˈmeɪlɪŋ məˈʃiːn] sb Frankierautomat m

mailman [ˈmeɪlmæn] sb (US) Briefträger m, Postbote m
mail-order [ˈmeɪlɔːdə] adj Postversand...
mail-order business [ˈmeɪlɔːdə ˈbɪznɪs] sb Versandhandel m, Versandgeschäft n
mailshot [ˈmeɪlʃɒt] sb Direktwerbung f
mail transfer [meɪl ˈtrænsfɜː] sb postalische Überweisung f
main centres [meɪn ˈsentəs] sb Hauptplätze m/pl
mainframe [ˈmeɪnfreɪm] sb Großrechner m
main line [meɪn laɪn] sb Hauptstrecke f
maintain [meɪnˈteɪn] v 1. (keep in good condition) in Stand halten; 2. (a machine) warten
maintainer [meɪnˈteɪnə] sb Wärter(in) m/f, für die Wartung zuständige Person f
maintenance [ˈmeɪntənəns] sb 1. Aufrechterhaltung f, Beibehaltung f; 2. (keeping in good condition) Instandhaltung f, Wartung f
maintenance bond [ˈmeɪntənəns bɒnd] sb (US) Gewährleistungsgarantie f
maintenance costs [ˈmeɪntənəns kɒsts] sb Instandhaltungskosten pl
maintenance engineer [ˈmeɪntənəns endʒɪˈnɪə] sb Kundendiensttechniker m
maintenance expenditure [ˈmeɪntənəns ɪksˈpendɪtʃə] sb Erhaltungsaufwand m
maintenance guarantee [ˈmeɪntənəns gærənˈtiː] sb Gewährleistungsgarantie f
maintenance of capital [ˈmeɪntənəns əv ˈkæpɪtl] sb Kapitalerhaltung f
maintenance service [ˈmeɪntənəns ˈsɜːvɪs] sb Wartungsdienst m
majority [məˈdʒɒrɪti] sb Majorität f, Mehrheit f
majority holding [məˈdʒɒrɪti ˈhəʊldɪŋ] sb Mehrheitsbeteiligung f
majority of stock [məˈdʒɒrɪti əv stɒk] sb Aktienmehrheit f
majority of votes [məˈdʒɒrɪti əv vəʊts] sb Stimmenmehrheit f
majority-owned [məˈdʒɒrɪtiəʊnd] adj im Mehrheitsbesitz
majority-ownership [məˈdʒɒrɪtiˈəʊnəʃɪp] sb Mehrheitsbesitz m
majority participation [məˈdʒɒrɪti pɑːtɪsɪˈpeɪʃn] sb Mehrheitsbeteiligung f
majority partner [məˈdʒɒrɪti ˈpɑːtnə] sb Mehrheitsgesellschafter m

make [meɪk] v irr 1. (manufacture) herstellen; 2. (arrangements, a choice) treffen; 3. (earn) verdienen; 4. (a profit, a fortune) machen; sb 5. Marke f, Fabrikat n
make out [meɪk 'aʊt] v irr 1. (write out) ausstellen; 2. (a bill) zusammenstellen
make over [meɪk 'əʊvə] v irr übertragen, abtreten
maker ['meɪkə] sb Hersteller m, Produzent m
makeshift ['meɪkʃɪft] sb 1. Notlösung f, Behelf m; adj 2. provisorisch
make up [meɪk 'ʌp] v irr ausfertigen, bilden
making ['meɪkɪŋ] sb Herstellung f
making out an invoice ['meɪkɪŋ aʊt ən 'ɪnvɔɪs] sb Fakturierung f
making-up price [meɪkɪŋ'ʌp praɪs] sb Kompensationskurs m, Liquidationskurs m
maladjustment [mælə'dʒʌstmənt] sb Unausgeglichenheit f
maladministration [mæləd'mɪnɪstrə] v schlecht verwalten, Misswirtschaft betreiben
malfunction [mæl'fʌŋkʃən] v 1. versagen, schlecht funktionieren; sb 2. Versagen n, schlechtes Funktionieren n
mall [mɔːl] sb 1. Promenade f; 2. shopping ~ Einkaufszentrum n
manage ['mænɪdʒ] v 1. (supervise) führen, verwalten, leiten; 2. (a team, a band) managen
managed currency ['mænɪdʒd 'kʌrənsɪ] sb manipulierte Währung f
management ['mænɪdʒmənt] sb 1. Management n, Führung f, Verwaltung f, Leitung f; 2. (people) Geschäftsleitung f, Geschäftsführung f, Direktion f, Betriebsleitung f
management accounting ['mænɪdʒmənt ə'kaʊntɪŋ] sb internes Rechnungswesen n
management board ['mænɪdʒmənt bɔːd] sb Vorstand m
management bonus ['mænɪdʒmənt 'bəʊnəs] sb Tantieme f
management consultant ['mænɪdʒmənt kən'sʌltənt] sb Unternehmensberater m
management employee ['mænɪdʒmənt emplɔɪ'iː] sb leitende(r) Angestellte(r) f/m
management games ['mænɪdʒmənt geɪmz] sb Planspiel n
management group ['mænɪdʒmənt gruːp] sb Konsortium n
management information system ['mænɪdʒmənt ɪnfə'meɪʃn 'sɪstəm] sb Führungsinformationssystem n, Managementinformationssystem n
management of demand ['mænɪdʒmənt əv dɪ'mɑːnd] sb Nachfragelenkung f, Globalsteuerung f

management of property ['mænɪdʒmənt əv 'prɒpətɪ] sb Vermögensverwaltung f
management techniques ['mænɪdʒmənt tek'niːks] sb Führungstechniken f/pl
management unit (in organizations) ['mænɪdʒmənt 'juːnɪt] sb Instanz (in der Organisation) f
manager ['mænɪdʒə] sb Geschäftsführer m, Leiter m, Direktor m, Manager m
manageress [mænɪdʒə'res] sb Managerin f
managerial [mænə'dʒɪərɪəl] adj Führungs..., leitend
managerial hierarchy [mænə'dʒɪərɪəl 'haɪərɑːkɪ] sb Führungshierarchie f
managerial principles [mænə'dʒɪərɪəl 'prɪnsɪplz] sb Führungsgrundsätze m/pl
managerial staff [mænə'dʒɪərɪəl stɑːf] sb Geschäftsleitung f
manager in bankruptcy ['mænɪdʒə ɪn 'bæŋkrʌpsɪ] sb Konkursverwalter m
managers commission ['mænɪdʒəs kə'mɪʃn] sb Führungsprovision f
managing ['mænɪdʒɪŋ] adj geschäftsführend, leitend, Betriebs...
managing director ['mænɪdʒɪŋ daɪ'rektə] sb Generaldirektor m, Hauptgeschäftsführer m
mandate ['mændeɪt] sb 1. Mandat n; 2. (authorization) Vollmacht f
mandate to provide credit for a third party ['mændeɪt tu prə'vaɪd 'kredɪt fɔː ə θɜːd 'pɑːtɪ] sb Kreditauftrag m
mandatory ['mændətərɪ] adj 1. obligatorisch; 2. to be ~ Pflicht sein
man-hour ['mænaʊə] sb Arbeitsstunde f
manipulate [mə'nɪpjʊleɪt] v 1. manipulieren; 2. (handle, operate) handhaben; 3. (a machine) bedienen
manipulation [mənɪpjʊ'leɪʃən] sb Manipulation f
manner of delivery ['mænər əv dɪ'lɪvərɪ] sb Versandform f
manpower ['mænpaʊə] sb Arbeitskräfte f/pl, Arbeitspotenzial n
manpower policy ['mænpaʊə 'pɒlɪsɪ] sb Arbeitsmarktpolitik f
manual ['mænjʊəl] adj 1. mit der Hand, Hand..., manuell; sb 2. Handbuch n
manual labour ['mænjʊəl 'leɪbə] sb Handarbeit f
manual work ['mænjʊəl wɜːk] sb Handarbeit f
manufactory [mænjʊ'fæktərɪ] sb Manufaktur f

manufacture [mænjʊ'fæktʃə] v 1. herstellen; sb 2. Herstellung f; 3. (products) Waren f/pl, Erzeugnisse n/pl
manufacture to customer's specifications [mænjʊ'fæktʃə tu 'kʌstəməz spesɪfɪ'keɪʃənz] sb Sonderanfertigung f
manufactured quantity [mænjʊ'fæktʃəd 'kwɒntɪtɪ] sb Fertigungsmenge f
manufactured to measure [mænjʊ'fæktʃəd tu 'meʒə] adj maßgefertigt
manufacturer [mænjʊ'fæktʃərə] sb Hersteller m, Erzeuger m
manufacture under license [mænjʊ'fæktʃə 'ʌndə 'laɪsəns] sb Lizenzfertigung f
manufacturing [mænjʊ'fæktʃərɪŋ] sb Erzeugung f, Herstellung f
manufacturing abroad [mænjʊ'fæktʃərɪŋ ə'brɔːd] sb Auslandsfertigung f
manufacturing data sheet [mænjʊ'fæktʃərɪŋ 'deɪtə ʃiːt] sb Fertigungsablaufplan m
margin ['mɑːdʒɪn] sb Marge f, Spanne f
margin account ['mɑːdʒɪn ə'kaʊnt] sb Effektenkreditkonto n
marginal analysis ['mɑːdʒɪnl ə'nælɪsɪs] sb Marginalanalyse f
marginal cost ['mɑːdʒɪnl kɒst] sb Grenzkosten pl
marginal cost accounting ['mɑːdʒɪnl kɒst ə'kaʊntɪŋ] sb Differenzkostenrechnung f
marginal costing ['mɑːdʒɪnl 'kɒstɪŋ] sb Grenzkostenrechnung f, Grenzkostenkalkulation f
marginal earnings ['mɑːdʒɪnl 'ɜːnɪŋs] sb Grenzerlös m
marginal productivity ['mɑːdʒɪnl prɒdʌk'tɪvɪtɪ] sb Grenzproduktivität f
marginal utility ['mɑːdʒɪnl juː'tɪlɪtɪ] sb Grenznutzen m
marginal value ['mɑːdʒɪnl 'væljuː] sb Marginalwert m
margin of profit ['mɑːdʒɪn əv 'prɒfɪt] sb Gewinnspanne f
margin over costs ['mɑːdʒɪn 'əʊvə kɒsts] sb Gewinnspanne f
margin requirement ['mɑːdʒɪn rɪ'kwaɪəmənt] sb Einschuss m
margin trading ['mɑːdʒɪn 'treɪdɪŋ] sb Effektendifferenzgeschäft n
mark [mɑːk] v 1. (damage) beschädigen; 2. (scratch) zerkratzen; sb 3. Marke f
mark down [mɑːk 'daʊn] v (prices) herabsetzen, senken

markdown ['mɑːkdaʊn] sb (amount lowered) Preissenkung f, Preisabschlag m
market ['mɑːkɪt] sb 1. (demand) Absatzmarkt m, Markt m; 2. to be in the ~ for Bedarf haben an; 3. (stock ~) Börse f; v 4. vertreiben, vermarkten
marketable ['mɑːkɪtəbl] adj marktfähig, absatzfähig
market acceptance ['mɑːkɪt ək'septəns] sb Absatzfähigkeit f, Marktaufnahme f
market adjustment ['mɑːkɪt ə'dʒʌstmənt] sb Marktanpassung f
market after official hours ['mɑːkɪt 'ɑːftə ə'fɪʃəl 'aʊəz] sb Nachbörse f
market analysis ['mɑːkɪt ə'nælɪsɪs] sb Marktanalyse f
market approach ['mɑːkɪt ə'prəʊtʃ] sb Marktauftritt m
market average ['mɑːkɪt 'ævərɪdʒ] sb Durchschnittskurs m
market barometer ['mɑːkɪt bə'rɒmɪtə] sb Börsenbarometer n
market before official hours ['mɑːkɪt bɪ'fɔː ə'fɪʃəl 'aʊəz] sb Vorbörse f
market coverage ['mɑːkɪt 'kʌvərɪdʒ] sb Marktanteil m
market day ['mɑːkɪt deɪ] sb Börsentag m
market dominance ['mɑːkɪt 'dɒmɪnæns] sb Marktbeherrschung f
market economy ['mɑːkɪt ɪ'kɒnəmɪ] sb Marktwirtschaft f
market fluctuation ['mɑːkɪt flʌktjʊ'eɪʃn] sb Marktschwankung f
market forecasting ['mɑːkɪt 'fɔːkɑːstɪŋ] sb Börsenprognose f
market forces ['mɑːkɪt 'fɔːsɪz] sb Marktkräfte f/pl
market form ['mɑːkɪt fɔːm] sb Marktform f
market gap ['mɑːkɪt gæp] sb Marktlücke f
marketing ['mɑːkɪtɪŋ] sb Marketing n, Vermarktung f, Absatzwirtschaft f
marketing budget ['mɑːkɪtɪŋ 'bʌdʒɪt] sb Werbeetat m
marketing consultant ['mɑːkɪtɪŋ kən'sʌltənt] sb Marketingberater m
marketing department ['mɑːkɪtɪŋ dɪ'pɑːtmənt] sb Marketingabteilung f
marketing logistics ['mɑːkɪtɪŋ lə'dʒɪstɪks] sb Distributionslogistik f
marketing mix ['mɑːkɪtɪŋ mɪks] sb Marketingmix m
marketing record ['mɑːkɪtɪŋ 'rekɔːd] sb Absatzbilanz f

marketing subsidiary ['mɑːkɪtɪŋ səb'sɪdɪərɪ] sb Vertriebstochter f
marketing syndicates ['mɑːkɪtɪŋ 'sɪndɪkəts] sb Verwertungskonsortien n/pl
market inquiry ['mɑːkɪt ɪn'kwaɪərɪ] sb Marktanalyse f
market matrix ['mɑːkɪt 'meɪtrɪks] sb Marktmatrix f
market operator ['mɑːkɪt 'ɒpəreɪtə] sb Spekulant(in) m/f, Börsianer(in) m/f
market organization ['mɑːkɪt ɔːgənaɪ'zeɪʃn] sb Marktordnung f
market outlet ['mɑːkɪt 'aʊtlet] sb Absatzventil n
market penetration ['mɑːkɪt peneˈtreɪʃn] sb Marktdurchdringung f
market performance ['mɑːkɪt pəˈfɔːməns] sb Marktergebnis n
market pointer ['mɑːkɪt 'pɔɪntə] sb Börsentipp m
market position ['mɑːkɪt pəˈsɪʃən] sb Marktposition f
market potential ['mɑːkɪt pəʊˈtenʃəl] sb Marktpotential n, Marktvolumen n
market power ['mɑːkɪt 'paʊə] sb Marktmacht f
market price ['mɑːkɪt praɪs] sb Kurs m, Marktpreis m
market quotation ['mɑːkɪt kwəʊˈteɪʃən] sb Börsennotierung f
market rate of interest ['mɑːkɪt reɪt əv 'ɪntrest] sb Marktzins m
market regulator ['mɑːkɪt 'regjʊleɪtə] sb Aufsichtsbehörde f
market research ['mɑːkɪt rɪˈsɜːtʃ] sb Marktforschung f
market research institute ['mɑːkɪt rɪˈsɜːtʃ 'ɪnstɪtjuːt] sb Marktforschungsinstitut n
market saturation ['mɑːkɪt sætʃəˈreɪʃn] sb Marktsättigung f
market segmentation ['mɑːkɪt segmənˈteɪʃn] sb Marktsegmentierung f
market share ['mɑːkɪt ʃeə] sb Marktanteil m
market-sharing cartel ['mɑːkɪtʃeərɪŋ kɑːˈtel] sb Gebietskartell n
market structure ['mɑːkɪt 'strʌktʃə] sb Marktstruktur f
market value ['mɑːkɪt 'væljuː] sb Marktwert m, gemeiner Wert m
market volume ['mɑːkɪt 'vɒljuːm] sb Marktvolumen n
mark of quality [mɑːk əv 'kwɒlɪtɪ] (Patente) Gütezeichen n

mark-up ['mɑːkʌp] sb (amount added) Preiserhöhung f, Preisaufschlag m
mass communication ['mæs kəmjuːnɪˈkeɪʃn] sb Massenkommunikation f
mass-market ['mæsmɑːkɪt] adj Massenwaren...
mass media [mæs 'miːdɪə] pl Massenmedien n/pl
mass production [mæs prəˈdʌkʃən] sb Massenfertigung f, Massenproduktion f
master ['mɑːstə] sb (employer of an apprentice) Meister m
master copy ['mɑːstə 'kɒpɪ] sb Original n
master data ['mɑːstə 'deɪtə] sb Stammdaten pl
master planning ['mɑːstə 'plænɪŋ] sb Gesamtplanung f
master sample ['mɑːstə sɑːmpl] sb Ausgangsstichprobe f
material [məˈtɪərɪəl] sb 1. Material n; pl 2. ~s (files, notes) Unterlagen pl; 3. wesentlich, erheblich
material asset investment fund [məˈtɪərɪəl 'æset ɪnˈvestmənt fʌnd] sb Sachwert-Investmentfonds m
material assets [məˈtɪərɪəl 'æsets] sb Sachvermögen n
material costs [məˈtɪərɪəl kɒsts] sb Materialkosten pl
material damage [məˈtɪərɪəl 'dæmɪdʒ] sb Sachschaden m
materialistic [mətɪərɪəˈlɪstɪk] adj materialistisch
material value loan [məˈtɪərɪəl 'væljuː ləʊn] sb Sachwertanleihe f
maternity allowance [məˈtɜːnɪtɪ əˈlaʊəns] sb Mutterschaftsgeld n
matrix organization ['meɪtrɪks ɔːgənaɪˈzeɪʃn] sb Matrix-Organisation f
maturity [məˈtjʊərɪtɪ] sb 1. Fälligkeit f; 2. date of ~ Fälligkeitsdatum n
maturity distribution [məˈtjʊərɪtɪ dɪstrɪbjuːʃən] sb Laufzeitenstruktur f
maturity value [məˈtjʊərɪtɪ 'væljuː] sb Fälligkeitswert m
maximisation of profits [mæksɪmaɪˈzeɪʃən əv 'prɒfɪts] sb Gewinnmaximierung f
maximize ['mæksɪmaɪz] v maximieren
maximum ['mæksɪməm] sb 1. Maximum n; 2. adj Höchst..., maximal
maximum price ['mæksɪməm praɪs] sb Höchstpreis m
maximum voting right [mæksɪməm 'vəʊtɪŋ raɪt] sb Höchststimmrecht n

mean [mi:n] *adj* 1. mittlere(r,s); *sb* 2. Mittel *n*, Mittelwert *m*; *pl* 3. ~s Mittel *n/pl*; Gelder *n/pl*

mean due date [mi:n 'dju: deɪt] *sb* mittlere Verfallszeit *f*

means of advertising ['mi:nz əv 'ædvətaɪzɪŋ] *sb* Werbemittel *n*

means of borrowing ['mi:nz əv 'bɒrəʊɪŋ] *sb* Kreditinstrument *n*

means of consumption ['mi:nz əv kən'sʌmpʃən] *sb* Verbrauchsgüter *f/pl*

means of payment ['mi:nz əv 'peɪmənt] *sb* Zahlungsmittel *n*

means of transport ['mi:nz əv 'trænspɔ:t] *sb* Transportmittel *n*, Beförderungsmittel *n*

means test ['mi:nz test] *sb* Einkommensüberprüfung *f*

measurability [meʒərə'bɪlɪtɪ] *sb* Messbarkeit *f*

measurable ['meʒərəbl] *adj* messbar

measure ['meʒə] *v* messen; *sb* 2. Maß *n*

measurements ['meʒəmənts] *sb* 1. Messwerte *m/pl*; 2. Messungen *f/pl*

measure of constraint ['meʒə əv kən'streɪnt] *sb* Zwangsmaßnahme *f*

measures of investment assistance ['meʒəs əv ɪn'vestmənt ə'sɪstəns] *sb* investitionsfördernde Maßnahmen *f/pl*

measures to encourage exports ['meʒəz tu ɪn'kʌrɪdʒ 'ekspɔ:ts] *pl* Ausfuhrförderung *f*, Exportförderung *f*

measures to spur the economy ['meʒəs tu spɜ: ði: ɪ'kɒnəmɪ] *pl* Wirtschaftsförderung *f*

mechanic [mɪ'kænɪk] *sb* Mechaniker *m*

mechanical [mɪ'kænɪkəl] *adj* mechanisch

mechanical engineering [mɪ'kænɪkəl endʒɪ'nɪərɪŋ] *sb* Maschinenbau *m*

mechanics [mɪ'kænɪks] *sb* Mechanik *f*

mechanize ['mekənaɪz] *v* mechanisieren

media ['mi:dɪə] *pl* Medien *n/pl*

media analysis ['mi:dɪə ə'nælɪsɪs] *sb* Werbeträgeranalyse *f*

media event ['mi:dɪə ɪ'vent] *sb* Medienereignis *n*

mediate ['mi:dɪeɪt] *v* vermitteln

mediation [mi:dɪ'eɪʃən] *sb* Vermittlung *f*

mediator ['mi:dɪeɪtə] *sb* Vermittler *m*, Mittelsmann *m*

medium ['mi:dɪəm] *adj* 1. mittlere(r,s); *sb* 2. (*mass ~*) (*TV, radio, press*) Medium *n*

medium price ['mi:dɪəm praɪs] *sb* Mittelkurs *m*

medium-sized ['mi:dɪəmsaɪzd] *adj* mittelgroß, medium

medium-term ['mi:dɪəmtɜ:m] *adj* mittelfristig

medium-term bonds ['mi:dɪəmtɜ:m bɒnds] *sb* Kassenobligationen *f/pl*

meeting ['mi:tɪŋ] *sb* 1. Begegnung *f*, Zusammentreffen *n*; 2. (*arranged ~*) Treffen *n*; 3. (*business ~*) Besprechung *f*; 4. (*of a committee*) Sitzung *f*

meeting date ['mi:tɪŋ deɪt] *sb* Besprechungstermin *m*

meeting of shareholders ['mi:tɪŋ əv 'ʃeəhəʊldəz] *sb* Gesellschafterversammlung *f*

megabyte ['megəbaɪt] *sb* Megabyte *n*

megahertz ['megəhɜ:ts] *sb* Megahertz *n*

member ['membə] *sb* Mitglied *n*

member of the board ['membər əv ðə bɔ:d] *sb* Vorstandsmitglied *n*

memo ['meməʊ] *sb* 1. (*fam*) Mitteilung *f*; 2. (*to o.s.*) Notiz *f*

memorandum [memə'rændəm] *sb* 1. (*to s.o.*) Mitteilung *f*; 2. (*to o.s.*) Aktennotiz *f*

memorandum clause [memə'rændəm klɔ:z] *sb* Ausschlussklausel *f*

memorandum item [memə'rændəm 'aɪtəm] *sb* Merkposten *m*

memorandum of association [memə'rændəm əv əsəʊsɪ'eɪʃən] *sb* Gründungsurkunde *f*, Gesellschaftsvertrag *m*

memory ['memərɪ] *sb* 1. Speicher *m*; 2. (*capacity*) Speicherkapazität *f*

mend [mend] *v* 1. (*sth*) reparieren; 2. (*clothes*) ausbessern; *sb* 3. (*in fabric*) ausgebesserte Stelle *f*; 4. (*in metal*) Reparatur *f*

mensal ['mensl] *adj* monatlich, Monats...

menu ['menju:] *sb* (*of a computer*) Menü *n*

menu-driven ['menju:drɪvn] *adj* menügesteuert

mercantile ['mɜ:kəntaɪl] *adj* kaufmännisch, Handels...

mercantile system ['mɜ:kəntaɪl 'sɪstəm] *sb* Merkantilismus *m*

mercantilism ['mɜ:kəntɪlɪzm] *sb* Merkantilismus *m*

merchandise ['mɜ:tʃəndaɪz] *sb* Ware *f*

merchandise accounting ['mɜ:tʃəndaɪz ə'kaʊntɪŋ] *sb* Warenbuchhaltung *f*

merchandise broker ['mɜ:tʃəndaɪz 'brəʊkə] *sb* Produktenmakler(in) *m/f*

mechandise turnover ['mɜ:tʃəndaɪz 'tɜ:nəʊvə] *sb* Warenumsatz *m*

merchandising ['mɜ:tʃəndaɪzɪŋ] *sb* Merchandising *n*, Verkaufsförderung *f*

merchant ['mɜ:tʃənt] *sb* 1. Kaufmann *m*; 2. (*dealer*) Händler *m*

merchant bank ['mɜːtʃənt bæŋk] *sb* Handelsbank *f*
merchant by virtue of registration ['mɜːtʃənt baɪ 'vɜːtjuː əv redʒɪs'treɪʃn] *sb* Sollkaufmann *m*
merchant entitled but not obliged to be entered on the Commercial Register ['mɜːtʃənt ɪn'taɪtld bʌt nɒt ə'blaɪdʒd tu biː 'entəd ɒn ðə kə'mɜːʃl 'redʒɪstə] *sb* Kannkaufmann *m*
merchant trade ['mɜːtʃənt treɪd] *sb* Transithandel *m*
merge ['mɜːdʒ] *v* 1. zusammenkommen; 2. *(companies)* fusionieren
merger ['mɜːdʒə] *sb* Fusion *f*, Verschmelzung *f*
merger balance sheet ['mɜːdʒə 'bæləns ʃiːt] *sb* Fusionsbilanz *f*
merger bid ['mɜːdʒə bɪd] *sb* Fusionsangebot *f*
merger control ['mɜːdʒə kən'trəʊl] *sb* Fusionskontrolle *f*
merit ['merɪt] *sb* 1. Leistung *f*, Verdienst *n*; 2. *(advantage, positive aspect)* Vorzug *m*
message ['mesɪdʒ] *sb* 1. Mitteilung *f*, Nachricht *f*, Botschaft *f*; 2. May I take a ~? Kann ich etwas ausrichten?
messenger ['mesɪndʒə] *sb* Bote *m*
metal cover ['metəl kʌvə] *sb* Metalldeckung *f*
metallic currency [me'tælɪk 'kʌrənsɪ] *sb* Hartgeld *n*, Metallwährung *f*
meter ['miːtə] *sb* 1. *(measuring device)* Zähler *m*, Messgerät *n*; 2. *(unit of measurement) (UK: see "metre")*
method of cost allocation, ['meθəd əv 'kɒst ælə'keɪʃn] *sb* 1. Kostenrechnung *f*; 2. *(Sozialversicherung)* Umlageverfahren *n*
metre ['miːtə] *sb (UK)* Meter *m/n*
metric ['metrɪk] *adj* metrisch
microbiology [maɪkrəʊbaɪ'ɒlədʒɪ] *sb* Mikrobiologie *f*
microchip ['maɪkrəʊtʃɪp] *sb* Mikrochip *m*
microcomputer [maɪkrəʊkəm'pjuːtə] *sb* Mikrocomputer *m*
microeconomics [maɪkrəʊiːkə'nɒmɪks] *pl* Mikroökonomie *f*
microelectronics [maɪkrəʊelek'trɒnɪks] *pl* Mikroelektronik *f*
microfiche ['maɪkrəʊfiːʃ] *sb* Mikrofiche *f*
microfilm ['maɪkrəʊfɪlm] *sb* Mikrofilm *m*
microprocessor [maɪkrəʊ'prəʊsesə] *sb* Mikroprozessor *m*
middleman ['mɪdlmæn] *sb* Zwischenhändler *m*

migration of buyers [maɪ'greɪʃn əv 'baɪəz] *sb* Käuferwanderung *f*
mile [maɪl] *sb* Meile *f*
mileage ['maɪlɪdʒ] *sb* Meilenzahl *f*
mileage allowance ['maɪlɪdʒ ə'laʊəns] *sb* Kilometergeld *n*
milestone report ['maɪlstəʊn rɪ'pɔːt] *sb* Fortschrittsbericht *m*
milligramme ['mɪlɪgræm] *sb (UK)* Milligramm *n*
millilitre ['mɪlɪliːtə] *sb* Milliliter *m/n*
millimetre ['mɪlɪmiːtə] *sb* Millimeter *m*
million ['mɪljən] *sb* Million *f*
millionaire ['mɪljəneə] *sb* Millionär(in) *m/f*
mine [maɪn] *v* 1. Bergbau betreiben; 2. *(stuff)* fördern, abbauen; *sb* 3. Bergwerk *n*, Mine *f*, Grube *f*
miner ['maɪnə] *sb* Bergarbeiter *m*, Kumpel *m*
mineral ['mɪnərəl] *sb* Mineral *n*
mineral oil ['mɪnərəl ɔɪl] *sb* Mineralöl *n*
mineral oil tax ['mɪnərəl ɔɪl tæks] *sb* Mineralölsteuer *f*
minicomputer [mɪnɪkəm'pjuːtə] *sb* Kleincomputer *m*
minimal damage ['mɪnɪməl 'dæmɪdʒ] *sb* Bagatellschaden *m*
minimisation of costs [mɪnɪmaɪ'zeɪʃn əv kɒsts] *sb* Kostenminimierung *f*
minimize ['mɪnɪmaɪz] *v* minimieren, auf ein Minimum reduzieren, möglichst gering halten
minimum ['mɪnɪməm] *sb* 1. Minimum *n*; *adj* 2. minimal, Mindest...
minimum amount ['mɪnɪməm ə'maʊnt] *sb* Mindesthöhe *f*
minimum capital ['mɪnɪməm 'kæpɪtl] *sb* Mindestkapital *n*
minimum cost ['mɪnɪməm 'kɒst] *sb* Minimalkosten *pl*
minimum import price ['mɪnɪməm 'ɪmpɔːt praɪs] *sb* Mindesteinfuhrpreise *m/pl*
minimum interest rate ['mɪnɪməm 'ɪntrest reɪt] *sb* Mindestzins *m*
minimum inventory level ['mɪnɪməm ɪn'ventərɪ 'levəl] *sb (Betriebswirtschaft)* eiserner Bestand *m*
minimum investment ['mɪnɪməm ɪn'vestmənt] *sb* Mindesteinlage *f*, Mindestbeteiligung *f*
minimum lending rate ['mɪnɪməm 'lendɪŋ reɪt] *sb (UK)* Diskontsatz *m*
minimum nominal amount ['mɪnɪməm 'nɒmɪnəl ə'maʊnt] *sb* Mindestnennbetrag *m*
minimum price ['mɪnɪməm praɪs] *sb* Mindestpreis *m*

minimum purchase ['mɪnɪməm 'pɜːtʃɪs] sb Mindestabnahme f
minimum quantity order ['mɪnɪməm 'kwɒntɪtɪ 'ɔːdə] sb Mindestbestellmenge f
minimum (legal) reserve ['mɪnɪməm (liːgəl) rɪ'zɜːv] sb Mindestreserve f, Mindestreservesatz m, Pflichtreserve f
minimum turnover ['mɪnɪməm 'tɜːnəʊvə] sb Mindestumsatz m
minimum wage ['mɪnɪməm 'weɪdʒ] sb Mindestlohn m
mining ['maɪnɪŋ] sb Bergbau m
mining company ['maɪnɪŋ 'kʌmpənɪ] sb bergrechtliche Gewerkschaft f
mining industry ['maɪnɪŋ 'ɪndəstrɪ] sb Montanindustrie f
mining share ['maɪnɪŋ 'ʃeə] sb Kux m
minor ['maɪnə] adj 1. klein, unbedeutend; 2. sb Jugendliche(r) f/m
minor prevention from duty ['maɪnə prɪ'venʃn frəm 'djuːtɪ] sb geringfügige Dienstverhinderung f
minting ['mɪntɪŋ] sb Prägung f
minute ['mɪnɪt] sb ~s pl (of a meeting) Protokoll n
misapplication of deposit [mɪsæplɪ'keɪʃn əv dɪ'pɒzɪt] sb Depotunterschlagung f
misappropriation [mɪsəprəʊprɪ'eɪʃn] sb 1. Entwendung f; 2. (money) Veruntreuung f
miscalculate [mɪs'kælkjʊleɪt] v 1. sich verrechnen; 2. (sth) falsch berechnen, falsch einschätzen
miscalculation [mɪskælkjʊ'leɪʃən] sb Rechenfehler m, Fehlkalkulation f
miscount [mɪs'kaʊnt] v 1. sich verrechnen, sich verzählen; sb 2. Rechenfehler m
misdirect [mɪsdɪ'rekt] v (letter) falsch adressieren
misfit analysis ['mɪsfɪt ə'nælɪsɪs] sb Misfit-Analyse f
misguided investment [mɪs'gaɪdɪd ɪn'vestmənt] sb Kapitalfehlleitung f
mishandle [mɪs'hændl] v falsch behandeln, schlecht handhaben
mishandling [mɪs'hændlɪŋ] sb schlechte Handhabung f, Verpatzen n
misinform [mɪsɪn'fɔːm] v falsch informieren; You were ~ed. Man hat Sie falsch informiert.
misinterpretation [mɪsɪntɜːprɪ'teɪʃn] sb Fehldeutung f, Fehlinterpretation f
mismanage [mɪs'mænɪdʒ] v 1. schlecht verwalten; 2. (a deal) unrichtig handhaben

mismanagement [mɪs'mænɪdʒmənt] sb schlechte Verwaltung f, Misswirtschaft f
mismatch [mɪs'mætʃ] sb Fehlanpassung f
mission statement ['mɪʃən 'steɪtmənt] sb Grundsatzerklärung f
mistake [mɪs'teɪk] sb Fehler m
mistake of law [mɪs'teɪk əv 'lɔː] sb Rechtsirrtum m
misuse [mɪs'juːs] sb Missbrauch m
mixed cargo [mɪkst 'kɑːgəʊ] sb Stückgut n
mixed company [mɪkst 'kʌmpənɪ] sb gemischte Firma f
mixed economy [mɪkst ɪ'kɒnəmɪ] sb gemischte Wirtschaftsform f
mixed financing [mɪkst 'faɪnænsɪŋ] sb Mischfinanzierung f
mixed fund [mɪkst 'fʌnd] sb gemischter Fonds m
mixed manufacturing [mɪkst mænjʊ'fæktʊərɪŋ] sb Gruppenfertigung f
mixed tariff [mɪkst 'tærɪf] sb Mischzoll m
mixed top-down [mɪkst 'tɒpdaʊn] sb Gegenstromverfahren n
mixture of marketing strategies ['mɪkstʃə əv 'mɑːkɪtɪŋ 'strætɪdʒɪz] sb Marketingmix m
mobbing ['mɒbɪŋ] sb Mobbing n
mobile ['məʊbaɪl] adj 1. beweglich; 2. (object) fahrbar
mobile phone ['məʊbaɪl fəʊn] sb Handy n, Mobiltelefon n, Funktelefon n
mobility allowance [məʊ'bɪlɪtɪ ə'laʊəns] sb Fahrtkostenzuschuss m
mobilization draft [məʊbɪlaɪ'zeɪʃn drɑːft] sb Mobilisierungstratte f
mobilization mortgage bond [məʊbɪlaɪ'zeɪʃn 'mɔːɡɪdʒ bɒnd] sb Mobilisierungspfandbrief m
mobilization papers [məʊbɪlaɪ'zeɪʃn 'peɪpəs] sb Mobilisierungspapiere n/pl
modality [məʊ'dælɪtɪ] sb Modalität f
model ['mɒdl] sb 1. Modell n; 2. (perfect example) Muster n; 3. (role ~) Vorbild n; adj 4. vorbildlich, musterhaft, Muster...
model agreement [mɒdl ə'griːmənt] sb Mustervertrag m
modem ['məʊdem] sb Modem n
modification [mɒdɪfɪ'keɪʃn] sb Formwechsel m
monetarism ['mʌnɪtərɪzm] sb Monetarismus m
monetary ['mʌnɪtərɪ] adj 1. geldlich, Geld...; 2. (politically) Währungs..., monetär

monetary agreement [ˈmʌnɪtərɪ əˈgriːmənt] sb Währungsabkommen n
monetary arrangement [ˈmʌnɪtərɪ əˈreɪndʒmənt] sb Gelddisposition f
monetary authority [ˈmʌnɪtərɪ ɔːˈθɒrɪtɪ] sb Währungsbehörde f
monetary base [ˈmʌnɪtərɪ ˈbeɪs] sb Geldbasis f, monetäre Basis f
monetary base principle [ˈmʌnɪtərɪ ˈbeɪs ˈprɪnsɪpl] sb Geldbasiskonzept n
monetary block [ˈmʌnɪtərɪ ˈblɒk] sb Währungsblock m
monetary capital [ˈmʌnɪtərɪ ˈkæpɪtl] sb Geldkapital n
monetary crisis [ˈmʌnɪtərɪ ˈkraɪsɪs] sb Währungskrise f
monetary devaluation [ˈmʌnɪtərɪ diːvæljuˈeɪʃn] sb Geldentwertung f
monetary factor [ˈmʌnɪtərɪ ˈfæktə] sb Geldfaktor m
monetary fund [ˈmʌnɪtərɪ ˈfʌnd] sb Währungsfonds m
monetary parity [ˈmʌnɪtərɪ ˈpærɪtɪ] sb Währungsparität f
monetary policy [ˈmʌnɪtərɪ ˈpɒlɪsɪ] sb Geldpolitik f, Währungspolitik f
monetary reform [ˈmʌnɪtərɪ rɪˈfɔːm] sb Währungsreform f
monetary reserves [ˈmʌnɪtərɪ rɪˈzɜːvz] sb Währungsreserven f/pl
monetary restriction [ˈmʌnɪtərɪ rɪˈstrɪkʃən] sb Geldverknappung f
monetary sovereignty [ˈmʌnɪtərɪ ˈsɒvərɪntɪ] sb Münzhoheit f
monetary stability [ˈmʌnɪtərɪ stəˈbɪlɪtɪ] sb Geldwertstabilität f
monetary structure [ˈmʌnɪtərɪ ˈstrʌkʃə] sb Geldverfassung f
monetary system [ˈmʌnɪtərɪ ˈsɪstəm] 1. Geldwesen n; 2. Währungssystem n, Währungsordnung f
monetary union [ˈmʌnɪtərɪ ˈjuːnjən] sb Währungsunion f
monetary unit [ˈmʌnɪtərɪ ˈjuːnɪt] sb Währungseinheit f
monetization [mʌnɪtaɪˈzeɪʃn] sb Monetisierung f
money [ˈmʌnɪ] sb Geld n
money and capital market [ˈmʌnɪ ænd ˈkæpɪtl ˈmɑːkɪt] sb Kreditmarkt m
money broker [ˈmʌnɪ ˈbrəʊkə] sb Finanzmakler m, Kreditvermittler m
moneychanger [ˈmʌnɪtʃeɪndʒə] sb 1. Geldwechsler m; 2. (machine) Wechselautomat m

money claim [ˈmʌnɪ kleɪm] sb Barforderung f
money constraint [ˈmʌnɪ kənˈstreɪnt] sb Liquiditätsengpass m
money counting machine [ˈmʌnɪ ˈkaʊntɪŋ məˈʃiːn] sb Geldzählautomat m
money demand [ˈmʌnɪ dɪˈmɑːnd] sb Geldnachfrage f
money deposited [ˈmʌnɪ dɪˈpɒzɪtɪd] sb Einlage f
money economy [ˈmʌnɪ ɪˈkɒnəmɪ] sb Geldwirtschaft f
money export [ˈmʌnɪ ˈekspɔːt] sb Geldexport m
money factor [ˈmʌnɪ ˈfæktə] sb Geldfaktor m, Nominalfaktor m
money flow [ˈmʌnɪ fləʊ] sb Kapitalfluktuation f
money guarantee clause [ˈmʌnɪ gærənˈtiː klɔːz] sb Geldwertsicherungsklausel f
money holdings [ˈmʌnɪ ˈhəʊldɪŋz] sb Geldbestände m/pl, Kassenhaltung f
money illusion [ˈmʌnɪ ɪˈluːʒn] sb Geldillusion f
money import [ˈmʌnɪ ˈɪmpɔːt] sb Geldimport m
money in account [ˈmʌnɪ ɪn əˈkaʊnt] sb Buchgeld n, Giralgeld n
money in cash [ˈmʌnɪ ɪn kæʃ] sb Kassenbestand m, Bargeld n
money in trust [ˈmʌnɪ ɪn trʌst] sb Treuhandgelder n/pl
money laundering [ˈmʌnɪ ˈlɔːndərɪŋ] sb Geldwäsche f
moneylender [ˈmʌnɪlendə] sb Geldverleiher m
money-maker [ˈmʌnɪmeɪkə] sb (product) Renner m (fam.), Verkaufserfolg m
money management [ˈmʌnɪ ˈmænɪdʒmənt] sb Geldhaltung f
money market [ˈmʌnɪ ˈmɑːkɪt] sb Geldmarkt m, Geldbörse f
money market account [ˈmʌnɪ ˈmɑːkɪt əˈkaʊnt] sb Geldmarktkonto n
money market credit [ˈmʌnɪ ˈmɑːkɪt ˈkredɪt] sb Geldmarktkredit m
money market funds [ˈmʌnɪ ˈmɑːkɪt ˈfʌnds] sb Geldmarktfonds m
money market policy [ˈmʌnɪ ˈmɑːkɪt ˈpɒlɪsɪ] sb Geldmarktpolitik f
money market rate [ˈmʌnɪ ˈmɑːkɪt ˈreɪt] sb Geldmarktsatz m
money market securities [ˈmʌnɪ ˈmɑːkɪt sɪˈkjʊərɪtɪz] sb Geldmarktpapier n

money market trading ['mʌnɪ 'mɑːkɪt 'treɪdɪŋ] sb Geldmarktdispositionen f/pl

money on deposit ['mʌnɪ ɒn dɪ'pɒzɪt] sb Einlagen f/pl

money order ['mʌnɪ ɔːdə] sb Postanweisung f, Zahlungsanweisung f

money owed ['mʌnɪ əʊd] sb Guthaben n

money piece rate ['mʌnɪ piːs reɪt] sb Geldakkord m

money rate ['mʌnɪ reɪt] sb Geldsatz m

money shop ['mʌnɪ ʃɒp] sb Teilzahlungsbank f

money sorting machine ['mʌnɪ 'sɔːtɪŋ mə'ʃiːn] sb Geldsortiermaschine f

money standard ['mʌnɪ 'stændəd] sb Währung f

money stock ['mʌnɪ stɒk] sb Geldmenge f

money substitute ['mʌnɪ 'sʌbstɪtjuːt] sb Geldsubstitut m

money supply ['mʌnɪ sə'plaɪ] sb Geldvolumen n

money supply target ['mʌnɪ sə'plaɪ 'tɑːgɪt] sb Geldmengenziel n

money transfer transactions ['mʌnɪ 'trænsfɜː træn'zækʃənz] sb Überweisungsverkehr m

money wage ['mʌnɪ weɪdʒ] sb Geldlohn m

monitor ['mɒnɪtə] v 1. überwachen; 2. (a phone conversation) abhören; sb 3. (screen) Monitor m

monitoring ['mɒnɪtərɪŋ] sb Monitoring n

monopolies commission [mə'nɒpəlɪz kə'mɪʃən] sb Monopolkommission f

monopolize [mə'nɒpəlaɪz] v monopolisieren

monopoly [mə'nɒpəlɪ] sb Monopol n

monopoly agreement [mə'nɒpəlɪ ə'griːmənt] sb Kartellabsprache f

monopoly authority [mə'nɒpəlɪ ɔː'θɒrətɪ] sb Kartellbehörde f

monopoly price [mə'nɒpəlɪ 'praɪs] sb Monopolpreis m

montage [mɒn'tɑːʒ] sb Montage f, Zusammenbau m

monthly ['mʌnθlɪ] adj monatlich, Monats-

monthly balance sheet ['mʌnθlɪ 'bælæns ʃiːt] sb Monatsbilanz f

monthly income statement ['mʌnθlɪ 'ɪnkʌm 'steɪtmənt] sb monatliche Erfolgsrechnung f, kurzfristige Erfolgsrechnung f

monthly instalment ['mʌnθlɪ ɪn'stɔːlmənt] sb monatliche Teilzahlungsrate f, monatliche Rate f

monthly report of the Deutsche Bundesbank ['mʌnθlɪ rɪ'pɔːt əv ðə 'dɔɪtʃə 'bʌndəsbæŋk] sb Monatsbericht der Deutschen Bundesbank m

monthly return ['mʌnθlɪ rɪ'tɜːn] sb Monatsausweis m

moratorium [mɒrə'tɔːrɪəm] sb Stundung f, Zahlungsaufschub m

mortgage ['mɔːgɪdʒ] sb 1. Hypothek f; v 2. hypothekarisch belasten, eine Hypothek aufnehmen auf

mortgage as security for a loan ['mɔːgɪdʒ æz ə sɪ'kjʊərɪtɪ fɔː ə 'ləʊn] sb Darlehenshypothek f

mortgage bank ['mɔːgɪdʒ bæŋk] sb Hypothekenbank f, Grundkreditanstalt f, Bodenkreditinstitut n

mortgage bank law ['mɔːgɪdʒ bæŋk lɔː] sb Hypothekenbankgesetz n

mortgage bond ['mɔːgɪdʒ bɒnd] sb (Hypotheken-)Pfandbrief m

mortgage bond serving a social purpose ['mɔːgɪdʒ bɒnd 'sɜːvɪŋ ə 'səʊʃəl 'pɜːpɪs] sb Sozialpfandbrief m

mortgage broker ['mɔːgɪdʒ 'brəʊkə] sb Hypothekenmakler(in) m/f

mortgage credit ['mɔːgɪdʒ 'kredɪt] sb Hypothekenkredit m

mortgage creditor ['mɔːgɪdʒ 'kredɪtə] sb Hypothekengläubiger(in) m/f

mortgage debenture ['mɔːgɪdʒ dɪ'bentʃə] sb Hypothekenpfandbrief m

mortgage deed ['mɔːgɪdʒ diːd] sb Hypothekenbrief m

mortgage for the benefit of the owner ['mɔːgɪdʒ fɔː ðə 'benɪfɪt əv ðiː 'əʊnə] sb Eigentümer-Hypothek f

mortgage insurance ['mɔːgɪdʒ ɪn'ʃʊərəns] sb Hypothekenversicherung f

mortgage interest ['mɔːgɪdʒ 'ɪntrəst] sb Hypothekenzinsen m/pl, Darlehenszinsen m/pl

mortgage law ['mɔːgɪdʒ lɔː] sb Pfandbriefgesetz n

mortgage loan ['mɔːgɪdʒ ləʊn] sb Hypothekarkredit m, Pfandbriefdarlehen n

mortgage loan repayable after having been duly called ['mɔːgɪdʒ ləʊn rɪ'peɪəbl 'ɑːftə 'hævɪŋ biːn 'djuːlɪ 'cɔːld] sb Kündigungshypothek f

mortgage rate ['mɔːgɪdʒ reɪt] sb Hypothekenzins m

mortgage register ['mɔːgɪdʒ 'redʒɪstə] sb Hypothekenregister n

mortgage repayment ['mɔːgɪdʒ rɪ'peɪmənt] *sb* Hypothekentilgung *f*
most favourable offer [məʊst 'feɪvərəbl 'ɒfə] *sb* günstigstes Angebot *n*, bestes Angebot *n*
most-favoured nation clause [məʊst-'feɪvəd 'neɪʃən klɔːz] *sb* Meistbegünstigungsklausel *f*
most-favoured nation treatment [məʊst-'feɪvəd 'neɪʃən 'triːtmənt] *sb* Meistbegünstigung *f*
motherboard ['mʌðəbɔːd] *sb* Hauptplatine *f*, Motherboard *n*
motion ['məʊʃən] *sb (proposal)* Antrag *m*; propose a ~ einen Antrag stellen
motivation [məʊtɪ'veɪʃən] *sb* Motivation *f*
motive ['məʊtɪv] *sb* Motiv *n*, Beweggrund *m*
motor insurance ['məʊtər ɪn'ʃʊərəns] *sb* Kraftfahrzeugversicherung *f*
motor vehicle ['məʊtə 'viːɪkl] *sb* Kraftfahrzeug *n*
motor vehicle tax ['məʊtə 'viːɪkl tæks] *sb* Kraftfahrzeugsteuer *f*
mouse [maʊs] *sb (computer)* Maus *f*
movable goods ['muːvəbl 'gʊdz] *pl* Mobilien *pl*
move [muːv] *v* 1. *(change residences)* umziehen; 2. *(transport)* befördern; *sb* 3. *(to a different job)* Wechsel *m*; 4. *(to a new residence)* Umzug *m*
movement certificate ['muːvmənt sə'tɪfɪkət] *sb* Warenverkehrsbescheinigung *f*
mover ['muːvə] *sb (person who moves furniture)* Umzugsspediteur *m*, Möbelpacker *m*
multi ['mʌltɪ] *adj* ~... viel..., mehr..., Multi...
multi-digit [mʌltɪ'dɪdʒɪt] *adj* mehrstellig
multilateral [mʌltɪ'lætərəl] *adj* multilateral
multilateral trade [mʌltɪ'lætərəl treɪd] *sb* multilateraler Handel *m*
multilingual [mʌltɪ'lɪŋgwəl] *adj* mehrsprachig
multimedia [mʌltɪ'miːdɪə] *adj* multimedial, Multimedia...
multimillionaire [mʌltɪmɪlɪə'neə] *sb* Multimillionär(in) *m/f*
multimillion credit [mʌltɪ'mɪlɪən 'kredɪt] *sb* Millionenkredit *m*
multinational [mʌltɪ'næʃənəl] *adj* multinational
multinational company [mʌltɪ'næʃənəl 'kʌmpənɪ] *sb* multinationales Unternehmen *n*

multinational group [mʌltɪ'næʃənəl gruːp] *sb* multinationaler Konzern *m*
multipack ['mʌltɪpæk] *sb* Mehrstückpackung *f*
multi-part [mʌltɪ'pɑːt] *adj* mehrteilig
multiple exchange rates ['mʌltɪpl ɪks'tʃeɪndʒ reɪts] *sb* gespaltener Wechselkurs *m*
multiple-line organization ['mʌltɪpllaɪn ɔːrgənaɪ'zeɪʃən] *sb* Mehrlinienorganisation *f*
multiple-process production ['mʌltɪpl'prəʊsəs prə'dʌkʃən] *sb* Mehrfachfertigung *f*
multiple voting right ['mʌltɪpl 'vəʊtɪŋ raɪt] *sb* Mehrstimmrecht *n*
multiple voting share ['mʌltɪpl 'vəʊtɪŋ ʃeə] *sb* Mehrstimmrechtsaktie *f*
multiplication [mʌltɪplɪ'keɪʃən] *sb* 1. Multiplikation *f*; 2. *(fig)* Vermehrung *f*
multiply [mʌltɪplaɪ] *v* 1. multiplizieren; 2. *(sth)* vermehren, vervielfachen
multiprocessing [mʌltɪ'prəʊsesɪŋ] *sb* Rechnerverbundbetrieb *m*
multi-product company [mʌltɪ'prɒdʌkt 'kʌmpənɪ] *sb* Mehrproduktunternehmen *n*
multipurpose [mʌltɪ'pɜːpəs] *adj* Mehrzweck...
multi-stage fixed-cost accounting ['mʌltɪsteɪdʒ fɪksd'kɒst ə'kaʊntɪŋ] *sb* stufenweise Fixkostendeckungsrechnung *f*
multitasking [mʌltɪ'tɑːskɪŋ] *sb* Multitasking *n*
municipal [mjuː'nɪsɪpl] *adj* städtisch, Stadt..., kommunal
municipal bonds [mjuː'nɪsɪpl bɒndz] *pl* Kommunalobligationen *f/pl*
municipal economy [mjuː'nɪsɪpl ɪ'kɒnəmɪ] *sb* Kommunalwirtschaft *f*
municipality [mjuːnɪsɪ'pælɪtɪ] *sb* Kommune *f*, Gemeinde *f*
municipal measures to spur the economy [mjuː'nɪsɪpl 'meʒəs tu spɜː ðiː ɪ'kɒnəmɪ] *sb* kommunale Wirtschaftsförderung *f*
mutual ['mjuːtʃʊəl] *adj* 1. *(shared)* gemeinsam; 2. *(bilateral)* beiderseitig
mutual fund ['mjuːtʃʊəl fʌnd] *sb (US)* Investmentfonds *m*
mutual insurance ['mjuːtʃʊəl ɪn'ʃʊərəns] *sb* Versicherung auf Gegenseitigkeit *f*
mutual life insurance company ['mjuːtʃʊəl laɪf ɪn'ʃʊərəns 'kʌmpənɪ] *sb* Versicherungsverein auf Gegenseitigkeit (VVaG) *m*

N

name [neɪm] v 1. *(specify)* nennen; 2. *(appoint)* ernennen; sb 3. Name m; 4. *(reputation)* Name m, Ruf m; 5. give s.o. a bad ~ jdn in Verruf bringen; 6. make a ~ for o.s. sich einen Namen machen als

name of account [neɪm əv əˈkaʊnt] sb Kontenbezeichnung f

name of the maker [neɪm əv ðə ˈmeɪkə] sb Name des Ausstellers m

name-plate [ˈneɪmpleɪt] sb 1. Namensschild n; 2. *(on a door)* Türschild n

name tag [neɪm tæg] sb Namensschild m

name transaction [neɪm trænˈzækʃən] sb Aufgabegeschäft n

national [ˈnæʃənəl] adj national, öffentlich, Landes...

national accounting [ˈnæʃənəl əˈkaʊntɪŋ] sb volkswirtschaftliche Gesamtrechnung f

National Audit Office [ˈnæʃənəl ˈɔːdɪt ˈɒfɪs] sb *(UK)* Rechnungshof m

national bankruptcy [ˈnæʃənəl ˈbæŋkrʌpsɪ] sb Staatsbankrott m

national bond [ˈnæʃənəl bɒnd] sb steuerfreier Schuldschein m

national certificate [ˈnæʃənəl səˈtɪfɪkət] sb Sparbrief m

national economy [ˈnæʃənəl ɪˈkɒnəmɪ] sb Volkswirtschaft f

national income [ˈnæʃənəl ˈɪnkʌm] sb Volkseinkommen n

national insurance [ˈnæʃənəl ɪnˈʃʊərəns] sb *(UK)* Sozialversicherung f

nationality [næʃəˈnælɪtɪ] sb Staatsangehörigkeit f, Nationalität f

nationalization [næʃnəlaɪˈzeɪʃən] sb Verstaatlichung f

nationalize [ˈnæʃnəlaɪz] v *(an industry)* verstaatlichen

national product [ˈnæʃənəl ˈprɒdʌkt] sb Sozialprodukt n

national sovereignty rights [ˈnæʃənəl ˈsɒvərɪntɪ raɪts] pl nationale Souveränitätsrechte n/pl

national wealth [ˈnæʃənəl welθ] sb Volksvermögen n

nationwide [neɪʃənˈwaɪd] adj landesweit

native [ˈneɪtɪv] adj inländisch, Inlands...

natural person [ˈnætʃrəl ˈpɜːsən] sb natürliche Person f

naught [nɔːt] sb Null f

navigability [nævɪɡəˈbɪlɪtɪ] sb Schiffbarkeit f

navigable [ˈnævɪɡəbl] adj schiffbar

near banks [nɪə bæŋks] pl Nearbanken f/pl

near money [nɪə ˈmʌnɪ] sb Geldsurrogat n

near-consumer [nɪəkənˈsjuːmə] adj verbrauchernah

near-monopoly [nɪəməˈnɒpəlɪ] sb Quasimonopol n

near-operating [nɪəˈɒpəreɪtɪŋ] adj betriebsnah

necessary business property [ˈnesɪsərɪ ˈbɪznəs ˈprɒpətɪ] sb notwendiges Betriebsvermögen n

necessary private property [ˈnesɪsərɪ ˈpraɪvət ˈprɒpətɪ] sb notwendiges Privatvermögen n

necessity [nɪˈsesɪtɪ] sb 1. Notwendigkeit f; 2. of ~ notwendigerweise

need [niːd] sb 1. *(necessity)* Notwendigkeit f; 2. *(requirement)* Bedürfnis n, Bedarf m; 3. to be in ~ of sth etw dringend brauchen

need for action [niːd fɔː ˈækʃən] sb Handlungsbedarf m

need-based [ˈniːdbeɪsd] adj bedürfnisorientiert, bedarfsorientiert

negative advance interest [ˈneɡətɪv ədˈvɑːns ˈɪntrəst] sb Vorschusszinsen m/pl

negative clause [ˈneɡətɪv klɔːz] sb Negativklausel f

negative declaration [ˈneɡətɪv dekləˈreɪʃn] sb Negativerklärung f

negative interest [ˈneɡətɪv ˈɪntrəst] sb Negativzins m

negligence [ˈneɡlɪdʒəns] sb 1. Nachlässigkeit f, Unachtsamkeit f; 2. Fahrlässigkeit f

negligence claim [ˈneɡlɪdʒəns kleɪm] sb Schadensersatzforderung f

negligent [ˈneɡlɪdʒənt] adj fahrlässig, nachlässig, unachtsam

negligible [ˈneɡlɪdʒəbl] adj unerheblich, gering

negotiable [nɪˈɡəʊʃəbl] adj 1. verkäuflich; 2. It's ~. Darüber kann verhandelt werden.

negotiable document of title [nɪˈɡəʊʃəbl ˈdɒkjəmənt əv ˈtaɪtl] sb Traditionspapier n

negotiate [nɪˈɡəʊʃɪeɪt] v 1. verhandeln; 2. *(bring about)* aushandeln; 3. *(sth)* handeln über

negotiating brief [nɪˈɡəʊʃɪeɪtɪŋ briːf] sb Verhandlungsmandat n

negotiating machinery [nɪˈgəʊʃieɪtɪŋ məˈʃiːnərɪ] sb Verhandlungsprozedur f

negotiating package [nɪˈgəʊʃieɪtɪŋ ˈpækɪdʒ] sb Verhandlungspaket n

negotiating team [nɪˈgəʊʃieɪtɪŋ tiːm] sb Verhandlungsdelegation f

negotiation [nɪgəʊʃiˈeɪʃən] sb 1. Verhandlung f; 2. enter into ~s in Verhandlungen eintreten

negotiation price [nɪgəʊʃiˈeɪʃən praɪs] sb Übernahmepreis m, Übernahmekurs m

negotiation skills [nɪgəʊʃiˈeɪʃən skɪlz] sb Verhandlungsgeschick n

negotiator [nɪˈgəʊʃieɪtə] sb Unterhändler(in) m/f, Verhandler(r) f/m

neoliberalism [niːəʊˈlɪbərəlɪzm] sb Neoliberalismus m

neomercantilism [niːəʊˈmɜːkəntaɪlɪzm] sb Neomerkantilismus m

nepotism [ˈnepətɪzm] sb Nepotismus m, Vetternwirtschaft f

net [net] adj 1. netto, Netto..., Rein...; v 2. netto einbringen; 3. (in wages) netto verdienen

net assets [net ˈæsets] pl Reinvermögen n, Nettovermögen n

net book value [net bʊk ˈvæljuː] sb Restwert m

net borrowing [net ˈbɒrəʊɪŋ] sb Nettokreditaufnahme f

net dividend [net ˈdɪvɪdənd] sb Netto-Dividende f

net earnings [net ˈɜːnɪŋz] pl Nettoertrag m

net export [net ˈekspɔːt] sb Außenbeitrag m

net financial investment [net faɪˈnænʃl ɪnˈvestmənt] sb Finanzierungssaldo n

net foreign demand [net ˈfɒrən dɪˈmɑːnd] sb Außenbeitrag f

net income [net ˈɪnkʌm] sb Nettoeinkommen n

net income percentage of turnover [net ˈɪnkʌm pəˈsentɪdʒ əv ˈtɜːnəʊvə] sb Umsatzrendite f

net indebtedness [net ɪnˈdetɪdnɪs] sb Nettoverschuldung f

net interest rate [net ˈɪntrəst reɪt] sb Nettozinssatz m

net investment [net ɪnˈvestmənt] sb Nettoinvestition f

net loss [net lɒs] sb Bilanzverlust m

net loss for the year [net lɒs fɔː ðə jɪə] sb Jahresfehlbetrag m

net movement of foreign exchange [net ˈmuːvmənt əv ˈfɒrɪn ɪksˈtʃeɪndʒ] sb Devisenbilanz f

net national product [net ˈnæʃənəl ˈprɒdʌkt] sb Nettosozialprodukt n

net new indebtedness [net njuː ɪnˈdetɪdnɪs] sb Nettoneuverschuldung f

net present value [net ˈpræsənt ˈvæljuː] sb Kapitalwert m

net price [net praɪs] sb Nettopreis m

net proceeds [net ˈprəʊsiːdz] pl Nettoertrag m

net product [net ˈprɒdʌkt] sb Wertschöpfung f

net profit [net ˈprɒfɪt] sb Reingewinn m, Nettogewinn m

net profit for the year [net ˈprɒfɪt fɔː θə jɪə] sb Bilanzgewinn m

net profit ratio [net ˈprɒfɪt reɪʃɪəʊ] sb Umsatzrentabilität f

netting out [netɪŋ aʊt] sb Saldierung f

net turnover [net ˈtɜːnəʊvə] sb Nettoumsatz m

net wages [net ˈweɪdʒɪz] sb Nettolohn m

net weight [net weɪt] sb Nettogewicht n, Reingewicht n, Eigengewicht n

network [ˈnetwɜːk] sb Netz n, Netzwerk n

networking [ˈnetwɜːkɪŋ] sb Rechnerverbund m

network management system [ˈnetwɜːk ˈmænɪdʒmənt ˈsɪstəm] sb Netzplantechnik f

network operator [netwɜːk ˈɒpəreɪtə] sb Netzbetreiber m

neutralization [njuːtrəlaɪˈzeɪʃən] sb 1. Neutralisation f; 2. (of money) Stilllegung f

neutral money [ˈnjuːtrəl ˈmʌnɪ] sb neutrales Geld n

new assessment [njuː əˈsesmənt] sb Neuveranlagung f

newcomer [ˈnjuːkʌmə] sb (beginner) Neuling m

new endorsement [njuː ɪnˈdɔːrsmənt] sb Neugiro n

new foundation [njuː faʊnˈdeɪʃən] sb Neugründung f

new indebtedness [njuː ɪnˈdetɪdnɪs] sb Neuverschuldung f

new market [njuː ˈmɑːkɪt] sb Neuer Markt m

news [njuːz] pl Nachricht f, Neuigkeiten f pl

news bulletin [njuːz ˈbʊlətɪn] sb Kurznachrichten f/pl

new shares [njuː ˈʃeəz] pl junge Aktien f/pl

newsletter [ˈnjuːzletə] sb Rundschreiben n, Rundbrief m

newspaper [ˈnjuːspeɪpə] sb Zeitung f

newsroom [ˈnjuːzruːm] sb Nachrichtenredaktion f

news value ['njuːz 'væljuː] sb Neuigkeitswert m
niche [niːʃ] sb Nische f
night desk [naɪt desk] sb Nachtschalter m
night duty [naɪt 'djuːtɪ] sb Nachtdienst m
night safe ['naɪt seɪf] sb Nachtsafe m, Nachttresor m
night school ['naɪt skuːl] sb Abendschule f
night shift [naɪt ʃɪft] sb Nachtschicht f
night watchman [naɪt 'wɒtʃmən] sb Nachtwächter m, Nachtportier m
nil tariff [nɪl 'tærɪf] sb Nulltarif m
no-fault ['nəʊfɔːlt] adj (US) Vollkasko...
nominal ['nɒmɪnəl] adj nominell, Nominal...
nominal amount ['nɒmɪnəl ə'maʊnt] sb Nominalbetrag m
nominal capital ['nɒmɪnəl 'kæpɪtl] sb Nominalkapital n
nominal capital borrowed ['nɒmɪnəl 'kæpɪtl 'bɒrəʊd] sb nominelles Eigenkapital n
nominal income ['nɒmɪnəl 'ɪnkʌm] sb Nominaleinkommen n
nominal rate of interest ['nɒmɪnəl reɪt əv 'ɪntrəst] sb Nominalzins m
nominal value ['nɒmɪnəl 'væljuː] sb Nennwert m, Nominalwert m, Ausgabewert m
nominee [nɒmɪ'niː] sb 1. Kandidat(in) m/f; 2. (authorized person) Bevollmächtigte(r) f/m
nominee company [nɒmɪ'niː 'kʌmpənɪ] sb Briefkastenfirma f
nominee holder [nɒmɪ'niː 'həʊldə] sb Fremdbesitzer(in) m/f
non-acceptance [nɒnək'septəns] sb Akzeptverweigerung f
non-admissible [nɒnəd'mɪsəbl] adj unzulässig
non-appealable [nɒnə'piːləbl] adj formal rechtskräftig
non-assignable [nɒnə'saɪnəbl] adj nicht übertragbar
non-attachable [nɒnə'tætʃəbl] adj unpfändbar
non-banks ['nɒnbæŋks] pl Nicht-Banken f/pl
nonbinding price recommendation ['nɒnbaɪndɪŋ praɪs rekəmən'deɪʃn] sb unverbindliche Preisempfehlung f
non-branded [nɒn'brændɪd] adj markenfrei
non-calling period ['nɒnkɔːlɪŋ 'pɪərɪəd] sb Kündigungssperrfrist f
non cash [nɒn kæʃ] adj unbar
non-chargeable [nɒn'tʃɑːdʒəbl] adj steuerfrei
non-compliance [nɒnkəm'plaɪəns] sb (with rules) Nichterfüllung f, Nichteinhaltung f

non-conforming [nɒnkən'fɔːmɪŋ] adj nicht vertragsgemäß
non-cyclical [nɒn'saɪklɪkl] adj azyklisch
nonexistent [nɒnɪg'zɪstənt] adj nicht existierend, nicht vorhanden
non-forfeitability [nɒnfɔːfɪtə'bɪlɪtɪ] sb Unverfallbarkeit f
non-liability [nɒnlaɪə'bɪlɪtɪ] sb Haftungsausschluss m
non-liquidity [nɒnlɪ'kwɪdɪtɪ] sb Illiquidität f
non-negotiable [nɒnnɪ'gəʊʃɪəbl] adj (ticket) unübertragbar, nicht übertragbar
non-negotiable bill of exchange ['nɒnnɪ'gəʊʃɪəbl bɪl əv ɪks'tʃeɪndʒ] sb Rektawechsel m
nonoperating expense ['nɒnɒpəreɪtɪŋ ɪks'pens] sb betriebsfremder Aufwand m, neutraler Aufwand m
nonoperating income ['nɒnɒpəreɪtɪŋ 'ɪnkʌm] sb neutraler Ertrag m
nonoperating revenue ['nɒnɒpəreɪtɪŋ 'revənjuː] sb betriebsfremder Ertrag m
non-profit-making [nɒn'prɒfɪtmeɪkɪŋ] adj (UK) gemeinnützig
nonprofit organization ['nɒnprɒfɪt ɔːgənaɪ'zeɪʃn] sb Nonprofit-Organisation f
non-quotation [nɒnkwəʊ'teɪʃn] sb Kursstreichung f
non-real-estate fixed assets ['nɒnrɪəlɪsteɪt fɪksd 'æsəts] pl bewegliches Anlagevermögen n
non-recourse [nɒnrɪ'kɔːs] adj regresslos
non-recourse financing [nɒnrɪ'kɔːs 'faɪnænsɪŋ] sb Forfaitierung f
non-resident [nɒn'rezɪdənt] sb Devisenausländer m, Gebietsfremder m
non-returnable [nɒnrɪ'tɜːnəbl] adj Einweg...
nonstop [nɒn'stɒp] adj 1. ohne Halt, pausenlos; 2. (train) durchgehend
nonsuit ['nɒnsuːt] sb Klagezurückweisung f
non-voting share ['nɒnvəʊtɪŋ ʃeə] sb stimmrechtslose Vorzugsaktie f
norm [nɔːm] sb Norm f
normal ['nɔːml] adj normal, üblich
normal cost ['nɔːml kɒst] sb Normalkosten pl
normal level of capacity utilization ['nɔːml 'levl əv kə'pæsɪtɪ juːtɪlaɪ'zeɪʃn] sb Normalbeschäftigung f
normal transactions ['nɔːml træn'zækʃnz] pl Normalverkehr m
norm price [nɔːm praɪs] sb Zielpreis (Zoll) m

nostro account ['nɒstrəʊ ə'kaʊnt] *sb* Nostrokonto *n*

North American Freetrade Area (NAFTA) ['nɔːθ ə'merikən 'friːtreid ɛəriə] *sb* Nordamerikanische Freihandelszone *(NAFTA) f*

nostro balance ['nɒstrəʊ 'bæləns] *sb* Nostroguthaben *n*

nostro liability ['nɒstrəʊ laiə'biliti] *sb* Nostroverbindlichkeit *f*

notarize ['nəʊtəraiz] *v* notariell beglaubigen

notary ['nəʊtəri] *sb* Notar *m*

not binding [nɒt 'baindiŋ] *adj* unverbindlich

note [nəʊt] *sb* Notiz *f*, Vermerk *m*, Schein *m*

noteholder ['nəʊthəʊldə] *m/f* Schuldscheininhaber(in) *m/f*

note issue [nəʊt 'iʃuː] *sb* Notenausgabe *f*

note of acceptance [nəʊt əv ək'septəns] *sb* Annahmevermerk *m*

note of charges [nəʊt əv 'tʃɑːdʒəz] *sb* Gebührenrechnung *f*

note of the minutes [nəʊt əv ðə 'minits] *sb* Protokollnotiz *f*

notes and coins in circulation [nəʊts ænd 'kɔinz in sɜːkjʊ'leiʃən] *pl* Zahlungsmittelumlauf *m*

notes appended to quotation [nəʊts ə'pændid tu kwəʊ'teiʃən] *pl* Kurszusätze *m/pl*

notes in circulation [nəʊts in sɜːkjʊ'leiʃən] *pl* Notenumlauf *m*

notes payable [nəʊts 'peiəbl] *pl* Wechselverbindlichkeiten *f/pl*

notes receivable [nəʊt ri'siːvəbl] *pl* Wechselforderungen *f/pl*

notes to consolidated financial statements [nəʊts tu kən'sɒlideitid fai'nænʃl 'steitmənts] *pl* Konzernanhang *m*

notice ['nəʊtis] *sb* 1. *(notification)* Bescheid *m*, Benachrichtigung *f*; 2. *(in writing)* Mitteilung *f*; 3. *until further ~* bis auf weiteres; 4. *at short ~* kurzfristig; 5. *(of quitting a job, of moving out)* Kündigung *f*; *give s.o. ~ (to an employee, to a tenant)* jdm kündigen; *(to an employer, to a landlord)* bei jdm kündigen; 6. *(public announcement)* Bekanntmachung *f*

notice board ['nəʊtis bɔːd] *sb* Aushang *m*

notice of action ['nəʊtis əv 'ækʃən] *sb* Klagemitteilung *f*

notice of arrival ['nəʊtis əv ə'raivl] *sb* Eingangsbestätigung *f*

notice of assessment ['nəʊtis əv ə'sesmənt] *sb* Steuerbescheid *m*

notice of defect ['nəʊtis əv 'diːfekt] *sb* Mängelanzeige *f*

notice of deposit ['nəʊtis əv di'pɒzit] *sb* Hinterlegungsbescheid *m*

notice of dividend ['nəʊtis əv 'dividend] *sb* Dividendenbekanntmachung *f*

notice of termination ['nəʊtis əv tɜːmi'neiʃən] *sb* Kündigung *f*

notice period ['nəʊtis piəriəd] *sb* Kündigungsfrist *f*

notice to terminate for operational reasons ['nəʊtis tu 'tɜːmineit fɔː ɒpə'reiʃənl 'riːznz] *sb* betriebsbedingte Kündigung *f*

notifiable ['nəʊtifaiəbl] *adj* meldepflichtig

notifiable cartel ['nəʊtifaiəbl kɑː'tel] *sb* anmeldepflichtige Kartelle *n*

notification [nəʊtifi'keiʃən] *sb* Benachrichtigung *f*, Mitteilung *f*, Meldung *f*

notification of approval [nəʊtifi'keiʃən əv ə'pruːvl] *sb* Bewilligungsbescheid *f*

notification of damage [nəʊtifi'keiʃən əv 'dæmidʒ] *sb* Schadensmeldung *f*

notional ['nəʊʃənl] *adj* symbolisch, fiktiv

novelty ['nɒvəlti] *sb (newness)* Neuheit *f*

noxious ['nɒkʃəs] *adj* umweltbelastend, umweltschädlich

nuclear energy ['njuːkliər enədʒi] *sb* Atomenergie *f*, Kernenergie *f*

nuclear power ['njuːkliə paʊə] *sb* Atomkraft *f*

nuclear power plant ['njuːkliə paʊə plɑːnt] *sb* Atomkraftwerk *n*, Kernkraftwerk *n*

nuisance tax ['njuːsəns tæks] *sb* Bagatellsteuer *f*

null [nʌl] *adj* nichtig, ungültig

null and void [nʌl ænd vɔid] null und nichtig

nullify ['nʌlifai] *v* annullieren, für null und nichtig erklären, ungültig machen

nullity ['nʌləti] *sb* Ungültigkeit *f*

number ['nʌmbə] *sb* 1. Zahl *f*; 2. *(numeral)* Ziffer *f*; 3. *(phone ~, house ~)* Nummer *f*; 4. *(quantity)* Anzahl *f*; *on a ~ of occasions* des Öfteren

numbered account ['nʌmbəd ə'kaʊnt] *sb* Nummernkonto *n*

numbering ['nʌmbəriŋ] *sb* Nummerierung *f*

nursing allowance ['nɜːsiŋ ə'laʊəns] *sb* Pflegegeld *n*

nursing insurance fund ['nɜːsiŋ in'ʃʊərəns fʌnd] *sb* Pflegekrankenversicherung *f*

nursing pension insurance fund ['nɜːsiŋ 'penʃn in'ʃʊərəns fʌnd] *sb* Pflegerentenversicherung *f*

O

oath of disclosure [əʊθ əv dɪsˈkləʊʒə] sb Offenbarungseid m

oath of office [əʊθ əv ˈɒfɪs] sb Amtseid m, Diensteid m

obedience [əˈbiːdɪəns] sb Gehorsamkeit f

obey [əˈbeɪ] v 1. gehorchen, folgen; 2. (an order) Folge leisten, befolgen

object clause [ˈɒbdʒɪkt klɔːz] sb Zweckbestimmungsklausel f

object insured [ˈɒbdʒɪkt ɪnˈʃʊəd] sb Versicherungsgegenstand m

objection [əbˈdʒekʃən] sb Beanstandung f, Einwand m

objective [əbˈdʒektɪv] sb Ziel n

objective of the audit [əbˈdʒektɪv əv ðə ˈɔːdɪt] sb Prüfungsziel n

objectivity [ˌɒbdʒekˈtɪvɪtɪ] sb Objektivität f

object of discernment [ˈɒbdʒɪkt əv dɪˈsɜːnmənt] sb Erkenntnisobjekt n

object of the contract [ˈɒbdʒɪkt əv ðə ˈkɒntrækt] sb Vertragsgegenstand m

object of the enterprise [ˈɒbdʒɪkt əv ðə ˈentəpraɪz] sb Unternehmensziel n

object of negotiations [ˈɒbdʒɪkt əv nɪɡəʊʃɪˈeɪʃənz] sb Verhandlungsgegenstand m

object principle [ˈɒbdʒɪkt ˈprɪnsɪpl] sb Objektprinzip n

obligation [ˌɒblɪˈɡeɪʃən] sb 1. Verpflichtung f, Pflicht f, Schuldverhältnis n; 2. without ~ unverbindlich

obligation to accept [ɒblɪˈɡeɪʃən tu əkˈsept] sb Annahmepflicht f

obligation to buy [ɒblɪˈɡeɪʃən tu baɪ] sb Bezugspflicht f

obligation to compensate [ɒblɪˈɡeɪʃən tu ˈkɒmpenseɪt] sb Schadensersatzpflicht f

obligation to contract [ɒblɪˈɡeɪʃən tu kənˈtrækt] sb Kontrahierungszwang m

obligation to furnish information [ɒblɪˈɡeɪʃən tu ˈfɜːnɪʃ ɪnfəˈmeɪʃən] sb Mitteilungspflicht f

obligation to give information [ɒblɪˈɡeɪʃən tu ɡɪv ɪnfəˈmeɪʃən] sb Auskunftspflicht f

obligation to intervene [ɒblɪˈɡeɪʃən tu ɪntəˈviːn] sb Interventionspflicht f

obligation to lodge a complaint [ɒblɪˈɡeɪʃən tu ˈlɒdʒ ə kəmˈpleɪnt] sb Rügepflicht f

obligation to make an additional contribution [ɒblɪˈɡeɪʃən tu ˈmeɪk ən əˈdɪʃnl kɒntrɪˈbjuːʃn] sb Nachschusspflicht f

obligation to maintain secrecy [ɒblɪˈɡeɪʃən tu meɪnˈteɪn ˈsiːkrəsɪ] sb Schweigepflicht f, Geheimhaltungspflicht f

obligation to pay subscription [ɒblɪˈɡeɪʃən tu peɪ sʌbˈskrɪpʃn] sb Einzahlungspflicht f

obligation to perform [ɒblɪˈɡeɪʃən tu pəˈfɔːm] sb Erfüllungspflicht f, Leistungspflicht f

obligation to preserve records [ɒblɪˈɡeɪʃən tu prɪˈzɜːv ˈrekɔːdz] sb Aufbewahrungspflicht f

obligation to redeem [ɒblɪˈɡeɪʃən tu rɪˈdiːm] sb Einlösungspflicht f

obligation to repay [ɒblɪˈɡeɪʃən tu rɪˈpeɪ] sb Rückerstattungspflicht f

obligation to register [ɒblɪˈɡeɪʃən tu ˈredʒɪstə] sb Meldepflicht f

obligation to take delivery [ɒblɪˈɡeɪʃən tu ˈteɪk dɪˈlɪvərɪ] sb Abnahmepflicht f

obligation under a warranty [ɒblɪˈɡeɪʃən ˈʌndə ə ˈwɒrəntɪ] sb Gewährleistungspflicht f

obligatory [əˈblɪɡətərɪ] adj obligatorisch; It is ~. Es ist Pflicht.

obligor [ˈɒblɪˌɡɔː] sb Schuldner m

observance of the deadline [ɒbˈzɜːvəns əv ðə ˈdedlaɪn] sb Fristwahrung f

observation [ˌɒbzəˈveɪʃən] sb Beobachtung f

observation of markets [ɒbzəˈveɪʃən əv ˈmɑːkɪts] sb Marktbeobachtung f

obsolescence [ˌɒbsəˈlesns] sb Obsoleszenz f

obsolete [ˈɒbsəliːt] adj veraltet, überholt

obstruct [əbˈstrʌkt] v hindern, blockieren

obtainable [əbˈteɪnəbl] adj erhältlich

occupancy rate [ˈɒkjʊpənsɪ reɪt] sb Belegungsrate f, Auslastungsquote f

occupation [ˌɒkjʊˈpeɪʃən] sb 1. (employment) Beruf m, Tätigkeit f; 2. (pastime) Beschäftigung f, Betätigung f, Tätigkeit f

occupational [ˌɒkjʊˈpeɪʃənəl] adj beruflich, Berufs..., Arbeits...

occupational disability [ɒkjʊˈpeɪʃənəl dɪsəˈbɪlɪtɪ] sb Berufsunfähigkeit f

occupational hazard [ɒkjʊˈpeɪʃənəl ˈhæzəd] sb Berufsrisiko n

ocean bill of lading [ˈəʊʃn bɪl əv ˈleɪdɪŋ] *sb* Seefrachtbrief *m*, Seekonnossement *n*
odd jobs [ɒd dʒɒbz] *pl* Gelegenheitsarbeiten *f/pl*, Gelegenheitsjobs *m/pl*
odd lot [ɒd lɒt] *sb* 1. krummer Auftrag *m*; 2. Sondermenge *f*, Restposten *m*
oddment [ˈɒdmənt] *sb* Restposten *m*
off-duty [ɒfˈdjuːtɪ] *adj* dienstfrei
offence [əˈfens] *sb* Straftat *f*, Delikt *n*
offer [ˈɒfə] *v* 1. anbieten; 2. ~ to do sth anbieten, etw zu tun/sich bereit erklären, etw zu tun; 3. ~ one's hand jdm die Hand reichen; 4. *(a view, a price)* bieten; *sb* 5. Angebot *n*
offer by competitive bidding [ˈɒfə baɪ kəmˈpetɪtɪv ˈbɪdɪŋ] *sb* Ausschreibung *f*
offer for subscription [ˈɒfə fɔː səbˈskrɪpʃən] *sb* Zeichnungsangebot *n*
offering premium [ˈɒfərɪŋ ˈpriːmɪəm] *sb* Emissionsagio *n*, Ausgabezuschlag *m*
offer of composition [ˈɒfə əv kɒmpəˈzɪʃən] *sb* Vergleichsangebot *n*, Abfindungsangebot *n*
offer of employment [ˈɒfər əv ɪmˈplɔɪmənt] *sb* Stellenangebot *n*
offer without engagement [ˈɒfə wɪðˈaʊt ɪnˈgeɪdʒmənt] *sb* unverbindliches Angebot *n*
offical stock exchange list [əˈfɪʃl stɒk ɪksˈtʃeɪndʒ lɪst] *sb* offizielles Kursblatt *n*
office [ˈɒfɪs] *sb* 1. Büro *n*; 2. *(lawyer's)* Kanzlei *f*; 3. *(public position)* Amt *n*; 4. take ~ sein Amt antreten; 5. *(department)* Abteilung *f*; 6. *(department of the government)* Behörde *f*, Amt *n*; 7. *(one location of a business)* Geschäftsstelle *f*
office automation [ˈɒfɪs ɔːtəˈmeɪʃn] *sb* Büroautomation *f*
office bearer [ˈɒfɪs ˈbɛərə] *sb* Amtsinhaber(in) *m/f*
office block [ˈɒfɪs blɒk] *sb* Bürogebäude *n*
office clerk [ˈɒfɪs klɑːk] *sb* Sachbearbeiter(in) *m/f*, Kontorist(in) *m/f*
office communication [ˈɒfɪs kəmjuːnɪˈkeɪʃn] *sb* Bürokommunikation *f*
office copy [ˈɒfɪs ˈkɒpɪ] *sb* Dienstexemplar *n*
officeholder [ˈɒfɪshəʊldə] *sb* Amtsinhaber *m*
office hours [ˈɒfɪs aʊəz] *pl* 1. Dienststunden *f/pl*, Geschäftszeit *f*; 2. *(time available for consultation)* Sprechstunden *f/pl*
office junior [ˈɒfɪs ˈdʒuːnjə] *sb* Bürogehilfe/Bürogehilfin *m/f*

office manager [ˈɒfɪs ˈmænɪdʒə] *sb* Bürovorsteher(in) *m/f*
office of destination [ˈɒfɪs əv destɪˈneɪʃən] *sb* Bestimmungszollstelle *f*
officer [ˈɒfɪsə] *sb (official)* Beamter/Beamtin *m/f*, Funktionär(in) *m/f*
officer in charge [ˈɒfɪsə ɪn tʃɑːdʒ] *sb* Sachbearbeiter(in) *m/f*
office supplies [ˈɒfɪs səˈplaɪz] *pl* Bürobedarf *m*, Büromaterial *n*
official [əˈfɪʃəl] *adj* 1. offiziell, amtlich; *sb* 2. Beamter/Beamtin *m/f*, Funktionär(in) *m/f*
official business [əˈfɪʃəl ˈbɪznɪs] *sb (on a letter)* Dienstsache *f*
officialdom [əˈfɪʃəldəm] *sb* Bürokratie *f*
official fees [əˈfɪʃl fiːz] *sb* Verwaltungsgebühr *f*
officially quoted security [əˈfɪʃəlɪ ˈkwəʊtɪd sɪˈkjʊərɪtɪ] *sb* Schrankenwert *m*
official market [əˈfɪʃl ˈmɑːkɪt] *sb* amtlicher Markt *m*
official market broker [əˈfɪʃl ˈmɑːkɪt ˈbrəʊkə] *sb* Parkettmakler *m*
official receiver [əˈfɪʃəl rɪˈsiːvə] *sb* Konkursverwalter *m*
official secret [əˈfɪʃəl ˈsiːkrɪt] *sb* Dienstgeheimnis *n*, Amtsgeheimnis *n*
official trading [əˈfɪʃəl ˈtreɪdɪŋ] *sb* amtlicher Handel *m*
official trading hours [əˈfɪʃəl ˈtreɪdɪŋ ˈaʊəz] *pl* Börsenzeit *f*
off-limits [ɒfˈlɪmɪts] *adj* mit Zugangsbeschränkung
offlist [ˈɒflɪst] *sb* Nachlass vom Listenpreis *m*
off-peak hours [ˈɒfpiːk aʊəz] *pl* verkehrsschwache Stunden *f*
offset [ˈɒfset] *sb* Ausgleich *m*
offset account [ˈɒfset əˈkaʊnt] *sb* Verrechnungskonto *n*
offset balance [ˈɒfset ˈbæləns] *sb* Verrechnungssaldo *m*
offset deal [ˈɒfset diːl] *sb* Kompensationsgeschäft *n*
offset tax [ˈɒfset tæks] *sb* Kompensationssteuer *f*
offsetting arbitrage [ˈɒfsetɪŋ ˈɑːrbɪtrɑːʒ] *sb* Ausgleichs-Arbitrage *f*
offsetting costs [ˈɒfsetɪŋ kɒsts] *pl* kompensatorische Kosten *pl*
offsetting of receivables and payables in the consolidated financial statements [ˈɒfsetɪŋ əv rɪˈsiːvəbls ænd

'peɪəblz ɪn ðə kənˈsɒlɪdeɪtɪd faɪˈnænʃl ˈsteɪtmənts] sb Schuldenkonsolidierung f
offset transaction [ˈɒfset trænˈzækʃn] sb Kompensationsgeschäft n
offshoot [ˈɒfʃuːt] sb Tochtergesellschaft f, Konzerngesellschaft f
offshore centres [ˈɒfʃɔː ˈsentəz] pl Offshore-Zentren n/pl
offshore dealings [ˈɒfʃɔː ˈdiːlɪŋz] pl Offshore-Geschäft n
offshore purchases [ˈɒfʃɔː ˈpɜːtʃəsɪz] pl Offshore-Käufe m/pl
off-the-board [ɒfðəˈbɔːd] adj außerbörslich
off-the-job [ɒfðəˈdʒɒb] adj außerbetrieblich
oil [ɔɪl] sb Öl n
oil futures dealings [ɔɪl ˈfjuːtʃəz ˈdiːlɪŋz] pl Ölterminhandel m
oil futures exchange [ɔɪl ˈfjuːtʃəz ɪksˈtʃeɪndʒ] sb Ölterminbörse f
old-age pension [ˈəʊldeɪdʒ ˈpenʃn] sb Altersruhegeld n
old-age pensioner [ˈəʊldeɪdʒ ˈpenʃənə] sb Rentner m
old-age social security system sb [ˈəʊldeɪdʒ ˈsəʊʃl sɪˈkjʊərɪtɪ ˈsɪstəm] sb Altersvorsorge f
old-established [əʊldɪsˈtæblɪʃd] adj alteingesessen, alt
old-fashioned [əʊldˈfæʃənd] adj altmodisch
omnibus account [ˈɒmnɪbəs əˈkaʊnt] sb Gemeinschaftskonto n, Sammelkonto n
omnibus clause [ˈɒmnɪbəs klɔːz] sb Generalklausel f
omnibus item [ˈɒmnɪbəs ˈaɪtəm] sb Sammelposten m
on a commission basis [ɒn ə kəˈmɪʃən ˈbeɪsɪs] adv auf Provisionsbasis
on approval [ɒn əˈpruːvəl] adv zur Ansicht
on call [ɒn ˈkɔːl] adv auf Abruf
one-item clause [ˈwʌnaɪtəm klɔːz] sb Einpunktklausel f
one-man corporation [ˈwʌnmæn kɔːpəˈreɪʃn] sb Einpersonengesellschaft f
one month money [wʌn mʌnθ ˈmʌnɪ] sb Monatsgeld n
one's own capital [wʌnz ˈəʊn ˈkæpɪtl] sb Eigenkapital n
one-stop [ˈwʌnstɒp] adj alles an einem Ort
one-to-one [wʌntuːˈwʌn] adj eins-zu-eins, sich genau entsprechend
one-way [ˈwʌnweɪ] adj 1. (traffic) Einbahn...; 2. (packaging, bottles) Einweg...

one-year contract of employment [ˈwʌnjɪə ˈkɒntrækt əv ɪmˈplɔɪmənt] sb Jahresarbeitsvertrag m
ongoing [ˈɒngəʊɪŋ] adj 1. laufend, im Gang befindlich; 2. (long-term) andauernd
online [ɒnˈlaɪn] adj online, Online...
online operation [ɒnˈlaɪn ɒpəˈreɪʃn] sb Online-Betrieb m
on receipt of the invoice [ɒn rɪˈsiːt əv ðɪ ˈɪnvɔɪs] adv nach Erhalt der Rechnung
on schedule [ɒn ˈʃedjuːl] adv termingerecht
onshore business [ˈɒnʃɔː ˈbɪznɪs] sb On-shore-Geschäft n
on time [ɒn taɪm] adv fristgerecht
on trial [ɒn traɪl] adv auf Probe
open [ˈəʊpən] v 1. (shop) aufmachen, öffnen; 2. (trial, exhibition, new business) eröffnen
open account [ˈəʊpən əˈkaʊnt] sb offenes Konto n
open cheque [ˈəʊpən tʃek] sb Barscheck m
open credit [ˈəʊpən ˈkredɪt] sb Blanko-Kredit m
open day [ˈəʊpən deɪ] sb Tag der offenen Tür m
open-end fund [ˈəʊpənˈend fʌnd] sb offener Fonds m
opening balance sheet [ˈəʊpənɪŋ ˈbæləns ʃiːt] sb Eröffnungsbilanz f
opening capital [ˈəʊpənɪŋ ˈkæpɪtl] sb Anfangskapital n, Startkapital n
opening date [ˈəʊpənɪŋ deɪt] sb Submissionstermin m
opening of a business [ˈəʊpənɪŋ əv ə ˈbɪznɪs] sb Geschäftseröffnung f
opening of an account [ˈəʊpənɪŋ əv ən əˈkaʊnt] sb Kontoeröffnung f
opening of new markets [ˈəʊpənɪŋ əv njuː ˈmɑːkɪts] sb Markterschließung f
opening price [ˈəʊpənɪŋ praɪs] sb Eröffnungskurs m
opening stock [ˈəʊpənɪŋ stɒk] sb Anfangsbestand m
opening time [ˈəʊpənɪŋ taɪm] sb (UK) Öffnungszeit f
open-item accounting [ˈəʊpnˈaɪtəm əˈkaʊntɪŋ] sb Offene-Posten-Buchhaltung f
open market [ˈəʊpn ˈmɑːkɪt] sb offener Markt m
open position [ˈəʊpn pəˈsɪʃn] sb offene Position f
operate [ˈɒpəreɪt] v 1. (machine) funktionieren, in Betrieb sein; 2. (system, organization) arbeiten; 3. (manage) betreiben, führen;

4. *(a machine)* bedienen; 5. *(a brake, a lever)* betätigen

operating ['ɒpəreɪtɪŋ] *adj* Betriebs...

operating account ['ɒpəreɪtɪŋ ə'kaʊnt] *sb* Betriebsrechnung *f*

operating assets ['ɒpəreɪtɪŋ 'æsəts] *sb* Betriebsvermögen *n*

operating capital ['ɒpəreɪtɪŋ 'kæpɪtl] *sb* Betriebskapital *n*

operating costs ['ɒpəreɪtɪŋ kɒsts] *pl* Betriebskosten *pl*

operating expenses ['ɒpəreɪtɪŋ ɪk'spensɪz] *pl* Betriebskosten *pl*, Geschäftskosten *pl*

operating fund ['ɒpəreɪtɪŋ fʌnd] *sb* Betriebsfonds *m*

operating grant ['ɒpəreɪtɪŋ grɑ:nt] *sb* Betriebsmittelzuschuss *m*

operating instructions ['ɒpəreɪtɪŋ ɪn'strʌkʃənz] *pl* Betriebsanleitung *f*, Bedienungsvorschrift *f*

operating level ['ɒpəreɪtɪŋ levl] *sb* Kapazitätsauslastung *f*

operating life ['ɒpəreɪtɪŋ laɪf] *sb* Nutzungsdauer *f*, Betriebsdauer *f*

operating margin ['ɒpəreɪtɪŋ 'mɑ:dʒɪn] *sb* Handelsspanne *f*, Gewinnspanne *f*

operating performance ['ɒpəreɪtɪŋ pə'fɔ:məns] *sb* Betriebsleistung *f*

operating permit ['ɒpəreɪtɪŋ 'pɜ:mɪt] *sb* Betriebserlaubnis *f*

operating plan ['ɒpəreɪtɪŋ plæn] *sb* Geschäftsplan *m*

operating ratio ['ɒpəreɪtɪŋ 'reɪʃɪəʊ] *sb* Wirtschaftlichkeitskoeffizient *m*

operating system ['ɒpəreɪtɪŋ 'sɪstəm] *sb* Betriebssystem *n*

operation [ɒpə'reɪʃən] *sb* 1. *(control)* Bedienung *f*, Betätigung *f*; 2. *(running)* Betrieb *m*; put out of ~ außer Betrieb setzen; 3. *(enterprise)* Unternehmen *n*; 4. Unternehmung *f*, Operation *f*

operational [ɒpə'reɪʃənəl] *adj* 1. *(in use)* in Betrieb, im Gebrauch; 2. *(ready for use)* betriebsbereit, einsatzfähig

operational accountancy [ɒpə'reɪʃənəl ə'kaʊntənsɪ] *sb* betriebliches Rechnungswesen *n*

operational analysis [ɒpə'reɪʃənəl ə'nælɪsɪs] *sb* Betriebsanalyse *f*

operational profitability [ɒpə'reɪʃənəl prɒfɪtə'bɪlɪtɪ] *sb* Betriebsrentabilität *f*

operation chart [ɒpə'reɪʃən tʃɑ:t] *sb* Fertigungsablaufplan *m*

operation layout [ɒpə'reɪʃən 'leɪaʊt] *sb* Arbeitsplan *m*

operation manual [ɒpə'reɪʃən 'mænjʊəl] *sb* Betriebsanleitung *f*

operations statistics [ɒpə'reɪʃnz stə'tɪstɪks] *sb* Betriebsstatistik *f*

operator [ɒpə'reɪtə] *sb* 1. *(telephone)* Vermittlung *f*, Dame/Herr von der Vermittlung *m/f*; 2. *(company)* Unternehmer *m*; 3. *(of a machine)* Bedienungsperson *f*, Arbeiter *m*; 4. *(of a lift, of a vehicle)* Führer *m*

opinion [ə'pɪnjən] *sb (professional advice)* Gutachten *n*

opinion leader [ə'pɪnjən 'li:də] *sb* Meinungsführer *m*

opinion poll [ə'pɪnjən pəʊl] *sb* Meinungsumfrage *f*

opinion research [ə'pɪnjən rɪ'sɜ:tʃ] *sb* Meinungsforschung *f*, Demoskopie *f*

opportunity costs [ɒpə'tju:nɪtɪ kɒsts] *pl* Opportunitätskosten *pl*

opportunity for advancement [ɒpə'tju:nɪtɪ fɔ:r əd'vɑ:nsmənt] *sb* Aufstiegsmöglichkeit *f*

opposition [ɒpə'zɪʃn] *sb* Opposition *f*

opposition patent [ɒpə'zɪʃn 'peɪtənt] *sb* Einspruchspatent *n*

opposition period [ɒpə'zɪʃn 'pɪərɪəd] *sb* Einspruchsfrist *f*

oppressive contract [ə'presɪv 'kɒntrækt] *sb* Knebelungsvertrag *m*

optimisation [ɒptɪmaɪ'zeɪʃən] *sb* Optimierung *f*

optimisation of operations [ɒptɪmaɪ'zeɪʃən əv ɒpə'reɪʃəns] *sb* Betriebsoptimierung *f*

optimism ['ɒptɪmɪzm] *sb* Optimismus *m*

optimistic [ɒptɪ'mɪstɪk] *adj* optimistisch

optimize ['ɒptɪmaɪz] *v* optimieren

optimum ['ɒptɪməm] *adj* optimal

opting out ['ɒptɪŋ aʊt] *sb* Freizeichnung *f*

option ['ɒpʃn] *sb* Option *f*

optional ['ɒpʃnəl] *adj* 1. freiwillig; 2. *(accessory)* auf Wunsch erhältlich

optional loan ['ɒpʃnəl ləʊn] *sb* Optionsdarlehen *n*

option bond ['ɒpʃn bɒnd] *sb* Optionsanleihe *f*

option buyer ['ɒpʃn 'baɪə] *sb* Prämienkäufer *m*

option clause ['ɒpʃn klɔ:z] *sb* Fakultativklausel *f*

option contract ['ɒpʃn 'kɒntrækt] *sb* Prämienbrief *m*

option day [ˈɒpʃn deɪ] sb Prämienerklärungstag m

option dealing [ˈɒpʃn ˈdiːlɪŋ] sb Optionsgeschäft n, Prämiengeschäft n

option holder [ˈɒpʃn ˈhəʊldə] sb Optionsberechtigte(r) f/m

option of repayment [ˈɒpʃn əv rɪˈpeɪmənt] sb Rückzahlungsoption f

option of withdrawal [ˈɒpʃn əv wɪðˈdrɔːəl] sb Rücktrittsvorbehalt m

option operator [ˈɒpʃn ˈɒpəreɪtə] sb Prämienspekulant m

option price [ˈɒpʃn praɪs] sb Optionspreis m

option right [ˈɒpʃn raɪt] sb Optionsrecht n

option seller [ˈɒpʃn ˈselə] sb Stillhalter m

option to buy [ˈɒpʃn tu baɪ] sb Kaufanwartschaft f

option to capitalize [ˈɒpʃn tu ˈkæpɪtəlaɪz] sb Aktivierungswahlrecht n

option to sell [ˈɒpʃn tu sel] sb Verkaufsoption f

option warrant [ˈɒpʃn ˈwɒrənt] sb Bezugsrechtsaktie m, Optionsschein m

oral [ˈɔːrəl] adj (verbal) mündlich

order [ˈɔːdə] v 1. bestellen; 2. (place an ~ for) bestellen; 3. (~ to be manufactured) in Auftrag geben; 4. (command) befehlen, anordnen; ~ in hereinkommen lassen; 5. (arrange) ordnen; sb 6. (sequence) Reihenfolge f, Folge f, Ordnung f; in ~ of priority je nach Dringlichkeit; 7. (working condition) Zustand m; to be out of ~ außer Betrieb sein; 8. (command) Befehl m, Anordnung f; to be under ~s to do sth Befehl haben, etw zu tun; by ~ auf Befehl von, im Auftrag von; 9. (for goods, in a restaurant) Bestellung f; 10. (to have sth made) Auftrag m; make to ~ auf Bestellung anfertigen

order accounting [ˈɔːdər əˈkaʊntɪŋ] sb Auftragsabrechnung f

order backlog [ˈɔːdə ˈbæklɒg] sb Auftragsbestand m

order bill of lading [ˈɔːdə bɪl əv ˈleɪdɪŋ] sb Orderkonnossement n

order book [ˈɔːdə bʊk] sb Auftragsbuch n, Bestellbuch n

order booking [ˈɔːdə ˈbʊkɪŋ] sb Bestellwesen n

order book value [ˈɔːdə bʊk ˈvæljuː] sb Auftragsbestandwert m

order cheque [ˈɔːdə tʃek] sb Orderscheck m

order clause [ˈɔːdə klɔːz] sb Orderklausel f

order code [ˈɔːdə kəʊd] sb Bestellnummer f

order coupon [ˈɔːdə ˈkuːpɒn] sb Bestellabschnitt m

order date [ˈɔːdə deɪt] sb Auftragsdatum n, Bestelldatum n

order deadline [ˈɔːdə ˈdedlaɪn] sb Bestellfrist f

ordered quantity [ˈɔːdəd ˈkwɒntɪtɪ] sb Bestellmenge f

order filling [ˈɔːdə ˈfɪlɪŋ] sb Auftragserledigung f

order for payment [ˈɔːdə fɔː ˈpeɪmənt] sb Zahlungsauftrag m, Zahlungsbefehl m, Zahlungsanweisung f

order form [ˈɔːdə fɔːm] sb Bestellschein m

order handling [ˈɔːdə ˈhændlɪŋ] sb Auftragsabwicklung f

order inflow [ˈɔːdər ˈɪnfləʊ] sb Auftragseingang m

ordering costs [ˈɔːdərɪŋ kɒsts] pl Bestellkosten pl

order number [ˈɔːdə ˈnʌmbə] sb Auftragsnummer f

order picking [ˈɔːdə ˈpɪkɪŋ] sb Kommissionieren n

order processing [ˈɔːdə ˈprəʊsesɪŋ] sb Auftragsbearbeitung f

order scheduling [ˈɔːdə ˈʃedjuːlɪŋ] sb Auftragsplanung f

order size [ˈɔːdə saɪz] sb Bestellmenge f, Auftragsgröße f

order slip [ˈɔːdə slɪp] sb Bestellzettel m

order status information [ˈɔːdə ˈsteɪtəs ɪnfəˈmeɪʃən] sb Auftragsbestandübersicht f

order to pay [ˈɔːdə tu peɪ] sb Zahlungsanweisung f

ordinary budget [ˈɔːdnərɪ ˈbʌdʒɪt] sb ordentlicher Haushalt m

ordinary expenditure [ˈɔːdnərɪ ɪksˈpendɪtʃə] sb ordentliche Ausgaben f/pl

ordinary increase in capital [ˈɔːdnərɪ ˈɪnkriːs ɪn ˈkæpɪtl] sb ordentliche Kapitalerhöhung f

ordinary revenue [ˈɔːdnərɪ ˈrevənjuː] sb ordentliche Einnahmen f/pl

ordinary share [ˈɔːdnərɪ ʃeə] sb Stammaktie f

organization [ɔːgənaɪˈzeɪʃən] sb Organisation f

organizational [ɔːgənaɪˈzeɪʃnl] adj organisatorisch

organizational chart [ɔːgənaɪˈzeɪʃnl tʃɑːt] sb Organisationsdiagramm n, Organigramm n

organizational information system [ɔːgənaɪˈzeɪʃnl ɪnfəˈmeɪʃn ˈsɪstəm] sb betriebliches Informationssystem n

organizational standards [ɔːgənaɪ'zeɪʃnl 'stændəds] pl Betriebsnormen f/pl
organizational structure [ɔːgənaɪ'zeɪʃnl 'strʌkʃə] sb Organisationsstruktur f
organization and methods department [ɔːgənaɪ'zeɪʃn ænd 'meθəds dɪ'pɑːtmənt] sb Organisationsabteilung f
organization expense [ɔːgənaɪ'zeɪʃn ɪks'pens] sb Organisationskosten pl
organize ['ɔːgənaɪz] v organisieren
organizer ['ɔːgənaɪzə] sb 1. Organisator m; 2. (of an event) Veranstalter m
orientation period [ɔːrɪən'teɪʃən 'pɪərɪəd] sb Einarbeitungszeit f
origin ['ɒrɪdʒɪn] sb Ursprung m, Herkunft f, Provenienz f
original [ə'rɪdʒɪnl] adj (version) original, Original...
original capital contribution [ə'rɪdʒɪnl 'kæpɪtl kɒntrɪ'bjuːʃn] sb Stammeinlage f
original investment [ə'rɪdʒɪnl ɪn'vestmənt] sb Stammeinlage f
ostensible company [ɒs'tensɪbl 'kʌmpəni] sb Scheingesellschaft f
ostensible merchant [ɒs'tensɪbl mɜː'tʃənt] sb Scheinkaufmann m
ouster ['aʊstə] sb Enteignung f
outage ['aʊtɪdʒ] sb Ausfall m
outbid [aʊt'bɪd] v irr überbieten
outbound ['aʊtbaʊnd] adj ausgehend
outdated [aʊt'deɪtɪd] adj überholt, veraltet
outdoor advertising ['aʊtdɔːr ædvətaɪzɪŋ] sb Außenwerbung f
outfit ['aʊtfɪt] v 1. ausrüsten, ausstatten; sb 2. (equipment) Ausrüstung f, Ausstattung f
outfitter ['aʊtfɪtə] sb (UK) Ausrüster m, Ausstatter m
outlaw ['aʊtlɔː] v für ungesetzlich erklären, verbieten
outlay ['aʊtleɪ] sb Geldauslage f
outlay tax ['aʊtleɪ tæks] sb Ausgabensteuer f
outlet ['aʊtlet] sb 1. (electrical ~) Steckdose f; 2. (shop) Verkaufsstelle f; 3. (for goods) Absatzmöglichkeit f
outline ['aʊtlaɪn] v 1. darlegen, erläutern; sb 2. Übersicht f, Grundriss m, Abriss m
outline agreement ['aʊtlaɪn ə'griːmənt] sb Rahmenvereinbarung f
outlook ['aʊtlʊk] sb (prospects) Aussichten pl
outmoded [aʊt'məʊdɪd] adj unzeitgemäß
out-of-court settlement [aʊtəv'kɔːt 'setlmənt] sb außergerichtlicher Vergleich m

out-of-date [aʊtəv'deɪt] adj veraltet, altmodisch
out-of-town cheque [aʊtəv'taʊn 'tʃek] sb Versandscheck m
output ['aʊtpʊt] sb Produktion f, Output m, Fördermenge f
output-capital ratio ['aʊtpʊtkæpɪtl 'reɪʃɪəʊ] sb Kapitalproduktivität f
output maximum ['aʊtpʊt 'mæksɪməm]
output tax ['aʊtpʊt tæks] sb Umsatzsteuer f, Produktionssteuer f
outright owner [aʊtraɪt 'əʊnə] sb Volleigentümer(in) m/f
outside financing [aʊtsaɪd faɪ'nænsɪŋ] sb Fremdfinanzierung f
outsider [aʊt'saɪdə] sb Branchenfremder m, Betriebsfremder m, Außenseiter m
outside services [aʊtsaɪd 'sɜːvɪsɪz] pl Fremdleistung f
outsource ['aʊtsɔːs] v an Fremdfirmen vergeben
outsourcing ['aʊtsɔːsɪŋ] sb Fremdvergabe f
outstanding [aʊt'stændɪŋ] adj (not yet paid) ausstehend
outstanding account [aʊt'stændɪŋ ə'kaʊnt] sb offene Rechnung f
outstanding accounts [aʊt'stændɪŋ ə'kaʊnts] pl Außenstände m/pl
outstanding contributions [aʊt'stændɪŋ kɒntrɪ'bjuːʃnz] pl ausstehende Einlagen f/pl
outstanding debts [aʊt'stændɪŋ dets] pl Außenstände pl
overachieve [əʊvərə'tʃiːv] v besser abschneiden als erwartet
overall adjustment [əʊvər'ɔːl ə'dʒʌstmənt] sb Globalwertberichtigung f
overall assignment [əʊvər'ɔːl ə'saɪnmənt] sb Globalzession f
overall costs [əʊvər'ɔːl 'kɒsts] pl Gesamtkosten f
overbid ['əʊvəbɪd] sb Mehrgebot n
overcapitalization [əʊvəkæpɪtəlaɪ'zeɪʃn] sb Überkapitalisierung f
overcharge [əʊvə'tʃɑːdʒ] v zu viel berechnen
overdraft ['əʊvədrɑːft] sb Kontoüberziehung f
overdraft commission ['əʊvədrɑːft kə'mɪʃn] sb Überziehungsprovision f
overdraft credit ['əʊvədrɑːft 'kredɪt] sb Überziehungskredit m
overdraft interest ['əʊvədrɑːft 'ɪntrəst] sb Überziehungszinsen m/pl

overdraft of an account ['əʊvədrɑːft əv ən ə'kaʊnt] *sb* Kontoüberziehung *f*
overdraw [əʊvə'drɔː] *v irr* überziehen
overdue [əʊvə'djuː] *adj* überfällig
overestimate [əʊvər'estɪmeɪt] *v* überschätzen, überbewerten
overfinancing [əʊvəfaɪ'nænsɪŋ] *sb* Überfinanzierung *f*
overflow ['əʊvəfləʊ] *sb* Überschuss *m*
overhaul [əʊvə'hɔːl] *v* 1. *(a machine)* überholen; 2. *(plans)* gründlich überprüfen; *sb* 3. Überholung *f*, gründliche Überprüfung *f*
overhead allocation sheet ['əʊvəhæd ælə'keɪʃn ʃiːt] *sb* Betriebsabrechnungsbogen (BAB) *m*
overhead centre ['əʊvəhed 'sentə] *sb* Gemeinkostenstelle *f*
overhead charge ['əʊvəhed tʃɑːdʒ] *sb* Gemeinkostenzuschlag *m*
overhead cost allocation ['əʊvəhed kɒst ælə'keɪʃn] *sb* Gemeinkostenumlage *f*
overhead costs ['əʊvəhed kɒsts] *pl* Gemeinkosten *pl*, allgemeine Unkosten *pl*
overhead value analysis ['əʊvəhæd 'væljʊ ə'nælɪsɪs] *sb* Gemeinkostenwertanalyse (GWA) *f*
overinflation [əʊvərɪn'fleɪʃən] *sb* Überteuerung *f*
overinvestment [əʊvərɪn'vestmənt] *sb* Investitionsüberhang *m*
overland [əʊvə'lænd] *adv* auf dem Landweg, über Land
overleaf [əʊvə'liːf] *adv* umseitig
overload [əʊvə'ləʊd] *v* 1. überladen; 2. *(with electricity)* überlasten; ['əʊvələʊd] *sb* 3. Überbelastung *f*; 4. *(electricity)* Überlastung *f*
overperform [əʊvəpə'fɔːm] *v* mehr als gefordert leisten
overqualified [əʊvə'kwɒlɪfaɪd] *adj* überqualifiziert
overrate [əʊvə'reɪt] *v* überschätzen, überbewerten
override [əʊvə'raɪd] *v irr* 1. *(cancel out)* umstoßen, aufheben; 2. *(an objection)* ablehnen
overrule [əʊvə'ruːl] *v* aufheben, verwerfen
overseas [əʊvə'siːz] *adv* nach Übersee, in Übersee
oversell [əʊvə'sel] *v irr* überbuchen
oversubscribe [əʊvəsəb'skraɪb] *v* überzeichnen
over-subscription [əʊvəsʌb'skrɪpʃn] *sb* Überzeichnung *f*
oversupply [əʊvəsə'plaɪ] *sb* Angebotsüberhang *m*, Überangebot *n*

overtaxation [əʊvətæk'seɪʃən] *sb* Übersteuerung *f*
over-the-counter business [əʊvəðə'kaʊntə 'bɪznɪs] *sb* Tafelgeschäft *n*
over-the-counter trade [əʊvəðə'kaʊntə 'treɪd] *sb* Freihandel *m*
over-the-counter trading [əʊvəðə'kaʊntə 'treɪdɪŋ] *sb* Effektenverkauf *m*
overtime ['əʊvətaɪm] *sb* Überstunden *pl*
overtime hours ['əʊvətaɪm 'aʊəz] *pl* Überstundenzeit *f*
overtime pay ['əʊvətaɪm peɪ] *sb* Überstundenzulage *f*, Überstundenzuschlag *m*
overturn [əʊvə'tɜːn] *v* außer Kraft setzen
owe [əʊ] *v* 1. schulden, schuldig sein; 2. *(have s.o. to thank for sth)* jdm etw verdanken; 3. *(owing to)* wegen, infolge, dank
own [əʊn] *v* 1. besitzen, haben; *sb* 2. come into one's ~ sein rechtmäßiges Eigentum erlangen
own capital withdrawal [əʊn 'kæpɪtl wɪθ'drɔːəl] *sb* Eigenkapitalentzug *m*
own contributions ['əʊn kɒntrɪ'bjuːʃnz] *pl* Eigenleistungen *f/pl*
owner ['əʊnə] *sb* 1. Besitzer(in) *m/f*; 2. *(of a house, of a firm)* Eigentümer(in) *m/f*
owner-manager [əʊnə'mænɪdʒə] *sb* Einzelkaufmann *m*, Einzelkauffrau *f*
owner-occupied home premium [əʊnə'ɒkjʊpaɪd həʊm 'priːmjəm] *sb* Eigenheimzulage *f*
owner-operated municipal enterprise [əʊnə'ɒpəreɪtəd mjuː'nɪsɪpəl 'entəpraɪz] *sb* Eigenbetrieb *m*
owner's risk ['əʊnəs rɪsk] *sb* Eigners Gefahr *f*, Unternehmerrisiko *n*
owner's salary ['əʊnəs 'sæləri] *sb* Unternehmerlohn *m*
ownership ['əʊnəʃɪp] *sb* 1. Besitz *m*; 2. under new ~ unter neuer Leitung
ownership account ['əʊnəʃɪp ə'kaʊnt] *sb* Kapitalkonto *n*
ownership claim ['əʊnəʃɪp kleɪm] *sb* Eigentumsanspruch *m*
ownership in fractional shares ['əʊnəʃɪp ɪn 'frækʃəl 'ʃeəs] *sb* Bruchteilseigentum *n*
ownership transfer ['əʊnəʃɪp 'trænsfɜː] *sb* Eigentumsübertragung *f*
ozone-friendly [əʊzəʊn'frendlɪ] *adj* umweltfreundlich
own security deposit [əʊn sɪ'kjʊərɪtɪ dɪ'pɒsɪt] *sb* Eigendepot *n*
own security holdings [əʊn sɪ'kjʊərɪtɪ 'həʊldɪŋ] *sb* eigene Effekten *pl*

P

pack [pæk] v 1. (a container) voll packen; 2. (a case) packen; 3. (things into a case) einpacken; sb 4. (packet) Paket n
package ['pækɪdʒ] sb 1. Paket n, Packung f; 2. ~s Frachtstücke pl
packaging ['pækɪdʒɪŋ] sb Verpackung f
packet ['pækɪt] sb Paket n, Päckchen n, Schachtel f
packing ['pækɪŋ] sb (material) Verpackungsmaterial n, Verpackung f
packing costs ['pækɪŋ kɒsts] pl Verpackungskosten pl
packing instructions ['pækɪŋ ɪn'strʌkʃənz] pl Verpackungsvorschriften f/pl
packing unit ['pækɪŋ 'ju:nɪt] sb Verpackungseinheit f
packing waste ['pækɪŋ weɪst] sb Verpackungsmüll m, Verpackungsabfall m
pad [pæd] sb Schreibblock m
padded ['pædɪd] adj gepolstert
padding ['pædɪŋ] sb Füllmaterial n
paid [peɪd] adj bezahlt
paid-up capital ['peɪdʌp 'kæpɪtl] sb eingezahltes Kapital n
paid vacation [peɪd veɪ'keɪʃn] sb bezahlter Urlaub m
pair [peə] sb 1. Paar n; v 2. paarweise anordnen
pallet ['pælɪt] sb Palette f
pane [peɪn] sb 1. Glasscheibe f; 2. window ~ Fensterscheibe f
panel [pænl] sb 1. (of switches) Schalttafel f, Kontrolltafel f; 2. (of a car) Armaturenbrett n; 3. (of experts, of interviewers) Gremium n
panel control [pænl kən'trəʊl] sb Schalttafelsteuerung f
panel envelope ['pænl 'envələʊp] sb Fensterbriefumschlag m
panel discussion ['pænl dɪs'kʌʃən] sb Podiumsdiskussion f
panellist ['pænəlɪst] sb Diskussionsteilnehmer(in) m/f
panel of experts [pænl əv 'ekspɜːts] sb Sachverständigenrat m
panel report ['pænl rɪ'pɔːt] sb Ausschussbericht m
panic buying ['pænɪk 'baɪɪŋ] sb Panikkauf m
panic selling ['pænɪk 'selɪŋ] sb Panikverkäufe m/pl

paper ['peɪpə] sb 1. Papier n; 2. ~s pl (writings, documents) Papiere n/pl
paper company ['peɪpə 'kʌmpəni] sb Scheinfirma f
paper for collection ['peɪpə fɔː kə'lekʃən] sb Inkassopapier n
paper gain ['peɪpə geɪn] sb Buchgewinn m
paper money ['peɪpə 'mʌni] sb Papiergeld n
paperwork ['peɪpəwɜːk] sb 1. Schreibarbeit f; 2. (in a negative sense) Papierkram m
paper securities ['peɪpə sɪ'kjʊərɪtiːz] pl Effekten pl
par [pɑː] adj pari
parallel currency ['pærələl 'kʌrənsi] sb Parallelwährung f
parallel loan ['pærələl 'ləʊn] sb Parallelanleihe f
parallel market ['pærələl 'mɑːkɪt] sb Parallelmarkt m
parcel ['pɑːsl] sb 1. Paket n; 2. (land) Parzelle f
parcel carrier ['pɑːsl 'kærɪə] sb Paketdienst m
parcel receipt ['pɑːsl rɪ'siːt] sb Paketempfangsschein m
parcenary ['pɑːsɪnəri] sb Mitbesitz m
par price ['pɑː praɪs] sb Parikurs m
par value share [pɑː 'væljuː ʃeə] sb Nennwertaktie f
pardon ['pɑːdn] v 1. begnadigen; sb 2. Begnadigung f
parent company ['peərənt 'kʌmpəni] sb Muttergesellschaft f, Stammhaus n
parent plant ['peərənt plɑːnt] sb Stammwerk n, Stammbetrieb m
paring down ['peərɪŋ daʊn] sb Gesundschrumpfung f
parity ['pærɪti] sb (of currency) Parität f
parity codetermination ['pærɪti kəʊdɪtɜːmɪ'neɪʃn] sb paritätische Mitbestimmung f
parity grid ['pærɪti grɪd] sb Paritätengitter n
parity of rates ['pærɪti əv 'reɪts] sb Kursparität f
parity payment ['pærɪti 'peɪmənt] sb Ausgleichszahlung f
parol ['pærəl] adj mündlich
part delivery [pɑːt dɪ'lɪvəri] sb Teillieferung f

part exchange [pɑːt ɪksˈtʃeɪndʒ] sb 1. offer sth in ~ etw in Zahlung geben; 2. take sth in ~ etw in Zahlung nehmen
partial [ˈpɑːʃl] adj Teil..., teilweise, partiell
partial acceptance [ˈpɑːʃl əkˈsæptəns] sb Teilakzept n
partial balance sheet [ˈpɑːʃl ˈbæləns ʃiːt] sb Teilbilanz f
partial bill of lading [ˈpɑːʃl bɪl əv ˈleɪdɪŋ] sb Teilkonnossement n
partial claim [ˈpɑːʃl kleɪm] sb Teilforderung f
partial damage [ˈpɑːʃl ˈdæmɪdʒ] sb Teilbeschädigung (P.A.) f
partial delivery [ˈpɑːʃl dɪˈlɪvəri] sb Teillieferung f
partial edition [ˈpɑːʃl ɪˈdɪʃən] sb Teilauflage f
partial endorsement [ˈpɑːʃl ɪnˈdɔːsmənt] sb Teilindossament n
partial loss (p. l.) [ˈpɑːʃl lɒs] sb Teilverlust (P.L.) m
partial payment [ˈpɑːʃl ˈpeɪmənt] sb Teilzahlung f
partial privatisation [ˈpɑːʃl praɪvətaɪˈzeɪʃən] sb Teilprivatisierung f
partial rights [ˈpɑːʃl raɪts] pl Teilrechte n/pl
partial value [ˈpɑːʃl ˈvæljuː] sb Teilwert m
partible [ˈpɑːtɪbl] adj teilbar, trennbar
participant [pɑːˈtɪsɪpənt] sb Teilnehmer(in) m/f
participate [pɑːˈtɪsɪpeɪt] v sich beteiligen, teilnehmen
participating bond [pɑːˈtɪsɪpeɪtɪŋ bɒnd] sb Gewinnschuldverschreibung f
participating certificate [pɑːˈtɪsɪpeɪtɪŋ səˈtɪfɪkət] sb Anteilschein m, Genussschein m
participating debenture [pɑːˈtɪsɪpeɪtɪŋ dɪˈbentʃʊə] sb Gewinnobligation f
participating in yield [pɑːˈtɪsɪpeɪtɪŋ ɪn ˈjiːld] sb Ergebnisbeteiligung f
participating receipt [pɑːˈtɪsɪpeɪtɪŋ rɪˈsiːt] sb Partizipationsschein m
participation [pɑːtɪsɪˈpeɪʃən] sb Beteiligung f, Teilnahme f
participation in profits [pɑːtɪsɪˈpeɪʃən ɪn ˈprɒfɪts] sb Gewinnbeteiligung f
participation loan [pɑːtɪsɪˈpeɪʃən ləʊn] sb Konsortialkredit m
participation rights [pɑːtɪsɪˈpeɪʃən raɪts] pl Genussrecht n
participation wage [pɑːtɪsɪˈpeɪʃən weɪdʒ] sb Investivlohn m
particularity [pətɪkjʊˈlærɪti] sb Besonderheit f, besonderer Umstand m, Einzelheit f

particularize [pəˈtɪkjʊləraɪz] v einzeln angeben, detailliert aufführen
particulars [pəˈtɪkjʊləz] pl Einzelheiten f/pl
parties to a collective wage agreement [ˈpɑːtɪz tʊ ə kəˈlektɪv ˈweɪdʒ əˈgriːmənt] pl Tarifpartner m/pl
part interest [pɑːt ˈɪntrest] sb Teilanspruch m
part-load traffic [ˈpɑːtləʊd ˈtræfɪk] sb Stückgutverkehr m
partly finished product [ˈpɑːtlɪ ˈfɪnɪʃd ˈprɒdʌkt] sb (Produktion) unfertiges Erzeugnis n
partner [ˈpɑːtnə] sb 1. Partner(in) m/f; 2. (in a limited company) Gesellschafter(in) m/f, Teilhaber(in) m/f, Sozius m
partnership [ˈpɑːtnəʃɪp] sb Partnerschaft f, Personengesellschaft f, Sozietät f
partnership account [ˈpɑːtnəʃɪp əˈkaʊnt] sb Teilhaberkonto n
partnership assets [ˈpɑːtnəʃɪp ˈæsɪts] pl Gesellschaftsvermögen n
partnership insurance [ˈpɑːtnəʃɪp ɪnˈʃʊərəns] sb Teilhaberversicherung f
partnership limited by shares [ˈpɑːtnəʃɪp ˈlɪmɪtɪd baɪ ˈʃeəz] sb Kommanditgesellschaft auf Aktien f
partnership property [ˈpɑːtnəʃɪp ˈprɒpəti] sb Gesellschaftsvermögen n
part payment [pɑːt ˈpeɪmənt] sb Abschlagszahlung f, Teilzahlung f
part performance [pɑːt pəˈfɔːməns] sb Teilleistung f
part-time [ˈpɑːttaɪm] adj 1. Teilzeit...; 2. adv auf Teilzeit, stundenweise
part-time employment [ˈpɑːttaɪm ɪmˈplɔɪmənt] sb geringfügige Beschäftigung f
part-time job [ˈpɑːttaɪm dʒɒb] sb Teilzeitstelle f
part-time work [ˈpɑːttaɪm wɜːk] sb Teilzeitarbeit f
party [ˈpɑːti] sb Partei f
party line [ˈpɑːti laɪn] sb 1. (of a telephone line) Gemeinschaftsanschluss m; 2. (of a political party) Parteilinie f
passage [ˈpæsɪdʒ] sb 1. (voyage) Überfahrt f, Reise f; 2. (fare) Überfahrt f
passage of risk [ˈpæsɪdʒ əv ˈrɪsk] sb Gefahrübergang m
passbook [ˈpɑːsbʊk] sb Sparbuch n
passing of a resolution [ˈpɑːsɪŋ əv ə rezəˈluːʃn] sb Beschlussfassung f
passive deposit transactions [ˈpæsɪv dɪˈpɒzɪt trænˈzækʃnz] pl Passivgeschäft n
passive reserves [ˈpæsɪv rɪˈsɜːvz] pl passive Rückstellungen f/pl

passkey ['pɑːskiː] sb Hauptschlüssel m
passport ['pɑːspɔːt] sb Pass m, Reisepass m
password ['pɑːswɜːd] sb Kennwort n, Passwort n
pasteboard ['peɪstbɔːd] sb Karton m, Pappe f
patent ['peɪtənt] v 1. patentieren lassen; sb 2. Patent m
patent attorney ['peɪtənt ə'tɜːnɪ] sb Patentanwalt/Patentanwältin m/f
patentee [peɪtən'tiː] sb Patentinhaber m
patent licence ['peɪtənt 'laɪsəns] sb Patentlizenz f
patented ['peɪtəntɪd] adj patentrechtlich geschützt
Patent Office ['peɪtənt 'ɒfɪs] sb Patentamt n
patentor ['peɪtəntə] sb Patentgeber m
patent protection ['peɪtənt prə'tekʃən] sb Urheberschutz m, Patentschutz m
patron ['peɪtrən] sb (customer) Kunde/Kundin m/f, Gast m
patronage refund ['pætrənɪdʒ 'riːfʌnd] sb Kundenrabatt m
patronize ['pætrənaɪz] v (a business) besuchen (als Stammkunde)
pattern book ['pætən bʊk] sb Musterbuch n
pattern of organization ['pætən əv ɔːgənaɪ'zeɪʃən] sb Organisationsform f
pause [pɔːz] sb 1. Pause f; 2. give s.o. ~ jdm zu denken geben
pawn [pɔːn] v 1. verpfänden, versetzen; sb 2. (thing pawned) Pfand n
pawnbroker ['pɔːnbrəʊkə] sb Pfandleiher m
pawnbroking ['pɔːnbrəʊkɪŋ] sb Pfandleihe f
pawnshop ['pɔːnʃɒp] sb Pfandhaus n
pawn ticket [pɔːn 'tɪkɪt] sb Pfandschein m
pay [peɪ] v irr 1. bezahlen, 2. (a bill, interest) zahlen; ~ for bezahlen für; 3. (to be profitable) sich lohnen, sich auszahlen; sb 4. Lohn m; 5. (salary) Gehalt m
payable ['peɪəbl] adj 1. zahlbar; 2. (due) fällig; 3. make a cheque ~ to s.o. einen Scheck auf jdn ausstellen
payable on delivery (p. o. d.) ['peɪəbl ɒn dɪ'lɪvərɪ] adj zahlbar bei Ablieferung (p.o.d.)
pay advance [peɪ əd'vɑːns] sb Gehaltsvorschuss m
pay back [peɪ bæk] v irr zurückzahlen
pay bracket [peɪ 'brækɪt] sb Lohngruppe f, Gehaltsklasse f
pay clerk [peɪ klɑːk] sb Lohnbuchhalter(in) m(f)
pay day ['peɪ deɪ] sb account day Zahltag m, Abrechnungstag m
pay down [peɪ daʊn] v anzahlen

payee [peɪ'iː] sb Zahlungsempfänger m, Remittent m
payee of a bill of exchange [peɪ'iː əv ə bɪl əv ɪks'tʃeɪndʒ] sb Wechselnehmer m
payer ['peɪə] sb Zahler m
pay freeze [peɪ friːz] sb Lohnstopp m
pay in [peɪ 'ɪn] v einzahlen
pay increase [peɪ 'ɪnkriːs] sb Lohnerhöhung f, Gehaltserhöhung f
paying authority ['peɪɪŋ ɔː'θɒrətɪ] sb Kostenträger m
paying off ['peɪɪŋ 'ɒf] sb Entlohnung f
paying out ['peɪɪŋ aʊt] sb Auszahlung f
paying slip ['peɪɪŋ slɪp] sb Einzahlungsschein m
paying office ['peɪɪŋ ɒːfɪs] sb Zahlstelle f
pay interest on [peɪ 'ɪntrəst ɒn] v verzinsen
payload ['peɪləʊd] sb Nutzlast f
payment ['peɪmənt] sb 1. Zahlung f, Einzahlung f; Bezahlung f; 2. Besoldung f, Auszahlung f
payment against delivery ['peɪmənt ə'genst dɪ'lɪvərɪ] sb Lieferung per Nachnahme f
payment authorization ['peɪmənt ɔːθəraɪ'zeɪʃən] sb Zahlungsermächtigung f
payment by instal(l)ments ['peɪmənt baɪ ɪn'stɔːlmənts] sb Ratenzahlung f
payment by results ['peɪmənt baɪ rɪ'zʌlts] sb Leistungslohn m
payment guarantee ['peɪmənt gærən'tiː] sb Anzahlungsbürgschaft f
payment habit ['peɪmənt 'hæbɪt] sb Zahlungssitte f
payment in advance ['peɪmənt ɪn əd'vɑːns] sb Vorauszahlung f
payment in arrears ['peɪmənt ɪn ə'rɪəs] sb Zahlungsrückstand m
payment in full ['peɪmənt ɪn 'fʊl] sb vollständige Bezahlung f
payment in kind ['peɪmənt ɪn 'kaɪnd] Zahlung in Sachwerten f
payment medium ['peɪmənt 'miːdɪəm] sb Zahlungsmittel n
payment of a bill of exchange ['peɪmənt əv ə bɪl əv ɪk'stʃeɪndʒ] sb Wechseleinlösung f
payment of interest ['peɪmənt əv 'ɪntrəst] sb Verzinsung f
payment of redundancy benefit(s) ['peɪmənt əv rɪ'dʌndənsɪ 'benɪfɪt(s)] sb Konkursausfallgeld n
payment of taxes ['peɪmənt əv 'tæksɪz] sb Steuerzahlung f

payment on account ['peɪmənt ɒn ə'kaʊnt] sb Akontozahlung f
payment order ['peɪmənt 'ɔːdə] sb Anweisung f
payment risk ['peɪmənt 'rɪsk] sb Zahlungsrisiko n
payment slip ['peɪmənt 'slɪp] sb Zahlschein m
payment supra protest ['peɪmənt 'suːprə 'prəʊtest] sb Zahlung unter Protest f
payment transaction ['peɪmənt træn'zækʃən] sb Zahlungsverkehr m
payment with order ['peɪmənt wɪθ 'ɔːdə] sb Zahlung bei Auftragserteilung f
payments office ['peɪmənts 'ɒfɪs] sb Zahlstelle f
payoff ['peɪɒf] sb (bribe) Bestechungsgeld n
pay off [peɪ 'ɒf] v irr 1. (to be profitable) (fam) sich lohnen; 2. (a debt) abbezahlen; 3. (a mortgage) ablösen; 4. (creditors) befriedigen; 5. (workmen) auszahlen
payout ['peɪaʊt] sb 1. Auszahlung f; 2. (dividend) Ausschüttung f
pay over duty [peɪ 'əʊvə 'djuːtɪ] sb Abführungspflicht f
pay packet [peɪ 'pækɪt] sb Lohntüte f
pay phone [peɪ fəʊn] sb Münzfernsprecher m
pay raise [peɪ raɪz] sb (US) Lohnerhöhung f, Gehaltserhöhung f
pay rate [peɪ reɪt] sb Rückzahlungsrate f, Tilgungsrate f
pay rise [peɪ raɪz] sb Lohnerhöhung f, Gehaltserhöhung f
payroll [peɪrəʊl] sb 1. Lohnliste f; 2. have s.o. on one's ~ jdn beschäftigen
pay round [peɪ raʊnd] sb Lohnrunde f
paycheck ['peɪtʃek] sb (US) Lohnscheck m, Gehaltsscheck m
pay the postage [peɪ ðə 'pɒstɪdʒ] v frankieren
peacekeeping duty ['piːskiːpɪŋ 'djʊtɪ] sb Friedenspflicht f
peak [piːk] adj Höchst..., Spitzen...
peak hours [piːk 'aʊəz] pl Hauptverkehrszeit f, Stoßzeit f
peak quotation [piːk kwəʊ'teɪʃn] sb Extremkurs m
pecuniary [pɪ'kjuːnɪərɪ] adj Geld..., finanziell, pekuniär
pedlar ['pedlə] sb Hausierer m
penalize ['piːnəlaɪz] v bestrafen
penalty ['pænltɪ] sb 1. Strafe; 2. (punishment) Bußgeld n

penalty cost ['pænltɪ kɒst] sb Fehlmengenkosten pl
penalty interest ['pænltɪ 'ɪntrəst] sb Strafzins m
pending ['pendɪŋ] adj anhängig, schwebend
pending transactions ['pendɪŋ træn'zækʃns] pl schwebende Geschäfte n/pl
pension ['penʃən] sb 1. Rente f; 2. (from an employer) Pension f
pensionary ['penʃənərɪ] adj Rentner...
pensioner ['penʃənə] sb Rentner m
pension expectancy ['penʃən ɪks'pektənsɪ] sb Pensionsanwartschaft f
pension for general disability ['penʃən fɔː 'dʒenrəl dɪsə'bɪlɪtɪ] sb Erwerbsunfähigkeitsrente f
pension fund ['penʃən fʌnd] sb Rentenfonds m, Pensionsfonds m
pension reserve ['penʃən rɪ'sɜːv] sb Pensionsrückstellung f
pent-up inflation ['pentʌp ɪn'fleɪʃn] sb zurückgestaute Inflation f
per annum [pɜː 'ænəm] adv pro Jahr
per capita [pɜː 'kæpɪtə] adv pro Kopf
per capita income ['pɜː 'kæpɪtə 'ɪnkʌm] sb Pro-Kopf-Einkommen n
per capita tax ['pɜː 'kæpɪtə 'tæks] sb Kopfsteuer f
per cent [pɜː 'sent] sb Prozent n
percentage [pə'sentɪdʒ] sb 1. Prozentsatz m; 2. (proportion) Teil m; 3. on a ~ basis prozentual, auf Prozentbasis
percentage excess [pə'sentɪdʒ ɪk'ses] sb Selbstbeteiligung f
percentage of profits [pə'sentɪdʒ əv 'prɒfɪts] sb Tantieme f
percentage premium [pə'sentɪdʒ 'priːmɪəm] sb Anteilsprämie f
per diem [pɜː 'daɪəm] sb (money) Tagegeld n
perforated ['pɜːfəreɪtɪd] adj perforiert, gelocht
perform [pə'fɔːm] v 1. leisten; ~ well eine gute Leistung bringen; 2. (a task, a duty) erfüllen
performance [pə'fɔːməns] sb 1. (carrying out) Erfüllung f, Durchführung f; 2. (effectiveness) Leistung f
performance appraisal [pə'fɔːməns ə'preɪzl] sb Mitarbeiterbeurteilung f
performance bond [pə'fɔːməns bɒnd] sb Leistungsgarantie f, Liefergarantie f
performance date [pə'fɔːməns deɪt] sb Erfüllungstag m
performance depth [pə'fɔːməns depθ] sb Leistungstiefe f

performance guarantee [pəˈfɔːməns gəˈrɑːntiː] sb Leistungsgarantie f
performance-linked [pəˈfɔːmənslɪŋkd] adj leistungsbezogen
performance-oriented [pəˈfɔːmənsɔːriəntɪd] adj leistungsorientiert
performance principle [pəˈfɔːməns ˈprɪnsɪpl] sb Erfüllungsprinzip n
performance regulations [pəˈfɔːməns regjuˈleɪʃnz] pl Effizienzregeln f/pl
period [ˈpɪəriəd] sb Frist f, Zeitraum m
period for application [ˈpɪəriəd fɔː æplɪˈkeɪʃən] sb Anmeldefrist f
period for payment [ˈpɪəriəd fɔː ˈpeɪmənt] sb Zahlungsziel n
period of grace [ˈpɪəriəd əv greɪs] sb Nachfrist f
period of notice [ˈpɪəriəd əv ˈnəʊtɪs] sb Kündigungsfrist f
period of protest [ˈpɪəriəd əv ˈprəʊtest] sb Protestzeit f
period of respite [ˈpɪəriəd əv ˈrespaɪt] sb Zahlungsaufschub m
period under review [ˈpɪəriəd ˈʌndə rɪˈvjuː] sb Berichtsperiode f
peripheral [pəˈrɪfərəl] sb Peripheriegerät n
peripheral units [pəˈrɪfərəl ˈjuːnɪts] pl Pripheriegeräte n/pl
perish [ˈperɪʃ] v (goods) verderben, schlecht werden
perishable [ˈperɪʃəbl] adj (goods) verderblich
perjure [ˈpɜːdʒə] v ~ oneself einen Meineid leisten
perjury [ˈpɜːdʒəri] sb Meineid m
permanent debts [ˈpɜːmənənt ˈdets] pl Dauerschuld f
permanent establishment abroad [ˈpɜːmənənt ɪsˈtæblɪʃmənt əˈbrɔːd] sb ausländische Betriebsstätte f
permanent holding [ˈpɜːmənənt ˈhəʊldɪŋ] sb Dauerbesitz m
permanent share-holder [ˈpɜːmənənt ˈʃeəhəʊldə] sb Dauerbesitz m
permission [pɜːˈmɪʃən] sb Genehmigung f, Erlaubnis f
permit [pəˈmɪt] v 1. erlauben, gestatten; [ˈpɜːmɪt] sb 2. Genehmigung f, Erlaubnis f
perpetrator [ˈpɜːpɪtreɪtə] sb Täter m
perpetual annuity [pəˈpetjʊəl ənˈjuːɪti] sb ewige Rente f
perpetual bonds [pəˈpetjʊəl bɒndz] pl Rentenanleihe f
perpetual debt [pəˈpetjʊəl det] sb ewige Schuld f
perpetual loan [pəˈpetjʊəl ˈləʊn] sb ewige Anleihe f
per procuration endorsement [pɜː prɒkjʊˈreɪʃn ɪnˈdɔːsmənt] sb Prokuraindossament f
perquisite [ˈpɜːkwɪzɪt] sb Vergünstigung f
person in charge [ˈpɜːsən ɪn tʃɑːdʒ] sb Verantwortliche(r) f/m
person in need of round-the-clock nursing care [ˈpɜːsn ˈəʊpnɪŋ ə ˈraʊndðəklɒk ˈnɜːsɪŋ keə] sb Pflegebedürftige(r) f/m
person opening a credit in favour of [ˈpɜːsn ˈəʊpnɪŋ ə kredɪt ɪn ˈfeɪvə əv] sb Akkreditivsteller m
personal account [ˈpɜːsnl əˈkaʊnt] sb Privatkonto n
personal computer [ˈpɜːsnl kəmˈpjuːtə] sb Personalcomputer m, PC m
personal consumption [ˈpɜːsnl kənˈsʌmpʃən] sb Eigenverbrauch m
personal consumption expenditure [ˈpɜːsnl kənˈsʌmpʃən ɪksˈpendɪtʃə] sb privater Verbrauch m
personal conversation [ˈpɜːsnl kɒnvəˈseɪʃən] sb persönliches Gespräch n
personal identification number [ˈpɜːsnl aɪdentɪfɪˈkeɪʃn ˈnʌmbə] sb persönliche Identifikationsnummer (PIN) f
personal loan [ˈpɜːsnl ləʊn] sb Personalkredit m
personal organizer [ˈpɜːsnl ˈɔːgənaɪzə] sb Terminplaner m, Zeitplaner m
personnel [pɜːsəˈnel] sb Personal n, Belegschaft f
personnel department [pɜːsəˈnel dɪˈpɑːtmənt] sb Personalabteilung f
personnel development [pɜːsəˈnel dɪˈveləpmənt] sb Personalentwicklung f
personnel director [pɜːsəˈnel daɪˈrektə] sb Personalleiter(in) m/f, Personalchef(in) m/f
personnel layoff [pɜːsəˈnel ˈleɪɒf] sb Personalfreisetzung f
personnel leasing [pɜːsəˈnel ˈliːsɪŋ] sb Personal-Leasing n
personnel management [pɜːsəˈnel ˈmænædʒmənt] sb Personalführung f, Personalmanagement n
personnel office [pɜːsəˈnel ˈɒfɪs] sb Personalbüro n
personnel strategy [pɜːsəˈnel ˈstrætədʒi] sb Personalstrategie f
pessimism [ˈpesɪmɪzm] sb Pessimismus m
pessimistic [pesɪˈmɪstɪk] adj pessimistisch
petition [pəˈtɪʃən] sb Gesuch n, Petition f

petition in bankruptcy [pəˈtɪʃən ɪn ˈbæŋkrəpsɪ] sb Konkursantrag f
petitioner [peˈtɪʃənə] sb Antragsteller m
petrodollar [ˈpetrəʊdɒlə] sb Petrodollar m
petrol [ˈpetrəl] sb (UK) Benzin n
petroleum revenue tax [pɪˈtrəʊliəm ˈrevənjuː tæks] sb Mineralölsteuer f
petrol station [ˈpetrəl steɪʃən] sb (UK) Tankstelle f
petty cash [peti kæʃ] sb Portokasse f
phases of business cycles [ˈfeɪzɪs əv ˈbɪsnɪs ˈsaɪklz] pl Konjunkturphasen f/pl
phone [fəʊn] sb (see "telephone")
phonecard [ˈfəʊnkɑːd] sb Telefonkarte f
photo CD [ˈfəʊtəʊ siːˈdiː] sb Foto-CD f
photocopier [ˈfəʊtəʊkɒpɪə] sb Fotokopiergerät n, Kopierer m
photocopy [ˈfəʊtəʊkɒpɪ] v 1. fotokopieren, kopieren; sb 2. Fotokopie f, Kopie f
photograph [ˈfəʊtəɡrɑːf] v 1. fotografieren, aufnehmen; sb 2. Fotografie f, Aufnahme f, Lichtbild n
physical examination [ˈfɪzɪkəl ɪɡzæmɪˈneɪʃən] sb ärztliche Untersuchung f
physical handicap [ˈfɪzɪkəl ˈhændɪkæp] sb körperliche Behinderung f
picket [ˈpɪkɪt] sb Streikposten m
piece [piːs] sb 1. Stück n; 2. (article) Artikel m; 3. (coin) Münze f
piece rate [piːs reɪt] sb Leistungslohn m
piece time [piːs taɪm] sb Stückzeit f
piecework [ˈpiːswɜːk] sb Akkordarbeit f
piecework wage [ˈpiːswɜːk weɪdʒ] sb Akkordlohn m
piecework pay [ˈpiːswɜːk peɪ] sb Stücklohn m
piggy bank [ˈpɪɡɪ bæŋk] sb Sparbüchse f
piggyback advertisement [ˈpɪɡɪbæk ədˈvɜːtɪsmənt] sb Huckepack-Werbung f
pile [paɪl] v 1. stapeln; sb 2. Stapel m, Stoß m
pilot scheme [ˈpaɪlət skiːm] sb Versuchsprojekt n, Pilotprogramm n
pilot study [ˈpaɪlət stʌdɪ] sb Pilot-Studie f
piracy [ˈpaɪrəsɪ] sb (plagiarism) Plagiat n
pirate copy [ˈpaɪrɪt ˈkɒpɪ] sb Raubkopie f
pitchman [ˈpɪtʃmən] sb 1. (vendor) Straßenverkäufer m; 2. (advertising) Werbeträger m
place [pleɪs] v 1. ~ an order bestellen, einen Auftrag erteilen; 2. (an advertisement) platzieren
place of birth [ˈpleɪs əv bɜːθ] sb Geburtsort m
place of business [ˈpleɪs əv ˈbɪznɪs] sb Arbeitsstelle f, Arbeitsplatz m

place of destination [ˈpleɪs əv destɪˈneɪʃən] sb Bestimmungsort m
place of employment [ˈpleɪs əv ɪmˈplɔɪmənt] sb Arbeitsplatz m, Arbeitsstelle f
place of jurisdiction [ˈpleɪs əv dʒʊərɪsˈdɪkʃən] sb Gerichtsstand m
place of payment [pleɪz əv ˈpeɪmənt] sb Zahlungsort m, Domizilstelle f
place of performance [pleɪz əv pəˈfɔːmənz] sb Erfüllungsort m
place of residence [pleɪz əv ˈrezɪdəns] sb Wohnort m
place without a Federal Bank office [pleɪz wɪθˈaʊt ə ˈfedərəl bæŋk ɒfɪs] sb Nebenplatz m
placement of an advertisement [ˈpleɪsmənt əv ən ədˈvɜːtɪsmənt] ab Anzeigenschaltung f
placing [ˈpleɪsɪŋ] sb Platzierung f
placing commission [ˈpleɪsɪŋ kəˈmɪʃn] sb Bankierbonifikation f
placing of an order [ˈpleɪsɪŋ əv ən ˈɔːdə] sb Auftragserteilung f
plagiarism [ˈpleɪdʒərɪzm] sb Plagiat n
plagiarize [ˈpleɪdʒəraɪz] v plagiieren
plaintiff [ˈpleɪntɪf] sb Kläger(in) m/f
plan analysis [plæn əˈnælɪsɪs] sb Plananalyse f
plan engineer [plæn endʒɪˈnɪə] sb Verfahrenstechniker(in) m/f
planned economy [plænd ɪˈkɒnəmɪ] sb Planwirtschaft f
planning [ˈplænɪŋ] sb Planung f
planning control [ˈplænɪŋ kənˈtrəʊl] sb Planungskontrolle f
planning figures [ˈplænɪŋ ˈfɪɡəz] pl Planwerte m/pl
planning game [ˈplænɪŋ ɡeɪm] sb Planspiel n
planning permission [ˈplænɪŋ pəˈmɪʃən] sb Baugenehmigung f
plan of expenditure [plæn əv ɪksˈpendɪdʒʊə] sb Ausgabenplan m
plant [plɑːnt] sb 1. (factory) Werk n; 2. (equipment) Anlagen f/pl
plant agreement [plɑːnt əˈɡriːmənt] sb Betriebsvereinbarung f
plant closing [plɑːnt ˈkləʊzɪŋ] sb Betriebsstilllegung f
plant engineering and construction [plɑːnt endʒɪˈnɪərɪŋ ænd kənˈstrʌkʃən] sb Anlagenbau m
plant inspection [plɑːnt ɪnˈspekʃən] sb Betriebsaufsicht f

plastic ['plæstɪk] *sb* 1. Kunststoff *m*, Plastik *n*; *adj* 2. *(made of plastic)* Plastik...

pledge [pledʒ] *v* 1. *(pawn, give as collateral)* verpfänden; *sb* 2. *(in a pawnshop)* Pfand *n*, Verpfändung *f*

pledged securities deposit [pledʒd sɪ-'kjʊərɪtiːz dɪ'pɒsɪt] *sb* Pfanddepot *n*

pledgee [pledʒ'iː] *sb* Pfandgläubiger *m*

pledge endorsement [pledʒ ɪn'dɔːsmənt] *sb* Pfandindossament *n*

pledging ['pledʒɪŋ] *sb* Verpfändung *f*, Pfandbestellung *f*

pledgor ['pledʒə] *sb* Pfandschuldner *m*, Verpfänder *m*

plenipotentiary [plenɪpə'tenʃərɪ] *sb* Generalbevollmächtigte(r) *f/m*

plough back [plaʊ 'bæk] *v* reinvestieren, wieder anlegen

plug [plʌg] *sb* 1. *(electric)* Stecker *m*; 2. *(bit of publicity)* Schleichwerbung *f*

plus ['plʌs] *sb* Plus *n*

P.O. box [piː'əʊ bɒks] *(see "post office box")*

point of sale system (POS) [pɔɪnt əv seɪl 'sɪstəm] *sb* bargeldloses Kassensystem *n*

point sampling [pɔɪnt 'sɑːmplɪŋ] *sb* Stichprobenverfahren *n*

policy ['pɒlɪsɪ] *sb* 1. *(principles of conduct)* Verfahrensweise *f*, Politik *f*, Taktik *f*; 2. *(insurance ~)* Police *f*

policy holder ['pɒlɪsɪ 'həʊldə] *sb* Versicherungsnehmer *m*

policy limit ['pɒlɪsɪ 'lɪmɪt] *sb* Haftungshöchstbetrag *m*

policy of sterilization funds ['pɒlɪsɪ əv sterɪlaɪ'zeɪʃn fʌnds] *sb* Sterilisierungspolitik *f*

policy relating to capital formation ['pɒlɪsɪ rɪ'leɪtɪŋ tu 'kæpɪtl fɔː'meɪʃn] *sb* Vermögenspolitik *f*

policy value ['pɒlɪsɪ 'væljuː] *sb* Versicherungswert *m*, Deckungssumme *f*

poll [pəʊl] *sb* *(opinion ~)* Umfrage *f*

pollster ['pəʊlstə] *sb* *(US)* Meinungsforscher *m*

pollutant [pə'luːtənt] *sb* Schadstoff *m*

pollute [pə'luːt] *v* verschmutzen, verunreinigen

polluter pays principle [pə'luːtə peɪz 'prɪnsɪpl] *sb* Verursacherprinzip *n*

pollution [pə'luːʃən] *sb* 1. Verschmutzung *f*; 2. *(of the environment)* Umweltverschmutzung *f*

polytechnic [pɒlɪ'teknɪk] *sb* *(UK)* Polytechnikum *n*, Fachhochschule *f*

pooling of accounts ['puːlɪŋ əv ə'kaʊnts] *sb* Kontenzusammenlegung *f*

pooling of interests ['puːlɪŋ əv 'ɪntrəsts] *sb* Interessengemeinschaft *f*

poor quality [pʊə 'kwɒlɪtɪ] *sb* schlechte Qualität *f*

popular ['pɒpjʊlə] *adj* 1. *(with the public)* populär, beliebt; 2. *(prevalent)* weit verbreitet

popular share ['pɒpjʊlə ʃeə] *sb* Publikumsaktie *f*

popularity [pɒpjʊ'lærɪtɪ] *sb* Beliebtheit *f*, Popularität *f*

population [pɒpjʊ'leɪʃn] *sb* Bevölkerung *f*, Einwohnerschaft *f*

port [pɔːt] *sb* Hafen *m*

portable ['pɔːtəbl] *adj* tragbar

portage ['pɔːtɪdʒ] *sb* Transportkosten *pl*, Beförderungskosten *pl*

portfolio [pɔːt'fəʊljəʊ] *sb* 1. Portfolio *n*; 2. *(folder)* Mappe *f*

portfolio analysis [pɔːt'fəʊljəʊ ə'næ-lɪsɪs] *sb* Portfolio-Analyse *f*, Fundamentalanalyse *f*

portfolio controlling [pɔːt'fəʊljəʊ kən-'trəʊlɪŋ] *sb* Portfeuillesteuerung *f*

portfolio holdings [pɔːt'fəʊljəʊ 'həʊldɪŋz] *pl* Depotbestand *m*

portfolio investments [pɔːt'fəʊljəʊ ɪn-'vestmənts] *pl* indirekte Investition *f*

portfolio manager [pɔːt'fəʊljəʊ 'mænɪdʒə] *sb* Effektenverwalter(in) *m/f*, Depotverwalter(in) *m/f*

portfolio selection [pɔːt'fəʊljəʊ sɪ'lækʃn] *sb* Portfolio Selection *f*

portion of overall costs ['pɔːʃn əv 'əʊvərɔːl kɒsts] *sb* Teilkosten *pl*

position [pə'zɪʃən] *v* 1. aufstellen, platzieren; *sb* 2. Position *f*, Stellung *f*; 3. *(job)* Stelle *f*; 4. *(point of view)* Standpunkt *m*, Haltung *f*, Einstellung *f*

positioning [pə'zɪʃənɪŋ] *sb* Platzierung *f*

position offered [pə'zɪʃən 'ɒfəd] *sb* Stellenanzeige *f*

possess [pə'zes] *v* besitzen, haben

possession [pə'zeʃən] *sb* Besitz *m*

possessor [pə'zesə] *sb* Besitzer *m*

post [pəʊst] *sb* 1. *(mail)* Post *f*; *by return of ~* postwendend; 2. *(job)* Stelle *f*, Posten *m*; *v* 3. *put in the ~ (UK)* aufgeben, mit der Post schicken

post office [pəʊst 'ɒfɪs] *sb* Post *f*, Postamt *n*

post office box [pəʊst 'ɒfɪs bɒks] *sb (P. O. box)* Postfach *n*

postage ['pəʊstɪdʒ] *sb* Porto *n*, Gebühr *f*

postage deduction ['pəʊstɪdʒ dɪ'dʌkʃən] *sb* Portoabzug *m*
postage due ['pəʊstɪdʒ djuː] *sb* Strafporto *n*, Nachporto *n*
postage-free ['pəʊstɪdʒfriː] *adj* portofrei, gebührenfrei
postage stamp ['pəʊstɪdʒ stæmp] *sb* Briefmarke *f*
postal ['pəʊstl] *adj* Post...
postal cheque ['pəʊstl tʃek] *sb* Postscheck *m*
postal code ['pəʊstl kəʊd] *sb (UK)* Postleitzahl *f*
postal giro ['pəʊstl 'dʒaɪrəʊ] *sb* 1. Postgiro *n*; 2. *(cheque)* Postscheck *m*
postal giro account ['pəʊstl 'dʒaɪrəʊ ə'kaʊnt] *sb* Postscheckkonto *n*
postal giro centre ['pəʊstl dʒaɪrəʊ sentə] *sb* Postscheckamt *n*
postal money order ['pəʊstl 'mʌnɪ 'ɔːdə] *sb* Postanweisung *f*
postal order ['pəʊstl 'ɔːdə] *sb (UK)* Postanweisung *f*
Postal Savings Bank ['pəʊstl 'seɪvɪŋz bæŋk] *sb* Postbank *f*
postal service ['pəʊstl 'sɜːvɪs] *sb* Postdienst *m*, Post *f*
postal transfer ['pəʊstl 'trænsfɜː] *sb* Postüberweisung *f*
postal wrapper ['pəʊstl 'ræpə] *sb* Streifband *n*
postbox ['pəʊstbɒks] *sb (UK)* Briefkasten *m*
postcard ['pəʊstkɑːd] *sb* Postkarte *f*
postcode ['pəʊstkəʊd] *sb (UK)* Postleitzahl *f*
postdate [pəʊst'deɪt] *v (a document)* nachdatieren
post-dated [pəʊst'deɪtɪd] *adj* nachdatiert
poste restante [pəʊst res'tɑ̃t] *adv* postlagernd
post-formation acquisition [pəʊstfɔː-'meɪʃn əkwɪ'sɪʃn] *sb* Nachgründung *f*
posting reference ['pəʊstɪŋ 'refrəns] *sb* Buchungsvermerk *m*
postman ['pəʊstmən] *sb* Briefträger *m*, Postbote *m*
postmark ['pəʊstmɑːk] *sb* Poststempel *m*
post-paid [pəʊst'peɪd] *adj* freigemacht, frankiert
postpone [pəst'pəʊn] *v* 1. aufschieben; 2. *(for a specified period)* verschieben
postponement [pəst'pəʊnmənt] *sb (act of postponing)* Verschiebung *f*, Vertagung *f*, Aufschub *m*

postseason [pəʊst'siːzn] *sb* Nachsaison *f*
potential [pə'tenʃl] *sb* Potenzial *n*
potential cash [pə'tenʃl kæʃ] *sb* potentielles Bargeld *n*
pound [paʊnd] *sb (unit of weight, money)* Pfund *n*
poundage ['paʊndɪdʒ] *sb* 1. *(weight)* Gewicht in Pfund *n*; 2. *(fee)* auf Gewichtsbasis errechnete Gebühr *f*
power ['paʊə] *sb* 1. Macht *f*; *I will do everything in my ~.* Ich werde tun, was in meiner Macht steht. 2. *(of an engine, of loudspeakers)* Leistung *f*
power failure ['paʊə feɪljə] *sb* Stromausfall *m*, Netzausfall *m*
power lunch ['paʊə lʌntʃ] *sb (fam)* Geschäftsessen *n*
power of agency ['paʊə əv 'eɪdʒənsɪ] *sb* Handlungsvollmacht *f*, Vertretungsbefugnis *f*
power of attorney ['paʊə əv ə'tɜːnɪ] *sb* Vollmacht *f*, Prokura *f*
power of revocation ['paʊə əv revə-'keɪʃən] *sb* Widerrufsrecht *n*
power of signature ['paʊə əv 'sɪgnətʃə] *sb* Zeichnungsvollmacht *f*, Unterschriftsbefugnis *f*
power to contract ['paʊə tu kən'trækt] *sb* Vertragsvollmacht *f*
power pack ['paʊə pæk] *sb* Netzteil *n*
power plant ['paʊə plɑːnt] *sb* Kraftwerk *n*
power to draw on an account ['paʊə tu drɔː ɒn ən ə'kaʊnt] *sb* Kontovollmacht *f*
PR *(see "public relations")*
practicable ['præktɪkəbl] *adj* durchführbar, machbar
practice ['præktɪs] *sb (business ~)* Verfahrensweise *f*
practice of payment ['præktɪs əv 'peɪmənt] *sb* Zahlungsgewohnheit *f*
practise ['præktɪs] *v (a profession, a religion)* ausüben, praktizieren
prearrange [priːə'reɪndʒ] *v* vorher abmachen, vorher bestimmen
precaution [prɪ'kɔːʃən] *sb* 1. Vorsichtsmaßnahme *f*; 2. *take ~s* Vorsichtsmaßnahmen treffen; 3. *as a ~* vorsichtshalber
precautionary holding [prɪ'kɔːʃənərɪ 'həʊldɪŋ] *sb* Vorsichtskasse *f*
precedence ['presɪdəns] *sb* Vorrang *m*, Vorrecht *n*
precedent ['presɪdənt] *sb* Präzedenzfall *m*
precision [prɪ'sɪʒən] *sb* Genauigkeit *f*, Präzision *f*
precondition [priːkən'dɪʃən] *sb* Voraussetzung *f*, Bedingung *f*

predate [pri:'deɪt] v 1. (come before) vorausgehen; 2. (a document) zurückdatieren
predecessor ['pri:dɪsesə] sb Vorgänger(in) m/f
preemption right [pri:'empʃn raɪt] sb Vorkaufsrecht n
preemptive shares [pri:'emtɪv ʃeəz] pl Bezugsaktien f/pl
pre-export financing [pri:'ekspɔ:t faɪ'nænsɪŋ] sb Präexport-Finanzierung f
preference ['prefərəns] sb 1. Präferenz f; 2. Vorkaufsrecht n
preference bond ['prefərəns bɒnd] sb Vorzugsobligation f
preference share ['prefərəns ʃeə] sb Vorzugsaktie f, Prioritätsaktie f
preferential creditor [prefə'renʃl 'kredɪtə] sb bevorrechtigter Gläubiger m
preferential discount [prefə'renʃl 'dɪskaʊnt] sb Vorzugsrabatt m
preferential dividend [prefə'renʃl 'dɪvɪdənd] sb Vorzugsdividende f
preferential price [prefə'renʃl 'praɪs] sb Vorzugskurs m
preferential rate [prefə'renʃl 'reɪt] sb Ausnahmetarif m
preferment [prɪ'fɜ:mənt] sb (promotion) Beförderung f
prefinancing [pri:faɪ'nænsɪŋ] sb Vorfinanzierung f
prejudice ['predʒʊdɪs] sb 1. Vorurteil n; 2. (detriment) Schaden m
prejudicial [predʒʊ'dɪʃəl] adj schädlich
preliminaries [prɪ'lɪmɪnərɪz] pl vorbereitende Maßnahmen f/pl, Vorarbeit f
preliminary [prɪ'lɪmɪnəri] adj vorläufig
preliminary conditions [prɪ'lɪmɪnəri kɒn'dɪʃnz] pl Vorschaltkonditionen f/pl
preliminary injunction [prɪ'lɪmɪnəri ɪn'dʒʌnkʃn] sb Vorausklage f
premises ['premɪsɪz] pl 1. Grundstück n; 2. (of a factory) Gelände n; 3. (of a shop) Räumlichkeiten f/pl
premium ['pri:mjʊm] sb 1. (bonus) Bonus m, Prämie f; 2. (insurance ~) Prämie f; 3. (surcharge) Zuschlag m
premium bond ['pri:mjʊm bɒnd] sb Prämienanleihe f
premium for double option ['pri:mjʊm fɔ: 'dʌbl 'ɒpʃn] sb Stellgeld n
premium payable on redemption ['pri:mjʊm 'peɪəbl ɒn rɪ'dempʃn] sb Rückzahlungsagio m
premium-aided saving ['pri:mjʊmeɪdɪd 'seɪvɪŋ] sb prämienbegünstigtes Sparen n

premium on bonds ['pri:mjʊm ɒn bɒndz] sb Anleiheagio n
premium offer ['pri:mjʊm 'ɒfə] sb Zugabeangebot n
prepaid [pri:'peɪd] adj vorausbezahlt, im Voraus bezahlt
preparation [prepə'reɪʃən] sb Vorbereitung f
prepay [pri:'peɪ] v irr vorausbezahlen, im Voraus bezahlen
prepay the postage [pri:'peɪ ðə 'pəʊstɪdʒ] v irr frankieren
prepayable [pri:'peɪəbl] adj im Voraus zu bezahlen
prepayment [pri:'peɪmənt] sb Vorauszahlung f
preproduction cost [pri:prɒ'dʌkʃn kɒst] sb Rüstkosten pl
prerequisite [pri:'rekwɪzɪt] sb Voraussetzung f, Vorbedingung f
prerogative [prɪ'rɒgətɪv] sb Vorrecht n
presale [pri:'seɪl] sb Vorverkauf m
presentation [prezn'teɪʃən] sb 1. (act of presenting) Vorlage f, Präsentation f; 2. (handing over) Überreichung f; 3. (of an award) Verleihung f
presentation clause [prezn'teɪʃn klɔ:z] sb Präsentationsklausel f
presentation for acceptment [prezn'teɪʃən fɔ: ək'septmənt] sb Vorlage zum Akzept f
presentation period [prezn'teɪʃn 'pɪərɪəd] sb Präsentationsfrist f
present value ['preznt 'vælju:] sb Gegenwartswert m
preservation [prezə'veɪʃən] sb 1. Erhaltung f; 2. (keeping) Aufbewahrung f
preservation of real-asset values [prezə'veɪʃn əv rɪəl'æsɪt vælju:z] sb Substanzerhaltung f
preservative [prɪ'zɜ:vətɪv] sb Konservierungsmittel n
preserve [prɪ'zɜ:v] v 1. (maintain) erhalten; 2. (keep from harm) bewahren
preside [prɪ'zaɪd] v ~ over den Vorsitz haben über
presidency ['prezɪdənsi] sb (of a company) Vorsitz m
president ['prezɪdənt] sb (of a company) Vorsitzende(r) f/m, Präsident(in) m/f
press [pres] sb Presse f
press conference [pres 'kɒnfərəns] sb Pressekonferenz f
press release [pres rɪ'li:s] sb Presseverlautbarung f, Pressemitteilung f

press report [pres rɪˈpɔːt] *sb* Pressenotiz *f*

pressure group [ˈpreʃə gruːp] *sb* Interessengemeinschaft *f*

prestige [presˈtiːʒ] *sb* Prestige *n*

presumption that securities deposited are fiduciary [prɪˈsʌmpʃn ðæt sɪˈkjʊərətɪz dɪˈpɒzɪtɪd ɑː fɪˈdjuːʃərɪ] *sb* Fremdvermutung *f*

pre-tax [priːˈtæks] *adj* Brutto..., vor Abzug der Steuern

preventive [prɪˈventɪv] *sb* ~ measure Präventivmaßnahme *f*, Vorsichtsmaßnahme *f*

preview [ˈpriːvjuː] *sb* Vorschau *f*

price [praɪs] *sb* 1. Preis *m*; *v* 2. (fix the ~ of sth) den Preis von etw festsetzen

price advance [praɪs ədˈvɑːns] *sb* Kurssteigerung *f*

price ceiling [praɪs ˈsiːlɪŋ] *sb* Preisobergrenze *f*

price control [praɪs kənˈtrəʊl] *sb* Preiskontrolle *f*

price deduction [praɪs dɪˈdʌkʃən] *sb* Preisabzug *m*

price-demand function [praɪsdɪˈmɑːnd ˈfʌŋkʃn] *sb* Preisabsatzfunktion *f*

price differentiation [praɪs dɪfərentʃˈeɪʃn] *sb* Preisdifferenzierung *f*

price-earnings ratio [praɪs ˈɜːnɪŋz ˈreɪʃəʊ] *sb* Kurs-Gewinn-Verhältnis *n*, Price-Earning Ratio *n*

price elasticity [praɪs eləsˈtɪsɪtɪ] *sb* Preiselastizität *f*

price expressed as percentage quotation [praɪs ɪksˈpresd æz pəˈsentɪdʒ kwəʊˈteɪʃn] *sb* Prozentkurs *m*

price-fixing [ˈpraɪsfɪksɪŋ] *sb* Preisfestlegung *f*

price fixing cartel [praɪs ˈfɪksɪŋ kɑːˈtel] *sb* Preiskartell *n*

price floor [ˈpraɪs flɔː] *sb* Preisuntergrenze *f*

price formation [praɪs fɔːˈmeɪʃn] *sb* Preisbildung *f*

price gain [praɪs ɡeɪn] *sb* Kursgewinn *m*

price increase [praɪs ˈɪnkriːs] *sb* Preissteigerung *f*, Preiserhöhung *f*

price index [praɪs ˈɪndeks] *sb* 1. Preisindex *m*; 2. Kursindex *m*

price inflation [praɪs ɪnˈfleɪʃən] *sb* Preissteigerung *f*

price intervention [praɪs ɪntəˈvenʃn] *sb* Kursintervention *f*

price level [praɪs ˈlevl] *sb* Preisniveau *n*

price limit [praɪs ˈlɪmɪt] *sb* Kurslimit *n*

price list [praɪs lɪst] *sb* Preisliste *f*

price maintenance [praɪs ˈmeɪntənəns] *sb* Preisbindung *f*

price margin [praɪs ˈmɑːdʒɪn] *sb* Preisspanne *f*

price-marking [ˈpraɪsmɑːkɪŋ] *sb* Preisauszeichnung *f*

price marking ordinance [praɪs ˈmɑːkɪŋ ˈɔːdɪnəns] *sb* Preisangabeverordnung *f*

price nursing [praɪs ˈnɜːsɪŋ] *sb* Kurspflege *f*

price of gold [praɪs əv ˈɡəʊld] *sb* Goldpreis *m*

price pegging [praɪs ˈpegɪŋ] *sb* Kursstützung *f*

price per share [praɪs pɜː ˈʃeə] *sb* Stückkurs *m*

price policy [praɪs ˈpɒlɪsɪ] *sb* Preispolitik *f*

price quotation [praɪs kwəʊˈteɪʃən] *sb* Preisnotierung *f*

price recommendation [praɪs rekəmenˈdeɪʃən] *sb* Preisempfehlung *f*

price reduction [praɪs rɪˈdʌkʃən] *sb* Preissenkung *f*, Preisreduzierung *f*

price regulation [praɪs regjʊˈleɪʃn] *sb* Kursregulierung *f*

price risk [praɪs rɪsk] *sb* Kursrisiko *n*

prices of farm products [ˈpraɪsɪz əv ˈfɑːm ˈprɒdʌkts] *pl* Agrarpreise *m/pl*

prices quoted [praɪsɪz ˈkwəʊtɪd] *pl* Preisnotierung *f*

price-sensitive [ˈpraɪssensɪtɪv] *adj* preissensibel

price stop [ˈpraɪs stɒp] *sb* Preisstopp *m*

price strategy [praɪs ˈstrætədʒɪ] *sb* Preispolitik *f*

price support [praɪs səˈpɔːt] *sb* Kursstützung *f*

price tag [praɪs tæɡ] *sb* Preisschild *n*

price war [praɪs wɔː] *sb* Preiskrieg *m*

price watering [praɪs ˈwɔːtərɪŋ] *sb* Kursverwässerung *f*

primary demand [ˈpraɪmərɪ dɪˈmɑːnd] *sb* Primärbedarf *m*

primary energy [ˈpraɪmərɪ ˈenədʒɪ] *sb* Primärenergie *f*

primary expenses [ˈpraɪmərɪ ɪkˈspensɪz] *sb* Primäraufwand *m*

primary market [ˈpraɪmərɪ ˈmɑːkɪt] *sb* Emissionsmarkt *m*, Primärmarkt *m*

primary power [ˈpraɪmərɪ ˈpaʊə] *sb* Hauptvollmacht *f*

primary sector of the economy [ˈpraɪmərɪ ˈsektə əv ðɪ ɪˈkɒnemɪ] *sb* primärer Sektor *m*

prime [praɪm] *adj* 1. Haupt...; 2. (excellent) erstklassig

prime acceptance ['praɪm ə'kseptəns] sb Privatdiskont m
prime cost [praɪm kɒst] sb Selbstkosten pl, Entstehungskosten pl
prime name [praɪm 'neɪm] sb beste Adresse f
prime rate [praɪm reɪt] sb Prime Rate f, Kreditzinssatz der Geschäftsbanken in den USA für Großkunden m
principle of common burden ['prɪnsɪpl əv 'kɒmən 'bɜːdn] sb Gemeinlastprinzip n
principle of equivalence ['prɪnsɪpl əv ɪ'kwɪvələns] sb Äquivalenzprinzip n
principle of highest value ['prɪnsɪpl əv 'haɪəst 'væljuː] sb Höchstwertprinzip n
principle of satisfaction of needs ['prɪnsɪpl əv sætɪs'fækʃn əv 'niːdz] sb Bedarfsdeckungsprinzip n
principle of seniority ['prɪnsɪpl əv siːnɪ'ɒrɪtɪ] sb Senioritätsprinzip n
principle of subsidiarity ['prɪnsɪpl əv səbsɪdɪ'ærətɪ] sb Subsidiaritätsprinzip n
principles of capital resources and the banks' liquid assets ['prɪnsɪplz əv 'kæpɪtl rɪ'sɔːsɪz ænd ðə 'bæŋks lɪkwɪd 'æsɪts] pl Grundsätze über das Eigenkapital und die Liquidität der Kreditinstitute m/pl
principles of orderly bookkeeping and balance-sheet makeup ['prɪnsɪplz əv 'ɔːdəlɪ 'bʊkkiːpɪŋ ænd 'bælənsʃiːt 'meɪkʌp] pl Grundsätze ordnungsgemäßer Buchführung und Bilanzierung (GoB) m/pl
principles on own capital ['prɪnsɪpls ɒn əʊn 'kæpɪtl] pl Eigenkapitalgrundsätze m/pl
print [prɪnt] v 1. drucken; 2. (not write in cursive) in Druckschrift schreiben
print advertising ['prɪnt 'ædvətaɪzɪŋ] sb Printwerbung f
printed matter ['prɪntɪd 'mætə] sb Drucksache f
printer ['prɪntə] sb Drucker m
printer's error ['prɪntəz 'erə] sb Druckfehler m
print-out ['prɪntaʊt] sb Ausdruck m
priority bonds ['praɪ'ɒrɪtɪ bɒnds] pl Prioritätsobligationen f/pl
private ['praɪvɪt] adj 1. privat, Privat...; 2. (confidential) vertraulich
private automatic branch exchanges ['praɪvət ɔːtə'mætɪk 'brɑːnʃ ɪks'tʃeɪndʒəs] pl Nebenstellenanlagen f/pl
private bank ['praɪvət bæŋk] sb Privatbank f

private consumption ['praɪvət kɒn'sʌmpʃn] sb privater Verbrauch m, Privatkonsum m
private contribution ['praɪvət kɒntrɪ'bjuːʃən] sb Privateinlagen f/pl
private goods ['praɪvət gʊds] pl private Güter n/pl
private household ['praɪvət 'haʊshəʊld] sb privater Haushalt m
private insurance ['praɪvət ɪn'ʃʊərəns] sb Privatversicherung f
private law ['praɪvət lɔː] sb Privatrecht n
private property ['praɪvət 'prɒpətɪ] sb Privateigentum n, Privatbesitz m
private purchase ['praɪvət 'pɜːtʃəs] sb bürgerlicher Kauf m
private sector ['praɪvət 'sektə] sb privater Sektor m
private sickness and accident insurance ['praɪvət 'sɪknəs ænd 'æksɪdənt ɪn'ʃʊərəns] sb private Kranken- und Unfallversicherung f
private transaction ['praɪvət træn'zækʃn] sb Privatgeschäft n
private transportation ['praɪvət trænspə'teɪʃn] sb Individualverkehr m
privatization [praɪvətaɪ'zeɪʃən] sb Privatisierung f
privatize ['praɪvətaɪz] v privatisieren
privilege ['prɪvɪlɪdʒ] sb Vorrecht n, Privileg n
prize-winning ['praɪzwɪnɪŋ] adj preisgekrönt
pro [prəʊ] sb 1. (fam: professional) Profi m; 2. the ~s and cons pl das Für und Wider, das Pro und Kontra
probation [prə'beɪʃn] sb (~ period) Probezeit f
probationary employment [prə'beɪʃənərɪ ɪm'plɔɪmənt] sb Probearbeitsverhältnis n, Probezeit f
problem analysis ['prɒbləm ə'nælɪsɪs] sb Problemanalyse f
procedural [prə'siːdʒərəl] adj verfahrensmäßig, verfahrenstechnisch
procedure [prə'siːdʒə] sb Verfahren n, Prozedur f
procedure of drawing up a balance sheet [prə'siːdʒə ɒv 'drɔːɪŋ ʌp ə 'bæləns ʃiːt] sb Bilanzierung f
proceeding [prə'siːdɪŋ] sb 1. Vorgehen n, Verfahren n; 2. (legal) ~s pl (gerichtliches) Verfahren n
proceedings in bankruptcy [prə'siːdɪŋz ɪn 'bæŋkrʌptsɪ] pl Konkursverfahren n

proceeds [ˈprəʊsiːdz] *pl* Erlös *m*, Ertrag *m*
proceeds from disposal [ˈprəʊsiːdz frɒm dɪˈspəʊzl] *pl* Veräußerungserlös *m*
process [ˈprəʊses] *v* 1. *(an application)* bearbeiten; *sb* 2. Verfahren *n*, Prozess *m*; 3. due ~ of law rechtliches Gehör *n*
process chart [ˈprəʊses tʃɑːt] *sb* Ablaufdiagramm *n*
process of production [ˈprəʊses əv prəˈdʌkʃən] *sb* Produktionsprozess *m*, Herstellungsprozess *m*
processing [ˈprəʊsesɪŋ] *sb* 1. Verarbeitung *f*, Bearbeitung *f*; 2. *(industrial)* Veredelung *f*
processing of an order [ˈprəʊsesɪŋ əv ən ˈɔːdə] *sb* Auftragsabwicklung *f*, Auftragsbearbeitung *f*
processing time [ˈprəʊsesɪŋ taɪm] *sb* Durchlaufzeit *f*
process organization [ˈprəʊses ɔːgənaɪˈzeɪʃn] *sb* Prozessorganisation *f*
process system of accounting [ˈprəʊses ˈsɪstəm əv əˈkaʊntɪŋ] *sb* Divisionskalkulation *f*
processor [ˈprəʊsesə] *sb* Prozessor *m*
procuration [prɒkjʊəˈreɪʃn] *sb* 1. *(procurement)* Beschaffung *f*; 2. *(power)* Vollmacht *f*, Prokura *f*
procurement [prəˈkjuəmənt] *sb* Beschaffung *f*
procurement market [prəˈkjuəmənt ˈmɑːkɪt] *sb* Beschaffungsmarkt *m*
procurement of capital [prəˈkjuəmənt əv ˈkæpɪtl] *sb* Kapitalbeschaffung *f*
procurement planning [prəˈkjuəmənt ˈplænɪŋ] *sb* Beschaffungsplanung *f*
procurement policy [prəˈkjuəmənt ˈpɒləsɪ] *sb* Einkaufspolitik *f*
procuring [prəˈkjʊərɪŋ] *sb* Kuppelei *f*
produce [ˈprɒdjuːs] *sb* 1. *(agriculture)* Produkte *n/pl*, Erzeugnis *n*; *v* [prəˈdjuːs] 2. produzieren, herstellen; 3. *(energy)* erzeugen
producer [prəˈdjuːsə] *sb* Hersteller(in) *m/f*, Erzeuger(in) *m/f*
producer advertising [prəˈdjuːsə ˈædvətaɪzɪŋ] *sb* Herstellerwerbung *f*
producer price [prəˈdjuːsə praɪs] *sb* Erzeugerpreis *m*, Herstellerpreis *m*
producer's surplus [prəˈdjuːsəz ˈsɜːpləs] *sb* Produzentenrente *f*
producers' co-operative [prəˈdjuːsəz kəʊˈɒpərətɪv] *sb* Produktionsgenossenschaft *f*, Produktionsgemeinschaft *f*
produce exchange [ˈprɒdjuː ɪksˈtʃeɪndʒ] *sb* Produktenbörse *f*

produce trade [ˈprɒdjuːs ˈtreɪd] *sb* Produktenhandel *m*
product [ˈprɒdʌkt] *sb* Produkt *n*
product costing [ˈprɒdʌkt ˈkɒstɪŋ] *sb* Stückkostenrechnung *f*
product business [ˈprɒdʌkt ˈbɪznɪs] *sb* Produktgeschäft *n*
product design [ˈprɒdʌkt dɪˈzaɪn] *sb* Produktgestaltung *f*
product development [ˈprɒdʌkt dɪˈveləpmənt] *sb* Produktentwicklung *f*
product differentiation [ˈprɒdʌkt dɪfərentsɪˈeɪʃn] *sb* Produktdifferenzierung *f*
product diversification [ˈprɒdʌkt daɪvɜːsɪfɪˈkeɪʃn] *sb* Produktdiversifikation *f*
product elimination [ˈprɒdʌkt ɪlɪmɪˈneɪʃn] *sb* Produktelimination *f*
product family [ˈprɒdʌkt ˈfæmɪlɪ] *sb* Produktfamilie *f*
production [prəˈdʌkʃn] *sb* Herstellung *f*, Produktion *f*
production capacity [prəˈdʌkʃn kəˈpæsɪtɪ] *sb* Produktionskapazität *f*
production control [prəˈdʌkʃn kənˈtrəʊl] *sb* Fertigungssteuerung *f*
production cost centres [prəˈdʌkʃn kɒst ˈsentəs] *pl* Hauptkostenstellen *f/pl*
production costs [prəˈdʌkʃn kɒsts] *pl* Herstellungskosten *pl*, Produktionskosten *pl*
production department [prəˈdʌkʃn dɪˈpɑːtmənt] *sb* Fertigungsabteilung *f*
production facilities [prəˈdʌkʃn fəˈsɪlɪtiz] *pl* Produktionsanlagen *f/pl*
production factors [prəˈdʌkʃn ˈfæktəz] *pl* Produktionsfaktoren *m/pl*
production limit [prəˈdʌkʃn ˈlɪmɪt] *sb* Förderlimit *n*
production line [prəˈdʌkʃn laɪn] *sb* Fließband *n*, Produktionslinie *f*
production mix [ˈprɒdʌkʃn mɪks] *sb* Fertigungssortiment *n*
production planning [prəˈdʌkʃn ˈplænɪŋ] *sb* Produktionsplanung *f*, Fertigungsvorbereitung *f*
production plant [prəˈdʌkʃn plɑːnt] *sb* Produktionsanlage *f*
production potential [prəˈdʌkʃn pəˈtenʃl] *sb* Produktionspotenzial *n*
production procedure [prəˈdʌkʃn prəˈsiːdʒə] *sb* Fertigungsprozess *m*
production process [prəˈdʌkʃn ˈprəʊses] *sb* Fertigungsverfahren *n*
production program(me) [prəˈdʌkʃn ˈprəʊgræm] *sb* Produktionsprogramm *n*

production risk [prə'dʌkʃn rɪsk] *sb* Fabrikationsrisiko *n*, Fertigungswagnis *n*
production run ['prɒdʌkʃn rʌn] *sb* Fertigungsserie *f*, Stückzahl *f*
production scheduling [prə'dʌkʃn 'ʃedju:lɪŋ] *sb* Produktlinie *f*
production shop ['prɒdʌkʃn ʃɒp] *sb* Montagehalle *f*
production theory [prə'dʌkʃn 'θɪərɪ] *sb* Produktionstheorie *f*
production value [prə'dʌkʃn 'vælju:] *sb* Produktionswert *m*
productive [prə'dʌktɪv] *adj* 1. produktiv; 2. *(mine, well)* ergiebig
productive property [prə'dʌktɪv 'prɒpətɪ] *sb* Produktivvermögen *n*
productive wealth [prə'dʌktɪv 'welθ] *sb* Produktivvermögen *n*
productivity [prɒdʌk'tɪvətɪ] *sb* Produktivität *f*
productivity of labour [prɒdʌk'tɪvətɪ əv 'leɪbə] *sb* Arbeitsproduktivität *f*
product launch ['prɒdʌkt lɔ:ntʃ] *sb* Produkteinführung *f*
product liability ['prɒdʌkt laɪə'bɪlətɪ] *sb* Produkthaftung *f*
product life cycle ['prɒdʌkt laɪf 'saɪkl] *sb* Lebenszyklus eines Produktes *m*
product line ['prɒdʌkt laɪn] *sb* Produktpalette *f*
product matrix ['prɒdʌkt 'meɪtrɪks] *sb* Produktmatrix *f*
product number ['prɒdʌkt 'nʌmbə] *sb* Artikelnummer *f*
product placement ['prɒdʌkt 'pleɪsmənt] *sb* Produktplatzierung *f*, Productplace-ment *n*
product planning ['prɒdʌkt 'plænɪŋ] *sb* Produktplanung *f*
product promotion ['prɒdʌkt prə'məʊʃən] *sb* Absatzförderung *f*
product standardization ['prɒdʌkt stændədaɪ'zeɪʃn] *sb* Produktstandardisierung *f*
product update ['prɒdʌkt 'ʌpdeɪt] *sb* Produkterneuerung *f*
profession [prə'feʃən] *sb (occupation)* Beruf *m*
professional [prə'feʃənl] *adj* 1. beruflich, Berufs...; 2. *(competent, expert)* fachmännisch; 3. *(using good business practices)* professionell; *sb* 4. Profi *m*
professional activity description [prə'feʃənl æk'tɪvɪtɪ dɪs'krɪpʃn] *sb* Berufsbild *n*
professional discretion [prə'feʃənl dɪs'kreʃn] *sb* Schweigepflicht *f*

professional knowledge [prə'feʃənl 'nɒlɪdʒ] *sb* Fachwissen *n*
professional promotion [prə'feʃənl prə'məʊʃn] *sb* Berufsförderung *f*
professional secret [prə'feʃənl 'si:krɪt] *sb* Berufsgeheimnis *n*
professional trader [prə'feʃənl 'treɪdə] *sb* Berufshändler *m*
professional training [prə'feʃənl 'treɪnɪŋ] *sb* Berufsausbildung *f*
profit ['prɒfɪt] *sb* 1. Gewinn *m*, make a ~ on sth mit etw einen Gewinn machen; 2. *(fig)* Nutzen *m*, Vorteil *m*; *v* 3. profitieren
profitability [prɒfɪtə'bɪlɪtɪ] *sb* Rentabilität *f*
profitability rate [prɒfɪtə'bɪlɪtɪ reɪt] *sb* Ertragsrate *f*
profitable ['prɒfɪtəbl] *adj* 1. rentabel; 2. *(advantageous)* vorteilhaft
profit and loss ['prɒfɪt ænd lɒs] *sb* Gewinn und Verlust *m*
profit and loss account ['prɒfɪt ænd 'lɒs ə'kaʊnt] *sb* Aufwands- und Ertragsrechnung *f*, Gewinn- und Verlustrechnung *f*
profit and loss transfer agreement ['prɒfɪt ænd 'lɒs 'trænsfɜ: ə'gri:mənt] *sb* Ergebnisabführungsvertrag *m*
profit breakdown ['prɒfɪt 'breɪkdaʊn] *sb* Gewinnaufschlüsselung *f*
profit carried forward ['prɒfɪt 'kærɪd 'fɔ:wəd] *sb* Gewinnvortrag *m*
profit centre ['prɒfɪt sentə] *sb* Profitcenter *n*
profit commission ['prɒfɪt kə'mɪʃən] *sb* Gewinnbeteiligung *f*
profit distribution ['prɒfɪt dɪstrɪ'bju:ʃən] *sb* Gewinnausschüttung *f*
profiteer [prɒfɪ'tɪə] *v* wuchern, Wucher treiben
profiteering [prɒfɪ'tɪərɪŋ] *sb* Wucher *m*, Wucherei *f*
profit margin ['prɒfɪt 'mɑ:dʒɪn] *sb* Gewinnspanne *f*
profit mark-up ['prɒfɪt 'mɑ:kʌp] *sb* Gewinnaufschlag *m*
profit of the enterprise ['prɒfɪt əv ði: 'entəpraɪz] *sb* Unternehmensgewinn *m*
profit pool ['prɒfɪt pu:l] *sb* Gewinngemeinschaft *f*
profit rate ['prɒfɪt reɪt] *sb* Profitrate *f*
profit retention ['prɒfɪt rɪ'tenʃən] *sb* Gewinnthesaurierung *f*
profits ['prɒfɪts] *pl* Ertrag *m*
profit-sharing ['prɒfɪtʃeərɪŋ] *sb* Gewinnbeteiligung *f*, Erfolgsbeteiligung *f*

profit squeeze ['prɒfɪt 'skwiːz] *sb* Gewinndruck *m*
profit-taking ['prɒfɪtteɪkɪŋ] *sb* Gewinnmitnahme *f*
profit tax ['prɒfɪt tæks] *sb* Erwerbsteuer *f*
profit-pooling ['prɒfɪt'puːlɪŋ] *sb* Gewinnpoolung *f*
pro forma invoice [prəʊ 'fɔːmə 'ɪnvɔɪs] *sb* Proformarechnung *f*
prognosis [prɒg'nəʊsɪs] *sb* Prognose *f*
prognosticate [prəg'nɒstɪkeɪt] *v* (sth) prognostizieren
programmable ['prəʊgrəməbl] *adj* programmierbar
programme ['prəʊgræm] *v* 1. programmieren; *sb* 2. Programm *n*
programmer ['prəʊgræmə] *sb* Programmierer *m*
programming language ['prəʊgræmɪŋ 'læŋgwɪdʒ] *sb* Programmiersprache *f*
progress ['prəʊgres] *sb* 1. Fortschritt *m*; in ~ im Gange; make ~ Fortschritte machen; 2. (movement forwards) Fortschreiten *n*, Vorwärtskommen *n*
progress control ['prəʊgres kən'trəʊl] *sb* Terminkontrolle *f*
progression [prə'greʃən] *sb* (taxation) Progression *f*, Staffelung *f*
progressive depreciation [prə'gresɪv dɪpriːʃɪ'eɪʃən] *sb* progressive Abschreibung *f*
progress report ['prəʊgres rɪ'pɔːt] *sb* Zwischenbericht *m*
prohibited [prə'hɪbɪtɪd] *adj* verboten
prohibited share issue [prə'hɪbɪtɪd 'ʃeə 'ɪʃjuː] *sb* verbotene Aktienausgabe *f*
prohibition [prəʊhɪ'bɪʃn] *sb* Verbot *n*
prohibition of assignment [prəʊhɪ'bɪʃn əv ə'saɪnmənt] *sb* Abtretungsverbot *n*
prohibition of investment [prəʊhɪ'bɪʃn əv ɪn'vestmənt] *sb* Investitionsverbot *n*
prohibition of raising of credits [prəʊhɪ'bɪʃn əv 'reɪzɪŋ əv 'kredɪts] *sb* Kreditaufnahmeverbot *n*
prohibition order [prəʊhɪ'bɪʃn 'ɔːdə] *sb* Untersagungsverfügung *f*
prohibition to advertise [prəʊhɪ'bɪʃn tu 'ædvətaɪz] *sb* Werbeverbot *n*
prohibition to compete [prəʊhɪ'bɪʃn tu kɒm'piːt] *sb* Wettbewerbsverbot *n*
prohibitive duty [prə'hɪbɪtɪv 'djuːtɪ] *sb* Prohibitivzoll *m*
prohibitive price [prə'hɪbɪtɪv 'praɪs] *sb* Prohibitivpreis *m*

project ['prɒdʒekt] *sb* Projekt *n*; [prə'dʒekt] *v* (costs) überschlagen
project financing ['prɒdʒekt 'faɪnænsɪŋ] *sb* Projektfinanzierung *f*
projection [prə'dʒekʃən] *sb* Projektion *f*
project life ['prɒdʒekt laɪf] *sb* Projektdauer *f*
project management ['prɒdʒekt 'mænɪdʒmənt] *sb* Projektmanagement *n*
project-type organization ['prɒdʒekt taɪp ɔːgənaɪ'zeɪʃn] *sb* Projektorganisation *f*
project write-off company ['prɒdʒekt 'raɪtɒv 'kʌmpənɪ] *sb* Abschreibungsgesellschaft *f*
prolongation [prɒlɒŋ'geɪʃən] *sb* Prolongation *f*
prolongation business [prɒlɒŋ'geɪʃn 'bɪznɪs] *sb* Prolongationsgeschäft *n*
prolongation charge [prɒlɒŋ'geɪʃn 'dʒɑːdʒ] *sb* Belassungsgebühr *f*
prolongation of payment [prɒlɒŋ'geɪʃn əv 'peɪmənt] *sb* Zahlungsaufschub *m*
promise ['prɒmɪs] *sb* Zusage *f*
promise of credit ['prɒmɪs əv 'kredɪt] *sb* Kreditzusage *f*
promise of reward ['prɒmɪs əv rɪ'wɔːd] *sb* Auslobung *f*
promise to fulfil an obligation ['prɒmɪs tu fʊl'fɪl ən ɒblɪ'geɪʃn] *sb* Schuldversprechen *n*
promise to perform ['prɒmɪs tu pə'fɔːm] *sb* Leistungszusage *f*
promissory note (p. n.) [prə'mɪsərɪ nəʊt] *sb* Schuldschein *m*, Eigenwechsel *m*, eigener Wechsel *m*, Promesse *f*, persönliches Schuldanerkenntnis *n*, vertragliches Schuldversprechen *n*, Solawechsel *n*
promissory note bond [prə'mɪsərɪ 'nəʊt bʌnd] *sb* Schuldscheindarlehen *n*
promote [prə'məʊt] *v* 1. (in rank) befördern; 2. (advertise) werben für
promoter [prə'məʊtə] *sb* 1. Förderer *m*; 2. (of an event) Veranstalter *m*, Promoter *m*
promotion [prə'məʊʃn] *sb* 1. (to a better job) Beförderung *f*; 2. (advertising, marketing) Werbung *f*, Promotion *f*; 3. (of an event) Veranstaltung *f*
promotional gift [prə'məʊʃənl gɪft] *sb* Werbegeschenk *n*
promotion of housing construction [prə'məʊʃn əv 'haʊzɪŋ kən'strʌkʃn] *sb* Wohnungsbauförderung *f*
promotion of original innovation [prə'məʊʃn əv ɒ'rɪdʒɪnəl ɪnəˈveɪʃn] *sb* Innovationsförderung *f*

promotion of residential property [prəˈməʊʃn əv ˈrezɪdenʃl ˈprɒpəti] sb Wohneigentumsförderung f

promotion of saving through building societies [prəˈməʊʃn əv ˈseɪvɪŋ θruː ˈbɪldɪŋ səˈsaɪətiːz] sb Bausparförderung f

prompt (ppt.) [ˈprɒmt] adj sofort

prompt shipment [ˈprɒmt ˈʃɪpmənt] sb sofortiger Versand m

proof [pruːf] sb Beweis m, Nachweis m

proof of identity [ˈpruːf əv aɪˈdentɪti] sb Identitätsnachweis m, Legitimation f

propaganda [prɒpəˈgændə] sb Propaganda f

propensity to consume [prəˈpensɪti tu kɒnˈsjuːm] sb Konsumquote f

propensity to invest [prəˈpensɪti tu ɪnˈvest] sb Investitionsquote f

property [ˈprɒpəti] sb 1. Eigentum n; Gut n, Vermögen n; 2. (house, estate) Besitz m; 3. (characteristic) Eigenschaft f

property acquisition tax [ˈprɒpəti ækwɪˈsɪʃn tæks] sb Grunderwerbssteuer f

property deed [ˈprɒpəti diːd] sb Eigentumsurkunde f

property fund [ˈprɒpəti fʌnd] sb Immobilienfonds m

property income [ˈprɒpəti ˈɪnkʌm] sb Besitzeinkommen n

property insurance [ˈprɒpəti ɪnˈʃʊərəns] sb Sachversicherung f

property law securities [ˈprɒpəti lɔː sɪˈkjʊərɪtiːz] pl sachenrechtliche Wertpapiere n/pl

property of the bankrupt [ˈprɒpəti əv ðə ˈbæŋkrʌpt] sb Konkursmasse f

property rights [ˈprɒpəti raɪts] pl Eigentumsrechte n/pl

property tax [ˈprɒpəti tæks] sb Grundsteuer f

property yield [ˈprɒpəti jiːld] sb Immobilienrendite f, Objektrendite f

proportion [prəˈpɔːʃən] sb Verhältnis n, Proportion f

proportional cost [prəˈpɔːʃənl kɒst] sb proportionale Kosten f

proposal [prəˈpəʊsl] sb Vorschlag m

proprietary [prəˈpraɪətəri] adj besitzend, Besitz...

proprietor [prəˈpraɪətə] sb 1. Besitzer(in) m/f; 2. Eigentümer(in) m/f

proprietor's capital holding [prəˈpraɪətəz ˈkæpɪtl ˈhəʊldɪŋ] sb Geschäftsguthaben n

proprietor's loan [prəˈpraɪətəz ˈləʊn] sb Gesellschafter-Darlehen n

pro rata [prəʊ ˈrɑːtə] adj anteilmäßig

prosecute [ˈprɒsɪkjuːt] v (s.o.) strafrechtlich verfolgen, strafrechtlich belangen

prospect [ˈprɒspekt] sb Aussicht f

prospectus [prəˈspektəs] sb Prospekt m

prosperity [prɒˈsperɪti] sb Prosperität f, Wohlstand m

prosperous [ˈprɒspərəs] adj florierend, gut gehend, blühend

protection [prəˈtekʃn] sb Schutz m, Protektion f

protection against dismissal [prəˈtekʃn əˈgenst dɪsˈmɪsəl] sb Kündigungsschutz m

protection for the investor [prəˈtekʃn fɔː ði ɪnˈvestə] sb Anlegerschutz m

protection of a bill [prəˈtekʃn əv ə bɪl] sb Wechseleinlösung f

protection of credit [prəˈtekʃn əv ˈkredɪt] sb Kreditschutz m

protection of creditors [prəˈtekʃn əv ˈkredɪtəz] sb Gläubigerschutz m

protection of investment [prəˈtekʃn əv ɪnˈvestmənt] sb Investitionsschutz m

protection of jobs [prəˈtekʃn əv ˈdʒɒbs] sb Arbeitsplatzschutz m

protection of mothers [prəˈtekʃn əv ˈmʌðəz] sb Mutterschutz m

protection of tenants [prəˈtekʃn əv ˈtenənts] sb Mieterschutz m

protectionism [prəˈtekʃənɪzm] sb Protektionismus m

protective clothing [prəˈtektɪv ˈkləʊθɪŋ] sb Schutzkleidung f

protective duty [prəˈtektɪv ˈdjuːti] sb Schutzzoll m

protest [ˈprəʊtest] sb Protest m

protested bill [ˈprəʊtestɪd ˈbɪl] sb Protestwechsel m

protest for non-delivery [ˈprəʊtest fɔː ˈnɒndɪˈlɪvəri] sb Ausfolgungsprotest m

protocol [ˈprəʊtəkɒl] sb Protokoll n

provenance [ˈprɒvənəns] sb Provenienz f

provide [prəˈvaɪd] v 1. besorgen, beschaffen, liefern; 2. (an opportunity) bieten; 3. (make available) zur Verfügung stellen

providing of guarantee [prəˈvaɪdɪŋ əv gærənˈtiː] sb Garantieleistung f

provision [prəˈvɪʒən] sb 1. (supplying) Bereitstellung f; 2. (for oneself) Beschaffung f; 3. (supplies) Vorräte m/pl; 4. (of a contract) Bestimmung f; 5. (allowance) Berücksichtigung f

provisional [prəˈvɪʒənl] adj provisorisch, (measures, legislation) vorläufig

provisional account [prəˈvɪʒənl əˈkaʊnt] sb vorläufiger Abschluss m

provisional filing of an objection [prə'vɪʒənl 'faɪlɪŋ əv ən ɒb'dʒekʃn] *sb* Widerspruchsvormerkung *f*
provisional inefficacy [prə'vɪʒənl ɪn'efɪkəsɪ] *sb* schwebende Unwirksamkeit *f*
provisional receipt [prə'vɪʒənl rɪ'si:t] *sb* Zwischenschein *m*
proviso [prə'vaɪzəʊ] *sb* 1. Vorbehalt *m*; 2. *(clause)* Vorbehaltsklausel *f*
provisory [prə'vaɪzərɪ] *adj* 1. *(provisional)* provisorisch, vorläufig; 2. *(conditional)* vorbehaltlich
proxy ['prɒksɪ] *sb* 1. *(power)* Vollmacht *f*; 2. by ~ in Vertretung; 3. *(person)* Vertreter *m*
proxy for disposal ['prɒksɪ fɔ: dɪs'pəʊsəl] *sb* Ermächtigung zur Verfügung *f*
prudence of a businessman ['pru:dəns əv ə 'bɪsnɪsmæn] *sb* kaufmännische Vorsicht *f*
public ['pʌblɪk] *adj* 1. öffentlich; *in the* ~ *eye* im Lichte der Öffentlichkeit; *make* ~ bekannt machen; *sb* 2. Öffentlichkeit *f*
public assistance [pʌblɪk ə'sɪstəns] *sb* Spezialhilfe *f*
publication [pʌblɪ'keɪʃən] *sb* 1. Veröffentlichung *f*; 2. *(thing published)* Publikation *f*
public authentication ['pʌblɪk ɔ:θentɪ'keɪʃn] *sb* öffentliche Beurkundung *f*
public authorities ['pʌblɪk ɔ:'θɒrɪtɪ:z] *pl* öffentliche Hand *f*
public bank ['pʌblɪk bæŋk] *sb* öffentliche Bank *f*
public body ['pʌblɪk 'bɒdɪ] *sb* öffentlich-rechtliche Körperschaft *f*
public bonds ['pʌblɪk 'bɒndz] *sb* Staatsanleihen *f/pl*
public budget ['pʌblɪk 'bʌdʒɪt] *sb* öffentlicher Haushalt *m*
public certification ['pʌblɪk sɜ:tɪfɪ'keɪʃn] *sb* öffentliche Beglaubigung *f*
public company ['pʌblɪk 'kʌmpənɪ] *sb* Aktiengesellschaft *f*
public debt ['pʌblɪk 'det] *sb* öffentliche Schuld *f*
public enterprise ['pʌblɪk 'entəpraɪz] *sb* öffentliches Unternehmen *n*
public finance ['pʌblɪk 'faɪnæns] *sb* Finanzwissenschaft *f*
public fund ['pʌblɪk 'fʌnd] *sb* Publikumsfonds *m*
public goods ['pʌblɪk 'gʊdz] *pl* öffentliche Güter *n/pl*
public health ['pʌblɪk helθ] *sb* Gesundheitswesen *n*

public holiday ['pʌblɪk 'hɒlɪdeɪ] *sb* gesetzlicher Feiertag *m*
public institution ['pʌblɪk ɪnstɪ'tju:ʃən] *sb* gemeinnütziges Unternehmen *n*, öffentliches Unternehmen *n*
publicity [pʌb'lɪsɪtɪ] *sb* 1. Publizität *f*; 2. Werbung *f*, Reklame *f*
publicity department [pʌb'lɪsɪtɪ dɪ'pɑ:tmənt] *sb* Werbeabteilung *f*
publicity effect [pʌb'lɪsɪtɪ ɪ'fekt] *sb* Werbewirkung *f*
publicity expenses [pʌb'lɪsɪtɪ ɪks'pensɪz] *pl* Werbungskosten *pl*
publicity leaflet [pʌb'lɪsɪtɪ 'li:flɪt] *sb* Werbeprospekt *m*
publicize ['pʌblɪsaɪz] *v (promote)* Reklame machen für
public law ['pʌblɪk lɔ:] *sb* öffentliches Recht *n*
public limited company ['pʌblɪk 'lɪmɪtɪd 'kʌmpənɪ] *sb (UK)* Aktiengesellschaft *f*
publicly owned enterprise ['pʌblɪklɪ 'əʊnd 'entəpraɪz] *sb* Regiebetrieb *m*
public mortgage bank ['pʌblɪk 'mɔ:gɪdʒ bæŋk] *sb* Grundkreditanstalt *f*
public opinion research ['pʌblɪk ə'pɪnjən rɪ'sɜ:tʃ] *sb* Meinungsforschung *f*
public ownership ['pʌblɪk 'əʊnəʃɪp] *sb* Staatseigentum *n*
public property ['pʌblɪk 'prɒpətɪ] *sb* Staatseigentum *n*
public relations (PR) ['pʌblɪk rɪ'leɪʃənz] *pl* Public Relations (PR) *pl*
public relations of the company ['pʌblɪk rɪ'leɪʃənz əv ðə 'kʌmpənɪ] *pl* Firmenöffentlichkeit *f*
public revenue ['pʌblɪk 'revənju:] *sb* Staatseinnahmen *f/pl*
public sector ['pʌblɪk 'sektə] *sb* öffentlicher Sektor *m*
public securities ['pʌblɪk sɪ'kjʊərɪtɪ:z] *sb* Staatspapiere *n/pl*
public servant ['pʌblɪk 'sɜ:vənt] *sb* Angestellte(r) im öffentlichen Dienst *f/m*
public spending ['pʌblɪk 'spendɪŋ] *sb* Staatsausgaben *f/pl*, öffentliche Ausgaben *f/pl*
public supervision of banking ['pʌblɪk su:pə'vɪʒn əv 'bæŋkɪŋ] *sb* Bankenaufsicht *f*
public tender ['pʌblɪk 'tendə] *sb* offene Ausschreibung *f*
public transportation ['pʌblɪk trænspɔ:'teɪʃn] *sb* öffentliche Verkehrsmittel *n/pl*
publisher ['pʌblɪʃə] *sb* Verleger(in) *m/f*
publisher's mark ['pʌblɪʃəs 'mɑ:k] *sb* Signet *n*

publishing house ['pʌblɪʃɪŋ haʊs] sb Verlag m
pull-down menu ['pʊldaʊn 'menjuː] sb Pull-down-Menü n
pulling strategy ['pʊlɪŋ strætədʒiː] sb Pull-Strategie f
punctual ['pʌŋktjʊəl] adj pünktlich
punctuality [pʌŋktjʊ'ælɪtɪ] sb Pünktlichkeit f
punishable ['pʌnɪʃəbl] adj strafbar
punishment ['pʌnɪʃmənt] sb 1. (penalty) Strafe f; 2. (punishing) Bestrafung f
punter ['pʌntə] sb (UK: average person) Otto Normalverbraucher m
purchase ['pɜːtʃəs] v 1. kaufen, erwerben; sb 2. Kauf m, Anschaffung f, Ankauf m
purchase account ['pɜːtʃəs ə'kaʊnt] sb Wareneingangskonto n, Einkaufskonto n
purchase against cash in advance ['pɜːtʃəs ə'genst kæʃ ɪn əd'vɑːns] sb Kauf gegen Vorauszahlung m
purchase agreement ['pɜːtʃəs ə'griːmənt] sb Kaufvertrag m
purchase costs ['pɜːtʃəs kɒsts] pl Anschaffungskosten pl
purchase-money loan ['pɜːtʃəs'mʌnɪ ləʊn] sb Restdarlehen n
purchase of accounts receivable ['pɜːtʃəs əv ə'kaʊnts rɪ'siːvəbl] sb Forderungskauf m
purchase of foreign exchange for later sale ['pɜːtʃəs əv 'fɒrɪn ɪk'tʃeɪndʒ fɔː 'leɪtə 'seɪl] sb Devisenpensionsgeschäft n
purchase of securities ['pɜːtʃəs əv sɪ'kjʊərɪtiːz] sb Effektenkauf m
purchase on credit ['pɜːtʃəs ɒn 'kredɪt] sb Zielkauf m
purchase on the spot ['pɜːtʃəs ɒn ðə 'spɒt] sb Platzkauf m
purchase pattern ['pɜːtʃəs 'pætən] sb Kaufverhalten n
purchase price ['pɜːtʃəs praɪs] sb Kaufpreis m
purchase quantity ['pɜːtʃəs 'kwɒntɪtɪ] sb Abnahmemenge f
purchaser ['pɜːtʃəsə] sb Käufer(in) m/f
purchase right ['pɜːtʃəs raɪt] sb Ankaufsrecht n
purchase with delivery by instal(l)ments ['pɜːtʃəs wɪð dɪ'lɪvərɪ baɪ ɪn'stɔːlmənts] sb Teillieferungskauf m
purchasing association ['pɜːtʃəsɪŋ əsəʊsɪ'eɪʃn] sb Einkaufsverband m
purchasing cheque ['pɜːtʃəsɪŋ 'tʃek] sb Kaufscheck m

purchasing cooperative ['pɜːtʃəsɪŋ kəʊ'ɒprətɪv] sb Einkaufsgenossenschaft f
purchasing costs ['pɜːtʃəsɪŋ kɒsts] pl Bezugskosten pl
purchasing credit ['pɜːtʃəsɪŋ 'kredɪt] sb Kaufkredit m
purchasing management ['pɜːtʃəsɪŋ 'mænɪdʒmənt] sb Beschaffungswesen n
purchasing pattern ['pɜːtʃəsɪŋ 'pætən] sb Kaufverhalten n
purchasing power ['pɜːtʃəsɪŋ 'paʊə] sb Kaufkraft f
purchasing power parity ['pɜːtʃəsɪŋ 'paʊə 'pærɪtɪ] sb Kaufkraftparität f
purchasing terms ['pɜːtʃəsɪŋ tɜːmz] pl Einkaufsbedingungen f/pl
pure endowment insurance ['pjʊər ɪn'daʊmənt ɪn'sʊərəns] sb Erlebensfallversicherung f
purpose ['pɜːpəs] adj on ~ absichtlich, mit Absicht
purpose-built [pɜːpəs'bɪlt] adj spezialgefertigt, Spezial...
pursuant [pə'sjuːənt] adj ~ to gemäß, laut
purveyor [pə'veɪə] sb Lieferant(in) m/f
push [pʊʃ] v 1. (s.o.) (put pressure on) drängen, antreiben; 2. (promote) propagieren
pushing strategy ['pʊʃɪŋ 'strætədʒiː] sb Push-Strategie f
put and call [pʊt ænd 'kɔːl] sb Stellgeschäft n
put and call price [pʊt ænd 'kɔːl praɪs] sb Stellkurs m
put down [pʊt 'daʊn] v irr 1. (a deposit) machen; 2. (write down) aufschreiben, notieren; 3. (on a form) angeben
put in [pʊt 'ɪn] v irr 1. ~ for sth sich um etw bewerben; 2. (a claim, an application) einreichen; 3. (time) zubringen; 4. ~ an hour's work eine Stunde arbeiten
put off [pʊt 'ɒf] v irr 1. (postpone) verschieben; 2. (a decision) aufschieben; 3. put s.o. off (by making excuses) jdn hinhalten
put through [pʊt 'θruː] v irr (connect) durchstellen
putting into the archives ['pʊtɪŋ ɪntʊ ðiː 'ɑːkaɪvs] sb Archivierung f
put together [pʊt tə'geðə] v irr 1. (assemble) zusammensetzen, zusammenbauen; 2. (a brochure) zusammenstellen
put up [pʊt 'ʌp] v irr put up for sale etw zum Verkauf anbieten
pyramid selling ['pɪrəmɪd 'selɪŋ] sb Schneeballsystem n, Lawinensystem n

Q/R

qualification [kwɒlɪfɪ'keɪʃən] *sb* 1. *(suitable skill, suitable quality)* Qualifikation *f*, Voraussetzung *f*; 2. *(UK: document)* Zeugnis *n*
qualified ['kwɒlɪfaɪd] *adj* 1. *(person)* qualifiziert, geeignet; 2. *(entitled)* berechtigt
qualifying period ['kwɒlɪfaɪɪŋ 'pɪərɪəd] *sb* Karenzzeit *f*
qualitative ['kwɒlɪtətɪv] *adj* qualitativ
qualitative growth ['kwɒlɪtətɪv 'grəʊθ] *sb* qualitatives Wachstum *n*
quality ['kwɒlɪtɪ] *sb* Qualität *f*
quality assurance ['kwɒlɪtɪ ə'sʊərəns] *sb* Qualitätssicherung *f*
quality circle ['kwɒlɪtɪ 'sɜːkl] *sb* Qualitätszirkel *m*
quality control ['kwɒlɪtɪ kən'trəʊl] *sb* Qualitätskontrolle *f*
quality engineer ['kwɒlɪtɪ endʒɪ'nɪə] *sb* Güteprüfer(in) *m/f*
quality label ['kwɒlɪtɪ 'leɪbl] *sb* Gütezeichen (Marketing) *n*
quality management ['kwɒlɪtɪ 'mænɪdʒmənt] *sb* Qualitätsüberwachung *f*, Qualitätssicherung *f*
quality of service ['kwɒlɪtɪ əv 'sɜːvɪs] *sb* Leistungsstandard *m*
quantify ['kwɒntɪfaɪ] *v* in Zahlen ausdrücken, quantifizieren
quantitative ['kwɒntɪtətɪv] *adj* quantitativ
quantitative tariff ['kwɒntɪtətɪv 'tærɪf] *sb* Mengenzoll *m*
quantity ['kwɒntɪtɪ] *sb* 1. Quantität *f*; 2. *(amount)* Menge *f*
quantity buyer ['kwɒntɪtɪ 'baɪə] *sb* Großabnehmer(in) *m/f*
quantity discount ['kwɒntɪtɪ 'dɪskaʊnt] *sb* Mengenrabatt *m*
quantity equation ['kwɒntɪtɪ ɪ'kweɪʒn] *sb* Quantitätsgleichung *f*
quantity production ['kwɒntɪtɪ prə'dʌkʃn] *sb* Massenproduktion *f*, Massenerzeugnis *n*
quantity surveyor ['kwɒntɪtɪ sə'veɪə] *sb* Aufmaßtechniker(in) *m/f*
quantity theory ['kwɒntɪtɪ 'θɪərɪ] *sb* Quantitätstheorie *f*
quantity unit ['kwɒntɪtɪ 'juːnɪt] *sb* Mengeneinheit *f*
quantity variance ['kwɒntɪtɪ 'veərɪəns] *sb* Mengenabweichung *f*

quart [kwɔːt] *sb* (UK: 1.14 litres; US: 0.95 litres) Quart *n*
quarter ['kwɔːtə] *sb* 1. *(of a year)* Quartal *n*, Vierteljahr *n*; 2. *(US: 25 cents)* 25-Cent-stück *n*
quarter day ['kwɔːtə deɪ] *sb* vierteljährlicher Zahltag *m*
quarter days ['kwɔːtə deɪz] *pl* Zinstage *m/pl*
quarterly ['kwɔːtəlɪ] *adj* Quartals...
quarterly invoice ['kwɔːtəlɪ 'ɪnvɔɪs] *sb* Quartalsrechnung *f*
quarterly report ['kwɔːtəlɪ rɪ'pɔːt] *sb* Quartalsbericht *m*
quarter under review ['kwɔːtə 'ʌndə rɪ'vjuː] *sb* Berichtsquartal *n*
quarter wage ['kwɔːtə weɪdʒ] *sb* Quartalsgehalt *n*, Vierteljahreszahlung *f*
quasi-equity capital [kweɪzaɪ'ekwɪtɪ 'kæpɪtl] *sb* verdecktes Stammkapital *n*
quasi money ['kweɪzaɪ 'mʌnɪ] *sb* Quasigeld *n*, Beinahegeld *n*
quasi monopoly ['kweɪzaɪ mə'nɒpəlɪ] *sb* Quasimonopol *n*
quasi rent ['kweɪzaɪ 'rent] *sb* Quasirente *f*
quay [kiː] *sb* Kai *m*
quayage ['kiːɪdʒ] *sb* Kaigebühren *f/pl*
questionnaire [kwestʃə'neə] *sb* Fragebogen *m*
queue [kjuː] *sb* (Warte-)Schlange *f*
queue up [kjuː 'ʌp] *v* anstehen, Schlange stehen
quid [kwɪd] *sb (fam)* (UK) Pfund *n*
quit [kwɪt] *v irr (leave one's job)* kündigen
quittance ['kwɪtəns] *sb* Schuldenerlass *m*
quorum ['kwɔːrəm] *sb* Quorum *n*
quota ['kwəʊtə] *sb* 1. Quote *f*; 2. *(of goods)* Kontingent *n*
quota allocation ['kwəʊtə ælə'keɪʃən] *sb* Kontingentzuweisung *f*
quota ceiling ['kwəʊtə 'siːlɪŋ] *sb* Höchstkontingent *n*
quota system ['kwəʊtə 'sɪstəm] *sb* Quotensystem *n*
quotation [kwəʊ'teɪʃən] *sb* 1. *(price ~)* Kostenvoranschlag *m*, Preisangabe *f*; 2. *(stock ~)* Börsennotierung *f*, Kursanzeige *f*, Quotation *f*
quotation ex dividend [kwəʊ'teɪʃən eks 'dɪvɪdənd] *sb* Dividendenabschlag *m*

quotation of prices [kwəʊˈteɪʃən əv ˈpraɪsɪz] sb Kursnotierung f
quotation on the stock exchange [kwəʊˈteɪʃən ɒn ðə ˈstɒk ɪksˈtʃeɪndʒ] sb Börsenkurs m
quotation on the unofficial market [kwəʊˈteɪʃən ɒn ðiː ˌʌnəˈfɪʃl ˈmɑːkɪt] sb Kulissenwert m
quota transactions [ˈkwəʊtə trænˈzækʃnz] pl Quotenhandel m
quota wage [ˈkwəʊtə ˈweɪdʒ] sb Pensumlohn m
quote [kwəʊt] v 1. (a price) nennen; 2. (at the stock exchange) notieren
quote at par [kwəʊt ət pɑː] v zum Nennwert notieren
quote clean [kwəʊt kliːn] v ex Dividende notieren
quoted securities [ˈkwəʊtɪd sɪˈkjʊərɪtiz] pl börsengängige Wertpapiere n/pl
quotient [ˈkwəʊʃənt] sb Quotient m
rack jobbing [ˈræk dʒɒbɪŋ] sb 1. Streckengeschäft f; 2. Regalbestückung f
radio advertising [ˈreɪdɪəʊ ˈædvətaɪzɪŋ] sb Rundfunkwerbung f
rail freight [reɪl freɪt] sb Bahnfracht f
railroad [ˈreɪlrəʊd] sb (US) Eisenbahn f, Bahn f
railway [ˈreɪlweɪ] sb Eisenbahn f, Bahn f
railway advice [ˈreɪlweɪ ədˈvaɪs] sb Eisenbahnavis m
railway tariff [ˈreɪlweɪ ˈtærɪf] sb Eisenbahntarif m
raise [reɪz] v 1. (salary, price) erhöhen, anheben; 2. (gather money) aufbringen, auftreiben; 3. (an objection) erheben; ~ one's voice against sth seine Stimme gegen etw erheben; sb 4. (in salary) Gehaltserhöhung f; (in wages) Lohnerhöhung f
raising of credits [ˈreɪzɪŋ əv ˈkredɪts] sb Kreditaufnahme f
raising of the bank rate [ˈreɪzɪŋ əv ðə bæŋk reɪt] sb Leitzinserhöhung f
rally [ˈrælɪ] sb Markterholung f, Kurserholung f
RAM [ræm] sb (random access memory) RAM f
ramp [ræmp] sb 1. Rampe f; 2. (for loading) Laderampe f
random test [ˈrændəm test] sb Stichprobe f
range [reɪndʒ] sb 1. (distance) Entfernung f; at close ~ auf kurze Entfernung; 2. (selection) Reihe f, Auswahl f, Sortiment n

range of products [ˈreɪndʒ əv ˈprɒdʌkts] sb Produktpalette f
rank [ræŋk] sb (status) Stand m, Rang m
ranking [ˈræŋkɪŋ] sb Rangfolge f, Rangeinteilung f
rapid money transfer [ˈræpɪd ˈmʌnɪ ˈtrænsfɜː] sb Eilüberweisung f
rate [reɪt] v 1. (estimate the worth of) schätzen, einschätzen; sb 2. Rate f, Ziffer f; 3. at the ~ of im Verhältnis von; 4. at any ~ jedenfalls; 5. (speed) Tempo n; 6. (UK: local tax) Gemeindesteuer f; 7. (stock exchange) Satz m; 8. (fixed charge) Tarif m
rateable [ˈreɪtəbl] adj steuerpflichtig, zu versteuern
rate for foreign notes and coins [ˈreɪt fɔː ˈfɒrɪn ˈnəʊts ænd ˈkɔɪnz] sb Sortenkurs m
rate of activity [reɪt əv ækˈtɪvətɪ] sb Beschäftigungsgrad m
rate of contribution [reɪt əv kɒntrɪˈbjuːʃən] sb Beitragssatz m
rate of conversion [ˈreɪt əv kənˈvɜːʃən] sb Umrechnungskurs m
rate of discount [reɪt əv ˈdɪskaʊnt] sb Diskontsatz m
rate of exchange [reɪt əv ɪksˈtʃeɪndʒ] sb Umrechnungskurs m
rate of flow [ˈreɪt əv ˈfləʊ] sb Stromgröße f
rate of growth [ˈreɪt əv grəʊθ] sb Wachstumsrate f
rate of inflation [ˈreɪt əv ɪnˈfleɪʃən] sb Inflationsrate f
rate of interest [ˈreɪt əv ˈɪntrest] sb Zinssatz m, Zins m
rate of inventory turnover [ˈreɪt əv ˈɪnventərɪ ˈtɜːnəʊvə] sb Umschlagshäufigkeit eines Lagers f
rate of issue [ˈreɪt əv ˈɪʃuː] sb Emissionskurs m
rate of return [reɪt əv rɪˈtɜːn] sb Verzinsung f, Rendite f
rate of taxation [reɪt əv tækˈseɪʃən] sb Steuersatz m
ratification [rætɪfɪˈkeɪʃən] sb Ratifikation f
rating [ˈreɪtɪŋ] sb 1. (assessment) Schätzung f; 2. (category) Klasse f
ratio [ˈreɪʃɪəʊ] sb Verhältnis n
rational buying [ˈræʃənəl ˈbaɪɪŋ] sb Rationalkauf m
rationalisation [ˌræʃənlaɪˈzeɪʃən] sb Rationalisierung f
rationalization investment [ˌræʃənlaɪˈzeɪʃən ɪnˈvestmənt] sb Rationalisierungsinvestition f

rationalization profit [ræʃnəlaɪ'zeɪʃən 'prɒfɪt] *sb* Rationalisierungsgewinn *m*
rationing ['ræʃənɪŋ] *sb* Rationierung *f*
raw material [rɔː mə'tɪərɪəl] *sb* Rohstoff *m*
raw material funds ['rɔː mə'tɪərɪəl fʌnds] *pl* Rohstoff-Fonds *m*
raw material shortage [rɔː mə'tɪərɪəl 'ʃɔːtɪdʒ] *sb* Rohstoffknappheit *f*
re [riː] *(on a letter)* betrifft
reach [riːtʃ] *v (a conclusion, an agreement)* kommen zu, gelangen zu, erreichen
readily ['redɪlɪ] *adv* 1. bereitwillig; 2. *(easily)* leicht
readiness to operate ['redɪnəs tu 'ɒpəreɪt] *sb (Produktion)* Leistungsbereitschaft *f*
readjust [riːə'dʒʌst] *v (~ sth)* anpassen, angleichen
readjustment [riːə'dʒʌstmənt] *sb* Anpassung *f*, Angleichung *f*
ready ['redɪ] *adj* 1. bereit, fertig; 2. *(finished)* fertig
ready for collection ['redɪ fɔː kə'lekʃən] *adv* abholbereit
ready for dispatch ['redɪ fɔː dɪ'spætʃ] *adv* versandbereit
ready-made [redɪ'meɪd] *adj* gebrauchsfertig, fertig
ready money ['redɪ 'mʌnɪ] *sb* Bargeld *n*, jederzeit verfügbares Geld *n*
ready-to-wear [redɪtu'weə] *adj* Konfektions...
real account [rɪəl ə'kaʊnt] *sb* Bestandskonto *n*
real balance effect [rɪəl 'bæləns ɪ'fekt] *sb* Vermögenseffekten *pl*, Vermögenseinkommen *n*
real capital [rɪəl 'kæpɪtl] *sb (Volkswirtschaft)* Realkapital *n*, Sachkapital *n*
real estate ['rɪəl ɪ'steɪt] *sb* Immobilien *f/pl*, Grundstück *n*
real estate agent [rɪəl ɪ'steɪt 'eɪdʒənt] *sb* Immobilienmakler *m*
real estate credit [rɪəl ɪ'steɪt 'kredɪt] *sb* Grundkredit *m*, Immobiliarkredit *m*
real estate credit institution [rɪəl ɪ'steɪt 'kredɪt ɪnstɪ'tjuːʃn] *sb* Realkreditinstitut *n*
real estate fund [rɪəl ɪ'steɪt fʌnd] *sb* Immobilienfonds *m*
real estate leasing ['rɪəl ɪ'steɪt 'liːsɪŋ] *sb* Immobilien-Leasing *n*
real estate property [rɪəl ɪ'steɪt 'prɒpətɪ] *sb* Immobilienbesitz *m*, Betongold *n (fam)*
realign [riːə'laɪn] *v* neu festsetzen

realignment of parities [rɪ'əleɪnmənt əv 'pærɪtiːz] *sb* Realignment *n*
real income [rɪəl 'ɪnkʌm] *sb* Realeinkommen *n*
real indebtedness [rɪəl ɪn'detɪdnɪs] *sb* effektive Verschuldung *f*
real interest [rɪəl 'ɪntrəst] *sb* Realzins *m*
real investment [rɪəl ɪnvestmənt] *sb* Realinvestition *f*
realization [rɪəlaɪ'zeɪʃən] *sb (of assets)* Realisation *f*, Flüssigmachen *n*
realization loss [rɪəlaɪ'zeɪʃən lɒs] *sb* Veräußerungsverlust *m*
realization of assets [rɪəlaɪ'zeɪʃən əv 'æsets] *sb* Veräußerung von Anlagewerten *f*
realization of pledge [rɪəlaɪ'zeɪʃən əv 'pledʒ] *sb* Pfandverwertung *f*
realization profit [rɪəlaɪ'zeɪʃən 'prɒfɪt] *sb* Liquidationsüberschuss *m*
realize ['rɪəlaɪz] *v* 1. *(achieve)* verwirklichen; 2. *(assets)* realisieren, verflüssigen
real property [rɪəl 'prɒpətɪ] *sb* Grundvermögen *n*
real rate of interest [rɪəl 'reɪt əv 'ɪntrest] *sb* Realzins *m*
real right [rɪəl raɪt] *sb* dingliches Recht *n*
real security [rɪəl sɪ'kjʊərɪtɪ] *sb* dingliche Sicherung *f*
realtor ['rɪəltə] *sb* Immobilienmakler *m*
realty ['rɪəltɪ] *sb* Immobilien *f/pl*
real value [rɪəl 'væljuː] *sb* Substanzwert *m*, Sachwert *m*
real wages [rɪəl 'weɪdʒɪz] *pl* Reallohn *m*
real wealth [rɪəl welθ] *sb* Realvermögen *n*
re-apply [riːə'plaɪ] *v* neu beantragen
reappraisal [riːə'preɪzl] *sb* Neubewertung *f*, Neuschätzung *f*
rearrange [riːə'reɪndʒ] *v* neu anordnen
rearrangement of holdings [riːə'reɪndʒmənt əv 'həʊldɪŋz] *sb* Beteiligungsumschichtung *f*
reasonable ['riːznəbəl] *adj* 1. *(sensible)* vernünftig; 2. *(price)* angemessen; 3. *(in price)* preiswert
reasoning ['riːznɪŋ] *sb* Argumentation *f*
reassemble [riːə'sembl] *v (put back together)* wieder zusammenbauen
reassign [riːə'saɪn] *v (s.o.)* versetzen
rebate [riː'beɪt] *sb* 1. *(money back)* Rückvergütung *f*, Rückzahlung *f*; 2. *(discount)* Rabatt *m*

rebuke [rɪ'bju:k] v 1. rügen; sb 2. Rüge f
recall [rɪ'kɔ:l] sb 1. Rückruf m; 2. (withdrawal) Zurücknahme f; 3. (of capital) Aufkündigung f
receipt [rɪ'si:t] sb 1. Eingang m, Erhalt m, Quittung f, Beleg m; 2. ~s pl Einnahmen f/pl
receipt of money [rɪ'si:t əv 'mʌnɪ] sb Geldeingang m
receive [rɪ'si:v] v 1. bekommen, erhalten; 2. (take delivery of) empfangen; 3. (welcome) empfangen
receiver [rɪ'si:və] sb 1. Empfänger m; 2. (of the phone) Hörer m; 3. (in bankruptcy) Konkursverwalter m
receivership [rɪ'si:vəʃɪp] sb Konkursverwaltung f; go into ~ in Konkurs gehen
reception [rɪ'sepʃən] sb Empfang m
receptionist [rɪ'sepʃənɪst] sb Empfangssekretär(in) m/f
reception room [rɪ'sepʃən ru:m] sb Empfangsraum m
recession [rɪ'seʃən] sb Rezession f, Konjunkturrückgang m
recessionary [rɪ'seʃənərɪ] adj Rezessions...
recessive [rɪ'sesɪv] adj rezessiv
recipient [rɪ'sɪpɪənt] sb Empfänger(in) m/f
reciprocal [rɪ'sɪprəkəl] adj gegenseitig, wechselseitig, reziprok
reciprocal contract [rɪ'sɪprəkəl 'kɒntrækt] sb gegenseitiger Vertrag m
reciprocity [resɪ'prɒsɪtɪ] sb Gegenseitigkeit f, Wechselseitigkeit f, Reziprozität f
recision [rɪ'sɪʒən] sb Stornierung f, Streichung f, Entnahme f
reckon ['rekən] v 1. (calculate) rechnen; 2. (calculate sth) berechnen, errechnen; 3. (estimate) schätzen
reclaim [rɪ'kleɪm] v zurückfordern
reclamation [reklə'meɪʃən] sb (demanding back) Zurückforderung f, Rückforderung f
recognizance [rɪ'kɒgnɪzəns] sb schriftliche Verpflichtung f
recommend [rekə'mend] v 1. empfehlen; 2. She has much to ~ her. Es spricht sehr viel für sie.
recommendable [rekə'mendəbl] adj empfehlenswert
recommendation [rekəmən'deɪʃən] sb 1. Empfehlung f; 2. (letter of ~) Empfehlungsschreiben n
recompense ['rekəmpens] sb 1. (repayment) Entschädigung f; 2. (reward) Belohnung f

reconciliation of accounts [rekənsɪl'ɪeɪʃən əv ə'kaʊnts] sb Kontenabstimmung f
recondition [ri:kən'dɪʃən] v generalüberholen
reconsider [ri:kən'sɪdə] v nochmals überlegen; He has ~ed his decision. Er hat es sich anders überlegt.
reconsideration [ri:kənsɪdə'reɪʃən] sb erneute Betrachtung f, Überdenken n, Revision f
reconstruction [ri:kən'strʌkʃn] sb Sanierung f
record [rɪ'kɔ:d] v 1. (write down) aufzeichnen; (register) eintragen; 2. by ~ed mail (UK) per Einschreiben; 3. (keep minutes of) protokollieren; ['rekɔ:d] sb 4. (account) Aufzeichnung f; 5. (of a meeting) Protokoll n; on the ~ offiziell; off the ~ nicht für die Öffentlichkeit bestimmt; 6. (official document) Unterlage f, Akte f
record of success ['rekɔ:d əv sək'ses] sb Erfolgsbilanz f
recourse [rɪ'kɔ:s] sb Regress m, Rückgriff m
recoverable [rɪ'kʌvərəbl] adj 1. (damages) ersetzbar; 2. (deposit) rückzahlbar
recovery [rɪ'kʌvərɪ] sb 1. Aufschwung m, Erholung f; 2. economic ~ Konjunkturaufschwung m
recovery of damages [rɪ'kʌvərɪ əv 'dæmɪdʒɪz] sb Schadensersatz m
recruit [rɪ'kru:t] v (members) werben, anwerben, gewinnen
recruitment [rɪ'kru:tmənt] sb Anwerbung f, Werbung f
rectification defects [rektɪfɪ'keɪʃn 'di:fekts] pl Nachbesserung f
rectify ['rektɪfaɪ] v berichtigen, korrigieren
recyclable [ri:'saɪkləbl] adj wieder verwertbar, recycelbar
recycle [ri:'saɪkl] v wieder verwerten, recyceln
recycling [ri:'saɪklɪŋ] sb Recycling n, Wiederverwertung f
recycling exchange [ri:'saɪklɪŋ ɪks'tʃeɪndʒ] sb Abfallbörse f
red tape [red teɪp] sb 1. (fig) Amtsschimmel m; 2. (paperwork) Papierkrieg m
redeem [rɪ'di:m] v 1. (a coupon) einlösen; 2. (a mortgage) abzahlen; 3. (a pawned object) auslösen
redeemable [rɪ'di:məbl] adj kündbar

redemption [rɪ'dempʃn] *sb* Tilgung *f*, Abzahlung *f*
redemption account [rɪ'dempʃn ə'kaunt] *sb* Amortisierungskonto *n*, Tilgungskonto *n*
redemption guarantee [rɪ'dempʃn gærən'tiː] *sb* Rücknahmegarantie *f*
redemption fund [rɪ'dempʃn fʌnd] *sb* Tilgungsfonds *m*
redemption in arrears [rɪ'dempʃn ɪn ə'rɪəs] *sb* Tilgungsrückstände *m/pl*
redemption loan [rɪ'dempʃn 'ləʊn] *sb* Ablösungsanleihe *f*, Tilgungsanleihe *f*
redemption premium [rɪ'dempʃn 'priːmɪəm] *sb* Tilgungsprämie *f*
redemption sum [rɪ'dempʃn sʌm] *sb* Ablösesumme *f*
redemption value [rɪ'dempʃn 'væljuː] *sb* Rückkaufswert *m*
redemption yield [rɪ'dempʃn jiːld] *sb* Effektivverzinsung *f*
redirect [riːdaɪ'rekt] *v (forward)* nachsenden, nachschicken
rediscount [riː'dɪskaʊnt] *sb 1.* Rediskont *m*, Rediskontierung *f*; *2. v* rediskontieren
reduce [rɪ'djuːs] *v 1. (a price, standards)* herabsetzen; *2. (expenses)* kürzen
reduced tariffs [rɪ'djuːst 'tærɪfs] *pl* ermäßigte Tarife *m/pl*
reduction [rɪ'dʌkʃn] *sb 1.* Verminderung *f*, Reduzierung *f*; *2. (of prices)* Herabsetzung *f*
reduction for cash [rɪ'dʌkʃn fɔː kæʃ] *sb* Barzahlungsrabatt *m*
reduction of interest [rɪ'dʌkʃn əv 'ɪntrest] *sb* Zinssenkung *f*
reduction of liquidity [rɪ'dʌkʃn əv lɪ'kwɪdətɪ] *sb* Liquiditätsabschöpfung *f*
reduction of staff [rɪ'dʌkʃn əv stɑːf] *sb* Personalabbau *m*
reduction of the bank rate [rɪ'dʌkʃn əv ðə bæŋk reɪt] *sb* Diskontsenkung *f*
reduction of the interest rate [rɪ'dʌkʃn əv ðiː 'ɪntrest reɪt] *sb* Zinssenkung *f*
reduction of the share capital [rɪ'dʌkʃn əv ðə ʃeə 'kæpɪtl] *sb* Herabsetzung des Grundkapitals *f*
reduction of the workforce [rɪ'dʌkʃn əv ðe 'wɜːkfɔːs] *sb* Personalabbau *m*
reduction of working hours [rɪ'dʌkʃn əv 'wɜːkɪŋ 'aʊəz] *sb* Arbeitszeitverkürzung *f*
redundancy [rɪ'dʌndənsɪ] *sb* Redundanz *f*
redundant [rɪ'dʌndənt] *adj 1.* überflüssig; *2. (UK: worker)* arbeitslos
re-export [riːek'spɔːt] *v* reexportieren, wieder ausführen

reexportation [riːekspɔː'teɪʃən] *sb* Wiederausfuhr *f*
refer [rɪ'fɜː] *v 1.* ~ *s.o. to s.o.* jdn an jdn verweisen; *2. (regard)* sich beziehen auf; *3. (rule)* gelten für; *4. (consult a book)* nachschauen in
referee [refə'riː] *sb (UK: person giving a reference)* Referenzgeber *m*
reference ['refrəns] *sb 1. (testimonial)* Referenz *f*, Zeugnis *n*; *2. (US: person giving a)* Referenz *f*; *3. with* ~ *to* ... was ... betrifft; *4. (in a business letter)* bezüglich
reference base ['refrəns beɪs] *sb* Bezugsbasis *f*
reference book ['refrəns bʊk] *sb* Nachschlagewerk *n*
reference rate ['refrəns reɪt] *sb* Richtkurs *m*
reference year ['refrəns jɪə] *sb* Vergleichsjahr *n*
referring to [rɪ'fɜːrɪŋ tuː] *adv* Bezug nehmend, mit Bezug auf
refinancing [rɪfaɪ'nænsɪŋ] *sb* Refinanzierung *f*, Umfinanzierung *f*
refinancing policy [rɪfaɪ'nænsɪŋ 'pɒlɪsɪ] *sb* Refinanzierungspolitik *f*
refinery [rɪ'faɪnərɪ] *sb* Raffinerie *f*
reflate [riː'fleɪt] *v* ankurbeln
reflation [riː'fleɪʃən] *sb* Reflation *f*, Ankurbelung der Konjunktur *f*
reflux [riː'flʌks] *sb* Rückfluss *m*
reform [rɪ'fɔːm] *v 1. (sth)* reformieren; *2.* Reform *f*
refrain [rɪ'freɪn] *v* ~ *from* Abstand nehmen von, absehen von, sich enthalten
refund [rɪ'fʌnd] *v 1.* zurückzahlen, zurückerstatten; *2. (expenses)* erstatten; [rɪ'fʌnd] *sb 3.* Rückzahlung *f*, Rückerstattung *f*
refunding [riː'fʌndɪŋ] *sb 1.* Umschuldung *f*, Refundierung *f*; *2.* Rückerstattung *f*
refund of tax ['riːfʌnd əv tæks] *sb* Steuerrückerstattung *f*
refurbish [riː'fɜːbɪʃ] *v* renovieren
refusal [rɪ'fjuːzəl] *sb* Ablehnung *f*; *have first* ~ *of sth* etw als Erster angeboten bekommen
refusal of delivery [rɪ'fjuːzəl əv dɪ'lɪvərɪ] *sb* Annahmeverweigerung *f*
refusal of pay [rɪ'fjuːzəl əv peɪ] *sb* Zahlungsverweigerung *f*
regional authority ['riːdʒənl ɔː'θɒrɪtɪ] *sb* Gebietskörperschaft *f*
regional bank ['riːdʒənl bæŋk] *sb* Landesbank *f*, Regionalbank *f*
regional planning ['riːdʒənl 'plænɪŋ] *sb* Raumplanung *f*

regional policy ['ri:dʒənl 'pɒlɪsi] sb Raumordnung f
regional promotion ['ri:dʒənl prə'məʊʃn] sb Regionalförderung f
regional stock exchange ['ri:dʒənl 'stɒkɪks'tʃeɪndʒ] sb Provinzbörse f
register ['redʒɪstə] v 1. sich anmelden; 2. (for classes) sich einschreiben; 3. (sth) registrieren; 4. (a trademark) anmelden, eintragen lassen; 5. (a letter) als Einschreiben aufgeben; 6. (in files) eintragen; 7. (a statistic) erfassen, sb 8. Register n
registered ['redʒɪstəd] adj eingetragen
registered association ['redʒɪstəd əsəʊsɪ'eɪʃn] sb eingetragener Verein (e.V.) m
registered letter ['redʒɪstəd 'letə] sb Einschreibebrief m
registered post ['redʒɪstəd pəʊst] sb 1. eingeschriebene Sendung f; 2. by ~ per Einschreiben
registered securities ['redʒɪstəd sɪ'kjʊərɪtɪz] pl Namenspapier n
registered share ['redʒɪstəd ʃeə] sb Namensaktie f
registered trader ['redʒɪstəd 'treɪdə] sb Vollkaufmann m
register office ['redʒɪstər 'ɒfɪs] sb Handelsregisteramt n
register of land titles ['redʒɪstər əv 'lænd taɪtlz] sb Grundbuch n
register of ships ['redʒɪstər əv ʃɪps] sb Schiffsregister n
registration [redʒɪ'streɪʃn] sb 1. Anmeldung f; 2. (by authorities) Registrierung f; 3. (of a trademark) Einschreibung f; 4. vehicle ~ Kraftfahrzeugbrief m
registration document [redʒɪ'streɪʃn 'dɒkjʊmənt] sb Kraftfahrzeugbrief m
registration form [redʒɪ'streɪʃn fɔ:m] sb Anmeldeformular n
registration in the Commercial Register [redʒɪ'streɪʃn ɪn ðə kɒ'mɜ:ʃl 'redʒɪstə] sb Eintragung im Handelsregister f
registration number [redʒɪ'streɪʃn 'nʌmbə] sb (of a car) Kennzeichen n
registration of a title [redʒɪ'streɪʃn əv ə 'taɪtl] sb Grundbucheintragung f
registration statement [redʒɪ'streɪʃn 'steɪtmənt] sb Gründungsbilanz f
regress [rɪ'gres] v sich rückläufig entwickeln
regression [rɪ'greʃn] sb Regression f
regressive [rɪ'gresɪv] adj regressiv, rückläufig
regular ['regjʊlə] adj ordnungsgemäß

regular customer ['regjʊlə 'kʌstəmə] sb Stammkunde m
regularity [regjʊ'lærɪti] sb Regelmäßigkeit f
regular meeting ['regjʊlə 'mi:tɪŋ] sb ordentliche Versammlung f
regulate [regjʊleɪt] v regulieren, regeln
regulation [regjʊ'leɪʃən] sb 1. Regulierung f; 2. (rule) Vorschrift f; adj 3. vorschriftsmäßig, vorgeschrieben
rehabilitation [ri:həbɪlɪ'teɪʃn] sb Rehabilitation f
reimburse [ri:ɪm'bɜ:s] v 1. (s.o.) entschädigen; 2. (costs) zurückerstatten, ersetzen
reimbursement [ri:ɪm'bɜ:smənt] sb Entschädigung f, Erstattung f, Rückerstattung f, Ersatz m
reimport [ri:ɪm'pɔ:t] v reimportieren, wieder einführen
reimportation [ri:ɪmpɔ:'teɪʃən] sb Reimport m
reinforce [ri:ɪn'fɔ:s] v 1. verstärken; 2. (a statement, an opinion) bestätigen
reinstatement of original values [ri:ɪn'steɪtmənt əv ə'rɪdʒɪnəl 'væljʊz] sb Wertaufholung f
reinsurance [ri:ɪn'ʃʊərəns] sb Rückversicherung f
reinsure [ri:ɪn'ʃʊə] v rückversichern
reinvestment [ri:ɪn'vestmənt] sb Reinvestition f, Wiederanlage f
reinvestment of discount [ri:ɪn'vestmənt əv 'dɪskaʊnt] sb Wiederanlagerabatt m
reject [rɪ'dʒekt] v 1. ablehnen; 2. (a possibility, a judgment) verwerfen; 3. (by a machine) zurückweisen, nicht annehmen
reject rate ['ri:dʒekt reɪt] sb Ausschussquote f
rejection [rɪ'dʒekʃən] sb Ablehnung f, Verwerfung f, Zurückweisung f
relationship management [rɪ'leɪʃənʃɪp 'mænɪdʒmənt] sb Kundenbetreuung f
relaunch ['ri:lɔ:ntʃ] sb Wiedereinführung f
release [rɪ'li:s] v 1. (a new product) herausbringen; 2. (news, a statement) veröffentlichen; sb 3. (of a new product) Neuerscheinung f; 4. (press ~) Vorlautbarung f
release from liability [rɪ'li:s frɒm laɪə'bɪlətɪ] sb Haftungsfreistellung f
release of funds [rɪ'li:s əv fʌndz] sb Mittelfreigabe f
reliability [rɪlaɪə'bɪlɪtɪ] sb (of a company) Vertrauenswürdigkeit f
reliable [rɪ'laɪəbl] adj 1. zuverlässig; 2. (company) vertrauenswürdig
relocate [ri:ləʊ'keɪt] v 1. umziehen; 2. (sth) verlegen

relocation [riːləʊˈkeɪʃən] *sb* Umzug *m*
relocation costs [riːləʊˈkeɪʃən kɒsts] *pl* Umzugskosten *pl*
remainder [rɪˈmeɪndə] *sb* 1. Rest *m*; 2. ~s *pl* Restbestände *m/pl*
remaining life expectancy [rɪˈmeɪnɪŋ laɪf ɪksˈpektənsɪ] *sb* Restnutzungsdauer *f*
remaining stock [rɪˈmeɪnɪŋ stɒk] *sb* Restposten *m*
reminder [rɪˈmaɪndə] *sb* (letter of ~) Mahnung *f*, Mahnbrief *m*
remission [rɪˈmɪʃən] *sb* (of a sentence) Straferlass *m*
remit [rɪˈmɪt] *v* 1. überweisen, anweisen; 2. (debts) erlassen
remittal [rɪˈmɪtl] *sb* (money) Überweisung *f*
remittance [rɪˈmɪtəns] *sb* Rimesse *f*, Überweisung *f*
remittance slip [rɪˈmɪtəns slɪp] *sb* Überweisungsträger *m*
remittent [rɪˈmɪtnt] *adj* remittierend
remote control [rɪˈməʊt kənˈtrəʊl] *sb* Fernsteuerung *f*
removal [rɪˈmuːvəl] *sb* (UK: move from a house) Umzug *m*
remunerable [rɪˈmjuːnərəbl] *adj* zu bezahlen, zu vergüten
remunerate [rɪˈmjuːnəreɪt] *v* 1. (pay) bezahlen; 2. (reward) belohnen
remuneration [rɪmjuːnəˈreɪʃən] *sb* 1. Arbeitsentgelt *n*, Entgeld *n*, Vergütung *f*, Bezahlung *f*; 2. (reward) Belohnung *f*
remuneration in kind [rɪmjuːnəˈreɪʃən ɪn kaɪnd] *sb* Sachbezüge *pl*
remuneration package [rɪmjuːməˈreɪʃən ˈpækɪdʒ] *sb* Gesamtbezüge *pl*
remunerativ [rɪmjuːnərətɪv] *adj* einträglich, lukrativ
render [ˈrendə] *v* leisten, erbringen
rendering of account [ˈrendərɪŋ əv əˈkaʊnt] *sb* Rechenschaft *f*, Rechenschaftslegung *f*
renew [rɪˈnjuː] *v* erneuern
renewal charge [rɪˈnjuːəl tʃɑːdʒ] *sb* Prolongationsgebühr *f*
renewal coupon [rɪˈnjuːəl ˈkuːpɒn] *sb* Stichkupon *m*
renewal funds [rɪˈnjuːəl fʌnds] *pl* Erneuerungsrücklagen *f/pl*
renewal order [rɪˈnjuːəl ˈɔːdə] *sb* Anschlussauftrag *m*
renewal rate [rɪˈnjuːəl reɪt] *sb* Prolongationssatz *m*
renewal reserve [rɪˈnjuːəl rɪˈzɜːv] *sb* Erneuerungsfonds *m*

renovate [ˈrenəveɪt] *v* renovieren
renovation [renəˈveɪʃən] *sb* Renovierung *f*
rent [rent] *v* 1. mieten, (a building) pachten, (a machine) leihen; 2. (~ out) vermieten, (a building) verpachten, (a machine) verleihen; sb 3. Miete *f*, Pacht *f*; 4. for ~ (US) zu vermieten
rentability [rentəˈbɪlɪtɪ] *sb* Rentabilität *f*
rentable [ˈrentəbl] *adj* zu vermieten
rental [ˈrentəl] *sb* 1. Miete *f*; 2. (for a machine, for a car) Leihgebühr *f*; 3. (for land) Pacht *f*; 4. (rented item) Leihgerät *n*
rental car [ˈrentəl ˈkɑː] *sb* Mietwagen *m*
rental tariff [ˈrentəl ˈtærɪf] *sb* Mietzins *m*
rent control [rent kənˈtrəʊl] *sb* Mietpreisbindung *f*
renter [ˈrentə] *sb* Mieter(in) *m/f*, Pächter(in) *m/f*
rent-free [rentˈfriː] *adj* mietfrei
renunciation [rɪnʌnsɪˈeɪʃən] *sb* Verzichtserklärung *f*, Verzicht *m*
reopen [riːˈəʊpən] *v* 1. (sth) wieder eröffnen; 2. (negotiations, a case) wieder aufnehmen
reorder [riːˈɔːdə] *v* 1. nachbestellen, neu bestellen; *sb* 2. Nachbestellung *f*
reorder system [riːˈɔːdə ˈsɪstəm] *sb* Bestellsystem *n*
reorganization [riːɔːgənaɪˈzeɪʃən] *sb* Reorganisation *f*, Umgründung *f*
reorganize [riːˈɔːgənaɪz] *v* neu organisieren, umorganisieren
re-pack [riːˈpæk] *v* umpacken
repair [rɪˈpeə] *v* 1. reparieren; *sb* 2. Reparatur *f*, Ausbesserung *f*; 3. damaged beyond ~ nicht mehr zu reparieren; 4. to be in good ~ in gutem Zustand sein
repairable [rɪˈpeərəbl] *adj* zu reparieren, reparabel
repairman [rɪˈpeəmæn] *sb* Handwerker *m*
reparable [ˈrepərəbl] *adj* reparabel, wieder gutzumachen
reparation [repəˈreɪʃən] *sb* 1. Reparation *f*, Wiedergutmachung *f*; 2. (for damage) Entschädigung *f*
repartition [riːpɑːˈtɪʃən] *sb* (Gewinn-)Verteilung *f*
repay [riːˈpeɪ] *v irr* 1. (a debt) abzahlen; 2. (expenses) erstatten; 3. (fig: a visit) erwidern
repayable [riːˈpeɪəbl] *adj* rückzahlbar
repayment [riːˈpeɪmənt] *sb* Rückzahlung *f*, Abzahlung *f*, Rückerstattung *f*
repayment account [riːˈpeɪmənt əˈkaʊnt] *sb* Tilgungskonto *n*
repayment by instalments [riːˈpeɪmənt baɪ ɪnˈstɔːlmənts] *sb* Rückzahlung in Raten *f*

repayment extension [riːˈpeɪmənt ɪksˈtenʃn] *sb* Tilgungsstreckung *f*
repayment in cash [riːˈpeɪmənt ɪn kæʃ] *sb* Baraflösung *f*
repeat order [rɪˈpiːt ˈɔːdə] *sb* Nachbestellung *f*
replace [rɪˈpleɪs] *v* 1. *(substitute for)* ersetzen; 2. *(put back)* zurücksetzen, zurückstellen; 3. *~ the receiver* den Hörer auflegen; 4. *(parts)* austauschen, ersetzen
replaceable [rɪˈpleɪsəbl] *adj* 1. ersetzbar; 2. *(part)* auswechselbar
replacement [rɪˈpleɪsmənt] *sb* 1. Ersatz *m*, Wiederbeschaffung *f*; 2. *~ part* Ersatzteil *n*; 3. *(person: temporary)* Stellvertreter *m*
replacement delivery [rɪˈpleɪsmənt dɪˈlɪvərɪ] *sb* Ersatzlieferung *f*
replacement funds [rɪˈpleɪsmənt fʌnds] *pl* Erneuerungsrücklagen *f/pl*
replacement investment [rɪˈpleɪsmənt ɪnˈvestmənt] *sb* Erhaltungsinvestition *f*
replacement of capital assets [rɪˈpleɪsmənt əv ˈkæpɪtl ˈæsɪts] *sb* Ersatzinvestition *f*
replacement share certificate [rɪˈpleɪsmənt ˈʃeə səˈtɪfɪkət] *sb* Ersatzaktie *f*
replacement value [rɪˈpleɪsmənt ˈvæljuː] *sb* Erneuerungswert *m*, Wiederbeschaffungswert *m*
replica [ˈreplɪkə] *sb* Kopie *f*
replicate [ˈreplɪkeɪt] *v* *(reproduce)* nachahmen, nachbilden
replication [replɪˈkeɪʃən] *sb* *(duplicate)* Kopie *f*, Nachbildung *f*
reply [rɪˈplaɪ] *sb* Antwort *f*
reply-paid (RP) [rɪˈplaɪpeɪd] *adj* Rückantwort bezahlt
report [rɪˈpɔːt] *v* 1. *(announce o.s.)* sich melden; 2. *~ for duty* sich zum Dienst melden; 3. *(sth)* berichten über; 4. *(inform authorities about)* melden; *sb* 5. Bericht *m*; 6. *(give a ~)* berichten
reporting [rɪˈpɔːtɪŋ] *sb* Berichterstattung *f*
reporting date [rɪˈpɔːtɪŋ deɪt] *sb* Stichtag *m*
reposit [rɪˈpɒzɪt] *v* *(deposit)* hinterlegen
repository [rɪˈpɒzɪtərɪ] *sb* *(store)* Laden *m*, Magazin *n*
represent [reprɪˈzent] *v* *(act for, speak for)* vertreten
representation [reprɪzenˈteɪʃən] *sb* *(representatives)* Vertretung *f*
representative [reprɪˈzentətɪv] *adj* 1. *(acting for)* vertretend; 2. *(typical)* repräsentativ; 3. *(symbolic)* symbolisch; 4. Repräsentant *m*, Vertreter *m*; 5. *(deputy)* Stellvertreter *m*; 6. *(legal)* Bevollmächtigte(r) *f/m*

reprieve [rɪˈpriːv] *sb* *(temporary)* Aufschub *m*
reprise [rɪˈpriːz] *sb* Reprise *f*
re-privatisation [riːpraɪvətaɪˈzeɪʃən] *sb* Reprivatisierung *f*
reproduction [riːprəˈdʌkʃən] *sb* 1. *(copy)* Reproduktion *f*; 2. *(photo)* Kopie *f*
reproduction cost [riːprəˈdʌkʃən kɒst] *sb* Reproduktionskosten *pl*
reproduction value [riːprəˈdʌkʃən ˈvæljuː] *sb* Reproduktionswert *m*
repurchase [riːˈpɜːtʃəs] *sb* Rückkauf *m*
repurchase clause [rɪˈpɜːtʃəs klɔːz] *sb* Rücknahmeklausel *f*
repurchase guarantee [rɪˈpɜːtʃəs gærənˈtiː] *sb* Rücknahmegarantie *f*
reputation [repjʊˈteɪʃən] *sb* Ruf *m*
request [rɪˈkwest] *v* 1. bitten um, ersuchen um; 2. *~ s.o. to do sth* jdn bitten, etwas zu tun; *sb* 3. Bitte *f*, Wunsch *m*; 4. *(official ~)* Ersuchen *n*
require [rɪˈkwaɪə] *v* 1. *(need)* brauchen, benötigen; 2. *I'll do whatever is ~d.* Ich werde alles Nötige tun. 3. *(order)* verlangen, fordern
required [rɪˈkwaɪəd] *adj* erforderlich, notwendig
requirement [rɪˈkwaɪəmənt] *sb* 1. *(condition)* Erfordernis *n*, Anforderung *f*, Voraussetzung *f*; 2. *(need)* Bedürfnis *n*, Bedarf *m*
requisite [ˈrekwɪzɪt] *adj* erforderlich, notwendig
rerate [riːˈreɪt] *v* neu bewerten
resale [ˈriːseɪl] *sb* Wiederverkauf *m*
resale price [ˈriːseɪl praɪs] *sb* Wiederverkaufspreis *m*
reschedule [riːˈʃedjuːl] *v* 1. verlegen; 2. *(to an earlier time)* vorverlegen
rescind [rɪˈsɪnd] *v* annullieren, aufheben
rescission [rɪˈsɪʃən] *sb* Rücktritt *m*
rescue company [ˈreskjuːˈkʌmpənɪ] *sb* Auffanggesellschaft *f*
rescue deal [ˈreskjuːˈdiːl] *sb* Sanierungsplan *m*
rescue package [ˈreskjuːˈpækɪdʒ] *sb* Sanierungsprogramm *n*
research [rɪˈsɜːtʃ] *sb* Forschung *f*
research and development (R&D) [ˈrɪsɜːtʃ ænd dɪˈveləpmənt] *sb* Forschung & Entwicklung (F&E) *f*
research and development risk [ˈrɪsɜːtʃ ænd dɪˈveləpmənt rɪsk] *sb* Entwicklungswagnis *n*
reservation [rezəˈveɪʃən] *sb* 1. *(qualification of opinion)* Vorbehalt *m*; 2. *without ~*

ohne Vorbehalt; 3. *(booking)* Reservierung *f*, Vorbestellung *f*
reservation of price [rezə'veɪʃən əv praɪs] *sb* Preisvorbehalt *m*
reservation of title [resə'veɪʃn əv taɪtl] *sb* Eigentumsvorbehalt *m*
reserve [rɪ'zɜːv] *v* 1. *(book)* reservieren lassen; 2. *(keep)* aufsparen, aufheben; 3. ~ the right to do sth sich das Recht vorbehalten, etw zu tun; all rights ~d alle Rechte vorbehalten; *sb* 4. *(store)* Reserve *f*, Vorrat *m*; in ~ in Reserve
reserve account [rɪ'zɜːv ə'kaʊnt] *sb* Rücklagenkonto *n*
reserve assets [rɪ'zɜːv 'æsets] *pl* Währungsguthaben *n*
reserve bank [rɪ'sɜːv bæŋk] *sb* Reservebank *f*
reserve currency [rɪ'zɜːv 'kʌrənsɪ] *sb* Reservewährung *f*
reserve for bad debts [rɪ'sɜːv fɔː bæd 'dets] *sb* Delkredere *n*
reserve fund [rɪ'zɜːv fʌnd] *sb* Reservefonds *m*
reserve item [rɪ'zɜːv 'aɪtəm] *sb* Rückstellungsposten *m*
reserve price [rɪ'zɜːv praɪs] *sb* Mindestgebot *n*
reserve ratio [rɪ'zɜːv 'reɪʃɪəʊ] *sb* Liquiditätssatz *m*, Deckungsrate *f*
reserves [rɪ'zɜːvz] *pl* Reserven *f/pl*, Rücklagen *f/pl*, Rückstellung *f*
reserve stock [rɪ'zɜːv stɒk] *sb* Reserve *f*
reset [riː'set] *v* rücksetzen, zurücksetzen
residence permit ['rezɪdəns pɜːmɪt] *sb* Aufenthaltsgenehmigung *f*, Aufenthaltserlaubnis *f*
resident ['rezɪdənt] *sb* Deviseninländer *m*, Gebietsansässiger *m*
residual debt insurance [rɪ'zɪdjʊəl det ɪn'ʃʊərəns] *sb* Restschuldversicherung *f*
residual quota [rɪ'zɪdjʊəl 'kwəʊtə] *sb* Restquote *f*
residual securities of an issue [rɪ'zɪdjʊəl sɪ'kjʊərɪtɪz əv ən 'ɪʃuː] *pl* Emissionsreste *f/pl*
residual value [rɪ'zɪdjʊəl 'væljuː] *sb* Restwert *m*
residues ['rezɪdjuːz] *pl* Rückstände *m/pl*
resign [rɪ'zaɪn] *v* 1. kündigen; 2. *(from public office, from a committee)* zurücktreten
resignation [rezɪg'neɪʃən] *sb* Rücktritt *m*, Kündigung *f*
resistant [rɪ'zɪstənt] *adj (material)* widerstandsfähig, beständig

resources [rɪ'sɔːsɪz] *pl* 1. Ressourcen *f/pl*; 2. Geldmittel *n*
respite ['respaɪt] *sb* Stundung *f*
responsibility [rɪspɒnsə'bɪlɪtɪ] *sb* 1. Verantwortung *f*; 2. take ~ for die Verantwortung übernehmen für; 3. *(sense of ~)* Verantwortungsgefühl *n*
responsible [rɪ'spɒnsɪbl] *adj* 1. verantwortlich; 2. hold s.o. ~ for sth jdn für etw verantwortlich machen; 3. *(job)* verantwortungsvoll
responsible to a limited extent [rɪs'pɒnsɪbl tu ə 'lɪmɪtɪd ɪk'stent] *adj* beschränkt geschäftsfähig
restitution [restɪ'tjuːʃən] *sb* 1. Rückerstattung *f*, Rückgabe *f*; 2. *(pay back)* Schadenersatz *m*, Entschädigung *f*
restore [rɪ'stɔː] *v* 1. wiederherstellen; 2. *(pay back)* rückerstatten; 3. *(renew)* in Stand setzen
restraint of competition [rɪ'streɪnt əv kɒmpə'tɪʃən] *sb* Wettbewerbsbeschränkung *f*
restraint of competition clause [rɪ'streɪnt əv kɒmpɪ'tɪʃn klɔːz] *sb* Wettbewerbs-Klausel *f*
restraint on alienation [rɪ'streɪnt ɒn eɪlɪə'neɪʃən] *sb* Veräußerungsverbot *n*
restricted market [rɪ'strɪktɪd 'mɑːkɪt] *sb* enger Markt *m*
restriction [res'trɪkʃən] *sb* Restriktion *f*, Beschränkung *f*
restrictive endorsement [rɪ'strɪktɪv ɪn'dɔːsmənt] *sb* Rektaindossament *n*
restructuring [riː'strʌktʃərɪŋ] *sb* Umstrukturierung *f*
restructuring of assets [riː'strʌktʃərɪŋ əv 'æsets] *sb* Vermögensumschichtung *f*
restructuring of debts [riː'strʌktʃərɪŋ əv dets] *sb* Umschuldung *f*
result [rɪ'zʌlt] *v* 1. sich ergeben, resultieren; ~ from sich ergeben aus; ~ in führen zu; *sb* 2. *(consequence)* Folge *f*; as a ~ folglich; 3. *(outcome)* Ergebnis *n*, Resultat *n*
results accounting [rɪ'sʌlts ə'kaʊntɪŋ] *sb* Erfolgsbilanz *f*
results from operations [rɪ'sʌlts frɒm ɒpə'reɪʃns] *pl* Betriebsergebnis *n*
résumé ['rezuːmeɪ] *sb* 1. *(US: curriculum vitae)* Lebenslauf *m*; 2. *(summary)* Zusammenfassung *f*
resumption [rɪ'zʌmpʃən] *sb* Wiederaufnahme *f*
retail ['riːteɪl] *v* 1. im Einzelhandel verkaufen; It ~s at $3.99. Es wird im Einzelhandel für $3.99 verkauft. *sb* 2. *(~ trade)* Einzelhandel *m*

retail chain ['ri:teɪl tʃeɪn] *sb* Einzelhandelskette *f*
retail consumer ['ri:teɪl kən'sju:mə] *sb* Endverbraucher *m*
retailer ['ri:teɪlə] *sb* Einzelhändler *m*
retail price ['ri:teɪl praɪs] *sb* Einzelhandelspreis *m*, Ladenpreis *m*
retail price margin ['ri:teɪl praɪs 'mɑ:dʒɪn] *sb* Einzelhandelsspanne *f*
retail trade ['ri:teɪl treɪd] *sb* Einzelhandel *m*
retainer [rɪ'teɪnə] *sb (fee)* Honorar *f*
retaliatory duty [rɪ'tælɪətrɪ 'dju:tɪ] *sb* Kampfzoll *m*
retention [rɪ'tenʃn] *sb* Selbstbeteiligung *f*
retention of payment [rɪ'tenʃn əv 'peɪmənt] *sb* Zahlungsverweigerungsrecht *n*
retention of title [rɪ'tenʃn əv 'taɪtl] *sb* Eigentumsvorbehalt *m*
retention period [rɪ'tenʃn pɪərɪəd] *sb* Aufbewahrungsfrist *f*
retire [rɪ'taɪə] *v* 1. sich zurückziehen, in Pension gehen; 2. *(s.o.)* pensionieren
retired [rɪ'taɪəd] *adj* pensioniert
retirement [rɪ'taɪəmənt] *sb* 1. *(state)* Ruhestand *m*; 2. *(act of retiring)* Zurückziehen *n*, Ausscheiden *n*, Pensionierung *f*
retirement fund [rɪ'taɪəmənt fʌnd] *sb* Pensionsfonds *m*
retirement offer [rɪ'taɪəmənt 'ɒfə] *sb* Abfindungsangebot *n*
retirement pension [rɪ'taɪəmənt 'penʃən] *sb* Altersruhegeld *n*, Rente *f*
retool [ri:'tu:l] *v (a machine)* umrüsten
retrain [ri:'treɪn] *v* umschulen
retraining [ri:'treɪnɪŋ] *sb* Umschulung *f*
retrospective [retrə'spektɪv] *adj* rückblickend, retrospektiv
return [rɪ'tɜ:n] *v* 1. *(a letter)* zurücksenden, zurückschicken; 2. *(profit, interest)* abwerfen; *sb* 3. *(giving back)* Rückgabe *f*; 4. *(profit)* Ertrag *m*
returnable [rɪ'tɜ:nəbl] *adj* 1. *(purchased item)* umtauschbar; 2. *(deposit)* rückzahlbar
return account [rɪ'tɜ:n ə'kaʊnt] *sb* Retourenkonto *n*
return after tax [rɪ'tɜ:n 'ɑ:ftə tæks] *sb* Rendite nach Steuern *f*
returned cheque [rɪ'tɜ:nd tʃek] *sb* Rückscheck *m*
returner [rɪ'tɜ:nə] *sb (to the work force)* Wiedereinsteiger(in) (ins Berufsleben) *m/f*
return of premium [rɪ'tɜ:n əv 'pri:mɪəm] *sb* Beitragsrückvergütung *f*, Beitragsrückerstattung *f*

return on assets [rɪ'tɜ:n ɒn 'æsets] *sb* Betriebsrendite *f*
return on capital [rɪ'tɜ:n ɒn 'kæpɪtl] *sb* Kapitalertrag *m*
return on investment [rɪ'tɜ:n ɒn ɪn'vestmənt] *sb* Kapitalrendite *f*, Kapitalrentabilität *f*, Return on Investment (ROI) *m*
return on net worth [rɪ'tɜ:n ɒn net wɜ:θ] *sb* Eigenkapitalrendite *f*
returns [rɪ'tɜ:nz] *pl* Returen *f/pl*
re-use [ri:'ju:z] *v* wieder verwenden, wieder benutzen
revaluation [ri:vælju'eɪʃən] *sb* Aufwertung *f*
revalue [ri:'vælju:] *v* neu bewerten
revenue accounting ['revenju: ə'kaʊntɪŋ] *sb* Erlösrechnung *f*
revenue accounts ['revenju: ə'kaʊnts] *pl* Erlöskonten *m/pl*
revenue correction ['revenju: kə'rekʃn] *sb* Erlösberichtigung *f*
revenue planning ['revenju: 'plænɪŋ] *sb* Erlösplanung *f*
revenue reduction ['revenju: rɪ'dʌkʃn] *sb* Erlösminderung *f*
revenue reserves ['revenju: rɪ'zɜ:vz] *pl* Gewinnrücklagen *f/pl*
reversal [rɪ'vɜ:sl] *sb* Storno *n*
reversing entry [rɪ'vɜ:sɪŋ 'entrɪ] *sb* Stornobuchung *f*
reversion to private ownership [rɪ'vɜ:ʒn tu 'praɪvət 'əʊnəʃɪp] *sb* Reprivatisierung *f*
review [rɪ'vju:] *v* 1. *(re-examine)* erneut prüfen, nochmals prüfen; *sb* 2. *(re-examination)* Prüfung *f*, Nachprüfung *f*; 3. *(summary)* Überblick *m*
revival [rɪ'vaɪvl] *sb (coming back)* Wiederaufleben *n*, Wiederaufblühen *n*
revival of demand [rɪ'vaɪvl əv dɪ'mɑ:nd] *sb* Nachfragebelebung *f*
revive [rɪ'vaɪv] *v* 1. *(a business)* wieder aufleben; 2. *(a product)* wieder einführen
revocation [revə'keɪʃən] *sb* Aufhebung *f*, Widerruf *m*
revocation clause [revə'keɪʃən klɔ:z] *sb* Widerrufsklausel *f*
revoke [rɪ'vəʊk] *v* 1. *(licence)* entziehen; 2. *(a decision)* widerrufen; 3. *(a law)* aufheben
revolving letter of credit [rɪ'vɒlvɪŋ 'letə əv 'kredɪt] *sb* revolvierendes Akkreditiv *n*
reward [rɪ'wɔ:d] *v* 1. belohnen; *sb* 2. Belohnung *f*
rewarding [rɪ'wɔ:dɪŋ] *adj* 1. *(financially)* lohnend; 2. *(task)* dankbar

rework [riːˈwɜːk] v 1. überarbeiten, neu fassen; sb 2. Nachbesserung f
rhetoric [ˈretərɪk] sb Rhetorik f
rich [rɪtʃ] adj reich
rider [ˈraɪdə] sb Zusatzklausel f
right [raɪt] sb 1. (to sth) Anrecht n, Anspruch m, Recht n; have a ~ to sth einen Anspruch auf etw haben; 2. equal ~s pl Gleichberechtigung f
right issue [ˈraɪt ˈɪʃuː] sb Bezugsangebot n
right of disposal [ˈraɪt əv dɪsˈpəʊzl] sb Verfügungsrecht n
right of pre-emption [ˈraɪt əv priːˈempʃən] sb Vorkaufsrecht n
right of redemption [ˈraɪt əv rɪˈdempʃən] sb Rückgaberecht n
right of revocation [ˈraɪt əv revəˈkeɪʃən] sb Widerrufswert n
rights equivalent to real property [ˈraɪts ɪˈkwɪvələnt tu ˈrɪəl ˈprɒpəti] pl grundstücksgleiche Rechte n/pl
right to a cumulative dividend [ˈraɪt tu ə ˈkjuːmjʊlətɪv ˈdɪvɪdənd] sb Nachbezugsrecht n
right to be given information [ˈraɪt tu bi ˈɡɪvən ɪnfəˈmeɪʃən] sb Informationsrecht n
right to benefits [ˈraɪt tu ˈbenɪfɪts] sb Leistungsanspruch m
right to cancel credit entry [ˈraɪt tu ˈkænsl ˈkredɪt ˈentri] sb Stornorecht n
right to claim [ˈraɪt tu kleɪm] sb Forderungsrecht n
right to refund [ˈraɪt tu ˈriːfʌnd] sb Rückerstattungsanspruch m
right to rescind a contract [ˈraɪt tu rɪˈsɪnd ə ˈkɒntrækt] sb Rücktrittsrecht n
right to use [ˈraɪt tu juːz] sb Benutzungsrecht n
right to vote [ˈraɪt tu vəʊt] sb Stimmrecht n
rise [raɪz] sb (in prices, in pay) Erhöhung f
rise in price [raɪz ɪn praɪs] sb Preisanstieg m, Preiserhöhung f
risk [rɪsk] v irr 1. riskieren; sb 2. Risiko n; calculated ~ kalkuliertes Risiko; put at ~ gefährden; run a ~ ein Risiko eingehen
risk assessment [rɪsk əˈsesmənt] sb Risikobewertung f
risk coverage [rɪsk ˈkʌvərɪdʒ] sb Risikoabsicherung f
risk-induced costs [ˈrɪskɪndjuːst ˈkɒsts] pl Risikokosten pl
risk of payment [rɪsk əv ˈpeɪmənt] sb Zahlungsrisiko n
risk of transfer [rɪsk əv ˈtrænsfɜː] sb Transferrisiko n

risk premium [rɪsk ˈpriːmɪəm] sb Risikoprämie f
risky [ˈrɪski] adj 1. riskant; 2. (dangerous) gefährlich
rival [ˈraɪvəl] sb Konkurrent(in) m/f
rock-bottom [ˈrɒkbɒtəm] sb Tiefststand m, absoluter Tiefpunkt m
roll [rəʊl] sb (list) Liste f, Register n
roll-over credit [ˈrəʊləʊvə ˈkredɪt] sb Roll-over-Kredit m
roster [ˈrɒstə] sb Dienstplan m
rotation [rəʊˈteɪʃən] sb (taking turns) turnusmäßiger Wechsel m
rough balance [rʌf ˈbæləns] sb Rohbilanz f
round table [raʊnd ˈteɪbl] sb runder Tisch m
route [ruːt] sb Route f, Strecke f
route sheet [ruːt ʃiːt] sb Arbeitsablaufkarte f
routine [ruːˈtiːn] adj 1. (everyday) alltäglich, immer gleich bleibend, üblich; 2. (happening on a regular basis) laufend, regelmäßig, routinemäßig; sb 3. Routine f
royalty [ˈrɔɪəlti] sb Lizenzgebühr f
ruinous [ˈruːɪnəs] adj (financially) ruinös
ruinous exploitation [ˈruːɪnəs eksplɔɪˈteɪʃən] sb Raubbau m
rule [ruːl] v (give a decision) entscheiden
rule-bound policy [ˈruːlbaʊnd ˈpɒlɪsi] sb Regelbindung f
rules for investment of resources [ˈruːlz fɔː ɪnˈvestmənt əv rɪˈsɔːsɪs] pl Anlagevorschriften f/pl
rules of procedure [ˈruːlz əv prəˈsiːdʒə] pl Geschäftsordnung f, Verfahrensordnung f
rummage sale [ˈrʌmɪdʒ seɪl] sb (clearance sale) Ramschverkauf m, Ausverkauf m
run [rʌn] v irr 1. (machine) laufen; 2. ~ low, ~ short knapp werden; 3. (fig: resources) ausgehen; 4. ~ a risk ein Risiko eingehen; 5. (US: for office) kandidieren; 6. ~ against s.o. jds Gegenkandidat(in) sein; 7. (manage) führen, leiten; 8. (operate a machine) betreiben; 9. (with a person as operator) bedienen; sb 10. Lauf m, Run m
run back [rʌn bæk] v (production) zurückfahren
run out [rʌn aʊt] v irr 1. (period of time) ablaufen; We're running out of time. Wir haben nicht mehr viel Zeit. 2. (supplies, money) ausgehen; He ran out of money. Ihm ging das Geld aus.
rural economy [ˈrʊərəl ɪˈkɒnəmi] sb Agrarwirtschaft f
rush hour [ˈrʌʃ aʊə] sb Hauptverkehrszeit f, Stoßzeit f

S

sabbatical [sə'bætɪkəl] *sb* Bildungsurlaub *m*, Forschungsurlaub *m*
sabotage ['sæbətɑːʒ] *v* 1. sabotieren; *sb* 2. Sabotage *f*
sack [sæk] *sb* get the ~ gefeuert werden
safe [seɪf] *v* 1. sichern; *sb* 2. Safe *m*, Tresor *m*
safe custody account [seɪf 'kʌstədɪ ə'kaʊnt] *sb* offenes Depot *n*
safe custody charges [seɪf 'kʌstədɪ 'tʃɑːdʒəs] *pl* Depotgebühren *f/pl*
safe custody department [seɪf 'kʌstədɪ dɪ'pɑːtmənt] *sb* Depotabteilung *f*
safe deposit [seɪf dɪ'pɒzɪt] *sb* verschlossenes Depot *n*
safe deposit box [seɪf dɪ'pɒzɪt bɒks] *sb* Bankschließfach *n*
safeguard ['seɪfgɑːd] *sb* 1. Vorsichtsmaßnahme *f*, Vorkehrung *f*; 2. (*guarantee*) Garantie *f*; *v* 3. gewährleisten, garantieren
safeguarding of credit ['seɪfgɑːdɪŋ əv 'kredɪt] *sb* Kreditsicherung *f*
safeguarding of the currency ['seɪfgɑːdɪŋ əv ðə 'kʌrənsɪ] *sb* Währungsabsicherung *f*
safekeeping ['seɪf'kiːpɪŋ] *sb* sichere Verwahrung *f*, Gewahrsam *m*; for ~ zur sicheren Aufbewahrung
safekeeping period [seɪf'kiːpɪŋ pɪərɪəd] *sb* Aufbewahrungsfrist *f*
safety ['seɪftɪ] *sb* Sicherheit *f*
safety bond ['seɪftɪ bɒnd] *sb* Sicherheitsleistung *f*, Kaution *f*
safety catch ['seɪftɪ kætʃ] *sb* Sicherung *f*
salaried ['sælərɪd] *adj* angestellt
salary ['sælərɪ] *sb* Gehalt *n*
salary account ['sælərɪ ə'kaʊnt] *sb* Gehaltskonto *n*
salary advance ['sælərɪ əd'vɑːns] *sb* Gehaltsvorschuss *m*
salary bracket ['sælərɪ 'brækɪt] *sb* Gehaltsgruppe *f*
salary continuation ['sælərɪ kəntɪnjʊ'eɪʃən] *sb* Gehaltsfortzahlung *f*
salary increase ['sælərɪ 'ɪnkriːs] *sb* Gehaltserhöhung *f*
salary statement ['sælərɪ 'steɪtmənt] *sb* Gehaltsabrechnung *f*
sale [seɪl] *sb* 1. Verkauf *m*; for ~ zu verkaufen; not for ~ unverkäuflich; 2. (*at reduced prices*) Ausverkauf *m*; on ~ reduziert; 3. (*a transaction*) Geschäft *n*, Abschluss *m*; ~s *pl* 4. (*department*) Verkaufsabteilung *f*; ~s *pl* 5. (*turnover*) Absatz *m*; Verkauf *m*, Veräußerung *f*; 6. I'm in ~s. (*fam*) Ich bin im Verkauf.
saleable ['seɪləbl] *adj* absatzfähig; in ~ condition verkäuflich
sale by tender [seɪl baɪ 'tendə] *sb* Submissionsverkauf *m*
sale for quick delivery ['seɪl fɔː kwɪk dɪ'lɪvərɪ] *sb* Promptgeschäft *n*
sale of goods [seɪl əv 'gʊdz] *sb* Warenausgang *m*
sale on approval [seɪl ɒn ə'pruːvəl] *sb* Kauf auf Probe *m*
sale on commission [seɪl ɒn kə'mɪʃən] *sb* Provisionsverkauf *m*
sale proceeds [seɪl 'prəʊsiːdz] *pl* Verkaufserlös *m*
sales analysis [seɪlz ə'nælɪsɪs] *sb* Absatzanalyse *f*
sales campaign [seɪlz kæm'peɪn] *sb* Verkaufskampagne *f*
sales chain [seɪlz tʃeɪn] *sb* Handelskette *f*
salesclerk ['seɪlzklɑːk] *sb* (*US*) Verkäufer *m*
sales commission [seɪlz kə'mɪʃən] *sb* Verkäuferprovision *f*, Umsatzprovision *f*
sales contract [seɪlz 'kɒntrækt] *sb* Verkaufsabschluss *m*
sales cost accounting [seɪlz kɒst ə'kaʊntɪŋ] *sb* Vertriebskostenrechnung *f*
sales crisis [seɪlz 'kraɪsɪs] *sb* Absatzkrise *f*
sales discount [seɪlz 'dɪskaʊnt] *sb* Skonto *m/n*
sales financing [seɪlz 'faɪnænsɪŋ] *sb* Absatzfinanzierung *f*
sales force [seɪlz 'fɔːs] *sb* Vertriebspersonal *n*, Außendienst *m*
sales ledger [seɪlz 'ledʒə] *sb* Debitorenbuch *n*
salesman [seɪlzmən] *sb* Verkäufer *m*
salesmanship ['seɪlzmənʃɪp] *sb* Verkaufskunst *f*
sales manager [seɪlz 'mænɪdʒə] *sb* Verkaufsleiter *m*
sales note [seɪlz nəʊt] *sb* Schlussbrief *m*
sales pitch [seɪlz pɪtʃ] *sb* Verkaufsjargon *m*
sales planning [seɪlz 'plænɪŋ] *sb* Absatzplanung *f*
sales possibilities [seɪlz pɒsɪ'bɪlɪtɪːz] *pl* Verkaufschance *f*

sales promotion [seɪlz prə'məʊʃən] *sb* Absatzförderung *f*, Verkaufsförderung *f*
sales prospects [seɪlz 'prɒspekts] *pl* Absatzchance *f*
sales publicity [seɪlz pʌb'lɪsətɪ] *sb* Absatzwerbung *f*
sales report [seɪlz rɪ'pɔːt] *sb* Verkaufsbericht *m*
salesroom [seɪlzruːm] *sb* Auktionsraum *m*
sales segment [seɪlz 'segmənt] *sb* Absatzsegment *n*
sales slip [seɪlz slɪp] *sb* Kassenbon *m*
sales staff [seɪlz stɑːf] *sb* Verkaufsstab *m*
sales statistics [seɪlz stə'tɪstɪks] *pl* Absatzstatistik *f*
sales strategy [seɪlz 'strætɪdʒɪ] *sb* Verkaufsmethoden *pl*
sales target [seɪlz 'tɑːgɪt] *sb* Absatzziel *n*
sales tax [seɪlz tæks] *sb* (US) Verkaufssteuer *f*
sales technique [seɪlz tek'niːk] *sb* Verkaufstechnik *f*
sales training [seɪlz 'treɪnɪŋ] *sb* Verkäuferschulung *f*
saleswoman ['seɪlzwʊmən] *sb* Verkäuferin *f*
sample ['sɑːmpl] *v 1.* probieren; *(food, drink)* kosten; *sb 2. (of blood, of a mineral)* Probe *f*, Muster *n*, Warenprobe *f*; *3. (for tasting)* Kostprobe *f*; *4. (statistical)* Sample *n*, Stichprobe *f*
sample bag [sɑːmpl bæg] *sb* Mustermappe *f*
sample book ['sɑːmpl bʊk] *sb* Musterbuch *n*
sample consignment ['sɑːmpl kən'saɪnmənt] *sb* Mustersendung *f*
samples fair ['sɑːmplz fɛə] *sb* Mustermesse *f*
sample with no commercial value ['sɑːmpl wɪð 'nəʊ kə'mɜːʃəl 'væljuː] *sb* Muster ohne Wert *n*
sampling inspection ['sɑːmplɪŋ ɪn'spekʃən] *sb* Stichprobenprüfung *f*
sampling procedure ['sɑːmplɪŋ prə'siːdʒə] *sb* Stichprobenverfahren *n*
sanction ['sæŋkʃən] *v 1.* sanktionieren; *sb 2. (punishment)* Sanktion *f*; *3. (permission)* Zustimmung *f*
satellite office ['sætəlaɪt 'ɒfɪs] *sb* Zweigstelle *f*, Außenstelle *f*
satisfaction [sætɪs'fækʃən] *sb 1. (of conditions)* Erfüllung *f*; *2. (state)* Zufriedenheit *f*
satisfactory [sætɪs'fæktərɪ] *adj* ausreichend, akzeptabel, zufrieden stellend

satisfy ['sætɪsfaɪ] *v 1.* befriedigen; *2. (customers)* zufrieden stellen; *3. (conditions, a contract)* erfüllen
save [seɪv] *v 1. (avoid using up)* sparen; *2. (keep)* aufheben, aufbewahren; *3. (money)* sparen; *4. (computer)* speichern
saver ['seɪvə] *sb* Sparer *m*
savers' tax-free amount ['seɪvəz 'tæksfriː ə'maʊnt] *sb* Sparerfreibetrag *m*
saving ['seɪvɪŋ] *sb 1.* Sparen *n*; *adj 2. (economical)* sparend, einsparend
savings ['seɪvɪŋz] *pl* Ersparnisse *pl*
savings account ['seɪvɪŋz ə'kaʊnt] *sb* Sparguthaben *n*, Sparkonto *n*
savings agreement with the building society ['seɪvɪŋz ə'griːmənt wɪð ðə 'bɪldɪŋ sə'saɪətɪ] *sb* Bausparvertrag *m*
savings bank ['seɪvɪŋz bæŋk] *sb* Sparkasse *f*
savings bond ['seɪvɪŋz bɒnd] *sb* Sparobligation *f*
savings bonus ['seɪvɪŋz 'bəʊnəs] *sb* Sparzulage *f*
savings book ['seɪvɪŋz bʊk] *sb* Sparbuch *n*
savings certificate ['seɪvɪŋz sə'tɪfɪkət] *sb* Sparbrief *m*
savings club ['seɪvɪŋz klʌb] *sb* Sparverein *m*
savings department ['seɪvɪŋz dɪ'pɑːtmənt] *sb* Sparabteilung *f*
savings deposit ['seɪvɪŋz dɪ'pɒzɪt] *sb* Spareinlage *f*
savings gift credit voucher ['seɪvɪŋz 'gɪft 'kredɪt 'vaʊtʃə] *sb* Spargeschenkgutschein *m*
savings plans ['seɪvɪŋz plænz] *pl* Sparpläne *m/pl*
savings premium ['seɪvɪŋz 'priːmɪəm] *sb* Sparprämie *f*
savings promotion ['seɪvɪŋz prə'məʊʃn] *sb* Sparförderung *f*
savings ratio ['seɪvɪŋz 'reɪʃɪəʊ] *sb* Sparquote *f*
savings scheme ['seɪvɪŋz skiːm] *sb* Sparplan *m*
savings stamp ['seɪvɪŋz 'stæmp] *sb* Sparmarke *f*
savings-bank book ['seɪvɪŋzbæŋk bʊk] *sb* Sparbuch *n*
saving through building societies ['seɪvɪŋ θruː 'bɪldɪŋ sə'saɪətɪz] *sb* Bausparen *n*
scalage ['skeɪlɪdʒ] *sb* Schwundgeld *n*
scale [skeɪl] *sb 1. (indicating a reading)* Skala *f*; *2. (measuring instrument)* Messgerät *n*;

3. *(table, list)* Tabelle *f*; 4. *(of a map)* Maßstab *m*; 5. *(fig)* Umfang *m*, Ausmaß *n*
scale rate ['skeɪl reɪt] *sb* Tarifpreis *m*
scan [skæn] *v (an image)* scannen
scanner ['skænə] *sb* Scanner *m*, Abtaster *m*
scant [skænt] *adj (supply)* spärlich
scarce [skeəs] *adj* 1. *(not plentiful)* knapp; 2. *(rare)* selten
scarcity ['skeəsəti] *sb* Mangel *m*, Knappheit *f*
schedule ['ʃedjuːl] *v* 1. planen; *(add to a timetable)* ansetzen; *sb* 2. *(list)* Verzeichnis *n*; 3. *(timetable)* Plan *m*; ahead of ~ vor dem planmäßigen Zeitpunkt; *to be behind* ~ Verspätung haben; *on* ~ planmäßig, pünktlich
scheduled ['ʃedjuːld] *adj* 1. *(planned)* vorgesehen, geplant; 2. *(time)* planmäßig
schedule of accounts ['ʃedjuːl əv ə'kaʊnts] *sb* Kontenrahmen *m*
schedule of charges ['ʃedjuːl əv 'tʃɑːdʒəz] *sb* Gebührentabelle *f*, Gebührenordnung *f*
scheduler ['ʃedjuːlə] *sb* Disponent(in) *m/f*
scheduling ['ʃedjuːlɪŋ] *sb* Terminplanung *f*
scheme [skiːm] *sb* 1. *(plan)* Plan *m*, Programm *n*; 2. *(dishonest plan)* Intrige *f*; 3. *(system)* System *n*
science ['saɪəns] *sb* Wissenschaft *f*
science of banking ['saɪəns əv 'bæŋkɪŋ] *sb* Bankbetriebslehre *f*
science park ['saɪəns pɑːk] *sb* Forschungspark *m*
scientific [saɪən'tɪfɪk] *adj* wissenschaftlich
scientist ['saɪəntɪst] *sb* Wissenschaftler(in) *m/f*
scramble ['skræmbl] *sb* starke Nachfrage *f*
scrap [skræp] *v* 1. *(a vehicle, a machine)* verschrotten; 2. *(plans)* fallen lassen
screen [skriːn] *v* 1. *(applicants)* überprüfen; 2. *sb* Bildschirm *m*
screen job ['skriːn dʒɒb] *sb* Bildschirmarbeitsplatz *m*
screen work ['skriːn wɜːk] *sb* Bildschirmarbeit *f*
sea bill ['siː bɪl] *sb* Seewechsel *m*
sea bill of lading ['siː bɪl əv 'leɪdɪŋ] *sb* Seekonnossement *n*
seal [siːl] *sb* Siegel *n*
seaproof packing ['siːpruːf 'pækɪŋ] *sb* seemäßige Verpackung *f*
sea route ['siː ruːt] *sb* Seeweg *m*
season ['siːzn] *sb (of the year)* Jahreszeit *f*
seasonal ['siːzənəl] *sb* Saison...
seasonal adjustment ['siːzənəl ə'dʒʌstmənt] *sb* Saisonbereinigung *f*
seasonal fluctuations ['siːzənəl flʌktjuː'eɪʃənz] *pl* Saisonschwankungen *f/pl*

seasonal loan ['siːzənəl ləʊn] *sb* Saisonkredit *m*
seasonally adjusted ['siːzənəli ə'dʒʌstɪd] *adj* saisonbedingt, saisonbereinigt
seasonal reserves ['siːzənəl rɪ'zɜːvs] *pl* Saison-Reserven *f/pl*
seasonal sale ['siːzənəl seɪl] *sb* Schlussverkauf *m*, Saisonausverkauf *m*
seasoned securities ['siːznd sɪ'kjʊərɪtiːz] *pl* Favoriten *m/pl*
sea-tight packing ['siːtaɪt 'pækɪŋ] *sb* seemäßige Verpackung *f*
seat of business [siːt əv 'bɪznɪs] *sb* Niederlassung *f*, Firmensitz *m*
secondary benefit ['sekəndərɪ 'benəfɪt] *sb* Zweitnutzen *m*
secondary energy ['sekəndərɪ 'enədʒɪ] *sb* Sekundärenergie *f*
secondary liquidity ['sekəndərɪ lɪ'kwɪdɪtɪ] *sb* Sekundär-Liquidität *f*
secondary market ['sekəndərɪ 'mɑːkɪt] *sb* Umlaufmarkt *m*, Sekundär-Markt *m*
secondary occupation ['sekəndərɪ ɒkjʊ'peɪʃn] *sb* Nebentätigkeit *f*
secondary sector ['sekəndərɪ 'sektə] *sb* sekundärer Sektor *m*
second-class [sekənd'klɑːs] *adj* 1. zweitklassig, zweitrangig; 2. *(compartment, mail)* zweiter Klasse
second-hand [sekənd'hænd] *adj* 1. gebraucht; 2. *(fig: information)* aus zweiter Hand
second of exchange ['sekənd əv ɪks'tʃeɪndʒ] *sb* Sekunda-Wechsel *m*
second-rate [sekənd'reɪt] *adj* zweitklassig, zweitrangig
secretarial [sekrə'teərɪəl] *adj* Sekretariats...
secretariat [sekrə'teərɪət] *sb (UK)* Sekretariat *n*
secretary ['sekrətrɪ] *sb* 1. Sekretär(in) *m/f*; 2. *(US: minister)* Minister(in) *m/f*
section ['sekʃən] *sb (of a law)* Paragraf *m*
section head ['sekʃən hed] *sb* Referent(in) *m/f*, Bereichsleiter(in) *m/f*
sector ['sektə] *sb* Gebiet *n*, Sektor *m*, Branche *f*
secular inflation ['sekjʊlə ɪn'fleɪʃn] *sb* säkulare Inflation *f*
securities [sɪ'kjʊərɪtiːz] *pl* Effekten *pl*, Valoren *f/pl*, Stücke *n/pl*
securities account [sɪ'kjʊərɪtiːz ə'kaʊnt] *sb* Effektenkonto *n*
securities business [sɪ'kjʊərɪtiːz 'bɪznɪs] *sb* Effektengeschäft *n*; Wertpapiergeschäft *n*
securities capitalism [sɪ'kjʊərɪtiːz 'kæpɪtəlɪzm] *sb* Effektenkapitalismus *m*

securities commission agent [sɪ'kjʊərɪ-tiːz kə'mɪʃn 'eɪdʒənt] *sb* Effektenkommissionär *m*

securities dealer [sɪ'kjʊərɪtiːz 'diːlə] *sb* Börsenhändler(in) *m/f*, Effektenhändler(in) *m/f*

securities department [sɪ'kjʊərɪtiːz dɪ'pɑːtmənt] *sb* Wertpapierabteilung *f*, Effektenabteilung *f*

Securities Deposit Act [sɪ'kjʊərɪtiːz dɪ'pɒsɪt 'ækt] *sb* Depotgesetz *n*

securities deposit audit [sɪ'kjʊərɪtiːz dɪ'pɒsɪt 'ɔːdɪt] *sb* Depotprüfung *f*

securities deposit contract [sɪ'kjʊərɪtiːz dɪ'pɒsɪt 'kɒntrækt] *sb* Depotvertrag *m*

securities deposit reconciliation [sɪ'kjʊərɪtiːz dɪ'pɒsɪt rɪkɒnsɪlɪ'eɪʃn] *sb* Depotabstimmung *f*

securities discount [sɪ'kjʊərɪtiːz 'dɪskaʊnt] *sb* Effektendiskont *m*

securities eligible as cover [sɪ'kjʊərɪtiːz 'elɪdʒɪbl æz 'kʌvə] *pl* deckungsfähige Wertpapiere *n/pl*

securities fund [sɪ'kjʊərɪtiːz fʌnd] *sb* Wertpapierfonds *m*

securities held by a bank at another bank [sɪ'kjʊərɪtiːz 'held bɔɪ ə bæŋk æt ə'nʌðə bæŋk] *n* Nostroeffekten *pl*

securities issue [sɪ'kjʊərɪtiːz 'ɪʃuː] *sb* Wertpapieremission *f*

securities-linked savings scheme [sɪ'kjʊərɪtiːzlɪŋkt 'seɪvɪŋs 'skiːm] *sb* Wertpapiersparvertrag *m*

securities market [sɪ'kjʊərɪtiːz 'mɑːkɪt] *sb* Wertpapierbörse *f*, Wertpapiermarkt *m*

securities placing [sɪ'kjʊərɪtiːz 'pleɪsɪŋ] *sb* Wertpapierplatzierung *f*

securities portfolio [sɪ'kjʊərɪtiːz pɔːt'fəʊlɪəʊ] *sb* Wertpapierdepot *n*

securities price [sɪ'kjʊərɪtiːz 'praɪs] *sb* Effektenkurs *m*

securities publicly notified as lost [sɪ'kjʊərɪtiːz 'pʌblɪklɪ 'nəʊtɪfɔɪd æs 'lɒst] *pl* aufgerufene Wertpapiere *n/pl*

securities redeemable [sɪ'kjʊərɪtiːz rɪ'diːməbl] *pl* Agiopapiere *n/pl*

securities research [sɪ'kjʊərɪtiːz rɪ'sɜːtʃ] *sb* Wertpapieranalyse *f*

securities serving as collateral [sɪ'kjʊərɪtiːz 'sɜːvɪŋ æz kɒ'lætərəl] *sb* Lombardeffekten *pl*

securities statistics [sɪ'kjʊərɪtiːz stə'tɪstɪks] *pl* Effektenstatistik *f*

securities substitution [sɪ'kjʊərɪtiːz sʌbstɪ'tjuːʃn] *sb* Effektensubstitution *f*

securities transactions on commission [sɪ'kjʊərɪtiːz træn'zækʃnz ɒn kə'mɪʃn] *pl* Effektenkommissionsgeschäft *n*

security [sɪ'kjʊərɪtɪ] *sb 1.* Wertpapier *n*, Papier *n; 2. (guarantee)* Bürgschaft *f; 3. (deposit)* Kaution *f*

security dealing [sɪ'kjʊərɪtɪ 'diːlɪŋ] *sb* Effektenhandel *m*, Wertpapierhandel *m*

security department counter [sɪ'kjʊərɪtɪ dɪ'pɑːtmənt 'kaʊntə] *sb* Effektenkasse *f*

security deposit [sɪ'kjʊərɪtɪ dɪ'pɒsɪt] *sb* Tauschdepot *n*

security deposit account [sɪ'kjʊərɪtɪ dɪ'pɒsɪt ə'kaʊnt] *sb* Depotbuchhaltung *f*, Depotkonto *n*

security discount [sɪ'kjʊərɪtɪ 'dɪskaʊnt] *sb* Effektendiskont *m*

security financing [sɪ'kjʊərɪtɪ 'faɪnænsɪŋ] *sb* Effektenfinanzierung *f*

security held on giro-transferable deposit [sɪ'kjʊərɪtɪ held ɒn 'dʒaɪrəʊtræns'fɜːrəbl dɪ'pɒsɪt] *sb* Girosammelstück *n*, Girosammeldepotstück *n*

security house [sɪ'kjʊərɪtɪ 'haʊs] *sb* Effektenbank *f*

security issue for third account [sɪ'kjʊərɪtɪ 'ɪʃuː fɔː 'θɜːd ə'kaʊnt] *sb* Fremdemission *f*

security note [sɪ'kjʊərɪtɪ 'nəʊt] *sb* Sicherungsschein *m*

security of credit [sɪ'kjʊərɪtɪ əv 'kredɪt] *sb* Kreditsicherheit *f*

security-taking syndicate [sɪ'kjʊərɪtɪ'teɪkɪŋ 'sɪndɪkət] *sb* Übernahmekonsortium *n*

security only traded on a regional stock [sɪ'kjʊərɪtɪ 'əʊnlɪ 'treɪdɪd ɒn ə 'riːdʒənəl stɒk] *sb* Lokalpapier *n*

security trading for own account [sɪ'kjʊərɪtɪ 'treɪdɪŋ fɔː 'əʊn ə'kaʊnt] *sb* Effekteneigengeschäft *n*

security transaction [sɪ'kjʊərɪtɪ træn'zækʃn] *sb* Sicherungsgeschäft *n*

security transactions under repurchase [sɪ'kjʊərɪtɪ træn'zækʃns ʌndə rɪ'pɜːtʃəs] *pl* Pensionsgeschäft *n*

segment [seg'mənt] *sb 1.* Geschäftsbereich *m; 2.* Marktsegment *n*, Sparte *f*

seize [siːz] *v 1. (an opportunity)* ergreifen; *2. (power)* an sich reißen; *3. (confiscate)* beschlagnahmen

seizure ['siːʒə] *sb (confiscation)* Beschlagnahme *f*, Pfändung *f*

seizure of all the debtor's goods ['siːʒə əv ɔːl ðə 'detəz 'gʊdz] *sb* Kahlpfändung *f*

select [sɪ'lekt] v 1. auswählen; adj 2. auserwählt, auserlesen; 3. (exclusive) exklusiv
selection [sɪ'lekʃən] sb 1. Auswahl f, Auslese f; 2. Wahl f
selection interview [sɪ'lekʃən 'ɪntəvjuː] sb Vorstellungsgespräch n
selection procedure [sɪ'lekʃən prə'siːdʒəː] sb Auswahlverfahren n
self-addressed [selfə'dresd] adj (envelope) an die eigene Anschrift adressiert
self-balancing item [self'bælənsɪŋ 'aɪtəm] sb durchlaufende Posten m
self-contained market [selfkən'teɪnd 'maːkɪt] sb geschlossener Markt m
self-defence [selfdɪ'fens] sb Notwehr f
self-employed [selfɪm'plɔɪd] adj 1. selbstständig erwerbstätig, freiberuflich; sb 2. (person) Selbstständige(r) f/m
self-financing [self'faɪnænsɪŋ] sb Eigenfinanzierung, Selbstfinanzierung f
self-service [self'sɜːvɪs] sb Selbstbedienung f
self-starter [self'staːtə] sb (person) Mensch mit Eigeninitiative m
sell [sel] v irr 1. (have sales appeal) sich verkaufen lassen; 2. (sth) verkaufen
sell-by date ['selbaɪ deɪt] sb Haltbarkeitsdatum n; pass one's ~ (fig) seine besten Tage hinter sich haben
seller ['selə] sb Verkäufer m
seller's commission [seləz kə'mɪʃən] sb Umsatzbeteiligung f,
sellers competition ['seləz kɒmpə'tɪʃən] sb Verkäuferwettbewerb m
seller's market ['seləz 'maːkɪt] sb Verkäufermarkt m
selling commission ['selɪŋ kə'mɪʃən] sb Schalterprovision f
selling costs ['selɪŋ kɒsts] pl Vertriebskosten pl, Absatzkosten pl
selling price ['selɪŋ praɪs] sb Briefkurs m
selling value ['selɪŋ væljuː] sb Verkaufswert m
sell off [sel ɒf] v irr 1. verkaufen; 2. (quickly, cheaply) abstoßen
sell out [sel aʊt] v irr 1. alles verkaufen; (sth) ausverkaufen; 2. (one's share) verkaufen; 3. sold out ausverkauft
sell up [sel ʌp] v irr zu Geld machen, ausverkaufen
semi-annual [semɪ'ænjʊəl] adj (US) halbjährlich
semi-annual balance sheet [semɪ'ænjʊəl 'bæləns ʃiːt] sb Halbjahresbilanz f

semi-finished goods [semɪ'fɪnɪʃt ɡʊdz] pl Halberzeugnis n
semi-fixed [semɪ'fɪksd] adj teilvariabel
semi-monthly [semɪ'mʌnθlɪ] adj (US) zweimal monatlich
semiskilled [semɪ'skɪld] adj angelernt
send [send] v irr schicken
send away [send ə'weɪ] v irr ~ for sth etw kommen lassen, etw anfordern
send back [send bæk] v irr zurückschicken; (food in a restaurant) zurückgehen lassen
send down [send daʊn] v (prices) drücken
sender ['sendə] sb Absender m; return to ~ zurück an Absender
send for [send fɔː] v irr kommen lassen, sich bestellen
send in [send ɪn] v irr einschicken
send off [send ɒf] v irr (a letter) abschicken
send up [send ʌp] v (prices) hochtreiben
senior ['siːnɪə] adj älter, ältere(r); (in time of service) dienstälter; (in rank) vorgesetzt
senior citizen ['siːnɪə 'sɪtɪzən] sb 1. Senior m; 2. (pensioner) Rentner m
senior position ['siːnɪə pɒ'sɪʃn] sb leitende Position f
sentiment ['sentɪmənt] sb Stimmungslage f, Tendenz f
separate account ['sepərɪt ə'kaʊnt] sb Sonderkonto n
separate deposit ['sepərɪt dɪ'pɒsɪt] sb Sonderdepot n
separate item ['sepərɪt 'aɪtəm] sb Sonderposten m
sequence ['siːkwəns] sb Folge f; (order) Reihenfolge f
sequestration [siːkwe'streɪʃən] sb Beschlagnahme f, Zwangsvollstreckung f
sequestrator [siːkwe'streɪtə] sb Gerichtsvollzieher(in) m/f, Zwangsvollstrecker(in) m/f
serial ['sɪərɪəl] adj Serien...
serial number ['sɪərɪəl 'nʌmbə] sb 1. laufende Nummer f; 2. (on goods) Fabrikationsnummer f, Seriennummer f
serial port ['sɪərɪəl pɔːt] sb serieller Anschluss m
series ['sɪərɪːz] sb Serie f, Reihe f
series production ['sɪərɪːz prə'dʌkʃən] sb Serienfertigung f
seriousness ['sɪərɪəsnɪs] sb Seriosität f
serve [sɜːv] v 1. (sth, s.o.) dienen; 2. (a summons) zustellen; 3. ~ notice on s.o. jmd. kündigen; 4. It ~s no purpose. Es hat keinen

Zweck. 5. *(in a restaurant, in a shop)* bedienen; *(food, drinks)* servieren

server ['sɜːvə] *sb* Server *m*

service ['sɜːvɪs] *sb* 1. Dienst *m*, Dienstleistung *f*; I'm at your ~. Ich stehe Ihnen zur Verfügung. 2. to be of ~ nützlich sein; Can I be of ~? Kann ich Ihnen behilflich sein? 3. *(to customers)* Service *m*; *(in a restaurant, in a shop)* Bedienung *f*; 4. *(regular transport, air ~)* Verkehr *m*; 5. *(operation)* Betrieb *m*; 6. *(upkeep of machines)* Wartung *f*

service business ['sɜːvɪs 'bɪznɪs] *sb* Dienstleistungsunternehmen *n*

service center ['sɜːvɪs 'sentə] *(US) sb* Kundendienststelle *f*

service charge ['sɜːvɪs tʃɑːdʒ] *sb* Bearbeitungsgebühr *f*

service company ['sɜːvɪs 'kʌmpəni] *sb* Dienstleistungsgesellschaft *f*

service contract ['sɜːvɪs 'kɒntrækt] *sb* Wartungsvertrag *m*, Servicevertrag *m*

service contractor ['sɜːvɪs kən'træktə] *sb* Wartungsunternehmen *n*

service control ['sɜːvɪs kən'trəʊl] *sb* Dienstaufsicht *f*

service economy ['sɜːvɪs ɪ'kɒnəmi] *sb* Dienstleistungsgesellschaft *f*

service engineer ['sɜːvɪs endʒɪ'nɪə] *sb* Kundendiensttechniker(in) *m/f*

service income ['sɜːvɪs 'ɪnkʌm] *sb* Arbeitseinkommen *n*

service industry ['sɜːvɪs 'ɪndəstri] *sb* Dienstleistungsgewerbe *n*

service life ['sɜːvɪs laɪf] *sb* Nutzungsdauer *f*

service marketing ['sɜːvɪs 'mɑːkɪtɪŋ] *sb* Dienstleistungsmarketing *n*

service obligation ['sɜːvɪs ɒblɪ'geɪʃn] *sb* Dienstverpflichtung *f*

service of capital ['sɜːvɪs əv 'kæpɪtl] *sb* Kapitaldienst *m*

service organisation ['sɜːvɪs ɔːgənaɪ'zeɪʃən] *sb* Kundendienstorganisation *f*

service sector ['sɜːvɪs 'sektə] *sb* Dienstleistungssektor *m*

setback ['setbæk] *sb* Rückschlag *m*

set of bills of exchange [set əv bɪls əv ɪk'stʃeɪndʒ] *sb* Wechselserie *f*

set-off ['setɒf] *sb* Aufrechnung *f*

set of figures [set əv 'fɪgəz] *sb* Statistik *f*

setting day ['setɪŋ deɪ] *sb* Abrechnungstag *m*

setting procedure ['setɪŋ prə'siːdʒə] *sb* Abrechnungsverfahren *n*

settle ['setl] *v (a bill)* begleichen, bezahlen

settlement[1] ['setlmənt] *sb* Abwicklung *f*

settlement[2] ['setlmənt] *sb* 1. *(sorting out)* Erledigung *f*, Regelung *f*; 2. *(of a debt)* Begleichung *f*; 3. *(agreement)* Übereinkommen *n*, Abmachung *f*; 4. an out-of court ~ ein außergerichtlicher Vergleich *m*

settlement account ['setlmənt ə'kaʊnt] *sb* Abwicklungskonto *n*

settlement clause ['setlmənt klɔːz] *sb* Zahlungsklausel *f*

settlement date ['setlmənt deɪt] *sb* Erfüllungstermin *m*, Fälligkeit *f*

settlement day ['setlmənt deɪ] *sb* Abrechnungstag *m*

settlement discount ['setlmənt 'dɪskaʊnt] *sb* Skonto *n*

settlement in cash ['setlmənt ɪn kæʃ] *sb* Barabfindung *f*

settlement of accounts ['setlmənt əv ə'kaʊnts] *sb* Abrechnung *f*

settlement offer ['setlmənt 'ɒfə] *sb* Vergleichsangebot *n*, Abfindungsangebot *n*

settlement of time bargains ['setlmənt əv 'taɪm 'bɑːgɪnz] *sb* Skontration *f*

settle on [setl ɒn] *v (agree on)* sich einigen auf

settle up [setl ʌp] *v* bezahlen

settling days ['setlɪŋ deɪz] *pl* Bankstichtage *f/pl*

set up [set ʌp] *v irr* 1. *(arrange)* arrangieren, vereinbaren; 2. *(establish)* gründen; 3. *(fit out)* einrichten

severance claim ['sevərəns kleɪm] *sb* Abfindungsanspruch *m*

shape [ʃeɪp] *sb* 1. *(figure)* Gestalt *f*; 2. *(state)* Zustand *m*; 3. *(physical condition)* Kondition *f*, Zustand *m*

share [ʃeə] *v* 1. teilen; 2. ~ in sth etw teilnehmen; *sb* 3. (Geschäfts-)Anteil *m*; 4. *(in a public limited company)* Aktie *f*

share account [ʃeə ə'kaʊnt] *sb* Aktienkonto *n*

share at a fixed amount [ʃeə æt ə 'fɪkst ə'maʊnt] *sb* Summenaktie *f*

share block [ʃeə blɒk] *sb* Aktienpaket *n*

share capital [ʃeə 'kæpɪtl] *sb* Aktienkapital *n*, Stammkapital *n*

share certificate [ʃeə sə'tɪfɪkət] *sb* Aktienzertifikat *n*, Anteilscheine *m/pl*, Mantel *m*

share denomination [ʃeə dɪnɒmɪ'neɪʃən] *sb* Aktienstückelung *f*

share deposit [ʃeə dɪ'pɒzɪt] *sb* Aktiendepot *n*

share discount [ʃeə 'dɪskaʊnt] *sb* Aktienagio *n*, Emissionsagio *n*

share fund [ʃeə fʌnd] *sb* Aktienfonds *m*
shareholder ['ʃeəhəuldə] *sb* Aktionär *m*, Anteilseigner *m*
shareholder value ['ʃeəhəuldə 'væljuː] *sb* Shareholder Value *m*
shareholding ['ʃeəhəuldɪŋ] *sb* Aktienbestand *m*
share in capital [ʃeər ɪn 'kæpɪtl] *sb* Kapitalanteil *m*
share index [ʃeər 'ɪndeks] *sb* Aktienindex *m*
share in the loss [ʃeər ɪn ðə 'lɒs] *sb* Verlustanteil *m*
share in the market [ʃeər ɪn ðə 'mɑːkɪt] *sb* Marktposition *f*, Marktanteil *m*
share in the profits [ʃeər ɪn ðə 'prɒfɪts] *sb* Gewinnanteil *m*
share issue [ʃeər 'ɪʃuː] *sb* Aktienausgabe *f*
share market [ʃeə 'mɑːkɪt] *sb* Aktienmarkt *m*
share of no par value [ʃeər əv nəʊ pɑː 'væljuː] *sb* Quotenaktie *f*
share price [ʃeə praɪs] *sb* Aktienkurs *m*
share purchase warrant [ʃeə 'pɜːtʃəs 'wɒrənt] *sb* Optionsschein *m*
share quorum [ʃeə 'kwɔːrəm] *sb* Aktienquorum *n*
share quotation [ʃeə kwəʊ'teɪʃən] *sb* Aktiennotierung *f*
share register [ʃeə 'redʒɪstə] *sb* Aktienbuch *n*, Aktienregister *n*
shares account [ʃeəz ə'kaʊnt] *sb* Stückekonto *n*
share stock option [ʃeə stɒk 'ɒpʃn] *sb* Aktienoption *f*
shareware ['ʃeəweə] *sb* Shareware *f*
share with low par value [ʃeə wɪθ ləʊ pɑː 'væljuː] *sb* Kleinaktie *f*
shelf [ʃelf] *sb* 1. Brett *n*, Bord *n*; 2. (*in a cupboard*) Fach *n*, put sth on the ~ (*fig*) etw an den Nagel hängen; *off the* ~ von der Stange
shelf life [ʃelf laɪf] *sb* Lagerfähigkeit *f*, Haltbarkeit *f*
shell company [ʃel 'kʌmpəni] *sb* Briefkastenfirma *f*
shelve [ʃelv] *v* 1. (*put on a shelf*) in ein Regal stellen; 2. (*fig: a plan*) beiseite legen, zu den Akten legen
shelving ['ʃelvɪŋ] *sb* Regale *pl*
shift [ʃɪft] *sb* (*work period*) Schicht *f*
shift work [ʃɪft wɜːk] *sb* Schichtarbeit *f*
ship [ʃɪp] *v* 1. (*send*) versenden, befördern; 2. (*grain, coal*) verfrachten
ship broker [ʃɪp 'brəʊkə] *sb* Schiffsmakler *m*
shipbuilding ['ʃɪpbɪldɪŋ] *sb* Schiffbau *m*

shipment ['ʃɪpmənt] *sb* 1. Sendung *f*; (*by sea*) Verschiffung *f*; 2. (*batch of goods*) Lieferung *f*
ship mortgage [ʃɪp 'mɔːgɪdʒ] *sb* Schiffshypothek *f*
shipowner ['ʃɪpəʊnə] *sb* Schiffseigner *m*, Reeder *m*
shipper ['ʃɪpə] *sb* Spediteur *m*
shipping ['ʃɪpɪŋ] *sb* 1. Schifffahrt *f*; 2. (*transportation*) Versand *m*; 3. (*by sea*) Verschiffung *f*
shipping company ['ʃɪpɪŋ 'kʌmpəni] *sb* Reederei *f*
shipping document ['ʃɪpɪŋ 'dɒkjʊmənt] *sb* Versanddokument *n*
shipping exchange ['ʃɪpɪŋ ɪks'tʃeɪndʒ] *sb* Frachtbörse *f*, Schifffahrtsbörse *f*
shipping line ['ʃɪpɪŋ laɪn] *sb* Reederei *f*
shipyard ['ʃɪpjɑːd] *sb* Werft *f*, Schiffswerft *f*
shockproof ['ʃɒkpruːf] *adj* stoßfest
shop [ʃɒp] *sb* 1. Laden *m*, Geschäft *n*; *set up* ~ einen Laden eröffnen, ein Geschäft eröffnen; 2. *talk* ~ fachsimpeln; 3. *closed* ~ Unternehmen mit Gewerkschaftszwang *n*; *v* 4. einkaufen; *go ~ping* einkaufen gehen
shop assistant [ʃɒp ə'sɪstənt] *sb* Verkäufer(in) *m/f*
Shop Closing Hours Law [ʃɒp 'kləʊzɪŋ 'aʊəs lɔː] *sb* Ladenschlussgesetz *n*
shop hours [ʃɒp aʊəs] *pl* Ladenöffnungszeiten *f/pl*
shopkeeper ['ʃɒpkiːpə] *sb* Ladenbesitzer(in) *m/f*
shopping mall ['ʃɒpɪŋ mɔːl] *sb* Einkaufsgalerie *f*
short [ʃɔːt] *adj* 1. *to be* ~ (*not have enough*) zu wenig haben; ~ *of cash* knapp bei Kasse; 2. (*expectations*) *fall* ~ nicht erreichen, nicht entsprechen
shortage ['ʃɔːtɪdʒ] *sb* 1. Knappheit *f*; 2. (*of people, of money*) Mangel *m*
shortage of goods ['ʃɔːtɪdʒ əv 'gʊdz] *sb* Warenknappheit *f*
shortage of staff ['ʃɔːtɪdʒ əv 'stɑːf] *sb* Personalmangel *m*
shortcoming ['ʃɔːtkʌmɪŋ] *sb* Unzulänglichkeit *f*, Mangel *m*
short covering [ʃɔːt 'kʌvərɪŋ] *sb* Deckungskäufe *m/pl*
short delivery [ʃɔːt dɪ'lɪvəri] *sb* Minderlieferung *f*
shortfall ['ʃɔːtfɔːl] *sb* Fehlbetrag *m*
shorthand ['ʃɔːthænd] *sb* Kurzschrift *f*
short sale [ʃɔːt seɪl] *sb* Blankoverkauf *m*
short-term [ʃɔːttɜːm] *adj* kurzfristig

short-term credit ['ʃɔ:ttɜ:m 'kredɪt] sb kurzfristiger Kredit m
short-time work ['ʃɔ:ttaɪm wɜ:k] sb Kurzarbeit f
shredder ['ʃredə] sb 1. Zerkleinerungsmaschine f; 2. (paper-~) Reißwolf m
shutdown ['ʃʌtdaʊn] sb Stilllegung f
sick-leave ['sɪkli:v] sb to be on ~ krankgeschrieben sein
sick note [sɪk nəʊt] sb Krankmeldung f
sick pay [sɪk peɪ] sb Krankengeld n
side agreement [saɪd ə'gri:mənt] sb Sonderabkommen n
sight balance [saɪt 'bæləns] sb Sichtguthaben n
sight credit [saɪt 'kredɪt] sb Kontokorrentkredit m
sight deposits ['saɪt dɪ'pɒzɪts] pl Sichteinlagen f/pl
sight draft ['saɪt drɑ:ft] sb Sichtwechsel m
sight letter of credit [saɪt 'letə əv 'kredɪt] sb Sichtakkreditiv n
sight rate [saɪt reɪt] sb Sichtkurs m
sign [saɪn] v unterschreiben
signatory ['sɪgnətrɪ] sb Unterzeichner(in) m/f, Vertragspartner(in) m/f
signature ['sɪgnətʃə] sb Unterschrift f
signature authorization ['sɪgnətʃə ɔ:θəraɪ'zeɪʃən] sb Zeichnungsberechtigung f
sign for ['saɪn fɔ:] v den Empfang bestätigen
sign in [saɪn ɪn] v sich eintragen
sign off [saɪn ɒf] v (letter) Schluss machen
sign on [saɪn ɒn] v (for unemployment benefits) sich arbeitslos melden
sign up [saɪn ʌp] v 1. (by signing a contract) sich verpflichten; 2. (s.o.) verpflichten, anstellen
silent partner ['saɪlənt 'pɑ:tnə] sb stiller Teilhaber m
simulate ['sɪmjʊleɪt] v simulieren
simulation [sɪmjʊ'leɪʃən] sb 1. Simulation f; 2. (feigning) Vortäuschung f
simulator ['sɪmjʊleɪtə] sb Simulator m
single [sɪŋgl] adj 1. (only one) einzige(r,s); not a ~ one kein Einziger/keine Einzige/kein Einziges; 2. (not double or triple) einzeln
single-asset depreciation [sɪŋgl'æsɪt dɪprɪʃɪ'eɪʃn] sb Einzelabschreibung f
single-item manufacturing ['sɪŋglaɪtəm mænjʊ'fæktʃʊrɪŋ] sb Einzelfertigung f
single operation [sɪŋgl ɒpə'reɪʃn] sb Sologeschäft n
single-price market ['sɪŋglpraɪs 'mɑ:kɪt] sb Einheitsmarkt m

single-product firm [sɪŋgl'prɒdʌkt fɜ:m] sb Einproduktbetrieb m
situation [sɪtjʊ'eɪʃən] sb (job) Stelle f
situations wanted [sɪtjʊ'eɪʃənz 'wɒntɪd] pl Stellengesuche n/pl
size [saɪz] sb 1. Größe f; v 2. ~ up abschätzen
sizeable ['saɪzəbl] adj (sum, difference) beträchtlich
size of an order ['saɪz əv ən 'ɔ:də] sb Auftragsgröße f
skeleton agreement ['skelɪtn ə'gri:mənt] sb Rahmenabkommen n
skill [skɪl] sb (acquired technique) Fertigkeit f
skilled [skɪld] adj 1. geschickt; 2. (trained) ausgebildet
skim [skɪm] v (fig: profits) abschöpfen
slack [slæk] adj geschäftslos, lustlos
slash [slæʃ] v (fig: reduce) stark herabsetzen
slip [slɪp] sb Zettel m, Abschnitt m, Beleg m
slow down [sləʊ daʊn] v 1. (in an activity) etw langsamer machen; 2. (sth) verlangsamen
slump [slʌmp] sb Krise f, Rezession f
slump-proof ['slʌmppru:f] adj krisenfest
small and medium-sized enterprises ['smɔ:l ənd 'mi:dɪəmsaɪzd 'entəpraɪzɪz] pl Klein- und Mittelbetrieb m, mittelständische Unternehmen n/pl
small business [smɔ:l 'bɪznɪs] sb Kleinbetrieb m
small change [smɔ:l 'tʃeɪndʒ] sb Kleingeld n
small package [smɔ:l 'pækɪdʒ] sb Päckchen n
small personal loan [smɔ:l 'pɜ:sənl 'ləʊn] sb Kleinkredit m
small saver [smɔ:l 'seɪvə] sb Kleinsparer m
small shareholder [smɔ:l 'ʃɛəhəʊldə] sb Kleinaktionär m
small trader [smɔ:l 'treɪdə] sb Minderkaufmann m
snowball system ['snəʊbɔ:l 'sɪstəm] sb Schneeballsystem n
soar [sɔ:] v (prices) in die Höhe schnellen
sociable ['səʊʃəbl] adj gesellig, umgänglich
social ['səʊʃəl] adj gesellschaftlich, Gesellschafts..., sozial
social compensation plan [səʊʃəl kɒmpən'seɪʃn plæn] sb Sozialplan m
social fund [səʊʃəl fʌnd] sb Sozialfonds m
social insurance ['səʊʃəl ɪn'ʃʊərəns] sb Sozialversicherung f
Social Insurance Office ['səʊʃəl ɪn'ʃʊərəns 'ɒfɪs] sb Versicherungsanstalt f

socialism ['səʊʃəlɪzm] *sb* Sozialismus *m*
social market economy ['səʊʃəl 'mɑːkɪt ɪ'kɒnəmi] *sb* soziale Marktwirtschaft *f*
social policy ['səʊʃəl 'pɒlɪsi] *sb* Sozialpolitik *f*
social security ['səʊʃəl sɪ'kjʊərɪti] *pl* Sozialversicherung *f*, Sozialhilfe *f*
social services ['səʊʃəl 'sɜːvɪsɪz] *pl* Sozialleistung *f*
societal [sə'saɪətl] *adj* gesellschaftlich
society [sə'saɪətɪ] *sb* Gesellschaft *f*
socio-economic [səʊʃɪəʊiːkə'nɒmɪk] *adj* sozioökonomisch
soft currency [sɒft 'kʌrənsɪ] *sb* weiche Währung *f*
soften ['sɒfn] *v* nachgeben, sich abschwächen
solar energy ['səʊlər 'enədʒɪ] *sb* Sonnenenergie *f*
solar power ['səʊlə 'paʊə] *sb* Sonnenenergie *f*, Solarenergie *f*
sole [səʊl] *adj* 1. einzig; 2. *(exclusive)* alleinig
sole agency [səʊl 'eɪdʒənsɪ] *sb* Alleinvertretung *f*
sole heir [səʊl 'ɛə] *sb* Alleinerbe *m*
sole owner [səʊl 'əʊnə] *sb* Alleininhaber *m*
solicit [sə'lɪsɪt] *v* umwerben, erbitten
solicitation [səlɪsɪ'teɪʃən] *sb* (Kunden-)Werbung *f*
solicitor [sə'lɪsɪtə] *sb* *(UK)* Rechtsanwalt/Rechtsanwältin *m/f*
solve [sɒlv] *v (a problem)* lösen
solvency ['sɒlvəntɪ] *sb* Zahlungsfähigkeit *f*, Solvenz *f*
solvent ['sɒlvənt] *adj* zahlungsfähig
sort [sɔːt] *v* 1. sortieren; *sb* 2. Art *f*, Sorte *f*; all ~s of things alles Mögliche; *that sort of thing* diese Sachen; *nothing of the ~* nichts dergleichen
sort out [sɔːt aʊt] *v (straighten out)* in Ordnung bringen, klären
sound [saʊnd] *adj (company, investment)* solide
source [sɔːs] *sb* 1. *(of information)* Quelle *f*; 2. *(origin)* Ursprung *m*
source of revenue [sɔːs əv 'revənjuː] *sb* Einnahmequelle *f*, Steuerquelle *f*
source of supply [sɔːs əv sə'plaɪ] *sb* Bezugsquelle *f*
source principle [sɔːs 'prɪnsɪpl] *sb* Quellenprinzip *n*
span of control [spæn əv kən'trəʊl] *sb* Kontrollspanne *f*
spare [spɛə] *v* 1. *(do without)* entbehren, verzichten auf; 2. *(use sparingly)* sparen mit; *adj* übrig, überschüssig; *(meagre)* dürftig
spare part [spɛə pɑːt] *sb* Ersatzteil *n*

spare time [spɛə 'taɪm] *sb* Freizeit *f*
sparingly ['spɛərɪŋlɪ] *adv use sth ~* mit etw sparsam umgehen
special ['speʃəl] *adj* 1. besondere(r,s), Sonder...; *nothing ~* nichts Besonderes; 2. *(specific)* bestimmt; *Were you looking for anything ~?* Suchten Sie etwas Bestimmtes? *sb* 3. *(reduced price)* Sonderangebot *n*
special agreements ['speʃəl ə'griːmənts] *pl* Sondervereinbarung *f*
special allowance ['speʃəl ə'laʊəns] *sb* Sondervergütung *f*
special business property ['speʃəl 'bɪznɪs 'prɒpətɪ] *sb* Sonderbetriebsvermögen *n*
special delivery ['speʃəl dɪ'lɪvərɪ] *sb (US)* Eilzustellung *f*
special depreciation [speʃəl dɪpriːʃɪ'eɪʃn] *sb* Sonderabschreibung *f*
special direct cost ['speʃəl 'daɪrekt kɒst] *sb* Sondereinzelkosten *pl*
special discount ['speʃəl 'dɪskaʊnt] *sb* Sonderrabatt *m*
special expenses ['speʃəl ɪk'spensɪz] *pl* Sonderausgaben *pl*
special fund ['speʃəl fʌnd] *sb* Sondervermögen *n*
special interests ['speʃəl 'ɪntrests] *pl* Sonderzinsen *m/pl*
special lombard facility ['speʃəl 'lɒmbəd fə'sɪlɪtɪ] *sb* Sonderlombard *m*
special meeting ['speʃəl 'miːtɪŋ] *sb* Sondersitzung *f*
special offer ['speʃəl 'ɒfə] *sb* Sonderangebot *n*
special power ['speʃəl 'paʊə] *sb* Spezialvollmacht *f*
special remuneration ['speʃəl rɪmjuːnə'reɪʃən] *sb* Sondervergütung *f*
specialist ['speʃəlɪst] *sb* Fachmann/Fachfrau *m/f*, Spezialist(in) *m/f*
specialization [speʃəlaɪ'zeɪʃən] *sb* Spezialisierung *f*
specialize ['speʃəlaɪz] *v ~ in sth* sich auf etw spezialisieren
specialized fund ['speʃəlaɪzd fʌnd] *sb* Spezialfonds *m*
specialized lawyer ['speʃəlaɪzd 'lɔːɪə] *sb* Fachanwalt *m*
special-purpose association [speʃəl'pɜːpəs əsəʊʃɪ'eɪʃən] *sb* Zweckgemeinschaft *f*
specialty debt ['speʃəltɪ 'det] *sb* verbriefte Schuld *f*
specialty store ['speʃəltɪ stɔː] *sb* Fachgeschäft *n*

specie ['spi:ʃi:] *sb* Hartgeld *n*, Münzgeld *n*
specific duty [spe'sıfık 'dju:tı] *sb* Mengenzoll *m*
specification [spesıfı'keıʃən] *sb* Spezifikation; *(stipulation)* Bedingung *f*
specifications [spesıfı'keıʃənz] *pl (design)* technische Daten *pl*
specify ['spesıfaı] *v* genau angeben
specimen ['spesımın] *sb (sample)* Muster *n*
speculate ['spekjuleıt] *v* spekulieren
speculation [spekju'leıʃən] *sb* Spekulation *f*
speculation in foreign currency [spekju'leıʃən ın 'forın 'kʌrənsı] *sb* Devisenspekulation *f*
speculation in futures [spekju'leıʃən ın 'fju:tʃəz] *sb* Terminspekulation *f*
speculative ['spekjulətıv] *adj* Spekulations...
speculative operations ['spekjulətıv opə'reıʃənz] *pl* Spekulationsgeschäft *n*
speculative profit ['spekjulətıv 'profıt] *sb* Spekulationsgewinn *m*
speculative security ['spekjulətıv sı'kjuərıtı] *sb* Hoffnungswert *m*, Spekulationspapier *n*
speculative transaction ['spekjulətıv træn'zækʃən] *sb* Spekulationsgeschäft *n*
speculator ['spekjuleıtə] *sb* Spekulant *m*
speculator for a fall ['spekjuleıtə fɔ: ə 'fɔ:l] *sb* Baissespekulant(in) *m/f*, Baissier *m*
speculator for a rise ['spekjuleıtə fɔ: ə 'raız] *sb* Haussespekulant(in) *m/f*, Haussier *m*
spell out [spel aʊt] *v irr* buchstabieren
spend [spend] *v irr* 1. *(money)* ausgeben; 2. *(energy, resources)* verbrauchen; 3. *(time: pass)* verbringen, 4. *(time: use)* brauchen
spending ['spendıŋ] *sb* Ausgaben *pl*
spending costs ['spendıŋ kɒsts] *pl* ausgabenwirksame Kosten *pl*
sphere of responsibility [sfıə əv rıspɒnsə'bılıtı] *sb* Zuständigkeitsbereich *m*
spiel [ʃpi:l] *sb (salesman's)* Verkaufsmasche *f*
spokesperson ['spəʊkspɜ:sn] *sb* Sprecher(in) *m/f*
sponsor ['spɒnsə] *v* 1. fördern; *sb* 2. Förderer/Förderin *m/f*
sponsored ['spɒnsəd] *adj* gesponsert, gefördert, unterstützt
sponsorship ['spɒnsəʃıp] *sb* Sponsern *n*, Unterstützung *f*, Förderung *f*
spot [spɒt] *sb (commercial)* Werbespot *m*
spot exchange [spɒt ıks'tʃeındʒ] *sb* Kassadevisen *pl*

spot market [spɒt 'mɑ:kıt] *sb* Kassamarkt *m*, Spotmarkt *m*
spot price ['spɒt praıs] *sb* Kassakurs *m*
spot transaction [spɒt træn'zækʃn] *sb* Lokogeschäft *n*, Spotgeschäft *n*
spreadsheet ['spredʃi:t] *sb* Tabellenkalkulation *f*
squander ['skwɒndə] *v* 1. *(money)* vergeuden; 2. *(opportunities)* vertun
square [skweə] *adj* 1. to be ~ *(debts)* in Ordnung sein; 2. to be all ~ *(not to owe)* quitt sein; *v* 3. *(debts)* begleichen
square measurement [skweə 'meʒəmənt] *sb* Flächenmaße *n/pl*
stability [stə'bılıtı] *sb* Stabilität *f*
stability of prices [stə'bılıtı əv 'praısız] *sb* Preisstabilität *f*
stability of the value of money [stə'bılıtı əv ðə 'vælju: əv 'mʌnı] *sb* Geldwertstabilität *f*
stability policy [stə'bılıtı 'pɒlısı] *sb* Stabilitätspolitik *f*
stabilization [steıbılaı'zeıʃən] *sb* Stabilisierung *f*
stabilize ['steıbılaız] *v* sich stabilisieren; *(sth)* stabilisieren
stable [steıbl] *adj* stabil, dauerhaft
stable exchange rates [steıbl ıks'tʃeındʒ reıts] *pl* stabile Wechselkurse *m/pl*
staff [stɑ:f] *sb (personnel)* Personal *n*, Belegschaft *f*; to be on the ~ of Mitarbeiter sein bei
staff administration [stɑ:f ədmını'streıʃən] *sb* Personalverwaltung *f*
staff changes [stɑ:f 'tʃeındʒız] *pl* Personalwechsel *m*
staffer [stɑ:fə] *sb* feste(r) Mitarbeiter(in) *m/f*
staff manager [stɑ:f 'mænıdʒə] *sb* Personalleiter(in) *m/*
staff pension fund [stɑ:f 'penʃn fʌnd] *sb* Pensionskasse *f*
staff shares ['stɑ:f ʃeəs] *sb* Belegschaftsaktie *f*
stagnate [stæg'neıt] *v* stagnieren
stagnation [stæg'neıʃən] *sb* 1. Stagnieren *n*; 2. *(of a market)* Stagnation *f*
stake [steık] *v* 1. ~ a claim to sth sich ein Anrecht auf etw sichern; *sb* 2. *(financial interest)* Anteil *m*
stamp [stæmp] *v* 1. *(sth)* stempeln; 2. *(with a machine)* prägen; 3. *(put postage on)* frankieren; *sb* 4. *(postage ~)* Briefmarke *f*; 5. *(mark, instrument)* Stempel *m*
stamp duty ['stæmp 'dju:tı] *sb* Transfersteuer *f*, Stempelsteuer *f*

stamping ['stæmpɪŋ] *sb* Abstempelung *f*
stamping of bank notes ['stæmpɪŋ əv 'bæŋk nəʊts] *sb* Notenabstempelung *f*
standard ['stændəd] *adj* 1. handelsüblich, Standard..., Norm...; *sb* 2. *(monetary)* Standard *m*, Norm *f*; 3. Feingehalt *m*, Feingewicht *n*
standard bill ['stændəd bɪl] *sb* Einheitswechsel *m*
standard inventory ['stændəd ɪn'ventərɪ] *sb* Durchschnittsbestand *m*
standardization [stændədaɪ'zeɪʃn] *sb* Standardisierung *f*
standardize ['stændədaɪz] *v* vereinheitlichen, normen, normieren
standard price ['stændəd praɪs] *sb* fester Verrechnungspreis *m*
standard value ['stændəd 'væljuː] *sb* Einheitswert *m*
standard wages ['stændəd 'weɪdʒɪz] *pl* Tariflohn *m*
stand-by ['stændbaɪ] *sb* on ~ in Bereitschaft *f*
stand-by costs ['stændbaɪ kɒsts] *pl* Bereitschaftskosten *pl*
stand-by man ['stændbaɪ mæn] *sb* Springer *m*
stand in [stænd ɪn] *v irr* ~ *for s.o.* jdn vertreten
stand-in ['stændɪn] *sb* Ersatz *m*
standing ['stændɪŋ] *sb* 1. *(position)* Rang *m*; *of long* ~ langjährig, alt; *sb* 2. *(repute)* Ruf *m*
standing costs ['stændɪŋ kɒsts] *pl* fixe Kosten *pl*
standing order ['stændɪŋ 'ɔːdə] *sb* Dauerauftrag *m*
standstill agreement ['stændstɪl ə'griːmənt] *sb* (Recht) Moratorium *n*
standstill credit ['stændstɪl 'kredɪt] *sb* Stillhalte-Kredit *m*
staple goods [steɪpl gʊdz] *pl* Stapelware *f*
stapler ['steɪplə] *sb* Heftmaschine *f*
start [stɑːt] *v* 1. *(engine)* anspringen; 2. *(found)* gründen; 3. *(career, argument)* anfangen, beginnen
starting date ['stɑːtɪŋ deɪt] *sb* Einstellungstermin *m*
starting salary ['stɑːtɪŋ 'sælərɪ] *sb* Anfangsgehalt *n*
start up [stɑːt ʌp] *sb* Start-Up *m*
startup costs ['stɑːtʌp kɒsts] *pl* Ingangsetzungskosten *pl*
start-up grant ['stɑːtʌp grɑːnt] *sb* Unternehmensgründungsbeihilfe *f*

startup money ['stɑːtʌp 'mʌnɪ] *sb* Startkapital *n*
state [steɪt] *sb* 1. Staat *m*; 2. ~ *of affairs* Stand *m*, Lage *f*; 3. *(condition)* Zustand *m*; *adj* 4. staatlich
state bank [steɪt bæŋk] *sb* Staatsbank *f*
state bound by the rule of law ['steɪt baʊnd baɪ ðə ruːl əv 'lɔː] *sb* Rechtsstaat *m*
state indebtedness [steɪt ɪn'detɪdnəs] *sb* Staatsverschuldung *f*
stated ['steɪtɪd] *adj* angegeben, genannt, aufgeführt, aufgelistet
statement ['steɪtmənt] *sb* Ausweisung *f*, Kontoauszug *m*
statement analysis ['steɪtmənt ə'næləsɪs] *sb* Bilanzanalyse *f*
statement of account ['steɪtmənt əv ə'kaʊnt] *sb* Kontoauszug *m*
statement of commission ['steɪtmənt əv kə'mɪʃən] *sb* Provisionsabrechnung *f*
statement of costs ['steɪtmənt əv 'kɒsts] *sb* Kostenrechnung *f*, Erfolgskonto *n*
statement of damages ['steɪtmənt əv 'dæmɪdʒɪz] *sb* Schadensrechnung *f*
statement of earnings ['steɪtmənt əv 'ɜːnɪŋs] *sb* Ertragsbilanz *f*
statement of expenses ['steɪtmənt əv ɪks'pensɪz] *sb* Spesenrechnung *f*
statement of intent ['steɪtmənt əv ɪn'tent] *sb* Absichtserklärung *f*
statement of net assets ['steɪtmənt əv net 'æsets] *sb* Vermögensaufstellung *f*
statement of operating results ['steɪtmənt əv 'ɒpəreɪtɪŋ rɪ'zʌlts] *sb* Ergebnisrechnung *f*
statement of overindebtedness ['steɪtmənt əv əʊvərɪn'detɪdnəs] *sb* Überschuldungsbilanz *f*
statement of quantity ['steɪtmənt əv 'kwɒntətɪ] *sb* Mengenangabe *f*
statement of securities ['steɪtmənt əv sɪ'kjʊərɪtiːz] *sb* Depotauszug *m*
state of the market [steɪt əv ðə 'mɑːkɪt] *sb* Marktlage *f*
state supervision of credit institutions ['steɪt suːpə'vɪʒn əv 'kredɪt ɪnstɪ'tjuːʃnz] *sb* Kreditaufsicht *f*
station of destination ['steɪʃən əv destɪ'neɪʃən] *sb* Bestimmungsbahnhof *m*
statistical cost accounting [stə'tɪstɪkl kɒst ə'kaʊntɪŋ] *sb* Nachkalkulation *f*
statistics [stə'tɪstɪks] *pl* Statistik *f*
status ['steɪtəs] *sb* 1. Status *m*; 2. *marital* ~ Familienstand *m*

status in law ['steɪtəs ɪn 'lɔː] *sb* Rechtscharakter *m*

status inquiry ['steɪtəs ɪn'kwaɪərɪ] *sb* Vermögensauskunft *f*, Kreditauskunft *f*

status report ['steɪtəs rɪ'pɔːt] *sb* Lagebericht *m*

statute ['stætjuːt] *sb (of an organization)* Statut *n*

statutes ['stætjuːts] *pl* Satzung *f*

statutory accident insurance ['stætʃutərɪ 'æksɪdənt ɪn'ʃuərəns] *sb* gesetzliche Unfallversicherung *f*

statutory audit ['stætʃutərɪ 'ɔːdɪt] *sb* Prüfungspflicht *f*

statutory damage ['stætʃutərɪ 'dæmɪdʒ] *sb* Konventionalstrafe *f*

statutory health insurance fund ['stætʃutərɪ 'helθ ɪn'ʃuərəns fʌnd] *sb* gesetzliche Krankenversicherung *f*

statutory pension insurance fund ['stætʃutərɪ 'penʃn ɪn'ʃuərəns fʌnd] *sb* gesetzliche Rentenversicherung *f*

statutory period of notice ['stætʃutərɪ pɪːrɪəd ɒv 'nəutɪs] *sb* gesetzliche Kündigungsfrist *f*

stenographer [stə'nɒgrəfə] *sb* Stenograf(in) *m/f*

stenography [stə'nɒgrəfɪ] *sb* Kurzschrift *f*, Stenografie *f*

stimulant ['stɪmjulənt] *sb* Konjunkturspritze *f*, Auftriebsimpuls *m*

stimulus ['stɪmjuləs] *sb* Stimulus *m; (incentive)* Anreiz *m*

stint [stɪnt] *sb* Schicht *f*

stipend ['staɪpənd] *sb* Lohn *m*

stipulate ['stɪpjuleɪt] *v (specify)* festsetzen; *(make a condition)* voraussetzen

stipulation [stɪpju'leɪʃən] *sb* Bedingung *f*

stock [stɒk] *v* 1. *(a product)* führen; *sb* 2. *(supply)* Vorrat *m*, (Waren-) Bestand *m*; 3. *(financial)* Aktien *pl*; in ~ vorrätig; take ~ of the situation die Lage abschätzen

stock committee [stɒk kə'mɪtɪ] *sb* Börsenausschuss *m*

stock corporation [stɒk kɔːpə'reɪʃn] *sb* Aktiengesellschaft (AG) *f*

stock dividend [stɒk 'dɪvɪdənd] *sb* Stockdividende *f*

stock exchange [stɒk ɪks'tʃeɪndʒ] *sb* Börse *f*, Börsenumsätze *m/pl*, Effektenbörse *f*, Stock Exchange *f*

Stock Exchange Act ['stɒk ɪks'tʃeɪndʒ ækt] *sb* Börsengesetz *n*

stock exchange average [stɒks ɪks'tʃeɪndʒ 'ævərɪdʒ] *sb* Börsenindex *m*

stock exchange centre ['stɒk ɪks'tʃeɪndʒ 'sentə] *sb* Börsenplatz *m*

stock exchange customs ['stɒk ɪks'tʃeɪndʒ 'kʌstəms] *pl* Börsenusancen *f/pl*

stock exchange dealings ['stɒk ɪks'tʃeɪndʒ 'diːlɪŋz] *sb* Börsenhandel *m*

stock exchange index ['stɒk ɪks'tʃeɪndʒ ɪndeks] *sb* Börsenindex *m*, Kursindex *m*

stock exchange list ['stɒk ɪks'tʃeɪndʒ lɪst] *sb* Kursblatt *n*, Kurszettel *m*

stock exchange operations ['stɒk ɪks'tʃeɪndʒ ɒpə'reɪʃns] *pl* Börsengeschäfte *n/pl*

stock exchange order ['stɒk ɪks'tʃeɪndʒ 'ɔːdə] *sb* Börsenauftrag *m*

stock exchange price ['stɒk ɪks'tʃeɪndʒ praɪs] *sb* Börsenkurs *m*

stock exchange quotation ['stɒk ɪks'tʃeɪndʒ kwəu'teɪʃən] *sb* Börsennotierung *f*

stock exchange regulations ['stɒk ɪks'tʃeɪndʒ regju'leɪʃnz] *pl* Börsenordnung *f*

stock exchange report ['stɒk ɪks'tʃeɪndʒ rɪ'pɔːt] *sb* Börsenbericht *m*

stock exchange rules ['stɒk ɪks'tʃeɪndʒ ruːlz] *pl* Börsenrecht *n*

stock exchange supervision ['stɒk ɪks'tʃeɪndʒ suːpə'vɪʒn] *sb* Börsenaufsicht *f*

stock market ['stɒk 'mɑːkɪt] *sb* Börse *f*

stock market crash ['stɒk 'mɑːkɪt kræʃ] *sb* Börsenkrach *m*

stock market information ['stɒk 'mɑːkɪt ɪnfə'meɪʃn] *sb* Börsenauskunft *f*

stock market notice board ['stɒk 'mɑːkɪt 'nəutɪs bɔːd] *sb* Börsenaushang *m*

stock market transactions ['stɒk 'mɑːkɪt træn'zækʃənz] *pl* Börsengeschäfte *n/pl*

stockbook ['stɒkbuk] *sb* Effektenbuch *n*

stockbroker ['stɒkbrəukə] *sb* Börsenmakler *m*, Effektenmakler *m*, Kursmakler *m*

stockholder ['stɒkhəuldə] *sb (US)* Aktionär *m*

stockkeeping ['stɒkiːpɪŋ] *sb* Lagerhaltung *f*

stockpile ['stɒkpaɪl] *sb* 1. Vorrat *m*, Stapelbestand *m; v* 2. aufstapeln

stockpiling ['stɒkpaɪlɪŋ] *sb* Vorratshaltung *f*

stock profits [stɒk 'prɒfɪts] *pl* Neubewertungsgewinn *m*

stockroom ['stɒkrʊm] *sb* Lager *n*

stocks [stɒks] *sb* Bestand *m*

stock-taking ['stɒkteɪkɪŋ] *sb* Bestandsaufnahme *f*

stock warrant [stɒk 'wɒrənt] *sb* Aktienbezugsrechtschein *m*

stone [stəun] *sb (UK: unit of weight)* 6,35 kg

stop [stɒp] *v 1. (come to a halt)* anhalten; *2.* Stop! Halt! *3. (cease)* aufhören; ~ *at nothing* vor nichts zurückschrecken; *(an action)* aufhören mit; *4. (interrupt temporarily)* unterbrechen; *5. (a machine)* abstellen; *6. (large shop)* einstellen; *7. (a cheque)* sperren; *sb 8.* Stillstand *m;* come to a ~ zum Stillstand kommen

stoppage ['stɒpɪdʒ] *sb 1. (interruption)* Unterbrechung *f; 2. (strike)* Streik *m*

stopping payment ['stɒpɪŋ 'peɪmənt] *sb* Schecksperre *f*

storage ['stɔːrɪdʒ] *sb* (Ein-)Lagerung *f;* put into ~ lagern

storage capacity ['stɔːrɪdʒ kə'pæsɪtɪ] *sb* Lagerkapazität *f*

store [stɔː] *v 1.* lagern; *(documents)* aufbewahren; *f 2. (large shop)* Geschäft *n; 3. (shop)* Laden *m; 3. (storage place)* Lager *n; (supply)* Vorrat *m; 4. (UK: computer)* Speicher *m*

storehouse ['stɔːhaʊs] *sb* Lagerhaus *n*

storekeeper ['stɔːkiːpə] *sb* Ladenbesitzer(in) *m/f*

storeroom ['stɔːrʊm] *sb* Lagerraum *m*

stores [stɔːz] *pl* Vorräte *pl,* Bestände *pl*

stowage ['stəʊɪdʒ] *sb 1. (stowing)* Beladen *n,* Verstauen *n; 2. (charge)* Staugebühr *f*

stow away [stəʊ ə'weɪ] *v (sth)* verstauen

strategic [strə'tiːdʒɪk] *adj* strategisch

strategic business area [strə'tiːdʒɪk 'bɪznɪs ɛərɪə] *sb* strategisches Geschäftsfeld *n*

strategic management [strə'tiːdʒɪk 'mænɪdʒmənt] *sb* strategische Führung *f*

strategic planning [strə'tiːdʒɪk 'plænɪŋ] *sb* strategische Planung *f*

strategy ['strætɪdʒɪ] *sb* Strategie *f*

streamline ['striːmlaɪn] *v* rationalisieren, bereinigen

strictly confidential ['strɪktlɪ kɒnfɪ'denʃəl] *adj* streng vertraulich

strike [straɪk] *v irr 1. (employees)* streiken; *sb 2. (by workers)* Streik *m,* Ausstand *m*

strikebound ['straɪkbaʊnd] *adj* bestreikt, von Streik betroffen

strike-breaker ['straɪkbreɪkə] *sb* Streikbrecher *m*

strike pay ['straɪk peɪ] *sb* Streikgelder *n/pl*

striker ['straɪkə] *sb* Streikende(r) *f/m,* Ausständige(r) *f/m*

structural ['strʌktʃərəl] *adj* strukturell, Struktur...

structural change ['strʌktʃərəl 'tʃeɪndʒ] *sb* Strukturwandel *m*

structural loan ['strʌktʃərəl 'ləʊn] *sb* Strukturkredit *m*

structural policy ['strʌktʃərəl 'pɒlɪsɪ] *sb* Strukturpolitik *f*

structural reform ['strʌktʃərəl rɪ'fɔːm] *sb* Strukturreform *f*

structure ['strʌktʃə] *v 1.* strukturieren; *2. (an argument)* aufbauen, gliedern; *sb 3.* Struktur *f*

structure of distribution ['strʌktʃə əv dɪstrɪ'bjuːʃən] *sb* Vertriebsstruktur *f*

structure of the balance sheet ['strʌktʃə əv ðə 'bæləns ʃiːt] *sb* Bilanzstruktur *f*

structuring of operations ['strʌktʃərɪŋ əv ɒpə'reɪʃns] *sb* Ablauforganisation *f*

suable ['sjuːəbl] *adj* einklagbar

subaccount [sʌbə'kaʊnt] *sb* Unterkonto *n*

subagent ['sʌbeɪdʒənt] *sb* Untervertreter *m*

subbranch ['sʌbbrɑːntʃ] *sb* Zweigstelle *f*

subcontractor ['sʌbkəntræktə] *sb* Subunternehmer *m,* Zulieferer *m*

subdivision [sʌbdɪ'vɪʒn] *sb* Aufgliederung *f,* Untergliederung *f*

subject to confirmation [sʌbdʒɪkt tu kɒnfəː'meɪʃn] *adj* freibleibend

sublease ['sʌbliːs] *sb* Untervermietung *f,* Unterverpachtung *f*

submission [səb'mɪʃən] *sb* Vorlage *f,* Einreichung *f*

subordinate [sə'bɔːdɪneɪt] *sb* Untergebene(r) *f/m,* Mitarbeiter(in) *m/f*

subscribe [səb'skraɪb] *v* ~ *to (a publication)* abonnieren

subscribed capital [səb'skraɪbd 'kæpɪtl] *sb* gezeichnetes Kapital *n*

subscriber [səb'skraɪbə] *sb* Abonnent *m*

subscription agency [səb'skrɪpʃn 'eɪdʒənsɪ] *sb* Bezugsstelle *f*

subscription blank [səb'skrɪpʃn blæŋk] *sb* Zeichnungsschein *m*

subscription conditions [səb'skrɪpʃn kən'dɪʃnz] *pl* Bezugsbedingungen *f/pl*

subscription day [səb'skrɪpʃn deɪ] *sb* Bezugstag *m*

subscription for shares [səb'skrɪpʃn fɔː ʃɛəs] *sb* Aktienzeichnung *f*

subscription form [səb'skrɪpʃn fɔːm] *sb* Zeichnungsschein *m*

subscription period [səb'skrɪpʃn pɪːrɪəd] *sb* Bezugsfrist *f,* Zeichnungsfrist *f*

subscription premium [səb'skrɪpʃn 'priːmɪəm] *sb* Zeichnungsagio *n*

subscription price [səb'skrɪpʃn praɪs] *sb* Bezugskurs *m,* Bezugsrechtnotierung *f,* Bezugsrechtskurs *m*

subscription right [səbˈskrɪpʃn raɪt] sb Bezugsrecht n
subscription rights parity [səbˈskrɪpʃn raɪts ˈpærɪtɪ] sb Bezugsrechtsparität f
subscription warrant [səbˈskrɪpʃn wɒrənt] sb Bezugsschein m
subsequent [ˈsʌbsɪkwənt] adj nachfolgend, nachträglich
subsequent payment [ˈsʌbsɪkwent ˈpeɪmənt] sb Nachschuss m
subsidiary [səbˈsɪdɪərɪ] adj 1. Tochter..., Neben...; sb 2. Tochtergesellschaft f
subsidiary agreement [səbˈsɪdɪərɪ əˈgriːmənt] sb Nebenabreden f/pl
subsidize [ˈsʌbsɪdaɪz] v subventionieren
subsidy [ˈsʌbsədɪ] sb Subvention f, Zuschuss m
subsistence [səbˈsɪstəns] sb (means of ~) Lebensunterhalt m
subsistence minimum [səbˈsɪstəns ˈmɪnɪməm] sb Existenzminimum n
subsistence wage [səbˈsɪstəns weɪdʒ] sb Mindestlohn m
substance [ˈsʌbstəns] sb Substanz f
substitute [ˈsʌbstɪtjuːt] v 1. ~ for s.o. jdn vertreten, als Ersatz für jdn dienen; sb Ersatz m; 2. (person) Vertretung f; adj Ersatz...
substitute delivery [ˈsʌbstɪtjuːt dɪˈlɪvərɪ] sb Ersatzlieferung f
substitute goods [ˈsʌbstɪtjuːt gʊdz] sb Substitutionsgüter n/pl
substitute purchase [ˈsʌbstɪtjuːt ˈpɜːtʃɪs] sb Ersatzkauf m
substitute transfer [ˈsʌbstɪtjuːt ˈtrænsfə] sb Ersatzüberweisung f
substitution [sʌbstɪˈtjuːʃən] sb Substitution f, Ersetzen n, Einsetzen n
substitution of debt [sʌbstɪˈtjuːʃən əv det] sb Schuldenauswechslung f
subtract [səbˈtrækt] v abziehen, subtrahieren
succession [səkˈseʃən] sb (to a post) Nachfolge f
successor [səkˈsesə] sb Nachfolger(in) m/f
successor company [səkˈsesə ˈkʌmpənɪ] sb Betriebsnachfolge f
success-oriented [səkˈsesˈɔːrɪəntɪd] adj erfolgsorientiert
success rate [səkˈses reɪt] sb Erfolgsquote f
sue [suː] v klagen, Klage erheben; ~ s.o. jdn gerichtlich vorgehen, jdn belangen; ~ s.o. for damages jdn auf Schadenersatz verklagen

sufficient [səˈfɪʃənt] adj genügend, genug, ausreichend
suit [suːt] sb Prozess m, Verfahren n
suitability [suːtəˈbɪlɪtɪ] sb (of an applicant) Eignung f
suitable [ˈsuːtəbl] adj geeignet, passend
sum [sʌm] sb 1. Summe f; 2. (of money) Betrag m, Summe f, Geldsumme f; v 3. summieren, zusammenzählen
sum due [sʌm djuː] sb ausstehender Betrag m, fälliger Betrag m
sum total [sʌm ˈtəʊtəl] sb Gesamtbetrag m
summons [ˈsʌmənz] sb gerichtliches Mahnverfahren n
Sunday work [ˈsʌndeɪ wɜːk] sb Sonntagsarbeit f
super-dividend [ˈsuːpədɪvɪdənd] sb Überdividende f
superficial [suːpəˈfɪʃəl] adj oberflächlich
superfluous [sʊˈpɜːflʊəs] adj überflüssig
superior [sʊˈpɪərɪə] adj 1. (better) besser; (abilities) überlegen; (in rank) höher; sb 2. (in rank) Vorgesetzte(r) f/m
superstore [ˈsuːpəstɔː] sb Verbrauchermarkt m
supervise [ˈsuːpəvaɪz] v beaufsichtigen, überwachen
supervision [suːpəˈvɪʒn] sb Dienstaufsicht f, Aufsicht f, Beaufsichtigung f
supervisor [ˈsuːpəvaɪzə] sb Aufseher(in) m/f
supervisory board [suːpəˈvaɪzərɪ bɔːd] sb Aufsichtsrat m
supplement [ˈsʌplɪmənt] v 1. ergänzen; sb 2. Ergänzung f; 3. (in a newspaper) Beilage f
supplementary [sʌplɪˈmentərɪ] adj zusätzlich, Zusatz...
supplementary payment [sʌplɪˈmentərɪ ˈpeɪmənt] sb Nachzahlung f
supplementary staff costs [sʌplɪˈmentərɪ stɑːf kɒsts] pl Personalnebenkosten pl
supplier [səˈplaɪə] sb Lieferant m
supplier's credit [səˈplaɪəz ˈkredɪt] sb Lieferantenkredit m
supplies [səˈplaɪz] pl Betriebsstoffe m/pl, Hilfsstoffe m/pl
supply [səˈplaɪ] v 1. sorgen für; 2. (goods, public utilities) liefern; sb Versorgung f; 3. (act of supplying) Versorgung f; 4. ~ and demand Angebot und Nachfrage; 5. (thing supplied) Lieferung f; (delivery) Lieferung f; 6. (stock) Vorrat m
supply bond [səˈplaɪ bɒnd] sb Leistungsgarantie f, Erfüllungsgarantie f

supply contract [sə'plaɪ 'kɒntrækt] sb Liefervertrag m

supply of capital [sə'plaɪ əv 'kæpɪtl] sb Kapitalangebot n

supply of money [sə'plaɪ əv 'mʌnɪ] sb Geldangebot n

supply-oriented economic policy [sə'plaɪ-'ɔːrɪentɪd iːkə'nɒmɪk 'pɒlɪsɪ] sb angebotsorientierte Wirtschaftspolitik f

supply structure [sə'plaɪ 'strʌkʃə] sb Angebotsstruktur f

support [sə'pɔːt] sb 1. Unterstützung f; 2. Kursunterstützung f; Kurspflege f

support buying [sə'pɔːt 'baɪŋ] sb Stützungskauf m

support fee [sə'pɔːt fiː] sb Avalprovision f

support level [sə'pɔːt 'levəl] sb Unterstützungslinie f

supreme [sʊ'priːm] adj the Supreme Court das oberste Gericht n

surcharge [ˈsɜːtʃɑːdʒ] sb Zuschlag m

surety [ˈʃʊərətɪ] sb Sicherheit f, Kaution f, Delkredere n

surety bond [ˈʃʊərətɪ bɒnd] sb Kautionsurkunde f, Bürgschaftserklärung f

surpass [sə'pɑːs] v übersteigen, übertreffen

surplus [ˈsɜːpləs] sb 1. Überschuss m; adj 2. überschüssig

surplus on current account [ˈsɜːpləs ɒn 'kʌrənt ə'kaʊnt] sb Leistungsbilanzüberschuss m

surplus reserve [ˈsɜːpləs rɪˈzɜːv] sb Überschussreserve f

surplus saving [ˈsɜːpləs 'seɪvɪŋ] sb Plus-Sparen n, Überschuss-Sparen n

surtax [ˈsɜːtæks] sb Steuerzuschlag m

survey [ˈsɜːveɪ] v 1. (fam: poll) befragen; [ˈsɜːveɪ] sb 2. (poll) Umfrage f

survey report [ˈsɜːveɪ rɪˈpɔːt] sb Haveriezertifikat n

suspension of payments [sʌs'penʃən ɒv 'peɪmənts] sb Zahlungseinstellung f

swap [swɒp] v 1. tauschen; ~ sth for sth etw gegen etw austauschen; sb 2. Tausch m

swap agreement [swɒp ə'griːmənt] sb Swapabkommen n

swap credit [swɒp 'kredɪt] sb Swapkredit m

swap market [swɒp 'mɑːkɪt] sb Swapmarkt m

swap policy [swɒp 'pɒlɪsɪ] sb Swappolitik f

swap rate [ˈswɒp reɪt] sb Swapsatz m

swap transaction [swɒp træn'zækʃn] sb Swapgeschäft n

swing [swɪŋ] sb Swing m, Kreditmarge f

swing shift [ˈswɪŋ ʃɪft] sb (US) Spätschicht f

switchboard [ˈswɪtʃbɔːd] sb 1. Telefonvermittlung f; (in an office) Telefonzentrale f; 2. (panel) Schalttafel f

switch off [swɪtʃ ɒf] v ausschalten, abschalten

switch on [swɪtʃ ɒn] v einschalten, anschalten

switch premium [switʃ 'priːmɪəm] sb Switchprämie f

switch-type financing [ˈswɪtʃtaɪp 'faɪnænsɪŋ] sb Umfinanzierung f

sworn statement [swɔːn 'steɪtmənt] sb beeidigte Erklärung f

synchronization [sɪŋkrənaɪ'zeɪʃən] sb Abstimmung f

synchronize [ˈsɪŋkrənaɪz] v 1. abstimmen; (two or more things) aufeinander abstimmen, 2. (clocks) gleichstellen; ~ your watches stimmen Sie Ihre Uhren aufeinander ab

synchronous production [ˈsɪŋkrənəs prə'dʌkʃn] sb Synchronfertigung f

syndic [ˈsɪndɪk] sb Syndikus m

syndicate [ˈsɪndɪkət] sb Konsortium n

syndicated credit [ˈsɪndɪkeɪtɪd 'kredɪt] sb Konsortialkredit m

syndicate department [ˈsɪndɪkət dɪˈpɑːtmənt] sb Konsortialabteilung f

syndicate holdings [ˈsɪndɪkət 'həʊldɪŋz] pl Konsortialbeteiligungen f/pl

syndicate transaction [ˈsɪndɪkət træn'zækʃn] sb Konsortialgeschäft n

syndication [sɪndɪ'keɪʃən] sb Syndizierung f

synergy [ˈsɪnədʒiː] sb Synergieeffekte m/pl

synodal bond [sɪ'nəʊdl bɒnd] sb Synodalobligation f

system [ˈsɪstəm] sb System n

systematic [sɪstə'mætɪk] adj systematisch

system control [ˈsɪstəm kɒn'trəʊl] sb Systemsteuerung f

system of exchange rates [ˈsɪstəm əv ɪks'tʃeɪndʒ reɪts] sb Wechselkurssystem n

system of internal audits [ˈsɪstəm əv ɪn'tɜːnəl 'ɔːdɪts] sb internes Kontrollsystem (IKS) n

system of specialized banking [ˈsɪstəm əv 'speʃəlaɪzd 'bæŋkɪŋ] sb Trennbanksystem n

system of taxation [ˈsɪstəm əv tæk'seɪʃən] sb Steuersystem n

systems engineering [ˈsɪstəmz endʒɪ'nɪərɪŋ] sb Anlagenbau m

T

tab [tæb] *sb (on a file card)* Reiter *m*
table ['teɪbl] *sb* Tabelle *f*
table of costs [teɪbl əv 'kɒsts] *sb* Gebührenverzeichnis *n*
tablet ['tæblɪt] *sb (US: note pad)* Notizblock *m*
table work [teɪbl wɜːk] *sb* Tabellensatz *m*
tabular ['tæbjʊlə] *adj* tabellarisch
tabulate ['tæbjʊleɪt] *v* tabellarisch darstellen, tabellarisieren
tactics ['tæktɪks] *pl* Taktik *f*
tag [tæg] *sb (label)* Schild *n*; *(name ~)* Namensschild *n*; *(with manufacturer's name)* Etikett *n*
tailboard ['teɪlbɔːd] *sb* Ladeklappe *f*
tailor-made ['teɪləmeɪd] *adj (fig)* genau zugeschnitten
take [teɪk] *v irr* 1. *(~ over)* übernehmen; 2. *(measure)* messen; 3. *(transport)* bringen; 4. *(a poll)* durchführen; 5. *(dictation)* aufnehmen
take in [teɪk 'ɪn] *v irr (money)* einnehmen
take off [teɪk 'ɒf] *v irr* 1. *(start to have success)* ankommen; 2. *(a day from work)* frei nehmen
take on [teɪk 'ɒn] *v irr* 1. *(undertake)* übernehmen; 2. *(an opponent)* antreten gegen; 3. *(give a job to)* einstellen, anstellen
take out [teɪk 'aʊt] *v irr (money from a bank)* abheben; *~ an insurance policy* eine Versicherung abschließen
take over [teɪk 'əʊvə] *v irr* die Leitung übernehmen
takeover ['teɪkəʊvə] *sb* Übernahme *f*, Machtergreifung *f*
takeover of a business [teɪkəʊvə əv ə 'bɪznɪs] *sb* Geschäftsübernahme *f*
takeover offer ['teɪkəʊvə 'ɒfə] *sb* Übernahmeangebot *n*
take-over profit [teɪk'əʊvə 'prɒfɪt] *sb* Übernahmegewinn *m*
take-over speculation [teɪk'əʊvə spekjʊ'leɪʃn] *sb* Aufkaufspekulation *f*
takeover target ['teɪkəʊvə 'tɑːgɪt] *sb* Übernahmekandidat *m*
taker ['teɪkə] *sb* Käufer *m*
taking of the inventory ['teɪkɪŋ əv ði: 'ɪnvəntəri] *sb* Inventur *f*
talk [tɔːk] *sb* Gespräch *n*; *have a ~ with s.o.* mit jdm reden
talk over [tɔːk 'əʊvə] *v* besprechen

tally sheet ['tælɪ ʃiːt] *sb* Kontrollliste *f*
talon for renewal of coupon sheet ['tælɒn fɔː rɪ'njuːəl əv 'kuːpən ʃiːt] *sb* Erneuerungsschein *m*
tangible fixed assets ['tændʒɪbl fɪkst 'æsets] *pl* Sachanlagevermögen *n*
tap issue [tæp 'ɪʃuː] *sb* Daueremission *f*
tardy ['tɑːdɪ] *adj* spät; *(person)* säumig
tare [teə] *sb* Tara *f*
target band ['tɑːgɪt bænd] *sb* Zielkorridor *m*
target calculation ['tɑːgɪt kælkjʊ'leɪʃən] *sb* Plankalkulation *f*
target cost accounting ['tɑːgɪt kɒst ə'kaʊntɪŋ] *sb* Zielkostenrechnung *f*
target date ['tɑːgɪt deɪt] *sb* Stichtag *m*, Termin *m*
target figures ['tɑːgɪt 'fɪgəz] *pl* Sollzahlen *f*/*pl*
target group ['tɑːgɪt gruːp] *sb* Zielgruppe *f*
target price ['tɑːgɪt praɪs] *sb* Zielpreis *m*
target saving ['tɑːgɪt 'seɪvɪŋ] *sb* Zwecksparen *n*
target-performance comparison [tɑːgɪtpə'fɔːməns kəm'pærɪsn] *sb* Soll-Ist-Vergleich (Betriebswirtschaft) *m*
target value ['tɑːgɪt 'væljuː] *sb* Richtwert *m*, Zielwert *m*
target yield ['tɑːgɪt jiːld] *sb* Sollaufkommen *n*
tariff ['tærɪf] *sb* 1. (Zoll-)Tarif *m*, Zollgebühr *f*; 2. *(price list)* Preisverzeichnis *n*
tariff barriers ['tærɪf 'bærɪəz] *pl* tarifäre Handelshemmnisse *n*/*pl*
tariff quota ['tærɪf 'kwəʊtə] *sb* Zollkontingent *n*
tariff value ['tærɪf 'væljuː] *sb* Tarifwert *m*
task-oriented synthesis ['tɑːskɔːrɪentɪd 'sɪnθɪsɪs] *sb* Aufgabensynthese *f*
task wage ['tɑːsk weɪdʒ] *sb* Akkordlohn *m*
taskwork ['tɑːskwɜːk] *sb* Akkordarbeit *f*
tax [tæks] *sb* Steuer *f*; *v (s.o., sth)* besteuern
taxable ['tæksəbl] *adj* steuerpflichtig
tax abatement [tæks ə'beɪtmənt] *sb* Steuernachlass *m*
tax accounting [tæks ə'kaʊntɪŋ] *sb* Steuerbuchhaltung *f*
tax adviser [tæks əd'vaɪzə] *sb* Steuerberater(in) *m*/*f*
tax assessment [tæks ə'sesmənt] *sb* Steuerveranlagung *f*, Veranlagung *f*
taxation [tæk'seɪʃn] *sb* Besteuerung *f*

taxation of specific property [tæk'seɪʃn əv spə'sɪfɪk 'prɒpəti] *sb* Objektbesteuerung *f*
taxation privilege [tæk'seɪʃən 'prɪvəlɪdʒ] *sb* Steuervergünstigung *f*
taxation procedure [tæk'seɪʃn prə'siːdʒə] *sb* Besteuerungsverfahren *n*
tax at source [tæks æt 'sɔːs] *sb* Quellensteuer *f*
tax auditor [tæks 'ɔːdɪtə] *sb* Steuerprüfer(in) *m/f*
tax balance sheet [tæks 'bæləns fiːt] *sb* Steuerbilanz *f*
tax basis [tæks 'beɪsɪs] *sb* Besteuerungsgrundlage *f*
tax bracket [tæks 'brækɪt] *sb* Steuerklasse *f*
tax deduction [tæks dɪ'dʌkʃn] *sb* Steuerabzug *m*
tax deferral [tæks dɪ'fɜːrəl] *sb* Steuerstundung *f*
taxes deemed to be imposed on a person ['tæksɪz 'diːmd tu biː ɪm'pəʊzd ɒn ə 'pɜːsn] *pl* Personensteuern *f/pl*
taxes from income and property ['tæksɪz frɒm 'ɪnkʌm ænd 'prɒpəti] *pl* Besitzsteuern *f/pl*
taxes on transactions ['tæksɪz ɒn træn'zækʃns] *pl* Verkehrsteuern *f/pl*
tax evasion [tæks ɪ'veɪʒən] *sb* Steuerhinterziehung *f*
tax exemption [tæks əks'empʃn] *sb* Steuerbefreiung *f*
tax form [tæks fɔːm] *sb* Steuerformular *n*
tax-free [tæksfriː] *adj* steuerfrei
tax-free amount ['tæksfriː ə'maʊnt] *sb* Freibetrag *m*
tax haven [tæks 'heɪvn] *sb* Steueroase *f*
tax increase [tæks 'ɪŋkriːs] *sb* Steuererhöhung *f*
tax inspection [tæks ɪn'spekʃn] *sb* Steuerprüfung *f*
tax item [tæks 'aɪtəm] *sb* Steuerposten *m*
taxless ['tæksləs] *adj* unbesteuert
tax loss carryback [tæks lɒs 'kerɪbæk] *sb* Verlustrücktrag *m*
tax on earnings [tæks ɒn 'ɜːnɪŋz] *sb* Ertragsteuer *f*
tax on income [tæks ɒn 'ɪnkʌm] *sb* Ertragsteuer *f*
tax on investment income [tæks ɒn ɪn'vestmənt 'ɪnkʌm] *sb* Kapitalertragsteuer *f*
tax on real estate [tæks ɒn rɪəl ɪs'teɪt] *sb* Realsteuern *f/pl*
tax on speculative gains [tæks ɒn 'spekjʊlətɪv 'geɪnz] *sb* Spekulationssteuer *f*

taxpayer ['tækspeɪə] *sb* Steuerzahler(in) *m/f*
tax-privileged saving ['tæksprɪvɪlɪdʒd 'seɪvɪŋ] *sb* steuerbegünstigtes Sparen *n*
tax-privileged securities ['tæksprɪvɪlɪdʒd sɪ'kjʊərɪtiz] *pl* steuerbegünstigte Wertpapiere *n/pl*
tax reform ['tæks rɪ'fɔːm] *sb* Steuerreform *f*
tax return ['tæks rɪ'tɜːn] *sb* Steuererklärung *f*, Deklaration *f*
tax sheltered [tæks 'ʃeltəd] *adj* steuerbegünstigt
tax treatment of yield [tæks 'triːtmənt əv 'jiːld] *sb* Ertragsbesteuerung *f*
tax write-off [tæks 'raɪtɒf] *sb* Steuerabschreibung *f*
tax yield [tæks jiːld] *sb* Steueraufkommen *n*
team [tiːm] *sb* Mannschaft *f*, Team *n*
team work ['tiːm wɜːk] *sb* Teamarbeit *f*, Gruppenarbeit *f*
tech issue [tek 'ɪʃuː] *sb* Technologiewert *m*, Technologieaktie *f*
technical ['teknɪkl] *adj* technisch, Fach...
technical analysis ['teknɪkl ə'nælɪsɪs] *sb* technische Analyse *f*
technical book ['teknɪkl bʊk] *sb* Fachbuch *n*
Technical Control Board ['teknɪkl kən'trəʊl bɔːd] *sb* Technischer Überwachungsverein (TÜV) *m*
technical journal ['teknɪkl 'dʒɜːnəl] *sb* Fachzeitschrift *f*
technical term ['teknɪkl tɜːm] *sb* Fachausdruck *m*, Fachterminus *m*
technicality [teknɪ'kælɪti] *sb (petty detail)* Formsache *f*
technician [tek'nɪʃən] *sb* Techniker *m*
technique [tek'niːk] *sb* (Arbeits-)Technik *f*
technological [teknə'lɒdʒɪkəl] *adj* technologisch
technology centre [tek'nɒlədʒɪ sentə] *sb* Technologiezentrum *n*
technology payment order [tek'nɒlədʒɪ 'peɪmənt 'ɔːdə] *sb* telegrafische Anweisung *f*
technology push [tek'nɒlədʒɪ pʊʃ] *sb* Innovationsschub *m*
technology stock market [tek'nɒlədʒɪ stɒk 'mɑːkɪt] *sb* Technologiebörse *f*
telebanking ['telɪbæŋkɪŋ] *sb* Tele-Banking *n*
telecommunications [telɪkəmjuːnɪ'keɪʃns] *pl* Telekommunikation *f*
telecommuter ['telɪkəmjuːtə] *sb* Telearbeiter(in) *m/f*
teleconference [telɪ'kɒnfərəns] *sb* Telekonferenz *f*

telegram ['telɪgræm] *sb* Telegramm *n*; send a ~ telegrafieren
telegraphic transfer [telɪ'græfɪk 'trænsfɜː] *sb* telegrafische Auszahlung *f*
telemarketing ['telɪmɑːkətɪŋ] *sb* Telefonmarketing *n*, Telemarketing *n*
teleorder ['telɪɔːdə] *v* elektronisch bestellen
telephone ['telɪfəʊn] *sb* 1. Telefon *n*, Fernsprecher *m*; to be on the ~ am Telefon sein; *v* 2. (s.o.) anrufen; telefonieren
telephone call ['telɪfəʊn kɔːl] *sb* Telefonanruf *m*
telephone carrier ['telɪfəʊn 'kærɪə] *sb* Telefonnetzbetreiber *m*
telephone conversation [telɪfəʊn kɒnvə'seɪʃən] *sb* Telefongespräch *n*
telephone dealings ['telɪfəʊn 'diːlɪŋs] *pl* Telefonverkehr *m*
telephone directory ['telɪfəʊn daɪ'rektərɪ] *sb* Telefonbuch *n*, Telefonverzeichnis *n*
telephone marketing ['telɪfəʊn 'mɑːkɪtɪŋ] *sb* Telefonmarketing *n*
telephone subscriber ['telɪfəʊn səb'skraɪbə] *sb* Fernsprechteilnehmer(in) *m/f*
teleprinter ['telɪprɪntə] *sb* Fernschreiber *m*
teleselling ['telɪselɪŋ] *sb* (UK) Telefonverkauf *m*
teleservice ['telɪsɜːvɪs] *sb* Teleservice *m*
teleshopping ['telɪʃɒpɪŋ] *sb* Teleshopping *n*
telework ['telɪwɜːk] *sb* Telearbeit *f*
telex ['teleks] *sb* (message) Telex *n*; (machine) Fernschreiber *m*
teller ['telə] *sb* (in a bank) Kassierer(in) *m/f*
temp [temp] *sb* (fam) Aushilfe *f*, Aushilfskraft *f*
temporality [tempə'rælɪtɪ] *sb* zeitliche Befristung *f*
temporary ['tempərɪ] *adj* 1. (provisional) vorläufig, provisorisch; *sb* 2. (~ employee) Aushilfe *f*, Aushilfskraft *f*
temporary assistance ['tempərɪ ə'sɪstəns] *sb* Überbrückungsgeld *n*
temporary help ['tempərɪ help] *sb* Aushilfe *f*, Aushilfskraft *f*
temporary injunction ['tempərɪ ɪn'dʒʌŋkʃən] *sb* einstweilige Verfügung *f*
temporary joint venture ['tempərɪ dʒɔɪnt 'ventʃə] *sb* Gelegenheitsgesellschaft *f*
temporary restraining order ['tempərɪ rɪ'streɪnɪŋ 'ɔːdə] *sb* einstweilige Verfügung *f*
tenancy ['tenənsɪ] *sb* Mietverhältnis *n*, Pachtverhältnis *n*
tenant ['tenənt] *sb* Mieter(in) *m/f*

tenant's contribution to the construction costs ['tenənts kɒntrɪ'bjuːʃn tu ðə kən'strʌkʃn kɒsts] *sb* Baukostenzuschuss *m*
tenant's credit ['tenənts 'kredɪt] *sb* Pächterkredit *m*
tend [tend] *v* (a machine) bedienen
tendency ['tendənsɪ] *sb* Richtung *f*, Tendenz *f*
tender ['tendə] *sb* 1. Angebot *n*, Offerte *f*; Tender *m*; 2. legal ~ gesetzliches Zahlungsmittel *n*
tender agreement ['tendə ə'griːmənt] *sb* Submissionsvertrag *m*
tender date ['tendə deɪt] *sb* Ausschreibungstermin *m*
tender guarantee ['tendə gærən'tiː] *sb* Bietungsgarantie *f*
tender procedure ['tendə prə'siːdʒə] *sb* Tenderverfahren *n*
term [tɜːm] *sb* (period) Zeit *f*, Dauer *f*, Laufzeit *f*; (limit) Frist *f*
term account [tɜːm ə'kaʊnt] *sb* Festgeldkonto *n*
term for acceptance [tɜːm fɔː ək'septəns] *sb* Annahmefrist *f*, Akzeptfrist *f*
term for filing [tɜːm fɔː 'faɪlɪŋ] *sb* Einreichungsfrist *f*
term fund [tɜːm fʌnd] *sb* Laufzeitfonds *m*
terminable ['tɜːmɪnəbl] *adj* befristet, begrenzt
terminate ['tɜːmɪneɪt] *v* 1. (contract) ablaufen; 2. (sth) beenden, beschließen; 3. (a contract) kündigen
termination [tɜːmɪ'neɪʃn] *sb* Kündigung *f*
termination agreement [tɜːmɪ'neɪʃn ə'griːmənt] *sb* Abfindungsvertrag *m*
termination of business [tɜːmɪ'neɪʃn əv 'bɪznɪs] *sb* Betriebsaufgabe *f*
termination without notice [tɜːmɪ'neɪʃn wɪð'aʊt 'nəʊtɪs] *sb* fristlose Kündigung *f*
term of a contract [tɜːm əv ə 'kɒntrækt] *sb* Vertragsdauer *f*
term of delivery [tɜːm əv dɪ'lɪvərɪ] *sb* Lieferfrist *f*
term of maturity [tɜːm əv mə'tjʊərɪtɪ] *sb* Laufzeit *f*
term of protection [tɜːm əv prə'tekʃən] *sb* Schutzfrist *f*
terms and conditions of business [tɜːmz ænd kən'dɪʃnz əv 'bɪznɪs] *pl* Geschäftsbedingungen *f/pl*
terms and conditions of employment [tɜːmz ænd kən'dɪʃnz əv ɪm'plɔɪmənt] *pl* Arbeitsbedingungen *f/pl*

terms and conditions of issue [tɜːmz ænd kənˈdɪʃnz əv ˈɪʃuː] *pl* Emissionsbedingungen *f/pl*
terms of delivery [ˈtɜːmz əv dɪˈlɪvərɪ] *pl* Lieferbedingung *f*
terms of payment [ˈtɜːmz əv ˈpeɪmənt] *pl* Zahlungsbedingung *f*, Zahlungsfrist *f*
territory [ˈterɪtərɪ] *sb* (sales ~) Bezirk *m*, Bereich *m*
tertiary demand [ˈtɜːʃərɪ dɪˈmɑːnd] *sb* Tertiärbedarf *m*
tertiary sector [ˈtɜːʃərɪ ˈsektə] *sb* tertiärer Sektor *m*
test [test] *v* 1. testen, prüfen; *sb* 2. Test *m*, Prüfung *f*, Probe *f*; put sth to the ~ etw auf die Probe stellen; stand the ~ of time die Zeit überdauern; 3. (check) Kontrolle *f*
test case [test keɪs] *sb* Musterfall *m*
test market [test ˈmɑːkɪt] *sb* Testmarkt *m*
testate [ˈtesteɪt] *adj* ein Testament hinterlassend
testify [ˈtestɪfaɪ] *v* (in a courtroom, at the police) aussagen
testimonial [testɪˈməʊnjəl] *sb* 1. Zeugnis *n*; 2. (character recommendation) Empfehlungsschreiben *n*
testimony [ˈtestɪmənɪ] *sb* Aussage *f*
text configuration [tekst kɒnfɪɡjəˈreɪʃən] *sb* Textgestaltung *f*
theory [ˈθɪərɪ] *sb* Theorie *f*
theory of income determination [ˈθɪərɪ əv ˈɪnkʌm dɪtɜːmɪˈneɪʃn] *sb* Einkommenstheorie *f*
theory of interaction [ˈθɪərɪ əv ɪntəˈækʃn] *sb* Interaktionstheorie *f*
theory of interest [ˈθɪərɪ əv ˈɪntrəst] *sb* Zinstheorie *f*
think tank [ˈθɪŋk tæŋk] *sb* Denkfabrik *f*
third countries [θɜːd ˈkʌntrɪːz] *pl* Drittländer *f/pl*
third-party debtor [θɜːdˈpɑːtɪ ˈdetə] *sb* Drittschuldner *m*
third-party information [θɜːdˈpɑːtɪ ɪnfəˈmeɪʃn] *sb* Drittauskunft *f*
third-party liability insurance [θɜːdˈpɑːtɪ laɪəˈbɪlɪtɪ ɪnˈʃʊərəns] *sb* Haftpflichtversicherung *f*
third-party mortgage [θɜːdˈpɑːtɪ ˈmɔːɡɪdʒ] *sb* Fremdhypothek *f*
third-rate [ˈθɜːdreɪt] *adj* drittklassig, drittrangig
three months' money [ˈθriː mʌnθs ˈmʌnɪ] *sb* Dreimonatsgeld *n*
three months' papers [ˈθriː mʌnθs ˈpeɪpəz] *pl* Dreimonatspapier *n*
three-mile zone [θriːˈmaɪl zəʊn] *sb* (nautical) Dreimeilenzone *f*

thriftiness [ˈθrɪftɪnɪs] *sb* Sparsamkeit *f*, Wirtschaftlichkeit *f*
thrifty [ˈθrɪftɪ] *adj* sparsam
thrive [θraɪv] *v irr* (fig: do well) blühen, Erfolg haben
throw away [θrəʊ əˈweɪ] *v irr* wegwerfen; (fam: money) verschwenden
throw in [θrəʊ ɪn] *v irr* (with a purchase) mit in den Kauf geben, dazugeben, dreingeben
throw-in [ˈθrəʊɪn] *sb* Zugabe *f*
ticker [ˈtɪkə] *sb* Börsentelegraf *m*
ticker tape [ˈtɪkə teɪp] *sb* Lochstreifen *m*
ticket day [ˈtɪkɪt deɪ] *sb* Tag vor dem Abrechnungstag *m*
tide-over credit [ˈtaɪdəʊvə ˈkredɪt] *sb* Überbrückungskredit *m*
tied production [taɪd prəˈdʌkʃn] *sb* Koppelproduktion *f*
tight [taɪt] *adj* 1. (fig: money) knapp; (schedule) knapp bemessen; 2. (control) streng
till [tɪl] *sb* Ladenkasse *f*
time [taɪm] *sb* Zeit *f*; ~ and a half fünfzig Prozent Zuschlag
time bargain [taɪm ˈbɑːɡən] *sb* Termingeschäft *n*
timecard [ˈtaɪmkɑːd] *sb* Stempelkarte *f*
time clock [taɪm klɒk] *sb* Stechuhr *f*
time deposit [taɪm dɪˈpɒzɪt] *sb* Termineinlagen *f/pl*, Termingeld *n*, Festgeld *n*
time draft [taɪm drɑːft] *sb* Zeitwechsel *m*, Zeittratte *f*
time for delivery [taɪm fɔː dɪˈlɪvərɪ] *sb* Lieferfrist *f*
time-lag [ˈtaɪmlæɡ] *sb* Zeitverschiebung *f*
time limit [ˈtaɪm ˈlɪmɪt] *sb* Befristung *f*, Ablauffrist *f*
time loan [ˈtaɪm ləʊn] *sb* Ratenkredit *m*
timely [ˈtaɪmlɪ] *adj* fristgerecht
time of expiration [taɪm əv ekspɪˈreɪʃn] *sb* Verfallszeit *f*
time of validity [taɪm əv vəˈlɪdətɪ] *sb* Geltungsdauer *f*
time off [taɪm ɒf] *sb* Fehlzeiten *f/pl*
timescale [ˈtaɪmskeɪl] *sb* zeitlicher Rahmen *m*
time-share [ˈtaɪmʃeə] *adj* Timesharing...
time study [ˈtaɪm ˈstʌdɪ] *sb* Zeitstudie *f*
timetable [ˈtaɪmteɪbl] *sb* Zeittabelle *f*, Fahrplan *m* (fam)
time wages [taɪm ˈweɪdʒɪz] *pl* Zeitlohn *m*
time wasted [taɪm ˈweɪstɪd] *sb* Leerlauf *m*
time-weighted life insurance [ˈtaɪmweɪtɪd ˈlaɪf ɪnˈʃʊərəns] *sb* dynamische Lebensversicherung *f*

time work [taɪm wɜːk] *sb* nach Zeit bezahlte Arbeit *f*, Zeitarbeit *f*
time work rate [taɪm wɜːk reɪt] *sb* Stundenlohnsatz *m*
time zone ['taɪm zəʊn] *sb* Zeitzone *f*
tip [tɪp] *sb* (for rubbish) Abladeplatz *m*; (for coal) Halde *f*
tipper ['tɪpə] *sb* (lorry) Kipplaster *m*
title [taɪtl] *sb* 1. Rechtsanspruch *m*; 2. (to property) Eigentumsrecht *n*; 3. (document) Eigentumsurkunde *f*
title deed [taɪtl diːd] *sb* Eigentumsurkunde *f*, Besitzurkunde *f*
title-evidencing instrument [taɪtl'evɪdənsɪŋ 'ɪnstrəmənt] *sb* Legitimationspapiere *n/pl*
title of account [taɪtl əv ə'kaʊnt] *sb* Kontenbezeichnung *f*
titre [tiːtrə] *sb* Feingehalt *m*
tobacco exchange [tə'bækəʊ ɪks'tʃeɪndʒ] *sb* Tabakbörse *f*
token ['təʊkən] *sb* 1. (voucher) Gutschein *m*; 2. (sign) Zeichen *n*
token payment ['təʊkən 'peɪmənt] *sb* symbolische Bezahlung *f*
toll [təʊl] *sb* 1. Zoll *m*, Gebühr *f*; 2. (for a road) Straßengebühr *f*, Maut *f*
toll road ['təʊl rəʊd] *sb* gebührenpflichtige Straße *f*, Mautstraße *f*
tonnage ['tʌnɪdʒ] *sb* Tonnage *f*
tonne [tʌn] *sb* Tonne *f*
tool [tuːl] *sb* Werkzeug *n*, Gerät *n*, Instrument *n*
tool wear [tuːl weə] *sb* Maschinenverschleiß *m*
top [tɒp] *adj* 1. oberste(r,s), höchste(r,s); 2. (first-rate) erstklassig, Top... (fam), Spitzen...
top-down principle [tɒp'daʊn 'prɪnsɪpl] *sb* Top-Down-Prinzip *n*
topical ['tɒpɪkəl] *adj* aktuell
top-level [tɒp'levl] *adj* Spitzen...
top management [tɒp 'mænɪdʒmənt] *sb* Top-Management *n*
top price [tɒp praɪs] *sb* Höchstpreis *m*
top wage [tɒp weɪdʒ] *sb* Spitzenlohn *m*
total [təʊtl] *v* 1. (add) zusammenzählen, zusammenrechnen; 2. (amount to) sich belaufen auf; *sb* 3. Gesamtsumme *f*, Gesamtbetrag *m*
total amount [təʊtl ə'maʊnt] *sb* Gesamtsumme *f*, Gesamtbetrag *m*
total capital profitability [təʊtl 'kæpɪtl ˌprɒfɪtə'bɪlɪtɪ] *sb* Gesamtkapitalrentabilität *f*
total claim [təʊtl kleɪm] *sb* Gesamtforderung *f*
total costs [təʊtl kɒsts] *pl* Gesamtkosten *pl*
total credit outstanding [təʊtl 'kredɪt aʊt'stændɪŋ] *sb* Kreditvolumen *n*

total debt [təʊtl det] *sb* Gesamtschuld *f*
total delivery [təʊtl dɪ'lɪvərɪ] *sb* Gesamtlieferung *f*
total loss [təʊtl lɒs] *sb* Totalschaden *m*
total loss only (t. l. o.) [təʊtl lɒs 'əʊnlɪ] *adv* nur gegen Totalverlust versichert (t.l.o.)
total market value [təʊtl 'mɑːkɪt 'væljuː] *sb* Gesamtkurs *m*
total proceeds [təʊtl 'prəʊsiːdz] *pl* Gesamtertrag *m*
total result [təʊtl rɪ'zʌlt] *sb* Totalerfolg *m*
touch screen [tʌtʃ skriːn] *sb* Sensorbildschirm *m*
tour schedule [tʊə 'ʃedjuːl] *sb* Tourenplan *m*
toxic ['tɒksɪk] *adj* giftig
toxic waste ['tɒksɪk 'weɪst] *sb* Giftmüll *m*
toxin ['tɒksɪn] *sb* Giftstoff *m*
tracer note ['treɪsə nəʊt] *sb* Kontrollmitteilung *f*
trade [treɪd] *v* 1. handeln, Handel treiben; ~ in sth mit etw handeln; ~ sth for sth etw gegen etw tauschen; ~ in one's car sein Auto in Zahlung geben; *sb* 2. (commerce) Handel *m*, Gewerbe *n*; 3. (exchange) Tausch *m*; 4. (line of work) Branche *f*; know all the tricks of the ~ alle Kniffe kennen; by ~ von Beruf
trade and commerce [treɪd ænd 'kɒmɜːs] *sb* Handelsverkehr *m*
trade analysis [treɪd ə'nælɪsɪs] *sb* Branchenanalyse *f*
trade association [treɪd əsəʊsɪ'eɪʃən] *sb* Wirtschaftsverband *m*
trade balance [treɪd 'bæləns] *sb* Handelsbilanz *f*
trade barrier [treɪd 'bærɪə] *sb* Handelsschranke *f*
trade brand [treɪd brænd] *sb* Handelsmarke *f*
trade certificate [treɪd sə'tɪfɪkət] *sb* Gewerbeschein *m*
trade centre [treɪd 'sentə] *sb* Handelsplatz *m*, Handelszentrum *n*
trade clause [treɪd klɔːz] *sb* Handelsklausel *f*
trade comparison [treɪd kəm'pærɪsən] *sb* Branchenvergleich *m*
trade credit [treɪd 'kredɪt] *sb* Warenkredit *m*
trade cycle [treɪd saɪkl] *sb* Konjunkturzyklus *m*, Wirtschaftskreislauf *m*
trade debtor [treɪd 'detə] *sb* Kontokorrentschuldner(in) *m/f*
trade discount [treɪd 'dɪskaʊnt] *sb* Händlerrabatt *m*

trade-earnings tax [treɪdˈɜːnɪŋs tæks] sb Gewerbeertragssteuer f
trade embargo [treɪd ɪmˈbɑːgəʊ] sb Handelsembargo n
trade expert [treɪd ˈekspɜːt] sb Branchenkenner m
trade fair [treɪd feə] sb Handelsmesse f
trade-in [ˈtreɪdɪn] sb In-Zahlung-Gegebenes n
trademark [ˈtreɪdmɑːk] v 1. gesetzlich schützen lassen; sb 2. Markenzeichen n, Warenzeichen n
trademark protection [treɪdmɑːk prəˈtekʃən] sb Markenschutz m
trade mission [treɪd ˈmɪʃən] sb Handelsmission f
trade name [treɪd neɪm] sb Handelsname m
trade practice [treɪd ˈpræktɪs] sb Handelsbrauch m, Handelsusancen f/pl
trader [ˈtreɪdə] sb 1. (person) Händler m; (ship) 2. Handelsschiff n
trade-registered article [treɪdˈredʒɪstəd ˈɑːtɪkəl] sb Markenartikel m
Trade Regulation Act [treɪd regjʊˈleɪʃn ækt] sb Gewerbeordnung (GewO) f
trade relations [treɪd rɪˈleɪʃənz] pl Handelsbeziehungen f/pl
trade restrictions [treɪd rɪˈstrɪkʃənz] pl Handelsbeschränkungen f/pl
trade school [treɪd skuːl] sb Berufsschule f
trade secret [treɪd ˈsiːkrɪt] sb Betriebsgeheimnis n
tradesman [ˈtreɪdzmən] sb 1. Händler m; 2. (craftsman) Handwerker m
trade structure [treɪd ˈstrʌktʃə] sb Branchenstruktur f
trade supervisory authority [treɪd suːpəˈvaɪzərɪ ɔːˈθɒrɪtɪ] sb Gewerbeaufsichtsamt n
trade surplus [treɪd ˈsɜːpləs] sb Handelsüberschuss m
trade tariff [treɪd ˈtærɪf] sb Gütertarif m
trade tax [treɪd tæks] sb Gewerbesteuer f
trade tax on capital [treɪd tæks ɒn ˈkæpɪtl] sb Gewerbekapitalsteuer f
trade union [treɪd ˈjuːnɪən] sb Gewerkschaft f
trade union bank [treɪd ˈjuːnjən bæŋk] sb Gewerkschaftsbank f
trade war [treɪd wɔː] sb Handelskrieg m
trading [ˈtreɪdɪŋ] sb Handel m, Handeln n
trading account [ˈtreɪdɪŋ əˈkaʊnt] sb Verkaufskonto n
trading area [ˈtreɪdɪŋ ˈeərɪə] sb Absatzgebiet n, Handelszone f

trading chain [ˈtreɪdɪŋ tʃeɪn] sb Handelskette f
trading estate [ˈtreɪdɪŋ ɪˈsteɪt] sb Gewerbegebiet n
trading in calls [ˈtreɪdɪŋ ɪn kɔːlz] sb Vorprämiengeschäft n
trading in foreign exchange [ˈtreɪdɪŋ ɪn ˈfɒrən ɪksˈtʃeɪndʒ] sb Usancenhandel m
trading in futures on a stock exchange [ˈtreɪdɪŋ ɪn ˈfjuːtʃəs ɒn ə stɒk ɪksˈtʃeɪndʒ] sb Börsentermingeschäfte n/pl
trading in options [ˈtreɪdɪŋ ɪn ˈɒpʃəns] sb Optionshandel m
trading in security futures [ˈtreɪdɪŋ ɪn sɪˈkjʊərɪtɪ ˈfjuːtʃəs] sb Wertpapier-Terminhandel m
trading limit [ˈtreɪdɪŋ ˈlɪmɪt] sb Kurslimit n
trading margin [ˈtreɪdɪŋ ˈmɑːdʒɪn] sb Handelsspanne f
trading on own account [ˈtreɪdɪŋ ɒn əʊn əˈkaʊnt] sb Eigenhandel m
trading partner [ˈtreɪdɪŋ ˈpɑːtnə] sb Handelspartner m
trading-up [ˈtreɪdɪŋʌp] sb Sortimentsanhebung f
traffic [ˈtræfɪk] sb 1. Verkehr m; 2. (trade) Handel m
train [treɪn] v (s.o.) ausbilden
trainee [treɪˈniː] sb Auszubildende(r) f/m, Lehrling m, Praktikant(in) m/f
trainer [ˈtreɪnə] sb (instructor) Ausbilder m
training [ˈtreɪnɪŋ] sb Ausbildung f, Schulung f
training relationship [ˈtreɪnɪŋ rɪˈleɪʃnʃɪp] sb Ausbildungsverhältnis n
training staff [ˈtreɪnɪŋ stɑːf] sb Schulungspersonal n
tranche [trɑːnʃ] sb Tranche f
transact [trænˈzækt] v führen, abschließen
transaction [trænˈzækʃən] sb Geschäft n, Transaktion f
transaction balance [trænˈzækʃn ˈbæləns] sb Transaktionskasse f
transaction number [trænˈzækʃn ˈnʌmbə] sb Transaktionsnummer (TAN) f
transactions for third account [trænˈzækʃnz fɔː θɜːd əˈkaʊnt] sb Kundengeschäft n
transactions on own account [trænˈzækʃnz ɒn əʊn əˈkaʊnt] sb Eigengeschäft n
transcript [ˈtrænskrɪpt] sb Kopie f; (of a tape) Niederschrift f
transcription error [trænˈskrɪpʃən ˈerə] sb Übertragungsfehler m

transfer [træns'fɜː] v 1. (money between accounts) überweisen 2. (an employee) versetzen; ['trænsfɜː] sb 3. (handing over) Transfer m, Übertragung f; (of funds) Überweisung f; 4. (of an employee) Versetzung f

transferable [træns'fɜːrəbl] adj übertragbar

transfer account ['trænsfɜː ə'kaʊnt] sb Kontokorrentkonto n, Girokonto n

transfer agreement ['trænsfɜː ə'griːmənt] sb Transferabkommen n

transfer bank ['trænsfɜː bæŋk] sb Girobank f

transfer cheque ['trænsfɜː tʃek] sb Überweisungsscheck m

transfer expenditure ['trænsfɜː ɪks'pendɪdʒʊə] sb Transferausgaben f/pl

transfer in blank ['trænsfɜː ɪn blæŋk] sb Blankozession f

transfer of an entry ['trænsfɜː əv ən 'entrɪ] sb Umbuchung f

transfer of money by means of a clearing ['trænsfɜː əv 'mʌnɪ baɪ miːns əv ə 'klɪərɪŋ] sb Giroverkehr m

transfer of ownership ['trænsfɜː əv 'əʊnəʃɪp] sb Eigentumsübertragung f

transfer of profit ['trænsfɜː əv 'prɒfɪt] sb Gewinnabführung f

transfer of resources ['trænsfɜː əv rɪ'sɔːsɪz] sb Ressourcentransfer m

transfer of technology ['trænsfɜː əv tek'nɒlədʒɪ] sb Technologietransfer m

transfer payments ['trænsfɜː 'peɪmənts] pl Transferleistungen f/pl

transfer prices ['trænsfɜː 'praɪsɪz] pl Verrechnungspreise m/pl

transfer voucher ['trænsfɜː 'vaʊtʃə] sb Überweisungsbeleg m, Überweisungsformular n

transit ['trænzɪt] sb Durchreise f, Transit m

transit certificate ['trænzɪt sə'tɪfɪkət] sb Durchgangsschein m

transit duty ['trænzɪt 'djuːtɪ] sb Transitzoll m

transition [træn'zɪʃən] sb Übergang m

transitional arrangement [træn'zɪʃənəl ə'reɪndʒmənt] sb Übergangsregelung f

transitional pay [træn'zɪʃənəl peɪ] sb Übergangsgeld n

transit item ['trænzɪt 'aɪtəm] sb durchlaufender Posten m

transit trade ['trænzɪt treɪd] sb Transithandel m

transmission [trænz'mɪʃən] sb Übertragung f; (of news) Übermittlung f

transmitted accounts [trænz'mɪtɪd ə'kaʊnts] pl durchlaufende Gelder n/pl

transmitted loans [trænz'mɪtɪd 'ləʊns] pl durchlaufende Kredite m/pl

transnational corporations [trænz'næʃənl kɔːpə'reɪʃnz] pl transnationale Unternehmung f

transparency [træn'spærənsɪ] sb Transparenz f

transparency of the market [træn'pærənsɪ əv ðə 'mɑːkɪt] sb Markttransparenz f

transport [træns'pɔːt] v 1. transportieren, befördern; ['trænspɔːt] sb 2. Transport m, Beförderung f

transportation [trænspɔː'teɪʃən] sb 1. Transport m, Beförderung f; 2. (means of ~) Beförderungsmittel n

transportation insurance against all risks (a. a. r.) [trænspɔː'teɪʃn ɪn'ʃʊərəns ə'gænst ɔːl rɪsks] sb Transportversicherung gegen alle Risiken (a.a.r.) f

transport chain ['trænspɔːt tʃeɪn] sb Transportkette f

transport documents ['trænspɔːt 'dɒkjʊmənts] sb Transportpapiere n/pl

transport insurance ['trænspɔːt ɪn'sʊərəns] sb Transportversicherung f

transship [træns'ʃɪp] v umladen, umschlagen

transshipment [træns'ʃɪpmənt] sb Umschlag m

travel accident ['trævəl 'æksɪdənt] sb Wegeunfall m

traveling salesman ['trævəlɪŋ 'seɪlzmən] sb Handlungsreisender m

traveller's letter of credit ['trævələz 'letə əv 'kredɪt] sb Reisekreditbrief m

travelling expenses ['trævəlɪŋ ɪk'spensɪz] pl Reisespesen pl

tray [treɪ] sb (for papers) Ablagekorb m

treasury ['treʒərɪ] sb the Treasury (UK) Finanzministerium n; Fiskus m

treasury bill ['treʒərɪ bɪl] sb Schatzwechsel m, Treasury Bill m

treasury bond ['treʒərɪ bɒnd] sb Schatzanweisung f, Treasury Bond m

treasury note ['treʒərɪ nəʊt] sb Treasury Note f

treasury stock ['treʒərɪ stɒk] sb Verwaltungsaktien pl

trend analysis [trend ə'næləsɪs] sb Trendanalyse f

trend in prices [trend ɪn 'praɪsɪz] sb Preisentwicklung f

trend of demand [trend əv dɪ'mɑːnd] sb Nachfrageentwicklung f

trend of the market [trend əv ðə 'mɑːkɪt] sb Börsenentwicklung f

trespass ['trespəs] v unbefugt betreten; *"no -ing"* „Betreten verboten"
trespasser ['trespəsə] sb Unbefugte(r) f/m
triable ['traɪəbl] adj verhandelbar, verhandlungsfähig
triad ['traɪəd] sb Triade f
trial ['traɪəl] sb 1. Prozess m, Verfahren n; 2. (test) Probe f; *on a ~ basis* probeweise
trial package ['traɪəl 'pækɪdʒ] sb Probepackung f
trial period ['traɪəl 'piːrɪəd] sb Probezeit f
trial run ['traɪəl rʌn] sb Versuchslauf m
trial shipment ['traɪəl 'ʃɪpmənt] sb Probelieferung f
triangular arbitrage [traɪ'æŋɡjʊlə 'ɑːbɪtrɪdʒ] sb Dreiecksarbitrage f
triangular transaction [traɪ'æŋɡjʊlə træn'zækʃən] sb Dreiecksgeschäft n
trillion ['trɪljən] sb (UK) Trillion f; (US) Billion f
trim [trɪm] v (fig: a budget) kürzen
trivial damage ['trɪvɪəl 'dæmɪdʒ] sb Bagatellschaden m
troy ounce ['trɔɪ aʊns] sb Feinunze f
truck [trʌk] sb (US) Lastwagen m, Laster m
truckage ['trʌkɪdʒ] sb 1. (transport) Transport m; 2. (charge) Transportkosten pl, Rollgeld n
trucking ['trʌkɪŋ] sb 1. Transport m; 2. (bartering) Tauschgeschäfte n/pl
truckload ['trʌkləʊd] sb Lkw-Ladung f
trunk call [trʌŋk kɔːl] sb (UK) Ferngespräch n
trust [trʌst] sb 1. Treuhand f; 2. Stiftung f; 3. Investmentfonds m
trust account [trʌst ə'kaʊnt] sb Treuhandkonto n, Anderkonto n
trust assets [trʌst 'æsəts] pl Treuhandvermögen n
trust banks [trʌst bæŋks] pl Treuhandbanken f/pl
trust business [trʌst 'bɪznɪs] sb Treuhandwesen n
trust company [trʌst 'kʌmpəni] sb Treuhandgesellschaft f, Verwaltungsgesellschaft f
trust deposits [trʌst dɪ'pɒzɪts] pl Treuhanddepots n/pl
trust funds [trʌst fʌndz] pl Treuhandfonds m
trust investment [trʌst ɪn'vestmənt] sb Fondsanlagen f/pl
trust manager [trʌst 'mænɪdʒə] sb Fondsverwalter(in) m/f
trustee [trʌs'tiː] sb Treuhänder m; (of an institution) Verwalter m

trustee securities [trʌsˈtiː sɪˈkjʊərɪtiːz] pl mündelsichere Papiere n/pl
trusteeship [trʌsˈtiːʃɪp] sb Treuhandschaft f, Mandat n
try [traɪ] v (a case) verhandeln
turn down [tɜːn daʊn] v ablehnen, absagen
turn out [tɜːn aʊt] v (produce) hervorbringen
turnabout ['tɜːnəbaʊt] sb Wende f, Wendung f
turnaround ['tɜːnəraʊnd] sb Turnaround n
turnkey projects ['tɜːnki 'prɒdʒekts] pl Turnkey-Projekte n/pl
turnout ['tɜːnaʊt] sb Beteiligung f, Teilnahme f
turnover ['tɜːnəʊvə] sb Umsatz m
turnover allowance ['tɜːnəʊvə ə'laʊəns] sb Umsatzbonifikation f
turnover balance ['tɜːnəʊvə 'bæləns] sb Summenbilanz f
turnover forecast ['tɜːnəʊvə 'fɔːkɑːst] sb Umsatzprognose f
turnover increase ['tɜːnəʊvə 'ɪnkriːs] sb Umsatzanstieg m
turnover of money ['tɜːnəʊvə əv 'mʌni] sb Geldumsatz m
turnover plan ['tɜːnəʊvə plæn] sb Umsatzplan m
turnover tax ['tɜːnəʊvə tæks] sb Umsatzsteuer f
turnover trend ['tɜːnəʊvə trend] sb Umsatzentwicklung f
tutorial [tjuːˈtɔːrɪəl] sb Benutzerhandbuch n
two-tier exchange rate [tuːˈtɪər ɪksˈtʃeɪndʒ reɪt] sb gespaltene Wechselkurse m/pl
two-tier foreign exchange market [tuːˈtɪər ˈfɒrən ɪksˈtʃeɪndʒ ˈmɑːkɪt] sb gespaltener Devisenmarkt m
two-way package [tuːˈweɪ ˈpækɪdʒ] sb Mehrwegverpackung f
type [taɪp] v (use a typewriter) Maschine schreiben, tippen (fam); (sth) tippen, mit der Maschine schreiben
type purchase [taɪp ˈpɜːtʃəs] sb Typenkauf m
types of deposit [taɪps əv dɪˈpɒzɪt] pl Depotarten f/pl
types of issuing [taɪps əv ˈɪʃuːɪŋ] pl Emissionsarten f/pl
types of property [taɪps əv ˈprɒpəti] pl Vermögensarten f/pl
typification [taɪpɪfɪˈkeɪʃn] sb Typisierung f
typist [ˈtaɪpɪst] sb Schreibkraft f
typographical error [taɪpəˈɡræfɪkəl ˈerə] sb Tippfehler m; (printing error) Druckfehler m

U

ultimate [ˈʌltɪmət] *adj* 1. *(last)* letzte(r,s), endgültig; 2. *(greatest possible)* äußerste(r,s)
ultimate buyer [ˈʌltɪmət ˈbaɪə] *sb* Endabnehmer *m*
ultimate consumer [ˈʌltɪmət kənˈsjuːmə] *sb* Endverbraucher *m*, Endkonsumer *m*
ultimatum [ʌltɪˈmeɪtəm] *sb* Ultimatum *n*
ultimo [ˈʌltɪməʊ] *adv* am letzten des Monats
umbrella agreement [ʌmˈbrelə əˈgriːmənt] *sb* Rahmenabkommen *n*
umbrella brand [ʌmˈbrelə brænd] *sb* Dachmarke *f*
umbrella company [ʌmˈbrelə ˈkʌmpəni] *sb* Dachgesellschaft *f*
umbrella effect [ʌmˈbrelə ɪˈfekt] *sb* Umbrella-Effekt *m*
umbrella logo [ʌmˈbrelə ˈləʊgəʊ] *sb* Konzernlogo *n*
umbrella marketing [ʌmˈbrelə ˈmɑːkɪtɪŋ] *sb* Gemeinschaftswerbung *f*
unable to contract [ʌnˈeɪbl tu kənˈtrækt] *adj* geschäftsunfähig
unacceptability of continued employment [ʌnəkseptəˈbɪlɪti əv kənˈtɪnjuːd ɪmˈplɔɪmənt] *sb* Unzumutbarkeit der Weiterbeschäftigung *f*
unacceptable [ʌnəkˈseptəbl] *adj* nicht akzeptabel, unannehmbar
unaddressed printed matter posted in bulk [ˈʌnədrest ˈprɪntɪd ˈmætə ˈpəʊstɪd ɪn ˈbʌlk] *sb* Postwurfsendung *f*
unanimity [juːˈnɪmɪti] *sb* Einstimmigkeit *f*
unanimous [juːˈnænɪməs] *adj* einstimmig
unannounced [ʌnəˈnaʊnst] *adj* unangemeldet
unauthorized [ʌnˈɔːθəraɪzd] *adj* unbefugt
unavailable [ʌnəˈveɪləbl] *adj* nicht erhältlich, nicht verfügbar
uncertified [ʌnˈsɜːtɪfaɪd] *adj* unbeglaubigt
unconditional [ʌnkənˈdɪʃənl] *adj* bedingungslos; *(offer, agreement)* vorbehaltlos
unconvertible [ʌnkənˈvɜːtəbl] *adj* nicht konvertierbar
uncovered cheque [ʌnˈkʌvəd tʃek] *sb* ungedeckter Scheck *m*
uncovered credit [ʌnˈkʌvəd ˈkredɪt] *sb* ungedeckter Kredit *m*
uncredited [ʌnˈkredɪtɪd] *adj* nicht gutgeschrieben
undeclared [ʌndɪˈkleəd] *adj* unverzollt

under separate cover [ˈʌndə ˈsepərɪt ˈkʌvə] *sb* mit getrennter Post
underbidder [ˈʌndəˈbɪdə] *sb* Unterbieter(in) *m/f*
undercapitalization [ʌndəkæpɪtəlaɪˈzeɪʃən] *sb* Unterkapitalisierung *f*
undercharge [ʌndəˈtʃɑːdʒ] *v* zu wenig berechnen
undercut [ʌndəˈkʌt] *v irr (prices)* unterbieten
underemployment [ʌndəɪmˈplɔɪmənt] *sb* Unterbeschäftigung *f*
underestimate [ʌndəˈrestɪmeɪt] *v* unterschätzen
underground economy [ˈʌndəgraʊnd ɪˈkɒnəmi] *sb* Schattenwirtschaft *f*
underpaid [ʌndəˈpeɪd] *adj* unterbezahlt
underprice [ʌndəˈpraɪs] *v* unter Preis anbieten
underquote [ʌndəˈkwəʊt] *v* unterbieten
undersell [ʌndəˈsel] *v* unterbieten
understaffed [ʌndəˈstɑːft] *adj* unterbesetzt
understanding [ʌndəˈstændɪŋ] *sb (agreement)* Vereinbarung *f*, Abmachung *f*; come to an ~ with s.o. zu einer Einigung mit jdm kommen; on the ~ that ... unter der Voraussetzung, dass ...
understood [ʌndəˈstʊd] *adj (agreed)* vereinbart, festgesetzt
undertake [ʌndəˈteɪk] *v irr* unternehmen; *(a task)* übernehmen; *(a risk)* eingehen
undertaking [ʌndəˈteɪkɪŋ] *sb* 1. Unternehmen *n*; 2. *(task)* Aufgabe *f*; 3. *(risky ~, bold ~)* Unterfangen *n*
undertaking of guarantee [ʌndəˈteɪkɪŋ əv gærənˈtiː] *sb* Garantieleistung *f*
undervaluation [ʌndəvæljuːˈeɪʃən] *sb* Unterbewertung *f*
undervalue [ʌndəˈvæljuː] *v* unterschätzen, unterbewerten
underwriter [ˈʌndəraɪtə] *sb* Versicherer *m*
underwriting agent [ʌndəˈraɪtɪŋ ˈeɪdʒənt] *sb* Versicherungsvertreter(in) *m/f*, Versicherungsagent(in) *m/f*
underwriting bank [ʌndəˈraɪtɪŋ bæŋk] *sb* Syndikatsbank *f*
underwriting business [ʌndəˈraɪtɪŋ ˈbɪsnɪs] *sb* Versicherungsgeschäft *n*
underwriting commission [ʌndəˈraɪtɪŋ kəˈmɪʃən] *sb* Konsortia lprovision *f*, Bonifikation *f*

underwriting commitment [ˌʌndəˈraɪtɪŋ kəˈmɪtmənt] sb Konsortialverpflichtung f
underwriting costs [ˌʌndəˈraɪtɪŋ kɒsts] sb Kapitalkosten pl, Emissionskosten pl
underwriting limit [ˌʌndəˈraɪtɪŋ ˈlɪmɪt] sb (insurance) Zeichnungsgrenze f
underwriting premium [ˌʌndəˈraɪtɪŋ ˈpriːmɪəm] sb Emissionsagio n
unearned income [ʌnˈɜːnd ˈɪnkʌm] sb Kapitaleinkommen n, Besitzeinkommen n
uneconomical [ˌʌnekəˈnɒmɪkl] adj unwirtschaftlich, unökonomisch
unemployed [ˌʌnɪmˈplɔɪd] adj arbeitslos
unemployed person [ˌʌnɪmˈplɔɪd ˈpɜːsn] sb Erwerbslose(r) f/m
unemployment [ˌʌnɪmˈplɔɪmənt] sb Arbeitslosigkeit f
unemployment benefit [ˌʌnɪmˈplɔɪmənt ˈbenɪfɪt] sb Arbeitslosengeld n
unemployment insurance [ˌʌnɪmˈplɔɪmənt ɪnˈʃʊərəns] sb Arbeitslosenversicherung f
unemployment rate [ˌʌnɪmˈplɔɪmənt reɪt] sb Arbeitslosenrate f
unencumbered [ˌʌnɪnˈkʌmbəd] adj schuldenfrei, hypothekenfrei
unethical [ʌnˈeθɪkl] adj sittenwidrig
unfair advertising [ˈʌnfeə ˈædvətaɪzɪŋ] sb unlautere Werbung f
unfair competition [ˌʌnfeə kɒmpəˈtɪʃn] sb unlauterer Wettbewerb m
unfilled [ʌnˈfɪld] adj 1. unerledigt; 2. (vacant) offen, frei, vakant
unfitness for work [ʌnˈfɪtnɪs fɔː wɜːk] sb Arbeitsunfähigkeit f
unified balance sheet [ˈjuːnɪfaɪd ˈbæləns ʃiːt] sb Einheitsbilanz f
unified company [ˈjuːnɪfaɪd ˈkʌmpəni] sb Einheitsgesellschaft f
unified currency [ˈjuːnɪfaɪd ˈkʌrənsi] sb Einheitswährung f
uniform [ˈjuːnɪfɔːm] adj einheitlich, gleich
uniform classification of accounts for industrial enterprises [ˈjuːnɪfɔːm klæsɪfɪˈkeɪʃn əv əˈkaʊnts fɔː ɪnˈdʌstrɪəl ˈentəpraɪzɪz] sb Industriekontenrahmen (IKR) m
uniform duty [ˈjuːnɪfɔːm ˈdjuːti] sb Einheitszoll m
uniformity [ˌjuːnɪˈfɔːmɪti] sb Einförmigkeit f, Gleichförmigkeit f, Eintönigkeit f
uniform price [ˈjuːnɪfɔːm praɪs] sb Einheitskurs m
uniform system of accounts for the wholesale trade [ˈjuːnɪfɔːm ˈsɪstəm əv əˈkaʊnts fɔː ðə ˈhəʊlseɪl treɪd] sb Großhandelskontenrahmen m

unilateral [juːnɪˈlætərəl] adj einseitig
unilateral transfer [juːnɪˈlætərəl ˈtrænsfɜː] sb einseitige Übertragung f
union [ˈjuːnjən] sb 1. (group) Vereinigung f, Verband m, Verein m; 2. (labor ~, trade ~) Gewerkschaft f
union affiliation [ˈjuːnjən əfɪlɪˈeɪʃən] sb Gewerkschaftszugehörigkeit f
union contract [ˈjuːnjən ˈkɒntrækt] sb Tarifvertrag m, Tarifabschluss m
union funds [ˈjuːnjən fʌnds] sb Gewerkschaftskasse f
union leader [ˈjuːnjən ˈliːdə] sb Gewerkschaftsführer(in) m/f
union official [ˈjuːnjən əˈfɪʃl] sb Gewerkschaftsfunktionär(in) m/f
unionism [ˈjuːnjənɪzm] sb Gewerkschaftswesen n
unionist [ˈjuːnjənɪst] sb Gewerkschaftler(in) m/f
unit [ˈjuːnɪt] sb Einheit f
unit billing [ˈjuːnɪt ˈbɪlɪŋ] sb Sammelabrechnung f
unit certificate [ˈjuːnɪt səˈtɪfɪkət] sb Anteilscheine m/pl
unit cost accounting [ˈjuːnɪt kɒst əˈkaʊntɪŋ] sb Stückkostenkalkulation f
unit depreciation [ˈjuːnɪt dɪpriːʃɪˈeɪʃən] sb Einzelabschreibung f
unit holder [ˈjuːnɪt ˈhəʊldə] sb Anteilsscheinbesitzer(in) m/f
unit-linked [ˈjuːnɪtlɪŋkt] adj fondsgebunden
unit of account [ˈjuːnɪt əv əˈkaʊnt] sb Rechnungseinheit f
unit of manufacture [ˈjuːnɪt əv mænjʊˈfæktʃə] sb Fertigungseinheit f
unit of organization [ˈjuːnɪt əv ɔːɡənaɪˈzeɪʃn] sb Unternehmenseinheit f
unit of reference [ˈjuːnɪt əv ˈrefrəns] sb Bezugsgröße f
unit of value [ˈjuːnɪt əv ˈvæljuː] sb Währungseinheit f, Werteinheit f
unit of work [ˈjuːnɪt əv wɜːk] sb Arbeitseinheit f
unit production [ˈjuːnɪt prəˈdʌkʃn] sb Stückproduktion f, Einzelfertigung f
unit trust fund [ˈjuːnɪt trʌst fʌnd] sb Investmentfonds m
United Nations Conferences on Trade and Development [juˈnaɪtɪd ˈneɪʃns ˈkɒnfərənsɪz ɒn ˈtreɪd ænd dɪˈveləpmənt] sb Welthandelskonferenzen f/pl
United Nations Industrial Development Organization [juˈnaɪtɪd ˈneɪʃns ɪnˈdʌstrɪəl

dɪˈveləpmənt ɔːɡənaɪˈzeɪʃən] sb Organisation der Vereinten Nationen für industrielle Entwicklung f

universal [juːnɪˈvɜːsəl] adj 1. universal, Universal..., Welt...; 2. (general) allgemein

unlawful [ʌnˈlɔːfʊl] adj rechtswidrig, gesetzwidrig, ungesetzlich

unlimited power [ˈʌnlɪmɪtɪd ˈpaʊə] sb Generalvollmacht f

unlimited tax liability [ˈʌnlɪmɪtɪd tæks laɪəˈbɪlɪtɪ] sb unbeschränkte Steuerpflicht f

unlisted [ʌnˈlɪstɪd] adj 1. nicht verzeichnet; 2. (stock-exchange) unnotiert

unlisted securities [ʌnˈlɪstɪd sɪˈkjʊərɪtiːz] pl unnotierte Werte m/pl

unload [ʌnˈləʊd] v (freight) ausladen

unmortgaged [ʌnˈmɔːɡɪdʒd] adj hypothekenfrei, unbelastet

unofficial [ʌnəˈfɪʃəl] adj inoffiziell

unofficial dealings [ʌnəˈfɪʃl ˈdiːlɪŋs] pl Freiverkehr m

unofficial dealings committee [ʌnəˈfɪʃl ˈdiːlɪŋs kəˈmɪtiː] sb Freiverkehrsausschuss m

unofficial market [ʌnəˈfɪʃl ˈmɑːkɪt] sb geregelter Freiverkehr m

unofficial stock market [ʌnəˈfɪʃl ˈstɒk ˈmɑːkɪt] sb Kulisse f

unpacked [ʌnˈpækt] adj unverpackt

unpaid [ʌnˈpeɪd] adj unbezahlt

unpaid bill of exchange [ʌnˈpeɪd bɪl əv ɪksˈtʃeɪndʒ] sb Rückwechsel m

unpaid vacation [ʌnˈpeɪd veɪˈkeɪʃən] sb unbezahlter Urlaub m

unproductive [ʌnprəˈdʌktɪv] adj unproduktiv, unergiebig

unprofitable [ʌnˈprɒfɪtəbl] adj wenig einträglich, unrentabel

unqualified [ʌnˈkwɒlɪfaɪd] adj (applicant) unqualifiziert, nicht qualifiziert

unquoted securities [ˈʌnkwəʊtɪd sɪˈkjʊərɪtiːz] pl amtlich nicht notierte Werte m/pl

unquoted share [ˈʌnkwəʊtɪd ʃeə] sb nichtnotierte Aktie f

unredeemable bond [ʌnrɪˈdiːməbl bɒnd] sb Dauerschuldverschreibung f

unreserved [ʌnrɪˈzɜːvd] adj uneingeschränkt

unrestricted retained earnings [ʌnrɪˈstrɪktɪd rɪˈteɪnd ˈɜːnɪŋs] pl freie Rücklage f

unsailable [ʌnˈseɪləbl] adj unverkäuflich

unsecured credit [ʌnsɪˈkjʊəd ˈkredɪt] sb Blankokredit m

unsettled account [ʌnˈsetld əˈkaʊnt] sb offene Rechnung f

untaxed [ʌnˈtækst] adj steuerfrei, unbesteuert

unused [ʌnˈjuːzd] adj ungenutzt

unwarranted [ʌnˈwɒrəntɪd] adj ohne Garantie

upbeat [ˈʌpbiːt] adj optimistisch

update [ʌpˈdeɪt] v auf den neuesten Stand bringen

upkeep [ˈʌpkiːp] sb 1. Instandhaltung f; 2. (costs) Instandhaltungskosten f

uptake [ˈʌpteɪk] sb Akzeptanz f, Annahme f

upturn [ˈʌptɜːn] sb 1. Aufwärtstrend m, Aufschwung m; 2. (stock-exchange) Kurssteigerung f

upvaluation [ˈʌpvæljʊeɪʃən] sb Aufwertung f

upvalue [ʌpˈvæljuː] v höher bewerten, aufwerten

upward trend [ˈʌpwəd trend] sb Aufwärtstrend m

usage [ˈjuːsɪdʒ] sb Usancen f/pl

usance [ˈjuːsəns] sb Uso m, Usance f, Handelsbrauch m

use [juːs] sb Nutzung f

user cost [ˈjuːzə kɒst] sb kalkulatorische Abschreibung f

user friendliness [ˈjuːzə ˈfrendlɪnes] sb Benutzerfreundlichkeit f

user-friendly [ˈjuːzəfrendlɪ] adj benutzerfreundlich, anwenderfreundlich

user interface [ˈjuːzər ˈɪntəfeɪs] sb Benutzeroberfläche f

usual conditions (u. c.) [ˈjuːʒʊəl kənˈdɪʃnz] pl übliche Bedingungen (u.c., u.t.) f/pl

usual terms (u. t.) [ˈjuːʒʊəl ˈtɜːmz] pl übliche Bedingungen (u.c., u.t.) f/pl

usufruct [ˈjuːsjʊfrʌkt] sb Nießbrauch m

usufructury right [juːsjʊˈfrʌktərɪ raɪt] sb Nutzungsrecht n

usury [ˈjuːʒərɪ] sb Wucher m, Zinswucher m

utility [juːˈtɪlɪtɪ] 1. Nutzen; m 2. public utilities pl (services) Leistungen der öffentlichen Versorgungsbetriebe f/pl

utility analysis [juːˈtɪlɪtɪ əˈnælɪsɪs] sb Nutzwertanalyse f

utility costs [juːˈtɪlɪtɪ kɒsts] pl Nutzkosten pl

utility-model patent [juːˈtɪlɪtɪˈmɒdəl ˈpeɪtənt] sb Gebrauchsmuster n

utilization of capacity [juːtɪlaɪˈzeɪʃən əv kəˈpæsɪtɪ] sb Kapazitätsauslastung f

utilization rights [juːtɪlaɪˈzeɪʃən raɪts] pl Verwertungsrechte n/pl

utilize [ˈjuːtɪlaɪz] sb verwerten, verwenden, benutzen

V

vacancy ['veɪkənsɪ] sb (job) freie Stelle f
vacant ['veɪkənt] adj 1. frei, leer, unbesetzt, vakant; 2. (building) unbewohnt, unvermietet
vacate [vəˈkeɪt] v (a job) aufgeben
vacation [vəˈkeɪʃən] sb (US) Ferien pl, Urlaub m
valid ['vælɪd] adj gültig; (argument) stichhaltig
valid contract ['vælɪd 'kɒntrækt] sb rechtsgültiger Vertrag m
valid today ['vælɪd tʊ'deɪ] heute gültig
validate ['vælɪdeɪt] v gültig machen; (claim) bestätigen
validity [vəˈlɪdɪtɪ] sb 1. Gültigkeit f; 2. (of an argument) Stichhaltigkeit f
validity in law [vəˈlɪdɪtɪ ɪn lɔː] sb Rechtsgültigkeit f
validity of a claim [vəˈlɪdɪtɪ əv ə kleɪm] sb Anspruchsberechtigung f
valorization [ˌvælərαɪˈzeɪʃn] sb Valorisation f
valorize ['væləraɪz] v valorisieren, aufwerten
valuable ['væljʊəbl] adj 1. wertvoll; sb 2. Wertgegenstand m
valuation [ˌvæljʊˈeɪʃən] sb 1. (process) Schätzung f, Bewertung f, Wertansatz m; 2. (estimated value) Schätzwert m
valuation account [ˌvæljʊˈeɪʃən əˈkaʊnt] sb Wertberichtigungskonto n
valuation of assets based on standard values [ˌvæljʊˈeɪʃən əv ˈæsɪts beɪsd ɒn ˈstændəd ˈvæljuːz] sb Festbewertung f
valuation of enterprises [ˌvæljʊˈeɪʃən əv ˈentəpraɪzɪz] sb Bewertung von Unternehmen f
valuation standards [ˌvæljʊˈeɪʃən ˈstændəds] pl Bewertungsmaßstäbe m/pl
valuator ['væljʊeɪtə] sb Schätzer m
value ['væljuː] v 1. (estimate the ~ of) schätzen, abschätzen; sb 2. Wert m, Preis m
value added ['væljuː ˈædɪd] sb Mehrwert m
value-added tax [ˌvæljuːˈædɪd tæks] sb (VAT) Mehrwertsteuer f
value compensated ['væljuː ˈkɒmpənseɪtɪd] sb kompensierte Valuta f, Valuta kompensiert f
value date ['væljuː deɪt] sb Wertstellung f
value guarantee ['væljuː gærənˈtiː] sb Wertsicherung f

value in cash ['væljuː ɪn kæʃ] sb Barwert m
value in use ['væljuː ɪn juːs] sb Gebrauchswert m
value of collateral ['væljuː əv kəˈlætərəl] sb Beleihungswert m
value of custody ['væljuː əv ˈkʌstədɪ] sb Verwahrungsbetrag m
value of money ['væljuː əv ˈmʌnɪ] sb Geldwert m
value of the subject matter at issue ['væljuː əv ðə ˈsʌbdʒekt ˈmætə æt ˈɪʃuː] sb Geschäftswert m
value to be attached ['væljuː tu biː əˈtætʃt] sb beizulegender Wert m
valuer ['væljʊə] sb Schätzer m
van [væn] sb Lieferwagen m
variable ['veərɪəbl] adj 1. veränderlich, wechselnd; 2. (adjustable) regelbar, verstellbar; sb 3. Variable f, veränderliche Größe f
variable cost ['veərɪəbl 'kɒst] sb (Kostenrechnung) Arbeitskosten pl
variable costing ['veərɪəbl 'kɒstɪŋ] sb Teilkostenrechnung f
variable costs ['veərɪəbl 'kɒsts] pl variable Kosten pl
variable market ['veərɪəbl 'mɑːkɪt] sb variabler Markt m
variable price ['veərɪəbl praɪs] sb variabler Kurs m
variable price quoting ['veərɪəbl praɪs 'kwəʊtɪŋ] sb fortlaufende Notierung f
variable rate of interest ['veərɪəbl reɪt əv ˈɪntrest] sb variabler Zins m
variable value ['veərɪəbl 'væljuː] sb variabler Wert m
variance ['veərɪəns] sb Varianz f
variant ['veərɪənt] sb Variante f
variety [vəˈraɪətɪ] sb 1. (assortment) Vielfalt f; 2. (selection) Auswahl f
vary ['veərɪ] v 1. (to be different) unterschiedlich sein; (fluctuate) schwanken; 2. (give variety to) variieren
vault [vɔːlt] sb (of a bank) Tresorraum m
veil of money [veɪl əv ˈmʌnɪ] sb Geldschleier m
velocity of circulation of money [vɪˈlɒsɪtɪ əv sɜːkjʊˈleɪʃn əv ˈmʌnɪ] sb Geldumlaufsgeschwindigkeit f
venal ['viːnl] adj käuflich, korrupt
vendible ['vendɪbl] adj verkäuflich, gängig

vending machine ['vendɪŋ mə'ʃi:n] *sb* Verkaufsautomat *m*
vendition [ven'dɪʃən] *sb* Verkauf *m*
vendor ['vendə] *sb* 1. Verkäufer(in) *m/f*; 2. *(machine)* Automat *m*
venture ['ventʃə] *sb* Wagnis *n*
venture capital ['ventʃə 'kæpɪtl] *sb* Venture-Kapital *n*, Risikokapital *n*
verbal ['vɜːbəl] *adj (oral)* mündlich
verbatim [vɜː'beɪtɪm] *adv* wortwörtlich
verdict ['vɜːdɪkt] *sb* 1. *(check)* Überprüfung *f*, Kontrolle *f*; 2. *(confirmation)* Bestätigung *f*, Nachweis *m*
verification of documents [verɪfɪ'kaɪʃən əv 'dɒkjumənts] *sb* Belegprüfung *f*
verify ['verɪfaɪ] *v* 1. *(check)* prüfen, nachprüfen; 2. *(confirm)* bestätigen
versatile ['vɜːsətaɪl] *adj* vielseitig
versatility [vɜːsə'tɪlɪti] *sb* Vielseitigkeit *f*
version ['vɜːʒən] *sb* Modell *n*
versus ['vɜːsəs] *prep* kontra
vertical integration ['vɜːtɪkl ɪntɪ'greɪʃn] *sb* vertikale Integration *f*, vertikale Konzentration *f*
vested interest stock ['vestɪd 'ɪntrest stɒk] *sb* Interessenwert *m*
veto ['viːtəʊ] *sb* 1. Veto *n*; *v* 2. ~ sth ein Veto gegen etw einlegen
via ['vaɪə] *prep* per, über
viability study [vaɪə'bɪlɪti 'stʌdi] *sb* Wirtschaftlichkeitsstudie *f*
viable ['vaɪəbl] *adj (fig)* durchführbar
video conference ['vɪdɪəʊ 'kɒnfərəns] *sb* Videokonferenz *f*
videodisc ['vɪdɪəʊdɪsk] *sb* Video-Disc *f*, Bildplatte *f*
videophone ['vɪdɪəʊfəʊn] *sb* Bildschirmtelefon *n*
videotape ['vɪdɪəʊteɪp] *sb* Videoband *n*
videotext ['vɪdɪəʊtekst] *sb* Videotext *m*
videotext account ['vɪdɪəʊtekst ə'kaʊnt] *sb* Tele-Konto *n*
violate ['vaɪəleɪt] *v* 1. *(a contract, a treaty, an oath)* verletzen; 2. *(a law)* übertreten
violation [vaɪə'leɪʃən] *sb* 1. *(of a contract)* Verletzung *f*; 2. *(of a law)* Gesetzübertretung *f*
violation of competition rule [vaɪə'leɪʃən əv kɒmpə'tɪʃən ruːl] *sb* Wettbewerbsverstoß *m*
virtual companies ['vɜːtjʊəl 'kʌmpəniːz] *pl* virtuelle Unternehmen *n/pl*
virtual reality ['vɜːtʃʊəl rɪ'ælɪti] *sb* virtuelle Realität *f*

virtualization [vɜːtjʊəlaɪ'zeɪʃn] Virtualisierung *f*
virus ['vaɪrəs] *sb (computer)* Virus *n*
visa ['viːzə] *sb* Visum *n*
visiting card ['vɪzɪtɪŋ kɑːd] *sb (UK)* Visitenkarte *f*
visiting hours ['vɪzɪtɪŋ 'aʊəz] *pl* Besuchszeiten *f/pl*
visitor ['vɪzɪtə] *sb* Besucher(in) *m/f*, Gast *m*
vocation [vəʊ'keɪʃən] *sb (profession)* Beruf *m*
vocational [vəʊ'keɪʃənl] *adj* Berufs...
vocational retraining [vəʊ'keɪʃənl riː'treɪnɪŋ] *sb* berufliche Umschulung *f*
voice mail [vɔɪs meɪl] *sb* Voice-Mail *f*
void [vɔɪd] *adj* ungültig, nichtig; *become* ~ verfallen; *declare* ~ für ungültig erklären; *stand* ~ ungültig sein
void bill [vɔɪd bɪl] *sb* präjudizierter Wechsel *m*
voidable ['vɔɪdəbl] *adj* aufhebbar, anfechtbar
volatility [vɒlə'tɪlɪti] *sb* Volatilität *n*
volt [vɒlt] *sb* Volt *n*
voltage ['vəʊltɪdʒ] *sb* Spannung *f*
volume ['vɒljuːm] *sb* 1. *(measure)* Volumen *n*; 2. *(fig: of business, of traffic)* Umfang *m*
volume of business ['vɒljuːm əv 'bɪznɪs] *sb* Geschäftsvolumen *n*
volume of foreign trade ['vɒljuːm əv 'fɒrɪn treɪd] *sb* Außenhandelsvolumen *n*
volume of money ['vɒljuːm əv 'mʌni] *sb* Geldvolumen *n*
volume order ['vɒljuːm 'ɔːdə] *sb* Großauftrag *m*, Mengenauftrag *m*
volume variance ['vɒljuːm 'veərɪəns] *sb* Beschäftigungsabweichungen *f/pl*
voluntary ['vɒləntəri] *adj* freiwillig, ehrenamtlich
voluntary contributions ['vɒləntəri kɒntrɪ'bjuːʃnz] *pl* Spenden *f/pl*
voluntary disclosure ['vɒləntəri dɪs'kləʊʒə] *sb* Selbstauskunft *f*
voluntary retirement ['vɒləntəri rɪ'taɪəmənt] *sb* Austritt *m*
vostro account ['vɒstrəʊ ə'kaʊnt] *sb* Vostrokonto *n*
voting rights of nominee shareholders ['vəʊtɪŋ raɪts əv nɒmɪ'niː 'ʃeəhəʊldəz] *pl* Depotstimmrecht *n*
voting share ['vəʊtɪŋ ʃeə] *sb* Stimmrechtsaktie *f*
voucher ['vaʊtʃə] *sb* 1. *(coupon)* Gutschein *m*, Bon *m*; 2. *(receipt)* Beleg *m*
vouchsafe [vaʊtʃ'seɪf] *v* gewähren

W/X/Y/Z

wage [weɪdʒ] *sb* (~s) Lohn *m*
wage agreement ['weɪdʒ ə'gri:mənt] *sb* Lohnvereinbarung *f*
wage arriers [weɪdʒ ə'rɪəz] *pl* Lohnrückstände *m/pl*
wage bargaining [weɪdʒ 'bɑ:gɪnɪŋ] *sb* Lohnverhandlungen *f/pl*
wage bracket [weɪdʒ 'brækɪt] *sb* Lohngruppe *f*, Lohnklasse *f*
wage claim [weɪdʒ kleɪm] *sb* Lohnforderung *f*
wage continuation [weɪdʒ kəntɪnju'eɪʃən] *sb* Lohnfortzahlung *f*
wage costs ['weɪdʒ kɒsts] *pl* Lohnkosten *pl*
wage cut ['weɪdʒ kʌt] *sb* Lohnkürzung *f*, Lohnsenkung *f*
wage-earner ['weɪdʒɜ:nə] *sb* Lohnempfänger(in) *m/f*
wage freeze ['weɪdʒfri:z] *sb* Lohnstopp *m*
wage in cash ['weɪdʒ ɪn 'kæʃ] *sb* Barlohn *m*
wage-induced [weɪdʒɪn'dju:st] *adj* lohnkostenbedingt
wage-intensive [weɪdʒɪn'tensɪv] *adj* lohnintensiv
wage on a piecework [weɪdʒ ɒn ə 'pi:swɜ:k] *sb* Stücklohn *m*
wage per hour [weɪdʒ pɜ: 'aʊə] *sb* Stundenlohn *m*
wage-price spiral ['weɪdʒ'praɪs 'spaɪərəl] *sb* Lohn-Preis-Spirale *f*
wage scale ['weɪdʒ skeɪl] *sb* Lohntarif *m*
wages paid in kind ['weɪdʒɪz peɪd ɪn 'kaɪnd] *pl* Naturallohn *m*
wages policy ['weɪdʒɪz 'pɒlɪsɪ] *sb* Lohnpolitik *f*
wage rate ['weɪdʒ reɪt] *sb* Lohntarif *m*
wage tax ['weɪdʒ tæks] *sb* Lohnsteuer *f*
wage tax class ['weɪdʒ tæks klɑ:s] *sb* Lohnsteuerklasse *f*
wait-and-see attitude [weɪtænd'si: 'ætɪtju:d] *sb* Attentismus *m*
waiting allowance ['weɪtɪŋ ə'laʊəns] *sb* Karenzentschädigung *f*
waive [weɪv] *v* verzichten
waiver ['weɪvə] *sb* 1. Verzicht *m*; 2. *(form, written)* Verzichterklärung *f*
waiver of a claim ['weɪvər əv ə kleɪm] *sb* Anspruchsverzicht *m*
wallet ['wɒlɪt] *sb* Brieftasche *f*

Wall Street ['wɔ:l stri:t] *sb* New Yorker Börse *f*, Wall Street *f*
want [wɒnt] *sb* 1. *(need)* Bedürfnis *n*; 2. *(lack)* Mangel *m*; for ~ of mangels; 3. *(poverty)* Not *f*
wantage ['wɑ:ntɪdʒ] *sb* Fehlbetrag *m*
wanting ['wɒntɪŋ] *adj* fehlend, mangelnd; to be found ~ sich als mangelhaft erweisen
war loan ['wɔ: ləʊn] *sb* Kriegsanleihe *f*
ware [weə] *sb* Ware *f*, Erzeugnis *n*
warehouse ['weəhaʊs] *sb* Lagerhaus *n*, (Waren-)Lager *n*
warehouse costs ['weəhaʊs kɒsts] *pl* Lagerhaltungskosten *pl*
warehouse loan ['weəhaʊs ləʊn] *sb* Einlagerungskredit *m*
warehouse receipt ['weəhaʊs rɪ'si:t] *sb* Lagerempfangsschein (D/W) *m*
warehouse rent ['weəhaʊs rent] *sb* Lagermiete *f*
warehouse warrant ['weəhaʊs 'wɒrənt] *sb* Lagerschein *m*
warehousing ['weəhaʊzɪŋ] *sb* Lagerung *f*
warning ['wɔ:nɪŋ] *sb (notice)* Ankündigung *f*, Benachrichtigung *f*
warrant ['wɒrənt] *sb* Befehl *m*; *(search ~)* Durchsuchungsbefehl *m*; *(for arrest)* Haftbefehl *m*
warrant for goods ['wɒrənt fɔ: gʊdz] *sb* Lagerpfandschein *m*
warrant issue ['wɒrənt 'ɪʃu:] *sb* Optionsanleihe *f*
warrant of attachment ['wɒrənt əv ə'tætʃmənt] *sb* Beschlagnahmeverfügung *f*
warrantor ['wɒrəntɔ:] *sb* Garantiegeber *m*
warrants ['wɒrənts] *sb* Warrants *pl*
warranty ['wɒrəntɪ] *sb* Garantie *f*, Gewährleistung *f*
warranty clause ['wɒrəntɪ klɔ:z] *sb* Gewährleistungsklausel *f*
warranty deed ['wɒrəntɪ di:d] *sb* Bürgschaftsurkunde *f*
warranty of authority ['wɒrəntɪ əv ɔ:'θɒrətɪ] *sb* Ermächtigung *f*
waste [weɪst] *v* 1. *(sth)* verschwenden, vergeuden; *(a chance)* vertun; *sb* 2. Verschwendung *f*; *(rubbish)* Abfall *m*; *~ material* Abfallstoffe *pl*
waste disposal ['weɪst dɪs'pəʊzəl] *sb* Abfallbeseitigung *f*

waste management ['weɪst 'mænɪdʒmənt] *sb* Abfallwirtschaft *f*
waterage ['wɔːtərɪdʒ] *sb* Transport auf dem Wasserweg *m*
watering of capital stock [wɔːtərɪŋ əv 'kæpɪtl stɒk] *sb* Kapitalverwässerung *f*
waterproof ['wɔːtəpruːf] *adj* wasserundurchlässig, wasserdicht
watt [wɒt] *sb* Watt *n*
wattage ['wɒtɪdʒ] *sb* Wattleistung *f*
waybill ['weɪbɪl] *sb* Frachtbrief *m*
wealth tax [welθ tæks] *sb* Vermögenssteuer *f*
wear and tear [wɛər ənd 'tɛə] *sb* Abnutzung und Verschleiß
wearproof ['wɛəpruːf] *adj* strapazierfähig
web [web] *sb* the Web das World Wide Web *n*, das Netz *n*
web browser ['web 'braʊzə] *sb* Webbrowser *m*
web page ['web peɪdʒ] *sb* Web-Seite *f*, Webpage *f*
web server ['web 'sɜːvə] *sb* Internetrechner *m*
web site ['websaɪt] *sb* Website *f*
weekday ['wiːkdeɪ] *sb* Wochentag *m*
weekend ['wiːkend] *sb* Wochenende *n*
weigh [weɪ] *v* 1. wiegen; (sth) wiegen; 2. (fig: pros and cons) abwägen; ~ one's words seine Worte abwägen
weight [weɪt] *sb* Gewicht *n*; lose ~/gain ~ (person) abnehmen/zunehmen
weight guaranteed (w.g.) [weɪt gærənˈtiːd] garantiertes Gewicht (w.g.) *n*
weighting ['weɪtɪŋ] *sb* (UK: ~ allowance) Zulage *f*
weight loaded [weɪt 'ləʊdɪd] *adj* Abladegewicht *n*
weight of taxation [weɪt əv tækˈseɪʃən] *sb* Steuerlast *f*
welfare ['welfɛə] *sb* Wohlfahrt *f*, Sozialhilfe *f*
welfare state ['welfɛə steɪt] *sb* Wohlfahrtsstaat *m*
well-connected [wel kəˈnektɪd] *adj* be ~ gute Beziehungen haben
well-deserved [weldɪˈzɜːvd] *adj* wohlverdient
well-equipped [welɪˈkwɪpt] *adj* gut ausgerüstet
well-informed [welɪnˈfɔːmd] *adj* (person) gut informiert
well-intentioned [welɪnˈtenʃənd] *adj* wohl gemeint; (person) wohlmeinend
well-known ['welnəʊn] *adj* bekannt

wharf [wɔːf] *sb* Kai *m*
wharfage ['wɔːfɪdʒ] *sb* Kaigebühren *pl*
whispering campaign ['wɪspərɪŋ kæmˈpeɪn] *sb* Verleumdungskampagne *f*
white collar worker [waɪt ˈkɒlə ˈwɜːkə] *sb* Angestellte(r) *f/m*, Büroangestellte(r) *f/m*
white goods [waɪt gʊds] *sb* weiße Ware *f*
white knight [waɪt 'naɪt] *sb* Investor, der eine Firma vor einer Übernahme rettet *m*, Retter in der Not
white-collar crime ['waɪtkɒlə kraɪm] *sb* White-Collar-Kriminalität *f*, Wirtschaftskriminalität *f*
white-collar union ['waɪtkɒlə 'juːnjən] *sb* Angestelltengewerkschaft *f*
whiteout ['waɪtaʊt] *sb* (fam) Tipp-Ex *n*
whole-bank interest margin calculation ['həʊlbæŋk 'ɪntrest mɑːdʒɪn kælkjʊˈleɪʃn] *sb* Gesamtzinsspannenrechnung *f*
wholesale ['həʊlseɪl] *sb* Großhandel *m*; *adv* im Großhandel
wholesale bank ['həʊlseɪl bæŋk] *sb* Universalbank *f*
wholesale banking ['həʊlseɪl bæŋkɪŋ] *sb* Firmenkundengeschäft *n*
wholesale insurance ['həʊlseɪl ɪnˈʃʊərəns] *sb* Gruppenversicherung *f*
wholesale market ['həʊlseɪl ˈmɑːkɪt] *sb* Großmarkt *m*
wholesale merchant ['həʊlseɪl ˈmɜːtʃənt] *sb* Großhandelskaufmann/Großhandelskauffrau *m/f*
wholesale price ['həʊlseɪl praɪs] *sb* Großhandelspreis *m*
wholesale trade ['həʊlseɪl treɪd] *sb* Großhandel *m*
wholesaler ['həʊlseɪlə] *sb* Großhändler(in) *m/f*, Grossist(in) *m/f*
wholly-owned ['həʊlɪˈəʊnd] *adj* a ~ subsidiary eine hundertprozentige Tochtergesellschaft *f*
width [wɪdθ] *sb* Breite *f*
wield [wiːld] *v* (power) ausüben
wildcat ['waɪldkæt] *adj* spekulativ, riskant; ~ security unsicheres Wertpapier
wilful ['wɪlfʊl] *adj* (deliberate) vorsätzlich, mutwillig
willingness ['wɪlɪŋnɪs] *sb* Bereitwilligkeit *f*, Bereitschaft *f*
willingness to achieve ['wɪlɪŋnɪs tuː əˈtʃiːv] *sb* Leistungsbereitschaft *f*
windbill ['wɪndbɪl] *sb* Reitwechsel *m*
winding-up [waɪndɪŋˈʌp] *sb* Geschäftsauflösung *f*, Liquidation *f*

winding-up accounts [waɪndɪŋ ə'kaʊnts] pl Abwicklungsbilanz f
winding-up period [waɪndɪŋ 'pɪərɪəd] sb Abwicklungszeitraum m
winding-up petition [waɪndɪŋ pɪ'tɪʃən] sb Antrag auf Liquidation m
window-dressing ['wɪndəʊdresɪŋ] sb Schaufenstergestaltung f
window envelope ['wɪndəʊ 'envələʊp] sb Fensterbriefumschlag m
winter bonus ['wɪntə 'bəʊnəs] sb Winterausfallgeld n
wire [waɪə] v (send a telegram to) telegrafieren
with a fixed rate of interest [wɪθ ə 'fɪkst reɪt əv 'ɪntrest] sb festverzinslich
withdrawal [wɪθ'drɔːəl] sb Entnahme f
withdrawal of an order [wɪθ'drɔːəl əv ən 'ɔːdə] sb Auftragsstornierung f
withdrawal of shares [wɪθ'drɔːəl əv 'ʃeəs] sb Aktieneinziehung f
withdrawal period [wɪθ'drɔːəl 'pɪərɪəd] sb Kündigungsfrist f
withhold [wɪθ'həʊld] v einbehalten, zurückhalten
withholding of income tax [wɪθ'həʊldɪŋ əv 'ɪŋkʌm tæks] sb Lohnsteuerabzug m
withholding of payment [wɪθ'həʊldɪŋ əv 'peɪmənt] sb Zahlungsverweigerung f
withholding rate [wɪθ'həʊldɪŋ reɪt] sb Kapitalertragssteuersatz m, Lohnsteuersatz m
without competition [wɪθ'aʊt kɒmpə'tɪʃən] adv konkurrenzlos
without guarantee [wɪθ'aʊt gærən'tiː] adv ohne Gewähr
without obligation [wɪθ'aʊt ɒblɪ'geɪʃən] adv ohne Obligo
without prior notice [wɪθ'aʊt 'praɪə 'nəʊtɪs] adv fristlos
witness ['wɪtnɪs] v 1. bezeugen, Zeuge sein; sb 2. Zeuge/Zeugin m/f
word processing [wɜːd 'prəʊsesɪŋ] sb Textverarbeitung f
work [wɜːk] v 1. arbeiten; ~ *on* arbeiten an; 2. *(a machine)* bedienen; 3. *(to be successful)* klappen; 4. *(function)* funktionieren; sb 5. Arbeit f; *to be at ~ on* an etw arbeiten; *out of ~* arbeitslos; *make short ~ of sth (fam)* mit etw kurzen Prozess machen; *He's at ~*. Er ist in der Arbeit. ~s pl 6. *(factory)* Betrieb m, Fabrik f
workable ['wɜːkəbl] adj 1. brauchbar, durchführbar; 2. *(mining)* abbaufähig
workaholic [wɜːkə'hɒlɪk] sb Arbeitssüchtige(r) f/m, Workaholic m

workbench ['wɜːkbentʃ] sb Werkbank f
worker ['wɜːkə] sb Arbeiter(in) m/f
worker participation [wɜːkə pɑːtɪsɪ'peɪʃən] sb Arbeitnehmerbeteiligung f
work ethic [wɜːk 'eθɪk] sb Arbeitsmoral f
work experience [wɜːk ɪk'spɪərɪəns] sb Berufserfahrung f, Berufspraxis f
workforce ['wɜːkfɔːs] sb Belegschaft f, Arbeiterschaft f
working assets ['wɜːkɪŋ 'æsets] sb Betriebskapital n, Umlaufvermögen n
working capital ['wɜːkɪŋ 'kæpɪtl] sb Betriebskapital n
working conditions and human relations ['wɜːkɪŋ kən'dɪʃəns ənd 'hjuːmən rɪ'leɪʃəns] pl Betriebsklima n
working credit ['wɜːkɪŋ 'kredɪt] sb Betriebskredit m
working day ['wɜːkɪŋ deɪ] sb Arbeitstag m
working expenses ['wɜːkɪŋ ɪks'pensɪz] pl Betriebskosten pl
working funds ['wɜːkɪŋ fʌndz] pl Betriebsmittel n/pl
working hours ['wɜːkɪŋ aʊəz] pl Arbeitszeit f
working knowledge ['wɜːkɪŋ 'nɒlɪdʒ] sb *(in languages)* Grundkenntnisse f/pl
working lunch ['wɜːkɪŋ lʌntʃ] sb Arbeitsessen n
working party ['wɜːkɪŋ 'pɑːtɪ] sb Arbeitsgruppe f, Arbeitsgemeinschaft f
working time standard ['wɜːkɪŋ taɪm 'stændəd] sb Regelarbeitszeit f
work injury [wɜːk 'ɪndʒərɪ] sb Betriebsunfall m, Arbeitsunfall m
work in process [wɜːk ɪn 'prəʊses] sb unfertige Erzeugnisse n/pl
work in the field [wɜːk ɪn ðə 'fiːld] sb Außendienst m
work label [wɜːk 'leɪbl] sb Laufzettel m
work layout [wɜːk 'leɪaʊt] sb Arbeitsdisposition f
workload ['wɜːkləʊd] sb Arbeitslast f
workmanship ['wɜːkmənʃɪp] sb Arbeitsqualität f
workmate ['wɜːkmeɪt] sb Arbeitskollege m
work out [wɜːk 'aʊt] v *(figures)* ausrechnen
work output [wɜːk 'aʊtpʊt] sb Arbeitsleistung f
work performed [wɜːk pə'fɔːmd] sb Arbeitsertrag m
work permit [wɜːk 'pɜːmɪt] sb Arbeitserlaubnis f
workplace ['wɜːkpleɪs] sb Arbeitsplatz m

work procurement [wɜːk prəˈkjuəmənt] sb Arbeitsbeschaffung f
workshop [ˈwɜːkʃɒp] sb Werkstatt f; (fig: seminar) Seminar n
works pension [wɜːks ˈpenʃn] sb Betriebsrente f, Firmenrente f
works protection force [wɜːks prəˈtekʃn fɔːs] sb Werkschutz m
workstandard [ˈwɜːkˈstændəd] sb Werknorm f
workstation [ˈwɜːksteɪʃn] sb Arbeitsplatzrechner m
work together [wɜːk təˈgeθə] v zusammenarbeiten
work to rule [wɜːk tə ˈruːl] sb Dienst nach Vorschrift m
workweek [ˈwɜːkwiːk] sb Arbeitswoche f
World Bank [wɜːld bæŋk] sb Weltbank f
world economic summit [wɜːld iːkəˈnɒmɪk ˈsʌmɪt] sb Weltwirtschaftsgipfel m
world economy [wɜːld ɪkˈɒnəmi] sb Weltwirtschaft f
world fair [wɜːld feə] sb Weltausstellung f
world market [wɜːld ˈmɑːkɪt] sb Weltmarkt m
world market price [wɜːld ˈmɑːkɪt praɪs] sb Weltmarktpreis m
world trade [wɜːld treɪd] sb Welthandel m
World Trade Organization [wɜːld treɪd ɔːgənaɪˈzeɪʃən] sb Welthandelsorganisation f
world-wide [wɜːldˈwaɪd] adj weltweit
worldwide economic crisis [ˈwɜːldwaɪd iːkəˈnɒmɪk ˈkraɪsɪs] sb Weltwirtschaftskrise f
worldwide financial statements [ˈwɜːldwaɪd faɪˈnænʃl ˈsteɪtmənts] sb Weltbilanz f
worst-case [ˈwɜːstkeɪs] adj ~ scenario Annahme des ungünstigsten Falles f
worth [wɜːθ] sb Wert m
wrapper [ˈræpə] sb Schutzumschlag m, Schutzhülle f
wrapping [ˈræpɪŋ] sb Verpackung f
wrapping paper [ˈræpɪŋ ˈpeɪpə] sb Packpapier n
writ [rɪt] sb Verfügung f, Anordnung f
writ of summons [rɪt əv ˈsʌmənz] sb Vorladung f
write-down value [ˈraɪtdaʊn ˈvæljuː] sb Buchwert m
written [ˈrɪtn] adj schriftlich
writing down allowance [ˈraɪtɪŋ daʊn əˈlaʊəns] sb Abschreibungsfreibetrag m
write off [raɪt ˈɒf] v irr abschreiben
write-off [ˈraɪtɒf] sb (tax ~) Abschreibung f
write out [raɪt ˈaʊt] v irr (cheque) ausstellen

wrongful [ˈrɒŋfʊl] adj unrechtmäßig, widerrechtlich
XYZ analysis [ˈekswaɪzed əˈnælɪsɪs] sb XYZ-Analyse f
yard [jɑːd] sb (0.914 metres) Yard n
year-ago [ˈjɪərəgəʊ] adj Vorjahres...
yearly [ˈjɪəli] adj jährlich, Jahres...
year-on-year [jɪərɒnˈjɪə] adj im Jahresvergleich, gegenüber dem Vorjahr
Yellow Pages [ˈjeləʊ ˈpeɪdʒɪz] pl the ~ die Gelben Seiten pl
yen [jen] sb Yen m
yield [jiːld] v 1. (a crop, a result) hervorbringen, ergeben; (interest) abwerfen; sb 2. Ertrag m, Rendite f
yield after tax [jiːld ˈɑːftə tæks] sb Nachsteuerrendite f
yield before tax [jiːld bɪˈfɔː tæks] sb Gewinn vor Steuern m
yield capacity [jiːld kəˈpæsəti] sb Ertragspotenzial n
yield level [jiːld levl] sb Renditenniveau n
yield on bonds outstanding [jiːld ɒn ˈbɒndz aʊtˈstændɪŋ] sb Umlaufrendite f
yield on price [jiːld ɒn praɪs] sb Kursrendite f
yield on shares [jiːld ɒn ʃeəs] sb Aktienrendite f
yield rate [jiːld reɪt] sb effektiver Zins m, Effektivverzinsung f
yield to maturity [jiːld tu məˈtjʊərəti] sb Ablaufrendite f
young businessman [jʌŋ ˈbɪznɪsmən] sb Jungunternehmer m
youth employment protection [ˈjuːθ ɪmˈplɔɪmənt prəˈtekʃn] sb Jugendarbeitsschutz m
youth representatives [juːθ reprɪˈzentətɪvz] sb Jugendvertretung f
zealous [ˈzeləs] adj eifrig
zero [ˈzɪərəʊ] sb Null f; (on a scale) Nullpunkt m
zero balance [ˈzɪərəʊ ˈbæləns] sb ausgeglichene Bilanz f, Nullsaldo m
zero bonds [ˈzɪərəʊ bɒndz] pl Zerobonds pl
zero growth [ˈzɪərəʊ grəʊθ] sb Nullwachstum n
zero item [ˈzɪərəʊ ˈaɪtəm] sb Nullposten m
zero rate [ˈzɪərəʊ reɪt] sb Nullsatz m
zero-rated [ˈzɪərəʊreɪtɪd] adj mehrwertsteuerfrei
ZIP code [zɪp kəʊd] sb (US) Postleitzahl f
zone [zəʊn] sb Zone f, Gebiet f; Bereich m
zonetime [ˈzəʊntaɪm] sb Zeitzonensystem

Deutsch – Englisch

A

ab Bahnhof [ap 'ba:nho:f] free on rail
ab Kai [ap kaɪ] ex quay
ab Werk [ap vɛrk] ex works
abändern ['apɛndɐrn] v alter, change, modify
Abänderung ['apɛndɐruŋ] f alteration, change, modification
Abänderungsantrag ['apɛndɐruŋsantra:k] m (motion for) amendment
Abänderungsvorschlag ['apɛndɐruŋsfo:rʃla:k] m proposal for alteration, proposed alteration
Abandon [abã'dõ:] m abandonment
abarbeiten ['aparbaɪtən] v work off
Abbau ['apbau] m 1. reduction, 2. (im Bergbau) mining, exploitation, exhaustion
abbaubar ['apbauba:r] adj degradable, decomposable
abbauen ['apbauən] v 1. (verringern) reduce; 2. (zerlegen) dismantle, pull down, take to pieces; 3. (im Bergbau) mine, work
abbestellen ['apbəʃtɛlən] v cancel
Abbestellung ['apbəʃtɛluŋ] f cancellation
abbezahlen ['apbətsa:lən] v pay off, repay
abbrechen ['apbrɛçən] v irr abort, sever
abbröckeln ['apbrœkəln] v (Börsenkurs) ease off, drop off
abbuchen ['apbu:xən] v 1. deduct, debit; 2. (abschreiben) write off
Abbuchung ['apbu:xuŋ] f debiting
Abbuchungsauftrag ['apbu:xuŋsauftra:k] m direct debit instruction
Abbuchungsverfahren ['apbu:xuŋsfɛrfa:rən] n direct debit (procedure)
ABC-Analyse [abe'tse:analy:zə] f ABC evaluation analysis
Abendbörse ['a:bəntbœrzə] f evening stock exchange
Aberdepot ['a:bərdepo:] n fungible security deposit
aberkennen ['apɛrkɛnən] v irr deprive, disallow, dispossess
Aberkennung ['apɛrkɛnuŋ] f deprivation, adjudication, disallowance
Abfahrtszeit ['apfa:rtstsaɪt] f time of departure
Abfall ['apfal] m waste
Abfallbeseitigung ['apfalbəzaɪtiguŋ] f waste disposal
Abfallbörse ['apfalbœrsə] f recycling exchange

Abfallprodukt ['apfalprodukt] n waste product
Abfallverwertung ['apfalfɛrvɛrtuŋ] f recycling, waste utilization
Abfallwirtschaft ['apfalvɪrtʃaft] f utilization of waste products, waste management
abfeiern ['apfaɪərn] v Überstunden ~ take time off to make up for overtime
abfertigen ['apfɛrtɪgən] v 1. (Zoll) clear; 2. (Kunde) attend to, serve
Abfertigung ['apfɛrtɪguŋ] f dispatch, 1. (Zoll) clearance; 2. (Kunde) service
abfinden ['apfɪndən] v irr settle with, indemnify, pay off; (jdn ~) pay off, (Teilhaber ~) buy out
Abfindung ['apfɪnduŋ] f settlement, indemnification; compensation
Abfindungsangebot ['apfɪnduŋsangəbo:t] n compensation offer
Abfindungssumme ['apfɪnduŋszumə] f compensation, severance pay
abflauen ['apflauən] v flag, slacken, slow down
Abfrage ['apfra:gə] f inquiry
abführen ['apfy:rən] v (Gelder) pay
Abführungspflicht ['apfy:ruŋspflɪçt] f pay over duty
Abfülldatum ['apfylda:tum] n filling date, bottling date
Abgabe ['apga:bə] f (Steuer) duty, levy, tax
Abgabemenge ['apga:bəmɛŋə] f quantity sold
abgabenfrei ['apga:bənfraɪ] adj duty-free, tax-free, tax-exempt
Abgabenordnung ['apga:bənɔrdnuŋ] f fiscal code
abgabenpflichtig ['apga:bənpflɪçtɪç] adj taxable, liable to tax
Abgabensystem ['apga:bənzyste:m] n taxation system
Abgabetermin ['apga:bətɛrmi:n] m submission date
Abgang ['apgaŋ] m (Waren) outlet, sale, market
abgelten ['apgɛltən] v irr pay off, compensate
Abgleich ['apglaɪç] m alignment, balance
Abgrenzung ['apgrɛntsuŋ] f demarcation
Abgrenzungspolitik ['apgrɛntsuŋspoliti:k] f policy of separation, policy of polarization

Abgrenzungsposten ['apgrɛntsuŋspɔstən] *m/pl* deferred and accrued items *pl*
abheben ['aphe:bən] *v irr (Geld)* withdraw, take out, draw
Abhebung ['aphe:buŋ] *f (von Geld)* withdrawal
abholbereit ['apho:lbəraɪt] *adj* ready for collection
abholen ['apho:lən] *v* collect, come for, fetch, pick up
abkaufen ['apkaufən] *v* buy, purchase
Abkommen ['apkɔmən] *n* deal, agreement
Abladegewicht ['apla:dəgəvɪçt] *n* weight loaded
Ablage ['apla:gə] *f* file, filing
Ablagekorb ['apla:gəkɔrp] *m* filing tray
Ablauf ['aplauf] *m* 1. *(Frist)* expiry, expiration *(US)*; 2. procedure, process
ablaufen ['aplaufən] *v irr (Frist)* run out
Ablauffrist ['aplauffrɪst] *f* time limit
ablegen ['aple:gən] *v* 1. *(Akten)* file; 2. *(ein Geständnis)* confess
Ablehnung ['aple:nuŋ] *f* refusal
ablichten ['aplɪçtən] *v* photocopy
Ablichtung ['aplɪçtuŋ] *f* photocopy
abliefern ['apli:fərn] *v* deliver
Ablieferung ['apli:fəruŋ] *f* delivery, submission
Ablöse ['aplø:zə] *f* redemption
ablösen ['aplø:zən] *v (tilgen)* redeem, pay off
Ablösesumme ['aplø:zezumə] *f* redemption price, redemption sum
Ablösung ['aplø:zuŋ] *f (Tilgung)* redemption, repayment
Ablösungsanleihe ['aplø:zuŋsanlaɪə] *f* redemption loan
Abmachung ['apmaxuŋ] *f* agreement, settlement
abmahnen ['apma:nən] *v* caution
Abmahnung ['apma:nuŋ] *f* warning, reminder
ABM-Stelle [a:be:'ɛmʃtɛlə] *f* make-work job
Abnahme ['apna:mə] *f* 1. *(Verminderung)* decrease, decline, diminution; 2. *(amtliche ~)* official acceptance, inspection
Abnahmemenge ['apna:məmɛŋə] *f* purchased quantity
Abnahmepflicht ['apna:məpflɪçt] *f* obligation to take delivery
abnehmen ['apne:mən] *v irr* 1. *(entgegennehmen)* take; 2. *(abkaufen)* buy; *jdm etw ~* relieve s.o. of sth; 3. inspect

Abnehmer ['apne:mər] *m* buyer, purchaser
Abnehmerkreis ['apne:mərkraɪs] *m* consumers *pl*, consumer group, market
Abnehmerland ['apne:mərlant] *n* buyer country
Abnutzung ['apnutsuŋ] *f* wear, wearing out
Abonnement [abɔnə'mã:] *n* subscription
abonnieren [abɔ'ni:rən] *v* subscribe
abordnen ['apɔrdnən] *v* delegate, deputize *(US)*
Abordnung ['apɔrdnuŋ] *f* delegation
abrechnen ['aprɛçnən] *v* 1. settle; 2. *(etw abziehen)* deduct
Abrechnung ['aprɛçnuŋ] *f* 1. *(Abzug)* deduction; 2. *(Aufstellung)* statement; 3. *(Schlussrechnung)* settlement (of accounts), bill
Abrechnungsstelle ['aprɛçnuŋsʃtɛlə] *f* clearing house
Abrechnungstag ['aprɛçnuŋsta:k] *m* settling day
Abrechnungstermin ['aprɛçnuŋstɛrmi:n] *m* accounting date
Abrechnungsverfahren ['aprɛçnuŋsferfa:rən] *n* settling procedure
Abrechnungsverkehr ['aprɛçnuŋsferke:r] *m* clearing system
Abrechnungszeitraum ['aprɛçnuŋstsaɪtraum] *m* accounting period
Abruf ['apru:f] *m* retrieval
Abrufauftrag ['apru:fauftra:k] *m* call order
abrufbereit ['apru:fbəraɪt] *adj* ready on call; retrievable
abrufen ['apru:fən] *v irr* request delivery of; retrieve
Absage ['apza:gə] *f* refusal
absagen ['apza:gən] *v* 1. *(streichen)* cancel; 2. *(Angebot)* turn down; 3. *(verzichten)* renounce
Absatz ['apzats] *m* sales *pl*
Absatzanalyse ['apzatsanaly:zə] *f* sales analysis
Absatzbeschränkung ['apzatsbəʃrɛŋkuŋ] *f* restriction on the sale of sth
Absatzchance ['apzatsʃã:sə] *f* sales prospects
absatzfähig ['apzatsfɛ:ɪç] *adj* marketable, saleable
Absatzfinanzierung ['apzatsfɪnantsi:ruŋ] *f* sales financing
Absatzflaute ['apzatsflautə] *f* slump in sales
Absatzförderung ['apzatsfœrdəruŋ] *f* sales promotion

Absatzgebiet ['apzatsgəbi:t] *n* marketing area

Absatzkanal ['apzatskana:l] *m* channel of distribution

Absatzkontrolle ['apzatskɔntrɔlə] *f* sales control

Absatzkrise ['apzatskri:zə] *f* sales crisis

Absatzmarkt ['apzatsmarkt] *m* market

Absatzmöglichkeit ['apzatsmø:klɪçkaɪt] *f* sales potential, sales prospect

Absatzorganisation ['apzatsɔrganiza-tsjo:n] *f* sales organization

Absatzplanung ['apzatspla:nʊŋ] *f* sales planning

Absatzpolitik ['apzatspoliti:k] *f* sales policy, marketing policy

Absatzstatistik ['apzatsʃtatıstık] *f* sales statistics

Absatzsteigerung ['apzatsʃtaɪgərʊŋ] *f* increase in sales, increase of trade

Absatzvolumen ['apzatsvolu:mən] *n* sales volume

Absatzweg ['apzatsve:k] *m* channel of distribution

Absatzwirtschaft ['apzatsvɪrtʃaft] *f* marketing

Absatzziel ['apzatstsi:l] *n* sales target

Abschlag ['apʃla:k] *m* 1. *(Rate)* part payment; 2. *(Preissenkung)* markdown; discount; 3. *(Kursabschlag)* marking down

Abschlagsdividende ['apʃla:ksdividɛndə] *f* dividend on account

Abschlagssumme ['apʃla:ksʊmə] *f* lump sum

Abschlagszahlung ['apʃla:kstsa:lʊŋ] *f* down payment, part payment, instalment rate

abschließen ['apʃli:sən] *v irr* 1. *(beenden: Sitzung)* conclude, bring to a close, end; 2. *(Geschäft)* transact, conclude; 3. *(Konten, Rechnungen)* settle; 4. *(Rechnungsbücher)* balance, close

Abschluss ['apʃlʊs] *m* 1. *(Beendigung)* end; zum ~ bringen bring to a conclusion; zum ~ kommen come to an end; 2. *(Vertragsschluss)* signing of an agreement, conclusion of a contract; 3. *(Geschäftsabschluss)* (business) transaction, (business) deal; zum ~ kommen finalize; 4. *(Bilanz)* financial statement, annual accounts

Abschlussauftrag ['apʃlʊsauftra:k] *m* final order

Abschlussbilanz ['apʃlʊsbɪlants] *m* final annual balance sheet

Abschlusskurs ['apʃlʊskʊrs] *m* closing rate

Abschlussprovision ['apʃlʊsprovizjo:n] *f* sales commission, acquisition commission

Abschlussprüfer(in) ['apʃlʊspry:fər(ɪn)] *m/f* auditor

Abschlussprüfung ['apʃlʊspry:fʊŋ] *f* audit

Abschlussstichtag ['apʃlʊsʃtɪçta:k] *m* closing date of accounts

Abschlusstechnik ['apʃlʊstɛçnık] *f* finishing technique

abschöpfen ['apʃœpfən] *v* skim off

Abschöpfung ['apʃœpfʊŋ] *f* skimming off (of profits), siphoning off

Abschöpfungs-Preispolitik ['apʃœpfʊŋs-praispoliti:k] *f* skimming-the-market pricing policy

Abschöpfungssystem ['apʃœpfʊŋszys-te:m] *n* absorption system

abschreiben ['apʃraɪbən] *v irr* write off

Abschreibung ['apʃraɪbʊŋ] *f (Wertverminderung)* depreciation, writing off

Abschreibungsbetrag ['apʃraɪbʊŋsbətra:k] *m* depreciation allowance, depreciation amount

Abschreibungsfonds ['apʃraɪbʊŋsfõ:] *m* depreciation fund

Abschreibungsgesellschaft ['apʃraɪbʊŋs-gəzɛlʃaft] *f* project write-off company

Abschreibungsmethode ['apʃraɪbʊŋs-meto:də] *f* method of depreciation

Abschreibungsobjekt ['apʃraɪbʊŋsɔp-jɛkt] *n* object of depreciation

Abschreibungssatz ['apʃraɪbʊŋszats] *m* rate of depreciation

Abschreibungsvergünstigung ['apʃraɪ-bʊŋsfɛrgʏnstɪgʊŋ] *f* tax privilege (in respect of depreciation)

Abschrift ['apʃrɪft] *f* copy

Abschwung ['apʃvʊŋ] *m* recession

absenden ['apzɛndən] *v* (send) forward, dispatch

Absendung ['apzɛndʊŋ] *f* 1. *(Verschickung)* dispatch, sending, sending off; 2. *(Abordnung)* delegation

Absendungsvermerk ['apzɛndʊŋsfɛrmɛrk] *m* note confirming dispatch

Absentismus [apzɛn'tɪsmʊs] *m* absenteeism

absetzbar ['apzɛtsba:r] *adj* 1. *(verkäuflich)* marketable, saleable; 2. *(steuerlich ~)* deductible

absetzen ['apzɛtsən] *v* 1. *(verkaufen)* sell; 2. *(abschreiben)* deduct

Absetzung ['apzɛtsuŋ] f (Abschreibung) deduction, depreciation, allowance
absorbieren [apzɔr'bi:rən] v absorb
Absorption [apzɔrp'tsjo:n] f absorption
abspalten ['apʃpaltən] v split (off)
abspeichern ['apʃpaiçərn] v save, store
Abspeicherung ['apʃpaiçəruŋ] f saving, storing
Absprache ['apʃpra:xə] f agreement, arrangement
absprachegemäß ['apʃpra:xəgəmɛ:s] adj as agreed, as per arrangement
absprechen ['apʃprɛçən] v irr 1. (vereinbaren) agree, arrange, settle; 2. (aberkennen) disallow, deny
Abstand ['apʃtant] m 1. distance; 2. (Zahlung) indemnity payment
Abstandssumme ['apʃtantszumə] f compensation, indemnification
Abstandszahlung ['apʃtantstsa:luŋ] f indemnity
Abstempelung ['apʃtɛmpəluŋ] f stamping
Abstimmung ['apʃtimuŋ] f voting, vote
Abstimmungsergebnis ['apʃtimuŋsɛrge:pnis] n voting result
abstoßen ['apʃto:sən] v irr (verkaufen) get rid of, sell off, dispose of
Abstrich ['apʃtriç] m (Abzug) cut, curtailment
Absturz ['apʃturts] m crash, fall
abstürzen ['apʃtyrtsən] v crash, fall
abtasten ['aptastən] v read, scan
Abteilung ['aptailuŋ] f department, section
Abteilungsleiter(in) [ap'tailuŋslaitər(in)] m/f head of department, department manager
abtragen ['aptra:gən] v irr (Schulden) pay off
Abtragung ['aptra:guŋ] f (von Schulden) paying off, payment
Abtransport ['aptransport] m conveyance, transport
abtransportieren ['aptransporti:rən] v transport away, carry off
abtreten ['aptre:tən] v irr (überlassen) relinquish, transfer, cede
Abtretung ['aptre:tuŋ] f assignment, cession, transfer
Abtretungsurkunde ['aptre:tuŋsu:rkundə] f 1. (bei Übertragung) transfer deed, deed of transfer; 2. (bei Konkurs) assignment
Abtretungsverbot ['aptre:tuŋsfɛrbo:t] n prohibition of assignment
Abtretungsvertrag ['aptre:tuŋsfɛrtra:k] m contract of assignment

Abwärtsentwicklung ['apvɛrtsɛntvikluŋ] f downward trend, downward tendency, downward movement
Abwärtstrend ['apvɛrtstrɛnt] m downward trend
Abweichung ['apvaiçuŋ] f deviation
Abweichungsanalyse ['apvaiçuŋsanaly:zə] f cost variance analysis
Abweisung ['apvaizuŋ] f dismissal
abwerben ['apvɛrbən] v irr entice away, contract away, hire away, bid away
Abwerbung ['apvɛrbuŋ] f enticement, wooing
abwerfen ['apvɛrfən] v irr (einbringen) yield, return
abwerten ['apve:rtən] v devaluate, depreciate, devalue
Abwertung ['apve:rtuŋ] f devaluation
Abwertungswettlauf ['apve:rtuŋsvɛtlauf] m devaluation race
Abwesenheitsquote ['apve:zənhaitskvo:tə] f absenteeism rate, absentee figures pl
abwickeln ['apvikəln] v 1. (Vorgang) transact; 2. (abschließen) settle, conclude; 3. (liquidieren) wind up
Abwickler ['apviklər] m liquidator
Abwicklung ['apvikluŋ] f completion, settlement, handling, liquidation
Abwicklungskonto ['apvikluŋskɔnto] n settlement account
abwirtschaften ['apvirtʃaftən] v mismanage, ruin by mismanagement
Abwurf ['apvurf] m yield, profit, return
abzahlen ['aptsa:lən] v (Raten) pay off, repay, pay by instalments
Abzahlung ['aptsa:luŋ] f (Raten) payment by instalments, repayment
Abzahlungsgeschäft ['aptsa:luŋsgəʃɛft] n instalment sale transaction
Abzahlungshypothek ['aptsa:luŋshypote:k] f instalment mortgage
Abzahlungskauf ['aptsa:luŋskauf] m instalment contract
Abzahlungskonto ['aptsa:luŋskɔnto] n charge account, credit account
Abzahlungsplan ['aptsa:luŋspla:n] m instalment plan
Abzahlungsrate ['aptsa:luŋsra:tə] f part payment, instalment
Abzahlungsvertrag ['aptsa:luŋsfɛrtra:k] m instalment agreement
abzeichnen ['aptsaiçnən] v (unterschreiben) initial, sign, tick off

abziehen ['aptsi:ən] *v irr* subtract; take off; *(Rabatt)* deduct; *etwas vom Preis* ~ take sth off the price
Abzinsung ['aptsɪnzuŋ] *f* discounting
Abzug ['aptsu:k] *m* 1. *(Kopie)* copy, duplicate, print; 2. *(Rabatt)* discount, deduction, rebate
abzüglich ['aptsy:klɪç] *prep* less, minus, deducting
abzugsfähig ['aptsu:ksfɛ:ɪç] *adj* deductible, allowable
Achtstundentag [axt'ʃtundəntaːk] *m* eight-hour day
Achtung ['axtuŋ] *f (Recht)* observance (of laws)
Ackerbau ['akərbau] *m* agriculture
Addition [adɪ'tsjoːn] *f* addition
Ad-hoc-Kooperation [at'hɔkkoːpəra'tsjoːn] *f* ad hoc cooperation
Ad-hoc-Publizität [at'hɔkpublitsi'tɛ:t] *f* ad hoc disclosure
Adjustable Peg [ə'dʒʌstəbl peg] *m* adjustable peg
Administration [atmɪnɪstra'tsjoːn] *f* administration
administrativ [atmɪnɪstra'tiːf] *adj* administrative
Adoption [adɔp'tsjoːn] *f* adoption
Adressant [adrɛ'sant] *m* sender, consignor
Adressat [adrɛ'sa:t] *m* addressee, consignee
Adresse [a'drɛsə] *f* address
adressieren [adrɛ'siːrən] *v* address
Adverse Selection ['ædvɜːs sɪ'lekʃən] *f* adverse selection
Advokat [atvo'ka:t] *m* lawyer
Affidavit [afi'da:vɪt] *n* affidavit
Affiliation [afilja'tsjoːn] *f* affiliation
After-Sales-Services ['ɑːftəseɪlz'sɜːvɪsɪz] *f/pl* after-sales services *pl*
Agenda [a'gɛnda] *f* agenda
Agent [a'gɛnt] *m* agent, representative
Agentur [agɛn'tuːr] *f* agency, representation
Agglomeration [aglomera'tsjoːn] *f* agglomeration
Agio ['adʒo] *n* agio, premium
Agiopapiere ['a:dʒopapiːrə] *n/pl* securities redeemable *pl*
Agiotage [a:dʒo'ta:ʒə] *f* agiotage
Agrarbetrieb [a'graːrbətriːp] *m* agricultural enterprise
Agrarerzeugnis [a'graːrɛrtsɔyknɪs] *f* agricultural product, produce
Agrargüter [a'graːrgyːtər] *n/pl* agricultural goods *pl*

Agrarimporte [a'graːrɪmpɔrtə] *m/pl* agricultural imports *pl*
Agrarindustrie [a'graːrɪndustriː] *f* agricultural industry
Agrarkrise [a'graːrkriːzə] *f* agricultural crisis
Agrarland [a'graːrlant] *n* agrarian country, agrarian nation
Agrarmarkt [a'graːrmarkt] *m* agricultural market
Agrarpolitik [a'graːrpolitiːk] *f* agricultural policy
Agrarpreis [a'graːrpraɪs] *m* prices of farm products *pl*
Agrarreform [a'graːrəfɔːrm] *f* agricultural reform
Agrarprotektionismus [a'graːrprotɛktsjoːnɪsmus] *m* agricultural protectionism
Agrarstaat [a'graːrʃta:t] *m* agricultural state
Agrarsubventionen [a'graːrzubvɛntsjoːnən] *f/pl* agricultural subsidies *pl*
Agrarüberschüsse [a'graːryːbərʃysə] *m/pl* agricultural surpluses *pl*
Agrarwirtschaft [a'graːrvɪrtʃaft] *f* rural economy
Agrarwissenschaften [a'graːrvɪsənʃaftən] *f/pl* agricultural economics
Akademiker(in) [aka'deːmɪkər(ɪn)] *m/f* university graduate
AKA-Kredite [aka'a'kreditːə] *m/pl* export credits *pl*
Akkord [a'kɔrt] *m (Stücklohn)* piece-work wage
Akkordarbeit [a'kɔrtarbaɪt] *f* piecework
Akkordarbeiter(in) [a'kɔrtarbaɪtər(ɪn)] *m/f* pieceworker
Akkordlohn [a'kɔrtloːn] *m* piece-rate, payment by the job, piece wages *pl*
Akkordsatz [a'kɔrtzats] *m* piece rate
Akkordsystem [a'kɔrtzysteːm] *n* piecework system
Akkordzulage [a'kɔrttsuːlaːgə] *f* piece-rate bonus
akkreditieren [akredi'tiːrən] *v* to open a credit, *jdn für etw* ~ credit sth to s.o.'s account
Akkreditierung [akredi'tiːruŋ] *f* opening of a credit
Akkreditiv [akredi'tiːf] *n (commercial)* letter of credit
Akkreditivauftrag [akredi'tiːfauftraːk] *m* order to open a credit
Akkreditiveröffnung [akredi'tiːfɛrœfnuŋ] *f* opening of a letter of credit

Akkreditivstellung [akredi'ti:fʃtɛluŋ] *f* opening a letter of credit
Akkreditivzwang [akredi'ti:ftsvaŋ] *m* obligation to open a (letter of) credit
Akkumulation [akumula'tsjo:n] *f* accumulation
akkumulieren [akumu'li:rən] *v* accumulate
Akontozahlung [a'kɔnto'tsa:luŋ] *f* payment on account
Akquisition [akvizi'tsjo:n] *f* acquisition
Akt [akt] *m* act, deed
Akte ['aktə] *f* file
Aktenauszug ['aktənaustsu:k] *m* excerpt from the records
Aktendeckel ['aktəndɛkl] *m* folder
Akteneinsicht ['aktənaɪnzɪçt] *f* inspection of records
Aktenhülle ['aktənhylə] *f* file cover
Aktenkoffer ['aktənkɔfər] *m* attaché case
aktenkundig ['aktənkundɪç] *adj (Fähigkeit)* on file, on record
Aktenmappe ['aktənmapə] *f* portfolio, briefcase, folder
Aktennotiz ['aktənnoti:ts] *f* memorandum
Aktenordner ['aktənɔrdnər] *m* file
Aktenschrank ['aktənʃraŋk] *m* filing cabinet
Aktentasche ['aktəntaʃə] *f* briefcase, portfolio
Aktenzeichen ['aktəntsaɪçən] *n* reference number, file number, case number
Aktie ['aktsjə] *f* share, stock *(US)*
Aktienanalyse ['aktsjənanaly:zə] *f* analysis of shares
Aktienausgabe ['aktsjənausga:bə] *f* issuing of shares
Aktienaustausch ['aktsjənaustauʃ] *m* exchange of shares
Aktienbank ['aktsjənbaŋk] *f* joint-stock bank
Aktienbestand ['aktsjənbəʃtant] *m* shareholding
Aktienbezugsrecht [aktsjənbə'tsu:ksrɛçt] *n* subscription right
Aktienbörse ['aktsjənbœrzə] *f* stock exchange
Aktienbuch ['aktsjənbu:x] *n* share register, stock register
Aktiendepot ['aktsjəndepo:] *n* share deposit
Aktieneinziehung ['aktsjənaɪntsi:uŋ] *f* withdrawal of shares
Aktienemission ['aktsjənemɪsjo:n] *f* issue of shares

Aktienfonds ['aktsjənfɔ̃:] *m* share fund
Aktiengesellschaft (AG) ['aktsjəngəzɛlʃaft] *f* joint stock company, stock corporation, public limited company *(PLC)*
Aktiengesetz ['aktsjəngəzɛts] *n* Companies Act, Company Law
Aktienindex ['aktsjənɪndɛks] *m* share index, stock market index
Aktienkapital ['aktsjənkapita:l] *n* share capital, capital stock
Aktienkurs ['aktsjənkurs] *m* share price
Aktienmarkt ['aktsjənmarkt] *m* stock market, share market
Aktienmehrheit ['aktsjənme:rhaɪt] *f* majority of stock
Aktiennotierung ['aktsjənnoti:ruŋ] *f* share quotation, stock quotation
Aktienoption ['aktsjənɔptsjo:n] *f* share option, stock option *(US)*
Aktienpaket ['aktsjənpake:t] *n* block of shares
Aktienquorum ['aktsjənkvo:rum] *n* share quorum
Aktienrecht ['aktsjənrɛçt] *n* company law
Aktienregister ['aktsjənregɪstər] *n* share register
Aktienrendite ['aktsjənrɛndi:tə] *f* earning per share, yield on stocks, yield on shares
Aktienspekulation ['aktsjənʃpɛkulatsjo:n] *f* stock speculation, stock jobbing
Aktienumtausch ['aktsjənumtauʃ] *m* exchange of share certificates for new
Aktienzeichnung ['aktsjəntsaɪçnuŋ] *f* subscription for shares
Aktienzertifikat ['aktsjəntsɛrtifika:t] *n* share certificate, stock certificate
Aktienzusammenlegung ['aktsjəntsuzamənle:guŋ] *f* consolidation of shares
Aktionär [aktsjo'nɛ:r] *m* shareholder, stockholder *(US)*
Aktionärsbrief [aktsjo'nɛ:rsbri:f] *m* circular letter from board to shareholders
Aktionärsvereinigungen [aktsjo'nɛ:rsfɛraɪnɪguŋən] *f/pl* associations of shareholders *pl*
Aktionärsversammlung [aktsjo'nɛ:rsfɛrzamluŋ] *f* shareholders' meeting, stockholders' meeting
Aktion [ak'tsjo:n] *f* campaign, action
Aktionsparameter [ak'tsjo:nspara:me:tər] *m* action parameters *pl*
Aktionsplakat [ak'tsjo:nsplaka:t] *n* advertising bill
Aktionspreis [ak'tsjo:nspraɪs] *m* special campaign price

aktiv [ak'ti:f] *adj (Bilanz)* favourable
Aktiva [ak'ti:va] *pl* assets *pl*
Aktivbestand [ak'ti:fbəʃtant] *m* assets
aktiver Teilhaber [ak'ti:fər 'taɪlha:bər] *m* active partner
Aktivgeschäft [ak'ti:fgəʃɛft] *n* credit transaction
aktivieren [akti'vi:rən] *f* enter on the assets side
Aktivierung [akti'vi:ruŋ] *f* entering on the assets side
Aktivierungspflicht [akti'vi:ruŋspflɪçt] *f* legal obligation to capitalize
Aktivierungsverbot [akti'vi:ruŋsfɛrbo:t] *n* legal prohibition to capitalize
Aktivierungswahlrecht [akti'vi:ruŋsva:lrɛçt] *n* option to capitalize
Aktivposten [ak'ti:fpɔstən] *m* assets *pl*, credit item
Aktivsaldo [ak'ti:fzaldo] *n* credit balance, active balance
Aktivtausch [ak'ti:ftauʃ] *m* accounting exchange on the asset side
Aktivzins [ak'ti:ftsɪns] *m* interest receivable
aktualisieren [aktuali'zi:rən] *v* reload
Aktualisierung [aktuali'zi:ruŋ] *f* update
Akzelerationsprinzip [aktselera'tsjo:nsprɪntsip] *n* acceleration principle
Akzelerator [aktsele'ra:to:r] *m* accelerator
Akzept [ak'tsɛpt] *n* acceptance
akzeptabel [aktsɛp'ta:bəl] *adj* acceptable
Akzeptant [aktsɛp'tant] *m* acceptor
Akzeptanz [aktsɛp'tants] *f* (market) acceptance
Akzeptaustausch [ak'tsɛptaustauʃ] *m* exchange of acceptances
Akzeptbank [ak'tsɛptbaŋk] *f* accepting house, acceptance house
akzeptfähig [ak'tsɛptfɛ:ɪç] *adj* negotiable, bankable
Akzeptgeschäft [ak'tsɛptgəʃɛft] *n* acceptance business
akzeptieren [aktsɛp'ti:rən] *v (Rechnung)* honour
Akzeptkredit [ak'tsɛptkredi:t] *m* acceptance credit
Akzeptlinie [ak'tsɛptli:njə] *f* line of acceptance
Akzeptprovision [ak'tsɛptprovizjo:n] *f* commission for acceptance
Akzeptverbindlichkeit [ak'tsɛptfɛrbɪntlɪçkaɪt] *f* acceptance liability
Akzisen [ak'tsi:zən] *f/pl* excise taxes *pl*
A-Länder ['a lɛndər] *n/pl* A countries *pl*

Alimente [ali'mɛntə] *pl* maintenance, support
Aliud ['a:liut] *n* delivery of goods other than those ordered
Alleinberechtigung [a'laɪnbərɛçtɪguŋ] *f* exclusive right
Alleinbesitz [a'laɪnbəzɪts] *m* sole ownership, exclusive possession
Alleinerbe [a'laɪnɛrbə] *m* sole heir
Alleininhaber [a'laɪnɪnha:bər] *m* sole owner, sole holder
Alleinverkaufsrecht [a'laɪnfɛrkaufsrɛçt] *n* exclusive right to sell (sth)
Alleinvertreter [a'laɪnfɛrtre:tər] *m* sole representative, sole agent
Alleinvertretung [a'laɪnfɛrtre:tuŋ] *f* sole agency
Alleinvertretungsrecht [a'laɪnfɛrtre:tuŋsrɛçt] *n* monopoly
Alleinvertrieb [a'laɪnfɛrtri:p] *m* sole distribution rights *pl*, exclusive distribution rights *pl*
allgemeine Geschäftsbedingungen [algə'maɪnə gə'ʃɛftsbədɪŋuŋən] *f/pl* general terms of contract *pl*, general standard terms and conditions *pl*
allgemeine Kreditvereinbarungen [algə'maɪnə kre'di:tfɛraɪnba:ruŋən] *f/pl* general credit agreements *pl*
allgemeine Versicherungsbedingungen [algə'maɪnə fɛr'zɪçəruŋsbədɪŋuŋən] *f/pl* general insurance conditions *pl*
Allianz [al'jants] *f* alliance
Allokation [aloka'tsjo:n] *f* allocation
Allokationspolitik [aloka'tsjo:nspoliti:k] *f* allocation policy
Allonge [a'lõ:ʒə] *f* allonge
Altersgrenze ['altərsgrɛntsə] *f* age limit
Altersprofil ['altərsprofi:l] *n* age profile
Altersrente ['altərsrɛntə] *f* old-age pension
Altersruhegeld ['altərsru:əgɛlt] *n* pension
Altersteilzeitgesetz ['altərstaɪltsaɪtgəzɛts] *n* part-time retirement pension
Altersversorgung ['altərsfɛrzɔrguŋ] *f* old-age pension
Altersvorsorge ['altərsfo:rzɔrgə] *f* old-age social security system
Altlast ['altlast] *f* old hazardous waste
Altwährung ['altvɛ:ruŋ] *f* legacy currency
ambulantes Gewerbe [ambu'lantəs gə'vɛrbə] *n* itinerant trade
American Bankers' Association (ABA) [ə'mɛrɪkən 'bæŋkəz əsəʊsɪ'eɪʃən] *f* American Bankers Association

American National Standards Institute (ANSI) [ˈmerɪkən ˈnæʃənl ˈstændədz ˈɪnstɪtjuːt] n American National Standards Institute

amerikanisches Rechnungswesen [ameriˈkaːnɪʃəs ˈrɛçnʊŋsveːzən] n American accounting system

Amortisation [amɔrtizaˈtsjoːn] f amortisation, amortization *(US)*

Amortisationshypothek [amɔrtizaˈtsjoːnshypoteːk] f instalment mortgage

amortisieren [amɔrtiˈziːrən] v write off, amortise

Amt [amt] n office, agency

amtlich nicht notierte Werte [ˈamtlɪç nɪçt noˈtiːrtə ˈveːrtə] m/pl unquoted securities pl

amtlicher Handel [ˈamtlɪçər ˈhandəl] m official trading

amtlicher Markt [ˈamtlɪçər markt] m official market

Amtsanmaßung [ˈamtsanmaːsʊŋ] f usurpation of authority, assumption of authority

Amtsgericht [ˈamtsɡərɪçt] n local court, County Court *(UK)*, Municipal Court *(US)*

Amtsinhaber(in) [ˈamtsɪnhaːbər(ɪn)] m/f officeholder

Amtsmiene [ˈamtsmiːnə] f bureaucrat's impassive look, official air

Amtsrichter(in) [ˈamtsrɪçtər(ɪn)] m/f judge of the local court

Amtsschimmel [ˈamtsʃɪməl] m *(fam)* red tape, bureaucracy

an Zahlungs statt [an ˈtsaːlʊŋs ʃtat] in lieu of payment

analog [anaˈloːk] adj analog

Analogrechner [anaˈloːkrɛçnər] m analog computer

Analogtechnik [anaˈloːktɛçnɪk] f analog technology

Analyse [anaˈlyːzə] f analysis

Analyst [anaˈlyst] m analyst

anbei [anˈbaɪ] adv *(bei Bewerbungsunterlagen)* enclosed, herewith

anbieten [ˈanbiːtən] v offer

Anbieter [ˈanbiːtər] m 1. *(einer Dienstleistung)* service provider; 2. *(einer Ware)* supplier

Anderdepot [ˈandərdepoː] n fiduciary deposit

Anderkonto [ˈandərkɔnto] n fiduciary account

Anderskosten [ˈandərskɔstən] pl costing expenditures

Änderungskündigung [ˈɛndərʊŋskyndɪgʊŋ] f notice of dismissal with offer for reemployment at less favorable terms

Andrang [ˈandraŋ] m *(Ansturm)* run

Anfangsbestand [ˈanfaŋsbəʃtant] m opening stock

Anfangsgehalt [ˈanfaŋsɡəhalt] n starting salary

Anfangskapital [ˈanfaŋskapitaːl] n opening capital

anfechtbar [ˈanfɛçtbaːr] adj contestable

anfechten [ˈanfɛçtən] v irr challenge, appeal

Anfechtung [ˈanfɛçtʊŋ] f appeal, contestation, challenge

anfertigen [ˈanfɛrtɪɡən] v manufacture, produce

Anfertigung [ˈanfɛrtɪɡʊŋ] f manufacture, production

anfordern [ˈanfɔrdərn] v 1. request, demand; 2. *(Material)* indent for

Anforderung [ˈanfɔrdərʊŋ] f 1. demand; 2. *(Bestellung)* request

Anforderungsprofil [ˈanfɔrdərʊŋsprofiːl] n job profile

Anfrage [ˈanfraːɡə] f inquiry

anfragen [ˈanfraːɡən] v inquire, enquire, ask

Angaben [ˈanɡaːbən] f/pl details; statement

Angebot [ˈanɡəboːt] n offer; quotation

Angebot und Nachfrage [ˈanɡəboːt ʊnt ˈnaːxfraːɡə] supply and demand

Angebotslage [ˈanɡəboːtslaːɡə] f supply situation

Angebotsmenge [ˈanɡəboːtsmɛŋə] f supply volume

angebotsorientierte Wirtschaftspolitik [ˈanɡəboːtsɔrjɛntiːrtə ˈvɪrtʃaftspoliˈtiːk] supply-oriented economic policy

Angebotspreis [ˈanɡəboːtsprais] m asking price, price quoted in an offer

Angebotssteuerung [ˈanɡəboːtsʃtɔyərʊŋ] f supply control

Angebotsstruktur [ˈanɡəboːtsʃtrʊktuːr] f supply structure

angeschmutzt [ˈanɡəʃmʊtst] adj shop-soiled

angestellt [ˈanɡəʃtɛlt] adj employed

Angestellte(r) [ˈanɡəʃtɛltə] m/f employee

Angestelltengewerkschaft [ˈanɡəʃtɛltənɡəvɛrkʃaft] f employees' union

Angestelltenrentenversicherung [ˈanɡəʃtɛltənrɛntənfɛrzɪçərʊŋ] f salary earners' pension insurance

Angestelltenverhältnis ['angəʃtɛltənfɛrhɛltnɪs] *n* non-tenured employment
angliedern ['angliːdərn] *v (Betrieb)* affiliate
Angliederung ['angliːdəruŋ] *f* affiliation, incorporation
Anhang (einer Bilanz) ['anhaŋ] *m* notes (to the financial statement)
anhängig ['anhɛŋɪç] *adj* pending
Anhörung ['anhøːruŋ] *f* hearing
Ankauf ['ankauf] *m* purchase
ankaufen ['ankaufən] *v* purchase, acquire
Ankäufer(in) ['ankɔyfər(ɪn)] *m/f* buyer, purchaser
Ankaufskurs ['ankaufskurs] *m* buying price, buying rate
Ankaufspreis ['ankaufsprais] *m* purchase price, buying-in price
Ankaufsrecht ['ankaufsrɛçt] *n* purchase right, right to acquire
Anklage ['anklaːgə] *f* charge, accusation, indictment
anklicken ['anklɪkən] *v etw ~* click on sth
Ankunftsdatum ['ankunftsdaːtum] *n* date of arrival
Ankunftsort ['ankunftsɔrt] *m* place of arrival, destination
Ankunftszeit ['ankunftstsait] *f* time of arrival, arrival time
Anlage ['anlaːgə] *f 1. (Fabrik)* plant, works, factory; *2. (Geldanlage)* investment; *3. (Briefanlage)* enclosure
Anlageausschuss ['anlaːgəausʃus] *m* investment committee
Anlageberater ['anlaːgəbəraːtər] *m* investment consultant
Anlageberatung ['anlaːgəbəraːtuŋ] *f* investment counseling
Anlagegüter ['anlaːgəgyːtər] *n/pl* capital goods *pl*, capital assets *pl*
Anlagekapital ['anlaːgəkapitaːl] *n* investment capital
Anlagekonten ['anlaːgəkɔntən] *n/pl* investment accounts *pl*
Anlagenbau ['anlaːgənbau] *m* plant engineering and construction, systems engineering
Anlagendeckung ['anlaːgəndɛkuŋ] *f* ratio of equity capital to fixed assets
Anlagenfinanzierung ['anlaːgənfɪnantsiːruŋ] *f* financing of investment in fixed assets
Anlagenintensität ['anlaːgənɪntɛnziteːt] *f* investment volume, volume of investment

Anlagenstreuung ['anlaːgənʃtrɔyuŋ] *f* capital diversification, diversification of capital
Anlagepapiere ['anlaːgəpapiːrə] *n/pl* investment securities *pl*
Anlagevermögen ['anlaːgəfɛrmøːgən] *n* fixed assets *pl*
Anlagevorschriften ['anlaːgəfoːrʃrɪftən] *f/pl* rules for investment of resources *pl*
Anlagewagnis ['anlaːgəvaːknɪs] *n* investment risk
Anlagewährung ['anlaːgəvɛːruŋ] *f* currency of investment
Anlagewert ['anlaːgəveːrt] *m* value of fixed assets, investment securities *pl*
Anlagezinsen ['anlaːgətsɪnzən] *m/pl* capital investment interest
Anlaufkosten ['anlaufkɔstən] *pl* launching costs *pl*
Anlaufperiode ['anlaufpɛrjoːdə] *f* initial period
anlegen ['anleːgən] *v 1. (Geld)* invest; *2. eine Akte ~* start a file
Anleger ['anleːgər] *m* investor
Anlegerschutz ['anleːgərʃuts] *m* protection for the investor
Anleihe ['anlaɪə] *f* loan, loan stock, debenture
Anleiheablösung ['anlaɪəaplœːzuŋ] *f* loan redemption
Anleihegeschäft ['anlaɪəgəʃɛft] *n* loan business
Anleihekapital ['anlaɪəkapitaːl] *n* bonded dept
Anleihepapiere ['anlaɪəpapiːrə] *n/pl* bonds *pl*
Anleiherechnung ['anlaɪərɛçnuŋ] *f* loan calculation
Anleiheschuld ['anlaɪəʃuld] *f* bonded debt, loan debt
Anleihetreuhänderschaft ['anlaɪətrɔyhɛndərʃaft] *f* loan custodianship
Anleihezins ['anlaɪətsɪns] *m* loan interest (rate)
Anlernberuf ['anlɛrnbəruːf] *m* semi-skilled occupation
anlernen ['anlɛrnən] *v* train
Anlernzeit ['anlɛrntsait] *f* training period
anliefern ['anliːfərn] *v* supply, deliver
Anlieferung ['anliːfəruŋ] *f* supply, delivery
Anmeldefrist ['anmɛldəfrɪst] *f* period for application
anmeldepflichtige Kartelle ['anmɛldəpflɪçtɪçə kar'tɛlə] *n/pl* notifiable cartels *pl*

Anmeldung ['anmɛldʊŋ] f registration
Annahme ['anna:mə] f 1. (Lieferung) receipt, acceptance; 2. (Zustimmung) acceptance, approval
Annahmeverweigerung ['anna:məfɛrvaɪgərʊŋ] f refusal of delivery
Annonce [a'nõ:sə] f advertisement
Annuität [anui'tɛ:t] f annuity
Annuitätenanleihe [anui'tɛ:tənanlaɪə] f annuity bond, perpetual bond
Annuitätendarlehen [anui'tɛ:təndaːrleːən] n annuity loan
annullieren [anu'liːrən] v cancel, annul
anonyme Sparkonten [ano'nyːmə 'ʃpaːrkɔntən] n/pl anonymous savings accounts pl
Anordnung ['anɔrdnʊŋ] f order
Anpassungsinflation ['anpasʊŋsɪnflatsjoːn] f adaptive inflation
Anpassungsinvestition ['anpasʊŋsɪnvɛstitsjoːn] f adjustment project
Anpassungskosten ['anpasʊŋskɔstən] pl adjustment costs pl
anrechnen ['anrɛçnən] v 1. (berechnen) charge for; 2. (gutschreiben) take into account
Anrechtscheine ['anrɛçtʃaɪnə] m/pl intermediate share certificate
Anrede ['anreːdə] f form of address, salutation
Anreiz ['anraɪts] m incentives pl, inducement, spur
Anreizsystem ['anraɪtszysteːm] n incentive system
Anruf ['anruːf] m call
Anrufbeantworter ['anruːfbəantvɔrtər] m answering machine, automatic answering set
anrufen ['anruːfən] v irr (telefonieren) telephone, call (US), ring up, to give a ring (fam)
Anrufer(in) ['anruːfər(ɪn)] m/f caller
anschaffen ['anʃafən] v buy, acquire, purchase
Anschaffung ['anʃafʊŋ] f acquisition
Anschaffungsgeschäft ['anʃafʊŋsgəʃɛft] n buying or selling for customers
Anschaffungskosten ['anʃafʊŋskɔstən] pl acquisition cost
Anschaffungspreis ['anʃafʊŋspraɪs] m purchase price, initial cost
Anschaffungswert ['anʃafʊŋsveːrt] f acquisition value
Anschlussfinanzierung ['anʃlʊsfɪnantsiːrʊŋ] f follow-up financing
Anschrift ['anʃrɪft] f address
Ansprechpartner(in) ['anʃprɛçpartnər(ɪn)] m/f contact person

Anspruch ['anʃprʊx] m claim
anstellen ['anʃtɛlən] v employ
Anstellung ['anʃtɛlʊŋ] f 1. (Einstellung) employment, engagement, hiring; 2. (Stellung) job, position, post
Anstellungsvertrag ['anʃtɛlʊŋsfɛrtraːk] m employment contract
Anteil ['antaɪl] m interest, share (US), unit (UK)
Anteilscheine ['antaɪlʃaɪnə] m/pl share certificate, unit certificate, participating certificate
Anteilseigner(in) ['antaɪlsaɪgnər(ɪn)] m/f shareholder, equity holder
Anteilspapiere ['antaɪlspapiːrə] n/pl equity security
Antidumpingzoll [anti'dampɪŋtsɔl] m antidumping duty
Anti-Trust... [anti'trʌst] adj antitrust
antizipative Posten [antitsipa'tiːfə 'pɔstən] m/pl accruals pl
antizyklische Finanzpolitik [anti'tsyːklɪʃə fɪ'nantspolitiːk] f countercyclical fiscal policy
antizyklisches Verhalten [anti'tsyːklɪʃəs fɛr'haltən] n countercyclical development
Antrag ['antraːk] m application; ~ stellen make an application; ~ ablehnen reject a request
Antragsformular ['antraːksfɔrmulaːr] n application form
Antragsteller(in) ['antraːkʃtɛlər(ɪn)] m/f applicant, proposer, claimant
Antwort ['antvɔrt] f reply
Antwortschreiben ['antvɔrtʃraɪbən] n reply, answer
Anwalt ['anvalt] m lawyer, solicitor, attorney
Anwältin ['anvɛltɪn] f female lawyer
Anwärter(in) ['anvɛrtər(ɪn)] m/f (Amtsanwärter) candidate
Anwartschaft ['anvartʃaft] f beneficial estate, right in course of acquisition
anwartschaftlich ['anvartʃaftlɪç] adj reversionary
Anwartschaftsdeckungsverfahren ['anvartʃaftsdɛkʊŋsfɛrfaːrən] n expectancy cover procedure
anweisen ['anvaɪzən] v irr remit, assign, transfer
Anweisung ['anvaɪzʊŋ] f transfer, remittance, payment order
Anweisungsbetrag ['anvaɪzʊŋsbətraːk] m amount to be remitted
Anweisungsempfänger(in) ['anvaɪzʊŋsɛmpfɛŋər(ɪn)] m/f payee
Anwender(in) ['anvɛndər(ɪn)] m/f user

anwenderfreundlich ['anvɛndərfrɔyntlıç] *adj* user-friendly
Anwenderprogramm ['anvɛndərprogram] *n* user programme
anwerben ['anvɛrbən] *v irr* recruit
Anwerbung ['anvɛrbuŋ] *f* recruitment
Anzahlung ['antsa:luŋ] *f* down payment, deposit
Anzahlungsbürgschaft ['antsa:luŋsbyrkʃaft] *f* payment guarantee
Anzahlungssumme ['antsa:luŋszumə] *f* amount paid as a part payment
Anzeige ['antsaıgə] *f* 1. *(Werbung)* advertisement; 2. *(Recht)* report
Anzeigenformat ['antsaıgənforma:t] *n* size of an advertisement
Anzeigenschaltung ['antsaıgənʃaltuŋ] *f* placement of an advertisement
Anzeigenschluss ['antsaıgənʃlus] *m* deadline for advertisements
Anzeigenteil ['antsaıgəntaıl] *m* advertising section
Anzeigenvermittlung ['antsaıgənfɛrmıtluŋ] *f* advertising agency
Anzeigepflicht ['antsaıgəpflıçt] *f* legal obligation to disclose one's results
anzeigepflichtig ['antsaıgəpflıçtıç] *adj* notifiable
Application Service Provider (ASP) [æplı'keıʃən 'sɜ:vıs prə'vaıdə] *m* application service provider
Äquivalenzprinzip [ɛkviva'lɛntsprıntsi:p] *n* cost-of-service principle, principle of equivalence
Äquivalenzzifferkalkulation [ɛkviva'lɛntsısıfərkalkulatsjo:n] *f* equivalence coefficient costing
Arbeit ['arbaıt] *f* 1. labour, work; 2. *(Berufstätigkeit)* employment
arbeiten ['arbaıtən] *v* work, labour
Arbeiter(in) ['arbaıtər(ın)] *m/f* worker, employee, labourer
Arbeiterbewegung ['arbaıtərbəve:guŋ] *f* Labour movement
arbeiterfeindlich ['arbaıtərfaıntlıç] *adj* antilabour
arbeiterfreundlich ['arbaıtərfrɔyntlıç] *adj* prolabour
Arbeitergewerkschaft ['arbaıtərgəvɛrkʃaft] *f* trade union, labor union *(US)*
Arbeitermangel ['arbaıtərmaŋəl] *m* manpower shortage
Arbeiterschaft ['arbaıtərʃaft] *f* labour force
Arbeiterschutz ['arbaıtərʃuts] *m* protection of workers, protection of labourers
Arbeiterunfallgesetz ['arbaıtərunfalgəzɛts] *n* workmen's compensation act
Arbeiterversicherung ['arbaıtərfɛrzıçəruŋ] *f* industrial insurance
Arbeiterwohlfahrt ['arbaıtərvo:lfa:rt] *f* industrial welfare organization
Arbeitgeber(in) ['arbaıtge:bər(ın)] *m/f* employer
Arbeitgeberanteil ['arbaıtge:bərantaıl] *m* employer's contribution
Arbeitgeberverband ['arbaıtge:bərfɛrbant] *m* employers' association
Arbeitgeberzuschüsse ['arbaıtge:bərtsu:ʃysə] *m/pl* employer's contributions *pl*
Arbeitnehmer(in) ['arbaıtne:mər(ın)] *m/f* employee
Arbeitnehmeraktie ['arbaıtne:məraktsjə] *f* employees' shares *pl*
Arbeitnehmeranteil ['arbaıtne:mərantaıl] *m* employee's contribution
Arbeitnehmerbeteiligung ['arbaıtne:mərbətaıliguŋ] *f* worker participation
Arbeitnehmer-Erfindungen ['arbaıtne:mərɛrfınduŋən] *f/pl* employee inventions *pl*
Arbeitnehmer-Freibetrag ['arbaıtne:mərfraıbətra:k] *m* employee's allowable deduction
Arbeitnehmer-Pauschbetrag ['arbaıtne:mərpauʃbətra:k] *m* employee's zero bracket amount; general charge; lump sum
Arbeitnehmer-Sparzulage ['arbaıtne:mərʃpa:rtsu:la:gə] *f* employees' savings premium
Arbeitnehmerüberlassung ['arbaıtne:məry:bərlasuŋ] *f* employee leasing
Arbeitnehmervertretung ['arbaıtne:mərfɛrtre:tuŋ] *f* employee representatives *pl*
Arbeitsablauf ['arbaıtsaplauf] *m* workflow, working process, sequence of operations
Arbeitsamt ['arbaıtsamt] *n* employment office, labour exchange, employment exchange, local labour office
Arbeitsanfall ['arbaıtsanfal] *m* volume of work
Arbeitsauffassung ['arbaıtsauffasuŋ] *f* attitude to work
Arbeitsauftrag ['arbaıtsauftra:k] *m* job order
Arbeitsaufwand ['arbaıtsaufvant] *m* amount of work involved, expenditure of work
Arbeitsausfall ['arbaıtsausfal] *m* loss of working hours

Arbeitsbedingungen ['arbaıtsbədıŋuŋən] f/pl terms and conditions of employment pl
Arbeitsbelastung ['arbaıtsbəlastuŋ] f work load
Arbeitsbeschaffung ['arbaıtsbəʃafuŋ] f job creation
Arbeitsbeschaffungsmaßnahme ['arbaıtsbəʃafuŋsma:sna:mə] f job-creating measure
Arbeitsbeschaffungsprogramm ['arbaıtsbəʃafuŋsprogram] n employment scheme
Arbeitsbesprechung ['arbaıtsbəʃprɛçuŋ] f work conference
Arbeitsbewertung ['arbaıtsbəvertuŋ] f job evaluation
Arbeitseinkommen ['arbaıtsaınkɔmən] n earned income
Arbeitsentgelt ['arbaıtsɛntgelt] n remuneration
Arbeitserlaubnis ['arbaıtsɛrlaupnıs] f work permit
Arbeitsertrag ['arbaıtsɛrtra:k] m work performed
Arbeitsessen ['arbaıtsɛsən] n working lunch
Arbeitsfeld ['arbaıtsfɛlt] n sphere of work, work sphere
Arbeitsförderungsgesetz (AFG) ['arbaıtsfœrdəruŋsgəzɛts] n Labour Promotion Law
Arbeitsgang ['arbaıtsgaŋ] m operation, routine
Arbeitsgemeinschaft ['arbaıtsgəmaınʃaft] f working group, team
Arbeitsgenehmigung ['arbaıtsgəne:mıguŋ] f work(ing) permit
Arbeitsgericht ['arbaıtsgərıçt] n industrial tribunal
Arbeitsgesetzgebung ['arbaıtsgəzɛtsge:buŋ] f labour legislation
Arbeitskosten ['arbaıtskɔstən] pl 1. (Personal) labor cost, employment cost; 2. (Kostenrechnung) variable cost
Arbeitskraft ['arbaıtskraft] f 1. (Person) worker; 2. (Fähigkeit) working capacity
Arbeitsleistung ['arbaıtslaıstuŋ] f productivity
arbeitslos ['arbaıtslo:s] adj unemployed, jobless, out of work
Arbeitslose(r) ['arbaıtslo:zə(r)] f/m unemployed person
Arbeitslosengeld ['arbaıtslo:zəngɛlt] n unemployment benefit
Arbeitslosenhilfe ['arbaıtslo:zənhılfə] f unemployment benefit

Arbeitslosenrate ['arbaıtslo:zənra:tə] f unemployment rate
Arbeitslosenversicherung ['arbaıtslo:zənfɛrzıçəruŋ] f unemployment insurance
Arbeitslosigkeit ['arbaıtslo:zıçkaıt] f unemployment
Arbeitsmarkt ['arbaıtsmarkt] m labour market
Arbeitsmarktpolitik ['arbaıtsmarktpoliti:k] f labour market policy, manpower policy
Arbeitsnachfrage ['arbaıtsna:xfra:gə] f job demand
Arbeitsplatz ['arbaıtsplats] m place of employment
Arbeitsplatzgestaltung ['arbaıtsplatsgəʃtaltuŋ] f job engineering
Arbeitsplatzrechner ['arbaıtsplatsrɛçnər] m workstation
Arbeitsplatzschutz ['arbaıtsplatsʃuts] m protection of jobs, employment protection
Arbeitsproduktivität ['arbaıtsproduktivite:t] f productivity of labour
Arbeitspsychologie ['arbaıtspsyçologi:] f industrial psychology
Arbeitsrecht ['arbaıtsrɛçt] n labour law
Arbeitsschutz ['arbaıtsʃuts] m industrial safety
Arbeitssicherheit ['arbaıtszıçərhaıt] f safety at work
Arbeitsspeicher ['arbaıtsʃpaıçər] m main memory
Arbeitsstelle ['arbaıtsʃtɛlə] f 1. place of work; 2. (Stellung) job
Arbeitssuche ['arbaıtszu:xə] f looking for work, job search
Arbeitstag ['arbaıtsta:k] m workday, working day
Arbeitsteilung ['arbaıtstaıluŋ] f division of labour
arbeitsunfähig ['arbaıtsunfɛ:ıç] adj unable to work, disabled, unfit for work
Arbeitsunfähigkeit ['arbaıtsunfɛ:ıçkaıt] f unfitness for work, disability
Arbeitsunfall ['arbaıtsunfal] m industrial accident
Arbeitsverfahren ['arbaıtsfɛrfa:rən] n (working) method, technique
Arbeitsverhältnis ['arbaıtsfɛrhɛltnıs] n employment relationship
Arbeitsvermittlung ['arbaıtsfɛrmıtluŋ] f employment agency
Arbeitsvertrag ['arbaıtsfɛrtra:k] m contract of employment

Arbeitsvorbereitung ['arbaɪtsfoːrbəraɪtʊŋ] f job preparation

Arbeitswelt ['arbaɪtsvɛlt] f world of employment

Arbeitszeit ['arbaɪtstsaɪt] f working hours pl

Arbeitszeitersparnis ['arbaɪtstsaɪtɛrʃpaːrnɪs] f saving in working hours, reduction in working time

Arbeitszeitverkürzung ['arbaɪtstsaɪtfɛrkyrtsʊŋ] f cut in working time, reduction of working hours

Arbeitszufriedenheit ['arbaɪtstsufriːdənhaɪt] f job satisfaction

Arbitrage [arbiˈtraːʒ(ə)] f arbitrage

Arbitragegeschäft [arbiˈtraːʒəgəʃɛft] n arbitrage dealings pl

Arbitrageklausel [arbiˈtraːʒəklauzəl] f arbitrage clause

Arbitragerechnung [arbiˈtraːʒərɛçnʊŋ] f arbitrage voucher

Arbitrageur [arbitraˈʒøːr] m arbitrager

Arbitragewert [arbiˈtraːʒəveːrt] m arbitrage value, arbitrage stocks pl

Archiv [arˈçiːf] n archives pl

archivieren [arçiˈviːrən] v file, archive

Archivierung [arçiˈviːrʊŋ] f filing, putting into the archives

Argumentation [argumɛntatsjoːn] f argumentation

arithmetisches Mittel [arɪtˈmeːtɪʃəs ˈmɪtəl] n arithmetical average

Arrangement [arãʒəˈmãː] n deal, package, arrangement

arrangieren [araˈʒiːrən] v arrange, come to an arrangement

arrondieren [arɔnˈdiːrən] v to round off

Artikel [arˈtɪkəl] m product, commodity, good

Artikelnummernsystem [arˈtɪkəlnʊmərnzysteːm] n article coding system, item numbering system

Artvollmacht ['aːrtfɔlmaxt] f specialized power of attorney

Asiendollarmarkt ['azjəndɔlarmarkt] m Asian Dollar market

Assekuranz [asekuˈrants] f assurance

Assekuranzprinzip [asekuˈrantsprɪntsiːp] n insurance industry principle

Assessmentcenter [əˈsɛsmənt'sɛntəʳ] n assessment center

Asset-Management [ˈæsət'mɛnədʒmənt] n asset management

Asset-Markt [ˈæsətˈmaːkt] m asset market

Asset-Swap [ˈæsətswɔp] n asset swap

Assistent(in) [asɪsˈtɛnt(ɪn)] m/f assistant

Assoziation [asotsjaˈtsjoːn] f association

asynchrone Datenübertragung ['azynkroːnə 'daːtəny:bərtraːgʊŋ] f asynchronous data transfer, data transmission

Atomwirtschaft [aˈtoːmvɪrtʃaft] f nuclear economy

Attentismus [atɛnˈtɪsmʊs] m wait-and-see attitude

Audiokonferenz ['audjokɔnferɛnts] f audioconference

Auditing [ˈɔːdɪtɪŋ] n auditing

auf Abruf [auf 'apruːf] on call

Aufbaukonto ['aufbaukɔnto] n build-up account

Aufbauorganisation ['aufbauɔrganizatsjoːn] f company organization structure

Aufbauphase ['aufbaufaːzə] f development phase

aufbereiten ['aufbəraɪtən] v process, prepare, treat; *wieder* ~ reprocess

Aufbereitung ['aufbəraɪtʊŋ] f (Vorbereitung) processing

Aufbereitungsanlage ['aufbəraɪtʊŋsanlaːgə] f processing plant

aufbessern ['aufbɛsərn] v (Kurse) improve

Aufbewahrung ['aufbəvaːrʊŋ] f deposit

Aufbewahrungsfrist ['aufbəvaːrʊŋsfrɪst] f retention period

Aufbewahrungsgebühr ['aufbəvaːrʊŋsgəbyːr] f 1. (Waren) storage fee; 2. (Bank) safe deposit charge

Aufbewahrungspflicht ['aufbəvaːrʊŋspflɪçt] f obligation to preserve records

Aufenthaltserlaubnis ['aufɛnthaltsɛrlaupnɪs] f residence permit

Auffanggesellschaft ['auffaŋgəzɛlʃaft] f recipient company

Aufgabe ['aufgaːbə] f (Arbeit) task, assignment, responsibility; *mit einer* ~ *betraut sein* to be charged with a task

Aufgabegeschäft ['aufgaːbəgəʃɛft] n name transaction

Aufgabenanalyse ['aufgaːbənanalyːzə] f functional analysis

Aufgabengebiet ['aufgaːbəngəbiːt] n area of responsibility

Aufgabensynthese ['aufgaːbənzynteːzə] f task-oriented synthesis

Aufgeld ['aufgɛlt] n premium, extra charge, agio

aufgenommene Gelder ['aufgənɔmənə 'gɛldər] n/pl borrowed funds pl, creditors' account

aufgerufene Wertpapiere ['aufgərufənə 'vɛrtpapiːrə] *n/pl* securities publicly notified as lost *pl*
Aufhebung ['aufheːbuŋ] *f* cancellation, elimination
Aufhebungsvertrag ['aufheːbuŋsfɛrtraːk] *m* agreement to cancel an obligatory relation
aufholen ['aufhoːlən] *v* 1. *(Preise)* pick up; 2. *(Börsenkurse)* rally
Aufholung ['aufhoːluŋ] *f* catching up, gaining ground
aufkaufen ['aufkaufən] *v* buy up, take over, acquire
Aufkäufer(in) ['aufkɔyfər(ɪn)] *m/f* buyer, purchaser
Aufkaufgroßhandel ['aufkaufgroːshandəl] *m* buying-up wholesale trade
Aufkaufspekulation ['aufkaufʃpekulatsjoːn] *f* take-over speculation
Aufkleber ['aufkleːbər] *m* sticker
Aufkommen ['aufkɔmən] *n* yield, revenue
auf Kommissionsbasis [auf kɔmɪˈsjoːnsbaːzɪs] on a commission basis
auf Lager [auf 'laːgər] in stock
Auflassung ['auflasuŋ] *f* conveyance by agreement
auflösen ['aufløːzən] *v* 1. *(Geschäft)* liquidate, dissolve; 2. *(Vertrag)* cancel
Auflösung ['aufløːzuŋ] *f (Geschäft)* dissolution, liquidation
Aufnahmefähigkeit (des Marktes) ['aufnaːməfɛːɪçkaɪt (dɛs 'marktəs)] *f* absorptive capacity of the market
Aufpreis ['aufpraɪs] *m* additional charge
auf Probe [auf 'proːbə] on trial
auf Provisionsbasis [auf proviˈzjoːnsbaːzɪs] on a commission basis
Aufrechnung ['aufrɛçnuŋ] *f* set-off
aufrufen ['aufruːfən] *v irr* call up, retrieve
Aufschiebung ['aufʃiːbuŋ] *f* deferment, delay, postponement
Aufschlag ['aufʃlaːk] *m (Preisaufschlag)* surcharge, extra charge
Aufschwung ['aufʃvuŋ] *m* recovery, boom, upswing
auf Sicht [auf'zɪçt] at sight, on demand
Aufsicht ['aufzɪçt] *f* supervision
Aufsichtsamt ['aufzɪçtsamt] *n* control board
Aufsichtsbehörde ['aufzɪçtsbəhœrdə] *f* supervisory authority
Aufsichtspflicht ['aufzɪçtspflɪçt] *f* duty of supervision

Aufsichtsrat ['aufzɪçtsraːt] *m* supervisory board
Aufsichtsratsvorsitzende(r) ['aufzɪçtsraːtsfoːrzɪtsəndə(r)] *f/m* chairwoman/chairman of the supervisory board
Aufstiegsmöglichkeit ['aufʃtiːksmøːklɪçkaɪt] *f* opportunity for advancement
Auftrag ['auftraːk] *m (Aufgabe)* assignment, instruction, job, contract, orders *pl*
Auftraggeber(in) ['auftraːkgeːbər(ɪn)] *m/f* client, customer
Auftragnehmer(in) ['auftraːkneːmər(ɪn)] *m/f* contractor, company accepting an order
Auftragsabwicklung ['auftraːksapvɪkluŋ] *f* processing of an order
Auftragsbearbeitung ['auftraːksbəarbaɪtuŋ] *f* order processing
Auftragsbestätigung ['auftraːksbəʃtɛːtɪguŋ] *f* confirmation of an order
Auftragseingang ['auftraːksaɪngaŋ] *m* incoming order
Auftragserteilung ['auftraːksɛrtaɪluŋ] *f* placing of an order
auftragsgemäß ['auftraːksgəmɛːs] *adj* as ordered, as per order
Auftragsgröße ['auftraːksgrøːsə] *f* lot size
Auftragslage ['auftraːkslaːgə] *f* order situation
Auftragsnummer ['auftraːksnumər] *f* order number, trade number
Auftragsplanung ['auftraːkspla:nuŋ] *f* order scheduling
Auftragsrückgang ['auftraːksrʏkgaŋ] *m* drop in orders
Aufwand ['aufvant] *m* 1. *(Einsatz)* effort; 2. *(Kosten)* expense(s), cost, expenditure
Aufwands- und Ertragsrechnung ['aufvants unt ɛrˈtraːksrɛçnuŋ] *f* profit and loss account
Aufwandsausgleichkonto ['aufvantsausglaɪçkɔnto] *n* account for reimbursements of expenses
Aufwandsentschädigung ['aufvantsɛntʃɛːdɪguŋ] *f* expense allowance
Aufwandsfaktor ['aufvantsfaktoːr] *m* expenditure factor
Aufwandskonto ['aufvantskɔnto] *n* expense account
Aufwandskosten ['aufvantskɔstən] *pl* expenses incurred *pl*
Aufwärtskompatibilität ['aufvɛrtskɔmpatibilitɛːt] *f* upward compatibility
Aufwärtstrend ['aufvɛrtstrɛnt] *m* upward trend, upside trend

Aufwendungen ['aufvɛnduŋən] *f/pl (Kosten)* expenses *pl*, charges *pl*
aufwerten ['aufvɛrtən] *v* upvalue, appreciate
Aufwertung ['aufvɛːrtuŋ] *f (Währung)* upvaluation, appreciation
Aufzinsung ['auftsınzuŋ] *f* accumulation addition of accrued interest
Auktion [auk'tsjoːn] *f* auction
Auktionator [auktsjoːna'toːr] *m* auctioneer
ausarbeiten ['ausarbaıtən] *v* work out, develop
Ausbilder(in) ['ausbıldər(ın)] *m/f* trainer, instructor
Ausbildung ['ausbıldu ŋ] *f* apprenticeship, schooling, education
Ausbildungsbeihilfe ['ausbıldu ŋsbaıhılfə] *f* grant, tuition aid *(US)*
Ausbildungsverhältnis ['ausbıldu ŋsfɛrhɛltnıs] *n* trainee position
Ausbrechen des Kurses ['ausbrɛçən dɛs 'kurzəs] *n* erratic price movements *pl*
Ausbringung ['ausbrıŋuŋ] *f* out-put
Ausfall ['ausfal] *m* 1. financial loss; 2. breakdown
Ausfallbürgschaft ['ausfalbyrkʃaft] *f* deficiency guarantee
ausfallen ['ausfalən] *v irr (Maschine)* fail, break down
Ausfallforderung ['ausfalfɔrdəru ŋ] *f* bad debt loss
Ausfallrisiko ['ausfalriːziko] *f* default risk
Ausfallzeit ['ausfaltsaıt] *f* downtime, outage time
ausfließen ['ausfliːsən] *v* flow out
Ausfolgungsprotest ['ausfɔlguŋsprotɛst] *m* protest for non-delivery
Ausfuhr ['ausfuːr] *f* export, exportation
Ausfuhrabfertigung ['ausfuːrapfɛrtıgu ŋ] *f* customs clearance of exports
Ausfuhrabgaben ['ausfuːrapgaːbən] *f/pl* export duties *pl*
Ausfuhrbescheinigung ['ausfuːrbəʃaınıguŋ] *f* export certificate
Ausfuhrbeschränkung ['ausfuːrbəʃrɛŋkuŋ] *f* export restriction
Ausfuhrbestimmungen ['ausfuːrbəʃtımu ŋən] *f/pl* export regulations *pl*
Ausfuhrbürgschaften ['ausfuːrbyrkʃaftən] *f/pl* export credit guarantee
Ausfuhrdeckung ['ausfuːrdɛkuŋ] *f* export coverage
ausführen ['ausfyːrən] *v* export
Ausfuhrfinanzierung ['ausfuːrfınantsiːruŋ] *f* export financing

Ausfuhrförderung ['ausfuːrfœrdəruŋ] *f* measures to encourage exports *pl*
Ausfuhrgarantie ['ausfuːrgaranti:] *f* export credit guarantee
Ausfuhrgenehmigung ['ausfuːrgəneːmıguŋ] *f* export permit, export licence
Ausfuhrhandel ['ausfuːrhandəl] *m* export trade
Ausfuhrkontrolle ['ausfuːrkɔntrɔlə] *f* export control
Ausfuhrkreditanstalt (AKA) ['ausfuːrkrediːtanʃtalt] *f* Export Credit Company
Ausfuhrpapiere ['ausfuːrpapiːrə] *n/pl* export documents *pl*
Ausfuhrüberschuss ['ausfuːryːbərʃus] *m* export surplus
Ausfuhrverbot ['ausfuːrfɛrboːt] *n* export ban, export prohibition
Ausfuhrzoll ['ausfuːrtsɔl] *m* export duty
Ausgaben ['ausgaːbən] *f/pl* expenses *pl*
Ausgabenkontrolle ['ausgaːbənkɔntrɔlə] *f* expenditure control
Ausgabenplan ['ausgaːbənplaːn] *m* plan of expenditure
Ausgabensteuer ['ausgaːbənʃtɔyər] *f* outlay tax
ausgabenwirksame Kosten ['ausgaːbənvırkza:mə 'kɔstən] *pl* spending costs *pl*
Ausgabepreis ['ausgaːbəpraıs] *m* issuing price
Ausgabewert ['ausgaːbəveːrt] *m* nominal value
ausgeben ['ausgeːbən] *v irr (Geld)* spend; *(Aktien)* issue
ausgleichen ['ausglaıçən] *v irr* equalize, compensate, settle
Ausgleichs- und Deckungsforderung ['ausglaıçs unt dɛku ŋsfɔrdəruŋ] *f* equalization and covering claim
Ausgleichsabgabe ['ausglaıçsapgaːbə] *f* countervailing duty
Ausgleichsarbitrage ['ausglaıçsarbitraːʒə] *f* offsetting arbitrage
Ausgleichsfonds ['ausglaıçsfõː] *m* compensation fund
Ausgleichsforderung ['ausglaıçsfɔrdəruŋ] *f* equalization claim
Ausgleichsfunktion des Preises ['ausglaıçsfu ŋktsjoːn dɛs 'praızəs] *f* invisible hand
Ausgleichsposten ['ausglaıçspɔstən] *m* balancing item, adjustment item, compensating item
Ausgleichsrecht ['ausglaıçsrɛçt] *n* equalization right

Ausgleichsverfahren ['ausglaɪçsfɛrfaːrən] *n* composition proceedings *pl*

Ausgleichszahlung ['ausglaɪçstsaːluŋ] *f* deficiency payment, compensation payment

aushandeln ['aushandəln] *v* negotiate

Aushängeschild ['aushɛŋəʃɪlt] *n (Reklame)* advertisement

Aushilfe ['aushɪlfə] *f* temporary help

Aushilfsarbeit ['aushɪlfsarbaɪt] *f* temporary work

Aushilfskraft ['aushɪlfskraft] *f* temporary worker, casual worker

Auskunft ['auskunft] *f* 1. information; 2. *(in einem Büro)* information desk; 3. *(am Telefon)* directory enquiries *(UK)*, directory assistance *(US)*

Auskunftdatei ['auskunftdataɪ] *f* information file

Auskunftei [auskunf'taɪ] *f* commercial agency, mercantile agency, credit reporting agency *(US)*

Auskunftspflicht ['auskunftspflɪçt] *f* obligation to give information

Auslage ['auslaːgə] *f (Geld)* expenditure, disbursement, outlay

auslagern ['auslaːgərn] *v* dislocate

Ausländer(in) ['auslɛndər(ɪn)] *m/f* foreigner, nonresident

ausländische Arbeitnehmer ['auslɛndɪʃə 'arbaɪtneːmər] *m/pl* foreign workers *pl*

ausländische Betriebsstätte ['auslɛndɪʃə 'bətriːpsʃtɛtə] *f* permanent establishment abroad

ausländischer Anteilseigner ['auslɛndɪʃər 'antaɪlsaɪgnər] *m* foreign shareholder

ausländische Wertpapier ['auslɛndɪʃəs 'veːrtpapiːr] *n* foreign security

Auslandsakzept ['auslantsaktsɛpt] *n* foreign acceptance

Auslandsanleihe ['auslantsanlaɪə] *f* foreign loan, foreign bond, external loan

Auslandsbank ['auslantsbaŋk] *f* foreign bank

Auslandsbonds ['auslantsbɔnds] *m/pl* foreign currency bonds *pl*

Auslandsbondsbereinigung ['auslantsbɔndsbəraɪnɪgʊŋ] *f* external bonds validation

Auslandsgeschäft ['auslantsgəʃɛft] *n* business in foreign countries, foreign business

Auslandsinvestitionen ['auslantsɪnvestitsjoːnən] *f/pl* capital invested abroad, foreign investments *pl*

Auslandskapital ['auslantskapitaːl] *n* foreign capital

Auslandskonto ['auslantskɔnto] *n* foreign account, rest-of-the-world account

Auslandskredit ['auslantskrediːt] *m* foreign credit, foreign lending

Auslandskunde ['auslantskundə] *m* foreign customer

Auslandsmärkte ['auslantsmɛrktə] *m/pl* foreign markets *pl*

Auslandsnachfrage ['auslantsnaːxfraːgə] *f* foreign demand

Auslandsniederlassung ['auslantsniːdərlasʊŋ] *f* branch abroad

Auslandspatente ['auslantspatɛntə] *n/pl* foreign patents *pl*

Auslandsscheck ['auslantsʃɛk] *m* foreign cheque

Auslandsschulden ['auslantsʃuldən] *f/pl* foreign debts *pl*

Auslandsstatus ['auslantsʃtaːtus] *m* foreign assets and liabilities *pl*

Auslandsvermögen ['auslantsfɛrmøːgən] *f* foreign assets

Auslandsverschuldung ['auslantsfɛrʃuldʊŋ] *f* foreign debt

Auslandsvertretung ['auslantsfɛrtreːtuŋ] *f* agency abroad

Auslandswechsel ['auslantsvɛksəl] *m* foreign bill of exchange

auslasten ['auslastən] *v* 1. utilize fully, make full use of; 2. *(Maschine)* use to capacity

Auslastung ['auslastuŋ] *f* utilization to capacity

Auslastungsgrad ['auslastuŋsgraːt] *m* degree of utilization

ausliefern ['ausliːfərn] *v* deliver, hand over

Auslieferung ['ausliːfəruŋ] *f* delivery, handing over

Auslieferungslager ['ausliːfəruŋslaːgər] *n* distribution store

Auslobung ['ausloːbuŋ] *f* promise of reward, public ... offer

Auslosungsanleihe ['ausloːzuŋsanlaɪə] *f* lottery bond

ausmachender Betrag ['ausmaxəndər bəˈtraːk] *m* actual amount

Ausnahmeregelung ['ausnaːməreːgəluŋ] *f* special provision

Ausnahmetarif ['ausnaːmətariːf] *m* preferential rate

Ausnutzungsgrad ['ausnutsʊŋsgraːt] *m* utilization rate

Ausprägung ['ausprɛːguŋ] *f* coinage, minting; attribute

ausrechnen ['ausreçnən] v calculate, compute

Ausrüster ['ausrystər] m fitter

Aussage ['ausza:gə] f testimony, statement, evidence

aussagen ['ausza:gən] v testify

ausschließlich Berechtigungsaktie (exBA) ['ausʃli:sliç bə'reçtigungsaktsjə] ex capitalization issue

ausschließlich Bezugsrecht (exBR) ['ausʃli:sliç bə'tsu:ksreçt] ex cap(italization)

ausschließlich Dividende (exD) ['ausʃli:sliç divi'dendə] ex d(ividend), coupon detached; dividend off

Ausschließlichkeitserklärung ['ausʃli:sliçkaitserklε:ruŋ] f undertaking to deal exclusively with one bank or firm

Ausschlussprinzip ['ausʃlusprintsi:p] n exclusion principle

ausschreiben ['ausʃraibən] v irr (Scheck) issue, write out, make out

Ausschreibung ['ausʃraibuŋ] f call for tenders, invitation to tender

Ausschussquote ['ausʃuskvo:tə] f defects rate

ausschütten ['ausʃytən] v (Dividenden) distribute, pay

Ausschüttung ['ausʃytuŋ] f distribution, payout

Außenbeitrag ['ausənbaitra:k] m net export, net foreign demand

Außendienst ['ausəndi:nst] m field work

Außendienstmitarbeiter ['ausəndi:nstmitarbaitər] m/pl field staff

Außenfinanzierung ['ausənfinantsi:ruŋ] f external financing

Außenhandel ['ausənhandəl] m foreign trade, external trade

Außenhandelsmultiplikator ['ausənhandəlsmultiplika:to:r] m foreign trade multiplier

Außenhandelsabteilung ['ausənhandəlsaptailuŋ] f export department

Außenhandelsbilanz ['ausənhandəlsbilants] f foreign trade balance

Außenhandelsdefizit ['ausənhandəlsde:fitsit] n foreign trade deficit

Außenhandelsfinanzierung ['ausənhandəlsfinantsi:ruŋ] f foreign trade financing

Außenhandelsfreiheit ['ausənhandəlsfraihait] f free trade

Außenhandelsgewinn ['ausənhandəlsgəvin] m gains from trade pl

Außenhandelskammer ['ausənhandəlskamər] f chamber of foreign trade

Außenhandelsmonopol ['ausənhandəlsmonopo:l] n foreign trade monopoly

Außenhandelsquote ['ausənhandəlskvo:tə] f ratio of total trade turnover to national income

Außenhandelsrahmen ['ausənhandəlsra:mən] m foreign trade structure

Außenhandelsstatistik ['ausənhandəlsʃtatistik] f foreign trade statistics

Außenhandelsvolumen ['ausənhandəlsvolu:mən] n volume of foreign trade

Außenmarkt ['ausənmarkt] m external market

Außenprüfung ['ausənpry:fuŋ] f 1. (Rechnungswesen) field audit; 2. (Steuern) government audit

Außenstände ['ausənʃtεndə] pl outstanding accounts pl, accounts receivable pl

Außenwerbung ['ausənverbuŋ] f outdoor advertising

Außenwert der Währung ['ausənvε:rt de:r 'vε:ruŋ] m external value of the currency

Außenwirtschaft ['ausənvirtʃaft] f external economic relations, foreign trade

außenwirtschaftliches Gleichgewicht ['ausənvirtʃaftliçəs 'glaiçgəviçt] n external balance

Außenwirtschaftsgesetz ['ausənvirtʃaftsgəzets] n Act on Foreign Trade and Payments, Foreign Trade Law

Außenwirtschaftspolitik ['ausənvirtʃaftspoliti:k] f international economic policy

Außenwirtschaftsverkehr ['ausənvirtʃaftsferkε:r] m foreign trade and payments transactions pl

außergerichtlich ['ausərgəriçtliç] adj extrajudicial, out-of-court

außergerichtlicher Vergleich ['ausərgəriçtliçər fer'glaiç] m out-of-court settlement

außergewöhnliche Belastungen ['ausərgəvø:nliçə bə'lastuŋən] f/pl extraordinary expenses pl, extraordinary financial burden

außerordentliche Abschreibung ['ausərɔrdəntliçə 'apʃraibuŋ] f extraordinary depreciation

außerordentliche Aufwendungen ['ausərɔrdəntliçə 'aufvenduŋən] f/pl extraordinary expenditures pl, non recurrent expenditures pl

außerordentliche Ausgaben ['ausərɔrdəntliçə 'ausga:bən] f/pl extraordinary expenditures pl

außerordentliche Einkünfte ['ausərɔrdəntliçə 'ainkynftə] pl extraordinary income

außerordentliche Einnahmen ['ausərɔr-dəntlıçə 'aınnaːmən] f/pl extraordinary income

außerordentliche Erträge ['ausərɔrdəntlıçə ɛr'trɛːgə] m/pl extraordinary income

außerordentliche Hauptversammlung ['ausərɔrdəntlıçə 'hauptfɛrzamluŋ] f special meeting of stockholders

außerordentliche Kündigung ['ausərɔrdəntlıçə 'kyndıguŋ] f notice to quit for cause

außerordentlicher Haushalt ['ausərɔrdəntlıçər 'haushalt] m extraordinary budget

Aussetzung ['auszɛtsuŋ] f suspension

Aussonderung ['auszɔndəruŋ] f separation of property belonging to a bankrupt's estate

aussortieren ['auszɔrtiːrən] v 1. sort out, separate out; 2. grade

aussperren ['ausʃpɛrən] v (Streik) lock out

Aussperrung ['ausʃpɛruŋ] f lock-out

Ausstand ['ausʃtant] m (Streik) strike; in den ~ treten come out on strike, take industrial action

Ausstattung ['ausʃtatuŋ] f 1. (Kapital) endowment; 2. (Anleihe) terms 3. (Verpackung) get-up; *serienmäßige* ~ standard fitting; *finanzielle* ~ funding

ausstehende Einlagen ['ausʃteːəndə 'aınlaːgen] f/pl outstanding contributions pl

Ausstelldatum ['ausʃtɛldaːtum] n date of issue

ausstellen ['ausʃtɛlən] v (Waren) display, lay out, exhibit; (Rechnung, Scheck) make out (to); (Quittung, Rezept) write out

Aussteller ['ausʃtɛlər] m exhibitor

Ausstellung ['ausʃtɛluŋ] f exhibition

Ausstellungsfläche ['ausʃtɛluŋsflɛçə] f exhibition space

Austritt ['austrıt] m voluntary retirement (of a partner)

Ausverkauf ['ausfɛrkauf] m clearance sale

Ausverkaufspreise ['ausfɛrkaufspraızə] m/pl sale prices pl, clearance prices pl

ausverkauft ['ausfɛrkauft] adj sold out

Auswahlverfahren ['ausvaːlfɛrfaːrən] n selection procedure

Ausweichkurs ['ausvaıçkurs] m fictitious security price

Ausweis der Kapitalherabsetzung ['ausvaıs deːr kapiːtaːlhɛrapzɛtsuŋ] m return of capital reduction

Ausweisung ['ausvaızuŋ] f statement

Auswertung ['ausveːrtuŋ] f evaluation

auszahlen ['austsaːlən] v pay; *sich* ~ pay off, to be worthwhile

Auszahlung ['austsaːluŋ] f payment

Auszählung ['austsɛːluŋ] f counting

auszeichnen ['austsaıçnən] v (Waren) mark

Auszubildende(r) ['austsubıldəndə(r)] f/m trainee, apprentice

Auszug ['austsuːk] m (Kontoauszug) statement (of account)

Auszug aus dem Grundbuch ['austsuːk aus dem gruntbux] m abstract of title

autark [au'tark] adj self-supporting

Autarkie [autar'kiː] f autarky, autarchy, self-sufficiency

Autokorrelation [autokɔrela'tsjoːn] f autocorrelation

Automatic Transfer Service (ATS) [ɔːtə-'mætık trænsˈfɜː 'sɜːvıs] m Automatic Transfer Service

Automation [automa'tsjoːn] f automation

Automatisationsgrad [automatiza'tsjoːnsgraːt] m automation degree

automatische Kursanzeige [auto'maːtıʃə 'kursantsaıgə] f automatic quotation

Automatisierung [automati'ziːruŋ] f automation

Automatismus [automa'tısmus] m automatism

Automobilindustrie [automo'biːlındustriː] f automobile industry

autonome Arbeitsgruppen [auto'noːmə 'arbaıtsgrupən] f/pl autonomous teams pl

autonome Größen [auto'noːmə 'grøːsən] f/pl autonomous variables pl

Autonomie [autono'miː] f autonomy

autorisiertes Kapital [autori'ziːrtəs kapiː'taːl] n authorized capital

autoritär [autori'tɛːr] adj authoritarian

autoritärer Führungsstil [autori'tɛːrər 'fyːruŋsʃtiːl] m authoritative style of leadership

Aval [a'val] m guarantee of a bill

Avalkredit [a'valkrediːt] m loan granted by way of bank guarantee, credit by way of bank guarantee

Avalprovision [a'valprovizjoːn] f commission on bank guarantee

Averaging ['ævərıdʒıŋ] n averaging

Avis [a'viː] m/n advice

avisieren [avi'ziːrən] v advise, notify; *Wechsel* ~ advise a draft

Azubi [a'tsuːbi] m/f (Auszubildende(r)) trainee, apprentice

B

Baby-Bonds ['be:bibɔnds] *pl* baby bonds *pl*
Backwardation ['bækwədeɪʃən] *f* backwardation
Bagatellbetrag [baga'tɛlbətra:k] *m* trifle, trifling amount, petty amount
Bagatelldelikt [baga'tɛldelɪkt] *n* petty offence, minor offence
Bagatellsache [baga'tɛlzaxə] *f* petty case
Bagatellschaden [baga'tɛlʃa:dən] *m* petty damage, trivial damage, minimal damage
Bagatellverfahren [baga'tɛlfɛrfa:rən] *n* summary proceeding
Bahn [ba:n] *f* (*Eisenbahn*) railway, railroad (*US*)
bahnbrechend ['ba:nbrɛçənt] *adj* (*fam*) pioneering, trailblazing
Bahnbrecher(in) ['ba:nbrɛçər(ɪn)] *m/f* pioneer, trailblazer
Bahnfracht ['ba:nfraxt] *f* rail freight
Bahntransport ['ba:ntransport] *m* railway transportation
Baisse ['bɛ:sə] *f* bear market, slump
Baisseklausel ['bɛ:sklauzəl] *f* bear clause
Baisser ['bɛ:se] *f* bear
Balkencode ['balkənkəʊd] *m* bar code
Balkendiagramm ['balkəndiagram] *n* bar chart; bar graph
Balkenwaage ['balkənva:gə] *f* balance, beam and scales
Ballen ['balən] *m* bale
Ballungsgebiet ['baluŋsgəbi:t] *n* agglomeration area, area of industrial concentration
Ballungszentrum ['baluŋstsɛntrʊm] *n* 1. (*Bevölkerung*) centre of population; 2. (*Industrie*) centre of industry
Band [bant] *n* 1. (*EDV*) tape; 2. (*Fließband*) assembly line
Bandbreite ['bantbraɪtə] *f* margin
Bandenwerbung ['bandənvɛrbʊŋ] *f* sideline advertising
Bandwagon-Effekt ['bantwagɔefɛkt] *m* bandwaggon effect
Bank [baŋk] *f* bank
Bank für Internationales Zahlungsausgleich (BIZ) ['baŋk fy:r ɪntərnatsjona:lən 'tsa:lʊŋsausglaɪç] *f* Bank for International Settlements (BIS)
Bankakademie ['baŋkakademi:] *f* banking academy

Bankakkreditiv ['baŋkakrediti:f] *n* bank letter of credit
Bankaktie ['baŋkaktsjə] *f* bank shares
Bankakzept ['baŋkaktsɛpt] *n* bank acceptance
Bankangestellte(r) ['baŋkangəʃtɛltə(r)] *f/m* bank employee, bank clerk
Bankanleihen ['baŋkanlaɪhən] *f/pl* bank bonds *pl*
Bankanweisung ['baŋkanvaɪzʊŋ] *f* bank transfer, bank money order
Bankauftrag ['baŋkaʊftra:k] *m* bank order, instruction to a bank
Bankauskunft ['baŋkaʊskʊnft] *f* banker's reference
Bankausweis ['baŋkaʊsvaɪs] *m* bank return
Bankauszug ['baŋkaʊstsu:k] *m* bank statement
Bankautomat ['baŋkaʊtoma:t] *m* automatic cash dispenser
Bankautomation ['baŋkaʊtoma'tsjo:n] *f* bank automation
Bankaval ['baŋkava:l] *n* bank guarantee
Bankavis ['baŋkavi:(s)] *m/n* bank notification (of a letter of credit)
Bankbetriebslehre ['baŋkbətri:psle:rə] *f* science of banking
Bankbeziehungen ['baŋkbətsi:ʊŋən] *f/pl* bank relations *pl*
Bankbilanz ['baŋkbilants] *f* bank balance sheet
Bankbuchhaltung ['baŋkbuxhaltʊŋ] *f* bank's accounting department; bank accounting system
Bankdarlehen ['baŋkda:rle:ən] *n* bank loan, bank credit
Bankdeckung ['baŋkdɛkʊŋ] *f* banking cover
Bankdepositen ['baŋkdəpozitən] *pl* bank deposits *pl*
Bankdepotgesetz ['baŋkdepo:gəzɛts] *n* Bank Custody Act
Bankdirektor(in) ['baŋkdirɛktɔr(ɪn)] *m/f* bank manager, bank director
Bankdiskont ['baŋkdɪskɔnt] *m* bank discount
Bankdiskontsatz ['baŋkdɪskɔntsats] *m* discount rate
Bankeinlage ['baŋkaɪnla:gə] *f* bank deposit

Bankeinzugsverfahren ['baŋkaıntsuksfɛr-faːrən] *n* direct debiting
Bankenaufsicht ['baŋkənaufsıçt] *f* public supervision of banking
Bankenerlass ['baŋkənɛrlas] *m* banking decree
Bankengesetzgebung ['baŋkəngəzɛtsgəbuŋ] *f* banking legislation
Bankenkonsortium ['baŋkənkɔnzɔrtsjum] *n* banking syndicate
Bankenkonzentration ['baŋkənkɔntsəntra'tsjoːn] *f* concentration of banks
Bankenkrise ['baŋkənkriːzə] *f* banking crisis
Bankennummerierung ['baŋkənnumərıːruŋ] *f* bank branch numbering
Bankenquete ['baŋkükɛt] *f* banking inquiry
Bankenstatistik ['baŋkənʃtatıstık] *f* banking statistics
Bankenstimmrecht ['baŋkənʃtımrɛxt] *n* banks' voting rights
Bankensystem ['baŋkənsysteːm] *n* banking system
Bankenverband ['baŋkənfɛrband] *m* banking association
Bankfach ['baŋkfax] *n* 1. *(Gewerbe)* banking business, banking line; 2. *(Safe)* safe box
bankfähig ['baŋkfɛːıç] *adj* bankable, negotiable
Bankfähigkeit ['baŋkfɛːıçkaıt] *f* bankability, negotiability
Bankfeiertage ['baŋkfaıərtaːgə] *m/pl* bank holidays *pl*
Bankfiliale ['baŋkfıljaːlə] *f* branch bank
Bankgarantie ['baŋkgaranti:] *f* bank guarantee
Bankgeheimnis ['baŋkgəhaımnıs] *n* confidentiality in banking, banking secrecy
Bankgeschäft ['baŋkgəʃɛft] *n* banking; banking transactions
Bankgewerbe ['baŋkgəwɛrbə] *n* banking business
bankgirierter Warenwechsel ['baŋkʒırıːrtər waːrənwɛksəl] *m* bank endorsed bill
Bankguthaben ['baŋkguːthaːbən] *n* bank credit balance
Bankhaus ['baŋkhaus] *n* bank, banking house
Bankier [baŋk'jeː] *m* banker
Bankierbonifikation [baŋk'jeːbonifikatsjon] *f* placing commission
Bankkalkulation ['baŋkkalkulatsjoːn] *f* bank's cost and revenue accounting
Bankkapital ['baŋkkapitaːl] *n* bank stock

Bankkauffrau ['baŋkkauffrau] *f* trained bank clerk, trained bank employee
Bankkaufmann ['baŋkkaufman] *m* trained bank clerk, trained bank employee
Bankkonditionen ['baŋkkɔndıtsjonən] *f/pl* bank conditions *pl*
Bankkonto ['baŋkkɔnto] *n* bank account
Bankkontokorrent ['baŋkkɔntokɔrɛnt] *n* current account with a bank
Bankkontrolle ['baŋkkɔntrɔlə] *f* bank supervision
Bankkonzern ['baŋkkɔntsɛrn] *m* bank(ing) group
Bankkredit ['baŋkkrediːt] *m* bank credit
Bankkreise ['baŋkkraızə] *pl* banking circles *pl*
Bankkunde ['baŋkkundə] *m* bank client, bank customer
Bankleitzahl ['baŋklaıttsaːl] *f* bank code number, sort code *(UK)*, bank identification number *(US)*
Bankliquidität ['baŋklikviditɛːt] *f* bank liquidity
Banknote ['baŋknoːtə] *f* banknote, bill *(US)*
Bankobligation ['baŋkɔbliːgatsjon] *f* bank bond
Bankorganisation ['baŋkɔrganisatjon] *f* bank's organization system
Bankplatz ['baŋkplats] *m* bank place
Bankprovision ['baŋkprovizjon] *f* banker's commission
Bankprüfung ['baŋkpryːfuŋ] *f* audit of the bank balance sheet
Bankpublizität ['baŋkpublitsitɛːt] *f* banks' duty to publish
Bankrate ['baŋkraːtə] *f* bank discount, (official) discount rate
Bankregel ['baŋkreːgəl] *f* Golden Bank Rule
Bankreserven ['baŋkrezɛrvən] *f/pl* bank reserves *pl*, bank savings *pl*
Bankrevision ['baŋkrevizjon] *f* bank audit
bankrott [baŋ'krɔt] *adj* bankrupt
Bankrott [baŋ'krɔt] *m* bankruptcy, insolvency
Bankrotterklärung [baŋ'krɔtɛrklɛːruŋ] *f* declaration of bankruptcy
Bankrotteur [baŋkrɔ'tøːr] *m* 1. *(Person)* bankrupt (person); 2. *(Firma)* bankrupt firm
Banksafe ['baŋksɛıf] *m* bank safe
Banksaldo ['baŋkzaldo] *m* bank balance
Bankscheck ['baŋkʃɛk] *m* cheque
Bankschließfach ['baŋkʃliːsfax] *n* safe-deposit box, safety-deposit box

Bankschulden ['baŋkʃuldən] *pl* bank debts *pl*
Bankschuldverschreibung ['baŋkʃuldfɛrʃraibuŋ] *f* bank bond
Bankspesen ['baŋkʃpe:zən] *pl* bank charges *pl*
Bankstatistik ['baŋkʃtatistik] *f* banking statistics
Bankstatus ['baŋkʃta:tus] *m* bank status
Bankstellennetz ['baŋkʃtɛlənnɛts] *n* bank office network
Bankstichtage ['baŋkʃtiçta:gə] *m/pl* settling days *pl*
Banküberweisung ['baŋky:bərvaizuŋ] *f* bank transfer
Bankumsätze ['baŋkumzɛtsə] *m/pl* bank turnover
Bankverbindung ['baŋkfɛrbɪnduŋ] *f* 1. banking details *pl*; 2. *(Konto)* bank account
Bankwesen ['baŋkve:zən] *n* banking
Bankwirtschaft ['baŋkvɪrtʃaft] *f* banking industry
bankwirtschaftlich ['baŋkvɪrtʃaftlɪç] *adj* relating to banking operations
Bankzinsen ['baŋktsinzən] *m/pl* banking interest
bar [ba:r] *adj* cash; ~ bezahlen pay cash, pay in cash
Barabfindung ['ba:rapfɪnduŋ] *f* settlement in cash
Barakkreditiv ['ba:rakrediti:f] *n* cash in letter of credit
Barcode ['ba:rkəʊd] *m* bar code
Bardeckung ['ba:rdɛkuŋ] *f* cash cover
Bardepot ['ba:rdepo:] *n* cash deposit
Bardividende ['ba:rdividɛndə] *f* cash dividend
Bareinlage ['ba:rainla:gə] *f* cash deposit
Bareinschuss ['ba:rainʃus] *m* cash los payment
Barerlös ['ba:rɛrlø:s] *m* net proceeds *pl*, cash proceeds *pl*, takings *pl*
Barfinanzierung ['ba:rfinantsi:ruŋ] *f* direct financing
Bargaining ['ba:gɪnɪŋ] *n* bargaining
Bargeld ['ba:rgɛlt] *n* cash, ready money
Bargeldbestand ['ba:rgɛltbəʃtant] *m* cash in hand
Bargeldkasse ['ba:rgɛltkasə] *f* petty cash
bargeldlos ['ba:rgɛltlo:s] *adj* non-cash, cashless
bargeldlose Kassensysteme ['ba:rgɛltlo:sə 'kasənzyste:mə] *n/pl* cashless checkout systems *pl*

bargeldloser Zahlungsverkehr ['ba:rgɛltlo:sər 'tsa:luŋsfɛrke:r] *m* cashless payments *pl*; bank giro credit system
Bargeldumlauf ['ba:rgɛltumlauf] *m* currency in circulation
Bargeldumstellung ['ba:rgɛltumʃtɛluŋ] *f* conversion of notes and coins
Bargeldverkehr ['ba:rgɛltfɛrke:r] *m* cash transactions *pl*
Bargeschäft ['ba:rgəʃɛft] *n* cash transactions *pl*
Bargründung ['ba:rgryndʊŋ] *f* formation of stock corporation by cash subscriptions
Barkauf ['ba:rkauf] *m* cash purchase
Barkredit ['ba:rkredi:t] *m* cash credit
Barlohn ['ba:rlo:n] *m* wage in cash
Barrel ['bærəl] *n* barrel
Barren ['barən] *m* (gold)bar, bullion
Barrengold ['barəngɔlt] *n* gold bullion
Barrensilber ['barənsɪlbər] *n* silver bullion
Barschaft ['ba:rʃaft] *f* cash stock, ready money
Barscheck ['ba:rʃɛk] *m* cash cheque, open cheque, uncrossed cheque
Bartergeschäft ['bartərgəʃɛft] *n* analysis of requirements
Barüberweisung ['ba:ry:bərvaizuŋ] *f* cash transfer
Barvergütung ['ba:rfɛrgy:tuŋ] *f* cash compensation, cash imbursement
Barverkauf ['ba:rfɛrkauf] *m* cash sale
Barvermögen ['ba:rfɛrmø:gən] *n* cash assets *pl*, liquid assets *pl*
Barwert ['ba:rwɛrt] value in cash
Barzahlung ['ba:rtsa:luŋ] *f* cash payment, payment in cash
Barzahlungsgeschäft ['ba:rtsa:luŋsgəʃɛft] *n* cash transaction, cash business
Barzahlungsrabatt ['ba:rtsa:luŋsrabat] *m* cash discount
Basis ['ba:zɪs] *f* basis, base
Basiseinkommen ['ba:zɪsainkɔmən] *n* basic income
Basisjahr ['ba:zɪsja:r] *n* base year
Basislohn ['ba:zɪslo:n] *m* basic wage
Basispreis ['ba:zɪspraɪz] *m* basic price
Basistrend ['ba:zɪstrɛnt] *m* basic trend
Batterie [batə'ri:] *f* battery
Bau ['bau] *m* construction
Bauabschnitt ['bauapʃnɪt] *m* 1. *(Gebiet)* building section; 2. *(Stand der Bauarbeiten)* stage of construction
Bauantrag ['bauan'tra:k] *m* application for building license

Bauarbeiter ['bauarbaɪtər] *m* construction worker

Bauboom ['baubu:m] *m* building boom

Baudarlehen ['baudarle:n] building loan

Bauelement ['bauelɛmɛnt] *n* component part, guzzinta

Baufinanzierung ['baufinantsi:ruŋ] *f* financing of building projects

Baufirma ['baufɪrma] *f* construction firm

Baugenehmigung ['baugəne:mɪguŋ] *f* building permission, planning permission, building permit

Baugewerbe ['baugəvɛrbə] *n* construction industry, building trade

Bauindustrie ['bauɪndustri:] *f* construction industry

Baukastensystem ['baukastənsyste:m] *n* building block concept

Baukosten ['baukɔstən] *pl* building costs *pl*, construction costs *pl*

Baukostenzuschuss ['baukɔstəntsu:ʃuz] tenant's contribution to the construction costs

Baukredit ['baukrɛdɪt] *m* building loan

Bauland ['baulant] *n* building site

Baumarkt ['baumarkt] *m (Grundbesitz)* property market

Baunorm ['baunɔrm] *f* building standard

Bauplan ['baupla:n] *m* architect's plan

Bauspardarlehen ['bauʃparda:rle:n] loan granted for building purposes

bausparen ['bauʃpa:rən] *v* saving through building societies

Bausparfinanzierung ['bauʃparfinantsi:ruŋ] *f* building society funding

Bausparförderung ['bauʃparfœrdəruŋ] *f* promotion of saving through building societies

Bausparkasse ['bauʃparkasə] *f* home savings bank, building society *(UK)*

Bausparvertrag ['bauʃpa:rfɛrtra:k] *m* building loan agreement, savings agreement with the building society

Baustelle ['bauʃtɛlə] *f* construction site, building site

Bauträger ['bautrɛ:gər] *m* property developer

Bauwirtschaft ['bauvɪrtʃaft] *f* building and contracting industry

Bauzinsen ['bautsɪnzən] *m/pl* fixed-interest coupons

Beamter [bə'amtər] *m* civil servant, public servant, official

beanstanden [bə'anʃtandən] *v* object, complain, challenge

Beanstandung [bə'anʃtanduŋ] *f* objection

beantragen [bə'antra:gən] *v* apply for; *(vorschlagen)* propose

bearbeiten [bə'arbaɪtən] *v* 1. *(erledigen)* deal with, handle, manage; 2. work, process

Bearbeitung [bə'arbaɪtuŋ] *f* treatment, processing; *in ~* in preparation

Bearbeitungsgebühr [bə'arbaɪtuŋsgəby:r] *f* handling fee, service charge, processing fee

beaufsichtigen [bə'aufzɪçtɪgən] *v* supervise, control, oversee

beauftragen [bə'auftra:gən] *v* charge, commission, instruct

Beauftragte(r) [bə'auftra:kta(r)] *f/m* representative

Beauftragung [bə'auftra:guŋ] *f* instruction, direction

bebauen [bə'bauən] *v (Grundstück)* build on

Bebauungsplan [bə'bauuŋsplan] *m* development plan, building scheme

Bedarf [bə'darf] *m* demand, need, requirements *pl*

Bedarfsanalyse [bə'darfsanaly:zə] *f* analysis of requirements

Bedarfsartikel [bə'darfsartɪkəl] *pl* necessities *pl*

Bedarfsbeeinflussung ['bedarfsbeaɪnflusuŋ] *f* influence of demand

Bedarfsdeckungsprinzip ['bedarfsdɛkuŋsprinzi:p] *n* principle of satisfaction of needs

Bedarfsermittlung ['bedarfsɛrmitluŋ] *f* demand assessment

bedarfsformende Faktoren [bədarfsfɔrməndə fak'to:rən] *m/pl* demand-forming factors *pl*

Bedarfsschwankung [be'darfsʃvaŋkuŋ] *f* fluctuations in requirements *pl*

bedenken [bə'dɛŋkən] *v irr (erwägen)* consider, take into consideration, think over

Bedenkzeit [bə'dɛŋktsaɪt] *f* time to think about sth, time to think sth over

bedienen [bə'di:nən] *v* 1. *(Kunde)* attend; 2. *(Gerät)* operate

Bedienung [bə'di:nuŋ] *f (Gerät)* operation, control

Bedienungsanleitung [bə'di:nuŋsanlaɪtuŋ] *f* operating instructions *pl*, working instructions *pl*

Bedienungsfehler [bə'di:nuŋsfe:lər] *m* operating error

Bedienungsgeld [bə'di:nuŋsgelt] *n* service charge

bedingt [bə'dɪŋt] *adj* 1. conditional; ~ durch contingent on; 2. (beschränkt) limited; nur ~ richtig partially right

bedingte Kapitalerhöhung [bə'dɪŋtə kapi'ta:lɛrhø:ʊŋ] *f* conditional capital increase

Bedingung [bə'dɪŋʊŋ] *f* condition, provision, term; unter der ~, dass ... on condition that ...

Bedürfnis [bə'dyrfnɪs] *n* need

Bedürfnisbefriedigung [bə'dyrfnɪsbəfri:dɪɡʊŋ] *f* satisfaction of needs

Bedürfnishierarchie [bə'dyrfnɪshɪrarxi:] *f* hierarchy of needs

beeidigte Erklärung [bəaɪdɪçtə ɛr'klɛ:rʊŋ] *f* sworn statement

Befähigung [bə'fɛ:ɪɡʊŋ] *f* 1. capacity, competence, aptitude; 2. (Voraussetzung) qualifications *pl*

befolgen [bə'fɔlɡən] *v* 1. (Vorschriften) observe; 2. (Befehl) obey

Beförderer [bə'fœrdərər] *m* carrier

befördern [bə'fœrdərn] *v* 1. (transportieren) transport, convey, carry; 2. (dienstlich aufrücken lassen) promote, advance

Beförderung [bə'fœrdərʊŋ] *f* 1. (Waren) transport, conveying, shipping; 2. (eines Angestellten, eines Offiziers) promotion, advancement

Beförderungsbedingungen [bə'fœrdərʊŋsbədɪŋʊŋən] *f/pl* terms of transport *pl*, forwarding conditions *pl*

Beförderungsgebühr [bə'fœrdərʊŋsɡəby:r] *f* 1. (Portokosten) postage charges *pl*; 2. (Transportkosten) transport charges *pl*

Beförderungsmittel [bə'fœrdərʊŋsmɪtəl] *n* means of transport *pl*

Befragung [bə'fra:ɡʊŋ] *f* personal interview, questioning, poll

befreien [bə'fraɪən] *v* acquit, discharge, (von Steuern) exempt

Befreiung [bə'fraɪʊŋ] *f* exemption

befristen [bə'frɪstən] *v* limit

befristet [bə'frɪstət] *adj* limited

befristete Einlagen [bə'frɪstətə 'aɪnla:ɡən] *f/pl* fixed deposits *pl*

befristetes Arbeitsverhältnis [bə'frɪstətəs 'arbaɪtsfɛrhɛltnɪs] *n* limited employment contract

Befristung [be'frɪstʊŋ] *f* time limit, setting a deadline

Befugnis [bə'fu:knɪs] *f* jurisdiction, authority, authorization

befugt [bə'fu:kt] *adj* authorized, entitled, competent

befürworten [bə'fy:rvɔrtən] *v* advocate, recommend, support

Befürworter(in) [bə'fy:rvɔrtər(ɪn)] *m/f* supporter, advocate

Begebung [bə'ɡebʊŋ] *f* issue

beglaubigen [bə'ɡlaʊbɪɡən] *v* attest, certify, authenticate

Beglaubigung [bə'ɡlaʊbɪɡʊŋ] *f* authentication, certification, attestation

begleichen [bə'ɡlaɪçən] *v irr* pay, settle

Begleichung [bə'ɡlaɪçʊŋ] *f* (von Schulden) payment, settlement

Begleitpapiere [be'ɡlaɪtpapi:rə] *n/pl* accompanying documents *pl*

Begleitschreiben [bə'ɡlaɪtʃraɪbən] *n* accompanying letter

begründen [bə'ɡryndən] *v* establish, found, set up

Begründer(in) [bə'ɡryndər(ɪn)] *m/f* founder

Begrüßung [bə'ɡry:sʊŋ] *f* salutation

begünstigen [bə'ɡynstɪɡən] *v* favour, help

Begünstigte(r) [bə'ɡynstɪɡtə(r)] *f/m* beneficiary

begutachten [bə'ɡu:taxtən] *v* examine, give a professional opinion on

Behälterverkehr [bə'hɛltərfɛrke:r] *m* container transport

Beherrschungsvertrag [bə'hɛrʃʊŋsfɛrtra:k] *m* control agreement

behilflich [bə'hɪlflɪç] *adj* jdm ~ sein to be of assistance, to be helpful, to be of service; Kann ich Ihnen ~ sein? May I help you?

Behinderte(r) [bə'hɪndərtə(r)] *f/m* handicapped person, disabled person

Behörde [bə'hø:rdə] *f* public authority, administrative agency

behördlich [bə'hø:rtlɪç] *adj* official

Beihilfe ['baɪhɪlfə] *f* financial aid

Beilage ['baɪla:ɡə] *f* supplement

beilegen ['baɪle:ɡən] *v* 1. (hinzufügen) insert, enclose; 2. (Streit) settle

Beirat ['baɪrat] *m* advisory council; advisory board

Beistandskredit ['baɪʃtantskredi:t] stand-by credit

Beistandspakt ['baɪʃtantspakt] *m* mutual assistance treaty

beisteuern ['baɪʃtɔyərn] *v* contribute, pitch in *(fam)*

Beiträge ['baɪtrɛɡə] *m/pl* contributions *pl*

Beitragsbemessungsgrenze ['baɪtra:ksbəmesʊŋsɡrɛntsə] *f* income threshold analysis of requirements

Beitragserhöhung ['baɪtra:kserhø:ʊŋ] *f* increased contributions *pl*
Beitragserstattung ['baɪtra:kserʃtatʊŋ] *f* contribution refund
beitragspflichtig ['baɪtra:kspflɪçtɪç] *adj* liable to contribution
Beitragssatz ['baɪtra:ksats] *m* rate of contribution
Beitragszahlung ['baɪtra:kstsa:lʊŋ] *f* contribution payment
Beitritt ['baɪtrɪt] *m* joining
Beitrittsbeschluss ['baɪtrɪtsbəʃlʊs] *m* decision of accession
Beitrittsgesuch ['baɪtrɪtsgəzu:x] *n* admission application
Beitrittskriterien ['baɪtrɪtskrite:riən] *n/pl* criteria for accession
Beitrittsverhandlungen ['baɪtrɪtsfɛrhantlʊŋən] *f/pl* membership negotiations *pl*
Beitrittsvoraussetzungen ['baɪtrɪtsforaʊstsɛtsʊŋən] *f/pl* conditions for participation *pl*
beizulegender Wert ['baɪtsulegəndər 'vɛrt] *m* value to be attached
Bekanntmachung [bə'kantmaxʊŋ] *f* notification
Beklagte(r) [bə'kla:ktə(r)] *f/m* defendant
Bekleidungsindustrie [bə'klaɪdʊŋsɪndustri:] *f* clothing industry
beladen [bə'la:dən] *v irr* load
belangen [bə'laŋən] *v* prosecute, take legal action
Belassungsgebühr [bə'lasʊŋsgəby:r] *f* prolongation charge
belasten [bə'lastən] *v* 1. *(laden)* burden, strain; 2. *(beanspruchen)* burden, strain; 3. *(Haus)* mortgage, encumber; 4. *(Konto)* debit, charge to; 5. *(beschuldigen)* charge, incriminate
Belastung [bə'lastʊŋ] *f* 1. *(Hypothek)* mortgage; 2. *(Steuer)* burden; 3. *(Konto)* debit; 4. *(Beschuldigung)* incrimination, charge
Belastungsprobe [bə'lastʊŋspro:bə] *f* loading test, test
belaufen [bə'laʊfən] *v irr sich ~ auf* amount to, come to, add up to; *sich auf hundert Dollar ~* amount to one hundred dollars
Beleg [bə'le:k] *m* 1. *(Beweis)* proof, evidence; 2. document, slip, record, receipt, voucher
belegen [bə'le:gən] *v* account for; *(beweisen)* prove, substantiate, furnish proof of
belegloser Datenträgeraustausch (DTA) [be'le:klo:sər 'da:təntrɛgəraʊstaʊʃ] *m* paperless exchange of data media

belegloser Scheckeinzug [be'le:klo:sər 'ʃɛkaɪntsuk] *m* check truncation procedure
Belegschaft [bə'le:kʃaft] *f* staff
Belegschaftsaktie [bə'le:kʃaftsaktsjə] *f* staff shares *pl*
beleihen [bə'laɪhən] *v* to lend money on sth
Beleihungssatz [bə'laɪhʊŋssats] *m* lending limit
Beleihungswert [bə'laɪʊŋsvɛrt] *m* value of collateral
bemessen [bə'mɛsən] *v irr* proportion, allocate; *(einteilen)* calculate
Bemessungsgrundlage [bə'mɛsʊŋsgrundla:gə] *f* assessment basis
Bemessungszeitraum [bə'mɛsʊŋstsaɪtraʊm] *m* income year
benachrichtigen [bə'na:xrɪçtɪgən] *v* inform, advise
Benachrichtigung [bə'na:xrɪçtɪgʊŋ] *f* notification, notice
Benachrichtigungspflicht [bə'naxrɪçtɪgʊŋspflɪçt] *f* duty of notification
Benchmarking ['bɛntʃmɑ:kɪŋ] *n* benchmarking
benutzen [bə'nʊtsən] *v* use, make use of
Benutzer(in) [bə'nʊtsər(ɪn)] *m/f* user
benutzerfreundlich [bə'nʊtsərfrɔʏntlɪç] *adj* user-friendly
Benutzerfreundlichkeit [bə'nʊtsərfrɔʏntlɪçkaɪt] *f* user friendliness
Benutzungsgebühr [bə'nʊtsʊŋsgəby:r] *f* user fee
Benutzungsrecht [bə'nʊtsʊŋsrɛçt] *n* right to use
Benzin [bɛn'tsi:n] *n* petrol, gasoline
Benzingutscheine [bɛn'tsi:ngʊtʃaɪnə] *m/pl* petrol voucher
Benzinpreis [bɛn'tsi:npraɪs] *m* petrol price, gasoline price *(US)*
Benzinverbrauch [bɛn'tsi:nfɛrbraʊx] *m* petrol consumption, gasoline consumption *(US)*
Berater(in) [bə'ra:tər(ɪn)] *m/f* adviser, consultant, counsellor
Beraterfirma [bə'ra:tərfɪrma] *f* consulting firm
Beraterfunktion [bə'ra:tərfʊnktsjo:n] *f* advisory function
beratschlagen [bə'ra:tʃla:gən] *v irr* confer
Beratung [bə'ra:tʊŋ] *f* consultation, advice, counseling
Beratungsgespräch [bə'ra:tʊŋsgəʃprɛ:ç] *n* consultation

berechenbar [bəˈrɛçənbaːr] *adj (abschätzbar)* calculable, computable

berechnen [bəˈrɛçnən] *v* calculate, work out, compute; *jdm etw* ~ charge s.o. for sth

Berechnung [bəˈrɛçnʊŋ] *f* calculation, computation; *meiner* ~ *nach* according to my calculations

berechtigen [bəˈrɛçtɪgən] *v* entitle to, give a right to, authorize

berechtigt [bəˈrɛçtɪçt] *adj (befugt)* authorized, entitled; ~ *zu* entitled to

Berechtigte(r) [bəˈrɛçtɪçtə(r)] *f/m* party entitled

Berechtigung [bəˈrɛçtɪgʊŋ] *f (Befugnis)* authorization, entitlement

Bereich [bəˈraɪç] *m (Fachbereich)* field, sphere, area

bereichsfixe Kosten [bəˈraɪçsfiksə ˈkɔstən] *pl* fixed department costs *pl*

bereinigter Gewinn [bəˈraɪnɪgtər ɡəˈvɪn] *m* actual profit

bereithalten [bəˈraɪthaltən] *v irr* have ready

Bereitschaftskosten [bəˈraɪtʃaftskɔstən] *pl* standby costs *pl*

bereitstellen [bəˈraɪtʃtɛlən] *v* make available, provide

Bereitstellungskosten [bəˈraɪtʃtɛlʊŋskɔstən] *pl* commitment fee

Bereitstellungsplanung [bəˈraɪtʃtɛlʊŋsplaːnʊŋ] *f* procurement budgeting

Bergarbeiter [ˈbɛrkarbaɪtər] *m* miner

Bergbau [ˈbɛrkbaʊ] *m* mining

Bergbaugesellschaft [ˈbɛrkbaʊɡəzɛlʃaft] *f* mining company

Bergwerk [ˈbɛrkvɛrk] *n* mine

Bericht [bəˈrɪçt] *m* report, account, statement

Berichterstattung [bəˈrɪçtɛrʃtatʊŋ] *f* reporting

berichtigen [bəˈrɪçtɪgən] *v* correct, rectify, set right

Berichtigung [bəˈrɪçtɪgʊŋ] *f* correction

Berichtigungsaktie [bəˈrɪçtɪgʊŋsaktsjə] *f* bonus share

Berichtsperiode [bəˈrɪçtsperjoːdə] *f* period under review

Berichtspflicht [bəˈrɪçtspflɪçt] *f* obligation to report

BERI-Index [ˈbɛrɪ ɪndɛks] *m* business environment risk index

berücksichtigen [bəˈrʏkzɪçtɪgən] *v* consider, bear in mind, take into account

Berücksichtigung [bəˈrʏkzɪçtɪgʊŋ] *f* consideration

Beruf [bəˈruːf] *m* profession

beruflich [bəˈruːflɪç] *adj* professional, occupational

berufliche Fortbildung [bəˈruːflɪçə ˈfɔrtbɪldʊŋ] *f* advanced vocational training

berufliche Umschulung [bəˈruːflɪçə ˈʊmʃuːlʊŋ] *f* vocational retraining

berufliche Weiterbildung [bəˈruːflɪçə ˈvaɪtərbɪldʊŋ] *f* advanced vocational training

Berufsanfänger(in) [bəˈruːfsanfɛŋər(ɪn)] *m/f* person starting a career

Berufsausbildung [bəˈruːfsaʊsbɪldʊŋ] *f* vocational training, professional training, job training

berufsbedingt [bəˈruːfsbədɪŋt] *adj* professional, occupational, due to one's occupation

berufsbegleitend [bəˈruːfsbəɡlaɪtənt] *adj* in addition to one's job

Berufsbild [bəˈruːfsbɪlt] *n* professional activity description

Berufserfahrung [bəˈruːfsɛrfaːrʊŋ] *f* professional experience

Berufsförderung [bəˈruːfsfœrdərʊŋ] *f* professional promotion

Berufsfreiheit [bəˈruːfsfraɪhaɪt] *f* freedom of occupation

Berufsgeheimnis [bəˈruːfsɡəhaɪmnɪs] *n* professional secret

Berufsgenossenschaften [bəˈruːfsɡənɔsənʃaftən] *f/pl* social insurance against occupational accidents

Berufshandel [bəˈruːfshandəl] *m* professional trading, professional dealing

Berufskleidung [bəˈruːfsklaɪdʊŋ] *f* working clothes *pl*

Berufskrankheit [bəˈruːfskraŋkhaɪt] *f* occupational disease

Berufsleben [bəˈruːfsleːbən] *n* professional life, working life

Berufsrisiko [bəˈruːfsriːziko] *n* occupational hazard

Berufsschule [bəˈruːfsʃuːlə] *f* vocational school

berufstätig [bəˈruːfstɛːtɪç] *adj* working, (gainfully) employed

Berufstätigkeit [bəˈruːfstɛːtɪçkaɪt] *f* employment, work, occupation, professional activity

Berufsunfähigkeit [bəˈruːfsʊnfɛːɪçkaɪt] *f* occupational disability

Berufsunfall [bəˈruːfsʊnfal] *m* occupational accident

Berufsverbot [bəˈruːfsfɛrboːt] *n jdm* ~ *erteilen* ban s.o. from a profession

Berufsverkehr [bəˈruːfsfɛrkeːr] *m* rush-hour traffic, commuter traffic

Berufswechsel [bəˈruːfsvɛksəl] *m* career change

Berufung [bəˈruːfʊŋ] *f (Ernennung)* nomination, appointment

Berufungsinstanz [bəˈruːfʊŋsɪnstants] *f* higher court, court of appeal

Berufungsverfahren [bəˈruːfʊŋsfɛrfaːrən] *n* appellate procedure

beschädigen [bəˈʃɛːdɪɡən] *v* damage, harm, injure

beschädigte Aktie [bəˈʃɛːdɪçtə ˈaktsjə] *f* damaged share certificates *pl*

Beschädigung [bəˈʃɛːdɪɡʊŋ] *f* damage, harm

beschaffen [bəˈʃafən] *v* procure, obtain, get

Beschaffung [bəˈʃafʊŋ] *f* procurement

Beschaffungsmarkt [bəˈʃafʊŋsmarkt] *m* procurement market

Beschaffungsplanung [bəˈʃafʊŋsplaːnʊŋ] *f* procurement planning

beschäftigen [bəˈʃɛftɪɡən] *v 1. (jdn ~)* occupy, engage, employ; *2. sich mit etw ~* concern o.s. with sth, occupy o.s. with sth, engage in sth; *damit beschäftigt sein, etw zu tun* to be busy doing sth

Beschäftigtenstruktur [bəˈʃɛftɪçtənʃtrukˌtuːr] *f* employment structure

Beschäftigung [bəˈʃɛftɪɡʊŋ] *f* employment

Beschäftigungsabbau [bəˈʃɛftɪɡʊŋsˌapbau] *m* reduction in employment

Beschäftigungsabweichungen [bəˈʃɛftɪɡʊŋsapvaɪçʊŋən] *f/pl* volume variance

Beschäftigungsgrad [bəˈʃɛftɪɡʊŋsɡraːt] *m* level of employment

Beschäftigungspolitik [bəˈʃɛftɪɡʊŋspoliˌtiːk] *f* employment policy

Bescheid [bəˈʃaɪt] *m* reply, notification

Bescheinigung [bəˈʃaɪnɪɡʊŋ] *f 1. (Dokument)* certificate; *2. (das Bescheinigen)* certification

Beschlagnahme [bəˈʃlaːknaːmə] *f* confiscation

beschlagnahmen [bəˈʃlaːknaːmən] *v* confiscate, seize

beschließen [bəˈʃliːsən] *v irr 1. (entscheiden)* decide, resolve; *2. (beenden)* terminate, end, conclude

Beschluss [bəˈʃlʊs] *m* decision

beschlussfähig [bəˈʃlʊsfɛːɪç] *adj* ~ *sein* to be a quorum, have a quorum

Beschlussfassung [bəˈʃlʊsfasʊŋ] *f* passing of a resolution

beschränkte Geschäftsfähigkeit [bəˈʃrɛŋktə ɡəˈʃɛftsfɛːɪçkaɪt] *f* limited capacity to enter into legal transactions

Beschuldigung [bəˈʃʊldɪɡʊŋ] *f* accusation, charge

Beschwerde [bəˈʃveːrdə] *f* appeal, complaint

beschweren [bəˈʃveːrən] *v sich ~* complain; *sich ~ über* complain about

besetzt [bəˈzɛtst] *adj* engaged, busy *(US)*

Besicherungswert [bəˈzɪçərʊŋsvɛrt] *m* collateral value

Besitz [bəˈzɪts] *m* possession, *(Immobilien)* property, estate

Besitzanspruch [bəˈzɪtsanʃprʊx] *m* possessory claim

Besitzeinkommen [bəˈzɪtsaɪnkɔmən] *n* property income

besitzen [bəˈzɪtsən] *v irr* possess, own, hold

Besitzer(in) [bəˈzɪtsər] *m/f* owner

Besitznachweis [bəˈzɪtsnaːxvaɪs] *m* proof of ownership

Besitzsteuern [bəˈzɪtsʃtɔyərn] *f/pl* taxes from income and property *pl*

Besitzwechsel [bəˈzɪtsvɛksəl] *m* bills receivable

Besoldung [bəˈzɔldʊŋ] *f* salary, pay

besprechen [bəˈʃprɛçən] *v irr* discuss, talk over

Besprechung [bəˈʃprɛçʊŋ] *f* discussion

Besprechungsraum [bəˈʃprɛçʊŋsraum] *m* conference room, meeting room

Besprechungstermin [bəˈʃprɛçʊŋstɛrˌmiːn] *m* conference date, meeting date

Besserungsschein [ˈbɛsərʊŋsʃaɪn] *m* debtor warrant, income adjustment bond

Besserverdienende(r) [ˈbɛsərfɛrdiːnənˌdə(r)] *f/m* person in a higher income bracket

Bestand [bəˈʃtant] *m 1. (Kassenbestand)* cash assets *pl*; *2. (Vorrat)* stock, stores *pl*, supply

Bestandsaufnahme [bəˈʃtantsaufnaːmə] *f* inventory, stock-taking

Bestandsgröße [bəˈʃtantsɡrøːsə] *f* stock variable

Bestandskonto [bəˈʃtantskɔnto] *n* real account

Bestandsveränderung [bəˈʃtantsfɛrɛndərʊŋ] *f* inventory change

Bestätigung [bəˈʃtɛːtɪɡʊŋ] *f* confirmation

Bestätigungsschreiben [bəˈʃtɛːtɪɡʊŋsˌʃraɪbən] *n* letter of confirmation

bestechen [bəˈʃtɛçən] *v irr* bribe, corrupt

bestechlich [bəˈʃtɛçlɪç] *adj* bribable, corruptible

Bestechlichkeit [bəˈʃtɛçlɪçkaɪt] *f* corruptibility

Bestechung [bəˈʃtɛçʊŋ] *f* bribery, corruption

Bestechungsgeld [bəˈʃtɛçʊŋsgɛlt] *n* bribe money

Bestelldaten [bəˈʃtɛldaːtən] *pl* details of order *pl*

Bestelleingang [bəˈʃtɛlaɪŋaŋ] *m* incoming orders *pl*, new orders *pl*, intake of new orders

bestellen [bəˈʃtɛlən] *v (in Auftrag geben)* order, place an order, commission

Besteller(in) [bəˈʃtɛlər(ɪn)] *m/f* customer

Bestellformular [bəˈʃtɛlfɔrmulaːr] *n* order form

Bestellkosten [bəˈʃtɛlkɔstən] *pl* ordering costs *pl*

Bestellliste [bəˈʃtɛllɪstə] *f* list of orders

Bestellmenge [bəˈʃtɛlmɛŋə] *f* ordered quantity

Bestellnummer [bəˈʃtɛlnʊmər] *f* order number

Bestellschein [bəˈʃtɛlʃaɪn] *m* order form

Bestellung [bəˈʃtɛlʊŋ] *f* 1. *(Waren)* order; 2. *(auf einen Posten, für eine Aufgabe)* appointment (for specific tasks or posts)

bestens [ˈbɛstəns] *adv* at best

besteuern [bəˈʃtɔyərn] *v* tax, impose a tax

Besteuerung [bəˈʃtɔyərʊŋ] *f* taxation

Besteuerungsgrundlage [bəˈʃtɔyərʊŋsgrʊndlaːgə] *f* tax basis

Besteuerungsverfahren [bəˈʃtɔyərʊŋsfərfaːrən] *n* taxation procedure

bestimmen [bəˈʃtɪmən] *v* 1. *(festlegen)* determine, decide; 2. *(zuweisen)* appoint, assign, appropriate

Bestimmtheitsmaß [bəˈʃtɪmthaɪtsmaːs] *n* determination coefficient

Bestimmung [bəˈʃtɪmʊŋ] *f* 1. *(Vorschrift)* provision, decree, regulations *pl*; 2. *(Zweck)* purpose

Bestimmungsbahnhof [bəˈʃtɪmʊŋsbaːnhoːf] *m* station of destination

Bestimmungskauf [bəˈʃtɪmʊŋskauf] *m* sale subject to buyer's specifications

Bestimmungsort [bəˈʃtɪmʊŋsɔrt] *m* (place of) destination

Bestleistung [ˈbɛstlaɪstʊŋ] *f* record

bestrafen [bəˈʃtraːfən] *v* punish, penalize

Bestrafung [bəˈʃtraːfʊŋ] *f* punishment, penalty

bestreiken [bəˈʃtraɪkən] *v* strike against

Bestseller [ˈbɛstsɛlər] *m* bestseller

Besuch [bəˈzuːx] *m* visit

besuchen [bəˈzuːxən] *v (besichtigen)* visit

Besuchserlaubnis [bəˈzuːxsɛrlaupnɪs] *f* visitor's pass

Betafaktor [ˈbeːtafaktɔːr] *m* beta factor

Betätigung [bəˈtɛːtɪgʊŋ] *f* 1. operation; 2. *(Tätigkeit)* activity

Betätigungsfeld [bəˈtɛːtɪgʊŋsfɛlt] *n* range of activities, field of activity

beteiligen [bəˈtaɪlɪgən] *v sich ~* participate, take part, join; *jdn an etw ~* give a person a share, make a person a partner, let s.o. take part

Beteiligte(r) [bəˈtaɪlɪçtə(r)] *f/m* participant

Beteiligung [bəˈtaɪlɪgʊŋ] *f* participation

Beteiligungsdarlehen [bəˈtaɪlɪgʊŋsdarleːən] *n* loan with profit participation

Beteiligungsfinanzierung [bəˈtaɪlɪgʊŋsfɪnantsiːrʊŋ] *f* equity financing

Beteiligungshandel [bəˈtaɪlɪgʊŋshandəl] *m* equity financing transactions *pl*

Beteiligungskonzern [bəˈtaɪlɪgʊŋskɔntsɛrn] *m* controlled corporate group

Beteiligungsvermittlung [bəˈtaɪlɪgʊŋsfɛrmɪtlʊŋ] *f* agency of equity financing transactions

Betongold [bəˈtɔŋgɔlt] *n* real estate property

Betrag [bəˈtraːk] *m* amount

betragen [bəˈtraːgən] *v irr (sich belaufen auf)* amount to, add up to, come to

Betreff [bəˈtrɛf] *m* subject, subject matter; *in ~ einer Sache* with regard to sth

betreffen [bəˈtrɛfən] *v irr (angehen)* affect, concern, regard

betreffend [bəˈtrɛfənt] *prep* regarding, concerning

betreffs [bəˈtrɛfs] *prep* regarding

betreiben [bəˈtraɪbən] *v irr* 1. *(leiten)* operate, manage, run; 2. *(ausüben)* do, pursue

Betreiber(in) [bəˈtraɪbər(ɪn)] *m/f* operator

betreuen [bəˈtrɔyən] *v* 1. *(Sachgebiet)* be in charge of; 2. *(Kunden)* serve

Betreuung [bəˈtrɔyʊŋ] *f (der Kunden)* service

Betrieb [bəˈtriːp] *m* 1. *(Firma)* business, enterprise, firm, undertaking; 2. *(Werk)* factory, works *pl*, plant, operation; 3. *etw in ~ nehmen* start using sth, put sth into operation; *außer ~* out of order

betrieblich [bəˈtriːplɪç] *adj* operational, operating, internal

betriebliche Altersversorgung [bəˈtriːplɪçə ˈaltərsfɛrzɔrgʊŋ] *f* employee pension scheme

betriebliche Ausbildung [bəˈtriːplɪçə ˈausbɪlduŋ] *f* in-house training
betriebliches Informationssystem [bəˈtriːplɪçəs ɪnfɔrmaˈtsjonzsysteːm] *n* organizational information system
betriebliches Rechnungswesen [bəˈtriːplɪçəs ˈrɛçnuŋsveːzən] *n* operational accountancy
betriebliches Vorschlagswesen [bəˈtriːplɪçəs ˈfoːrʃlaːksveːzən] *n* employee suggestion system; company suggestion system
Betriebsabrechnungsbogen (BAB) [bəˈtriːpsapreçnuŋsboːgən] *m* overhead allocation sheet
Betriebsanalyse [bəˈtriːpsanalyːzə] *f* operational analysis
Betriebsänderung [bəˈtriːpsɛndəruŋ] *f* change in plant operation
Betriebsangehörige(r) [bəˈtriːpsangəhøːrɪgə(r)] *f/m* employee
Betriebsanleitung [bəˈtriːpsanlaɪtuŋ] *f* operating instructions *pl*
Betriebsarzt [bəˈtriːpsartst] *m* company doctor
Betriebsaufgabe [bəˈtriːpsaufgaːbə] *f* termination of business
Betriebsausflug [bəˈtriːpsausfluːk] *m* company outing
Betriebsausgaben [bəˈtriːpsausgaːbən] *f/pl* operating expenses *pl*
betriebsbedingte Kündigung [bəˈtriːpsbədɪŋtə ˈkyndɪguŋ] *f* notice to terminate for operational reasons
betriebsbereit [bəˈtriːpsbəraɪt] *adj* operational, ready for use, operative
betriebsblind [bəˈtriːpsblɪnt] *adj* blind to organizational deficiencies, blunted by habit
Betriebsdauer [bəˈtriːpsdauər] *f* operating period, service life
Betriebsergebnis [bəˈtriːpsergeːpnɪs] *n* results from operations *pl*
Betriebserlaubnis [bəˈtriːpsɛrlaubnɪs] *f* operating license
Betriebseröffnung [bəˈtriːpsɛrœfnuŋ] *f* opening of a business
Betriebsferien [bəˈtriːpsfɛːrjən] *f* annual holiday, plant holidays *pl*
Betriebsfest [bəˈtriːpsfɛst] *n* staff party
Betriebsfonds [bəˈtriːpsfɔ̃] *m* operating fund
betriebsfremder Aufwand [bəˈtriːpsfrɛmdər ˈaufvant] *m* non-operating expense
betriebsfremder Ertrag [bəˈtriːpsfrɛmdər ɛrˈtrak] *m* non-operating revenue

Betriebsführung [bəˈtriːpsfyːruŋ] *f* plant management
Betriebsgeheimnis [bəˈtriːpsgəhaɪmnɪs] *n* trade secret, industrial secret
Betriebsgröße [bəˈtriːpsgrøːsə] *f* size of the company
betriebsintern [bəˈtriːpsɪntɛrn] *adj* internal; *adv* within the company
Betriebskapital [bəˈtriːpskapitaːl] *n* working capital
Betriebsklima [bəˈtriːpskliːma] *n* working conditions and human relations *pl*
Betriebskosten [bəˈtriːpskɔstən] *pl* operating costs *pl*, working expenses *pl*
Betriebsmittel [bəˈtriːpsmɪtəl] *n/pl* working funds *pl*
Betriebsnachfolge [bəˈtriːpsnaːxfɔlgə] *f* successor company, successor
Betriebsnormen [bəˈtriːpsnɔrmən] *f/pl* organizational standards *pl*
betriebsnotwendiges Kapital [bəˈtriːpsnotvɛndɪgəs kapiˈtaːl] *n* necessary operating capital
betriebsnotwendiges Vermögen [bəˈtriːpsnotvɛndɪgəs fɛrˈmøːgən] *n* necessary business assets *pl*
Betriebsprüfer [bəˈtriːpspryːfər] *m* auditor
Betriebsprüfung [bəˈtriːpspryːfuŋ] *f* fiscal audit of operating results, investigation by the tax authorities
Betriebsrat [bəˈtriːpsraːt] *m* works council
Betriebsrentabilität [bəˈtriːpsrɛntabɪliˈtɛːt] *f* operational profitability
Betriebsrente [bəˈtriːpsrɛntə] *f* company pension
Betriebsspaltung [bəˈtriːpsʃpaltuŋ] *f* split of a unitary enterprise
Betriebsstatistik [bəˈtriːpsʃtatɪstɪk] *f* operations statistics
Betriebsstilllegung [bəˈtriːpsʃtɪlleːguŋ] *f* plant closing
Betriebsstoffe [bəˈtriːpsʃtɔfə] *m/pl* 1. (*Rechnungswesen*) supplies *pl*; 2. (*Fertigung*) factory supplies *pl*
Betriebssystem [bəˈtriːpszysteːm] *n* 1. (*EDV*) operating system; 2. production system
Betriebsunfall [bəˈtriːpsunfal] *m* industrial accident, accident at work
Betriebsunterbrechungsversicherung [bəˈtriːpsuntərbrɛçuŋsfɛrsɪçəruŋ] *f* business interruption insurance
Betriebsvereinbarung [bəˈtriːpsfɛraɪnbaːruŋ] *f* plant agreement

Betriebsverfassungsgesetz (BetrVerfG, BetrVG) [bə'tri:psfɛrfasuŋsgəzɛts] *n* Industrial Constitution Law

Betriebsvergleich [bə'tri:psfɛrglaiç] *m* external analysis

Betriebsvermögen [bə'tri:psvɛrmø:gən] operating assets *pl*

Betriebsversammlung [bə'tri:psfɛrsamluŋ] *f* employee meeting

Betriebswirt(in) [bə'tri:psvɪrt(ɪn)] *m/f* business economist, management expert

Betriebswirtschaft [bə'tri:psvɪrtʃaft] *f* business economics

Betriebswirtschaftslehre (BWL) [bə'tri:psvɪrtʃaftsle:rə] *f* business management, business administration

Betrug [bə'tru:k] *m* fraud

betrügerischer Bankrott [bə'try:gərɪʃər baŋ'krɔt] *m* fraudulent bankruptcy

beurkunden [bə'u:rkundən] *v (bezeugen)* prove (by documentary evidence); record (in an official document), document

Beurkundung [bə'u:rkunduŋ] *f (Bezeugung)* documentary evidence; recording, certification, documentation

beurlauben [bə'u:rlaubən] *v* 1. grant leave, give leave; 2. *(suspendieren)* suspend

Beurlaubung [bə'u:rlaubuŋ] *f* granting of leave

Beurteilung [bə'urtailuŋ] *f* assessment, judgement, judgment *(US)*, opinion

Bevölkerung [bə'fœlkəruŋ] *f* population

Bevölkerungsdichte [bə'fœlkəruŋsdıçtə] *f* density of population

Bevölkerungsschicht [bə'fœlkəruŋsʃɪçt] *f* demographic stratum

bevollmächtigen [bə'fɔlmɛçtɪgən] *v* authorize, empower, give power of attorney

Bevollmächtigte(r) [bə'fɔlmɛçtɪçtə(r)] *f/m* authorized person, person holding power of attorney, proxy (for votes), representative

Bevollmächtigung [bə'fɔlmɛçtɪguŋ] *f* power of attorney, authorization

bevorrechtigte Gläubiger [bə'fo:rrɛçtɪçtə 'glɔybıgər] *m/pl* preferential creditors *pl*

bewegliche Güter [bə've:glıçə 'gy:tər] *n/pl* movable goods *pl*

bewegliches Anlagevermögen [bə've:glıçəs 'anla:gəfɛrmø:gən] *n* non-real-estate fixed assets *pl*

Bewegungsbilanz [bə've:guŋsbılants] *f* flow statement

Bewegungsdaten [bə've:guŋsda:tən] *pl* transaction data *pl*

Beweis [bə'vais] *m* proof

Beweismittel [bə'vaismıtəl] *n* evidence

bewerben [bə'vɛrbən] *v irr* sich ~ um apply for

Bewerber(in) [bə'vɛrbər(ɪn)] *m/f* applicant

Bewerbung [bə'vɛrbuŋ] *f* application

Bewerbungsschreiben [bə'vɛrbuŋsʃraibən] *n* letter of application

Bewerbungsunterlagen [bə'vɛrbuŋsuntərla:gən] *f/pl* application documents *pl*

Bewertung [bə'vɛrtuŋ] *f* 1. evaluation, assessment; 2. *(Feststellung des Werts)* valuation, appraisal

Bewertung von Unternehmen und Kapitalkosten [bə'vɛrtuŋ fɔn untər'ne:mən unt kapi'ta:lkɔstən] *f* valuation of enterprises

bewilligen [bə'vıligən] *v* permit, grant, agree to

Bewilligung [bə'vıliguŋ] *f* allowance, granting, permission, grant

Bewirtung [bə'vɪrtuŋ] *f* hospitality

Bewirtungskostenbeleg [bə'vɪrtuŋskɔstənbəle:k] *m* hospitality expenses form

bezahlen [bə'tsa:lən] *v* pay, pay for

bezahlt [bə'tsa:lt] *adj* paid; gut ~ well-paid; schlecht ~ low-paid

bezahlt Brief (bB) [bə'tsa:lt bri:f] more sellers than buyers, sellers ahead

bezahlt Geld (bG) [bə'tsa:lt gɛlt] more buyers than sellers, buyers ahead

bezahlter Urlaub [bə'tsa:ltər 'urlaup] *m* paid vacation, paid holidays

Bezahlung [bə'tsa:luŋ] *f* 1. payment; 2. *(Lohn)* pay

bezeugen [bə'tsɔygən] *v* testify to, bear witness to

beziehen [bə'tsi:ən] *v irr (Gehalt)* receive, draw

Bezieher [bə'tsi:ər] *m* subscriber, buyer

Bezogener [bə'tso:gənər] *m* drawee

Bezug [bə'tsu:k] *m* reference

Bezüge [bə'tsy:gə] *pl* earnings

Bezug nehmend [bə'tsu:k ne:mənt] referring to

Bezugsaktien [bə'tsu:ksaktsjən] *f/pl* preemptive shares *pl*

Bezugsangebot [bə'tsu:ksangəbo:t] *n* right issue

Bezugsbedingungen [bə'tsu:ksbədıŋuŋən] *f/pl* subscription conditions *pl*

Bezugsfrist [bə'tsu:ksfrıst] *f* subscription period

Bezugskosten [bəˈtsuːkskɔstən] *pl* delivery costs *pl*, purchasing costs *pl*
Bezugskurs [bəˈtsuːkskurs] *m* subscription price
Bezugsquelle [bəˈtsuːkskvɛlə] *f* source of supply
Bezugsrecht [bəˈtsuːksrɛçt] *n* subscription right, stock option, pre-emptive right
Bezugsrechtabschlag [bəˈtsuːksrɛçtapʃlaːk] *m* ex-rights markdown
Bezugsrechterklärung [bəˈtsuːksrɛçtɛrklɛːruŋ] *f* declaration to exercise the subscription right
Bezugsrechthandel [bəˈtsuːksrɛçthandəl] *m* trading in suscription rights
Bezugsrechtnotierung [bəˈtsuːksrɛçtnotiːruŋ] *f* subscription price
Bezugsrechtsbewertung [bəˈtsuːksrɛçtsbəvɛrtuŋ] *f* subscription rights evaluation
Bezugsrechtsdisposition [bəˈtsuːksrɛçtsdɪspozitsjoːn] *f* subscription rights disposition
Bezugsrechtskurs [bəˈtsuːksrɛçtskurs] *m* subscription price
Bezugsrechtsparität [bəˈtsuːksrɛçtsparitɛːt] *f* subscription rights parity
Bezugsschein [bəˈtsuːksʃaɪn] *m* purchasing permit, subscription warrant
Bezugstag [bəˈtsuːkstaːk] *m* subscription day
bezuschussen [bəˈtsuːʃusən] *v* subsidize
Bezuschussung [bəˈtsuːʃusuŋ] *f* subsidy
Bietungsgarantie [ˈbiːtuŋsɡaranti:] tender guarantee
Bilanz [biˈlants] *f* balance-sheet, financial statement, balance
Bilanzanalyse [biˈlantsanalyːzə] *f* balance analysis
Bilanzänderung [biˈlantsɛndəruŋ] *f* alteration of a balance sheet
Bilanzberichtigung [biˈlantsbərɪçtɪɡuŋ] *f* correction of a balance sheet
Bilanzbewertung [biˈlantsbəvɛrtuŋ] *f* balance sheet valuation
Bilanzfälschung [biˈlantsfɛlʃuŋ] *f* falsification of the balance sheet
Bilanzgewinn [biˈlantsɡəvɪn] *m* net profit for the year
Bilanzgleichung [biˈlantsɡlaɪçuŋ] *f* balance sheet equation
Bilanzgliederung [biˈlantsɡliːdəruŋ] *f* format of the balance sheet
Bilanzidentität [biˈlantsiːdɛntitɛːt] *f* balance sheet continuity

bilanzieren [bilanˈtsiːrən] *v* balance (accounts)
Bilanzierung [biˈlantsiːruŋ] *f* procedure to draw up a balance sheet
Bilanzierungsgrundsätze [bilanˈtsiːruŋsɡrundsɛtsə] *m/pl* accounting principles *pl*
Bilanzierungsvorschriften [bilanˈtsiːruŋsfɔrʃrɪftən] *f/pl* accounting regulations *pl*
Bilanzklarheit [biˈlantsklarhaɪt] *f* balance transparency, accounting transparency
Bilanzkontinuität [biˈlantskɔntinuitɛːt] *f* balance sheet continuity
Bilanzkonto [biˈlantskɔnto] *n* balance sheet account
Bilanzkritik [biˈlantskriːtɪk] *f* balance sheet analysis
Bilanzkurs [biˈlantskurs] *m* book value, balance sheet value
Bilanzpolitik [biˈlantspolitiːk] *f* accounting policy
bilanzpolitische Instrumente [biˈlantspolitɪʃə ɪnstruˈmɛntə] *n/pl* instruments of balance sheet policy *pl*
Bilanzpositionen [biˈlantspozitsjoːnən] *f/pl* balance-sheet items *pl*
Bilanzprüfung [biˈlantspryːfuŋ] *f* balance sheet audit
Bilanzrichtliniengesetz [biˈlantsrɪçtliːnjənɡəzɛts] *n* Accounting and Reporting Law
Bilanzstatistik [biˈlantsʃtatɪstɪk] *f* balance sheet statistics
Bilanzstichtag [biˈlantsʃtɪçtaːk] *m* date of the balance
Bilanzstruktur [biˈlantsʃtruktuːr] *f* structure of the balance sheet
Bilanzsumme [biˈlantssumə] *f* balance sheet total
Bilanzverlängerung [biˈlantsfɛrlɛŋəruŋ] *f* increase in total assets and liabilities
Bilanzverlust [biˈlantsfɛrlust] *m* net loss
Bilanzverschleierung [biˈlantsfɛrʃlaɪəruŋ] *f* doctoring a balance sheet
Bilanzwert [biˈlantsvɛrt] *m* balance sheet value
bilateral [ˈbilatəraːl] *adj* bilateral
Bildschirm [ˈbɪltʃɪrm] *m* screen
Bildschirmarbeit [ˈbɪltʃɪrmarbaɪt] *f* work at a computer terminal
Bildschirmarbeitsplatz [ˈbɪltʃɪrmarbaɪtsplats] *m* job working at a computer, screen job
Bildschirmtext [ˈbɪltʃɪrmtɛkst] *m* viewdata
Bildtelefon [ˈbɪlttelefoːn] *n* videophone, picturephone

Bildungspolitik ['bɪlduŋspoliti:k] *f* educational policy

Bildungsurlaub ['bɪldʊŋsuːrlaup] *m* sabbatical, paid educational leave

billig ['bɪlɪç] *adj (preiswert)* cheap, inexpensive

Billigflaggen ['bɪlɪçflagən] *f/pl* flags of convenience *pl*

billigst [bɪlɪçst] *adv* at best price, at lowest price

Billigware ['bɪlɪçvaːrə] *f* marked-down product

binär [bi'nɛːr] *adj* binary

Binärzahl [bi'nɛːrtsaːl] *f* binary number

Binnenhandel ['bɪnənhandəl] *m* domestic trade, inland trade

Binnenmarkt ['bɪnənmarkt] *m* common market, domestic market, home market

Binnenwirtschaft ['bɪnənvɪrtʃaft] *f* domestic trade and payments

Binnenzoll ['bɪnəntsɔl] *m* internal customs duty, internal tariff

Bit [bɪt] *n* bit

B-Länder ['beː lɛndər] *n/pl* B countries *pl*

Black List [blæk 'lɪst] *f* black list

Black-Box-Modell ['blækbɔksmɔdɛl] *n* black box model

Blankett [blaŋkɛt] *n* blank form

blanko ['blaŋko] *adj* blank

Blanko-Akzept ['blaŋkoaktsɛpt] *n* acceptance in blank

Blankoformular ['blaŋkoformulaːr] *n* blank form

Blanko-Indossament ['blaŋkoɪndɔsamɛnt] *n* blank indorsement

Blankokredit ['blaŋkokrediːt] *m* unsecured credit, open credit

Blankoregister ['blaŋkoregɪstər] *n* blank index, plain index

Blankoscheck ['blaŋkoʃɛk] *m* blank cheque, blank check *(US)*

Blanko-Unterschrift ['blaŋkountərʃrɪft] *f* blank signature

Blankoverkauf ['blaŋkoferkauf] *m* short sale

Blankovollmacht ['blaŋkofɔlmaxt] *f* carte blanche, full power (of attorney)

Blankowechsel ['blaŋkovɛksəl] *m* blank bill

Blankozession ['blaŋkotsesjoːn] *f* transfer in blank

Blitzgiro ['blɪtsʒiːroː] *n* direct telex transfer system

Blockdiagramm ['blɔkdiagram] *n* bar chart

Blockfloating ['blɔkfləʊtɪŋ] *n* block floating

Blockverkauf ['blɔkfɛrkauf] *m* block sale

Blue Chips ['bluːtʃɪps] *pl* blue chips *pl*

Bodenkredit ['boːdənkrediːt] *m* loan on landed property

Bodenkreditinstitut ['boːdənkrediːtɪnstituːt] *n* mortgage bank

Bodenpreis ['boːdənpraɪs] *m* land price

Bodenreform ['boːdənrefɔrm] *f* land reform

Bodensatz ['boːdənsats] *m* deposit base, undeclared securities *pl*

Bon [bɔŋ] *m* cash register slip, voucher

Bond [bɔnt] *m* bond

Bond-Option ['bɔntɔptsjoːn] *f* bond option

Bonifikation [boniːfikaˈtsjoːn] *f* bonus

Bonität [boniˈtɛːt] *f* solvency, credit standing, credit worthiness, financial standing

Bonitätsprüfung [boniˈtɛːtspryːfʊŋ] *f* credit check

Bonitätsrisiko [boniˈtɛːtsriːziːko] *n* credit solvency risk

Bonus ['boːnus] *m* bonus, extra dividend

Boom [buːm] *m* boom

Börse ['bœrzə] *f* stock exchange, market

Börsenabteilung ['bœrzənaptaɪlʊŋ] *f* exchange department

Börsenaufsicht ['bœrzənaufsɪçt] *f* stock exchange supervision

Börsenauftrag ['bœrzənauftrak] *m* stock exchange order

Börsenaushang ['bœrzənaushaŋ] *m* stock market notice board

Börsenauskunft ['bœrzənauskʊnft] *f* stock market information

Börsenausschuss ['bœrzənausʃus] *m* stock committee

Börsenbehörde ['bœrzənbəhœːrdə] *f* stock exchange authority

Börsenbericht ['bœrzənbərɪçt] *m* stock exchange news, stock exchange report

börsengängige Wertpapiere ['bœrzəngɛŋɪgə 'vɛrtpapiːrə] *n/pl* quoted securities *pl*

Börsengeschäfte ['bœrzəngəʃɛftə] *n/pl* stock market transactions *pl*, stock exchange operations *pl*

Börsengesetz ['bœrzəngəzɛts] *n* Stock Exchange Act, German Stock Exchange Law

Börsenhandel ['bœrzənhandəl] *m* stock market trading, stock market transactions *pl*, stock market dealing

Börsenindex ['bœrzənɪndɛks] *m* stock exchange index

Börsenkrach ['bœrzənkrax] *m* stock market crash

Börsenkurs ['bœrzənkurs] *m* market price, market rate, stock exchange price, quotation on the stock exchange

Börsenkurszusätze ['bœrzənkurstsu:sɛtsə] *m/pl* stock exchange price additions *pl*

Börsenmakler ['bœrzənma:klər] *m* stockbroker, exchange broker

Börsennotierung ['bœrzənnoti:ruŋ] *f* market exchange quotation

Börsenordnung ['bœrzənɔrdnuŋ] *f* stock exchange regulations *pl*

Börsenorganisation ['bœrzənɔrganisatsjo:n] *f* stock exchange organization

Börsenpapier ['bœrzənpapi:r] *n* listed security, stocks and shares *pl*

Börsenplatz ['bœrzənplats] *m* stock exchange centre

Börsenpreis ['bœrzənprais] *m* exchange price

Börsenrecht ['bœrzənrɛçt] *n* stock exchange rules *pl*

Börsenreform ['bœrzənrəfɔrm] *f* reorganization of the stock exchange

Börsenschluss ['bœrzənʃlus] *m* closing of the exchange

Börsensegmente ['bœrzənsɛgmɛntə] *n/pl* sectors of the stock exchange *pl*

Börsenspekulant ['bœrzənʃpekulant] *m* speculator on the stock market

Börsentage ['bœrzənta:gə] *m/f* market days *pl*, trading days *pl*

Börsentendenz ['bœrzəntɛndɛnts] *f* stock market trend

Börsentermingeschäfte ['bœrzəntɛrmi:ngəʃɛftə] *n/pl* trading in futures on a stock exchange, futures dealings *pl*

Börsenumsätze ['bœrzənumsɛtsə] *m/pl* stock exchange turnover

Börsenumsatzsteuer ['bœrzənumsatsʃtɔyər] *f* stock exchange turnover tax

Börsenusancen ['bœrzənusuɑ̃:zən] *f/pl* stock exchange customs *pl*

Börsenzeit ['bœrzəntsait] *f* official trading hours

Börsenzulassung ['bœrzəntsu:lasuŋ] *f* admission to the stock exchange

Bottom-Up-Prinzip ['bɔtəmʌpprintsi:p] *n* bottom-up principle

Boykott [bɔyˈkɔt] *n* boycott

boykottieren [bɔykɔˈti:rən] *v* boycott

Brainstorming ['brɛ:nstɔ:mɪŋ] *n* brainstorming

Branche ['brɑ̃:ʃə] *f* branch, line of business, business, industry, industrial segment

Branchenanalyse ['brɑ̃:ʃənanaly:zə] *f* trade analysis

Branchenbeobachtung ['brɑ̃:ʃənbəo:baxtuŋ] *f* industry survey and appraisal

Branchenerfahrung ['brɑ̃:ʃənɛrfa:ruŋ] *f* experience in the field

Branchenkenntnis ['brɑ̃:ʃənkɛntnis] *f* knowledge of the field

Branchenkennziffer ['brɑ̃:ʃənkɛntsifər] *f* industry ratio

Branchensoftware ['brɑ̃:ʃənsɔftvɛ:r] *f* industry software

Branchenstatistik ['brɑ̃:ʃənʃtatistik] *f* industry statistics

Branchenstruktur ['brɑ̃:sənʃtruktu:r] *f* trade structure

Branchenvergleich ['brɑ̃:ʃənfɛrglaiç] *m* trade comparison

Branchenverzeichnis ['brɑ̃:ʃənfɛrtsaiçnis] *n* classified directory, yellow pages *pl*

Brand-Image ['brɛndimedʒ] *n* brand image

Brandmarketing ['brɛndmarkətiŋ] *n* brand marketing

Brandversicherung ['brantfɛrsiçəruŋ] *f* fire insurance

Brauchwasser ['brauxvasər] *n* water for industrial use, water that is not for drinking

Brauindustrie ['brauindustri:] *f* brewing industry

Break-Even-Analyse [breik'i:vən analy:zə] *f* break-even analysis

Break-Even-Point [breik'i:vən pɔint] *m* break-even point

Brief ['bri:f] *m* letter

Brief verlost (BV) ['bri:f fɛrlo:zt] *adj* ask drawn by lot

Briefbogen ['bri:fbo:gən] *m* sheet of stationery

Briefgrundschuld ['bri:fgrundʃult] *f* certificated land charge

Briefhypothek ['bri:fhypote:k] *f* certificated mortgage

Briefing ['bri:fiŋ] *n* briefing

Briefkasten ['bri:fkastən] *m* letter-box

Briefkastenfirma ['bri:fkastənfirma] *f* dummy corporation, bogus company

Briefkopf ['bri:fkɔpf] *m* letterhead

Briefkurs ['bri:fkurs] *m* selling price

Briefmarke ['bri:fmarkə] *f* stamp

Briefqualität ['bri:fkvalitɛ:t] *f* letter-quality print

Briefträger ['bri:ftrɛ:gər] *m* postman

Briefumschlag ['bri:fumʃla:k] *m* envelope

Briefwechsel ['bri:fvɛksəl] *m* correspondence, exchange of letters
Bringschuld ['brɪŋʃult] *f* debt by speciality
Broker ['bro:kər] *m* broker
Broschüre [broˈʃy:rə] *f* brochure
Broterwerb ['bro:tɛrvɛrp] *m* (earning one's) living, (earning one's) livelihood
brotlos ['bro:tlo:s] *adj* (fig: *nicht einträglich*) unprofitable
Bruch [brux] *m* 1. (*Vertragsbruch*) breach of contract, 2. (*Mathematik*) fraction
Bruchschaden ['bruxʃa:dən] *m* breakage
Bruchteil ['bruxtaɪl] *m* fraction
Bruchteilseigentum ['bruxtaɪlsaɪgəntu:m] *n* ownership in fractional shares
Bruchteilseigentümer ['bruxtaɪlsaɪgənty:mər] *m* co-owner
brutto ['bruto] *adj* gross
Bruttodividende ['brutodividɛndə] *f* gross dividend
Brutto-Einkommen ['brutoaɪnkɔmən] *n* gross income
Brutto-Einnahme ['brutoaɪnna:mə] *f* gross earnings *pl*
Brutto-Ertrag ['brutoɛrtra:k] *m* gross proceeds *pl*, gross return
Bruttogewicht ['brutogəvɪçt] *n* gross weight
Bruttogewinn ['brutogəvɪn] *m* gross profit, gross profits *pl*
Bruttoinlandsprodukt [brutoˈɪnlantsprodukt] *n* gross domestic product
Bruttolohn ['brutolo:n] *m* gross salary, gross pay, gross wage
Bruttopreis ['brutopraɪs] *m* gross price
Bruttoregistertonne ['brutoregɪstərtɔnə] *f* gross register(ed) ton
Bruttosozialprodukt [brutozoˈtsja:lprodukt] *n* gross national product
Bruttoverdienst ['brutoferdi:nst] *m* gross earnings *pl*
Bruttowährungsreserve ['brutovɛruŋsrəzɛrvə] *f* gross monetary reserve
Buchbestände ['bu:xbəʃtɛndə] *m/pl* book value
Bücher ['by:çər] *n/pl* (*in der Buchhaltung*) books and records (in accounts departments) *pl*
Buchforderung ['bu:xfɔrdəruŋ] *f* account receivable
Buch führen ['bu:x fy:rən] *v* keep accounts
Buchführung ['bu:xfy:ruŋ] *f* bookkeeping, accounting
Buchführungspflicht ['bu:xfy:ruŋspflɪçt] *f* duty to keep books of account
Buchführungsrichtlinien ['bu:xfy:ruŋsrɪçtli:niən] *f/pl* accounting rules *pl*
Buchgeld ['bu:xgɛlt] *n* deposit money, money in account
Buchgeldschöpfungsmultiplikator ['bu:xgɛltʃœpfuŋsmultiˈpli:kator] *m* deposit money creation multiplier
Buchgewinn ['bu:xgəvɪn] *m* book profit
Buchgrundschuld ['bu:xgruntʃult] *f* uncertificated land charge
Buchhalter(in) ['bu:xhaltər(ɪn)] *m/f* bookkeeper
Buchhaltung ['bu:xhaltuŋ] *f* accounting
Buchhypothek ['bu:xhy:pote:k] *f* uncertificated mortgage
Buchkredit ['bu:xkredi:t] *m* book credit
Buchprüfung ['bu:xpry:fuŋ] *f* audit, auditing
Buchschuld ['bu:xʃult] *f* book debt
Buchung ['bu:xuŋ] *f* entry
Buchungsbeleg ['bu:xuŋsbəle:k] *m* accounting voucher
Buchungsfehler ['bu:xuŋsfe:lər] *m* bookkeeping error
Buchungssatz ['bu:xuŋszats] *m* entry formula
Buchwert ['bu:xvɛrt] *m* book value, accounting value
Buchwertabschreibung ['bu:xvɛrtapʃraɪbuŋ] *f* declining balance depreciation
Budget [byˈdʒe:] *n* budget
Budgetausgleich [byˈdʒe:ausglaɪç] *m* balancing of the budget
Budgetierung [byˈdʒe:ti:ruŋ] *f* budgeting, drawing up of a budget
Budgetkontrolle [byˈdʒe:kɔntrolə] *f* budget control
Bullion ['buljən] *m* bullion
Bullionbroker ['buljənbro:kə] *m* bullion broker
Bundesagentur für Arbeit (BA) ['bundəsagɛntu:ɐ fy:r ˈarbaɪt] *f* Federal Labor Office
Bundes-Angestellten-Tarifvertrag (BAT) [bundəsˈangəʃtɛltəntari:ffɛrtra:k] *m* Federal Collective Agreement for Public Employees
Bundesanleihe ['bundəsanlaɪə] *f* federal loan
Bundesanleihekonsortium ['bundəsanlaɪhəkɔnsɔrtsjum] *n* federal loan syndicate
Bundesanleihen ['bundəsanlaɪhən] *f/pl* federal loan
Bundesanzeiger ['bundəsantsaɪgər] *m* Federal Official Gazette

Bundesarbeitsgericht [bundəsˈarbaɪtsɡəˌrɪçt] *n* Federal Labor Court
Bundesaufsichtsamt [bundəsˈaʊfsɪçtsamt] *n* Federal Supervisory Office
Bundesbank [ˈbundəsbaŋk] *f* Bundesbank, German Federal Bank
bundesbankfähige Wertpapiere [bundəsbaŋkfɛːɪɡə ˈvɛrtpapiːrə] *n/pl* bills rediscountable at the Federal Bank *pl*
Bundesbankgewinn [bundəsbaŋkɡəvɪn] *m* Bundesbank profit
Bundesbankguthaben [bundəsbaŋkɡuːthabən] *n* Federal Bank assets *pl*
Bundesbürgschaft [bundəsbyrgʃaft] *f* Federal guarantee
Bundesfinanzbehörden [bundəsfɪnantsbəhœːrdən] *f/pl* federal revenue authorities *pl*
Bundesfinanzhof (BFH) [bundəsfɪnantshoːf] *m* Federal Fiscal Court
Bundesgericht [ˈbundəsɡərɪçt] *n* Federal Court
Bundesgerichtshof (BGH) [bundəsɡəˈrɪçtshoːf] *m* Federal Supreme Court
Bundesgesetzblatt (BGBl) [bundəsɡəˈzɛtsblat] *n* Official Federal Gazette
Bundeshaushalt [ˈbundəshaʊshalt] *m* federal budget
Bundeskartellamt [bundəskarˈtɛlamt] *n* Federal Cartel Authority
Bundesobligation [ˈbundəsɔpliɡatsjoːn] *f* Federal bonds *pl*
Bundesrechnungshof [bundəsˈrɛçnuŋshoːf] *m* Federal Audit Office
Bundesschatzbrief [bundəsˈʃatsbriːf] *m* federal treasury bill
Bundesschuldbuch [bundəsˈʃultbuːx] *n* Federal Debt Register
Bundessozialgericht [bundəsoːˈtsjaːlɡərɪçt] *n* Federal Court for Social Security and Related Matters
Bundessteuer [ˈbundəsʃtɔʏər] *f* federal tax
Bundesverfassungsgericht (BVerfG) [bundəsfɛrˈfasuŋsɡərɪçt] *n* Federal Constitutional Court
Bundesverwaltungsgericht (BVerwG) [bundəsfɛrˈvaltuŋsɡərɪçt] *n* Federal Administrative Court
Bürge [ˈbyːrɡə] *m* guarantor
bürgen [ˈbyrɡən] *v* guarantee, vouch for; *jdm für etw ~* to be answerable to s.o. for sth
bürgerlicher Kauf [ˈbyrɡərlɪçər kaʊf] *m* private purchase
Bürgschaft [ˈbyːrɡʃaft] *f* guarantee
Bürgschaftskredit [ˈbyːrɡʃaftskrediːt] *m* credit by way of bank guarantee
Bürgschaftsplafond [ˈbyːrɡʃaftsplafɔ̃] *f* guarantee limit
Büro [byˈroː] *n* office
Büroangestellte(r) [byˈroːanɡəʃtɛltə(r)] *f/m* office clerk, white collar worker *(US)*, office employee
Büroarbeit [byˈroːarbaɪt] *f* office work, clerical work
Büroautomation [byˈroːaʊtomatsjoːn] *f* office automation
Bürobedarf [byˈroːbədarf] *m* office supplies *pl*
Büroflächen [byˈroːflɛçən] *f/pl* office spaces *pl*, office premises *pl*
Bürohaus [byˈroːhaʊs] *n* office building
Bürokaufmann/ [byˈroːkaʊfman] *m* office administrator
Bürokommunikation [byˈroːkɔmunikatsjoːn] *f* office communication
Bürokrat [byroˈkraːt] *m* bureaucrat
Bürokratie [byrokraˈtiː] *f* bureaucracy
bürokratisch [byroˈkraːtɪʃ] *adj* bureaucratic
Bürokratisierung [byrokratiˈziːruŋ] *f* bureaucratization
Büromaschine [byˈroːmaʃiːnə] *f* office appliance, office machine
Büromaterial [byˈroːmaterjaːl] *n* office supplies *pl*
Büromöbel [byˈroːmøːbəl] *pl* office furniture
Büroraum [byˈroːraʊm] *m* office
Büroschluss [byˈroːʃlʊs] *m* closing time
Bürozeit [byˈroːtsaɪt] *f* office hours
Bußgeld [ˈbuːsɡɛlt] *n n* penalty
Bußgeldbescheid [ˈbuːsɡɛltbəʃaɪt] *m* notification of a fine
Business-to-Business (B2B) [ˈbɪznɪs tuː ˈbɪznɪs] *(Abwicklung von Geschäftsvorgängen zwischen Unternehmen)* business-to-business, B2B
Business-to-Costumer (B2C) [ˈbɪznɪs tuː ˈkʌstəmər] *(Abwicklung von Geschäftsvorgängen zwischen Unternehmen und Endkunden)* business-to-customer, B2C
Busunternehmen [ˈbʊsʊntərneːmən] *n* bus company
Buying-Center [ˈbaɪɪŋsɛntə] *n* buying center
Byte [baɪt] *n* byte

C

CAD [siːeˈdiː] *n* computer aided design
Call [kɔːl] *m* call, option to buy
Call-by-Call [ˈkɔːl-baɪ-ˈkɔːl] *n* internet by call
Call Center [ˈkɔːlsentə] *n* call center
Call-Geld [ˈkɔːlˌɡɛlt] *n* call money
Call-Geschäft [ˈkɔːlɡəʃɛft] *n* call transaction
Camcorder [ˈkɛmkɔːdə] *m* camcorder
Cap [kæp] *n* cap
Capital flow [ˈkæpɪtəl fləʊ] *m* capital flow
Capped Warrants [ˈkæpt ˈwɔrəntz] *pl* capped warrants *pl*
Cash & Carry (c & c) [ˈkæʃændkerɪ] cash and carry (c & c)
Cash Flow [ˈkæʃfləʊ] *m* cash flow
Cash-and-carry-Klausel [ˈkæʃændkerɪklaʊzəl] *f* cash-and-carry clause
Cash on delivery (c. o. d.) [kæʃɔndəˈlɪvərɪ] cash on delivery (c. o. d.)
CD [tseːˈdeː] *f* Compact Disc, CD
CD-ROM [tseːdeːˈrɔm] *f* CD-ROM
CD-Ständer [tseːˈdeːʃtɛndər] *m* CD rack
Chance [ˈʃãsə] *f* chance, opportunity
Chancengleichheit [ˈʃãsənɡlaɪçhaɪt] *f* equal opportunity
chancenlos [ˈʃãsənloːs] *adj (Vorhaben, Plan)* bound to fail
Change-Agent [ˈtʃaɪnʃaɪdʒənt] *m* change agent
Chargenproduktion [ˈʃaːrʒənprodʊktsjoːn] *f* batch production
Chartanalyse [ˈtʃaːrtanalyːzə] *f* chart analysis
Charter [ˈtʃartər] *m* charter
Charterflug [ˈtʃartərfluːk] *m* charter flight
Charterflugzeug [ˈtʃartərfluːktsɔyk] *n* charter plane, chartered aircraft
Chartergeschäft [ˈtʃartərɡəʃɛft] *n* 1. *(Gewerbe)* charter trade; 2. *(Geschäftsabschluss)* charter transaction
Chartergesellschaft [ˈtʃartərɡəzɛlʃaft] *f* charter carrier, charter airline
Chartermaschine [ˈtʃartərmaʃiːnə] *f* chartered aircraft
chartern [ˈtʃartərn] *v* charter
Chat [tʃet] *m* chat
chatten [ˈtʃetən] *v* chat

Chauffeur [ʃɔˈføːr] *m* chauffeur, driver
checken [ˈtʃɛkən] *v* test, check
Checkliste [ˈtʃɛklɪstə] *f* checklist
Chef(in) [ˈʃɛf(ɪn)] *m/f* head, boss *(fam)*
Chefetage [ˈʃɛfetaːʒə] *f* executive floor
Chefingenieur(in) [ˈʃɛfɪnʒenjøːr(ɪn)] *m/f* chief engineer
Chefredakteur(in) [ˈʃɛfredaktøːr(ɪn)] *m/f* editor-in-chief
Chefsekretärin [ˈʃɛfzekretɛːrɪn] *f* executive secretary
Chefunterhändler(in) [ˈʃɛfʊntərhɛntlər(ɪn)] *m/f* chief negotiator
Chefzimmer [ˈʃɛftsɪmər] *n* executive's office
Chemiearbeiter(in) [çeˈmiːarbaɪtər(ɪn)] *m/f* worker in the chemical industry
Chemiefaser [çeˈmiːfaːzər] *f* chemical fibre, man-made fibre
Chemieindustrie [çeˈmiːɪndʊstriː] *f* chemical industry
Chemieunternehmen [çeˈmiːʊntərneːmən] *n* chemicals company
Chemikalie [çemiˈkaːljə] *f* chemical
Chemiker(in) [ˈçeːmɪkər(ɪn)] *m/f* chemist
Chiffre [ˈʃɪfrə] *f* cipher
chiffrieren [ʃɪˈfriːrən] *v* encode, encipher
Chip [tʃɪp] *m* chip
Chipkarte [ˈtʃɪpkartə] *f* chip card
Clearing [ˈkliːrɪŋ] *n* clearing
Clearinghouse [ˈkliːrɪŋhaʊs] *n (Computer)* clearing house
Clearingverkehr [ˈkliːrɪŋfɛrkeːr] *m* clearing
Cliquenwirtschaft [ˈklɪkənvɪrtʃaft] *f* cliquism
Closed-Shop-Prinzip [ˈkləʊzdʃɔpprɪntsiːp] *n* closed shop principle
Cluster [ˈklastər] *m* cluster
Code [koːd] *m* code
Codeschlüssel [ˈkoːdʃlʏsəl] *m* (de)cipher key
codieren [ˈkodiːrən] *v* code
Commercial Paper [kɔˈmɛrʃəl peɪpə] *n* commercial paper
Commodites [kəˈmɔdɪtiːz] *pl* commodities *pl*
Commodity futures [kəˈmɔdɪtɪ ˈfjuːtʃəz] *pl* commodity futures *pl*
Computer [kɔmˈpjuːtər] *m* computer

Computer Aided Design (CAD) [kəm-'pju:tər 'eɪdəd dɪ'zaɪn] *n* computer-aided design (CAD)

Computer Aided Engineering (CAE) [kəm'pju:tər 'eɪdəd enʒɪ'nɪrɪŋ] *n* computer aided engineering (CAE)

Computer Aided Manufacturing (CAM) [kəm'pju:tər 'eɪdəd menju'fæktʃərɪŋ] *n* computer aided manufacturing (CAM)

Computer Aided Quality Assurance (CAQ) [kəm'pju:tər 'eɪdəd 'kwɒlɪtɪ ə'ʃurənts] *f* computer aided quality assurance (CAQ)

Computer Aided Selling (CAS) [kəm-'pju:tər 'eɪdəd 'selɪŋ] *n* computer aided selling (CAS)

Computer Assisted Instruction (CAI) [kəm'pju:tər ɛ'sɪstəd ɪn'strʌktʃən] *f* computer assisted instruction (CAI)

Computer Integrated Manufacturing (CIM) [kəm'pju:tər 'ɪntəgreɪtəd menju-'fæktʃərɪŋ] *n* computer integrated manufacturing (CIM)

Computeranimation [kom'pju:təranɪmatsjoːn] *f* computer animation

Computerarbeitsplatz [kom'pju:tərarbaɪtsplats] *m* (computer) workplace, work station

Computereinsatz [kom'pju:təraɪnzats] *m* use of computers

Computeretiketten [kom'pju:təretɪketən] *f/pl* computer labels *pl*

Computerfachmann [kom'pju:tərfaxman] *m* computer expert

Computerfirma [kom'pju:tərfɪrma] *f* computer company

computergerecht [kom'pju:tərgəreçt] *adj* compatible for computer, computer-compatible

computergesteuert [kom'pju:tərgəʃtɔyərt] *adj* computer-controlled

computergestützt [kom'pju:tərgəʃtʏtst] *adj* computer-aided

computergestütztes Informationssystem (CIS) [kom'pju:tərgəʃtʏtstəs ɪnfɔrma'tsjoːnszysteːm] *n* computer-aided information system (CIS)

computergestütztes Lernen [kom'pju:tərgəʃtʏtstəs lernən] computer based training (CBT)

Computergrafik [kom'pju:tərgrafɪk] *f* computer graphics *pl*

Computerindustrie [kom'pju:tərɪndustri:] *f* computer industry

computerisieren [kompju:təri'ziːrən] *v* computerize

Computerkriminalität [kom'pju:tərkrɪmɪna:lɪteːt] *f* computer criminality

computerlesbar [kom'pju:tərleːzbaːr] *adj* machine-readable, readable by computer

Computermöbel [kom'pju:tərmøːbəl] *pl* computer furniture

Computerprogramm [kom'pju:tərprogram] *n* computer program

computerunterstützt [kom'pju:təruntərʃtʏtst] *adj* computer-aided, computer-controlled

Computerverbundsystem [kom'pju:tərferbuntzysteːm] *n* computer network

Computervirus [kom'pju:tərvi:rus] *n* computer virus

Conférence [kõfe'rãːs] *f* presentation

Conference-Call ['kɒnfərənskɔːl] *m* conference call

Container [kɒn'teɪnər] *m* container

Containerbahnhof [kɒn'teɪnərba:nhoːf] *m* container depot

Containerfracht [kɒn'teɪnərfraxt] *f* containerized fright

Containerhafen [kɒn'teɪnərha:fən] *m* container terminal

Containersendung [kɒn'teɪnərzendʊŋ] *f* container shipment

Controlling ['kɒntrəʊlɪŋ] *n* controlling *(US)*, controllership

Convenience goods [kɒn'viːnɪəns gu:dz] *pl* convenience goods *pl*

Cookie ['kuki:] *m* cookie

Copyright ['kɒpɪraɪt] *n* copyright

Copy-Test ['kɒpɪtest] *m* copy test

Corporate Design ['kɔːpərɪt dɪ'zaɪn] *n* corporate design

Corporate Identity (CI) ['kɔːpərɪt aɪ'dentɪtiː] *f* corporate identity (CI)

Cost Center [kɒst 'sentə] *n* cost center

Cote [kəʊt] *f* share list

Counterparts ['kaʊntərparts] *m/pl* counterpart funds *pl*

Coupon [ku'põ] *m* coupon

Courtage [kur'taːʒə] *f* brokerage

Cracker ['krɛkər] *m* cracker, hacker

Crashkurs ['krɛʃkurs] *m* crash course

Crawling peg ['krɔːlɪŋ peg] *n* crawling peg

Currency future ['kʌrənsɪ fjuːtʃə] *f* currency future

Cursor ['køːrsər] *m* cursor

Cutter ['katər] *m* editor

Cyberspace ['saɪbəspeɪs] *m* cyberspace

D

Dachfonds ['daxfɔ̃] *m* pyramiding fund, holding fund

Dachgesellschaft ['daxɡəzelʃaft] *f* holding company, parent company

Dachorganisation ['daxɔrɡanizatsjo:n] *f* roof organization

Dachverband ['daxfɛrbant] *m* umbrella organization

Damnum ['damnum] *n* loss, loan discount

Dankschreiben ['daŋkʃraibən] *n* letter of thanks

Darbietung ['da:rbi:tuŋ] *f* presentation

Darlehen ['da:rle:ən] *n* loan

Darlehensbank ['da:rle:ənsbaŋk] *f* loan bank

Darlehensbedingungen ['da:rle:ənsbədiŋuŋən] *f/pl* terms of the loan *pl*

Darlehensfinanzierung ['da:rle:ənsfinantsi:ruŋ] *f* loan financing

Darlehensgeber(in) ['da:rle:ənsɡe:bər(ın)] *m/f* lender

Darlehenshypothek ['da:rle:ənshy:po:te:k] *f* mortgage as security for a loan

Darlehensnehmer(in) ['da:rle:ənsne:mər(ın)] *m/f* borrower

Darlehensschuld ['da:rle:ənsʃult] *f* loan debt

Darlehenszinsen ['da:rle:ənstsınzən] *m/pl* interest on loans

Datei [da'taı] *f* file

Dateienpflege [da'taıənpfle:ɡə] *f* maintenance of a database

Dateimanager [da'taımenıdʒr] *m* (*Computer*) file manager

Dateiverwaltung ['da:taıfərvaltuŋ] *f* file management

Dateiverzeichnis ['da:taıfertsaıçnıs] *n* (file) directory

Daten ['da:tən] *pl* data *pl*, facts and figures *pl*

Datenanalyse ['da:tənanaly:zə] *f* data analysis

Datenaufbereitung ['da:tənaufbəraıtuŋ] *f* data preparation

Datenautobahn ['da:tənautoba:n] *f* information highway

Datenbank ['da:tənbaŋk] *f* data bank

Datenbankabfrage ['da:tənbaŋkapfra:ɡə] *f* data base access

Datenbanksystem ['da:tənbaŋkzyste:m] *n* data base system

Datenbestand ['da:tənbəʃtant] *m* database

Datenerfassung ['da:tənɛrfasuŋ] *f* data collection, data acquisition, data logging

Datenerhebung ['da:tənɛrhe:buŋ] *f* data collection

Datenfernübertragung [da:tən'fɛrny:bərtra:ɡuŋ] *f* data transmission

Datenintegration ['da:tənıntegra:tsjo:n] *f* data integration

Datenmissbrauch ['da:tənmısbraux] *m* data abuse

Datennetz ['da:tənnets] *n* data network

Datenpflege ['da:tənpfle:ɡə] *f* data management

Datenschutz ['da:tənʃuts] *m* data protection

Datenschutzbeauftragte(r) ['da:tənʃutsbəauftra:ktə(r)] *f/m* data protection registrar, data protection commissioner (*US*)

Datenschutzgesetz ['da:tənʃutsɡəsets] *n* Data Protection Act

Datensicherheit ['da:tənzıçərhaıt] *f* data security, data access security

Datensicherung ['da:tənzıçəruŋ] *f* data security

Datensteuerung ['da:tənʃtɔyəruŋ] *f* computer control

Datentausch ['da:təntauʃ] *m* data interchange

Datenträger ['da:təntre:ɡər] *m* data medium, data carrier

Datentypistin ['da:təntypıstın] *f* terminal operator

Datenübertragung ['da:təny:bərtra:ɡuŋ] *f* data transmission

Datenverarbeitung ['da:tənfɛrarbaıtuŋ] *f* data processing

Datenzentrale ['da:təntsɛntra:lə] *f* data centre

datieren [da'ti:rən] *v* date

Datierung [da'ti:ruŋ] *f* dating

Datowechsel ['da:to:vɛçsəl] *m* after-date bill

Datum ['da:tum] *n* date

Datumsgrenze ['da:tumsɡrɛntsə] *f* international date line

Datumsstempel ['da:tumsʃtɛmpəl] *m* date stamp, dater

Daueraktionär ['dauəraktsjo:nɛ:r] *m* permanent share-holder

dauerarbeitslos ['dauərarbaɪtsloːs] *adj* long-term unemployed

Dauerarbeitslose(r) ['dauərarbaɪtsloːzə(r)] *f/m* chronically unemployed person

Dauerarbeitslosigkeit ['dauərarbaɪtsloː-zɪçkaɪt] *f* chronic unemployment

Dauerauftrag ['dauərauftraːk] *m* standing order, banker's order

Dauerbeschäftigung ['dauərbəʃɛftɪgʊŋ] *f* constant employment

Dauerbesitz ['dauərbəzɪts] *m* permanent holding

Dauerremittent ['dauərrɛmɪtənt] *m* constant issuer

Dauerschulden ['dauərʃʊldən] *f/pl* permanent debts *pl*

Dauerschuldverschreibung ['dauərʃʊlt-ferʃraɪbʊŋ] *f* unredeemable bond

Dauerschuldzinsen ['dauərʃʊlttsɪnsən] *m/pl* interest on long-term debts *pl*

DAX-Index ['daksɪndɛks] *m* DAX-index

dazurechnen [da'tsuːrɛçnən] *v* add in; *(fig)* factor in

dazuverdienen [da'tsuːferdiːnən] *v* earn additionally, earn on the side

Debatte [de'batə] *f* debate

debattieren [deba'tiːrən] *v* debate

Debet [de'bɛt] *n* debit

Debet nota (D/N) ['de:bɛt nota] *f* debit note

Debetposten [de:bɛtpɔstən] *m* debit entry

Debetsaldo ['de:bɛtzaldo] *n* balance due, debit balance

Debetseite ['de:bɛtzaɪtə] *f (Konto)* debit side

debitieren [de:bi'tiːrən] *v* debit, charge

Debitor [de'biːtoːr] *m* debtor

Debitoren [de:bito:rən] *m/pl* 1. *(Schuldner)* debtors *pl*; 2. *(Bilanz)* accounts receivable *pl*

Debitorenbuchhaltung ['de:bito:rənbuːx-haltʊŋ] *f* accounts receivable department, accounts receivable accounting

Debitorenkonto ['de:bito:rənkɔnto] *n* customer account

Debitorenziehung ['de:bito:rəntsiːʊŋ] *f* bills drawn on debtors *pl*

Debüt [de'byː] *n* debut

dechiffrieren [deʃɪ'friːrən] *v* decode, decipher

Deckadresse [dɛkadrɛsə] *f* address of convenience, cover address

Deckblatt ['dɛkblat] *n* cover

decken ['dɛkən] *v* 1. *(Bedarf)* meet, cover; 2. *(Scheck)* cover

Deckung ['dɛkʊŋ] *f* cover, coverage

Deckungsbeitrag ['dɛkʊŋsbaɪtrak] *m* contribution margin

Deckungsbeitragsrechnung ['dɛkʊŋsbaɪ-traksrɛçnʊŋ] *f* confirmation of cover

Deckungsbescheid ['dɛkʊŋsbəʃaɪt] *m* cover note

Deckungsbetrag ['dɛkʊŋsbətraːk] *m* amount covered, insured sum

Deckungsdarlehen ['dɛkʊŋsdaːrleːən] *n* coverage loan

deckungsfähig ['dɛkʊŋsfɛːɪç] *adj* eligible as cover

deckungsfähige Devisen ['dɛkʊŋsfɛːɪgə 'deviːzən] *f/pl* foreign currencies eligible as cover *pl*

deckungsfähige Wertpapiere ['dɛkʊŋs-fɛːɪgə 'vɛrtpapiːrə] *n/pl* securities eligible as cover *pl*

Deckungsforderung ['dɛkʊŋsfɔrdərʊŋ] *f* covering claim

Deckungsgeschäft ['dɛkʊŋsgəʃɛft] *n* covering operation

deckungsgleich ['dɛkʊŋsglaɪç] *adj* identical

Deckungsgrad ['dɛkʊŋsgraːt] *m* liquidity ratio, cover ratio

Deckungsgrenze ['dɛkʊŋsgrɛntsə] *f* cover limit

Deckungskapital ['dɛkʊŋskapitaːl] *n* capital sum required as cover

Deckungsklausel ['dɛkʊŋsklauzəl] *f* cover clause

Deckungsloch ['dɛkʊŋslɔx] *n* budget hole, hole in the budget

Deckungsmittel ['dɛkʊŋsmɪtəl] *n/pl* cover(ing) funds *pl*

Deckungszinsen ['dɛkʊŋstsɪnsən] *m/pl* coverage interest rate

Deckungszusage ['dɛkʊŋstsuːsaːgə] *f* confirmation of cover

De-facto-Standard ['de:faktoʃtandart] *m* de facto standard

defekt [de'fɛkt] *adj* defective, faulty

Defekt [de'fɛkt] *m* defect, fault

Defensive [defɛn'ziːvə] *f* defensive

Deficit Spending ['defɪsɪt spɛndɪŋ] *n* deficit spending

Defizit [de'fɪtsɪt] *n* deficit

defizitär [defitsi'tɛːr] *adj* in the deficit

Defizitfinanzierung ['de:fɪtsɪtfɪnantsiː-rʊŋ] *f* deficit financing

Defizitquote ['de:fɪtsɪtkvoːtə] *f* deficit ratio

Defizitwirtschaft ['de:fitsɪtvɪrtʃaft] *f* deficit budgeting
Deflation [defla'tsjo:n] *f* deflation
Degenerationsphase [degənəratsjo:nsfa:zə] *f* degeneration phase
Degression ['degresjo:n] *f* degression
degressive Abschreibung [degrɛ'si:və 'apʃraɪbuŋ] *f* degressive depreciation
degressive Kosten [degrɛ'si:və 'kɔstən] *pl* degressive costs *pl*
Deklaration [deklara'tsjo:n] *f* customs declaration *(Zoll)*; tax return *(Steuer)*
Deklarationsprotest ['deklaratsjo:nsprotest] *m* declaratory protest
deklarieren [dekla'ri:rən] *v* declare
Dekort [de'kɔrt] *n* deduction
Dekret [de'kre:t] *n* decree
Delegation [delega'tsjo:n] *f* delegation
Delegationsleiter(in) [delega'tsjo:nslaɪtər(ɪn)] *m/f* head of the delegation
delegieren [dele'gi:rən] *v* delegate
Delikt [de'lɪkt] *n* offence, crime, civil wrong
Delkredere [del'kredərə] *n* del credere, reserve for bad debts
Dementi [de'mɛnti] *n* official denial
dementieren [demɛn'ti:rən] *v* deny officially
Demografie [demogra'fi:] *f* demography
Demonetisierung [demonetisi:ruŋ] *f* demonetization
Demonstration [demɔnstra'tsjo:n] *f* demonstration
demonstrieren [demɔn'stri:rən] *v (darlegen)* demonstrate, illustrate, show
Demontage [demɔn'ta:ʒə] *f* disassembly, dismantling
demontieren [demɔn'ti:rən] *v* dismantle, disassemble
Demoskopie [demosko'pi:] *f* public opinion research
demoskopisch [demɔs'ko:pɪʃ] *adj* opinion poll ...
Denkanstoß ['dɛŋkanʃto:s] *m* food for thought
Denkart ['dɛŋka:rt] *f* mentality, way of thinking
Denkschrift ['dɛŋkʃrɪft] *f* memorandum, written statement
Deponent [depo'nɛnt] *m* depositor
Deponie [depo'ni:] *f* dump, disposal site
deponieren [depo:'ni:rən] *v* deposit
Deport [de'pɔrt] *m* discount
Depositen [depo:'zi:tən] *pl* deposits *pl*

Depositenbank [de'po:zi:tənbaŋk] *f* bank of deposit
Depositengelder [de'po:zi:təngɛldər] *n/pl* deposits *pl*
Depositengeschäft [de'po:zi:təngəʃɛft] *n* deposit banking
Depositenklausel [de'po:zi:tənklauzəl] *f* deposit clause
Depositenversicherung [de'po:zi:tənfɛrzɪçəruŋ] *f* bank deposit insurance
Depot [de'po:] *n* 1. deposit; 2. storehouse, warehouse, call station
Depotabstimmung [de'po:apʃtɪmuŋ] *f* securities deposit reconciliation
Depotabteilung [de'po:aptaɪluŋ] *f* safe custody department
Depotaktie [de'po:aktsjə] *f* deposited share
Depotanerkenntnis [de'po:anɛrkɛntnɪs] *f* deposit acknowledgement
Depotarten [de'po:artən] *f/pl* types of deposit *f*
Depotaufstellung [de'po:aufʃtɛluŋ] *f* list of securities deposited
Depotauszug [de'po:austsu:k] *m* statement of securities
Depotbank [de'po:baŋk] *f* bank holding securities on deposit
Depotbuch [de'po:bu:x] *n* deposit book, deposit ledger
Depotbuchhaltung [de'po:bu:xhaltuŋ] *f* security deposit account
Depotgebühren [de'po:gəby:rən] *f/pl* safe custody charges *pl*
Depotgeschäft [de'po:gəʃɛft] *n* deposit banking
Depotgesetz [de'po:gəzɛts] *n* Securities Deposit Act
Depotkonto [de'po:kɔnto] *n* security deposit account
Depotprüfung [de'po:pry:fuŋ] *f* securities deposit audit
Depotschein [de'po:ʃaɪn] *m* deposit receipt
Depotstimmrecht [de'po:ʃtɪmrɛçt] *n* voting rights of nominee shareholders *pl*
Depotunterschlagung [de'po:untərʃlaguŋ] *f* misapplication of deposit
Depotvertrag [de'po:fɛrtrak] *m* securities deposit contract
Depotverwaltung [de'po:fɛrvaltuŋ] *f* portfolio management
Depotwechsel [de'po:vɛçsəl] *m* bill on deposit
Depotzwang [de'po:tsvaŋ] *m* compulsory safe custody

Depression [dɛprɛ'sjo:n] *f* depression
Deputat ['depu:ta:t] *n* payment in kind
Deregulierung [de:'reguli:ruŋ] *f* deregulation
Derivate [de:'rɪva:tə] *n/pl* derivative financial instruments
Deroute [de:'ru:t] *f* collapse
Design [dɪ'zaɪn] *n* design
Designation [de:'zɪgnatsjo:n] *f* designation
Designer(in) [dɪ'zaɪnər(ɪn)] *m/f* designer
Desinformation [dɛsɪnfɔrma'tsjo:n] *f* misinformation, disinformation
Desinteresse ['dɛsɪntərɛsə] *n* disinterest, indifference
desinteressiert ['dɛsɪntərɛsi:rt] *adj* disinterested, indifferent
Desinvestition ['dɛzɪnvɛstitsjo:n] *f* disinvestment
desolat [dɛso'la:t] *adj* desolate
detailgetreu [de:'taɪgətrɔy] *adj* accurate
Deutsche Angestellten-Gewerkschaft (DAG) [dɔytʃə 'angəʃtɛltəngəvɛrkʃaft] *f* German Salaried Employee Union
Deutsche Bundesbank [dɔytʃə 'bundəsbaŋk] *f* German Central Bank, Bundesbank
Deutscher Gewerkschaftsbund (DGB) [dɔytʃər 'gəvɛrkʃaftsbund] *m* German Trade Union Federation
Deutscher Industrie- und Handelstag (DIHT) [dɔytʃər ɪndustri: unt 'handəlsta:k] *m* Association of German Chambers of Industry and Commerce
Devinkulierung [de:'vɪŋkuli:ruŋ] *f* unrestricted transferability
Devisen [de'vi:zən] *pl* foreign currency, foreign exchange
Devisenabfluss [de'vi:zənapflus] *m* foreign exchange outflow
Devisenabkommen [de'vi:zənapkɔmən] *n* foreign exchange agreement
Devisenabteilung [de'vi:zənaptaɪluŋ] *f* foreign exchange department
Devisenankauf [de'vi:zənankauf] *m* purchase of foreign currencies
Devisenarbitrage [de'vi:zənarbɪtra:ʒə] *f* exchange arbitrage, arbitration in foreign exchange
Devisenausgleichsabkommen [de'vi:zənausglaɪçsapkɔmən] *n* foreign exchange offset agreement
Devisenausländer [de'vi:zənauslɛndər] *m* non-resident
Devisenberater(in) [de'vi:zənbəra:tər(ɪn)] *m/f* foreign exchange advisor

Devisenbeschränkung [de'vi:zənbəʃrɛŋkuŋ] *f* exchange restrictions *pl*
Devisenbestimmung [de'vi:zənbəʃtɪmuŋ] *f* currency regulation
Devisenbewirtschaftung [de'vi:zənbəvɪrtʃaftuŋ] *f* foreign exchange control
Devisenbilanz [de'vi:zənbilants] *f* foreign exchange balance, foreign exchange account
Devisenbörse [de'vi:zənbø:rzə] *f* foreign exchange market, currency market
Devisenbringer [de'vi:zənbrɪŋər] *m* foreign-exchange earner
Devisenbuchhaltung [de'vi:zənbu:xhaltuŋ] *f* currency accounting
Devisengeschäft [de'vi:zəngəʃɛft] *n* foreign exchange business, foreign exchange transactions *pl*, foreign exchange trading
Devisenhandel [de'vi:zənhandəl] *m* currency trading, foreign exchange dealings *pl*
Devisenhändler [de'vi:zənhɛndlər] *m* foreign exchange dealer
Deviseninländer [de'vi:zənɪnlɛndər] *m* resident
Devisenkassageschäft [de'vi:zənkasagəʃɛft] *n* foreign exchange spot dealings *pl*
Devisenkassakurs [de'vi:zənkasakurs] *m* foreign exchange spot rate
Devisenkassamarkt [de'vi:zənkasamarkt] *m* foreign exchange spot market
Devisenkommissionsgeschäft [de'vi:zənkɔmɪsjo:nsgəʃɛft] *n* foreign exchange transactions for customers *pl*
Devisenkonto [de'vi:zənkɔnto] *n* foreign exchange account
Devisenkontrolle [de'vi:zənkɔntrɔlə] *f* foreign exchange control
Devisenkredit [de'vi:zənkre'di:t] *m* foreign exchange loan
Devisenkurs [de'vi:zənkurs] *m* foreign exchange rate
Devisenkursbildung [de'vi:zənkursbɪlduŋ] *f* exchange rate formation
Devisenkursmakler [de'vi:zənkursma:klər] *m* exchange broker, currency broker
Devisenmarkt [de'vi:zənmarkt] *m* foreign exchange market
Devisenmarktinterventionen [de'vi:zənmarktɪntərvɛntsjo:nən] *f/pl* exchange market intervention
Devisennotierung [de'vi:zənno:ti:ruŋ] *f* foreign exchange quotations *pl*
Devisenoption [de'vi:zənɔptsjo:n] *f* exchange option

Devisenpensionsgeschäft [de'vi:zənpenzjo:nsɡəʃɛft] *n* purchase of foreign exchange for later sale

Devisenportefeuille [de'vi:zənpɔrtfœɪ] *n* foreign exchange holdings *pl*

Devisenposition [de'vi:zənpozitsjo:n] *f* foreign exchange position

Devisenquoten [de'vi:zənkvo:tən] *f/pl* foreign exchange quotas *pl*

Devisenrechnung [de'vi:zənrɛçnuŋ] *f* foreign exchange calculation

Devisenreserve [de'vi:zənrezɛrvə] *f* foreign exchange reserves *pl*

Devisenspekulation [de'vi:zənʃpekula:tsjo:n] *f* speculation in foreign currency

Devisensperre [de'vi:zənʃpɛrə] *f* exchange embargo

Devisentermingeschäft [de'vi:zəntɛrmi:nɡəʃɛft] *n* forward exchange dealings *pl*

Devisenterminhandel [de'vi:zəntɛrmi:nhandəl] *m* forward exchange trading

Devisenterminkurs [de'vi:zəntɛrmi:nkurs] *m* forward exchange rate

Devisenterminmarkt [de'vi:zəntɛrmi:nmarkt] *m* forward exchange market

Devisenüberschuss [de'vi:zəny:bərʃus] *m* foreign exchange surplus

Devisenverkehr [de'vi:zənfɛrke:r] *m* currency transactions *pl,* foreign exchange operations *pl*

Devisenwechsel [de'vi:zənvɛksəl] *m* bill in foreign currency

Devisenwert [de'vi:zənve:rt] *m* foreign exchange asset

dezentralisieren [detsɛntralɪ'zi:rən] *v* decentralize

Dezentralisierung [detsɛntralɪ'zi:ruŋ] *f* decentralisation

Dia ['di:a] *n* slide

Diagramm [dia'ɡram] *n* diagram

Dialog [dia'lo:k] *m* dialogue

Dialogbereitschaft [dia'lo:kbəraɪtʃaft] *f* readiness to talk

dialogfähig [dia'lo:kfɛ:ɪç] *adj* capable of two-way communication

Diebstahlversicherung ['di:pʃta:lfɛrzɪçəruŋ] *f* theft insurance

Dienstanweisung ['di:nstanvaɪzuŋ] *f* instructions *pl*

Dienstaufsicht ['di:nstaʊfzɪçt] *f* service control, supervision

dienstfrei ['di:nstfraɪ] *adj* ~er Tag day off; ~ sein to be off duty

Dienstgang ['di:nstɡaŋ] *m* (business) errand

Dienstgeheimnis ['di:nstɡəhaɪmnɪs] *n* official secret

Dienstgespräch ['di:nstɡəʃprɛ:ç] *n* business call

Dienstleister ['di:nstlaɪstər] *m* (service) provider

Dienstleistung ['di:nstlaɪstuŋ] *f* service, business service

Dienstleistungsbilanz ['di:nstlaɪstuŋsbilants] *f* balance of service transactions

Dienstleistungsgesellschaft ['di:nstlaɪstuŋsɡəzɛlʃaft] *f* 1. *(Volkswirtschaft)* service economy; 2. *(Recht)* non-trading partnership; 3. *(Betriebswirtschaft)* service company

Dienstleistungskosten ['di:nstlaɪstuŋskɔstən] *pl* cost of services

Dienstleistungsmarketing ['di:nstlaɪstuŋsma:rkətɪŋ] *n* service marketing

Dienstleistungssektor ['di:nstlaɪstuŋszɛktor] *m* service sector

Dienstleistungsunternehmen ['di:nstlaɪstuŋsuntərne:mən] *n* service business

Dienstleistungswirtschaft ['di:nstlaɪstuŋsvɪrtʃaft] *f* services *pl*

dienstlich ['di:nstlɪç] *adj* official; *adv* officially, on official business, on business

Dienstpflicht ['di:nstpflɪçt] *f* duty

Dienstreise ['di:nstraɪzə] *f* business trip, business travel

Dienstsache ['di:nstzaxə] *f* official matter

Dienstschluss ['di:nstʃlus] *m* closing time

Dienststelle ['di:nstʃtɛlə] *f* office, department, agency

dienstunfähig ['di:nstunfɛ:ɪç] *adj* not fit for service, unfit for duty

Dienstunfähigkeit ['di:nstunfɛ:ɪçkaɪt] *f* incapacity to work

Dienstvereinbarung ['di:nstfɛraɪnba:ruŋ] *f* 1. *(Recht)* contract of service; 2. *(Personal)* contract of employment

Dienstverhältnis ['di:nstfɛrhɛltnɪs] *n* employment

Dienstvermerk ['di:nstfɛrmɛrk] *m* official entry

Dienstverpflichtung ['di:nstfɛrpflɪçtuŋ] *f* service obligation

Dienstvertrag ['di:nstfɛrtra:k] *m* 1. *(Recht)* contract of service; 2. *(Personal)* contract of employment

Dienstvorschrift ['di:nstfo:rʃrɪft] *f* (service) regulation

Dienstwagen ['di:nstva:ɡən] *m* company car

Dienstweg ['di:nstveːk] *m* official channels *pl*, authorized channels *pl*
Dienstwohnung ['di:nstvoːnuŋ] *f* official residence
Differenz [dɪfəˈrɛnts] *f* 1. difference; 2. *(Streit)* dispute, difference of opinion
Differenzbetrag ['dɪfərɛntsbətraːk] *m* difference sum
Differenzgeschäft ['dɪfərɛntsgəʃɛft] *n* margin business
Differenziallohnsystem ['dɪfərɛntsjaːloːnzysteːm] *n* differential piece-rate system
Differenzkostenrechnung ['dɪfərɛntskɔstənrɛçnuŋ] *f* marginal cost accounting
Diffusion ['dɪfusjoːn] *f* diffusion process
Diffusionsbarrieren ['dɪfusjoːnsbarjeːrən] *f/pl* diffusion barriers *pl*
Diffusionsphasen ['dɪfusjoːnsfaːsən] *f/pl* diffusion phases *pl*
Diffusionsstrategie ['dɪfusjoːnsʃtrategiː] *f* diffusion strategy
digital [dɪgɪˈtaːl] *adj* digital
digitalisieren [dɪgitaliˈziːrən] *v* digitalize
Digitalrechner [dɪgɪˈtaːlrɛçnər] *m* digital computer
Diktafon [dɪktaˈfoːn] *n* dictaphone
Diktat [dɪkˈtaːt] *n* dictation
Diktatzeichen [dɪkˈtattsaiçən] *n* reference
diktieren [dɪkˈtiːrən] *v* dictate
Diktiergerät [dɪkˈtiːrgərɛt] *n* dictaphone
dinglich ['dɪŋlɪç] *adj* in rem
dingliche Sicherung [dɪŋlɪçə ˈzɪçəruŋ] *f* real security
dingliches Recht [dɪŋlɪçəs ˈrɛçt] *n* real right
Diplomarbeit [diˈploːmarbaɪt] *f* dissertation, thesis
Diplomingenieur(in) [diˈploːmɪnʒenjøːr(ɪn)] *m/f* academically trained engineer
Diplomkauffrau [diˈploːmkauffrau] *f* Bachelor of Commerce
Diplomkaufmann [diˈploːmkaufman] *m* Bachelor of Commerce
Diplomökonom(in) [diˈploːmøkonom(ɪn)] *m/f* master's degree in business economics
Diplomphysiker(in) [diˈploːmfyːzikər(ɪn)] *m/f* Bachelor of Science (in Physics)
Diplomvolkswirt(in) [diˈploːmfɔlksvɪrt(ɪn)] *m/f* master's degree in economics
Direct Costing ['daɪrɛkt çɔstɪŋ] *n* direct costing
Direct Marketing ['daɪrɛkt 'maːrkətɪŋ] *n* direct marketing

Direktausfuhr [diˈrɛktausfuːr] *f* direct export
Direktbank [diˈrɛktbaŋk] *f* direct bank
Direktbestellung [diˈrɛktbəʃtɛluŋ] *f* direct ordering
Direktdiskont [diˈrɛktdɪskɔnt] *m* direct discount
direkter Absatz [diˈrɛktər 'apsats] *m* direct selling
direkter Vertrieb [diˈrɛktər fɛrˈtriːp] *m* direct selling
direkte Steuer [diˈrɛktə ˈʃtɔyər] *f* direct taxes *pl*
Direktinvestitionen [diˈrɛktɪnvɛstitsjoːnən] *f/pl* direct investments *pl*
Direktion [dɪrɛkˈtsjoːn] *f* board of directors
Direktive [dɪrɛkˈtiːvə] *f* directive, general instruction
Direktor(in) [diˈrɛktɔr/dɪrɛkˈtoːrɪn] *m/f* director
Direktorium [dɪrɛkˈtoːrjum] *n* directorate, board of directors
Direktübertragung [diˈrɛktybərtraːguŋ] *f* live transmission
Direktverkauf [diˈrɛktfɛrkauf] *m* direct selling
Direktversicherung [diˈrɛktfɛrzɪçəruŋ] *f* direct insurance
Direktvertrieb [diˈrɛktfɛrtriːp] *m* direct selling
Direktwerbung [diˈrɛktvɛrbuŋ] *f* direct advertising
Dirigismus [diriˈgɪsmus] *m* controlled economy
Disagio [dizˈzaːdʒo] *n* disagio
Discount [dɪsˈkaunt] *m* discount
Discounter ['dɪskauntər] *m* discounter
Diskette [dɪsˈkɛtə] *f* disk
Diskettenetiketten [dɪsˈkɛtənɛtikɛtən] *f/pl* disk labels *pl*
Diskettenlaufwerk [dɪsˈkɛtənlaufvɛrk] *n* disk drive
Diskont [dɪsˈkɔnt] *m* discount
Diskontbank [dɪsˈkɔntbaŋk] *f* discount bank
Diskonten [dɪsˈkɔntən] *m/pl* bills discounted *pl*
Diskonterhöhung [dɪsˈkɔntərhøːuŋ] *f* rise of the discount rate
diskontfähig [dɪsˈkɔntfɛːɪç] *adj* eligible, eligible for (re)discount
Diskontgeschäft [dɪsˈkɔntgəʃɛft] *n* discount business

Diskonthäuser [dɪsˈkɔnthɔʏzər] *n/pl* discount houses *pl*
diskontieren [dɪskɔnˈtiːrən] *v* discount
Diskontierung [dɪsˈkɔntiruŋ] *f* discounting
Diskontierungsfaktor [dɪsˈkɔntiruŋsfaktər] *m* discount factor
Diskontkredit [dɪsˈkɔntkreˈdiːt] *m* discount credit
Diskontmakler(in) [dɪsˈkɔntmaˌklər(ɪn)] *m/f* discount broker, bill broker
Diskontmarkt [dɪsˈkɔntmarkt] *m* discount market
Diskontpapier [dɪsˈkɔntpapiːr] *n* discountable paper
Diskontpolitik [dɪsˈkɔntpoliˈtɪk] *f* bank rate policy, discount policy
Diskontprovision [dɪsˈkɔntprovɪzjoːn] *f* discount commission
Diskontrechnung [dɪsˈkɔntrɛçnuŋ] *f* discount calculation
Diskontsatz [dɪsˈkɔntzats] *m* discount rate
Diskontsenkung [dɪsˈkɔntsɛnkuŋ] *f* lowering of the discount rate
Diskretion [dɪskreˈtsjoːn] *f* discretion; *(vertrauliche Behandlung)* confidentiality
diskriminieren [dɪskrɪmɪˈniːrən] *v* discriminate, *jdn ~* discriminate against s.o.
Diskussion [dɪskusˈjoːn] *f* discussion, debate, argument
Diskussionsleiter(in) [dɪskusˈjoːnslaɪtər(ɪn)] *m/f* moderator
Diskussionsrunde [dɪskusˈjoːnsrundə] *f* round of discussions
Diskussionsteilnehmer(in) [dɪskusˈjoːnstaɪlneːmər(ɪn)] *m/f* participant in a discussion
Diskussionsthema [dɪskusˈjoːnsteˌmaː] *n* topic of discussion
diskutieren [dɪskuˈtiːrən] *v* discuss, debate
Disparität [dɪspariˈtɛːt] *f* disparity
Display [ˈdɪsple:] *n* display
Disponent(in) [dɪspoˈnɛnt(ɪn)] *m/f* managing clerk
disponieren [dɪspoˈniːrən] *v* make arrangements for; *über etw ~* have sth at one's disposal
Disposition [dɪspoziˈtsjoːn] *f* 1. *(Vorbereitung)* preparations, arrangements; 2. *(Verfügung) jdm zur ~ stehen* to be at s.o.'s disposal; *jdn zur ~ stellen* send s.o. into temporary retirement; 3. *(Gliederung)* layout, plan
dispositionsfähig [dɪspoziˈtsjoːnsfɛːɪç] *adj* qualified to contract
Dispositionsfonds [dɪspoziˈtsjoːnsfɔ̃] *m* reserve funds *pl*
Dispositionskredit [dɪspoziˈtsjoːnskreˈdiːt] *m* drawing credit, overdraft facility
Dispositionsschein [dɪspoziˈtsjoːnsʃaɪn] *m* banker's note
Disput [dɪsˈpuːt] *m* dispute
distanzieren [dɪstanˈtsiːrən] *v sich ~* distance o.s.
distinguiert [dɪstɪŋˈgiːrt] *adj* distinguished
Distribution [ˈdɪstrɪbutsjoːn] *f* distribution
Distributionskosten [ˈdɪstrɪbutsjoːnskɔstən] *pl* distribution cost
Distributionslogistik [ˈdɪstrɪbutsjoːnloˈgɪstɪk] *f* marketing logistics
Distributionsorgane [ˈdɪstrɪbutsjoːnsɔrˈgaːnə] *n/pl* distribution organs *pl*
Distributionspolitik [ˈdɪstrɪbutsjoːnspoliˈtɪk] *f* distribution policy
Disziplin [dɪstsiˈpliːn] *f* discipline
disziplinarisch [dɪstsiplɪˈnaːrɪʃ] *adj* disciplinary
Disziplinarverfahren [dɪstsiˈplinaːrfɛrfaːrən] *n* disciplinary action
disziplinieren [dɪstsipliˈniːrən] *v* discipline
diszipliniert [dɪstsipliˈniːrt] *adj* disciplined
divergieren [dɪvɛrˈgiːrən] *v* diverge
Diversifikation [diverzifikaˈtsjoːn] *f* diversification
diversifizieren [diːvɛrzifiˈtsiːrən] *v* diversify
Dividende [diviˈdɛndə] *f* dividend
Dividendenabgabe [diviˈdɛndənˈapgaːbə] *m* dividend tax
Dividendenabschlag [diviˈdɛndənˈapflaːg] *m* quotation ex dividend
Dividendenausschüttung [diviˈdɛndənaʊsʃyːtuŋ] *f* dividend distribution, dividend payout
dividendenberechtigt [diviˈdɛndənbəˌrɛçtɪçt] *adj* entitled to dividend
Dividendengarantie [diviˈdɛndəngarantiː] *f* dividend guarantee
Dividendenrücklage [diviˈdɛndənrykˌlaːgə] *f* dividend reserve fund
dividieren [diviˈdiːrən] *v* divide
Divisionskalkulation [diviˈzjoːnskalkulaˈtsjoːn] *f* process system of accounting
D-Mark [ˈdeːmark] *f* *(ehemalige deutsche Währung)* German mark
Dock [dɔk] *n* dock
Doktorarbeit [ˈdɔktorarbaɪt] *f* doctoral thesis

Dokumentenakkreditiv [dokumɛntənˈakreːdiːtiːf] *n* documentary letter of credit

Dokument [dokuˈmɛnt] *n* document

Dokumentation [dokumɛntaˈtsjoːn] *f* documentary report

Dokumente gegen Akzept (d/a) [dokuˈmɛntə ɡeːɡən akˈtsɛpt] *n/pl* documents against acceptance (D/A) *pl*

Dokumente gegen Bezahlung (d/p) [dokuˈmɛntə ɡeːɡən bəˈtsaːluŋ] *n/pl* documents against payment (D/P) *pl*

Dokumentenakkreditiv [dokumɛntənˈakreːdiːtiːf] *f* documentary credit, letter of credit

Dokumententratte [dokuˈmɛntəntratə] *f* acceptance bill

dokumentieren [dokumɛnˈtiːrən] *v* document; *(fig)* demonstrate, reveal, show

Dollar [ˈdɔlar] *m* dollar

Dollaranleihe [ˈdɔlaranlaɪə] *f* dollar bond

Dollarblock [ˈdɔlarblɔk] *m* dollar area

Dollarklausel [ˈdɔlarklauzəl] *f* dollar clause

Dollarkurs [ˈdɔlarkurs] *m* dollar rate

Dollarstandard [ˈdɔlarʃtandart] *m* dollar standard

Dollarzeichen [ˈdɔlartsaiçən] *n* dollar sign

dolmetschen [ˈdɔlmɛtʃən] *v* interpret

Dolmetscher(in) [ˈdɔlmɛtʃər(ɪn)] *m/f* interpreter

Dolmetscherbüro [ˈdɔlmɛtʃərbyroː] *n* translation bureau, interpreter agency

Dominanz [domiˈnants] *f* dominance

Doppelbesteuerung [ˈdɔpəlbəʃtɔiəruŋ] *f* double taxation of corporate profits

doppelte Buchführung [ˈdɔpəltə buːxfyːruŋ] *f* double entry bookkeeping

doppelte Haushaltsführung [ˈdɔpəltə ˈhaushaltsfyːruŋ] *f* double housekeeping

doppelte Währungsbuchhaltung [ˈdɔpəltə ˈvɛːruŋsbuːxhaltuŋ] *f* double currency accounting, dual currency bookkeeping

Doppelverdiener [ˈdɔpəlfɛrdiːnər] *m* double wage-earner

Doppelwährung [ˈdɔpəlvɛːruŋ] *f* double currency

Doppelwährungsanleihe [ˈdɔpəlvɛːruŋsanlaiə] *f* double currency loan

Doppelwährungsphase [ˈdɔpəlvɛːruŋsfaːzə] *f* dual currency phase

Doppelzentner [ˈdɔpəltsɛntnər] *m* one hundred kilogrammes *pl.* quintal

Dotation [dotaˈtsjoːn] *f* endowment

Dotationskapital [dotaˈtsjoːnskapitaːl] *n* endowment funds *pl*

dotieren [doˈtiːrən] *v* endow, fund

Dotierung [doˈtiːruŋ] *f* 1. donation, grant, endowment; 2. *(von Posten)* remuneration

Dow-Jones-Index [ˈdaʊdʒɔʊnzɪndɛks] *m* Dow Jones Index

Dozent(in) [doˈtsɛnt(ɪn)] *m/f* lecturer, assistant professor (US)

dozieren [doˈtsiːrən] *v* (fig: *belehrend vorbringen)* hold forth; give lectures

drahtlos [ˈdraːtloːs] *adj* wireless

Drahtseilakt [ˈdraːtzailakt] *m* (fig) tightrope act

drängen [ˈdrɛŋən] *v* (fig) urge; press, push, force

drastisch [ˈdrastɪʃ] *adj* drastic

Draufgabe [ˈdraufɡaːbə] *f* bargain money, earnest money

Drehachse [ˈdreːaksə] *f* rotary axis, pivot

Drehstrom [ˈdreːʃtroːm] *m* three-phase current

Dreiecksarbitrage [draiɛksarbitraːʒə] *f* triangular arbitrage, three-point arbitrage

Dreiecksgeschäft [draiɛksɡəʃɛft] *n* triangular transaction

Dreimonatsgeld [draimoːnatsɡɛlt] *n* three months' money

Dreimonatspapier [draimoːnatspapiːr] *n* three months' papers

Dreiviertelmehrheit [draiˈfɪrtəlmeːrhait] *f* three-fourths majority

dringend [ˈdrɪŋənt] *adj* urgent, pressing, imperative; *(Gründe)* compelling

Dringlichkeit [ˈdrɪŋlɪçkait] *f* urgency

Drittauskunft [ˈdrɪtauskunft] *f* third-party information

Drittel [ˈdrɪtəl] *n* third

Drittpfändung [ˈdrɪtpfɛnduŋ] *f* garnishee proceedings *pl*

Drittschuldner [ˈdrɪtʃuldnər] *m* third-party debtor

drohen [ˈdroːən] *v* threaten

Drohung [ˈdroːuŋ] *f* threat

Drosselung [ˈdrɔsəluŋ] *f* (fig: *Abschwächung)* curbing, restraint

Druck [druk] *m* pressure; *(Belastung)* burden, load; *unter* ~ *stehen* to be under pressure; *jdn unter* ~ *setzen* put pressure on s.o.

Druckbuchstabe [ˈdrukbuːxʃtaːbə] *m* block letter

drucken [ˈdrukən] *v* print

drücken ['drykən] v (Preise) force down
Drucker ['drukər] m (Gerät) printer
Druckfehler ['drukfe:lər] m misprint
Druckmittel ['drukmɪtəl] n means of exercising pressure, lever
druckreif ['drukraɪf] adj ready for printing
Drucksache ['drukzaxə] f printed matter
Druckschrift ['drukʃrɪft] f block letters
Dualismus [dua'lɪsmus] m dualism
Dualität [dua'lɪtɛt] f duality
dubiose Forderung [dubio:zə 'fɔrdəruŋ] f doubtful debts pl
dulden ['duldən] v 1. (hinnehmen) tolerate, put up with, permit; 2. (ertragen) bear, endure
Dumping ['dumpɪŋ] n dumping
Dunkelziffer ['duŋkəltsɪfər] f estimated number of unreported cases
Duplikat [dupli'ka:t] n duplicate
Duration [du'ratsjo:n] f duration
durcharbeiten ['durçarbaɪtən] v 1. work without stopping; 2. etw ~ work through sth
durchblicken ['durçblɪkən] v etw ~ lassen hint at sth
Durchbruch ['durçbrux] m (fig) breakthrough
Durchfuhr ['durçfu:r] f transit
Durchführbarkeits-Studie ['durçfy:rbarkaɪtsʃtu:dja] f feasibility study
durchführen ['durçfy:rən] v (ausführen) carry out, implement, execute
Durchführung ['durçfy:ruŋ] f carrying out, execution, implementation
Durchgangsschein ['durçgaŋsʃaɪn] m transit certificate
durchgreifen ['durçgraɪfən] v irr (fig) take drastic measures
durchkreuzen [durç'krɔytsən] v (fig: Pläne) frustrate
durchlaufende Gelder [durçlaufəndə 'gɛldər] n/pl transmitted accounts pl
durchlaufende Kredite [durçlaufəndə 'kredi:tə] m/pl transmitted loans pl
durchlaufende Posten [durçlaufəndə 'pɔstən] m/pl self-balancing items pl
Durchlaufzeit ['durçlauftsaɪt] f processing time, throughput time
Durchsage ['durçza:gə] f announcement
Durchschlag ['durçʃla:k] m (carbon) copy
Durchschlagpapier ['durçʃla:kpapi:r] n carbon paper
Durchschnitt ['durçʃnɪt] m average
durchschnittlich ['durçʃnɪtlɪç] adj average, ordinary; adv on average

Durchschnittsbestand ['durçʃnɪtsbəʃtant] m standard inventory
Durchschnittsbewertung ['durçʃnɪtsbəvertuŋ] f inventory valuation at average prices
Durchschnittsbürger ['durçʃnɪtsbyrgər] m average citizen, man in the street
Durchschnittseinkommen ['durçʃnɪtsaɪnkɔmən] n average income
Durchschnittserlöse ['durçʃnɪtserlø:zə] m/pl 1. (Volkswirtschaft) average product, 2. (Geld) average yield
Durchschnittsertrag ['durçʃnɪtsertra:k] m average yield
Durchschnittskosten ['durçʃnɪtskɔstən] pl average costs pl
Durchschnittsleistung ['durçʃnɪtslaɪstuŋ] f average output
Durchschnittspreis ['durçʃnɪtspraɪs] m average price
Durchschnittssatz ['durçʃnɪtssats] m average rate
Durchschnittsvaluta ['durçʃnɪtsvalu:ta] n average value date
Durchschnittsverdiener(in) ['durçʃnɪtsferdi:nər(ɪn)] m/f average wage earner, average salary earner
Durchschnittswert ['durçʃnɪtsve:rt] m average value, mean value
Durchschrift ['durçʃrɪft] f carbon copy
durchsetzen ['durçzetsən] v 1. sich ~ prevail, assert o.s.; 2. sich ~ (Erzeugnis) prove its worth
Durchsetzungsvermögen ['durçzetsuŋsfermø:gən] n ability to get things done, drive
Durchsicht ['durçzɪçt] f looking through, examination, inspection
durchstellen ['durçʃtɛlən] v (fig: telefonisch) put through
durchstreichen ['durçʃtraɪçən] v irr cross out, delete
Durchsuchung ['durçzu:xuŋ] f search
Durchsuchungsbefehl [durç'zu:xuŋsbəfe:l] m search warrant
Durchwahl ['durçva:l] f extension
Dutzend ['dutsənt] n dozen
dutzendweise ['dutsəntvaɪzə] adv by the dozen, in dozens
DVD-ROM [de: fau de: 'rɔm] f DVD-ROM
Dynamik [dy'na:mɪk] f dynamics
dynamisch [dy'na:mɪʃ] adj dynamic
Dynamisierung [dy'na:mɪzi:ruŋ] f dynamization
Dyopol [dyo'po:l] n duopoly

E

Ebenmaß ['e:bənma:s] *n* symmetry, beautiful proportions *pl*, evenness
echt [ɛçt] *adj* real, genuine, authentic
echtes Factoring [ɛçtəs 'fæktɔrɪŋ] *n* clean factoring, old-line factoring
Echtheit ['ɛçthaɪt] *f* genuineness, authenticity
Echtheitszertifikat ['ɛçthaɪtstsɛrtifika:t] *n* proof of authenticity, authenticity certificate
Echtzeit ['ɛçttsaɪt] *f* real-time
Echtzeitverarbeitung ['ɛçttsaɪtfɛrarbaɪtuŋ] *f* real-time processing
Eckdaten ['ɛkda:tən] *pl* basic data, key data
Ecklohn ['ɛklo:n] *m* benchmark rate
Eckzins ['ɛktsɪns] *m* basic rate of interest
ECOFIN-Rat ['e:co:fin'ra:t] *m* ECOFIN council
ECU (European Currency Unit) [e:'ky:] *m* ECU
ECU-Anleihe [e:'ky:anlaɪə] *f* ECU loan
Edelmetallgeschäft ['e:dəlmetalgəʃɛft] *n* precious metals business, bullion trade
Edelstahl ['e:dəlʃta:l] *m* high-grade steel
EDV [e:de:'fau] *f (elektronische Datenverarbeitung)* electronic data processing; ~-... computer ...
EDV-Anlage [e:de:'fauanla:gə] *f* computer equipment, electronic data processing equipment
Effekt [e'fɛkt] *m* effect
Effekten [e'fɛktən] *f/pl* securities *pl*, stocks and shares *pl*
Effektenabteilung [e'fɛktənaptaɪluŋ] *f* securities department, investment department
Effektenbank [e'fɛktənbaŋk] *f* issuing bank, investment bank
Effektenbörse [e'fɛktənbœrzə] *f* stock exchange, stock market
Effektenbuch [e'fɛktənbu:x] *n* stockbook
Effektendepot [e'fɛktənde:po:] *n* deposit of securities
Effektendiskont [e'fɛktəndɪskɔnt] *m* securities discount
Effekteneigengeschäft [e'fɛktənaɪgəngəʃɛft] *n* security trading for own account
Effektenemission [e'fɛktənemɪsjo:n] *f* issue of securities
Effektenfinanzierung [e'fɛktənfɪnantsi:ruŋ] *f* security financing

Effektengeschäft [e'fɛktəngəʃɛft] *n* securities business
Effektenhandel [e'fɛktənhandəl] *m* stockbroking, securities trading
Effektenhändler [e'fɛktənhɛndlər] *m* dealer in securities, securities trader, stock dealer
Effektenindex [e'fɛktənɪndɛks] *m* share index, stock index *(US)*
Effektenkapitalismus [e'fɛktənkapitalɪsmus] *m* securities capitalism
Effektenkasse [e'fɛktənkasə] *f* security department counter
Effektenkauf [e'fɛktənkauf] *m* purchase of securities
Effektenkommissionär [e'fɛktənkɔmɪsjo:nɛr] *m* securities commission agent
Effektenkommissionsgeschäft [e'fɛktənkɔmɪsjo:nsgəʃɛft] *n* securities transactions on commission
Effektenkonto [e'fɛktənkɔnto] *n* securities account, stock account
Effektenkurs [e'fɛktənkurs] *m* stock exchange quotation, securities price
Effektenlombard [e'fɛktənlɔmba:rd] *m* advances against securities
Effektenmakler [e'fɛktənma:klər] *m* stock broker
Effektenmarkt [e'fɛktənmarkt] *m* stock market
Effektennotierung [e'fɛktənnoti:ruŋ] *f* stock quotation, quotation of shares
Effektenpensionierung [e'fɛktənpɛnsjo:ni:ruŋ] *f* raising money on securities by cash sale coupled with sequent repurchase
Effektenpensionsgeschäft [e'fɛktənpɛnsjo:nsgəʃɛft] *n* security transactions under repurchase agreement *pl*
Effektenplatzierung [e'fɛktənplatsi:ruŋ] *f* securities placing
Effektenrechnung [e'fɛktənrɛçnuŋ] *f* calculation of effective interest rate
Effektenstatistik [e'fɛktənʃtatɪstɪk] *f* securities statistics
Effektensubstitution [e'fɛktənsupstitutsjo:n] *f* securities substitution
Effektenterminhandel [e'fɛktəntɛrmi:nhandəl] *m* futures trading in stocks and bonds
Effektenverkauf [e'fɛktənfɛrkauf] *m* sale of securities, over-the-counter trading

Effektenverwaltung [ɛ'fɛktənfɛrvaltuŋ] f portfolio management, *(Bank)* security deposit department
effektiv [ɛfɛk'ti:f] adj effective
Effektivbestand [ɛfɛk'ti:fbəʃtant] m actual stock
Effektivgeschäft [ɛfɛk'ti:gəʃɛft] n actual transaction
Effektivität [ɛfɛktivi'tɛ:t] f effectivity
Effektivklausel [ɛfɛk'ti:fklauzəl] f effective clause
Effektivleistung [ɛfɛk'ti:flaistuŋ] f effective output
Effektivlohn [ɛfɛk'ti:flo:n] m actual wage
Effektivvermerk [ɛfɛk'ti:ffɛrmɛrk] m actual currency clause
Effektivverzinsung [ɛfɛk'ti:ffɛrtsɪnzuŋ] f effective interest yield, true yield
Effektivzins [ɛfɛk'ti:ftsɪns] m effective interest
effizient [ɛfi'tsjɛnt] adj efficient
Effizienz [ɛfi'tsjɛnts] f efficiency
Effizienzregeln [ɛfi'tsjɛntsre:gəln] f/pl performance regulations pl
EG (Europäische Gemeinschaft) [e:'ge:] f European Community (EC)
EG-Binnenmarkt [e:ge:'bɪnənmarkt] m European single market
ehemalig [e:əma:lɪç] adj former, ex-...
ehrenamtlich [e:rənamtlɪç] adj unpaid, honorary; adv without payment, in an honorary capacity
Ehrenerklärung [e:rənɛrklɛ:ruŋ] f public apology
Ehrengast [e:rəngast] m guest of honour
Ehrenkodex [e:rənko:dɛks] m code of honour
Ehrenmitglied [e:rənmɪtgli:t] n honorary member
Ehrgeiz [e:rgaɪts] m ambition
ehrgeizig [e:rgaɪtsɪç] adj ambitious
Ehrung [e:ruŋ] f honour, tribute, homage
eichen [aɪçən] v calibrate, gauge
Eichung [aɪçuŋ] f adjusting, calibration
eidesstattlich [aɪdəsʃtatlɪç] adj in lieu of an oath
eidesstattliche Erklärung [aɪdəsʃtatlɪçə ɛr'klɛ:ruŋ] f declaration in lieu of an oath
eifrig [aɪfrɪç] adj eager, zealous, avid; adv eagerly, zealously, avidly
Eigenbeteiligung [aɪgənbətaɪlɪguŋ] f self-participation
Eigenbetrieb [aɪgənbətri:p] m owner-operated municipal enterprise

Eigenbewirtschaftung [aɪgənbəvɪrtʃaftuŋ] f self management
Eigendepot [aɪgəndə:po:] n own security deposit
eigene Aktien [aɪgənə 'aktsjən] f/pl company-owned shares pl
eigene Effekten [aɪgənə ɛ'fɛktən] pl own security holdings pl
eigener Wechsel [aɪgənər 'vɛksəl] m promissory note
Eigenfinanzierung [aɪgənfinantsi:ruŋ] f self-financing, financing from own resources, equity financing
Eigengeschäft [aɪgəngəʃɛft] n transactions on own account
Eigengewicht [aɪgəngəvɪçt] n net weight
Eigenhandel [aɪgənhandəl] m trading on own account
eigenhändig [aɪgənhɛndɪç] adj with one's own hands, *(Brief)* "hand to addressee only"
Eigenhändler(in) [aɪgənhɛndlər(ɪn)] m/f businessman/businesswoman trading on own account
Eigenheimzulage [aɪgənhaɪmtsu:la:gə] f owner-occupied home premium
Eigeninitiative [aɪgənɪnitsjati:və] f own initiative
Eigeninvestition [aɪgənɪnvɛstitsjo:n] f self-financed investment
Eigenkapital [aɪgənkapita:l] n equity capital, one's own capital
Eigenkapitalentzug [aɪgənkapita:lɛntsu:k] m own capital withdrawal
Eigenkapitalerhöhung [aɪgənkapita:lɛrhø:uŋ] f increase in own capital
Eigenkapitalgrundsätze [aɪgənkapita:lgruntsɛtsə] m/pl principles on own capital pl
Eigenkapitalkonto [aɪgənkapita:lkɔnto] n equity account
Eigenkapitalquote [aɪgənkapita:lkvo:tə] f equity ratio
Eigenkapitalrentabilität [aɪgənkapita:lrɛntabilitɛ:t] f equity return, income-to-equity ratio
Eigenkapitalzinsen [aɪgənkapita:ltsɪnzən] m/pl equity yield rate
Eigenleistungen [aɪgənlaɪstuŋən] f/pl own contributions pl, own funding
eigenmächtig [aɪgənmɛçtɪç] adj arbitrary, high-handed, done on one's own authority
Eigenmächtigkeit [aɪgənmɛçtɪçkaɪt] f arbitrary action

Eigenmarke ['aɪgənmarkə] f private brand, own brand
Eigenmittel ['aɪgənmɪtəl] n/pl own resources pl, own reserves pl
Eigennutzung ['aɪgənnutsuŋ] f internal use, own use
eigenständig ['aɪgənʃtɛndɪç] adj independent
Eigenständigkeit ['aɪgənʃtɛndɪçkaɪt] f independence
Eigentum ['aɪgəntuːm] n property
Eigentümer(in) ['aɪgənty:mər(ɪn)] m/f owner, proprietor
Eigentümergrundschuld ['aɪgənty:mərgruntʃult] f land charge in favour of the owner
Eigentümerhypothek ['aɪgənty:mərhypoteːk] f mortgage for the benefit of the owner, owner's mortgage
Eigentümerversammlung ['aɪgənty:mərfɛrsamluŋ] f general meeting of condo owners
Eigentumsanspruch ['aɪgəntu:msanʃprux] m claim of ownership
Eigentumsaufgabe ['aɪgəntu:msaufgaːbə] f relinquishing of ownership
Eigentumsbildung ['aɪgəntu:msbɪlduŋ] f creation of private property
Eigentumserwerb ['aɪgəntu:msɛrvɛrp] m acquisition of property, property acquisition
Eigentumsnachweis ['aɪgəntu:msna:xvaɪs] m proof of ownership, evidence of ownership
Eigentumsrechte ['aɪgəntu:msrɛçtə] n/pl property rights pl
Eigentumsübertragung ['aɪgəntu:my:bərtra:guŋ] f transfer of ownership, transfer of property
Eigentumsvorbehalt ['aɪgəntu:msfo:rbəhalt] m reservation of title
Eigentumswohnung ['aɪgəntu:msvo:nuŋ] f condominium; cooperative apartment
eigenverantwortlich ['aɪgənfɛrantvɔrtlɪç] adj responsible
Eigenverantwortlichkeit ['aɪgənfɛrantvɔrtlɪçkaɪt] f responsibility
Eigenverantwortung ['aɪgənfɛrantvɔrtuŋ] f responsibility
Eigenverbrauch ['aɪgənfɛrbraux] m personal consumption
Eigenvermögen ['aɪgənfɛrmø:gən] n own capital
Eigenwechsel ['aɪgənvɛksəl] m promissory note

eigenwillig ['aɪgənvɪlɪç] adj with a mind of one's own, highly individual
Eigner(in) ['aɪgnər(ɪn)] m/f (Eigentümer) owner, proprietor
Eigners Gefahr (o.r.) ['aɪgnərs gəfa:r] f owner's risk
Eignung ['aɪgnuŋ] f suitability; (Befähigung) aptitude
Eignungstest ['aɪgnuŋstɛst] m 1. (Personal) aptitude test 2. (Betriebswirtschaft) acceptance test
Eilauftrag ['aɪlauftra:k] m rush order
Eilbote ['aɪlbo:tə] m express messenger, courier
Eilbrief ['aɪlbri:f] m express letter
Eilfracht ['aɪlfraxt] f express goods pl, fast freight (US)
Eilgut ['aɪlgu:t] n goods sent by express pl
eilig ['aɪlɪç] adj hurried, rushed, hasty; es ~ haben to be in a hurry
Eilpaket ['aɪlpakeːt] n express parcel
Eilschrift ['aɪlʃrɪft] f high-speed shorthand, abbreviated shorthand
Eilüberweisung ['aɪly:bərvaɪsuŋ] f rapid money transfer
Eilzug ['aɪltsu:k] m semi-fast train
Eilzustellung ['aɪltsu:ʃtɛluŋ] f express delivery
einarbeiten ['aɪnarbaɪtən] v train s.o. for a job, familiarize s.o. with a job
Einarbeitung ['aɪnarbaɪtuŋ] f getting used to one's work, training, vocational adjustment
Einarbeitungszeit ['aɪnarbaɪtuŋstsaɪt] f training period, settling-in period
einbehalten ['aɪnbəhaltən] v irr keep back, retain
einberechnen ['aɪnbərɛçnən] v etw mit ~ factor sth in
einberufen ['aɪnbəru:fən] v irr (Versammlung) convene, call, summon
Einberufung ['aɪnbəru:fuŋ] f (einer Versammlung) convening, calling, convocation
einbinden ['aɪnbɪndən] v irr (fig) include, integrate, involve
Einblick ['aɪnblɪk] m insight
einbringen ['aɪnbrɪŋən] v earn, yield, bring in; (Verlust) make up for
Einbruch ['aɪnbrux] m (Preise) slump, fall in prices
Einbruchversicherung ['aɪnbruxfɛrzɪçəruŋ] f housebreaking insurance
Einbuße ['aɪnbu:sə] f loss, damage
einbüßen ['aɪnby:sən] v 1. (Geld) lose; 2. (Recht) forfeit

eindecken ['aɪndɛkən] *v sich mit etw ~* stock up on sth, lay in a supply of sth; *jdn mit etw ~* provide s.o. with sth

eindeutig ['aɪndɔytɪç] *adj* clear, unmistakable; *adv* clearly, unmistakably

eineinhalb [aɪnaɪn'halp] *num* one and a half

Einflussgrößenrechnung ['aɪnflusgrøːsənrɛçnuŋ] *f* factor impacting calculation

einfordern ['aɪnfɔrdərn] *v* call in, claim

Einfuhr ['aɪnfuːr] *f* import(ation)

Einfuhrartikel ['aɪnfuːrartɪkəl] *m/pl* foreign imports *pl*, imported articles *pl*

Einfuhrbeschränkung ['aɪnfuːrbəʃrɛŋkuŋ] *f* import restriction

Einfuhrbewilligung ['aɪnfuːrbəvɪlɪguŋ] *f* import permit, import licence

einführen ['aɪnfyːrən] *v* 1. *(etw Neues)* introduce; 2. *(importieren)* import

Einfuhrerklärung ['aɪnfuːrɛrkleːruŋ] *f* import declaration

Einfuhrerleichterung ['aɪnfuːrɛrlaɪçtəruŋ] *f* import facilities *pl*

Einfuhrgenehmigung ['aɪnfuːrgəneːmɪguŋ] *f* import permit, import licence

Einfuhrhandel ['aɪnfuːrhandəl] *f* import trade

Einfuhrhändler(in) ['aɪnfuːrhɛndlər(ɪn)] *m/f* importer

Einfuhrkontingentierung ['aɪnfuːrkɔntɪŋgɛntiːruŋ] *f* quota allocation for imported goods

Einfuhrlenkung ['aɪnfuːrlɛŋkuŋ] *f* import control

Einfuhrlizenz ['aɪnfuːrlɪtsɛnts] *f* import licence

Einfuhrpapiere ['aɪnfuːrpapiːrə] *n/pl* import documents *pl*

Einfuhrstopp ['aɪnfuːrʃtɔp] *m* import embargo, import ban

Einführung ['aɪnfyːruŋ] *f (von etw Neuem)* introduction, launch

Einführungsangebot ['aɪnfyːruŋsangəboːt] *n* initial offer, introductory offer

Einführungsanzeige ['aɪnfyːruŋsantsaɪgə] *f* launch

Einführungskurs ['aɪnfyːruŋskurs] *m (Aktien)* issue price

Einführungsphase ['aɪnfyːruŋsfaːzə] *f* introduction stage

Einführungspreis ['aɪnfyːruŋspraɪs] *m* introductory offer, initial price

Einführungsrabatt ['aɪnfyːruŋsrabat] *m* introductory discount

Einführungstest ['aɪnfyːruŋstɛst] *m* product placement

Einfuhrverbot ['aɪnfuːrfɛrboːt] *n* import prohibition, ban on imports

Einfuhrzoll ['aɪnfuːrtsɔl] *m* import duty, import levy

Eingabe ['aɪngaːbə] *f* 1. *(Daten)* input, entry; 2. *(Antrag)* petition, application, request

Eingang ['aɪngaŋ] *m* 1. *(Wareneingang)* arrival receipt of goods; 2. *(Geldeingang)* receipt

Eingang vorbehalten ['aɪngaŋ 'foːrbəhaltən] due payment reserved

Eingangsbestätigung ['aɪngaŋsbəʃtɛːtɪguŋ] *f* confirmation of receipt

Eingangsstempel ['aɪngaŋsʃtɛmpəl] *m* receipt stamp

Eingangsvermerk ['aɪngaŋsfɛrmɛrk] *m* notice of receipt, receipt notice

eingeben ['aɪngeːbən] *v irr* 1. *(Daten)* input, enter, feed; 2. *(einreichen)* submit, hand in

eingehen ['aɪngeːən] *v irr* 1. *(auf einen Vorschlag)* agree to, consent to; 2. *(Verpflichtung)* enter into, embark on

eingeschlossen ['aɪngəʃlɔsən] *adj* included, came

eingespielt ['aɪngəʃpiːlt] *adj* used to working together

Eingeständnis ['aɪngəʃtɛntnɪs] *n* admission, confession

eingestehen ['aɪngəʃteːən] *v irr* admit, confess, avow

eingetragen ['aɪngətraːgən] *adj* registered, entered; *nicht* ~ unregistered

eingetragener Verein (e.V.) ['aɪngətraːgənər fɛr'aɪn] *m* registered association

eingezahltes Kapital ['aɪngətsaːltəs kapi'taːl] *n* paid-up capital

eingreifen ['aɪngraɪfən] *v irr (einschreiten)* intervene, step in

Eingriff ['aɪngrɪf] *m (Einschreiten)* intervention, interference

Einhalt ['aɪnhalt] *m* check; ~ *gebieten* stop, put a stop to, halt

einhalten ['aɪnhaltən] *v* 1. *(befolgen)* observe, stick to, adhere to; 2. *(Versprechen)* keep; 3. *(beibehalten)* follow, keep to

Einhaltung ['aɪnhaltuŋ] *f* 1. *(Befolgung)* observance of, compliance to; 2. *(Beibehaltung)* holding to, adherence to

einheften ['aɪnhɛftən] *v (Akten)* file

Einheit ['aɪnhaɪt] *f* unity; *(eine* ~) unit

Einheitliche Europäische Artikelnummer (EAN) ['aɪnhaɪtlɪçə ɔyroˈpɛːɪʃə arˈtɪkəlnumər] *f* European article number *(EAN)*

Einheitsbilanz ['aɪnhaɪtsbilants] *f* unified balance sheet

Einheitsgesellschaft ['aɪnhaɪtsgəzɛlʃaft] *f* unified company

Einheitskurs ['aɪnhaɪtskurs] *m* uniform price, spot price

Einheitsmarkt ['aɪnhaɪtsmarkt] *m* single-price market

Einheitspreis ['aɪnhaɪtsprais] *m* standard price, uniform price

Einheitssatz ['aɪnhaɪtszats] *m* standard rate

Einheitsscheck ['aɪnhaɪtsʃɛk] *m* standard cheque

Einheitssteuer ['aɪnhaɪtsʃtɔyər] *f* uniform tax

Einheitstarif ['aɪnhaɪtstari:f] *m* uniform rate, uniform tariff

Einheitsvordruck ['aɪnhaɪtsfo:rdruk] *m* standard form

Einheitswährung ['aɪnhaɪtsvɛ:ruŋ] *f* unified currency

Einheitswechsel ['aɪnhaɪtsvɛksəl] *m* standard bill

Einheitswert ['aɪnhaɪtsve:rt] *m* standard value, rateable value

Einheitszoll ['aɪnhaɪtstsɔl] *m* uniform duty

einhellig ['aɪnhɛliç] *adj* unanimous

einig ['aɪniç] *adj* 1. sich über etw ~ werden come to an agreement on sth; *wir sind uns ~, dass ...* we agree that ..., we are in agreement that ...; 2. *(geeint)* united

einigen ['aɪnɪgən] *v* 1. sich ~ come to an agreement, agree, come to terms; 2. sich ~ *über* agree on

Einigkeit ['aɪnɪçkaɪt] *f* unity, harmony, unanimity

Einigung ['aɪnɪguŋ] *f* agreement, understanding, settlement

Einigungsstelle ['aɪnɪguŋsʃtɛlə] *f* conciliation board

Einigungsversuch ['aɪnɪguŋsfɛrzu:x] *m* attempt at reconciliation

Einigungsvorschlag ['aɪnɪguŋsfo:rʃla:k] *m* conciliatory proposal

einkalkulieren ['aɪnkalkuli:rən] *v* take into account

Einkauf ['aɪnkauf] *m* purchasing, purchase

einkaufen ['aɪnkaufən] *v* buy, purchase, shop (for)

Einkäufer(in) ['aɪnkɔyfər(ɪn)] *m/f* buyer

Einkaufsabteilung ['aɪnkaufsaptaɪluŋ] *f* purchasing department

Einkaufsagent ['aɪnkaufsagɛnt] *m* purchasing agent

Einkaufsbedingungen ['aɪnkaufsbədɪŋuŋən] *f/pl* purchasing terms *pl*

Einkaufsgemeinschaft ['aɪnkaufsgəmaɪnʃaft] *f* purchasing association

Einkaufsgenossenschaft ['aɪnkaufsgənɔsənʃaft] *f* purchasing cooperative

Einkaufsland ['aɪnkaufslant] *n* country of purchase

Einkaufspassage ['aɪnkaufspasa:ʒə] shopping mall *(US)*, shopping passage

Einkaufspolitik ['aɪnkaufspoliti:k] *f* procurement policy

Einkaufspreis ['aɪnkaufsprais] *m* wholesale price, cost price, purchase price

Einkaufszentrum ['aɪnkaufstsɛntrum] *n* shopping centre, shopping mall *(US)*

einklagen ['aɪnkla:gən] *v* sue for

Einkommen ['aɪnkɔmən] *n* income, earnings; revenue; *festes ~* fixed income; regular income; *verfügbares ~* disposable income; *Jahres~* annual income, annual earnings

Einkommenseffekt ['aɪnkɔmənsɛfɛkt] *m* income effect; income generating effect

Einkommenserklärung ['aɪnkɔmənsɛrklɛ:ruŋ] *f* income declaration

Einkommensfonds ['aɪnkɔmənsfɔ̃] *m* income fund

einkommensschwach ['aɪnkɔmənsʃvax] *adj* of low wage

einkommensstark ['aɪnkɔmənsʃtark] *adj* high-income

Einkommenssteuer ['aɪnkɔmənsʃtɔyər] *f* income tax

Einkommenssteuerbescheid ['aɪnkɔmənsʃtɔyərbəʃaɪt] *m* income tax assessment

Einkommenssteuererklärung ['aɪnkɔmənsʃtɔyərɛrklɛ:ruŋ] *f* income tax return, declaration of income tax

einkommenssteuerpflichtig ['aɪnkɔmənsʃtɔyərpflɪçtɪç] *adj* liable to income tax

Einkommensstufe ['aɪnkɔmənsʃtu:fə] *f* income bracket

Einkommenstheorie ['aɪnkɔmənste:ori:] *f* theory of income determination

Einkommensumverteilung ['aɪnkɔmənsumfɛrtaɪluŋ] *f* redistribution of income

Einkommensverteilung ['aɪnkɔmənsfɛrtaɪluŋ] *f* distribution of income

Einkünfte ['aɪnkynftə] *pl* income, earnings *pl*, *(des Staates)* revenue

Einladung ['aɪnla:duŋ] *f* invitation

Einlage ['aɪnla:gə] *f* stake, investment, money deposited

Einlagekapital ['aɪnla:gəkapita:l] *n* invested capital, investment, inital share

Einlagekonto ['aɪnla:gəkɔnto] *n* 1. *(Bank)* deposit account; 2. *(Unternehmen)* investment account

Einlagen ['aɪnla:gən] *f/pl* deposit

Einlagengeschäft ['aɪnla:gəngəʃɛft] *n* deposit business

Einlagenpolitik ['aɪnla:gənpoliti:k] *f* deposit policy

Einlagensicherung ['aɪnla:gənzɪçəruŋ] *f* guarantee of deposit

Einlagensicherungsfonds ['aɪnla:gənzɪçəruŋsfɔ̃] *m* deposit guarantee fund

Einlagenzertifikat ['aɪnla:gəntsɛrtifika:t] *n* certificate of deposit

einlagern ['aɪnla:gərn] *v* store

Einlagerung ['aɪnla:gəruŋ] *f* storage

einlegen ['aɪnle:gən] *v* 1. put in; 2. *Protest* ~ lodge a protest; 3. *(Geld)* deposit

einlesen ['aɪnle:zən] *v irr* read in

Einlinienorganisation ['aɪnlinjənɔrganiza:tsjo:n] *f* straight-line organization

einloggen ['aɪnlɔgən] *v sich* ~ log in, log on

einlösen ['aɪnlø:zən] *v (Scheck)* cash

Einlösung ['aɪnlø:zuŋ] *f* payment, encashment

Einlösungspflicht ['aɪnlø:zuŋspflɪçt] *f* obligation to redeem

Einnahmen ['aɪna:mən] *f/pl* receipts *pl*

Einnahmen-Ausgaben-Rechnung ['aɪnna:mən'ausga:bənrɛçnuŋ] *f* bill of receipts and expenditures

Einnahmeposten ['aɪnna:məpɔstən] *m* item of income, income item

Einnahmequelle ['aɪnna:məkvɛlə] *f* 1. *(privat)* source of income; 2. *(Staat)* source of revenue

einnehmen ['aɪnne:mən] *v irr (verdienen)* earn

Einnehmer(in) ['aɪnne:mər(ɪn)] *m/f* collector

Einpersonengesellschaft ['aɪnpersːo:nəngəzɛlʃaft] *f* one-man corporation

einplanen ['aɪnpla:nən] *v* include in the plan, plan on

Einproduktbetrieb ['aɪnprɔduktbətri:p] *m* single-product firm

Einpunktklausel ['aɪnpunktklauzəl] *f* one-item clause

Einrede ['aɪnre:də] *f* defence, plea

Einrede der Arglist ['aɪnre:də de:r 'arglɪst] *f* defence of fraud

Einrede der Vorausklage ['aɪnre:də de:r fo'rausklaːgə] *f* defence of lack of prosecution

Einsatz ['aɪntsats] *m* 1. *(Kapitaleinsatz)* investment; 2. *(Anwendung)* employment, use, application; 3. *(Hingabe)* effort, commitment, dedication

einsatzbereit ['aɪntsatsbərait] *adj* ready for use

Einsatzfaktor ['aɪntsatsfaktɔr] *m* input factor

einschränken ['aɪnʃrɛŋkən] *v* restrict, limit

Einschränkungsklausel ['aɪnʃrɛŋkuŋsklauzəl] *f* restrictive clause

Einschränkungsmaßnahmen ['aɪnʃrɛŋkuŋsma:sna:mən] *f/pl* restrictive measures *pl*, austerity measures *pl*

Einschreibebrief ['aɪnʃraɪbəbri:f] *m* registered letter

Einschreiben ['aɪnʃraɪbən] *n per* ~ by registered post, by registered mail *(US)*

Einschreibung ['aɪnʃraɪbuŋ] *f* registration

Einschuss ['aɪnʃus] *m* margin requirement

Einschussquittung ['aɪnʃuskvɪtuŋ] *f* contribution receipt

einseitige Übertragung ['aɪnzaɪtɪgə y:bər'tra:guŋ] *f* unilateral transfer

einsenden ['aɪnzɛndən] *v irr* send in

Einsender ['aɪnzɛndər] *m* sender

Einsendung ['aɪnzɛnduŋ] *f* letter, contribution

Einsichtnahme ['aɪnzɪçtna:mə] *f* inspection

einsortieren ['aɪnzɔrti:rən] *v* sort in

einsparen ['aɪnʃpa:rən] *v* economize, save money

Einsparung ['aɪnʃpa:ruŋ] *f* saving, economization

Einsparungsmaßnahmen ['aɪnʃpa:ruŋsma:sna:mən] *f/pl* economy measures *pl*

Einspruch ['aɪnʃprux] *m* objection, protest

Einspruch erheben ['aɪnʃprux ɛr'he:bən] *v* raise an objection, disagree

Einspruchsfrist ['aɪnʃpruxsfrɪst] *f* period for objection

Einspruchsrecht ['aɪnʃpruxsrɛçt] *n* right to appeal

einstampfen ['aɪnʃtampfən] *v* pulp, crush

Einstandspreis ['aɪnʃtantsprais] *m* cost price

einstellen ['aɪnʃtɛlən] *v* 1. *(Arbeitskräfte)* employ, engage; 2. *(beenden)* stop, cease, leave off; 3. *(regulieren)* adjust, regulate

Einstellung ['aɪnʃtɛluŋ] *f* 1. *(Arbeitskräfte)* employment; 2. *(Beendigung)* cessation, suspension; 3. *(Regulierung)* setting, adjustment

Einstellungsbedingung ['aɪnʃtɛluŋsbə-dɪŋuŋ] f employment condition
Einstellungsgespräch ['aɪnʃtɛluŋsgə-ʃprɛːç] n job interview
Einstellungsgesuch ['aɪnʃtɛluŋsgəzuːx] n application (for a job), job application
Einstellungsstopp ['aɪnʃtɛluŋsʃtɔp] m freeze on further recruitment, job freeze
Einstimmigkeitsregel ['aɪnʃtɪmɪçkaɪtsreɡəl] f unanimity rule
einstufen ['aɪnʃtuːfən] v grade, classify, rate
Einstufung ['aɪnʃtuːfuŋ] f classification
einstweilig ['aɪnstvaɪlɪç] adj in the interim, temporary, -e Verfügung temporary injunction, temporary restraining order
Eintragung ['aɪntraːɡuŋ] f registration, entering; amtliche ~ incorporation
Eintragung im Handelsregister ['aɪntraːɡuŋ ɪm 'handəlsreɡɪstər] f registration in the Commercial Register
Eintrittsbedingung ['aɪntrɪtsbədɪŋuŋ] f conditions for participation
Eintrittsstrategien ['aɪntrɪtsʃtrateɡiːən] f/pl entry strategies pl
Einvernehmen ['aɪnferneːmən] n agreement, understanding
einvernehmlich ['aɪnferneːmlɪç] adj in mutual agreement
einverstanden ['aɪnferʃtandən] v mit etw ~ sein agree with sth, consent to sth, be agreeable to sth; Einverstanden! Agreed!
Einverständnis ['aɪnferʃtɛntnɪs] n agreement, consent, approval
Einverständniserklärung ['aɪnferʃtɛntnɪserkleːruŋ] f declaration of consent
Einwand ['aɪnvant] m objection
einwandfrei ['aɪnvantfraɪ] adj faultless, impeccable, irreproachable
einwechseln ['aɪnvɛksəln] v 1. (Devisen) exchange, change; 2. (Scheck) cash
Einwechslung ['aɪnvɛkslʊŋ] f 1. (Devisen) exchanging, changing; 2. (Scheck) cashing
Einwegflasche ['aɪnveːkflaʃə] f non-returnable bottle
Einwegverpackung ['aɪnveːkfɛrpakʊŋ] f non-returnable packaging
einweihen ['aɪnvaɪən] v inaugurate
Einweihung ['aɪnvaɪʊŋ] f inauguration, ceremonial opening
einweisen ['aɪnvaɪzən] v irr (anleiten) introduce, instruct
Einweisung ['aɪnvaɪzʊŋ] f induction; (Instruktionen) instructions pl

einwilligen ['aɪnvɪlɪɡən] v agree, consent, approve
Einwilligung ['aɪnvɪlɪɡʊŋ] v approval, consent, agreement
einzahlen ['aɪntsaːlən] v pay in, deposit
Einzahler(in) ['aɪntsaːlər(ɪn)] m/f depositer, payer
Einzahlung ['aɪntsaːlʊŋ] f payment, deposit
Einzahlungsbeleg ['aɪntsaːlʊŋsbəleːk] m paying-in slip, deposit slip
Einzahlungspflicht ['aɪntsaːlʊŋspflɪçt] f obligation to pay subscription
Einzelabschreibung ['aɪntsəlapʃraɪbʊŋ] f single-asset depreciation
Einzelarbeitsvertrag ['aɪntsəlarbaɪtsfertraːk] m individual employment contract
Einzelbetrag ['aɪntsəlbətraːk] m single amount
Einzelbetrieb ['aɪntsəlbətriːp] m individual enterprise, sole trader
Einzelfall ['aɪntsəlfal] m individual case, particular case
Einzelfertigung ['aɪntsəlfɛrtɪɡʊŋ] f individual production; single-item manufacturing
Einzelhandel ['aɪntsəlhandəl] m retail trade
Einzelhandelsgeschäft ['aɪntsəlhandəlsɡəʃɛft] n retail store
Einzelhandelspreis ['aɪntsəlhandəlspraɪs] m retail price
Einzelhandelsspanne ['aɪntsəlhandəlsʃpanə] f retail price margin
Einzelhändler ['aɪntsəlhɛndlər] m retailer
Einzelkaufmann ['aɪntsəlkaufman] m sole trader
Einzelkosten ['aɪntsəlkɔstən] pl direct cost
Einzelkredit ['aɪntsəlkrediːt] m personal loan
Einzelkreditversicherung ['aɪntsəlkrediːtfɛrzɪçərʊŋ] f individual credit insurance
Einzellohn ['aɪntsəloːn] m individual salary, individual wage
einzeln ['aɪntsəln] adj individual, single, particular; im Einzelnen in detail; adv individually, separately, one by one
Einzelposten ['aɪntsəlpɔstən] m single item, unique item
Einzelprokura ['aɪntsəlprokuːra] n individual power of procuration
Einzelstück ['aɪntsəlʃtyk] n unique piece
Einzelverkauf ['aɪntselfɛrkauf] m retail sale
Einzelverkaufspreis ['aɪntsəlfɛrkaufspraɪs] m retail price, selling price

Einzelverpackung ['aıntsəlfɛrpakuŋ] *f* unit packing

Einzelvollmacht ['aıntsəlfɔlmaxt] *f* individual power of representation

Einzelwerbung ['aıntsəlvɛrbuŋ] *f* direct advertising

einziehen ['aıntsi:ən] *v* 1. *(beschlagnahmen)* confiscate, impound, withdraw; 2. *Auskünfte über etw ~* gather information about sth; 3. *(kassieren)* collect, call in; 4. *(aus dem Verkehr ziehen)* call in

Einziehungsauftrag ['aıntsi:uŋsauftra:k] *m* direct debit order, collection order, direct debit instruction

Einziehungsermächtigung ['aıntsi:uŋsɛrmɛçtıguŋ] *f* direct debit authorization

Einziehungsgeschäft ['aıntsi:uŋsgəʃɛft] *n* collection business

Einziehungsvollmacht ['aıntsi:uŋsfɔlmaxt] *f* right to collect

Einzug ['aıntsu:k] *m* 1. *(Beschlagnahme)* confiscation, seizure, impounding; 2. *(von Geld, Steuern)* collection, cashing

Einzugsermächtigung ['aıntsu:ksɛrmɛçtıguŋ] *f* direct debit instruction

Einzugsermächtigungsverfahren ['aıntsu:ksɛrmɛçtıguŋsfɛrfa:rən] *n* collection procedure

Einzugsgebiet ['aıntsu:ksgəbi:t] *n* area of supply, catchment area, trading area

Einzugsquittung ['aıntsu:kskvıtuŋ] *f* collection receipt

Einzugsspesen ['aıntsu:ksʃpe:zən] *pl* collecting charges *pl*, collecting expenses *pl*

Einzugsverfahren ['aıntsu:ksfɛrfa:rən] *n* collection procedure

Eisen schaffende Industrie ['aızən ʃafəndə ındus'tri:] *f* iron and steel producing industry

Eisenbahn ['aızənba:n] *f* railway

Eisenbahnnetz ['aızənba:nnɛts] *n* railway network

Eisenbahntarif ['aızənba:ntari:f] *m* railway tariff

Eisenbahnwagen ['aızənba:nva:gən] *n* railway carriage, railroad car *(US)*

Eisenbörse ['aızənbø:rzə] *f* iron exchange

Eisenindustrie ['aızənındustri:] *f* iron industry

Eisen verarbeitend ['aızən fɛrarbaıtənt] *adj* iron-processing

eiserner Bestand ['aızərnər bə'ʃtant] *m (Betriebswirtschaft)* minimum inventory level, *(Geld)* reserve fund

Electronic Banking [ılɛk'trɔnık 'bæŋkıŋ] *n* electronic banking

Electronic Business [ılɛk'trɔnık 'bıznıs] *n* electronic business

Electronic Cash [ılɛk'trɔnık kæʃ] *n* electronic cash

Electronic Commerce [ılɛk'trɔnık 'kɔmɜs] *m* electronic commerce

Elefantenhochzeit [ele'fantənhoxtsaıt] *f (fig)* jumbo merger, giant merger, megadollar merger *(US)*

Elektrik [e'lɛktrık] *f* 1. electrical equipment; 2. *(Elektrotechnik)* electrical engineering

Elektriker(in) [e'lɛktrıkər(ın)] *m/f* electrician

elektrisch [e'lɛktrıʃ] *adj* electric, electrical

Elektrizität [elɛktritsi'tɛ:t] *f* electricity, electric current

Elektrizitätswerk [elɛktritsi'tɛ:tsvɛrk] *n* power station, generating plant

Elektroindustrie [e'lɛktroındustri:] *f* electrical engineering industry

Elektronik [elɛk'tro:nık] *f* electronics

elektronisch [elɛk'tro:nıʃ] *adj* electronic

Elektrotechnik [e'lɛktroteçnık] *f* electrical engineering

Elektrotechniker(in) [e'lɛktroteçnıkər(ın)] *m/f* electrician

E-Mail ['i:meıl] *n* e-mail

Embargo [ɛm'bargo] *n* embargo, *ein ~ aufheben* to lift an embargo

Emission [emıs'jo:n] *f* issue, issuing

Emissionsabteilung [emıs'jo:nsaptaıluŋ] *f* issue department

Emissionsagio [emıs'jo:nsa:dʒo] *n* issue premium

Emissionsarten [emıs'jo:nsartən] *f/pl* types of issuing *pl*

Emissionsbank [emıs'jo:nsbaŋk] *f* issuing bank, issuing house

Emissionsbedingungen [emıs'jo:nsbədıŋuŋən] *f/pl* terms and conditions of issue *pl*

emissionsfähig [emıs'jo:nsfɛ:ıç] *adj* issuable

Emissionsgenehmigung [emıs'jo:nsgəne:mıguŋ] *f* issue permit

Emissionsgeschäft [emıs'jo:nsgəʃɛft] *n* investment business, underwriting business

Emissionsgesetz [emıs'jo:nsgəzɛts] *n* Issue Law

Emissionshaus [emıs'jo:nshaus] *n* issuing house

Emissionskalender [emıs'jo:nskalɛndər] *m* issue calendar

Emissionskonsortium [emɪsˈjoːnskɔnzɔrtsjum] *n* underwriting syndicate

Emissionskontrolle [emɪsˈjoːnskɔntrɔlə] *f* security issue control

Emissionskosten [emɪsˈjoːnskɔstən] *pl* underwriting costs *pl*

Emissionskredit [emɪsˈjoːnskrediːt] *m* credit granted to the issuer by the bank

Emissionskurs [emɪsˈjoːnskʊrs] *m* rate of issue, issue price

Emissionsmarkt [emɪsˈjoːnsmarkt] *m* primary market

Emissionsrendite [emɪsˈjoːnsrɛnditə] *f* issue yield

Emissionsreste [emɪsˈjoːnsrɛstə] *m/pl* residual securities of an issue *pl*

Emissionssperre [emɪsˈjoːnsʃpɛrə] *f* ban on new issues

Emissionsstatistik [emɪsˈjoːnsʃtatɪstɪk] *f* new issue statistics

Emissionssyndikat [emɪsˈjoːnszyndikaːt] *n* underwriting syndicate

Emissionsverfahren [emɪsˈjoːnsfɛrfaːrən] *n* issuing procedure

Emissionsvergütung [emɪsˈjoːnsfɛrgyːtʊŋ] *f* issue commission

Emissionswährung [emɪsˈjoːnsvɛːrʊŋ] *f* issue currency, currency of dispose

emittieren [emɪˈtiːrən] *v* issue

Empfang [ɛmˈpfaŋ] *m* 1. (Erhalt) receipt; 2. (Begrüßung) reception, welcome; 3. (Veranstaltung) reception; 4. (Rezeption) reception area; 5. (TV) reception

empfangen [ɛmˈpfaŋən] *v irr* 1. receive; 2. (begrüßen) welcome, greet, meet

Empfänger [ɛmˈpfɛŋər] *m* 1. recipient, 2. (Gerät) receiver

empfangsberechtigt [ɛmˈpfaŋsbərɛçtɪçt] *adj* authorized to receive

Empfangsbescheinigung (rect.) [ɛmˈpfaŋsbəʃaɪnɪɡʊŋ] *f* receipt, acknowledgement of receipt

Empfangsbestätigung [ɛmˈpfaŋsbəʃtɛːtɪɡʊŋ] *f* receipt, acknowledgement of receipt

Empfangschef(in) [ɛmˈpfaŋsʃɛf(ɪn)] *m/f* reception clerk

Empfangsdame [ɛmˈpfaŋsdaːmə] *f* receptionist

Empfangshalle [ɛmˈpfaŋshalə] *f* foyer

Empfangszimmer [ɛmˈpfaŋstsɪmər] *n* reception room

empfehlen [ɛmˈpfeːlən] *v irr* recommend; *es empfiehlt sich, etw zu tun* it is a good idea to do sth

empfehlenswert [ɛmˈpfeːlənsveːrt] *adj* to be recommended, *(ratsam)* advisable

Empfehlung [ɛmˈpfeːlʊŋ] *f* recommendation

Empfehlungsschreiben [ɛmˈpfeːlʊŋsʃraɪbən] *n* letter of recommendation, reference (UK), letter of introduction

empirisch [ɛmˈpiːrɪʃ] *adj* empirical

empirische Marktforschung [ɛmˈpiːrɪʃə ˈmarktfɔrʃʊŋ] *f* empirical market research

empirische Wirtschaftsforschung [ɛmˈpiːrɪʃə ˈvɪrtʃaftsfɔrʃʊŋ] *f* empirical economic research

empirischer Gehalt [ɛmˈpiːrɪʃər ɡəˈhalt] *m* empirical contents *pl*

Endabnehmer [ˈɛntapneːmər] *m* ultimate buyer

Endabrechnung [ˈɛntapreçnʊŋ] *f* final account

Endabstimmung [ˈɛntapʃtɪmʊŋ] *f* final vote

Endbetrag [ˈɛntbətraːk] *m* final amount

Endergebnis [ˈɛntɛrɡeːpnɪs] *n* final result

Endkontrolle [ˈɛntkɔntrɔlə] *f* final control

Endkostenstelle [ˈɛntkɔstənʃtɛlə] *f* final cost center

endlagern [ˈɛntlaːɡərn] *v* permanently dump, permanently dispose of

Endlagerung [ˈɛntlaːɡərʊŋ] *f* permanent storage (of radioactive waste)

Endnachfrage [ˈɛntnaːxfraːɡə] *f* final demand

endogene Variable [ˈɛndoɡeːnə variˈaːblə] *f* endogenous variable

Endpreis [ˈɛntpraɪs] *m* final price

Endprodukt [ˈɛntprɔdʊkt] *n* finished product, final product

Endverbraucher [ˈɛntfɛrbrauxər] *m* (ultimate) consumer, end user

Endwert [ˈɛntveːrt] *m* final value

Energie [enɛrˈɡiː] *f* energy

energiearm [enɛrˈɡiːarm] *adj* low-energy

Energiebedarf [enɛrˈɡiːbədarf] *m* energy requirements *pl*

Energiebesteuerung [enɛrˈɡiːbəʃtɔyərʊŋ] *f* energy taxation

energiebewusst [enɛrˈɡiːbəvʊst] *adj* energy-conscious

Energiebilanz [enɛrˈɡiːbilants] *f* energy balance statement

Energieersparnis [enɛrˈɡiːɛrʃpaːrnɪs] *f* energy savings *pl*

Energiefonds [enɛrˈɡiːfɔ̃] *m* electricity and fuels funds *pl*

Energiekrise [enɛrˈgiːkriːzə] *f* energy crisis
Energiepolitik [enɛrˈgiːpoliˌtiːk] *f* energy policy
Energiequelle [enɛrˈgiːkvɛlə] *f* energy source
Energiesteuer [enɛrˈgiːʃtɔyər] *f* energy tax
Energieverbrauch [enɛrˈgiːfɛrbraux] *m* energy consumption
Energieversorgung [enɛrˈgiːfɛrzɔrgʊŋ] *f* energy supply
Energiewirtschaft [enɛrˈgiːvɪrtʃaft] *f* power-producing industry
Engagement [ãŋgaʒəˈmã] *n* 1. *(Einsatz)* commitment, involvement; 2. *(Anstellung)* engagement
enger Markt [ˈɛŋər ˈmarkt] *m* restricted market
Engineering [endʒɪˈnɪərɪŋ] *n* engineering
Engpass [ˈɛŋpas] *m* bottleneck, shortage
Engpassfaktor [ˈɛŋpasfaktoːr] *m* bottleneck factor
Engpassplanung [ˈɛŋpasplaːnʊŋ] *f* overall planning with special attention to bottleneck areas
en gros [ãˈgroː] *adj* in bulk
Entdeckung [ɛntˈdɛkʊŋ] *f* discovery, detection, finding
enteignen [ɛntˈaignən] *v* expropriate
Enteignung [ɛntˈaignʊŋ] *f* expropriation, dispossession
Entgelt [ɛntˈgɛlt] *n* compensation, payment, remuneration
Entgeltfortzahlung [ɛntˈgɛltfɔrttsaːlʊŋ] *f* continued pay
entheben [ɛntˈheːbən] *v irr* 1. *(der Verantwortung)* dispense, exempt, release; 2. *(eines Amtes)* remove, dismiss
entladen [ɛntˈlaːdən] *v irr (abladen)* unload
Entladung [ɛntˈlaːdʊŋ] *f* 1. *(im Transportwesen)* unloading; 2. *(elektrisch)* discharge
Entladungskosten [ɛntˈlaːdʊŋskɔstən] *pl* discharging expenses *pl*
entlassen [ɛntˈlasən] *v irr* discharge; *(Arbeitskraft)* dismiss, fire *(fam)*, sack *(fam)*
Entlassung [ɛntˈlasʊŋ] *f (einer Arbeitskraft)* dismissal
Entlassungsgesuch [ɛntˈlasʊŋsgəzuːx] *n* letter of recognition
Entlassungspapiere [ɛntˈlasʊŋspapiːrə] *pl* marching orders *pl*, walking papers *(US) pl*
entlasten [ɛntˈlastən] *v* reduce the pressure on, relieve the strain on
entlastend [ɛntˈlastənt] *adj* exonerating

Entlastung [ɛntˈlastʊŋ] *f* relief; *Wir schicken Ihnen Ihre Unterlagen zu unserer ~ zurück.* We are returning your documents to you for your files.
Entlastungsmaterial [ɛntˈlastʊŋsmateriˌaːl] *n* exonerating evidence
Entlastungszeuge [ɛntˈlastʊŋstsɔygə] *m* witness for the defence
entlohnen [ɛntˈloːnən] *v* pay off, remunerate
Entlohnung [ɛntˈloːnʊŋ] *f* remuneration, paying, paying off
entmündigen [ɛntˈmʏndɪgən] *v* declare incapable of managing his/her own affairs
Entmündigung [ɛntˈmʏndɪgʊŋ] *f* legal incapacitation
Entnahme [ɛntˈnaːmə] *f* withdrawal
entnehmen [ɛntˈneːmən] *v irr (Geld)* draw (out), withdraw
entrichten [ɛntˈrɪçtən] *v* pay
Entrichtung [ɛntˈrɪçtʊŋ] *f* payment
entschädigen [ɛntˈʃɛːdɪgən] *v* compensate, repay, reimburse
Entschädigung [ɛntˈʃɛːdɪgʊŋ] *f* compensation, indemnification, reimbursement
Entschädigungsanspruch [ɛntˈʃɛːdɪgʊŋsanʃprux] *m* claim to compensation
Entschädigungssumme [ɛntˈʃɛːdɪgʊŋszumə] *f* amount of compensation
entscheiden [ɛntˈʃaidən] *v irr* decide, determine, settle; *sich gegen etw ~* decide against sth
Entscheidung [ɛntˈʃaidʊŋ] *f* decision; *eine ~ treffen* make a decision
Entscheidungsbefugnis [ɛntˈʃaidʊŋsbəfuːknɪs] *f* competence, jurisdiction
Entscheidungsfindung [ɛntˈʃaidʊŋsfɪndʊŋ] *f* decision-making
Entscheidungsgrund [ɛntˈʃaidʊŋsgrʊnt] *m* decisive factor
Entscheidungshierarchie [ɛntˈʃaidʊŋshierarçiː] *f* decision-making hierarchy
Entscheidungskompetenz [ɛntˈʃaidʊŋskɔmpetɛnts] *f* competence to decide
Entscheidungskriterien [ɛntˈʃaidʊŋskriːterijən] *pl* criteria of decision *pl*
Entscheidungsregel [ɛntˈʃaidʊŋsreːgəl] *f* decision rule
entschieden [ɛntˈʃiːdən] *adj* decided, definite, settled; *adv* decidedly, definitely, positively
Entschiedenheit [ɛntˈʃiːdənhait] *f* determination, resoluteness, decisiveness
entschlackte Produktion [ɛntˈʃlaktə produkˈtsjoːn] *f* lean production

entschließen [ɛnt'ʃli:sən] *v irr sich ~* decide, make up one's mind, determine

entschlossen [ɛnt'ʃlɔsən] *adj* determined, resolved, resolute; *adv* with determination, resolutely

Entschlossenheit [ɛnt'ʃlɔsənhaɪt] *f* determination

Entschluss [ɛnt'ʃlus] *m* resolution, decision

entschuldigen [ɛnt'ʃuldɪgən] *v sich ~* apologize; *sich ~ (sich abmelden)* excuse o.s., ask to be excused

Entschuldigung [ɛnt'ʃuldɪguŋ] *f (Abbitte)* apology; ~! Excuse me! Sorry! *(Ausrede)* excuse

Entschuldigungsgrund [ɛnt'ʃuldɪguŋsgrunt] *m* excuse

Entschuldigung [ɛnt'ʃuldɪguŋ] *f* disencumberment

entsenden [ɛnt'zɛndən] *v irr* dispatch, send out

entsorgen [ɛnt'zɔrgən] *v Abfall ~* dispose of waste

Entsorgung [ɛnt'zɔrguŋ] *f* waste management

Entsorgungswirtschaft [ɛnt'zɔrguŋsvɪrtʃaft] *f* waste industry

entspannen [ɛnt'ʃpanən] *v (wirtschaftliche Beziehungen)* ease, lose tension

Entspannung [ɛnt'ʃpanuŋ] *f (von wirtschaftlichen Beziehungen)* easing (of tension)

Entspannungsgespräche [ɛnt'ʃpanuŋsgəʃprɛ:çə] *n/pl* conciliatory talks *pl*

Entspannungspolitik [ɛnt'ʃpanuŋspoliti:k] *f* policy of détente

Entsparen [ɛnt'ʃpa:rən] *n* dissaving

entwerten [ɛnt'vɛrtən] *v (Geld)* devalue; *(fig)* devalue, depreciate

Entwertung [ɛnt'vɛrtuŋ] *f* depreciation, devaluation, demonetization

entwickeln [ɛnt'vɪkəln] *v* develop, evolve

Entwicklung [ɛnt'vɪkluŋ] *f* development

Entwicklungsbank [ɛnt'vɪkluŋsbaŋk] *f* development bank

entwicklungsfähig [ɛnt'vɪkluŋsfɛ:ɪç] *adj* Es ist ~. It has potential.

Entwicklungsfähigkeit [ɛnt'vɪkluŋsfɛ:ɪçkaɪt] *f* capacity for development, potential to develop

Entwicklungsfonds [ɛnt'vɪkluŋsfɔ̃] *m* development fund

Entwicklungshelfer(in) [ɛnt'vɪkluŋshɛlfər(ɪn)] *m/f* development aid volunteer

Entwicklungshilfe [ɛnt'vɪkluŋshɪlfə] *f* development aid, aid to developing countries

Entwicklungskosten [ɛnt'vɪkluŋskɔstən] *pl* development costs *pl*

Entwicklungsland [ɛnt'vɪkluŋslant] *n* developing country

Entwicklungsplan [ɛnt'vɪkluŋspla:n] *m* development program

Entwicklungsstufe [ɛnt'vɪkluŋsʃtu:fə] *f* developmental stage

Entwicklungswagnis [ɛnt'vɪkluŋsva:knɪs] *n* research and development risk

Entwurf [ɛnt'vurf] *m* design, plan, draft, rough copy, outline

Equity-Methode ['ɛkvɪti:meto:də] *f* equity accounting

Erachten [ɛr'axtən] *n meines ~s* in my opinion

Erbbaurecht ['ɛrpbaureçt] *n* hereditary building right

Erben ['ɛrbən] *m/pl* heirs *pl*

Erbfähigkeit ['ɛrpfɛ:ɪçkaɪt] *f* ability to inherit; heritability

Erbengemeinschaft ['ɛrbəngəmaɪnʃaft] *f* community of heirs

Erbenhaftung ['ɛrbənhaftuŋ] *f* liability of heirs

Erbrecht ['ɛrpreçt] *n* Law of Succession

Erbschaft ['ɛrpʃaft] *f* inheritance

Erbschaftssteuer ['ɛrpʃaftsʃtɔyər] *f* inheritance tax

Erbschein ['ɛrpʃaɪn] *m* certificate of inheritance

Erdöl ['e:rtø:l] *n* crude oil, petroleum; ~ *exportierend* oil exporting

Erdölförderung ['e:rtø:lfœrdəruŋ] *f* oil production

Erdöl importierende Länder ['e:rtø:l ɪmpɔr'ti:rəndə 'lɛndər] oil-importing countries

Erdölproduktion ['e:rtø:lprodukts̩jo:n] *f* oil production

Erdölvorkommen ['e:rtø:lfo:rkɔmən] *f* oil field, source of oil

Erdung ['e:rduŋ] *f* earthing

Erdwärme ['e:rtvɛrmə] *f* the Earth's natural heat

erfahren [ɛr'fa:rən] *adj* experienced, skilled, expert

Erfahrung [ɛr'fa:ruŋ] *f* experience; *in ~ bringen* find out

Erfahrungsaustausch [ɛr'fa:ruŋsaustauʃ] *m* exchange of experiences, exchange of information

erfahrungsgemäß [ɛr'fa:ruŋsgəmɛ:s] *adv* according to experience

Erfahrungskurve [ɛr'fa:ruŋskurfə] f experience curve
erfinden [ɛr'fɪndən] v irr invent, devise
Erfinder(in) [ɛr'fɪndər(ɪn)] m/f inventor
erfinderisch [ɛr'fɪndərɪʃ] adj inventive, imaginative
Erfolg [ɛr'fɔlk] m success; ~ haben succeed, ~ versprechend promising
erfolglos [ɛr'fɔlklo:s] adj unsuccessful, fruitless
Erfolglosigkeit [ɛr'fɔlklo:zɪçkaɪt] f ineffectiveness, lack of success
erfolgreich [ɛr'fɔlkraɪç] adj successful
Erfolgsaussicht [ɛr'fɔlksausɪçt] f chances of success pl
Erfolgsbeteiligung [ɛr'fɔlksbətaɪlɪɡuŋ] f profit-sharing
Erfolgsbilanz [ɛr'fɔlksbilants] f results accounting; income statement
Erfolgskonto [ɛr'fɔlkskɔnto] n statement of costs
Erfolgskontrolle [ɛr'fɔlkskɔntrɔlə] f efficiency review
Erfolgskurve [ɛr'fɔlkskurvə] f success cycle
erfolgsorientiert [ɛr'fɔlksori:jɛntiːrt] adj success-oriented
Erfolgsrechnung [ɛr'fɔlksrɛçnuŋ] f income; earnings statement
Erfolg versprechend [ɛr'fɔlk fɛr'ʃprɛçənt] adj promising
erforderlich [ɛr'fɔrdərlɪç] adj necessary, required
Erfordernis [ɛr'fɔrdərnɪs] n requirement, necessity
erforschen [ɛr'fɔrʃən] v 1. explore; 2. *(prüfen)* examine, investigate
erfreulich [ɛr'frɔylɪç] adj pleasant, welcome
erfreulicherweise [ɛr'frɔylɪçər'vaɪzə] adv fortunately, happily
erfüllbar [ɛr'fylba:r] adj satisfiable
erfüllen [ɛr'fylən] v 1. *(Pflicht)* fulfil, carry out; 2. *(Wunsch)* fulfil
Erfüllung [ɛr'fyluŋ] f execution, compliance, performance
Erfüllungsgeschäft [ɛr'fyluŋsɡəʃɛft] n delivery; legal transaction in fulfillment of an obligation
Erfüllungsort [ɛr'fyluŋsɔrt] m 1. *(bei einem Scheck)* place of payment; 2. *(bei einem Vertrag)* place where a contract is to be fulfilled, place of performance
Erfüllungsprinzip [ɛr'fyluŋsprɪntsi:p] n performance principle
Erfüllungstag [ɛr'fyluŋsta:k] m duedate

Ergänzung [ɛr'ɡɛntsuŋ] f supplementing; *(Vervollständigung)* completion
Ergänzungsabgabe [ɛr'ɡɛntsuŋsapɡa:bə] f supplementary tax
Ergänzungshaushalt [ɛr'ɡɛntsuŋshaushalt] m supplementary budget
Ergebnis [ɛr'ɡe:pnɪs] n 1. result, outcome; 2. *(Folgen)* consequences pl; 3. *(Wirkung)* effect; 4. *(einer Untersuchung)* findings pl
Ergebnisabführungsvertrag [ɛr'ɡe:pnɪsapfy:ruŋsfɛrtra:k] m profit and loss transfer agreement
Ergebnisbeteiligung [ɛr'ɡe:pnɪsbətaɪlɪɡuŋ] f participating in yield
ergebnislos [ɛr'ɡe:pnɪslo:s] adj fruitless, ineffective, without success
Ergebnisrechnung [ɛr'ɡe:pnɪsrɛçnuŋ] f statement of operating results
ergiebig [ɛr'ɡi:bɪç] adj productive, lucrative, rich
Ergiebigkeit [ɛr'ɡi:bɪçkaɪt] f productiveness
Ergonomie [ɛrɡono'mi:] f ergonomics
ergreifen [ɛr'ɡraɪfən] v irr Maßnahmen ~ take measures
erhältlich [ɛr'hɛltlɪç] adj obtainable
Erhaltungsaufwand [ɛr'haltuŋsaufvant] m maintenance expenditure
Erhaltungsinvestition [ɛr'haltuŋsɪnvɛstitsjo:n] f replacement investment
erheben [ɛr'he:bən] v irr 1. *(Steuern)* levy, impose; 2. *(Klage)* file (a complaint), bring an action against
Erhebung [ɛr'he:buŋ] f 1. *(Steuer)* imposition, levy; investigation, inquiry, 2. *(Statistik)* survey, census
Erhebungszeitraum [ɛr'he:buŋstsaɪtraum] m period under survey
erhöhen [ɛr'høːən] v increase, raise, elevate
Erhöhung [ɛr'høːuŋ] f increase, raising, heightening
Erholung [ɛr'ho:luŋ] f recuperation, recreation, relaxation, recovery
Erholungsurlaub [ɛr'ho:luŋsurlaup] m holiday, vacation (US); *(aus gesundheitlichen Gründen)* convalescent leave
erkennen [ɛr'kɛnən] v recognize
erkenntlich [ɛr'kɛntlɪç] adj grateful, thankful
Erkenntnisobjekt [ɛr'kɛntnɪsɔpjɛkt] n object of discernment
Erklärung [ɛr'klɛ:ruŋ] f *(Erläuterung)* explanation
erkundigen [ɛr'kundɪɡən] v sich ~ inquire

Erlass [ɛrˈlas] *m* decree
erlassen [ɛrˈlasən] *v irr* 1. *(Strafe)* remit; 2. *(Gebühren)* waive; 3. *(Verpflichtung)* exempt, release
Erlaubnis [ɛrˈlaupnɪs] *f* permission; *(Schriftstück)* permit
erläutern [ɛrˈlɔytərn] *v* explain, clarify
Erläuterung [ɛrˈlɔytəruŋ] *f* explanation, clarification
Erlebensfallversicherung [ɛrˈleːbənsfalfɛrzɪçəruŋ] *f* pure endowment insurance
Erlebnis-Marketing [ɛrˈleːpnɪsmarkətɪŋ] *n* adventure marketing
erledigen [ɛrˈleːdɪgən] *v* handle, deal with, take care of; finish
erledigt [ɛrˈleːdɪçt] *adj* 1. *(abgeschlossen)* completed; 2. *(ruiniert)* finished, through with
Erledigung [ɛrˈleːdɪguŋ] *f* handling, dealing with, carrying out
Erlös [ɛrˈløːs] *m* proceeds *pl*, revenue, profit
Erlösberichtigung [ɛrˈløːsbərɪçtɪguŋ] *f* revenue correction
Erlöskonten [ɛrˈløːskɔntən] *n/pl* revenue accounts *pl*
Erlösminderung [ɛrˈløːsmɪndəruŋ] *f* revenue reduction
Erlösplanung [ɛrˈløːsplaːnuŋ] *f* revenue planning
Erlösrechnung [ɛrˈløːsrɛçnuŋ] *f* revenue accounting
ermächtigen [ɛrˈmɛçtɪgən] *v* authorize, empower
Ermächtigung [ɛrˈmɛçtɪguŋ] *f* 1. authorization, power; 2. *(Urkunde)* warrant, licence
Ermächtigung zur Verfügung [ɛrˈmɛçtɪguŋ tsuːr fɛrˈfyːguŋ] *f* proxy for disposal
Ermächtigungsdepot [ɛrˈmɛçtɪguŋsdeːpoː] *n* authorized deposit
Ermahnung [ɛrˈmaːnuŋ] *f* admonition
ermäßigte Tarife [ɛrˈmɛːsɪçtə taˈriːfə] *m/pl* reduced tariffs *pl*
Ermäßigung [ɛrˈmɛːsɪguŋ] *f* reduction, discount
Ermattung [ɛrˈmatuŋ] *f* exhaust
Ermessen [ɛrˈmɛsən] *n (Einschätzung)* estimation; *nach menschlichem ~* as far as it is possible to tell; *(Gutdünken)* discretion
ermitteln [ɛrˈmɪtəln] *v* investigate, inquire into
Ermittlungsverfahren [ɛrˈmɪtluŋsfɛrfaːrən] *n* preliminary investigation
Ermüdung [ɛrˈmyːduŋ] *f (Material)* fatigue
ernennen [ɛrˈnɛnən] *v irr* nominate, appoint, designate

Ernennung [ɛrˈnɛnuŋ] *f* nomination, appointment, designation
Ernennungsurkunde [ɛrˈnɛnuŋsuːrkundə] *f* letter of appointment, deed of appointment
Erneuerungsfonds [ɛrˈnɔyəruŋsfɔ̃ː] *m* renewal reserve
Erneuerungsrücklagen [ɛrˈnɔyəruŋsryklaːgən] *f/pl* renewal funds *pl*; replacement funds *pl*
Erneuerungsschein [ɛrˈnɔyəruŋsʃaɪn] *m* talon for renewal of coupon sheet
Erneuerungswert [ɛrˈnɔyəruŋsveːrt] *m* replacement value
Erniedrigung [ɛrˈniːdrɪguŋ] *f (Verminderung)* reduction
ernst [ɛrnst] *adj* 1. serious; *~ gemeint* serious, genuine; *~ zu nehmend* serious, to be taken seriously; 2. *(streng)* severe; 3. *(bedenklich)* grave; *adv* seriously
ernst zu nehmend [ˈɛrnst tsu neːmənt] *adj* serious, to be taken seriously
Ernte [ˈɛrntə] *f* 1. *(Tätigkeit)* harvest; 2. *(Ertrag)* crop
Ernteausfälle [ˈɛrntəausfɛlə] *m/pl* crop failures *pl*
eröffnen [ɛrˈœfnən] *v* open; set up
Eröffnung [ɛrˈœfnuŋ] *f* 1. opening; 2. *(Einweihung)* inauguration; 3. *(Mitteilung)* revelation, notification, disclosure
Eröffnungsbilanz [ɛrˈœfnuŋsbilants] *f* opening balance sheet
Eröffnungskurs [ɛrˈœfnuŋskurs] *m* opening price
Eröffnungsrede [ɛrˈœfnuŋsreːdə] *f* opening address
erörtern [ɛrˈœrtərn] *v* discuss, argue, debate
Erörterung [ɛrˈœrtəruŋ] *f* discussion, debate
erpressen [ɛrˈprɛsən] *v jdn* ~ blackmail s.o.
Erpressung [ɛrˈprɛsuŋ] *f* blackmail
erproben [ɛrˈproːbən] *v* test, put to the test
erprobt [ɛrˈproːpt] *adj* tested, reliable
Erprobung [ɛrˈproːbuŋ] *f* test, testing
errechnen [ɛrˈrɛçnən] *v* calculate, work out, compute
erreichbar [ɛrˈraɪçbaːr] *adj* 1. achievable, reachable, attainable, within reach; 2. *(verfügbar)* available
Erreichbarkeit [ɛrˈraɪçbaːrkaɪt] *f* 1. attainability; 2. *(Verfügbarkeit)* availability
erreichen [ɛrˈraɪçən] *v* reach; *(fig)* reach, attain, achieve; *(fig: erlangen)* obtain
errichten [ɛrˈrɪçtən] *v* 1. build, construct, erect; 2. *(gründen)* open, set up, establish

errichtende Umwandlung [ɛrˈrɪçtəndə ˈumvandluŋ] f setting up conversion
Errichtung [ɛrˈrɪçtuŋ] f 1. construction, erection, building; 2. (Gründung) establishment, foundation
Ersatz [ɛrˈzats] m 1. (Vergütung) compensation; 2. (Austauschstoff) substitute, ersatz; 3. (Ersetzendes) replacement, alternative; 4. (Entschädigung) indemnification
Ersatzaktie [ɛrˈzatsaktsjə] f replacement share certificate
Ersatzanspruch [ɛrˈzatsanʃprux] m claim for damages
Ersatzbeschaffung [ɛrˈzatsbəʃafuŋ] f replacement
Ersatzdeckung [ɛrˈzatsdɛkuŋ] f substitute cover
Ersatzinvestition [ɛrˈzatsɪnvɛstitsjoːn] f replacement of capital assets
Ersatzkasse [ɛrˈzatskasə] f (private) health insurance society
Ersatzkauf [ɛrˈzatskauf] m substitute purchase
Ersatzlieferung [ɛrˈzatsliːfəruŋ] f replacement delivery, substitute delivery
Ersatzscheck [ɛrˈzatsʃɛk] m substitute cheque
Ersatzteil [ɛrˈzatstail] n spare part, replacement part
Ersatzüberweisung [ɛrˈzatsyːbərvaisuŋ] f substitute transfer
Erscheinen [ɛrˈʃainən] n (einer Aktie) issuing
erschließbar [ɛrˈʃliːsbaːr] adj (Rohstoffe) exploitable
erschließen [ɛrˈʃliːsən] v irr 1. (Märkte) open up; 2. (Baugelände) develop
Erschließung [ɛrˈʃliːsuŋ] f 1. (Märkte) opening up; 2. (eines Baugeländes) development
Erschließungsbeiträge [ɛrˈʃliːsuŋsbaitrɛːgə] m/pl development costs pl
erschöpfen [ɛrˈʃœpfən] v exhaust; sich in etw ~ to be limited to sth
erschöpft [ɛrˈʃœpft] adj exhausted
erschweren [ɛrˈʃveːrən] v make difficult, complicate; (hemmen) hinder
Erschwernis [ɛrˈʃveːrnɪs] f difficulty, additional burden
Erschwerniszulage [ɛrˈʃveːrnɪstsuːlaːgə] f allowance for aggravating circumstances
erschwinglich [ɛrˈʃvɪŋlɪç] adj attainable, affordable, within one's means
ersetzbar [ɛrˈzɛtsbaːr] adj replaceable
Ersetzbarkeit [ɛrˈzɛtsbaːrkait] f replaceability

ersetzen [ɛrˈzɛtsən] v 1. (austauschen) replace; 2. (entschädigen) compensate for; 3. (Unkosten) reimburse for
ersichtlich [ɛrˈzɪçtlɪç] adj obvious, clear, evident
Ersparnis [ɛrˈʃpaːrnɪs] f savings pl
erstatten [ɛrˈʃtatən] v 1. (Kosten) reimburse; 2. Anzeige ~ file charges; 3. Bericht ~ report
Erstattung [ɛrˈʃtatuŋ] f (Kosten) repayment, refund, reimbursement
Erstausgabe [ˈeːrstausgaːbə] f first edition
Erstausstattung [ˈeːrstausʃtatuŋ] f initial allowance set
ersteigern [ɛrˈʃtaigərn] v buy at an auction
erstellen [ɛrˈʃtɛlən] v (Rechnung, Übersicht) draw up
Erstemission [ˈeːrstemisjoːn] f first issue
Ersterwerb [ˈeːrstɛrvɛrp] m first acquisition
erstklassig [ˈeːrstklasɪç] adj first-class, first-rate, prime
erstrebenswert [ɛrˈʃtreːbənsvɛrt] adj desirable
Erstzulassung [ˈeːrsttsuːlasuŋ] f initial registration
Ersuchen [ɛrˈzuːxən] n request, petition
ersuchen [ɛrˈzuːxən] v request
Ertrag [ɛrˈtraːk] m return, profit, income, proceeds pl, revenue
Ertragfähigkeit [ɛrˈtraːkfɛːɪçkait] f productivity, earning capacity
ertragreich [ɛrˈtraːkraiç] adj productive, profitable, lucrative
ertragsabhängig [ɛrˈtraːksapheŋɪç] adj depending on profits
Ertragsbesteuerung [ɛrˈtraːksbəʃtɔyəruŋ] f tax treatment of yield
Ertragsbeteiligung [ɛrˈtraːksbətailiguŋ] f profit sharing
Ertragsbilanz [ɛrˈtraːksbilants] f statement of earnings
Ertragseinbruch [ɛrˈtraːksainbrux] m profit shrinkage
Ertragsgesetz [ɛrˈtraːksgəzɛts] n law of non-proportional returns
Ertragslage [ɛrˈtraːkslaːgə] f profit situation, profitability
Ertragsrate [ɛrˈtraːksraːtə] f profitability rate
Ertragsrechnung [ɛrˈtraːksrɛçnuŋ] f profit and loss account
Ertragsteuer [ɛrˈtraːkʃtɔyər] f tax on earnings

Ertragswert [ɛrˈtraːksvɛrt] *m* capitalized value

erwägen [ɛrˈvɛːgən] *v irr* consider, think about, ponder

Erwägung [ɛrˈvɛːgʊŋ] *f* consideration; *in ~ ziehen* take into consideration

erwarten [ɛrˈvartən] *v* expect, anticipate

Erwartung [ɛrˈvartʊŋ] *f* expectation, anticipation

Erwartungswert [ɛrˈvartʊŋsvɛrt] *m* anticipation term

Erweiterung [ɛrˈvaitərʊŋ] *f* extension, expansion, distension

erweiterungsfähig [ɛrˈvaitərʊŋsfɛːɪç] *adj* expandable

Erweiterungsinvestition [ɛrˈvaitərʊŋsɪnvɛstitsjoːn] *f* expansion investment

Erwerb [ɛrˈvɛrp] *m (Kauf)* purchase, acquisition

erwerben [ɛrˈvɛrbən] *v irr 1.* acquire, obtain; *2. (durch Arbeit)* earn; *3. (kaufen)* purchase, buy

Erwerbermodell [ɛrˈvɛrbərmɔdɛl] *n* acquirer model

Erwerbsbetrieb [ɛrˈvɛrpsbətriːp] *m* business enterprise

Erwerbseinkommen [ɛrˈvɛrpsainkɔmən] *n* income from gainful employment

Erwerbseinkünfte [ɛrˈvɛrpsainkʏnftə] *pl* business income

erwerbsfähig [ɛrˈvɛrpsfɛːɪç] *adj* able to work, capable of gainful employment, capable of earning a living

Erwerbsfähigkeit [ɛrˈvɛrpsfɛːɪçkait] *f* earning capacity

erwerbslos [ɛrˈvɛrpsloːs] *adj* unemployed

Erwerbslose(r) [ɛrˈvɛrpsloːsə(r)] *f/m* unemployed person

Erwerbsperson [ɛrˈvɛrpspɛrzoːn] *f* gainfully employed person

Erwerbsquote [ɛrˈvɛrpskvoːtə] *f* activity rate

Erwerbssteuer [ɛrˈvɛrpsʃtɔyər] *f* profit tax

erwerbstätig [ɛrˈvɛrpstɛːtɪç] *adj* gainfully employed

Erwerbstätige(r) [ɛrˈvɛrpstɛːtɪgə(r)] *f/m* gainfully employed person

erwerbsunfähig [ɛrˈvɛrpsʊnfɛːɪç] *adj* incapable of gainful employment, incapacitated

Erwerbsunfähigkeit [ɛrˈvɛrpsʊnfɛːɪçkait] *f* physical disability, incapacity to work, disability to earn a living

Erwerbsunfähigkeitsrente [ɛrˈvɛrpsʊnfɛːɪçkaitsrɛntə] *f* pension for general disability

erwerbswirtschaftliches Prinzip [ɛrˈvɛrpsvɪrtʃaftlɪçəs prɪnˈtsiːp] *n* commercial principle

erwirtschaften [ɛrˈvɪrtʃaftən] *v* make a profit, earn

Erwirtschaftung [ɛrˈvɪrtʃaftʊŋ] *f* profit making, earning

erzeugen [ɛrˈtsɔygən] *v 1. (herstellen)* produce, manufacture, make; *2. (hervorrufen)* evoke, bring about, give rise to

Erzeuger [ɛrˈtsɔygər] *m* manufacturer

Erzeugerland [ɛrˈtsɔygərlant] *n* country of origin

Erzeugerpreis [ɛrˈtsɔygərprais] *m* producer price

Erzeugnis [ɛrˈtsɔyknɪs] *n* product

Erziehungsgeld [ɛrˈtsiːʊŋsgɛlt] *n* benefit for a child-raising parent

Erziehungsurlaub [ɛrˈtsiːʊŋsuːrlaup] *m (der Mutter)* maternity leave; *(des Vaters)* paternity leave

Erziehungszeiten [ɛrˈtsiːʊŋstsaitən] *f/pl* child-rearing periods *pl*

erzielen [ɛrˈtsiːlən] *v* achieve, realize, reach

eskomptieren [ɛskɔmpˈtiːrən] *v* discount

etablieren [etaˈbliːrən] *v 1. sich ~* establish o.s., settle down; *2. (geschäftlich)* set up

Etage [eˈtaːʒə] *f* floor, storey

Etat [eˈtaː] *m* budget

Etatkürzung [eˈtaːkʏrtsʊŋ] *f* budget cut

etatmäßig [eˈtaːmɛːsɪç] *adj* budgeted

Ethik [ˈeːtɪk] *f* ethics, morality

Etikett [etiˈkɛt] *n* label, tag

etikettieren [etikɛˈtiːrən] *v* label, tag

Etikettierung [etikɛˈtiːrʊŋ] *f* labelling

etwas bezahlt und Brief (ebB) [ɛtvas bəˈtsaːlt ʊnt ˈbriːf] only some limited sell orders were filled at the current published quotation

etwas bezahlt und Geld (ebG) [ɛtvas bəˈtsaːlt ʊnt ˈgɛlt] only some limited buy orders were filled at the current published quotation

EU-Kommission [eːuːkɔmɪˈsjoːn] *f* Commission of the European Union

EU-Mitgliedsstaat [eːuːˈmɪtgliːtsʃtaːt] *m* EU member state

Euro [ˈɔyro] *m* euro

Euro-Aktienmarkt [ˈɔyroaktsjənmarkt] *m* Euro share market

Euro-Anleihe [ˈɔyroanlaiə] *f* Eurocurrency loans *pl*

Euro-Anleihenmarkt [ˈɔyroanlaiənmarkt] *m* Eurocurrency loan market

Euro-Bank ['ɔyrobaŋk] f Eurobank
Euro-Banknote ['ɔyrobaŋknoːtə] f euro banknote
Euro-Bond ['ɔyrobɔnd] m Eurobond
Euro-Bondmarkt ['ɔyrobɔndmarkt] m Eurobond market
Eurocheque ['ɔyroʃɛk] m Eurocheque
Euro-Devisen ['ɔyrodəvɪːzən] pl Euro currencies pl
Euro-Dollar ['ɔyrodɔlar] m Eurodollar
Euro-Dollarmarkt ['ɔyro'dɔlarmarkt] m Eurodollar market
Euro-Emission ['ɔyroemɪsjoːn] f Euro security issue
Eurogeld ['ɔyrogɛlt] n Eurocurrency
Euro-Geldmarkt ['ɔyrogɛltmarkt] m Eurocurrency market
Euro-Kapitalmarkt ['ɔyrokapitaːlmarkt] m Eurocapital market
Euro-Markenzeichen ['ɔyromarkəntsaɪçən] n Eurobrand
Euromarkt ['ɔyromarkt] m Euromarket
Euronorm ['ɔyronɔrm] f Eurostandard
europäische Börsenrichtlinien [ɔyro-'pɛːɪʃə 'bœrzənrɪçtliːnjən] f/pl European stock exchange guide-lines pl
Europäische Gemeinschaft [ɔyroˈpɛːɪʃə gəˈmaɪnʃaft] f European Community
Europäische Handelsgesellschaft [ɔyroˈpɛːɪʃə ˈhandəlsgəzɛlʃaft] f European trading company
Europäische Investitionsbank [ɔyro-'pɛːɪʃə ɪnvɛstɪˈtsjoːnsbaŋk] f European Investment Bank
Europäische Kommission [ɔyroˈpɛːɪʃə kɔmɪˈsjoːn] f European Commission
europäische Norm [ɔyroˈpɛːɪʃə nɔrm] f European standard specification
Europäische Union [ɔyroˈpɛːɪʃə unˈjoːn] f European Union (EU)
Europäische Währungseinheit (ECU) [ɔyroˈpɛːɪʃə ˈvɛːruŋsaɪnhaɪt] f European Currency Unit (ECU)
Europäische Währungsunion [ɔyroˈpɛːɪʃə ˈvɛːruŋsunjoːn] f European monetary union (EMU)
Europäische Wirtschafts- und Währungsunion [ɔyroˈpɛːɪʃə vɪrtʃafts- unt ˈvɛːruŋsunjoːn] f European Economic and Monetary Union
Europäische Zahlungsunion [ɔyroˈpɛːɪʃə 'tsaːluŋsunjoːn] f European Payments Union
Europäische Zentralbank (EZB) [ɔyroˈpɛːɪʃə tsɛnˈtraːlbaŋk] f European Central Bank

Europäischer Binnenmarkt [ɔyroˈpɛːɪʃər 'bɪnənmarkt] m Internal Market of the European Community
Europäischer Börsenverband [ɔyroˈpɛː-ɪʃər ˈbœrzənfɛrbant] m Federation of European Stock exchanges
Europäischer Entwicklungsfonds [ɔyroˈpɛːɪʃər ɛntˈvɪkluŋsfɔ̃] m European Development Fund (EDF)
Europäischer Fonds für regionale Entwicklung (EFRE) [ɔyroˈpɛːɪʃər fɔ̃ fyːr regjoˈnaːlə ɛntˈvɪkluŋ] m European Regional Development Fund (ERDF)
Europäischer Fonds für Währungspolitische Zusammenarbeit (EFWZ) [ɔyro-'pɛːɪʃər fɔ̃ fyːr ˈvɛːruŋspoliːtɪʃə tsuˈzamənarbaɪt] m European Monetary Cooperation Fund (EMCF)
Europäischer Gerichtshof (EuGH) [ɔyroˈpɛːɪʃər gəˈrɪçtshoːf] m Court of Justice of the European Communities
Europäischer Rat [ɔyroˈpɛːɪʃər raːt] m European Council
Europäischer Rechnungshof (EuRH) [ɔyroˈpɛːɪʃər ˈrɛçnuŋshoːf] m European Court of Auditors
Europäisches Parlament [ɔyroˈpɛːɪʃəs parˈlaˈmɛnt] n European Parliament
Europäisches Patentamt [ɔyroˈpɛːɪʃəs paˈtɛntamt] n European Patent Office
Europäisches Polizeiamt [ɔyroˈpɛːɪʃəs polɪˈtsaɪamt] n European Police Office
Europäisches System der Zentralbanken (ESZB) [ɔyroˈpɛːɪʃəs zʏsˈteːm deːr tsɛn-ˈtraːlbaŋkən] n European System of Central Banks (ESCB)
Europäisches Währungsabkommen [ɔyroˈpɛːɪʃəs ˈvɛːruŋsapkɔmən] n European Monetary Agreement
Europäisches Währungsinstitut [ɔyroˈpɛːɪʃəs ˈvɛːruŋsɪnstituːt] n European Monetary Institute (EMI)
Europäisches Währungssystem (EWS) [ɔyroˈpɛːɪʃəs ˈvɛːruŋszʏsteːm] n European Monetary System (EMS)
Europapatent [ɔyˈroːpapatɛnt] n European patent
Europarat [ɔyˈroːparaːt] m European Council
Euroscheck ['ɔyroʃɛk] m eurocheque
Euroscheckkarte ['ɔyroʃɛkkartə] f eurocheque card
Eurotunnel ['ɔyrotunəl] m Eurotunnel, Channel tunnel, Chunnel *(fam)*

Euro-Währungsgebiet ['ɔyrovɛːruŋsgəbiːt] *n* European currency area
Eventualhaushalt [evɛntuˈaːlhaushalt] *m* contingency budget
Eventualität [evɛntualiˈtɛːt] *f* eventuality
Eventualverbindlichkeit [evɛntuaˈlfɛrbɪndlɪçkaɪt] *f* contingent liability
Evidenzzentrale [eviˈdɛntstsɛntraːlə] *f* information centre
ewige Anleihe ['eːvɪɡə 'anlaɪə] *f* perpetual loan
ewige Rente ['eːvɪɡə 'rɛntə] *f* perpetual annuity
ewige Schuld ['eːvɪɡə 'ʃʊlt] *f* perpetual debt
Examen [ɛˈksaːmən] *n* examination
ex ante [ɛks 'antə] *adj* in prospect
Existenzaufbaudarlehen [ɛksɪsˈtɛntsaufbaudarleːən] *n* business set-up loan
Existenzgründungsförderung [ɛksɪsˈtɛntsgryndunsfœːrdəruŋ] *f* furtherance granted to set up new business
Existenzminimum [ɛksɪsˈtɛntsminimum] *n* subsistence minimum
exklusiv [ɛksklu'ziːf] *adj* exclusive; select; *adv* exclusively
Exklusivrechte [ɛkskluˈziːfrɛçtə] *n/pl* exclusive rights *pl*
Exklusivvertrag [ɛkskluˈziːffɛrtraːk] *m* exclusive distribution contract, exclusive licensing agreement
exogene Variable [ɛksogenə variˈaːblə] *f* exogenous variable
exogenes Geld [ɛksogenəs 'gɛlt] *n* exogenous money base
Exoten [ɛˈksoːtən] *m/pl* highly speculative securities *pl*
Exotenfonds [ɛˈksoːtɔnfɔ̃] *m* securities offered by issuers from exotic countries
expandieren [ɛkspanˈdiːrən] *v* expand
Expansion [ɛkspansˈjoːn] *f* expansion
expansiv [ɛkspanˈziːf] *adj* expansive
Experiment [ɛkspɛrɪˈmɛnt] *n* experiment
experimentell [ɛkspɛrɪmɛnˈtɛl] *adj* experimental
experimentieren [ɛkspɛrɪmɛnˈtiːrən] *v* experiment; *mit etw* ~ experiment with sth; *an etw* ~ experiment on sth
Experte [ɛksˈpɛrtə] *m* expert
Expertenbefragung [ɛksˈpɛrtənbəfraːɡuŋ] *f* expert interview
Expertensystem [ɛksˈpɛrtənzysteːm] *n* expert system

Expertise [ɛkspɛrˈtiːzə] *f* expert assessment, survey
Exponat [ɛkspoˈnaːt] *n* exhibit
Export [ɛksˈpɔrt] *m* export, exportation
Exportartikel [ɛksˈpɔrtartɪkəl] *m* export article
Exportauftrag [ɛksˈpɔrtauftraːk] *m* export order
Exportbeschränkung [ɛksˈpɔrtbəʃrɛŋkuŋ] *f* export restriction
Exportdevisen [ɛksˈpɔrtdəviːzən] *pl* export exchange
Exporteur [ɛkspɔrˈtøːr] *m* exporter
Export-Factoring [ɛksˈpɔrtfæktorɪŋ] *f* export factoring
Exportfinanzierung [ɛksˈpɔrtfɪnantsiːruŋ] *f* financing of exports
Exportförderung [ɛksˈpɔrtfœːrdəruŋ] *f* export promotion
Exportgeschäft [ɛksˈpɔrtɡəʃɛft] *n* export business
Exporthandel [ɛksˈpɔrthandəl] *m* export trade
Exporthilfe [ɛksˈpɔrthɪlfə] *f* export subsidy
exportieren [ɛkspɔrˈtiːrən] *v* export
Exportkontrolle [ɛksˈpɔrtkɔntrɔlə] *f* export control
Exportkredit [ɛksˈpɔrtkrediːt] *m* export credits *pl*
Exportprämie [ɛksˈpɔrtprɛːmjə] *f* export premium
Exportquote [ɛksˈpɔrtkvoːtə] *f* export quota
Exportsubvention [ɛksˈpɔrtsubvɛntsjoːn] *f* export subsidy
Exportüberschuss [ɛksˈpɔrtyːbərʃus] *m* export surplus
Exportware [ɛksˈpɔrtwaːrə] *f* exported articles *pl*
Exportwirtschaft [ɛksˈpɔrtvɪrtʃaft] *f* export trade, export-oriented economy
Expressgut [ɛksˈprɛsɡuːt] *n* express goods *pl*
extern [ɛksˈtɛrn] *adj* external
externe Effekten [ɛksˈtɛrnə eˈfɛktən] *m/pl* external effects
externe Erträge [ɛksˈtɛrnə ɛrˈtrɛːɡə] *m/pl* external income
externes Rechnungswesen [ɛksˈtɛrnəs ˈrɛçnuŋsveːzən] *n* external accounting
Extrapolation [ɛkstrapolaˈtsjoːn] *f* extrapolation
Extremkurs [ɛksˈtreːmkurs] *m* peak quotation
ex Ziehung [ɛks ˈtsiːuŋ] *f* ex drawing

F

Fabrik [fa'bri:k] *f* factory, works *pl*, plant
Fabrikant [fabri'kant] *m* factory owner, manufacturer
Fabrikarbeit [fab'ri:karbaɪt] *f* 1. factory work; 2. *(Erzeugnis)* factory-made goods *pl*
Fabrikarbeiter(in) [fa'bri:karbaɪtər(ɪn)] *m/f* factory worker
Fabrikat [fabri'ka:t] *n* manufactured article, product, make
Fabrikation [fabrika'tsjo:n] *f* manufacture
Fabrikationsfehler [fabrika'tsjo:nsfe:lər] *m* manufacturing defect
Fabrikationskapazität [fabrika'tsjo:nskapatsitɛ:t] *f* manufacturing capacity
Fabrikationskosten [fabrika'tsjo:nskostən] *pl* manufacturing costs *pl*
Fabrikationsrisiko [fabrika'tsjo:nsriziko:] *n* production risk
Fabrikationszweig [fabrika'tsjo:nstsvaɪk] *m* line of production, production line
Fabrikgelände [fa'bri:kgəlɛndə] *n* factory site, factory premises, plant premises
Fabrikhalle [fa'bri:khalə] *f* factory building
fabrikmäßig [fa'bri:kmɛ:sɪç] *adj* industrial
fabrikneu [fa'bri:knɔy] *adj* brand new, sparkling new
Fabriknummer [fa'bri:knumər] *f* serial number
Fabrikpreis [fa'bri:kpraɪs] *m* factory price, manufacturer's price
Fabrikverkauf [fabri:kfɛr'kauf] *m* factory outlet store
Fabrikware [fa'bri:kva:rə] *f* factory product
Fach [fax] *n (Spezialgebiet)* subject, special area
Fachakademie ['faxakade'mi:] *f* specialist college
Fachanwalt ['faxanvalt] *m* specialized lawyer
Fachanwältin ['faxanvɛltɪn] *f* (female) specialized lawyer
Facharbeiter(in) ['faxarbaɪtər(ɪn)] *m/f* skilled worker, craftsman
Fachaufsicht ['faxaufzɪçt] *f* government supervision of certain economic branches
Fachausbildung ['faxausbɪldʊŋ] *f* professional education, specialized training, technical training
Fachausschuss ['faxausʃus] *m* committee of experts, blue ribbon committee *(US)*
Fachausstellung ['faxausʃtɛlʊŋ] *f* trade fair
Fachbereich ['faxbəraɪç] *m* special field, speciality
fachbezogen ['faxbətso:gən] *adj* specialised, technical
Fachbuch ['faxbu:x] *n* technical book
Fachgebiet ['faxgəbi:t] *n* special field; *jds* ~ *sein* to be one's area of expertise
fachgemäß ['faxgəmɛ:s] *adj* skilled, professional, specialized
Fachgeschäft ['faxgəʃɛft] *n* specialty store
Fachgruppe ['faxgrupə] *f* trade group
Fachhandel ['faxhandəl] *m* specialty shops *pl*, specialized trade
Fachhochschule (FH) ['faxho:xʃu:lə] *f* technical college
Fachkenntnis ['faxkɛntnɪs] *f* specialized knowledge
Fachkompetenz ['faxkɔmpetɛnts] *f* expertise
Fachkreis ['faxkraɪs] *m (branchenbezogen)* experts in trade *pl*
Fachlehrgang ['faxle:rgaŋ] *m* technical course, technical training
Fachliteratur ['faxlitəratu:r] *f* specialized literature, technical literature
Fachmann ['faxman] *m* expert, specialist
fachmännisch ['faxmɛnɪʃ] *adj* expert
Fachmesse ['faxmɛsə] *f* trade fair
Fachoberschule ['faxo:bərʃu:lə] *f* specialized upper high school
Fachsprache ['faxʃpra:xə] *f* technical language, technical terminology
Fachwirt(in) ['faxvɪrt(ɪn)] *m/f* Fachwirt (operational specialist)
Fachwörterbuch ['faxvœrtərbu:x] *n* technical term dictionary, specialist dictionary
Fachzeitschrift ['faxtsaɪtʃrɪft] *f* professional journal, technical journal
Factoring ['fɛktərɪŋ] *n* factoring
Fahrgelderstattung ['fa:rgɛltərʃtatʊŋ] *f* reimbursement of travel expenses
Fahrkarte ['fa:rkartə] *f* ticket; *einfache* ~ one-way-ticket
Fahrkosten ['fa:rkɔstən] *pl* travelling expenses *pl*
fahrlässig ['fa:rlɛsɪç] *adj* negligent
Fahrlässigkeit ['fa:rlɛsɪçkaɪt] *f* negligence, carelessness, recklessness

Fahrplan ['faːrplaːn] *m* schedule, timetable
fahrplanmäßig ['faːrplaːnmɛːsɪç] *adj* scheduled; *adv* on schedule, on time
Fahrstuhl ['faːrʃtuːl] *m* lift, elevator *(US)*
Fahrt [faːrt] *f* drive, ride
Fahrtenbuch ['faːrtənbuːx] *n (Auto)* log book
Fahrtenschreiber ['faːrtənʃraɪbər] *m* recording speedometer, tachograph
Fahrverbot ['faːrfɛrboːt] *n (Durchfahrverbot)* no thoroughfare, no entry
Fahrzeug ['faːrtsɔyk] *n* vehicle
Fahrzeugbau ['faːrtsɔykbau] *m* vehicle construction, vehicle production
Fahrzeugbrief ['faːrtsɔykbriːf] *m* vehicle registration (document)
Fahrzeughalter(in) ['faːrtsɔykhaltər(ɪn)] *m/f* vehicle owner
Fahrzeugschein ['faːrtsɔykʃaɪn] *m* motor vehicle certificate
faktischer Konzern ['faktɪʃər kɔn'tsɛrn] *m* de facto group
faktisches Arbeitsverhältnis ['faktɪʃəs 'arbaɪtsfərhɛltnɪs] *n* de facto employer/employee relationship
Faktor ['faktoːr] *m* factor
Faktur [fak'tuːr] *f* invoice
fakturieren [faktu'riːrən] *v* invoice
Fall [fal] *m* case, matter
fällen ['fɛlən] *v (eine Entscheidung ~)* take a decision, make a decision *(US)*
fallieren [fa'liːrən] *v* go bankrupt, become insolvent
fällig ['fɛlɪç] *adj* due, matured, payable; ~ *werden* become due
Fälligkeit ['fɛlɪçkaɪt] *f* maturity
Fälligkeitsdatum ['fɛlɪçkaɪtsdaːtum] *n* due date, maturity date
fälschen ['fɛlʃən] *v* falsify, fake, forge
Falschbuchung ['falʃbuːxuŋ] *f* false entry, fraudulent entry
Falschgeld ['falʃgɛlt] *n* counterfeit money
Falschmeldung ['falʃmɛlduŋ] *f* false report
Fälschung ['fɛlʃuŋ] *f* fake, falsification, forgery
fälschungssicher ['fɛlʃuŋszɪçər] *adj* forgeproof
Faltblatt ['faltblat] *n* leaflet
Faltschachtel ['faltʃaxtəl] *f* folding carton
Falz [falts] *m* fold
falzen ['faltsən] *v* fold
Familienbetrieb [fa'miːljənbətriːp] *m* family-run company

Familiengesellschaft [fa'miːljəngəzɛlʃaft] *f* family-owned company
Familienname [fa'miːljənnaːmə] *m* surname, last name *(US)*
Familienpackung [fa'miːljənpakuŋ] *f* family-size package
Familienstand [fa'miːljənʃtant] *m* marital status
Familienzulage [fa'miːljəntsuːlaːgə] *f* family allowance
Farbabstufung ['farpapʃtuːfuŋ] *f* colour gradation, colour graduation, shade
Farbband ['farpbant] *n* ink ribbon
farbecht ['farpɛçt] *adj* colourfast
Farbfoto ['farpfoːtoː] *n* colour photo
farbig ['farbɪç] *adj* coloured
Farbkopierer ['farpkɔpiːrər] *m* colour copier
Farbkorrektur ['farpkɔrɛktuːr] *f* adjustment in colour
Farbstoff ['farpʃtɔf] *m* colouring, pigment, dye
Fass [fas] *n* barrel, cask, *(kleines)* keg
Fax [faks] *n* fax, facsimile transmission
Faxanschluss ['faksanʃlus] *m* fax line
faxen ['faksən] *v* fax
Faxgerät ['faksgəreːt] *n* fax machine
Faxnummer ['faksnumər] *f* fax number
Faxpapier ['fakspapiːr] *n* fax paper
Fazilität [fatsɪliteːt] *f* credit facility, facility
Fazit ['faːtsɪt] *n* net result; *das ~ aus etw ziehen* sum sth up
federführend ['feːdərfyːrənt] *adj* leading, handling a contract
Federung ['feːdəruŋ] *f* springs *pl,* springiness, elasticity
Fehlbetrag ['feːlbətraːk] *m* deficit, shortfall, shortage
Fehlentscheidung ['feːlɛntʃaɪduŋ] *f* wrong decision
Fehler ['feːlər] *m* 1. mistake, error; 2. *(Defekt)* defect, fault, imperfection
fehlerhaft ['feːlərhaft] *adj* faulty, defective, unsound
fehlerlos ['feːlərloːs] *adj* faultless, flawless
Fehlerquelle ['feːlərkvɛlə] *f* source of error
Fehlerquote ['feːlərkvoːtə] *f* error rate
Fehlfunktion ['feːlfuŋktsjoːn] *f* disfunction, malfunction
Fehlinvestition ['feːlɪnvɛstɪtsjoːn] *f* unprofitable investment
Fehlkalkulation ['feːlkalkulatsjoːn] *f* miscalculation

Fehlkonstruktion ['feːlkɔnstruktsjoːn] *f* misconstruction

Fehlschlag ['feːlʃlaːk] *m* (fig: Misserfolg) failure

fehlschlagen ['feːlʃlaːgən] *v irr* (fig) fail, go wrong

Fehlspekulation ['feːlʃpekulatsjoːn] *f* 1. (in der Branche) wrong speculation; 2. (gescheiterter Plan) wrong assumption

Fehlverhalten ['feːlfɛrhaltən] *n* inappropriate behaviour, lapse

Fehlzeiten ['feːltsaitən] *f/pl* time off; absence

Fehlzeitenquote ['feːltsaitənkvoːtə] *f* absence rate

Feierabend ['faiərabənt] *m* finishing time, quitting time; ~ *machen* finish work, stop working

Feierschicht ['faiərʃɪçt] *f* idle shift

Feiertag ['faiərtaːk] *m* holiday

Feiertagsarbeit ['faiərtaːksarbait] *f* Sunday and Holiday working

feilschen ['failʃən] *v* bargain, haggle, dicker (US)

Feinmechanik ['fainmeçaːnɪk] *f* high-precision engineering

Feldforschung ['fɛltfɔrʃʊŋ] *f* field research

Fensterbriefumschlag ['fɛnstərbriːfumʃlaːk] *m* window envelope

Ferien ['feːrjən] *pl* holidays *pl*, vacation (US)

Ferienjob ['feːrjəndʒɔp] *m* holiday job, vacation job (US)

Fernamt ['fɛrnamt] *n* telephone exchange, trunk exchange, long-distance exchange

Fernbedienung ['fɛrnbədiːnuŋ] *f* remote control

Fernfahrer(in) ['fɛrnfaːrər(ɪn)] *m/f* long-distance lorry driver, long-haul truck driver

ferngelenkt ['fɛrngəlɛŋkt] *adj* remote controlled

Ferngespräch ['fɛrngəʃprɛːç] *n* long-distance call, trunk call

ferngesteuert ['fɛrngəʃtɔyərt] *adj* remote-controlled

Fernkurs ['fɛrnkurs] *m* correspondence course

Fernlehrinstitut ['fɛrnleːrinstituːt] *n* correspondence school

Fernmeldeamt ['fɛrnmɛldəamt] *n* telephone exchange

fernmündlich ['fɛrnmyntlɪç] *adj* by telephone

Fernschreiber ['fɛrnʃraibər] *m* telex, teleprinter

Fernsehen ['fɛrnzeːən] *n* television

Fernsprecher ['fɛrnʃprɛçər] *m* telephone

Fernsteuerung ['fɛrnʃtɔyəruŋ] *f* remote control

Ferntransport ['fɛrntransport] *m* long distance transport

Fernuniversität ['fɛrnuniverziteːt] *f* distance learning institute

Fernverkehr ['fɛrnfɛrkeːr] *m* long distance traffic

Fernwärme ['fɛrnvɛrmə] *f* district heating

fertigen ['fɛrtigən] *v* produce, manufacture

Fertigerzeugnis ['fɛrtiçɛrtsɔyknɪs] *n* finished product

Fertigprodukt ['fɛrtiçprodukt] *n* finished product

Fertigung ['fɛrtiguŋ] *f* manufacture, production, manufacturing

Fertigungsbereich ['fɛrtiguŋsbəraiç] *m* (Branche) manufacturing sector

Fertigungsbetrieb ['fɛrtiguŋsbətriːp] *m* production plant

Fertigungsinsel ['fɛrtiguŋsɪnsəl] *f* group manufacturing

Fertigungskosten ['fɛrtiguŋskɔstən] *pl* production costs *pl*

Fertigungslos ['fɛrtiguŋsloːs] *n* 1. (Kostenrechnung) direct and indirect material; 2. (Fertigung) charge material

Fertigungssteuerung ['fɛrtiguŋsʃtɔyəruŋ] *f* production control

Fertigungsvorbereitung ['fɛrtiguŋsfoːrbəraituŋ] *f* production planning

Fertigungswagnis ['fɛrtiguŋsvaːgnɪs] *n* production risk

fertig verpackt ['fɛrtɪç fɛr'pakt] *adj* already packed, prepacked

Fertigware ['fɛrtiçvaːrə] *f* finished product

Festakt ['fɛstakt] *m* ceremonial act

fest angelegt [fɛst 'angəlɛkt] *adj* tied-up

Festangestellte(r) ['fɛstangəʃtɛltə(r)] *f/m* permanent employee

Festauftrag ['fɛstauftraːk] *m* firm order

Festbetrag ['fɛstbətraːk] *m* fixed amount

Festbewertung ['fɛstbəveːrtuŋ] *f* valuation of assets based on standard values

Festgeld ['fɛstgɛlt] *n* (Rücklagen) fixed deposit

festhalten ['fɛsthaltən] *v irr* detain

Festigkeit ['fɛstɪçkait] *f* (von Preisen, Währung) stability, steadyness, firmness

Festkosten ['fɛstkɔstən] *pl* fixed costs *pl*

Festkurs ['fɛstkurs] *m* (Börse) fixed quotation

festlegen ['fɛstle:gən] *v* 1. set, fix, specify; 2. *(verpflichten)* commit; *sich* ~ commit o.s.
festliegen ['fɛstli:gən] *v irr (Gelder)* to be frozen, to be locked up
Festlohn ['fɛstlo:n] *m* fixed salary, fixed wage
Festplatte ['fɛstplatə] *f (EDV)* hard disk
Festplattenlaufwerk ['fɛstplatənlaufvɛrk] *n (EDV)* hard disk drive
Festpreis ['fɛstprais] *m* fixed price
festsetzen ['fɛstzɛtsən] *v* lay down, fix, determine
Festsetzung ['fɛstzɛtsuŋ] *f* setting, determination
feststehen ['fɛstʃte:ən] *v (Termin)* to be set
festverzinslich ['fɛstfɛrtsɪnslɪç] *adj* fixed-interest bearing
festverzinsliche Wertpapiere ['fɛstfɛrtsɪnslɪçə 'vɛrtpapi:rə] *n/pl* fixed-interest securities *pl*
feuerbeständig ['fɔyərbəʃtɛndɪç] *adj* fire-resistant, fireproof
feuergefährlich ['fɔyərgəfɛ:rlɪç] *adj* flammable, combustible, inflammable
Feuermelder ['fɔyərmɛldər] *m* fire alarm
Feuerwehrfonds ['fɔyərwe:rfɔ̃] *m* fire-fighting fund
Fiasko ['fjasko] *n* fiasco
Filialbetrieb [fil'ja:lbətri:p] *m* branch operation; chain store
Filiale [fil'ja:lə] *f* branch, branch office
Filialgeschäft [fil'ja:lgəʃɛft] *n* branch store
Filialleiter(in) [fil'ja:llaɪtər(ɪn)] *m/f* branch manager
Filter ['fɪltər] *m/n* filter
Filzstift ['fɪltsʃtɪft] *m* felt-tip pen
Finanzamt [fɪ'nantsamt] *n* inland revenue, tax office
Finanzanlage [fɪ'nantsanla:gə] *f* financial investment
Finanzausgleich [fɪ'nantsausglaɪç] *m* tax revenue sharing
Finanzbeamter [fɪ'nantsbəamtər] *m* revenue official
Finanzbeamtin [fɪ'nantsbəamtɪn] *f* (female) revenue official
Finanzbuchhaltung [fɪ'nantsbu:xhaltuŋ] *f* financial accounting
Finanzdienstleistungen [fɪ'nantsdi:nstlaɪstuŋən] *f/pl* financial services *pl*
Finanzen [fɪ'nantsən] *pl* finances *pl*
Finanzexperte [fɪ'nantsɛkspɛrtə] *m* financial expert

Finanzgeschäft [fɪ'nantsgəʃɛft] *n* financing
Finanzgruppe [fɪ'nantsgrupə] *f* group of financiers
Finanzhoheit [fɪ'nantsho:haɪt] *f* financial autonomy
finanziell [fɪnan'tsjɛl] *adj* financial
finanzielle Mittel [fɪnan'tsjɛlə 'mɪtəl] *f* financial resources *pl*, funds *pl*
finanzielles Gleichgewicht [fɪnan'tsjɛləs 'glaɪçgəwɪçt] *n* financial equilibrium
Finanzier [fɪnan'tsje:] *m* financier
finanzieren [fɪnan'tsi:rən] *v* finance
Finanzierungsart [fɪnan'tsi:ruŋsart] *f* financing type, type of financing
Finanzierungsgesellschaft [fɪnan'tsi:ruŋsgəzɛlʃaft] *f* finance company
Finanzierungshilfe [fɪnan'tsi:ruŋshɪlfə] *f* financing aid
Finanzierungskosten [fɪnan'tsi:ruŋskɔstən] *pl* financing costs *pl*
Finanzimperium [fɪ'nantsɪmpe:rium] *n* financial empire
finanzkräftig [fɪ'nantskrɛftɪç] *adj* financially strong, financially sound
Finanzkrise [fɪ'nantskri:zə] *f* financial crisis
Finanzlage [fɪ'nantsla:gə] *f* financial state, financial situation
Finanzloch [fɪ'nantslɔx] *n* fiscal gap
Finanzmanagement [fɪ'nantsmɛnɪtʃmənt] *n* financial management
Finanzmärkte [fɪ'nantsmɛrktə] *m/pl* financial markets *pl*
Finanzminister(in) [fɪ'nantsmɪnɪstər(ɪn)] *m/f* Finance Minister, Chancellor of the Exchequer *(UK)*, Secretary of the Treasury *(US)*
Finanzplan [fɪ'nantspla:n] *m* financing scheme, budget scheme
Finanzplatz [fɪ'nantsplats] *m* financial centre
Finanzpolitik [fɪ'nantspoliti:k] *f* financial policy, fiscal policy
finanzpolitisch [fɪ'nantspoliti:ʃ] *adj* of fiscal policy
Finanzschulden [fɪ'nantsʃuldən] *f/pl* corporate borrowings *pl*
finanzschwach [fɪ'nantsʃvax] *adj* financially weak
Finanzspritze [fɪ'nantsʃprɪtsə] *f (fam)* cash injection
Finanzverwaltung [fɪ'nantsfɛrvaltuŋ] *f* finance administration
Finanzwesen [fɪ'nantsve:zən] *n* finance
Finanzzoll [fɪ'nantstsɔl] *m* revenue tariff

Firma ['fɪrma] f firm, company; *die ~ Coors* the Coors company
Firmenbeständigkeit ['fɪrmənbəʃtendiçkait] f company stability
Firmenchef(in) ['fɪrmənʃef(ɪn)] m/f head of the firm, head of the company
Firmeninhaber(in) ['fɪrmənɪnha:bər(ɪn)] m/f owner of the firm, owner of the company
Firmenkundengeschäft ['fɪrmənkundəngəʃeft] n wholesale banking
Firmenname ['fɪrmənna:mə] m firm name, company name
Firmenöffentlichkeit ['fɪrmənœfəntliçkait] f public relations of the company
Firmenregister ['fɪrmənregɪstər] n register of companies
Firmenschild ['fɪrmənʃɪlt] n company name-plate
Firmenstempel ['fɪrmənʃtempəl] m company stamp
Firmenwagen ['fɪrmənva:gən] m company car
Firmenwahrheit ['fɪrmənva:rhait] f company truth
Firmenwert ['fɪrmənve:rt] m goodwill
Fischerei [fɪʃə'rai] f fishing
fiskalisch [fɪs'ka:lɪʃ] adj fiscal
Fiskus ['fɪskus] m treasury, fiscal authorities pl, Exchequer (UK)
Fixer(in) ['fɪksər(ɪn)] m/f bear seller
Fixkosten ['fɪkskɔstən] pl fixed costs pl
Fixkostendeckungsrechnung ['fɪkskɔstəndekuŋsreçnuŋ] f analysis of fixed-cost allocation
Fixkostendegression ['fɪkskɔstəndegresjo:n] f fixed cost degression
Fixpreis ['fɪkspraɪs] m fixed price
Flächenmaße ['fleçənma:sə] n/pl square measurement
Flaggendiskriminierung ['flagəndiskrimini:ruŋ] f discrimination of flags
Flaute ['flautə] f slump, recession, slackness
Fleiß [flais] m diligence, industry, assiduousness
fleißig ['flaisiç] adj diligent, hard-working, industrious
flexibel [flɛk'si:bəl] adj flexible
Flexibilität [flɛksibili'tɛ:t] f flexibility, versatility
flexible Altersgrenze [flɛk'si:blə 'altərsgrentsə] f flexible age limit
flexible Plankostenrechnung [flɛk'si:blə 'pla:nkɔstənreçnuŋ] f flexible budgeting

flexible Wechselkurse [flɛk'si:blə 'vɛksəlkursə] m/pl flexible currency rates pl
Fließband ['fli:sbant] n conveyor belt; *(als Einrichtung)* assembly line
Fließbandarbeiter(in) ['fli:sbantarbaitər(ɪn)] m/f assembly line worker
Fließfertigung ['fli:sfertiguŋ] f continuous flow production
Floor [flo:r] m floor
Floppydisk ['flɔpidɪsk] f floppy disk
Flugblatt ['flu:kblat] n leaflet, handbill
Flugdauer ['flu:kdauər] f duration of the flight, flight duration
Fluggesellschaft ['flu:kgəzɛlʃaft] f airline
Flughafen ['flu:kha:fən] m airport
Fluglinie ['flu:kli:njə] f 1. *(Strecke)* air route; 2. *(Fluggesellschaft)* airline
Flugplan ['flu:kpla:n] m flight schedule, timetable
Flugverkehr ['flu:kverke:r] m air traffic
Flugzeug ['flu:ktsɔyk] n airplane, plane, aircraft
Flugzeugbau ['flu:ktsɔykbau] m aircraft construction
Fluktuation [fluktua'tsjo:n] f fluctuation
fluktuieren [fluktu'i:rən] v fluctuate
Flussbild ['flusbɪlt] n flow chart
Folgekosten ['fɔlgəkɔstən] pl consequential costs pl
Folie ['fo:ljə] f foil
folienverpackt ['fo:ljənferpakt] adj in foil packaging
Fonds [fõ] m fund
forcieren [fɔr'si:rən] v force
Förderanlage ['færdəranla:gə] f transporting plant, transporting equipment, transporter
Förderband ['færdərbant] n conveyor belt
Fördermenge ['færdərmeŋə] f output, transporting capacity, conveying capacity, hauling capacity
Forderung ['fɔrdəruŋ] f *(Geldforderung)* claim, debt
Form [fɔrm] f 1. form, shape; *zu großer ~ auflaufen* to be in great shape; 2. *(Gussform)* mould, casting mould, mold (US)
Formalität [fɔrmali'tɛ:t] f formality
Format [fɔr'ma:t] n *(Maß)* format, shape, size
formatieren [fɔrma'ti:rən] v format
Formatierung [fɔrma'ti:ruŋ] f formatting
formbeständig ['fɔrmbəʃtendiç] adj shape-retaining
Formblatt ['fɔrmblat] n form
Formel ['fɔrməl] f formula
Formfehler ['fɔrmfe:lər] m irregularity

Formkaufmann ['fɔrmkaufman] *m* association on which the law confers the attributes of a merchant, regardless of the object of its business

formlos ['fɔrmloːs] *adj* (fig) informal, unconventional, unceremonious; *adv* (fig) informally

Formsache ['fɔrmzaxə] *f* mere formality

Formular [fɔrmuˈlaːr] *n* form

Formvorschriften ['fɔrmfoːrʃrɪftən] *f/pl* formal requirements *pl*

Formwechsel ['fɔrmvɛksəl] *m* modification

forschen ['fɔrʃən] *v* (wissenschaftlich) research

Forscher ['fɔrʃər] *m* (wissenschaftlicher ~) researcher, research scientist

Forschung ['fɔrʃʊŋ] *f* research, study, investigation

Forschung & Entwicklung (F & E) ['fɔrʃʊŋ ʊnt ɛntˈvɪklʊŋ] *f* research and development (R & D)

Forschungsauftrag ['fɔrʃʊŋsauftraːk] *m* research assignment

Forschungsinstitut ['fɔrʃʊŋsɪnstituːt] *n* research institute

Forschungslabor ['fɔrʃʊŋslaboːr] *n* research laboratory

Forschungszentrum ['fɔrʃʊŋstsɛntrʊm] *n* research centre

Fortbildung ['fɔrtbɪldʊŋ] *f* further education, advanced training

Fortschritt ['fɔrtʃrɪt] *m* progress, advancement

fortschrittlich ['fɔrtʃrɪtlɪç] *adj* progressive

Foto ['foːto] *n* photograph, picture, photo; **~-Handy** (mobile) camera phone

Foto-CD [foːtoːseːdeː] *f* photo CD

Fotografie [foːtograˈfiː] *f* photography

fotografieren [foːtograˈfiːrən] *v* photograph

Fotokopie [foːtokoˈpiː] *f* photocopy

fotokopieren [foːtokoˈpiːrən] *v* photocopy, make a photocopy

Fotokopierer [foːtokoˈpiːrər] *m* copier, photocopier, copying machine

Fracht [fraxt] *f* 1. (Preis) freight; 2. (Ware) cargo, freight

Fracht nach Gewicht oder Maß (w/m) ['fraxt naːç gəˈvɪçt oːdər ˈmaːs] freight per weight or measurement (w/m)

Fracht vorausbezahlt (frt. pp.) ['fraxt foˈrausbətsaːlt] freight prepaid (frt. pp.)

Frachtbasis ['fraxtbaːzɪs] *m* freight basis

Frachtbrief ['fraxtbriːf] *m* consignment note, bill of lading

Frachtbuchung ['fraxtbuːxʊŋ] *f* freight booking

Frachter ['fraxtər] *m* cargo ship, freighter

frachtfrei ['fraxtfraɪ] *adj* freight paid, carriage paid

Frachtführer ['fraxtfyːrər] *m* carrier, bailor

Frachtgut ['fraxtguːt] *n* freight, freight goods *pl*

Frachtkosten ['fraxtkɔstən] *pl* freightage, freight charges *pl*, carrying charges *pl*

Frachtnachnahme (frt. fwd) ['fraxtnaːxnaːmə] *f* freight forward (frt. fwd.)

Frachtraum ['fraxtraum] *m* cargo compartment

Frachtschiff ['fraxtʃɪf] *n* freighter

Frachtzettel (w/b) ['fraxttsetəl] *m* freight bill (w/b)

Fragebogen ['fraːgəboːgən] *m* questionnaire

frei [fraɪ] *adj* (kostenlos) free, complimentary, gratis, free of charge

frei an Bord (f.o.b.) ['fraɪ an 'bɔrt] *adj* free on board (f.o.b.)

frei an Bord im Hafen (f.b.h.) ['fraɪ an 'bɔrt ɪm 'haːfən] *adj* free on board harbor (f.b.h.)

frei Bahnhof (f.o.r.) ['fraɪ 'baːnhoːf] *adj* free on board railroad station (f.o.r.)

frei Längsseite Schiff (f.a.s.) ['fraɪ 'lɛŋszaɪtə 'ʃɪf] *adj* free alongside ship (f.a.s.)

frei Schiff (f.o.s.) ['fraɪ 'ʃɪf] *adj* free on steamer (f.o.s.)

frei von jeder Beschädigung (f.a.a.) ['fraɪ fɔn 'jeːdər bəˈʃɛːdɪgʊŋ] *adj* free of all average (f.a.a.)

frei von Teilbeschädigung (f.p.a.) ['fraɪ fɔn 'taɪlbəfəˈdɪgʊŋ] *adj* free of particular average (f.p.a.)

frei Waggon (f.o.t.) ['fraɪ vaˈgɔŋ] *adj* free on truck (f.o.t.)

freiberuflich ['fraɪbəruːflɪç] *adj* self-employed, freelance; *adv* freelance

Freibetrag ['fraɪbətraːk] *m* tax allowance, tax-exempt amount

freibleibend ['fraɪblaɪbənt] *adj* subject to confirmation, not binding, subject to change without notice

freie Ein- und Ausladung (f.i.o.) ['fraɪə 'aɪn ʊnt 'auzlaːdʊŋ] *f* free in and out (f.i.o.)

freie Güter ['fraɪə gyːtər] *n/pl* free goods

freie Marktwirtschaft ['fraɪə 'marktvɪrtʃaft] *f* free market economy

freie(r) Mitarbeiter(in) ['fraɪə(r) 'mɪtarbaɪtər(ɪn)] m/f freelance

freier Beruf ['fraɪər bəˈruːf] m liberal profession

Freihandel ['fraɪhandəl] m free trade, over-the-counter trade

Freihandelszone ['fraɪhandəlstsoːnə] f free trade zone

freihändig ['fraɪhɛndɪç] adv *(Verkauf)* directly, in the open market, over the counter *(US)*

freimachen ['fraɪmaxən] v *(frankieren)* stamp

Freizeit ['fraɪtsaɪt] f free time, spare time, leisure time

Freizone ['fraɪtsoːnə] f free zone

Fremdfinanzierung ['frɛmtfɪnantsiːruŋ] f outside financing, debt financing

Fremdkapital ['frɛmtkapitaːl] n borrowed capital, debt capital

Fremdleistung ['frɛmtlaɪstuŋ] f outside services pl

Fremdsprache ['frɛmtʃpraːxə] f foreign language

fremdsprachig ['frɛmtʃpraːxɪç] adj in a foreign language, foreign-language

Fremdverschulden ['frɛmtfɛrʃuldən] n third-party fault

Fremdwährungswechsel ['frɛmtvɛːruŋsvɛksəl] m foreign currency bill

Friedenspflicht ['friːdənspflɪçt] f peace-keeping duty

Frist [frɪst] f period, *(äußerste ~)* deadline, time span, time limit

Frühinvalide ['fryːɪnvaliːdə] m person disabled before retirement age

Frührentner(in) ['fryːrɛntnər(ɪn)] m/f person taking early retirement

Frühschicht ['fryːʃɪçt] f early shift

Frühstückskartelle ['fryːʃtykskarˈtɛlə] n/pl gentlemen's agreements pl

führen ['fyːrən] v 1. lead, direct, guide; 2. *(leiten)* manage, lead, run; 3. *(Ware)* carry; *Verhandlungen ~* negotiate; *eine Liste ~* keep a list

Fuhrpark ['fuːrpark] m fleet

Führung ['fyːruŋ] f 1. *(Leitung)* control, management, leadership; 2. *(Benehmen)* behaviour, conduct

Führungshierarchie ['fyːruŋshierarçiː] f managerial hierarchy

Führungsinformationssystem ['fyːruŋsɪnfɔrmatsjoːnssysteːm] n management information system

Führungskraft ['fyːruŋskraft] f manager, executive

Führungsposition ['fyːruŋspositsjoːn] f management position

Führungsstil ['fyːruŋsʃtiːl] m management style, leadership style

Führungstechniken ['fyːruŋstɛçnikən] f/pl management techniques pl

Führungswechsel ['fyːruŋsvɛksəl] m change in leadership

Führungszeugnis ['fyːruŋstsɔyknɪs] n certificate of conduct

Fuhrunternehmen ['fuːrʊntɐrneːmən] n haulage company, trucking company *(US)*

Fuhrunternehmer ['fuːrʊntɐrneːmər] m haulage contractor, carrier

Füllmaterial ['fylmaterjaːl] n filler

fungieren [fʊŋˈɡiːrən] v *~ als* function as, act as

Funkanlage ['fʊŋkanlaːɡə] f radio equipment, radio set

Funkstörung ['fʊŋkʃtøːruŋ] f radio interference

Funktion [fʊŋkˈtsjoːn] f function; *beratende ~* advisory function

funktional [fʊŋktsjoˈnaːl] adj functional

Funktionalorganisation [fʊŋktjoˈnaːlɔrganisatsjoːn] f functional organization

Funktionär [fʊŋktsjoˈnɛːr] m functionary

funktionell [fʊŋktsjoˈnɛl] adj functional

funktionieren [fʊŋktjoˈniːrən] v function, work, operate; *Dieses Gerät funktioniert nicht.* This device doesn't work.

funktionstüchtig [fʊŋkˈtsjoːnstyçtɪç] adj efficient, functional

Funktionsmanager [fʊŋkˈtsjoːnsmænædʒər] m functional manager

für Konto (a/c) [fyːr ˈkɔntoː] f account current (a/c)

Fürsorgepflicht des Arbeitgebers ['fyːrzɔrɡəpflɪçt dɛs ˈarbaɪtɡeːbərs] f employer's duty of care

Fürsprache ['fyːrʃpraːxə] f *~ für jdn einlegen* put in a good word for s.o.

Fürsprecher ['fyːrʃprɛçər] m advocate, interceder, intercessor

Fusion [fuˈzjoːn] f merger

fusionieren [fuzjoˈniːrən] v merge, consolidate

Fusionsbilanz [fuzˈjoːnsbilants] f merger balance sheet

Fusionsvertrag [fuˈzjoːnsfɛrtraːk] m merger agreement

Futures ['fjuːtʃərs] pl futures pl

G

Gage ['gaːʒə] f salary
galoppierend [galo'piːrənt] adj (Preise, Kurse) galloping, runaway
galoppierende Inflation [galo'piːrəndə inflaˈtsjoːn] f galloping inflation
gängig ['gɛŋɪç] adj (gut verkaufbar) marketable
Gängigkeit ['gɛŋɪçkaɪt] f marketability
ganzjährig ['gantsjɛːrɪç] adj all year (round), twelvemonth
ganztägig ['gantstɛːgɪç] adj all day
Ganztagsbeschäftigung ['gantstaːksbəʃɛftɪgʊŋ] f full time job
Gap-Analyse [ˈgæpanalyːzə] f gap analysis
Garant [ga'rant] m (Bürge) guarantor
Garantie [garanˈtiː] f 1. guaranty, guarantee; 2. warranty
Garantieanspruch [garanˈtiːanʃprʊx] m warranty claim, claim under warranty
Garantiebedingung [garanˈtiːbədɪŋʊŋ] f term of a guarantee
Garantiefonds [garanˈtiːfõ] m guaranty fund
Garantiegeschäft [garanˈtiːgəʃɛft] n guaranty business
Garantiehaftung [garanˈtiːhaftʊŋ] f liability for breach of warranty
Garantiekapital [garanˈtiːkapitaːl] n capital serving as a guarantee
Garantiekarte [garanˈtiːkartə] f certificate of warranty
Garantiekonsortium [garanˈtiːkɔnzɔrtsjʊm] n underwriting syndicate
Garantieleistung [garanˈtiːlaɪstʊŋ] f providing of guarantee
Garantiertes Gewicht (w.g.) [garanˈtiːrtəs gəˈvɪxt] n weight guaranteed (w.g.)
Garantiestempel [garanˈtiːʃtɛmpəl] m warranty stamp
Garantieverpflichtung [garanˈtiːfɛrpflɪçtʊŋ] f guarantee obligation
Garantiewechsel [garanˈtiːvɛksəl] m security bill
Garantiezeit [garanˈtiːtsaɪt] f guarantee
GATT [gat] (Allgemeines Zoll- und Handelsabkommen) General Agreement on Tariffs and Trade (GATT)
Gattungskauf ['gatʊŋskauf] m sale by description
Gattungsschuld ['gatʊŋsʃʊlt] f obligation to supply certain articles
Gattungsvollmacht ['gatʊŋsfɔlmaxt] f generic power
Gebietsansässiger [gəˈbiːtsanzɛsɪgər] m resident
Gebietsfremder [gəˈbiːtsfrɛmdər] m non-resident
Gebietskartell [gəˈbiːtskartɛl] n market sharing cartel
Gebietskörperschaft [gəˈbiːtskœrpərʃaft] f regional authority
Gebietsleiter(in) [gəˈbiːtslaɪtər(ɪn)] m/f regional manager
Gebietsvertreter [gəˈbiːtsfɛrtreːtər] m area representative
gebietsweise [gəˈbiːtsvaɪzə] adj regionally, locally
Gebilde [gəˈbɪldə] n entity
geborene Orderpapiere [gəˈboːrənə ˈɔrdərpaːpiːrə] n/pl original order papers pl; instruments to order by law pl
Gebot [gəˈboːt] n (Vorschrift) rule
Gebrauchsanweisung [gəˈbrauxsanvaɪzʊŋ] f instructions pl, instructions for use pl
Gebrauchsartikel [gəˈbrauxsartɪkəl] m/pl utility articles pl, durable consumer goods pl
gebrauchsfertig [gəˈbrauxsfɛrtɪç] adj ready for use
Gebrauchsgüter [gəˈbrauxsgyːtər] n/pl durable consumer goods pl
Gebrauchsmuster [gəˈbrauxsmʊstər] n utility-model patent
Gebrauchsschutz [gəˈbrauxsʃʊts] m protection of patents
Gebrauchswert [gəˈbrauxsvɛrt] m value in use
Gebrauchtwagen [gəˈbrauxtvaːgən] m used car
Gebrauchtwaren [gəˈbrauxtvaːrən] f/pl second-hand articles pl
gebrochene Preise [gəˈbrɔxənə ˈpraɪzə] m/pl odd prices pl
gebrochener Schluss [gəˈbrɔxənər ʃlʊs] m odd lot
Gebrüder [gəˈbryːdər] pl Brothers pl
Gebühr [gəˈbyːr] f fee
Gebührenerhöhung [gəˈbyːrənɛrhøːʊŋ] f increase in fees
Gebührenerlass [gəˈbyːrənɛrlas] m remission of fees

gebührenfrei [gə'by:rənfraɪ] *adj* free of charge
gebührenpflichtig [gə'by:rənpflɪçtɪç] *adj* liable to charge
Gebührensatz [gə'by:rənzats] *m* rate
gebundene Währung [gə'bundənə 'vɛ:ruŋ] *f* linked currency
Geburtsdatum [gə'burtsda:tum] *n* date of birth
Geburtsort [gə'burtsɔrt] *m* place of birth
Geburtstag [gə'burtsta:g] *m* birthday
gedeckt [gə'dɛkt] *adj* (*Scheck*) covered
gedeckter Kredit [gə'dɛktər krə'di:t] *m* covered credit
gedeckter Scheck [gə'dɛktər ʃɛk] *m* covered cheque
gedeihen [gə'daɪən] *v irr* (*Umsätze*) prosper, flourish
gediehen [gə'di:ən] *adj* good-quality, solid (-quality)
gedrückt [gə'drykt] *adj* (*Kurse*) depressed
geeignet [gə'aɪgnət] *adj* suitable, proper
Gefahr [gə'fa:r] *f* risk, peril, danger
Gefahrenbereich [gə'fa:rənbəraɪç] *m* danger area, danger zone
Gefahrenherd [gə'fa:rənhert] *m* source of trouble
Gefahrenmoment [gə'fa:rənmo:mɛnt] *n* hazard, risk
Gefahrenzulage [gə'fa:rəntsu:la:gə] *f* danger money
Gefahrgüter [gə'fa:rgy:tər] *n/pl* hazardous materials *pl*
Gefahrgütertransport [gə'fa:rgy:tərtransport] *m* transport of hazardous materials
gefährlich [gə'fɛ:rlɪç] *adj* dangerous
Gefahrübergang [gə'fa:ry:bərgaŋ] *m* passage of risk
gefahrvoll [gə'fa:rfɔl] *adj* dangerous, risky
Gefälligkeitsakzept [gə'fɛlɪçkaɪtsaktsɛpt] *n* accommodation acceptance
Gefälligkeitsgiro [gə'fɛlɪçkaɪtsʃi:ro] *n* accommodation endorsement
Gefälligkeitsvertrag [gə'fɛlɪçkaɪtsfertra:k] *m* accomodation contract, accomodation agreement
gefälscht [gə'fɛlʃt] *adj* counterfeit, forged, fake
gefälschter Scheck [gə'fɛlʃtər ʃɛk] *m* forged cheque
gefragt [gə'fra:kt] *adj* (*Ware*) (much) in demand, sought after
gegen Akkreditiv ['ge:gən akrɛdi'ti:f] against letter of credit
gegen Barzahlung ['ge:gən 'ba:rtsa:luŋ] against cash
gegen Bezahlung ['ge:gən bə'tsa:luŋ] for (ready) money
gegen Nachnahme ['ge:gən 'na:xna:mə] cash on delivery
Gegenakkreditiv ['ge:gənakrɛditi:f] *n* back-to-back letter of credit
Gegenangebot ['ge:gɛnaŋgəbo:t] *n* counter offer
Gegenbuchung ['ge:gənbu:xuŋ] *f* counter entry
Gegenentwurf ['ge:gənɛntvurf] *m* counter project, alternative (project)
Gegenforderung ['ge:gənfɔrdəruŋ] *f* counterclaim
Gegengeschäft ['ge:gəngəʃɛft] *n* countertrade, counterdeal, back-to-back transaction
Gegenleistung ['ge:gənlaɪstuŋ] *f 1.* return; *2.* (*wirtschaftlich*) valuable consideration
Gegenmaßnahmen ['ge:gənma:sna:mən] *f/pl* countermeasures *pl*
Gegenposten ['ge:gənpɔstən] *m* contra entry
Gegenquittung ['ge:gənkvɪtuŋ] *f* counterreceipt
Gegenrechnung ['ge:gənrɛçnuŋ] *f* contra account, check account, counterclaim
Gegensaldo ['ge:gənzaldo] *m* counterbalance
gegenseitiger Vertrag ['ge:gənsaɪtɪgər fɛr'tra:k] *m* reciprocal contract
Gegenseitigkeitsabkommen ['ge:gənzaɪtɪçkaɪtsapkɔmən] *n* reciprocal (trade) agreement
Gegenseitigkeitsklausel ['ge:gənzaɪtɪçkaɪtsklauzəl] *f* reciprocity clause
Gegenstromverfahren ['ge:gənʃtro:mferfa:rən] *n* mixed top-down/bottom-up planning system
Gegenwartswert ['ge:gənvartsvert] *m* present value
Gehalt [gə'halt] *n* salary
Gehaltsabrechnung [gə'haltsapreçnuŋ] *f* salary statement
Gehaltsabzug [gə'haltsaptsu:k] *m* deduction from salary
Gehaltserhöhung [gə'haltserhø:uŋ] *f* salary raise, pay raise
Gehaltsforderung [gə'haltsfɔrdəruŋ] *f* salary claim
Gehaltskonto [gə'haltskɔnto] *n* salary account
Geheimkonferenz [gə'haɪmkɔnferɛnts] *f* secret conference

Geheimkonto [gə'haɪmkɔnto] *n* secret account

Geheimvertrag [gə'haɪmfɛrtra:k] *m* secret treaty

gekreuzter Scheck [gə'krɔʏtstər ʃɛk] *m* crossed cheque

Geld [gɛlt] *n* money

Geldabfindung ['gɛltapfɪndʊŋ] *f* compensation, monetary compensation

Geldakkord ['gɛltakɔrt] *m* money piece rate

Geldangebot ['gɛltangəbo:t] *n* supply of money

Geldanlage ['gɛltanla:gə] *f* investment

Geldanleihe ['gɛltanlaɪə] *f* loan

Geldbasis ['gɛltba:zɪs] *f* monetary base

Geldbasiskonzept ['gɛltba:zɪskɔntsɛpt] *n* monetary base principle

Geldbetrag ['gɛltbətra:k] *m* amount of money

Geldbörse ['gɛltbœrzə] *f* money market

Gelddeckung ['gɛltdɛkʊŋ] *f* sum total of liquid funds

Gelddisposition ['gɛltdɪspozɪtsjo:n] *f* money operations; cash management

Geldeingang ['gɛltaɪngaŋ] *m* receipt of money

Geldeinlage ['gɛltaɪnla:gə] *f* investments *pl*, invested capital

Geldexport ['gɛltɛkspɔrt] *m* money export

Geldfaktor ['gɛltfaktoːr] *m* monetary factor

Geldforderung ['gɛltfɔrdərʊŋ] *f* outstanding debt, moneyclaim

Geldfrage ['gɛltfra:gə] *f* financial matter

Geldfunktionen ['gɛltfʊŋktsjo:nən] *f/pl* functions of money *pl*

Geldgeber(in) ['gɛltge:bər(ɪn)] *m/f* sponsor

Geldgeschäft ['gɛltgəʃɛft] *n* 1. *(Vorgang)* money transaction, financial transaction; 2. *(Branche)* financial business, banking business

Geldhaltung ['gɛlthaltʊŋ] *f* money management

Geldherrschaft ['gɛlthɛrʃaft] *f* plutocracy

Geldimport ['gɛltɪmpɔrt] *m* money import

Geldkapital ['gɛltkapita:l] *n* monetary capital

Geldkreislauf ['gɛltkraɪslauf] *m* money circulation, money circuit

Geldkrise ['gɛltkri:zə] *f* monetary crisis

Geldkurs ['gɛltkurs] *m* buying rate, bid price, demand price, money rate

Geldleistung ['gɛltlaɪstʊŋ] *f* payment

Geldlohn ['gɛltlo:n] *m* money wage

Geldmacherei ['gɛltmaxəraɪ] *f* money-making

Geldmacht ['gɛltmaxt] *f* financial power

Geldmarkt ['gɛltmarkt] *m* money market

Geldmarktfonds ['gɛltmarktfõː] *m* money market funds *pl*

Geldmarktkonto ['gɛltmarktkɔnto] *n* money market account

Geldmarktkredit ['gɛltmarktkredi:t] *m* money market credit

Geldmarktpapier ['gɛltmarktpapiːr] *n* money market securities *pl*

Geldmarktpolitik ['gɛltmarktpoliti:k] *f* money market policy

Geldmarktsatz ['gɛltmarktzats] *m* money market rate

Geldmenge ['gɛltmɛŋə] *f* money supply, monetary supply

Geldmengenziel ['gɛltmɛŋəntsiːl] *n* money supply target

Geldnachfrage ['gɛltna:xfra:gə] *f* demand for money

Geldnutzen ['gɛltnʊtsən] *m* utility of funds

Geldpolitik ['gɛltpoliti:k] *f* monetary policy

Geldrechnung ['gɛltrɛçnʊŋ] *f* cash basis of accounting

Geldsatz ['gɛltzats] *m* money rate

Geldschleier ['gɛltʃlaɪər] *m* veil of money

Geldschöpfung ['gɛltʃœpfʊŋ] *f* creation of money

Geldschöpfungsmultiplikator ['gɛltʃœpfʊŋsmʊltiplika:tor] *m* money creation ratio

Geldsog ['gɛltzo:k] *m* money drain, drain of money

Geldsortiermaschine ['gɛltsɔrtiːrmaʃiːnə] *f* money sorting machine

Geldstrafe ['gɛltʃtra:fə] *f* fine

Geldstromanalyse ['gɛltʃtro:manalyːzə] *f* flow-of-funds analysis

Geldsubstitut ['gɛltzupstitu:t] *n* money substitute

Geldsurrogate ['gɛltzuroga:tə] *n/pl* substitute money

Geldüberhang ['gɛlty:bərhaŋ] *m* excessive supply of money

Geldüberweisung ['gɛlty:bərvaɪzʊŋ] *f* money transfer, transfer of money

Geldumlauf ['gɛltʊmlauf] *m* money circulation, money circuit

Geldumlaufsgeschwindigkeit ['gɛltʊmlaufsgəʃvɪndɪçkaɪt] *f* velocity of circulation of money

Geldumsatz ['gɛltumtsats] m turnover of money
Geldumstellung ['gɛltumʃtɛluŋ] f currency conversion, money conversion
Geldverdiener(in) [gɛltfɛrdiːnər(ɪn)] m/f moneymaker
Geldverfassung ['gɛltfɛrfasuŋ] f monetary structure
Geldverknappung ['gɛltfɛrknapuŋ] f monetary restriction, contraction of money supply
Geldverlust ['gɛltfɛrlust] m financial loss, pecuniary loss
Geldvermögen ['gɛltfɛrmøːgən] n financial assets pl
Geldvermögenswert ['gɛltfɛrmøːgənsveːrt] m financial asset
Geldvernichtung ['gɛltfɛrnɪçtuŋ] f reduction of the volume of money
Geldverschwendung ['gɛltfɛrʃvɛnduŋ] f waste of money
Geldvolumen ['gɛltvoluːmən] n volume of money
Geldwachstum ['gɛltvakstuːm] n money growth
Geldwäsche ['gɛltvɛʃə] f money laundering
Geldwechselgeschäft ['gɛltvɛksəlɡəʃɛft] n currency exchange business
Geldwert ['gɛltveːrt] m value of money
geldwerter Vorteil ['gɛltveːrtər 'foːrtaɪl] m benefit in money's worth
Geldwertbestimmungen ['gɛltveːrtbəʃtɪmuŋən] f/pl valuation
Geldwertschwund ['gɛltveːrtʃvunt] m currency erosion
Geldwertsicherungsklausel ['gɛltveːrtzɪçəruŋsklauzəl] f money guarantee clause
Geldwertstabilität ['gɛltveːrtʃtabiliteːt] f stability of the value of money, monetary stability
Geldwesen ['gɛltveːzən] n monetary system
Geldwirtschaft ['gɛltvɪrtʃaft] f money economy
geldwirtschaftlich ['gɛltvɪrtʃaftlɪç] adj monetary, financial
Geldzählautomat ['gɛlttsɛːlautomaːt] m money counting machine
Geldzahlung ['gɛlttsaːluŋ] f payment
Geldzins ['gɛlttsɪns] m interest on money
Geldzirkulation ['gɛlttsɪrkulatsjoːn] f money circulation, money circuit

Gelegenheitsgesellschaft [ɡəˈleːɡənhaɪtsɡəzɛlʃaft] f temporary joint venture
Geltung ['ɡɛltuŋ] f (Gültigkeit) validity
Geltungsdauer ['ɡɛltuŋsdauər] f 1. validity; 2. (Vertrag) term; 3. (Patent) life
Gemeinde [ɡəˈmaɪndə] f community
Gemeineigentum [ɡəˈmaɪnaɪɡəntuːm] n public property
gemeiner Wert [ɡəˈmaɪnər veːrt] m market value
Gemeinkostenwertanalyse (GWA) [ɡəˈmaɪnkɔstənveːrtanalyːzə] f overhead value analysis
Gemeinlastprinzip [ɡəˈmaɪnlastprɪntsiːp] n principle of common burden
gemeinnütziges Unternehmen [ɡəˈmaɪnnytsɪɡəs untərˈneːmən] n public institution
gemeinsamer Markt [ɡəˈmaɪnsaːmər markt] m common market
Gemeinschaftsanleihe [ɡəˈmaɪnʃaftsanlaɪə] f joint loan, community loan
Gemeinschaftsbank [ɡəˈmaɪnʃaftsbaŋk] f combination bank
Gemeinschaftsdepot [ɡəˈmaɪnʃaftsdepoː] n joint security deposit
Gemeinschaftseigentum [ɡəˈmaɪnʃaftsaɪɡəntuːm] n collective property
Gemeinschaftsemission [ɡəˈmaɪnʃaftsemisjoːn] f joint issue
Gemeinschaftsfinanzierung [ɡəˈmaɪnʃaftsfɪnantsiːruŋ] f group financing
Gemeinschaftsfonds [ɡəˈmaɪnʃaftsfõː] m joint funds pl
Gemeinschaftskonto [ɡəˈmaɪnʃaftskɔntoː] n joint account
Gemeinschaftsschuldner [ɡəˈmaɪnʃaftsʃuldnər] m common debtor
Gemeinschaftssparen [ɡəˈmaɪnʃaftsʃpaːrən] n joint saving
Gemeinschaftswerbung [ɡəˈmaɪnʃaftsvɛrbuŋ] f joint publicity
Gemeinschuldner [ɡəˈmaɪnʃuldnər] m adjudicated bankrupt
Gemeinsteuer [ɡəˈmaɪnʃtɔyər] f local tax
Gemeinwirtschaft [ɡəˈmaɪnvɪrtʃaft] f social economy
gemeinwirtschaftlich [ɡəˈmaɪnvɪrtʃaftlɪç] adj non-profit, public
gemischte Firma [ɡəˈmɪʃtə ˈfɪrmaː] f mixed company
gemischter Fonds [ɡəˈmɪʃtər fõː] m mixed fund

genannt [gə'nant] *adj* indicated

genehmigen [gə'ne:mɪgən] *v* 1. *(Vorschlag)* accept; 2. *(offizieller Antrag)* approve, grant; 3. *(Vertrag)* ratify

genehmigte Bilanz [gə'ne:mɪgtə bi:'lants] *f* authorized balance sheet

genehmigtes Kapital [gə'ne:mɪgtəs kapi'ta:l] *n* authorized capital

Genehmigungsbescheid [gə'ne:mɪguŋsbəʃaɪt] *m* notice of approval

Genehmigungspflicht [gə'ne:mɪguŋspflɪçt] *f* duty to obtain a permit

genehmigungspflichtig [gə'ne:mɪguŋspflɪçtɪç] *adj* requiring approval

genehmigungspflichtige Kartelle [gə'ne:mɪguŋspflɪçtɪgə kar'tɛlə] *n/pl* cartel to be registered

Generalausnahmeklausel [genə'ra:lausna:məklauzəl] *f* general exception clause

Generalbevollmächtigte(r) [genə'ra:lbəfɔlmɛçtɪçtə(r)] *f/m* universal agent

Generaldirektor(in) [genə'ra:ldɪrɛkto:r(ɪn)] *m/f* director general

Generalpolice [genə'ra:lpoli:sə] *f* floating policy

Generalstreik [genə'ra:lʃtraɪk] *m* general strike

Generalunternehmer [genə'ra:luntɛrne:mər] *m* general contractor

Generalvertreter [genə'ra:lfɛrtre:tər] *m* general agent

Generationenvertrag [genəra'tsjo:nənfɛrtra:k] *m* inter-generation compact

genormt [gə'nɔrmt] *adj* standardized

Genossenschaft [gə'nɔsənʃaft] *f* cooperative society

genossenschaftliche Zentralbanken [gə'nɔsənʃaftlɪçə tsɛn'tra:lbaŋkən] *f/pl* cooperative central banks *pl*

genossenschaftlicher Bankensektor [gə'nɔsənʃaftlɪçər 'baŋkənsɛkto:r] *m* cooperative banking sector

Genussrecht [gə'nusrɛçt] *n* participation rights *pl*

Genussrechtskapital [gə'nusrɛçtskapita:l] *n* participating rights capital

Genussschein [gə'nusʃaɪn] *m* participating certificate

gerechtfertigt [gə'rɛçtfɛrtɪçt] *adj* justified

geregelter Freiverkehr [gə're:gɛltər 'fraɪfɛrke:r] *adj* unofficial market

gerichtliches Mahnverfahren [gə'rɪçtlɪçəs 'ma:nfɛrfa:rən] *n* court proceedings for order to pay debt, summons

Gerichtsstand [gə'rɪçtsʃtant] *m* place of jurisdiction

Gerichtsvollzieher(in) [gə'rɪçtsfɔltsi:ər(ɪn)] *m/f* bailiff

geringfügige Beschäftigung [gə'rɪŋfy:gɪgə bə'ʃɛftɪguŋ] *f* low-paid employment, part-time employment

geringfügige Dienstverhinderung [gə'rɪŋfy:gɪgə 'di:nstfɛrhɪndəruŋ] *f* minor prevention from duty

geringwertige Wirtschaftsgüter [gə'rɪŋvɛrtɪgə 'vɪrtʃaftsgy:tər] *n/pl* depreciable movable fixed assets of low value *pl*

Gesamtabsatz [gə'zamtapzats] *m* overall sales *pl*

Gesamtausgaben [gə'zamtausga:bən] *f/pl* overall expenditure, total expenditure

Gesamtbetriebsrat [gə'zamtbətri:psra:t] *m* central works council

Gesamtertrag [gə'zamtɛrtra:k] *m* total proceeds

Gesamtforderung [gə'zamtfɔrdəruŋ] *f* total claim

Gesamthandeigentum [gə'zamthandaɪgəntu:m] *n* joint tenancy

Gesamthandforderung [gə'zamthandfɔrdəruŋ] *f* jointly owned claim

Gesamthandschuld [gə'zamthandʃuld] *f* joint debt

Gesamthypothek [gə'zamthypote:k] *f* general mortgage

Gesamtkapitalrentabilität [gə'zamtkapita:lrɛntabilitɛ:t] *f* total capital profitability

Gesamtkosten [gə'zamtkɔstən] *pl* total costs *pl*, overall costs *pl*

Gesamtkurs [gə'zamtkurs] *m* total market value

Gesamtlieferung [gə'zamtli:fəruŋ] *f* total delivery

Gesamtplanung [gə'zamtpla:nuŋ] *f* master planning, general planning

Gesamtprokura [gə'zamtproku:ra:] *f* joint proxy

Gesamtschuld [gə'zamtʃuld] *f* total debt

Gesamtschuldner [gə'zamtʃuldnər] *m* joint and several debtor

gesamtschuldnerische Bürgschaft [gə'zamtʃuldnərɪʃə 'byrgʃaft] *f* joint and several guaranty

Gesamtsumme [gə'zamtzumə] *f* total amount, grand total

Gesamtvermögen [gə'zamtfɛrmø:gən] *n* aggregate property; total assets *pl*

Gesamtvollmacht [gəˈzamtfɔlmaçt] f joint power of attorney

Gesamtzinsspannenrechnung [gəˈzamttsɪnsʃpanənrɛçnuŋ] f whole-bank interest margin calculation

Geschäftsbank [gəˈʃɛftsbaŋk] f commercial bank

Geschäftsbedingungen [gəˈʃɛftsbədɪŋuŋən] f/pl terms and conditions of business pl

Geschäftsbereichsorganisation [gəˈʃɛftsbəraɪçsɔrganizatsjoːn] f divisional organization

Geschäftsbesorgung [gəˈʃɛftsbəzɔrguŋ] f business errand

Geschäftsbesorgungsvertrag [gəˈʃɛftsbəzɔrguŋsfɛrtraːk] m agency agreement

Geschäftsbeziehung [gəˈʃɛftsbətsiːuŋ] f business connections pl

Geschäftsbücher [gəˈʃɛftsbyːçər] n/pl account books and balance-sheets pl

Geschäftsfreund [gəˈʃɛftsfrɔynt] m business friend

Geschäftsführer(in) [gəˈʃɛftsfyːrər(ɪn)] m/f manager, chief executive

Geschäftsgeheimnis [gəˈʃɛftsgəhaɪmnɪs] n business secret

Geschäftsgrundlage [gəˈʃɛftsgrundlaːgə] f implicit basis of a contract

Geschäftsguthaben [gəˈʃɛftsguːthaːbən] n proprietor's capital holding

Geschäftsjahr [gəˈʃɛftsjaːr] n financial year

Geschäftsjubiläum [gəˈʃɛftsjubiːlɛum] n jubily

Geschäftspapier [gəˈʃɛftspapiːr] n commercial papers

Geschäftspapiere [gəˈʃɛftspapiːrə] n/pl business papers pl

Geschäftsprozess [gəˈʃɛftsprotsəs] n course of business

geschäftsschädigend [gəˈʃɛftsʃɛːdɪgənt] adj damaging to business, damaging to interests

Geschäftsschädigung [gəˈʃɛftsʃɛːdɪguŋ] f malpractice, trade libel

Geschäftssinn [gəˈʃɛftszɪn] m a sense for business, business sense

Geschäftsspartenkalkulation [gəˈʃɛftsʃpartənkalkulatsjoːn] n business category costing

Geschäftsträger(in) [gəˈʃɛftstrɛːgər(ɪn)] m/f representative

geschäftstüchtig [gəˈʃɛftstʏçtɪç] adj capable in business

Geschäftsübergabe [gəˈʃɛftsyːbərgaːbə] f handing over of business

Geschäftsübernahme [gəˈʃɛftsyːbərnaːmə] f takeover of a business

Geschäftsvolumen [gəˈʃɛftsvoluːmən] n volume of business

Geschäftswert [gəˈʃɛftsveːrt] m value of the subject matter at issue

Geschäftszeit [gəˈʃɛftstsaɪt] f business hours pl, opening hours pl

Geschenksparbuch [gəˈʃɛŋkʃpaːrbuːx] n gift savings book

geschlossener Immobilienfonds [gəˈʃlɔsənər ɪmoˈbiːljənfɔː] m closed-end real estate fund

geschlossener Markt [gəˈʃlɔsənər markt] m self-contained market

Geschmacksmuster [gəˈʃmaksmustər] n design patent

Gesellschaft bürgerlichen Rechts (GbR) [gəˈzɛlʃaft ˈbʏrgərlɪçən ˈrɛçts] f civil-law association

Gesellschaft mit beschränkter Haftung (GmbH) [gəˈzɛlʃaft mɪt bəˈʃrɛŋktər ˈhaftuŋ] f limited liability company

Gesellschafterdarlehen [gəˈzɛlʃaftərdaːrleːhən] n proprietor's loan

Gesellschafterversammlung [gəˈzɛlʃaftərfɛrsamluŋ] f meeting of shareholders

Gesellschaftsformen [gəˈzɛlʃaftsfɔrmən] f/pl legal forms of commercial entities pl

Gesellschaftsschulden [gəˈzɛlʃaftsʃuldən] f/pl company's debts pl

Gesellschaftssteuer [gəˈzɛlʃaftsʃtɔyər] f company tax

Gesellschaftsvermögen [gəˈzɛlʃaftsfɛrmøːgən] n company assets pl, partnership assets pl

Gesetz [gəˈzɛts] n law

Gesetzesänderung [gəˈzɛtsəsɛndəruŋ] f amendment of a law

Gesetzgebungshoheit [gəˈzɛtsgeːbuŋshoːhaɪt] f legislative sovereignty

gesetzliche Krankenversicherung [gəˈzɛtslɪçə ˈkraŋkənfɛrzɪçəruŋ] f statutory health insurance fund

gesetzliche Kündigungsfrist [gəˈzɛtslɪçə ˈkʏndɪguŋsfrɪst] f statutory period of notice

gesetzliche Rentenversicherung [gəˈzɛtslɪçə ˈrɛntənfɛrzɪçəruŋ] f statutory pension insurance fund

gesetzliche Rücklage [gəˈzɛtslɪçə ˈrʏklaːgə] f legally restricted retained earnings pl

gesetzliche Unfallversicherung [gəˈzɛtslɪçə ˈʊnfalfɛrzɪçərʊŋ] *f* statutory accident insurance

gesetzliches Zahlungsmittel [gəˈzɛtslɪçəs ˈtsaːlʊŋsmɪtəl] *n* legal tender

gesetzlich geschützt [gəˈzɛtslɪç gəˈʃʏtst] *adj* patented; proprietary

gespaltene Wechselkurse [gəˈʃpaltənə ˈvɛksəlkʊrzə] *m/pl* two-tier exchange rate

gespaltener Devisenmarkt [gəˈʃpaltənər dəˈviːzənmarkt] *m* two-tier foreign exchange market

gespaltener Tarif [gəˈʃpaltənər taˈriːf] *m* differentiated tariffs *pl*

gespaltener Wechselkurs [gəˈʃpaltənər ˈvɛksəlkʊrs] *m* multiple exchange rates *pl*

gesperrtes Depot [gəˈʃpɛrtəs dəˈpoː] *n* blocked deposit

gesperrtes Konto [gəˈʃpɛrtəs ˈkɔnto] *n* blocked account

Gesprächstermin [gəˈʃprɛːçstɛrmiːn] *m* appointment for a meeting

gestaffelt [gəˈʃtafəlt] *adj* graduated

gestrichen Geld (-G) [gəˈʃtrɪçən gɛlt] *n* quotation cancelled-money

gestrichen Taxe (-T) [gəˈʃtrɪçən ˈtaksə] *f* quotation cancelled-government-fixed price

Gesundheitsschutz [gəˈzʊnthaɪtsʃʊts] *m* health protection

Gesundheitswesen [gəˈzʊnthaɪtsveːzən] *n* public health

Gesundheitszeugnis [gəˈzʊnthaɪtstsɔyknɪs] *n* health certificate

Gesundschrumpfung [gəˈzʊntʃrʊmpfʊŋ] *f* paring down

Getränkesteuer [gəˈtrɛŋkəʃtɔyər] *f* beverage tax

Getreidebörse [gəˈtraɪdəbœrzə] *f* grain exchange

Gewährleistung [gəˈvɛːrlaɪstʊŋ] *f* warranty

Gewährleistungsgarantie [gəˈvɛːrlaɪstʊŋsgaranˈtiː] *f* guarantee for proper execution

Gewährleistungsvermögen [gəˈvɛːrlaɪstʊŋsfɛrmœːgən] *n* capability to warrant

Gewerbeaufsichtsamt [gəˈvɛrbəaʊfzɪçtsamt] *n* trade supervisory authority, the factory inspectorate

Gewerbebank [gəˈvɛrbəbaŋk] *f* industrial bank

Gewerbeertragssteuer [gəˈvɛrbəɛrtraksʃtɔyər] *f* trade earnings tax

Gewerbefreiheit [gəˈvɛrbəfraɪhaɪt] *f* freedom of trade

Gewerbekapitalsteuer [gəˈvɛrbəkapitaːlʃtɔyər] *f* trade tax on capital

Gewerbeordnung (GewO) [gəˈvɛrbəɔrdnʊŋ] *f* Trade Regulation Act

gewerblicher Betrieb [gəˈvɛrblɪçər bəˈtriːp] *m* industrial undertaking

Gewerkschaft [gəˈvɛrkʃaft] *f* trade union, labor union (US)

Gewerkschaftsbank [gəˈvɛrkʃaftsbaŋk] *f* trade union bank

Gewichtszoll [gəˈvɪçtstsɔl] *m* duty based on weight

gewillkürte Orderpapiere [gəˈvɪlkyːrtə ˈɔrdərpapiːrə] *n/pl* instruments to order by option *pl*

Gewinn [gəˈvɪn] *m* profit, gain; return

Gewinn- und Verlustrechnung [geˈvɪn ʊnd fɛrˈlʊstrɛçnʊŋ] *f* profit and loss account

Gewinnabführung [gəˈvɪnapfyːrʊŋ] *f* transfer of profit

Gewinnanteil [gəˈvɪnantaɪl] *m* share in the profits

Gewinnanteilsschein [gəˈvɪnantaɪlsʃaɪn] *m* dividend coupon; profit sharing certificate

Gewinnaufschlag [gəˈvɪnaʊfʃlaːk] *m* profit mark-up

Gewinndruck [gəˈvɪndrʊk] *m* profit squeeze

Gewinnermittlung [gəˈvɪnɛrmɪtlʊŋ] *f* determination of profits

Gewinngemeinschaft [gəˈvɪŋgəmaɪnʃaft] *f* profit pool

Gewinnmarge [gəˈvɪnmarʒə] *f* profit margin

Gewinnmaximierung [gəˈvɪnmaksimiːrʊŋ] *f* maximisation of profits

Gewinnobligation [gəˈvɪnɔbligatsjoːn] *f* participating debenture, income bond

Gewinnpoolung [gəˈvɪnpuːlʊŋ] *f* profit-pooling

Gewinnrücklagen [gəˈvɪnrʏklaːgən] *f/pl* revenue reserves *pl*

Gewinnschuldverschreibung [gəˈvɪnʃʊltfɛrʃraɪbʊŋ] *f* participating bond

Gewinnschwelle [gəˈvɪnʃvɛlə] *f* breakeven point

Gewinnschwellenanalyse [gəˈvɪnʃvɛlənanalyːzə] *f* breakeven analysis

Gewinnsparen [gəˈvɪnʃpaːrən] *n* lottery premium saving

Gewinnthesaurierung [gəˈvɪntezaʊriːrʊŋ] *f* earnings retention

Gewinnvortrag [gə'vɪnfoːrtraːk] *f* profit carried forward
gezeichnetes Kapital [gə'tsaɪçnətəs kapi'taːl] *n* subscribed capital
gezogener Wechsel [gə'tsoːgənər 'vɛksəl] *m* drawn bill
Giralgeld [ʒi'raːlgɛlt] *n* book money, money in account
Giralgeldschöpfung [ʒi'raːlgɛltʃøpfʊŋ] *f* creation of deposit money
Girant [ʒi'rant] *m* endorser
Giroabteilung ['ʒiːroaptaɪluŋ] *f* clearing department, giro department
Girobank ['ʒiːrobaŋk] *f* deposit clearing bank
Giro-Einlage ['ʒiːroaɪnlaːgə] *f* deposit on a current account
Girogeschäft ['ʒiːrogəʃɛft] *n* bank's transaction dealing with cashless payment
Girosammeldepot ['ʒiːrozaməldepoː] *n* omnibus deposit, safe custody account
Girosammelverkehr ['ʒiːrozaməlfɛrkeːr] *m* collective securities deposit operations *pl*
Giroverkehr ['ʒiːrofɛrkeːr] *m* giro transaction, transfer of money by means of a clearing
glaubhafte Zusicherung ['glauphaftə 'tsuːzɪçəruŋ] *f* credible promise
Gläubigerausschuss ['glɔybɪgəraʊsʃʊs] *m* committee of inspection
Gläubigerpapier ['glɔybɪgərpapiːr] *n* creditor paper
Gläubigerschutz ['glɔybɪgərʃʊts] *m* protection of creditors
Gläubigerversammlung ['glɔybɪgərfɛrzamluŋ] *f* creditors' meeting
Gleichgewicht ['glaɪçgəvɪçt] *n* balance, equilibration; wirtschaftliches ~ economic equilibrium
Gleichgewichtspreis ['glaɪçgəvɪçtspraɪs] *m* equilibrium price
gleitende Arbeitszeit ['glaɪtəndə 'arbaɪtstsaɪt] *f* flexible working hours *pl*, flexitime
gleitende Paritätsanpassung ['glaɪtəndə pariˈtɛːtsanpasʊŋ] *f* crawling exchange rate adjustment
gleitender Ruhestand ['glaɪtəndər 'ruːəʃtant] *m* flexible retirement
Gleitklausel ['glaɪtklauzəl] *f* escalator clause
Gleitparität ['glaɪtpariˈtɛːt] *f* escalator parity, crawling peg
Globalanleihe [gloˈbaːlanlaɪhə] *f* all-share certificate, blanket loan

Globalsteuerung [gloˈbaːlʃtɔyəruŋ] *f* global control
Globalwertberichtigung [gloˈbaːlveːrtbərɪçtɪɡʊŋ] *f* overall adjustment
Globalzession [gloˈbaːltsesjoːn] *f* overall assignment
GmbH & Co. KG ['geːəmbeːha: ʊnt 'koː kaːgeː] *f* limited commercial partnership with a limited liability company as general partner and members of the GmbH or others as limited partners
Gold [gɔlt] *n* gold
Gold- und Devisenbilanz [gɔlt ʊnt deˈviːzənbilants] *f* gold and foreign exchange balance
Goldaktie [ˈgɔltaktsjə] *f* gold share
Goldanleihe [ˈgɔltanlaɪhə] *f* loan on a gold basis
Goldarbitrage [ˈgɔltarbitraːʒə] *f* arbitrage in bullion
Goldauktion [ˈgɔltauktsjoːn] *f* gold auction
Goldbarren [ˈgɔltbarən] *m* gold bar
Golddeckung [ˈgɔltdɛkʊŋ] *f* gold cover
Gold-Devisen-Standard [gɔltdeˈviːzen ˈʃtandart] *m* gold exchange standard
goldene Finanzierungsregel [ˈgɔldənə finanˈtsiːrʊŋsreːgəl] *f* golden rule of financing
Goldfeingehalt [gɔlt'faɪngəhalt] *m* fine gold content
Goldgehalt [ˈgɔltgəhalt] *m* gold content
Goldgeschäft [ˈgɔltgəʃɛft] *n* gold transactions *pl*
Goldgewichte [ˈgɔltgəvɪçtə] *n/pl* troy weights *pl*
Goldhandel [ˈgɔlthandəl] *m* gold trade
Goldkonvertibilität [ˈgɔltkɔnvɛrtibiliˈtɛːt] *f* gold convertibility
Goldmarkt [ˈgɔltmarkt] *m* gold market
Goldmünze [ˈgɔltmyntsə] *f* gold coin
Goldoption [ˈgɔltɔptsjoːn] *f* gold option
Goldparität [ˈgɔltpariˈtɛːt] *f* gold parity
Goldpreis [ˈgɔltpraɪs] *m* gold price, price of gold
Goldpreisbildung [ˈgɔltpraɪsbɪldʊŋ] *f* gold pricing
Goldproduktion [ˈgɔltprɔdʊktsjoːn] *f* gold production
Goldpunkt [ˈgɔltpʊŋkt] *m* gold point
Goldreserve [ˈgɔltrɛzɛrvə] *f* gold reserves *pl*
Goldstandard [ˈgɔltʃtandart] *m* gold standard
Goldswap [ˈgɔltsvɔp] *m* gold swap

Goldzertifikat ['gɔlttsɛrtɪfikaːt] *n* gold certificate
Gratisaktie ['graːtɪsaktsiːə] *f* bonus share
Grenzerlös ['grɛntsɛrløːz] *m* marginal earnings *pl*, marginal revenue
Grenzkosten ['grɛntskɔstən] *pl* marginal cost
Grenzkostenkalkulation [grɛntskɔstənkalkulatsjoːn] *f* marginal costing
Grenzkostenrechnung ['grɛntskɔstənrɛçnuŋ] *f* marginal costing
Grenzleistungsfähigkeit des Kapitals ['grɛntslaɪstuŋsfɛːɪçkaɪt dɛs kapiˈtaːls] *f* marginal efficiency of capital
Grenznutzen ['grɛntsnutsən] *m* marginal utility
Grenzproduktivität ['grɛntsproduktiviˈtɛːt] *f* marginal productivity
Grenzwert ['grɛntsveːrt] *m* limiting value
Großabnehmer ['groːsapneːmər] *m* bulk buyer
Großcontainer ['groːskɔnteɪnər] *m* large container
Größenvorteile ['grøːsənfortaɪlə] *m/pl* economies of scale *pl*
Großhandel ['groːshandəl] *m* wholesale
Großhandelskontenrahmen ['groːshandəlskɔntənraːmən] *m* uniform system of accounts for the wholesale trade
Großhandelspreis ['groːshandəlspraɪs] *m* wholesale price, trade price
Grossist [grɔsɪst] *m* wholesaler
Großkredit ['groːskrediːt] *m* large-scale lending
Großmarkt ['groːsmarkt] *m* wholesale market
Grundbuch ['gruntbuːx] *n* register of land titles
Grunderwerbssteuer ['grunterwɛrpsʃtɔyər] *f* property acquisition tax
Grundgehalt ['gruntgəhalt] *n* basic salary
Grundkapital ['gruntkapitaːl] *n* capital stock
Grundkenntnisse ['gruntkɛntnɪsə] *f/pl* basic knowledge
Grundkosten ['gruntkɔstən] *pl* organization costs *pl*
Grundkredit ['gruntkrediːt] *m* real estate credit
Grundkreditanstalt ['gruntkrediːtanʃtalt] *f* mortgage bank
Grundpfandbrief ['gruntpfantbriːf] *m* mortgage bond

Grundrente ['gruntrɛntə] *f* ground rent
Grundsätze ordnungsgemäßer Buchführung und Bilanzierung (GoB) ['gruntzɛtsə ˈɔrdnuŋsgəmɛːsər ˈbuxfyːruŋ unt bilanˈtsiːruŋ] *m/pl* principles of orderly bookkeeping and balance-sheet makeup *pl*
Grundschuld ['gruntʃult] *f* mortgage, land charge
Grundschuldbrief ['gruntʃultbriːf] *m* mortgage certificate, land charge certificate
grundstücksgleiche Rechte ['gruntʃtyksglaɪçə ˈrɛçtə] *n/pl* rights equivalent to real property *pl*
Gründungsbericht ['gryndungsbərɪçt] *m* formation report
Gründungsbilanz ['gryndungsbilants] *f* commencement balance sheet
Gründungsfinanzierung ['gryndungsfinantsiːruŋ] *f* funding at commencement of a business enterprise
Grundvermögen ['gruntfɛrmøːgən] *n* real property
Gruppenakkord ['grupənakɔrt] *m* group piecework
Gruppenarbeit ['grupənarbaɪt] *f* team work
Gruppenfertigung ['grupənfɛrtɪguŋ] *f* mixed manufacturing
günstigstes Angebot ['gynstɪgstəs ˈangəboːt] *n* most favourable offer
Güteklasse ['gyːtəklasə] *f* grade, class
Güter ['gyːtər] *n/pl* goods *pl*
guter Glaube ['guːtər ˈglaʊbə] *m* good faith
Güterbeförderung ['gyːtərbəfœrdəruŋ] *f* carriage of goods
Gütergruppe ['gyːtərgrupə] *f* category of goods
Gütermarkt ['gyːtərmarkt] *m* commodity market
Gütertarif ['gyːtərtariːf] *m* goods tariff
Gütertrennung ['gyːtərtrɛnuŋ] *f* separation of property, separate estate
Güterzustellung ['gyːtərtsuːʃtɛluŋ] *f* delivery of goods
Gütezeichen ['gyːtətsaɪçən] *n (Marketing)* quality label, *(Patente)* mark of quality
Guthabensaldo [guːthaːbnˈzaldo] *n* credit balance
gutschreiben ['guːtʃraɪbn] *v* credit
Gutschrift ['guːtʃrɪft] *f* credit entry
Gutschriftsanzeige ['guːtʃrɪftsantsaɪgə] *f* credit advice

H

Habe ['ha:bə] f possessions pl, property; bewegliche ~ moveables pl; unbewegliche ~ real estate
Haben ['ha:bən] n credit side, credit item
Habenbestand ['ha:bənbəʃtant] m assets pl
Habensaldo ['ha:bənzaldo] m credit balance
Habenseite ['ha:bənzaitə] f credit site
Habenzinsen ['ha:bəntsınzən] m/pl credit interest
Hafen [ha:fən] m port
Hafenanlagen ['ha:fənanla:gən] f/pl docks pl
Hafengebühren ['ha:fəngəby:rən] f/pl harbour dues pl
haftbar ['haftba:r] adj liable
Haftbarkeit ['haftba:rkaıt] f liability
haften ['haftən] v (einstehen) be liable
haftendes Eigenkapital ['haftəndəs eıgənkapita:l] n liable funds pl
Haftpflicht ['haftpflıçt] f liability
Haftpflichtversicherung ['haftpflıçtferzıçəruŋ] f liability insurance, third party insurance
Haftsumme ['haftsumə] f guarantee
Haftungsausschlussklausel ['haftuŋsausʃluskauzəl] f disclaimer
Haftungsbeschränkungen ['haftuŋsbəʃrɛŋkuŋən] f/pl restrictions of liability pl, limitations of liability pl
Haftungskapital ['haftuŋskapita:l] n liable equity capital
Halberzeugnis ['halpɛrtsɔyknıs] n semi-finished good
Halbfabrikat ['halpfabrika:t] n semi-finished article
halbfertig ['halpfərtıç] adj (Erzeugnis) semi-finished
Halbjahresbericht ['halpja:rəsbərıçt] m semi-annual report
Halbjahresbilanz ['halpja:rəsbılants] f semi-annual balance sheet
halbjährlich ['halpjɛ:rlıç] adj half-yearly
halbmonatlich ['halpmo:natlıç] adj half-monthly, semi-monthly
Halbtagsarbeit ['halpta:ksarbaıt] f part-time job
Halbtagsbeschäftigte(r) ['halpta:ksbəʃɛftıgtə(r)] f/m part-time employee

Handel ['handəl] m trade, commerce, business; ~ treibend trading, dealing, selling
handelbar ['handəlba:r] adj 1. (verkäuflich) saleable, marketable; 2. (verhandelbar) negotiable
handeln ['handəln] v 1. (aktiv werden) act, take action; 2. (Waren) deal, trade, sale; 3. (feilschen) bargain
Handelsabkommen ['handəlsapkɔmən] n trade agreement
Handelsagentur [handəlsagentu:r] f merchandise agency
Handelsartikel ['handəlsartıkəl] m/pl commercial goods pl, commodities pl, articles pl
Handelsbank ['handəlsbaŋk] f merchant bank
Handelsbarriere [handəlsbarje:rə] f trade barrier
Handelsbedingungen ['handəlsbədıŋuŋən] f/pl terms of trade pl, trade terms pl
Handelsbericht ['handəlsbərıçt] m market report
Handelsbeschränkungen ['handəlsbəʃrɛŋkuŋən] f/pl trade restrictions pl
Handelsbesprechung ['handəlsbəʃprɛçuŋ] f commercial talks pl, trade talks pl
Handelsbetrieb ['handəlsbətri:p] m business engaged in the distributive trade
Handelsbevollmächtigte(r) ['handəlsbəfɔlmɛçtıçtə(r)] f/m general agent
Handelsbezeichnung ['handəlsbətsaıçnuŋ] f trade name, trademark, brand
Handelsbeziehungen ['handəlsbətsi:uŋən] f/pl trade relations pl
Handelsbilanz ['handəlsbılants] f trade balance
Handelsblatt ['handəlsblat] n trade journal
Handelsbrauch ['handəlsbraux] m trade practice, commercial usage
Handelsbrief ['handəlsbri:f] m business letter, commercial letter
Handelsbuch ['handəlsbu:x] n commercial book of account
Handelsdefizit ['handəlsde:fıtsıt] n trade deficit
Handelseinheit ['handəlsaınhaıt] f (Börse) trade unit, unit of trade
handelseinig ['handəlsaınıç] adj ~ werden come to terms, agree (upon)

Handelsembargo ['handəlsɛmbargoː] *n* trade embargo

Handelserlaubnis ['handəlsɛrlaupnɪs] *f* trading licence, trading permit

handelsfähig ['handəlsfɛːɪç] *adj (Aktien)* negotiable

Handelsfaktura ['handəlsfaktuːra] *f* commercial invoice

Handelsfreiheit ['handəlsfraɪhaɪt] *f* freedom of trade, liberty of trade

handelsgängig ['handəlsgɛŋɪç] *adj* commercial, marketable, saleable

Handelsgeist ['handəlsgaɪst] *m* commercial spirit

Handelsgeschäfte ['handəlsgəʃɛftə] *n/pl* commercial transactions *pl*

Handelsgesellschaft ['handəlsgəzɛlʃaft] *f* trading enterprise, (trading) cooperative

Handelsgesetz ['handəlsgəzɛts] *n* commercial law

Handelsgesetzbuch ['handəlsgəzɛtsbuːx] *n* Commercial Code

Handelsgewerbe ['handəlsgəwɛrbə] *n* commercial enterprise

Handelsgewinne ['handəlsgəwɪnə] *m/pl* trading profits *pl*

Handelsindex ['handəlsɪndɛks] *m* business index

Handelskammer ['handəlskamər] *f* Chamber of Commerce

Handelskapital ['handəlskapitaːl] *n* trading stock

Handelskette ['handəlskɛtə] *f* sales chain

Handelsklasse ['handəlsklasə] *f* grade

Handelsklausel ['handəlsklauzəl] *f* trade clause

Handelskreditbrief ['handəlskreditbriːf] *m* commercial letter of credit

Handelskredite ['handəlskreditə] *m/pl* commercial credits *pl*

Handelskrieg ['handəlskriːk] *m* trading warfare

Handelskrise ['handəlskriːzə] *f* commercial crisis

Handelsmakler ['handəlsmaːklər] *m* commercial broker

Handelsmarke ['handəlsmarkə] *f* dealer's brand

Handelsmesse ['handəlsmɛsə] *f* trade fair

Handelsmission ['handəlsmɪsjoːn] *f* trade mission

Handelsmonopol ['handəlsmonopoːl] *n* trade monopoly

Handelsniederlassung ['handəlsniːdərlasuŋ] *f* business establishment

Handelspapiere ['handəlspapiːrə] *n/pl* commercial papers *pl*

Handelspartner ['handəlspaːrtnər] *m* trading partner

Handelspolitik ['handəlspolitiːk] *f* trade policy

handelspolitisch ['handəlspolitɪʃ] *adj* commercial

Handelsqualität ['handəlskvalitɛːt] *f* trading quality

Handelsrecht ['handəlsrɛçt] *n* commercial law

handelsrechtlich ['handəlsrɛçtlɪç] *adj* under commercial law

Handelsregister ['handəlsregɪstər] *n* commercial register

Handelsschranke ['handəlsʃraŋkə] *f* trade barrier

Handelsschule ['handəlsʃuːlə] *f* business school

Handelssitz ['handəlszɪts] *m* registered seat

Handelsspanne ['handəlsʃpanə] *f* (profit) margin

Handelsstadt ['handəlsʃtat] *f* commercial town, commercial centre

Handelsstraße ['handəlsʃtraːsə] *f* trade route, commercial route

Handelsstreitigkeiten ['handəlsʃtraɪtɪçkaɪtən] *f/pl* trade disputes *pl*

Handelsüberschüsse ['handəlsyːbərʃysə] *m/pl* trading surplus

handelsüblich ['handəlsyːplɪç] *adj* commercial; *~e Bezeichnung* trade name, (trade) brand

Handelsusancen ['handəlsyzãːsən] *f/pl* trade practice, custom of trade

Handelsverbot ['handəlsfɛrboːt] *n* prohibition, embargo

Handelsverkehr ['handəlsfɛrkeːr] *m* commercial intercourse

Handelsvertreter(in) ['handəlsfɛrtreːtər(ɪn)] *m/f* commercial representative, salesman, saleswoman

Handelsvertretung ['handəlsfɛrtreːtuŋ] *f* commercial agency

Handelswechsel ['handəlsvɛksəl] *m* trade bill

Handelswert ['handəlsveːrt] *m* trade value, commercial value

Handelszentrum ['handəlstsɛntrum] *n* trading center

Handelszweig ['handəlstsvaɪk] *m* line of business, business sector
handgearbeitet ['hantgəarbaɪtət] *adj* handmade
Handgeld ['hantgɛlt] *n* earnest money
handhaben ['hantha:bən] *v (anwenden)* handle, deal with, take care of
Handhabung ['hantha:buŋ] *f* handling, dealing
Handikap ['hɛndikɛp] *n (geschäftlicher Nachteil)* drawback
Handlanger ['hantlaŋər] *m* helper, handy man *(US)*
Händler(in) ['hɛndlər(ɪn)] *m/f* trader, merchant
Händlergeschäft ['hɛndlərgəʃɛft] *n* dealer transaction
Händlerorganisation ['hɛndlərɔrganizatsjo:n] *f* dealers' organization
Händlerpreis ['hɛndlərpraɪs] *m* trade price, retail price
Händlerrabatt ['hɛndlərrabat] *m* discount (price)
Handlungsagent(in) ['handluŋsagent(ɪn)] *m/f* mercantile agent
Handlungsbevollmächtigte(r) ['handluŋsbəfɔlmɛçtɪçtə(r)] *f/m (authorized)* agent
Handlungsgehilfe ['handluŋsgəhɪlfə] *m* commercial employee, commercial clerk
Handlungsgehilfin ['handluŋsgəhɪlfɪn] *f (female)* commercial employe, commercial clerk
Handlungsreisende(r) ['handluŋsraɪzəndə(r)] *f/m* travelling salesman, travelling saleswoman
Handlungsspielraum ['handluŋsʃpi:lraum] *m* scope (of action), room for manoeuvre
Handlungsvollmacht ['handluŋsfɔlmaxt] *f* commercial power of attorney
Harmonisierung [harmoni'zi:ruŋ] *f* harmonization
harte Währung ['hartə 'vɛ:ruŋ] *f* hard currency
Härtefall ['hɛrtəfal] *m* hardship case, case of hardship
Härtefonds ['hɛrtəfõ:] *m* hardship fund
Härteklausel ['hɛrtəklauzəl] *f* hardship clause
Hartgeld ['hartgɛlt] *n* metallic currency
Hauptabnehmer(in) ['hauptapne:mər(ɪn)] *m/f* biggest buyer, biggest purchaser
Hauptaktionär(in) ['hauptaktsjo:nɛ:r(ɪn)] *m/f* principal shareholder
Hauptanteil ['hauptantaɪl] *m* lion's share, principal share

Hauptartikel ['hauptartɪkəl] *m 1. (erhältliche Ware)* main article; *2. (Herstellung)* major product
Hauptbank ['hauptbaŋk] *f* head bank, parent bank
Hauptbeschäftigung ['hauptbəʃɛftɪguŋ] *f* main job
Hauptbilanz ['hauptbilants] *f* general balance (sheet)
Hauptbuchhaltung ['hauptbu:xhaltuŋ] *f* chief accountancy
Hauptfiliale ['hauptfɪlja:lə] *f* main branch
Hauptgeschäft ['hauptgəʃɛft] *n* head office
Hauptgewinn ['hauptgəvɪn] *m (finanzieller Ertrag)* main profit
Hauptgläubiger(in) ['hauptglɔybɪgər(ɪn)] *m/f* main creditor, principal creditor
Hauptkostenstellen ['hauptkɔstənʃtɛlən] *f/pl* production cost centres *pl*
Hauptplatz ['hauptplats] *m* main centre
Hauptschuld ['hauptʃult] *f* main debt, principal debt
Hauptschuldner(in) ['hauptʃuldnər(ɪn)] *m/f* main debtor, principal debtor
Hauptsitz ['hauptzɪts] *m* head office, main office
Hauptversammlung ['hauptfɛrzamluŋ] *f* general meeting, general assembly
Hauptvollmacht ['hauptfɔlmaxt] *f* primary power
Hausbank ['hausbaŋk] *f* company's bank, firm's bank
Haushaltsdefizit ['haushaltsde:fitsɪt] *n* budgetary deficit
Haushaltsgesetz ['haushaltsgəsɛts] *n* budget law
Haushaltsjahr ['haushaltsja:r] *n* fiscal year, financial year
Haushaltskredit ['haushaltskredi:t] *m* budget credit
Haushaltsloch ['haushaltslɔx] *n* budget deficit, whole in the budget
Haushaltsplan ['haushaltspla:n] *m* budget; in *den ~ aufnehmen* include in the budget
Haushaltsüberschuss ['haushaltsy:bərʃus] *f* budget surplus
Haushaltsvorlage ['haushaltsfo:rla:gə] *f* proposed budget, estimated budget
Haussier [(h)o'sje:] *m* bull
Havarie [hava'ri:] *f* damage by sea
Havariezertifikat [hava'ri:tsertifika:t] *n* damage report
Headhunter ['hɛd'hantər] *m* head hunter

Hedgegeschäft ['hɛdʒgəʃɛft] *n* hedge operation

Hedging ['hɛdʒɪŋ] *n* hedging

heißes Geld ['haɪsəs 'gɛlt] *n* hot money

Herabsetzung des Grundkapitals [hɛ'rapsɛtsuŋ dɛs 'gruntkapitaːls] *f* reduction of the share capital

Herausgabeanspruch [hɛ'raʊsgaːbəanʃprux] *m* claim for return

Herbstmesse ['hɛrpstmɛsə] *f* autumn fair

Herkunftsland ['heːrkʊnftslant] *n* country of origin

herstellen ['heːrʃtɛlən] *v* manufacture, produce, fabricate

Hersteller(in) ['heːrʃtɛlər(ɪn)] *m/f* manufacturer

Herstellkosten ['heːrʃtɛlkɔstən] *pl* product cost, cost of production

heterogene Güter ['hetərogeːnə 'gyːtər] *n/pl* heterogeneous goods *pl*

Hifo (highest in – first out) ['hiːfo] *adj* highest in – first out (hifo)

Hifo-Verfahren ['hiːfofɛrfaːrən] *n* Hifo-procedure

Hilfskostenstelle ['hɪlfskɔstənʃtɛlə] *f* service cost centres *pl*

Hilfsstoffe ['hɪlfsʃtɔfə] *m/pl* supplies *pl*

Hinterlegung ['hɪntərleːɡʊŋ] *f* deposit

Hinterziehung ['hɪntərtsiːʊŋ] *f* evasion of taxes

historische Wertpapiere [hɪstoːrɪʃə 'veːrtpapiːrə] *n/pl* historical securities *pl*

Hochkonjunktur [hoːx'kɔnjʊŋktuːr] *f* booming economy; ~ haben boom; finanzielle ~ financial boom; wirtschaftliche ~ economic boom; *Inflation bei* ~ boomflation

Hochregallager ['hoːxreɡalaːɡər] *n* highbay storage

Höchstkurs ['høːçstkʊrs] *m* highest rate

Höchstpreis ['høːçstpraɪs] *m* top price, maximum price

Höchststimmrecht ['høːçstʃtɪmrɛçt] *n* maximum voting right

Höchstwertprinzip ['høːçstveːrtprɪntsiːp] *n* principle of highest value

Hochzinspolitik ['hoːxtsɪnspoliːtiːk] *f* high interest rate policy

Hoffnungswert ['hɔfnʊŋsveːrt] *m* speculative security

Höherversicherung ['høːərfɛrzɪçərʊŋ] *f* upgraded insurance

Holdinggesellschaft ['hoːldɪŋɡəzɛlʃaft] *f* holding company

Holschuld ['hoːlʃʊlt] *f* debt to be discharged at the domicile of the debtor

Homebanking ['hoːmbɛŋkɪŋ] *n* home banking

homogene Güter [homoˈgeːnə 'gyːtər] *n/pl* homogeneous products *pl*

Honorar ['honoraːr] *n* fee

horizontale Diversifikation [horitsɔn'taːlə 'diverzifikatsjoːn] *f* horizontal diversification

horizontale Finanzierungsregeln [horitsɔn'taːlə finatsiːrʊŋsreːɡəln] *f/pl* horizontal financing rules *pl*

horizontale Unternehmenskonzentration [horitsɔn'taːlə ʊntərneːmənskɔntsɛntratsjoːn] *f* horizontal corporate concentration

horizontale Wettbewerbsbeschränkung [horitsɔn'taːlə 'vɛtbəvɛrpsbəʃrɛŋkʊŋ] *f* horizontal restraints of competition *pl*

Human Relations ['juːmɛn riː'leːʃəns] *f/pl* human relations *pl*

Human Resources ['juːmɛn riː'zɔrsəs] *f/pl* human resources *pl*

Humanvermögen [huː'maːnfɛrmøːɡən] *n* human assets *pl*

hybride Finanzierungsinstrumente [hyˈbriːdə finan'tsiːrʊŋsɪnstrumɛntə] *n/pl* hybrid financing instruments *pl*

hybride Organisationsformen [hyˈbriːdə ɔrɡanizaːtsjoːnsfɔrmən] *f/pl* hybrid forms of organization *pl*

hybride Wettbewerbsstrategien [hyˈbriːdə 'vɛtbəvɛrpsʃtrateɡiːən] *f/pl* hybrid competitive strategies *pl*

Hyperinflation ['hyːpərɪnflatsjoːn] *f* hyperinflation

Hypothek [hypoˈteːk] *f* mortgage

Hypothekarkredit [hypoteː'kaːrkreːdit] *m* mortgage loan

Hypothekenbank [hypoˈteːkənbaŋk] *f* mortgage bank

Hypothekenbankgesetz [hypoˈteːkənbaŋkɡəzɛts] *n* mortgage bank law

Hypothekenbrief [hypoˈteːkənbriːf] *m* mortgage deed

Hypothekengewinnabgabe [hypoˈteːkənɡəvɪnapɡaːbə] *f* levy on mortgage profits

Hypothekenpfandbrief [hypoˈteːkənpfantbriːf] *m* mortgage debenture

Hypothekenregister [hypoˈteːkənreːɡɪstər] *n* mortgage register

Hypothekenversicherung [hypoˈteːkənfɛrzɪçərʊŋ] *f* mortgage insurance

I/J

Icon ['aɪkɔn] *n (EDV)* icon
Identifikationsnummer (PIN, PIN-Code) [identifikatsˈjoːnsnumər] *f* personal identity number
identifizierbar [identifiˈtsiːrbaːr] *adj* identifiable
Identität [identiˈtɛːt] *f* identity
Identitätsnachweis [identiˈtɛːtsnaxvaɪz] *m* proof of identity
Illationsgründung [ɪˈlatsjoːnsgryndʊŋ] *f* formation by founders' non-cash capital contributions
Illiquidität [ɪlikvidiˈtɛːt] *f* non-liquidity, illiquidity
im Auftrag [ɪm ˈauftraːk] by order
im Aufwind [ɪm ˈaufvɪnt] under upward pressure
im Ausland [ɪm ˈauslant] abroad
im Markt sein [ɪm ˈmarkt saɪn] *v* to be in the market
im Preis inbegriffen [ɪm praɪs ˈɪnbəgrɪfən] *adj* included in the price
Image [ˈɪmɪtʃ] *n* image
Imagepflege [ˈɪmɪtʃpfleːgə] *f* image cultivation, building of (an) image
imaginärer Gewinn [ˈɪmaːgineːrər gəˈvɪn] *m* imaginary profit
Imitation [imitaˈtsjoːn] *f* 1. *(Fälschung)* fake; 2. *(Imitation)* copy
immaterielle Werte [ˈɪmaterjelə ˈveːrtə] *m/pl* intangible assets *pl*
immaterielles Vermögen [ˈɪmaterjeləs ferˈmøːgən] *n* intangible assets *pl*
Immobiliarkredit [ɪmobiˈljaːrkrediːt] *m* real estate credit
Immobilie [ɪmoˈbiːljə] *f* item of real estate
Immobilien [ɪmoˈbiːljən] *f/pl* immovables *pl*
Immobilienfonds [ɪmoˈbiːljənfɔ̃] *m* real estate fund
Immobilienleasing [ɪmoˈbiːljənliːsɪŋ] *n* real estate leasing
Immobilienmakler(in) [ɪmoˈbiːljənmaːklər(ɪn)] *m/f* (real) estate agent
Immobilienmarkt [ɪmoˈbiːljənmarkt] *m* property market
Immunität [ɪmuːniˈtɛːt] *f* immunity
Implementierung [ɪmplemɛnˈtiːrʊŋ] *f* implementation
Importartikel [ɪmˈpɔrtartikəl] *m* imported goods *pl*

Importbeschränkungen [ɪmˈpɔrtbəʃrɛŋkʊŋən] *f/pl* import restrictions *pl*
Import [ɪmˈpɔrt] *m* import
Importdepot [ɪmˈpɔrtdepoː] *n* import deposit
Importfinanzierung [ɪmˈpɔrtfinantsiːrʊŋ] *f* import financing
Importhandel [ɪmˈpɔrthandəl] *m* import trade
importierte Inflation [ɪmpɔrˈtiːrtə ɪnflaˈtsjoːn] *f* imported inflation
Importkartell [ɪmˈpɔrtkartɛl] *n* import cartel
Importkontingent [ɪmˈpɔrtkɔntɪŋgɛnt] *n* import quota
Importquote [ɪmˈpɔrtkvoːtə] *f* import quota, propensity of import
Importrestriktionen [ɪmˈpɔrtrestrɪktsjoːnən] *f/pl* import restrictions *pl*
Importrückgang [ɪmˈpɔrtrykgaŋ] *m* decline in import
Importstopp [ɪmˈpɔrtʃtɔp] *m* ban on imports
Importzoll [ɪmˈpɔrttsɔl] *m* import tariff
Impulskauf [ɪmˈpʊlskauf] *m* impulse purchase
in bar [ɪn ˈbaːr] in cash
in Kraft [ɪn ˈkraft] effective, in force
in Liquidation [ɪn likvidaˈtsjoːn] in liquidation
in zweifacher Ausfertigung [ɪn ˈtsvaɪfaxər ˈauzfɛrtɪgʊŋ] in duplicate
Inanspruchnahme von Kredit [ɪnˈanʃprʊxnaːmə fɔn kreˈdiːt] *f* availment of credit
Incentives [ɪnˈzɛntifs] *f/pl* incentives *pl*
Incoterms (International Commercial Terms) [ˈɪŋkotɛrms (ɪntərˈneʃənəl kɔˈmɛrʃəl ˈtœrms)] *m/pl* Incoterms *pl*
Index [ˈɪndɛks] *m* index
Indexanleihe [ˈɪndɛksanlaɪjə] *f* index-linked loan
Indexbindung [ˈɪndɛksbɪndʊŋ] *f* index-linking
Indexierung [ɪndɛksˈiːrʊŋ] *f* indexation
Indexklausel [ˈɪndɛksklauzəl] *f* index clause
Indexlohn [ˈɪndɛksloːn] *m* index-linked wage
Indexwährung [ˈɪndɛksvɛːrʊŋ] *f* index-linked currency
indifferente Güter [ˈɪndɪfərɛntə ˈgyːtər] *n/pl* indifferent goods *pl*

Indikator [ɪndiˈkaːtɔr] *m* indicator

indirekte Abschreibung [ˈɪndirɛktə ˈapʃraibuŋ] *f* indirect method of depreciation

indirekte Investition [ˈɪndirɛktə ɪnvɛstiˈtsjoːn] *f* portfolio investments *pl*

indirekte Steuern [ˈɪndirɛktə ˈʃtɔyərn] *f/pl* indirect taxes *pl*

indirekter Absatz [ˈɪndirɛktər ˈapzats] *m* indirect selling

Individualarbeitsrecht [ɪndiviˈduaːlarbaitsrɛçt] *n* individual labor law

Individualbedürfnis [ɪndiviˈduaːlbədyrfnɪs] *n* individual need

Individualeinkommen [ɪndiviˈduaːlainkɔmən] *n* individual income

Individualverkehr [ɪndiviˈduaːlfɛrkeːr] *m* private transportation

individuelles Sparen [ɪndividuˈɛləs ˈʃpaːrən] *n* saving by private households

indossable Wertpapiere [ɪndɔˈsaːblə ˈveːrtpapiːrə] *n/pl* endorsable securities *pl*

Indossament [ɪndɔsaˈmɛnt] *n* endorsement

Indossamentverbindlichkeiten [ɪndɔsaˈmɛntfɛrbɪndlɪçkaitən] *f/pl* endorsement liabilities *pl*

Indossant [ɪndɔˈsant] *m* endorser

Indossatar [ɪndɔsaˈtaːr] *m* endorsee

Industrial Design [ɪnˈdastriəl diˈzain] *n* industrial design

Industrieabfall [ɪndusˈtriːapfal] *m* industrial waste

Industrieaktie [ɪndusˈtriːaktsjə] *f* industrial shares *pl*

Industrieanleihe [ɪndusˈtriːanlaɪ̯ə] *f* industrial loan, corporate loan

Industrieberater(in) [ɪndusˈtriːbəraːtər(ɪn)] *m/f* industrial consultant

Industriebetrieb [ɪndusˈtriːbətriːp] *m* industrial enterprise

Industriebörse [ɪndusˈtriːbœrzə] *f* industrial stock exchange

Industrieerzeugnisse [ɪndusˈtriːɛrtsɔyknɪsə] *n/pl* industrial products *pl*

Industriegebiet [ɪndusˈtriːgəbiːt] *n* industrial area, industrial region

Industriegesellschaft [ɪndusˈtriːgəzɛlʃaft] *f* industrial society, industrial association

Industriegewerkschaft (IG) [ɪndusˈtriːgəvɛrkʃaft] *f* industry-wide union

Industriekonsortium [ɪndusˈtriːkɔnzɔrtsjum] *n* industrial syndicate

Industriekontenrahmen (IKR) [ɪndusˈtriːkɔntənraːmən] *m* uniform classification of accounts for industrial enterprises

Industriekonzern [ɪndusˈtriːkɔntsɛrn] *m* industrial concern

Industriekredit [ɪndusˈtriːkrediːt] *m* industrial loan

Industriekreditbank [ɪndusˈtriːkreditbaŋk] *f* industrial credit bank

Industrienorm [ɪndusˈtriːnɔrm] *f* industrial standard

Industrieobligation [ɪndusˈtriːɔbligatsjoːn] *f* industrial bond

Industriepotenzial [ɪndusˈtriːpotɛntsjaːl] *n* industrial capacity

Industrieroboter [ɪndusˈtriːrobɔtər] *m* industrial robot

Industriespionage [ɪndusˈtriːʃpionaːʒə] *f* industrial espionage

Industriestandard [ɪndusˈtriːʃtandart] *m* industry standard

Industrie- und Handelskammer (IHK) [ɪndusˈtriː unt ˈhandəlskamər] *f* Chamber of Industry and Commerce

Industriewirtschaft [ɪndusˈtriːvɪrtʃaft] *f* industry

inferiore Güter [ɪnfɛrˈjoːrə ˈgyːtər] *n/pl* inferior goods *pl*

Inflation [ɪnflatsˈjoːn] *f* inflation

inflationär [ɪnflatsjoˈnɛːr] *adj* inflationary

Inflationsausgleich [ɪnflatsˈjoːnsausglaiç] *m* inflationary adjustment, adjustment in inflation

Inflationsbekämpfung [ɪnflatsˈjoːnsbəkɛmpfuŋ] *f* struggle against inflation

Inflationsbeschleunigung [ɪnflatsˈjoːnsbəʃlɔyniguŋ] *f* acceleration of inflation

Inflationserscheinungen [ɪnflatsˈjoːnsɛrʃainuŋən] *f/pl* inflationary symptoms *pl*

Inflationserwartung [ɪnflatsˈjoːnsɛrvartuŋ] *f* expected inflation

inflationshemmend [ɪnflatsˈjoːnshɛmənt] *adj* anti-inflationary, against inflation

Inflationsimport [ɪnflatsˈjoːnsɪmpɔrt] *m* inflation import

Inflationsrate [ɪnflatsˈjoːnsraːtə] *f* rate of inflation

Inflationsrückgang [ɪnflatsˈjoːnsrʏkgaŋ] *m* drop in inflation

Inflationszeit [ɪnflatsˈjoːnstsait] *f* inflationary period

Informatik [ɪnfɔrˈmaːtɪk] *f* data processing

Informatiker(in) [ɪnfɔrˈmaːtikər(ɪn)] *m/f* computer scientist

Information [ɪnfɔrmaˈtsjoːn] *f* information

Informationsaustausch [ɪnfɔrmaˈtsjoːnsaustauʃ] *m* information exchange, exchange of information

Informationsbedarf [ɪnfɔrmaˈtsjoːnsbədarf] *m* requirement of information

Informationsbeschaffung [ɪnfɔrmaˈtsjoːnsbəʃafuŋ] *f* information search

Informationsbroker(in) [ɪnfɔrmaˈtsjoːnsbroːkər(ɪn)] *m/f* information broker

Informationsdienste [ɪnfɔrmaˈtsjoːnsdiːnstə] *m/pl* information services *pl*

Informationsinhalt [ɪnfɔrmaˈtsjoːnsɪnhalt] *m* information content

Informationsmanagement [ɪnfɔrmaˈtsjoːnsmɛnɛtʃmənt] *n* information resource management

Informationsmärkte [ɪnfɔrmaˈtsjoːnsmɛrktə] *m/pl* information markets *pl*

Informationsrecht [ɪnfɔrmaˈtsjoːnsrɛçt] *n* right to be given information

Informationssystem [ɪnfɔrmaˈtsjoːnszysteːm] *n* information system

Informationstechnologie [ɪnfɔrmaˈtsjoːnsteçnoloˈgiː] *f* information technology

Informationstheorie [ɪnfɔrmaˈtsjoːnsteoˈriː] *f* information theory

Informations- und Kommunikationssystem (IuK-System) [ɪnfɔrmaˈtsjoːns unt ˈkɔmunikatsjoːnszysteːm] *n* information and communications system

Informationsweg [ɪnfɔrmaˈtsjoːnsveːk] *m* channel of information

Informationswert [ɪnfɔrmaˈtsjoːnsveːrt] *m* information value

informelle Gruppen [ˈɪnfɔrmɛlə ˈgrupən] *f/pl* informal groups *pl*

informelle Organisation [ˈɪnfɔrmɛlə ɔrganizaˈtsjoːn] *f* informal organization

Infrastruktur [ˈɪnfraʃtrukˌtuːr] *f* infrastructure

Infrastrukturkredit [ˈɪnfraʃtrukˌtuːrkreˌdiːt] *m* infrastructural credit

Infrastrukturmaßnahmen [ˈɪnfraʃtrukˌtuːrmaːsnaˌmən] *f/pl* infrastructural measures *pl*

Infrastrukturpolitik [ˈɪnfraʃtrukˌtuːrpoliˌtiːk] *f* infrastructure policy

Ingangsetzung [ɪnˈgaŋsɛtsuŋ] *f* start-up; *~en f/pl* startings

Ingangsetzungskosten [ɪnˈgaŋsɛtsuŋskɔstən] *pl* startup costs *pl*

Inhaber(in) [ˈɪnhaːbər(ɪn)] *m/f* proprietor, occupant, holder

Inhaberaktie [ˈɪnhaːbəraktsjeː] *f* bearer share

Inhabergrundschuld [ˈɪnhaːbərgruntʃult] *f* bearer land charge

Inhaberhypothek [ˈɪnhaːbərhypoteːk] *f* bearer-type mortgage

Inhaberindossament [ˈɪnhaːbərɪndɔsament] *n* endorsement made out to bearer

Inhaberklausel [ˈɪnhaːbərklauzəl] *f* bearer clause

Inhaberpapier [ˈɪnhaːbərpapiːr] *n* bearer instrument, bearer securities *pl*

Inhaberscheck [ˈɪnhaːbərʃɛk] *m* bearer cheque

Inhaberschuldverschreibung [ˈɪnhaːbərʃultfɛrʃraibuŋ] *f* bearer bond

Inhaberzertifikat [ˈɪnhaːbərtsɛrtifikaːt] *n* bearer certificate, certificate of bearer

Inhaltsnormen [ˈɪnhaltsnɔrmən] *f/pl* content norms *pl*

Inhouse-Banking [ˈɪnhauzbɛŋkɪŋ] *n* in-house banking

Initiativrecht [initsjaˈtiːfrɛçt] *n* initiative right

Initiator(in) [iniˈtsjaːtoːr/initsjaˈtoːrɪn] *m/f* initiator

Inkasso [ɪnˈkaso] *n* 1. collection, collection procedure; 2. cash against documents

Inkassoabteilung [ɪnˈkasoaptailuŋ] *f* collection department

Inkassoakzept [ɪnˈkasoaktsɛpt] *n* acceptance for collection

inkassoberechtigt [ɪnˈkasobərɛçtiçt] *adj* authorised to undertake collection

Inkassogebühr [ɪnˈkasogəbyːr] *f* collection fee

Inkassogeschäft [ɪnˈkasogəʃɛft] *n* collection business

Inkasso-Indossament [ɪnˈkasoɪndɔsament] *n* endorsement for collection

Inkassoprovision [ɪnˈkasoprovizjoːn] *f* collection commission

Inkassovollmacht [ɪnˈkasofɔlmaxt] *f* right to collect

Inkassowechsel [ɪnˈkasovɛksəl] *m* bill for collection, collection draft

Inklusivpreise [ɪnkluˈziːfpraizə] *m/pl* inclusive prices *pl*, all-in-all prices *pl*

inkulant [ˈɪnkulant] *adv* unaccomodating, petty

Inländer [ˈɪnlɛndər] *m* national resident

Inländerkonvertibilität [ˈɪnlɛndərkɔnvertibiliˌtɛːt] *f* convertibility for residents

inländisch [ˈɪnlɛndɪʃ] *adj* home, domestic

Inlandsabsatz [ˈɪnlantsapzats] *m* domestic sales *pl*

Inlandshandel [ˈɪnlantshandəl] *m* domestic trade

Inlandsmarkt ['ınlantsmarkt] *m* domestic market
Inlandsnachfrage ['ınlantsna:xfra:gə] *f* home demand
Inlandstarif ['ınlantstari:f] *m* domestic rate
Inlandsvermögen ['ınlantsfɛrmø:gən] *n* domestic capital
Innenfinanzierung ['ınənfinantsi:ruŋ] *f* internal financing
Innenfinanzierungskennzahl ['ınənfinantsi:ruŋskɛntsa:l] *f* self-generated financing ratio
Innengeld ['ınəngɛlt] *n* inside money
Innengesellschaft ['ınəngəzɛlʃaft] *f* internal partnership
Innenkonsortium ['ınənkɔnzɔrtsjum] *n* internal syndicate
innerbetrieblich ['ınərbətri:plıç] *adj* internal
innerbetriebliche Leistungen ['ınərbətri:pliçə 'laıstuŋən] *f/pl* internal services *pl*
innerbetriebliche Weiterbildung ['ınərbətri:pliçə 'vaıtərbıldʊŋ] *f* in-service training
innere Kündigung ['ınərə 'kyndıgʊŋ] *f* inner notice to terminate
innerer Wert ['ınərər ve:rt] *m* intrinsic value
innergemeinschaftliche Lieferungen ['ınərgəmaınʃaftlıçə 'li:fərʊŋən] *f/pl* intra-community deliveries *pl*
innergemeinschaftlicher Verkehr ['ınərgəmaınʃaftlıçər fər'ke:r] *m* intra-community trade
Innovation [ınova'tsjo:n] *f* innovation
Innovationsförderung [ınova'tsjo:nsfœrdərʊŋ] *f* promotion of original innovation
innovationsfreudig [ınova'tsjo:nsfrɔʏdɪç] *adj* innovative
Innovationsmanagement [ınova'tsjo:nsmɛnɛdʒmənt] *n* innovation management
Innovationspotenzial [ınova'tsjo:nspotɛntsja:l] *n* innovative capabilities *pl*, innovative potential
Innovationsschub [ınova'tsjo:nsʃup] *m* technology push
Innung ['ınʊŋ] *f* trade guild
Innungsverband ['ınʊŋsfɛrbant] *m* society of trade guilds
Input ['input] *m* input
Input-Output-Analyse ['input'autputana'ly:zə] *f* input-output analysis
Insichgeschäft ['ınzıçgəʃɛft] *n* self-dealing, self contracting
Insiderhandel ['ınzaɪdərhandəl] *m* insider trading
Insiderinformation ['ınzaɪdərınfɔrma'tsjo:n] *f* insider information
Insiderpapier ['ınzaɪdərpapi:r] *n* insider security
insolvent [ınzɔl'vɛnt] *adj* insolvent
Insolvenz [ınzɔl'vɛnts] *f* insolvency, inability to pay
Instanz [ın'stants] *f* 1. *(Rechtswesen)* instance; 2. *(Organisation)* management unit
institutionelle Anleger ['ınstitutsjonɛlə 'anle:gər] *m/pl* institutional investors *pl*
intangible Effekte [ıntan'gi:blə ɛ'fɛktə] *m/pl* intangible stocks and bonds *pl*
Interaktionstheorie [ıntərak'tsjo:nsteo:ri:] *f* theory of interaction
Interbankensätze ['ıntərbaŋkənsɛtsə] *m/pl* interbank rates *pl*
Interbankrate ['ıntərbaŋkra:tə] *f* interbank rate
Interdependenz [ıntərde:pɛn'dɛnts] *f* interdependence
Interesse [ıntə'rɛsə] *n* interest
Interessenausgleich [ıntə'rɛsənausglaıç] *m* accomodation of conflicting interests
Interessengemeinschaft [ıntə'rɛsəngəmaınʃaft] *f* pooling of interests, community of interests
Interessent [ıntərɛ'sɛnt] *m* interested party
Interessentenkreis [ıntərɛ'sɛntənkraıs] *m* prospective purchasers *pl*
Interessenverband [ıntə'rɛsənfɛrbant] *m* interest group
Interessenvertretung [ıntə'rɛsənfɛrtre:tʊŋ] *f* lobby
Interessenwert [ıntə'rɛsənve:rt] *m* vested interest stock
Interimsabkommen ['ınterımsapkɔmən] *n* temporary agreement, temporary solution
Interimslösung ['ınterımslø:zʊŋ] *f* interim solution
Internalisierung externer Effekte [ınternali'zi:rʊŋ ɛks'tɛrnər ɛ'fɛktə] *f* internalization of external effects
international ['ınternatsjona:l] *adj* international
International Commercial Terms (Incoterms) [ıntər'nɛʃənəl kɔ'mœrʃəl tœrms ('ınkətœrms)] *pl* International Commercial Terms (Incoterms)
Internationale Devisenbörsen ['ınternatsjona:lə de'vi:zənbœrzən] *f/pl* international foreign exchange markets *pl*
Internationale Entwicklungsorganisation ['ınternatsjona:lə ɛnt'vıklʊŋsɔrga-

ni:zatsjo:n] *f* International Development Association (IDA)
Internationale Finanzierungsgesellschaft ['ɪntɛrnatsjona:lə finan'tsi:ruŋsgəsɛlʃaft] *f* International Finance Corporation (IFC)
internationale Kreditmärkte ['ɪntɛrnatsjona:lə kre'di:tmɛrktə] *m/pl* international credit markets *pl*
internationale Liquidität ['ɪntɛrnatsjona:lə likvidi'tɛ:t] *f* international cash position
internationale Produkthaftung ['ɪntɛrnatsjona:lə pro'dukthaftuŋ] *f* international product liability
Internationale Vereinigung der Wertpapierbörsen ['ɪntɛrnatsjona:lə fɛr'ainiguŋ de:r 've:rtpapi:rbœrzən] *f* International Federation of Stock Exchanges
internationale Verschuldung ['ɪntɛrnatsjona:lə fɛr'ʃulduŋ] *f* international indeptedness
internationale Warenbörsen ['ɪntɛrnatsjona:lə 'va:rənbœrzən] *f/pl* international commodity exchange
internationaler Frachtbrief ['ɪntɛrnatsjona:lər 'fraxtbri:f] *m* international consignment note
internationaler Kapitalverkehr ['ɪntɛrnatsjona:lər kapi'ta:lfɛrke:r] *m* international capital transactions *pl*, international capital movements *pl*
internationaler Preiszusammenhang ['ɪntɛrnatsjona:lər 'praitszuzamənhaŋ] *m* international price system
Internationaler Währungsfonds (IWF) ['ɪntɛrnatsjona:lər 'vɛ:ruŋsfɔ̃] *m* International Monetary Funds (IMF)
internationaler Zahlungsverkehr ['ɪntɛrnatsjona:lər 'tsa:luŋsfɛrke:r] *m* international payments *pl*
internationales Finanzsystem ['ɪntɛrnatsjona:ləs fi'nantszyste:m] *n* international financial system
internationales Währungssystem ['ɪntɛrnatsjona:ləs 'vɛ:ruŋssyste:m] *n* international monetary system
Internationalisierungsgrad ['ɪntɛrnatsjonalizi:ruŋsgra:t] *m* level of internationalization
Internationalisierungsstrategie ['ɪntɛrnatsjonalizi:ruŋsʃtrategi:] *f* internationalization strategy
interne Revision [ɪn'tɛrnə re:vi'zjo:n] *f* internal audit

interner Zinsfuß [ɪn'tɛrnər 'tsɪnsfu:s] *m* internal interest rate
internes Kontrollsystem (IKS) [ɪn'tɛrnəs kɔn'trɔlzyste:m] *n* system of internal audits
internes Rechnungswesen [ɪn'tɛrnəs 'rɛçnuŋsve:zən] *n* internal accounting
internes Überwachungssystem [ɪn'tɛrnəs ybər'vaxuŋszyste:m] *n* internal supervision system
Internet-Ökonomie ['ɪntərnɛtœkonomi:] *f* Internet economy
Interpolation [ɪntərpola'tsjo:n] *f* interpolation
intertemporaler Handel [ɪntərtɛmpo'ra:lər 'handəl] *m* intertemporal trade
intervenieren [ɪntərvɛni'i:rən] *v* interfere
Intervention [ɪntərvɛn'tsjo:n] *f* intervention
Interventionskäufe [ɪntərvɛn'tsjo:nskɔyfə] *m/pl* intervention buying
Interventionspflicht [ɪntərvɛn'tsjo:nspflɪçt] *f* obligation to intervene
Interventionspunkte [ɪntərvɛn'tsjo:nspuŋktə] *m/pl* intervention point
Intrahandelsstatistik ['ɪntrahandəlsʃtatistɪk] *f* intra-trade statistics
Intranet ['ɪntranɛt] *n* intranet
intrinsische Motivation [ɪn'trɪnzɪʃə motiva'tsjo:n] *f* intrinsic motivation
Inventar [ɪnvɛn'ta:r] *n* inventory
Inventarwert [ɪnvɛn'ta:rve:rt] *m* inventory value
Inventur [ɪnvɛn'tu:r] *f* stocktaking, inventory
Inventurbilanz [ɪnvɛn'tu:rbilants] *f* inventory balance sheet
Inventurbuch [ɪnvɛn'tu:rbu:x] *n* inventory book
inverse Zinsstruktur [ɪn'vɛrzə 'tsɪnsʃtruktu:r] *f* inverse interest rate structure
investiertes Kapital [ɪnvɛs'ti:rtəs kapi'ta:l] *n* invested capital
Investition [ɪnvɛsti'tsjo:n] *f* investment
Investitionsabgaben [ɪnvɛsti'tsjo:nsapga:bən] *f/pl* investment taxes *pl*
Investitionsbank [ɪnvɛsti'tsjo:nsbaŋk] *f* investment bank
investitionsfördernde Maßnahmen [ɪnvɛsti'tsjo:nsfœrdərndə 'ma:sna:mən] *f/pl* measures of investment assistance *pl*
Investitionsförderung [ɪnvɛsti'tsjo:nsfœrdəruŋ] *f* investment promotion
Investitionsgüter [ɪnvɛsti'tsjo:nsgy:tər] *n/pl* capital goods *pl*

Investitionskennzahl [ɪnvɛsti'tsjo:nskɛntsa:l] *f* investment index
Investitionskraft [ɪnvɛsti'tsjo:nskraft] *f* investment potential, investment capacity
Investitionskredit [ɪnvɛsti'tsjo:nskredi:t] *m* investment loan
Investitionskreditversicherung [ɪnvɛsti'tsjo:nskredi:tfɛrtsɪçəruŋ] *f* investment credit insurance
Investitionsobjekt [ɪnvɛsti'tsjo:nsɔpjɛkt] *n* object of capital expenditure
Investitionsplan [ɪnvɛsti'tsjo:nspla:n] *m* investment scheme
Investitionsquote [ɪnvɛsti'tsjo:nskvo:tə] *f* propensity to invest
Investitionsrechnung [ɪnvɛsti'tsjo:nsrɛçnuŋ] *f* investment appraisal
Investitionsrisiko [ɪnvɛsti'tsjo:nsrisiko] *n* business risk
Investitionsschutz [ɪnvɛsti'tsjo:nsʃʊts] *m* protection of investment
Investitionssteuer [ɪnvɛsti'tsjo:nsʃtɔyər] *f* investment tax
Investitionsverbot [ɪnvɛsti'tsjo:nsfɛrbo:t] *n* prohibition of investment
Investitionszulage [ɪnvɛsti'tsjo:nstsu:la:gə] *f* investment grant
Investmentanteil [ɪn'vɛstmɛntantaɪl] *m* investment share
Investmentbank [ɪn'vɛstmɛntbaŋk] *f* investment bank
Investmentgesellschaft [ɪn'vɛstmɛntgəzɛlʃaft] *f* investment company
Investmentzertifikat [ɪn'vɛstmɛnttsɛrtifika:t] *n* investment certificate
Irrtum vorbehalten ['ɪrtu:m fo:rbəhaltən] errors excepted
Irrtümer und Auslassungen vorbehalten (E. & O.E.) ['ɪrty:mər ʊnt 'aʊslasuŋən 'fo:rbəhaltən] errors and omissions excepted (E. & O.E.)
ISO-Normen ['i:zonɔrmən] *f/pl* ISO standards *pl*
Istanalyse ['ɪstanaly:zə] *f* analysis of actual performance
Istkosten ['ɪstkɔstən] *pl* actual costs *pl*
Istkostenrechnung ['ɪstkɔstənrɛçnuŋ] *f* actual cost system
Istzahlen ['ɪsttsa:lən] *f/pl* actual figures *pl*
Jahresabschluss ['ja:rəsapʃlʊs] *m* annual accounts *pl*, year-end results *pl*
Jahresabschlussprüfung ['ja:rəsapʃlʊspry:fuŋ] *f* annual audit

Jahresarbeitsvertrag ['ja:rəsarbaɪtsfɛrtra:k] *m* one-year contract of employment
Jahresbedarf ['ja:rəsbədarf] *m* annual need
Jahresbilanz ['ja:rəsbilants] *f* annual balance sheet
Jahreseinkommen ['ja:rəsaɪnkɔmən] *n* annual income
Jahresfehlbetrag [ja:rəs'fe:lbətra:k] *m* net loss for the year
Jahresfixum ['ja:rəsfɪksʊm] *n* fixed annual salary
Jahresgewinn ['ja:rəsgəvɪn] *m* annual profits *pl*
Jahresgutachten ['ja:rəsgu:taxtən] *n* annual report
Jahreshauptversammlung [ja:rəs'haʊptfɛrzamluŋ] *f* annual general meeting
Jahresplaner ['ja:rəspla:nər] *m* year planner
Jahresüberschuss ['ja:rəsy:bərʃʊs] *m* annual surplus
Jahreswirtschaftsbericht [ja:rəs'vɪrtʃaftsbərɪçt] *m* Annual Economic Report
jährlich ['jɛ:rlɪç] *adj* annual
Job Enlargement ['tʃɔp ɪn'lartʃmɛnt] *n* job enlargement
Job Enrichment ['tʃɔp ɪn'rɪtʃmɛnt] *n* job enrichment
Job Evaluation ['tʃɔp ivɛljueɪʃən] *f* job evaluation
Jobkiller ['tʃɔpkɪlər] *m* job killer
Job Rotation ['tʃɔp rota'tsjo:n/ro'teɪʃən] *f* job rotation
Jobsharing ['tʃɔpʃɛ:rɪŋ] *n* job sharing
Jobber ['tʃɔbər] *m* jobber
Joint Venture ['tʃɔynt 'vɛntʃər] *n* joint venture
Journal [ʒur'na:l] *n* journal
Jubiläumsverkauf [ju:bi'lɛ:umsfɛrkauf] *m* anniversary sales *pl*
Jugendarbeitsschutz [jugənd'arbaɪtsʃʊts] *m* youth employment protection
Jugendvertretung ['ju:gəndfɛrtre:tuŋ] *f* youth representatives *pl*
junge Aktien [jʊŋə 'aktsi:ən] *f/pl* new shares *pl*
Jungscheinverkehr ['jʊŋʃaɪnfɛrke:r] *m* new issue giro transfer system
juristische Person [ju'rɪstɪʃə pɛr'zo:n] *f* legal person, legal entity
just in time [tʃast ɪn taɪm] *adj* just in time

K

Kabel ['ka:bəl] n cable
Kabotage [kabɔ'ta:ʒ(ə)] f cabotage
kaduzieren [kadu'tsi:rən] v cancel
Kaduzierung [kadu'tsi:ruŋ] f forfeiture of shares, exclusion of defaulting shareholders
Kahlpfändung ['ka:lpfɛnduŋ] f seizure of all the debtor's goods
Kaizen [kaɪ'tsɛn] n kaizen
Kalenderjahr [ka'lɛndərja:r] n calendar year
Kalkül [kal'ky:l] n calculation, consideration
Kalkulation [kalkula'tsjo:n] f calculation, estimation
Kalkulationsfehler [kalkula'tsjo:nsfe:lər] m miscalculation, misestimation
Kalkulationszinssatz [kalkula'tsjo:nstsɪnszats] m calculation interest rate
Kalkulator(in) [kalku'la:to:r/kalkula'to:rɪn] m/f cost accountant, cost clerk
kalkulatorische Kosten [kalkula'to:rɪʃə 'kɔstən] pl implicit costs pl
kalkulierbar [kalku'li:rba:r] adj calculable
Kammer ['kamər] f 1. (Handels~) chamber; 2. (Gericht) court division
Kämmerei [kɛmə'raɪ] financing department
Kämmerer [kɛmə'rər] m treasurer
Kampfpreis ['kampfpraɪs] m cut rate price
Kanban-System [kan'ba:nzyste:m] n canban system
Kannkaufmann ['kankaufman] m merchant, undertaking entitled, but not obliged, to be entered in the Commercial Register
Kapazitäten [kapatsi'tɛ:tən] f/pl capacities pl
Kapazitätsabbau [kapatsi'tɛ:tsapbau] m capacity cutback, cutback in capacity
Kapital [kapi'ta:l] n capital, funds pl
Kapitalabdeckung [kapi'ta:lapdɛkuŋ] f capital cover, coverage of capital
Kapitalabfindung [kapi'ta:lapfɪnduŋ] f lump sum settlement
Kapitalabfluss [kapi'ta:lapflus] m capital outflows pl
Kapitalakkumulation [kapi'ta:lakumula'tsjo:n] f accumulation of capital
Kapitalallokation [kapi'ta:lalokatsjo:n] f allocation of capital
Kapitalanalyse [kapi'ta:lanalyzə] f capital analysis
Kapitalangebot [kapi'ta:laŋəbo:t] n supply of capital

Kapitalanlagegesellschaft [kapi'ta:lanle:gəgəzɛlʃaft] f capital investment company
Kapitalanlagegesetz [kapi'ta:lanla:gəgəzɛts] n capital investment law
Kapitalanlagen [kapi'ta:lanla:gən] f/pl investments pl, capital investments pl
Kapitalanlagearten [kapi'ta:lanle:gəa:rtən] f/pl types of capital investment
Kapitalanleger(in) [kapi'ta:lanle:gər(ɪn)] m/f investor
Kapitalanteil [kapi'ta:lantaɪl] m capital share
Kapitalaufstockung [kapi'ta:laufʃtokuŋ] f increase in capital
Kapitalausfuhr [kapi'ta:lausfu:r] f export of capital
Kapitalausstattung [kapi'ta:lausʃtatuŋ] f capital resources pl
Kapitalbasis [kapi'ta:lba:zis] f capital base
Kapitalbedarf [kapi'ta:lbədarf] m capital requirements pl, funding needs pl
Kapitalbedarfsrechnung [kapi'ta:lbedarfsrɛçnuŋ] f capital requirement calculation
Kapitalbeschaffung [kapi'ta:lbəʃafuŋ] f procurement of capital
Kapitalbesitz [kapi'ta:lbəzɪts] m capital holdings pl
Kapitalbestand [kapi'ta:lbəʃtant] m total capital stock
Kapitalbeteiligung [kapi'ta:lbətaɪlɪguŋ] f equity participation
Kapitalbewegungen [kapi'ta:lbəve:guŋən] f/pl capital movements pl
Kapitalbewilligung [kapi'ta:lbəvɪlɪguŋ] f appropriation of funds, appropriation of capital
Kapitalbilanz [kapi'ta:lbi:lants] f balance of capital transactions
Kapitalbildung [kapi'ta:lbɪlduŋ] f formation of capital
Kapitalbindung [kapi'ta:lbɪnduŋ] f capital tie-up
Kapitalbindungsdauer [kapi'ta:lbɪnduŋsdauər] f duration of capital tie-up
Kapitaldienst [kapi'ta:ldi:nst] m service of capital, debt service
Kapitaleinkommen [kapi'ta:laɪnkɔmən] n unearned income

Kapitaleinlagen [kapiˈtaːlainlaːgən] *f/pl* capital contributions *pl*
Kapitalerhaltung [kapiˈtaːlɛrhaltuŋ] *f* maintenance of capital
Kapitalerhöhung [kapiˈtaːlɛrhøːuŋ] *f* increase of capital
Kapitalertrag [kapiˈtaːlɛrtraːk] *m* return on capital, capital yield
Kapitalexport [kapiˈtaːlɛkspɔrt] *m* capital export, export of capital
Kapitalfehlleitung [kapiˈtaːlfeːllaituŋ] *f* misguided investment
Kapitalflucht [kapiˈtaːlfluxt] *f* flight of capital
Kapitalfluss [kapiˈtaːlflus] *m* capital flow, flow of funds
Kapitalflussrechnung [kapiˈtaːlflusrɛçnuŋ] *f* funds statement
Kapitalfonds [kapiˈtaːlfɔ̃] *m* capital fund
Kapitalförderungsvertrag [kapiˈtaːlfœrdəruŋsfɛrtraːk] *m* capital encouragement treaty
Kapitalfreisetzung [kapiˈtaːlfraizɛtsuŋ] *f* liberation of capital
Kapitalgeber(in) [kapiˈtaːlgeːbər(ɪn)] *m/f* sponsor, donator
Kapitalgesellschaft [kapiˈtaːlgəzɛlʃaft] *f* corporation
Kapitalgewinn [kapiˈtaːlgəvɪn] *m* capital gains *pl*, capital profits *pl*
Kapitalgüter [kapiˈtaːlgyːtər] *n/pl* capital goods *pl*, capital products *pl*
Kapitalherabsetzung [kapiˈtaːlhəːrapzɛtsuŋ] *f* capital reduction
Kapitalhilfe [kapiˈtaːlhɪlfə] *f* capital aid
Kapitalimport [kapiˈtaːlɪmpɔrt] *m* capital import
kapitalintensiv [kapiˈtaːlɪntɛnziːf] *adj* capital-intensive
kapitalisieren [kapitaːliˈziːrən] *v* capitalize
Kapitalisierung [kapitaːliˈziːruŋ] *f* capitalization
Kapitalisierungsanleihe [kapitaːliˈziːruŋsanlaɪə] *f* funding loan
Kapitalknappheit [kapiˈtaːlknaphait] *f* shortage of capital, capital shortage
Kapitalkonto [kapiˈtaːlkɔnto] *n* capital account
Kapitalkonzentration [kapiˈtaːlkɔntsəntratsjoːn] *f* concentration of capital
Kapitalkosten [kapiˈtaːlkɔstən] *pl* cost of capital, cost of borrowed funds
Kapitalkraft [kapiˈtaːlkraft] *f* financial strength

kapitalkräftig [kapiˈtaːlkrɛftɪç] *adj* financially powerful
Kapitalmangel [kapiˈtaːlmaŋəl] *m* lack of capital, scarcity of capital
Kapitalmarkt [kapiˈtaːlmarkt] *m* capital market
Kapitalmarkteffizienz [kapiˈtaːlmarktɛfitsjɛnts] *f* capital market efficiency
Kapitalmarktförderungsgesetz [kapiˈtaːlmarktsfœrdəruŋsgəzɛts] *n* Capital Market Encouragement Law
Kapitalmarktforschung [kapiˈtaːlmarktfɔrʃuŋ] *f* capital market research
Kapitalmarktkommission [kapiˈtaːlmarktkɔmisjoːn] *f* capital market committee
Kapitalmarktzins [kapiˈtaːlmarkttsins] *m* capital market interest rate
Kapitalmehrheit [kapiˈtaːlmeːrhait] *f* capital majority
Kapitalproduktivität [kapiˈtaːlproduktiviˈtɛːt] *f* productivity of capital
Kapitalrendite [kapiˈtaːlrɛndiːtə] *f* return on investment
Kapitalrentabilität [kapiˈtaːlrɛntabilitɛːt] *f* return on investment, return on capital employed, earning power of capital employed
Kapitalrücklage [kapiˈtaːlrykla.gə] *f* capital reserves *pl*
Kapitalsammelstelle [kapiˈtaːlzaməlʃtɛlə] *f* institutional investors *pl*
Kapitalsammlungsverträge [kapiˈtaːlzamluŋsfɛrtrɛːgə] *m/pl* contracts on capital collecting *pl*
Kapitalschutz [kapiˈtaːlʃuts] *m* capital protection
Kapitalschutzvertrag [kapiˈtaːlʃutsfɛrtraːk] *m* capital protection agreement
Kapitalspritze [kapiˈtaːlʃprɪtsə] *f* (*fam*) cash injection
Kapitalübertragung [kapiˈtaːlyːbərtraːguŋ] *f* transfer of capital, capital transfer
Kapitalumschlag [kapiˈtaːlumʃlaːk] *m* capital turnover
Kapitalverkehr [kapiˈtaːlfɛrkeːr] *m* turnover of capital, capital transaction
Kapitalverkehrssteuer [kapiˈtaːlfɛrkeːrsʃtɔyər] *f* capital transaction tax
Kapitalvermögen [kapiˈtaːlfɛrmøːgən] *n* capital assets *pl*
Kapitalverwässerung [kapiˈtaːlfɛrvɛsəruŋ] *f* watering of capital stock
Kapitalwert [kapiˈtaːlveːrt] *m* capital value, net present value

Kapitalzins [kapiˈtaːltsɪns] *m* interest on capital
Kapitalzufluss [kapiˈtaːltsuːflus] *m* capital influx
Kapitalzuwachs [kapiˈtaːltsuːvaks] *m* capital gain, increase in capital
Karenzentschädigung [kaˈrɛntsɛntʃɛːdiɡuŋ] *f* compensation paid for the period of prohibition of competition
Karenzzeit [kaˈrɛntstsaɪt] *f* cooling period, qualifying period
Kartell [karˈtɛl] *n* cartel
Kartellabsprache [karˈtɛlapʃpraːxə] *f* cartel agreement, monopoly agreement
Kartellbildung [karˈtɛlbɪlduŋ] *f* cartel formation, formation of a cartel
Kartellgesetz [karˈtɛlɡəzɛts] *n* Cartel Act, Cartel Law
Kartellpolitik [karˈtɛlpolitiːk] *f* antitrust policy
Kartellregister [karˈtɛlreɡɪstɐr] *n* Federal Cartel Register
Kartellvorschrift [karˈtɛlfoːrʃrɪft] *f* cartel regulation
Kaskadensteuer [kasˈkaːdənʃtɔyər] *f* cascade tax
Kassadevisen [ˈkasadeviːzən] *f/pl* spot exchange
Kassageschäft [ˈkasaɡəʃɛft] *n* cash transactions *pl*, cash bargain
Kassakurs [ˈkasakurs] *m* spot price
Kassamarkt [ˈkasamarkt] *m* spot market
Kassazahlungen [ˈkasatsaːluŋən] *f/pl* cash payments *pl*, payments in cash *pl*
Kassenabrechnung [ˈkasənapreçnuŋ] *f* accounts *pl*
Kassenanweisung [ˈkasənanvaɪzuŋ] *f* payment order
Kassenbericht [ˈkasənbərɪçt] *m* financial report
Kassenbilanz [ˈkasənbilants] *f* cash balance
Kassenbuch [ˈkasənbuːx] *n* cash book
Kassenhaltung [ˈkasənhaltuŋ] *f* cash accountancy
Kassenkredite [ˈkasənkrediːtə] *m/pl* cash credit, cash advance
Kassenkurs [ˈkasənkurs] *m* spot price
Kassenobligationen [ˈkasənobliɡatsjoːnən] *f/pl* medium-term bonds *pl*
Kassenprüfer(in) [ˈkasənpryːfər(ɪn)] *m/f* auditor
Kassenprüfung [ˈkasənpryːfuŋ] *f* audit
Kassensturz [ˈkasənʃturts] *m* cashing-up

Kassenverstärkungskredit [kasənferˈʃtɛrkuŋskrediːt] *m* cash lending
Kassenwart(in) [ˈkasənvart(ɪn)] *m/f* treasurer
Kassenzettel [ˈkasəntsɛtəl] *m* receipt
Katalogkauf [ˈkataˈloːɡkauf] *m* catalogue based purchase
Katalogpreis [kataˈloːɡpraɪs] *m* list price, catalogue price
Kataster [kaˈtastər] *f* *m/n* cadastre, land register
Katasteramt [kaˈtastəramt] *n* land registry (office)
Kauf [kauf] *m* buy, purchase
Kauf auf Probe [kauf auf ˈproːbə] *m* sale on approval
Kauf gegen Vorauszahlung [kauf ˈɡeːɡən foˈraustsaːluŋ] *m* purchase against cash in advance
Kaufentscheidung [ˈkaufɛntʃaɪduŋ] *f* decision to purchase
Käufer(in) [ˈkɔyfər(ɪn)] *m/f* buyer, purchaser
Käufergruppe [ˈkɔyfərɡrupə] *f* 1. group of buyers; 2. *(Kunden)* group of customers
Käufermarkt [ˈkɔyfərmarkt] *m* buyer's market, loose market
Käuferprovision [ˈkɔyfərprovizjoːn] *f* buyer's commission
Käuferwanderung [ˈkɔyfərvandəruŋ] *f* migration of buyers
Kaufgelegenheit [ˈkaufɡəleːɡənhaɪt] *f* opportunity to purchase
Kaufkraft [ˈkaufkraft] *f* purchasing power
Kaufkraftanalyse [ˈkaufkraftanalyːzə] *f* analysis of purchasing power
Kaufkraftelastizität [ˈkaufkraftelastitsiːtɛːt] *f* elasticity of purchasing power
kaufkräftig [ˈkaufkrɛftɪç] *adj* well-funded
Kaufkraftparität [ˈkaufkraftpaˈriːtɛːt] *f* purchasing power parity
Kaufkraftschwund [ˈkaufkraftʃvunt] *m* decrease in purchasing power
Kaufkredit [ˈkaufkrediːt] *m* purchasing credit, loan to finance purchases
Kauflust [ˈkauflust] *f* inclination to buy, urge to spend
kaufmännische Orderpapiere [ˈkaufmɛnɪʃə ˈɔrdərpapiːrə] *n/pl* commercial instruments to order *pl*
kaufmännische Vorsicht [ˈkaufmɛnɪʃə ˈfoːrzɪçt] *f* prudence of a businessman
kaufmännische(r) Angestellte(r) [ˈkaufmɛnɪʃə(r) ˈanɡəʃtɛltə(r)] *m/f* clerk
Kaufoption [ˈkaufɔptsjoːn] *f* call option

Kaufpreis ['kaufprais] *m* purchase prize

Kaufvertrag ['kauffertra:k] *m* sales contract, purchase contract

Kaufverhalten ['kaufferhaltən] *n* purchase pattern

Kaufwert ['kaufve:rt] *m* market value, purchase value

Kaution [kau'tsjo:n] *f* security

Kautionseffekten [kau'tsjo:nsefektən] *f/pl* guarantee securities *pl*

keine Beschädigung (f.o.d.) ['kainə bə-'ʃɛ:digʊŋ] *adj* free of damage (f.o.d.)

Kellerwechsel ['kɛlərvɛksəl] *m* fictitious bill, windmill

Kennwort ['kɛnvɔrt] *n* code word

Kennzahl ['kɛntsa:l] *f* code number

Kennzeichnungsverordnung ['kɛntsaiçnuŋsferɔrdnʊŋ] *f* labeling provisions *pl*

Kernarbeitszeit ['kɛrnarbaitstsait] *f* core time

Kette ['kɛtə] *f (Warenhäuser)* chain

Kettengeschäft ['kɛtəngəʃɛft] *n* chain store

Key-Account-Manager ['ki:əkaunt'mɛnɛtʃər] *m* key account manager

Kiste ['kɪstə] *f* crate

Kladde ['kladə] *f* waste book

Klage ['kla:gə] *f (Recht)* action, lawsuit, process in law

Klageschrift ['kla:gəʃrɪft] *f* statement of claim

Klageweg ['kla:geve:k] *m* legal proceedings *pl*

Klasse ['klasə] *f (Güteklasse)* quality

Klassifikation [klasifika'tsjo:n] *f* classification

klassifizieren [klasifi'tsi:rən] *v* classify

Klausel [klauzəl] *f* clause

Kleinaktie ['klainaktsjə] *f* share with low par value

Kleinaktionär ['klainaktsjone:r] *m* small shareholder

Kleinbetrieb ['klainbətri:p] *m* small business

Kleincontainer ['klainkɔntɛ:nər] *m* small container

Kleinerzeuger ['klainɛrtsɔygər] *m* small-scale manufacturer

Kleinhandel ['klainhandəl] *m* retail trade, retail business

Kleinhändler(in) ['klainhɛndlər(ɪn)] *m/f* retailer

Kleinkredit ['klainkredi:t] *m* small personal loan, loan for personal use

Kleinpreisgeschäft ['klainpraisgəʃɛft] *n* low-price store

Kleinsparer ['klainʃpa:rər] *m* small saver

Kleinstücke ['klainʃtʏkə] *n/pl* fractional amount

Klient(in) [kli'ɛnt(ɪn)] *m/f* client

Klientele [kliɛn'te:l] *f* clientele

Knappheit ['knaphait] *f (Waren, Gelder)* shortage

Knappschaftsversicherung ['knapʃaftsferziçərʊŋ] *f* miners' social insurance system

Knebelungsvertrag ['kne:bəlʊŋsfɛrtra:k] *m* oppressive contract, adhesion contract

Know-how [no:'hau] *n* know-how

Kohäsionsfonds [kohɛ'zjo:nsfõ] *m* Cohesion Fund

Kolchose [kɔl'ço:zə] *f* kolchose, collective farm

Kollaps ['kɔlaps] *m* breakdown, collapse

Kollektion [kɔlɛk'tsjo:n] *f* collection

Kollektivarbeitsrecht [kɔlɛk'ti:fa:rbaitsrɛçt] *n* collective labor law

Kollektivgüter [kɔlɛk'ti:fgy:tər] *n/pl* collective goods *pl*

Kollektivsparen [kɔlɛk'ti:fʃpa:rən] *n* collective saving

Kollektivwirtschaft [kɔlɛk'ti:fvɪrtʃaft] *f* collective economy

Komitee [kɔmi'te:] *n* committee, body

Kommanditaktionär [kɔman'ditaktsjo:nɛ:r] *m* limited liability shareholder

Kommanditgesellschaft (KG) [kɔman'ditgəzɛlʃaft] *f* limited commercial partnership

Kommanditgesellschaft auf Aktien (KGaA) [kɔman'ditgəzɛlʃaft auf 'aktsjən] *f* partnership limited by shares

Kommanditist [kɔmandi'tɪst] *m* limited partner

Kommerz [kɔ'mɛrts] *m* commerce

kommerziell [kɔmɛr'tsjɛl] *adj* commercial

Kommission [kɔmɪs'jo:n] *f* commission

Kommissionär [kɔmɪsjo'nɛ:r] *m* commission agent

Kommissionsgeschäft [kɔmɪs'jo:nsgəʃɛft] *n* commission business

Kommissionshandel [kɔmɪs'jo:nshandəl] *m* commission trade

Kommissionslager [kɔmɪs'jo:nsla:gər] *n* consignment stock

Kommissionstratte [kɔmɪs'jo:nstratə] *f* bill of exchange drawn for third-party account

Kommissionswaren [kɔmɪs'jo:nsva:rən] *f/pl* consigned goods *pl*

Kommittenten [kɔmi'tɛntən] *m/pl* consigners *pl*
Kommunalabgabe [kɔmu'na:lapga:bə] *f* local rate, local tax *(US)*
Kommunalanleihen [kɔmu'na:lanlaɪən] *f/pl* local authority loan
Kommunalbank [kɔmu'na:lbaŋk] *f* local authorities bank
Kommunaldarlehen [kɔmu'na:ldarle:ən] *n* loan granted to a local authority
kommunale Wirtschaftsförderung ['kɔmuna:le 'vɪrtʃaftsfœrdəruŋ] *f* municipal measures to spur the economy *pl*
Kommunalkredit [kɔmu'na:lkredi:t] *m* credit granted to a local authority
Kommunalobligation [kɔmu'na:lɔbligatsjo:n] *f* local bond
Kommunalpolitik [kɔmu'na:lpoliti:k] *f* local politics *pl*
Kommunalwirtschaft [kɔmu'na:lvɪrtʃaft] *f* municipal economy
Kommunikationsfluss [kɔmunika'tsjo:nsflʊs] *m* intercommunication
Kommunikationsmittel [kɔmunɪka'tsjo:nsmɪtəl] *n* communication facilities *pl*
Kommunikationspolitik [kɔmunɪka'tsjo:nspoliti:k] *f* communications policy
Kompensation [kɔmpɛnza'tsjo:n] *f* compensation
Kompensationsgeschäft [kɔmpɛnza'tsjo:nsgəʃɛft] *n* barter transaction, offset transaction
Kompensationskurs [kɔmpɛnza'tsjo:nskʊrs] *m* making-up price
Kompensationssteuer [kɔmpɛnza'tsjo:nsʃtɔyər] *f* offset tax
kompensatorische Kosten [kɔmpɛnza'to:rɪʃə 'kɔstən] *pl* offsetting costs *pl*
kompensierte Valuta [kɔmpɛn'zi:rtə va'lu:ta] *f* value compensated
Komplementär [kɔmplemɛn'tɛ:r] *m* general partner
komplementäre Güter [kɔmplemɛn'tɛ:rə 'gy:tər] *n/pl* complementary goods *pl*, joint goods *pl*
Konditionenkartell [kɔndi'tsjo:nənkartɛl] *n* condition cartel
Konferenz [kɔnfə'rɛnts] *f* conference
Konferenzschaltung [kɔnfe'rɛntsʃaltʊŋ] *f* conference circuit
Konglomerat [kɔŋlome'ra:t] *n* conglomerate group
Konjunktur [kɔnjʊŋk'tu:r] *f* economic cycle, business cycle

Konjunkturanalyse [kɔnjʊŋk'tu:ranaly:zə] *f* economic analysis
Konjunkturausgleichsrücklage [kɔnjʊŋk'tu:rausglaɪçsrykla:gə] *f* anticyclical reserve
Konjunkturbarometer [kɔnjʊŋk'tu:rbarome:tər] *n* business barometer
Konjunkturbelebung [kɔnjʊŋk'tu:rbəle:bʊŋ] *f* economic upturn
konjunkturelle Arbeitslosigkeit [kɔnjʊŋktu'rɛlə 'arbaɪtslo:zɪçkaɪt] *f* cyclical unemployment
Konjunkturentwicklung [kɔnjʊŋk'tu:rɛntvɪklʊŋ] *f* economic trend
Konjunkturflaute [kɔnjʊŋk'tu:rflaʊtə] *f* economic slowdown, economic halt
Konjunkturphasen [kɔnjʊŋk'tu:rfa:zən] *f/pl* phases of business cycles *pl*
Konjunkturpolitik [kɔnjʊŋk'tu:rpoliti:k] *f* economic policy
Konjunkturschwankung [kɔnjʊŋk'tu:rʃvaŋkʊŋ] *f* business fluctuation
Konjunkturspritze [kɔnjʊŋk'tu:rʃprɪtsə] *f (fam)* fiscal shot
Konjunkturwende [kɔnjʊŋk'tu:rvɛndə] *f* economic turnabout
Konjunkturzyklus [kɔnjʊŋk'tu:rtsy:klʊs] *m* business cycle
Konkurilanz [kɔnkuri'lants] *f* statement of bankrupt's assets and liabilities
Konkurrenz [kɔnku'rɛnts] *f* competition
Konkurrenzanalyse [kɔnku'rɛntsanaly:zə] *f* analysis of competitors
Konkurrenzfirma [kɔnku'rɛntsfɪrma] *f* competing firm
Konkurrenzunternehmen [kɔnku'rɛntsʊntɛrne:mən] *n* competitor
Konkurs [kɔn'kʊrs] *m* bankruptcy
Konkursantrag [kɔn'kʊrsantra:k] *m* bankruptcy petition
Konkursausfallgeld [kɔn'kʊrsausfalgɛlt] *n* payment of net earnings for three months prior to start of bankruptcy proceedings
Konkursdelikt [kɔn'kʊrsdelɪkt] *n* bankruptcy offence
Konkurserklärung [kɔn'kʊrsɛrklɛ:rʊŋ] *f* declaration of bankruptcy, notice of bankruptcy
Konkursgericht [kɔn'kʊrsgərɪçt] *n* bankruptcy court
Konkursgläubiger [kɔn'kʊrsglɔybɪgər] *m* bankrupt's creditor
Konkursmasse [kɔn'kʊrsmasə] *f* bankrupt's assets *pl*

Konkursordnung [kɔn'kursɔrdnuŋ] f Bankruptcy Act

Konkursquote [kɔn'kurskvo:tə] f dividend in bankruptcy

Konkursverwalter(in) [kɔn'kursfɛrvaltər(ɪn)] m/f receiver, liquidator

Konnossement (B/L) [kɔnɔsə'mɛnt] n bill of lading (B/L)

Konsignatar [kɔnzɪgna'ta:r] m consignee

Konsignationslager [kɔnzɪgna'tsjo:nsla:gər] n consignment stock

konsolidierte Bilanz [kɔnzoli'di:rtə bi'lants] f consolidated balance sheet

Konsortialabteilung [kɔnzɔr'tsja:laptaɪluŋ] f syndicate department

Konsortialgeschäft [kɔnzɔr'tsja:lgəʃɛft] n syndicate transaction

Konsortialkredit [kɔnzɔr'tsja:lkredi:t] m syndicated credit

Konsulatsfaktura [kɔnzula'tsfaktu:ra] f consular invoice

Konsumentenkredit [kɔnzu'mɛntənkredi:t] m consumer credit

Konsumerismus [kɔnzumə'rɪsmus] m consumerism

Konsumfinanzierung [kɔn'zu:mfɪnantsi:ruŋ] f consumption financing

Konsumforschung [kɔn'zu:mfɔrʃuŋ] f consumer research, market research

Konsumgenossenschaft [kɔn'zu:mgənɔsənʃaft] f consumer cooperative

Konsumklima [kɔn'zu:mkli:ma] n purchaser demand, buyer demand

Konsumkredit [kɔn'zu:mkredi:t] m consumer credit

Konsumquote [kɔn'zu:mkvo:tə] f propensity to consume

Konsumverhalten [kɔn'zu:mfɛrhaltən] n consumer behaviour, consumer habits pl

Kontakthäufigkeit [kɔn'taktho ɪfɪçkaɪt] f frequency of contact

Kontenkalkulation ['kɔntənkalkulatsjo:n] f account costing

Kontennummerierung ['kɔntənuməri:ruŋ] f account numbering

Kontenplan ['kɔntənpla:n] m chart of accounts

Kontenrahmen ['kɔntənra:mən] m standard form of accounts

Kontingent [kɔntɪŋ'gɛnt] n quota

Kontingentierung [kɔntɪŋgɛn'ti:ruŋ] f fixing of a quota

Konto ['kɔnto] n account

Kontoauszug ['kɔntoaustsu:k] m statement of account

Kontoeröffnung ['kɔntoɛrœfnuŋ] f opening of an account

Kontoführung ['kɔntofy:ruŋ] f keeping of an account

Kontogebühren ['kɔntogəby:rən] f/pl bank charges pl

Kontokorrent [kɔntokɔ'rɛnt] n current account

Kontokorrentkonto [kɔntokɔ'rɛntkɔnto] n current account

Kontokorrentkredit [kɔntokɔ'rɛntkredi:t] m current account credit

Kontonummer ['kɔntonumər] f account number

Kontoüberziehung ['kɔntoy:bərtsi:uŋ] f overdraft of an account

Kontovollmacht ['kɔntofɔlmaxt] f power to draw on an account

Kontrahierung [kɔntra'hi:ruŋ] f contraction

Kontrahierungszwang [kɔntra'hi:ruŋstsvaŋ] m obligation to contract

Kontraktgüter [kɔn'traktgy:tər] n/pl contract goods pl

Kontrollmitteilung [kɔn'trɔlmɪtaɪluŋ] f tracer note

Kontrollspanne [kɔn'trɔlʃpanə] f span of control

Konvergenz [kɔnvɛr'gɛnts] f convergence

Konvergenzkriterien [kɔnvɛr'gɛntskri:te:rjən] n/pl convergence criteria pl

Konvergenzphase [kɔnvɛr'gɛntsfa:zə] f convergence phase

Konvergenzpolitik [kɔnvɛr'gɛntspoliti:k] f convergence policy

Konvergenzprogramm [kɔnvɛr'gɛntsprogram] n convergence programme

Konversionskurs [kɔnvɛr'zjo:nskurs] m conversion rate

Konvertibilität [kɔnvɛrtibili'tɛ:t] f convertibility

Konvertierung [kɔnvɛr'ti:ruŋ] f conversion

Konzentration [kɔntsɛntra'tsjo:n] f concentration

Konzernabschluss [kɔn'tsɛrnapʃlus] m consolidated financial statement

Konzernanhang [kɔn'tsɛrnanhaŋ] m notes to consolidated financial statements pl

Konzernaufträge [kɔn'tsɛrnauftrɛ:gə] m/pl group orders pl

Konzernbilanz [kɔn'tsɛrnbilants] f group balance sheet

konzernintern [kɔn'tsɛrnintɛrn] *adj* inter-company, intragroup

Konzernzwischengewinn [kɔntsɛrn'tsvɪʃəngəvɪn] *m* group interim benefits *pl*

konzertierte Aktion [kɔntsɛr'tiːrtə ak'tsjoːn] *f* "concerted action"

Konzertzeichnung [kɔn'tsɛrttsaiçnuŋ] *f* stagging

Kooperationsdarlehen [koopəra'tsjoːnsdaːrleːən] *n* cooperation loan

Kopfsteuer ['kɔpfʃtɔyər] *f* per capita tax

Koppelprodukion [kɔpəlproduktsjoːn] *f* lied production

Korbwährung ['kɔrpvɛːruŋ] *f* basket currency

Körperschaftssteuer ['kœrpərʃaftsʃtɔyər] *f* corporation tax

Korrelation [kɔrəla'tsjoːn] *f* correlation

Korrespondenzbank [kɔrəspɔn'dɛntsbaŋk] *f* correspondent bank

korrigieren [kɔri'giːrən] *v* correct, rectify, remedy

Kosten und Fracht (c. & f.) ['kɔstən unt 'fraxt] cost and freight (c. & f.)

Kosten und Versicherung (c. & i.) ['kɔstən unt fɛr'ziçəruŋ] cost and insurance (c. & i.)

Kosten, Versicherung, Fracht eingeschlossen (c.i.f.) ['kɔstən, fɛr'ziçəruŋ, fraxt 'aingəʃlɔsən] cost, insurance, freight (c.i.f.)

Kosten, Versicherung, Fracht und Kommission eingeschlossen (c.i.f. & c.) ['kɔstən, fɛr'ziçəruŋ, fraxt unt kɔmi'sjoːn 'aingəʃlɔsən] cost, insurance, freight, commission (c.i.f. & c.)

Kosten, Versicherung, Fracht, Kommission und Zinsen (c.i.f.c. & i.) ['kɔstən, fɛr'ziçəruŋ, fraxt, kɔmi'sjoːn unt 'tsinzən] cost, insurance, freight, commission, interest (c.i.f.c. & i.)

Kostenart ['kɔstənaːrt] *f* cost type

Kostendämpfung ['kɔstəndɛmpfuŋ] *f* combating rising costs *pl*

Kostendeckung ['kɔstəndɛkuŋ] *f* cost recovery

Kostendruck ['kɔstəndruk] *m* cost pressure

Kostenexplosion [kɔstənɛksplozjoːn] *f* cost escalation

Kostenfaktor [kɔstənfaktoːr] *m* cost factor

kostenfrei (f.o.c.) ['kɔstənfrai] *adj* free of charge (f.o.c.)

Kostenminimierung ['kɔstənmɪnɪmiːruŋ] *f* minimisation of costs

Kosten-Nutzen-Analyse ['kɔstən'nutsənanaly:zə] *f* cost-benefit analysis

Kostenplan ['kɔstənplaːn] *m* cost schedule

Kostenrechnung ['kɔstənrɛçnuŋ] *f* statement of costs

Kostenremanenz ['kɔstənrəmanɛnts] *f* lagged adjustment of variable costs

Kostensenkung ['kɔstənzɛŋkuŋ] *f* cost reduction

Kostenstelle ['kɔstənʃtɛlə] *f* cost (accounting) centre

Kostenträger ['kɔstəntrɛːgər] *m* paying authority, cost unit

Kostenverrechnung ['kɔstənfɛrɛçnuŋ] *f* cost allocation

Kotierung [ko'tiːruŋ] *f* admission of shares to official quotation

Kraftfahrzeug ['kraftfaːrtsɔyk] *n* motor vehicle

Kreditabteilung [kre'diːtaptailuŋ] *f* credit department

Kreditaktie [kre'diːtaktsjə] *f* credit share

Kreditakzept [kre'diːtaktsɛpt] *n* financial acceptance

Kreditaufnahmeverbot [kre'diːtaufnaːməfɛrboːt] *n* prohibition of raising of credits

Kreditaufsicht [kre'diːtaufziçt] *f* state supervision of credit institutions

Kreditauftrag [kre'diːtauftraːk] *m* credit-extending instruction

Kreditauskunft [kre'diːtauskunft] *f* credit information, banker's reference *(UK)*

Kreditausschuss [kre'diːtausʃus] *m* credit committee

Kreditausweitung [kre'diːtausvaituŋ] *f* expansion of credit

Kreditbedarf [kre'diːtbədarf] *m* credit demand

Kreditbrief (L/C) [kre'diːtbriːf] *m* letter of credit (L/C)

Krediteröffnungsvertrag [kre'diːtɛrœfnuŋsfɛrtraːk] *m* credit agreement

Kreditfähigkeit [kre'diːtfɛːiçkait] *f* financial standing

Kreditfazilität [kre'diːtfatsilitɛːt] *f* credit facilities *pl*

Kreditfinanzierung [kre'diːtfinantsiːruŋ] *f* financing by way of credit

Kreditfrist [kre'diːtfrɪst] *f* credit period

Kreditgarantie [kre'diːtgaranti:] *f* credit guarantee

Kreditgefährdung [kre'diːtgəfɛːrduŋ] *f* endangering the credit of a person or a firm

Kreditgeld [kreˈdiːtgɛlt] *n* credit money
Kreditgenossenschaft [kreˈdiːtgənɔsənʃaft] *f* credit cooperative
Kreditgeschäft [kreˈdiːtgəʃɛft] *n* credit business
Kreditgewinnabgabe [kreˈdiːtgəvɪnapgaːbə] *f* debts profit levy
Kreditinflation [kreˈdiːtɪnflatsjoːn] *f* credit inflation
Kreditkarte [kreˈdiːtkartə] *f* credit card
Kreditkartei [kreˈdiːtkartai] *f* borrowing customers' card index
Kreditkauf [kreˈdiːtkauf] *m* credit purchase
Kreditkontrolle [kreˈdiːtkɔntrɔlə] *f* credit control
Kreditkosten [kreˈdiːtkɔstən] *pl* cost of credit
Kreditkultur [kreˈdiːtkultuːr] *f* credit culture
Kreditlaufzeit [kreˈdiːtlaufsait] *f* duration of credit
Kreditleihe [kreˈdiːtlaiə] *f* loan of credit
Kreditlimit [kreˈdiːtlimɪt] *n* borrowing limit, credit limit
Kreditlinie [kreˈdiːtliːnjə] *f* credit line
Kreditmarkt [kreˈdiːtmarkt] *m* money and capital market
Kreditnehmer(in) [kreˈdiːtneːmər(ɪn)] *m/f* borrower
Kreditoren [krediˈtoːrən] *m/pl* creditors *pl*
Kreditorenbuchhaltung [krediˈtoːrənbuːxhaltuŋ] *f* accounts payable department
Kreditplafond [kreˈdiːtplafõ] *m* credit ceiling
Kreditplafondierung [kreˈdiːtplafõdiːruŋ] *f* credit limitation
Kreditpolitik [kreˈdiːtpolitiːk] *f* credit policy
Kreditprovision [kreˈdiːtprovizjoːn] *f* credit commission
Kreditprüfung [kreˈdiːtpryːfuŋ] *f* credit status investigation
Kreditprüfungsblätter [kreˈdiːtpryːfuŋsblɛtər] *n/pl* credit checking sheets *pl*
Kreditrahmen [kreˈdiːtraːmən] *m* credit margin, credit facilities *pl*
Kreditrestriktion [kreˈdiːtrɛstrɪktsjoːn] *f* credit restriction
Kreditrisiko [kreˈdiːtriziːkoː] *n* credit risk
Kreditschöpfung [kreˈdiːtʃœpfuŋ] *f* creation of credit
Kreditschutz [kreˈdiːtʃuts] *m* protection of credit
Kreditsicherheit [kreˈdiːtzɪçərhait] *f* security of credit

Kreditsicherung [kreˈdiːtzɪçəruŋ] *f* safeguarding of credit
Kreditspritze [kreˈdiːtʃprɪtsə] *f* *(fam)* injection of credit
Kreditstatus [kreˈdiːtʃtaːtus] *m* credit standing
Kredittranche [kreˈdiːttrãʃ(ə)] *f* credit tranche
Kreditvermittler [kreˈdiːtfɛrmɪtlər] *m* money broker
Kreditvermittlung [kreˈdiːtfɛrmɪtluŋ] *f* arranging for a credit
Kreditversicherung [kreˈdiːtfɛrzɪçəruŋ] *f* credit insurance
Kreditvertrag [kreˈdiːtfɛrtraːk] *m* credit agreement
Kreditvolumen [kreˈdiːtvoːluːmən] *n* total credit outstanding
Kreditwesen [kreˈdiːtveːzən] *n* credit system
Kreditwesengesetz [kreˈdiːtveːzəngəzɛts] *n* Banking Law
Kreditwürdigkeit [kreˈdiːtvyrdɪçkait] *f* creditworthiness
Kreditzinsen [kreˈdiːtsɪnsən] *m/pl* interest on borrowings, loan interest
Kreditzusage [kreˈdiːtsuzaːgə] *f* promise of credit
Kreuzparität [ˈkrɔytspariˈtɛːt] *f* cross rate
Kriegsanleihe [ˈkriːksanlaihə] *f* war loan
krisenfest [ˈkriːzənfɛst] *adj* crisis-proof
Krisenstimmung [ˈkriːzənʃtɪmuŋ] *f* crisis feeling
kritische Erfolgsfaktoren [ˈkritɪʃə ɛrˈfɔlksfaktoːrən] *m/pl* critical factors of performance *pl*
krummer Auftrag [ˈkrumər ˈauftraːk] *m* uneven order
Kulisse [kuˈlɪsə] *f* unofficial stock market
Kulissenwert [kuˈlɪsənveːrt] *m* quotation on the unofficial market
kumulative Dividende [ˈkumulaːtivə diviˈdɛndə] *f* cumulative dividend
Kumulierungsverbot [kumuˈliːruŋsfɛrboːt] *n* rule against accumulation
kündbar [ˈkyntbar] *adj* redeemable
Kundenauftrag [ˈkundənauftraːk] *m* customer's order
Kundenberatung [ˈkundənbəraːtuŋ] *f* consumer advice
Kundengeschäft [ˈkundəngəʃɛft] *n* transactions for third account *pl*
Kundenkalkulation [ˈkundənkalkulatsjoːn] *f* customer costing

Kundennummer ['kundənumər] f customer's reference number
kundenorientiert ['kundənɔrjɛnti:rt] adj customer-oriented
Kundenorientierung ['kundənɔrjɛnti:ruŋ] f customer orientation
Kundenpotenzial ['kundənpotɛntsja:l] n prospective customer, customer potencial
Kundenprofil ['kundənprofi:l] n customer profile
Kundenrabatt ['kundənrabat] m sales discount
Kundenreklamation ['kundənreklamatsjo:n] f customer complaint
Kundenschutz ['kundənʃuts] m customer protection
Kundenstamm ['kundənʃtam] m regular customers pl
Kundenstock ['kundənʃtɔk] m regular clientele
Kündigungsgeld ['kyndɪguŋsgɛlt] n deposit at notice
Kündigungsgrundschuld ['kyndɪguŋsgrunt ʃult] f land charge not repayable until called
Kündigungshypothek ['kyndɪguŋshypote:k] f mortgage loan repayable after having been duly called
Kündigungssperrfrist ['kyndɪguŋsʃpɛrfrist] f non-calling period
Kundschaft ['kuntʃaft] f clientele
Kundschaftskredit ['kuntʃaftskredi:t] m customers' credit
Kupon [ku'põ] m coupon, warrant
Kuponbogen [ku'põbo:gən] m coupon sheet
Kuponkasse [ku'põkasə] f coupon collection department
Kuponkurs [ku'põkurs] m coupon price
Kuponmarkt [ku'põmarkt] m coupon market
Kuponsteuer [ku'põʃtɔyər] f coupon tax
Kuppelprodukte ['kupəlproduktə] n/pl complementary products pl
Kur [ku:r] f cure
Kurantmünze [ku'rantmyntsə] f specie
Kuratorium [kura'to:rjum] n board of trustees
Kursanzeige ['kursantsaɪgə] f quotation
Kursblatt ['kursblat] n quotations list
Kursfestsetzung ['kursfɛstzɛtsuŋ] f fixing of prices
Kursgewinn ['kursgəvɪn] m stock price gain, exchange profit, market profit

Kurs-Gewinn-Verhältnis [kursgə'vɪnfɛrhɛltnɪs] n price-earnings ratio
Kursindex ['kursɪndɛks] m stock exchange index
Kursindexniveau ['kursɪndɛksnivo:] n price level
Kursintervention ['kursɪntərvɛntsjo:n] f price intervention
Kurslimit ['kurslɪmɪt] n price limit
Kursmakler ['kursma:klər] m stock broker
Kursnotierung ['kursnoti:ruŋ] f quotation of prices
Kursparität ['kursparitɛ:t] f parity of rates
Kurspflege ['kurspfle:gə] f price nursing
Kursregulierung ['kursreguli:ruŋ] f price regulation
Kursrisiko ['kursri:ziko] n price risk
Kursspanne ['kursʃpanə] f difference between purchase and hedging price
Kurssprung ['kursʃpruŋ] m jump in prices
Kurssteigerung ['kursʃtaɪgəruŋ] f price advance
Kursstreichung ['kursʃtraɪçuŋ] f non-quotation
Kursstützung ['kursʃtytsuŋ] f price pegging
Kursvergleich ['kursfɛrglaɪç] m comparison of prices
Kursverlust ['kursfɛrlust] m loss on stock prices
Kursverwässerung ['kursfɛrvɛsəruŋ] f price watering
Kurszettel ['kurstsɛtəl] m stock exchange list
Kurszusammenbruch ['kurstsuzamənbrux] m collapse of prices
Kurszusätze ['kurstsu:zɛtsə] m/pl notes appended to quotation pl
Kurtage [kur'ta:ʒ(ə)] f courtage
Kurve ['kurvə] f curve, graph
kurzfristige Erfolgsrechnung ['kurtsfrɪstɪgə ɛr'fɔlksrɛçnuŋ] f monthly income statement
kurzfristiger Kredit ['kurtsfrɪstɪgər kre'di:t] m short-term credit
Kurzindossament ['kurtsɪndɔsamɛnt] n short-form endorsement
Kurzmitteilung ['kurtsmɪtaɪluŋ] f memo, memo letter
Küstengewässer ['kystəngəvɛsər] n/pl coastal waters pl
Kuvert [ku'vɛrt] n envelope
Kux [kuks] m mining share
Kybernetik [kybɛr'ne:tɪk] f cybernetics

L

Labor [la'bo:r] *n* laboratory
Lack [lak] *m* varnish, lacquer
Ladebühne ['la:dəby:nə] *f* loading platform, elevating platform
Ladefläche ['la:dəflɛçə] *f* loading surface
Ladegebühren ['la:dəgəby:rən] *f/pl* loading charges *pl*
Ladegerät ['la:dəgərɛ:t] *n* battery charger
laden ['la:dən] *v irr* 1. (LKW, Schiff) load; 2. (Batterie) charge; 3. (vor Gericht) summon, cite
Laden ['la:dən] *m* shop
Ladenhüter ['la:dənhy:tər] *m/pl* soiled goods *pl*
Ladenöffnungszeiten ['la:dənœfnuŋstsaitən] *f/pl* shop hours *pl*
Ladenpreis ['la:dənprais] *m* retail price
Ladenschluss ['la:dənʃlus] *m* closing time
Ladenschlussgesetz ['la:dənʃlusgəzɛts] *n* Shop Closing Hours Law
Ladeplatz ['la:dəplats] *m* loading area
Laderampe ['la:dərampə] *f* loading ramp
Laderaum ['la:dəraum] *m* loading space
Ladeschein ['la:dəʃain] *m* bill of lading
lädiert [lɛ'di:rt] *adj (beschädigt)* damaged, battered
Ladung ['la:duŋ] *f* 1. load, cargo, freight; 2. (elektrische ~) charge, amount of electricity; 3. (am Gericht) summons *pl*
Lagebericht ['la:gəbəriçt] *m* status report; annual report
Lager ['la:gər] *n (Warenlager)* store, stock, inventory, warehouse; *auf ~ haben* have in store
Lagerbestand ['la:gərbəʃtant] *m* stock, goods in stock *pl*, stock on hand
Lagerbestandsaufnahme ['la:gərbəʃtantsaufna:mə] *f* inventory, stocktaking
Lagerbuchführung ['la:gərbu:xfy:ruŋ] *f* inventory accounting
Lagerempfangsschein (D/W) [la:gərɛm'pfaŋsʃain] *m* warehouse receipt
lagerfähig ['la:gərfɛ:iç] *adj* storable
Lagergebühr ['la:gərgəby:r] *f* storage, storage charge
Lagerhalle ['la:gərhalə] *f* warehouse
Lagerhaltung ['la:gərhaltuŋ] *f* stockkeeping, warehousing
Lagerhaus ['la:gərhaus] *n* warehouse
Lagerist [la:gə'rɪst] *m* stockkeeper, stockroom clerk, storekeeper

Lagerkosten ['la:gərkɔstən] *pl* storage cost
Lagerkapazität ['la:gərkapatsitɛ:t] *f* storage capacity
Lagerliste ['la:gərlɪstə] *f* stock list, inventory list
Lagermenge ['la:gərmɛŋə] *f* stock quantity, quantity in store
Lagermiete ['la:gərmi:tə] *f* warehouse rent
lagern ['la:gərn] *v* store, stock, put in storage
Lagerplatz ['la:gərplats] *m* depot
Lagerraum ['la:gərraum] *m* storage space
Lagerschein ['la:gərʃain] *m* warehouse warrant
Lagerung ['la:gəruŋ] *f* storage, storing, warehousing
Lagerverwaltung ['la:gərfɛrvaltuŋ] *f* warehouse management
lancieren [lɑ̃'si:rən] *v* launch (a product)
Länderrisiko ['lɛndɛrriziko] *n* country risk
Landesbank ['landəsbaŋk] *f* regional bank
Landeserzeugnisse ['landəsɛrtsɔyknɪsə] *n/pl* domestic products *pl*
Landesgrenze ['landəsgrɛntsə] *f* national border, frontier
landesüblich ['landəsy:pliç] *adj* common in the country, normal for the country
Landeswährung ['landəsvɛ:ruŋ] *f* national currency
Landeszentralbank (LZB) [landəstsɛn'tra:lbaŋk] *f* land central bank
Landweg ['lantve:k] *m auf dem ~* overland
Landwirtschaft ['lantvɪrtʃaft] *f* agriculture, farming
landwirtschaftlich ['lantvɪrtʃaftlɪç] *adj* agricultural, farming
Landwirtschaftsbrief ['lantvɪrtʃaftsbri:f] *m* agricultural mortgage bond
Landwirtschaftskredit ['lantvɪrtʃaftskredi:t] *m* agricultural loan
lange Sicht [laŋə zɪçt] *f* long run
Längenmaße ['lɛŋənma:sə] *n/pl* linear measures *pl*
langfristig ['laŋfrɪstɪç] *adj* long-term
langfristige Anleihen ['laŋfrɪstɪgə 'anlaiən] *f/pl* long-term bonds *pl*
langfristige Einlagen ['laŋfrɪstɪgə 'ainla:gən] *f/pl* long-term deposits *pl*

langfristiger Kredit ['laŋfrɪstɪgər kre'diːt] *m* long-term credit
langlebig ['laŋleːbɪç] *adj* durable
Langlebigkeit ['laŋleːbɪçkaɪt] *f* durability
Langzeitarbeitslose(r) ['laŋtsaɪtarbaɪtsloːzə(r)] *f/m* long-term unemployed person
Langzeitarbeitslosigkeit ['laŋtsaɪtarbaɪtsloːzɪçkaɪt] *f* long-term unemployment
Laptop ['læptɔp] *m* laptop
Lärmbekämpfung ['lɛrmbəkɛmpfuŋ] *f* noise control, sound-level control
Lärmbelästigung ['lɛrmbəlɛstɪguŋ] *f* noise pollution
Lärmpegel ['lɛrmpeːgəl] *m* noise level
Lärmschutz ['lɛrmʃuts] *m* noise protection
Laserdrucker ['leɪzərdrukər] *m* laser printer
Lasertechnik ['leɪzərtɛçnɪk] *f* laser technology
Lasten ['lastən] *f/pl (finanzielle Belastungen)* expense, costs *pl*
Lastenaufzug ['lastənauftsuːk] *m* goods lift, freight elevator *(US)*
Lastenausgleich ['lastənausglaɪç] *m* equalization of burdens
Lastenausgleichsbank [lastən'ausglaɪçsbaŋk] *f* equalization of burdens bank
Lastenausgleichsfonds [lastən'ausglaɪçsfɔ̃ː] *m* equalization of burdens fund
Lastenverteilung ['lastənfertaɪluŋ] *f* burden-sharing
Lastkraftwagen ['lastkraftvaːgən] *m (LKW)* lorry *(UK)*, truck *(US)*
Lastschrift ['lastʃrɪft] *f* debit entry
Lastschrifteinzugsverfahren [lastʃrɪft'aɪntsuːksfɛrfaːrən] *n* direct debiting
Lastschriftkarte ['lastʃrɪftkartə] *f* debit card
Lastschriftverkehr ['lastʃrɪftferkeːr] *m* direct debiting transactions *pl*
Lastwagen ['lastvaːgən] *m* lorry *(UK)*, truck *(US)*
Lastzug ['lasttsuːk] *m* pulley
latente Steuern [la'tɛntə 'ʃtɔyərn] *f/pl* deferred taxes *pl*
Laufbahn ['laufbaːn] *f (fig)* career
laufende Rechnung ['laufəndə 'rɛçnuŋ] *f* current account
Laufkundschaft ['laufkuntʃaft] *f* walk-in business
Laufwerk ['laufvɛrk] *n* drive
Laufzeit ['lauftsaɪt] *f* term, duration, life
Laufzeitfonds ['lauftsaɪtfɔ̃ː] *m/pl* term funds *pl*

Lean Management ['liːn 'mænɪdʒmənt] *n* lean management
Lean Production [liːn prə'dʌkʃən] *f* lean production
leasen ['liːzən] *v* lease
Leasing ['liːzɪŋ] *n* leasing
Leasing-Geber [liːzɪŋ'geːbər] *m* lessor
Leasing-Nehmer [liːzɪŋ'neːmər] *m* lessee
Leasing-Rate ['liːzɪŋraːtə] *f* leasing payment
Leasing-Vertrag ['liːzɪŋfɛrtraːk] *m* leasing contract
Lebensbedingungen ['leːbənsbədɪŋuŋən] *f/pl* living conditions *pl*, standard of living
Lebensbedürfnisse ['leːbənsbədyrfnɪsə] *n/pl* (bare) necessities of life *pl*
Lebensdauer ['leːbənsdauər] *f* life
Lebenshaltung ['leːbənshaltuŋ] *f* standard of living
Lebenshaltungskosten ['leːbənshaltuŋskɔstən] *pl* cost of living
Lebenslauf ['leːbənslauf] *m* curriculum vitae
Lebensmittel ['leːbənsmɪtəl] *n (als Kaufware)* groceries *pl*
Lebensmittelgesetz ['leːbənsmɪtəlgəzɛts] *n* law on food processing and distribution
Lebensqualität ['leːbənskvaliˈtɛːt] *f* quality of life
Lebensstandard ['leːbənsʃtandart] *m* standard of living
Lebensunterhalt ['leːbənsʊntərhalt] *m* livelihood
Lebensverhältnisse ['leːbənsfɛrhɛltnɪsə] *pl* living conditions *pl*
Lebensversicherung ['leːbənsfɛrzɪçəruŋ] *f* life assurance
Lebenszyklus eines Produkts ['leːbənstsyːklus 'aɪnəs pro'dukts] *m* life cycle of a product
Leeraktie ['leːraktsjə] *f* corporate share not fully paid up
Leerfracht (d.f.) ['leːrfraxt] *f* dead freight (d.f.)
Leergewicht ['leːrɡəvɪçt] *n* unloaded weight, tare weight
Leergut ['leːrɡuːt] *n* empties *pl*
Leerlauf ['leːrlauf] *m (Motor, Maschine)* neutral, idle running
Leerpackung ['leːrpakuŋ] *f* empty package
Leerposition ['leːrpozitsjoːn] *f* bear selling position
Leerstelle ['leːrʃtɛlə] *f* space
Leerverkauf ['leːrfɛrkauf] *m* forward sale, bear selling

Leerwechsel ['le:rvɛksəl] *m* finance bill
legal [le'ga:l] *adj* legal, legitimate
Legat [le'ga:t] *n* (*Vermächtnis*) legacy
Legitimation [legitima'tsjo:n] *f* proof of identity
Legitimationspapiere [legitima'tsjo:nspapi:rə] *n/pl* title-evidencing instrument
Lehre ['le:rə] *f* (*Ausbildung*) apprenticeship
Lehrgang ['le:rgaŋ] *m* course, class, training course
Lehrling ['le:rlɪŋ] *m* apprentice
Lehrstelle ['le:rʃtɛlə] *f* apprenticeship place
leichte Papiere ['laɪçtə pa'pi:rə] *n/pl* low-priced securities *pl*
Leichtlohngruppen [laɪçtlo:ngrupən] *f/pl* bottom wage groups *pl*
Leihanstalt ['laɪanʃtalt] *f* pawnshop
Leiharbeit ['laɪarbaɪt] *f* casual labour
Leiharbeiter(in) ['laɪarbaɪtər(ɪn)] *m/f* sub-contracted employee
Leiharbeitsverhältnis ['laɪarbaɪtsfɛrhɛltnɪs] *n* secondment
Leihkapital ['laɪkapita:l] *n* debt capital
Leihwagen ['laɪva:gən] *m* hired car
Leihzins ['laɪtsɪns] *m* interest rate on a loan
Leistung ['laɪstʊŋ] *f* 1. performance, achievement; 2. (*technisch*) power, capacity, output
Leistungsabfall ['laɪstʊŋsapfal] *m* drop in performance, decrease in performance
Leistungsbereitschaft ['laɪstʊŋsbəraɪtʃaft] *f* 1. (*Produktion*) readiness to operate 2. (*Personal*) willingness to achieve
Leistungsbilanz ['laɪstʊŋsbilants] *f* balance of goods and services
leistungsfähig ['laɪstʊŋsfɛ:ɪç] *adj* efficient, capable, productive
Leistungsfähigkeit ['laɪstʊŋsfɛ:ɪçkaɪt] *f* efficiency
Leistungsgarantie ['laɪstʊŋsgaranti:] *f* performance guarantee
Leistungslohn ['laɪstʊŋslo:n] *m* piece rate
leistungsorientiert ['laɪstʊŋsorjɛnti:rt] *adj* performance-oriented
Leistungsorientierung ['laɪstʊŋsorjɛnti:rʊŋ] *f* performance-orientation
Leistungspflicht ['laɪstʊŋspflɪçt] *f* liability
leistungssteigernd ['laɪstʊŋsʃtaɪgərnt] *adj* performance-increasing
Leistungssteigerung ['laɪstʊŋsʃtaɪgərʊŋ] *f* increase in efficiency
Leistungstiefe ['laɪstʊŋsti:fə] *f* performance depth

leiten ['laɪtən] *v* 1. (*führen*) lead; 2. (*lenken*) guide, direct, conduct; 3. (*technisch*) conduct, transmit
leitend ['laɪtənt] *adj* managing; ~e Angestellte executive
leitende(r) Angestellte(r) ['laɪtəndə(r) 'angəʃtɛltə(r)] *f/m* executive employee; management employee
Leiter ['laɪtər] *m* (*technisch*) conductor
Leiter(in) ['laɪtər(ɪn)] *m/f* (*Vorgesetzte(r)*) head, director, manager
Leitkurs ['laɪtkʊrs] *m* central rate
Leitung ['laɪtʊŋ] *f* 1. (*Geschäftsleitung*) management; 2. (*Rohrleitung*) pipeline; 3. (*Kabel*) wire, line
Leitwährung ['laɪtvɛ:rʊŋ] *f* key currency
Leitzins ['laɪttsɪns] *m* base rate, key rate
Lernkurve ['lɛrnkʊrvə] *f* learning curve
Letter of intent ['lɛtə əv ɪn'tɛnt] *m* letter of intent
Leumund ['lɔymʊnt] *m* reputation
Leumundszeugnis ['lɔymʊntstsɔyknɪs] *n* certificate of good character, character reference
Leveraged Buyout (LBO) ['li:vərɪdʒt 'baɪaʊt] *m* leveraged buyout
Leverage-Effekt ['li:vərɪdʒɛ'fɛkt] *m* leverage effect
liberalisieren [libera'li:zɪrən] *v* liberalize foreign trade, decontrol
Liberalisierung [liberali'zi:rʊŋ] *f* liberalization of foreign trade
Libor-Anleihen ['li:bor'anlaɪən] *f/pl* Libor loans *pl*
Lieferant [lɪfə'rant] *m* supplier
Lieferantenkredit [lɪfə'rantənkredi:t] *m* supplier's credit
lieferbar ['li:fərba:r] *adj* available
lieferbares Wertpapier ['li:fərba:rəs 've:rtpapi:r] *n* deliverable security
Lieferbarkeitsbescheinigung ['li:fərba:rkaɪtsbəʃaɪnɪgʊŋ] *f* certificate of good delivery
Lieferbedingung ['li:fərbədɪŋʊŋ] *f* terms of delivery *pl*, terms and conditions of sale *pl*
Lieferengpass ['li:fərɛŋpas] *m* supply shortage
Lieferfirma ['li:fərfɪrma] *f* supplier
Lieferfrist ['li:fərfrɪst] *f* time for delivery, deadline for delivery
Liefergarantie ['li:fərgaranti:] *f* guarantee of delivery
Lieferklausel ['li:fərklaʊzəl] *f* delivery clause, commercial term

Lieferkonto ['li:fərkɔnto] *n* accounts payable *pl*
Lieferkosten ['li:fərkɔstən] *pl* charges for delivery *pl*, delivery charges *pl*
Liefermenge ['li:fərmɛŋə] *f* ordered quantity
liefern ['li:fərn] *v* supply, deliver, provide
Lieferschein ['li:fərʃaɪn] *m* delivery note
Liefertermin ['li:fərtɛrmi:n] *m* date of delivery
Lieferung ['li:fəruŋ] *f* delivery, supply
Lieferung gegen Nachnahme ['li:fəruŋ 'ge:gən 'na:xna:mə] *f* cash on delivery
Lieferungsverzögerung ['li:fəruŋsfɛrtsø:gəruŋ] *f* delay in delivery
Liefervertrag ['li:fərfɛrtra:k] *m* supply contract
Lieferverzug ['li:fərfɛrtsu:k] *m* default of delivery
Lieferwagen ['li:fərva:gən] *m* van
Lieferzeit ['li:fərtsaɪt] *f* 1. *(Zeitraum)* delivery period; 2. *(Termin)* delivery deadline
Liegenschaften ['li:gənʃaftən] *f/pl* real estate, property
Lifo (last in – first out) ['li:fo:] last in – first out (lifo)
Limit ['lɪmɪt] *n (Beschränkung)* limit, ceiling
limitieren [limi'ti:rən] *v (beschränken)* put a limit on
limitierte Dividende [limi'ti:rtə divi'dɛndə] *f* limited dividend
lineare Abschreibung [line'ɑ:rə 'apʃraɪbuŋ] *f* linear depreciation
lineares Wachstum [line'ɑ:rəs 'vakstu:m] *n* linear growth
Linienflug ['li:njənflu:k] *m* scheduled flight
Linienverkehr ['li:njənfɛrke:r] *m* scheduled service, regular traffic
Liquidation [likvida'tsjo:n] *f* liquidation, winding-up *(UK)*
Liquidationsauszahlungskurs [likvida'tsjo:nsaustsa:luŋskurs] *m* liquidation out-payment rate
Liquidationsbilanz [likvida'tsjo:nsbilants] *f* liquidation balance sheet, winding-up balance sheet *(UK)*
Liquidationserlös [likvida'tsjo:nsɛrlø:s] *m* remaining assets after liquidation *pl*
Liquidationsgebühr [likvida'tsjo:nsgəby:r] *f* liquidation fee
Liquidationskurs [likvida'tsjo:nskurs] *m* making-up price
Liquidationsrate [likvida'tsjo:nsra:tə] *f* liquidating dividend
Liquidationstermin [likvida'tsjo:nstɛrmi:n] *m* pay day

Liquidationsüberschuss [likvida'tsjo:nsy:bərʃus] *m* realization profit
Liquidationsvergleich [likvida'tsjo:nsfɛrglaɪç] *m* liquidation-type composition
Liquidator [likvi'dɑ:tor] *m* liquidator
liquide [li'kvi:də] *adj* liquid, solvent, flush with cash
liquidieren [lɪkvi'di:rən] *v* liquidate, wind up *(UK)*
Liquidität [likvidi'tɛ:t] *f* 1. *(Zahlungsfähigkeit)* liquidity, solvency; 2. *(Zahlungsmittel)* liquid assets *pl*
Liquiditätsanleihe [likvidi'tɛ:tsanlaɪə] *f* liquidity loan
Liquiditätsengpass [likvidi'tɛ:tsɛŋpas] *m* liquidity squeeze
Liquiditätsgrad [likvidi'tɛ:tsgra:t] *m* liquidity ratio
Liquiditätskonsortialbank [likvidi'tɛ:tskɔnzortsja:lbaŋk] *f* liquidity syndicate bank
Liquiditätspapier [likvidi'tɛ:tspapi:r] *n* liquidity papers *pl*
Liquiditätsquote [likvidi'tɛ:tskvo:tə] *f* liquidity ratio
Liquiditätsreserve [likvidi'tɛ:tsrezɛrvə] *f* liquidity reserves *pl*
Liquiditätsrisiko [likvidi'tɛ:tsri:ziko] *n* liquidity risk
Liquiditätsstatus [likvidi'tɛ:tsʃta:tus] *m* liquidity status
Liquiditätstheorie [likvidi'tɛ:tsteori:] *f* liquidity theory
Listenpreis ['lɪstənpraɪs] *m* list price
Liter ['li:tər] *m* litre *(UK)*, liter *(US)*
Lizenz [li'tsɛnts] *f* licence, license *(US)*
Lizenzgeber [li'tsɛntsge:bər] *m* licencer
Lizenzgebühr [li'tsɛntsgəby:r] *f* royalty, licence fee
Lizenznehmer [li'tsɛntsne:mər] *m* licencee
Lizenzvertrag [li'tsɛntsfɛrtra:k] *m* licence agreement
Lobby ['lɔbi] *f* lobby, pressure group
Lockangebot [li'tsɛntsgəby:r] (?)... um —
Lockangebot ['lɔkangəbo:t] *n* loss leader
Lockartikel ['lɔkartikəl] *m* loss leader
Logistik [lo'gɪstɪk] *f* logistics
logistisch [lo'gɪstɪʃ] *adj* logistic, logistical
Logo ['lo:go] *n* logo, logograph
Lohn [lo:n] *m (Bezahlung)* wage(s), pay, earnings *pl*
Lohnabkommen ['lo:napkɔmən] *n* wage agreement, salary agreement
Lohnabrechnung ['lo:napreçnuŋ] *f* wages slip

Lohnanstieg ['lo:nanʃti:k] *m* rise in wages, salary raise
Lohnausgleich ['lo:nausglaɪç] *m* levelling of wages, cost of living adjustment, wage adjustment
Lohnbuchhaltung ['lo:nbu:xhaltʊŋ] *f (Lohnbuchführung)* payroll accounting; *(Betriebsabteilung)* payroll department
Lohndifferenz ['lo:ndɪfərɛnts] *f* wages gap, salary gap
Lohnempfänger ['lo:nɛmpfɛŋər] *m* wage earner
Lohnerhöhung ['lo:nɛrhø:ʊŋ] *f* pay increase, wage increase, pay raise *(US)*
Lohnforderung ['lo:nfɔrdərʊŋ] *f* wage claim, pay claim
Lohnfortzahlung ['lo:nfɔrttsa:lʊŋ] *f (im Krankheitsfall)* sick pay, continuing payment of wages
lohnintensiv ['lo:nɪntɛnzi:f] *adj* wageintensive, man power intensive
Lohnkosten ['lo:nkɔstən] *pl* labour costs *pl*, payload, costs incurred in wages *pl*
Lohnkürzung ['lo:nkyrtsʊŋ] *f* pay cut
Lohnnebenkosten [lo:n'ne:bənkɔstən] *pl* incidental labour costs *pl*, nonwage labour costs *pl*
Lohnniveau ['lo:nnivo:] *n* average wage, going rate of pay
Lohnpolitik ['lo:npoliti:k] *f* wages policy
Lohn-Preis-Spirale [lo:n'praɪsʃpira:lə] *f* wage-price spiral
Lohnrunde ['lo:nrʊndə] *f* pay round
Lohnsteuer ['lo:nʃtɔyər] *f* wage tax, withholding tax
Lohnsteuerkarte ['lo:nʃtɔyərkartə] *f* tax card
Lohnsteuerklasse ['lo:nʃtɔyərklasə] *f* wage tax class
Lohnstopp ['lo:nʃtɔp] *m* wage freeze
Lohnstreifen ['lo:nʃtraɪfən] *m* payroll
Lohnvereinbarung ['lo:nfɛraɪnba:rʊŋ] *f* wage agreement
Lokalbörse [lo'ka:lbœrzə] *f* local stock exchange
Lokalpapier [lo'ka:lpapi:r] *n* security only traded on a regional stock
Lokalmarkt [lo'ka:lmarkt] *m (Börse)* local stocks *pl*
Lokaltermin [lo'ka:ltɛrmi:n] *m* hearing at the locus in quo, on-the-spot investigation
Lokogeschäft ['lo:kogəʃɛft] *n* spot transaction
Lombard ['lɔmbart] *m/n* collateral holdings *pl*

Lombarddepot ['lɔmbartdepo:] *n* collateral deposit
Lombardeffekten ['lɔmbartɛfɛktən] *pl* securities serving as collateral *pl*
Lombardfähigkeit ['lɔmbartfɛ:ɪçkaɪt] *f* acceptability as collateral
Lombardgeschäft ['lɔmbartgəʃɛft] *n* collateral loan business
Lombardkredit ['lɔmbartkredi:t] *m* advance against securities, collateral credit
Lombardsatz ['lɔmbartzats] *m* lombard rate, bank rate of loans on securities
Lombardverzeichnis ['lɔmbartfertsaɪçnɪs] *n* list of securities eligible as collateral
Lombardzinsfuß ['lɔmbarttsɪnsfu:s] *m* lending rate
Loroguthaben ['lo:rogu:tha:bən] *n* loro balance
Lorokonto ['lo:rokɔnto] *n* loro account
löschen ['lœʃən] *v 1. (Fracht)* unload; *2. (Daten)* delete, erase
Löschgebühren ['lœʃgəby:rən] *f/pl* discharging expenses *pl*
Löschtaste ['lœʃtastə] *f* delete key
Löschung ['lœʃʊŋ] *f* cancellation
Löschungsvormerkung ['lœʃʊŋsfo:rmɛrkʊŋ] *f* delete reservation
Loseblattausgabe [lo:zə'blatausga:bə] *f* loose-leaf edition
Losgröße ['lo:sgrø:sə] *f (Statistik)* lot size, *(Produktion)* batch size
Loskurs ['lo:skurs] *m* lottery quotation
Losnummer ['lo:snumər] *f (Produktion)* lot number
Lotterieanleihen [lɔtə'ri:anlaɪən] *f/pl* lottery bonds *pl*
loyal [lo'ja:l] *adj* loyal, staunch
Loyalität [loja:lɪ'tɛ:t] *f* loyalty
Lückenanalyse ['lykənanaly:zə] *f* gap analysis
Luftfracht ['luftfraxt] *f* air freight
Luftfrachtbrief ['luftfraxtbri:f] *m* airwaybill
Luftpolsterversandtasche ['luftpɔlstərferzanttaʃə] *f* air-padded envelope
Luftpost ['luftpɔst] *f* air mail
Luftpostbriefumschlag ['luftpɔstbri:fumʃla:k] *m* airmail envelope
Luftverschmutzung ['luftferʃmutsʊŋ] *f* air pollution
lukrativ [lukra'ti:f] *adj* lucrative, profitable
Luxusgüter ['luksusgy:tər] *n/pl* luxury goods *pl*, luxuries *pl*
Luxussteuer ['luksusʃtɔyər] *f* luxury tax

M

Maastrichter Vertrag ['ma:strɪçtər 'fɛrtra:k] *m* Maastricht Treaty
Machart ['maxa:rt] *f* style, design
machbar ['maxba:r] *adj* feasible
Machbarkeit ['maxba:rkaɪt] *f* feasibility
Macher(in) ['maxər(ɪn)] *m/f* man of action, woman of action, doer, mover
Magazin [maga'tsi:n] *n* (*Lager*) warehouse, storehouse, magazine
magazinieren [magatsi'ni:rən] *v* store
magisches Vieleck ['ma:gɪʃəs 'fi:lɛk] *n* magic polygon
Mahnbescheid ['ma:nbəʃaɪt] *m* court notice to pay a debt
Mahnbrief ['ma:nbri:f] *m* reminder
mahnen ['ma:nən] *v* 1. (*warnen*) admonish, warn; 2. (*auffordern*) urge
Mahnformular ['ma:nfɔrmula:r] *n* reminder form
Mahngebühr ['ma:ngəby:r] *f* dunning charge, reminder fee
Mahnschreiben ['ma:nʃraɪbən] *n* reminder, letter demanding payment
Mahnung ['ma:nʊŋ] *f* demand for payment, reminder
Mahnverfahren ['ma:nfɛrfa:rən] *n* summary proceedings for debt recovery *pl*
Mailbox ['meɪlbɔks] *f* mailbox
Mailingliste ['meɪlɪŋlɪstə] *f* mailing list
majorisieren [majori'si:rən] *v* outvote
Majorisierung [majori'zi:rʊŋ] *f* holding of the majority
Majoritätsbeschluss [majori'tɛ:tsbəʃlʊs] *m* majority vote
Majoritätskäufe [majori'tɛ:tskɔʏfə] *m/pl* buying of shares to secure the controlling interest in a company
Majoritätsprinzip [majori'tɛ:tsprɪntsi:p] *n* majority rule principle
Makel ['ma:kəl] *m* (*Erzeugnisse*) flaw, imperfection, defect
makellos ['ma:kəllo:s] *adj* (*Erzeugnisse*) flawless, perfect
Makler(in) ['ma:klər(ɪn)] *m/f* broker
Maklerbank ['ma:klərbaŋk] *f* brokerage bank
Maklerbuch ['ma:klərbu:x] *n* broker's journal
Maklerfirma ['ma:klərfɪrma] *f* firm of brokers
Maklergebühr ['ma:klərgəby:r] *f* broker's commission
Maklergeschäft ['ma:klərgəʃɛft] *n* broker's business, broker's line
Maklerordnung ['ma:klərɔrdnʊŋ] *f* brokers' code of conduct
Makroökonomie ['makroøkonomi:] *f* macroeconomics
Makulatur [makula'tu:r] *f* waste paper, waste
Management ['mænɪdʒmənt] *n* management
Managementberatung ['mænɪdʒməntbəra:tʊŋ] *f* management consulting
Managementinformationssystem ['mænɪdʒməntɪnfɔrma'tsjo:nssyste:m] *n* management information system
Manager(in) ['mænɪdʒər(ɪn)] *m/f* manager
Managerkrankheit ['mænɪdʒərkraŋkhaɪt] *f* executive stress, executivitis (*fam*)
Mandant [man'dant] *m* client
Mandat [man'da:t] *n* authorization, brief, retainer
Mandatsträger(in) [man'da:tstrɛ:gər(ɪn)] *m/f* representative
Mangel ['maŋəl] *m* 1. (*Fehlen*) lack, deficiency, want; 2. (*Fehler*) defect, shortcoming, fault
Mängelanzeige ['mɛŋəlantsaɪgə] *f* notice of defect
Mangelberufe ['maŋəlbəru:fə] *m/pl* understaffed professions *pl*
Mängelbeseitigung ['mɛŋəlbəzaɪtɪgʊŋ] *f* correction of defects, correction of faults
mangelfrei ['maŋlfraɪ] *adj* free of defects
mangelhaft ['maŋəlhaft] *adj* 1. (*unvollständig*) lacking, deficient, imperfect; 2. (*fehlerhaft*) defective, faulty
Mängelliste ['mɛŋəllɪstə] *f* complaint list, complaint sheet
Mängelrüge ['mɛŋglrygə] *f* complaint letter, notification of a defective product
Mangelware ['maŋəlva:rə] *f* product in short supply
Manipulierbarkeit [manipu'li:rba:rkaɪt] *f* manipulability
manipulieren [manipu'li:rən] *v* manipulate
manipulierte Währung [manipu'li:rtə 'vɛ:rʊŋ] *f* managed currency
Manipulierung [manipu'li:rʊŋ] *f* manipulation

Manko ['maŋko] n (Fehlbetrag) deficit
Mantel ['mantl] m (zu einer Aktie) share certificate
Manteltarif ['mantltari:f] m industry-wide collective agreement
Manteltarifvertrag [mantlta'ri:ffertra:k] m basic collective agreement
Manteltresor ['mantltrezo:r] m bond and share
manuell [manu'ɛl] adj manual; adv manually
Manufaktur [manufak'tu:r] f manufactory
Marge ['marʒə] f margin
marginal [margi'na:l] adj marginal
Marginalwert [margi'na:lvɛrt] m marginal value
Marke ['markə] f brand, mark, trademark
Markenartikel ['markənartɪkəl] m name brand, trade-registered article
Markenartikler ['markənartɪklər] m producer of brand-name products
Markenbewusstsein ['markənbəvustzaɪn] n brand awareness
Markenfamilie ['markənfami:ljə] f brand family
Markenname ['markənna:mə] m brand name, proprietary label
Markenschutz ['markənʃuts] m trademark protection, protection of proprietary rights
Markentreue ['markəntrɔyə] f brand name loyalty, brand insistence
Markenwechsel ['markənvɛksəl] m brand switching
Markenzeichen ['markəntsaɪçən] n trademark, brand figure
Marketing ['markətɪŋ] n marketing
Marketingabteilung ['markətɪŋaptaɪluŋ] f marketing department
Marketingberater(in) ['markətɪŋbəra:tər(ɪn)] m/f marketing consultant
Marketingdirektor(in) ['markətɪŋdirɛkto:r(ɪn)] m/f marketing manager, marketing director
Marketingkonzept ['markətɪŋkɔntsɛpt] n marketing concept
Marketing-Mix ['markətɪŋmɪks] m mixture of marketing strategies
Markt ['markt] m market, marketplace
Marktanalyse ['marktanaly:zə] f market analysis
Marktanpassung ['marktanpasuŋ] f market adjustment
Marktanteil ['marktantaɪl] m share of the market, market share

marktbeherrschend ['marktbəhɛrʃənt] adj dominant
Marktbeherrschung ['marktbəhɛrʃuŋ] f market dominance
Marktbeobachtung [marktbə'o:baxtuŋ] f observation of markets
Marktbericht ['marktbərɪçt] m market report
Marktchancen ['marktʃansən] f/pl market prospects pl, sales opportunities pl
Marktdurchdringung [marktdurç'drɪŋuŋ] f market penetration
Markteintrittsbarrieren ['marktaɪntrɪtsbarjɛ:rən] f/pl barriers to entry pl
Marktentwicklung ['marktɛntvɪkluŋ] f market trend
Marktergebnis ['marktɛrge:pnɪs] n market performance
Markterschließung ['marktɛrʃli:suŋ] f opening of new markets
marktfähig ['marktfɛ:ɪç] adj marketable
Marktform ['marktfɔrm] f market form
Marktforscher(in) ['marktfɔrʃər(ɪn)] m/f market researcher, market analyst
Marktforschung ['marktfɔrʃuŋ] f market research
Marktforschungsinstitut ['marktfɔrʃuŋsɪnstitu:t] n market research institute
Marktführer ['marktfy:rər] m market leader
marktgängig ['marktgɛŋɪç] adj marketable, saleable
marktgerecht ['marktgərɛçt] adj in accordance with market requirements, according to market requirements
Marktlage ['marktla:gə] f state of the market, market situation
Marktlücke ['marktlykə] f market niche, market gap
Marktmacht ['marktmaxt] f market power
Marktordnung ['marktɔrdnuŋ] f market organization
Marktposition ['marktpozitsjo:n] f market position
Marktpotenzial ['marktpotɛntsja:l] n market potential
Marktpreis ['marktpraɪs] m market price
marktreif ['marktraɪf] adj ready for the market, fully developed, market ripe
Marktsättigung ['marktzɛtɪguŋ] f market saturation
Marktschwankung ['marktʃvaŋkuŋ] f market fluctuation
Marktsegmentierung ['marktzɛgmɛnti:ruŋ] f market segmentation

Marktstruktur ['markt∫truktu:r] *f* market structure
Marktstudie ['markt∫tu:diə] *f* market analysis, market research
Marktübersättigung ['markty:bərzɛtigʊŋ] *f* market saturation
Markttest ['markttɛst] *m* acceptance test
Markttransparenz ['markttransparɛnts] *f* transparency of the market
marktüblicher Zins ['markty:pliçər 'tsɪns] *m* interest rate customary in the market
Marktuntersuchung ['marktʊntərzu:xʊŋ] *f* market survey
Marktvolumen ['marktvolu:mən] *n* market volume
Marktwert ['marktve:rt] *m* fair market value, commercial value
Marktwirtschaft ['marktvɪrt∫aft] *f* free market economy, free enterprise economy
marktwirtschaftlich ['marktvɪrt∫aftlıç] *adj* free-enterprise, free-economy
Marktzins ['markttsɪns] *m* market rate of interest
Maschine [ma'∫i:nə] *f* machine
maschinell [ma∫i'nɛl] *adj* mechanical; *adv* mechanically
Maschinenanlagen [ma'∫i:nənanla:gən] *f/pl* plants *pl*
Maschinenbau [ma'∫i:nənbau] *m* mechanical engineering
Maschinenbauer(in) [ma'∫i:nənbauər(ɪn)] *m/f* mechanical engineer
maschinenlesbar [ma'∫i:nənlesba:r] *adj* machine-readable
Maschinenschaden [ma'∫i:nən∫a:dən] *m* engine trouble, engine failure
Maschinenschlosser(in) [ma'∫i:nən∫losər(ɪn)] *m/f* mechanic, fitter
Maschinenversicherung [ma'∫i:nənfɛrzɪçərʊŋ] *f* machine insurance
Maschinenzeitalter [ma'∫i:nəntsaıtaltər] *n* machine age
Maschinist(in) [ma∫i'nɪst(ɪn)] *m/f* machine operator
Maß [ma:s] *n* measure
Maßarbeit ['ma:sarbaıt] *f* work made to measure
Mass-Customization ['mæskastəmaı'zeı∫ən] *f* mass customization
Massegläubiger ['masəglɔybigər] *m* preferential creditor
Maßeinheit ['ma:saınhaıt] *f* unit of measurement

Massenabsatz ['masənapzats] *m* bulk selling, bulk vending
Massenarbeitslosigkeit ['masənarbaıtslo:zıçkaıt] *f* mass unemployment
Massenartikel ['masənartıkəl] *m* high-volume product, mass-produced article
Massenbedarf ['masənbədarf] *m* mass demand, mass requirement
Massenentlassung ['masənɛntlasʊŋ] *f* mass dismissal, layoff
Massenfabrikation ['masənfabrikatsjo:n] *f* mass production
Massenfertigung ['masnfɛrtigʊŋ] *f* mass production
Massenfilialbetrieb [masn'filja:lbətri:p] *m* large-scale chain operation
Massengüter ['masngy:tər] *n/pl* bulk goods *pl*, commodities *pl*
Massenkommunikation ['masnkomunikatsjo:n] *f* mass communication
Massenproduktion ['masənproduktsjo:n] *f* mass production
maßgebliche Beteiligung ['ma:sgə:plıçə bə'taılıgʊŋ] *f* controlling interest
maßgefertigt ['ma:sgəfɛrtıçt] *adj* manufactured to measure
Maßstab ['ma:s∫ta:p] *m* 1. criterion; 2. yardstick
Master of Business Administration (MBA) ['ma:stər ɔv 'bɪznəs ədmınə'streı∫ən] *m* Master of Business Administration (MBA)
Material [mate'rja:l] *n* material
Materialanforderung [mate'rja:lanfordərʊŋ] *f* material request
Materialaufwand [mate'rja:laufvant] *m* expenditure for material
Materialbuchhaltung [mate'rja:lbu:xhaltʊŋ] *f* inventory accounting
Materialfehler [mate'rja:lfe:lər] *m* defect in the material
Materialknappheit [mater'ja:lknaphaıt] *f* shortage of material, material shortage
Materialkosten [mate'rja:lkɔstən] *pl* material costs *pl*
Materialprüfung [mater'ja:lpry:fʊŋ] *f* material test
Materialschaden [mater'ja:l∫a:dən] *m* material defect, defective material
Materialwert [mate'rja:lve:rt] *m* material value
Matrix ['ma:trıks] *f* matrix
Matrix-Organisation ['ma:trıksɔrganizatsjo:n] *f* matrix organization

Maus ['maus] f (EDV) mouse
Mautgebühr ['mautgəby:r] f toll
Maximalbetrag [maksi'ma:lbətra:k] m maximum amount
Maximalgewicht [maksi'ma:lgəvıçt] n maximum weight
Maximierung [maksi'mi:ruŋ] f maximization
Maximum ['maksimum] n maximum
Mechaniker(in) [me'ça:nıkər(ın)] m/f mechanic
mechanisch [me'ça:nɪʃ] adj mechanical
mechanisieren [meçani'zi:rən] v mechanize
Mechanisierung [meçani'zi:ruŋ] f mechanization
Mediaplanung ['me:djapla:nuŋ] f media planning
Megabyte ['megabait] n megabyte
Megatonne ['megatɔnə] f megaton
Mehrarbeit ['me:rarbait] f additional work, overtime
Mehraufwand ['me:raufvant] m additional expenditure, additional expenses pl
Mehrausgaben ['me:rausga:bən] f/pl extra costs pl, additional costs pl
Mehrbedarf ['me:rbədarf] m increased demand
Mehrbeteiligung ['me:rbətailıguŋ] f majority holding
Mehreinnahme ['me:rainna:mə] f additional receipt, additional income
Mehrfachfertigung ['me:rfaxfertıguŋ] f multiple-process production
Mehrheitsbeschluss ['me:rhaitsbəʃlus] m majority decision
Mehrheitsbeteiligung ['me:rhaitsbətailıguŋ] f majority interest
Mehrkosten ['me:rkɔstən] pl additional costs pl
Mehrlieferung ['me:rli:fəruŋ] f additional delivery
Mehrlinienorganisation ['me:rli:njənɔrganisatjo:n] f multiple-line organization
Mehrproduktunternehmen ['me:rproduktuntərne:mən] n multi-product company
mehrstellig ['me:rʃtelıç] adj (Zahlen) multidigit
Mehrstimmrecht ['me:rʃtımrext] n multiple voting right
Mehrstimmrechtsaktie ['me:rʃtımrextsaktsjə] f multiple voting share
Mehrwegverpackung ['me:rve:kferpakuŋ] f two-way package

Mehrwert ['me:rve:rt] m value added
Mehrwertsteuer ['me:rvertʃtɔyər] f value-added tax
Meineid ['mainait] m perjury
Meinung ['mainuŋ] f opinion
Meinungsforschung ['mainuŋsfɔrʃuŋ] f public opinion research
Meinungsführer(in) ['mainuŋsfy:rər(ın)] m/f opinion leader
Meinungskäufe ['mainuŋskɔyfə] m/pl speculative buying
Meinungsumfrage ['mainuŋsumfra:gə] f opinion poll
Meistbegünstigung ['maistbəgynstıguŋ] f most-favoured nation treatment
Meistbegünstigungsklausel ['maistbəgynstıguŋsklauzl] f most-favoured nation clause
meistbietend [maistbi:tənt] adj highest-bidding
Meistbietende(r) [maistbi:təndə(r)] f/m highest bidder
Meister(in) [maistər(ın)] m/f (Handwerker) master craftsman/craftswoman, foreman/forewoman
Meisterbetrieb ['maistərbətri:p] m master craftsman's business
Meisterbrief ['maistərbri:f] m master craftsman's diploma
Meisterprüfung ['maistərpry:fuŋ] f master craftsman qualifying examination
Meldebehörde ['meldəbəhœrdə] f registration office
Meldebestand [mɛldəbəʃtant] m reordering quantity, reorder point
Meldefrist ['mɛldəfrıst] f registration deadline
melden ['mɛldən] v 1. (mitteilen) report; 2. (ankündigen) announce; 3. (anmelden) register; 4. (am Telefon) sich ~ answer
Meldepflicht ['mɛldəpflıçt] f obligation to register, compulsory registration, duty to report
meldepflichtig ['mɛldəpflıçtıç] adj required to register
Menge ['mɛŋə] f (bestimmte Anzahl) amount, quantity
Mengenabschreibung [mɛŋənapʃraibuŋ] f production-method of depreciation
Mengenangabe ['mɛŋənanga:bə] f statement of quantity
Mengenkontingent ['mɛŋənkɔntıŋgent] n quantity quota
Mengenkurs ['mɛŋənkurs] m direct exchange

Mengennotierung ['mɛŋənnoti:ruŋ] f indirect quotation, indirect method of quoting foreign exchange
Mengenrabatt ['mɛŋənrabat] m quantity discount, bulk discount, volume discount
Mengenzoll ['mɛŋəntsɔl] m quantitative tariff
Menschenführung ['mɛnʃənfy:ruŋ] f leadership, management
Mergers & Acquisitions (M & A) ['mɛ:dʒərs ən ækvi'ziʃəns] pl mergers & acquisitions
Merkantilismus [mɛrkanti'lɪsmus] m mercantile system
Merkposten ['mɛrkpɔstn] m memorandum item
messbar ['mɛsba:r] adj measurable
Messdaten ['mɛsda:tən] pl measurements pl
Messe ['mɛsə] f (Ausstellung) fair, trade show
Messebesucher(in) ['mɛsəbəzu:xər(ɪn)] m/f visitor to the fair, visitor to the trade show
Messegelände ['mɛsəgəlɛndə] n exhibition grounds pl
Messeneuheit ['mɛsənɔyhaɪt] f newcomer
Messestand ['mɛsəʃtant] m booth at a trade show
Messtechnik ['mɛstɛçnɪk] f measuring technology
Messung ['mɛsuŋ] f measuring
Messwert ['mɛsve:rt] m measured value, reading
Metallarbeiter(in) [me'talarbaɪtər(ɪn)] m/f metalworker
Metallbörse [me'talbœrzə] f metal exchange
Metalldeckung [me'taldɛkuŋ] f metal cover
Metallgeld [me'talgɛlt] n metallic money
Metallindustrie [me'talɪndustri:] f metalworking industry
Metallwährung [me'talvɛ:ruŋ] f metallic currency
Meter ['me:tər] m metre (UK), meter (US)
Miete ['mi:tə] f rent, lease, tenancy
mieten ['mi:tən] v rent, hire
Mieter(in) ['mi:tər(ɪn)] m/f tenant
Mietkauf ['mi:tkauf] m lease with option to purchase
Mietpreis ['mi:tpraɪs] m rent
Mietpreisbindung ['mi:tpraɪsbɪndʊŋ] f rent control
Mietspiegel ['mi:tʃpi:gəl] m representative list of rents
Mietverlängerungsoption ['mi:tfɛrlɛŋərʊŋsɔptjo:n] f lease renewal option
Mietvertrag ['mi:tfɛrtra:k] m tenancy agreement, lease
Mietwagen ['mi:tva:gən] m hire car, rented car
Mietwucher ['mi:tvu:xər] m exorbitant rent
Mietzins ['mi:ttsɪns] m rent
Mikrochip ['mi:krotʃɪp] m microchip
Mikrocomputer ['mikrokɔmpju:tər] m microcomputer
Mikroelektronik [mi:kroelɛk'tro:nɪk] f microelectronics
Mikrofiche ['mi:krofɪʃ] m/n microfiche
Mikrofilm ['mi:krofɪlm] m microfilm
Mikroökonomie ['mikroøkonomi:] f microeconomics
Mikroprozessor [mi:kropro'tsɛsɔr] m microprocessor
Milliarde [mɪl'jardə] f thousand millions (UK), billion (US)
Milligramm ['mɪligram] n milligramme (UK), milligram
Milliliter [mɪlili:tər] m millilitre (UK), milliliter (US)
Millimeter [mili'me:tər] m millimetre (UK), millimeter (US)
Million [mɪl'jo:n] f million
Minderertrag ['mɪndərertra:k] m reduced profit
Minderkaufmann ['mɪndərkaufman] m small trader
Minderlieferung ['mɪndərli:fərʊŋ] f short delivery, short shipment
mindern ['mɪndərn] v (verringern) diminish, lessen, reduce
Minderung ['mɪndərʊŋ] f reduction
minderwertig ['mɪndərvɛrtɪç] adj inferior, substandard
Minderwertigkeit ['mɪndərvɛrtɪçkaɪt] f (Waren) inferior quality
Mindestabnahme ['mɪndəstapna:mə] f minimum purchase quantity
Mindestbestellmenge ['mɪndəstbəʃtɛlmɛŋə] f minimum quantity order
Mindestbetrag ['mɪndəstbətra:k] m minimum amount
Mindesteinfuhrpreise ['mɪndəstaɪnfu:rpraɪzə] m/pl minimum import price
Mindesteinlage ['mɪndəstaɪnla:gə] f minimum investment
Mindestfracht ['mɪndəstfra:xt] f minimum freight rate

Mindestgehalt ['mɪndəstgəhalt] n minimum wage
Mindestgebot ['mɪndəstgəbo:t] n minimum bid
Mindesthöhe ['mɪndəsthø:ə] f minimum amount
Mindestkapital ['mɪndəstkapita:l] n minimum capital
Mindestlohn ['mɪndəstlo:n] m minimum wage
Mindestpreis ['mɪndəstprais] m minimum price
Mindestreserve ['mɪndəstrezɛrvə] m minimum (legal) reserves pl
Mindestreservesystem ['mɪndəstrezɛrvəzyste:m] n minimum reserve system
Mindestzins ['mɪndəsttsɪns] m minimum interest rate
Mineralöl [mine'ra:lø:l] n mineral oil
Mineralölkonzern [mine'ra:lø:lkɔntsɛrn] m oil company
Mineralölsteuer [mine'ra:lø:lʃtɔyər] f mineral oil tax
Minimalkosten [mini'malkɔstən] pl minimum cost
Minimum ['mɪnimum] n minimum
Minus ['mi:nus] n deficit
Mischfinanzierung ['mɪʃfinantsi:ruŋ] f mixed financing
Mischkalkulation ['mɪʃkalkulatsjo:n] f compensatory pricing
Mischzoll ['mɪʃtsɔl] m mixed tariff
Misfit-Analyse ['mɪsfitana'ly:zə] f misfit analysis
Missbrauch ['mɪsbraux] m improper use
missbrauchen [mɪs'brauxən] v abuse; (falsch gebrauchen) misuse
Misswirtschaft ['mɪsvɪrtʃaft] f mismanagement
mit getrennter Post [mɪt gə'trɛntər 'pɔst] under separate cover
Mitarbeit ['mɪtarbait] f collaboration
Mitarbeiter(in) ['mɪtarbaɪtər(ɪn)] m/f 1. coworker; 2. (Angestellte(r)) employee; 3. (an Projekt) collaborator; 4. freie(r) ~ freelancer
Mitarbeiterbeurteilung ['mɪtarbaɪtərbəurtailuŋ] f performance appraisal
Mitarbeitergespräch ['mɪtarbaɪtərgəʃpre:ç] n employee interview
Mitbegründer(in) ['mɪtbəgryndər(ɪn)] m/f cofounder
mitbestimmen ['mɪtbəʃtɪmən] v share in a decision

Mitbestimmung ['mɪtbəʃtɪmuŋ] f codetermination, workers' participation
Mitbewerber(in) ['mɪtbəvɛrbər(ɪn)] m/f other applicant, competitor
Miteigentum ['mɪtaɪgəntu:m] n co-ownership
Mitglied ['mɪtgli:t] n member
Mitgliedschaft ['mɪtgli:tʃaft] f membership
Mitinhaber(in) ['mɪtinha:bər(ɪn)] m/f co-owner
Mitläufereffekt ['mɪtlɔyfərɛfɛkt] m bandwagon effect
Mitteilungspflicht ['mɪtailuŋspflɪçt] f obligation to furnish information
Mittel ['mɪtəl] pl (Geld) means pl, funds pl, money
mittelfristig ['mɪtəlfrɪstɪç] adj medium-term, medium-range
Mittelkurs ['mɪtəlkurs] m medium price
Mittelstand ['mɪtəlʃtant] m middle class
mittelständisch ['mɪtəlʃtɛndɪʃ] adj middle-class
Mittelwert ['mɪtlveːrt] m average value
mittlere Verfallszeit ['mɪtlərə fɛr'falstsait] f mean due date
Mitunternehmer(in) ['mɪtuntɛrneːmər(ɪn)] m/f co-partner, co-entrepreneur
Mitwirkung ['mɪtvɪrkuŋ] f intermediation
Mobbing ['mɔbɪŋ] n mobbing
mobil [mo'biːl] adj movable
Mobilfunk [mo'biːlfuŋk] m mobile communication, mobile telephone service
Mobilien [mo'biːljən] pl movable goods pl
Mobilisierungspapiere [mobili'ziːruŋspapi:rə] n/pl mobilization papers pl
Mobilisierungspfandbriefe [mobili'ziːruŋspfantbri:fə] m/pl mobilization mortgage bond
Mobilisierungstratte [mobili'ziːruŋstratə] f mobilization draft
Mobilität [mobili'tɛːt] f mobility
Mobiltelefon [mo'biːltelefo:n] n mobile phone, cellular phone
Mode ['moːdə] f fashion
Modeartikel ['moːdəartikəl] m fashionable article
Modell [mo'dɛl] n model
Modellreihe [mo'dɛl'raɪə] f model range
Modellversuch [mo'dɛlfɛrzuːx] m test
Modem ['mo:dəm] m/n modem
modern¹ [mo'dɛrn] adj (modisch) fashionable
modern² [mo'dɛrn] v (faulen) moulder
modifizieren [modifi'tsi:rən] v modify

monatlich ['mo:natlıç] *adj* monthly
monatliche Erfolgsrechnung ['mo:natlıçə ɛr'fɔlgsrɛçnuŋ] *f* monthly income statement
Monatsberichte der Deutschen Bundesbank ['mo:natsbərıçtə de:r 'dɔytʃən 'bundəsbaŋk] *m/pl* monthly reports of the German Federal Bank
Monatsbilanz ['mo:natsbilants] *f* monthly balance sheet
Monatsgeld ['mo:natsgelt] *n* one month money
Mondpreis ['mo:ntprais] *m* unreal (high or low) price
monetär [monetɛ:r] *adj* monetary
Monetary Fund (IMF) ['mʌnıtri 'fant] *m* Monetary Fund
Monetisierung ['moneti'zi:ruŋ] *f* monetization
Monitor ['mo:nito:r] *m* monitor
Monitoring ['mɔnıtɔrıŋ] *n* monitoring
Monokultur ['mo:nokultu:r] *f* monoculture
Monopol [mono'po:l] *n* monopoly
Monopolkommission [monopo'lkɔmısjo:n] *f* monopolies commission
Monopolpreis [mono'po:lprais] *m* monopoly price
Montage [mɔn'ta:ʒə] *f (Einrichten)* installation
Montagehalle [mɔn'ta:ʒəhalə] *f* assembly shop, assembly building
Montanindustrie [mɔn'ta:nindustri:] *f* coal and steel industry
Monteur(in) [mɔn'tø:r(ın)] *m/f* fitter, assembler
montieren [mɔn'ti:rən] *v* mount, fit; *(zusammenbauen)* assemble
Moratorium [mora'to:rjum] *n* 1. *(Recht)* standstill agreement; 2. *(Geld)* debt deferral
Motor ['mo:tɔr] *m* engine, motor
Müll [myl] *m* waste, rubbish, refuse
Mülldeponie ['myldeponi:] *f* rubbish dump, waste disposal site
Müllverbrennung ['mylfɛrbrɛnuŋ] *f* refuse incineration
Müllvermeidung ['mylfɛrmaıduŋ] *f* avoidance of excess rubbish
multifunktional [multifuŋktsjo'na:l] *adj* multifunctional
multilateral [multilate'ra:l] *adj* multilateral
multilateraler Handel ['multilatera:lər 'handəl] *m* multilateral trade

Multimedia [multi'me:dja] *n* multimedia
multimedial [multi'me:djal] *adj* multimedia
multinationales Unternehmen ['multinatsjona:ləs untər'ne:mən] *n* multinational company
Multiplikation [multiplika'tsjo:n] *f* multiplication
multiplizieren [multipli'tsi:ərn] *v* multiply
Multitasking ['multita:skıŋ] *n (Computer)* multitasking
Mündelgeld ['myndəlgelt] *n* money held in trust for a ward
mündelsichere Papiere ['myndəlzıçərə pa'pi:rə] *n/pl* trustee securities *pl*
Mündigkeit ['myndıçkaıt] *f* majority
mündlich ['myndlıç] *adj* oral, vebal; *adv* orally, verbally
Münze ['myntsə] *f* coin
Münzfernsprecher ['myntsfɛrnʃprɛçər] *m* call-box (UK), pay phone (US)
Münzgeld ['myntsgelt] *n* species *pl*
Münzgewinn ['myntsgəvın] *m* seignorage
Münzhandel ['myntshandəl] *m* dealings in gold and silver coins *pl*
Münzhoheit ['myntshohait] *f* monetary sovereignty
Münzregal ['myntsrega:l] *n* exclusive right of coinage
Musskaufmann ['muskaufman] *m* enterprise commercial by its nature
Muster ['mustər] *n* 1. *(Vorlage)* pattern; 2. *(Probe)* sample, specimen; 3. *(Design)* pattern, design
Musterbrief ['mustərbri:f] *m* specimen letter
Musterkoffer ['mustərkɔfər] *m* samples case
Mustermappe ['mustərmapə] *f* sample bag
Mustermesse ['mustərmɛsə] *f* samples fair
Muster ohne Wert ['mustər 'o:nə 've:rt] *n* sample with no commercial value
Mustersendung ['mustərzɛnduŋ] *f* sample consignment
Muttergesellschaft ['mutərgəzɛlʃaft] *f* parent company
Mutterschaftsgeld ['mutərʃaftsgelt] *n* maternity allowance
Mutterschaftsurlaub ['mutərʃaftsurlaup] *m* maternity leave
Mutterschutz ['mutərʃuts] *m* protective legislation for working mothers
Muttersprache ['mutərʃpra:xə] *f* native language, mother tongue

N

nachahmen ['naːxaːmən] *v* 1. *(imitieren)* imitate, copy; 2. *(fälschen)* fake, forge

Nachahmung ['naːxaːmuŋ] *f* 1. *(Imitation)* imitation, copy; 2. *(Fälschung)* fake, forgery

Nachbarrecht ['naːxbaːrrɛçt] *n* adjacent right

Nachbau ['naxbau] *m* copy, reproduction, imitation

nachbehandeln ['naːxbəhandəln] *v* give sth a follow-up treatment

Nachbehandlung ['naːxbəhandluŋ] *f* follow-up treatment

nachberechnen ['naːxbərɛçnən] *v* make a supplementary charge

Nachbereitung ['naːxbəraituŋ] *f* after treatment

nachbessern ['naːxbɛsərn] *v* touch up, apply finishing touches to

Nachbesserung ['naːxbɛsəruŋ] *f* rectification of defects, rework

nachbestellen ['naːxbəʃtɛlən] *v* reorder, repeat an order, place a repeat order

Nachbestellung ['naːxbəʃtɛluŋ] *f* repeat order, reorder, additional order

nachbezahlen ['naːxbətsaːlən] *v* pay afterwards, pay later

Nachbezahlung ['naːxbətsaːluŋ] *f* 1. *(zu einem späteren Zeitpunkt)* supplementary payment; 2. *(zusätzliche Zahlung)* additional payment

Nachbezugsrecht ['naːxbətsuːksrɛçt] *n* right to a cumulative dividend

Nachbörse ['naːxbœrzə] *f* after-hours dealing

Nachbürgschaft ['naːxbyrkʃaft] *f* collateral guarantee

nachdatiert ['naːxdatiːrt] *adj* post-dated

nach Diktat verreist ['naːx dɪktaːt fɛrraɪst] dictated by ... signed in his absence

Nachdividende ['naːxdividɛndə] *f* dividend payable for previous years

nach Erhalt der Rechnung ['naːx ɛr'halt deːr 'rɛçnuŋ] on receipt of the invoice

Nachfasswerbung ['naːxfasvɛrbuŋ] *f* follow-up publicity

Nachfolge ['naːxfɔlgə] *f* succession

Nachfolgekonferenz ['naːxfɔlgəkɔnfərɛnts] *f* follow-up conference

Nachfolger(in) ['naːxfɔlgər(ɪn)] *m/f* successor

nachfordern ['naːxfɔrdərn] *v* request in addition

Nachforderung ['naːxfɔrdəruŋ] *f* additional demand, additional requirement

Nachfrage ['naːxfraːgə] *f* *(Bedarf)* demand

Nachfragerückgang ['naːxfraːgərykgaŋ] *m* decrease in demand

Nachfrageschub ['naːxfraːgəʃuːp] *m* surge in demand

Nachfrist ['naːxfrɪst] *f* period of grace, extension of time

Nachgebühr ['naːxgəbyːr] *f* surcharge, additional postage

Nachgründung ['naːxgryndun] *f* post-formation acquisition

nachhelfen ['naːxhɛlfən] *v irr (einer Sache)* help sth along, push sth further

Nachholbedarf ['naːxhoːlbədarf] *m (auf den Markt bezogen)* demand, additional demand

Nachindossament ['naːxɪndɔsament] *n* endorsement of an overdue bill of exchange

Nachkalkulation ['naːxkalkulatsjoːn] *f* statistical cost accounting, actual costing

nachkontrollieren ['naːxkɔntroliːrən] *v* check again, doublecheck

Nachlass ['naːxlas] *m* inheritance

Nachlassgericht ['naːxlasgərɪçt] *n* probate court

Nachlässigkeit ['naːxlɛsɪçkaɪt] *f* negligence, carelessness

Nachlasssteuer ['naːxlasʃtɔyər] *f* estate tax

Nachlassverwalter(in) ['naːxlasfɛrvaltər(ɪn)] *m/f* executor (of the estate)

nachliefern ['naːxliːfərn] *v* furnish an additional supply, deliver subsequently

Nachlieferung ['naːxliːfəruŋ] *f* additional supply, subsequent delivery

Nachnahme ['naːxnaːmə] *f* cash on delivery, collect on delivery (US)

Nachnahmegebühr ['naːxnaːməgəbyːr] *f* cash on delivery charges (COD charges)

Nachnahmesendung ['naːxnaːməzɛnduŋ] *f* COD delivery, consignment

Nachname ['naːxnaːmə] *m* last name, surname, family name

Nachorder ['naːxɔrdər] *f* follow-up order

Nachporto ['naːxpɔrto] *n* postage due

nachprüfen ['naːxpryːfən] v check, make sure, verify
Nachprüfung ['naːxpryːfuŋ] f re-examination
nachrangige Finanzierung ['naːxraŋɪɡə finanˈtsiːruŋ] f junior financing
nachrechnen ['naːxrɛçnən] v recalculate, check a calculation, examine
Nachricht ['naːxrɪçt] f news
Nachrichtentechnik ['naːxrɪçtəntɛçnɪk] f telecommunications
nachrüsten ['naːxrʏstən] v (Gerät) upgrade, modernize, refit
Nachrüstung ['naːxrʏstuŋ] f (Gerät) upgrade, modernization
Nachsaison ['naːxzɛzɔŋ] f postseason
Nachschub ['naːxʃuːp] m (Waren) additional supply
Nachschuss ['naːxʃus] m (an der Börse) margin
Nachschusspflicht ['naːxʃuspflɪçt] f obligation to make an additional contribution
Nachschusszahlung ['naːxʃustsaːluŋ] f additional payment
Nachsendeanschrift ['naːxzɛndəanʃrɪft] f forwarding address
Nachsendeauftrag ['naːxzɛndəauftraːk] m application to have mail forwarded
nachsenden ['naːxzɛndən] v irr forward, redirect
Nachsichtwechsel ['naːxzɪçtvɛksəl] m after-sight bill
Nachtarbeit ['naxtarbaɪt] f night work
Nachtdienst ['naxtdiːnst] m night duty, night service
Nachteil ['naxtaɪl] m disadvantage, drawback
nachteilig ['naxtaɪlɪç] adj disadvantageous, detrimental, harmful
Nachtragshaushalt ['naːxtraːkshaushalt] m interim budget, supplementary budget
Nachtschicht ['naxtʃɪçt] f night shift
Nachttarif ['naxttariːf] m off-peak rate, night rate
Nachttresor ['naxttrezoːr] m night safe
Nachweis ['naːxvaɪs] m (Echtheitszertifikat) certificate, proof
nachzahlen ['naːxtsaːlən] v pay afterwards, make a back payment
Nachzahlung ['naːxtsaːluŋ] f supplementary payment
Nachzugsaktie ['naːxtsuːksaktsjə] f deferred stock

Nadeldrucker ['naːdəldrukər] m matrix printer, wire printer
nagelneu ['naːɡəlnɔy] adj brand new
Näherungswert ['nɛːəruŋsveːrt] m approximate value
Nährwert ['nɛːrveːrt] m (Nutzen) practical value
Nahverkehr ['naːfɛrkeːr] m local traffic
Nahverkehrszug ['naːfɛrkeːrstsuːk] m commuter train
Nahziel ['naːtsiːl] n short-term target
Namensaktie ['naːmənsaktsjə] f registered share
Namensetikett ['naːmənsɛtikɛt] n name badge
Namenspapier ['naːmənspapiːr] n registered security
Namensschild ['naːmənsʃɪlt] n nameplate
nasse Stücke ['nasə ˈʃtʏkə] n/pl unissued mortgage bonds still in trustee's hands pl
national [natsjoˈnaːl] adj national
nationale Souveränitätsrechte [natsjoˈnaːlə zuvɛrɛniˈtɛːtsrɛçtə] n/pl national sovereignty rights pl
Nationalfeiertag [natsjoˈnaːlfaɪərtaːk] m national holiday
Nationalökonomie [natsjoˈnaːləkonomiː] f economics
Naturalabgabe [natuˈraːlapɡaːbə] f payment in kind
Naturalbezüge [natuˈraːlbətsyːɡə] pl payment in kind, remuneration in kind
Naturaldarlehen [natuˈraːldarleːən] n loan granted in form of a mortgage bond
Naturalgeld [natuˈraːlɡɛlt] n commodity money
Naturalkredit [natuˈraːlkrediːt] m credit granted in kind
Naturallohn [natuˈraːloːn] m wages paid in kind pl
Naturaltilgung [natuˈraːltɪlɡuŋ] f redemption in kind
Naturalwirtschaft [natuˈraːlvɪrtʃaft] f barter economy
natürliche Person [naˈtyːrlɪçə ˈpɛrzoːn] f natural person
Naturwissenschaft [naˈtuːrvɪsənʃaft] f natural science
Nearbanken [ˈniːrbaŋkən] f/pl near banks pl
Nebenabreden [neːbənapreːdən] f/pl subsidiary agreement
Nebenanschluss [neːbənanʃlus] m extension

Nebenausgabe ['ne:bənausga:bə] f incidental expense

Nebenberuf ['ne:bənbəru:f] m secondary occupation, second job, sideline

nebenberuflich ['ne:bənbəru:flıç] adj part-time

Nebenbeschäftigung ['ne:bənbəʃεftigʊŋ] f second occupation, spare time work, additional occupation

Nebeneinkünfte ['ne:bənainkynftə] pl additional income, side income

Nebenerwerb ['ne:bənεrvεrp] m extra income, sideline, job on the side

Nebengebühr ['ne:bəngəby:r] f extra charge, extra fee

Nebenklage ['ne:bənkla:gə] f civil action incidental to criminal proceedings

Nebenkläger ['ne:bənklε:gər] m co-plaintiff

Nebenkosten ['ne:bənkɔstən] pl incidental expenses pl, additional expenses pl, ancillary costs pl

Nebenkostenstelle ['ne:bənkɔstənʃtεlə] f indirect centre

Nebenplatz ['ne:bənplats] m place without a Federal Bank office

Nebenprodukt ['ne:bənprodukt] n by-product

Nebenrechte ['ne:bənrεçtə] n/pl subsidiary rights pl

Nebenstellenanlagen ['ne:bənʃtεlənanla:gən] f/pl private automatic branch exchanges pl

Nebentätigkeit ['ne:bəntε:tıçkait] f secondary occupation

Nebenverdienst ['ne:bənfεrdi:nst] m extra income, additional earnings pl

Nebenzweck ['ne:bəntsvεk] m secondary aim

Negativbilanz [negati:fbilants] f debit balance

Negativerklärung [negati:fεrklε:rʊŋ] f negative declaration

Negativhypothek [negati:fhypotε:k] f borrower's undertaking to create no new

Negativimage ['ne:gati:fımıdʒ] n negative image

Negativklausel [negati:fklauzl] f negative clause

Negativwerbung ['negati:fvεrbʊŋ] f negative advertising

Negativzins [negati:ftsıns] m negative interest

negieren [ne'gi:rən] v (verneinen) negate

Negierung [ne'gi:rʊŋ] f (Verneinung) negation, denial

Negotiation [negotsja'tsjo:n] f negotiation

Negotiationskredit [negotsja'tsjo:nskredi:t] m credit authorizing negotiation of bills

Neigung ['naigʊŋ] f (wirtschaftlich) trend, tendency

Nennbetrag ['nεnbətra:k] m nominal amount

Nennwert ['nεnve:rt] m nominal value, face-value

Nennwertaktie ['nεnvε:rtaktsjə] f par value share

nennwertlose Aktie ['nεnvε:rtlo:zə 'aktsjə] f no par value share

netto ['nεto] adv net

Nettoanlagevermögen ['nεtoanla:gəfεrmø:gən] n net fixed assets pl

Nettodividende ['nεtodividεndə] f net dividend

Netto-Einkommen ['nεtoainkɔmən] n net income

Nettoertrag ['nεtoεrtra:k] m net earnings pl, net proceeds pl, net return, net yield

Nettogehalt ['nεtogəhalt] n net salary

Nettogeschäft ['nεtogəʃεft] n net-price transaction

Nettogewicht ['nεtogəvıçt] n net weight

Nettogewinn ['nεtogəvın] m net profit, net earnings pl

Nettoinvestition [nεtoinvεstitsjo:n] f net investment

Nettokreditaufnahme ['nεtokredi:taufna:me] f net (government) borrowing, net credit intake

Nettokurs ['nεtokurs] m net price

Nettolohn ['nεtolo:n] m net wages pl

Nettoneuverschuldung ['nεtoinɔyfεrʃʊldʊŋ] f net new indebtedness

Nettopreis ['nεtoprais] m net price

Nettosozialprodukt [nεtoso'tsja:lprodukt] n net national product

Nettoumsatz ['nεtoumzats] m net turnover

Nettoverdienst ['nεtofεrdi:nst] m net earnings pl

Nettovermögen ['nεtofεrmø:gən] n net assets pl

Nettoverschuldung ['nεtofεrʃʊldʊŋ] f net indebtedness

Nettozinssatz ['nεtotsınsats] m net interest rate

Netzanschluss ['nεtsanʃlʊs] m (Stromnetz) mains connection, power supply line

Netzgerät ['nɛtsgəre:t] *n* power pack
Netzplan ['nɛtspla:n] *m* network planning
Netzplantechnik (NPT) ['nɛtspla:ntɛçnɪk] *f* network planning technique
Netzstecker ['nɛtsʃtɛkər] *m (Stromanschluss)* plug
Netzwerk ['nɛtsvɛrk] *n* network
Netzzugang ['nɛtstsu:gaŋ] *m* net access, Internet access
Neuanschaffung ['nɔyanʃafuŋ] *f* new acquisition
neuartig ['nɔya:rtɪç] *adj* novel, original
Neuartigkeit ['nɔyartɪçkaɪt] *f* novelty, originality
Neuauflage ['nɔyaufla:gə] *f (von Erzeugnissen)* new edition
Neubauhypothek ['nɔybauhypote:k] *f* mortgage loan to finance building of new dwelling-house
Neuentwicklung ['nɔyɛntvɪkluŋ] *f* innovation, recent development, new development
Neuer Markt ['nɔyər 'markt] *m* new market
Neueröffnung ['nɔyɛrœfnuŋ] *f* opening; *(Wiedereröffnung)* reopening
Neuerung ['nɔyəruŋ] *f* 1. *(neues Produkt)* innovation; 2. *(Änderung)* change
Neuerwerb ['nɔyɛrvɛrp] *m* new acquisition
Neugestaltung ['nɔygəʃtaltuŋ] *f* rearrangement, redesign
Neugiro ['nɔyʒi:ro] *n* new endorsement
Neugründung ['nɔygryndʊŋ] *f* new foundation
Neuheit ['nɔyhaɪt] *f* novelty
Neupreis ['nɔypraɪs] *m* new price
Neuregelung ['nɔyre:gəluŋ] *f* new regulation
neutraler Aufwand [nɔy'tra:lər 'aufvant] *m* nonoperating expense
neutraler Ertrag [nɔy'tra:lər ɛr'tra:k] *m* nonoperating income
neutrales Geld [nɔy'tra:ləs gɛlt] *n* neutral money
Neutralität [nɔytrali'tɛ:t] *f* neutrality
Neuveranlagung ['nɔyfɛranla:guŋ] *f* new assessment
Neuverschuldung ['nɔyfɛrʃulduŋ] *f* incurring new debt
Neuwert ['nɔyve:rt] *m* value when new; *(eines versicherten Gegenstandes)* replacement value
Neuwertversicherung ['nɔyve:rtfɛrzɪçəruŋ] *f* new for old insurance
Newsletter ['nju:slɛtər] *m (abonnierbarer E-Mail-Service)* newsletter

nicht an Order [nɪçt an 'o:rdər] not to order
nicht übertragbar [nɪçt y:bər'tra:kba:r] *adj* non-negotiable
nichtamtlich ['nɪçtamtlɪç] *adj* non-official
Nicht-Bank ['nɪçtbaŋk] *f* non-bank
Nichtberufstätige(r) ['nɪçtbərufstɛ:tiɡə(r)] *f/m* non-employed person, person without employment
Nichteinhaltung ['nɪçtaɪnhaltuŋ] *f* non-compliance
nichtig ['nɪçtɪç] *adj* void
Nichtmitglied ['nɪçtmɪtɡli:t] *n* non-member
nichtnotierte Aktie ['nɪçtnoti:rtə 'aktsjə] *f* unquoted share
nichttarifäre Handelshemmnisse [nɪçttari'fɛ:rə 'handəlshɛmnɪsə] *n/pl* non-tariff trade barriers *pl*
Niederlassung ['ni:dərlasuŋ] *f* site, location, place of business, branch office
Niederlegung ['ni:dərle:ɡuŋ] *f (der Arbeit)* stoppage
Niederstwertprinzip ['ni:dərstvɛrtprɪntsi:p] *n* lowest value principle
Niedrigstkurs ['ni:drɪçstkurs] *m* floor price
Nießbrauch ['ni:sbraux] *m* usufruct, lifelong right of use
Nießbraucher ['ni:sbrauxər] *m* usufructuary
Nischenstrategie ['ni:ʃənʃtrategi:] *f* concentration strategy
Niveau [ni'vo:] *n* level; ~ haben (fig) to be of a high standard
Niveau-Unterschied [ni'vo:untərʃi:t] *m* difference in standard
Nominalbetrag [nomi'na:lbətra:k] *m* nominal amount
Nominaleinkommen [nomi'na:laɪnkɔmən] *n* nominal income
Nominalkapital [nomi'na:lkapita:l] *n* nominal capital
Nominallohn [nomi'na:llo:n] *m* nominal wage
Nominalverzinsung [nomi'na:lfɛrtsɪnzuŋ] *f* nominal interest rate
Nominalwert [nomi'na:lvɛ:rt] *m* face value
Nominalzins [nomi'na:ltsɪns] *m* nominal rate of interest
nominelles Eigenkapital [nomi'nɛləs 'aɪgənkapita:l] *n* nominal capital borrowed
No-Name-Produkt [noʊneɪmpro'dukt] *n* generic product

Nonprofit-Organisation [nɔnprofitɔrgani'zatsjoːn] *f* nonprofit organization

Nordamerikanische Freihandelszone (NAFTA) ['nortamerikaːnɪʃə fraɪ'handəlstsoːnə ('nafta)] *f* North American Freetrade Area (NAFTA)

Norm [nɔrm] *f* norm, standard; *(Regel)* rule

normal [nɔr'maːl] *adj* normal, regular, standard

Normalbeschäftigung ['nɔrmaːlbəʃɛftɪgʊŋ] *f* normal level of capacity utilization, standard capacity

Normalgewinn [nɔr'maːlgəvɪn] *m* normal profit

Normalkosten [nɔr'maːlkɔstən] *pl* normal cost

Normalverbraucher(in) [nɔr'maːlfɛrbraʊxər(ɪn)] *m/f* average consumer; *Otto ~* Joe Bloggs, Mr Average, John Smith, Joe Sixpack

Normalverkehr [nɔr'maːlfɛrkeːr] *m* normal transactions *pl*

Normung ['nɔrmʊŋ] *f* standardization

Nostroeffekten ['nɔstroɛfɛktən] *pl* securities held by a bank at another bank

Nostroguthaben ['nɔstroguːtaːbən] *n* nostro balance

Nostrokonto ['nɔstrokɔnto] *n* nostro account

Nostronotadresse [nɔstro'noːtadrɛsə] *f* nostro address in case of need

Nostroverbindlichkeit ['nɔstrofɛrbɪntlɪçkaɪt] *f* nostro liability

Notanzeige ['noːtantsaɪgə] *f* notice of dishonour

Notar(in) [no'taːr(ɪn)] *m/f* notary

notariell [notar'jɛl] *adj* notarial; *adv ~ beglaubigt* notarized

Note ['noːtə] *f (Banknote)* bank-note, bill

Notebook ['noʊtbʊk] *n* notebook

Notenabstempelung ['noːtənapʃtɛmpəlʊŋ] *f* stamping of bank notes

Notenausgabe ['noːtənaʊsgaːbə] *f* note issue

Notenbank ['noːtənbaŋk] *f* central bank

Notendeckung ['noːtəndɛkʊŋ] *f* cover of note circulation

Noteneinlösungspflicht ['noːtənaɪnløːzʊŋspflɪçt] *f* obligation to redeem notes

Notenkontingent ['noːtənkɔntɪŋɛnt] *n* fixed issue of notes

Notenumlauf ['noːtənʊmlaʊf] *m* notes in circulation *pl*

Notfall ['noːtfal] *m* emergency

Notgeld ['noːtgɛlt] *n* emergency money

notieren [no'tiːrən] *v* quote, list

Notierung [no'tiːrʊŋ] *f* quotation

Notifikation [notifika'tsjoːn] *f* notification

Notiz [no'tiːts] *f* note

Notizblock [no'tiːtsblɔk] *m* note pad

Notizbuch [no'tiːtsbuːx] *n* notebook

Notizzettel [no'tiːtstsɛtəl] *m* note slip

Notleidende Forderung ['noːtlaɪdəndə 'fɔrdərʊŋ] *f* claim in default

notwendiges Betriebsvermögen ['noːtvɛndɪgəs bə'triːpsfɛrmøːgn] *n* necessary business property

notwendiges Privatvermögen ['noːtvɛndɪgəs priva'tfɛrmøːgn] *n* necessary private property

Nullrunde ['nʊlrʊndə] *f* wage freeze

Nulltarif ['nʊltariːf] *m* nil tariff

Nullwachstum ['nʊlvakstuːm] *n* zero growth

Nummerierung [nʊmə'riːrʊŋ] *f* numbering

Nummernkonto ['nʊmərnkɔnto] *n* number account, numbered account

Nummernverzeichnis ['nʊmərnfɛrtsaɪçnɪs] *n* list of serial numbers of securities purchased

nur gegen Totalverlust versichert (t.l.o.) [nuːr 'geːgən to'taːlfɛrlʊst fɛr'zɪçərt] total loss only (t.l.o.)

nur zur Verrechnung [nuːr tsuːr fɛrɛçnʊŋ] for account only

Nutzbarmachung ['nʊtsbaːrmaxʊŋ] *f* exploitation

Nutzeffekt ['nʊtsɛfɛkt] *m* efficiency, practical use

Nutzen ['nʊtsən] *m* use; *von ~ sein* to be of use; *(Vorteil)* advantage, benefit

Nutzfahrzeug ['nʊtsfaːrtsɔyk] *n (Lastkraftwagen)* lorry (UK), truck (US)

Nutzkosten ['nʊtskɔstən] *pl* utility costs *pl*

nutzlos ['nʊtsloːs] *adj* useless, futile, pointless

Nutznießer(in) ['nʊtsniːsər(ɪn)] *m/f* beneficiary

Nutzung ['nʊtsʊŋ] *f* use

Nutzungsdauer ['nʊtsʊŋsdaʊər] *f* service life, operating life, working life

Nutzungsrecht ['nʊtsʊŋsrɛçt] *n* usufructury right

Nutzwertanalyse ['nʊtsveːrtanalyːzə] *f* benefit analysis

O

oben genannt ['o:bən gə'nant] *adj* above, mentioned above, as said before
Obergesellschaft [o:bər'gəzelʃaft] *f* common parent company, umbrella company
Obergrenze ['o:bərgrentsə] *f* upper limit
Oberlandesgericht (OLG) [o:bər'landəsgərɪçt] *n* Intermediate Court of Appeals
Oberverwaltungsgericht (OVG) [o:bərfer'valtuŋsgərɪçt] *n* Higher Administrative Court
Objekt [ɔp'jɛkt] *n (Eigentum)* property
Objektbesteuerung [ɔp'jɛktbəʃtɔyəruŋ] *f* taxation of specific property
Objektkredit [ɔp'jɛktkredi:t] *m* loan for special purposes
Objektprinzip [ɔp'jɛktprɪntsi:p] *n* object principle
Obligation [ɔbliga'tsjo:n] *f* bond, debenture, debenture bond
Obligationär(in) [obligatsjo'nɛ:r(ɪn)] *m/f* bondholder, debenture holder
Obligationsanleihe [obliga'tsjo:nsanlaɪə] *f* debenture loan
Obligationsausgabe [obliga'tsjo:nsausga:bə] *f* bond issue
obligatorisch [ɔbliga'to:rɪʃ] *adj* obligatory, compulsory, mandatory
Obligo ['ɔbligo] *n* financial obligation, liability
Obligobuch ['ɔbligobux] *n* bills discounted ledger
Obsoleszenz [ɔpzolɛs'tsɛnts] *f* obsolescence
Oderdepot ['o:dərdepo:] *n* joint deposit
Oderkonten ['o:dərkɔntən] *n/pl* joint account
offen ['ɔfən] *adj* 1. *(geöffnet)* open; ~ bleiben stay open; ~ halten *(geöffnet lassen)* leave open; 2. *(fig: nicht besetzt)* vacant; 3. *(Rechnung)* outstanding
Offenbarungseid [ɔfən'ba:ruŋsaɪt] *m* oath of disclosure, oath of manifestation
offene Ausschreibung ['ɔfənə 'ausʃraɪbuŋ] *f* public tender
Offene Handelsgesellschaft (OHG) ['ɔfənə 'handəlsgəzɛlʃaft] *f* general partnership
Offene Police (O.P.) ['ɔfənə po'li:sə] *f* floating policy
offene Position ['ɔfənə pozi'tsjo:n] *f* open position
Offene-Posten-Buchhaltung ['ɔfənə'pɔstənbuxhaltuŋ] *f* open-item accounting
offene Rechnung ['ɔfənə 'rɛçnuŋ] *f* outstanding account, unsettled account
offener Fonds ['ɔfənər 'fɔ̃:] *m* open-end fund
offener Immobilienfonds ['ɔfənər ɪmo-bi:ljənfɔ̃:] *m* open-end real estate fund
offenes Depot ['ɔfənəs de'po:] *n* safe custody account
offenes Konto ['ɔfənəs 'kɔnto] *n* open account
Offenlegung ['ɔfənle:guŋ] *f* disclosure
Offenlegungspflicht ['ɔfənle:guŋspflɪçt] *f* duty to disclose one's financial conditions
Offenmarktpolitik ['ɔfənmarktpoliti:k] *f* open market policy
öffentlich ['œfəntlɪç] *adj* public; *adv* publicly
öffentliche Anleihe ['œfəntlɪçə 'anlaɪə] *f* government security
öffentliche Ausgaben ['œfəntlɪçə 'ausga:bən] *f/pl* public spending
öffentliche Bank ['œfəntlɪçə baŋk] *f* public bank
öffentliche Beglaubigung ['œfəntlɪçə bə'glaubɪguŋ] *f* public certification
öffentliche Beurkundung ['œfəntlɪçə bə'u:rkunduŋ] *f* public authentication
öffentliche Güter ['œfəntlɪçə 'gy:tər] *n/pl* public goods *pl*
öffentliche Kredite ['œfəntlɪçə kre'di:tə] *m/pl* credits extended to public authorities *pl*
öffentliche Schuld ['œfəntlɪçə ʃult] *f* public debt
öffentliche Verkehrsmittel ['œfəntlɪçə fer'ke:rsmɪtəl] *n/pl* public transport(ation)
öffentlicher Haushalt ['œfəntlɪçər 'haushalt] *m* public budget
öffentlicher Schuldenstand ['œfəntlɪçər ʃuldənʃtant] *m* government debt
Öffentliches Recht ['œfəntlɪçəs rɛçt] *n* public law
Öffentlichkeit ['œfəntlɪçkaɪt] *f* public
Öffentlichkeitsarbeit ['œfəntlɪçkaɪtsarbaɪt] *f* public relations work, PR activities *pl*
öffentlich-rechtliche Körperschaft ['œfəntlɪçrɛçtlɪçə 'kœrpərʃaft] *f* public body
offerieren [ɔfə'ri:rən] *v* offer
Offerte [ɔ'fɛrtə] *f* offer

offiziell [ɔfi'tsjɛl] *adj* official; *adv* officially

offizielles Kursblatt [ɔfi'tsjɛləs 'kursblat] *n* offical stock exchange list

Öffnungszeiten ['œfnuŋstsaitən] *f/pl* opening hours *pl*, hours of business *pl*

Offshore-Auftrag ['ɔffo:rauftra:k] *m* offshore purchase order

Offshore-Steuergesetz ['ɔffo:r'ʃtɔyərgəsets] *n* offshore tax agreement

Offshore-Zentrum ['ɔffo:r'tsɛntrum] *n* offshore centre

ohne Dividende ['o:nə divi'dɛndə] ex dividend

ohne Gewähr ['o:nə ge'vɛ:r] without guarantee

ohne Kupon ['o:nə ku'põ:] ex coupon

ohne Obligo ['o:nə 'ɔbligo] without obligation

Ökobilanz ['økobilants] *f* ecological balance

Ökologie [økolo'gi:] *f* ecology

ökologisch [øko'lo:gɪʃ] *adj* ecological

ökologische Steuerreform [øko'lo:gɪʃə 'ʃtɔyərefɔrm] *f* ecological tax reform

Ökonom(in) [øko'no:m(ɪn)] *m/f* economist

Ökonomie [økono'mi:] *f* economy

ökonomieverträglich [økonomi'fɛrtrɛ:klɪç] *adj* economically sustainable

ökonomisch [øko'no:mɪʃ] *adj* economic

ökonomischer Unterschied [øko'no:mɪʃər 'untərʃi:t] *m* economic divergence

Ökosteuer ['økoʃtɔyər] *f* ecological tax, eco-tax

Ökosystem ['ø:kozyste:m] *n* ecological system

Ölembargo ['ø:lɛmbargo] *n* oil embargo

Ölförderland ['ø:lfœrdərlant] *n* oil-producing country, oil-producing nation

Ölförderung ['ø:lfœrdəruŋ] *f* oil extraction, oil production

Oligopol [oligo'po:l] *n* oligopoly

Ölindustrie ['ø:lindustri:] *f* oil industry

Ölkrise ['ø:lkri:zə] *f* oil crisis

Ölpreis ['ø:lprais] *m* price of oil

Ölraffinerie ['ø:lrafinəri:] *f* oil refinery

Ölterminbörse ['ø:ltɛrmi:nbœrzə] *f* oil futures exchange

Ölterminhandel ['ø:ltɛrmi:nhandəl] *m* oil futures dealings *pl*

Ombudsfrau ['ɔmbutsfrau] *f* ombudswoman, spokeswoman

Ombudsmann ['ɔmbutsman] *m* ombudsman, representative, spokesman

One-Stop-Banking [wanstɔp'bæŋkɪŋ] *n* one-stop banking

One-Stop-Shopping [wanstɔp'ʃɔpɪŋ] *n* one-stop shopping

online ['ɔnlain] *adj* online

Onlinebetrieb ['ɔnlainbətri:p] *m* online operation

Onlinedienst ['ɔnlaindi:nst] *m* online service

Onlinezahlungssystem ['ɔnlaintsa:luŋszyste:m] *n* online payment system

Onshore-Geschäft ['ɔnʃo:rgə'ʃɛft] *n* onshore business

OPEC (Organisation Erdöl exportierender Länder) [opec (organiza'tsjo:n 'ɛrdø:l ɛkspɔr'ti:rəndər 'lɛndə)] *f* OPEC (Organization of Petroleum Exporting Countries)

Operations Research (OR) [ɔpə'reiʃəns ri:'sɛtʃ] *n* operations research

operative Planung [opəra'ti:və 'pla:nuŋ] *f* operational planning

Operator [opə'ra:tɔr] *m* operator, computer operator

Opportunitätskosten [ɔpɔr'tuni:tɛtskɔstən] *pl* opportunity costs *pl*

Opposition [ɔposi'tsjo:n] *f* opposition

oppositionell [ɔpositsjo'nɛl] *adj* oppositional

Oppositionsführer(in) [ɔposi'tsjo:nsfy:rər(ɪn)] *m/f* leader of the opposition

optimal [ɔpti'ma:l] *adj* ideal, optimal; *adv* to an optimum, optimally

optimale Bestellmenge [ɔpti'ma:lə bə'ʃtɛlmeŋə] *f* economic purchasing quantity

Optimalleistung [ɔpti'ma:llaistuŋ] *f* optimum capacity

optimieren [ɔpti'mi:rən] *v* optimize, optimalize

Optimierung [ɔpti'mi:ruŋ] *f* optimization

optimistisch [ɔpti'mɪstɪʃ] *adj* optimistic; *adv* optimistically

optimistische Börse [ɔpti'mɪstɪʃə 'bœrzə] *f* bullish market

Optimum ['ɔptimum] *n* optimum

Option [ɔp'tsjo:n] *f* option, choice

Optionsanleihe [ɔp'tsjo:nsanlaiə] *f* option bond

Optionsdarlehen [ɔp'tsjo:nsda:rle:ən] *n* optional loan

Optionsgeschäft [ɔp'tsjo:nsgəʃɛft] *n* options tradings *pl*, options dealings *pl*, option bargain

Optionspreis [ɔp'tsjo:nsprais] *m* option price

Optionsrecht [ɔpˈtsjoːnsrɛçt] *n* option right

Optionsschein [ɔpˈtsjoːnsʃaɪn] *m* share purchase warrant

ordentliche Ausgaben [ˈɔrdəntlɪçə ˈaʊsgaːbən] *f/pl* ordinary expenditure

ordentliche Einnahmen [ˈɔrdəntlɪçə ˈaɪnnaːmən] *f/pl* ordinary revenue

ordentliche Kapitalerhöhung [ˈɔrdəntlɪçə kapiˈtaːlɛrhøːʊŋ] *f* ordinary increase in capital

ordentlicher Haushalt [ˈɔrdəntlɪçɐ ˈhaʊshalt] *m* ordinary budget

Order [ˈɔrdər] *f* order

Orderklausel [ˈɔrdərklaʊzl] *f* order clause

Orderkonnossement [ˈɔrdərkɔnɔsəment] *n* order bill of lading

ordern [ˈɔrdərn] *v* order

Orderpapier [ˈɔrdərpapiːr] *n* order paper, order instrument

Orderscheck [ˈɔrdərʃɛk] *m* order cheque

Ordner [ˈɔrdnər] *m* (*Hefter*) folder, standing file

Ordnerrückenschild [ˈɔrdnərrykənʃɪlt] *n* file support label

Ordnungsamt [ˈɔrdnʊŋsamt] *n* town clerk's office

ordnungsgemäß [ˈɔrdnʊŋsɡəmɛːs] *adj* correct, proper; *adv* correctly, according to the regulations, properly

Ordnungsmappe [ˈɔrdnʊŋsmapə] *f* file folder

ordnungsmäßige Bilanzierung [ˈɔrdnʊŋsmɛːsɪɡə bilanˈtsiːrʊŋ] *f* adequate and orderly preparation of a balance sheet

Ordnungsstrafe [ˈɔrdnʊŋsʃtraːfə] *f* administrative fine, disciplinary penalty

ordnungswidrig [ˈɔrdnʊŋsviːdrɪç] *adj* irregular, illegal; *adv* contrary to regulations, illegally

Organgesellschaft [ɔrˈɡaːnɡəzɛlʃaft] *f* controlled company

Organhaftung [ɔrˈɡaːnhaftʊŋ] *f* liability of a legal person for its executive organs

Organigramm [ɔrɡaˈniːɡram] *n* organizational chart

Organisation [ɔrɡanizaˈtsjoːn] *f* organization

Organisation für wirtschaftliche Zusammenarbeit und Entwicklung (OECD) [ɔrɡanizaˈtsjoːn fyːr ˈvɪrtʃaftlɪçə tsuˈzamənarbaɪt ʊnt ɛntˈvɪklʊŋ] *f* Organization for Economic Cooperation and Development (OECD)

Organisationsabteilung [ɔrɡanizaˈtsjoːnsaptaɪlʊŋ] *f* organization and methods department

Organisationsdiagramm [ɔrɡanizaˈtjoːnsdiaɡram] *n* organizational chart

Organisationsgrad [ɔrɡanizaˈtsjoːnsɡraːt] *m* 1. (*Betrieb*) level of organization; 2. (*Personal*) degree of unionization

Organisationskosten [ɔrɡanizaˈtsjoːnskɔstən] *pl* organization expense

Organisationsplanung [ɔrɡanizaˈtsjoːnsplaːnʊŋ] *f* organizational planning

Organisationsstruktur [ɔrɡanizaˈtsjoːnsʃtruktuːr] *f* organizational structure

organisatorisch [ɔrɡanizaˈtoːrɪʃ] *adj* organizational

organisieren [ɔrɡaniˈziːrən] *v* organize

Organkredit [ɔrˈɡaːnkreˈdiːt] *m* loans granted to members of a managing board

Organschaftsvertrag [ɔrˈɡaːnʃaftsfertraːk] *m* agreement between interlocking companies

Orientierungspreis [ɔrjɛnˈtiːrʊŋspraɪs] *m* guide price

Original [oriɡiˈnaːl] *n* (*Dokument, Brief etc.*) original

örtlich [ˈœːrtlɪç] *adj* local; *adv* locally

ortsansässig [ˈɔrtsanzɛsɪç] *adj* resident, local

Ortsgespräch [ˈɔrtsɡəʃprɛːç] *n* local call

Ortsnetz [ˈɔrtsnɛts] *n* local telephone exchange network

Ortsverkehr [ˈɔrtsfɛrkeːr] *m* local calls *pl*

Ortszeit [ˈɔrtstsaɪt] *f* local time

Österreichische Nationalbank [ˈøːstəraɪçɪʃə natsjoˈnaːlbaŋk] *f* National Bank of Austria

Otto Normalverbraucher [ˈɔto nɔrˈmaːlfɛrbraʊxər] *m* John Smith, Joe Sixpack, Mr Average (*fam*)

Outplacement [ˈaʊtpleɪsmənt] *n* outplacement

Output [ˈaʊtpʊt] *m* output

Output-Analyse [ˈaʊtpʊtanalyːzə] *f* output analysis

Outright-Termingeschäft [ˈaʊtraɪttɛrmiːnɡəʃɛft] *n* outright futures transactions *pl*

outsourcen [ˈaʊtsɔːsən] *v* outsource

Outsourcing [ˈaʊtsɔːsɪŋ] *n* outsourcing

Overheadprojektor [ˈoːvərhɛdprojɛktɔr] *m* overhead projector

Over-the-counter-Markt [əʊvərdəˈkaʊntərmarkt] *m* over-the-counter market

P

Paar [pa:r] *n* pair
paarweise ['pa:rvaɪzə] *adv* in pairs, two by two
Pacht [paxt] *f* 1. *(Überlassung)* lease; 2. *(Entgelt)* rent
Pachtdauer ['paxtdauər] *f* duration of a lease
pachten ['paxtən] *v* lease, take on lease, rent
Pächterkredit ['pɛçtərkredi:t] *m* tenant's credit
Pachtverlängerung ['paxtfɛrlɛŋəruŋ] *f* extension of a lease
Pachtvertrag ['paxtfɛrtra:k] *m* lease, lease agreement, concession
Pachtzins ['paxttsɪns] *m* rent
Päckchen ['pɛkçən] *n* small package, small parcel
Packpapier ['pakpapi:r] *n* wrapping paper, packing paper
Packung ['pakuŋ] *f* packet, pack
pagatorisch [paga'to:rɪʃ] *adj* cash-based, financial
Paket [pa'ke:t] *n* package, packet, parcel
Pakethandel [pa'ke:thandl] *m* dealing in large lots
Paketzustellung [pa'ke:ttsu:ʃtɛluŋ] *f* parcel delivery
Palette [pa'lɛtə] *f* 1. *(Auswahl)* selection, choice, range; 2. *(Transporteinheit)* pallet
Panel ['pɛnl] *n* panel
Papier [pa'pi:r] *n* 1. *(Wertpapier)* security, share; 2. *(Dokument)* document, paper
Papiergeld [pa'pi:rgɛlt] *n* paper money
Papierindustrie [pa'pi:rɪndustri:] *f* paper industry
Pappe ['papə] *f* cardboard
Paragraph [para'gra:f] *m* 1. paragraph; 2. JUR section, article
Parallelanleihe [para'le:lanlaɪə] *f* parallel loan
Parallelmarkt [para'le:lmarkt] *m* parallel market
Parallelumlauf [para'le:lumlauf] *m* parallel circulation
Parallelwährung [para'le:lvɛ:ruŋ] *f* parallel currency
pari ['pa:ri] *adj* par
Pariemission ['pa:riemisjo:n] *f* issue at par
Parikurs ['pa:rikurs] *m* par price
Pariplätze ['pa:riplɛtsə] *m/pl* places where cheques are collected by banks free of charge
Parität [pari'tɛ:t] *f* parity, equality
Paritätengitter [pari'tɛ:təŋgɪtər] *n* parity grid
paritätisch [pari'tɛ:tɪʃ] *adj* on an equal footing, in equal numbers
paritätische Mitbestimmung [pari'tɛ:tɪʃə 'mɪtbəʃtɪmuŋ] *f* parity codetermination
Parkett [par'kɛt] *n (Börse)* floor
Parkettmakler [par'kɛtma:klər] *m* official market broker
parteiisch [par'taɪɪʃ] *adj* prejudiced, biased
Partie [par'ti:] *f (größere Menge einer Ware, Posten)* batch
Partizipationsschein [partitsipa'tsjo:nsʃaɪn] *m* participating receipt
Partner(in) ['partnər(ɪn)] *m/f* 1. *(Geschäftspartner)* business partner, associate; 2. *(Vertragspartner)* party (to a contract)
Partnerschaft ['partnərʃaft] *f* partnership
Parzelle [par'tsɛlə] *f* parcel (of land)
Passierschein [pa'si:rʃaɪn] *m* pass, permit
passiv [pa'si:f] *adj* passive; *adv* passively
Passiva [pa'si:va] *pl* liabilities *pl*
passive Rechnungsabgrenzung ['pasi:və 'rɛçnuŋsapgrɛntsuŋ] *f* accrued expense
passive Rückstellungen ['pasi:və 'rykʃtɛluŋən] *f/pl* passive reserves *pl*
passiver Partner ['pasi:vər 'partnər] *m* sleeping partner
Passivgeschäft ['pasi:fgəʃɛft] *n* passive deposit transactions *pl*
Passivhandel ['pasi:fhandəl] *m* passive trade
Passivierung [pasi'vi:ruŋ] *f* inclusion on the liabilities side
Passivierungspflicht [pasi'vi:ruŋspflɪçt] *f* requirement to accrue in full
Passivkredit ['pasi:fkredi:t] *m* passive borrowing
Passivposten ['pasi:fpɔstən] *m* debit item
Passivtausch ['pasi:ftauʃ] *m* accounting exchange on the liabilities side
Passivzins ['pasi:ftsɪns] *m* interest payable
Passkontrolle ['paskɔntrɔlə] *f* passport control, examination of passports
Passus ['pasus] *m* passage
Patent [pa'tɛnt] *n* patent
Patentamt [pa'tɛntamt] *n* Patent Office
Patentanwalt [pa'tɛntanvalt] *m* patent attorney

Patenterteilung [paˈtɛntɛrtaɪluŋ] f issue of a patent
patentfähig [paˈtɛntfɛːɪç] adj patentable
patentieren [patɛnˈtiːrən] v patent
Patentinhaber(in) [paˈtɛntinhaːbər(in)] m/f patentee
Patentlizenz [paˈtɛntlitsɛnts] f patent licence
Patentrecht [paˈtɛntrɛçt] n patent law
Patentregister [paˈtɛntregɪstər] n patent rolls pl
Patentschutz [paˈtɛntʃuts] m patent protection
Patentverschluss [paˈtɛntfɛrʃlus] m (bei Chemikalien, Medikamenten etc.) childproof cap
pauschal [pauˈʃaːl] adj lump-sum, overall; adv on a flat-rate basis
Pauschalabschreibung [pauˈʃaːlapʃraɪbuŋ] f group depreciation
Pauschalbetrag [pauˈʃaːlbətraːk] m flat rate
Pauschalbewertung [pauˈʃaːlbəveːrtuŋ] f group valuation
Pauschaldeckung [pauˈʃaldɛkuŋ] f blanket coverage
Pauschaldelkredere [pauˈʃaːldɛlkreːdərə] n global delcredere
Pauschale [pauˈʃaːlə] f lump sum payment, flat charge
Pauschalgebühr [pauˈʃaːlgəbyːr] f flat fee, flat charge
Pauschalpreis [pauˈʃaːlpraɪs] m flat rate, lump-sum price
Pauschalsumme [pauˈʃaːlzumə] f lump sum
Pauschaltarif [pauˈʃaːltariːf] m flat rate
Pauschalwert [pauˈʃaːlveːrt] m overall value
Pauschalwertberichtigung [pauˈʃaːlveːrtbərɪçtiguŋ] f general bad-debt provision
Pause [ˈpauzə] f break, interval, interruption
pausieren [pauˈziːrən] v pause, take a break
pekuniär [pekuˈnjɛːr] adj pecuniary
Pendelverkehr [ˈpɛndəlfɛrkeːr] m commuter traffic, shuttle service (flights)
Pendler(in) [ˈpɛndlər(in)] m/f commuter
Pendlerzug [ˈpɛndlərtsuːk] m commuter train
Pension [pɛ̃ˈzjoːn] f (Ruhestand) retirement; (Rente) retirement pension
pensionieren [pɛ̃zjoˈniːrən] v pension off, retire; sich ~ lassen retire
Pensionsalter [pɛ̃ˈzjoːnsaltər] n retirement age
Pensionsanspruch [pɛ̃ˈzjoːnsanʃprux] m pension claim
Pensionsanwartschaft [pɛ̃ˈzjoːnsanvartʃaft] f pension expectancy
Pensionsfonds [pɛ̃ˈzjoːnsfɔ̃ː] m (Finanzwesen) retirement fund, (Personal) pension fund
Pensionsgeschäft [pɛ̃ˈzjoːnsgəʃɛft] m security transactions under repurchase pl
Pensionskasse [pɛ̃ˈzjoːnskasə] f staff pension fund
Pensionsrückstellungen [pɛ̃ˈzjoːnsrykʃtɛluŋən] f/pl pension reserve
Pensionszusage [pɛ̃ˈzjoːnstsuːsaːgə] f employer's pension commitment
Pensum [ˈpɛnzum] n workload
Pensumlohn [ˈpɛnzumloːn] m quota wage
per aval [pɛr aˈval] adv as guarantor of payment
per Einschreiben [pɛr ˈaɪnʃraɪbn] adv by registered post
per Express [pɛr ɛksˈprɛs] by express
per Lastkraftwagen [pɛr ˈlastkraftvaːgən] by lorry
per procura [pɛr proˈkuːra] adv by procuration
per Ultimo [pɛr ˈultimo] adv for the monthly settlement
perfekt [pɛrˈfɛkt] adj perfect; adv perfectly
Perfektion [pɛrfɛkˈtsjoːn] f perfection
Peripheriegeräte [perifeˈriːgərɛtə] n/pl peripheral units pl
permanent [pɛrmaˈnɛnt] adj permanent; adv permanently
Personal [pɛrzoˈnaːl] n staff, personnel, employees pl
Personal Computer (PC) [ˈpɜːsənəl kɔmˈpjuːtər] m personal computer
Personalabbau [pɛrzoˈnaːlapbau] m reduction of staff, reduction of personnel
Personalabteilung [pɛrzoˈnaːlaptaɪluŋ] f personnel department
Personalakte [pɛrzoˈnaːlaktə] f personnel file, personnel dossier
Personalaufwand [pɛrzoˈnaːlaufvant] m personnel costs pl, employment costs pl
Personalauswahl [pɛrzoˈnaːlausvaːl] f employee selection
Personalbedarf [pɛrzoˈnaːlbədarf] m requirement of manpower
Personalbüro [pɛrzoˈnaːlbyroː] n personnel office
Personalchef(in) [pɛrzoˈnaːlʃɛf(in)] m/f personnel manager

Personalentwicklung [pɛrzo'na:lɛntvɪkluŋ] f personnel development
Personalfreisetzung [pɛrzo'na:lfraɪzɛtsuŋ] f personnel layoff
Personalführung [pɛrzo'na:lfy:ruŋ] f personnel management
Personalkosten [pɛrzo'na:lkɔstən] pl employment costs pl
Personalkredit [pɛrzo'na:lkredi:t] m personal loan
Personalleasing [ˈpɛːsənəlˈliːzɪŋ] n personnel leasing
Personalleiter(in) [pɛrzo'na:llaɪtər(ɪn)] m/f staff manager
Personalmanagement [pɛːrzo'na:lmænɪdʒmənt] n personnel management
Personalmangel [pɛrzo'na:lmaŋl] m shortage of staff
Personalnebenkosten [pɛrzo'na:lne:bənkɔstən] pl supplementary staff costs pl
Personalplanung [pɛrzo'na:lpla:nuŋ] f personnel planning, manpower planning, human resources planning, forecasting of labour requirements
Personalrat [pɛrzo'na:lra:t] m personnel committee
Personalstand [pɛrzo'na:lʃtant] m staff number
Personalstrategie [pɛrzo'na:lʃtrategi:] f personnel strategy
Personalwechsel [pɛrzo'na:lvɛksl] m staff changes pl
Personalwesen [pɛrzo'na:lve:zən] n personnel management
Personendepot [pɛrˈzonəndepo:] n customer's security deposit
Personengesellschaft [pɛrˈzo:nəngəzɛlʃaft] f partnership
Personenkonten [pɛrˈzonənkɔntən] n/pl personal accounts pl
Personenkraftwagen [pɛrˈzo:nənkraftva:gən] m motor car, automobile
Personensteuern [pɛrˈzo:nənʃtɔyərn] f/pl taxes deemed to be imposed on a person
persönlich [pɛrˈzø:nlɪç] adj personal, private; adv personally
persönliche Identifikations-Nummer (PIN) [pɛrˈzø:nlɪçə identifika'tsjo:nsnumər] f personal identification number (PIN)
pessimistisch [pɛsiˈmɪstɪʃ] adj pessimistic
Petrochemie [petroçeˈmi:] f petrochemistry
Petrodollar [ˈpetrodɔlar] m petrodollar
Pfand [pfant] n pledge

Pfandbrief [ˈpfantbri:f] m mortgage bond, mortgage debenture
Pfandbriefanstalt [ˈpfantbri:fanʃtalt] f mortgage bank
Pfandbriefdarlehen [ˈpfantbri:fda:rle:n] n mortgage loan
Pfandbriefgesetz [ˈpfantbri:fgəzɛts] n mortgage law
Pfanddepot [ˈpfantdepo:] n pledged securities deposit
pfänden [ˈpfɛndən] v impound, seize
Pfandgeld [ˈpfantgɛlt] n deposits pl
Pfandindossament [ˈpfantɪndɔsament] n pledge endorsement
Pfandleihe [ˈpfantlaɪə] f pawnbroking
Pfandrecht [ˈpfantrɛçt] n pledge, lien
Pfandschein [ˈpfantʃaɪn] m certificate of pledge
Pfändung [ˈpfɛnduŋ] f attachment of property, levy of attachment, seizure
Pfandvertrag [ˈpfantfɛrtra:k] m contract of pledge
Pfandverwertung [ˈpfantfɛrve:rtuŋ] f realization of pledge
Pflegegeld [ˈpfle:gəgɛlt] n nursing allowance
Pflegekasse [ˈpfle:gəkasə] f nursing insurance scheme
Pflegekrankenversicherung [ˈpfle:gəkraŋkənfɛrzɪçəruŋ] f nursing insurance fund
Pflegerentenversicherung [ˈpfle:gərɛntənfɛrzɪçəruŋ] f nursing pension insurance fund
Pflegeversicherung [ˈpfle:gəfɛrzɪçəruŋ] f long-term-care insurance
Pflicht [pflɪçt] f duty, obligation
pflichtbewusst [ˈpflɪçtbəvust] adj responsible, conscious of one's duties, dutiful; adv responsibly, dutifully, conscientiously
Pflichtbewusstsein [ˈpflɪçtbəvustzaɪn] n sense of duty
Pflichteinlage [ˈpflɪçtaɪnla:gə] f compulsory contribution
Pflichtkrankenkasse [ˈpflɪçtkraŋkənkasə] f compulsory health insurance funds pl
Pflichtreserve [ˈpflɪçtrezɛrvə] f minimum reserve
Pflichtteil [ˈpflɪçttaɪl] m compulsory portion, obligatory share
pflichtvergessen [ˈpflɪçtfɛrgɛsən] adj irresponsible, derelict in one's duty
Pflichtversicherung [ˈpflɪçtfɛrzɪçəruŋ] f compulsory insurance

Pfund [pfunt] *n* 1. *(Maßeinheit)* pound; 2. *(Währungseinheit)* pound sterling
Pharmaindustrie ['farmaɪndustriː] *f* pharmaceutical industry
pharmazeutisch [farmaˈtsɔytɪʃ] *adj* pharmaceutical
Pilotstudie [piˈloːtʃtuːdjə] *f* pilot study
plädieren [plɛˈdiːrən] *v* plead
Plädoyer [plɛdoaˈjeː] *n* address to the jury, closing argument, summation *(US)*
Plafond [plaˈfɔ̃ː] *m* ceiling
Plagiat [plaˈgjaːt] *n* plagiarism
Plakat [plaˈkaːt] *n* placard, poster
Plakatwand [plaˈkaːtvant] *f* billboard
Plakatwerbung [plaˈkaːtvɛrbuŋ] *f* poster advertising, outdoor advertising
Planbeschäftigung ['plaːnbəʃɛftɪguŋ] *f* activity base
Planbilanz ['plaːnbilants] *f* budgeted balance sheet
Planer ['plaːnər] *m* planner
Plankalkulation ['plaːnkalkulatsjoːn] *f* target calculation
Plankostenrechnung ['plaːnkɔstənrɛçnuŋ] *f* calculation of the budget costs
Planrevision ['plaːnrevizjoːn] *f* budget adjustment
Planspiel ['plaːnʃpiːl] *n* planning game
Planung ['plaːnuŋ] *f* planning, layout, policy-making
Planungsabteilung ['plaːnuŋsaptaɪluŋ] *f* planning department
Planungsausschuss ['plaːnuŋsausʃus] *m* planning committee
Planungsbüro ['plaːnuŋsbyroː] *n* planning office
Planungskontrolle ['plaːnuŋskɔntrɔlə] *f* planning control
Planungsstadium ['plaːnuŋsʃtaːdjum] *n* planning stage
Planwerte ['plaːnvɛrtə] *m/pl* planning figures *pl*
Planwirtschaft ['plaːnvɪrtʃaft] *f* planned economy
Planziel ['plaːntsiːl] *n* planned target, operational target
Plastik ['plastɪk] *n (Kunststoff)* plastics
Platine [plaˈtiːnə] *f* board
Platzanweisung ['platsanvaɪzuŋ] *f* cheques and orders payable at a certain place
Platzbedarf ['platsbədarf] *m* space requirements *pl*
platzieren [plaˈtsiːrən] *v* place, locate, position

Platzierung [plaˈtsiːruŋ] *f* placing
Platzkauf ['platskauf] *m* purchase on the spot
Platzspesen ['platsʃpeːzən] *pl* local expenses *pl*
Platzübertragung ['platsybərtraːguŋ] *f* local transfer
Platzwechsel ['platsvɛksəl] *m* local bill
pleite ['plaɪtə] *adj* broke, bankrupt; ~ *sein* not have a bean; ~ *gehen* go bust, go broke
Pleite ['plaɪtə] *f* bankruptcy; ~ *machen* go bankrupt
Pleitier [plaɪˈtjeː] *m (fam)* bankrupt
Plotter ['plɔtər] *m (EDV)* plotter
Plus [plus] *n (Überschuss)* surplus; *(fig)* advantage, asset, plus *(fam)*
Point of Information (POI) [pɔɪnt ɔv ɪnfɔˈmeɪʃən] *m (Ort der Information)* point of information
Point of Sale (POS) [pɔɪnt ɔv 'seɪl] *m (Ort des Verkaufs)* point of sale
Point of Sale Banking [pɔɪnt ɔv 'seɪl 'bæŋkɪŋ] *n* point of sale banking
Police [poˈliːs(ə)] *f* policy
Polier [poˈliːr] *m* site foreman
Politik [poliˈtiːk] *f* politics; policy
Polypol [polyˈpoːl] *n* polypoly
populär [popuˈlɛːr] *adj* popular
Popularität [popularɪˈtɛːt] *f* popularity
POP-Werbung ['pɔpvɛrbuŋ] *f* point of purchase promotion
Portfeuillesteuerung [pɔrtˈfœːjʃtɔyəruŋ] *f* portfolio controlling
Portfolio [pɔrtˈfoːljo] *n* portfolio
Portfolio Selection [pɔrtˈfoːljo sɛlɛkʃən] *f* portfolio selection
Portfolio-Analyse [pɔrtˈfoːljoanalyːzə] *f* portfolio analysis
Portfolio-Management [pɔrtˈfoːljomænɪdʒmənt] *n* portfolio management
Porto ['pɔrto] *n* postage
Portoabzug ['pɔrtoaptsuːk] *m* postage deduction
portofrei ['pɔrtofraɪ] *adj/adv* post-paid, prepaid, postage-free
portopflichtig ['pɔrtopflɪçtɪç] *adj* subject to postage
Post [pɔst] *f* post, mail; *(~amt)* post office; *(~dienst)* postal service
postalisch [pɔsˈtaːlɪʃ] *adj* postal; *auf ~em Weg* by mail
Postamt ['pɔstamt] *n* post office
Postanweisung ['pɔstanvaɪzuŋ] *f* postal order, money order
Postbank ['pɔstbaŋk] *f* post office bank

Posten ['pɔstən] *m 1. (Anstellung)* position, post, job; *2. (Warenmenge)* quantity, lot; *3. (Einzelziffer)* item, entry
Postfach ['pɔstfax] *n* post office box, P.O. box
Postformular ['pɔstfɔrmula:r] *n* postal form
Postgiro ['pɔstʒi:ro] *n* postal giro
Postkarte ['pɔstkartə] *f* postcard
postlagernd ['pɔstlagərnt] *adj* poste restante, left till called for
Postleitzahl ['pɔstlaɪttsa:l] *f* postal code, postcode, ZIP code *(US)*
Postscheck ['pɔstʃɛk] *m* girocheque *(UK)*, postal cheque
Postscheckamt ['pɔstʃɛkamt] *n* postal giro centre
Postscheckkonto ['pɔstʃɛkkɔnto] *n* postal giro account
Postsparbuch ['pɔstʃpa:rbux] *n* post office savings book
Poststempel ['pɔstʃtɛmpəl] *m* postmark
Postüberweisung ['pɔstybərvaɪzuŋ] *f* postal transfer
postwendend ['pɔstvɛndənt] *adv* by return of post, by return mail *(US)*
Postwurfsendung ['pɔstvurfzɛnduŋ] *f* direct mail advertising, unaddressed mailing, bulk mail
Potenzial [potɛn'tsja:l] *n* potential
potenzielles Bargeld [potɛn'tsjɛləs 'ba:rgɛlt] *n* potential cash
PR-Abteilung [pe:'ɛraptaɪluŋ] *f* PR department
Prädikat [prɛdi'ka:t] *n (Bewertung)* rating, grade, mark
Präexport-Finanzierung ['prɛ:ɛkspɔrtfinantsi:ruŋ] *f* pre-export financing
Präferenz [prɛfə'rɛnts] *f* preference
Prägung ['prɛ:ɡuŋ] *f* minting
präjudizierter Wechsel ['prɛ:juditsi:rtər 'vɛksl] *m* void bill
Praktikant(in) [prakti'kant(ɪn)] *m/f* trainee, intern
Praktiker(in) ['praktikər(ɪn)] *m/f* practician
Praktikum ['praktikum] *n* practical course, internship
praktisch ['praktɪʃ] *adj 1.* practical, useful; *adv 2.* practically, to all practical purposes *(UK)*, for all practical purposes *(US)*
Prämie ['prɛ:mjə] *f* premium, bonus
Prämienanleihe ['prɛ:mjənanlaɪə] *f* lottery loan
prämienbegünstigtes Sparen ['prɛ:mjənbəɡynstɪɡtəs 'ʃpa:rən] *n* premium-aided saving

Prämienbrief ['prɛ:mjənbri:f] *m* option contract
Prämiendepot ['prɛ:mjəndepo:] *n* deposit for insurance payments
Prämiengeschäft ['prɛ:mjənɡəʃɛft] *n* option dealing
Prämienlohn ['prɛ:mjənlo:n] *m* time rate plus premium wage
Prämiensparen ['prɛ:mjənʃpa:rən] *n* bonus-aided saving
Prämiensparvertrag ['prɛ:mjənʃpa:rfɛrtra:k] *m* bonus savings contract
Prämisse [prɛ'mɪsə] *f* premise
Präsentation [prezɛnta'tsjo:n] *f* presentation
Präsentationsfrist [prezɛnta'tsjo:nsfrɪst] *f* presentation period
Präsentationsklausel [prezɛnta'tsjo:nsklauzəl] *f* presentation clause
Präsentationsmappe [prezɛnta'tsjo:nsmapə] *f* presentation folder
präsentieren [prezɛn'ti:rən] *v* present
Präsenzbörse [prɛ'zɛntsbœrzə] *f* attendance stock exchange
Präsident(in) [prezi'dɛnt(ɪn)] *m/f* president
präsidieren [prezi'di:rən] *v* preside; *etw ~* preside over sth
Präsidium [prɛ'zi:djum] *n (Vorsitz)* presidency, chairmanship
Präzisionsarbeit [prɛtsi'zjo:nsarbaɪt] *f* precision work
Preis [praɪs] *m* price
Preis frei bleibend [praɪs 'fraɪ blaɪbənt] open price, price subject to change
Preisabsatzfunktion [praɪsap'zatsfunktsjo:n] *f* price-demand function
Preisabsprache ['praɪsapʃpra:xə] *f* price fixing, price rigging, price cartel
Preisabweichung ['praɪsapvaɪçuŋ] *f* price variance
Preisabzug ['praɪsaptsu:k] *m* price deduction
Preisangabeverordnung ['praɪsanɡa:bəfɛrɔrdnuŋ] *f* price marking ordinance
Preisanstieg ['praɪsanʃti:k] *m* price increase, rise in prices
Preisausschreiben ['praɪsausʃraɪbən] *n* competition
Preisauszeichnung ['praɪsaustsaɪçnuŋ] *f* price-marking
Preisbildung ['praɪsbɪlduŋ] *f* price formation
Preisbindung ['praɪsbɪnduŋ] *f* price fixing

Preisdifferenzierung ['praɪsdɪfərentsiːruŋ] f price differentiation
Preiselastizität ['praɪselastitsiteːt] f price elasticity
Preisempfehlung ['praɪsempfeːluŋ] f price recommendation; *unverbindliche* ~ suggested retail price
Preisentwicklung ['praɪsentvɪkluŋ] f price trend
Preiserhöhung ['praɪserhøːuŋ] f price increase
preisgebunden ['praɪsgəbundən] adj price-controlled
Preisgefälle ['praɪsgəfɛlə] n price differential
preisgünstig ['praɪsgynstɪç] adj reasonably priced, worth the money, favourably priced
Preisindex ['praɪsɪndeks] m price index
Preiskartell ['praɪskartel] n price fixing cartel
Preiskontrolle ['praɪskɔntrɔlə] f price control
Preislage ['praɪslaːgə] f price, price range
Preisliste ['praɪslɪstə] f price list, list of prices
Preis-Lohn-Spirale [praɪsloːnʃpiˈraːlə] f wage-price spiral
Preisnachlass ['praɪsnaːxlas] m price reduction
Preisniveau ['praɪsnivoː] n price level
Preisnotierung ['praɪsnotiːruŋ] f price quotation
Preisobergrenze [praɪsˈoːbərgrentsə] f price ceiling
Preispolitik ['praɪspolitiːk] f price policy
Preisrückgang ['praɪsrykgaŋ] m drop in prices, fall in prices, price recession
Preisschere ['praɪsʃeːrə] f price gap
Preisschild ['praɪsʃɪlt] n price tag, price label
Preisschwankung ['praɪsʃvaŋkuŋ] f price fluctuation
Preissenkung ['praɪszɛŋkuŋ] f price reduction
Preisstabilität ['praɪsʃtabiliteːt] f stability of prices
Preissteigerung ['praɪsʃtaɪgəruŋ] f price increase
Preisstopp ['praɪsʃtɔp] m price stop
Preisuntergrenze ['praɪsʔʊntərgrentsə] f price floor
Preisverfall ['praɪsferfal] m decline in prices, collapse of prices, large-scale slide of prices, crumbling of prices

preiswert ['praɪsveːrt] adj reasonably priced, worth the money
Premium ['preːmjum] n premium
Pre-Sales-Services ['priːˈseɪlzsøːvɪsəs] f/pl pre-sales services pl
Presse ['presə] f press
Presseaktion ['presəaktsjoːn] f press campaign
Presseerklärung ['presəerkleːruŋ] f 1. (*mündlich*) statement to the press; 2. (*schriftlich*) press release
Pressekonferenz ['presəkɔnferents] f press conference
Pressemitteilung ['presəmɪtaɪluŋ] f press release
Pressesprecher(in) ['presəʃpreçər(ɪn)] m/f spokesman, spokeswoman
Pressezentrum ['presətsentrum] n press office, press centre
Prestige [presˈtiːʒ] n prestige
Prestigeverlust [presˈtiːʒferlust] m loss of prestige
Pretest ['priːtest] m pretest
Price Earnings Ratio [praɪz ɜːnɪŋs reɪʃo] f (*Kurs-Gewinn-Verhältnis*) price earnings ratio
Primanota [primaˈnoːta] f journal
Primapapiere ['primapapiːrə] n/pl prime papers pl
Primawechsel ['priːmaveksəl] m first of exchange
Primäraufwand [priˈmeːraufvant] m primary expenses pl
Primärbedarf [priˈmeːrbədarf] m primary demand
Primärenergie [priˈmeːrenergiː] f primary energy
primärer Sektor [priˈmeːrər ˈzektor] m primary sector of the economy
Primärmarkt [priˈmeːrmarkt] m primary market
Prime Rate ['praɪm 'reɪt] f prime rate
Printmedien ['prɪntmeːdjən] pl print media pl
Printwerbung ['prɪntverbuŋ] f print advertising
Prioritätsaktien [prioriˈteːtsaktsjən] f/pl preference shares pl
Prioritätsobligationen [prioriˈteːtsobligatsjoːnən] f/pl priority bonds pl
privat [priˈvaːt] adj private; adv privately; ~ *versichert* privately insured
Privatadresse [priˈvaːtadresə] f home address, private address
Privatbank [priˈvaːtbaŋk] f private bank

Privatdiskont [pri'va:tdɪskɔnt] *m* prime acceptance
Private Banking ['praɪvət 'bæŋkɪŋ] *n* private banking
private Güter [pri'va:tə 'gy:tər] *n/pl* private goods *pl*
private Kranken- und Unfallversicherung [pri'va:tə 'kraŋkən unt 'unfalfɛrzɪçəruŋ] *f* private medical/health and accident insurance
Privateigentum [pri'va:taɪgəntum] *n* private property
Privateinlagen [pri'va:taɪnla:gən] *f/pl* private contribution
Privatentnahme [pri'va:tɛntna:mə] *f* personal travings *pl*
privater Verbrauch [pri'va:tər fɛr'braux] *m* private consumption, personal consumption, expenditure
Privatgeschäft [pri'va:tgəʃɛft] *n* private transaction
Privathaushalt [pri'va:thaushalt] *m* private household
Privatinitiative [pri'va:tɪnɪtsjati:və] *f* one's own initiative, personal initiative
privatisieren [privati'zi:rən] *v* privatize, transfer to private ownership, denationalize *(UK)*
Privatisierung [privati'zi:ruŋ] *f* privatization
Privatkonto [pri'va:tkɔnto] *n* private account, personal account
Privatmittel [pri'va:tmɪtəl] *n/pl* private means *pl*
Privatrecht [pri'va:trɛçt] *n* private law
Privatversicherung [pri'va:tfɛrzɪçəruŋ] *f* private insurance
Privatwirtschaft [pri'va:tvɪrtʃaft] *f* private industry, private enterprise *(US)*
privatwirtschaftlich [pri'va:tvɪrtʃaftlɪç] *adj* private-enterprise
pro Kopf [pro: kɔpf] per capita
Probe ['pro:bə] *f 1. (Versuch)* experiment, test, trial; *2. (Muster)* sample, specimen, pattern
Probearbeitsverhältnis ['pro:bəarbaɪtsfɛrhɛltnɪs] *n* probationary employment
Probeauftrag ['pro:bəauftra:k] *m* trial order
Probeexemplar ['pro:bəɛksəmpla:r] *n* sample copy
Probefahrt ['pro:bəfa:rt] *f* trial run
Probelieferung ['pro:bəli:fəruŋ] *f* trial shipment
Probepackung ['pro:bəpakuŋ] *f* trial package
probeweise ['pro:bəvaɪzə] *adv* on a trial basis, as a test

Probezeit ['pro:bətsaɪt] *f* probationary period, trial period
Problemanalyse [pro'ble:məanaly:zə] *f* problem analysis
Product-Management ['prɔdakt 'mænɪdʒmənt] *n* product management
Product-Placement ['prɔdakt 'pleɪsmənt] *n* product placement
Produkt [pro'dukt] *n* product
Produkt/Markt-Matrix [pro'dukt'markt'ma:trɪks] *f* product/market matrix
Produktdifferenzierung [pro'duktdɪfərɛntsi:ruŋ] *f* product differentiation
Produktdiversifikation [pro'duktdiverzifikatsjo:n] *f* product diversification
Produkteinführung [pro'duktaɪnfy:ruŋ] *f* launch of a product, product launch
Produktelimination [pro'duktelimina:tsjo:n] *f* product elimination
Produktenbörse [pro'duktənbœrzə] *f* merchantile exchange, produce exchange
Produktenhandel [pro'duktənhandl] *m* produce trade
Produktfamilie [pro'duktfami:ljə] *f* product family
Produktgeschäft [pro'duktgəʃɛft] *n* product business
Produktgestaltung [pro'duktgəʃtaltuŋ] *f* product design
Produkthaftung [pro'dukthaftuŋ] *f* product liability
Produktion [produk'tsjo:n] *f* production, output
Produktionsanlagen [produk'tsjo:nsanla:gən] *f/pl* production plant
Produktionsausfall [produk'tsjo:nsausfal] *m* loss of production
Produktionsfaktoren [produk'tsjo:nsfakto:rən] *m/pl* production factors *pl*
Produktionsgenossenschaft [produk'tsjo:nsgənɔsənʃaft] *f* producers' co-operative
Produktionsgüter [produk'tsjo:nsgy:tər] *n/pl* producer goods *pl*, producers' capital goods *pl*
Produktionskapazität [produk'tsjo:nskapatsite:t] *f* production capacity
Produktionskosten [produk'tsjo:nskɔstən] *pl* production costs *pl*
Produktionsplanung [produk'tsjo:nspla:nuŋ] *f* production planning
Produktionspotenzial [produk'tsjo:nspotɛntsja:l] *n* production potential
Produktionsprogramm [produk'tsjo:nsprogram] *n* production programme

Produktionsschwankung [produk'tsjo:nsʃvaŋkuŋ] f fluctuations in production pl
Produktionstheorie [produk'tsjo:nsteori:] f production theory
Produktionswert [produk'tsjo:nsvɛrt] m production value
produktiv [produk'ti:f] adj productive; adv productively
Produktivität [produktivi'tɛ:t] f productivity, productiveness, productive efficiency
Produktivvermögen [produk'ti:ffɛrmø:gən] n productive wealth
Produktlinie [pro'duktli:njə] f production scheduling
Produktpalette [pro'duktpalɛtə] f range of products
Produktpiraterie [pro'duktpiratəri:] f counterfeiting
Produktplanung [pro'duktpla:nuŋ] f product planning
Produktplatzierung [pro'duktplatsi:ruŋ] f product placement
Produktstandardisierung [pro'duktʃtandardizi:ruŋ] f product standardization
Produzent(in) [produ'tsɛnt(in)] m/f (Hersteller) producer
Produzentenhaftung [produ'tsɛntənhaftuŋ] f product liability
Produzentenrente [produ'tsɛntənrɛntə] f producer's surplus
produzieren [produ'tsi:rən] v produce, manufacture
professionell [profesjo'nɛl] adj professional; adv professionally
profilieren [profi'li:rən] v sich ~ distinguish o.s.
Profit [pro'fi:t] m profit
profitabel [profi'ta:bəl] adj profitable, lucrative
Profit-Center [pro'fi:tsɛntər] n profit centre
profitieren [profi'ti:rən] v profit, benefit, take advantage of
Profitrate [pro'fi:trɑ:tə] f profit rate
Profitstreben [pro'fi:tʃtre:bən] n profit-seeking
Proformarechnung [pro'fɔrmarɛçnuŋ] f pro forma invoice
Prognose [prog'no:zə] f prognosis, prediction, forecast
Programm [pro'gram] n programme, program (US)
Programmfehler [pro'gramfe:lər] m bug
Programmgesellschaft [pro'gramgəzɛlʃaft] f investment program(me)

programmgesteuert [pro'gramgəʃtɔyərt] adj programme-controlled
programmieren [progra'mi:rən] v programme, program (US)
Programmierer(in) [progra'mi:rər(in)] m/f programmer
Programmiersprache [progra'mi:rʃpra:xə] f programming language
Programmierung [progra'mi:ruŋ] f programming
Programmzertifikat [pro'gramtsertifika:t] n certificate of participation (in an investment programme)
Progression [progrɛ'sjo:n] f progression
progressiv [progrɛ'si:f] adj progressive
progressive Abschreibung [progrɛ'si:və 'apʃraibuŋ] f progressive depreciation
Prohibitivpreis [prohibi'ti:fprais] m prohibitive price
Prohibitivzoll [prohibi'ti:ftsɔl] m prohibitive duty
Projekt [pro'jɛkt] n project, plan, scheme
Projektfinanzierung [pro'jɛktfinantsi:ruŋ] f project financing
Projektgesellschaft [pro'jɛktgəzɛlʃaft] f joint-venture company
Projektleiter(in) [pro'jɛktlaitər(in)] m/f project manager
Projektmanagement [pro'jɛktmænidʒmənt] n project management
Projektor [pro'jɛktɔ:r] m projector
Projektorganisation [pro'jɛktɔrganiza:tsjo:n] f project-type organization
Pro-Kopf-Einkommen [pro:'kɔpfainkɔmən] n per capita income
Prokura [pro'ku:ra] f full power of attorney
Prokuraindossament [pro'ku:raindɔsamɛnt] n per procuration endorsement
Prokurist(in) [proku'rist(in)] m/f holder of special statutory, company secretary, authorised representative
Prolongation [prolɔŋga'tsjo:n] f extension, prolongation
Prolongationsgeschäft [prolɔŋga'tsjo:nsgəʃɛft] n prolongation business
Prolongationssatz [prolɔŋga'tsjo:nssats] m renewal rate
Promesse [pro'mɛsə] f promissory note
Promotion [pro'ku'tsjo:n] f (Verkaufsförderung) (sales) promotion
Promptgeschäft ['prɔmptgəʃɛft] n sale for quick delivery
Promptklausel ['prɔmptklauzəl] f prompt clause

Propaganda [propa'ganda] *f* propaganda
proportionale Kosten [propɔrtsjo'naːlə 'kɔstən] *pl* proportional cost
Prospekt [pro'spɛkt] *m* prospectus, brochure, catalogue, catalog *(US)*
Prospekt bei Emissionen [pro'spɛkt baɪ emɪ'sjoːnən] *m* underwriting prospectus
Prospektprüfung [pro'spɛktpryːfʊŋ] *f* audit of prospectus
Prosperität [prɔsperi'tɛːt] *f* prosperity
Protektion [protɛk'tsjoːn] *f* (*Begünstigung*) patronage, protection
Protektionismus [protɛktsjo'nɪsmʊs] *m* protectionism
Protest [pro'tɛst] *m* protest
Protestliste [pro'tɛstlɪstə] *f* list of firms whose bills and notes have been protested
Protestverzicht [pro'tɛstfɛrtsɪçt] *m* waiver of protest
Protestwechsel [pro'tɛstvɛksəl] *m* protested bill
Protokoll [proto'kɔl] *n* record, minutes *pl*
Protokollführer(in) [proto'kɔlfyːrər(ɪn)] *m/f* clerk of the court, secretary
protokollieren [protokɔ'liːrən] *v* 1. record, keep a record of; 2. (*bei einer Sitzung*) take the minutes
Prototyp [proto'tyːp] *m* prototype
Provenienz [prove'njɛnts] *f* provenance, origin
Provinzbank [pro'vɪntsbaŋk] *f* country bank
Provinzbörse [pro'vɪntsbœrzə] *f* regional stock exchange
Provision [provi'zjoːn] *f* commission
Provisionsabrechnung [provi'zjoːnsaprɛçnʊŋ] *f* statement of commission
Provisionsbasis [provi'zjoːnsbaːzɪs] *f* auf ~ on commission
provisionsfrei [provi'zjoːnsfraɪ] *adj* free of commission
provisionsfreies Konto [provi'zjoːnsfraɪəs 'kɔnto] *n* commission-free account
Provisionsgarantie [provi'zjoːnsgaranti:] *f* commission guarantee
provisionspflichtiges Konto [provi'zjoːnspflɪçtɪgəs 'kɔnto] *n* commission-bearing account
Provisionszahlung [provi'zjoːnstsaːlʊŋ] *f* commission payment
Prozent [pro'tsɛnt] *n* per cent, percentage
Prozentkurs [pro'tsɛntkʊrs] *m* percentage quotation

Prozentrechnung [pro'tsɛntrɛçnʊŋ] *f* percentage arithmetic
Prozentsatz [pro'tsɛntsats] *m* percentage
Prozess [pro'tsɛs] *m* 1. (*Entwicklung*) action, proceedings; 2. (*Strafverfahren*) trial, lawsuit
Prozessakte [pro'tsɛsaktə] *f* case file, court record
Prozessbevollmächtigte(r) [pro'tsɛsbəfɔlmɛçtɪçtə(r)] *f/m* counsel, attorney of record
Prozessgegner(in) [pro'tsɛsgeːgnər(ɪn)] *m/f* opposing party
prozessieren [protsɛ'siːrən] *v* go to court, carry on a lawsuit, litigate
Prozesskosten [pro'tsɛskɔstən] *pl* legal costs *pl*, costs of the proceedings *pl*, costs of litigation *pl*
Prozessor [pro'tsɛsor] *m* (*EDV*) processor
Prozessorganisation [pro'tsɛsɔrganizatsjoːn] *f* process organization
Prüfer(in) ['pryːfər(ɪn)] *m/f* inspector; (*Rechnungsprüfer*) auditor
Prüfung ['pryːfʊŋ] *f* inspection, examination
Prüfungsbericht ['pryːfʊŋsbərɪçt] *m* audit report
Prüfungskommission ['pryːfʊŋskɔmɪsjoːn] *f* examining commission
Prüfungspflicht ['pryːfʊŋspflɪçt] *f* statutory audit
Prüfungsverband ['pryːfʊŋsfɛrbant] *m* auditing association
Prüfungsvermerk ['pryːfʊŋsfɛrmɛrk] *m* certificate of audit
Public Management ['pʌblɪk 'mænɪdʒmənt] *n* public management
Public Relations (PR) ['pʌblɪk rɪ'leɪʃənz] *pl* public relations (PR)
Publikationspflicht [publika'tsjoːnspflɪçt] *f* compulsory disclosure
Publikumsaktie ['puːblikʊmsaktsjə] *f* popular share
Publikumsfonds ['puːblikʊmsfɔː] *m* public fund
Publizität [publitsi'tɛːt] *f* publicity
Pull-Strategie ['pʊlʃtrateɡiː] *f* pulling strategy
pünktlich ['pʏŋktlɪç] *adv* punctually, on time
Pünktlichkeit ['pʏŋktlɪçkaɪt] *f* punctuality
Push-Strategie ['pʊʃʃtrateɡiː] *f* pushing strategy

Q/R

Quadratkilometer [kvaˈdraːtkiːloːmeːtər] *m* square kilometre
Quadratmeter [kvaˈdraːtmeːtər] *m* square metre
Quadratmeterpreis [kvaˈdraːtmeːtərprais] *m* price per square metre
Quadratzentimeter [kvaˈdraːttsentimeːtər] *m* square centimetre
Qualifikation [kvalifikaˈtsjoːn] *f* qualification, capacity, ability
qualifiziert [kvalifiˈtsiːrt] *adj* qualified
qualifizierte Gründung [kvalifiˈtsiːrtə ˈgrʏnduŋ] *f* formation involving subscription in kind
qualifizierte Legitimationspapiere [kvalifiˈtsiːrtə legitimaˈtsjoːnspapiːrə] *n/pl* eligible title-evidencing instrument
qualifizierte Mehrheit [kvalifiˈtsiːrtə ˈmeːrhaɪt] *f* qualified majority
qualifizierte Minderheit [kvalifiˈtsiːrtə ˈmɪndərhaɪt] *f* right-conferring minority
Qualität [kvaliˈtɛːt] *f* quality; *erstklassige ~* high quality, top quality
qualitativ [kvalitaˈtiːf] *adj* qualitative
qualitatives Wachstum [kvalitaˈtiːvəs ˈvakstuːm] *n* qualitative growth
Qualitätsabweichung [kvaliˈtɛːtsapvaɪçuŋ] *f* deviation from quality
Qualitätsarbeit [kvaliˈtɛːtsarbaɪt] *f* quality work
Qualitätsbezeichnung [kvaliˈtɛːtsbətsaɪçnuŋ] *f* designation of quality, grade
Qualitätserzeugnis [kvaliˈtɛːtsɛrtsɔyknɪs] *n* quality product, quality article
Qualitätskontrolle [kvaliˈtɛːtskɔntrɔlə] *f* quality control
Qualitätsmanagement [kvaliˈtɛːtsmɛnɛdʒmənt] *n* quality management
Qualitätsmerkmal [kvaliˈtɛːtsmɛrkmaːl] *n* mark of quality, quality characteristic
Qualitätsminderung [kvaliˈtɛːtsmɪndəruŋ] *f* reduction in quality
Qualitätssicherung [kvaliˈtɛːtszɪçəruŋ] *f* quality assurance
Qualitätssteigerung [kvaliˈtɛːtsʃtaɪgəruŋ] *f* improvement in quality
Qualitätsunterschied [kvaliˈtɛːtsʊntərʃiːt] *m* quality difference, difference in quality
Qualitätszirkel [kvaliˈtɛːtstsɪrkl] *m* quality circle

Quantität [kvantiˈtɛːt] *f* quantity, amount
quantitativ [kvantitaˈtiːf] *adj* quantitative
Quantitätsgleichung [kvantiˈtɛːtsglaɪçuŋ] *f* quantity equation
Quantitätsnotierung [kvantiˈtɛːtsnotiːruŋ] *f* quantity notation
Quantitätstheorie [kvantiˈtɛːtsteoriː] *f* quantity theory
Quantum [ˈkvantum] *n* quantum, quantity, ration
Quartal [kvarˈtaːl] *n* quarter
Quartalsbericht [kvarˈtaːlsbərɪçt] *m* quarterly report
Quartalsende [kvarˈtaːlsɛndə] *n* end of the quarter
Quartalsrechnung [kvartaːlsrɛçnuŋ] *f* quarterly invoice
quartalsweise [kvarˈtaːlsvaɪzə] *adj* quarterly; *adv* quarterly
Quasigeld [ˈkvaːzigɛlt] *n* quasi money
Quasimonopol [ˈkvaːzimonopoːl] *n* quasi monopoly
Quasirente [ˈkvaːzirɛntə] *f* quasi rent
Quasipapiere [ˈkvaːzipapiːrə] *n/pl* quasipaper
Quellenabzugsverfahren [ˈkvɛlənaptsuːksfɛrfaːrən] *n* pay as you earn (PAYE)
Quellenprinzip [ˈkvɛlənprɪntsiːp] *n* source principle
Quellensteuer [ˈkvɛlənʃtɔyər] *f* tax collected at the source, withholding tax
Quick Ratio [ˈkvɪk ˈreɪʃɪəʊ] *f (Liquidität ersten Grades)* quick ratio
quitt [kvɪt] *adj* quits *(UK),* square, even
quittieren [kvɪˈtiːrən] *v (bestätigen)* receipt, give a receipt, acknowledge receipt
Quittung [ˈkvɪtuŋ] *f* receipt, voucher
Quittungsblock [ˈkvɪtuŋsblɔk] *m* receipt pad
Quittungseinzugsverfahren [ˈkvɪtuŋsaɪntsuːksfɛrfaːrən] *n* receipt collection procedure
Quorum [ˈkvoːrum] *n* quorum
Quotation [kvotaˈtsjoːn] *f* quotation
Quote [ˈkvoːtə] *f* quota; *(Verhältnisziffer)* rate; *(Anteil)* proportional share
Quotenaktie [ˈkvoːtənaktsjə] *f* share of no par value
Quotenhandel [ˈkvoːtənhandl] *m* quota transactions *pl*

Quotenkartell ['kvoːtənkartɛl] n commodity restriction scheme

Quotensystem ['kvoːtənzysteːm] n quota system

quotieren [kvoˈtiːrən] v (Börse) quote

Quotierung [kvoˈtiːruŋ] f (Börse) quotation

Rabatt [raˈbat] m discount, rebate, allowance

Rabattvereinbarung [raˈbatfɛraɪnbaːruŋ] f rebate agreement

Rack Jobbing ['ræk 'dʒɔbɪŋ] n rack jobbing

Rahmenabkommen ['raːmənapkɔmən] n outline agreement, skeleton agreement

Rahmenbedingungen ['raːmənbədɪŋuŋən] f/pl general conditions pl

Rahmenkredit ['raːmənkrediːt] m credit line, loan facility

Rahmentarif ['raːməntariːf] m collective agreement

Rahmenvereinbarung ['raːmənfɛraɪnbaːruŋ] f blanket agreement

Rahmenvertrag ['raːmənfɛrtraːk] m basic agreement, skeleton agreement, framework contract

Ramschkauf ['ramʃkauf] m rummage sale, jumble sale

Randerscheinung ['rantɛrʃaɪnuŋ] f secondary phenomenon

Random-Walk-Theorie [rændəmˈwɔːk teoriː] f random-walk theory

Randproblem ['rantproblem] n side problem, side issue

Rang [raŋ] m 1. rank; 2. (Qualität) quality, grade, rate

Rangfolge ['raŋfɔlgə] f order of rank

Rangierbahnhof [raŋˈʒiːrbaːnhoːf] m shunting yard (UK), switchyard (US)

rangieren [raŋˈʒiːrən] v 1. (Eisenbahn) shunt, switch (US); 2. (Rang einnehmen) rank; *an erster Stelle ~* rank first, to be in first place

Rangstufe ['raŋʃtuːfə] f 1. (Abfolge) rank; 2. (Wichtigkeit) priority

Ranking ['ræŋkɪŋ] n ranking

rapide [raˈpiːdə] adj rapid

rapider Anstieg [raˈpiːdər 'anʃtiːk] m (Preise, Nachfrage) rapid rise

Rat [raːt] m (Empfehlung) advice

Rat für gegenseitige Wirtschaftshilfe (RGW) [raːt fyːr 'geːgənzaɪtɪgə 'vɪrtʃaftshɪlfə] m Council for Mutual Economic Aid (COMECON)

Rate ['raːtə] f instalment (UK); installment (US)

Ratenanleihen ['raːtənanlaɪən] f instalment loans pl

Ratenkauf ['raːtənkauf] m instalment purchase, hire purchase

Ratenkredit ['raːtənkrediːt] m instalment sales credit

Ratensparvertrag ['raːtənʃpaːrfɛrtraːk] m saving-by-instalments contract

Ratenwechsel ['raːtənvɛksəl] m bill payable in instalments

ratenweise ['raːtənvaɪzə] adj in instalments

Ratenzahlung ['raːtəntsaːluŋ] f payment by instalments, deferred payment

Ratifikationsklausel [ratifikaˈtsjoːnsklauzəl] f ratification clause

Ratifikation [ratifikaˈtsjoːn] f ratification

rationalisieren [ratsjonaliˈziːrən] v rationalize

Rationalisierung [ratsjonaliˈziːruŋ] f rationalisation

Rationalisierungsgewinn [ratsjonaliˈziːruŋsgəvɪn] m rationalization profit

Rationalisierungsinvestition [ratsjonaliˈziːruŋsɪnvɛstɪtsjoːn] f rationalization investment

Rationalisierungsmaßnahme [ratsjonaliˈziːruŋsmaːsnaːmə] f efficiency measure

Rationalität [ratsjonaliˈtɛːt] f efficiency

Rationalkauf [ratsjoˈnaːlkauf] m rational buying

Rationalverhalten [ratsjoˈnaːlfɛrhaltən] n rational behaviour

rationell [ratsjoˈnɛl] adj efficient; (wirtschaftlich) economical

rationieren [ratsjoˈniːrən] v ration

Rationierung [ratsjoˈniːruŋ] f rationing

ratsam [raːtzaːm] adj advisable

Ratschlag ['raːtʃlaːk] m piece of advice, advice

Raubbau ['raupbau] m ruinous exploitation

Raubkopie ['raupkopiː] f pirate copy

Raumbedarf ['raumbədarf] m required space

räumen ['rɔymən] v (Lagerbestände) clear, sell, sell off

Raummangel ['raummaŋəl] m lack of room, restricted space

Raummaße ['raummaːsə] n/pl cubic measures pl

Räumung ['rɔymuŋ] f clearance

Räumungsklage ['rɔymuŋsklaːgə] f action for eviction

Räumungsverkauf ['rɔymuŋsfɛrkauf] *m* clearance sale, closing-down sale, liquidation sale

Rausschmiss ['rausʃmɪs] *m (fam: Entlassung)* ouster

Reaktor [re'aktɔr] *m* reactor

real [re'al] *adj* real, in real terms, in terms of real value

Realeinkommen [re'a:laɪŋkɔmən] *n* real income

Realignment [ri:ə'laɪnmənt] *n* realignment of parities

Realinvestition [re'a:lɪnvɛstitsjoːn] *f* real investment

Realisation [realiza'tsjoːn] *f* realization

realisierbar [reali'ziːrbaːr] *adj* practicable, feasible, achievable

Realisierbarkeit [reali'ziːrbaːrkaɪt] *f* feasibility, viability

realisieren [reali'ziːrən] *v* realize, convert into money; *(Pläne)* carry out

Realisierung [reali'ziːruŋ] *f* 1. realization, liquidation, conversion into money; 2. carrying out, implementation

realistisch [rea'lɪstɪʃ] *adj* realistic; *adv* realistically

Realkapital [re'a:lkapitaːl] *n* 1. *(Volkswirtschaft)* real capital; 2. *(Betriebswirtschaft)* tangible fixed assets *pl*

Realkauf [re'a:lkauf] *m* cash sale

Realkredit [re'a:lkrediːt] *m* credit on real estate

Realkreditinstitut [re'a:lkrediːtɪnstituːt] *n* real-estate credit institution

Reallohn [re'a:lloːn] *m* real wages *pl*

Realsteuern [re'a:lʃtɔyərn] *f/pl* tax on real estate

Realvermögen [re'a:lfɛrmøːgən] *n* real wealth

Realzins [re'a:ltsɪns] *m* real rate of interest, interest rate in real terms

Recheneinheit ['rɛçənaɪnhaɪt] *f* calculation unit

Rechenkapazität ['rɛçənkapatsitɛːt] *f* computing capacity

Rechenprüfung ['rɛçənpryːfuŋ] *f* arithmetic check

Rechenschaft ['rɛçənʃaft] *f* account; *jdn zur ~ ziehen* hold s.o. responsible; *über etw ~ ablegen* account for sth

Rechenschaftsbericht ['rɛçənʃaftsbərɪçt] *m* report, status report, accounting

Rechenschaftslegung ['rɛçənʃaftsleːguŋ] *f* rendering of account

Rechenzentrum ['rɛçəntsɛntrʊm] *n* computer centre

Recherche [re'ʃɛrʃə] *f* investigation, enquiry

recherchieren [reʃɛr'ʃiːrən] *v* investigate

rechnen ['rɛçnən] *v* calculate, compute; *auf etw ~* count on sth; *mit etw ~* expect sth; *(zählen)* count

Rechner ['rɛçnər] *m (Elektronenrechner)* computer; *(Taschenrechner)* calculator

rechnergesteuert ['rɛçnərgəʃtɔyərt] *adj* computer controlled

Rechnung ['rɛçnuŋ] *f* 1. invoice, bill; *auf eigene ~* on one's own account; *jdm etw instellen* bill s.o. for sth; 2. calculation, arithmetic

Rechnungsabgrenzung ['rɛçnuŋsapgrɛntsuŋ] *f* apportionment between accounting periods

Rechnungsabgrenzungsposten ['rɛçnuŋsapgrɛntsuŋspɔstən] *m/pl* accruals and deferrals *pl*

Rechnungsbetrag ['rɛçnuŋsbətraːk] *m* invoice total

Rechnungsbuch ['rɛçnuŋsbuːx] *n* accounts book

Rechnungseinheit ['rɛçnuŋsaɪnhaɪt] *f* unit of account

Rechnungseinzugsverfahren ['rɛçnuŋsaɪntsuːksfɛrfaːrən] *n* accounts collection method, direct debit

Rechnungshof ['rɛçnuŋshoːf] *m* Court of Auditors

Rechnungsjahr ['rɛçnuŋsjaːr] *n* financial year, fiscal year

Rechnungslegung ['rɛçnuŋsleːguŋ] *f* accounting

Rechnungsnummer ['rɛçnuŋsnʊmər] *f* invoice number

Rechnungsposten ['rɛçnuŋspɔstən] *m* entry, audit

Rechnungsprüfer(in) ['rɛçnuŋspryːfər(ɪn)] *m/f* auditor

Rechnungsprüfung ['rɛçnuŋspryːfuŋ] *f* audit

Rechnungsstellung ['rɛçnuŋsʃtɛluŋ] *f* invoicing, rendering in account

Rechnungssumme ['rɛçnuŋszʊmə] *f* invoice amount

Rechnungswesen ['rɛçnuŋsveːzən] *n* accountancy, accounting, bookkeeping

Rechnungszins ['rɛçnuŋstsɪns] *m* interest rate for accounting purposes

Recht [rɛçt] *n* 1. law; *~ sprechen* administer justice; 2. *(Anspruch)* right; *sein ~ fordern* demand sth as a right; *zu ~* rightly; *~ haben* be right; *~ bekommen* have been right; *~ behalten* turn out to be right
rechtlich ['rɛçtlɪç] *adj* legal, lawful; *adv* legally, lawfully
rechtmäßig ['rɛçtmɛːsɪç] *adj* lawful; *adv* in a lawful manner
rechts [rɛçts] *adv* on the right
Rechtsabteilung ['rɛçtsaptaɪluŋ] *f* legal department
Rechtsanspruch ['rɛçtsanʃprʊx] *m* legal claim
Rechtsanwalt ['rɛçtsanvalt] *m* lawyer, solicitor *(UK)*, attorney *(US)*
Rechtsanwältin ['rɛçtsanvɛltɪn] *f (female)* lawyer, solicitor *(UK)*, attorney *(US)*
Rechtsanwaltsbüro ['rɛçtsanvaltsbyroː] *n* law office
Rechtsaufsicht ['rɛçtsaʊfzɪçt] *f* legal supervision
Rechtsausschuss ['rɛçtsaʊsʃʊs] *m* committee on legal affairs
Rechtsbeihelf ['rɛçtsbəhɛlf] *m* legal remedy
Rechtsbeistand ['rɛçtsbaɪʃtant] *m* legal aid
Rechtsberater(in) ['rɛçtsbəraːtər(ɪn)] *m/f* legal counsel
Rechtsberatungsstelle ['rɛçtsbəraːtʊŋsʃtɛlə] *f* legal aid office
Rechtsbeschwerde ['rɛçtsbəʃveːrdə] *f* legal appeal, appeal
rechtsfähig ['rɛçtsfɛːɪç] *adj* having legal capacity
Rechtsfähigkeit ['rɛçtsfɛːɪçkaɪt] *f* legal capacity
Rechtsfall ['rɛçtsfal] *m* case
Rechtsform ['rɛçtsfɔrm] *f* legal structure
Rechtsfrage ['rɛçtsfraːgə] *f* point of law, legal matter
Rechtsgeschäft ['rɛçtsgəʃɛft] *n* legal transaction
Rechtsgrundlage ['rɛçtsgrʊntlaːgə] *f* legal grounds *pl*
rechtsgültig ['rɛçtsgʏltɪç] *adj* legally valid, legal
Rechtshaftung ['rɛçtshaftʊŋ] *f* legal responsibility
Rechtshilfe ['rɛçtshɪlfə] *f* legal aid
rechtskräftig ['rɛçtskrɛftɪç] *adj* legally binding; *(Urteil)* final
Rechtslage ['rɛçtslaːgə] *f* legal situation, legal position

Rechtsmittel ['rɛçtsmɪtəl] *n* legal remedy, appeal
Rechtsnachfolge ['rɛçtsnaːxfɔlgə] *f* legal succession
Rechtsnachfolger(in) ['rɛçtsnaːxfɔlgər(ɪn)] *m/f* legal successor
Rechtsnorm ['rɛçtsnɔrm] *f* legal norm
Rechtsordnung ['rɛçtsɔrdnʊŋ] *f* legal system
Rechtsprechung ['rɛçtʃprɛçʊŋ] *f* administration of justice, judicial decision, court rulings *pl*
Rechtsschutz ['rɛçtsʃʊts] *m* legal protection
Rechtsstaat ['rɛçtsʃtaːt] *m* state bound by the rule of law
Rechtsstaatlichkeit ['rɛçtsʃtaːtlɪçkaɪt] *f* rule of law
Rechtsstellung ['rɛçtsʃtɛlʊŋ] *f* legal status
Rechtsstreit ['rɛçtsʃtraɪt] *m* legal action, lawsuit, litigation
rechtsverbindlich ['rɛçtsfɛrbɪntlɪç] *adj* legally binding
Rechtsverhältnis ['rɛçtsfɛrhɛltnɪs] *n* legal relationship
Rechtsweg ['rɛçtsveːk] *m* legal recourse; *der ~ ist ausgeschlossen* the judges' decision is final
Rechtswesen ['rɛçtsveːzən] *n* legal system
rechtswidrig ['rɛçtsviːdrɪç] *adj* unlawful, illegal; *adv* unlawfully, illegally
recycelbar [riˈsaɪkəlbaːr] *adj* recyclable
recyceln [riˈsaɪkəln] *v* recycle
Recycling [riˈsaɪklɪŋ] *n* recycling
Recyclingpapier [riˈsaɪklɪŋpapiːr] *n* recycled paper
Recyclingverfahren [riˈzaɪklɪŋfɛrfaːrən] *n* recycling process
redegewandt ['reːdəgəvant] *adj* articulate, eloquent
Redegewandtheit ['reːdəgəvanthaɪt] *f* eloquence
Redezeit ['reːdetsaɪt] *f* time allowed, speaking time
Rediskont [redɪsˈkɔnt] *m* rediscount
rediskontieren [redɪskɔnˈtiːrən] *v* rediscount
Rediskontierung [redɪskɔnˈtiːrʊŋ] *f* rediscount
Rediskontkontingent [redɪsˈkɔntkɔntɪŋˌgɛnt] *n* rediscount quota
Redner(in) ['reːdnər(ɪn)] *m/f* speaker

Reduktion [reduk'tsjo:n] f reduction
Redundanz [redun'dants] f redundancy
reduzieren [redu'tsi:rən] v reduce, cut
Reeder(in) ['re:dər(ın)] m/f shipowner
Reederei [re:də'raı] f shipping company, shipping line
Referent(in) [refe'rɛnt(ın)] m/f 1. (Redner) speaker, orator, reader of a paper; 2. (Sachbearbeiter) consultant, expert
Referenz [refe'rɛnts] f reference
Referenzkurs [refe'rɛntskurs] m reference rate
referieren [refe'ri:rən] v report
Refinanzierung [refinan'tsi:ruŋ] f refinancing, refunding
Refinanzierungspolitik [refinan'tsi:ruŋspoliti:k] f refinancing policy
Reform [re'fɔrm] f reform
reformbedürftig [re'fɔrmbədyrftıç] adj in need of reform
Reformbestrebung [re'fɔrmbəʃtre:buŋ] f reformatory effort
reformieren [refɔr'mi:rən] v reform
Reformkurs [re'fɔrmkurs] m reform policy
Regel ['re:gəl] f rule
Regelbindung ['re:gəlbınduŋ] f rule-bound policy
Regelmäßigkeit ['re:gəlmɛ:sıçkaıt] f regularity
Regelung ['re:gəluŋ] f regulation, settlement
Regelwidrigkeit ['re:gəlvi:drıçkaıt] f irregularity
Regiebetrieb [re'ʒi:bətri:p] m publicly owned enterprise, municipal enterprise operated by an administrative agency
regieren [re'gi:rən] v govern, rule
Regierung [re'gi:ruŋ] f government
Regionalbank [regjo'na:lbaŋk] f regional bank
regionale wirtschaftliche Integration [regjo'na:lə 'vırtʃaftlıçə ıntegra'tsjo:n] f regional economic integration
Regionalförderung [regjo'na:lfœrdəruŋ] f regional promotion
Register [re'gıstər] n register, index
Registratur [regıstra'tu:r] f (Abteilung) records office; (Aktenschrank) filing cabinet
registrieren [regıs'tri:rən] v register, record
Registrierung [regıs'tri:ruŋ] f registration, entry
reglementieren [reglemɛn'ti:rən] v regulate

Reglementierung [reglemɛn'ti:ruŋ] f regimentation
Regress [re'grɛs] m recourse
Regressanspruch [re'grɛsanʃprux] m recourse claim, claim of recourse
Regression [regrɛ'sjo:n] f regression
regresspflichtig [re'grɛspflıçtıç] adj liable to recourse
Regulierung [regu'li:ruŋ] f regulation
Rehabilitation [rehabilita'tsjo:n] f rehabilitation
reich [raıç] adj rich
Reifezeugnis ['raıfətsɔyknıs] n (Abitur) school-leaving certificate, certificate of maturity
Reihenfertigung ['raıənfertıguŋ] f flow shop production
Reihenuntersuchung ['raıənuntərzu:xuŋ] f mass screening
Reimport ['reımpɔrt] m reimportation
Reinerlös ['raınɛrlø:s] m net proceeds pl
Reinertrag ['raınɛrtra:k] m net proceeds pl, net profit
reines Konossement ['raınəs kɔnɔsə'mɛnt] n clean bill of lading
Reingewicht ['raıngəvıçt] n net weight
Reingewinn ['raıngəvın] m net profit, net earnings pl
Reinvermögen ['raınfɛrmø:gən] n net assets pl
Reinvestition ['reınvestitsjo:n] f reinvestment
Reisekosten ['raızəkɔstən] pl travel expenses pl
Reisekostenabrechnung ['raızəkɔstənapreçnuŋ] f deduction of travelling expenses
Reisekostenbuch ['raızəkɔstənbu:x] n travelling expenses book
Reisekreditbrief ['raızəkredi:tbri:f] m traveller's letter of credit
Reisescheck ['raızəʃɛk] m traveller's cheque
Reisespesen ['raızəʃpe:zən] pl travelling expenses pl
Reiseversicherung ['raızəfɛrzıçəruŋ] f travel insurance, tourist policy
Reitwechsel ['raıtvɛksl] m windmill, kite
Reklamation [reklama'tsjo:n] f complaint
Reklame [re'kla:mə] f advertising, publicity; (Einzelwerbung) advertisement
reklamieren [rekla'mi:rən] v (beanstanden) complain about, object to
Rektaindossament ['rɛktaındɔsamɛnt] n restrictive endorsement

Rektapapiere ['rɛktapapiːrə] *n/pl* non-negotiable instruments *pl*
Rektawechsel ['rɛktavɛksl] *m* non-negotiable bill of exchange
Relaunch ['rɪlɔːntʃ] *m* relaunch
Rembourskredit ['rũbuːrskrediːt] *m* documentary acceptance credit
Remittent [rɛmɪ'tɛnt] *m* payee
Rendite [rɛn'diːtə] *f* yield, return
Renommee [rɛnɔ'meː] *n* reputation
renommiert [rɛnɔ'miːrt] *adj* renowned, famous
rentabel [rɛn'taːbəl] *adj* profitable, lucrative, profit-earning
Rentabilität [rɛntabili'tɛːt] *f* profitability, earning power
Rentabilitätsschwelle [rɛntabili'tɛːtsʃvɛlə] *f* break-even point
Rente ['rɛntə] *f 1. (Altersrente)* pension; *2. (aus einer Versicherung) n* annuity
Rentenabteilung ['rɛntənaptaɪluŋ] *f* annuity department
Rentenalter ['rɛntənaltər] *n* retirement age
Rentenanleihe ['rɛntənanlaɪə] *f* perpetual bonds *pl*, annuity bond
Rentenberater(in) ['rɛntənbəraːtər(ɪn)] *m/f* consultant on pensions, pension consultant
Rentenbrief ['rɛntənbriːf] *m* annuity certificate
Rentenfonds ['rɛntənfɔ̃ː] *m* pension fund, fixed interest securities fund
Rentenhandel ['rɛntənhandəl] *m* bond trading
Rentenmarkt ['rɛntənmarkt] *m* bond market, fixed interest market
Rentenpapiere ['rɛntənpapiːrə] *n/pl* bonds *pl*
Rentenreform ['rɛntənrefɔrm] *f* reform of the national pension system, social security reform *(US)*
Rentenversicherung ['rɛntənfɛrzɪçəruŋ] *f* annuity insurance, social security pension insurance
Rentenwert ['rɛntənveːrt] *m* fixed-interest security
rentieren [rɛn'tiːrən] *v sich ~* to be worthwhile, to be profitable, yield a profit
Rentner(in) ['rɛntnər(ɪn)] *m/f* pensioner, recipient of a pension
Reorganisation ['reɔrganizatsjoːn] *f* reorganization
reorganisieren ['reɔrganiziːrən] *v* reorganize, reconstruct, regroup, revamp

Reparatur [repara'tuːr] *f* repair
reparaturanfällig [repara'tuːranfɛlɪç] *adj* breakdown-prone
reparieren [repa'riːrən] *v* repair, mend, fix
Repartierung [repar'tiːruŋ] *f* apportionment
Report [re'pɔrt] *m (Kursaufschlag)* contango
Reporteffekten [re'pɔrtefɛktə] *pl* contango securities *pl*
Reportgeschäft [re'pɔrtgəʃɛft] *n* contango transaction
Repräsentant(in) [reprɛzɛn'tant(ɪn)] *m/f* representative
repräsentieren [reprɛzɛn'tiːrən] *v* represent, act as representative for
Repressalie [reprɛ'saːljə] *f* reprisals *pl*
Reprise [re'priːzə] *f* reprise
Reprivatisierung [reprivati'siːruŋ] *f* reprivatisation, reversion to private ownership
Reproduktion [reproduk'tsjoːn] *f* reproduction, copy
Reproduktionskosten [reproduk'tsjoːnskɔstən] *pl* reproduction cost
Reproduktionswert [reproduk'tsjoːnsveːrt] *m* reproduction value
Reserve [re'zɛrvə] *f* reserve; *stille ~n* secret reserves
Reservebank [re'zɛrvəbaŋk] *f* reserve bank
Reservefonds [re'zɛrvəfɔ̃ː] *m* reserve fund
Reservehaltung [re'zɛrvəhaltuŋ] *f* reserve management
Reserven [re'zɛrvən] *f/pl* reserves *pl*
Reservewährung [re'zɛrvəvɛːruŋ] *f* reserve currency
reservieren [rezɛr'viːrən] *v* reserve
Reservierung [rezɛr'viːruŋ] *f* reservation
Ressort [re'sɔːr] *n* department; decision unit, organizational unit
Ressource [re'sʊrsə] *f* resources *pl*
Ressourcenknappheit [re'sʊrsənknaphaɪt] *f* scarcity of resources
Ressourcennutzung [re'sʊrsənnutsuŋ] *f* use of resources
Ressourcentransfer [re'sʊrsəntransfeːr] *m* transfer of resources
Restbestand ['rɛstbəʃtant] *m* remaining stock
Restbetrag ['rɛstbətraːk] *m* remainder, balance, residual amount
Restdarlehen ['rɛstdaːrleːən] *n* purchase-money loan

Restlaufzeit ['rɛstlauftsait] f remaining time to maturity
Restnutzungsdauer ['rɛstnutsuŋsdauər] f remaining life expectancy
Restposten ['rɛstpɔstən] m remaining stock, remnant
Restquote ['rɛstkvo:tə] f residual quota
Restriktion [rɛstrɪk'tsjo:n] f restriction
restriktiv [rɛstrɪk'ti:f] adj restrictive
Restrisiko [rɛstri:ziko] n remaining risk, acceptable risk
Restschuld ['rɛstʃult] f residual debt, unpaid balance in account, remaining debt
Restschuldversicherung ['rɛstʃultfɛrzɪçəruŋ] f residual debt insurance
Resturlaub ['rɛstu:rlaup] m paid holidays not yet taken (UK), paid vacation days not yet taken (US)
Restwert ['rɛstve:rt] m net book value
Retention Marketing [rɪ'tɛnʃən 'marketɪŋ] n retention marketing
Retouren [re'tu:rən] pl goods returned pl; (Finanzwesen) bills and checks returned unpaid pl
retrograde Erfolgsrechnung [retro'gra:də ɛr'fɔlgsrɛçnuŋ] f inverse method of determining income
retrograde Kalkulation [retro'gra:də kalkula'tsjo:n] f inverse method of cost estimating
Return on Investment (ROI) [rɪ'tɛːn ɔn ɪn'vɛstmənt] m return on investment (ROI)
revidieren [revi'di:rən] v (prüfen) examine, check; (ändern) revise
Revision [revi'zjo:n] f audit
Revisionsabteilung [revi'zjo:nsaptailuŋ] f audit department
Revisionspflicht [revi'zjo:nspflɪçt] f auditing requirements pl
revolvierendes Akkreditiv [revɔl'vi:rəndəs akredi'ti:f] n revolving letter of credit
Revolving-Kredit [rɪ'vɔlvɪŋkre'di:t] m revolving credit
Rezession [retsɛ'sjo:n] f recession
Reziprozität [retsiprɔtsi'tɛ:t] f reciprocity
R-Gespräch ['ɛrgəʃprɛ:ç] n reversed-charge call, collect call (US)
Rhetorik [re'to:rɪk] f rhetoric
Richter(in) ['rɪçtər(ɪn)] m/f judge
Richtlinie ['rɪçtli:njə] f guideline, standard directive
Richtpreis ['rɪçtprais] m standard price, suggested price, recommended (retail) price
Richtwert ['rɪçtve:rt] m approximate value
Rimesse [ri'mɛsə] f remittance

Risiko ['ri:ziko] n risk; *Risiken abwägen* weigh the risks
Risikobereitschaft ['ri:zikobəraitʃaft] f willingness to take risks
Risikodeckung ['ri:zikodɛkuŋ] f risk cover
Risikokosten ['ri:zikokɔstən] pl risk-induced costs pl
Risikolebensversicherung ['ri:zikolebənsfɛrzɪçəruŋ] f term life insurance
Risikoprämie ['ri:zikoprɛ:mjə] f risk premium
Risikozuschlag ['ri:zikotsu:ʃla:k] m additional risk premium
Risk Management ['rɪsk mænɪdʒmənt] n risk management
riskant [rɪs'kant] adj risky
riskieren [rɪs'ki:rən] v risk
Roboter ['rɔbɔtər] m robot
Rohbilanz ['ro:bilants] f rough balance
Rohgewinn ['ro:gəvɪn] m gross profit on sales
Rohmaterial ['ro:materja:l] n raw material
Rohöl ['ro:ø:l] n crude oil
Rohstoff ['ro:ʃtɔf] m raw material
Rohstofffonds ['ro:ʃtɔffɔ̃:] m raw material funds pl
Rohstoffkartell ['ro:ʃtɔfkartɛl] n commodities cartel
Rohstoffknappheit f raw material shortage
Rohstoffmangel ['ro:ʃtɔfmaŋəl] m shortage of raw materials
Rohstoffmarkt ['ro:ʃtɔfmarkt] m commodity forward transaction
Rohstoffvermarktung ['ro:ʃtɔffɛrmarktuŋ] f marketing of raw materials
Rohzustand ['ro:tsu:ʃtant] m natural condition, unprocessed condition, unfinished condition
Roll-on-/Roll-off-Verkehr (RoRo) [rəul'ɔn rəul'ɔffɛr'ke:r] m roll on/roll off transportation (roro)
Rollgeld ['rɔlgɛlt] n haulage
Roll-over-Kredit [rəul'əuvərkre'di:t] m roll-over credit
rote Zahlen ['ro:tə 'tsa:lən] f/pl (fig) red figures pl, the red (fig)
Route ['ru:tə] f route
Routine [ru'ti:nə] f routine, experience, daily practice
Rubel ['ru:bəl] m rouble, rubel (US)
Rückantwort ['rykantvɔrt] f reply; (frankierte Postkarte) postage-paid reply card
Rückantwort bezahlt (RP) ['rykantvɔrt bə'tsa:lt] reply-paid (RP)

rückdatieren ['rykdati:rən] v backdate, antedate
Rückdelegation ['rykdelegatsjo:n] f back delegation
rückerstatten ['rykɛrʃtatən] v refund, reimburse
Rückerstattung ['rykɛrʃtatuŋ] f reimbursement, repayment
Rückfahrkarte ['rykfa:rkartə] f return ticket
Rückfahrt ['rykfa:rt] f return journey
Rückfluss ['rykflus] m reflux
Rückflussstücke ['rykflusʃtykə] n/pl securities repurchased pl
Rückfrage ['rykfra:gə] f question, further inquiry
Rückgabe ['rykga:bə] f return, restitution, restoration
Rückgaberecht ['rykgabəreçt] n right of redemption, return privilege
Rückgang ['rykgaŋ] m decline, drop, decrease
rückgängig ['rykgɛŋɪç] adj ~ machen cancel, undo
Rückgarantie ['rykgaranti:] f counter guarantee
Rückgriff ['rykgrɪf] m recourse
Rückkauf ['rykkauf] m repurchase, buying back
Rückkaufdisagio ['rykkaufdɪza:dʒo] n discount on repurchase
Rückkaufgeschäfte ['rykkaufgəʃɛftə] n/pl buy-back arrangements pl
Rückkaufswert ['rykkaufsve:rt] m redemption value
Rückkoppelung ['rykkɔpəluŋ] f feedback
Rücklage ['rykla:gə] f 1. reserve; 2. (Ersparnisse) savings pl
rückläufig ['ryklɔyfɪç] adj declining
Rücknahme ['rykna:mə] f taking back
Rückporto ['rykpɔrto] n return postage
Rückruf ['rykru:f] m call back
Rückscheck ['rykʃɛk] m returned cheque
Rückscheckprovision ['rykʃɛkprovizjo:n] f commission on returned cheque
Rückschein ['rykʃaɪn] m advice of delivery
Rückschlag ['rykʃla:k] m (fig) setback
Rückseite ['rykzaɪtə] f reverse, back
Rücksendung ['rykzɛnduŋ] f return
Rücksprache ['rykʃpra:xə] f consultation; mit jdm ~ halten consult with s.o.
Rückstand ['rykʃtant] m 1. (Außenstände) arrears pl; 2. (Lieferrückstand, Arbeitsrückstand) backlog; 3. (Abfallprodukt) residue; 4. (Rest) remains pl

rückständig ['rykʃtɛndɪç] adj 1. (Zahlung) overdue, outstanding; 2. (fig: überholt) outdated
Rückstellung ['rykʃtɛluŋ] f reserves pl
Rücktransport ['ryktranspɔrt] m return transport
Rücktritt ['ryktrɪt] m (Amtsniederlegung) resignation, retirement; (von einem Vertrag) rescission
Rücktrittsklausel ['ryktrɪtsklauzl] f escape clause
Rücktrittsrecht ['ryktrɪtsreçt] n right to rescind a contract
Rückvergütung ['rykfɛrgytuŋ] f refund
Rückversicherung ['rykfɛrzɪçəruŋ] f reinsurance
Rückwaren ['rykva:rən] pl goods returned pl
Rückwechsel ['rykvɛksəl] m unpaid bill of exchange
rückwirkend ['rykvɪrkənt] adj retroactive, retrospective
rückzahlbar ['ryktsa:lba:r] adj repayable
Rückzahlung ['ryktsa:luŋ] f repayment, refund, reimbursement
Rückzahlungsagio ['ryltsa:luŋsa:dʒo] n premium payable on redemption
Rückzoll ['ryktsɔl] m customs drawback
Rufnummer ['ru:fnumər] f telephone number, dial sequence
rufschädigend ['ru:fʃɛ:dɪgənt] adj defamatory
Rüge ['ry:gə] f reprimand, reproof, rebuke
Rügepflicht ['ry:gəpflɪçt] f obligation to lodge a complaint
Ruhestand ['ru:əʃtant] m retirement
Ruhestörung ['ru:əʃtø:ruŋ] f disturbance of the peace
Ruhetag ['ru:əta:k] m day of rest; „Montags ~" closed Mondays
Rumpfwirtschaftsjahr ['rumpfvɪrtʃaftsja:r] n short fiscal year
Run [ran] m run
runder Tisch ['rundər tɪʃ] m (fig) round table
Rundfunkwerbung ['rundfunkvɛrbuŋ] f radio advertising
Rundschreiben ['runtʃraɪbən] n circular
Rüstkosten ['rystkɔstən] pl preproduction cost
Rüstungsauftrag ['rystuŋsauftra:k] m defence contract, arms contract
Rüstungsunternehmen ['rystuŋsuntərne:mən] n armaments manufacturer

S

Sabbatical [sə'bætɪkəl] *n* Sabbatical
Sabotage [zabo'ta:ʒə] *f* sabotage
sabotieren [zabo'ti:rən] *v* sabotage
Sachanlagen ['zaxanla:gən] *f/pl* fixed assets *pl*, tangible assets *pl*, physical assets *pl*
Sachanlagevermögen ['zaxanla:gəfermø:gən] *n* tangible fixed assets *pl*
Sachbearbeiter(in) ['zaxbəarbaɪtər(ɪn)] *m/f* official in charge, clerk in charge
Sachbeschädigung ['zaxbəʃe:dɪguŋ] *f* damage to property
Sachbezüge ['zaxbətsy:gə] *f/pl* remuneration in kind
Sachdepot ['zaxdepo:] *n* impersonal security deposit
Sachdiskussion ['zaxdɪskusjo:n] *f* factual discussion
Sache ['zaxə] *f* case, lawsuit, action
Sacheinlage ['zaxaɪnla:gə] *f* investment in kind, contribution in kind
Sachenrecht ['zaxənreçt] *n* law of real and personal property
sachenrechtliche Wertpapiere ['zaxənreçtlɪçə 've:rtpapi:rə] *n/pl* property law securities *pl*
Sachfehler ['zaxfe:lər] *m* factual error
Sachfirma ['zaxfɪrma] *f* firm name derived from the object of the enterprise
Sachgebiet ['zaxgəbi:t] *n* field
Sachkapital ['zaxkapita:l] *n* real capital
Sachkapitalerhöhung ['zaxkapita:lerhø:uŋ] *f* capital increase through contribution in kind, increase in noncash capital
Sachkenntnis ['zaxkɛntnɪs] *f* expertise
Sachkredit ['zaxkredi:t] *m* credit based on collateral security
sachkundig ['zaxkundɪç] *adj* expert, competent
Sachleistung ['zaxlaɪstuŋ] *f* payment in kind, allowance
sachlich ['zaxlɪç] *adj* objective
Sachlichkeit ['zaxlɪçkaɪt] *f* objectivity
Sachmangel ['zaxmaŋəl] *m* material defect, material fault
Sachschaden ['zaxʃa:dən] *m* damage to property, physical damage
Sachverhalt ['zaxferhalt] *m* facts *pl*, circumstances *pl*
Sachvermögen ['zaxfermø:gən] *n* material assets *pl*, fixed capital

Sachverstand ['zaxferʃtant] *m* expertise, knowledge
Sachverständige(r) ['zaxferʃtendɪgə(r)] *f/m* expert (witness), authority, specialist
Sachverständigenrat ['zaxferʃtendɪgənra:t] *m* panel of experts; German Council of Economic Experts
Sachwert ['zaxve:rt] *m* real value
Sachwertanleihen ['zaxve:rtanlaɪən] *f/pl* material value loans *pl*
Sachwert-Investmentfonds ['zaxve:rtɪnvestmentfɔ̃] *m* material asset investment funds *pl*
Safe [seɪf] *m* safe
Saison [zɛ'zɔ̃] *f* season
saisonabhängig [zɛ'zɔ̃aphɛŋɪç] *adj* seasonal
Saisonarbeit [zɛ'zɔ̃arbaɪt] *f* seasonal work
Saisonarbeiter(in) [zɛ'zɔ̃arbaɪtər(ɪn)] *m/f* seasonal worker
Saisonartikel [zɛ'zɔ̃:artɪkəl] *m* seasonal article
Saisonausverkauf [zɛ'zɔ̃:ausferkauf] *m* end-of-season sale
Saisonbedarf [zɛ'zɔ̃:bədarf] *m* seasonal consumption, seasonal demand
saisonbedingt [zɛ'zɔ̃bədɪŋt] *adj* seasonal
saisonbereinigt [zɛ'zɔ̃bəraɪnɪçt] *adj* seasonally adjusted
Saisonbereinigung [zɛ'zɔ̃bəraɪnɪguŋ] *f* seasonal adjustment
Saisonbeschäftigung [zɛ'zɔ̃:bəʃɛftɪguŋ] *f* seasonal employment
Saisongeschäft [zɛ'zɔ̃gəʃɛft] *n* seasonal business
Saisonkredit [zɛ'zɔ̃kredi:t] *m* seasonal loan
Saisonreserven [zɛ'zɔ̃rezervən] *f/pl* seasonal reserves *pl*
Saisonschwankungen [zɛ'zɔ̃ʃvaŋkuŋən] *f/pl* seasonal fluctuations *pl*
säkulare Inflation [zɛku'la:rə ɪnfla'tsjo:n] *f* secular inflation
Saldenbilanz ['zaldənbilants] *f* list of balances
saldieren [zal'di:rən] *v* balance
Saldo ['zaldo] *m* balance
Saldoübertrag ['zaldoy:bərtra:k] *m* balance carried forward
Sales Promotion ['seɪlz prɔ'moːʃən] *f (Verkaufsförderung)* sales promotion

Sammelaktie ['zaməlaktsjə] f multiple share certificate, global share
Sammelanleihe ['zaməlanlaıə] f joint loan issue
Sammelauftrag ['zaməlauftra:k] m collective (giro) order
Sammelbestellung ['zaməlbəʃtɛluŋ] f consolidated order, joint order
Sammeldepot ['zaməldepo:] n collective deposit
Sammelinkassoversicherung ['zaməlınkasoferzıçəruŋ] f group collection security
Sammelkonto ['zaməlkɔnto] n collective account
Sammelmappe ['zaməlmapə] f collecting folder
Sammel-Schuldbuchforderung ['zaməlʃultbuxfɔrdəruŋ] f collective debt register claim
Sammeltransport ['zaməltransport] m collective transport
Sammeltratte ['zaməltratə] f collective bill
Sammelüberweisung ['zaməly:bərvaızuŋ] f combined bank transfer
Sammelwertberichtigung ['zaməlve:rtbərıçtıgun] f global value adjustment
sanieren [za'ni:rən] v sanify, recapitalize
Sanierung [za'ni:ruŋ] f reconstruction, urban renewal
Sanierungsprogramm [za'ni:ruŋsprogram] n rescue package, rescue scheme
Sanktion [zaŋk'tsjo:n] f sanction, penalty
sanktionieren [zaŋktsjo'ni:rən] v sanction, put sanctions on
Sanktionsmaßnahme [zaŋkt'tsjo:nsma:sna:mə] f sanction
sättigen ['zɛtıgən] v (Markt) saturate
Sättigung ['zɛtıguŋ] f saturation
Sättigungspunkt ['zɛtıguŋspuŋkt] m (Markt) point of saturation
Satz [zats] m 1. (Menge) set, batch; 2. (fester Betrag) rate
Satzung ['zatsuŋ] f statutes pl
satzungsgemäß ['zatsuŋsgəmɛ:s] adv according to the rules/statutes/bylaws
säumig ['zɔymıç] adj (Schuldner) defaulting, dilatory
Säumnis ['zɔymnıs] n 1. (Verzug) delay; 2. (Nichteinhaltung) delay
Säumniszuschlag ['zɔymnıstsu:ʃla:k] m delay penalty
Scanner ['skænər] m scanner
Scannerkasse ['skænərkasə] f checkout scanner

Schaden ['ʃa:dən] m 1. damage, loss, harm; 2. (Personenschaden) injury
Schadenersatz ['ʃa:dənɛrzats] m 1. compensation, indemnity, indemnification; 2. (festgesetzte Geldsumme) damages pl
Schadenersatzansprüche ['ʃa:dənɛrzatsanʃpryçə] m/pl claim for damages
Schadenhöhe ['ʃa:dənhø:ə] f amount of loss
Schadensbegrenzung ['ʃa:dənsbəgrɛntsuŋ] f damage control, damage limitation
Schadensersatz ['ʃa:dənsɛrzats] m compensation for loss suffered, recovery of damages
Schadensersatzklage ['ʃa:dənsɛrzatskla:gə] f action for damages
Schadensersatzpflicht ['ʃa:dənsɛrzatspflıçt] f liability for damages
Schadensfall ['ʃa:dənsfal] m case of damage
Schadensforderung ['ʃa:dənsfɔrdəruŋ] f claim for damages
Schadensleistung ['ʃa:dənslaıstuŋ] f compensation
Schadensmeldung ['ʃa:dənsmɛlduŋ] f notification of damage
Schadensversicherung ['ʃa:dənsfɛrzıçəruŋ] f casualty insurance
schadhaft ['ʃa:thaft] adj damaged; (mangelhaft) defective, faulty
schädigen ['ʃɛ:dıgən] v damage; (jdn ~) harm
schädlich ['ʃɛ:tlıç] adj harmful, damaging, detrimental
Schädlichkeit ['ʃɛ:tlıçkaıt] f harmfulness, noxiousness, injuriousness
Schadstoff ['ʃa:tʃtɔf] m harmful substance, harmful chemical
schadstoffarm ['ʃa:tʃtɔfarm] adj low in harmful chemicals
Schalldämmung ['ʃaldɛmuŋ] f soundproofing
Schaltbild ['ʃaltbılt] n connection diagram, wiring diagram
Schalter ['ʃaltər] m (Theke, Bank~) counter
Schaltergeschäft ['ʃaltərgəʃɛft] n business over the counter
Schalterprovision ['ʃaltərprovizjo:n] f selling commission
Schaltkreis ['ʃaltkraıs] m circuit
Schaltzentrale ['ʃalttsɛntra:lə] f central control station; (fig) central control, systems control, control centre
Scharfsinn ['ʃarfzın] m (geschäftlich) acumen

Schattenwirtschaft ['ʃatənvɪrtʃaft] f underground economy
Schatzanweisung ['ʃatsanvaɪzʊŋ] f treasury bond
Schatzbrief ['ʃatsbriːf] m treasury bond, exchequer bond *(UK)*
Schätze ['ʃɛtsə] *m/pl* treasury bonds *pl*
schätzen ['ʃɛtsən] v *(ungefähr berechnen)* estimate; *(annehmen)* suppose, reckon
Schätzer(in) ['ʃɛtsər(ɪn)] *m/f* appraiser, valuer, evaluator, assessor
Schätzung ['ʃɛtsʊŋ] f *(ungefähre Berechnung)* estimate, valuation; *(Annahme)* estimation
Schatzwechsel ['ʃatsvɛksəl] m treasury bill
Schätzwert ['ʃɛtsveːrt] m estimated value, appraised value
Schaufenster ['ʃaufɛnstər] n shop window, store window *(US)*
Schaufensterwerbung ['ʃaufɛnstərverbʊŋ] f shop-window advertising, store-window advertising *(US)*
Scheck [ʃɛk] m cheque, check *(US)*; einen ~ einlösen cash a cheque
Scheckabrechnung ['ʃɛkapreçnʊŋ] f cheque clearance
Scheckabteilung ['ʃɛkaptaɪlʊŋ] f cheque department
Scheckbetrug ['ʃɛkbətruːk] m cheque fraud
Scheckeinzug ['ʃɛkaɪntsuːk] m cheque collection
Scheckfähigkeit ['ʃɛkfɛːɪçkaɪt] f capacity to draw cheques
Scheckformular [ʃɛkfɔrmulaːr] n cheque form
Scheckheft ['ʃɛkhɛft] n cheque book *(UK)*, checkbook *(US)*
Scheckkarte ['ʃɛkkartə] f cheque card
Scheckklausel ['ʃɛkklauzəl] f cheque clause
Scheckrecht ['ʃɛkrɛçt] n negotiable instruments law concerning cheques
Scheckregress ['ʃɛkregrɛs] m cheque recourse
Schecksperre ['ʃɛkʃpɛrə] f stopping payment order, cancellation of a check
Scheckverkehr ['ʃɛkfɛrkeːr] m cheque transactions *pl*
Scheckwiderruf ['ʃɛkviːdərruːf] m cheque stopping
Scheckzahlung ['ʃɛktsaːlʊŋ] f payment by cheque

Scheinblüte [ʃaɪnblyːtə] f *(scheinbare Hochkonjunktur)* sham boom
Scheinfirma ['ʃaɪnfɪrma] f shell company
Scheingeschäft ['ʃaɪngəʃɛft] n fictitious transaction
Scheingesellschaft ['ʃaɪngəzɛlʃaft] f ostensible company
Scheingewinn ['ʃaɪngəvɪn] m fictitious profit
Scheingründung ['ʃaɪngryndʊŋ] f fictitious formation
Scheinkaufmann ['ʃaɪnkaufman] m ostensible merchant
Scheinkurs ['ʃaɪnkʊrs] m fictitious quotation price
Scheinselbstständigkeit ['ʃaɪnzɛlpʃtɛndɪçkaɪt] f fictitious independence
scheitern ['ʃaɪtərn] v fail
Schema [ʃeːma] n *(Entwurf, Plan)* sketch, plan
Schenkung ['ʃɛŋkʊŋ] f gift, donation
Schenkungssteuer ['ʃɛŋkʊŋsʃtɔyər] f gift tax
Schenkungsurkunde ['ʃɛŋkʊŋsuːrkʊndə] f deed of donation
Schicht [ʃɪçt] f 1. layer; 2. *(Arbeitsschicht)* shift
Schichtarbeit ['ʃɪçtarbaɪt] f shift work
Schichtwechsel ['ʃɪçtvɛksəl] m change of shift
Schieber ['ʃiːbər] m *(Betrüger)* profiteer, racketeer
Schiedsgericht ['ʃiːtsgərɪçt] n court of arbitration, arbitral court
Schiedsrichter(in) [ʃiːtsrɪçtər(ɪn)] *m/f* JUR arbitrator
Schiedsspruch ['ʃiːtsʃprʊx] m arbitration
Schiff [ʃɪf] n ship, vessel
schiffbar ['ʃɪfbaːr] *adj* navigable
Schiffbau ['ʃɪfbau] m shipbuilding
Schifffahrt ['ʃɪffaːrt] f navigation, shipping
Schiffsregister ['ʃɪfsregɪstər] n register of ships
Schiffswerft ['ʃɪfsvɛrft] f shipyard
schlechte Qualität [ʃlɛçtə kvaliˈtɛːt] f poor quality
Schlechtwettergeld [ʃlɛçtˈvɛtərgɛlt] n bad-weather compensation
schleichende Inflation ['ʃlaɪçəndə ɪnflaˈtsjoːn] f creeping inflation
Schleichhandel ['ʃlaɪçhandəl] m illicit trade, illicit traffic
Schleichwerbung ['ʃlaɪçvɛrbʊŋ] f camouflaged advertising

Schleuderpreis ['ʃlɔydərprais] *m* giveaway price, rock-bottom price
Schleuderware ['ʃlɔydərva:rə] *f* giveaway article, giveaway product
Schlichtung ['ʃlıçtuŋ] *f* arbitration
Schlichtungsausschuss ['ʃlıçtuŋsausʃus] *m* arbitration committee
Schließfach ['ʃli:sfax] *n* 1. *(Bankschließfach)* safe deposit box; 2. *(Postschließfach)* post-office box
Schluss [ʃlus] *m* closure
Schlussbilanz ['ʃlusbilants] *f* closing balance
Schlussbrief ['ʃlusbri:f] *m* sales note
Schlussdividende ['ʃlusdividendə] *f* final dividend
Schlussnotierung ['ʃlusnoti:ruŋ] *f (Börse)* closing rate
Schlüsselindustrien ['ʃlysəlındustri:ən] *f/pl* key industries *pl*
Schlüsselqualifikation ['ʃlysəlkvalifikatsjo:n] *f* key qualification
Schlüsseltechnologie ['ʃlysəltɛçnologi:] *f* key technology
Schlusskurs ['ʃluskurs] *m* closing price
Schlussnote ['ʃlusno:tə] *f* broker's note
Schlussverkauf ['ʃlusfɛrkauf] *m* seasonal clearance sale, end-of-season clearance sale
Schmiergeld ['ʃmi:rgɛlt] *n* bribe money
Schmuggel ['ʃmugəl] *m* smuggling
schmuggeln ['ʃmugəln] *v* smuggle, bootleg
Schmuggelware ['ʃmugəlva:rə] *f* smuggled goods *pl*, contraband
Schmutzzulage ['ʃmutstsu:la:gə] *f* dirty work bonus, dirty work pay
Schneeballsystem ['ʃne:balzyste:m] *n* snowball sales system
Schnellhefter ['ʃnɛlhɛftər] *m* binder
Schnellverfahren ['ʃnɛlfɛrfa:rən] *n (fig: rasche Abwicklung)* expeditious handling, rapid processing
Schnitt [ʃnıt] *m (Muster)* pattern
Schnittstelle ['ʃnıtʃtɛlə] *f* interface
Schrankenwert ['ʃraŋkənvɛ:rt] *m* officially quoted security
Schreibkraft ['ʃraipkraft] *f (Stenotypist(in))* typist, *(Schreibkräfte)* clerical staff
Schreibmaschine ['ʃraipmaʃi:nə] *f* typewriter
Schreibtisch ['ʃraiptıʃ] *m* desk
schriftlich ['ʃrıftlıç] *adj* written; *adv* in writing
Schriftstück ['ʃrıftʃtyk] *n* document, record, deed

Schriftverkehr ['ʃrıftfɛrke:r] *m* correspondence
Schriftwechsel ['ʃrıftvɛksəl] *m* correspondence
Schulabschluss ['ʃu:lapʃlus] *m* school qualification *(UK)*, diploma *(US)*
Schuld [ʃult] *f (Geldschuld)* debt
Schuldanerkenntnis ['ʃultanɛrkɛntnıs] *f* acknowledgement of a debt
Schuldbrief ['ʃultbri:f] *m* certificate of indebtedness
Schulden ['ʃuldən] *f/pl* debts *pl*, liabilities *pl*; *sich etw zu ~ kommen lassen (fig)* do sth wrong
schulden ['ʃuldən] *v* owe
Schuldenabkommen ['ʃuldənapkɔmən] *n* debt agreement
Schuldendienst ['ʃuldəndi:nst] *m* debt service
Schuldenerlass ['ʃuldənɛrlas] *m* debt relief
schuldenfrei ['ʃuldənfrai] *adj* free from debt
Schuldenkonsolidierung ['ʃuldənkɔnzolidi:ruŋ] *f* 1. *(Recht)* offsetting of receivables and payables in the consolidated financial statements; 2. *(Finanzen)* consolidation of debt
Schuldkriterium ['ʃuldənkrite:rjum] *n* debt criterion
Schuldenmasse ['ʃuldənmasə] *f* liabilities *pl*
Schuldenstand ['ʃuldənʃtant] *m* debt position
Schuldentilgung ['ʃuldəntılguŋ] *f* debt liquidation
schuldhaft ['ʃulthaft] *adj* culpable
schuldig ['ʃuldıç] *adj* 1. *(Geld)* due, owing; 2. *(verantwortlich)* guilty
Schuldner(in) ['ʃultnər(ın)] *m/f* debtor, party liable
Schuldrecht ['ʃultrɛçt] *n* law of obligations
Schuldschein (p.n.) ['ʃultʃain] *m* promissory note (p.n.)
Schuldscheindarlehen ['ʃultʃainda:rle:n] *n* promissory note bond
Schuldspruch ['ʃultʃprux] *m* conviction
Schuldübernahme ['ʃulty:bɛrna:mə] *f* assumption of an obligation
Schuldverhältnis ['ʃultfɛrhɛltnıs] *n* obligation
Schuldverschreibung ['ʃultfɛrʃraibuŋ] *f* debenture bond
Schuldversprechen ['ʃultfɛrʃprɛçən] *n* promise to fulfil an obligation
Schuldwechsel ['ʃultvɛksəl] *m* bill payable
Schuldzins ['ʃulttsıns] *m* interest on debts, interest on borrowing

Schulung ['ʃu:luŋ] f schooling, training

Schulungspersonal ['ʃu:luŋspɛrzona:l] n training staff

Schutzbrille ['ʃutsbrɪlə] f protective goggles pl

Schutzfrist ['ʃutsfrɪst] f term of protection

Schutzgemeinschaft für allgemeine Kreditsicherung (Schufa) ['ʃutsgəmaɪnʃaft fy:r 'algəmaɪnə kre'di:tzɪçəruŋ] f Schufa (group for general credit protection)

Schutzhelm ['ʃutshɛlm] m safety helmet

Schutzkleidung ['ʃutsklaɪduŋ] f protective clothing

Schutzmarke ['ʃutsmarkə] f trademark

Schutzzoll ['ʃutstsɔl] m protective duty

schwach [ʃvax] adj slack

Schwangerschaftsurlaub ['ʃvaŋərʃaftsu:rlaup] m maternity leave

Schwankung ['ʃvaŋkuŋ] f (Abweichung) fluctuation, variation

Schwänze ['ʃvɛntsə] pl (planmäßig herbeigeführter Kursanstieg) corners pl

Schwarzarbeit ['ʃvartsarbaɪt] f illicit work

schwarze Börse ['ʃvartsə 'bœrzə] f black stock exchange

schwarze Liste ['ʃvartsə 'lɪstə] f black bourse

schwarze Zahlen ['ʃvartsə 'tsa:lən] f/pl (fig) black figures pl, „the black"

Schwarzhandel ['ʃvartshandəl] m black market operations pl, black marketeering

schwebende Geschäfte ['ʃve:bəndə gə'ʃɛftə] n/pl pending transactions pl

schwebende Schuld ['ʃve:bəndə ʃult] f floating debt

schwebende Unwirksamkeit ['ʃve:bəndə 'unvɪrkza:mkaɪt] f provisionally inefficacy

Schweigepflicht ['ʃvaɪgəpflɪçt] f confidentiality

Schweizerische Nationalbank ['ʃvaɪtsərɪʃə natsjo'na:lbaŋk] f National Bank of Switzerland

Schwellenland ['ʃvɛlənlant] n country undergoing industrialization

Schwemme ['ʃvɛmə] f (Überangebot) glut

schwere Papiere ['ʃve:rə pa'pi:rə] n/pl heavy-priced securities pl

Schwergut ['ʃve:rgu:t] n heavy freight

Schwestergesellschaft ['ʃvɛstərgəzɛlʃaft] f affiliated company

schwimmend ['ʃvɪmənd] adj floating

Schwindel ['ʃvɪndəl] m (Betrug) swindle, fraud, cheat

Schwindelgründung ['ʃvɪndəlgrynduŋ] f fraud foundation

Schwund [ʃvunt] m dwindling, fading, decrease; (Schrumpfen) shrinkage

Schwundgeld ['ʃvuntgɛlt] n scalage

Seefracht ['ze:fraxt] f sea freight, maritime freight

Seefrachtbrief ['ze:fraxtbri:f] m bill of lading

seemäßige Verpackung ['ze:mɛ:sɪgə fɛr'pakuŋ] f sea-tight packing

Seewechsel ['ze:vɛksəl] m sea bill

Seeweg ['ze:ve:k] m sea route

Sekretariat [zekreta'rja:t] n secretary's office, secretariat (UK)

Sekretär(in) [zekre'tɛ:r(ɪn)] m/f secretary

Sektor [zɛktɔr] m sector, branch

Sektoren der Volkswirtschaft [zɛk'to:rən de:r 'fɔlksvɪrtʃaft] m/pl sectors of the economy pl

sekundärer Sektor [zekun'dɛ:rər 'zɛkto:r] m secondary sector

Sekundärliquidität [zekun'dɛ:rlikvidi'tɛ:t] f secondary liquidity

Sekundärmarkt [zekun'dɛ:rmarkt] m secondary market

Sekundawechsel [ze'kundavɛksəl] m second of exchange

Sekurisation [zekuriza'tsjo:n] f securization

Selbstauskunft ['zɛlpstauskunft] f voluntary disclosure

Selbstbeteiligung ['zɛlpstbətaɪlɪguŋ] f retention

Selbstfinanzierung ['zɛlpstfinantsi:ruŋ] f self-financing

Selbstkostenpreis ['zɛlpstkɔstənpraɪs] m cost price

selbstständig ['zɛlpstʃtɛndɪç] adj independent; sich ~ machen go into business for o.s.

Selbstständige(r) ['zɛlpstʃtɛndɪgə(r)] f/m self-employed (person), independent (person)

Selbstständigkeit ['zɛlpstʃtɛndɪçkaɪt] f independence

Sendung ['zɛnduŋ] f (Versand) shipment, consignment

Senioritätsprinzip [ze:njori'tɛ:tsprɪntsi:p] n principle of seniority

Serie ['ze:rjə] f series

seriell [ze:'rjɛl] adj serial

Serienanfertigung ['ze:rjənanfɛrtɪguŋ] f serial production

Serienfertigung ['ze:rjənfɛrtɪguŋ] f series production

Seriengröße ['ze:rjəngrø:sə] f batch size
serienmäßig ['ze:rjənmɛ:sɪç] adj serial; adv in series
Serienproduktion ['ze:rjənprədʊktsjo:n] f mass production
serienreif ['ze:rjənraɪf] adj ready for series production, ready for multiple production
seriös [ze'riø:s] adj reliable, honest
Seriosität [zerjozi'tɛ:t] f seriousness
Server ['sə:və] m (EDV) server
Service ['zø:rvɪs] m (Kundendienst) service
Servicenetz ['zø:rvɪsnɛts] n service network
Shareholdervalue ['ʃɛəhəʊldər'væljuː] m shareholder value
Shelf-Space-Competition ['ʃɛlfspeɪskəmpə'tɪʃən] f shelf space competition
Shop-in-the-Shop-Konzept ['ʃɔpɪndəʃɔpkən'tsɛpt] n shop-in-the-shop conception
Shoppingcenter ['ʃɔpɪŋsɛntər] n shopping centre
sicherer Server ['zɪçərər 'sə:və] m secure server
Sicherheit ['zɪçərhaɪt] f (Gewähr) collateral, security
Sicherheitskopie ['zɪçərhaɪtskəpi:] f back-up copy
Sicherheitsmangel ['zɪçərhaɪtsmaŋəl] m security gap
Sicherheitsmaßnahmen ['zɪçərhaɪtsma:snəmən] f/pl safety measures pl, security measures pl
Sicherheitsvorschriften ['zɪçərhaɪtsfo:rʃrɪftən] f/pl safety regulations pl
Sicherungsabtretung ['zɪçəruŋsaptrɛ:tuŋ] f assignment by way of security
Sicherungsgeschäft ['zɪçəruŋsɡəʃɛft] n security transaction
Sicherungsgrundschuld ['zɪçəruŋsɡrʊntʃʊlt] f cautionary land charge
Sicherungshypothek ['zɪçəruŋshypote:k] f cautionary mortgage
Sicherungsschein ['zɪçəruŋsʃaɪn] m security note
Sicherungsübereignung ['zɪçəruŋsy:bəraɪɡnuŋ] f transfer of ownership by way of security
Sichteinlagen ['zɪçtaɪnla:ɡən] f/pl sight deposits pl
Sichthülle ['zɪçthylə] f transparent cover
Sichtkurs ['zɪçtkʊrs] m sight rate
Sichtvermerk ['zɪçtfɛrmɛrk] m indication that one has looked over a document
Sichtwechsel ['zɪçtvɛksəl] m demand bill

Signet [zɪn'je:] n publisher's mark
Silbermünze ['zɪlbərmyntsə] f silver coin
Silberwährung ['zɪlbərvɛ:ruŋ] f silver standard
Simulation [zimula'tsjo:n] f simulation
Simulator [zimu'la:tər] m simulator
Single Sourcing ['sɪŋl 'sɔ:sɪŋ] n single sourcing
Sitz [zɪts] m (Firmensitz) headquarters
Sitzung ['zɪtsuŋ] f session, meeting
Skonto ['skɔnto] n/m discount
Skontoabzug ['skɔntoaptsu:k] m discount deduction
Skontration [skɔntra'tsjo:n] f settlement of time bargains
sofort (ppt.) [zo'fɔrt] adv prompt (ppt.)
sofortige Lieferung [zo'fɔrtɪɡə 'liːfəruŋ] f immediate delivery
sofortige Regulierung [zo'fɔrtɪɡə reɡu'liːruŋ] f settlement with immediate effect
sofortiger Versand (i.t.) [zo'fɔrtɪɡər fɛr'zant] m prompt shipment
sofortige Zahlung [zo'fɔrtɪɡə 'tsa:luŋ] f immediate payment
Sofortnachricht [zo'fɔrtna:xrɪçt] f instant message
Software ['sɔftveːr] f software
Solawechsel ['zo:lavɛksəl] m promissory note
Solidarhaftung [zoli'da:rhaftuŋ] f joint and several liability
Solidaritätszuschlag [zolidari'tɛ:tstsuʃla:k] m tax benefitting economic recovery of the former East Germany
Soll [zɔl] n debit
Soll-Ist-Vergleich [zɔl'ɪstfɛrɡlaɪç] m 1. (Betriebswirtschaft) target-performance comparison actual; 2. (Produktion) value comparison
Sollkaufmann ['zɔlkaʊfman] m merchant by virtue of registration
Sollkosten ['zɔlkɔstən] pl budgeted costs pl
Sollzahlen ['zɔltsa:lən] f/pl target figures pl
Sollzinsen ['zɔltsɪnsən] m/pl debtor interest rates pl
Sologeschäft ['zo:loɡəʃɛft] n single operation
Solvenz [zɔl'vɛnts] f solvency
Sonderabgabe ['zɔndərapɡa:bə] f special tax, special levy
Sonderabschreibungen ['zɔndərapʃraɪbuŋən] f/pl special depreciation
Sonderaktion [zɔndərak'tsjo:n] f special action

Sonderanfertigung ['zɔndərʌnfɛrtɪɡʊŋ] *f* manufacture to customer's specifications
Sonderangebot ['zɔndərʌnɡəboːt] *n* special offer, special bargain
Sonderauftrag ['zɔndərʌʊftraːk] *m* special order
Sonderausgaben ['zɔndərʌʊsɡaːbən] *f/pl* special expenses *pl*
Sonderausgaben-Pauschbetrag ['zɔndərʌʊsɡaːbənpʌʊʃbɛtraːk] *m* blanket allowance for special expenses
Sonderausschüttung ['zɔndərʌʊsʃʏtʊŋ] *f* extra dividend
Sonderbetriebsvermögen ['zɔndərbətriːpsfɛrmøːɡən] *n* special business property
Sonderbewegung ['zɔndərbəveːɡʊŋ] *f* extraordinary trend
Sonderdepot ['zɔndərdepoː] *n* separate deposit
Sonderfall ['zɔndərfʌl] *m* special case
Sonderfazilitäten ['zɔndərfʌtsilitɛːtən] *f/pl* special credit facilities *pl*
Sondergenehmigung ['zɔndərɡəneːmɪɡʊŋ] *f* special permission, special permit, waiver
Sonderkonto ['zɔndərkɔnto] *n* separate account
Sonderlombard ['zɔndərlɔmbart] *m* special lombard facility
Sondermüll ['zɔndərmʏl] *m* special (toxic) waste
Sonderposten ['zɔndərpɔstən] *m* separate item
Sonderpreis ['zɔndərprʌɪs] *m* special price, exceptional price
Sonderrabatt ['zɔndərʌbʌt] *m* special discount
Sondervergütung ['zɔndərfɛrɡyːtʊŋ] *f* special allowance
Sondervermögen ['zɔndərfɛrmøːɡən] *n* special fund
Sonderziehungsabteilung ['zɔndərtsiːʊŋsʌptʌɪlʊŋ] *f* special drawing rights department
Sonderziehungsrechte ['zɔndərtsiːʊŋsrɛçtə] *n/pl* special drawing rights *pl*
Sonderzinsen ['zɔndərtsɪnzən] *m/pl* special interests *pl*
sondieren [zɔnˈdiːrən] *v* study, probe
Sonntagsarbeit ['zɔntaːksʌrbaɪt] *f* sunday work
sonstige Verbindlichkeiten ['zɔnstɪɡə fɛrˈbɪndlɪçkaɪtən] *f/pl* other liabilities *pl*
Sorte ['zɔrtə] *f (Marke)* brand; *(Sorte)* sort
Sorten ['zɔrtən] *pl* foreign notes and coins *pl*

Sortengeschäft ['zɔrtənɡəʃɛft] *n* dealings in foreign notes and coins *pl*
Sortenhandel ['zɔrtənhandəl] *m* dealing in foreign notes and coins
Sortenkurs ['zɔrtənkʊrs] *m* rate for foreign notes and coins, foreign currency rate
sortieren [zɔrˈtiːrən] *v (nach Qualität)* grade
Sortiment [zɔrtiˈmɛnt] *n* assortment, range, variety
Sozialabgaben [zoˈtsjaːlʌpɡaːbən] *f/pl* social welfare contributions *pl*
soziale Marktwirtschaft [zoˈtsiːalə ˈmarktvɪrtʃaft] *f* social market economy
Sozialfonds [zoˈtsjaːlfɔ̃ː] *m* social fund
Sozialhilfe [zoˈtsjaːlhɪlfə] *f* social welfare assistance
Sozialisierung [zotsiaˈliːzirʊŋ] *f* socialization
Sozialismus [zotsjaˈlɪsmʊs] *m* socialism
Sozialist(in) [zotsjaˈlɪst(ɪn)] *m/f* socialist
Sozialkosten [zoˈtsjaːlkɔstən] *pl* social insurance costs *pl*
Sozialleistungen [zoˈtsjaːllaɪstʊŋən] *f/pl* employers' social security contributions *pl*, social security benefits *pl*, social services *pl*
Sozialpfandbrief [zoˈtsjaːlpfantbriːf] *n* mortgage bond serving a social purpose
Sozialplan [zoˈtsjaːlplaːn] *m* social compensation plan
Sozialpolitik [zoˈtsjaːlpolitiːk] *f* social policy
Sozialprodukt [zoˈtsjaːlprɔdʊkt] *n* national product
Sozialstaat [zoˈtsjaːlʃtaːt] *m* welfare state
Sozialversicherung [zoˈtsjaːlfɛrzɪçərʊŋ] *f* social insurance, Social Security *(US)*
Sozietät [zotsjɛˈtɛːt] *f* partnership
Sozius [ˈzotsjʊs] *m* partner
Spanne [ˈʃpanə] *f (Preisspanne)* range, margin
Sparbrief [ˈʃpaːrbriːf] *m* savings certificate
Sparbuch [ˈʃpaːrbuːx] *n* savings book
Spareinlage [ˈʃpaːrʌɪnlaːɡə] *f* savings deposit
sparen [ˈʃpaːrən] *v* save, economize
Sparer(in) [ˈʃpaːrər(ɪn)] *m/f* saver
Sparerfreibetrag [ˈʃpaːrərfraɪbətraːk] *m* savers' tax-free amount
Sparguthaben [ˈʃpaːrɡuːthaːbən] *n* savings account
Sparkasse [ˈʃpaːrkasə] *f* savings bank
Sparkonto [ˈʃpaːrkɔnto] *n* savings account
Sparmaßnahme [ˈʃpaːrmaːsnaːmə] *f* economy measure

Sparobligation ['ʃpaːrobligatsjoːn] f savings bond
Sparpläne ['ʃpaːrplɛːnə] m/pl savings plans pl
Sparpolitik ['ʃpaːrpolitiːk] f austerity policy, budgetary restraint
Sparprämie ['ʃpaːrprɛːmjə] f savings premium
Sparte ['ʃpartə] f line of business, division
Sparzulage ['ʃpaːrtsuːlaːgə] f savings bonus
Spätschalter ['ʃpɛːtʃaltər] m night safe deposit
Spätschicht ['ʃpɛːtʃɪçt] f late shift
Speciality Goods ['speʃəlti gʊdz] pl speciality goods pl
Spediteur(in) [ʃpediˈtøːr(ɪn)] m/f forwarding agent, shipper
Spediteurkonnossement [ʃpediˈtøːrkɔnɔsəmənt] n house bill
Spediteurübernahmebescheinigung [ʃpediˈtøːryːbərnaːməbəʃaɪnɪgʊŋ] f forwarder's receipt
Spedition [ʃpediˈtsjoːn] f (Firma) forwarding agency, shipping agency
Speditionsgut [ʃpediˈtsjoːnsguːt] n forwarding goods pl
Speditionsunternehmen [ʃpediˈtsjoːnsʊntərneːmən] n shipping company
Speicher ['ʃpaɪçər] m EDV memory
Speicherkapazität ['ʃpaɪçərkapatsiːtɛːt] f memory, storage capacity
speichern ['ʃpaɪçərn] v save, store
Speicherplatz ['ʃpaɪçərplats] m memory location
Speicherung ['ʃpaɪçərʊŋ] f storage, saving
Spekulant(in) [ʃpekuˈlant(ɪn)] m/f speculator, speculative dealer
Spekulation [ʃpekulaˈtsjoːn] f speculation
Spekulationsgeschäft [ʃpekulaˈtsjoːnsgəʃɛft] n speculative transaction, speculative operation
Spekulationsgewinn [ʃpekulatsˈjoːnsgəvɪn] m speculative profit
Spekulationssteuer [ʃpekulatsˈjoːnsʃtɔʏər] f tax on speculative gains
spekulieren [ʃpekuˈliːrən] v speculate
Spenden ['ʃpɛndən] f/pl donations pl; voluntary contributions pl
Sperrdepot ['ʃpɛrdepoː] n blocked safe-deposit
sperren ['ʃpɛrən] v (Konto) block
Sperrgut ['ʃpɛrguːt] n bulky goods pl
Sperrguthaben ['ʃpɛrguːthaːbən] n blocked balance

Sperrkonto ['ʃpɛrkɔnto] n blocked account, frozen account
Spesen ['ʃpeːzən] pl expenses pl
Spesenabrechnung ['ʃpeːzənaprɛçnʊŋ] f statement of expenses
Spesenpauschale ['ʃpeːzənpauʃaːlə] f allowance for expenses
Spesenrechnung ['ʃpeːzənrɛçnʊŋ] f expense report
Spezialbank [ʃpeˈtsjaːlbaŋk] n specialized commercial bank
Spezialfonds [ʃpeˈtsjaːlfɔː] m specialized fund
Spezialgeschäft [ʃpeˈtsjaːlgəʃɛft] n specialty shop
spezialisieren [ʃpetsjaliˈziːrən] v sich auf etw ~ specialize in sth
Spezialisierung [ʃpetsjaliˈziːrʊŋ] f specialization
Spezialist(in) [ʃpetsjaˈlɪst(ɪn)] m/f specialist
Spezialitätenfonds [ʃpetsjaliˈtɛːtənfɔː] m speciality fund
Spezialvollmacht [ʃpeˈtsjaːlfɔlmaxt] f special power
Spezialwerte [ʃpeˈtsjaːlveːrtə] m/pl specialties pl
Spezifikation [ʃpetsifikaˈtsjoːn] f specification
Spielraum ['ʃpiːlraum] m margin
Spin-off ['spɪnɔf] n (Ausgliederung einer Tochtergesellschaft) spin off (a subsidiary company)
Spitzenleistung ['ʃpɪtsənlaɪstʊŋ] f top performance, best achievement; peak output
Spitzenlohn ['ʃpɪtsənloːn] m maximum pay, top wage
Splittingverfahren ['splɪtɪŋfɛrˈfaːrən] n splitting method
sponsern ['ʃpɔnzərn] v sponsor
Sponsor(in) ['ʃpɔnzoːr(ɪn)] m/f sponsor
Spotgeschäft ['spɔtgəʃɛft] n spot transactions pl
Spotmarkt ['spɔtmarkt] m spot market
Staat [ʃtaːt] m state
staatlich ['ʃtaːtlɪç] adj state, public, governmental; adv by the state
Staatsangehörigkeit ['ʃtaːtsaŋgəhøːrɪçkaɪt] f nationality, citizenship, national status
Staatsanleihen ['ʃtaːtsanlaɪən] f/pl government loan, public bonds pl
Staatsanwalt ['ʃtaːtsanvalt] m public prosecutor, Crown Prosecutor (UK), district attorney (US)

Staatsanwältin ['ʃta:tsanvɛltɪn] f (female) public prosecutor, Crown Prosecutor (UK), district attorney (US)
Staatsausgaben ['ʃta:tsausga:bən] f/pl public spending
Staatsbank ['ʃta:tsbaŋk] f state bank
Staatsbankrott ['ʃta:tsbaŋkrɔt] m national bankruptcy
Staatsbetrieb ['ʃta:tsbətri:p] m nationalized enterprise
Staatseigentum ['ʃta:tsaɪgəntum] n state property, public property
Staatseinnahmen ['ʃta:tsaɪna:mən] f/pl public revenue
Staatshaushalt ['ʃta:tshaushalt] m state budget
Staatskasse ['ʃta:tskasə] f treasury
Staatspapiere ['ʃta:tspapi:rə] n/pl public securities pl
Staatsschulden ['ʃta:tsʃuldən] f/pl national debt
Staatsverschuldung ['ʃta:tsfɛrʃuldʊŋ] f state indebtedness
Staatszuschuss ['ʃta:tstsu:ʃus] m government grant
stabil [ʃta'bi:l] adj 1. (robust) stable; 2. (konstant) steady
stabile Wechselkurse [ʃta'bi:lə 'vɛksəlkurzə] m/pl stable exchange rates pl
Stabilisierung [ʃtabili'zi:rʊŋ] f stabilization
Stabilität [ʃtabili'tɛ:t] f stability
Stabilität der Wechselkurse [ʃtabili'tɛ:t de:r 'vɛksəlkurzə] f exchange rate stability
stabilitätsgerechte Eintrittsbedingungen [ʃtabili'tɛ:tsgəreçtə 'aɪntrɪtsbədɪŋʊŋən] f/pl convergence conditions of participation [!]
Stabilitätspolitik [ʃtabili'tɛ:tspoliti:k] f stability policy
Stabilitäts- und Wachstumspakt [ʃtabili'tɛ:ts unt 'vakstu:mspakt] m Stability and Growth Pact
Stab-Linien-Organisation ['ʃta:pli:njənɔrganizatsjo:n] f line-staff organization structure
Städtebauförderung ['ʃtɛtəbaufœrdərʊŋ] f city planning development
städtisch ['ʃtɛtɪʃ] adj municipal
Stadtwerke ['ʃtatvɛrkə] pl municipal utilities pl
Staffelanleihe ['ʃtafəlanlaɪə] f graduated-interest loan
Staffelpreis ['ʃtafəlpraɪs] m graduated price
Staffelung ['ʃtafəlʊŋ] f graduation
Stagflation [ʃtagfla'tsjo:n] f stagflation
Stagnation [ʃtagna'tsjo:n] f stagnation
stagnieren [ʃtag'ni:rən] v stagnate
Stahl [ʃta:l] m steel
Stahlindustrie ['ʃta:lɪndustri:] f steel industry
Stammaktie ['ʃtamaktsjə] f ordinary share
Stammbelegschaft ['ʃtambələkʃaft] f key workers pl
Stammeinlage ['ʃtamaɪnla:gə] f original capital contribution, original investment
Stammhaus ['ʃtamhaus] n parent company
Stammkapital ['ʃtamkapita:l] n original stock, original capital, share capital
Stammkunde ['ʃtamkundə] m regular (customer), patron
Stammkundin ['ʃtamkundɪn] f (female) regular (customer), patron
Stammrecht ['ʃtamreçt] n customary law
Stand [ʃtant] m 1. (Messestand) booth, stand; 2. (Situation) position, situation; auf dem neuesten ~ sein to be up to date; der ~ der Dinge the situation; im ~e sein, etw zu tun to be capable of doing sth, to be able to do sth; zu ~e kommen come about, come off; 3. (Rang) rank, class, status
Standard ['ʃtandart] m standard
Standardabweichung ['ʃtandartapvaɪçʊŋ] f standard deviation
Standardausrüstung ['ʃtandartausrystʊŋ] f standard equipment
Standardbrief ['ʃtandartbri:f] m standard-size letter, standard letter
Standardeinstellung ['ʃtandartaɪnʃtelʊŋ] f EDV default
Standardformat ['ʃtandartfɔrma:t] n standard size
Standardisierung [ʃtandardi'zi:rʊŋ] f standardization
Standardmodell ['ʃtandartmɔdel] n standard model
Standardwerte ['ʃtandartve:rtə] m/pl standard values pl
Stand-by-Kredit [stænd'baɪkredi:t] m stand-by credit
Standing ['stændɪŋ] n standing
Standort ['ʃtantɔrt] m location, station
Standortfaktoren ['ʃtantɔrtfakto:rən] m/pl location factors pl
Standortwahl ['ʃtantɔrtva:l] f choice of location
stanzen ['ʃtantsən] v stamp, punch
Stapel ['ʃta:pəl] m pile, heap, stack; vom ~ laufen to be launched
Stapelbestand ['ʃta:pəlbəʃtant] m stockpile
Stapelplatz ['ʃta:pəlplats] m store, depot

Stapelware ['ʃtaːpəlvaːrə] f staple goods pl
Starkstrom ['ʃtarkʃtroːm] m high voltage
starrer Wechselkurs ['ʃtarər 'vɛksəlkurs] m fixed exchange rate
Startbildschirm ['ʃtartbɪltʃɪrm] m EDV splash page, splash screen
Starthilfe ['ʃtarthɪlfə] f (für ein Unternehmen) launching aid, starting-up aid
Startkapital ['ʃtartkapitaːl] n startup money
Startseite ['ʃtartzaɪtə] f EDV homepage
Start-Up ['startap] m start up
Statistik [ʃta'tɪstɪk] f statistics
statistisch [ʃta'tɪstɪʃ] adj statistical; adv statistically
Statistisches Bundesamt [ʃta'tɪstɪʃəs 'bundəsamt] n Federal Statistical Office
Status ['ʃtaːtus] m status, state
Statussymbol ['ʃtaːtuszymboːl] n status symbol
Statut [ʃta'tuːt] n statute, regulation
Stecker ['ʃtɛkər] m plug, connector
steigend ['ʃtaɪgənt] adj rising, ascending, mounting
steigern ['ʃtaɪgərn] v (erhöhen) increase, raise, advance
Steigerung ['ʃtaɪgərʊŋ] f (Erhöhung) increase, raising
Steigerungsrate ['ʃtaɪgərʊŋsraːtə] f rate of escalation
Stellagegeschäft [ʃtɛ'laːʒəgəʃɛft] n double option operation
Stelle ['ʃtɛlə] f (Anstellung) position, job; (Dienststelle) authority, office, agency
Stellenangebot ['ʃtɛlənangəboːt] n position offered, vacancy, offer of employment
Stellenanzeige ['ʃtɛlənantsaɪgə] f position offered, employment ad
Stellenausschreibung ['ʃtɛlənausʃraɪbʊŋ] f advertisement of a vacancy
Stellengesuch ['ʃtɛləngəzuːx] n situation wanted
Stellenmarkt ['ʃtɛlənmarkt] m job market
Stellensuche ['ʃtɛlənzuːxə] f job search
Stellenvermittlung ['ʃtɛlənfɛrmɪtlʊŋ] f job placement
Stellgeld ['ʃtɛlgɛlt] n premium for double option
Stellgeschäft ['ʃtɛlgəʃɛft] n put and call
Stellkurs ['ʃtɛlkurs] m put and call price
Stellung ['ʃtɛlʊŋ] f (Anstellung) position, post, job
Stellungnahme ['ʃtɛlʊŋnaːmə] f comment
stellvertretend ['ʃtɛlfɛrtreːtənt] adj representative, deputy, acting

Stellvertreter(in) ['ʃtɛlfɛrtreːtər(ɪn)] m/f representative, agent, deputy
Stellvertretung ['ʃtɛlfɛrtreːtʊŋ] f representation, proxy
Stempel ['ʃtɛmpəl] m stamp, postmark; jdm seinen ~ aufdrücken leave one's mark on s.o. den ~ von jdm tragen bear the stamp of s.o.
Stempelgebühr ['ʃtɛmpəlgəbyːr] f stamp duty
stempeln ['ʃtɛmpəln] v stamp, mark; ~ gehen to be on the dole
Stempelsteuer ['ʃtɛmpəlʃtɔyər] f stamp duty
Stenografie [ʃtenogra'fiː] f shorthand, stenography
stenografieren [ʃtenogra'fiːrən] v stenograph, write shorthand, write in shorthand
Stenotypistin [ʃtenoty'pɪstɪn] f shorthand typist
Sterilisierungsfonds [ʃterili'ziːrʊŋsfɔ̃ː] m sterilization funds pl
Sterilisierungspolitik [ʃterili'ziːrʊŋspoliˌtiːk] f policy of sterilization funds
Sternchen ['ʃtɛrnçən] n EDV asterisk
Steuer ['ʃtɔyər] f (Abgabe) tax
Steuerabzug ['ʃtɔyəraptsuːk] m tax deduction
Steueraufkommen ['ʃtɔyəraufkɔmən] n tax yield, tax revenue, receipts from taxes pl
Steuerbefreiung ['ʃtɔyərbəfraɪʊŋ] f tax exemption
steuerbegünstigt ['ʃtɔyərbəgynstɪçt] adj tax sheltered, eligible for tax relief
steuerbegünstigte Wertpapiere ['ʃtɔyərbəgynstɪçtə 'veːrtpapiːrə] n/pl tax-privileged securities pl
steuerbegünstigtes Sparen ['ʃtɔyərbəgynstɪçtəs 'ʃpaːrən] f tax-privileged saving
Steuerbehörde ['ʃtɔyərbəhøːrdə] f tax authority
Steuerberater(in) ['ʃtɔyərbəraːtər(ɪn)] m/f tax advisor, tax consultant
Steuerbescheid ['ʃtɔyərbəʃaɪt] m notice of tax assessment
Steuerbetrug ['ʃtɔyərbətruːk] m fiscal fraud, tax fraud
Steuerbilanz ['ʃtɔyərbilants] f tax balance sheet
Steuererhöhung ['ʃtɔyərɛrhøːʊŋ] f tax increase
Steuererklärung ['ʃtɔyərɛrkleːrʊŋ] f tax return, tax declaration
Steuerermäßigung ['ʃtɔyərɛrmeːsigʊŋ] f tax relief

Steuerfahndung ['ʃtɔyərfa:ndʊŋ] f investigation into tax evasion
Steuerflucht ['ʃtɔyərfluxt] f tax evasion by leaving the country, becoming a tax exile
steuerfrei ['ʃtɔyərfrai] adj tax-free, exempt from taxation
Steuerfreibetrag ['ʃtɔyərfraibətra:k] m statutory tax exemption
Steuerhinterziehung ['ʃtɔyərhıntərtsi:uŋ] f tax evasion
Steuerhoheit ['ʃtɔyərho:hait] f jurisdiction to tax
Steuerklasse ['ʃtɔyərklasə] f tax bracket
steuerlich ['ʃtɔyərlıç] adj for tax purposes
steuern ['ʃtɔyərn] v control
Steuernachzahlung ['ʃtɔyərna:xtsa:luŋ] f additional payment of taxes
Steuernummer ['ʃtɔyərnumər] f taxpayer's reference number
Steueroase ['ʃtɔyəroa:zə] f tax haven
Steuerparadies ['ʃtɔyərparadi:s] n tax haven
steuerpflichtig ['ʃtɔyərpflıçtıç] adj taxable, subject to tax
Steuerpolitik ['ʃtɔyərpoliti:k] f fiscal policy
Steuerrecht ['ʃtɔyərreçt] n law of taxation, fiscal law
Steuerreform ['ʃtɔyərrefɔrm] f tax reform
Steuerstundung ['ʃtɔyərʃtundʊŋ] f tax deferral
Steuerung ['ʃtɔyəruŋ] f control
Steuerveranlagung ['ʃtɔyərferanla:guŋ] f tax assessment
Steuerzahler(in) ['ʃtɔyərtsa:lər(ın)] m/f taxpayer
Steuerzahlung ['ʃtɔyərtsa:luŋ] f payment of taxes
Steuerzeichen ['ʃtɔyərtsaıçən] n control character
Stichkupon ['ʃtıçkupõ:] m renewal coupon
Stichprobe ['ʃtıçpro:bə] f spot check, random test
stichprobenartig ['ʃtıçpro:bənartıç] adj random; adv on a random basis
Stichtag ['ʃtıçta:k] m effective date, key date
Stichtagsinventur ['ʃtıçta:ksınventu:r] f end-of-period inventory
Stichtagskurs ['ʃtıçta:kskurs] m market price on reporting date
Stichtagsumstellung ['ʃtıçta:ksumʃtɛluŋ] f changeover on E-day
Stichwort ['ʃtıçvɔrt] n key word
Stift [ʃtıft] m (Bleistift) pencil; (Filzstift) pen, felt-tip pen

Stiftung ['ʃtıftuŋ] f 1. (Schenkung) donation, bequest; 2. (Gründung) establishment, foundation
stille Gesellschaft ['ʃtılə gə'zɛlʃaft] f dormant partnership
stille Reserve ['ʃtılə re'zɛrvə] f hidden reserves pl
stille Rücklage ['ʃtılə 'rykla:gə] f latent funds pl
stille Zession ['ʃtılə tsɛ'sjo:n] f undisclosed assignment
stiller Teilhaber ['ʃtılər 'tailha:bər] m silent partner, sleeping partner
Stillhaltekredit ['ʃtılhaltəkredi:t] m standstill credit
stillhalten ['ʃtılhaltən] v to sell an option
Stillhalter ['ʃtılhaltər] m option seller
Stilllegung ['ʃtıle:guŋ] f shutdown, closure
Stillstand ['ʃtılʃtant] m standstill, stop, stagnation
stillstehen ['ʃtılʃte:ən] v (Maschine) to be idle
Stimmabgabe ['ʃtımapga:bə] f vote
stimmberechtigt ['ʃtımbərɛçtıçt] adj entitled to vote
Stimme ['ʃtımə] f (Wahlstimme) vote
Stimmenmehrheit ['ʃtımənme:rhait] f majority of votes
Stimmenthaltung ['ʃtımɛnthaltuŋ] f abstention
Stimmrecht ['ʃtımreçt] n right to vote, suffrage
Stimmrechtsaktie ['ʃtımreçtsaktsjə] f voting share
stimmrechtslose Vorzugsaktie ['ʃtımreçtslo:zə 'fo:rtsu:ksaktsjə] f non-voting share
Stimmzettel ['ʃtımtsɛtəl] m ballot, voting paper
Stipendium [ʃtı'pɛndjum] n scholarship
Stock Exchange ['stɔk ıks'tʃeındʒ] f stock exchange
Stockdividende ['stɔkdivi'dɛndə] f stock dividend
stocken ['ʃtɔkən] v 1. (zum Stillstand kommen) come to a standstill, stop; 2. (Geschäfte) drop off
Stoppkurs ['ʃtɔpkurs] m stop price
störanfällig ['ʃtø:ranfɛlıç] adj breakdown-prone
Störanfälligkeit ['ʃtø:ranfɛlıçkait] f breakdown proneness
stören ['ʃtø:rən] v disturb, trouble, bother

Störfall ['ʃtøːrfal] *m* breakdown, accident, malfunction
stornieren [ʃtɔr'niːrən] *v* cancel
Stornierung [ʃtɔr'niːruŋ] *f* cancellation
Storno ['ʃtɔrno] *m* contra entry, reversal; *(Auftragsstorno)* cancellation
Stornobuchung ['ʃtɔrnobuːxuŋ] *f* reversing entry
Stornorecht ['ʃtɔrnoreçt] *n* right to cancel credit entry
Störung ['ʃtøːruŋ] *f* disturbance, inconvenience, annoyance
Straddle ['strædl] *n* straddle
Strafanstalt ['ʃtraːfanʃtalt] *f* penal institution
Strafanzeige ['ʃtraːfantsaɪɡə] *f* criminal charge; ~ *erstatten gegen* bring a criminal charge against
strafbar ['ʃtraːfbaːr] *adj* punishable, subject to prosecution
Strafe ['ʃtraːfə] *f* sentence, penalty
strafen ['ʃtraːfən] *v* punish
Strafsanktionen ['ʃtraːfzaŋktsjoːnən] *f/pl* punitive sanctions *pl*
Strafzins ['ʃtraːftsɪns] *m* penalty interest
strapazierfähig [ʃtrapa'tsiːrfɛːɪç] *adj* sturdy, resilient, heavy-duty
Straßengebühr ['ʃtraːsənɡəbyːr] *f* toll
Straßennetz ['ʃtraːsənnɛts] *n* road network, road system
Strategie [ʃtrate'ɡiː] *f* strategy
strategisch [ʃtra'teːɡɪʃ] *adj* strategic
strategische Allianz [ʃtra'teːɡɪʃə al'jants] *f* strategic alliance
strategische Führung [ʃtra'teːɡɪʃə 'fyːruŋ] *f* strategic management
strategische Planung [ʃtra'teːɡɪʃə 'plaːnuŋ] *f* strategic planning
strategisches Geschäftsfeld [ʃtra'teːɡɪʃəs ɡə'ʃɛftsfɛlt] *n* strategic business area
streichen ['ʃtraɪçən] *v irr* 1. *(durch~)* cross out, delete, strike out; 2. *(Plan)* cancel; *(annullieren)* cancel
Streichung ['ʃtraɪçuŋ] *f* deletion
Streifband ['ʃtraɪfbant] *n* postal wrapper
Streifbanddepot ['ʃtraɪfbantdepoː] *n* individual deposit of securities
Streik [ʃtraɪk] *m* strike
Streikaufruf ['ʃtraɪkaufruːf] *m* union strike call
Streikbrecher ['ʃtraɪkbrɛçər] *m* strikebreaker
streiken ['ʃtraɪkən] *v* strike
Streikgelder ['ʃtraɪkɡɛldər] *n/pl* strike pay

Streikposten ['ʃtraɪkpɔstən] *m* picketer
Streit [ʃtraɪt] *m (Unstimmigkeit)* disagreement, difference; *(Wortgefecht)* argument, dispute, quarrel, debate, discussion
Streitwert ['ʃtraɪtvɛrt] *m* amount in dispute
streng [ʃtrɛŋ] *adj* strict, severe, exacting; *adv* strictly, severely; ~ *genommen* strictly speaking
streng vertraulich [ʃtrɛŋ fɛr'traulɪç] *adj* strictly confidential
Stress [ʃtrɛs] *m* stress
Stresssituation ['ʃtrɛsːituatsjoːn] *f* stressful situation
Streubesitz ['ʃtrɔybəzɪts] *m* diversified holdings
Strichkode ['ʃtrɪçkoːd] *m* bar code, UPC code *(US)*
strittig ['ʃtrɪtɪç] *adj* controversial, debatable
Strom [ʃtroːm] *m (elektrischer ~)* current
Stromabnehmer ['ʃtroːmapneːmər] *m (Stromverbraucher)* consumer of electricity, power user
Stromausfall ['ʃtroːmausfal] *m* power failure, power outage
Stromgröße ['ʃtroːmɡrøːsə] *f* rate of flow
Stromkabel ['ʃtroːmkaːbəl] *n* electrical cable, power cable
Stromkreis ['ʃtroːmkraɪs] *m* circuit
Stromrechnung ['ʃtroːmrɛçnuŋ] *f* electricity bill
Stromverbrauch ['ʃtroːmfɛrbraux] *m* power consumption, electricity consumption
Stromzähler ['ʃtroːmtsɛːlər] *m* current meter
Struktur [ʃtruk'tuːr] *f* structure
strukturell [ʃtruktu'rɛl] *adj* structural; *adv* structurally
strukturieren [ʃtruktu'riːrən] *v* structure
Strukturkredit [ʃtruk'tuːrkrediːt] *m* structural loan
Strukturkrise [ʃtruk'tuːrkriːzə] *f* structural crisis
Strukturpolitik [ʃtruk'tuːrpolitiːk] *f* structural policy
Strukturreform [ʃtruk'tuːrreform] *f* structural reform
strukturschwach [ʃtruk'tuːrʃvax] *adj* lacking in infrastructure, underdeveloped, structurally imbalanced
Strukturwandel [ʃtruk'tuːrvandəl] *m* structural change
Stück [ʃtyk] *n* 1. piece, bit; 2. *(Abschnitt)* part, portion, fragment; 3. *am* ~ at a time
Stückdeckungsbeitrag ['ʃtykdɛkuŋsbaɪtraːk] *m* unit contribution margin

Stücke ['ʃtykə] pl securities pl
Stückekonto ['ʃtykəkɔnto] n shares account
Stückelung ['ʃtykəluŋ] f fragmentation
Stückgut ['ʃtykgu:t] n mixed cargo
Stückgutverkehr ['ʃtykgu:tfɛrke:r] m part-load traffic
Stückkosten ['ʃtykkɔstən] pl unit cost, cost per unit
Stückkurs ['ʃtykkurs] m price per share
Stücklohn ['ʃtyklo:n] m piece-work wage, piece-work pay
stückweise ['ʃtykvaɪzə] adv ~ verkaufen sell individually
Stückzahl ['ʃtyktsa:l] f number of pieces, quantity
Stückzinsen ['ʃtyktsɪnzən] m/pl broken-period interest
Student(in) [ʃtu'dɛnt(ɪn)] m/f student
Studie ['ʃtu:djə] f study
Stufentarif ['ʃtu:fəntari:f] m graduated scale of taxes
stufenweise ['ʃtu:fənvaɪzə] adv by steps, gradually, progressively
stufenweise Fixkostendeckungsrechnung ['ʃtu:fənvaɪzə 'fɪkskɔstəndɛkuŋsrɛçnuŋ] f multi-stage fixed-cost accounting
stunden ['ʃtundən] v jdm etw ~ give s.o. time to pay sth
Stundenlohn ['ʃtundənlo:n] m hourly wage
Stundung ['ʃtunduŋ] f extension, respite
Stützungskauf ['ʃtytsuŋskauf] m support buying
subjektiv [zupjɛk'ti:f] adj subjective; adv subjectively
Subsidiaritätsprinzip [zupzidjari'tɛ:tsprɪntsi:p] n principle of subsidiarity
Subskription [zupskrɪp'tsjo:n] f subscription
Substanzerhaltung [zup'ʃtantsɛrhaltuŋ] f preservation of real-asset values
substanzielle Abnutzung [zupʃtan'tsjɛlə 'apnutsuŋ] f asset erosion
Substanzwert [zup'ʃtantsve:rt] m real value
substituierbar [zupstitu'i:rba:r] adj replaceable
Substitution [zupstitu'tsjo:n] f substitution
Substitutionsgüter [zupstitu'tsjo:nsgy:tər] n/pl substitute goods pl
Subunternehmer(in) ['zupuntərne:mər(ɪn)] m/f subcontractor
Subvention [zupvɛn'tsjo:n] f subsidy

subventionieren [zupvɛntsjo'ni:rən] v subsidize
Suchabfrage ['zu:xapfra:gə] f EDV query
Suchmaschine ['zu:xmaʃi:nə] f EDV search engine
Summe ['zumə] f sum, amount
Summenaktie ['zumənaktsjə] f share at a fixed amount
Summenbilanz ['zumənbilants] f turnover balance
summieren [zu'mi:rən] v sum up, add up
Sunk Costs ['saŋk 'kɔsts] pl sunk costs pl
superiore Güter [zuper'jo:rə 'gy:tər] n/pl superior goods pl
Supermarkt ['zu:pɛrmarkt] m supermarket
surfen ['zœ:rfən] v (im Internet) surf the Internet
suspendieren [zuspɛn'di:rən] v suspend
Swap [swɔp] m swap
Swapabkommen ['swɔpapkɔmən] n swap agreement
Swapgeschäft ['swɔpgəʃɛft] n swap transaction
Swaplinie ['swɔpli:njə] f swap line
Swappolitik ['swɔppoliti:k] f swap policy
Swapsatz ['swɔpzats] m swap rate
Swing [swɪŋ] m (Kreditlinie) swing
Switch-Geschäft ['swɪtʃgə'ʃɛft] n switch
Symbol [zym'bo:l] n symbol
Synchronfertigung [zyn'kro:nfɛrtiguŋ] f synchronous production
Syndikat [zyndi'ka:t] n syndicate
Syndikatskonto [zyndi'ka:tskɔnto] n syndicate account
Syndikus ['zyndikus] m syndic
Syndizierung [zyndi'tsi:ruŋ] f syndication
Synergie [zynɛr'gi:] f synergy
Synodalanleihe [zyno'da:lanlaɪə] f synodal loan
Synodalobligation [zyno'da:lobligatsjo:n] f synodal bond
System [zys'te:m] n system
Systemanalyse [zys'te:manalyzə] f system analysis
systematisch [zyste'ma:tɪʃ] adj systematic
Systemberater [zys'te:mbəra:tər] m system engineer
Systemplaner [zys'te:mpla:nər] m system planner
Systemsteuerung [zys'te:mʃtɔyəruŋ] f system control
Systemverwalter [zys'te:mfɛrvaltər] m administrator

T

tabellarisch [tabɛˈlaːrɪʃ] *adj* tabular, arranged in tables
Tabelle [taˈbɛlə] *f* table, chart
Tabulator [tabuˈlaːtɔːr] *m* tabulator
Tabulatortaste [tabuˈlaːtɔːrtastə] *f* tab key
Tagegeld [ˈtaːɡəɡɛlt] *n* 1. *(Reisekosten)* daily allowance, per diem allowance; 2. *(Krankenversicherung)* daily benefit
Tagelohn [ˈtaːɡəloːn] *m* daily wage, daily salary
Tagelöhner(in) [ˈtaːɡəløːnər(ɪn)] *m/f* day labourer
Tagesablauf [ˈtaːɡəsaplauf] *m* daily routine
Tagesauszug [ˈtaːɡəsaustsuːk] *m* daily statement
Tagesbericht [ˈtaːɡəsbərɪçt] *m* daily report, daily bulletin
Tagesbilanz [ˈtaːɡəsbilants] *f* daily trial balance sheet
Tageseinnahme [ˈtaːɡəsaɪnnaːmə] *f* day's receipts *pl*
Tageskurs [ˈtaːɡəskurs] *m (von Devisen)* current rate; *(von Effekten)* current price
Tagesleistung [ˈtaːɡəslaɪstʊŋ] *f* daily output
Tagesordnung [ˈtaːɡəsɔrdnʊŋ] *f* agenda; *an der ~ sein (fig)* to be the order of the day; *zur ~ übergehen* carry on as usual
Tagespensum [ˈtaːɡəspɛnzʊm] *n* daily quota
Tagessatz [ˈtaːɡəszats] *m* daily rate
Tagesumsatz [ˈtaːɡəsʊmzats] *m* daily turnover
Tageswechsel [ˈtaːɡəsvɛksəl] *m* day bill
Tageswert [ˈtaːɡəsveːrt] *m* current value
täglich [ˈtɛːɡlɪç] *adj* daily, every day
täglich fälliges Geld [ˈtɛːɡlɪç ˈfɛlɪɡəs ɡɛlt] *n* deposit at call
Tagschicht [ˈtaːkʃɪçt] *f* day shift
Tagung [ˈtaːɡʊŋ] *f* meeting, conference, session
Tagungsbericht [ˈtaːɡʊŋsbərɪçt] *m* conference report
Tagungsort [ˈtaːɡʊŋsɔrt] *m* meeting place, conference site, venue
Take Over [teɪk ˈəʊvər] *m* take over
taktieren [takˈtiːrən] *v* manoeuvre, maneuver *(US)*
Taktik [ˈtaktɪk] *f* tactics
Taktproduktion [ˈtaktprodʊktsjoːn] *f* cycle operations *pl*
Talfahrt [ˈtaːlfaːrt] *f* 1. *(Devisen)* downward trend; 2. *(Währung)* downward slide
Tantieme [tanˈtjɛːmə] *f* percentage, share in profits, *(Aufsichtsratstantieme)* directors' fee, percentage of profits
Tara [ˈtaːra] *n* tare
tarieren [taˈriːrən] *v* tare
Tarif [taˈriːf] *m* tariff, rate, scale of charges
tarifäre Handelshemmnisse [tariˈfɛːrə ˈhandəlshɛmnɪsə] *n/pl* tariff barriers *pl*
Tarifautonomie [taˈriːfautonomiː] *f* autonomous wage bargaining
tarifbesteuerte Wertpapiere [taˈriːfbəʃtɔyərtə ˈveːrtpapiːrə] *n/pl* fully-taxed securities *pl*
Tariferhöhung [taˈriːferhøːʊŋ] *f* 1. rate increase; 2. *(Gehalt)* pay rate increase
Tarifgruppe [taˈriːfɡrʊpə] *f* pay grade
Tarifkonflikt [taˈriːfkɔnflɪkt] *m* conflict over wages
Tariflohn [taˈriːfloːn] *m* standard wage, collectively negotiated wage
Tarifpartner [taˈriːfpartnər] *m/pl* both sides of industry, unions and management, parties to a collective pay deal/agreement, labour and management
Tarifpolitik [taˈriːfpolitiːk] *f* pay policy, wages policy
Tarifrunde [taˈriːfrʊndə] *f* bargaining round, contract renegotiation round
Tarifverhandlung [taˈriːfferhandlʊŋ] *f* collective bargaining, collective negotiations *pl*
Tarifvertrag [taˈriːffertraːk] *m* collective bargaining agreement
Tarifwert [taˈriːfveːrt] *m* tariff value
Taschenrechner [ˈtaʃənrɛçnər] *m* pocket calculator
Tastatur [tastaˈtuːr] *f* keyboard
tätigen [ˈtɛːtɪɡən] *v* transact
Tätigkeit [ˈtɛːtɪçkaɪt] *f (Beruf)* occupation, job
Tätigkeitsbereich [ˈtɛːtɪçkaɪtsbəraɪç] *m* range of activities, sphere of action, field of action
Tätigkeitsfeld [ˈtɛːtɪçkaɪtsfɛlt] *n* field of activity
Tausch [tauʃ] *m* trade, exchange, swap
Tauschdepot [ˈtauʃdepoː] *n* security deposit

tauschen ['tauʃən] *v* trade, exchange, swap
Tauschgeschäft ['tauʃgəʃɛft] *n* exchange deal, swap
Tauschhandel ['tauʃhandəl] *m* barter (trade)
Täuschung ['tɔyʃuŋ] *f* deceit
Tauschwaren ['tauʃva:rən] *f/pl* barter goods *pl*, barter articles *pl*
Tauschwirtschaft ['tauʃvɪrtʃaft] *f* barter economy
taxieren [ta'ksi:rən] *v* appraise, value; *(Wert)* estimate
Taxierung [ta'ksi:ruŋ] *f* appraisal
Taxwert ['taksve:rt] *m* estimated value
Team [ti:m] *n* team
Teamarbeit ['ti:marbaıt] *f* teamwork
Teamfähigkeit ['ti:mfɛ:ıçkaıt] *f* ability to be part of a team
Teamgeist ['ti:mgaıst] *m* team spirit
Technik ['tɛçnık] *f* technology; *(Aufbau)* mechanics; *(Verfahren)* technique
Techniker(in) ['tɛçnıkər(ın)] *m/f* technician
technisch ['tɛçnıʃ] *adj* technical; *adv* technically
technische Aktienanalyse ['tɛçnıʃə 'aktsjənanaly:zə] *f* technical analysis
technische Normen ['tɛçnıʃə 'nɔrmən] *f/pl* technical standards *pl*
technisches Personal ['tɛçnıʃəs pɛrzo'na:l] *n* technical staff
Technischer Überwachungsverein (TÜV) ['tɛçnıʃər y:bər'vaxuŋsfɛraın] *m* Technical Control Board
Technisierung [tɛçni'zi:ruŋ] *f* mechanization
Technologie [tɛçnolo'gi:] *f* technology
Technologietransfer [tɛçnolo'gi:transfɛːr] *m* transfer of technology
Technologiezentren [tɛçnolo'gi:tsɛntrən] *n/pl* technology centres *pl*
technologisch [tɛçno'lo:gıʃ] *adj* technological
Teilakzept ['taılaktsɛpt] *n* partial acceptance
Teilauszahlung ['taılaustsa:luŋ] *f* partial payment
Teilbeschädigung (P.A.) ['taılbəʃɛ:dıguŋ] *f* partial average (p.a.); partial damage
Teilbetrag ['taılbətra:k] *m* partial amount, instalment, fraction
Teilefertigung ['taıləfɛrtıguŋ] *f* production of parts and subassemblies
Teilerfolg ['taılɛrfɔlk] *m* partial success

Teilerfüllung ['taılɛrfyluŋ] *f* partial fulfilment
Teilforderung ['taılfɔrdəruŋ] *f* partial claim
Teilhaber(in) ['taılha:bər(ın)] *m/f* partner, associate
Teilindossament ['taılındɔsament] *n* partial endorsement
Teilkonnossement ['taılkɔnɔsament] *n* partial bill of lading
Teilkosten ['taılkɔstən] *pl* portion of overall costs
Teillieferung ['taıllı:fəruŋ] *f* partial delivery
Teilnahmebedingung ['taılna:məbədıŋuŋ] *f* condition of entry, condition of participation
Teilnahmebestätigung ['taılna:məbəʃtɛ:tıguŋ] *f* confirmation of attendance
Teilnehmer(in) ['taılne:mər(ın)] *m/f* subscriber, party
Teilnehmerland ['taılne:mərlant] *n* participant country
Teilnehmerwährung ['taılne:mərvɛ:ruŋ] *f* participating currency, currency of a euro-participating country; *die bilateralen Kurse zwischen den ~en* bilateral conversion rates between participating currencies
Teilprivatisierung ['taılprivatizi:ruŋ] *f* partial privatisation
Teilrechte ['taılrɛçtə] *n/pl* partial rights *pl*
Teilverlust (P.L.) ['taılfɛrlust] *m* partial loss (p.l.)
Teilwert ['taılve:rt] *m* partial value
Teilzahlung ['taıltsa:luŋ] *f* instalment payment, partial payment
Teilzahlungsbank ['taıltsa:luŋsbaŋk] *f* instalment sales financing institution
Teilzahlungskauf ['taıltsa:luŋskauf] *m* hire purchase
Teilzahlungskredit ['taıltsa:luŋskredi:t] *m* instalment credit
Teilzahlungsrate ['taıltsa:luŋsra:tə] *f* monthly instalment
Teilzeitarbeit ['taıltsaıtarbaıt] *f* part-time work
Teilzeitbeschäftigung ['taıltsaıtbəʃɛftıguŋ] *f* part-time employment
Telearbeit ['te:ləarbaıt] *f* telework
Telearbeiter(in) ['te:ləarbaıtər(ın)] *m/f* teleworker
Telebanking ['te:ləbæŋkıŋ] *n* telebanking
Telefax ['telefaks] *n* fax, facsimile transmission
Telefaxgerät ['telefaksgərɛ:t] *n* fax machine, facsimile machine

Telefaxnummer [ˈteːləfaksnumər] f fax number
Telefon [teleˈfoːn] n telephone, phone
Telefonat [telefoˈnaːt] n telephone call
telefonieren [telefoˈniːrən] v phone, make a telephone call
Telefonkarte [teleˈfoːnkartə] f phonecard
Telefonmarketing [teleˈfoːnmarkətɪŋ] n telephone marketing
Telefonnummer [teleˈfoːnnumər] f telephone number
Telefonverkauf [teleˈfoːnfɛrkauf] m telephone selling
Telefonzelle [teleˈfoːntsɛlə] f call-box (UK), pay phone, phone booth (US)
Telefonzentrale [teleˈfoːntsɛntraːlə] f exchange, switchboard
Telegraf [teleˈɡraf] m telegraph
telegrafieren [teleɡraˈfiːrən] v telegraph, wire, send a telegram
telegrafische Anweisung [teleˈɡrafɪʃə ˈanvaɪzuŋ] f technology payment order
Telegramm [teleˈɡram] n telegram
Telekommunikation [ˈtelekɔmunikatsjoːn] f telecommunications pl
Telekonferenz [ˈtelekɔnferɛnts] f teleconference
Telekonto [ˈteːləkɔnto] n videotext account
Telekopierer [ˈteːləkɔpiːrər] m telecopier
Telematik [teˈləmaːtɪk] f telematics pl
Teleservice [ˈteːlezɛrvɪs] m teleservice
Teleshopping [ˈteleʃɔpɪŋ] n teleshopping
temporär [tɛmpoˈrɛːr] adj temporary
Tendenz [tɛnˈdɛnts] f tendency
Tender [ˈtɛndər] m tender
Tenderverfahren [ˈtɛndərfɛrfaːrən] n tender procedure
Termin [tɛrˈmiːn] m 1. (Datum) date; 2. (Frist) term, deadline; 3. (Verabredung) appointment; 4. (Verhandlung) hearing
Terminal [ˈtɜːrmɪnəl] m terminal
Terminbörse [tɛrˈmiːnbœrzə] f futures market
Termindevisen [tɛrˈmiːndeviːzən] pl exchange for forward delivery
Termindruck [tɛrˈmiːndruk] m deadline pressure
Termineinlagen [tɛrˈmiːnaɪnlaːɡən] f/pl time deposit
Termingeld [tɛrˈmiːnɡɛlt] n time deposit
termingerecht [tɛrˈmiːnɡəreçt] adj on schedule, punctual; adv on schedule, at the right time, punctually

Termingeschäft [tɛrˈmiːnɡəʃɛft] n futures business
Terminkalender [tɛrˈmiːnkalɛndər] m appointment book, appointment calendar, docket
Terminkontrakt [tɛrˈmiːnkɔntrakt] m forward contract, futures contract
Terminkurs [tɛrˈmiːnkurs] m forward price
Terminmarkt [tɛrˈmiːnmarkt] m futures market
Terminpapiere [tɛrˈmiːnpapiːrə] n/pl forward securities pl
Terminplan [tɛrmˈiːnplaːn] m schedule, agenda
Terminplaner [tɛrˈmiːnplaːnər] m personal organizer
Terminplanung [tɛrˈmiːnplaːnuŋ] f scheduling
Terminverlängerung [tɛrˈmiːnfɛrlɛŋərʊŋ] f extension, prolongation
Terms of Payment [tɛːmz ɔv ˈpeɪmənt] pl (Zahlungsbedingungen) terms of payment pl
Terms of Trade [tɛːmz ɔv ˈtreɪd] pl (Austauschverhältnis zwischen importierten und exportierten Gütern) terms of trade pl
Tertiärbedarf [tɛrˈtsjɛːrbədarf] m tertiary demand
tertiärer Sektor [tɛrˈtsjɛːrər ˈzɛktoːr] m tertiary sector
Testat [tɛsˈtaːt] n audit opinion
Testbetrieb [ˈtɛstbətriːp] m EDV test mode
Testmarkt [ˈtɛstmarkt] m test market
Testreihe [ˈtɛstraɪə] f battery of tests
Teuerung [ˈtɔyərʊŋ] f inflation, rising prices
Teuerungsrate [ˈtɔyərʊŋsraːtə] f rate of price increase
Teuerungswelle [ˈtɔyərʊŋsvɛlə] f wave of price increase
texten [ˈtɛkstən] v (Werbetext) write copy
Texter(in) [ˈtɛkstər(ɪn)] m/f (Werbetexter) copywriter
Textgestaltung [ˈtɛkstɡəʃtaltʊŋ] f text configuration
Textilarbeiter(in) [tɛksˈtiːlarbaɪtər(ɪn)] m/f textile worker
Textilindustrie [tɛksˈtiːlɪndʊstriː] f textile industry
Textilwaren [tɛksˈtiːlvaːrən] f/pl textiles pl
Textverarbeitung [ˈtɛkstfɛrarbaɪtʊŋ] f word processing
Thesaurierung [tezauˈriːrʊŋ] f accumulation of capital
Thesaurierungsfonds [tezauˈriːrʊŋsfɔ̃ː] m accumulative investment fund
Tiefpunkt [ˈtiːfpʊŋkt] m low

tilgbar ['tɪlkbaːr] *adj* redeemable, repayable
tilgen ['tɪlgən] *v* redeem, repay, pay off
Tilgung ['tɪlguŋ] *f* repayment, redemption, amortization
Tilgungsanleihe ['tɪlguŋsanlaɪə] *f* redemption loan
Tilgungsaussetzung ['tɪlguŋsauszetsuŋ] *f* suspension of redemption payments
Tilgungsfonds ['tɪlguŋsfɔ̃ː] *m* redemption fund
Tilgungsgewinn ['tɪlguŋsgəvɪn] *m* gain of redemption
Tilgungshypothek ['tɪlguŋshypoteːk] *f* amortizable mortgage loan
Tilgungsrate ['tɪlguŋsraːtə] *f* amortization instalment
Tilgungsrückstände ['tɪlguŋsrykʃtɛndə] *m/pl* redemption in arrears
Tilgungsstreckung ['tɪlguŋsʃtrɛkuŋ] *f* repayment extension
Tilgungszeitraum ['tɪlguŋstsaɪtraum] *m* amortization period, redemption period
Timesharing ['taɪmʃɛrɪŋ] *n* time sharing
Timing ['taɪmɪŋ] *n* timing
tippen ['tɪpən] *v* (*Maschine schreiben*) type
Tippfehler ['tɪpfeːlər] *m* typing error, typographical error
Tochtergesellschaft ['tɔxtərgəzɛlʃaft] *f* subsidiary, affiliate
Top-Down-Prinzip [tɔp'daunprɪntsiːp] *n* top-down principle
Topmanagement [tɔp'mænɪdʒmənt] *n* top management
Total Quality Management (TQM) [təʊtl 'kvɔlɪti mænɪdʒmənt] *n* total quality management (TQM)
Totalanalyse [to'taːlanalyːzə] *f* total analysis
Totalausverkauf [to'taːlausfɛrkauf] *m* 1. clearance sale; 2. (*Geschäftsaufgabe*) closing-down sale
Totalschaden [to'taːlʃaːdən] *m* total loss
totes Depot ['toːtəs de'poː] *n* dormant deposit
totes Kapital ['toːtəs kapiˈtaːl] *n* dead capital
totes Konto ['toːtəs 'kɔnto] *n* inoperative account
totes Papier ['toːtəs paˈpiːr] *n* inactive security
Trade Marts [treɪd maːrts] *pl* trade marts *pl*
Trade Terms [treɪd tɛːmz] *pl* trade terms *pl*
Trading-Down ['treɪdɪŋdaʊn] *n* trading down
Trading-Up ['treɪdɪŋap] *n* trading up

traditionell [tradɪtsjoˈnɛl] *adj* traditional; *adv* traditionally
Traditionspapier [tradɪ'tsjoːnspapiːr] *n* negotiable document of title
Trainee [trɛːˈniː] *m/f* trainee
Training on the Job [treɪnɪŋ ɔn ðə 'dʒɔb] *n* training on the job
Tranche ['trɑ̃ʃ(ə)] *f* tranche
Transaktion [transak'tsjoːn] *f* transaction
Transaktionsanalyse [transak'tsjoːnsanalyːzə] *f* transactional analysis
Transaktionskasse [transak'tsjoːnskasə] *f* transaction balance
Transaktionskosten [transak'tsjoːnskɔstən] *pl* conversion charge
Transaktionsnummer (TAN) [transak'tsjoːnsnumər] *f* transaction number
Transaktions- und Kurssicherungskosten [transak'tsjoːns unt 'kurszɪçəruŋskɔstən] *pl* transaction costs and costs of exchange cover *pl*
Transfer [trans'feːr] *m* transfer
Transferabkommen [trans'feːrapkɔmən] *n* transfer agreement
Transferausgaben [trans'feːrausgaːbən] *f/pl* transfer expenditure
Transfergarantie [trans'feːrgaranti:] *f* guarantee of foreign exchange transfer
Transferleistungen [trans'feːrlaɪstuŋən] *f/pl* transfer payments *pl*
Transferrisiko [trans'feːrriːziko] *n* risk of transfer
Transit ['tranzɪt] *m* transit
Transitgüter ['tranzɪtgyːtər] *n/pl* transit goods *pl*, transit articles *pl*
Transithandel [tran'zɪthandəl] *m* transit trade
Transitklausel [tran'zɪtklauzəl] *f* transit clause
Transitverkehr ['tranzɪtfɛrkeːr] *m* transit trade
Transitzoll [tran'zɪttsɔl] *m* transit duty
transnationale Unternehmung ['transnatsjonaːlə untər'neːmuŋ] *f* transnational corporations *pl*
Transparenz [transpa'rɛnts] *f* transparency
Transport [trans'pɔrt] *m* transport, transportation (US)
transportabel [transpɔr'taːbəl] *adj* transportable
Transportbehälter [trans'pɔrtbəhɛltər] *m* container
Transporter [trans'pɔrtər] *m* 1. (*Lastwagen*) van; 2. (*Flugzeug*) cargo plane

Transporteur [transpɔrt'ø:r] *m* carrier
transportieren [transpɔr'ti:rən] *v* transport
Transportkette [trans'pɔrtketə] *f* transport chain
Transportkosten [trans'pɔrtkɔstən] *pl* transport costs *pl*, forwarding charges *pl*, shipping charges *pl*
Transportmittel [trans'pɔrtmɪtəl] *n* means of transport, means of conveyance
Transportpapiere [trans'pɔrtpapi:rə] *n/pl* transport documents *pl*
Transportschaden [trans'pɔrtʃa:dən] *m* loss during transport, damage in transit, transport loss
Transportunternehmen [trans'pɔrtʊntərne:mən] *n* haulage company
Transportunternehmer(in) [trans'pɔrtʊntərne:mər(ɪn)] *m/f* hauler, haulier
Transportversicherung [trans'pɔrtfɛrzɪçəruŋ] *f* transport insurance
Transportversicherung gegen alle Risiken (a.a.r.) [trans'pɔrtfɛrzɪçəruŋ 'ge:gən alə 'ri:zikən] *f* transportation insurance against all risks (a.a.r.)
Transportweg [trans'pɔrtve:k] *m* route of transportation
Transportwesen [trans'pɔrtve:zən] *n* transportation
Trassant [tra'sant] *m* drawer
Trassat [tra'sa:t] *m* drawee
trassiert-eigener Scheck [tra'si:rtaɪgənər ʃɛk] *m* cheque drawn by the drawer himself
trassiert-eigener Wechsel [tra'si:rtaɪgənər 'vɛksəl] *m* bill drawn by the drawer himself
Trassierung [tra'si:ruŋ] *f* drawing
Trassierungskredit ['trasi:ruŋskredi:t] *m* acceptance credit
Tratte [tratə] *f* draft
Treasury Bill ['trɛʒəri bɪl] *f* treasury bill
Treasury Bond ['trɛʒəri bɔnd] *m* treasury bond
Treasury Note ['trɛʒəri nəʊtə] *f* treasury note
Trend [trɛnt] *m* trend
Trendanalyse ['trɛntanalyzə] *f* trend analysis
Trendforschung ['trɛntfɔrʃʊŋ] *f* trend research
Trendumkehr ['trɛntʊmke:r] *f* trend change, trend reversal
Trendwende ['trɛntvɛndə] *f* reversal of a trend

Trennbanksystem ['trɛnbaŋkzyste:m] *n* system of specialized banking
Trennblatt ['trɛnblat] *n* page divider
Trennungsentschädigung ['trɛnʊŋsɛntʃɛ:dɪgʊŋ] *f* severance pay
Tresor [tre'zo:r] *m* safe
Tresorfach [tre'zo:rfax] *n* safe deposit box
Tresorraum [tre'zo:rraum] *m* strongroom
Treu und Glaube ['trɔy ʊnt glaʊbə] good faith
Treuepflicht ['trɔyəpflɪçt] *f* allegiance, duty of loyality
Treuerabatt ['trɔyərabat] *m* fidelity rebate, patronage discount
Treuhand ['trɔyhant] *f* trust
Treuhandanstalt ['trɔyhantanʃtalt] *f* institutional trustee
Treuhandbank ['trɔyhantbaŋk] *f* trust bank
Treuhanddepots ['trɔyhantdepo:s] *n/pl* trust deposits *pl*
Treuhänder ['trɔyhɛndər] *m* fiduciary, trustee
treuhänderisch ['trɔyhɛndərɪʃ] *adj* fiduciary; *adv* in trust
Treuhandfonds ['trɔyhantfɔ:] *m* trust funds *pl*
Treuhandgelder ['trɔyhantgɛldər] *pl* trust funds
Treuhandgesellschaft ['trɔyhantgəzɛlʃaft] *f* trust company
Treuhandkredit ['trɔyhantkredi:t] *m* loan on a trust basis
Treuhandschaft ['trɔyhantʃaft] *f* trusteeship
Triade [tri'a:də] *f* company operating in Japan, USA and Europe; triad
Trittbrettverfahren ['trɪtbrɛtfɛrfa:rən] *n* free rider principle
trockener Wechsel ['trɔkənər 'vɛksəl] *m* negotiable promissory note
Trust [trast] *m* trust
Trust Center ['trast sɛntər] *n* trust centre
Trust Fonds ['trast fɔ:] *m* trust fund
Turnaround [tɜ:nəraʊnd] *m* (Trendwende) turnaround
Turn-Key-Projekte ['tɜ:nki:pro'jɛktə] *n/pl* turnkey projects *pl*
Turnus ['turnʊs] *m* rota
TÜV [tyf] *m* (technische Überprüfung von Fahrzeugen) motor vehicle inspection
Typenkauf ['ty:pənkauf] *m* type purchase
Typisierung [typi'zi:ruŋ] *f* typification

U

Überangebot ['y:bərangəbo:t] *n* oversupply, glut

überarbeiten [y:bər'arbaɪtən] *v* 1. *(etw ~)* revise; 2. *sich ~* overwork o.s.

Überarbeitung [y:bər'arbaɪtuŋ] *f* 1. revision; 2. *(Überanstrengung)* overwork

Überbelastung ['y:bərbəlastuŋ] *f* overloading, overtaxing, overworking, strain

Überbeschäftigung ['y:bərbəʃɛftɪguŋ] *f* overemployment

überbesetzt ['y:bərbəzɛtst] *adj* overstaffed

Überbesetzung ['y:bərbəzɛtsuŋ] *f* overstaffing

Überbewertung ['y:bərbəve:rtuŋ] *f* overvaluation

überbezahlen ['y:bərbətsa:lən] *v* overpay

überbezahlt ['y:bərbətsa:lt] *adj* overpaid

überbieten [y:bər'bi:tən] *v irr* 1. *(Preis)* overbid, outbid; 2. *(Leistung)* outdo, beat, surpass

Überbringer(in) [y:bər'brɪŋər(ɪn)] *m/f* bearer

Überbringerscheck [y:bər'brɪŋərʃɛk] *m* bearer-cheque

Überbrückungsfinanzierung [y:ber'brykuŋsfinantsi:ruŋ] *f* interim financing

Überbrückungsgeld [y:bər'brykuŋsgɛlt] *n* temporary assistance

Überbrückungskredit [y:bər'brykuŋskredi:t] *m* bridging loan, tide-over credit

Überbrückungsrente [y:bər'brykuŋsrɛntə] *f* interim retirement pension

Überdividende ['y:bərdividɛndə] *f* superdividend

übereignen [y:bər'aɪknən] *v jdm etw ~* make sth over to s.o., transfer sth to s.o.

Übereignung [y:bər'aɪknuŋ] *f* transfer of ownership, transfer of title

Übereinkommen [y:bər'aɪnkɔmən] *n* agreement, understanding

übereinkommen [y:bər'aɪnkɔmən] *v irr* agree, come to an agreement, come to an understanding

Übereinkunft [y:bər'aɪnkunft] *f* agreement

Übereinstimmung [y:bəraɪnʃtɪmuŋ] *f* match, agreement

überfällig ['y:bərfɛlɪç] *adj (zu spät)* overdue; *(abgelaufen)* expired, overdue

Überfinanzierung ['y:bərfinantsi:ruŋ] *f* overfinancing

Überfluss ['y:bərflus] *m* 1. *(Überschuss)* surplus; 2. *(Überangebot)* glut

Überflussgesellschaft ['y:bərflusgəzɛlʃaft] *f* affluent society

überfordern [y:bər'fɔrdərn] *v* overtax, demand too much of

überfordert [y:bər'fɔrdərt] *adj* overtaxed, overstrained

überführen [y:bər'fy:rən] *v (transportieren)* transport, transfer

Überführung [y:bər'fy:ruŋ] *f (Transport)* transport, transportation

Übergabe ['y:bərga:bə] *f* handing over, delivery

Übergangsbestimmungen ['y:bərgaŋsbəʃtɪmuŋən] *f/pl* provisional regulations *pl*, temporary regulations *pl*

Übergangserscheinung ['y:bərgaŋsɛrʃaɪnuŋ] *f* phenomenon of transition

Übergangsfrist ['y:bərgaŋsfrɪst] *f* transition phase, interim period

Übergangsgeld ['y:bərgaŋsgɛlt] *n* transitional pay

Übergangskonten ['y:bərgaŋskɔntən] *n/pl* suspense accounts *pl*

Übergangslösung ['y:bərgaŋslø:zuŋ] *f* temporary solution

Übergangsregelung ['y:bərgaŋsre:gəluŋ] *f* interim arrangement, transitional arrangement

Übergangszeit ['y:bərgaŋstsaɪt] *f* period of transition

übergeben [y:bər'ge:bən] *v irr (etw ~)* deliver, hand over; *jdm etw ~* deliver sth over to s.o.

Übergebot ['y:bərgəbo:t] *n* higher bid

Übergewicht ['y:bərgəvɪçt] *n* overweight

Überhang ['y:bərhaŋ] *m (Überschuss)* surplus

überhöht [y:bər'hø:t] *adj* excessive

Überkapazität ['y:bərkapatsite:t] *f* overcapacity

Überkapitalisierung ['y:berkapitalizi:ruŋ] *f* overcapitalization

Überkreuzverflechtung [y:bər'krɔytsfɛrflɛçtuŋ] *f* interlocking directorate

Überliquidität ['y:bərlikvidite:t] *f* excess liquidity

übermitteln [y:bər'mɪtəln] *v* transmit, convey, deliver

Übermittlung [y:bər'mɪtluŋ] f conveyance, transmission

Übernahme ['y:bərna:mə] f takeover, taking over, taking possession; *(Amtsübernahme)* entering

Übernahmeangebot ['y:bərna:məangəbo:t] n takeover bid

Übernahmegewinn ['y:bərna:məgəvɪn] m takeover profit

Übernahmegründung ['y:bərna:məgryndʊŋ] f foundation in which founders take all shares

Übernahmekonsortium ['y:bərna:məkɔnzɔrtsjʊm] n security-taking syndicate

Übernahmekurs ['y:bərna:məkʊrs] m underwriting price

Übernahmeverlust ['y:bərna:məfɛrlʊst] m loss on takeover

übernehmen [y:bər'ne:mən] v irr 1. *(entgegennehmen)* accept; 2. *(Amt)* take over; 3. sich ~ *(sich überanstrengen)* overstrain, overextend, undertake too much

überordnen [y:bərɔrdnən] v give priority to; jmd ist jdm übergeordnet s.o. ranks above s.o.

Überpreis ['y:bərprais] m excessive price

Überproduktion ['y:bərprɔduktsjo:n] f overproduction, excess production

überprüfen [y:bər'pry:fən] v check, examine, inspect

Überprüfung [y:bər'pry:fʊŋ] f inspection, overhaul, examination

Überqualifikation ['y:bərkvalifikatsjo:n] f overqualification

überqualifiziert ['y:bərkvalifitsi:rt] adj overqualified

übersättigt [y:bər'zɛtɪçt] adj *(Markt)* glutted

Übersättigung [y:bər'zɛtɪgʊŋ] f repletion, glutting

Überschlag ['y:bərʃla:k] m rough calculation, rough estimate

überschlagen [y:bər'ʃla:gən] v *(ausrechnen)* estimate, approximate; *(Kosten)* make a rough estimate of

überschreiben [y:bər'ʃraibən] v irr 1. transfer by deed, convey; 2. write over

Überschreibung [y:bər'ʃraibʊŋ] f conveyance, transfer by deed, transfer in a register

überschuldet [y:bər'ʃʊldət] adj heavily indebted

Überschuldung [y:bər'ʃʊldʊŋ] f overindebtedness, excessive indebtedness

Überschuldungsbilanz [y:bər'ʃʊldʊŋsbilants] f statement of overindebtedness

Überschuss ['y:bərʃʊs] m surplus, excess

überschüssig ['y:bərʃysɪç] adj surplus, excess, left over

Überschussproduktion ['y:bərʃʊsprɔduktsjo:n] f surplus production

Überschussrechnung ['y:bərʃʊsrɛçnʊŋ] f cash receipts and disbursement method

Überschussreserve ['y:bərʃʊsrezɛrvə] f surplus reserve

Überschusssparen ['y:bərʃʊsʃpa:rən] n surplus saving

überschwemmen [y:bər'ʃvɛmən] v *(Markt)* glut, flood

überschwemmt [y:bər'ʃvɛmt] adj *(Markt)* glutted

Übersee ['y:bərze:] f in ~ overseas; von ~ from overseas

Überseehandel ['y:bərze:handəl] m oversea(s) trade

übersenden [y:bər'zɛndən] v irr send, forward, transmit

Übersendung [y:bər'zɛndʊŋ] f sending, conveyance, consignment

Übersetzungssoftware ['y:bərzɛtsʊŋssɔftvɛ:r] f translation software

Übersicht ['y:bərzɪçt] f 1. *(Überblick)* general picture, overall view; 2. *(Zusammenfassung)* outline, summary, review

Übersichtstabelle ['y:bərzɪçtstabɛlə] f chart

übersteigen ['y:bərʃtaigən] v irr *(Preise)* top

Überstunde ['y:bərʃtʊndə] f overtime; ~n machen work overtime, put in overtime

übertariflich [y:bərtari:flɪç] adj merit

übertarifliche Bezahlung ['y:bərtari:flɪçə bə'tsa:lʊŋ] f payment in excess of collectively agreed scale

Übersteuerung [y:bər'tɔyərʊŋ] f overcharge, excessive prices pl

Übertrag ['y:bərtra:k] m sum carried over

übertragbar [y:bər'tra:kba:r] adj *(Papiere)* assignable, transferable, conveyable

Übertragbarkeit [y:bər'tra:kbarkait] f *(Papiere)* transferability

übertragen [y:bər'tra:gən] v *(Auftrag)* transfer, transmit; *(Papiere)* assign, transfer

Übertragung [y:bər'tra:gʊŋ] f transfer, assignment

Übertragungsfehler [y:bər'tra:gʊŋsfe:lər] m transcription error

Überversicherung ['y:bərfɛrzɪçərʊŋ] f overinsurance

übervorteilen [y:bər'fo:rtailən] v defraud, cheat

Übervorteilung [y:bər'fo:rtaılʊŋ] f cheating
überwachen [y:bər'vaxən] v supervise, monitor
Überwachung [y:bər'vaxʊŋ] f supervision, surveillance, observation
überweisen [y:bər'vaızən] v irr transfer
Überweisung [y:bər'vaızʊŋ] f (von Geld) transfer, remittance
Überweisungsauftrag [y:bər'vaızʊŋsauftra:k] m transfer instruction
Überweisungsformular [y:bər'vaızʊŋsfɔrmula:r] n credit transfer form
Überweisungsscheck [y:bər'vaızʊŋsʃɛk] m transfer cheque
Überweisungsträger [y:bər'vaızʊŋstrɛ:gər] m remittance slip
Überweisungsverkehr [y:bər'vaızʊŋsfɛrke:r] m money transfer transactions pl
überzeichnen [y:bər'tsaıçnən] v oversubscribe
Überzeichnung [y:bər'tsaıçnʊŋ] f oversubscription
überzeugen [y:bər'tsɔygən] v convince; (überreden) persuade; (juristisch) satisfy
Überzeugungskraft [y:bər'tsɔygʊŋskraft] f powers of persuasion pl
überziehen [y:bər'tsi:ən] v irr (Konto) overdraw an account
Überziehung [y:bər'tsi:ʊŋ] f (Konto) overdraft
Überziehungsgrenze ['y:bərtsi:ʊŋsgrɛntsə] f credit line, credit limit
Überziehungskredit [y:bər'tsi:ʊŋskredi:t] m overdraft provision, overdraft credit; zinsloser ~ swing
Überziehungsprovision [y:bər'tsi:ʊŋsprovizjo:n] f overdraft commission
überzogen [y:bər'tso:gən] adj 1. (Preise) excessive; 2. (Konto) overdrawn
Überzug ['y:bərtsu:k] m (Beschichtung) coating
üblich ['y:plıç] adj usual, customary, conventional, ordinary
übliche Bedingungen (u.c.c., u.t.) ['y:blıçə bə'dıŋʊŋən] f/pl usual conditions (u.c.c.) pl; usual terms (u.t.) pl
Uhrzeit ['u:rtsaıt] f time (of day)
Ultimatum [ulti'ma:tʊm] n ultimatum
ultimo ['ultimo] adv end of the month
Ultimoabrechnung ['ultimoapreçnʊŋ] f end-of-month settlement
Ultimogeld ['ultimogɛlt] n last-day money
Ultimogeschäft ['ultimogəʃɛft] n last-day business

umbilden ['umbıldən] v (neu organisieren) reorganize
Umbrella-Effekt [am'brelə ɛ'fɛkt] m umbrella effect
Umbruch ['umbrux] m upheaval, change
Umbruchszeit ['umbruxstsaıt] f time of upheaval, time of change
umbuchen ['umbu:xən] v (Konto) transfer to another account
Umbuchung ['umbu:xʊŋ] f (Kontoumbuchung) transfer (of an entry)
Umbuchungsgebühr ['umbu:xʊŋsgəby:r] f alteration charge
umdisponieren ['umdısponi:rən] v make new arrangements
Umfang ['umfaŋ] m (fig. Ausmaß) scope, scale
Umfinanzierung ['umfinantsi:rʊŋ] f switch-type financing, refinancing
Umfrage ['umfra:gə] f public opinion poll, opinion survey
umgehend ['umge:ənt] adj immediate; adv immediately
umgestalten ['umgəʃtaltən] v reshape, reformat, redesign
Umgestaltung ['umgəʃtaltʊŋ] f reshaping, reorganization, reformatting, reconfiguration
Umgründung ['umgryndʊŋ] f reorganization
umgruppieren ['umgrupi:rən] v (einer Firma) reshuffle
Umgruppierung ['umgrupi:rʊŋ] f (einer Firma) reshuffling
umladen ['umla:dən] v irr reload; (einer Schiffsladung) transship
Umlage ['umla:gə] f levy contribution, allocation, charge; *eine ~ machen* split the costs
umlagern ['umla:gərn] v move, put in another place
Umlageverfahren ['umla:gəfɛrfa:rən] n (Kostenrechnung) method of cost allocation; (Sozialversicherung) social insurance on a pay-as-you-go basis
Umlauf ['umlauf] m circulation
umlaufen ['umlaufən] v irr (Geld) circulate
Umlaufkapital ['umlaufkapita:l] n current liabilities pl
Umlaufmappe ['umlaufmapə] f circular file
Umlaufmarkt ['umlaufmarkt] m secondary market
Umlaufrendite ['umlaufrɛndi:tə] f yield on bonds outstanding

Umlaufgeschwindigkeit ['ʊmlaʊfgəʃwɪndɪçkaɪt] f (des Geldes) velocity of circulation

Umlaufvermögen ['ʊmlaʊffɛrmøːgən] n floating assets pl, current assets pl

umlegen ['ʊmleːgən] v (verteilen) allocate, distribute, apportion

umpacken ['ʊmpakən] v repack

umprogrammieren ['ʊmprogramiːrən] v reprogram

umrechnen ['ʊmrɛçnən] v convert

Umrechnung ['ʊmrɛçnʊŋ] f conversion

Umrechnungsfaktor ['ʊmrɛçnʊŋsfaktoːr] m conversion factor

Umrechnungsgebühren ['ʊmrɛçnʊŋsgəbyːrən] f/pl conversion charges pl

Umrechnungskurs ['ʊmrɛçnʊŋskʊrs] m exchange rate, rate of conversion

Umrechnungstabelle ['ʊmrɛçnʊŋstabɛlə] f conversion table

umrüsten ['ʊmrystən] v (technisch) retool, adapt, convert

umsatteln ['ʊmzatəln] v (fig: Beruf) change one's profession

Umsatz ['ʊmzats] m turnover, sales volume

Umsatzbeteiligung ['ʊmzatsbətaɪlɪgʊŋ] f (Provision) commission

Umsatzentwicklung ['ʊmzatsɛntvɪklʊŋ] f turnover trend

Umsatzplan ['ʊmzatsplaːn] m turnover plan

Umsatzprognose ['ʊmzatsprognoːzə] f turnover forecast

Umsatzprovision ['ʊmzatsprovizjoːn] f sales commission, commission on turnover

Umsatzrendite ['ʊmzatsrɛndiːtə] f net income percentage of turnover

Umsatzrentabilität ['ʊmzatsrɛntabilitɛːt] f net profit ratio

Umsatzrückgang ['ʊmzatsrʏkgaŋ] m drop in sales, decline in sales

Umsatzsteigerung ['ʊmzatsʃtaɪgərʊŋ] f increase in sales, turnover increase

Umsatzsteuer ['ʊmzatsʃtɔʏər] f turnover tax

Umschlag ['ʊmʃlaːk] m 1. (Kuvert) envelope; 2. (Schutzhülle) cover, wrapping; 3. (Umladung) transshipment, reloading

umschlagen ['ʊmʃlaːgən] v irr (umladen) transfer, transship

Umschlagplatz ['ʊmʃlaːkplats] m reloading point; (Handelsplatz) trade centre

Umschlagshäufigkeit eines Lagers ['ʊmʃlaːkshɔʏfɪçkaɪt 'aɪnəs 'laːgərs] f inventory sales ratio; rate of inventory turnover

umschreiben ['ʊmʃraɪbən] v irr (übertragen) transfer

umschulden ['ʊmʃʊldən] v (Anleihen) convert

Umschuldung ['ʊmʃʊldʊŋ] f debt restructuring

umschulen ['ʊmʃuːlən] v retrain

Umschulung ['ʊmʃuːlʊŋ] f (für einen anderen Beruf) retraining

Umschwung ['ʊmʃvʊŋ] m (Meinung) change, reversal

umsetzbar ['ʊmzɛtsbaːr] adj (verkäuflich) marketable, salable, sellable

Umsetzbarkeit ['ʊmzɛtsbaːrkaɪt] f (Verkäuflichkeit) market-ability, salability, sellability

umsetzen ['ʊmzɛtsən] v (verkaufen) turn over, sell

umsonst [ʊm'zɔnst] adv 1. (vergeblich) in vain, to no avail, uselessly; 2. (erfolglos) without success; 3. (unentgeltlich) free, for nothing, gratis

umstellen ['ʊmʃtɛlən] v (umorganisieren) reorganize; sich ~ (anpassen) accommodate o.s., adapt, adjust

Umstellung ['ʊmʃtɛlʊŋ] f 1. (Umorganisierung) reorganization; 2. (Anpassung) adaptation

Umstellungstermin ['ʊmʃtɛlʊŋstɛrmiːn] m changeover date

Umstellungszeitplan ['ʊmʃtɛlʊŋstsaɪtplaːn] m changeover timetable

umstrukturieren ['ʊmʃtrʊktʊriːrən] v restructure

Umstrukturierung ['ʊmʃtrʊktʊriːrʊŋ] f restructuring, reorganization

Umtausch ['ʊmtaʊʃ] m exchange; (in eine andere Währung) conversion

umtauschen ['ʊmtaʊʃən] v exchange, convert

Umtauschrecht ['ʊmtaʊʃrɛçt] n right to exchange goods

umverteilen ['ʊmfɛrtaɪlən] v redistribute

Umverteilung ['ʊmfɛrtaɪlʊŋ] f redistribution

umwechseln ['ʊmvɛksəln] v change, exchange

Umwechslung ['ʊmvɛkslʊŋ] f exchange

Umwelt ['ʊmvɛlt] f environment

Umweltabgabe ['ʊmvɛltapgaːbə] f environmental levy

Umweltbelastungen ['ʊmvɛltbəlastʊŋən] f/pl environmentally damaging activities pl

umweltfreundlich ['ʊmvɛltfrɔʏndlɪç] adj non-polluting, environment-friendly

Umwelthaftungsgesetz (UmweltHG) ['ʊmvɛlthaftʊŋsgəzɛts] n Law on Environmental Issues

Umweltpolitik ['ʊmvɛltpoliti:k] f environmental policy

umweltpolitisch ['ʊmvɛltpoliːtɪʃ] adj ecopolitical

Umweltschutz ['ʊmvɛltʃʊts] m protection of the environment, pollution control, conservation

Umweltverschmutzung ['ʊmvɛltfɛrʃmʊtsʊŋ] f environmental pollution

Umweltverträglichkeit ['ʊmvɛltfɛrtrɛːklɪçkaɪt] f environmental impact, effect on the environment

Umweltzeichen ['ʊmvɛlttsaɪçən] n environmental label

Unabhängigkeit ['ʊnapheŋɪçkaɪt] f independence

unabkömmlich ['ʊnapkœmlɪç] adj indispensable

Unabkömmlichkeit ['ʊnapkœmlɪçkaɪt] f indispensability

unaufgefordert ['ʊnaʊfɡəfɔrdərt] adj unasked, unsolicited; adv without being asked

unausgebildet ['ʊnaʊsɡəbɪldət] adj untrained, unskilled

unbar ['ʊnbaːr] adj/adv non cash

unbeantwortet ['ʊnbaantvɔrtət] adj unanswered

unbefristet ['ʊnbəfrɪstət] adj for an indefinite period, permanent

unbefugt ['ʊnbəfuːkt] adj unauthorized

Unbefugte(r) ['ʊnbəfuːktə(r)] f/m unauthorized person, trespasser

unberechenbar ['ʊnbəreçənbaːr] adj incalculable, unpredictable

unbeschränkte Steuerpflicht ['ʊnbəʃrɛŋktə 'ʃtɔyərpflɪçt] f unlimited tax liability

unbeständig ['ʊnbəʃtɛndɪç] adj (Markt) unsettled

Unbeständigkeit ['ʊnbəʃtɛndɪçkaɪt] f (Markt) unsettledness

unbewegliche Vermögen ['ʊnbəveːklɪçə fɛrˈmøːɡən] n/pl immovable property

unbezahlbar ['ʊnbəˈtsaːlbaːr] adj unaffordable, prohibitively expensive

unbezahlter Urlaub ['ʊnbətsaːltər 'ʊrlaʊp] m unpaid vacation

unbeziffert ['ʊnbətsɪfərt] adj uncosted

unbrauchbar ['ʊnbraʊxbaːr] adj useless, of no use

unbürokratisch ['ʊnbyrɔkraːtɪʃ] adj unbureaucratic

undurchführbar ['ʊndʊrçfyːrbaːr] adj impracticable, infeasible

unechte Gemeinkosten ['ʊnɛçtə ɡəˈmaɪnkɔstən] pl fictitious overheads pl

unechtes Factoring ['ʊnɛçtəs 'fæktərɪŋ] n false factoring

uneinbringliche Forderung ['ʊnaɪnbrɪŋlɪçə 'fɔrdərʊŋ] f irrecoverable debt

uneingeschränkt ['ʊnaɪŋɡəʃrɛŋkt] adj unrestricted, unlimited

uneinheitlich ['ʊnaɪnhaɪtlɪç] adj (Preise) irregular

unentgeltlich ['ʊnɛntɡɛltlɪç] adj free of charge; adv free of charge, gratis

unerfahren ['ʊnɛrfaːrən] adj inexperienced

unfähig ['ʊnfɛːɪç] adj incapable, unable

Unfähigkeit ['ʊnfɛːɪçkaɪt] f incompetence, inability

Unfallverhütungsvorschriften ['ʊnfalfɛrhyːtʊŋsfoːrʃrɪftən] f/pl accident-prevention rules pl

Unfallversicherung ['ʊnfalfɛrzɪçərʊŋ] f accident insurance

unfertige Erzeugnisse ['ʊnfɛrtɪɡə ɛrˈtsɔyknɪsə] n/pl 1. (Recht) work in process; 2. (Produktion) partly finished products pl

unfrankiert ['ʊnfraŋkiːrt] adj unpaid, not prepaid

Unfriendly Takeover ['ʌnfrɛndli 'teɪkəʊvər] n (feindliche Übernahme) unfriendly take over

ungedeckter Kredit ['ʊnɡədɛktər kreˈdiːt] m uncovered credit

ungedeckter Scheck ['ʊnɡədɛktər ʃɛk] m uncovered cheque

ungenutzt ['ʊnɡənʊtst] adj/adv unused, unutilized

ungesetzlich ['ʊnɡəzɛtslɪç] adj illegal, illicit, unlawful

ungültig ['ʊnɡʏltɪç] adj invalid, void

Ungültigkeit ['ʊnɡʏltɪçkaɪt] f invalidity, nullity

ungünstig ['ʊnɡʏnstɪç] adj unfavourable, inopportune; adv unfavourably

Unifizierung [unifi'tsiːrʊŋ] f consolidation

Union [un'joːn] f union

Universalbank [univɛrˈzaːlbaŋk] f all-round bank

unkompensierte Bilanz ['ʊnkɔmpɛnziːrtə biˈlants] f unoffset balance sheet

Unkosten ['ʊnkɔstən] pl expenses pl, costs pl; sich in ~ stürzen go to a great deal of expense

Unkostenbeitrag ['ʊnkɔstənbaɪtraːk] m contribution towards expenses

unkündbar [ʊnˈkʏntbaːr] adj permanent, binding, not terminable

unlautere Werbung ['ʊnlaʊtərə 'vɛrbʊŋ] f unfair advertising
unlauterer Wettbewerb ['ʊnlaʊtərər 'vɛtbəvɛrp] m unfair competition
Unmündigkeit ['ʊnmʏndɪçkaɪt] f minority
unnotierte Werte ['ʊnnoti:rtə 've:rtə] m/pl unlisted securities pl
unnötig ['ʊnnø:tɪç] adj unnecessary, needless
unpraktisch ['ʊnpraktɪʃ] adj unpractical (UK), impractical (US)
unrealistisch ['ʊnrealɪstɪʃ] adj unrealistic
unrechtmäßig ['ʊnrɛçtmɛ:sɪç] adj illegal, unlawful
unregelmäßig ['ʊnre:gəlmɛ:sɪç] adj irregular; adv irregularly
Unregelmäßigkeit ['ʊnre:gəlmɛ:sɪçkaɪt] f irregularity
unrentabel ['ʊnrɛntabəl] adj unprofitable
unsachgemäß ['ʊnzaxgəmɛ:s] adj improper, inexpert
unschlüssig ['ʊnʃlʏsɪç] adj uncertain, undetermined, irresolute
Unsicherheit ['ʊnzɪçərhaɪt] f uncertainty
unter dem Strich [ʊntər de:m 'ʃtrɪç] adv in total
Unterbeschäftigung ['ʊntərbəʃɛftɪgʊŋ] f underemployment
unterbesetzt ['ʊntərbəzɛtst] adj understaffed
unterbewerten ['ʊntərbəvɛrtən] v undervalue
Unterbewertung ['ʊntərbəve:rtʊŋ] f undervaluation
Unterbilanz ['ʊntərbilants] f deficit balance
unterbreiten [ʊntər'braɪtən] v submit
Unterfinanzierung ['ʊntərfinantsi:rʊŋ] f underfinancing
unterfordern [ʊntər'fɔrdərn] v demand too little of, ask too little of, expect too little of
Untergebene(r) [ʊntər'ge:bənə(r)] f/m (Mitarbeiter) subordinate
untergeordnet ['ʊntərgəɔrdnət] adj subordinate, secondary
Unterhalt ['ʊntərhalt] m support, maintenance
Unterhändler(in) ['ʊntərhɛndlər(ɪn)] m/f negotiator, mediator
Unterkapitalisierung ['ʊntərkapitalizi:rʊŋ] f undercapitalization
Unterkonto ['ʊntərkɔnto] n subsidiary account, adjunct account, subaccount, auxiliary account

Unterlagen ['ʊntərla:gən] f/pl (Dokumente) documents pl, materials pl, papers pl
unterlassen [ʊntər'lasən] v irr fail to do, refrain from doing
Unterliquidität ['ʊntərlikvidɪtɛ:t] f lack of liquidity
Untermakler ['ʊntərma:klər] m intermediate broker
Unternehmen [ʊntər'ne:mən] n (Firma) business, enterprise, business firm, business undertaking, firm, concern
Unternehmensberater(in) [ʊntər'ne:mənsbəra:tər(ɪn)] m/f business consultant, management consultant
Unternehmensbesteuerung [ʊntər'ne:mənsbəʃtɔyərʊŋ] f business taxation
Unternehmenseinheit [ʊntər'ne:mənsaɪnhaɪt] f unit company, unit of organization
Unternehmensführung [ʊntər'ne:mənsfy:rʊŋ] f business management, company management, corporation management; (leitende Personen) top management
Unternehmensfusion [ʊntər'ne:mənfuzjo:n] f merger of companies
Unternehmensgewinn [ʊntər'ne:mənsgəvɪn] m company profit, profit of the enterprise, business profit
Unternehmenskonzentration [ʊntər'ne:mənskɔntsɛntratsjo:n] f business concentration
Unternehmenskultur [ʊntər'ne:mənskultu:r] f corporate culture
Unternehmensleitung [ʊntər'ne:mənslaɪtʊŋ] f corporate management, business management, company management
Unternehmensphilosophie [ʊntər'ne:mənsfilozofi:] f company philosophy
Unternehmensplanung [ʊntər'ne:mənspla:nʊŋ] f company planning
Unternehmenspolitik [ʊntər'ne:mənspoliti:k] f company policy
Unternehmensstrategie [ʊntər'ne:mənsʃtrategi:] f corporate strategy
Unternehmensvernetzung [ʊntər'ne:mənsfɛrnɛtsʊŋ] f group relationships pl
Unternehmensverträge [ʊntər'ne:mənsfɛrtrɛ:gə] f intercompany agreements pl
Unternehmensziel [ʊntər'ne:məntsi:l] n company objective
Unternehmenszusammenschluss [ʊntər'ne:mənstsuzamənʃlus] m business combination
Unternehmer(in) [ʊntər'ne:mər(ɪn)] m/f entrepreneur, industrialist, contractor

Unternehmergewinn [untərˈneːmərgəvɪn] *m* corporate profit
unternehmerisch [untərˈneːmərɪʃ] *adj* entrepreneurial
Unternehmerlohn [untərˈneːmərloːn] *m* owner's salary
Unternehmung [untərˈneːmʊŋ] *f* business enterprise
Unternehmungswert [untərˈneːmʊŋsveːrt] *m* corporate value
Unter-Pari-Emission [untərˈpaːriemɪsjoːn] *f* issue below par
Unterredung [untərˈreːdʊŋ] *f* conference, interview, business talk
unterschlagen [untərˈʃlaːgən] *v irr (Geld)* embezzle
Unterschlagung [untərˈʃlaːgʊŋ] *f* embezzlement
unterschreiben [untərˈʃraɪbən] *v irr* sign
Unterschrift [ˈʊntərʃrɪft] *f* signature
Unterschriftenmappe [ˈʊntərʃrɪftənmapə] *f* signature folder
unterschriftsberechtigt [ˈʊntərʃrɪftsbərɛçtɪçt] *adj* authorized to sign
unterschriftsreif [ˈʊntərʃrɪftsraɪf] *adj* ready for signing, ready to be signed, final
unterschwellige Werbung [untərʃvɛlɪgə ˈvɛrbʊŋ] *f* subliminal advertising
Unterstützungslinie [untərˈʃtʏtsʊŋsliːnjə] *f* support level
Untersuchung [untərˈzuːxʊŋ] *f* examination
unterversichert [ˈʊntərfɛrzɪçərt] *adj* underinsured
unterversorgt [ˈʊntərfɛrzɔrgt] *adj* undersupplied
Unterversorgung [ˈʊntərfɛrzɔrgʊŋ] *f* undersupply
Untervertreter [ˈʊntərfɛrtreːtər] *m* subagent
Untervollmacht [ˈʊntərfɔlmaxt] *f* delegated authority
unterweisen [untərˈvaɪzən] *v irr* instruct
unterzeichnen [untərˈtsaɪçnən] *v* sign, subscribe, affix one's signature
Unterzeichnete(r) [untərˈtsaɪçnətə(r)] *f/m* undersigned
untilgbar [ʊnˈtɪlkbaːr] *adj* irredeemable
untragbar [ˈʊntraːkbaːr] *adj* intolerable, unbearable, *(Preise)* prohibitive
Untreue [ˈʊntrɔʏə] *f* disloyalty
unverbindlich [ˈʊnfɛrbɪndlɪç] *adj/adv* not binding

unverbindliche Preisempfehlung [ˈʊnfɛrbɪndlɪçə ˈpraɪsɛmpfeːlʊŋ] *f* non-binding price recommendation
Unverfallbarkeit [ˈʊnfɛrfalbaːrkaɪt] *f* non-forfeitability
unverkäuflich [ˈʊnfɛrkɔʏflɪç] *adj* unsaleable; *(nicht feil)* not for sale
unverpackt [ˈʊnfɛrpakt] *adj/adv* unpacked
unverzollt [ˈʊnfɛrtsɔlt] *adj/adv* duty-free
unvollkommener Markt [ˈʊnfɔlkɔmənər markt] *m* imperfect market
unvollständig [ˈʊnfɔlʃtɛndɪç] *adj* incomplete
Unvollständigkeit [ˈʊnfɔlʃtɛndɪçkaɪt] *f* incompleteness
unvorhergesehen [ˈʊnfoːrheːrgəzeːən] *adj* unforeseen, unanticipated
unwirksam [ˈʊnvɪrkzaːm] *adj* null and void
unwirtschaftlich [ˈʊnvɪrtʃaftlɪç] *adj* uneconomical, inefficient
Unwirtschaftlichkeit [ˈʊnvɪrtʃaftlɪçkaɪt] *f* inefficiency, wastefulness
Unzumutbarkeit der Weiterbeschäftigung [ˈʊntsuːmuːtbaːrkaɪt deːr ˈvaɪtərbəʃɛftɪgʊŋ] *f* unacceptability of continued employment
Urabstimmung [ˈuːrapʃtɪmʊŋ] *f* strike vote
Urheber(in) [ˈuːrheːbər(ɪn)] *m/f* author, originator
Urheberrecht [ˈuːrheːbərɛçt] *n* copyright
urheberrechtlich [ˈuːrheːbərɛçtlɪç] *adj* copyright
Urkunde [ˈuːrkʊndə] *f* certificate, document, deed
urkundlich [ˈuːrkʊntlɪç] *adj* documentary; *adv* authentically; ~ *belegt* documented
Urlaub [ˈuːrlaʊp] *m* holidays *pl*, vacation *(US); im* ~ on holiday, on vacation *(US)*
Urlaubsgeld [ˈuːrlaʊpsgɛlt] *n* holiday allowance
Urlaubsplaner [ˈuːrlaʊpsplaːnər] *m* holiday planner
Urlaubsvertretung [ˈuːrlaʊpsfɛrtreːtʊŋ] *f* replacement (for s.o. who is on holiday/on vacation)
Ursprungsland [ˈuːrʃprʊŋslant] *n* country of origin
Ursprungszeugnis [ˈuːrʃprʊŋstsɔʏknɪs] *n* certificate of origin
Usancen [yˈzãːsən] *pl* usage
Usancenhandel [yˈzãːsənhandəl] *m* trading in foreign exchange
U-Schätze [ˈuːʃɛtsə] *pl* non-interest bearing treasury bond

V

vakant [va'kant] *adj* vacant
Vakanz [va'kants] *f* vacancy
vakuumverpackt ['va:kuumfɛrpakt] *adj* vacuum-packed
Vakuumverpackung ['va:kuumfɛrpakuŋ] *f* vacuum packaging
vakuumversiegelt ['va:kuumfɛrzi:gəlt] *adj* vacuum-sealed
Vakuumversiegelung ['va:kuumfɛrzi:gəluŋ] *f* vacuum sealing
Valoren [va'lo:rən] *pl* securities *pl*
Valorisation [valoriza'tsjo:n] *f* valorization
Valuta [va'lu:ta] *f* currency
Valuta-Akzept [va'lutaaktsɛpt] *n* foreign currency acceptance
Valuta-Anleihen [va'lutaanlaiən] *f/pl* foreign currency loan
Valutageschäft [va'lutagəʃɛft] *n* currency transactions *pl*
Valutaklausel [va'lutaklauzəl] *f* foreign currency clause
Valutakonto [va'lutakɔnto] *n* foreign currency account
Valutakredit [va'lutakredi:t] *m* foreign currency loan
Valutapolitik [va'lutapoliti:k] *f* currency policy
Valutarisiko [va'lutari:ziko] *n* exchange risk
Valutaschuldschein [va'lutaʃultʃain] *m* foreign currency certificate of indebtedness
Valutierung [valu'ti:ruŋ] *f* fixing of exchange rate
variabel [vari'a:bəl] *adj* variable
variable Kosten [va'rja:blə 'kɔstən] *pl* variable costs *pl*
variabler Kurs [va'rja:blər kurs] *m* variable price
variabler Markt [va'rja:blər markt] *m* variable market
variabler Wert [va'rja:blər ve:rt] *m* variable value
variabler Zins [va'rja:blər tsins] *m* variable rate of interest
Varianz [va'rjants] *f* variance
verabschieden [fɛr'apʃi:dən] *v* dismiss, discharge
Verabschiedung [fɛr'apʃi:duŋ] *f* dismissal, discharge
veraltet [fɛr'altət] *adj* obsolete, antiquated, out of date

veranlagt [fɛr'anla:kt] *adj (steuerlich ~)* assessed, rated
Veranlagung [fɛr'anla:guŋ] *f (steuerliche ~)* tax assessment
veranlassen [fɛr'anlasən] *v* cause, bring about, arrange for
Veranlassung [fɛr'anlasuŋ] *f* cause, occasion, initiative
veranschlagen [fɛr'anʃla:gən] *v irr* estimate
Veranschlagung [fɛr'anʃla:guŋ] *f* estimate
veranstalten [fɛr'anʃtaltən] *v* arrange, organize
Veranstaltung [fɛr'anʃtaltuŋ] *f* arrangement, organization
Veranstaltungskalender [fɛr'anʃtaltuŋskalɛndər] *m* calendar of events
Veranstaltungsort [fɛr'anʃtaltuŋsɔrt] *m* venue
verantworten [fɛr'antvɔrtən] *v* answer for, take responsibility for, to be accountable for; *sich für etw ~* answer for sth
verantwortlich [fɛr'antvɔrtlɪç] *adj* responsible, answerable; *(juristisch)* liable
Verantwortlichkeit [fɛr'antvɔrtlɪçkait] *f* responsibility, liability, accountability
Verantwortung [fɛr'antvɔrtuŋ] *f* responsibility; *jdn zur ~ ziehen* call s.o. to account for sth
Verantwortungsträger(in) [fɛr'antvɔrtuŋstrɛ:gər(ɪn)] *m/f* person responsible
verarbeiten [fɛr'arbaitən] *v (bearbeiten)* manufacture, process
Verarbeitung [fɛr'arbaituŋ] *f (Bearbeitung)* manufacturing, processing, working
veräußern [fɛr'ɔysərn] *v (verkaufen)* sell, dispose of, *(übereignen)* transfer
Veräußerung [fɛr'ɔysəruŋ] *f (von Rechten)* alienation; *(Verkauf)* sale
Veräußerungsgewinn [fɛr'ɔysəruŋsgəvin] *m* gain on disposal
Verband [fɛr'bant] *m* association
verbessern [fɛr'bɛsərn] *v* improve, change for the better; *(korrigieren)* correct, revise
Verbesserung [fɛr'bɛsəruŋ] *f* improvement; *(Korrektur)* correction, amendment
verbesserungsbedürftig [fɛr'bɛsəruŋsbədyrftɪç] *adj* in need of improvement, requiring improvement

verbesserungsfähig [fɛrˈbɛsərʊŋsfɛːɪç] *adj* capable of improvement

Verbesserungsvorschlag [fɛrˈbɛsərʊŋsfoːrʃlaːk] *m* suggested improvement, proposed improvement

verbilligen [fɛrˈbɪlɪɡən] *v* lower the price of, reduce

verbilligter Tarif [fɛrˈbɪlɪçtər taˈriːf] *m* cheap rate

verbinden [fɛrˈbɪndən] *v irr* connect

verbindlich [fɛrˈbɪntlɪç] *adj (verpflichtend)* binding

Verbindlichkeiten [fɛrˈbɪntlɪçkaɪtən] *f/pl* liabilities *pl*

Verbindung [fɛrˈbɪndʊŋ] *f* connection, line, combination

Verbot [fɛrˈboːt] *n* prohibition

verbotene Aktienausgabe [fɛrˈboːtənə ˈaktsjənausɡaːbə] *f* prohibited share issue

Verbrauch [fɛrˈbraux] *m* consumption

verbrauchen [fɛrˈbrauxən] *v* consume, use up; *(ausgeben)* spend

Verbraucher(in) [fɛrˈbrauxər(ɪn)] *m/f* consumer

Verbraucherberatung [fɛrˈbrauxərbəraːtʊŋ] *f* 1. *(Vorgang)* consumer advice; 2. *(Geschäftsstelle)* consumer advice centre

verbraucherfreundlich [fɛrˈbrauxərfrɔyntlɪç] *adj* consumer-friendly

Verbraucherfreundlichkeit [fɛrˈbrauxərfrɔyntlɪçkaɪt] *f* consumer-friendliness

Verbraucherkreditgesetz [fɛrˈbrauxərkrediːtɡəzɛts] *n* consumer credit act

Verbrauchermarkt [fɛrˈbrauxərmarkt] *m* consumer market

Verbrauchernachfrage [fɛrˈbrauxərnaːfraːɡə] *f* consumer demand

Verbraucherschutz [fɛrˈbrauxərʃʊts] *m* consumer protection

Verbrauchersteuern [fɛrˈbrauxərʃtɔyərn] *f/pl* general tax on consumption

Verbraucherzentrale [fɛrˈbrauxərtsɛntraːlə] *f* Consumers' Central Office

Verbrauchsgüter [fɛrˈbrauxsɡyːtər] *n/pl* consumer goods *pl*

Verbrauchslenkung [fɛrˈbrauxslɛŋkʊŋ] *f* consumer control

Verbrauchssteigerung [fɛrˈbrauxsʃtaɪɡərʊŋ] *f* consumption increase

verbuchen [fɛrˈbuːxən] *v* 1. *(eintragen)* entry; 2. *(fig: Erfolg)* notch up

Verbuchung [fɛrˈbuːxʊŋ] *f* entry

Verbund [fɛrˈbʊnt] *m* union

verbundene Unternehmen [fɛrˈbʊndənə ʊntərˈneːmən] *n/pl* associated companies *pl*

Verbundwirtschaft [fɛrˈbʊntvɪrtʃaft] *f* integrated economy

verbürgen [fɛrˈbyrɡən] *v* guarantee, stand security

verderblich [fɛrˈdɛrblɪç] *adj* perishable

verderbliche Ware [fɛrˈdɛrplɪçə vaːrə] *f* perishables *pl*

verdienen [fɛrˈdiːnən] *v (Geld)* earn

Verdienst [fɛrˈdiːnst] *m* 1. earnings *pl*, income; 2. *(Gehalt)* salary; *n* 3. *(Anspruch auf Anerkennung)* merit

Verdienstausfall [fɛrˈdiːnstausfal] *m* loss of earnings, loss of salary

Verdienstmöglichkeit [fɛrˈdiːnstmøːklɪçkaɪt] *f* income opportunity

Verdienstspanne [fɛrˈdiːnstʃpanə] *f* profit margin

verdient [fɛrˈdiːnt] *adj* 1. *(Person)* deserving, outstanding; 2. *(Erfolg)* well-earned

Verdrängungswettbewerb [fɛrˈdrɛŋʊŋsvɛtbəvɛrp] *m (Kartell)* destructive price cutting; *(Finanzwesen)* crowding-out competition

veredeln [fɛrˈeːdəln] *v (Rohstoffe)* process

Veredelung [fɛrˈeːdəlʊŋ] *f* processing

Verein [fɛrˈaɪn] *m* association

Vereinbarung [fɛrˈaɪnbaːrʊŋ] *f* agreement, arrangement

vereinbarungsgemäß [fɛrˈaɪnbaːrʊŋsɡəmɛːs] *adj/adv* as agreed

vereinheitlichen [fɛrˈaɪnhaɪtlɪçən] *v* standardize

Vereinheitlichung [fɛrˈaɪnhaɪtlɪçʊŋ] *f* standardization

vereinigen [fɛrˈaɪnɪɡən] *v (fusionieren)* amalgamate, merge

Vereinigung [fɛrˈaɪnɪɡʊŋ] *f (Fusion)* amalgamation, merger

Verfahren [fɛrˈfaːrən] *n* 1. *(Vorgehen)* procedure, process; 2. *(Methode)* method, practice; 3. *(juristisch)* proceedings *pl*, procedure, suit

Verfahrensfehler [fɛrˈfaːrənsfeːlər] *m* procedural error

Verfahrenstechnik [fɛrˈfaːrənsteçnɪk] *f* process engineering; *chemische ~* chemical engineering

Verfahrensweise [fɛrˈfaːrənsvaɪzə] *f* method, approach

Verfall [fɛrˈfal] *m (Fristablauf)* maturity, expiry, expiration

verfallen [fɛrˈfalən] *v irr (ungültig werden)* expire, lapse

Verfallsdatum [fɛrˈfalsdaːtʊm] *n* expiry date, expiration date *(US)*

Verfallstag [fɛrˈfalstaːk] *m* expiration date, due date, day of expiry
Verfallzeit [fɛrˈfaltsaɪt] *f* time of expiration
verflechten [fɛrˈflɛçtən] *v irr* integrate
verfrachten [fɛrˈfraxtən] *v* ship
verfügbar [fɛrˈfyːkbaːr] *adj* available; ~ haben have at one's disposal
verfügbares Einkommen [fɛrˈfyːkbaːrəs ˈaɪnkɔmən] *n* disposable income
verfügbares Geld [fɛrˈfyːkbaːrəs ˈgɛlt] *n* available cash
Verfügbarkeit [fɛrˈfyːkbaːrkaɪt] *f* availability
verfügen [fɛrˈfyːgən] *v* ~ über have at one's disposal, have use of
Verfügung [fɛrˈfyːgʊŋ] *f* disposal, order
verfügungsberechtigt [fɛrˈfyːgʊŋsbərɛçtɪçt] *adj* authorized to dispose
Verfügungsrecht [fɛrˈfyːgʊŋsrɛçt] *n* right of disposal
Verfügungsrechte [fɛrˈfyːgʊŋsrɛçtə] *n/pl* property rights *pl*
Vergabe [fɛrˈgaːbə] *f (Auftrag)* placing, award
vergeben [fɛrˈgeːbən] *v irr (Aufträge)* place, award
vergesellschaften [fɛrgəˈzɛlʃaftən] *v* nationalize, convert into a company
Vergleich [fɛrˈglaɪç] *m* comparison; *(Einigung)* settlement
vergleichen [fɛrˈglaɪçən] *v irr* compare; *(sich ~)* settle
Vergleichsbilanz [fɛrˈglaɪçsbilants] *f* comparative balance sheet
Vergleichsjahr [fɛrˈglaɪçsjaːr] *n* base year
Vergleichsverfahren [fɛrˈglaɪçsfɛrfaːrən] *n* composition proceedings *pl*
Vergleichswert [fɛrˈglaɪçsveːrt] *m* comparative value
vergriffen [fɛrˈgrɪfən] *adj (nicht verfügbar)* unavailable
vergüten [fɛrˈgyːtən] *v* reimburse, compensate
Vergütung [fɛrˈgyːtʊŋ] *f* reimbursement, compensation
Verhältnis [fɛrˈhɛltnɪs] *n* proportion
verhandeln [fɛrˈhandəln] *v* negotiate
Verhandlung [fɛrˈhandlʊŋ] *f* negotiation
Verhandlungsbasis [fɛrˈhandlʊŋsbaːzɪs] *f* basis for negotiations
Verhandlungsbereitschaft [fɛrˈhandlʊŋsbəraɪtʃaft] *f* readiness to negotiate, willingness to negotiate
verhandlungsfähig [fɛrˈhandlʊŋsfɛːɪç] *adj* able to stand trial

Verhandlungsgeschick [fɛrˈhandlʊŋsgəʃɪk] *n* negotiation skills *pl*
Verhandlungspartner(in) [fɛrˈhandlʊŋspartnər(ɪn)] *m/f* negotiating partner
Verhandlungsposition [fɛrˈhandlʊŋspozitsjoːn] *f* bargaining position
verjähren [fɛrˈjɛːrən] *v* come under the statute of limitations, become barred by the statute of limitations
Verjährung [fɛrˈjɛːrʊŋ] *f* statutory limitation, prescription
Verjährungsfrist [fɛrˈjɛːrʊŋsfrɪst] *f* statutory period of limitation
verkalkulieren [fɛrkalkuˈliːrən] *v* sich ~ miscalculate
Verkauf [fɛrˈkauf] *m* sale, selling
verkaufen [fɛrˈkaufən] *v* sell
Verkäufer(in) [fɛrˈkɔyfər(ɪn)] *m/f* 1. seller, vendor; 2. *(in einem Geschäft)* salesman/saleswoman
Verkäufermarkt [fɛrˈkɔyfərmarkt] *m* seller's market
Verkäuferprovision [fɛrˈkɔyfərprovizjoːn] *f* sales commission
verkäuflich [fɛrˈkɔyflɪç] *adj* saleable
Verkaufsabschluss [fɛrˈkaufsapʃlʊs] *m* sales contract
Verkaufsabteilung [fɛrˈkaufsaptaɪlʊŋ] *f* sales department
Verkaufsauftrag [fɛrˈkaufsauftraːk] *m* order to sell, selling order
Verkaufsbericht [fɛrˈkaufsbərɪçt] *m* sales report
Verkaufschance [fɛrˈkaufsʃɑ̃ːsə] *f* sales possibilities *pl*
Verkaufserlös [fɛrˈkaufsɛrløːs] *m* sale proceeds *pl*
Verkaufsfläche [fɛrˈkaufsflɛçə] *f* sales space, selling space
Verkaufsförderung [fɛrˈkaufsfœrdərʊŋ] *f* sales promotion
Verkaufsgespräch [fɛrˈkaufsgəʃprɛːç] *n* sales talk
Verkaufsknüller [fɛrˈkaufsknʏlər] *m (fam)* moneyspinner, hit
Verkaufsleiter(in) [fɛrˈkaufslaɪtər(ɪn)] *m/f* sales manager
Verkaufsmethoden [fɛrˈkaufsmetoːdən] *f/pl* sales strategy
Verkaufsniederlassung [fɛrˈkaufsniːdərlasʊŋ] *f* sales office
Verkaufsoption [fɛrˈkaufsɔptsjoːn] *f* option to sell
Verkaufspreis [fɛrˈkaufspraɪs] *m* selling price

Verkaufsrückgang [fɛrˈkaufsrʏkgaŋ] *f* drop in sales, decline in sales
Verkaufsstab [fɛrˈkaufsʃtaːp] *m* sales staff
Verkaufstechnik [fɛrˈkaufsteçnɪk] *f* sales technique
Verkaufswert [fɛrˈkaufsveːrt] *m* selling value
Verkaufszahlen [fɛrˈkaufstsaːlən] *f/pl* sales figures *pl*
verkehrsgünstig [fɛrˈkeːrsgʏnstɪç] *adj* conveniently located
Verkehrshypothek [fɛrˈkeːrshypoteːk] *f* ordinary mortgage
Verkehrssteuern [fɛrˈkeːrsʃtɔyərn] *f/pl* taxes on transactions *pl*
Verkehrswert [fɛrˈkeːrsveːrt] *m* market value
verklagen [fɛrˈklaːgən] *v* sue, bring action against, take to court
Verladekosten [fɛrˈlaːdəkɔstən] *pl* loading charges *pl*
verladen [fɛrˈlaːdən] *v irr* load, ship, freight
Verladeplatz [fɛrˈlaːdəplats] *m* loading point, entraining point
Verladerampe [fɛrˈlaːdərampə] *f* loading platform
Verladung [fɛrˈlaːduŋ] *f* loading, shipment, shipping
Verlag [fɛrˈlaːk] *m* publishing house, publishers *pl*, publishing firm
Verlängerung [fɛrˈlɛŋəruŋ] *f* extension
Verleger(in) [fɛrˈleːgər(ɪn)] *m/f* publisher
verloren gegangene Sendung [fɛrˈloːrən gəgaŋənə ˈzɛnduŋ] *f* lost shipment
Verlust [fɛrˈlust] *m* loss, damage
Verlustausgleich [fɛrˈlustausglaɪç] *m* loss-compensation
Verlust bringend [fɛrˈlust brɪŋənt] *adj (Geschäfte)* loss-making
Verlustgeschäft [fɛrˈlustgəʃɛft] *n* money-losing deal, loss-making business
Verlustkonto [fɛrˈlustkɔnto] *n* deficit account
Verlustrücktrag [fɛrˈlustrʏktraːk] *m* tax loss carryback
Verlustvortrag [fɛrˈlustfoːrtraːk] *m* carry-forward of the losses
Verlustzuweisung [fɛrˈlusttsuːvaɪzuŋ] *f* loss allocation
Vermächtnis [fɛrˈmɛçtnɪs] *n* legacy
vermarkten [fɛrˈmarktən] *v* market, place on the market; *(fig)* commercialize
Vermarktung [fɛrˈmarktuŋ] *f* marketing

Vermerk [fɛrˈmɛrk] *m* note, entry, remark
Verminderung [fɛrˈmɪndəruŋ] *f* reduction, decrease
vermitteln [fɛrˈmɪtəln] *v* mediate, act as intermediary, negotiate; *(beschaffen)* obtain sth for s.o.
Vermittler(in) [fɛrˈmɪtlər(ɪn)] *m/f* mediator; intermediary, agent
Vermittlung [fɛrˈmɪtluŋ] *f* 1. mediation; 2. *(Übereinkunft)* arrangement, negotiation; 3. *(Telefonvermittlung)* operator, *(Telefonvermittlung in einer Firma)* switchboard; 4. *(Stellenvermittlung)* agency
Vermittlungsgebühr [fɛrˈmɪtluŋsgəbyːr] *f* commission
Vermittlungsgeschäft [fɛrˈmɪtluŋsgəʃɛft] *n* brokerage business
Vermittlungsstelle [fɛrˈmɪtluŋsʃtɛlə] *f* agency
Vermögen [fɛrˈmøːgən] *n (Besitz)* assets *pl*, wealth, fortune
Vermögensabgabe [fɛrˈmøːgənsapgaːbə] *f* capital levy
Vermögensanlage [fɛrˈmøːgənsanlaːgə] *f* investment
Vermögensarten [fɛrˈmøːgənsaːrtən] *f/pl* types of property *pl*
Vermögensberater(in) [fɛrˈmøːgənsbəraːtər(ɪn)] *m/f* investment consultant
Vermögensbilanz [fɛrˈmøːgənsbilants] *f* assets and liability statement
Vermögensbildung [fɛrˈmøːgənsbɪlduŋ] *f* wealth creation
Vermögenseffekten [fɛrˈmøːgənsɛfɛktən] *pl* real balance effect
Vermögenseinkommen [fɛrˈmøːgənsaɪnkɔmən] *n* real balance effect
Vermögenspolitik [fɛrˈmøːgənspɔlitiːk] *f* policy relating to capital formation
Vermögenssteuer [fɛrˈmøːgənsʃtɔyər] *f* wealth tax
Vermögenswerte [fɛrˈmøːgənsveːrtə] *m/pl* property assets *pl*, assets *pl*
vermögenswirksame Leistungen [fɛrˈmøːgənsvɪrkzaːmə ˈlaɪstuŋən] *f/pl* capital forming payment
vernetzen [fɛrˈnɛtsən] *v* network
Vernetzung [fɛrˈnɛtsuŋ] *f* networking
Veröffentlichung [fɛrˈœfəntlɪçuŋ] *f* publication
Veröffentlichungspflicht [fɛrˈœfəntlɪçuŋspflɪçt] *f* statutory public disclosure
Verordnung [fɛrˈɔrdnuŋ] *f* decree
verpacken [fɛrˈpakən] *v* package, pack

Verpackung [fɛr'pakʊŋ] f packaging, packing, wrapping

Verpackungsmaterial [fɛr'pakʊŋsmatəˌrjaːl] n packing material

Verpackungsmüll [fɛr'pakʊŋsmyl] m packing waste

Verpackungstechnik [fɛr'pakʊŋstɛçnɪk] f packaging technology

Verpackungsvorschriften [fɛr'pakʊŋsfoːrˌʃrɪftən] f/pl packing instructions pl

verpfänden [fɛr'pfɛndən] v (hypothekarisch) mortgage

Verpfändung [fɛr'pfɛndʊŋ] f pawning, hocking, pledge

verpflichten [fɛr'pflɪçtən] v oblige, engage; (unterschriftlich) sign on

verpflichtet [fɛr'pflɪçtət] adj binding

Verpflichtung [fɛr'pflɪçtʊŋ] f commitment, obligation, undertaking; (finanziell) liability

verrechnen [fɛr'rɛçnən] v 1. etw ~ set off against, charge against, settle up; 2. sich ~ miscalculate

Verrechnung [fɛr'rɛçnʊŋ] f settlement, compensation; nur zur ~ not negotiable

Verrechnungseinheit [fɛr'rɛçnʊŋsaɪnhaɪt] f clearing unit

Verrechnungskonto [fɛr'rɛçnʊŋskɔnto] n offset account

Verrechnungspreise [fɛr'rɛçnʊŋspraɪzə] m/pl transfer prices pl

Verrechnungsscheck [fɛr'rɛçnʊŋsʃɛk] m crossed cheque (UK), voucher check (US)

Verruf [fɛr'ruːf] m discredit; in ~ kommen fall into disrepute; jdn in ~ bringen ruin s.o.'s reputation

Versammlung [fɛr'zamlʊŋ] f meeting, gathering, assembly

Versand [fɛr'zant] m shipment, delivery, dispatch

Versandabteilung [fɛr'zantaptaɪlʊŋ] f dispatch department

versandbereit [fɛr'zantbəraɪt] adj/adv ready for dispatch

Versandbox [fɛr'zantbɔks] f dispatch box

Versandform [fɛr'zantfɔrm] f manner of delivery

Versandhandel [fɛr'zanthandəl] m mail order business, mail order firm

Versandhaus [fɛr'zanthaʊs] n mail-order house

Versandscheck [fɛr'zantʃɛk] m out-of-town cheque

Versandtasche [fɛr'santtaʃə] f padded envelope

verschieben [fɛr'ʃiːbən] v irr (aufschieben) postpone

Verschiebung [fɛr'ʃiːbʊŋ] f (eines Termins) postponement

verschiffen [fɛr'ʃɪfən] v ship, transport

Verschiffung [fɛr'ʃɪfʊŋ] f shipment

Verschleierung der Bilanz [fɛr'ʃlaɪərʊŋ deːr bi'lants] f doctoring a balance sheet

verschmelzen [fɛr'ʃmɛltsən] v irr merge, amalgamate

Verschmelzung [fɛr'ʃmɛltsʊŋ] f merger

verschrotten [fɛr'ʃrɔtən] v scrap

Verschrottung [fɛr'ʃrɔtʊŋ] f scrapping, junking

verschulden [fɛr'ʃʊldən] v get into debt

Verschulden vor Vertragsabschluss (culpa in contrahendo) [fɛr'ʃʊldən foːr fɛr-'traːksapʃlʊs (kʊlpa ɪn kɔntrahɛndo)] n culpa in contrahendo

Verschuldung [fɛr'ʃʊldʊŋ] f indebtedness

Versehen [fɛr'zeːən] n (Irrtum) mistake, error; aus ~ inadvertently, by mistake

versehentlich [fɛr'zeːəntlɪç] adv inadvertently, by mistake

versenden [fɛr'zɛndən] v irr dispatch, send, forward

Versendung [fɛr'zɛndʊŋ] f shipment, sending

versichern [fɛr'zɪçərn] v (Versicherung abschließen) assure (UK), insure

Versicherung [fɛr'zɪçərʊŋ] f 1. (Eigentumsversicherung) insurance; 2. (Lebensversicherung) assurance, life insurance (US)

Versicherung auf Gegenseitigkeit [fɛr-'zɪçərʊŋ aʊf 'geːgənzaɪtɪçkaɪt] f mutual insurance

Versicherungsagent(in) [fɛr'zɪçərʊŋs-agɛnt(ɪn)] m/f insurance agent

Versicherungsaktie [fɛr'zɪçərʊŋsaktsjə] f insurance company share

Versicherungsanstalt [fɛr'zɪçərʊŋsanʃtalt] f Social Insurance Office

Versicherungsbeitrag [fɛr'zɪçərʊŋsbaɪtraːk] m insurance premium, premium

Versicherungsbetrug [fɛr'zɪçərʊŋsbətruːk] m insurance fraud

Versicherungsfall [fɛr'zɪçərʊŋsfal] m occurrence of the event insured against

Versicherungskauffrau [fɛr'zɪçərʊŋskauffrau] f (female) insurance broker

Versicherungskaufmann [fɛr'zɪçərʊŋskaufman] m insurance broker

Versicherungsmakler(in) [fɛr'zɪçərʊŋsmaːklər(ɪn)] m/f insurance agent

Versicherungsnehmer(in) [fɛrˈzɪçəruŋs-neːmər(ɪn)] *m/f* insured person, policy holder
Versicherungspflicht [fɛrˈzɪçəruŋspflɪçt] *f* liability to insure
Versicherungspolice [fɛrˈzɪçəruŋspoliːs(ə)] *f* insurance policy
Versicherungsprämie [fɛrˈzɪçəruŋspreːmjəː] *f* insurance premium
Versicherungsschutz [fɛrˈzɪçəruŋsʃʊts] *m* insurance coverage
Versicherungssumme [fɛrˈzɪçəruŋszʊmə] *f* insured sum
Versicherungsverein auf Gegenseitigkeit (VVaG) [fɛrˈzɪçəruŋsfɛraɪn auf ˈgeːgənzaɪtɪçkaɪt] *m* mutual life insurance company
Versicherungsvertrag [fɛrˈzɪçəruŋsfɛrtraːk] *m* insurance contract
Versicherungszertifikat (C/I) [fɛrˈzɪçəruŋstsɛrtifikaːt] *n* certificate of insurance (C/I)
Versorgung [fɛrˈzɔrguŋ] *f (Beschaffung)* provision, supply
verspäten [fɛrˈʃpeːtən] *v sich* ~ to be late; *sich ~ (aufgehalten werden)* to be delayed
Verspätung [fɛrˈʃpeːtuŋ] *f (Verzögerung)* delay
Verstaatlichung [fɛrˈʃtaːtlɪçuŋ] *f* nationalization, transfer to state ownership
Verständigung [fɛrˈʃtɛndɪguŋ] *f* 1. notification; 2. *(Einigung)* agreement
Verständigungsbereitschaft [fɛrˈʃtɛndɪguŋsbəraɪtʃaft] *f* willingness to negotiate, eagerness to reach an agreement, communicativeness
versteckte Arbeitslosigkeit [fɛrˈʃtɛktə ˈarbaɪtsloːzɪçkaɪt] *f* hidden unemployment
versteckte Inflation [fɛrˈʃtɛktə ɪnflaˈtsjoːn] *f* hidden inflation
Versteigerung [fɛrˈʃtaɪgəruŋ] *f* auction, public sale
Verstoß [fɛrˈʃtoːs] *m* offence, breach, infringement
verstoßen [fɛrˈʃtoːsən] *v irr gegen etw ~* infringe upon sth, violate sth
Vertagung [fɛrˈtaːguŋ] *f* postponement
Verteilung [fɛrˈtaɪluŋ] *f* distribution
Verteuerung [fɛrˈtɔyəruŋ] *f* rise in price, price increase
vertikale Integration [ˈvɛrtikaːlə ɪntegraˈtsjoːn] *f* vertical integration
vertikale Konzentration [ˈvɛrtikaːlə kɔntsɛntraˈtsjoːn] *f* vertical concentration
Vertrag [fɛrˈtraːk] *m* contract

vertraglich [fɛrˈtraːklɪç] *adj* contractual; *adv* according to contract
Vertragsabschluss [fɛrˈtraːksapʃlʊs] *m* conclusion of a contract
Vertragsänderung [fɛrˈtraːksɛndəruŋ] *f* amendment of a contract
Vertragsbedingungen [fɛrˈtraːksbədɪŋuŋən] *f/pl* conditions of a contract *pl*, terms of a contract *pl*, provisions of a contract *pl*
Vertragsbestimmung [fɛrˈtraːksbəʃtɪmuŋ] *f* provisions of a contract *pl*, stipulations of a contract *pl*, terms of a contract *pl*
Vertragsbindung [fɛrˈtraːksbɪnduŋ] *f* contractual obligation
Vertragsbruch [fɛrˈtraːksbrʊx] *m* breach of contract, violation of a treaty
Vertragsdauer [fɛrˈtraːksdauər] *f* term of a contract
Vertragsfreiheit [fɛrˈtraːksfraɪhaɪt] *f* freedom of contract
Vertragsgegenstand [fɛrˈtraːksgeːgənʃtant] *m* subject matter of a contract, object of agreement
Vertragskontinuität [fɛrˈtraːkskɔntinuiteːt] *f* continuity of contracts, contractual continuity
Vertragspartner(in) [fɛrˈtraːkspartnər(ɪn)] *m/f* party to the contract, party to a contract
Vertragsstrafe [fɛrˈtraːksʃtraːfə] *f* penalty for breach of contract, contractual penalty
vertragswidrig [fɛrˈtraːksviːdrɪç] *adj* contrary to the contract
vertrauensbildend [fɛrˈtrauənsbɪldənt] *adj* trust-building, confidence-building
Vertrauensbruch [fɛrˈtrauənsbrʊx] *m* breach of s.o.'s trust
Vertrauensgüter [fɛrˈtrauənsgyːtər] *n/pl* confidence goods *pl*
Vertrauensverhältnis [fɛrˈtrauənsfɛrhɛltnɪs] *n* confidential relationship
vertraulich [fɛrˈtraulɪç] *adj* confidential; *adv* in confidence, confidentially
vertreiben [fɛrˈtraɪbən] *v irr (verkaufen)* sell, market
Vertreter(in) [fɛrˈtreːtər(ɪn)] *m/f (Repräsentant(in))* representative, delegate; *(Stellvertreter(in))* deputy, proxy
Vertretung [fɛrˈtreːtuŋ] *f (Repräsentanz)* agency, representation; *(Stellvertretung)* replacement; *(Vertreten)* representation
Vertrieb [fɛrˈtriːp] *m* marketing, sale, distribution
Vertriebsabteilung [fɛrˈtriːpsaptaɪluŋ] *f* sales department

Vertriebsfirma [fɛr'triːpsfɪrma] f distributor, marketing company
Vertriebsgesellschaft [fɛr'triːpsɡəzɛlʃaft] f distribution company
Vertriebswagnis [fɛr'triːbsvaːɡnɪs] n accounts receivable risk
Vertriebsweg [fɛr'triːpsveːk] m distribution channel
veruntreuen [fɛr'ʊntrɔyən] v embezzle, misappropriate
Veruntreuung [fɛr'ʊntrɔyʊŋ] f embezzlement, misappropriation
Verursacherprinzip [fɛr'ʊrzaxərprɪntsiːp] n polluter pays principle
Vervielfältigung [fɛr'fiːlfɛltɪɡʊŋ] f reproduction
Verwahrung [fɛr'vaːrʊŋ] f custody
Verwahrungsbetrag [fɛr'vaːrʊŋsbətraːk] m value of custody
Verwahrungsbuch [fɛr'vaːrʊŋsbuːx] n custody ledger
Verwahrungskosten [fɛr'vaːrʊŋskɔstən] pl custody fee
verwalten [fɛr'valtən] v administer, manage, supervise
Verwalter(in) [fɛr'valtər(ɪn)] m/f administrator, manager
Verwaltung [fɛr'valtʊŋ] f administration, management
Verwaltungsaktien [fɛr'valtʊŋsaktsjən] f/pl treasury stock
Verwaltungsgebühr [fɛr'valtʊŋsɡəbyːr] f official fees pl
verwendbar [fɛr'vɛntbaːr] adj usable, serviceable
verwenden [fɛr'vɛndən] v irr use, utilize, employ; wieder ~ reuse
Verwendung [fɛr'vɛndʊŋ] f use, application, utilization; für etw ~ finden find a purpose for sth
Verwertungsgesellschaft [fɛr'veːrtʊŋsɡəzɛlʃaft] f company or partnership exploiting third-party rights
verzinsen [fɛr'tsɪnzən] v pay interest on
Verzinsung [fɛr'tsɪnzʊŋ] f payment of interest, interest yield
verzollen [fɛr'tsɔlən] v pay duty on, declare
verzollt [fɛr'tsɔlt] adj/adv duty-paid
Verzollung [fɛr'tsɔlʊŋ] f payment of duty
Verzug [fɛr'tsuːk] m delay, default; mit etw in ~ geraten fall behind with sth; mit etw in ~ sein to be behind in sth, to be in arrears with sth

Verzugszinsen [fɛr'tsuːksʦɪnzən] m/pl default interest
Videokonferenz ['videokɔnfərɛnts] f video conference
Videotext ['viːdeotɛkst] m videotex
vierteljährlich ['fɪrtəljɛːrlɪç] adj/adv quarterly
Vinkulation [vɪŋkula'tsjoːn] f restriction of transferability
vinkulierte Aktie [vɪŋku'liːrtə 'aktsjə] f restricted share
Virtualisierung [vɪrtuali'ziːrʊŋ] f virtualization
virtuelle Realität [vɪrtu'ɛlə reali'tɛːt] f virtual reality
virtuelles Unternehmen [vɪr'tuɛləs ʊntər'neːmən] n virtual company
Virus ['viːrʊs] m EDV virus
Visitenkarte [vi'ziːtənkartə] f visiting card (UK), business card
Visum ['viːzʊm] n visa
Voice Mail ['vɔɪsmeɪl] f voice mail
Volatilität [volatili'tɛːt] f volatility
Volkseinkommen ['fɔlksaɪnkɔmən] n national income
Volksvermögen ['fɔlksfɛrmøːɡən] n national wealth
Volkswirt(in) ['fɔlksvɪrt(ɪn)] m/f economist
Volkswirtschaft ['fɔlksvɪrtʃaft] f national economy, political economy
volkswirtschaftlich ['fɔlksvɪrtʃaftlɪç] adj national economic, national economy, economic
volkswirtschaftliche Gesamtrechnung ['fɔlksvɪrtʃaftlɪçə ɡə'zamtreçnʊŋ] f national accounting
Volkswirtschaftslehre ['fɔlksvɪrtʃaftsleːrə] f economics
Volkszählung ['fɔlkstsɛːlʊŋ] f census
Vollbeschäftigung ['fɔlbəʃɛftɪɡʊŋ] f full employment
Vollkaskoversicherung ['fɔlkaskofɛrzɪçərʊŋ] f fully comprehensive insurance
Vollkaufmann ['fɔlkaufman] m registered trader
Vollkosten ['fɔlkɔstən] pl full cost
Vollmacht ['fɔlmaxt] f authority; (juristisch) power of attorney
vollstrecken [fɔl'ʃtrɛkən] v execute, enforce
Volumen [vo'luːmən] n volume
Vorankündigung ['foːrankʏndɪɡʊŋ] f initial announcement, preliminary announcement
Voranschlag ['foːranʃlaːk] m estimate

Vorarbeiter(in) ['foːrarbaɪtər(ɪn)] m/f foreman/forewoman

vorausbezahlt (ppd.) [foˈrausbətsaːlt] adj/adv prepaid (ppd.) adj

Vorausklage [foˈrauskla:gə] f preliminary injunction

Vorauszahlung [forˈaustsa:luŋ] f prepayment, payment in advance, advance payment, cash in advance (c.i.a.)

Vorbehalt ['foːrbəhalt] m reservation; *unter dem ~, dass* provided that

vorbehalten ['foːrbəhaltən] v irr reserve; *alle Rechte ~* all rights reserved; *jdm ~ bleiben* to be reserved for

Vorbesprechung ['foːrbəʃprɛçuŋ] f briefing

vorbestellen ['foːrbəʃtɛlən] v order in advance, reserve, make a reservation

Vorbestellrabatt ['foːrbəʃtɛlrabat] m discount on advance orders

Vorbestellung ['foːrbəʃtɛluŋ] f advance order, advance booking, reservation

Vorbörse ['foːrbœrzə] f dealing before official hours

vordatierter Scheck ['foːrdatiːrtər ʃɛk] m antedated cheque

Vordruck ['foːrdruk] m printed form

Vorentscheidung ['foːrɛntʃaɪduŋ] f precedent

vorfinanzieren ['foːrfɪnantsiːrən] v provide advance financing

Vorfinanzierung ['foːrfɪnantsiːruŋ] f advance financing

Vorführung ['foːrfyːruŋ] f (*Präsentation*) display, demonstration, presentation

Vorgang ['foːrgaŋ] m (*Akte*) file, record

Vorjahr ['foːrjaːr] n *das ~* the previous year, last year, the preceding year

Vorkalkulation ['foːrkalkulatsjoːn] f estimation of cost

Vorkaufsrecht ['foːrkaufsrɛçt] n right of first refusal, right of pre-emption

Vorleistung ['foːrlaɪstuŋ] f advance performance

Vormerkung ['foːrmɛrkuŋ] f order, advance order

Vormonat ['foːrmoːnat] m preceding month

Vorprodukte ['foːrprodukta] n/pl intermediate products pl

Vorrat ['foːrraːt] m store, stock, supply

vorrätig ['foːrrɛːtɪç] adj in stock, on hand, available

Vorratsaktie ['foːraːtsaktsjə] f disposable share

Vorrecht ['foːrrɛçt] n privilege, preferential right, prerogative

Vorruhestand ['foːrruːəʃtant] m early retirement

vorsätzlich ['foːrzɛtslɪç] adj deliberate, intentional; adv deliberately, intentionally

Vorschaltkonditionen ['foːrʃaltkɔnditsjoːnən] f/pl preliminary conditions pl

Vorschlag ['foːrʃlaːk] m suggestion, proposal

vorschlagen ['foːrʃlaːgən] v irr propose, suggest

Vorschrift ['foːrʃrɪft] f regulation, rule; (*Anweisung*) instruction

vorschriftsmäßig ['foːrʃrɪftsmɛːsɪç] adj correct, proper; adv in due form, according to regulations, as prescribed

Vorschuss ['foːrʃus] m advance

Vorschusszinsen ['foːrʃustsɪnzən] m/pl negative advance interest

Vorsichtskasse ['foːrzɪçtskasə] f precautionary holding

Vorsitz ['foːrzɪts] m chairmanship

Vorstand ['foːrʃtant] m 1. board, board of directors, management board; 2. (*~smitglied*) member of the board, director; (*erster ~*) managing director

Vorstandsvorsitzende(r) ['foːrʃtantsfoːrzɪtsəndə(r)] f/m chairman/chairwoman of the board

Vorstellungstermin ['foːrʃtɛluŋstermiːn] m interview appointment

Vorsteuer ['foːrʃtɔʏər] f input tax

Vorsteuerabzug ['foːrʃtɔʏəraptsuːk] m deduction of input tax

Vorteil ['foːrtaɪl] m advantage

Vorverkauf ['foːrfɛrkauf] m advance sale

Vorvertrag ['foːrfɛrtraːk] m preliminary contract, provisional contract

Vorwahl ['foːrvaːl] f dialling code, area code

Vorwoche ['foːrvɔxə] f preceding week

Vorzimmer ['foːrtsɪmər] n (*eines Büros*) outer office

Vorzugsaktie ['foːrtsuːksaktsjə] f preference share, preference stock

Vorzugsdividende ['foːrtsuːksdividəndə] f preferential dividend

Vorzugskurs ['foːrtsuːkskurs] m preferential price

Vorzugsobligation ['foːrtsuːksɔbligatsjoːn] f preference bond

Vorzugsrabatt ['foːrtsuːksrabat] m preferential discount

Vostrokonto ['vɔstrokɔnto] n vostro account

W

Waage ['va:gə] f scales pl, balance
wachsen ['vaksən] v irr (zunehmen) increase, mount, grow
Wachstum ['vakstu:m] n growth, (Zunahme) increase
Wachstumsfonds ['vakstu:msfɔ̃:] m growth fund
wachstumsfördernd ['vakstu:msfœrdərnt] adj growth-stimulating, growth-promoting
wachstumshemmend ['vakstu:mshemənt] adj growth-retarding
Wachstumskurve ['vakstu:mskurvə] f growth curve
Wachstumsrate ['vakstu:msra:tə] f growth rate
Wachstumsziel ['vakstu:mstsi:l] n growth target
Wagenladung ['va:gənla:duŋ] f lorry-load
Waggon [va'gɔ̃:] m goods wagon, freight car (US), carriage
Wagnis ['va:knɪs] n venture
Wahl [va:l] f 1. (Auswahl) choice; erste ~ top quality; 2. (Abstimmung) election
Wahlausgang ['va:lausgaŋ] m election results pl
wählen ['vɛ:lən] v 1. (auswählen) choose, select; 2. (eine Telefonnummer) dial; 3. (stimmen für) vote for; 4. (durch Wahl ermitteln) elect
Wahlgeheimnis ['va:lgəhaimnɪs] n secrecy of the ballot
Wahlstimme ['va:lʃtɪmə] f vote
Wahrheitsfindung ['va:rhaitsfɪnduŋ] f ascertaining the truth
Wahrscheinlichkeit [va:r'ʃainlɪçkait] f probability
Wahrscheinlichkeitsrechnung [var'ʃainlɪçkaitsrɛçnuŋ] f calculation of probabilities
Wahrung ['va:ruŋ] f 1. (Instandhaltung) maintenance; 2. (von Interessen) protection, safeguarding
Währung ['vɛ:ruŋ] f currency
Währungsabkommen ['vɛ:ruŋsapkɔmən] n currency agreement, monetary agreement
Währungsabsicherung ['vɛ:ruŋsapzɪçəruŋ] f safeguarding of the currency
Währungsausgleich ['vɛ:ruŋsausglaiç] m currency conversion compensation
Währungsausgleichsfonds [vɛ:ruŋs'ausglaiçsfɔ̃:] m equalization fund

Währungseinheit ['vɛ:ruŋsainhait] f currency unit, monetary unit
Währungsfonds ['vɛ:ruŋsfɔ̃:] m monetary fund
Währungsgebiet ['vɛ:ruŋsgəbi:t] n currency area
Währungsklausel ['vɛ:ruŋsklauzəl] f currency clause
Währungskonto ['vɛ:ruŋskɔnto] n currency account
Währungskorb ['vɛ:ruŋskɔrp] m currency basket
Währungskrise ['vɛ:ruŋskri:zə] f monetary crisis
Währungsordnung ['vɛ:ruŋsɔrdnuŋ] f monetary system
Währungsparität ['vɛ:ruŋspariɛ:t] f monetary parity
Währungspolitik ['vɛ:ruŋspoliti:k] f currency policy, monetary policy
Währungspool ['vɛ:ruŋspu:l] m currency pool
Währungsreform ['vɛ:ruŋsrefɔrm] f currency reform, monetary reform
Währungsreserven ['vɛ:ruŋsrezɛrvən] f/pl monetary reserves pl
Währungsrisiko ['vɛ:ruŋsri:ziko] n currency risk, monetary risk
Währungsschlange ['vɛ:ruŋsʃlaŋə] f currency snake
Währungsschwankung ['vɛ:ruŋsʃvaŋkuŋ] f currency fluctuation
Währungsswap ['vɛ:ruŋsswɔp] m currency swap
Währungssystem ['vɛ:ruŋszyste:m] n monetary system, currency system
Währungsumstellung ['vɛ:ruŋsumʃtɛluŋ] f currency conversion
Währungsunion ['vɛ:ruŋsunjo:n] f monetary union
Währungszone ['vɛ:ruŋstso:nə] f currency zone, currency area
Wahrzeichen ['va:rtsaiçən] n symbol, emblem
Wandelanleihen ['vandəlanlaiən] f/pl convertible bonds pl
Wandelgeschäft ['vandəlgəʃɛft] n callable forward transaction
Wandelobligationen ['vandəlɔbligatsjo:nən] f/pl convertible bonds pl

Wandelschuldverschreibung ['vandəlʃʊltfɛrʃraɪbʊŋ] f convertible bonds pl, convertibles pl, convertible loan stock (UK)

Wandlung ['vandlʊŋ] f cancellation (of a sale)

Ware ['va:rə] f merchandise, product, goods pl, ware

Warenabkommen ['va:rənapkɔmən] n trade agreement

Warenabsatz ['va:rənapzats] m sale of goods

Warenangebot ['va:rənangəbo:t] n range of merchandise

Warenannahme ['va:rənanna:mə] f 1. (Empfang) receiving merchandise, receiving deliveries; 2. (Betriebsabteilung) receiving department

Warenausfuhr ['va:rənausfu:r] f export, export of goods

Warenausgang ['va:rənausgaŋ] m sale of goods

Warenaustausch ['va:rənaustauʃ] m exchange of goods

Warenbeleihung ['va:rənbəlaɪʊŋ] f lending on goods

Warenbestand ['va:rənbəʃtant] m stock in hand, stock on hand, inventory

Warenbörse ['va:rənbœrzə] f commodity exchange

Wareneinfuhr ['va:rənaɪnfu:r] f import

Wareneingang ['va:rənaɪngaŋ] m arrival of goods

Wareneingangsbuch ['va:rənaɪngaŋsbu:x] n purchase ledger

Warenhaus ['va:rənhaus] n department store, departmental store

Warenknappheit ['va:rənknaphaɪt] f shortage of goods

Warenkorb ['va:rənkɔrp] m batch of commodities

Warenkredit ['va:rənkredi:t] m trade credit

Warenlager ['va:rənla:gər] n warehouse, stockroom, storeroom

Warenmuster ['va:rənmʊstər] n commercial sample

Warenpapier ['va:rənpapi:r] n document of title

Warenprobe ['va:rənpro:bə] f sample

Warensendung ['va:rənzɛndʊŋ] f (Senden von Waren) shipment of merchandise, (gesandte Waren) consignment of goods

Warenterminbörse ['va:rəntermi:nbœrzə] f commodity futures exchange

Warentermingeschäft ['va:rəntermi:ngəʃɛft] n commodity futures trading, forward merchandise dealings pl

Warenterminhandel ['va:rəntermi:nhandəl] m commodity forward trading

Warentest ['va:rəntɛst] m product test

Warenumsatz ['va:rənʊmzats] m turnover of goods

Warenverkehr ['va:rənfɛrke:r] m goods traffic

Warenverkehrsbescheinigung ['va:rənfɛrke:rsbəʃaɪnɪgʊŋ] f movement certificate

Warenverzeichnis ['va:rənfɛrtsaɪçnɪs] n inventory, list of stocks, list of goods

Warenwechsel ['va:rənvɛksəl] m commercial bill

Warenwertpapiere ['va:rənve:rtpapi:rə] n/pl commercial securities pl

Warenzeichen ['va:rəntsaɪçən] n trademark

Wärmetechnik ['vɛrmətɛçnɪk] f heat technology, thermal engineering, thermodynamics

Warnanlage ['varnanla:gə] f warning device

Warnleuchte ['varnlɔʏçtə] f warning light

Warnsignal ['varnzɪgna:l] n warning signal

Warnstreik ['varnʃtraɪk] m token strike, warning strike

warten ['vartən] v (instand halten) maintain, service

Wartung ['vartʊŋ] f service, maintenance, servicing

Wartungsarbeit ['vartʊŋsarbaɪt] f maintenance work

Wartungstechniker(in) ['vartʊŋstɛçnɪkər(ɪn)] m/f service engineer

Wasserkraft ['vasərkraft] f hydraulic power

Wasserschaden ['vasərʃa:dən] m water damage

Wasserwerk ['vasərvɛrk] n waterworks pl

Watt [vat] n (Maßeinheit) watt

Webseite ['webzaɪtə] f web page

Wechsel ['vɛksəl] m (Geldwechsel) exchange; (Zahlungsmittel) promissory note, bill of exchange, bill

Wechselakzept ['vɛksəlaktsɛpt] n acceptance of a bill

Wechselaussteller ['vɛksəlausʃtɛlər] m drawer of a bill

Wechseldiskont ['vɛksəldɪskɔnt] m discount of bills

Wechseldiskontkredit ['vɛksəldɪskɔntkredi:t] m credit by way of discount of bills

Wechselgeld ['vɛksəlgɛlt] *n* change
Wechselgeschäft ['vɛksəlgəʃɛft] *n* bill business
Wechselinkasso ['vɛksəlɪnkaso] *n* collection of bills of exchange
Wechselkredit ['vɛksəlkredi:t] *m* acceptance credit
Wechselkurs ['vɛksəlkurs] *m* exchange rate
Wechselkursmechanismus ['vɛksəlkursmeçanɪsmus] *m* exchange rate mechanism
Wechselkursparität ['vɛksəlkursparitɛ:t] *f* exchange rate parity
Wechselkursrisiko ['vɛksəlkursri:ziko] *n* foreign exchange risk
Wechselkursschwankungen ['vɛksəlkursʃvaŋkuŋən] *f/pl* exchange rate fluctuations *pl*, currency fluctuations *pl*
Wechselkurssystem ['vɛksəlkurszyste:m] *n* system of exchange rates
Wechsellombard ['vɛksəllɔmbart] *m* collateral loan based on a bill of exchange, lending on bills
Wechselnehmer ['vɛksəlne:mər] *m* payee of a bill of exchange
Wechselobligo ['vɛksəlobligo] *n* customer's liability on bills
Wechselprolongation ['vɛksəlprolɔŋgatsjo:n] *f* renewal of a bill of exchange
Wechselprotest ['vɛksəlprotɛst] *m* protest
Wechselregress ['vɛksəlregrɛs] *m* legal recourse for non-payment of a bill
Wechselreiterei ['vɛksəlraɪtərai] *f* bill jobbing
Wechselschuld ['vɛksəlʃult] *f* bill debt
Wechselschuldner(in) ['vɛksəlʃuldnər(ɪn)] *m/f* bill debtor
wechselseitig ['vɛksəlzaɪtɪç] *adj* 1. *(gegenseitig)* reciprocal; 2. *(von beiden Seiten)* mutual
Wechselseitigkeit ['vɛksəlzaɪtɪçkaɪt] *f* reciprocity
Wechselsteuer ['vɛksəlʃtɔyər] *f* tax on drafts and bills of exchange
Wechselstrom ['vɛksəlʃtro:m] *m* alternating current (A.C.)
Wechselstube ['vɛksəlʃtu:bə] *f* exchange bureau
Wegeunfall ['ve:gəunfal] *m* travel accident
Wegfall der Geschäftsgrundlage ['vɛkfal de:r gə'ʃɛftsgrundla:gə] *m* frustration of contract
wegwerfen ['vɛkvɛrfən] *v irr* throw away
Wegwerfgesellschaft ['vɛkvɛrfgəzɛlʃaft] *f* throwaway society

weiche Währung ['vaɪçə 'vɛ:ruŋ] *f* soft currency
weiße Ware ['vaɪsə 'va:rə] *f* white goods *pl*
Weisung ['vaɪzuŋ] *f* directive, instructions *pl*
Weisungsbefugnis ['vaɪzuŋsbəfu:knɪs] *f* right to issue instructions to employees
weisungsgebunden ['vaɪzuŋsgəbundən] *adj* subject to instructions
weisungsgemäß ['vaɪzuŋsgəmɛ:s] *adj* as instructed, according to instructions
weiterbefördern ['vaɪtərbəfœrdərn] *v* forward, send on
Weiterbeförderung ['vaɪtərbəfœrdəruŋ] *f* forwarding
weiterentwickeln ['vaɪtərɛntvɪkəln] *v* continue to develop
Weiterentwicklung ['vaɪtərɛntvɪkluŋ] *f* further development
weiterverarbeiten ['vaɪtərfɛrarbaɪtən] *v* process
Weiterverarbeitung ['vaɪtərfɛrarbaɪtuŋ] *f* processing
Weiterverkauf ['vaɪtərfɛrkauf] *m* resale
weiterverkaufen ['vaɪtərfɛrkaufən] *v* resell
Weitsicht ['vaɪtzɪçt] *f (Weitblick)* foresight, vision
Weltbank ['vɛltbaŋk] *f* World Bank
Welterfolg ['vɛltɛrfɔlk] *m* worldwide success
Welthandel ['vɛlthandəl] *m* world trade, international trade
Welthandelskonferenzen [vɛlt'handəlskɔnferɛntsən] *f/pl* United Nations Conferences on Trade and Development *pl*
Welthandelsorganisation [vɛlt'handəlsɔrganizatsjo:n] *f* World Trade Organization (WTO)
Weltmarke ['vɛltmarkə] *f* world-famous brand
Weltmarkt ['vɛltmarkt] *m* international market, world market
Weltmarktpreis ['vɛltmarktpraɪs] *m* world market price
weltumspannend ['vɛltumʃpanənt] *adj* global, worldwide
Weltwährungssystem [vɛlt'vɛ:ruŋszyste:m] *n* international monetary system
Weltwirtschaft ['vɛltvɪrtʃaft] *f* world economy
Weltwirtschaftsgipfel [vɛlt'vɪrtʃaftsgɪpfəl] *m* world economic summit
Weltwirtschaftskrise [vɛlt'vɪrtʃaftskri:zə] *f* worldwide economic crisis

Weltwirtschaftsordnung [vɛlt'vɪrtʃaftsɔrdnuŋ] f international economic system
Werbeabteilung ['vɛrbəaptaɪluŋ] f publicity department
Werbeagentur ['vɛrbəagəntuːr] f advertising agency
Werbeaktion ['vɛrbəaktsjoːn] f advertising activity
Werbebanner ['vɛrbəbanər] n ad banner, banner
Werbebudget ['vɛrbəbydʒeː] n advertising budget
Werbeerfolgskontrolle [vɛrbəɛr'fɔlkskɔntrɔlə] f control of advertising effectiveness
Werbefachmann ['vɛrbəfaxman] m advertising expert
Werbegeschenk ['vɛrbəgəʃɛŋk] n promotional gift
Werbekampagne ['vɛrbəkampanjə] f advertising campaign, promotion campaign
Werbemittel ['vɛrbəmɪtəl] pl means of advertising pl
werben ['vɛrbən] v irr advertise, promote
Werbeprospekt ['vɛrbəprɔspɛkt] m advertising prospectus
Werber(in) ['vɛrbər(ɪn)] m/f canvasser
Werbeslogan ['vɛrbəsloːgən] m advertising slogan
Werbespot ['vɛrbəspɔt] m commercial
Werbetext ['vɛrbətɛkst] m advertising copy
Werbeveranstaltung ['vɛrbəfɛranʃtaltuŋ] f publicity event
Werbeverbot ['vɛrbəfɛrboːt] n prohibition to advertise
werbewirksam ['vɛrbəvɪrkzaːm] adj effective; *ein ~er Auftritt* good advertising
Werbung ['vɛrbuŋ] f advertising, publicity, promotion; *(Fernsehwerbung)* commercial
Werbungskosten ['vɛrbuŋskɔstən] pl publicity expenses pl
Werk [vɛrk] n *(Fabrik)* plant, works, factory
Werksangehörige(r) ['vɛrksangəhøːrɪgə(r)] f/m employee, plant employee
Werkschutz ['vɛrkʃuts] m works protection force
Werkstatt ['vɛrkʃtat] f workshop
Werkstattfertigung ['vɛrkʃtatfɛrtɪguŋ] f job shop operation
Werkstoff ['vɛrkʃtɔf] m material
Werkstoffprüfer(in) ['vɛrkstɔfpryːfər(ɪn)] m/f material tester
Werkvertrag ['vɛrkfɛrtraːk] m contract for work and services

Werkzeug ['vɛrktsɔyk] n tool
Wert [veːrt] m value, worth
Wertangabe ['veːrtaŋgaːbə] f declared value
Wertarbeit ['veːrtarbaɪt] f quality work, high-class workmanship
Wertaufholung ['veːrtaʊfhoːluŋ] f 1. *(Recht)* reinstatement of original values; 2. *(Steuer)* increased valuation on previous balance-sheet figures
Wertberichtigung ['veːrtbərɪçtɪguŋ] f adjustment of value
wertbeständig ['veːrtbəʃtɛndɪç] adj of stable value
Wertbrief ['veːrtbriːf] m insured letter
Wertermittlung ['veːrtɛrmɪtluŋ] f determination of the value
Wertgegenstand ['veːrtgeːgənʃtant] m article of value, valuable
Wertminderung ['veːrtmɪndəruŋ] f depreciation, decrease in value
Wertpapier ['veːrtpapiːr] n security
Wertpapieranalyse ['veːrtpapiːranalyːzə] f securities research
Wertpapieranlage ['veːrtpapiːranlaːgə] f investment in securities
Wertpapierarbitrage ['veːrtpapiːrarbitraːʒə] f arbitrage in securities
Wertpapierbörse ['veːrtpapiːrbœrzə] f stock exchange
Wertpapiere ['veːrtpapiːrə] pl securities pl
Wertpapieremission ['veːrtpapiːremɪsjoːn] f issue of securities
Wertpapierfonds ['veːrtpapiːrfɔ̃ː] m securities fund
Wertpapiergeschäft ['veːrtpapiːrgəʃɛft] n securities business
Wertpapierleihe ['veːrtpapiːrlaɪə] f lending on securities
Wertpapiermarkt ['veːrtpapiːrmarkt] m securities market
Wertpapierpensionsgeschäft ['veːrtpapiːrpɛnˈzjoːnsgəʃɛft] n repurchase agreement, repo
Wertpapiersammelbank [veːrtpapiːrˈzaməlbaŋk] f central depository for securities
Wertpapiersparvertrag [veːrtpapiːrˈʃpaːrfɛrtraːk] m securities-linked savings scheme
Wertpapier-Terminhandel [veːrtpapiːrtɛrˈmiːnhandəl] m trading in security futures
Wertrechtanleihe ['veːrtrɛçtanlaɪə] f government-inscribed debt

Wertschöpfung ['ve:rtʃœpfuŋ] f net product

Wertsendung ['ve:rtzɛnduŋ] f consignment with value declared

Wertsicherung ['ve:rtziçəruŋ] f value guarantee

Wertsteigerung ['ve:rtʃtaigəruŋ] f increase in value

Wertstellung ['ve:rtʃtɛluŋ] f availability date

Wertstoff ['ve:rtʃtɔf] m material worth recycling, recyclable material

Wertstoffsammlung ['ve:rtʃtɔfzamluŋ] f collection of recyclables

Wertverfall ['ve:rtfɛrfal] m loss of value

Wertzuwachs ['ve:rttsu:vaks] m appreciation

Wettbewerb ['vɛtbəvɛrp] m competition; *unlauterer ~* unfair competition

Wettbewerbaufsicht ['vɛtbəvɛrpaufzɪçt] f competition supervisory office

Wettbewerbsbeschränkung ['vɛtbəvɛrpsbəʃrɛŋkuŋ] f restraint of competition

wettbewerbsfähig ['vɛtbəvɛrpsfɛ:ɪç] adj competitive

Wettbewerbsfähigkeit ['vɛtbəvɛrpsfɛ:ɪçkaɪt] f competitiveness

Wettbewerbsklausel ['vɛtbəvɛrpsklauzəl] f restraint of competition clause; exclusive service clause

Wettbewerbsnachteil ['vɛtbəvɛrpsna:xtaɪl] m competitive disadvantage

Wettbewerbspolitik ['vɛtbəvɛrpspoliti:k] f competitive policy

Wettbewerbsrecht ['vɛtbəvɛrpsrɛçt] n law on competition

Wettbewerbsverbot ['vɛtbəvɛrpsfɛrbo:t] n prohibition to compete

Wettbewerbsverzerrung ['vɛtbəvɛrpsfɛrtsɛruŋ] f distortion of competition

Wettbewerbsvorteil ['vɛtbəvɛrpsfo:rtaɪl] m competitive advantage

White-Collar-Criminality [waɪtkɔlərkrɪmɪ'nælɪti] f *(Wirtschaftskriminalität)* white-collar crime

Widerruf ['vi:dərru:f] m revocation, cancellation

widerrufen [vi:dər'ru:fən] v revoke

Widerrufsklausel ['vi:dərru:fsklauzəl] f revocation clause

Widerrufsrecht ['vi:dərru:fsrɛçt] n right of revocation

widersprechen [vi:dər'ʃprɛçən] v irr contradict, oppose

Widerspruch ['vi:dərʃprux] m contradiction; discrepancy

Widerspruchsvormerkung ['vi:dərʃpruxsfo:rmɛrkuŋ] f provisional filing of an objection

Widerstandslinie ['vi:dərʃtantsli:njə] f line of resistance

wieder verwerten ['vi:dər fɛr'vɛrtən] v recycle

Wiederanlage ['vi:dəranla:gə] f reinvestment

Wiederaufbau ['vi:dəraufbau] m reconstruction

Wiederaufbereitung [vi:dər'aufbəraituŋ] f reprocessing

Wiederaufbereitungsanlage [vi:dər'aufbəraituŋsanla:gə] f reprocessing plant

Wiederausfuhr ['vi:dərausfu:r] f reexportation

Wiederbeschaffung ['vi:dərbəʃafuŋ] f replacement

Wiederbeschaffungswert ['vi:dərbəʃafuŋsvɛ:rt] m replacement value

Wiedereröffnung ['vi:dərerœfnuŋ] f reopening

Wiedererstattung ['vi:dərɛrʃtatuŋ] f reimbursement, refunding

Wiedergutmachung [vi:dər'gu:tmaxuŋ] f reparation

Wiederinstandsetzung [vi:dərin'ʃtantzɛtsuŋ] f repair

Wiederverkaufspreis ['vi:dərfɛrkaufspraɪs] m resale price

Wiederverwendung ['vi:dərfɛrvɛnduŋ] f reuse

Wiederverwertung ['vi:dərfɛrvɛ:rtuŋ] f reuse, recycling

wilder Streik ['vɪldər 'ʃtraɪk] m unauthorized strike

Willenserklärung ['vɪlənsɛrklɛ:ruŋ] f declaration of intention

Windenergie ['vɪntɛnɛrgi:] f wind energy, wind power

Windhundverfahren ['vɪnthuntfɛrfa:rən] n first-come-first served principle

Winterausfallgeld ['vɪntərausfalgɛlt] n winter bonus

Wirtschaft ['vɪrtʃaft] f 1. *(Volkswirtschaft)* economy; 2. *(Handel)* industry, business

wirtschaftlich ['vɪrtʃaftlɪç] adj economic; *(sparsam)* economical

wirtschaftliche Nutzung ['vɪrtʃaftlɪçə 'nutsuŋ] f economic use

Wirtschaftlichkeit ['vɪrtʃaftlɪçkaɪt] f economic efficiency, profitability

Wirtschaftsabkommen ['vɪrtʃaftsapkɔmən] *n* trade agreement

Wirtschaftsanalyse ['vɪrtʃaftsanaly:zə] *f* economic analysis

Wirtschaftsaufschwung ['vɪrtʃaftsaufʃvuŋ] *m* economic recovery

Wirtschaftsembargo ['vɪrtʃaftsɛmbargo] *n* economic embargo

Wirtschaftsexperte ['vɪrtʃaftsɛkspɛrtə] *m* economic expert

Wirtschaftsexpertin ['vɪrtʃaftsɛkspɛrtɪn] *f* (female) economic expert

Wirtschaftsförderung ['vɪrtʃaftsfœrdəruŋ] *f* measures to spur the economy *pl*

Wirtschaftsgemeinschaft ['vɪrtʃaftsgəmaɪnʃaft] *f* economic community

Wirtschaftsgut ['vɪrtʃaftsgu:t] *n* economic goods *pl*

Wirtschaftshilfe ['vɪrtʃaftshɪlfə] *f* economic aid, economic assistance

Wirtschaftsinformatik ['vɪrtʃaftsɪnfɔrma:tɪk] *f* business data processing

Wirtschaftsjahr ['vɪrtʃaftsja:r] *n* business year

Wirtschaftskreislauf ['vɪrtʃaftskraɪslauf] *m* economic process

Wirtschaftskriminalität ['vɪrtʃaftskrimɪnalitɛ:t] *f* white-collar crime

Wirtschaftskrise ['vɪrtʃaftskri:zə] *f* economic crisis

Wirtschaftsministerium ['vɪrtʃaftsminɪste:rjum] *n* Ministry of Economics

Wirtschaftsordnung ['vɪrtʃaftsɔrdnuŋ] *f* economic order

Wirtschaftsplan ['vɪrtʃaftspla:n] *m* economic plan

Wirtschaftspolitik ['vɪrtʃaftspoliti:k] *f* economic policy

wirtschaftspolitisch ['vɪrtʃaftspoliti:tɪʃ] *adj* economic; ~e *Zusammenarbeit* economic policy cooperation

Wirtschaftsprüfer(in) ['vɪrtʃaftspry:fər(ɪn)] *m/f* auditor, chartered accountant

Wirtschaftsprüfung ['vɪrtʃaftspry:fuŋ] *f* auditing

Wirtschaftsrecht ['vɪrtʃaftsrɛçt] *n* economic law

Wirtschaftssanktionen ['vɪrtʃaftszaŋktsjo:nən] *f/pl* economic sanctions *pl*

Wirtschaftsunion ['vɪrtʃaftsunjo:n] *f* economic union

Wirtschaftswachstum ['vɪrtʃaftsvakstu:m] *n* growth of the economy, economic growth, expansion of business activity

Wirtschaftswissenschaften ['vɪrtʃaftsvɪsənʃaftən] *f/pl* economics

Wirtschaftswunder ['vɪrtʃaftsvundər] *n* German economic miracle

Wirtschaftszweig ['vɪrtʃaftstsvaɪk] *m* field of the economy

wissenschaftlich ['vɪsənʃaftlɪç] *adj* scientific; *adv* scientifically

Wissensmanagement ['vɪsənsmænɪdʒmənt] *n* knowledge management

Wochenarbeitszeit ['vɔxənarbaɪtstsaɪt] *f* workweek

Wochenausweis ['vɔxənausvaɪs] *m* weekly return

Wochenbericht ['vɔxənbərɪçt] *m* weekly report

Wochenlohn ['vɔxənlo:n] *m* weekly wage, weekly pay

Wochenplaner ['vɔxənpla:nər] *m* weekly planner

wöchentlich ['væçəntlɪç] *adj* weekly; *adv* weekly, every week

Wohlfahrt ['vo:lfa:rt] *f* welfare

Wohlfahrtsökonomie ['vo:lfa:rtsøkonomi:] *f* welfare economics

Wohlfahrtsstaat ['vo:lfa:rtsʃta:t] *m* welfare state

Wohlstand ['vo:lʃtant] *m* prosperity, wealth, affluence

Wohlstandsgesellschaft ['vo:lʃtantsgəzɛlʃaft] *f* affluent society

Wohneigentumsförderung ['vo:naɪgəntumsfœrdəruŋ] *f* promotion of residential property

Wohngeld ['vo:ngɛlt] *n* accommodation allowance

Wohnungsbau ['vo:nuŋsbau] *m* housing construction

Wohnungsbauförderung ['vo:nuŋsbaufœrdəruŋ] *f* promotion of housing construction

Wohnungsbau-Prämiengesetz [vo:nuŋsbau'prɛ:mjəngəzɛts] *n* Law on the Payment of Premiums for Financing the Construction of Residential Properties

Workstation ['wɜ:ksteɪʃn] *f* work station

World Wide Web (WWW) [wɜ:ld waɪd'web] *n* world wide web (WWW)

Wucherpreis ['vu:xərpraɪs] *m* exorbitant price

Wucherverbot ['vu:xərfɛrbo:t] *n* prohibition of usurious money-lending

Wuchsaktie ['vuksaktsjə] *f* growth share

X/Y/Z

XYZ-Analyse [ɪksypsilɔn'tsɛtana'ly:zə] f XYZ analysis

Zahl [tsa:l] f 1. number; *rote ~en schreiben* to be in the red; *schwarze ~en schreiben* to be in the black; 2. *(Ziffer)* figure

zahlbar ['tsa:lba:r] adj payable

zahlbar bei Ablieferung (p.o.d.) ['tsa:lba:r baɪ 'apli:fəruŋ] adv payable on delivery (p.o.d.)

zahlbar bei Verschiffung (c.o.s.) ['tsa:lba:r baɪ fɛr'ʃɪfuŋ] adv cash on shipment (c.o.s.)

zahlen ['tsa:lən] v 1. pay; *~!* The bill, please! The check, please! *(US)*; 2. effect, make payment

zählen ['tsɛ:lən] v count

Zahlenregister ['tsa:lənregɪstər] n numbered index

Zähler ['tsɛ:lər] m *(Messgerät)* meter, counter

Zahlkarte ['tsa:lkartə] f Giro inpayment form

Zahlschein ['tsa:lʃaɪn] m payment slip

Zahlstelle ['tsa:lʃtɛlə] f payments office

Zahltag ['tsa:lta:k] m payday

Zahlung ['tsa:luŋ] f payment

Zahlung bei Auftragserteilung (c.w.o.) ['tsa:luŋ baɪ 'auftra:ksɛrtaɪluŋ] cash with order (c.w.o.)

Zahlung gegen Dokumente (c.a.d.) ['tsa:luŋ 'ge:gən doku'mɛntə] cash against documents (c a.d.)

Zahlung gegen Nachnahme (c.o.d.) ['tsa:luŋ 'ge:gən 'na:xna:mə] collection on delivery (c.o.d.)

Zahlung per Nachnahme ['tsa:luŋ per 'na:xna:mə] cash on delivery

Zahlungsabkommen ['tsa:luŋsapkɔmən] n payments agreement

Zahlungsanweisung ['tsa:luŋsanvaɪzuŋ] f order for payment

Zahlungsaufforderung ['tsa:luŋsauffɔrdəruŋ] f request for payment

Zahlungsaufschub ['tsa:luŋsaufʃu:p] m extension of credit

Zahlungsauftrag ['tsa:luŋsauftra:k] m order for payment

Zahlungsavis ['tsa:luŋsavi:s] n/m advice of payment

Zahlungsbedingungen ['tsa:luŋsbədɪŋuŋən] f/pl terms of payment pl

Zahlungsbefehl ['tsa:luŋsbəfe:l] m order for payment

Zahlungsbefreiung ['tsa:luŋsbəfraɪuŋ] f exemption from payment

Zahlungsbilanz ['tsa:luŋsbɪlants] f balance of payments

Zahlungsbilanzdefizit ['tsa:luŋsbɪlants'defitsɪt] n balance of payments deficit

Zahlungsbilanzgleichgewicht ['tsa:luŋsbɪlants'glaɪçgəvɪçt] n balance of payments equilibrium

Zahlungsbilanzstatistik ['tsa:luŋsbɪlants'ʃtatɪstɪk] f statistic on the balance of payments

Zahlungsbilanzüberschuss ['tsa:luŋsbɪlants'y:bərʃus] m balance of payments surplus

Zahlungseinstellung ['tsa:luŋsaɪnʃtɛluŋ] f suspension of payments

Zahlungsempfänger(in) ['tsa:luŋsɛmpfɛŋər(ɪn)] m/f payee

Zahlungserinnerung ['tsa:luŋsɛrɪnəruŋ] f prompt note

zahlungsfähig ['tsa:luŋsfɛ:ɪç] adj solvent, able to pay

Zahlungsfähigkeit ['tsa:luŋsfɛ:ɪçkaɪt] f solvency

Zahlungsform ['tsa:luŋsfɔrm] f payment system

Zahlungsfrist ['tsa:luŋsfrɪst] f time allowed for payment, term of payment

zahlungskräftig ['tsa:luŋskrɛftɪç] adj solvent

Zahlungsmittel ['tsa:luŋsmɪtəl] n means of payment

Zahlungsmittelumlauf ['tsa:luŋsmɪtlumlauf] m notes and coins in circulation

zahlungspflichtig ['tsa:luŋspflɪçtɪç] adj liable to pay

Zahlungsrisiko ['tsa:luŋsri:ziko] n payment risk

Zahlungsrückstand ['tsa:luŋsrykʃtant] m payment in arrears

Zahlungsschwierigkeit ['tsa:luŋsʃvi:rɪçkaɪt] f financial difficulties pl

Zahlungssitte ['tsa:luŋszɪtə] f payment habit

Zahlungsstockung ['tsa:luŋsʃtɔkuŋ] f liquidity crunch

Zahlungstermin ['tsa:luŋstɛrmi:n] m date of payment

zahlungsunfähig ['tsa:luŋsunfɛːɪç] *adj* insolvent, unable to pay

Zahlungsunfähigkeit ['tsa:luŋsunfɛːɪçkaɪt] *f* insolvency, inability to pay

Zahlungsverkehr ['tsa:luŋsfɛrkeːr] *m* payment transaction

Zahlungsverzug ['tsa:luŋsfɛrtsuːk] *m* failure to pay on due date

Zahlungsweise ['tsa:luŋsvaɪzə] *f* payment method

Zahlungsziel ['tsa:luŋstsiːl] *n* period for payment

Zahlung unter Protest ['tsa:luŋ 'untər pro'tɛst] payment supra protest

Zedent [tse'dɛnt] *m* assignor

Zehnerklub ['tseːnərkluːp] *f* club of ten

Zeichen ['tsaɪçən] *n* character, symbol

zeichnen ['tsaɪçnən] *v (unterschreiben)* sign, *(fig)* subscribe; *(entwerfen)* design

Zeichnung ['tsaɪçnuŋ] *f* subscription

zeichnungsberechtigt ['tsaɪçnuŋsbərɛçtɪçt] *adj* authorized to sign

Zeichnungsberechtigung ['tsaɪçnuŋsbərɛçtɪguŋ] *f* authorisation to sign

Zeichnungsfrist ['tsaɪçnuŋsfrɪst] *f* subscription period

Zeichnungsschein ['tsaɪçnuŋsʃaɪn] *m* subscription form

Zeichnungsvollmacht ['tsaɪçnuŋsfɔlmaxt] *f* authority to sign

Zeitabschreibung ['tsaɪtapʃraɪbuŋ] *f* depreciation per period

Zeitarbeit ['tsaɪtarbaɪt] *f* temporary work

Zeitaufwand ['tsaɪtaufvant] *m* expenditure of time

Zeitdruck ['tsaɪtdruk] *m* deadline pressure, time pressure

Zeiteinteilung ['tsaɪtaɪntaɪluŋ] *f (Zeitplan)* time plan

Zeitersparnis ['tsaɪtɛrʃpaːrnɪs] *f* time saved

zeitgemäß ['tsaɪtgəmɛːs] *adj* timely, up to date, modern

Zeitguthaben ['tsaɪtguːthaːbən] *n (bei gleitender Arbeitszeit)* time credit

Zeitkauf ['tsaɪtkauf] *m* sale on credit terms

Zeitlohn ['tsaɪtloːn] *m* time wages *pl*

Zeitraum ['tsaɪtraum] *m* space of time, period

Zeitstudie ['tsaɪtʃtuːdjə] *f* time study

Zeitungsinserat ['tsaɪtuŋsɪnzəraːt] *n* newspaper advertisement

Zeitverschwendung ['tsaɪtfɛrʃvɛnduŋ] *f* waste of time

Zeitvertrag ['tsaɪtfɛrtraːk] *m* fixed-term contract, fixed-duration contract, short-term contract

Zeitwert ['tsaɪtveːrt] *m* current market value

Zentiliter ['tsɛntiliːtər] *m* centilitre

Zentimeter ['tsɛntimeːtər] *m* centimetre, centimeter *(US)*

Zentner ['tsɛntnər] *m* hundredweight

Zentnergewicht ['tsɛntnərgəvɪçt] *n* metric hundredweight

zentral [tsɛn'traːl] *adj* central; *adv* centrally

Zentralbank [tsɛn'traːlbaŋk] *f* central bank

Zentralbankgeld [tsɛn'traːlbaŋkgɛlt] *n* central bank money

Zentralbankpräsident(in) [tsɛn'traːlbaŋkprɛzidɛnt(ɪn)] *m/f* President of the Central Bank

Zentralbankrat [tsɛn'traːlbaŋkraːt] *m* Central Bank Council

Zentralbankstatus [tsɛn'traːlbaŋkʃtaːtus] *m* status of the Central Bank

Zentrale [tsɛn'traːlə] *f* central office, head office, headquarters *pl*

Zentraleinkauf [tsɛn'traːlaɪnkauf] *m* centralized purchasing

Zentralisation [tsɛntralisa'tsjoːn] *f* centralization

zentralisieren ['tsɛntrali'ziːrən] *v* centralize

Zentralisierung [tsɛntrali'siːruŋ] *f* centralization

Zentralkasse [tsɛn'traːlkasə] *f* central credit institution

Zentralverband [tsɛn'traːlfɛrbant] *m* central federation, national federation, national association

Zerobond ['zeːrobɔnt] *m* zero bond

Zertifikat [tsɛrtifi'kaːt] *n* certificate

zertifizierte Bonds [tsɛrtifiˈtsiːrtə bɔnts] *m/pl* certified bonds *pl*

Zession [tsɛ'sjoːn] *f* assignment

Zessionar(in) [tsɛsjoˈnaːr(ɪn)] *m/f* assignee

Zessionskredit [tsɛ'sjoːnskrediːt] *m* advance on receivables

Zeugenaussage ['tsɔygənauszaːgə] *f* evidence, testimony

Zeugnis ['tsɔyknɪs] *n* testimonial, letter of reference

Ziehung ['tsiːuŋ] *f* drawing

Ziehungsrechte ['tsiːuŋsrɛçtə] *n/pl* drawing rights *pl*

Ziel [tsiːl] *n (fig: Absicht)* aim, purpose, objective

Zielgruppe ['tsiːlgrupə] *f* target group

Zielhierarchie ['tsi:lhierarçi:] *f* hierarchy of goals
Zielkauf ['tsi:lkauf] *m* purchase on credit
Zielkosten ['tsi:lkɔstən] *pl* target costs *pl*
Zielkostenrechnung ['tsi:lkɔstənrεçnuŋ] *f* target cost accounting
Zielpreis ['tsi:lpraɪs] *m* target price; norm price
Zielvorgabe ['tsi:lfo:rga:bə] *f* objective, target
Zinsänderungsrisiko ['tsɪnsεndəruŋsri:ziko] *n* risk of change in interest rates
Zinsanleihe ['tsɪnsanlaɪə] *f* loan repayable in full at a due date
Zinsarbitrage ['tsɪnsarbitra:ʒə] *f* interest rate arbitrage
Zinsbesteuerung ['tsɪnsbəʃtɔyəruŋ] *f* taxation of interest
Zinsbindung ['tsɪnsbɪnduŋ] *f* interest rate control
Zins bringend ['tsɪns brɪŋənt] *adj* interest-bearing
Zinselastizität ['tsɪnselastitsitε:t] *f* interest elasticity
Zinsen ['tsɪnzən] *m/pl* interest, interests *pl*
Zinsendienst ['tsɪnzəndi:nst] *m* interest service
Zinserhöhung ['tsɪnsεrhø:uŋ] *f* interest rate increase
Zinserleichterung ['tsɪnsεrlaɪçtəruŋ] *f* reduction of interest
Zinsertrag ['tsɪnsεrtra:k] *m* income from interests
Zinseszins ['tsɪnzəstsɪns] *m* compound interest
Zinseszinsrechnung ['tsɪnzəstsɪnsrεçnuŋ] *f* calculation of compound interest
Zinsfuß ['tsɪnsfu:s] *m* interest rate
Zinsgarantie ['tsɪnsgaranti:] *f* guaranteed interest
Zinsgefälle ['tsɪnsgəfεlə] *n* gap between interest rates, margin between interest rates
Zinskappe ['tsɪnskapə] *f* cap rate of interest
Zinskappenvereinbarung ['tsɪnskapənfεraɪnba:ruŋ] *f* cap rate of interest agreement
zinslos ['tsɪnslo:s] *adj* interest-free, non-interest-bearing
zinsloses Darlehen ['tsɪnslo:zəs 'da:rle:ən] *n* interest-free loan
Zinsmarge ['tsɪnsmarʒə] *f* interest margin
Zinsniveau ['tsɪnsnivo:] *n* interest rate level
Zinsparität ['tsɪnsparitε:t] *f* interest parity
Zinspolitik ['tsɪnspoliti:k] *f* interest rate policy

Zinsrückstand ['tsɪnsrykʃtant] *m* arrear on interests
Zinssatz ['tsɪnszats] *m* interest rate, rate of interest
Zinsschein ['tsɪnsʃaɪn] *m* coupon
Zinssenkung ['tsɪnszεŋkuŋ] *f* interest rate decrease, reduction of interest
Zinsspanne ['tsɪnsʃpanə] *f* interest margin
Zinsstabilität ['tsɪnsʃtabilitε:t] *f* interest rate stability
Zinsstaffel ['tsɪnsʃtafəl] *f* interest rate table
Zinsstruktur ['tsɪnsʃtruktu:r] *f* interest rate structure
Zinsswap ['tsɪnsswɔp] *m* interest rate swap
Zinstage ['tsɪnsta:gə] *m/pl* quarter days *pl*
Zinstender ['tsɪnstεndər] *m* interest tender
Zinstermin ['tsɪnstεrmi:n] *m* interest payment date
Zinstheorie ['tsɪnsteori:] *f* theory of interest
Zinsüberschuss ['tsɪnsy:bərʃus] *m* interest surplus
zinsvariable Anleihe ['tsɪnsvarjablə 'anlaɪə] *f* loan at variable rates
Zinsverlust ['tsɪnsfεrlust] *m* interest loss
Zinswettbewerb ['tsɪnsvεtbəvεrp] *m* interest rate competition
Zinswucher ['tsɪnsvu:xər] *m* usury
Zirkulation [tsɪrkula'tsjo:n] *f* circulation
zitieren [tsi'ti:rən] *v* summon
Zivilprozessordnung (ZPO) [tsivi:lpro'tsεsɔrdnuŋ] *f* Code of Civil Procedure
Zivilrecht [tsi'vi:lrεçt] *n* civil law
Zoll [tsɔl] *m* 1. (*Behörde*) customs *pl*; 2. (*Maßeinheit*) inch; 3. (*Gebühr*) customs duty, duty
Zollabfertigung ['tsɔlapfεrtiguŋ] *f* customs clearance
Zollabkommen ['tsɔlapkɔmən] *n* customs convention
Zollamt ['tsɔlamt] *n* customs office
Zollausland ['tsɔlauslant] *n* countries outside the customs frontier
Zollbeamte(r) ['tsɔlbəamtə(r)] *f/m* customs official, customs officer
Zollbereich ['tsɔlbəraɪç] *m* customs matters *pl*
Zolleinfuhrschein [tsɔl'aɪnfu:rʃaɪn] *m* bill of entry
Zollerklärung ['tsɔlεrklε:ruŋ] *f* customs declaration
Zollfaktura ['tsɔlfaktu:ra] *f* customs invoice
zollfrei ['tsɔlfraɪ] *adj* duty-free
Zollgebiet ['tsɔlgəbi:t] *n* customs territory

Zollgebühren ['tsɔlgəby:rən] f/pl customs duties pl
Zollgrenze ['tsɔlgrentsə] f customs frontier
Zollinland [tsɔl'ɪnlant] n domestic customs territory
Zollkontrolle ['tsɔlkontrɔlə] f customs control, customs inspection
Zolllager ['tsɔlla:gər] n customs warehouse
Zolllagerung ['tsɔlla:gəruŋ] f customs warehouse procedure
Zollpapiere ['tsɔlpapi:rə] n/pl customs documents pl
zollpflichtig ['tsɔlpflɪçtɪç] adj dutiable, subject to customs
Zollstation ['tsɔlʃtatsjo:n] f customs post, customs office
Zolltarif ['tsɔltari:f] m customs tariff
Zollunion ['tsɔlunjo:n] f customs union
Zollverkehr ['tsɔlfɛrke:r] m customs procedure
Zollverschluss ['tsɔlfɛrʃlus] m customs seal
Zollvertrag ['tsɔlfɛrtra:k] m customs agreement
Zone ['tso:nə] f zone
Zug um [tsu:k um] concurrent
Zugabe ['tsu:ga:bə] f extra, bonus
Zugang ['tsu:gaŋ] m (Warenzugang) supply, receipt
Zugriffsberechtigung ['tsu:grɪfsbərɛçtɪɡuŋ] f EDV access privilege
Zukunftswert ['tsu:kunftsve:rt] m future bonds pl
Zulage ['tsu:la:gə] f additional pay, bonus; (Gehaltserhöhung) rise (UK), raise (US)
zulässig ['tsu:lɛsɪç] adj permissible, allowed, admissible
Zulassung ['tsu:lasuŋ] f admission; (eines Autos) registration
Zulassungsbeschränkung ['tsu:lasuŋsbəʃrɛŋkuŋ] f restricted admission
Zulassungsstelle ['tsu:lasuŋsʃtɛlə] f registration office
zu Lasten [tsu 'lastən] chargeable to
Zulauf ['tsu:lauf] m popularity; großen ~ haben to be very popular, to be in great demand
Zulieferbetrieb ['tsu:li:fərbətri:p] m component producer
Zulieferer ['tsu:li:fərər] m supplier, component supplier, subcontractor
Zulieferung ['tsu:li:fəruŋ] f supply
Zunahme ['tsu:na:mə] f increase, growth, rise

Zuname ['tsu:na:mə] m family name, surname
zunehmen ['tsu:ne:mən] v irr increase, grow, rise
zur Ansicht [tsu:r 'anzɪçt] on approval
zurückerstatten [tsu'rykɛrʃtatən] v refund, pay back, reimburse
zurückfordern [tsu'rykfɔrdərn] v etw ~ ask for sth back, demand sth back
zurückgestaute Inflation ['tsurykgəʃtautə ɪnfla'tsjo:n] f pent-up inflation
zurückgewinnen [tsu'rykgəvɪnən] v irr win back, regain, recoup
zurückrufen [tsu'rykru:fən] v irr (eine bereits ausgelieferte Ware) call back
zurücktreten [tsu'ryktre:tən] v irr (Rücktritt erklären) resign, retire
zurückweisen [tsu'rykvaɪzən] v irr reject, refuse
zurückzahlen [tsu'ryktsa:lən] v pay back, repay
Zurückzahlung [tsu'ryktsa:luŋ] f repayment
Zusage ['tsu:za:gə] f (Verpflichtung) commitment; (Versprechen) promise
zusagen ['tsu:za:gən] v confirm; (versprechen) promise
Zusammenarbeit [tsu'zamənarbaɪt] f cooperation, collaboration
zusammenarbeiten [tsu'zamənarbaɪtən] v work together, cooperate, collaborate, act in concert, team up
Zusammenbau [tsu'zamənbau] m assembly
zusammenbauen [tsu'zamənbauən] v assemble
zusammenfassen [tsu'zamənfasən] v sum up, summarize
zusammenschließen [tsu'zamənʃli:sən] v irr sich ~ get together, team up
Zusammenschluss [tsu'zamənʃlus] m union, alliance, merger
Zusammensetzung [tsu'zamənzɛtsuŋ] f composition, make-up, construction
zusammenstellen [tsu'zamənʃtɛlən] v (fig) make up, put together, combine; (Daten) compile
Zusatzaktie ['tsu:zatsaktsjə] f bonus share
Zusatzkapital ['tsu:zatskapita:l] n additional capital
Zusatzkosten ['tsu:zatskɔstən] pl additional cost
Zusatzverkauf ['tsu:zatsfɛrkauf] m additional sale

Zusatzversicherung ['tsu:zatsfɛrziçəruŋ] *f* additional insurance

Zuschlag ['tsu:ʃla:k] *m* extra charge, surcharge, addition

Zuschlagskalkulation ['tsu:ʃla:kskalkulatsjo:n] *f* job order costing

zuschlagspflichtig ['tsu:ʃla:kspflıçtıç] *adj* subject to a supplementary charge

Zuschlagssatz ['tsu:ʃla:ksatz] *m* costing rate

Zuschrift ['tsu:ʃrıft] *f* letter

Zuschuss ['tsu:ʃus] *m* allowance, contribution, subsidy

zusetzen ['tsu:zɛtsən] *v* Geld ~ lose money

Zusicherung ['tsu:zıçəruŋ] *f* assurance, guarantee

zustellen ['tsu:ʃtɛlən] *v (liefern)* deliver, hand over

Zusteller(in) ['tsu:ʃtɛlər(ın)] *m/f* deliverer; *(Postbote)* letter carrier, postman/postwoman, mailman

Zustellgebühr ['tsu:ʃtɛlgəby:r] *f* delivery fee, delivery charge

Zustellung ['tsu:ʃtɛluŋ] *f* delivery

Zustimmung ['tsu:ʃtımuŋ] *f* consent

Zuteilung ['tsu:tailuŋ] *f* allocation

Zuteilungsrechte ['tsu:tailuŋsrɛçtə] *n/pl* allotment right

zu treuen Händen [tsu 'trɔyən 'hɛndən] for safekeeping

zuverlässig ['tsu:fɛrlɛsıç] *adj/adv* reliable

Zuwachs ['tsu:vaks] *m* growth

Zuwachsrate ['tsu:vaksra:tə] *f* growth rate

zuweisen ['tsu:vaizən] *v irr* assign, allocate, allot

Zuweisung ['tsu:vaizuŋ] *f* assignment, transfer from profits

Zuwendung ['tsu:vɛnduŋ] *f (Geldbeitrag)* grant, contribution, donation

zuwiderhandeln [tsu'vi:dərhandəln] *v* einer Sache ~ act contrary to sth, go against sth; *(einer Vorschrift)* violate

Zuzahlung ['tsu:tsa:luŋ] *f* additional contribution

zuzüglich ['tsutsy:klıç] *prep* plus

Zwangsabgabe ['tsvaŋsapga:bə] *f* compulsory charge

Zwangsanleihe ['tsvaŋsanlaiə] *f* compulsory loan

Zwangsgeld ['tsvaŋsgɛlt] *n* enforcement fine

Zwangsmittel ['tsvaŋsmıtəl] *n/pl* enforcement measures *pl*

Zwangssparen ['tsvaŋsʃpa:rən] *n* compulsory saving

Zwangsvergleich ['tsvaŋsfɛrglaıç] *m* legal settlement in bankruptcy

Zwangsverkauf ['tsvaŋsfɛrkauf] *m* forced sale

Zwangsversteigerung ['tsvaŋsfɛrʃtaıgəruŋ] *f* compulsory auction

Zwangsvollstreckung ['tsvaŋsfɔlʃtrɛkuŋ] *f* enforcement, compulsory execution, levy upon property

zweckentfremden ['tsvɛkɛntfrɛmdən] *v* misappropriate, redesignate, misuse

Zweckentfremdung ['tsvɛkɛntfrɛmduŋ] *f* use for a purpose other than the original designation

zweckgebunden ['tsvɛkgəbundən] *adj* earmarked, appropriated, bound to a specific purpose

Zweckgemeinschaft ['tsvɛkgəmainʃaft] *f* special-purpose association

zweckmäßig ['tsvɛkmɛ:sıç] *adj* expedient, practical, proper

Zwecksparen ['tsvɛkʃpa:rən] *n* target saving

Zweigniederlassung ['tsvaıkni:dərlasuŋ] *f* branch

Zweigstelle ['tsvaıkʃtɛlə] *f* branch office

Zweitnutzen ['tsvaıtnutsən] *m* secondary benefit

Zwischenaktionär ['tsvıʃənaktsjonɛ:r] *m* interim shareholder

Zwischenbericht ['tsvıʃənbərıçt] *m* interim report

Zwischenbilanz ['tsvıʃənbılants] *f* interim results *pl,* interim balance sheet

Zwischenfinanzierung ['tsvıʃənfinantsi:ruŋ] *f* interim financing

Zwischengesellschaft ['tsvıʃəngəzɛlʃaft] *f* intermediate company

Zwischenhändler(in) ['tsvıʃənhɛndlər(ın)] *m/f* middleman, intermediate dealer

Zwischenkonto ['tsvıʃənkɔnto] *n* interim account

Zwischenkredit ['tsvıʃənkredi:t] *m* interim loan, intermediate loan

Zwischenlager ['tsvıʃənla:gər] *n* intermediate inventory

Zwischenschein ['tsvıʃənʃain] *m* provisional receipt

Zwischensumme ['tsvıʃənzymə] *f* subtotal

Zwischenzinsen ['tsvıʃəntsınzən] *m/pl* interim interest

Zyklus ['tsy:klus] *m* cycle

Begriffe und Wendungen

1. Unternehmen und Management

Lines and Forms of Business	**Branchen und Unternehmensformen**

We have invested heavily in the *mining industry* in South Africa.

Wir haben in großem Umfang in die *Montanindustrie* Südafrikas investiert.

Coal mines in Yorkshire provide much of Britain's coal.
The *north sea oil industry* has raised oil prices.
The majority of our electricity comes from the *coal-fired power station* you drove past on your way here.
We are trying to close a deal for cheap electricity from the *nuclear power station* nearby.

Kohlenbergwerke in Yorkshire liefern einen großen Teil der britischen Kohle.
Die *Nordseeölindustrie* hat die Ölpreise erhöht.
Der Großteil unserer Elektrizität kommt von dem *Kohlekraftwerk,* an dem Sie auf dem Weg hierher vorbeigefahren sind.
Wir versuchen einen Handel mit dem nahegelegenen *Atomkraftwerk* abzuschließen, um billige Elektrizität zu bekommen.

We buy our barley direct from several different farmers in the area.
The agricultural crisis is effecting the *brewing industry.*
Our *paper processing business* is dependent upon the *forestry industry.*
Our factory *reprocesses* fish by-products to produce fertilizer.

Wir kaufen unsere Gerste direkt bei einigen Bauern aus der Gegend.
Die Agrarkrise wirkt sich in der *Brauereiindustrie* aus.
Unsere *Papier verarbeitende Industrie* hängt von der *Holzindustrie* ab.
Unsere Fabrik *verarbeitet* Fischabfälle zur Produktion von Düngemitteln.

In the seventies, Maurice Motors was one of the most notable *car manufacturers* in Europe.
We have good business relations with the manufacturer of our *components.*
Many of our *manufactured articles* are exported to other EU nations.
We are a long-established *insurance company* with many years experience behind us.

In den siebziger Jahren war Maurice Motors einer der namhaftesten *Autohersteller* in Europa.
Wir haben gute Geschäftsbeziehungen mit dem Hersteller unserer *Einzelteile.*

Viele unserer *Fabrikate* werden in andere EU-Staaten exportiert.
Wir sind eine alteingesessene *Versicherung* mit langjähriger Erfahrung.

Unternehmen

I think that the JA Bank can offer us the best deal for our ***company account.***
Ich glaube, dass die JA Bank uns das beste Angebot für unser ***Firmenkonto*** machen kann.

The most successful ***mail order business*** in Britain for 1998 was Warmers Catalogues.
Das erfolgreichste ***Versandhandelsunternehmen*** in Großbritannien war 1998 Warmers Catalogues.

We have got in touch with the ***publishers*** regarding our "Millennium Catalogue".
Wir haben mit dem ***Verlag*** wegen unseres „Millennium Katalogs" Kontakt aufgenommen.

In our ***line of business,*** one must be prepared to move with the times.
In unserer ***Branche*** muss man darauf vorbereitet sein mit der Zeit zu gehen.

I need to get in contact with an ***accounting firm.***
Ich muss mit einer ***Buchhaltungsfirma*** Kontakt aufnehmen.

The ***advertising company*** that we use has always produced satisfactory results in the past.
Die ***Werbefirma,*** mit der wir arbeiten, hat in der Vergangenheit immer zufrieden stellende Ergebnisse geliefert.

My ***firm of solicitors*** was founded in 1987.
Meine ***Anwaltskanzlei*** wurde 1987 gegründet.

I will have to consult my ***solicitor.***
Ich werde meinen ***Anwalt*** konsultieren müssen.

As a ***marketing company,*** we feel that relations with our customers are important.
Wir glauben, dass für uns als ***Marketingunternehmen*** das Verhältnis zu unseren Kunden entscheidend ist.

Our firm of ***management consultants*** advises companies of ways to increase production through improved ***management.***
Unsere ***Unternehmensberatungsfirma*** berät Unternehmen, wie sie ihre Produktion durch verbessertes ***Management*** steigern können.

Part of our ***service*** as a ***computer consultancy*** is free follow-up advice to customers, via e-mail.
Ein Teil unseres ***Services*** als ***EDV-Berater*** ist es, unseren Kunden anschließend umsonst per E-mail Ratschläge zu geben.

We are considering referring the problem to an I.T. ***(Information Technology) consultancy firm.***
Wir erwägen hinsichtlich dieses Problems eine ***EDV-Beratungsfirma*** hinzuzuziehen.

Our ***head office*** is in Liverpool.
Unser ***Hauptbüro*** ist in Liverpool.

Our ***headquarters*** are located in Camberwell, London.
Unsere ***Zentrale*** ist in Camberwell in London.

Our business began in the eighteenth century as a small group of ***craft traders.***
Unser Unternehmen entstand im achtzehnten Jahrhundert aus einer kleinen Gruppe von ***Handwerkern.***

	Unternehmen
Our family has been involved in this business for centuries. Our ancestors were *guildsmen* in the middle ages.	Unsere Familie ist seit Jahrhunderten an diesem Unternehmen beteiligt. Unsere Vorfahren waren im Mittelalter *Mitglieder einer Zunft.*
We are only a *small enterprise.*	Wir sind nur ein *Kleinbetrieb.*
Our *company name plate* until recently contained the family coat of arms.	Unser *Firmenschild* enthielt bis vor kurzem noch unser Familienwappen.
As a *medium size enterprise,* we are proud of our friendly working atmosphere.	Als *mittelständischer Betrieb* sind wir stolz auf unsere freundliche Arbeitsatmosphäre.
My father used to be the *sole owner* of our company.	Früher war mein Vater der *Alleineigentümer* unseres Unternehmens.
Our *company name* is a combination of the names of our *co-founders.*	Unser *Firmenname* ist eine Kombination der Namen der *Mitbegründer.*
Could I please speak to the *proprietor?*	Könnte ich bitte den *Besitzer* sprechen?
The *factory owner* is away on business.	Der *Fabrikeigentümer* ist geschäftlich unterwegs.
The *parent company* of the TEHV group is today an extremely profitable enterprise.	Die *Muttergesellschaft* der TEHV Gruppe ist heute ein enorm profitables Unternehmen.
Our *holding company* was founded in 1967.	Unsere *Dachgesellschaft* wurde 1967 gegründet.
Our company is *based* in Britain, but we have factories and outlets all over the world.	Unser Unternehmen hat seinen *Unternehmenssitz* in Großbritannien, aber wir haben Fabriken und Absatzgebiete auf der ganzen Welt.
We have *branches* all over the world. Our most important *branches abroad* are in Brazil and Mexico.	Wir haben *Filialen* auf der ganzen Welt. Unsere wichtigsten *Auslandsniederlassungen* sind in Brasilien und Mexiko.
They are one of the largest *multinationals* in the world.	Sie sind eines der größten *multinationalen Unternehmen* auf der ganzen Welt.
Our most notable *agency abroad* is based in Canada.	Unsere namhafteste *Auslandsvertretung* hat ihren Geschäftssitz in Kanada.
TEHV is a *multinational group.*	TEHV ist ein *multinationaler Konzern.*
The *private sector* in the USA is much stronger than the *public sector.*	Der *private Sektor* ist in den USA sehr viel stärker als der *öffentliche Sektor.*

Unternehmen

We have only ***limited liability***
in the event of bankruptcy.
SIDA is a ***private limited
liability company.***
We became a ***limited company***
in 1973 (US: ***incorporated
company***).
I have sent our ***major share-
holders*** our ***sales figures***
for 1998.
The ***shareholders meeting*** is due
to take place next week.
How many will attend the ***annual
general meeting (AGM)?***

Our company is a ***limited
partnership.***
He is a ***limited partner*** in AHB.
May I introduce my ***general
partner,*** Frank.
She is the youngest person ever to
be made ***junior partner*** in the firm.

Mr. Taylor is a ***silent partner***
in our business.
We are considering going into
partnership with ABC.

Our ***trading partner*** has not
been in contact regarding our
factories in Africa.
One of our ***subsidiaries*** (US:
affiliates) is based almost
wholly in the Far East.
AMV is a subsidiary (US:
affiliate) of the TEHV Group.
We are hoping to arrange a
video conference in July with
the managers of all our
subsidiaries.

Im Falle eines Bankrotts übernehmen
wir nur ***beschränkte Haftung.***
SIDA ist eine ***Gesellschaft
mit beschränkter Haftung.***
Wir wurden 1973 zu einer
Aktiengesellschaft umgewandelt.

Ich habe unseren ***Großaktionären***
die ***Verkaufszahlen*** für 1998
geschickt.
Die ***Aktionärsversammlung*** ist
für nächste Woche geplant.
Wie viele Teilnehmer wird die
Jahreshauptversammlung haben?

Unser Unternehmen ist eine
Kommanditgesellschaft.
Er ist ein ***Kommanditist*** bei AHB.
Darf ich Ihnen meinen ***Komplementär***
Frank vorstellen.
Sie ist die jüngste Person, die
jemals ***Juniorteilhaber*** in unserem
Unternehmen geworden ist.
Mr. Taylor ist ***stiller Teilhaber*** an
unserem Unternehmen.
Wir überlegen uns, eine ***Partnerschaft***
mit ABC einzugehen.

Unser ***Handelspartner*** hat uns bisher
nicht wegen unserer Fabriken in Afrika
kontaktiert.
Eine unserer ***Tochtergesellschaften*** ist
fast ausschließlich im Nahen Osten
ansässig.
AMV ist eine Tochtergesellschaft
der TEHV Gruppe.
Wir hoffen, im Juli eine ***Video-
konferenz*** mit den Leitern aller
unserer ***Tochtergesellschaften***
abhalten zu können.

Dialogbeispiele

A: We have recently renewed the machinery of our *assembly line.*

B: Do you think it will pay off in the long run?
A: Definitely. Control has already recorded a drop in *manufacturing defects.*

A: We distribute *hand-made* jewellery made by trained gold- and silversmiths.

B: Are they all *original designs?*
A: Yes. We also produce designs to order from our customers.

B: I think we could certainly be of assistance for your business. Marketing of genuine *handicrafts* is our speciality.

A: We were considering sending you to our *branch office* in Chile for six months, Mrs. Richards.
B: That sounds very challenging.

A: Are you aware of *business protocol* in South America?

B: I have some basic knowledge.

A: One of our *affiliates* distributes and markets our products in Thailand. They receive our goods at a discounted price and can make a greater profit for themselves.

A: Wir haben erst neulich die Maschinenausstattung unseres *Fließbandes* erneuert.
B: Glauben Sie, dass sich das auf lange Sicht auszahlen wird?
A: Auf jeden Fall. Die Aufsicht hat jetzt schon ein Abnehmen der *Fabrikationsfehler* gemeldet.

A: Wir vertreiben *handgearbeiteten* Schmuck, der von ausgebildeten Gold- und Silberschmieden gefertigt wird.
B: Sind das alles *Originalentwürfe?*
A: Ja. Wir entwerfen auch nach den speziellen Wünschen unserer Kunden.

B: Ich glaube, dass wir sehr nützlich für Ihr Unternehmen sein könnten. Das Marketing von echtem *Kunsthandwerk* ist unsere Spezialität.

A: Wir überlegen uns, Sie für sechs Monate in unsere *Geschäftsstelle* in Chile zu schicken, Frau Richards.
B: Das klingt nach einer interessanten Herausforderung.
A: Sind Sie sich über das südamerikanische *Geschäftsprotokoll* im Klaren?
B: Ich besitze ein paar grundlegende Kenntnisse.

A: Ein mit uns *befreundetes Unternehmen* vertreibt und verkauft unsere Produkte in Thailand. Sie bekommen unsere Produkte zu einem ermäßigten Preis und können daher einen größeren Profit machen.

B: That's an ideal arrangement for you both – you must make large savings in distribution costs.

A: Yes. It undoubtedly pays off for both our companies.

B: Das ist eine ideale Vereinbarung für Sie beide – Sie müssen große Einsparungen bei den Vertriebskosten haben.

A: In der Tat. Es zahlt sich zweifellos für beide Unternehmen aus.

Business Organisation

The **board of directors** meets in the **boardroom** to discuss future strategies.
I will have to bring the matter up in front of the **supervisory board**.
Our **production department** employs thirty percent less people than in 1986.
Quality control is not satisfied with the standard of goods produced on the factory floor.

Administration has been ploughing through **red tape** all week.

Our **administration department** has arranged an interview for you on Friday 22nd January.
The **administration** of our company has been improved considerably over the last few years.
Our **administration department** is having some difficulty coping with new European **bureaucracy**.

Planning control is based at our headquarters in London. They have produced these **planning figures** regarding possible developments in East Asia.

Unternehmensorganisation

Die **Direktion** trifft sich im **Sitzungssaal**, um zukünftige Strategien zu besprechen.
Ich werde das Thema vor dem **Aufsichtsrat** ansprechen.

Unsere **Produktionsabteilung** beschäftigt dreißig Prozent weniger Leute als 1986.
Die **Qualitätskontrolle** ist mit dem Standard der Güter, die in der Fabrikhalle produziert werden, nicht zufrieden.
Die **Verwaltung** hat sich die ganze Woche lang durch den **Amtsschimmel** gegraben.
Die **Verwaltungsabteilung** hat ein Bewerbungsgespräch für Sie am Freitag, den 22. Januar arrangiert.
Die **Verwaltung** unseres Unternehmens hat sich in den letzten Jahren erheblich verbessert.
Unsere **Verwaltungsabteilung** hat einige Schwierigkeiten, mit der neuen europäischen **Bürokratie** zurechtzukommen.
Die **Planungskontrolle** ist in unserer Zentrale in London stationiert. Sie haben diese **Planwerte** für mögliche Entwicklungen in Ostasien erstellt.

Unternehmen

The **accounts department** will deal with your query – I'll fax your details to them now.

Could you please take these calculations to **accounts**.

Our **cost accounting centre** is on the second floor.

Most of our **budgetary planning** is developed in our **finance department**.

Only very large companies require a **law department**.

Staff of the **data processing division** are taking part in a training course this morning.

Most of our **data processing** takes place in our other building.

Marketing is more important than ever in the highly competitive world of multinational business.

The **marketing department** wishes to employ more staff to cope with their increasing workload.

Our **marketing division** is on the fifth floor of our main office building.

Our **advertising department** has just completed our coming **informercial;** it will be screened on September the fifth.

Our **publicity department** is working on our new series of billboard advertisements.

Our **public relations department** has suggested holding an **open day** to combat environmental

Die **Rechnungsabteilung** wird sich um Ihre Anfrage kümmern – ich werde ihnen sofort die Einzelheiten Ihres Falles faxen.

Könnten Sie bitte diese Berechnungen in die **Rechnungsabteilung** bringen.

Unsere **Kostenstelle** ist im zweiten Stock.

Der Großteil unserer **Budgetplanung** wird in der **Finanzabteilung** entwickelt.

Nur sehr große Unternehmen benötigen eine **Rechtsabteilung.**

Das Personal der **EDV-Abteilung** nimmt an dem Trainingskurs heute Morgen teil.

Ein Großteil der **Datenverarbeitung** findet in unserem anderen Gebäude statt.

Marketing ist in der enorm wettbewerbsorientierten Welt des multinationalen Geschäfts wichtiger denn je zuvor.

Die **Marketingabteilung** möchte gerne mehr Personal einstellen, um mit der wachsenden Arbeitslast fertig zu werden.

Unsere **Marketingabteilung** ist im fünften Stock in unserem Hauptgebäude.

Unsere **Werbeabteilung** hat gerade unsere neue **Werbesendung** fertig gestellt. Sie wird am fünften September ausgestrahlt.

Unsere **Werbeabteilung** arbeitet gerade an einer neuen Serie von Plakatwerbungen.

Unsere **Public-Relations-Abteilung** hat vorgeschlagen einen **Tag der offenen Tür** abzuhalten, um

Unternehmen

objections from the public to our proposed expansion.

The ***sales department*** is on the second floor.
Our ***salesroom*** was understaffed due to illness in January.
The ***Board of Directors*** has been considering possibilities for expansion of our business into new areas.
Our ***chairman*** has had connections to our company for many years.
The ***chairman of the board*** has called a ***meeting*** for next week.

The ***chairman of the supervisory board*** is on holiday (US: vacation) at present.
I believe she was delighted to receive the ***chairmanship.***
Our ***managing director*** (US: ***chief executive officer***) originally comes from Japan.
Our ***executives*** are currently in a meeting.
We need to make an ***executive*** decision as soon as possible.

The ***branch manager*** is currently away on business.
Her ***deputy*** can help you with any further enquiries.
I think it would be more fitting if you spoke to the ***manageress*** regarding this matter.
The ***manager*** is in a meeting at present. The scheduling of his appointments is organised by his ***secretary*** (US: ***minister***).

Befürchtungen der Öffentlichkeit hinsichtlich der Umwelt aufgrund unserer vorgeschlagenen Expansion entgegenzuwirken.
Die ***Vertriebsabteilung*** ist im zweiten Stock.
Unser ***Verkaufslokal*** war im Januar wegen Krankheit unterbesetzt.
Die ***Direktion*** hat die Möglichkeiten einer Expansion unseres Unternehmens in neue Bereiche abgewägt.

Unser ***Vorsitzender*** hatte seit vielen Jahren Beziehungen zu unserer Firma.
Der ***Vorstandsvorsitzende*** hat ein ***Meeting*** für nächste Woche anberaumt.
Der ***Aufsichtsratsvorsitzende*** ist im Moment auf Urlaub.

Ich glaube, sie war sehr erfreut den ***Vorsitz*** zu erhalten.
Unser ***Generaldirektor*** kommt ursprünglich aus Japan.

Unsere ***Verwaltung*** ist im Moment bei einem Meeting.
Wir müssen so bald wie möglich eine ***geschäftsführende*** Entscheidung treffen.

Die ***Filialleiterin*** ist im Moment geschäftlich unterwegs.
Ihr ***Stellvertreter*** kann Ihnen bei weiteren Fragen helfen.
Ich denke, es wäre angebrachter, wenn Sie diese Angelegenheit mit der ***Managerin*** besprechen würden.
Der ***Geschäftsführer*** ist im Moment in einem Meeting. Die Terminplanung organisiert sein ***Sekretär.***

Unternehmen

Our *production manager* has been criticised for the inefficiency of production on the factory floor.
Our *purchasing manager* is abroad visiting one of our component manufacturers.

Good morning, my name is Allen, John Allen – I'm the *financial manager* of JMC.
The *accounts manager* is out of the office this afternooon.

Mrs. Adam is our *accounting division manager.*
Our *public relations department* has made several valid suggestions for the improvement of our *firm's image.*
I would like to introduce the *manager of our data processing division,* Ms. Meyer.
Our *advertising manager* is not available at present.
Mr. Mann has been *marketing manager* of the company since 1979 and will retire next year.

The *human resources manager* has arranged a staff meeting for Friday.
The *personnel manager* will take six months *maternity leave* in summer.
Our *research director* is in charge of all aspects of scientific research within our company.

We employ several *scientists* to research and develop new products for our firm.

Unser *Produktionsleiter* ist für die Ineffizienz in der Fabrikhalle kritisiert worden.
Unser *Einkaufsleiter* ist im Ausland, um einen unserer Zulieferer zu besuchen.

Guten Tag, mein Name ist Allen, John Allen – Ich bin der *Finanzdirektor* von JMC.
Der *Leiter des Rechnungswesens* ist heute Nachmittag nicht in seinem Büro.

Frau Adam ist die *Leiterin unserer Buchhaltung.*
Unsere *Öffentlichkeitsabteilung* hat einige sinnvolle Vorschläge zur Verbesserung unseres *Firmenimages* gemacht.
Ich würde Ihnen gerne die *Leiterin der EDV-Abteilung* vorstellen, Ms. Meyer.
Unser *Werbeleiter* ist momentan nicht erreichbar.
Mr. Mann ist seit 1979 unser *Marketingleiter* und wird nächstes Jahr in Rente gehen.

Der *Personalleiter* hat für Freitag ein Personalmeeting arrangiert.
Die *Personalmanagerin* wird im Sommer für sechs Monate in den *Mutterschaftsurlaub* gehen.
Unser *Forschungsdirektor* ist für alle Bereiche der wissenschaftlichen Forschung in unserem Unternehmen verantwortlich.

Wir beschäftigen einige *Wissenschaftler* um neue Produkte für unsere Firma zu erforschen und zu entwickeln.

Our *research laboratory* is not situated on our main site.

My *personal assistant* can answer any further questions you might have.
I will have my *P.A.* prepare the necessary documentation.

Our *skilled* seamstresses prefer *shift work.*
Our firm employs over a hundred *semi-skilled workers* in our *production team.*
Our *foreign workers* are mainly from Southern Europe.

Our *factory workers* have been complaining regarding the lighting in the *factory building.*
Many of our *apprentices* are based here in our main factory.
An *apprenticeship* takes at least three years to complete within our firm.

Our *blue-collar workers* earn less than our *white-collar workers.*
Our *office staff* are based in the *office block* on our other site.
We have two *office juniors* under our employ at present.
My *secretary* (US: *minister*) can deal with any further queries you might have.
Clerical work is vital to the smooth running of our firm.

At the moment, we have a *temp* secretary covering for Josephine's maternity leave.

Unser *Forschungslabor* ist nicht auf unserem Hauptgelände.

Falls Sie noch Fragen haben sollten, steht Ihnen mein *persönlicher Assistent* zur Verfügung.
Ich werde meine *P.A.* (persönliche Assistentin) die notwendigen Dokumente vorbereiten lassen.
Unsere *ausgebildeten* Näherinnen bevorzugen *Schichtarbeit.*
Unsere Firma beschäftigt über einhundert *angelernte Arbeiter* in unserem *Produktionsteam.*
Unsere *ausländischen Arbeitnehmer* kommen vor allem aus Südeuropa.

Unsere *Fabrikarbeiter* haben sich über die Beleuchtung in unserer *Fabrikhalle* beschwert.
Viele unserer *Lehrlinge* arbeiten hier in unserer Hauptfabrik.
Eine *Lehre* dauert in unserem Unternehmen mindestens drei Jahre.

Unsere *Arbeiter* verdienen weniger als unsere *Büroangestellten.*
Unsere *Bürokräfte* sind in dem *Bürogebäude* auf unserem anderen Gelände.
Wir haben im Moment zwei *Bürogehilfen* beschäftigt.
Bei weiteren Fragen wird Ihnen mein *Sekretär* zur Verfügung stehen.
Büroarbeit ist entscheidend für das gute Funktionieren einer Firma.

Im Moment haben wir eine *Aushilfe,* die während Josephines Mutterschaftsurlaub arbeitet.

Unternehmen

Our *receptionist* will direct you
to our conference room.
We have two *stenographers*
working for us at the firm.
I think we are slightly *understaffed*
in respect of *typists*.

We have called in a *marketing consultant* to help us in our
decision making within the
department.
We do not have an accounts
department – we have our own
accountant with an *accounting firm* based in London.
The firm has its own personal
banker, whom we can contact
if we have any problems.

I would propose that we call in
a *management consultant.*
I have had my secretary contact the
company solicitor (US: *lawyer*).
Have you met our *middleman* in
South America, Mr. Tetley?
One of our *main distributors* is
due to meet the manager this
afternoon.
I have contacted a *subcontractor*
for our latest building project.

We need to contact a *transatlantic shipping company* to firm-up our
transport costs.
Our *sales team* is trying to find
suitable *suppliers* for the new
components in the USA.
Our *business structure* has
hardly changed at all over the
past forty years.

Unsere *Empfangsdame* wird sie in
den Konferenzraum bringen.
Wir haben zwei *Stenografen* in
unserem Unternehmen beschäftigt.
Ich denke, wir sind leicht *unterbesetzt* mit *Schreibkräften.*

Wir haben einen *Marketingberater*
eingeschaltet, um uns bei der
Entscheidungsfindung in der
Abteilung zu unterstützen.
Wir haben keine Buchhaltungsabteilung, wir haben unseren eigenen
Buchhalter bei einer *Buchhaltungsagentur* in London.
Die Firma hat einen persönlichen
Bankier, den wir kontaktieren,
wenn wir irgendwelche Probleme
haben.

Ich würde vorschlagen, dass wir einen
Unternehmensberater hinzuziehen.
Ich hatte meinem Sekretär aufgetragen,
den *Firmenanwalt* zu kontaktieren.
Kennen Sie unseren *Zwischenhändler*
in Südamerika, Mr. Tetley?
Einer unserer *Großhändler* soll heute
Nachmittag unseren Geschäftsführer
treffen.
Ich habe den *Subunternehmer*
für unser neuestes Bauprojekt
kontaktiert.

Wir müssen eine *Übersee-Reederei*
kontaktieren, um unsere Transportkosten abzustützen.
Unser *Vertriebsteam* versucht,
passende *Lieferanten* für die neuen
Teile in den USA zu finden.
Unsere *Betriebsstruktur* hat sich
in den letzten vierzig Jahren kaum
verändert.

Many companies have been changing their *pattern of organisation* (US: *organization*) to move with the times. Old-fashioned strictly *hierarchical* business structures are often replaced by *centre organisation* (US: *center organization*) *structures*. We have taken expert advice and decided against *restructuring*.

Management consultancy firms are booming due to widespread *industrial reorganisation.* The board has decided in favour of *centre organisation* (US: *center organization*) for our firm. Our *reorganisation* will divide the company into divisions, each targeting a particular geographical area.
My colleagues are very interested in introducing *matrix organisation* (US: *organization*) to our firm.

Viele Unternehmen haben ihre *Organisationsform* gewechselt, um mit der Zeit zu gehen.

Altmodische *hierarchische* Geschäftsstrukturen werden oftmals durch die *Center-Organisationsform* ersetzt. Wir haben Expertenrat eingeholt und uns gegen die *Umstrukturierung* entschieden.

Betriebsberatungsfirmen boomen wegen der weit verbreiteten *Umorganisationen der Betriebe.* Die Direktion hat sich für die *Centerorganisationsform* in unserer Firma entschieden. Unsere *Neuorganisierung* wird das Unternehmen in Abteilungen gliedern, von denen jede für eine bestimmte geografische Gegend zuständig ist.
Meine Kollegen sind sehr interessiert daran, die *Matrixorganisation* in unserem Unternehmen einzuführen.

Dialogbeispiele

A: Where's Francis?
B: She's in *admin* (fam).

A: Wo ist Francis?
B: Sie ist in der *Verwaltung.*

A: What do you think of our *planning department's proposal* for possible future expansion?

B: Well, I think we need to bring it before the *board.*

A: Was denken Sie über den *Vorschlag der Planungsabteilung* über eine mögliche zukünftige Expansion?
B: Ich denke, wir müssen ihn der *Direktion* vorlegen.

A: Would you like a tour of our *premises,* Mr. Davies?

A: Möchten Sie unser *Gelände* besichtigen, Mr. Davies?

B: I think that would be very informative. As a ***management consultant*** I always try to investigate companies in depth.
A: Here is our ***reception area***, where we have two ***receptionists*** on duty during busy periods.
B: And is the ***switchboard*** here?

A: Yes, it is. In the office over there. We have a multi-lingual ***telefonist*** working in the company.
B: Which languages does she speak?
A: English, of course, and French, Spanish and German.
B: Where are your ***clerical staff*** based?
A: The majority are on the ground floor of our main building. Shall we go to our ***accounting and finance department***? Our business requires precise ***budgeting*** – that's why this division is so large.
B: Very interesting. Where is your ***marketing department***?
A: On the third floor.
B: Your departments seem very self-contained. Perhaps you could consider changing your ***management strategies***. The ***spatial structure*** of your main premises could be improved. I hope you would like to engage my services. I will leave you my ***business card*** (US: ***calling card***) and you can contact me regarding our next steps.

A: Great. I will have to discuss the matter with the ***board of directors***.

B: Ich denke, das wäre sehr informativ. Als ***Unternehmensberater*** versuche ich immer die Unternehmen genau zu untersuchen.
A: Hier ist unser ***Empfang***, an dem während betriebsamen Zeiten zwei ***Empfangsdamen*** arbeiten.
B: Ist die ***Telefonvermittlung*** auch hier?

A: Ja. In dem Büro dort drüben. Wir haben eine mehrsprachige ***Telefonistin***, die für unsere Firma arbeitet.
B: Welche Sprachen spricht sie?
A: Natürlich Englisch, außerdem Französisch, Spanisch und Deutsch.
B: Wo haben Sie Ihre ***Bürokräfte***?
A: Die Meisten sind im Erdgeschoss des Hauptgebäudes. Sollen wir zu unserer ***Buchhaltungs- und Finanzabteilung*** gehen? Unsere Geschäfte verlangen eine präzise ***Budgetierung*** – das ist der Grund, warum diese Abteilung so groß ist.
B: Sehr interessant. Wo ist Ihre ***Marketingabteilung***?
A: Im dritten Stock.
B: Ihre Abteilungen scheinen mir sehr abgeschottet. Vielleicht sollten Sie sich überlegen, Ihre ***Leitungsstrategien*** zu ändern. Die ***Raumstruktur*** Ihres Hauptgebäudes könnte verbessert werden. Ich hoffe, Sie wollen meine Dienste in Anspruch nehmen. Ich werde Ihnen meine ***Geschäftskarte*** dalassen und Sie können dann mit mir wegen unserer nächsten Schritte Kontakt aufnehmen.

A: Ausgezeichnet. Ich muss die Angelegenheit auch noch mit der ***Direktion*** besprechen.

A: We are planning to design **joint publicity** with our business partners, Smith and Jones Ltd.
B: What **means of advertising** had you considered using?
A: We were considering sending out **mailshots** describing our new range of products.
B: Have you carried out any **market research?**
A: We have consulted a **market research institute** in Birmingham.
B: I don't know what they concluded, but I would suggest that you need a broader **marketing mix** to increase sales and reach a wider audience.

A: We were also hoping to make the launch of the range a **media event.**
B: Offering **discounts** to your loyal **patrons** could be another possible strategy of promoting initial sales of your new products.

A: Our **marketing team** has produced a detailed survey based on **observation of markets.**
B: What did they conclude?

A: We should **schedule** our advertisements to coincide with seasonal increases in demand.

A: I demand to speak to the **manager!**
B: I'm afraid he's in a meeting at the moment, sir. Could his **deputy** be of assistance?

A: Wir planen eine **Gemeinschaftswerbung** mit unseren Geschäftspartnern von Smith and Jones Ltd. zu entwerfen.
B: An welche **Werbemittel** hatten Sie gedacht?
A: Wir haben uns überlegt, **Direktwerbung** zu verschicken, die unser neues Sortiment beschreibt.
B: Haben Sie **Marktforschung** betrieben?
A: Wir haben ein **Marktforschungsinstitut** in Birmingham konsultiert.
B: Ich weiß nicht, was die herausgefunden haben, aber ich würde behaupten, dass Sie ein breiteres **Marketing Mix** brauchen, um die Verkäufe zu erhöhen und ein breiteres Publikum zu erreichen.

A: Außerdem hoffen wir, den Start des Sortiments zu einem **Medienereignis** zu machen.
B: Wenn Sie Ihren **Stammkunden** einen **Preisnachlass** anbieten, könnte das eine weitere mögliche Strategie sein, um den Anfangsverkauf Ihrer neuen Produkte zu fördern.

A: Unser **Marketingteam** hat eine detaillierte Studie ausgearbeitet, die auf **Marktbeobachtung** beruht.
B: Zu welchem Schluss sind sie gekommen?

A: Wir sollten unsere Anzeigen so **planen,** dass sie mit der saisonbedingten Steigerung der Nachfrage zusammenfallen.

A: Ich verlange den **Geschäftsführer** zu sprechen!
B: Es tut mir Leid, aber er ist gerade in einem Meeting. Würde Ihnen sein **Stellvertreter** weiterhelfen?

A: Would you like to discuss your marketing suggestions with our **sales manager?**
B: I think that would be the best option open to us.

A: I am telephoning to request a meeting with your **production manager.**
B: I'm afraid he's not available at the moment. Would it be possible for a **representative** from the department to help you?
A: I don't know. It was regarding methods of reducing production costs.
B: He's very busy at the moment. Perhaps you could discuss the matter with one of his **subordinates?**
A: I think for a preliminary meeting that would be fine.

A: We have agreed to promote you to **distributions manager,** Miss Green.
B: Thank you. I'm delighted.
A: Well, as you're already familiar with our **structure of distribution,** I'm sure you'll prove to be a worthy **successor** to Mr. Dobson.

A: Our **project leader** has suggested several changes to previous plans.

B: On what reasons?
A: I think she just disagrees with our overall **project management** strategy.

A: Möchten Sie die Marketing-Vorschläge gerne mit unserem **Verkaufsleiter** besprechen?
B: Ich denke, das wäre die beste Option für uns.

A: Ich rufe an mit der Bitte um ein Treffen mit dem **Leiter der Produktion.**
B: Es tut mir Leid, aber er ist im Moment nicht verfügbar. Wäre es möglich, dass Ihnen ein **Vertreter** der Abteilung helfen könnte?
A: Ich weiß es nicht. Es handelt sich um Methoden zur Produktions-kostenreduzierung.
B: Er ist im Moment sehr beschäftigt. Vielleicht könnten Sie die Angelegenheit mit einem seiner **Mitarbeiter** besprechen?
A: Ich denke für ein Vorgespräch wäre das in Ordnung.

A: Wir haben uns darauf geeinigt, Sie zur **Vertriebsleiterin** zu befördern, Miss Green.
B: Danke. Ich bin sehr erfreut.
A: Nun, da Sie schon mit unserer **Vertriebsstruktur** vertraut sind, bin ich sicher, dass Sie sich als würdige **Nachfolgerin** von Mr. Dobson herausstellen werden.

A: Unsere **Projektleiterin** hat einige Änderungen an unseren bisherigen Plänen vorgeschlagen.
B: Aus welchen Gründen?
A: Ich denke, sie stimmt unserer gesamten **Projektmanagement**-Strategie nicht zu.

Unternehmen

A: Has your company been achieving its *sales targets* this year?
B: Not as yet. We were considering introducing *payment on a commission basis* for all our *sales staff.*
A: That might provide them with the necessary *incentive.*

A: Do you have many *unskilled workers* here in your factory?
B: Yes, although most of our workers undergo at least some training during their employ.

A: I was disappointed by the public response to our last *advertising campaign.* I feel our market share increased little as a result.
B: Why don't we try using a new *advertising agency.*
A: That would certainly be a possibility – we need *advertisers* who *canvass* the public more thoroughly.

A: Along what lines have you *restructured* your firm?
B: Our workers are now organised into *production-oriented teams* instead of divided into different departments.
A: What effect does that have upon the *production process?*
B: Well, our workers are more *motivated* because they are able to follow the production process from beginning to end. It is far less

A: Hat Ihr Unternehmen das *Absatzziel* für dieses Jahr erreicht?
B: Noch nicht. Wir erwägen *Bezahlung auf Provisionsbasis* für unseren gesamten *Verkaufsstab* einzuführen.
A: Das könnte ihnen den notwendigen *Anreiz* geben.

A: Haben Sie viele *ungelernte Arbeiter* in Ihrer Fabrik?
B: Ja, obwohl die meisten unserer Arbeiter während ihrer Beschäftigungszeit zumindest irgendeine Ausbildung bekommen.

A: Ich war enttäuscht von der öffentlichen Reaktion auf unsere *Werbekampagne.* Ich glaube, unser Marktanteil ist infolgedessen kaum gestiegen.
B: Warum versuchen wir es nicht mit einer neuen *Werbeagentur.*
A: Das wäre sicherlich eine Möglichkeit – wir brauchen ein *Werbeunternehmen,* das die Öffentlichkeit gründlicher *befragt.*

A: Nach welchen Richtlinien haben Sie Ihre Firma *umstrukturiert?*
B: Unsere Arbeiter sind jetzt in *produktionsorientierten Teams* organisiert anstatt in verschiedenen Abteilungen.
A: Was für einen Effekt hat das auf das *Fertigungsverfahren?*
B: Unsere Arbeiter sind höher *motiviert,* weil sie in der Lage sind, den Herstellungsprozess von Anfang bis Ende zu verfolgen. Es

monotonous as the permanent work on the **production line**.

A: We have allotted our **teams** different **target groups** within the population. For example, we have a very young, **dynamic** team to target **teens and twens**.

B: Do you think this method has increased your appeal within this age group?
A: Yes. The method allows us to maximise the potential of our employees and to target precisely **potential customers**.

A: We experimented with **matrix organisation** in one of our subsidiaries last year.
B: Did you draw any conclusions?

A: It failed to live up to our expectations. The staff never knew which manager to contact, when they had a problem.

B: What do you mean?
A: Well, for example, if they had a problem regarding a faulty component, they could go to their **team leader** or to the **chief buyer**.

B: That does sound too confusing.

ist sehr viel weniger monoton als die dauernde Arbeit am **Fließband**.

A: Wir haben unseren **Teams** verschiedene **Zielgruppen** in der Bevölkerung zugewiesen. Beispielsweise haben wir ein sehr junges, **dynamisches** Team für den Zielbereich der **Teenager und Twens**.
B: Glauben Sie, dass sich diese Altersgruppe durch diese Methode stärker angesprochen fühlt?
A: Ja. Die Methode erlaubt es uns, das Potenzial unserer Mitarbeiter optimal auszuschöpfen und unsere **potenziellen Kunden** präzise anzusprechen.

A: Wir haben letztes Jahr in einer unserer Tochtergesellschaften mit der **Matrixorganisation** experimentiert.
B: Sind Sie zu irgendwelchen Schlüssen gekommen?
A: Es hat nicht unsere Erwartungen erfüllt. Das Personal wusste nie, welchen Abteilungsleiter es kontaktieren sollte, wenn es ein Problem hatte.
B: Was meinen Sie?
A: Wenn sie, zum Beispiel, ein Problem mit einem fehlerhaften Teil hatten, konnten sie entweder zum **Teamleiter** oder zum **Beschaffungsleiter** gehen.
B: Das klingt sehr verwirrend.

2. Personal und Verwaltung

Staff retraining is necessary following modernisation of production methods.
We have informed all *members of staff* that a meeting will take place in the conference room.

Can we have a copy of the *minutes* of the meeting posted in all departments, please?
I have sent an e-mail to all our *office staff* informing them of the *power cut* on Tuesday.

Eine *Personalumschulung* ist seit der Modernisierung unserer Herstellungsmethoden notwendig geworden.
Wir haben alle *Mitglieder des Personals* informiert, dass ein Meeting im Konferenzraum stattfinden wird.
Können wir eine Kopie des *Protokolls* des Meetings an alle Abteilungen verschickt bekommen, bitte?
Ich habe unserem gesamten *Büropersonal* ein E-Mail geschickt, das sie über den *Stromausfall* am Dienstag informiert.

Dialogbeispiel

A: I was not informed that the meeting was *scheduled* for Friday.
B: It was clearly an *administrative error.* We have *postponed* it until further notice.

A: Ich war nicht informiert, dass das Meeting für Freitag *vorgesehen* war.
B: Das war ganz klar ein *Verwaltungsfehler.* Wir haben es bis auf weiteres *verschoben.*

Job Applications

During April, it became apparent that we had severe *staff shortages.*

We are hoping to *take on* two new members of staff with degrees in business administration.
We *advertised* our *vacancy* for deputy manager in the Herald.

I have informed the *job centre* (UK) of our vacancies.

Bewerbungen

Im April wurde es klar, dass wir einen ernsthaften *Personalmangel* hatten.
Wir hoffen, zwei neue Mitarbeiter mit Abschlüssen in Betriebswirtschaftslehre *einzustellen.*
Wir haben unsere *freie Stelle* für einen stellvertretenden Geschäftsführer im Herald *inseriert.*
Ich habe das *Arbeitsamt* über unsere offenen Stellen informiert.

We have designed our ***advert*** for the Financial Times.
The ***personnel manager*** has instructed his secretary to publish the ***position*** of ... in the national newspapers.
We have received hundreds of ***applications*** for the ***post.***
I would like to ***apply for the position of ...***
I think we should ***interview*** this ***candidate*** – her C.V. (***curriculum vitae***) looks very promising.

This applicant, if his résumé is anything to go by, has all the qualities we are looking for.

During the first stage of our ***recruitment procedure,*** reading application documents, we reject over fifty percent of applicants.

We would like to offer you the position of ***chief secretary*** here at JMC.
We feel that you will make a valuable contribution to our finance division.
We will prepare a ***contract of employment*** for signing by the end of the week.
That is a definite ***offer of employment.***
We offer a comprehensive package for our sales employees – a ***company pension, company car*** and an ***expense account.***
The ***recruitment*** of new staff is particularly difficult this year.
Staff changes are necessary.

Wir haben ein ***Inserat*** für die Financial Times entworfen.
Der ***Personalleiter*** hat seinen Sekretär angewiesen, die ***Stelle*** in einer überregionalen Tageszeitung auszuschreiben.
Wir haben hunderte ***Bewerbungen*** für die ***Stelle*** erhalten.
Ich möchte mich ***um die Stelle als ... bewerben.***
Ich denke, wir sollten mit dieser ***Bewerberin ein Gespräch führen*** – ihr ***Lebenslauf*** sieht sehr viel versprechend aus.
Dieser Bewerber hat alle Eigenschaften, nach denen wir gesucht haben, wenn man auf den Lebenslauf etwas geben kann.
Während der ersten Phase des ***Einstellungsverfahrens,*** nach dem Lesen der Bewerbungsunterlagen, lehnen wir über fünfzig Prozent der Bewerber ab.
Wir möchten Ihnen gerne die Stelle als ***Chefsekretärin*** bei JMC anbieten.
Wir glauben, dass sie einen wertvollen Beitrag zu unserer Finanzabteilung leisten werden.
Wir werden einen ***Arbeitsvertrag*** unterschriftsreif für das Ende der Woche vorbereiten.
Dies ist ein verbindliches ***Stellenangebot.***
Wir bieten ein umfassendes Paket für all unsere Verkaufsangestellten – ***Pension, Firmenwagen*** und ***Spesenkonto.***
Die ***Anwerbung*** neuen Personals ist dieses Jahr besonders schwierig.
Ein ***Personalwechsel*** ist notwendig.

Personal und Verwaltung

Dialogbeispiele

A: We have advertised our **graduate training scheme** in university magazines and national newspapers.

B: Are you anticipating a large **response?**
A: Last year, we had over four hundred **applicants.**

A: Good morning. I wanted to ask a few questions regarding your advertisement for the position in your **computing department.**
B: The position would involve almost exclusively **work at a computer terminal.**
A: I have ten years experience as a **computer programmer.**
B: Then I would certainly recommend that you apply for the position. I will have my secretary send you the **application forms.**

A: We expect the initial interviews to take place over two days.

B: What is the next stage in your **selection process?**
A: From all those interviewed we select the ten we feel could be most suitable for the position. Then we send them to an **assessment centre** (US: **center**) for a weekend.
During the weekend at the **assessment centre**, you will participate in a **planning game.**

A: Wir haben unser **Graduierten-Trainingsprogramm** in den Universitätszeitschriften und den überregionalen Zeitungen inseriert.
B: Erwarten Sie eine große **Reaktion?**

A: Letztes Jahr hatten wir über vierhundert **Bewerber.**

A: Guten Morgen. Ich habe nur ein paar Fragen bezüglich Ihres Inserates für die Stelle in Ihrer **EDV-Abteilung.**

B: Die Stelle ist fast ausschließlich **Bildschirmarbeit.**

A: Ich habe zehn Jahre Erfahrung als **Programmierer.**
B: Dann würde ich auf jeden Fall empfehlen, dass Sie sich auf die Stelle bewerben. Ich werde meine Sekretärin anweisen, Ihnen die **Antragsformulare** zuzuschicken.

A: Wir erwarten, dass die Vorbewerbungsgespräche zwei Tage dauern werden.

B: Was ist der nächste Schritt in Ihrem **Auswahlverfahren?**
A: Von all denen, mit denen wir gesprochen haben, wählen wir zehn, von denen wir glauben, dass sie für die Position geeignet sind, aus. Dann schicken wir sie für ein Wochenende in ein **Assessment Center.**
Während des Wochenendes im **Assessment Center** werden Sie an **Planspielen** teilnehmen.

Working Hours

What kind of **working hours** would the job entail?
As a **secretary**, we would employ you to work Monday to Friday, **office hours.**
We cannot offer this position as anything other than a **full-time job.**

We have introduced a degree of **flexitime** in our office, but the majority nevertheless work **nine to five.**
Our employees have different **working schedules** according to their personal preferences and the nature of their work.

We could offer you a **part-time position.**
All our factories base their production on **shift work.**

The afternoon shift has been producing consistently less than the **morning shift** this week.
We are finding it difficult to find enough people to work the **night shift.**
When you arrive in the morning, you must **clock on.**
Don't forget to **clock off** for lunch and on your way out in the evening.

Dialogbeispiele

A: I don't know if I would be interested in a **full-time job.**

Arbeitszeiten

Was für **Arbeitszeiten** würde der Job beinhalten?
Als Sekretär würden wir Sie von Montag bis Freitag zu den normalen **Dienststunden** beschäftigen.
Wir können Ihnen diese Stelle nur als **Ganztagsstellung** anbieten.

Wir haben ein gewisses Maß an **Gleitzeit** eingeführt, aber die meisten arbeiten trotzdem **von neun bis fünf.**

Unsere Angestellten haben verschiedene **Arbeitszeitpläne**, die von ihren persönlichen Vorlieben und der Art ihrer Arbeit abhängen.

Wir können Ihnen eine **Teilzeitstelle** anbieten.
Alle unsere Fabriken verlassen sich bei der Produktion auf **Schichtarbeit.**

Die Nachmittagsschicht hat diese Woche durchgehend weniger produziert als die **Frühschicht.**
Es ist schwierig für uns, genügend Leute zu finden, die während der **Nachtschicht** arbeiten.
Wenn Sie morgens ankommen, müssen Sie **einstempeln (an der Stechuhr).**
Vergessen Sie nicht **auszustempeln,** wenn Sie zum Mittagessen oder nach Hause gehen.

A: Ich weiß nicht, ob ich an einer **Ganztagsstellung** interessiert wäre.

B: We also have *flexitime positions* available.
A: That would be of interest to me in particular. My wife *works part-time* as a nurse, so we need to juggle our working hours to pick up our children from school.

A: Would you be interested in *job sharing?* We could take that into account as another alternative.
B: Definitely.

Pay

Your *salary* will be paid on the fifteenth of each month.

If your promotion is agreed within the department, you will receive a *salary increase.*

Our managerial team are all in the same *salary bracket.*
Staff in our distribution department are not all *salaried.*

If you do go on the business trip with Mr. Allen, we will pay all your *expenses.*
Have you received your *travelling expenses* for the trip to Britain?

Does your secretary receive a *wage* or a *salary?*
Our workers can collect their *wages* on Friday afternoons.
Your wages will be paid *every second week.*

B: Wir können Ihnen auch *Gleitzeit* anbieten.
A: Das wäre für mich besonders interessant. Meine Frau *arbeitet Teilzeit* als Krankenschwester, sodass wir unsere Arbeitszeiten so koordinieren müssen, dass wir die Kinder von der Schule abholen können.
A: Wären Sie daran interessiert eine *Arbeitsstelle zu teilen?* Das könnten wir als Alternative in Betracht ziehen.
B: Auf jeden Fall.

Lohn und Gehalt

Ihr *Gehalt* wird zum Fünfzehnten jeden Monats bezahlt.

Wenn Ihrer Beförderung in der Abteilung zugestimmt wird, dann werden Sie eine *Gehaltserhöhung* bekommen.
In unserem Direktionsteam sind alle in einer *Gehaltsgruppe.*
Nicht das ganze Personal in unserer Vertriebsabteilung ist *angestellt.*

Wenn Sie mit Mr. Allen auf Geschäftsreise gehen, werden wir die *Spesen* übernehmen.
Haben Sie Ihre *Reisespesen* für die Reise nach Großbritannien bekommen?

Bekommt Ihre Sekretärin einen *Lohn* oder ein *Gehalt?*
Unsere Arbeiter können ihren *Lohn* freitags abholen.
Ihr Lohn wird *vierzehntägig* bezahlt.

We have awarded all our office staff a *pay rise* (US: *pay raise*) as from this week.
Wir haben unserem gesamten Büropersonal von dieser Woche an den *Lohn erhöht.*

We have reached a *wage agreement* with our unskilled *labour force.*
Wir haben eine *Lohnvereinbarung* mit unseren ungelernten *Arbeitskräften* getroffen.

Is Friday *pay-day?*
Ist am Freitag *Zahltag?*

What is the *wage scale* within your company?
Welchen *Lohntarif* haben Sie in Ihrem Unternehmen?

The *tax on earnings* for Miss Walker has been miscalculated.
Die *Ertragssteuer* von Frau Walker ist falsch berechnet worden.

All our factory employees work *two weeks in hand.*
All unsere Fabrikarbeiter arbeiten *zwei Wochen im Voraus.*

Did you work any *overtime* last week?
Haben Sie letzte Woche *Überstunden* gemacht?

Overtime for your shift is paid *time and a half* before midnight.
Überstunden werden bei Ihrer Schicht vor Mitternacht *mit 150 %* bezahlt.

If you do want to work the night shift, you'll receive *double time* after midnight.
Wenn Sie die Nachtschicht arbeiten wollen, bekommen Sie *doppelten Lohn* nach Mitternacht.

We pay our workers an *hourly wage.*
Wir bezahlen unsere Arbeiter *nach Stunden.*

Although we obviously don't pay *wages in kind* our workers often take surplus produce home with them.
Obwohl wir natürlich keinen *Naturallohn* bezahlen, nehmen unsere Arbeiter doch oftmals überschüssige Produkte mit nach Hause.

Have you received your *bonus?*
Haben Sie Ihre *Sondervergütung* erhalten?

Many of our sales staff earn *on commission basis* only.
Ein Großteil unseres Personals verdient nur *auf Provisionsbasis.*

We pay our sales staff a *commission bonus* for every sale they make, but we also pay them a basic salary.
Wir bezahlen unserem Verkaufspersonal eine *Provision* für jeden Verkauf, aber wir zahlen ihnen auch ein Grundgehalt.

Although *piece work* is becoming out-dated in Europe, our factory workers in India are paid a *piece-work wage.*
Obwohl *Akkordarbeit* in Europa aus der Mode kommt, bekommen unsere Arbeiter in Indien einen *Akkordlohn.*

Personal und Verwaltung

Dialogbeispiele

A: I didn't pay for my hotel last week from the ***expenses account.***
B: Have you still got the ***receipt?***
A: Yes – I have it here.
B: Then we can ***reimburse*** you with your salary for this month.

A: This receipt here details the ***special expenses*** I incurred on the trip.
B: We can credit those to your account with your salary.

A: I don't seem to have received my ***earnings*** for last week.
B: Just a moment ... I can't find your name on the ***payroll.***

A: The ***wage-price spiral*** is out of control in Britain at the moment.
B: Yes. The government is considering introducing a ***wage freeze*** to combat the problem.

A: I think I paid too much ***wage tax*** last week – here is my ***pay cheque*** (US: ***paycheck***).
B: Yes – you paid for the wrong ***tax bracket*** – we will reimburse you with next week's wages.

A: When will I receive my first ***pay-cheque*** (US: ***check***)?
B: We require all our employees to ***work a week in hand.*** That means that you will have to wait until

A: Ich habe das Hotel letzte Woche nicht vom ***Spesenkonto*** bezahlt.
B: Haben Sie die ***Quittung*** noch?
A: Ja – ich habe sie hier.
B: Dann werden wir Ihnen das zusammen mit Ihrem Monatsgehalt ***erstatten.***

A: Diese Quittung hier führt detailliert die ***Sonderausgaben*** auf, die ich während der Reise hatte.
B: Wir werden sie mit Ihrem Gehalt auf Ihr Konto überweisen.

A: Ich habe meinen ***Verdienst*** von letzter Woche noch nicht bekommen.
B: Einen Moment bitte ... ich kann Ihren Namen nicht auf der ***Lohnliste*** finden.

A: Momentan ist die ***Lohn-Preis-Spirale*** in Großbritannien außer Kontrolle geraten.
B: Ja. Die Regierung erwägt einen ***Lohnstopp*** einzuführen, um das Problem zu bekämpfen.

A: Ich glaube ich habe letzte Woche zu viel ***Lohnsteuer*** bezahlt. Hier ist mein ***Lohnscheck.***
B: Ja – Sie haben für die falsche ***Steuergruppe*** bezahlt – wir werden Ihnen das zusammen mit Ihrem Lohn für nächste Woche zurückerstatten.

A: Wann werde ich meinen ersten ***Lohnscheck*** bekommen?
B: Wir erwarten von all unseren Arbeitnehmern, dass sie ***eine Woche im Voraus*** arbeiten. Das bedeutet, dass

the Friday of your second week with us before you receive your first week's pay.

A: We were considering introducing a **bonus** for factory workers with a higher than average output.

B: It might provide an effective **incentive** to increase production.

A: We are considering introducing a **piece work wage** for our **production team,** to make sure the order is completed on time.
B: Will they also retain their **basic wage?**
A: Yes – we anticipate it being a short-term measure only.

Sie bis zum Freitag der zweiten Woche warten müssen, bevor Sie den Lohn für die erste Woche ausgezahlt bekommen.

A: Wir überlegen uns, eine **Sondervergütung** für Fabrikarbeiter, die ein überdurchschnittliches Ergebnis haben, einzuführen.

B: Das könnte ein effektiver **Anreiz** sein, um die Produktivität zu erhöhen.

A: Wir erwägen es, **Akkordlohn** für unser **Produktionsteam** einzuführen, um sicherzustellen, dass der Auftrag rechtzeitig fertig wird.
B: Werden Sie außerdem Ihren **Grundlohn** behalten?
A: Ja – wir gehen davon aus, dass es nur eine kurzfristige Maßnahme sein wird.

Working Relations

Do you think we **could try** to work in the office with a little less noise?
Would it be possible to complete the project by Wednesday?

Could you **kindly refrain** from making such comments during working hours?
Would it be possible for us **to discuss this in my office?**
Anthony, **could you make sure** that my correspondence is posted this afternoon?
I don't want to ask you again, Alan, to remain at your post

Betriebsklima

Könnten wir nicht **versuchen,** die Arbeit im Büro etwas leiser zu gestalten?
Wäre es möglich, das Projekt bis Mittwoch fertig zu machen?

Könnten Sie es **bitte unterlassen** solche Kommentare während der Arbeitszeit zu machen?
Wäre es möglich, dass wir **das in meinem Büro besprechen?**
Anthony, **könntest** du bitte **sicherstellen,** dass meine Korrespondenz heute Nachmittag rausgeht.
Alan, **ich möchte dich nicht nochmal darum bitten müssen,** während der

at all times during the shift.

Might I have a word with you regarding this matter, John?
How are you enjoying your **internship** with us, Rachel?

We hope you'll find our company a suitable **place of employment**.

It is important to us that all members of staff obtain **job satisfaction** from their work.
As **employers,** it is important for us that our workers develop a **team spirit**.
Personell have been doing all they can to encourage greater **worker participation**.

Many of our **employees** have been working with us for many years.

We must ensure that we maintain standards of **working conditions and human relations.**
We have to consider managing our **manpower** in greater depth than previously.
JMC has always been a **performance-oriented company.**

We like to be considered fair **employers.**
Labour relations (US: **labor**) are the worst they've been for several years.

I think that **mismanagement** has resulted in our present problems.

Schicht immer auf deinem Posten zu bleiben.
John, **könnte** ich dich mal kurz in dieser Angelegenheit sprechen?
Wie gefällt dir dein **Praktikum** bei uns, Rachel?

Wir hoffen in unserer Firma einen geeigneten *Arbeitsplatz* für Sie zu finden.
Es ist sehr wichtig für uns, dass all unsere Angestellten mit ihrer *Arbeit zufrieden sind.*
Als *Arbeitgeber* ist es sehr wichtig für uns, dass unsere Arbeiter *Teamgeist* entwickeln.
Die *Personalabteilung* hat alles getan, um eine stärkere *Arbeitnehmerbeteiligung* zu fördern.

Viele unserer *Arbeitnehmer* sind schon seit vielen Jahren bei uns beschäftigt.

Wir müssen sicherstellen, dass der Standard unseres *Betriebsklimas* erhalten bleibt.
Wir müssen erwägen, unser Potenzial an *Arbeitskraft* intensiver als bisher zu verwalten.
JMC waren schon immer ein *leistungsorientiertes Unternehmen.*

Wir möchten als faire *Arbeitgeber* eingeschätzt werden.
Die *Beziehungen zwischen Arbeitgeber und Arbeitnehmer in den Firmen* sind die schlechtesten seit einigen Jahren.

Ich denke, dass *Missmanagement* unsere jetzigen Probleme verursacht hat.

Personal und Verwaltung

We are struggling to settle the present **trade dispute** in Asia; the workers are demanding that we introduce a higher **piece rate**.	Wir tun uns schwer, den momentanen **Arbeitskampf** in Asien zu beenden. Die Arbeiter verlangen, dass wir einen höheren **Leistungslohn** einführen.
The **reduction of staff** in October was unavoidable in the face of falling turnover.	Der **Personalabbau** im Oktober war angesichts des fallenden Umsatzes unvermeidbar.
Our workers have voiced strong objections to **piece work pay**.	Unsere Arbeiter haben großen Widerstand gegen den **Stücklohn** zum Ausdruck gebracht.
He has threatened to **give his notice**.	Er hat gedroht zu **kündigen**.
There has not been a **general strike** for many years in the UK.	In Großbritannien gab es seit vielen Jahren keinen **Generalstreik** mehr.
The workers of Maurice Motors have begun a **go-slow** to protest against **lay offs**.	Die Arbeiter von Maurice Motors haben einen **Bummelstreik** begonnen, um gegen die **Entlassungen** zu protestieren.
There have been increasing demands for a fair **minimum wage** in the UK.	In Großbritannien hat es immer lautere Forderungen nach einem fairen **Mindestlohn** gegeben.
We have agreed to the demands of the **trade union** (US: **labor union**) with one **proviso** – that they return to work immediately.	Wir sind übereingekommen, die Forderungen der **Gewerkschaft** zu erfüllen, unter dem **Vorbehalt**, dass sie sofort wieder zu arbeiten beginnen.
I'm afraid that we're going to have to **let you go**, George. Your work has simply not been **up to scratch** over the past months.	Es tut mir Leid, George, aber wir werden **Sie gehen lassen** müssen. Ihre Arbeit hat in den letzten Monaten einfach nicht **unseren Erwartungen entsprochen**.
I'm afraid we find your consistent lateness and **absenteeism** to be **something of a problem**.	**Ich bedaure**, aber Ihr ständiges Zuspätkommen und Ihr **unentschuldigtes Fernbleiben** finden wir **etwas problematisch**.
Your **absence rate** is consistently the highest in the department.	Ihre **Fehlzeitenquote** ist dauernd die höchste der ganzen Abteilung.
We have to consider **laying off** some staff.	Wir müssen erwägen, etwas Personal **zu entlassen**.

Personal und Verwaltung

I have given him his notice.
We have given your case deep consideration and we have no alternative than to *ask you to leave.*
Your reputation seems to indicate that you are something of a *floater*.
We have made fifty workers *redundant*.
We have recently *dismissed* our chief accountant, for fraudulent activities.
That's it – you're *fired!*
We have *given her the sack*.

This time you've gone too far – *you're sacked!*
We should have *given him the boot* years ago.
She has been *given her cards*.

I *quit* my job because I didn't enjoy working in that kind of atmosphere.
I've given them *six weeks notice*.

I *resign* – I cannot work under such conditions.
I *tendered my resignation* this Monday.

Ich habe ihm gekündigt.
Wir haben lange über Ihren Fall nachgedacht und es bleibt uns keine andere Wahl, als Sie zu *bitten uns zu verlassen.*
Ihr Ruf scheint anzudeuten, dass Sie etwas von einem *Springer* haben.
Wir haben fünfzig Arbeitsplätze abgebaut.
Wir haben neulich unseren Chefbuchhalter wegen betrügerischer Aktivitäten *entlassen.*
Sie sind *gefeuert!*
Wir haben sie *rausgeworfen*.

Dieses Mal sind Sie zu weit gegangen – *Sie sind raus!*
Wir hätten ihn schon vor Jahren *vor die Tür setzen* sollen.
Sie hat ihre *Entlassungspapiere bekommen.*
Ich *kündigte* meinen Job, weil es mir keinen Spaß machte, in dieser Atmosphäre zu arbeiten.
Ich habe ihnen eine *sechswöchige Frist* gegeben.
Ich *höre auf*. Unter diesen Umständen kann ich nicht arbeiten.
Ich habe diesen Montag *meine Kündigung eingereicht.*

Dialogbeispiele

A: The new *trainees* are in the waiting room. Can you contact the *training staff* for me to let them know?
B: Certainly. I'll call them right away.

A: Die neuen *Auszubildenden* sind im Wartezimmer. Können Sie das *Schulungspersonal* für mich benachrichtigen?
B: Natürlich. Ich werde sie sofort anrufen.

A: We have considered introducing a *job rotation scheme* to encourage *teamwork.*

B: That's certainly one method of improving *working relationships.*

A: Another strategy we have seen implemented in other companies is *team oriented production.*

B: I think that can help increase worker *motivation,* particularly on the *production line.*

A: It's definitely a sound method of optimising *production potential.*

A: I would like to discuss possible *personell management strategies* within the firm.

B: I will call a meeting of all department managers for this afternoon.

A: Thank you. Once we have clearly defined our objectives, we should have fewer problems with our *labour force* (US: *labor force*).

A: Wir haben uns überlegt, einen *systematischen Arbeitsplatzwechsel* einzuführen, um *Teamarbeit* zu fördern.

B: Das ist sicherlich einen Möglichkeit um das *Betriebsklima* zu verbessern.

A: Eine andere Strategie, die wir bei anderen Unternehmen angewendet gesehen haben, ist *teamorientierte Produktion.*

B: Ich denke, dass das die *Motivation* bei den Arbeitern erhöhen kann, besonders am *Fließband.*

A: Es ist sicherlich eine vernünftige Methode, um das *Produktionspotenzial* zu optimieren.

A: Ich würde gerne die möglichen *Personalmanagement-Strategien* innerhalb des Unternehmens besprechen.

B: Ich werde ein Meeting aller Abteilungsleiter für heute Nachmittag einberufen.

A: Danke. Sobald wir klar definierte Ziele haben, sollten wir weniger Probleme mit unserer *Arbeiterschaft* haben.

3. Einkauf und Verkauf

Enquiries

We visited your stand at the Frankfurt *fair* last week.

We saw your *advertisement* in the latest edition of ...
The British Chamber of Commerce was kind enough to *pass on the name and address* of your company.

We have previously bought material from your *competitors,* but they are presently having *difficulties with their production.*
We see a good opportunity to sell your products here *in the German market.*

We would be *interested* in pocket notebooks, do you stock such items?

At the show in New York you let us have some *samples;* we would now like to receive your *offer* for...

Please send us a *detailed offer based on* ...
We would need an offer for *shipments ex works* including price and *present lead time.*
Please *quote* on basis of a regular monthly quantity of 500 kg.

Do you offer a *discount for large quantities?*
We would appreciate you letting us have a *company brochure* and some

Anfragen

Wir haben letzte Woche Ihren Stand auf der Frankfurter *Messe* besucht.

Wir haben Ihre *Anzeige* in der aktuellen Ausgabe von ... gesehen.
Die britische Handelskammer hat uns freundlicherweise *den Namen und die Adresse* Ihrer Firma *gegeben.*

Wir haben früher Material von Ihren *Konkurrenten* gekauft, aber sie haben zurzeit *Produktionsschwierigkeiten.*

Wir sehen gute Chancen, Ihre Produkte hier *auf dem deutschen Markt* zu vertreiben.

Wir sind an Taschennotizbüchern *interessiert,* führen Sie solche Artikel?

Auf der Messe in New York haben Sie uns einige *Muster* mitgegeben; wir würden jetzt gerne Ihr *Angebot* über ... erhalten.

Bitte schicken Sie Ihr *detailliertes Angebot auf der Basis von* ...
Wir benötigen ein Angebot für *Lieferungen ab Werk* einschließlich Preisen und *aktueller Lieferzeit.*
Bitte *machen Sie Ihr Angebot* auf der Basis einer regelmäßigen monatlichen Menge von 500 kg.
Gewähren Sie *Mengenrabatte?*

Wir wären Ihnen sehr dankbar, wenn Sie uns eine *Firmenbroschüre* und

Einkauf und Verkauf

samples showing your **product range**.

Are you presently **represented** in the Japanese market?
Looking forward to receiving your offer.
Do you have the following material **in stock:** ...?
We have received an **enquiry** for two bottles of item 4379, is this presently **available?**
Yes, this could be dispatched immediately.
No, I'm sorry, **we're completely out of this item** at the moment.

We will have this item **ready for dispatch** by the beginning of next week.
Do you supply item 776 in 50-kg packets?
Could you let us have the following **samples?**
Yes, I'll make sure they are put in the post this afternoon.

I only have the samples in brown, would this be **acceptable?**
I'll have to check first whether we can accept this.

Do you have any **special items** that you would like to **clear?**
We would be very **interested** in **regularly receiving advertisements concerning special offers.**
Please leave your e-mail address and I will put you on our **mailing list.**

einige Muster Ihrer **Produktpalette** zukommen lassen würden.

Werden Sie zurzeit im japanischen Markt **vertreten?**
In Erwartung Ihres Angebotes.
Haben Sie folgendes Material **auf Lager:** ...?
Wir haben eine **Anfrage** für zwei Flaschen vom Artikel 4379 erhalten, ist er zurzeit **vorrätig?**
Ja, wir könnten ihn sofort verschicken.

Nein, tut mir Leid, **wir haben diesen Artikel** im Moment **nicht mehr auf Lager.**
Dieser Artikel wird bis Anfang nächster Woche wieder **lieferbar** sein.

Liefern Sie Artikel 776 in 50-kg-Packungen?
Könnten Sie uns bitte die folgenden **Muster** zukommen lassen?
Ja, ich werde dafür sorgen, dass sie heute Nachmittag mit der Post weggeschickt werden.

Ich habe die Muster nur in Braun, wäre das **akzeptabel?**
Ich muss zuerst überprüfen, ob wir das annehmen können.

Haben Sie irgendwelche **Sonderartikel,** die Sie **räumen** möchten?
Wir wären sehr daran **interessiert, regelmäßig Anzeigen über Sonderangebote zu erhalten.**
Bitte hinterlassen Sie Ihre E-Mail-Adresse und ich werde Sie auf unsere **Mailingliste** setzen.

Dialogbeispiele

A: Would you be able to dispatch three **units** at the end of this week?
B: Yes, of course, should I enter this for shipment?
A: We would need three boxes this week and two more boxes at the end of next week. Is this possible?

B: The three boxes will be OK, but the two additional boxes won't be here until the week after next.

A: We received the name of your company from **mutual business associates** in the USA. We are **wholesalers** of chemical products and would be interested in selling your products in the Far East.
B: I'm sorry, but at the moment we are represented in this area by a company in Tokyo. They have **exclusive rights** for the whole area.

A: We saw your **advertisement** in the last issue of "Business Week". We have previously bought material from your competitors, but they are having difficulties with their production. Are you in a position to **deliver at short notice?**
B: Yes, which products are you interested in?
A: We would need twelve silver frames 36' x 24' by the end of next week.
B: We would have these ready by the middle of next week.

A: Könnten Sie Ende dieser Woche drei **Einheiten** zum Versand bringen?
B: Ja, natürlich, soll ich das jetzt zur Lieferung eintragen?
A: Wir bräuchten diese Woche drei Kartons und Ende nächster Woche weitere zwei Kartons. Wäre das möglich?
B: Die drei Kartons gehen in Ordnung, aber die zwei weiteren Kartons sind vor übernächster Woche nicht hier.

A: Wir haben den Namen Ihrer Firma von **gemeinsamen Geschäftspartnern** in den USA erhalten. Wir sind **Großhändler** von chemischen Produkten und wären daran interessiert, Ihre Produkte im Fernen Osten zu vertreiben.
B: Es tut mir Leid, aber wir sind zurzeit in dieser Gegend von einer Firma in Tokio vertreten. Sie haben die **Alleinvertriebsrechte** für das ganze Gebiet.

A: Wir haben Ihre **Anzeige** in der letzten Ausgabe von „Business Week" gesehen. Wir haben früher Material von Ihren Konkurrenten gekauft, aber sie haben zurzeit Produktionsschwierigkeiten. Sind Sie in der Lage, **kurzfristig zu liefern?**
B: Ja, für welche Produkte interessieren Sie sich?
A: Wir bräuchten zwölf Silberrahmen im Format 36'x 24' bis Ende nächster Woche.
B: Wir würden sie bis Mitte nächster Woche fertig stellen.

A: Could you *fax* me your detailed offer based on ex works prices? Please also quote on the basis of a *regular monthly quantity* of 12 units.

B: Certainly, we'll send it this afternoon. I am sure that we can make you a *favourable offer.*

A: I saw on your homepage yesterday that you have article no. 669 also in colour green, now. We would be very interested. When would it be available?
B: According to the latest print-out, we could *dispatch by* next Tuesday. Would that be acceptable?
A: I will *ring* (US: *call*) my customer and get back to you this afternoon.

A: What is the present lead time for item 557 in green?
B: At the moment we have five in stock and four in preparation.
A: Would you be able to dispatch three units at the end of this week?
B: Yes, of course, should I enter this as a *firm order?*
A: Yes, and please *reserve* two of the other four for dispatch at the end of the month.

A: *Do you supply* item 778 in 50-kg packets?
B: No, I'm sorry, the largest *packet* we supply is 30 kg.
A: OK, we'll have to order two 30-kg packets then.
B: Yes, that would be most helpful.

A: Könnten Sie mir bitte Ihr detailliertes Angebot *per Fax schicken,* basierend auf Preisen ab Werk? Bitte offerieren Sie auch auf der Basis einer *regelmäßigen monatlichen Menge* von 12 Einheiten.
B: Natürlich, wir schicken es heute Nachmittag ab. Ich bin sicher, dass wir Ihnen ein *günstiges Angebot* machen können.

A: Ich habe gestern auf Ihrer Homepage gesehen, dass es jetzt Artikel Nr. 669 auch in Grün gibt. Wir wären sehr interessiert. Wann wäre er lieferbar?
B: Nach dem aktuellsten Ausdruck könnten wir *bis* nächsten Dienstag *liefern.* Würde das gehen?
A: Ich werde meinen Kunden *anrufen* und mich heute Nachmittag wieder melden.

A: Wie ist die aktuelle Lieferzeit für Artikel 557 in Grün?
B: Zurzeit haben wir fünf Stück auf Lager und vier in Vorbereitung.
A: Könnten Sie Ende dieser Woche drei Einheiten zum Versand bringen?
B: Ja, natürlich, soll ich das als *verbindlichen Auftrag* buchen?
A: Ja, und bitte *reservieren* Sie zwei von den anderen vier für Versand Ende des Monats.

A: *Liefern Sie* Artikel 778 in 50-kg-Packungen?
B: Nein, es tut mir Leid, die größte lieferbare *Packung* hat 30 kg.
A: Gut, dann müssen wir zwei 30-kg-Packungen bestellen.
B: Ja, das wäre sehr hilfreich.

Einkauf und Verkauf

A: Do you have any samples of this item that you could send me?
B: Yes, certainly, but I only have them in brown. Would this be all right?
A: That will be OK for now, we would just like to see how the product looks.
B: I could also send you our *catalogue,* so that you can see our other materials.

A: We would be very interested in regularly receiving advertisements concerning *special offers.*
B: Of course, we can arrange this. Please leave your e-mail address with me and I will put you on our *mailing list.* Our offers are updated weekly.
A: Here's my address: tmistry@talcumind.de.
B: Thank you. You'll receive our advertisement regularly starting next week.
A: That would be wonderful. Thank you.

A: Hätten Sie irgendwelche Muster von diesem Artikel, die Sie mir zuschicken könnten?
B: Ja, selbstverständlich, aber ich habe sie nur in Braun. Wäre das in Ordnung?
A: Im Moment reicht es, wir wollen nur sehen, wie das Produkt aussieht.
B: Ich könnte Ihnen auch unseren *Katalog* schicken, damit Sie unsere anderen Materialien sehen können.

A: Wir wären sehr daran interessiert, regelmäßig Ankündigungen von *Sonderangeboten* zu erhalten.
B: Sicher, das können wir einrichten. Bitte geben Sie mir Ihre E-Mail-Adresse und ich setze Sie auf unsere *Mailingliste.* Die Angebote werden wöchentlich aktualisiert.
A: Hier ist meine Adresse: tmistry@talcumind.de.
B: Danke. Sie werden ab nächster Woche unsere Angebote regelmäßig erhalten.
A: Das wäre wunderbar. Danke.

Offers

Last week you visited our stand at the Cologne fair and *expressed interest* in our products.

We noticed your *advert* (US: *ad*) in the latest edition of ...

You were advertising for partners in the European market.
Thank you for your interest.

Angebote

Letzte Woche haben Sie unseren Stand auf der Kölner Messe besucht und *Interesse* an unseren Produkten *bekundet.*

Wir haben Ihre *Anzeige* in der letzten Ausgabe von ... gesehen.

Sie haben für Partner im europäischen Markt inseriert.
Vielen Dank für Ihr Interesse.

We would first of all like to tell you something about our company.	Wir würden Ihnen zuerst gerne ein bisschen über unsere Firma erzählen.
We are pleased to hear of your interest in our products, but would like more information as to your *specific needs*.	Wir haben uns über Ihr Interesse an unseren Produkten gefreut, möchten aber genauere Informationen über Ihre *speziellen Anforderungen*.
We will then be in a position to make an offer *based on* the required application.	Wir werden dann in der Lage sein, Ihnen ein Angebot *basierend auf* der gewünschten Anwendung zu machen.
On what *terms* should we quote?	Zu welchen *Bedingungen* sollen wir anbieten?
Should we base our offer on *full shipments* or on *smaller quantities*?	Sollen wir auf der Basis von *vollen Sendungen* oder *kleineren Mengen* anbieten?
The present *lead time* is ex works three weeks after receipt of firm order.	Die aktuelle *Lieferzeit* ab Werk beträgt drei Wochen nach Erhalt des festen Auftrages.
At the moment there is a tremendous increase in raw material prices, but I'm sure that we can *agree on a price*.	Zurzeit steigen die Rohstoffpreise erheblich an, aber ich bin sicher, dass wir uns *preislich einigen* können.
We offer a *quantity discount* if the annual quantity exceeds 50 units.	Wir bieten einen *Mengenrabatt* an, falls mehr als 50 Einheiten pro Jahr gekauft werden.
All our prices are quoted in euro.	Alle Preise sind in Euro errechnet.
Our general payment term for overseas business is *Letter of Credit*, less 3% *discount*, or *cash in advance*.	Unsere allgemeinen Zahlungsbedingungen für Auslandsgeschäfte lauten gegen *Akkreditiv*, abzüglich 3% *Skonto*, oder *Vorauskasse*.
We would of course be delighted to send you our company brochure and some samples.	Wir würden Ihnen natürlich gerne eine Firmenbroschüre sowie einige Muster zusenden.
We will *confirm* this by fax.	Wir werden dies per Fax *bestätigen*.
We are pleased to offer as follows:	Wir bieten Ihnen frei bleibend an:
All our prices are to be understood **FOB** German port including packing.	Unsere Preise verstehen sich **FOB** deutscher Hafen einschließlich Verpackung.
These prices are based on a *minimum quantity* of 50 units per order.	Diese Preise basieren auf einer *Mindestabnahmemenge* von 50 Stück pro Auftrag.

Einkauf und Verkauf

For **CIF (cost, insurance, freight) deliveries** we would have to charge an extra 10% on list price.

We hope that we have made you a favourable offer and look forward to hearing from you.
Please visit our homepage. You can find our **latest price lists** there.

This offer is **subject to availability.**

Please advise whether this offer is of interest to you.

Für **CIF (Kosten, Versicherung, Fracht) Lieferungen** müssen wir einen Aufschlag von 10% auf den Listenpreis berechnen.
Wir hoffen, Ihnen ein günstiges Angebot gemacht zu haben, und würden uns freuen, von Ihnen zu hören.
Bitte besuchen Sie auch unsere Homepage. Hier finden Sie unsere **aktuellsten Preislisten.**
Dieses Angebot gilt, **solange der Vorrat reicht.**
Würden Sie uns bitte mitteilen, ob dieses Angebot für Sie von Interesse ist.

Dialogbeispiele

A: Mr. Davis from Sundale mentioned that you had shown **interest in our products.**

B: Yes, I saw some of your locks when I visited his premises last week.

A: For what sort of **application** do you need the locks?
B: For attaché cases.
A: Then I will send you an offer. On what terms should we quote?

B: Please quote based on **full lorry (US: truck) loads free German border.**
A: For a first order, we could only offer a payment term of **Cash against Documents,** less 2% discount. For further deliveries we could consider an **open payment term.**

A: Herr Davis von der Firma Sundale hat erwähnt, **dass Sie Interesse an unseren Produkten** geäußert haben.
B: Ja, ich habe einige Ihrer Schlösser gesehen, als ich letzte Woche sein Werk besucht habe.
A: Für welche Art von **Anwendung** brauchen Sie die Schlösser?
B: Für Aktenkoffer.
A: Dann schicke ich Ihnen ein Angebot zu. Zu welchen Bedingungen sollen wir anbieten?
B: Bitte bieten Sie auf der Basis von **vollen LKW-Ladungen frei deutsche Grenze an.**
A: Für einen ersten Auftrag können wir nur eine Zahlungskondition **Kasse gegen Dokumente,** abzüglich 2% Skonto anbieten. Für weitere Lieferungen können wir ein **offenes Zahlungsziel** berücksichtigen.

B: All right, I agree. Could you also let me have some catalogues and a few sample locks?
A: Of course. We will dispatch them today together with our offer.

A: Thank you for your interest in our products. We would be pleased to send you an offer. Should we base this on full shipments or on smaller quantities?
B: Could you send us both?
A: Of course. We do offer a *quantity discount* if the annual quantity exceeds 50 units.
B: What is the present lead time?
A: Ex works three weeks *after receipt* of order. We will *submit* our offer *in writing.*

A: At the moment we have some items in stock which we would like *to clear.* We could offer these items at a discount of 15 – 20% *depending on quality.* Would this be of interest?

B: What kind of items are they?
A: This material is stock remaining from *discontinued lines.* Should we send you some samples?
B: Yes, that would be helpful.
A: The material has of course been offered to other customers and *is subject to being unsold.* Please advise whether this offer is of interest to you.

B: Einverstanden. Könnten Sie mir auch ein paar Kataloge und einige Musterschlösser zuschicken?
A: Natürlich. Wir schicken sie heute zusammen mit unserem Angebot los.

A: Vielen Dank für Ihr Interesse an unseren Produkten. Wir schicken Ihnen gerne ein Angebot zu. Sollen wir auf der Basis von vollen Sendungen oder kleineren Mengen anbieten?
B: Könnten Sie uns beides schicken?
A: Natürlich. Wir bieten einen *Mengenrabatt* an, falls mehr als 50 Einheiten pro Jahr gekauft werden.
B: Wie ist die aktuelle Lieferzeit?
A: Ab Werk drei Wochen *nach Auftragserhalt.* Wir werden unser Angebot *schriftlich vorlegen.*

A: Zurzeit haben wir einige Posten auf Lager, die wir gerne *räumen* möchten. Wir können diese Posten *abhängig von der Qualität* zu einem Rabatt von 15 – 20% anbieten. Wäre das interessant für Sie?
B: Was für Posten sind das?
A: Dieses Material ist ein Restvorrat an *Auslaufmodellen.* Sollen wir Ihnen einige Muster zuschicken?
B: Ja, das wäre sehr hilfreich.
A: Das Material ist natürlich auch anderen Kunden angeboten worden und *Zwischenverkauf ist vorbehalten.* Bitte sagen Sie mir Bescheid, ob dieses Angebot für Sie interessant wäre.

Einkauf und Verkauf	
New developments	**Neuheiten**

We are pleased to announce that this item is now available in three different *new versions.*

Wir freuen uns, Ihnen mitteilen zu können, dass dieser Artikel jetzt in drei *neuen Ausführungen* lieferbar ist.

We have developed a new series of machines for the cleaning industry.

Wir haben eine neue Reihe von Maschinen für die Reinigungsindustrie entwickelt.

We have *updated* our existing technology.

Wir haben unsere jetzige Technologie *auf den neuesten Stand* gebracht.

We are in the process of developing a new cleaning system.

Wir sind gerade dabei, ein neues Reinigungssystem zu entwickeln.

We have *adjusted* our machines to better suit the present market requirements.

Wir haben unsere Maschinen *geändert*, um den aktuellen Anforderungen am Markt besser zu entsprechen.

Would you be interested in seeing some brochures about this material?

Wären Sie daran interessiert, einige Broschüren über dieses Material zu sehen?

Should we send some with your next order?

Sollen wir Ihnen einige mit Ihrem nächsten Auftrag schicken?

We have now appointed a *salesman* to concentrate on your part of the country.

Wir haben jetzt einen *Verkäufer* für Ihre Region eingestellt.

Could you send us some information on your new product, please?

Könnten Sie uns bitte Informationen zu Ihrem neuen Produkt zusenden?

This will enable you to benefit from *on-the-spot service.*

Sie werden jetzt die Vorteile des *„Vor-Ort-Services"* genießen können.

He can be contacted at the following telephone number: ...

Sie können ihn unter nachfolgender Telefonnummer erreichen: ...

We have just had our catalogues translated into English, we will let you have some with your next order.

Wir haben unsere Kataloge gerade ins Englische übersetzen lassen, wir schicken Ihnen einige mit Ihrem nächsten Auftrag zu.

We are pleased to inform you that Mr. H. Müller is now responsible for all *dealings* with your company.

Wir freuen uns, Ihnen mitteilen zu können, dass Herr H. Müller jetzt für *Geschäfte* mit Ihnen zuständig ist.

We are pleased to announce that you can now place your orders directly per Internet. Just go to our homepage and click on "Orders".

Wir freuen uns, Ihnen mitteilen zu können, dass Sie nun Ihre Bestellungen direkt über das Internet durchführen können. Gehen Sie einfach auf unsere Homepage und klicken Sie das Feld „Bestellungen" an.

Einkauf und Verkauf

Dialogbeispiele

A: We are pleased to announce that we have *updated* our technology and *developed* a new series of machines for the *cleaning industry.*

B: How do these differ from the previous ones?
A: They clean more thoroughly and are *more economical.* This is something that we have been working on for the last 12 months.
B: Do you know how much they will cost?
A: *We will send you more information* as soon as we have completed our testing.

A: We are proud to tell you that we have added five new colours (US: colors) to our *range.*

B: What kind of colours?
A: Five new pastel colours. These were actually *developed for* the American market, but they were so successful that we have decided to extend them to other markets.

B: Please send me more details.

A: You can also go to our homepage. There we even have samples of all our colours.

A: *We have extended* our *range* to include accessories and belts.
B: That sounds interesting.

A: Wir freuen uns, Ihnen mitteilen zu können, dass wir unsere Technologie *auf den neuesten Stand gebracht* und eine neue Reihe von Maschinen für die *Reinigungsindustrie entwickelt haben.*

B: Wie unterscheiden sie sich von den vorherigen?
A: Sie reinigen gründlicher und sind *wirtschaftlicher.* Daran haben wir seit zwölf Monaten gearbeitet.

B: Wissen Sie, wie viel sie kosten werden?
A: *Wir schicken Ihnen mehr Informationen zu,* sobald wir unsere Tests beendet haben.

A: Wir sind stolz, Ihnen mitteilen zu können, dass wir fünf neue Farben in unsere *Produktpalette* aufgenommen haben.
B: Was für Farben?
A: Fünf neue Pastelltöne. Diese wurden eigentlich *für* den amerikanischen Markt *entwickelt,* aber sie waren so erfolgreich, dass wir uns entschieden haben, sie auch auf anderen Märkten zu vertreiben.
B: Bitte schicken Sie mir nähere Informationen zu.
A: Sie können auch unsere Homepage besuchen. Wir haben dort sogar Muster aller unserer Farben.

A: *Wir haben unsere Palette* jetzt um Accessoires und Gürtel *erweitert.*
B: Das klingt interessant.

A: We have catalogues showing this new range and would be more than happy to send you one.
B: Yes, that would be great.
A: Samples of these new items *will be available* in a few days. Have a look through the catalogue and then we can forward some.

A: We *are* now *in a position to* offer a more comprehensive service, as we have just opened a second office in Cologne.
B: Where is this office situated?
A: In the city centre (US: center), not far from the main post office.

A: We are pleased to inform you that we now have a *representative* in the United States.
B: In which part of the country?
A: On the East Coast, not far from Boston.
B: How will this affect the present situation?
A: You will order as you always do, but they will arrange for *customs clearance and domestic transport* from within the USA.
B: This will be a great help for us, can you let us have their name and address?

Prices

What is your *current list price* for item 472?
Our *latest* price list is from January of last year.

A: Wir haben Kataloge, die unsere neue Reihe zeigen und würden Ihnen sehr gerne einen zuschicken.
B: Ja, das wäre gut.
A: Muster dieser neuen Artikel *werden* in ein paar Tagen *verfügbar sein.* Sehen Sie sich den Katalog an, und dann können wir Ihnen welche zusenden.

A: Wir *sind* jetzt *in der Lage,* Ihnen einen umfassenderen Service anzubieten, da wir jetzt ein zweites Büro in Köln eröffnet haben.
B: Wo befindet sich dieses Büro?
A: In der Stadtmitte nicht weit vom Hauptpostamt.

A: Wir freuen uns, Ihnen mitteilen zu können, dass wir jetzt eine *Vertretung* in den Vereinigten Staaten haben.
B: In welchem Teil des Landes?
A: An der Ostküste, nicht weit von Boston.
B: Wie wird sich das auf die aktuelle Situation auswirken?
A: Sie bestellen wie üblich, aber *die Verzollung und der Inlandstransport* werden in den USA arrangiert.

B: Das wird uns sehr helfen, können Sie uns bitte den Namen und die Adresse dieser Firma geben?

Preise

Wie ist der *aktuelle Listenpreis* für Artikel 472?
Unsere *aktuelle* Preisliste ist vom Januar letzten Jahres.

Could you *guarantee* that you will take this quantity?	Können Sie *garantieren*, dass Sie diese Menge abnehmen?
We would then have to *reduce the commission* from 5% to 4%.	Wir müssten die *Provision* dann von 5% auf 4% *reduzieren*.
Our prices include 5% *commission* which will be paid monthly as agreed.	Unsere Preise verstehen sich einschließlich 5% *Provision*, die, wie vereinbart, monatlich bezahlt wird.
Commission will be paid on all orders.	Eine Provision wird auf alle Aufträge bezahlt.
The prices are *subject* to change.	Die Preise sind *unverbindlich*.
At the moment the *exchange rate* is very weak, could you grant a *currency rebate?*	Zurzeit ist der *Währungskurs* sehr schlecht, können Sie uns einen *Währungsrabatt* gewähren?
Unfortunately we have no other choice than to *increase* our prices.	Leider bleibt uns nichts anderes übrig, als unsere Preise zu *erhöhen*.
The increasing costs of raw materials make it impossible for us to hold our prices any longer.	Die zunehmenden Kosten für Rohstoffe lassen nicht zu, dass wir unsere Preise weiter halten können.
The costs of the required environmental measures force us to *adjust our prices accordingly.*	Die Kosten der erforderlichen Umweltmaßnahmen zwingen uns dazu, unsere *Preise entsprechend zu korrigieren.*
We are, however, prepared to *guarantee* these prices until the end of this year.	Wir sind jedoch in der Lage, diese Preise bis Jahresende zu *garantieren*.
After that time we would have to *reconsider the cost situation.*	Nach dieser Zeit müssen wir die *Kostensituation neu überdenken.*
We also accept *payment* in US dollar.	Wir akzeptieren auch *Zahlungen* in US-Dollar.
Please keep exchange rates in mind when paying in euro.	Bitte bedenken Sie die Wechselkurse, wenn Sie in Euro bezahlen.

Dialogbeispiele

A: Would you be able to *accept an order* for 400 at the 500-kg price?	A: Können Sie *einen Auftrag* über 400 kg zum 500-kg-Preis *annehmen?*
B: Only if really necessary, we like to keep to the price list.	B: Nur wenn zwingend notwendig, wir halten uns lieber an die Preisliste.

A: Could we then place a ***larger order with call off*** to achieve a cheaper price?
B: How big would the order be?
A: About 2,500 kg.
B: Could you ***guarantee*** that you will really take this quantity?
A: Yes, this is a large project.
B: OK, but we would have to draw up an agreement that the quantity will be ***called off*** within 9 months.
A: At the moment the ***exchange rate*** is very weak, could you grant us a ***currency rebate?***
B: How much would you need?
A: We would need at least 2%. The dollar has lost 4% against the euro. This means for us an ***indirect price increase*** of 4%.

B: Let me talk it over with my boss and get back to you.

A: Our price list has now been in effect for three years. It is time to bring our prices ***up to date.***

B: This will ***weaken our market position*** considerably.
A: Unfortunately we have no other choice. The ***costs*** of the required environmental measures force us to ***adjust*** our ***prices accordingly.***

B: Will this be the only increase this year?
A: Yes, we are prepared to guarantee our prices until the end of March next year.

A: Können wir dann einen ***größeren Auftrag auf Abruf*** erteilen, um einen billigeren Preis zu bekommen?
B: Wie groß wäre der Auftrag?
A: Ungefähr 2.500 kg.
B: Können Sie ***garantieren,*** dass Sie diese Menge wirklich abnehmen?
A: Ja, es ist ein großes Projekt.
B: OK, aber wir müssten eine Vereinbarung aufsetzen, dass die Menge innerhalb von 9 Monaten ***abgerufen*** wird.
A: Zurzeit ist der ***Währungskurs*** sehr schlecht, können Sie uns einen ***Währungsrabatt*** gewähren?
B: Wie viel würden Sie brauchen?
A: Wir würden mindestens 2% brauchen. Der Dollar hat gegenüber dem Euro 4% verloren. Das bedeutet für uns eine ***indirekte Preiserhöhung*** von 4%.

B: Lassen Sie mich mit meinem Chef reden, dann melde ich mich wieder.

A: Unsere Preisliste ist jetzt schon seit drei Jahren gültig. Es ist an der Zeit, unsere Preise wieder zu ***aktualisieren.***
B: Dies wird unsere ***Marktposition*** erheblich ***schwächen.***
A: Leider bleibt uns nichts anderes übrig. Die ***Kosten*** der erforderlichen Umweltmaßnahmen zwingen uns dazu, unsere ***Preise entsprechend zu korrigieren.***

B: Wird es die einzige Erhöhung in diesem Jahr sein?
A: Ja, wir sind bereit, unsere Preise bis Ende März nächsten Jahres zu garantieren.

B: Would you also be willing to accept payments in euro?
A: Yes we would. But please keep the exchange rates in mind when placing your order.

B: Wären Sie auch bereit, Zahlungen in Euro zu akzeptieren?
A: Ja dazu wären wir bereit. Aber bitte bedenken Sie bei Ihrer Bestellung die Wechselkurse.

Orders

We would like to *place an order.*
Enclosed our *firm order* for ...

May we *confirm* the following order:

We are pleased to *order* as follows:
Please accept the following order:
5 cartons of item 4567 in colour navy blue. Price as per our *current price list dated* November 15th, 2005.
Including 5% *discount* as usual.

Our *commission* for this order would be 4%.
Price *as per your offer* dated September 5th, 2005.
Delivery, as agreed on the telephone, on December 7th ex works.
Please fly this order to New York and *bill us for the freight.*

Please *confirm in writing.*
Please confirm *dispatch date* by return fax immediately.
Please be sure to supply this item as *per our previous order*.

We have an order from a new *customer.*
This is a *new account.*

Bestellungen

Wir möchten *einen Auftrag erteilen.*
Anbei unser *verbindlicher Auftrag* über ...

Hiermit *bestätigen* wir den folgenden Auftrag:
Wir freuen uns, wie folgt zu *bestellen:*
Bitte nehmen Sie folgenden Auftrag an: 5 Kartons von Artikel 4567 in Farbe Marineblau. Preis gemäß unserer *aktuellen Preisliste vom* 15. November 2005. Einschließlich 5% *Rabatt* wie üblich.

Unsere *Provision* für diesen Auftrag wäre 4%.
Preis *gemäß Ihrem Angebot* vom 5. September 2005.
Lieferung, wie telefonisch besprochen, am 7. Dezember ab Werk.
Bitte schicken Sie den Auftrag nach New York und *stellen Sie uns die Fracht in Rechnung.*

Bitte *bestätigen Sie dies schriftlich.*
Bitte bestätigen Sie den *Versandtermin* sofort per Fax.
Bitte achten Sie darauf, dass dieser Artikel *gemäß vorherigem Auftrag* geliefert wird.

Wir haben einen Auftrag von einem neuen *Kunden.*
Es handelt sich dabei um einen *Neukunden.*

Einkauf und Verkauf

Dialogbeispiele

A: We would like to *place an order*.
B: Yes, for which *item?*
A: For five cartons of item 4567.
B: In which colour?
A: Navy blue.
B: Price would be as *per our current price list* dated November 15th.

A: No, I spoke to Mr. Jones yesterday and we agreed on a price of EUR 5.20 less the usual 5% *discount.*

B: I'll have to check with him.
A: Please fly this order to Sydney and *bill us for the freight.*

B: OK, fine.
A: Could you please *confirm dispatch date and price* by return fax?

A: Please note the following order for 300 yards of material with the pattern name "Jasmine". *Price as per your offer* dated September 5th, including *commission* of 4%.

B: Thank you, yes, I'll make a note of it. The usual *delivery term?*
A: Yes, FOB German port.
B: OK, I'll *confirm in writing*.
A: This is an important *new customer,* please send your best quality material.

B: I'll make a note on the order.
A: Could you please also add to this order a *sample book* and some samples of your material "Primrose"?
B: Of course.

A: Wir möchten einen *Auftrag erteilen*.
B: Ja, für welchen *Artikel?*
A: Für fünf Kartons von Artikel 4567.
B: In welcher Farbe?
A: Marineblau.
B: Der Preis entspricht unserer *aktuellen Preisliste* vom 15. November.

A: Nein, ich habe gestern mit Herrn Jones gesprochen, und wir haben uns auf einen Preis von EUR 5,20 geeinigt, abzüglich der üblichen 5% *Rabatt.*

B: Ich muss es mit ihm abklären.
A: Bitte fliegen Sie diesen Auftrag nach Sydney und *stellen Sie uns die Fracht in Rechnung.*

B: Gut, alles klar.
A: Bitte *bestätigen Sie uns den Versandtermin und den Preis* sofort per Fax.

A: Bitte notieren Sie folgenden Auftrag über 300 Yards vom Stoff mit dem Musternamen „Jasmine". *Preis gemäß Ihrem Angebot* vom 5. September, einschließlich 4% *Provision.*

B: Danke, ich werde es notieren. Die übliche *Lieferbedingung?*
A: Ja, FOB deutscher Hafen.
B: Gut, ich *bestätige schriftlich.*
A: Es handelt sich um einen wichtigen *Neukunden,* bitte schicken Sie Stoff von bester Qualität.

B: Ich notiere es auf dem Auftrag.
A: Können Sie bitte diesem Auftrag ein *Musterbuch* und einige Muster Ihres Stoffes „Primrose" beifügen?
B: Selbstverständlich.

A: Please mark the samples *F.A.O.* (US: ***Attn.***) Mr. Matthews.

A: Bitte senden Sie die Muster *zu Händen von* Herrn Matthews.

Order confirmation

We have just received your fax and can ***confirm the order as stated.***
Confirm ***price as per our offer*** dated November 15th.
We received your e-mail concerning the order of article 289 in colour yellow this morning and would like to ***confirm this order as stated.***
We confirm your e-mail order dated June 2nd.
We have attached our current price list.

Auftragsbestätigung

Wir haben gerade Ihr Fax erhalten und ***können den Auftrag so bestätigen.***
Wir bestätigen den ***Preis gemäß unserem Angebot*** vom 15. November.
Wir haben Ihre E-Mail, die Bestellung über Artikel 289 in Gelb, heute Morgen erhalten und möchten ***sie hiermit so bestätigen.***
Wir bestätigen Ihre Bestellung per E-Mail vom 2. Juni.
Unsere aktuelle Preisliste haben wir angehängt.

Dialogbeispiele

A: We are pleased to ***confirm the order as per your fax*** dated May 15th.

B: How many chairs will the container hold?
A: The ***maximum load*** is 100 chairs.

B: What is your ***present price?***
A: Confirm 100 chairs at a price of EUR 30 each. The container will be loaded on June 1st for ***shipment ex German port*** on June 4th, ***ETA*** Washington on June 18th.

B: Thank you. Could you put this in writing for me?
A: Of course, could you also confirm the ***forwarding agents*** for us?
B: I'll fax this through.

A: Wir freuen uns, den ***Auftrag gemäß Ihrem Fax*** vom 15. Mai zu bestätigen.
B: Wie viele Stühle passen in den Container?
A: Die ***maximale Auslastung*** ist 100 Stühle.

B: Wie sind Ihre ***aktuellen Preise?***
A: Wir bestätigen 100 Stühle zu einem Preis von EUR 30, – pro Stück. Der Container wird am 1. Juni für ***Verschiffung ab deutschem Hafen*** am 4. Juni geladen, ***voraussichtliche Ankunft*** Washington am 18. Juni.
B: Danke. Können Sie mir dies schriftlich geben?
A: Natürlich, können Sie uns bitte auch die ***Spediteure*** bestätigen?
B: Ich faxe es durch.

Einkauf und Verkauf

Fairs and exhibitions

Next month there is an ***exhibition*** in Munich.
We would like to be presented at the "CEBIT Home" next year.
Last year our company had a ***stand*** on the first floor.
The main attractions of the ***fair*** will be found in hall no. 7.
We had to rent a ***booth*** at the "New York Spring Fair".
It would be good for our company if we could ***exhibit*** in hall 1.

Dialogbeispiele

A: We would like to ***exhibit*** at the "CEBIT Home" fair in April 2007. Could you please send us an ***application form?***
B: Of course, in which ***hall*** were you thinking of exhibiting?
A: Would it be possible to exhibit in hall 4?
B: That hall is very popular, make a note on the form and I will see what I can do.
A: Thank you.
B: How large should the ***stand*** be?
A: Large enough to fit three coffee tables and twelve chairs.
B: Then tick (US: check) the box for size B.
A: Could you provide us with refreshments?
B: We will send all the details with the form.
A: Fine. And how about ***accommodation?***

Messen und Ausstellungen

Nächsten Monat ist eine ***Ausstellung*** in München.
Wir wären gerne nächstes Jahr auf der „CEBIT Home" vertreten.
Letztes Jahr hatte unsere Firma einen ***Stand*** im Erdgeschoss.
Die Hauptattraktionen der ***Messe*** werden in Halle Nr. 7 zu finden sein.
Wir mussten auf der „New Yorker Frühlingsmesse" einen ***Stand*** mieten.
Es wäre gut für unsere Firma, wenn wir in Halle 1 ***ausstellen*** könnten.

A: Wir möchten gerne auf der „CEBIT Home" im April 2007 ***ausstellen.*** Könnten Sie uns bitte ein ***Anmeldeformular*** zusenden?
B: Natürlich, in welcher ***Halle*** möchten Sie ausstellen?
A: Wäre es möglich, in Halle 4 auszustellen?
B: Diese Halle ist sehr beliebt, notieren Sie es auf dem Formular und ich werde sehen, was sich machen lässt.
A: Vielen Dank.
B: Wie groß soll der ***Stand*** sein?
A: Groß genug, dass drei Bistrotische und zwölf Stühle Platz haben.
B: Dann kreuzen Sie das Kästchen für Größe B an.
A: Können Sie Erfrischungen für uns organisieren?
B: Wir werden alle Details mit dem Formular schicken.
A: In Ordnung. Und wie ist es mit der ***Unterkunft?***

B: We have three hotels on site, I will send the brochures as well. But be sure to **book** early!

A: We will be at the "Ideal Home Exhibition" next month. We are exhibiting there for the first time.
B: Where will you be?
A: We have a stand in hall 6 on the second floor (US: third floor). Will you be there, too?
B: Yes, but I'm not sure exactly when.

A: Come along and **visit** us. **I will be at the stand** on Wednesday and Thursday and my colleague Frank Marshall will be there on Friday and Saturday.

B: OK, I'll try and **stop by** on Wednesday or Thursday. I don't really know Frank very well.

B: Wir haben drei Hotels auf dem Gelände, ich schicke Ihnen dann auch die Broschüren mit. Aber **reservieren** Sie rechtzeitig!

A: Wir werden nächsten Monat auf der „Ideal Home Exhibition" sein. Wir stellen dort zum ersten Mal aus.
B: Wo werden Sie sein?
A: Wir haben einen Stand in Halle 6 im zweiten Stock. Werden Sie auch dort sein?
B: Ja, aber ich weiß nicht genau wann.

A: Kommen Sie uns einfach **besuchen. Ich werde** am Mittwoch und Donnerstag **am Stand sein** und mein Kollege Frank Marshall am Freitag und Samstag.
B: Gut, ich werde versuchen, am Mittwoch oder Donnerstag **vorbeizuschauen.** Ich kenne Frank nicht so gut.

4. Auftragsabwicklung

Transport and Forwarding

How should we *forward* this order?

Should we *ship* to Singapore as usual?

It is possible for us to *load* this order tomorrow, otherwise it will be next week.
We could *dispatch* this on Thursday for *shipment* in a 20' container. ETA Busan Port on May 15th.

The *lorry* (US: *truck*) arrived in London yesterday at 4 p.m., but there was no one there to accept the goods. We will be charged for the second *delivery.*

Is a specific *forwarding agent* named?
As we are delivering CIF (cost insurance, freight) Dublin, we reserve the right to choose the forwarder.

This forwarding agent has increased his rates, we are looking for another partner.

We will send a *trial shipment* with this forwarder next week, please keep us informed about the service.

The order was due to leave tomorrow, but the forwarders haven't got any lorries available.

Transport- und Versandwesen

Wie sollen wir diesen Auftrag *verschicken?*
Sollen wir wie üblich nach Singapur *verschiffen?*

Wir haben eine Möglichkeit, diesen Auftrag morgen zu *verladen,* ansonsten in der nächsten Woche.
Wir könnten es am Donnerstag *wegschicken,* für die *Verschiffung* in einem 20' Container. Voraussichtliche Ankunft Busan Hafen am 15. Mai.
Der *LKW* kam gestern um 16 Uhr in London an, aber es war niemand da, um die Ware entgegenzunehmen. Man wird uns die zweite *Zustellung* berechnen.

Wird ein bestimmter *Spediteur* genannt?
Da wir CIF (Verladekosten, Versicherung, Fracht inbegriffen) Dublin liefern, behalten wir uns das Recht vor, den Spediteur auszusuchen.
Dieser Spediteur hat die Raten erhöht, wir suchen nach einem anderen Partner.

Wir werden nächste Woche eine *Probelieferung* mit diesem Spediteur schicken, bitte halten Sie uns auf dem Laufenden über den Service.

Der Auftrag sollte morgen weggehen, aber die Spediteure haben keine LKWs verfügbar.

The lorry has been held up at the border, as the ***customs officers*** are on strike.	Der LKW ist an der Grenze aufgehalten worden, da die ***Zollbeamten*** zurzeit streiken.
On Sundays and public holidays ***HGVs*** are banned from the motorways (US: ***highways***), and so this will hold things up even longer.	An Sonn- und Feiertagen haben ***LKWs*** auf Autobahnen Fahrverbot, was alles noch weiter verzögert wird.
All HGVs have to pay ***motorway*** (US: ***highway***) ***tolls***.	Alle LKWs müssen ***Autobahngebühren*** bezahlen.
The necessary repair work was not finished ***on time***.	Die notwendigen Reparaturarbeiten wurden nicht ***rechtzeitig*** beendet.
We will now have to send this material on the ship next week.	Wir werden das Material jetzt mit dem Schiff nächste Woche schicken müssen.
This ship will only take nine days.	Dieses Schiff hat eine Laufzeit von nur neun Tagen.
Is there really no quicker alternative?	Gibt es wirklich keine schnellere Alternative?
We will forward the ***bill of lading*** as soon as possible to speed up the ***customs clearance*** at your end.	Wir werden das ***Konnossement*** (Seefrachtbrief) sofort weiterleiten, um bei Ihnen die ***Verzollung*** zu beschleunigen.
Could you send us a box by ***air freight***?	Könnten Sie uns eventuell einen Karton per ***Luftfracht*** schicken?
They have quoted us € 3.20 per kg.	Sie haben uns € 3,20 pro kg angeboten.
This ***airline*** has increased its prices, should we try another?	Diese ***Fluglinie*** hat die Preise erhöht, sollen wir eine andere probieren?
We are still awaiting the ***airway bill***.	Wir erwarten immer noch den ***Luftfrachtbrief***.
As this is an ***inner-community*** purchase we would need your ***VAT (value added tax) registration number***.	Da es sich um einen Kauf ***innerhalb der EU*** handelt, brauchen wir Ihre ***Umsatzsteuernummer***.
We have checked with the ***Federal Finance Office*** in Saarlouis, but they have no record of your company under this name and address.	Wir haben beim ***Bundesamt für Finanzen*** in Saarlouis nachgefragt, aber Sie werden nicht unter diesem Namen und dieser Adresse geführt.
The ***pallets*** were broken and the goods were ***damaged*** on arrival.	Die ***Paletten*** waren kaputt, und die Ware war bei der Ankunft bereits ***beschädigt***.

Auftragsabwicklung

The **boxes** were not properly sealed. The material was wet on opening.	Die **Kartons** waren nicht richtig verschlossen. Das Material war beim Öffnen nass.
The **consignment** was not **insured** at our end.	Die **Sendung** war bei uns nicht **versichert.**
Please get in touch with **this insurance broker.**	Bitte setzen Sie sich mit diesem **Versicherungsmakler** in Verbindung.
Please have the damage **assessed.**	Bitte lassen Sie den Schaden **schätzen.**
Then we can hand in the **claim.**	Dann können wir den **Schadensanspruch** einreichen.

Dialogbeispiele

A: It is possible for us to **load** this order tomorrow, otherwise it will be next week.
B: No, I can't wait that long, please go ahead with dispatch tomorrow.

A: Wir haben die Möglichkeit, diesen Auftrag morgen zu **verladen,** ansonsten erst in der nächsten Woche.
B: Nein, so lange kann ich nicht warten, bitte schicken Sie den Auftrag morgen weg.

A: This **consignment** was due to leave tomorrow, but the **forwarders** haven't got any lorries available.
B: When is the next possibility?
A: On Monday morning, this will cause a **delay** of three days.

A: Diese **Sendung** sollte morgen abgehen, aber die **Spediteure** haben keine LKWs verfügbar.
B: Wann ist die nächste Möglichkeit?
A: Am Montagmorgen, dies wird eine **Verzögerung** von drei Tagen verursachen.

B: That will be all right, I will inform my **customer** straight away.

B: Das wird in Ordnung sein, ich werde meinen **Kunden** sofort informieren.

A: This order has arrived in Hamburg, but we cannot **clear it through customs,** as we are missing the **commercial invoice.**
B: We sent it threefold with the shipment, it must have got lost.

A: Dieser Auftrag ist in Hamburg angekommen, aber wir können die Ware nicht **verzollen,** da die **Handelsrechnung** fehlt.
B: Wir haben sie der Sendung in dreifacher Ausführung beigelegt, sie muss verloren gegangen sein.

A: Could you fax one through directly to our **customs broker**?

A: Können Sie bitte eine direkt an unseren **Zollagenten** durchfaxen?

A: Please put this and the other two orders in a 20' Container.

B: This really isn't quite enough for a container.
A: We would be prepared to pay the difference between *consolidated and full shipment,* as this speeds up the customs clearance.
B: Fine. Could you give me the name and address of your forwarding agent?

A: We are sorry to inform you that the order was not loaded on the MS "Marie" as planned.
B: What happened?
A: The necessary repair work was not finished on time. We will now have to send this material on the ship next week, but this will only take nine days.

B: Is there really no quicker alternative?
A: No, I'm sorry. We will forward the *bill of lading* as soon as possible to speed up the *customs clearance* at your end.

A: Unfortunately the *goods* are still at Frankfurt airport. The *freight space* was double-booked.
B: When can they be flown now?

A: On Saturday, we can get a better rate for a weekend flight.

B: What would this cost?
A: They have quoted us € 3.20 per kg.

A: Können Sie bitte diesen und die anderen zwei Aufträge in einen 20'-Container laden?
B: Es ist eigentlich nicht genug für einen Container.
A: Wir wären bereit, den Unterschied zwischen *Stückgut und Vollcontainer* zu bezahlen, da die Zollabwicklung damit beschleunigt wird.
B: In Ordnung. Könnten Sie mir bitte den Namen und die Adresse Ihres Spediteurs mitteilen?

A: Wir müssen Ihnen leider mitteilen, dass der Auftrag nicht wie geplant auf die MS „Marie" geladen wurde.
B: Was ist passiert?
A: Die notwendigen Reparaturarbeiten wurden nicht rechtzeitig fertig. Wir werden das Material jetzt mit dem Schiff nächste Woche schicken müssen, aber dieses hat eine Laufzeit von nur neun Tagen.

B: Gibt es wirklich keine schnellere Alternative?
A: Nein, es tut mir Leid. Wir werden das *Konnossement* (Seefrachtbrief) sofort weiterleiten, um bei Ihnen die *Verzollung* zu beschleunigen.

A: Die *Ware* ist leider noch am Frankfurter Flughafen. Der *Frachtraum* war doppelt gebucht.
B: Wann kann sie jetzt transportiert werden?

A: Am Samstag, wir bekommen bessere Preise für einen Wochenendflug.

B: Was würde es kosten?
A: Sie haben uns € 3,20 pro kg angeboten.

Terms of Payment

cash in advance
cash on delivery (COD)
cash against documents (CAD)
Sixty days after date of invoice, net.

The order will be shipped with *payment term* 30 days after date of invoice, net.
We need a *bank guarantee.*
The *pro forma invoice* will be faxed. When the invoice is paid, we will arrange for the goods to be sent.
Payable immediately after *receipt* of the goods.
Please open the L/C as follows: Part shipments allowed. Tolerance of 5% for quantity and amount. Latest date of shipment: 31/07/2006.

Would it be possible to *issue* the *invoice* in US dollars?
It is our company policy only to *invoice* in euros.
What is your *usual payment term*?

We could offer you *cash in advance* less 3% *discount.*

Dialogbeispiele

A: Would it be possible to *amend* the term of payment to 60 days after date of invoice, net?
B: In this case, we would have to apply for *credit insurance* and a *credit limit.*
A: Could you apply and let me know what happens?

Zahlungsbedingungen

Vorauskasse
per Nachnahme
Kasse gegen Dokumente
Sechzig Tage nach Rechnungsdatum, netto.

Der Versand des Auftrages erfolgt unter der *Zahlungsbedingung* 30 Tage nach Rechnungsdatum, netto.
Wir benötigen eine *Bankgarantie.*
Die *Proformarechnung* wird gefaxt. Nachdem die Rechnung bezahlt ist, werden wir den Versand vornehmen.
Zahlbar sofort nach *Erhalt* der Ware.

Bitte eröffnen Sie den Akkreditiv wie folgt: Teillieferungen erlaubt, Toleranzbereich von 5% für Menge und Betrag. Verschiffung spätestens am: 31.07.2006.

Wäre es möglich, die *Rechnung* in US-Dollar *auszustellen?*
Es entspricht unserer Firmenpolitik, nur in Euro zu *fakturieren.*
Wie ist Ihre *übliche Zahlungsbedingung?*

Wir könnten Ihnen *Vorauskasse* abzüglich 3% *Skonto* anbieten.

A: Wäre es möglich, die Zahlungskondition auf 60 Tage nach Rechnungsdatum netto *abzuändern?*
B: In diesem Fall müssten wir eine *Kreditversicherung* und ein *Limit* anfordern.
A: Könnten Sie ein Limit beantragen und mir Bescheid sagen, was passiert?

Reminders

I'm ringing to enquire about .../
I'm calling regarding ...
We are ***still waiting*** for ...
We have ***not yet received*** ...

This order was due to dispatch on ...

When placing the order we were assured that it would be ***ready on time.***

Can you tell me/give me any idea when ...?
I have this order entered in my ***schedule*** for dispatch on ...

We are now planning to dispatch this material on ...
At the moment we are experiencing production difficulties because of ...
We were not able to complete the order any earlier due to a ***lack*** of parts/raw materials/manpower.

We're in ***urgent need*** of the goods. This will cause us problems.

Is there any chance of ...?
Could you maybe dispatch part of the order?
This order is to be shipped to our customer in France next week.

Our schedules are very ***tight.***
Let me check again with ...

I'll get back to you.
If we don't receive the material on time this will cause us ***contractual problems.***

Mahnungen

Ich rufe an wegen ...

Wir ***warten immer noch auf*** ...
Wir haben ... ***immer noch nicht bekommen.***

Dieser Auftrag sollte am ... zum Versand kommen.
Als wir den Auftrag erteilt haben, hat man uns versichert, dass er ***rechtzeitig fertig*** werden würde.
Können Sie mir sagen, wann ...?

Ich habe diesen Auftrag in meiner ***Terminliste*** für den Versand am ... eingetragen.

Wir haben den Versand dieses Materials jetzt für den ... eingeplant.
Zur Zeit haben wir Produktionsprobleme wegen ...
Wir konnten diesen Auftrag wegen eines ***Mangels*** an Teilen/Rohstoffen/ Arbeitskräften leider nicht früher fertig stellen.
Wir ***brauchen*** die Ware ***ganz dringend.***
Das wird bei uns Probleme verursachen.

Gibt es irgendeine Möglichkeit ...?
Könnten Sie eventuell eine Teillieferung vornehmen?
Dieser Auftrag soll nächste Woche an unseren Kunden in Frankreich geschickt werden.

Unser Terminplan ist sehr eng.
Lassen Sie mich noch einmal mit ... reden.
Ich melde mich wieder bei Ihnen.
Wenn wir das Material nicht pünktlich erhalten, wird dies zu ***vertragsrechtlichen Problemen*** führen.

We really must *insist* that the goods be dispatched tomorrow.

This order has *top priority* now.
This invoice has actually been *overdue* for payment for ... days.
We seem to have *overlooked* this invoice.
We'll send you a cheque (US: check) this afternoon.
The cheque must have *got lost* in the post (US: mail).
Our records show that the *invoice still has not been paid.*
We actually paid the invoice last week, I will contact our bank and see why the payment has been delayed.

When we spoke last week, you *assured* me that the invoice would be paid.

We must receive *at least* a part payment.
We have many *outstanding obligations.*
The *book-keeping department* will only release this order for shipment if we receive a copy of your cheque/transfer.

Dialogbeispiele

A: I'm calling to enquire about the status of our order no. 452 dated June 5th. On the *order confirmation* it states delivery *ex works* on September 5th. When *placing* the order, we were assured that it would

Wir müssen wirklich darauf *bestehen,* dass die Ware morgen zum Versand kommt.

Dieser Auftrag hat jetzt *erste Priorität*.
Diese Rechnung ist eigentlich seit ... Tagen *überfällig.*
Wir haben diese Rechnung anscheinend *übersehen.*
Wir schicken Ihnen heute Nachmittag einen Scheck.
Der Scheck muss in der Post *verloren gegangen* sein.
Laut unseren Unterlagen *ist die Rechnung noch offen.*
Wir haben die Rechnung eigentlich schon letzte Woche bezahlt. Ich werde mich mit unserer Bank in Verbindung setzen, um festzustellen, warum sich die Zahlung verzögert.
Als wir letzte Woche miteinander gesprochen haben, haben Sie mir *versichert,* dass die Rechnung bezahlt wird.

Wir brauchen *zumindest* eine Teilzahlung.
Wir haben viele *Verpflichtungen* zu begleichen.
Die *Buchhaltungsabteilung* gibt diesen Auftrag nur zur Lieferung frei, wenn wir von Ihnen eine Kopie des Schecks/der Überweisung erhalten.

A: Ich rufe wegen unseres Auftrages Nr. 452 vom 5. Juni an. In der *Auftragsbestätigung* steht als Liefertermin *ab Werk* der 5. September. Als wir den Auftrag *erteilt* haben, hat man uns versichert, dass der Auftrag rechtzeitig

be ready on time. However, today is September 7th and we *still have not received any advice of dispatch.* Do you know, by any chance, when the order will be dispatched?	fertig werden würde. Heute ist aber bereits der 7. September, und wir haben *immer noch keine Versandanzeige* von Ihnen erhalten. Wissen Sie zufällig, wann wir mit der Lieferung dieses Auftrages rechnen können?
B: I have this order entered in my schedule for dispatch on September 12th. Unfortunately we were not able to complete this order any earlier due to production *delays* caused by the late *delivery* of certain parts.	B: Dieser Auftrag ist jetzt in meinem Terminplan für den Versand am 12. September eingetragen. Wir konnten diesen Auftrag leider nicht früher fertig stellen, da die *verspätete Lieferung* von einigen Teilen zu *Verzögerungen* in der Produktion geführt hat.
A: September 12th is rather late, this would cause us considerable problems, as the order is to be sent on to our depot in Manchester. Is there any chance of sending it a bit earlier than that?	A: Der 12. September ist ein bisschen spät, das würde uns beträchtliche Probleme bereiten, da der Auftrag an unser Lagerhaus in Manchester weiter verschickt wird. Gibt es irgendeine Möglichkeit, den Auftrag früher zu schicken?
B: Let me check again with our production department and get back to you.	B: Lassen Sie mich noch einmal mit der Produktionsabteilung reden, dann melde ich mich wieder bei Ihnen.
A: Could you get back to me this morning? My customer is waiting for an answer.	A: Könnten Sie mich heute Vormittag zurückrufen? Mein Kunde wartet nämlich auf eine Antwort.
B: Of course, and I'm sorry for any *inconvenience* that this delay will cause.	B: Selbstverständlich und entschuldigen Sie bitte die *Unannehmlichkeiten,* die Ihnen diese Verzögerung bereitet.
A: I'm calling once again regarding our order no. 452. Last week you *promised* us delivery by Friday at the latest. This order has now been delayed by two weeks. If we don't receive the goods by the day after tomorrow, we'll have no other choice but to *cancel* the order and look for another *supplier.*	A: Ich rufe jetzt noch einmal an bezüglich unseres Auftrags Nr. 452. Letzte Woche haben Sie uns die Lieferung bis spätestens Freitag *versprochen.* Dieser Auftrag ist nun seit zwei Wochen überfällig. Wenn wir die Ware nicht bis übermorgen bekommen haben, sehen wir uns gezwungen, den Auftrag zu *stornieren* und einen anderen *Lieferanten* zu suchen.

B: **I'm really sorry** about that, but the delay is due to **circumstances beyond our control.** At the moment there is a strike at the docks and our deliveries are all still waiting to be unloaded. A: Please check if there is anything you can do, as this order is now **top priority.**	B: **Es tut mir wirklich Leid,** aber die Verzögerung beruht auf **höherer Gewalt.** Zurzeit streiken die Hafenarbeiter und unsere Lieferungen sind immer noch nicht entladen worden. A: Bitte überprüfen Sie noch einmal, ob Sie irgendetwas erreichen können, da dieser Auftrag mittlerweile **erste Priorität** hat.
A: I'm calling regarding our invoice no. 5562 dated June 5th. It has actually now been **overdue** for payment for seven days. B: Invoice no. 5562, let me see. Oh yes, it seems to have been **overlooked,** I'm sorry about that. We'll get a cheque in the post to you this afternoon, you should have it tomorrow morning.	A: Ich rufe wegen unserer Rechnung Nr. 5562 vom 5. Juni an. Diese Rechnung ist nun seit sieben Tagen **überfällig**. B: Rechnung Nr. 5562, lassen Sie mich nachsehen. O ja, wir haben sie anscheinend **übersehen,** es tut mir Leid. Wir schicken Ihnen bereits heute Nachmittag einen Scheck per Post, er sollte morgen früh bei Ihnen sein.
A: May I **remind** you that our invoice dated April 4th is still overdue? B: We actually paid the invoice last week, I will contact our bank and see why the payment has been delayed.	A: Darf ich Sie daran **erinnern,** dass unsere Rechnung vom 4. April immer noch überfällig ist? B: Wir haben die Rechnung eigentlich schon letzte Woche bezahlt, ich werde unsere Bank kontaktieren, um festzustellen, warum sich die Zahlung verzögert.
A: I'm sorry, but I must ask **once again** for payment of our **outstanding** invoices. We have four orders for dispatch next week and I cannot let them be shipped unless we receive at least a part payment of your outstanding balance. B: Unfortunately, at the moment we have many **outstanding obligations,**	A: Entschuldigen Sie, aber ich muss **noch einmal** um die Bezahlung Ihrer **fälligen** Rechnungen bitten. Wir haben vier Aufträge zur Lieferung nächste Woche, und ich kann sie nicht verschicken, ohne zumindest eine Teilzahlung Ihrer Außenstände zu erhalten. B: Zurzeit haben wir leider ausstehende **Verbindlichkeiten**, könnten wir uns

could we agree on the *part payment* for the moment?
A: Aren't there any other acceptable solutions?

Delays and problems

We regret to have to inform you that this order will not be ready for dispatch tomorrow.

We are sorry to have to tell you that the material cannot be completed *on time.* At the moment we are having problems with the acquisition of materials.

Our production schedule is *very tight.*

One of our machines has to be repaired.
Unfortunately one of our suppliers has *let us down.*

We are *still waiting* for these parts to complete your order.

This material did not meet the high standards set by our *quality control department.*

The colour does not correspond to the previous deliveries.
We are therefore not *prepared to release* this *for dispatch.*
We could accept this if you were prepared to grant us a discount.

We *miscalculated* the amount required and did not acquire sufficient supplies.

für den Augenblick auf eine *Teilzahlung* einigen?
A: Gibt es keine anderen annehmbaren Möglichkeiten?

Verzögerungen und Probleme

Wir bedauern, Ihnen mitteilen zu müssen, dass dieser Auftrag morgen nicht zum Versand fertig sein wird.

Leider müssen wir Ihnen mitteilen, dass das Material nicht *rechtzeitig* fertig sein wird. Zurzeit haben wir Probleme mit der Beschaffung von Materialien.

Unser Produktionszeitplan ist *sehr eng.*

Eine unserer Maschinen muss repariert werden.
Leider hat uns einer unserer Lieferanten *im Stich gelassen.*

Wir *warten immer noch* auf diese Teile, um Ihren Auftrag fertig zu stellen.

Dieses Material hat die hohen Standards, die unsere *Qualitätskontrolle* festlegt, nicht erfüllt.

Die Farbe entspricht nicht den früheren Lieferungen.
Wir sind daher *nicht bereit,* die Ware *zum Versand freizugeben.*
Wir könnten es akzeptieren, wenn Sie bereit wären, uns einen Rabatt zu gewähren.
Wir haben die Menge *falsch kalkuliert* und nicht genügend Vorräte besorgt.

Auftragsabwicklung

We will do our best to dispatch earlier.	Wir werden unser Bestes tun, um früher zu liefern.
We have only received three of the four boxes ordered.	Wir haben nur drei der vier bestellten Kartons erhalten.
Should we go ahead with shipment? Should we send the three boxes or wait and send all four together?	Sollen wir die Ware verschicken? Sollen wir die drei Kartons schicken oder warten und alle vier zusammen schicken?
We would of course pay the freight for the *extra shipment.*	Wir würden natürlich die Frachtkosten für die *zusätzliche Lieferung* übernehmen.
Unfortunately our computer system was not working properly and the material confirmed for dispatch is actually *not in stock.* The next possible dispatch would be in about two weeks. We could offer you two 25-kg bags as an alternative. We could send the delivery by express.	Leider funktionierte unser Computersystem nicht, und das Material, das wir zum Versand bestätigt haben, ist gar *nicht auf Lager.* Der nächstmögliche Versand wäre in ungefähr zwei Wochen. Als Alternative könnten wir Ihnen zwei 25-kg-Beutel anbieten. Wir könnten die Lieferung per Express schicken.
Unfortunately we quoted the wrong price. We *mixed up* the lists for ex works and FOB.	Leider haben wir den falschen Preis angegeben. Wir haben die Listen für die Preise ab Werk und FOB *vertauscht.*
We entered your order for the wrong item.	Wir haben Ihren Auftrag für den falschen Artikel eingetragen.
We will send you the order confirmation with the correct price.	Wir schicken Ihnen die Auftragsbestätigung mit dem korrekten Preis.
The product you ordered is *no longer in our range.* May we offer you product 437 as an alternative?	Das von Ihnen bestellte Produkt ist *nicht mehr in unserer Produktpalette.* Dürfen wir Ihnen Produkt 437 als Alternative anbieten?

Auftragsabwicklung

We sincerely **apologise** (US: **apologize**) for this **mistake**.
We are truly **sorry about** this delay.
Please accept our **apologies**.
We will make sure that this does not happen again.

Thank you for your **understanding**.
Thank you for your **cooperation**.

Wir **entschuldigen** uns für diesen **Fehler**.
Wir **bedauern** diese Verzögerung sehr.
Wir bitten Sie um **Entschuldigung**.
Wir werden darauf achten, dass dies nie wieder passiert.

Vielen Dank für Ihr **Verständnis**.
Vielen Dank für Ihre **Hilfe**.

Dialogbeispiele

A: We are sorry to have to tell you that the material cannot be completed on time.
B: What exactly is the problem?
A: Unfortunately one of our suppliers has **let us down.** A delivery has been **delayed.** We need these parts to complete your order.

B: How long a delay will this be?

A: About four days.
B: OK, but please dispatch on Friday, and thank you for letting me know.

A: Leider müssen wir Ihnen mitteilen, dass das Material nicht rechtzeitig fertig sein wird.
B: Was genau ist das Problem?
A: Leider hat uns einer unserer Lieferanten *im Stich gelassen.* Eine Lieferung ist *verzögert* worden.
Wir brauchen diese Teile, um Ihren Auftrag fertig zu stellen.

B: Wie lange wird die Verzögerung dauern?

A: Ungefähr vier Tage.
B: In Ordnung, aber bitte verschicken Sie es am Freitag, und vielen Dank für die Information.

A: Unfortunately the material for your order did not meet the high standards set by our **quality control department.**
B: What is wrong with the material?
A: The colour does not correspond to the previous deliveries, therefore we cannot dispatch this order without your consent.
B: How long will I have to wait for a new production?
A: About four weeks.

A: Leider hat das Material für Ihren Auftrag die hohen Standards, die von unserer *Qualitätskontrolle* festgelegt werden, nicht erfüllt.
B: Was stimmt nicht mit dem Material?
A: Die Farbe entspricht nicht den früheren Lieferungen, wir können diesen Auftrag daher nicht ohne Ihre Zustimmung verschicken.
B: Wie lange muss ich dann auf eine neue Produktion warten?
A: Ungefähr vier Wochen.

B: No, that's too long. The colour is not that important, it isn't a series.
A: We could send you a sample today by **courier service.** If the colour is acceptable, we will send the whole order on Thursday.

A: We **regret** to have to inform you that this order will not be ready for dispatch tomorrow. We only have three of the four boxes ordered.

B: When will the order be complete?

A: The remaining box would be ready by next Wednesday. Should we send the three boxes or wait and send all four together?

B: That would mean **additional transport** costs for us.

A: We would of course be prepared to pay the freight for the **extra shipment.**

B: OK. Please ship the three boxes, we'll expect the fourth box by the end of next week.

A: Thank you, and **please accept our apologies** for this delay.

A: We are sorry to have to tell you that our computer system was not working properly and the material confirmed for dispatch is actually **not in stock.**

B: When could we have it then?

A: The **next possible** dispatch would be in two weeks' time.

B: That will be difficult.

A: We could offer you two 25-kg bags as an alternative.

B: Nein, das ist zu lang. Die Farbe ist nicht so wichtig, es ist keine Serie.
A: Wir könnten Ihnen heute per **Kurierdienst** ein Muster zuschicken. Wenn die Farbe akzeptabel wäre, würden wir den ganzen Auftrag am Donnerstag versenden.

A: Wir **bedauern,** Ihnen mitteilen zu müssen, dass dieser Auftrag morgen nicht zum Versand fertig sein wird. Wir haben nur drei der vier bestellten Kartons.

B: Wann wird der Auftrag komplett sein?

A: Der noch ausstehende Karton wäre bis nächsten Mittwoch fertig. Sollen wir die drei Kartons schicken oder warten und alle vier zusammen schicken?

B: Dies würde für uns **zusätzliche Transportkosten** bedeuten.

A: Wir würden natürlich die Frachtkosten für die **zusätzliche Lieferung** übernehmen.

B: Gut. Bitte schicken Sie die drei Kartons, wir erwarten dann den vierten Karton bis Ende nächster Woche.

A: Danke, und bitte **entschuldigen** Sie die Verzögerung.

A: Wir müssen Ihnen leider mitteilen, dass unser Computersystem nicht richtig funktioniert hat, und dass das zum Versand bestätigte Material gar **nicht auf Lager** ist.

B: Wann können wir es dann haben?

A: Der **nächstmögliche** Versandtermin wäre in ungefähr zwei Wochen.

B: Das wird schwierig.

A: Als Alternative könnten wir Ihnen zwei 25-kg-Beutel anbieten.

B: OK, we need the material *urgently,* so we'll have to take them.

A: Thank you for your help. We are really sorry about this *mistake.*

A: Unfortunately we quoted the wrong price for this item. We *mixed up* the lists for ex works and FOB.

B: How could that happen? I *specifically said* that I needed the FOB price.
A: The person usually in charge of your orders was on holiday (US: on vacation) at that time. We will send you the *order confirmation* with the correct price.
B: OK, but please *make sure it doesn't happen again*. This makes things quite difficult.
A: Of course. Thank you for your understanding and please accept our apologies.

B: In Ordnung, wir brauchen das Material *sehr dringend.* Dann müssen wir also die Beutel nehmen.
A: Vielen Dank für Ihre Hilfe. Wir bedauern diesen *Fehler* sehr.

A: Leider haben wir den falschen Preis für diesen Artikel angegeben. Wir haben die Listen für die Preise ab Werk und FOB *vertauscht.*
B: Wie konnte das passieren? Ich habe *ausdrücklich gesagt*, dass ich den FOB-Preis brauche.
A: Der Mitarbeiter, der normalerweise für Ihre Aufträge zuständig ist, war zu der Zeit im Urlaub. Wir schicken Ihnen die *Auftragsbestätigung* mit dem korrekten Preis.
B: Gut, aber bitte *achten Sie darauf, dass es nicht wieder passiert.* Es macht alles ziemlich schwierig.
A: Selbstverständlich. Danke für Ihr Verständnis und entschuldigen Sie nochmals.

Complaints

The material ordered was green and the material we have just received is brown.
Please check what has happened.

Both the *order confirmation* and the *delivery note* show three boxes, but we have only received two, what has happened?

We ordered 5mm screws and you have sent us 6mm. We are prepared to keep these, but would need a

Beschwerden

Wir haben grünes Material bestellt und das Material, das wir bekommen haben, ist braun.
Bitte überprüfen Sie, was passiert ist.

Die *Auftragsbestätigung* und der *Lieferschein* zeigen beide drei Kartons, aber wir haben nur zwei bekommen, was ist passiert?

Wir haben 5-mm-Schrauben bestellt, und Sie haben uns 6-mm-Schrauben geschickt. Wir wären bereit, diese zu

delivery of 5mm screws by the end of this week.	behalten, bräuchten aber bis Ende dieser Woche eine Lieferung von 5-mm-Schrauben.
Two of the chairs are badly damaged, the cushion material is ripped. Could you give them back to our driver when he comes on Friday? We will arrange for two replacement chairs to be dispatched tomorrow.	Zwei der Stühle sind schwer beschädigt, das Kissenmaterial ist aufgerissen. Könnten Sie sie am Freitag dem Fahrer wieder mitgeben? Wir werden dann morgen zwei Ersatzstühle wegschicken.
The quality of this material is *not up to your usual standard.*	Die Qualität dieses Materials *entspricht nicht Ihrem üblichen Standard.*
The paper we received is too thin.	Das Papier, das wir bekommen haben, ist zu dünn.
Could you send us a few leaves so that we can have our quality control people check this?	Könnten Sie uns ein paar Blätter zuschicken, damit unsere Leute in der Qualitätskontrolle diese überprüfen können?
The material is *within our standard tolerance level.*	Das Material liegt *innerhalb unserer Standardtoleranzgrenze.*
I cannot accept your *claim.*	Ich kann Ihre *Reklamation* nicht annehmen.
I will *let you know.*	Ich werde mich *wieder melden.*/Ich werde Ihnen *Bescheid geben.*
I have passed this on to the person in charge and will get back to you when we have the results.	Ich habe es an die zuständige Person weitergeleitet und werde mich melden, wenn die Ergebnisse vorliegen.
You *promised* to get back to me. When will I hear from you?	Sie haben *versprochen,* sich noch einmal bei mir zu melden. Wann höre ich von Ihnen?
I have sent you an e-mail placing an order last week and I still haven't received any confirmation.	Ich habe Ihnen letzte Woche eine E-Mail über eine Bestellung geschickt und habe immer noch keine Bestätigung erhalten.
We had computer problems.	Wir hatten Probleme mit dem Computer.
We didn't get your e-mail.	Wir haben Ihre E-Mail nicht bekommen.

Dialogbeispiele

A: We have just received our order no. 156. Upon opening the box, we found that only eleven bottles were sent. We actually ordered twelve.

B: I'm sorry about that, there seems to have been a *mistake* in the packing department on that day.

A: Could you *make sure* that the invoice is *altered*?

A: We ordered 5mm screws and you have sent us 6mm.

B: Oh yes, the delivery note was *incorrectly typed.*
A: We are prepared to keep this delivery, but would need one of 5mm screws by the end of this week.

B: Yes, we'll dispatch them tomorrow.

A: As we do not need the 6mm screws until the beginning of next month, could you *extend* the due date of the invoice by two weeks?

B: Of course, no problem.

A: After unpacking and examining the material, we noticed that two of the items are damaged.

B: Are they *badly damaged*?
A: They have slight *scratch marks* on the case.
B: Would you be able to keep them if we granted you a discount?

A: Wir haben soeben unseren Auftrag Nr. 156 erhalten. Als wir den Karton geöffnet haben, fanden wir nur elf Flaschen vor. Wir haben eigentlich zwölf bestellt.
B: Das tut mir Leid, aber es scheint an dem Tag einen *Fehler* in der Verpackungsabteilung gegeben zu haben.
A: Könnten Sie *dafür sorgen,* dass die Rechnung *abgeändert* wird?

A: Wir haben 5-mm-Schrauben bestellt, und sie haben uns 6-mm-Schrauben geschickt.
B: Oh ja, der Lieferschein wurde *falsch getippt.*
A: Wir wären bereit, diese Lieferung zu behalten, bräuchten aber bis Ende dieser Woche eine von 5-mm-Schrauben.

B: Ja, wir werden sie morgen verschicken.

A: Da wir die 6-mm-Schrauben erst Anfang nächsten Monats brauchen, könnten Sie das Fälligkeitsdatum der Rechnung um zwei Wochen *verlängern?*

B: Natürlich, kein Problem.

A: Nachdem wir das Material ausgepackt und überprüft hatten, stellten wir fest, dass zwei Artikel beschädigt sind.
B: Sind sie *schwer beschädigt?*
A: Sie haben leichte *Kratzer* am Gehäuse.
B: Könnten Sie sie behalten, wenn wir Ihnen einen Rabatt gewährten?

A: Yes, we should be able to sell them.
B: OK, we'll *credit* 20% of the invoice.

A: The quality is not up to your usual standard, the paper we received is too thin.
B: Our samples show that the material is *within our tolerance level.*
I am sorry, but I *cannot accept your claim.*

A: When we ordered, we *specifically stated* that the colour was to be the same as previously supplied.

B: I'm very sorry about that.
A: This material is for a special series and must be the same colour.

B: Could you let us have a sample, we will have this checked and get back to you.
A: We sent you a sample last week.

B: Yes, we have had it examined and must agree that this material is not acceptable. How can we solve this problem, would you be able to sell this as a *closeout item* at 20% discount?

A: No, I don't think so. I will have to *return* this material.

A: Ja, wir müssten sie eigentlich verkaufen können.
B: In Ordnung, dann *schreiben* wir 20% des Rechnungsbetrages *gut.*

A: Die Qualität entspricht nicht Ihrem üblichen Standard, das Papier, das wir bekommen haben, ist zu dünn.
B: Unsere Muster zeigen, dass das Material *innerhalb unserer Toleranzgrenze* liegt. Es tut mir Leid, aber ich *kann Ihre Reklamation nicht annehmen.*

A: Als wir bestellten, haben wir *ausdrücklich darauf hingewiesen,* dass die Farbe genauso wie bei früheren Lieferungen sein muss.

B: Das tut mir sehr Leid.
A: Dieses Material ist für eine Sonderreihe und muss die gleiche Farbe haben.

B: Könnten Sie uns ein Muster zuschicken, wir werden es überprüfen und uns wieder melden.
A: Wir haben Ihnen bereits letzte Woche ein Muster zugesandt.
B: Ja, wir haben es überprüfen lassen und müssen zugeben, dass dieses Material nicht akzeptabel ist. Wie können wir dieses Problem lösen? Würden Sie die Ware als *Sonderposten* zu einem Rabatt von 20% verkaufen können?

A: Nein, ich glaube nicht. Ich werde dieses Material *zurückschicken* müssen.

5. Rechnungswesen und Finanzen

Accounting	Rechnungswesen
He is our ***chief accountant.***	Er ist unser ***Buchhalter.***
Book-keeping plays a vital role in every business.	***Buchhaltung*** spielt in jedem Unternehmen eine zentrale Rolle.
Accounting methods vary from business to business.	Die ***Buchführungsmethoden*** sind von Unternehmen zu Unternehmen verschieden.
Our ***balance sheets*** of the past ten years show a steady rate of growth.	Unsere ***Handelsbilanz*** der letzten zehn Jahre zeigt ein stetiges Wachstum.
Our ***budget*** for 2006 is complete.	Unser ***Haushalt*** für 2006 ist vollständig.
John, could you fetch our ***account books and balance sheets?***	John, könnten Sie bitte unsere ***Geschäftsbücher*** holen?
Ms. Clarke is in charge of our ***financial accounting.***	Frau Clarke ist für unsere ***Finanzbuchhaltung*** verantwortlich.
According to our ***calculations,*** the profits for this year are less than those for 2005.	Nach unseren ***Berechnungen*** sind die diesjährigen Gewinne geringer ausgefallen als die von 2005.
Our ***sales analysis*** for 2006 showed a 10% increase in sales within the EU.	Unsere ***Absatzanalyse*** für 2006 zeigte einen Zuwachs von 10% bei den Verkäufen innerhalb der EU.
We insist that members of staff provide a ***receipt*** for purchases from the ***petty cash.***	Wir bestehen darauf, dass unsere Mitarbeiter eine ***Quittung*** für Einkäufe aus der ***Portokasse*** abliefern.
Our ***gross profits*** are up on this time last year.	Unsere ***Bruttogewinne*** sind höher als zum selben Zeitpunkt des letzten Jahres.
Neil's work is a fine example of ***adequate and orderly accounting.***	Neils Arbeit ist ein ausgezeichnetes Beispiel ***ordnungsgemäßer Buchführung.***
The ***end of our first quarter*** is in July.	Unser ***erstes Quartalsende*** ist im Juli.
When does your ***accounting reference day*** fall?	Wann ist Ihr ***Bilanzstichtag?***

Our *accounting year* will end in May 2006.
We have published and filed our *annual accounts* in Companies House.
Our *internal accounting period* is three months long.
Our accounting manager will present the *annual economic report.*
Our *interim accounts* were published in the Financial Times in September.
The TEHV group have also released *interim balance sheets.*
We have completed our *profit and loss accounts.*

Our *opening balance sheets* for this month are being prepared.
Our annual *audit* will take place in April.
Auditing will be carried out later this month.
The *audit fees* have been paid for 2006.
The *fiscal audit of operating results* for 2006 is complete.
Can you get in touch with our *auditor* regarding the matter?

The *fiscal audit of operating results* was completed in May.
We predict, applying *discounting,* that our cash flow will remain consistent.
Our *accounting profit* shows a marked improvement in comparison to 2005.
The *closing balance* of our June accounts has already been carried forward to July.

Unser *Buchführungsjahr* endet im Mai 2006.
Wir haben unseren *Jahresabschluss* veröffentlicht und im Companies House archiviert.
Unser *Abrechnungszeitraum* beträgt drei Monate.
Der Leiter der Buchhaltung wird den *Jahreswirtschaftsbericht* vorlegen.
Unsere *Zwischenkonten* wurden im September in der Financial Times veröffentlicht.
Die TEHV Gruppe hat auch ihre *Zwischenbilanz* veröffentlicht.
Wir haben unsere *Ertragsrechnung* fertig gestellt.

Unsere *Eröffnungsbilanz* für diesen Monat wird vorbereitet.
Unsere jährliche *Buchprüfung* findet im April statt.
Die *Wirtschaftsprüfung* wird gegen Ende dieses Monats stattfinden.
Die *Kosten der Abschlussprüfung* für 2006 sind bezahlt worden.
Die *Betriebsprüfung* für 2006 ist abgeschlossen.
Könnten Sie wegen dieses Problems mit unserem *Betriebsprüfer* Kontakt aufnehmen?

Die *Betriebsprüfung* wurde im Mai abgeschlossen.
Nach durchgeführter *Abzinsung* nehmen wir an, dass der Geldfluss konstant bleiben wird.
Unser *Buchgewinn* zeigt einen deutlichen Zuwachs gegenüber 2005.
Die *Schlussbilanz* unserer Bücher vom Juni ist schon auf den Juli übertragen worden.

Our **actual outlay** decreased considerably following **restructuring** in 2005.
The **total costs** of our recent reorganisation were minimal.

The **variable costs** of commission to be paid to our sales staff cannot be approximated in view of the current unstable economic situation.

Our **turnover forecasts** for the 1990s proved to be incorrect.
Our company's **turnover** increased tenfold in comparison to the previous decade.
The **turnover increase** for 2006 fulfilled our expectations.
The **appreciation** of our assets is mainly due to the current **rate of inflation**.
Accounts payable and **accruals** are to be entered as current liabilities on the balance sheet.

I instructed her to fax details of our **accounts receivable**.
You should enter that under **special expenses**.
Deterioration of our premises has been taken into account as **amortization**.
The purchase of our new factory will be entered in the books as a **capital transaction**.
The costs incurred during the **renovation** of our office buildings will be treated as **capital investment**.

Unsere **Istausgaben** haben seit der 2005 durchgeführten **Umstrukturierung** erheblich abgenommen.
Die **Gesamtkosten** unserer unlängst durchgeführten Reorganisation waren minimal.
Die **variablen Kosten**, die durch unserem Verkaufspersonal gezahlte Kommissionen entstehen, können in Anbetracht der instabilen wirtschaftlichen Situation nicht abgeschätzt werden.

Die **Umsatzprognose** für die Neunziger Jahre hat sich als falsch herausgestellt.
Der **Umsatz** unseres Unternehmens hat sich, im Vergleich zu vor zehn Jahren, verzehnfacht.
Der **Umsatzanstieg** 2006 hat unsere Erwartungen erfüllt.
Der **Wertzuwachs** unserer Aktiva liegt hauptsächlich an der momentanen **Inflationsrate**.
Verbindlichkeiten und **Rückstellungen** müssen als laufende Passiva in die Bilanz eingetragen werden.

Ich habe sie angewiesen, mir Details über die **Außenstände** zu faxen.
Sie sollten das unter **Sonderausgaben** eintragen.
Die Wertminderung unserer Gebäude wurde als **Amortisation** in die Bücher aufgenommen.
Der Kauf unserer neuen Fabrik wird als **Kapitalverkehr** in die Bücher eingetragen.
Die Kosten, die uns durch die **Renovierung** unserer Geschäftsgebäude entstanden sind, werden als **Kapitaleinlage** behandelt.

Our **calculation of the budget costs** for 2006 has changed little from that of 2005.
Our **prime costs** are low in relation to our profits.
We need to look at ways of lessening our **indirect labour costs** (US: **labor**).
The **rationalisation profits** following the modernisation of our factory last year were considerable.
Our **return on capital** was higher in 2004 than in the following years.
I think this **entry** is incorrect.

Our accounts don't **balance.**
It must be due to a **book-keeping error.**
Our **overhead costs** don't seem to be entered in the books.

The **tax assessment** we received for 2006 appears to be incorrect.

Someone has completed our **tax return** incorrectly.
We can reclaim **value added tax** at the end of the year.
Unfortunately, it seems we are liable for an **additional payment of taxes.**
Taking into account the **linear depreciation** of the value of our assets, there seems to be no alternative than to **declare ourselves bankrupt.**
The **annual profits** are fifteen percent down on last year's figures.
Despite stringent measures to bring our **budget** under **control,** we seem

Unsere **Plankostenrechnung** für 2006 hat sich gegenüber 2005 kaum verändert.
Unsere **Selbstkosten** sind im Vergleich zum Gewinn gering.
Wir müssen Wege finden, die **Lohnnebenkosten** zu senken.

Der **Rationalisierungsgewinn** nach der Modernisierung unserer Fabrik letztes Jahr war beachtlich.
Unser **Kapitalertrag** war 2004 höher als in den darauf folgenden Jahren.
Ich glaube, diese **Buchung** ist nicht korrekt.
Unsere Bücher **saldieren** nicht. Es muss an einem **Buchungsfehler** liegen.
Unsere **Gemeinkosten** sind scheinbar nicht in die Bücher eingetragen worden.

Die **Steuerveranlagung,** die wir für 2006 bekommen haben, scheint nicht korrekt zu sein.
Jemand hat unsere **Steuererklärung** falsch ausgefüllt.
Wir können die **Mehrwertsteuer** am Ende des Jahres zurückfordern.
Leider scheint es so, als ob wir zu einer **Steuernachzahlung** verpflichtet wären.
Unter Berücksichtigung der **linearen Abschreibung** des Wertes unserer Aktiva scheint es keine Alternative zu einer **Bankrotterklärung** zu geben

Der **Jahresgewinn** liegt fünfzehn Prozent unter dem des Vorjahres.
Trotz drastischer Maßnahmen um unseren **Haushalt** unter **Kontrolle** zu

to be unable to reach *break-even point* this summer.

We will have to introduce *budget cuts* in all departments.
Their *budgetary deficit* is huge.
Although we may have saved money in respect of the initial *outlay* required, the *operating expenses* of our factory in Nigeria have exceeded all expectations.
Our *basic income* has proved to be less than consistent.
We will have to *plough-back* the majority of our 2005 profits.

We have no alternative than to *write off* our obsolete machinery in our overseas factories.

bringen, werden wir in diesem Sommer wohl nicht in der Lage sein, die *Gewinnschwelle* zu erreichen.
Wir werden *Etatkürzungen* in allen Abteilungen durchführen müssen.
Ihr *Haushaltsdefizit* ist riesig.
Obwohl wir vielleicht Geld bei der anfänglichen *Auslage* gespart haben, haben die *Betriebskosten* unserer Fabrik in Nigeria unsere Befürchtungen übertroffen.
Es hat sich gezeigt, dass unsere *Basiseinkünfte* nicht konstant genug sind.
Wir werden den Großteil unserer Gewinne von 2005 *reinvestieren* müssen.
Wir haben keine andere Wahl als die veraltete Maschinenanlage unserer Fabriken in Übersee *abzuschreiben.*

Dialogbeispiele

A: Good morning, Ms. Parkin.
B: Good morning. Would you like to see our *ledger?*
A: Yes, please. I think that will be very informative. What *accounting system* do you use here?
B: We use *double entry bookkeeping* for our accounts.
A: And what does this column on the left show?
B: They are the *debits.*
A: And on this page – this figure – what does that represent?
B: They're the *development costs* we needed for the refurbishing of our old premises.
A: Do you keep your *real accounts* in a separate *ledger*?

A: Guten Morgen, Frau Parkin.
B: Guten Morgen. Möchten Sie das *Hauptbuch* sehen?
A: Ja bitte. Ich denke, das wäre sehr aufschlussreich. Was für ein *Buchführungssystem* benutzen Sie hier?
B: Wir benutzen *doppelte Buchführung* für unsere Bücher.
A: Und was bedeutet diese linke Spalte?
B: Das sind unsere *Belastungen.*
A: Und auf dieser Seite – diese Zahl – was bedeutet die?
B: Das sind die *Entwicklungskosten,* die bei der Renovierung unserer alten Gebäude anfallen.
A: Führen Sie Ihre *Bestandskonten* in einem separaten *Hauptbuch?*

B: No, we don't. It is all in this ledger here.
A: Have you valued your assets using *historical costing*?
B: Yes, we have.
A: And here are details of all *assets and liabilities*?
B: Yes. You can see the *net book value* of our assets here.

A: Thank you. Do you have details of *net profits* made in the previous ten years?
B: Certainly. Will that be all?
A: For the moment, thank you.

A: Our *debtors* have been slow settling their accounts this month.
B: *Settlement day* should have been this Tuesday for the Berry consignment.

Financial Policy

Our *financial standing* has improved considerably.
Sales financing in 2006 will take up a considerable percentage of our budget.
If our *financial status* does not improve, we will have to go into *liquidation.*
Maurice Motors have sold some of their *assets* to pay off their debts.
They have only their *fixed assets* remaining.
We will have to sell some of our *non-core assets* to resist takeover.

B: Nein, es ist alles in diesem Hauptbuch.
A: Haben Sie Ihre Aktiva mit einer *Nachkalkulation* bewertet?
B: Ja, haben wir.
A: Und hier sind die Details über *Aktiva und Passiva?*
B: Ja. Hier können Sie den *Nettobuchwert* unseres Vermögens sehen.

A: Danke schön. Haben Sie Details über die *Nettogewinne,* die Sie in den letzten zehn Jahren gemacht haben?
B: Sicherlich. War das dann alles?
A: Im Moment ja, danke.

A: Unsere *Schuldner* haben diesen Monat Ihre Rechnungen spät bezahlt.
B: *Abrechnungstag* für die Berry Sendung hätte dieser Dienstag sein sollen.

Finanzpolitik

Unsere *Kreditfähigkeit* hat erheblich zugenommen.
Die *Absatzfinanzierung* wird 2006 einen beträchtlichen Teil unseres Budgets ausmachen.
Wenn unsere *Vermögenslage* sich nicht verbessert, werden wir in die *Liquidation* gehen müssen.
Maurice Motors haben einige ihrer *Vermögenswerte* verkauft, um ihre Schulden zu bezahlen.
Sie haben nur noch ihr *Vermögen* übrig.
Wir werden alles außer dem *Kernvermögen* verkaufen müssen, um eine Übernahme zu vermeiden.

431 Rechnungswesen und Finanzen

The *fiscal year* begins in April in the UK.
Our *finances* are in dire straits.

WSC went into *receivership.*
Fiona will present our *financial report* for 2006.
Since 2003 we have faced increasing *financial difficulties.*
Our *financial assets* are steadily increasing.
I think we should consider taking the advice of a *financier.*
Our *fiscal policy* in Indonesia must adapt with the change of government.
Did you hear about the *fiscal fraud* of AW Enterprises?

Das *Geschäftsjahr* beginnt in Großbritannien im April.
Unsere *Finanzen* befinden sich in einer Notlage.

WSC ist in *Konkurs gegangen.*
Fiona wird uns den *Finanzbericht* für 2006 vorstellen.
Seit 2003 stehen wir wachsenden *finanziellen Schwierigkeiten* gegenüber.
Unser *Geldvermögen* wächst stetig.
Ich denke, wir sollten uns überlegen einen *Finanzier* hinzuzuziehen.
Unsere *Steuerpolitik* in Indonesien muss nach dem Regierungswechsel angepasst werden.
Haben Sie von dem *Steuerbetrug* von AW Enterprises gehört?

Banks and activities

Many *building societies* in Britain converted to banks in the 1990s.
I would like to invest in the ANA *mortgage bank.*
The MSG bank is one of the best-known *investment banks* in Asia.
We use the NRR *merchant bank* for our main company accounts.
The *regional banks* of this area are not to be recommended.
Our *savings bank* in Switzerland has neglected to send us our account balance.
We have our *business account* with TNT bank.

Banken und Bankgeschäfte

Viele *Bausparkassen* in Großbritannien wurden in den 90ern zu Banken umgewandelt.
Ich würde gerne in die ANA *Hypothekenbank* investieren.
Die MSG Bank ist eine der bekanntesten *Investmentbanken* Asiens.
Wir haben unsere Hauptgeschäftskonten bei der NRR *Handelsbank.*
Die *Regionalbanken* dieser Gegend kann man nicht empfehlen.
Unsere *Sparkasse* in der Schweiz hat vergessen, uns unseren Kontoauszug zu senden.
Wir haben unser *Geschäftskonto* bei der TNT Bank.

We have arranged *acceptance credit* with the MK bank in Japan.

Our *account balance* looks very positive at the present time.

Are you an *account holder* within this branch?

I would like to open an *interest account,* please.

May I speak to someone from your *loan department,* please?

Can you tell me your *account number,* please?

I have *special drawing rights* on that account.

There seems to be some mistake in our company's *bank statement.*

Your *bank charges* are too high.

I demand to see the *manager*!

We will repay the *bank loan* over a period of five years.

We could apply for a *bridging loan* to tide us over the first six months.

Overdrafts will be subject to interest six percent above our *base rate.*

We will pay for the goods, upon delivery, by *bank transfer.*

OL Incorporated have set up a *banker's order* to pay for their regular shipments of goods.

A *banking consortium* has loaned ten billion dollars to Mozambique.

I have brought a *bank letter of credit* with me from the SK bank, Germany.

Wir haben einen *Akzeptkredit* mit der MK Bank in Japan ausgehandelt.

Unser *Kontostand* sieht im Moment sehr gut aus.

Sind Sie *Kontoinhaber* bei dieser Filiale?

Ich würde gerne ein *Zinskonto* eröffnen, bitte.

Könnte ich mit jemanden aus Ihrer *Kreditabteilung* sprechen, bitte?

Können Sie mir bitte Ihre *Kontonummer* geben?

Ich habe *Sonderziehungsrechte* von diesem Konto.

Der *Kontoauszug* unseres Unternehmens ist scheinbar fehlerhaft.

Ihre *Bankgebühren* sind zu hoch.

Ich verlange den *Filialleiter* zu sprechen!

Wir werden das *Bankdarlehen* über einen Zeitraum von fünf Jahren zurückzahlen.

Wir könnten versuchen, einen *Überbrückungskredit* für die ersten sechs Monate zu bekommen.

Kontoüberziehungen werden mit sechs Prozent über dem *Leitzins* verzinst.

Bei Lieferung werden wir für die Waren per *Banküberweisung* bezahlen.

OL Incorporated haben einen *Dauerauftrag* erteilt, um für die regelmäßige Verschiffung ihrer Waren zu bezahlen.

Ein *Bankenkonsortium* hat Mosambik einen Kredit in Höhe von 10 Milliarden Dollar gewährt.

Ich habe ein *Bankakkreditiv* der SK Bank aus Deutschland dabei.

International Financial Markets

Shares (US: **stocks**) are **at a premium** at the moment.
Our **shares** fell 2.9% yesterday.
I would like to check out share prices on the **stock exchange** this afternoon.
I would like a **quotation** of share (US: **stock**) prices for Megamarkets P.L.C.
Could I have a **quotation** for the **market price** for shares in MK Enterprises?
The **bottom price** for shares in our company has dropped to a new low.
We are planning to launch a euro-dominated **bond.**
If we reinvest the money we made from selling our assets under the enterprise investment scheme, we can avoid paying **capital gains tax.**

JMC Limited have recently made a loss on their **foreign bonds** in Switzerland.
The **stock exchange index** is showing signs of improvement.
Did you take note of the Dow Jones **share index**?

Stock Markets

Stock markets all over the world were particularly unstable in September.
Dealing before official hours is taking place in Tokyo.
Stock market trading will begin at eight a.m.

Internationale Finanzmärkte

Die **Aktien** sind im Moment **über dem Nennwert.**
Unser **Aktienkurs** fiel gestern um 2,9%.
Ich würde mich heute Nachmittag gerne über die Aktienpreise an der **Börse** erkundigen.
Ich hätte gerne die **Notierung** des **Aktienkurses** von Megamarkets P.L.C.
Könnte ich die **Notierung** des **Börsenkurses** der Aktien von MK Enterprises haben?
Der **Niedrigkurs** der Aktien unseres Unternehmens ist auf einen neuen Tiefstand gefallen.
Wir überlegen uns, Euro-dominierte **Rentenpapiere** einzuführen.
Wenn wir das Geld, das wir durch den Verkauf unserer Aktiva nach dem Investitionsentwurf verdient haben, reinvestieren, können wir die **Kapitalertragssteuer** vermeiden.
JMC Limited haben in der letzten Zeit mit ihren **Auslandsanleihen** in der Schweiz Verluste gemacht.
Der **Börsenindex** zeigt Indizien einer Verbesserung.
Haben Sie den Dow-Jones-**Aktienindex** zur Kenntnis genommen?

Aktienmärkte

Die **Aktienmärkte** auf der ganzen Welt waren im September besonders instabil.
Die **Vorbörse** findet in Tokio statt.

Der **Börsenhandel** wird um acht Uhr morgens beginnen.

Closing of the exchange is due to take place at seventeen hundred hours in London.

Allen and Walsh are a firm of ***stockbrokers.***
Global markets are currently experiencing a ***boom.***
The ***stock market crash*** of 1929 was the worst this century.
Taking the strong global ***bull market*** into account, I think we can view the situation positively.
He's a ***bull.***
The stock market this year has been a ***buyers market.***
The market's reaction was not too ***bearish.***
That stockbroker is participating in ***bear sales.***

At the moment, I fear we're looking at a ***bear market.***

He's a ***bear.***
It's a ***seller's market*** at the moment.
The bottom has fallen out of the market.
A good place to find ***stock exchange news*** throughout Europe is the "Financial Times".
Our ***share capital*** played a part in our survival during the recession.
They have invested heavily in ***securities.***

The Bank of Taiwan announced that it is trying to strengthen ***securities business.***

Der ***Börsenschluss*** wird um siebzehn Uhr in London stattfinden.

Allen und Walsh haben eine ***Börsenmakler***-Firma.
Die globalen Märkte erleben im Moment einen ***Boom.***
Der ***Börsenkrach*** von 1929 war der Schlimmste in diesem Jahrhundert.
Wenn man den globalen ***Haussemarkt*** miteinbezieht, dann denke ich, dass wir die Situation positiv beurteilen können.
Er ist ein ***Haussier.***
Der Aktienmarkt war dieses Jahr ein ***Käufermarkt.***
Die Reaktion des Marktes war nicht übermäßig ***pessimistisch.***
Dieser Börsenmakler beteiligt sich an ***Leerverkäufen.***

Ich befürchte, dass es zu einem ***ständigen Fallen der Kurse am Markt (Baissemarkt)*** kommen wird.
Er ist ein ***Baissier.***
Im Moment gibt es einen ***Verkäufermarkt.***
Die Nachfrage und die Preise sind auf einem Tiefstand.
Börsenberichte aus ganz Europa findet man vor allem in der „Financial Times".
Unser ***Aktienkapital*** hat einen Teil zu unserem Überleben während der Rezession beigetragen.
Sie haben in großem Umfang in ***Wertpapiere*** investiert.

Die Bank von Taiwan hat angekündigt, dass sie versuchen wird, ihre ***Effektengeschäfte*** zu verstärken.

435 Rechnungswesen und Finanzen

Futures markets reached an all-time low in May.
A round of buying boosted Healthman Tea *futures* on the London International Financial Futures and Options Exchange.

JMC have been conducting *futures business* on the MATIF (Marché à Terme des Instruments Financiers).

Sugar has been selling extremely well on the *commodity futures exchange* last month.
We have recently purchased shares in your company via *internet*.
Internet share trading is on the up and up.
The internet provides *potential investors* with an easy method of buying shares.
Firms trading in stocks on the internet have gained a huge *competitive advantage*.

We offer on-line trading as part of a *package*.

The *flotation* of our company raised 120 million euro.

They are *shareholders* in our business.
We are interested in buying *a parcel of shares* (US: *stocks*) in your business.
We are planning to invest more heavily in *blue chip* companies.
Geiger's PLC holds the *controlling interest* in our company.
JMC is a *public limited company* (US: *joint stock company*).

Die *Terminbörse* hat im Mai einen Rekordtiefstand erreicht.
Eine Phase hoher Kaufbereitschaft hat *Termingeschäfte* der Healthman Tea auf der Londoner Börse für Finanz- und Terminkontrakte in die Höhe getrieben.
JMC haben *Termingeschäfte* an der MATIF abgewickelt.

Zucker hat sich an der *Warenterminbörse* im letzten Monat ausgezeichnet verkauft.
Wir haben neulich Aktien Ihres Unternehmens über das *Internet* gekauft.
Aktienhandel über das Internet nimmt immer weiter zu.
Das Internet gibt *potenziellen Investoren* die Möglichkeit, auf einem einfachen Weg Aktien zu kaufen.
Unternehmen, die Aktien über das Internet verkaufen, haben dadurch einen riesigen *Wettbewerbsvorteil* erlangt.
Wir bieten Online-Handel als Teil eines *Pakets* an.

Die *Emission von Aktien* brachte unserem Unternehmen 120 Millionen Euro ein.
Sie sind *Aktionäre* unseres Unternehmens.
Wir sind daran interessiert, ein *Aktienpaket* Ihres Unternehmen zu kaufen.
Wir planen, mehr in Unternehmen mit *erstklassigen Aktien* zu investieren.
Geigers PLC hält in unserem Unternehmen die *Aktienmehrheit*.
JMC ist eine *Aktiengesellschaft*.

The ***issuing of shares*** (US: ***stock***) took place yesterday.
The ***face value*** of our shares is lower than their market value.
Did you make a satisfactory ***earning per share*** (US: ***yield on stocks***)?
The ***risk premium*** for shares in the TEHV group was greater than expected last year.
The ***price-earnings ratio*** for shares in JMC reflects the fast growth rate of the company.
In 2005, our shareholders received a ***dividend*** of ninety pence per share.
The TEHV group have paid out a ***distribution*** from their profits. Their shares have become ***ex-dividend.***
The executive has decided to make a ***one-off pay-out*** of sixty pence per share to all our shareholders.
We will pay a ***percentage of profits*** to all our investors.
We are planning to issue bonus shares with our profits from ***share premiums*** (***or agio***).
The next ***shareholders' meeting*** will take place on the 25ᵗʰ of January.
The ***annual general meeting*** (***AGM***) is scheduled to take place in March.
The company hopes that the introduction of a ***profit sharing scheme*** will inspire greater loyalty from our workers.
He has a ***subscription right*** (or ***share option***) to shares (US: ***stocks***) in Wharmby Foods.
Mergers and ***acquisitions*** are the favoured means of growth

Die ***Aktienausgabe*** fand gestern statt.

Der ***Nennwert*** unserer Aktien ist niedriger als ihr Marktwert.
Haben Sie eine zufrieden stellende ***Aktienrendite*** erreicht?
Die ***Risikoprämie*** für Aktien der TEHV Gruppe war letztes Jahr größer als erwartet.
Das ***Kurs-Gewinn-Verhältnis*** für JMC-Aktien spiegelt das schnelle Wachstum des Unternehmens wider.
2005 erhielten unsere Aktionäre eine ***Dividende*** von neunzig Pence pro Aktie.
Die TEHV Gruppe hat eine ***Gewinnausschüttung*** durchgeführt.
Ihre Aktien sind jetzt ***ohne Dividende***.

Der leitende Angestellte hat entschieden, eine ***einmalige Ausschüttung*** von sechzig Pence pro Aktie an alle Aktionäre durchzuführen.
Wir werden all unseren Investoren ***Tantiemen*** zahlen.
Wir planen mit unseren Gewinnen aus dem ***Agio*** Bonusaktien auszugeben.

Die nächste ***Hauptversammlung*** findet am 25. Januar statt.
Die ***Jahreshauptversammlung*** ist für März angesetzt.
Das Unternehmen hofft, dass die Einführung einer ***Gewinnbeteiligung*** die Arbeiter zu größerer Loyalität bewegen wird.
Er hat ein ***Aktienbezugsrecht*** für Aktien von Wharmby Foods.

Fusionen und ***Akquisitionen*** sind für viele Unternehmen die bevorzug-

and expansion for many companies.
The *hostile takeover* of Runge Ltd. by the TEHV group was the largest this year in the manufacturing sector.
The *hostile bid* to take over JLC failed last week.
Walker Developments took advantage of recent economic crises to take over STV of Italy.

Maurice Motors have sold some of their *assets* to pay off their debts. It seems that they have only their *fixed assets* and some securities remaining.
A black knight company has made a bid for JMC.

A *white knight* rescued Maurice Motors from a hostile takeover last week.

OL Incorporated and TRIX Products have *amalgamated.*
One of our more recent *business acquisitions* was ABC Limited.

We will have to sell some of our *non-core assets* to resist takeover.
TRIX Products also have debts in the form of *debenture loans.*
CDSA have *gone into liquidation.*
Holders of *preference shares* will receive some of their share capital, others may not be so lucky.

ten Instrumente für Wachstum und Expansion.
Die *feindliche Übernahme* von Runge Ltd. durch die TEHV Gruppe war im herstellenden Bereich die größte in diesem Jahr.
Das *feindliche Übernahmeangebot* für JLC scheiterte letzte Woche.
Walker Developments nutzte die vor kurzem aufgetretenen wirtschaftlichen Krisen aus, um die italienische STV zu übernehmen.

Maurice Motors haben einige ihrer *Vermögenswerte* verkauft, um ihre Schulden zu bezahlen. Es scheint so, als ob sie nur noch ihre *festen Anlagen* und einige Sicherheiten übrig hätten.
Ein „schwarzer Ritter" *(Investor, der eine Firma mit einer Übernahme bedroht)* hat ein Übernahmeangebot für JMC gemacht.

Ein „weißer Ritter" *(Investor, der eine Firma vor einer Übernahme rettet)* hat Maurice Motors vor einer feindlichen Übernahme bewahrt.

OL Incorporated und TRIX Products haben *fusioniert.*
Eines unserer neueren Geschäfte war die *Geschäftsübernahme* von ABC Limited.

Wir werden einige unserer *Aktiva* verkaufen müssen, um die Übernahme zu vermeiden.
TRIX Products haben zudem Schulden in Form von *Obligationsanleihen.*
CDSA sind *in Liquidation getreten.*
Die Besitzer von *Vorzugsaktien* werden einen Teil Ihres Aktienkapitals wiederbekommen. Andere werden vielleicht nicht so viel Glück haben.

Our *floating assets* have remained stable.	Unser *Umlaufvermögen* ist stabil geblieben.
The figures suggest that we will be able to retain *financial sovereignty*.	Die Zahlen sprechen dafür, dass wir in der Lage sein sollten, unsere *Finanzhoheit* zu behaupten.

Dialogbeispiele

A: It seems that wrangles over the eventual fate of JLC are becoming more complicated. B: I know that two firms have already expressed their interest. A: But now there is a third on the scene – a *grey knight*.	A: Es scheint, als ob der Streit über das endgültige Schicksal von JLC immer komplizierter werden würde. B: Ich weiß, dass schon zwei Firmen ihr Interesse angemeldet haben. A: Aber es gibt noch einen dritten – einen *„grauen Ritter" (Investor mit unklaren Absichten)*.
B: What are his intentions? A: Well, that's the problem, nobody knows what his plans are.	B: Was sind seine Absichten? A: Das ist das Problem. Niemand weiß, was er will.

Currencies and Foreign Exchange

Währungen und Devisen

The *monetary zone* covered by the euro will expand in the future.	Die *Währungszone,* die vom Euro abgedeckt wird, wird in der Zukunft expandieren.
Currency risk should be lessened by the introduction of the euro.	Das *Währungsrisiko* sollte sich durch die Einführung des Euro vermindern.
The value of the US dollar is subject to the fluctuations of the *international monetary system.* We would like the *currency unit of payment* to be the yen. Although Scotland have its own parliament, the British Isles will still have a *unified currency.* We will accept payment only in *hard currency.*	Der Wert des US-Dollars ist den Schwankungen der *internationalen Währungsordnung* unterworfen. Als *Zahlungsmittel* hätten wir gerne den Yen. Obwohl Schottland ein eigenes Parlament hat, werden die Britischen Inseln auch weiterhin eine *Einheitswährung* haben. Wir werden die Bezahlung ausschließlich in *harter Währung* akzeptieren.

The Malawian Kwacha is a *soft currency.*
It is predicted that *devaluation* of the Indian rupee will take place in the near future.
We need to invest in a country with prospects of long-term *monetary stability.*
Has the *monetary policy* of New Zealand changed since the elections?

The rate of inflation in Brazil is problematic for our investments.
There have been considerable *currency reforms* in the area.
The *monetary agreement* between Canada and the USA has collapsed.

Does your company have sufficient *foreign exchange* to pay immediately?
Where is the nearest *exchange bureau?*

What is the *foreign currency rate* for yen in the USA at present?
We have participated in *foreign exchange dealings* in the past.
Our *foreign exchange operations* play an important role in our overseas business ventures.
I think we failed to take the *two-tier exchange rate* into consideration.
One way to minimize risk of loss when dealing in foreign currency are *forward exchange dealings.*

Foreign exchange markets show that the dollar is weakening in relation to the euro.

Der Kwacha Malavis ist eine *weiche Währung.*
Es wird davon ausgegangen, dass es in der nahen Zukunft eine *Abwertung* der indischen Rupie geben wird.
Wir müssen in einem Land mit Aussicht auf dauerhafte *Währungsstabilität* investieren.
Hat sich die *Währungspolitik* Neuseelands seit den Wahlen verändert?

Die *Inflationsrate* in Brasilien ist für unsere Investitionen problematisch.
In der Region gab es beachtliche *Währungsreformen.*
Das *Währungsabkommen* zwischen den USA und Kanada ist zusammengebrochen.

Hat ihr Unternehmen genügend *Devisen* um sofort zu bezahlen?
Wo ist die nächste *Wechselstube?*

Wie ist der momentane *Sortenkurs* für Yen in den USA?
In der Vergangenheit haben wir uns am *Devisenhandel* beteiligt.
Unsere *Devisenverkehrabkommen* spielen eine wichtige Rolle bei unseren Geschäftsvorhaben in Übersee.
Ich glaube, dass wir den *gespaltenen Wechselkurs* nicht in unsere Überlegungen einbezogen haben.
Ein Weg das Verlustrisiko bei Geschäften mit fremden Währungen zu minimieren, sind *Devisentermingeschäfte.*

Die *Devisenmärkte* zeigen, dass der Dollar im Vergleich zum Euro schwächer wird.

What is the current *exchange rate* of sterling against the dollar?
The euro fell to a new low against the dollar yesterday.
The *fluctuation margins* of the South African Rand have been extreme in the last few months.

Fixed exchange rates may help the Brazilian economy.
Sterling has a *flexible exchange rate.*

Wie ist der *Devisenkurs* des Pfund Sterling gegenüber dem Dollar?
Der Euro fiel gestern auf ein neues Tief gegenüber dem Dollar.
Die *Schwankungsbandbreite* des südafrikanischen Rand war in den letzten paar Monaten enorm hoch.

Feste Wechselkurse könnten der brasilianischen Wirtschaft helfen.
Das Pfund Sterling hat einen *flexiblen Wechselkurs.*

Dialogbeispiele

A: Hello, I seem to be having a problem with my *bank card.*
B: What exactly is the problem?
A: A little while ago, I tried to buy something with my bank card and the card was *rejected.* I have enough money in my *account,* so I don't understand why there should be a problem.
B: Did the sales clerk try a second machine?
A: Yes, she did, but it still didn't work. And the person who paid before me also paid with a card, so it couldn't be the machine.

B: Did you put the card on anything magnetic?
A: I don't believe so. It worked yesterday, when I *withdrew* some *money.*

B: Okay, let's go and see what happens when we try it here.
A: Yes, please do.
B: Hmm. What kind of account do

A: Hallo, ich habe anscheinend ein Problem mit meiner *Geldkarte.*
B: Was genau ist es für ein Problem?
A: Neulich habe ich versucht, mit meiner Geldkarte etwas zu kaufen, und die Karte wurde *abgewiesen.* Ich habe genug Geld auf meinem *Konto,* also verstehe ich nicht, warum es ein Problem geben soll.
B: Hat die Verkäuferin einen anderen Automaten ausprobiert?
A: Ja, das hat sie, aber es funktionierte immer noch nicht. Und die Person, die vor mir bezahlt hat, hat auch mit einer Karte bezahlt, also lag es nicht am Automaten.
B: Haben Sie die Karte auf etwas Magnetisches gelegt?
A: Das glaube ich nicht. Gestern hat sie noch funktioniert, als ich *Geld abhob.*
B: Okay, sehen wir, was passiert, wenn wir sie hier ausprobieren.
A: Ja, bitte.
B: Hmm. Was für ein Konto haben

you have with us, Ms Carter?
A: **A *gold account.***
B: Okay, now I know what's wrong, ma'am. Didn't you get a letter from us several weeks ago, informing you of the change in our accounts?

A: I don't remember such a letter.

B: Well, we have reorganised our bank accounts and the gold account no longer exists. That's why the card no longer works. You were supposed to fill out a form and tell us what kind of account you want.

A: And since I didn't do that, you just ***closed*** my ***account.***

B: I'm sorry, but all ***customers*** were sent two letters and one email requesting them to fill in a ***form*** and select a new account.

A: That's absurd …
B: I understand, but we can take care of everything right now, if you have a moment. It takes just five minutes.

B: I just need you to fill this in and sign here.

Europe

The ***European Community*** has brought with it many benefits for our company.
The ***European Monetary System*** (EMS) controlled the exchange

Sie bei uns, Frau Carter?
A: Ein ***Goldkonto.***
B: Okay, jetzt weiß ich, was das Problem ist. Haben Sie nicht vor einigen Wochen einen Brief von uns bekommen, der Sie über die Änderungen zu unseren Konten informierte?
A: Ich kann mich an einen solchen Brief nicht erinnern.
B: Also, wir haben unsere Bankkonten umgestellt, und das Goldkonto existiert nicht mehr. Daran liegt es, dass die Karte nicht mehr funktioniert. Sie sollten ein Formular ausfüllen, um uns mitzuteilen, was für ein Konto Sie haben möchten.
A: Und weil ich das nicht gemacht habe, haben Sie mein ***Konto*** einfach ***geschlossen.***
B: Es tut mir Leid, aber allen ***Kunden*** wurden zwei Briefe und eine Mail zugeschickt, in denen sie gebeten wurden, ein ***Formular*** auszufüllen und ein neues Konto auszusuchen.
A: Das ist absurd …
B: Ich verstehe, aber wir können gleich jetzt alles regeln, wenn Sie einen Augenblick Zeit haben. Es dauert nur fünf Minuten.
B: Sie müssen nur das hier ausfüllen und hier unterschreiben.

Europa

Die ***Europäische Gemeinschaft*** hat unserem Unternehmen viel Vorteile gebracht.
Das ***Europäische Währungssystem*** (EWS) kontrollierte die Wechsel-

rates of European currencies in relation to each other.
The European *Exchange Rate Mechanism* (ERM) was designed to keep currencies within laid down fluctuation margins.

The *European Monetary Union* has improved our profit margins on exported goods.
We will pay for the goods by bank transfer in *euro* when we receive them.
The *European Annuities Market* is the second largest in the world after the USA since the *monetary union.*
Our company's *Eurobonds* are selling well, particularly in Japan.

The *Euromarket* is worth billions of dollars.
Their Polish company received a loan from the *European Bank for Reconstruction and Development.*

The *European Investment Bank* loaned us the necessary capital to upgrade our plant in Cork.
If we do not win in the British courts, we will take our case to the *European Parliament.*

The *European Central Bank* is based in Frankfurt.

kurse der europäischen Währungen untereinander.
Der *Europäische Wechselkursmechanismus* wurde entwickelt, um die Währungen nur innerhalb einer festgelegten Bandbreite fluktuieren zu lassen.
Die *Europäische Währungsunion* hat die Gewinnspanne unserer Exporte verbessert.
Wir werden für die Waren per Überweisung in *Euro* zahlen, sobald wir sie erhalten haben.
Der *Europäische Rentenmarkt* ist seit der *Währungsunion* zum zweitgrößten der Welt hinter den USA.

Die *Eurobonds* unseres Unternehmens verkaufen sich sehr gut, vor allem in Japan.
Der *Euromarkt* ist Milliarden von Dollar wert.
Ihr polnisches Unternehmen erhielt einen Kredit von der *Europäischen Bank für Wiederaufbau und Entwicklung.*
Die *Europäische Investitionsbank* hat uns das notwendige Kapital zum Ausbau unserer Fabrik in Cork geliehen.
Sollten wir unseren Fall nicht vor britischen Gerichten gewinnen können, dann wenden wir uns an das *Europäische Parlament.*
Die *Europäische Zentralbank* hat ihren Sitz in Frankfurt.

6. Telefonieren

| **Calling and Answering Calls** | **Anrufen und Anrufe entgegennehmen** |

Is that Smith & Co.? (US: Is this ...)
David Jones here from Smith & Co., may I *speak to* .... please?
Could you *put me through to* ... please?
Is ... *available*?
I'm sorry, I've *dialled* (US: *dialed*) *the wrong number.*

Bin ich richtig bei Smith & Co.?
Hier David Jones von Smith & Co., kann ich bitte *mit ... sprechen?*
Könnten Sie mich bitte *mit ... verbinden?*
Ist ... *zu sprechen?*
Es tut mir Leid, ich habe *mich verwählt.*

I can't hear you very clearly, *it's a bad line.*
Who would you like to speak to?
Who's speaking please?/May I ask who's calling?
Could I have your name, please?

Ich kann Sie nur undeutlich verstehen, *die Verbindung ist sehr schlecht.*
Wen möchten Sie sprechen?
Mit wem spreche ich bitte?

Könnten Sie mir bitte Ihren Namen sagen?

I'm sorry, he's *on the other line* at the moment.
Sorry, he's *not in* right now.

Please *hold the line.*
Would you like to hold, or should he *call* you *back*?
I'm sorry, but he has recently left the company, Mr. Jones is now in charge of that department.

Es tut mir Leid, er spricht gerade auf *der anderen Leitung.*
Tut mir Leid, er ist im Augenblick *nicht im Büro.*
Bleiben Sie *am Apparat.*
Möchten Sie warten oder soll er Sie *zurückrufen?*
Es tut mir Leid, aber er hat vor kurzem die Firma verlassen, Herr Jones ist jetzt Leiter dieser Abteilung.

May I *give him a message*?
Can he *call* you *back*?
Would you hold the line for a moment, I'll just *put you through*.
Speaking./This is he./This is she.
How can I help you?

Kann ich *ihm etwas ausrichten?*
Kann er Sie *zurückrufen?*
Warten Sie einen Moment, ich *verbinde* Sie.
Am Apparat.
Wie kann ich Ihnen behilflich sein?

Telefonieren

What does it concern, please?
I'm afraid she's away on business this week.
I'm sorry, but he's at the Munich fair all week.
He's *on holiday* (US: *on vacation*) until the end of next week.
May I *put* you *through* to her assistant/her secretary?
I have already called twice today.

May I *take your name and number* and get someone to call you back?

All of our sales team are presently *unavailable.*
He's just taking his lunch break.
He's in a meeting this morning, could you *call back* again this afternoon?

She has asked for *no calls to be put through.*
OK, I'll *call back* later.
All right, I'll *try again* this afternoon.

Could he give me a call back?

I would just like to *reconfirm* our meeting tomorrow at 11 a.m.
When would be the best time to *reach* you?
I'll be out of the office for the rest of the day.

Talking

A: David Jones here from Smith & Co., may I speak to Mr. Müller please?

Worum geht es bitte?
Leider ist sie diese Woche geschäftlich unterwegs.
Es tut mir Leid, aber er ist die ganze Woche auf der Münchener Messe.
Er befindet sich bis Ende nächster Woche *in Urlaub.*
Kann ich Sie mit ihrer Assistentin/ihrer Sekretärin *verbinden?*
Ich habe heute schon zweimal angerufen.

Kann ich *Ihren Namen und Ihre Telefonnummer notieren*? Es wird Sie dann jemand zurückrufen.

Alle unsere Verkäufer sind zurzeit *nicht zu erreichen.*
Er hat gerade Mittagspause.
Heute Vormittag hat er eine Besprechung, könnten Sie heute Nachmittag *wieder anrufen*?

Sie hat mich gebeten, *keine Anrufe durchzustellen.*
Gut, ich *rufe später zurück.*
In Ordnung, ich *probiere es noch einmal* heute Nachmittag.

Könnte er mich zurückrufen?

Ich möchte nur unsere Besprechung morgen um 11.00 Uhr *bestätigen.*
Wann wäre die beste Zeit, Sie zu *erreichen*?
Ich bin den Rest des Tages nicht mehr im Büro.

Gespräche führen

A: Hier David Jones von Smith & Co., kann ich bitte mit Herrn Müller sprechen?

B: I'm sorry, *he's on the other line at the moment. May I take a message*?

A: Yes. Could you please tell him to *call me back* this afternoon?

B: Yes, of course.
A: Could you *put me through* to John Smith please?
B: May I ask who's calling?
A: Jane Dawson, Reeve Electronics.
B: *Please hold the line for a moment,* I'll just put you through.

A: May I speak to someone in the sales department?
B: I'm sorry, they are all at lunch until 1.30 p.m. *May I take your name and number* and get someone to *call you back*?

A: All right, I'll *try again* this afternoon.

A: Harald Wagner, please.

B: He's just taking his lunch break. May I help you at all?
A: Yes, you could *give him a message.*
B: Yes, of course. What would you like to tell him?
A: I would just like to *reconfirm* our meeting tomorrow at 11.30 a.m. If there is a problem maybe he can call me back.
B: When would be the *best time to reach you?*
A: I'm also just going to lunch, but will be back in the office after 2 p.m.

B: Es tut mir Leid, aber *er spricht gerade auf der anderen Leitung. Kann ich ihm etwas ausrichten?*

A: Ja. Könnten Sie ihm bitte sagen, dass er mich heute Nachmittag *zurückrufen soll*?

B: Ja, natürlich.
A: Könnten Sie mich bitte mit John Smith *verbinden*?
B: Mit wem spreche ich bitte?
A: Jane Dawson, Reeve Electronics.
B: *Einen Moment bitte*, ich verbinde.

A: Könnten Sie mich bitte mit der Verkaufsabteilung verbinden?
B: Es tut mir Leid, dort sind alle bis 13.30 Uhr in der Mittagspause. *Kann ich Ihren Namen und Ihre Telefonnummer notieren*? Es wird Sie dann jemand *zurückrufen.*
A: In Ordnung, ich *probiere es noch einmal* heute Nachmittag.

A: Ich hätte gerne Harald Wagner gesprochen.
B: Er hat gerade Mittagspause. Kann ich Ihnen vielleicht behilflich sein?
A: Ja, Sie könnten *ihm etwas ausrichten.*
B: Selbstverständlich. Was soll ich ihm ausrichten?
A: Ich möchte nur unsere Besprechung morgen um 11.30 Uhr *bestätigen.* Vielleicht kann er mich zurückrufen, wenn es Probleme gibt.
B: Wann wäre *die beste Zeit, Sie zu erreichen*?
A: Ich gehe jetzt auch gerade zum Mittagessen, werde aber nach 14 Uhr wieder im Büro sein.

Telefonieren

A: Hello, Peter. How are you?
B: I'm fine, thank you. How are you?
A: I'm having ***really busy*** day. And with this wonderful weather outside ... I wish I could go home early.

B: Then why don't you?
A: Because we're having troubles with one of our machines. This is actually ***the reason for my call.*** I need to see you and talk over our ***production schedules*** as soon as possible. Do you have time for a short meeting tomorrow morning at 10?

B: Yes, I think I'll be able to make it.

A: Wonderful. See you tomorrow, then.
B: Yes, see you tomorrow,

A: Hallo Peter, wie geht's Ihnen?
B: Gut, danke. Und Ihnen?
A: Ich bin ***furchtbar beschäftigt*** heute. Und das bei diesem wunderbaren Wetter draußen ... Ich wünschte, ich könnte heute früher nach Hause.
B: Warum tun Sie es nicht?
A: Weil wir Schwierigkeiten mit einer unserer Maschinen haben. Übrigens ist das ***der Grund, weshalb ich anrufe.*** Wir müssen uns so bald wie möglich treffen und den ***Produktionszeitplan*** besprechen. Haben Sie morgen Vormittag um 10 Uhr Zeit für ein kurzes Meeting?
B: Ja, ich denke ich kann es einrichten.
A: Wunderbar. Dann also bis morgen.

B: Ja, bis morgen.

7. Geschäftskorrespondenz

Proper Letters and Fax Messages	**Korrekte Briefe und Faxe**
Dear Sir,	Sehr geehrter Herr ...,
Dear Madam,	Sehr geehrte Frau ...,
Dear Sirs,	Sehr geehrte Damen und Herren,
Dear Sir or Madam,	Sehr geehrte Damen und Herren, (Adressat unbekannt)
To whom it may concern,	Sehr geehrte Damen und Herren, (Adressat unbekannt)
Dear Mr. Walsh,	Sehr geehrter Herr Walsh,
Dear Mrs. Walsh,	Sehr geehrte Frau Walsh, (verheiratete Frau)
Dear Miss Walsh,	Sehr geehrte Frau Walsh, (ledige Frau)
Dear Ms. Walsh,	Sehr geehrte Frau Walsh, (Familienstand nicht bekannt)
Dear Andrew,	Lieber Andrew,
Gentlemen,	Meine Herren,
Enc./Encl.	Anlage
cc.	Verteiler
Att:/Attn:	zu Händen von
F.A.O. (For attention of)	zu Händen von
Your ref.	Ihr Betreff
Our ref.	Unser Betreff
dd. (dated)	datiert
Yours sincerely,/ Sincerely yours,	Mit freundlichen Grüßen
Yours truly,	Mit freundlichen Grüßen
Yours faithfully,	Mit freundlichen Grüßen
Best regards,	Mit freundlichen Grüßen
Kind regards,	Mit herzlichem Gruß
With kindest regards,	Herzliche Grüße
	Mit herzlichen Grüßen
P.P.	i.A, i.V. oder ppa.
Dictated by/signed in absence	nach Diktat verreist
memo	Hausmitteilung/interne Mitteilung

Geschäftskorrespondenz

registered letter	Einschreiben
by registered letter	per Einschreiben
recorded delivery (UK)	per Einschreiben
certificate of posting	Einlieferungsschein
express	Eilzustellung
air mail	Luftpost
parcel	Paket
small packet	Päckchen
courier service	per Eilbote
overnight service	per Eilbote
desk	Schreibtisch
typewriter	Schreibmaschine
photocopier/xerox copier/copy machine	Fotokopierer
printer	Drucker
word processing	Textverarbeitung
to dictate	diktieren
shorthand	Kurzschrift/Stenografie
envelope	Umschlag/Kuvert
label	Etikett
letterhead	Briefkopf
business card (US: calling card)	Visitenkarte
index card/filing card	Karteikarte
to file	ablegen, ordnen

We are *referring to* …/Referring to … — Wir *beziehen uns auf* …
Further to …/With reference to … — *Bezugnehmend auf* …/*Mit Bezug auf* …
With reference to … — In Bezugnahme auf …
Thank you for *your letter of* …/dated … — Vielen Dank für *Ihr Schreiben vom* …
We are writing to you … — Wir wenden uns an Sie …
We are pleased to note from your letter… — Ihrem Schreiben entnehmen wir gerne …
We received your address from …/… (kindly) provided us with your address. — Ihre Anschrift hat uns … (freundlicherweise) zur Verfügung gestellt.

Let us *draw your attention to* …/ We would like to *point out to you* … — Wir möchten *Sie darauf aufmerksam machen* …
We learned from … that … — Wie wir von … erfahren haben …
You have been mentioned/recommended to us as one of the leading suppliers of … — *Sie wurden uns* als einer der führenden Lieferanten für … *genannt/ empfohlen.*

We would be grateful if you would … ***Please send us further information.***	Wir wären Ihnen dankbar, wenn … ***Bitte senden Sie uns weiteres Informationsmaterial zu.***
We require …/We need the following goods …	Wir benötigen die folgenden Waren …
May we *draw* your **attention to** …/ **point out to** you …	Dürfen wir Sie ***darauf aufmerksam machen*** …
We look forward to hearing from you soon.	Wir freuen uns sehr darauf, bald von Ihnen zu hören.
Awaiting your reply, we remain, yours faithfully	***In Erwartung Ihrer Antwort,*** verbleiben wir mit freundlichen Grüßen
If you have any ***further questions*** …	Sollten Sie noch ***weitere Fragen*** haben …
Please do not hesitate to contact us if you have any queries.	***Für Rückfragen stehen wir Ihnen gerne zur Verfügung.***
If we can be of further assistance to you, please do not hesitate to contact us (at any time).	Sollten wir Ihnen noch anderweitig behilflich sein können, zögern Sie nicht, uns (jederzeit) zu kontaktieren.
Please let us know if you need any more help.	Sollten Sie noch weitere Hilfestellung benötigen, lassen Sie es uns einfach wissen.
Please refax.	Bitte noch einmal faxen.
Please repeat ***transmission.*** The first transmission was difficult to read.	Bitte ***Übertragung*** wiederholen. Die erste Übertragung war schwer leserlich.
Someone using this ***fax number*** tried to fax us this morning.	Jemand mit dieser ***Faxnummer*** hat heute Morgen versucht uns zu faxen.
Our ***fax machine*** ran out of paper. Please resend.	Unser ***Faxgerät*** hatte kein Papier mehr. Bitte schicken Sie es noch einmal.
Dear Mike, Please enter new order for 400 kg cement. ***Please fax OK by return.*** Thank you.	Lieber Mike, bitte merken Sie folgenden Neuauftrag über 400 kg Zement vor. ***Bitte bestätigen Sie per Fax.*** Vielen Dank.

Sample Letters   **Musterbriefe**

> 368 East 13ᵗʰ Avenue
> Chicago Heights
> Illinois 36597
> U.S.A
>
> May 5 2006
>
> Dear Sir/Madam,
>
> I am writing to apply for the position of public relations manager, which I saw advertised in the Chicago Herald on May 2 of this year. I have had several years of experience in the field of public relations and feel that I am fully capable of fulfilling your requirements.
>
> I completed my first class business degree at the University of Chicago in 1999 and was subsequently selected for the graduate training programme with LVL, an affiliate of the TEHV Group. Following my year's training with LVL, I worked for four years in various subsidiaries of the TEHV Group, including six months in Brazil and two years in Europe. Thus I am fully aware of the business culture in South America and in the European Union. My time overseas has taught me to be versatile and flexible in my approach to public relations and to adjust my strategies in accordance with the expectations of very different cultures.
>
> I am multilingual and can speak and write Spanish, French and Portuguese to the high standard necessitated by your company.
>
> I have enclosed my current résumé as requested, including details of two referees and hope to be able to discuss the position with you in more depth at interview.
>
> Yours sincerely,
>
>   Mary Hughes (Ms.)

368 East 13th Avenue
Chicago Heights
Illinois 36597
U.S.A

5. Mai 2006

Sehr geehrte Damen und Herren,

ich schreibe, um mich für die Stelle eines Public Relations Managers zu bewerben, die ich im Chicago Herald vom 2. Mai diesen Jahres inseriert gesehen habe. Ich habe einige Jahre Erfahrung auf dem Public Relations Sektor und glaube, dass ich absolut in der Lage sein werde, Ihre Anforderungen zu erfüllen.

Ich habe mein Studium der Betriebswirtschaftslehre an der Universität von Chicago 1999 mit „Eins" abgeschlossen. Danach wurde ich für das Graduierten-Trainings-Programm der LVL, einer Tochtergesellschaft der TEHV Gruppe, ausgewählt. Nach meinem Trainingsjahr bei LVL arbeitete ich vier Jahre lang bei verschiedenen Tochtergesellschaften der TEHV Gruppe, unter anderem sechs Monate lang in Brasilien und zwei Jahre in Europa. Daher bin ich sowohl mit der südamerikanischen wie auch mit der europäischen Geschäftskultur gut vertraut. Die Zeit in Übersee hat mich gelehrt, vielseitig und flexibel in meinen Methoden in der Öffentlichkeitsarbeit zu sein, und meine Strategien den Erwartungen von verschiedenen Kulturen anzupassen.

Ich bin mehrsprachig und beherrsche Spanisch, Französisch und Portugiesisch in Wort und Schrift auf dem hohen Standard, der von Ihrem Unternehmen benötigt wird.

Wie gewünscht habe ich meinen aktuellen Lebenslauf inklusive zweier Referenzen beigefügt und hoffe, die Stelle mit Ihnen in größerer Ausführlichkeit beim Bewerbungsgespräch besprechen zu können.

Mit freundlichen Grüßen

Mary Hughes (Ms.)

Highland Hideouts
Aviemore
Inverness-shire
PH21 7AW
Scotland

Kincardine Cottage
Pityoulish
Aviemore
Inverness-shire
PH22 6JL

7th February 2006

Dear Mrs. Norman,

We are delighted to offer you the position of accountant within our firm. We feel that you are fully capable of becoming a valuable and efficient member of our team. We hope that you will accept the position and would be extremely grateful if you could contact us as soon as possible to inform us of your decision.

If at all possible, we would like you to start work with us on Monday 13th February, although we realise that you may have to work a month's notice with your present company and will because of this perhaps not be available for work on this date.

I look forward to hearing from you.

Kind regards,

Geraldine Craig

> Highland Hideouts
> Aviemore
> Inverness-shire
> PH21 7AW
> Scotland

Kincardine Cottage
Pityoulish
Aviemore
Inverness-shire
PH22 6JL

7. Februar 2006

Sehr geehrte Frau Norman,

wir schätzen uns glücklich, Ihnen die Stelle als Buchhalterin in unserer Firma anbieten zu können. Wir glauben, dass Sie dazu in der Lage sind, ein wertvolles und effizientes Mitglied unseres Teams zu werden. Wir hoffen, dass Sie unser Angebot wahrnehmen und wären Ihnen sehr dankbar, wenn Sie uns so früh wie möglich über Ihre Entscheidung informieren würden.

Wenn irgend möglich, würden wir unsere Zusammenarbeit gerne am Montag dem 13. Februar beginnen, obwohl uns klar ist, dass Sie wahrscheinlich bei Ihrem jetzigen Unternehmen eine einmonatige Kündigungsfrist einhalten müssen und uns deshalb zu diesem Zeitpunkt vielleicht noch nicht zur Verfügung stehen werden.

Ich freue mich darauf von Ihnen zu hören.

Mit freundlichen Grüßen

    Geraldine Craig

Stanley Products Limited
Endon
Staffordshire
ST17 6TG
England

Oak Cottage
Bagnall Lane
Endon
ST16 8UG

5th September 2005

Dear Miss Mills,

We are sorry to inform you that despite your extremely convincing interview on August 23rd and your subsequent good performance during our assessment weekend in the Lake District, we cannot offer you the position of trainee marketing manager within our company. We were astonished by the unusually high standard of applicants and our decision was an extremely difficult one.

Your C.V. and application forms are enclosed.

We wish you all the best in your future career.

Yours sincerely,

Sue Hancock, *Personnel Manager*

Stanley Products Limited
Endon
Staffordshire
ST17 6TG
England

Oak Cottage
Bagnall Lane
Endon
ST16 8UG

5. September 2005

Liebe Frau Mills,

es tut uns sehr Leid Ihnen mitteilen zu müssen, dass wir Ihnen trotz Ihres sehr überzeugenden Bewerbungsgesprächs vom 23. August und Ihrer nachfolgenden guten Leistung während unseres Assessment-Wochenendes im Lake District, die Stelle als Marketingmanagertrainee in unserem Unternehmen nicht anbieten können. Wir waren selber von dem ungewöhnlich hohen Standard der Bewerber überrascht und die Entscheidung ist uns sehr schwer gefallen.

Ihren Lebenslauf und die Bewerbungsunterlagen haben wir beigefügt.

Für Ihre berufliche Zukunft wünschen wir Ihnen alles Gute.

Mit freundlichen Grüßen,

Sue Hancock, *Leiterin der Personalabteilung*

Maurice Motors, Pentonville Industrial Estate, Newcastle-upon-Tyne.

MEMO 07/05

TO: All members of staff

FROM: The Board of Directors

SUBJECT: Planned flotation of Maurice Motors

All our staff are already aware of our future plans to float Maurice Motors on the stock market. The Board has now fixed a definite date; sales of our shares are as from today scheduled to begin on 1st September of this year.

As loyal members of staff within our company, we consider you deserving of receiving a share option to shares in our company. This means that you will be able to buy shares in Maurice Motors, at the reduced price of ninety percent per share. We have agreed, after much discussion, to offer one hundred shares per employee at this special price.

We realise that many of our staff may never have purchased shares before and therefore are unaware of the advantages of doing so. We have decided therefore to give a presentation on shareholding and what you can expect to gain from being a shareholder. This is scheduled to take place on August 3rd.

If employees have any questions before this date or cannot attend the presentation, our financial manager Miss Joyce is prepared to give advice on the matter. Please contact her either via e-mail, address SJB.fin@mm.newc.uk, or by telephone on extension 257. Please do not visit her in her office without prior appointment.

Please note that employees wishing to buy shares must notify us of their interest on or before 14th August, in order to allow enough time for their issue before flotation on 1st September.

Maurice Motors, Pentonville Industrial Estate, Newcastle-upon-Tyne.

MEMO 07/05

An: Alle Mitarbeiter

Von: Direktion

Betreff: Geplanter Börsengang von Maurice Motors

Allen unseren Mitarbeitern ist bekannt, dass wir planen, mit Maurice Motors an die Börse zu gehen. Die Direktion hat jetzt einen endgültigen Termin festgelegt. Der Verkauf unserer Aktien beginnt nach dem heute fixierten Zeitplan am 1. September diesen Jahres.

Wir sind der Meinung, dass Sie als loyale Mitarbeiter unserer Firma ein Aktienbezugsrecht für Aktien unseres Unternehmens verdienen. Das bedeutet, dass Sie die Gelegenheit haben werden, Aktien von Maurice Motors mit einem Preisnachlass von neunzig Prozent pro Aktie zu erwerben. Wir sind nach langer Diskussion übereingekommen, jedem Mitarbeiter 100 Aktien zu diesem Vorzugspreis anzubieten.

Es ist uns klar, dass viele unserer Mitarbeiter niemals zuvor Aktien erworben haben und daher die Vorteile eines solchen Kaufes nicht kennen. Wir haben uns daher entschieden eine Informationsveranstaltung zum Aktienbesitz und den damit verbundenen Vorteilen abzuhalten. Diese Veranstaltung wird am 3. August stattfinden.

Wenn Mitarbeiter vor diesem Zeitpunkt irgendwelche Fragen haben sollten oder der Veranstaltung nicht beiwohnen können, so ist unsere Finanzleiterin Frau Joyce bereit, in dieser Sache zu beraten. Bitte kontaktieren Sie sie entweder über E-Mail unter SJB.fin@mm.newc.uk oder telephonisch unter der Durchwahl 257. Bitte besuchen Sie sie nicht in ihrem Büro ohne vorherige Anmeldung.

Bitte berücksichtigen Sie, dass Mitarbeiter, die Aktien zu kaufen wünschen, uns dies bis zum 14. August mitteilen müssen, sodass genügend Zeit für ihre Anfrage vor dem Börsengang am 1. September verbleibt.

Geschäftskorrespondenz

Smith & Co., 19 Station Road, Liverpool

Jones Bros. Ltd.
5 Newton Street
Newport, Gwent

7th September 2005
Ref.: Our order no. 452 dated June 5th

Dear Mr. Jones,

We refer to our order no. 452 dated June 5th for five boxes of article 372 in green and your order confirmation no. 1357 dated 11th June.

This order, which is the third part of our annual order, was due to leave your factory on the 5th of September to arrive in Liverpool by today, the 7th of September. Up to now, we have received neither your advice of dispatch, nor information as to the status of this order.
This material is now required by our depot in Manchester, as it is needed to make up a large order which we need to ship by the end of next week. If we delay our shipment, there is a danger of us losing the order altogether. Therefore we really must insist that the goods are dispatched tomorrow, otherwise this will cause us contractual difficulties.

Please let us know by return fax when we can expect delivery of these goods.
Looking forward to your positive reply, we remain

yours sincerely,

D. Smith (Mrs.)

Smith & Co., 19 Station Road, Liverpool

Jones Bros. Ltd.
5 Newton Street
Newport, Gwent

07. 09. 2005
Unser Auftrag Nr. 452 vom 5. Juni

Sehr geehrter Herr Jones,

wir beziehen uns auf unseren Auftrag Nr. 452 vom 5. Juni über fünf Kisten des Artikels 372 in Grün und Ihre Auftragsbestätigung Nr. 1357 vom 11. Juni.

Dieser Auftrag, der dritte Teil unserer jährlichen Bestellung, sollte am 5. September Ihr Werk verlassen, um spätestens heute, am 7. September, in Liverpool anzukommen. Bis jetzt haben wir weder eine Versandanzeige noch Informationen über den Stand dieses Auftrags erhalten.
Das Material wird nun in unserem Lager in Manchester dringend benötigt, um unsererseits einen Auftrag fertigzustellen, den wir bis Ende nächster Woche verschiffen müssen. Wenn wir unsere Lieferung verzögern, besteht die Gefahr, dass wir den Auftrag ganz verlieren. Wir müssen daher darauf bestehen, dass die Ware morgen zum Versand kommt, ansonsten könnte es für uns zu vertragsrechtlichen Problemen kommen.

Bitte lassen Sie uns unverzüglich per Telefax wissen, wann wir mit der Lieferung der Ware rechnen können.
In Erwartung Ihrer positiven Antwort verbleiben wir

mit freundlichen Grüßen

D. Smith

Miller Machines Inc.
1552 South Cherry Avenue
Chicago, IL 60607

Fa. Georg Schmid GmbH
Neckarstraße 15
70469 Stuttgart
Germany

04/30/2006 ff/gn

Ref.: Enquiry

Dear Sirs,

The German Chamber of Commerce was kind enough to pass on the name and address of your company as a manufacturer of small motors for industrial uses. We would like to import your products to the American market and would also be interested to learn whether you are represented in this part of America. We are a medium-sized company with thirty employees. We have seven salesmen in the Chicago area and twelve more across the states of Illinois, Ohio and Indiana.

Please let us have your detailed offer as follows: For full 20' containers CIF port of Chicago via Montreal Gateway, including price per unit and present lead time.

As payment we would suggest 60 days after date of invoice, net.

Would you offer a discount for large quantities or for regular orders?

Please send us a company brochure and some catalogues showing the different kinds of motors and the different applications that you can offer.

We look forward to hearing from you.

Sincerely,

Frank Fitzpatrick
Purchasing Manager

Miller Machines Inc.
1552 South Cherry Avenue
Chicago, IL 60607

Fa. Georg Schmid GmbH
Neckarstraße 15
D-70469 Stuttgart

Angebotsanfrage   30. 4. 2006

Sehr geehrte Damen und Herren,

die Deutsche Handelskammer hat uns freundlicherweise den Namen und die Adresse Ihrer Firma als Hersteller von Kleinmotoren für industrielle Zwecke gegeben. Wir würden gerne Ihre Produkte in den amerikanischen Markt importieren und wären auch interessiert zu erfahren, ob Sie in diesem Teil der Vereinigten Staaten vertreten sind.
Wir sind ein mittelständisches Unternehmen mit 30 Angestellten. Im Raum Chicago beschäftigen wir sieben Verkäufer sowie zwölf weitere in den Staaten Illinois, Ohio und Indiana.
Bitte schicken Sie uns Ihr detailliertes Angebot wie folgt:
Auf Basis von vollen 20' Containern CIF Chicago über Montreal Gateway, einschließlich Preis pro Einheit und aktueller Lieferzeit.
Als Zahlungsbedingung würden wir 60 Tage nach Rechnungsdatum, netto vorschlagen.
Gewähren Sie Mengenrabatte oder Rabatte für regelmäßige Bestellungen?
Könnten Sie uns bitte auch eine Firmenbroschüre sowie Kataloge über die verschiedenen Motoren und deren Verwendungsmöglichkeiten zukommen lassen?

In Erwartung Ihrer baldigen Antwort verbleiben wir
mit freundlichen Grüßen

Frank Fitzpatrick
Einkaufsleiter

Georg Schmid GmbH, Neckarstraße 15, D-70469 Stuttgart

Miller Machines Inc.
Attn: Mr. Fitzpatrick
Purchasing Manager
1552 South Cherry Avenue
Chicago, IL 60607
USA

June 6, 2006 gs/st

Ref.: Your enquiry dated April 30, 2006

Dear Mr. Fitzpatrick,

Thank you for your letter of April 30, 2006 and the interest you showed in our products. We would first of all like to tell you something about our company: Our company was founded in 1935, has at present 120 employees and we are hoping to expand next year to a further unit in the Stuttgart area. We mainly sell our products here in Germany but are hoping to expand our export activities.
At the moment we are not represented in the eastern United States, and we would be very interested in arranging a meeting to discuss your proposal.
We have enclosed our current price list. Please note the following:
All our prices are to be understood FOB German port including packing. For CIF deliveries we would have to charge an extra 10% on list price. These prices are based on a minimum quantity of 50 units per order in 20' containers. For regular orders we would offer a discount of 5%. Present lead time is ex works four weeks after receipt of order.
For the first order we would prefer payment "Cash against Documents", for which we would offer a discount of 3%. For further orders we would consider an open payment term.
We have enclosed the requested company brochure and various catalogues. We hope that we have made you a favorable offer and look forward to hearing from you soon.

With best regards,

G. Schmid

Georg Schmid GmbH, Neckarstraße 15, D-70469 Stuttgart

Miller Machines Inc.
z. Hd. Herrn Fitzpatrick
Einkaufsleiter
1552 South Cherry Avenue
Chicago, IL 60607
USA

05.06.2006 gs/st

Ihre Anfrage vom 30.04.2006

Sehr geehrter Herr Fitzpatrick,

vielen Dank für Ihren Brief vom 30.04.06 und Ihr Interesse an unseren Produkten. Wir möchten Ihnen zunächst etwas über unsere Firma erzählen: Unsere Firma wurde 1935 gegründet und hat zurzeit 120 Mitarbeiter und wir hoffen, nächstes Jahr eine weitere Fabrik in der Stuttgarter Gegend zu erwerben. Wir verkaufen unsere Produkte hauptsächlich in Deutschland, hoffen aber, dass wir unsere Exportaktivitäten weiter ausbauen können.
Zurzeit sind wir nicht im Osten der USA vertreten und wir wären sehr daran interessiert, ein Treffen zu vereinbaren, um Ihren Vorschlag zu diskutieren.
Anbei unsere aktuelle Preisliste, bitte beachten Sie Folgendes:
Unsere Preise verstehen sich FOB deutscher Hafen einschließlich Verpackung. Für CIF Lieferungen müssen wir einen Aufschlag von 10% auf den Listenpreis berechnen. Diese Preise basieren auf einer Mindestabnahmemenge von 50 Stück pro Auftrag in 20' Containern. Für regelmäßige Bestellungen können wir einen Rabatt von 5% anbieten. Aktuelle Lieferzeit ab Werk ist vier Wochen nach Auftragserhalt. Für den ersten Auftrag würden wir eine Zahlungskondition „Kasse gegen Dokumente" vorziehen, wofür wir aber einen Rabatt von 3% anbieten würden. Für weitere Aufträge könnten wir ein offenes Zahlungsziel berücksichtigen. Wir haben die gewünschte Firmenbroschüre und verschiedene Kataloge beigelegt.
Wir hoffen, Ihnen ein günstiges Angebot gemacht zu haben und würden uns freuen, bald von Ihnen zu hören.

Mit freundlichen Grüßen
G. Schmid

Candy Computer Components
Wall Grange Industrial Estate
Buxton
Derbyshire
DB26 8TG
Great Britain

Dandy Distributions Poland
21 Zapikamke Street
Gdansk
Poland

16th October 2005

Re: <u>Agency Agreement</u>

Dear Mr. George,

Following our meeting last week and in reply to yesterday's fax message, I would like to suggest terms, as enclosed, for our proposed agency agreement. This will, as agreed, award you sole agency for the distribution and sale of our products in Poland.

I have enclosed two copies of our proposed contract. I hope you find the terms acceptable for your company. If you would like to make any amendments or have any questions regarding the terms of contract, please do not hesitate to contact me and we can discuss the matter further.

Please read the provisions in the agreement carefully. If you find them to be acceptable to you, please sign both copies and return them to me as soon as possible.

I look forward to our doing business together and hope that this marks the beginning of a mutually profitable business relationship.

Best regards,

    Andy Bartler

Candy Computer Components
Wall Grange Industrial Estate
Buxton
Derbyshire
DB26 8TG
Great Britain

Dandy Distributions Poland
21 Zapikamke Street
Gdansk
Poland

16. Oktober 2005

<u>Vertretungsvertrag</u>

Sehr geehrter Herr George,

nach unserem Treffen letzte Woche und als Antwort auf Ihr gestriges Fax möchte ich Ihnen hiermit die Bedingungen für unseren vorgeschlagenen Vertretungsvertrag übersenden. Diese geben Ihnen wie vereinbart das alleinige Vertretungsrecht für Vertrieb und Verkauf unserer Produkte in Polen.

Ich habe zwei Kopien des vorgeschlagenen Vertrages beigefügt. Ich hoffe, dass die Konditionen für Ihr Unternehmen annehmbar sind. Sollten Sie irgendwelche Nachbesserungen vornehmen wollen oder irgendwelche Fragen hinsichtlich der Vertragsbedingungen haben, so zögern Sie bitte nicht, mich zu kontaktieren, sodass wir die Angelegenheit weiter besprechen können.

Bitte lesen Sie die Bestimmungen des Vertrages sorgfältig. Sollten Sie sie annehmbar finden, so unterzeichnen Sie bitte beide Kopien und schicken Sie sie sobald als möglich an mich zurück.

Ich freue mich darauf, mit Ihnen Geschäfte zu machen und hoffe, dass dies den Beginn einer für beide Seiten profitablen Geschäftsbeziehung darstellt.

Mit freundlichen Grüßen
   Andy Bartler

Hans Müller GmbH & Co., Rosenstraße 76, D-60313 Frankfurt

Lloyd Automation Ltd.
Attn: Mr. Patrick Hughes
15 River Bank Industrial Estate
Birmingham B4
Great Britain

27 May 2006 hm/fe

Ref.: Addition to our product range

Dear Mr. Hughes,

We are pleased to announce that item no. 12967 is now available in three different versions: the existing two products and now a third alternative in black leather. This is something we have been working on for almost six months and after extensive tests the new version has been released for sale. This is an important addition to our product range and we are sure that this will serve to complement the present products. We now have the unique opportunity to cover three different sectors of the market at once and to update our present technology.
We have enclosed a brochure and a revised price list which now includes this item. For initial orders we would be prepared to offer an introductory discount of 5%.
We hope that this new addition to our product range will enable you to consolidate and even to increase your sales, and we look forward to receiving your trial orders.

With best regards,

H. Müller

Encl.:   Brochure
         Revised price list

Hans Müller GmbH & Co., Rosenstraße 76, D-60313 Frankfurt

Lloyd Automation Ltd.
z. Hd. Herrn Patrick Hughes
15 River Bank Industrial Estate
Birmingham B4
Großbritannien

27. Mai 2006 hm/fe

Ergänzung unserer Produktpalette

Sehr geehrter Herr Hughes,

wir freuen uns, Ihnen mitteilen zu können, dass unser Artikel Nr. 12967 jetzt in drei verschiedenen Ausführungen lieferbar ist: die zwei bereits existierenden Versionen und nun eine dritte Alternative in schwarzem Leder. Wir habe fast sechs Monate daran gearbeitet, und nach ausführlichen Tests ist die neue Version nun für den Verkauf freigegeben worden.
Es handelt sich um eine wichtige Erweiterung unserer Produktpalette und wir sind sicher, dass dies unsere bestehenden Produkte ergänzen wird. Wir haben jetzt die einmalige Möglichkeit, drei verschiedene Marktsektoren gleichzeitig abzudecken und unsere jetzige Technologie auf den neuesten Stand zu bringen.
Anbei eine Broschüre und eine revidierte Preisliste, die jetzt diesen Artikel enthält. Für Erstaufträge wären wir bereit, einen Sondereinführungsrabatt von 5% zu gewähren.
Wir hoffen, dass diese neue Ergänzung unserer Produktpalette es Ihnen ermöglichen wird, Ihre Umsätze zu konsolidieren oder sogar zu steigern. Wir freuen uns auf den Erhalt Ihrer Musterbestellungen.

Mit freundlichen Grüßen

H. Müller

Anlage: Broschüre
          Revidierte Preisliste

F. Huber Chemie GmbH, Isarstraße 102, D-80469 München

C. Bryan Chemicals Ltd.
Attn: Mr. John Perkins
5 Green Lane
Brighton, East Sussex
Great Britain

10 December 2005 fh/me

Ref.: Price increase as from 1st of January, 2006

Dear Mr. Perkins,

Unfortunately we have to inform you that as of the 1st of January we will be increasing our prices by 5%. This is the first adjustment in two years and has been made necessary by several factors.
The price of raw materials has increased by up to 20% within a matter of months; the prices for natural rubber in particular have been affected.
The introduction of motorway tolls for lorries at the beginning of this year has lead to a 5-10% increase in freight costs, which, as our orders are delivered CIP Brighton, has also to be covered by us.
The increasingly stringent environmental legislation in Great Britain makes it more and more difficult for us to ensure cost-effective production. Also the new laws make it more expensive for us to dispose of our waste and packing materials.
All of these factors leave us no other choice than to adjust our prices accordingly. We are, however, prepared to guarantee these new prices until the end of April 2007. The new price list will be forwarded in the near future. We sincerely regret having to take this step, but hope that we can nevertheless maintain our position in the European market.

With kindest regards,

F. Huber

F. Huber Chemie GmbH, Isarstraße 102, D-80469 München

C. Bryan Chemicals Ltd.
z. Hd. Herrn John Perkins
5 Green Lane
Brighton, East Sussex
Großbritannien

10. Dezember 2005 fh/me

Preiserhöhung ab 1. Januar 2006

Sehr geehrter Herr Perkins,

leider müssen wir Ihnen mitteilen, dass wir ab 1. Januar 2006 eine Preiserhöhung von 5% vornehmen werden. Es ist die erste Angleichung seit zwei Jahren und sie ist wegen verschiedener Faktoren notwendig geworden.
Die Preise für Rohstoffe sind innerhalb der letzten Monate um bis zu 20% gestiegen; besonders die Preise für Naturkautschuk sind davon betroffen.
Die Einführung von Autobahngebühren für LKWs Anfang dieses Jahres haben zu einer Anhebung der Frachtkosten um 5-10% geführt, die, da unsere Aufträge CIP Brighton geliefert werden, auch von uns gedeckt werden müssen.
Die zunehmend strengen Umweltgesetze Großbritanniens erschweren es uns, eine kosteneffektive Produktion zu sichern. Zudem machen die neuen Verordnungen es für uns immer teurer, unseren Abfall und unser Verpackungsmaterial zu entsorgen.
All diese Faktoren lassen uns keine andere Wahl als unsere Preise entsprechend anzupassen. Wir sind jedoch bereit, diese neuen Preise bis Ende April 2007 zu garantieren. Die neue Preisliste erhalten Sie in Kürze.
Wir bedauern sehr, diesen Schritt unternehmen zu müssen, hoffen aber, dass wir dennoch unsere Position auf dem europäischen Markt beibehalten können.

Mit freundlichen Grüßen

F. Huber

Accounting Services, 159 Gastown Street, Vancouver, V1 7KH, British Columbia.

Marie Bardel
Software Showmen
145 Tenth Avenue West
Vancouver
V23 9HG

5th June 2005

Dear Marie,

I am sorry to persist in contacting you regarding this matter, but I remain doubtful of the quality of the service you have provided regarding the training of our staff in the new, "user-friendly" software packages you installed in our offices.

I realise that my employees may share the blame for this problem, but I must admit that it seems to me that they have quite simply been misinformed regarding some aspects of the potential uses of the software you provided. I wonder if it would perhaps be possible for us to arrange a second training day, perhaps at a reduced price with a more senior member of your team, in order to ensure that we can use the new computerised accounting systems to our full advantage.

I do realise that you made a considerable effort to help us in every way possible thus far and would be most grateful if you would assist us further in this matter.

I look forward to hearing from you.

Best Regards,

      Paul Bernard.

Accounting Services, 159 Gastown Street, Vancouver, V1 7KH, British Columbia.

Marie Bardel
Software Showmen
145 Tenth Avenue West
Vancouver
V23 9HG

5. Juni 2005

Liebe Marie,

es tut mir Leid, Sie ein weiteres Mal in dieser Angelegenheit zu kontaktieren, aber ich habe immer noch Zweifel an der Qualität des von Ihnen zur Verfügung gestellten Services. Dabei beziehe ich mich auf das Training unserer Mitarbeiter an dem von Ihnen in unseren Büros installierten „benutzerfreundlichen" Softwarepaket.

Es ist mir klar, dass ein Teil des Problems bei unseren Mitarbeitern liegt, aber ich muss zugeben, dass es mir so scheint, als ob sie einfach falsch über einige Aspekte des von Ihnen gelieferten Softwarepakets informiert worden sind. Ich frage mich, ob es nicht möglich wäre, einen zweiten Trainingstag für uns zu arrangieren, und zwar möglicherweise zu einem reduzierten Preis und mit einem erfahreneren Mitglied Ihres Teams, so dass sichergestellt ist, dass wir das neue computerisierte Buchhaltungsprogramm zu unserem größtmöglichen Vorteil ausnützen können.

Es ist mir klar, dass Sie sich bisher große Mühe gegeben haben, uns soweit wie möglich zu unterstützen und ich wäre sehr dankbar, wenn Sie uns auch weiterhin in dieser Angelegenheit helfen würden.

Ich freue mich darauf, von Ihnen zu hören.

Mit freundlichen Grüßen

    Paul Bernard

Taylor and Ball Constructions, 189 Paisley Road, Hamilton, Scotland.

Gulliver's Distributions
23 Lilliput Lane
Stoke-on-Trent
England

5th October 2005

Ref: Delivery of copper piping

Dear Mr. Swift,

Following several telephone conversations with both your secretary and yourself, I feel I have no choice but to inform you that if we do not receive our delivery of copper piping by 10th October 2005 at the very latest, we will be forced to take legal action and sue for damages. I realise that problems can and do occur and I am always reasonable in respect of short delays. As yet, however, your firm has failed to provide a valid reason for the inexcusable delay and we have waited for more than two weeks for our consignment.

Obviously, I would like to avoid the time and trouble involved in a legal case, but feel that there is scarcely another option remaining open to me. We enjoy an extremely good reputation in the Hamilton area and have many loyal customers throughout Scotland who rely on our prompt service. The absence of the copper piping has brought our construction project in the Tomintoul Estate for our loyal customer, Lord Yahoo, to a standstill, as our engineers cannot work without their raw materials.

I expect a response from you or a member of your staff by return post or alternatively, by fax or e-mail.

Yours sincerely,

    Christine Peters

Taylor and Ball Constructions, 189 Paisley Road, Hamilton, Scotland.

Gulliver's Distributions
23 Lilliput Lane
Stoke-on-Trent
England

5. Oktober 2005

Lieferung von Kupferrohren

Sehr geehrter Herr Swift,

nach mehreren Telefongesprächen, die ich sowohl mit Ihrem Sekretär als auch mit Ihnen geführt habe, sehe ich keine andere Möglichkeit als Sie darauf aufmerksam zu machen, dass wir uns gezwungen sehen, rechtliche Schritte einzuleiten und auf unseren Schaden zu klagen, wenn wir unsere Lieferung Kupferrohre nicht bis spätestens zum 10. Oktober 2005 erhalten haben. Es ist mir bewusst, dass Probleme auftreten können und ich bin sehr verständnisvoll bei kurzen Verzögerungen. Doch Ihre Firma hat bis heute keinen vernünftigen Grund für die unentschuldbare Verzögerung angegeben und wir haben bereits mehr als zwei Wochen auf Ihre Lieferung gewartet.

Natürlich möchte ich gerne die Zeit und den Ärger, die ein Gerichtsverfahren mit sich bringt, vermeiden, aber ich habe kaum noch eine andere Möglichkeit. Wir haben einen sehr guten Ruf in der Region um Hamilton und viele loyale Kunden in ganz Schottland, die sich auf unseren prompten Service verlassen. Das Fehlen der Kupferrohre hat unser Bauprojekt auf dem Tomitoul Besitz für unseren treuen Kunden, Lord Yahoo, zum Stillstand gebracht, und unsere Ingenieure können nicht ohne ihre Rohmaterialien arbeiten.

Ich erwarte eine Antwort von Ihnen oder einem Ihrer Mitarbeiter entweder auf dem Postweg oder alternativ via Fax oder E-Mail.

Hochachtungsvoll,

    Christine Peters

Gulliver's Distributions, 23 Lilliput Lane, Stoke-on-Trent, England.

Taylor and Ball Constructions
189 Paisley Road
Hamilton
Scotland

7th October 2005

Ref: Delivery of copper piping

Dear Miss Peters,

I cannot apologise enough for the inconvenience caused by the delay in delivering the copper piping and am pleased to inform you that the piping left the yard this morning and should be with you by the time you receive this letter.

As I explained in our telephone conversation yesterday, our driver was injured during the loading of the piping and as a result, we have been very short-staffed over the past two weeks. I'm afraid to say that in the aftermath of the accident, my secretary failed to realise that the consignment had not been delivered. He also failed to pass on your telephone messages and thus I heard of the problem only when the consignment was already one week overdue. I have since taken appropriate action and given my secretary a written caution.

In view of the unfortunate situation which has arisen, I would like to offer you a discount of fifty percent on the normal delivery charge. I hope this settles the matter to your satisfaction and I hope that we can continue to do business together in the future.

Once again, please accept my sincere apologies.

Yours sincerely,

    Jon Swift

Gulliver's Distributions, 23 Lilliput Lane, Stoke-on-Trent, England.

Taylor and Ball Constructions
189 Paisley Road
Hamilton
Scotland

7. Oktober 2005

Lieferung von Kupferrohren

Sehr geehrte Frau Peters,

ich kann mich nicht genug für die Unannehmlichkeiten entschuldigen, die Ihnen durch die Verzögerung bei der Lieferung der Kupferrohre entstanden sind und bin glücklich, Ihnen mitteilen zu können, dass die Rohre heute Morgen unseren Hof verlassen haben und zu dem Zeitpunkt, zu dem Sie diesen Brief erhalten, bei Ihnen eingetroffen sein sollten.

Wie ich Ihnen in unserem gestrigen Telefonat erklärt hatte, hat sich unser Fahrer beim Verladen der Rohre verletzt und infolgedessen waren wir während der letzten zwei Wochen ziemlich unterbesetzt. Ich befürchte, dass mein Sekretär auf Grund der Nachwirkungen des Unfalls übersehen hatte, dass die Lieferung noch nicht überbracht war. Er versäumte es außerdem, Ihre telefonischen Nachrichten an mich weiterzuleiten, sodass ich erst von dem Problem zu hören bekam, als die Lieferung bereits eine Woche überfällig war. Ich habe seither die angemessenen Schritte eingeleitet und meinen Sekretär schriftlich verwarnt.

Angesichts der unglücklichen Situation, die entstanden ist, möchte ich Ihnen einen fünfzigprozentigen Nachlass unseres üblichen Lieferpreises anbieten. Ich hoffe, dass die Angelegenheit auf diese Weise für Sie zufrieden stellend geklärt ist und ich hoffe, dass wir auch in Zukunft noch miteinander Geschäfte machen werden.

Ich möchte noch einmal mein tiefes Bedauern ausdrücken.

Mit freundlichen Grüßen
    Jon Swift

TRIX Products
78 South Richmond Avenue
Palm Springs
50227
California

The Nicey Bank
67 Generous Avenue
Palm Springs
50702
California

April 1st 2006

Re: Credit Application

Dear Sirs/Madams,

Having obtained credit from your bank at a competitive rate of interest in the past, we would like to ask whether you would consider offering our company a loan for $100,000.

As you are aware, we have always been very reliable patrons of your bank and can provide good credit references if necessary. We are a large firm with considerable assets, which we could offer as ample security for a loan of this size. If you were nevertheless to require additional securities, these could also be obtained.

We have enclosed details of our accounts and our balance sheets for the past five years. If you require any further information please do not hesitate either to contact myself or a member of our book-keeping division.

I look forward to receiving your reply.

Yours faithfully,

    Alan Zimmerman, General Director, TRIX Products.

TRIX Products
78 South Richmond Avenue
Palm Spring
50227
California

The Nicey Bank
67 Generous Avenue
Palm Springs
50702
California

1. April 2006

Kreditantrag

Sehr geehrte Damen und Herren,

da wir bereits in der Vergangenheit von Ihrer Bank einen Kredit zu einem günstigen Zinssatz erhalten haben, wollten wir Sie darum bitten, es in Erwägung zu ziehen, uns einen weiteren Kredit über $100.000 einzuräumen.

Wie Ihnen bekannt ist, waren wir immer äußerst zuverlässige Kunden Ihrer Bank und sind in der Lage, gute Kreditreferenzen beizubringen, wenn es nötig sein sollte. Wir sind ein großes Unternehmen mit einem beträchtlichem Vermögen, das wir als ausreichende Sicherheit für einen Kredit dieser Größenordnung anbieten können. Sollten Sie trotzdem zusätzliche Sicherheiten benötigen, so können diese beigebracht werden.

Wir haben eine detaillierte Aufstellung unserer Konten und Bilanzen der letzten fünf Jahre beigefügt. Sollten Sie noch zusätzliche Informationen benötigen, so zögern Sie nicht, mich oder einen Mitarbeiter unserer Buchhaltung zu kontaktieren.

Ich freue mich auf Ihre Antwort.

Hochachtungsvoll

Alan Zimmerman, Generaldirekor TRIX Products

>   Barmy Books
>   139 West Richmond Street
>   San Fransisco
>   58739
>   USA

Tardy Tattlers
35 Late Lane
San Fransisco
12345
USA

July 22nd 2006

Ref: SH 371772/hb

<u>First Reminder</u>

Dear Mr. Tardy,

When balancing our accounts for this month, it came to my
attention that there appears to be a payment for $599
outstanding, for a consignment of goods delivered on
July 10th, invoice number SH 371772/hb.

As you have always settled your accounts with us punctually
in the past, I assume that this was an oversight in your
accounts department.

I would be extremely grateful if you could send the outstanding
amount to us within the next few days or contact us if you
have any queries regarding the payment.

If you have already settled the account, please disregard this
notice and accept our thanks for your payment.

Yours sincerely,

    Ian Mickleson

Barmy Books
139 West Richmond Street
San Fransisco
58739
USA

Tardy Tattlers
35 Late Lane
San Fransisco
12345
USA

22. Juli 2006

SH 371772/hb

<u>Erste Erinnerung</u>

Sehr geehrter Herr Tardy,

beim diesmonatigen Abschluss unserer Konten ist mir aufgefallen, dass noch eine Zahlung über $599 für eine Lieferung von Gütern mit der Rechnungsnummer SH 371772/hb vom 10. Juli aussteht.

Da Sie Ihre Rechnungen in der Vergangenheit stets pünktlich beglichen haben, nehme ich an, dass es diesmal nur der Aufmerksamkeit Ihrer Buchhaltung entgangen ist.

Ich wäre Ihnen äußerst dankbar, wenn Sie uns den ausstehenden Betrag innerhalb der nächsten Tage zukommen lassen würden oder uns kontaktieren, falls Sie irgendwelche Fragen hinsichtlich der Bezahlung haben sollten.

Sollten Sie die Rechnung bereits beglichen haben, so betrachten Sie dieses Schreiben als hinfällig und wir bedanken uns für Ihre Bezahlung.

Mit freundlichen Grüßen

    Ian Mickleson

Brite-on Chemicals Limited
Smithfield Industrial Estate
Brighton
England

16th February 2006 ed/sh

Dear shareholder,

We would like to thank you for your support during the past years and to invite you to our annual general meeting, which has been scheduled for 27th March 2006. We hope you will be able to attend.

This has perhaps been the most successful year for Brite-on since our inauguration in 1963. Our researchers have successfully developed several exciting new products and despite increasingly intense competition we have succeeded in keeping our position at the forefront of chemical dye production. Two of these new products have already been launched and are on the market, one is to be introduced in 2006.

We are pleased to inform you that over the past economic year our net profits have increased by over ten percent. Consequently, we are hoping to expand into eastern European markets in the coming year and have signed a contract with a well-known distribution company to maximize the possibilities for sales in the region. If all goes according to plan, we hope to open a regional office there in the year 2009.

Consequently, we anticipate that our dividend payments for 2005 will be higher than those paid in 2004. We will have precise figures available at the AGM next month.

We hope to enjoy your company on 27th March and would like to thank you once again for your support.

Yours faithfully,

    Ewan Davidson, Managing Director

Brite-on Chemicals Limited
Smithfield Industrial Estate
Brighton
England

16. Februar 2006 ed/sh

Sehr geehrter Aktionär,

wir möchten Ihnen für Ihre Unterstützung während der letzten Jahre unseren Dank aussprechen und Sie zu unserer jährlichen Hauptversammlung am 27. März 2006 einladen. Wir hoffen, dass Sie in der Lage sein werden teilzunehmen.

Dieses Jahr war vielleicht das erfolgreichste seit unserer Gründung im Jahr 1963. Unsere Forscher haben einige neue aufregende Produkte erfolgreich entwickelt und trotz des zunehmenden Wettbewerbs ist es uns gelungen, unsere Position an der Spitze der chemischen Farbstoffproduktion zu behaupten. Zwei unserer neuen Produkte sind bereits lanciert und auf dem Markt, ein weiteres wird 2006 eingeführt.

Wir freuen uns, Ihnen mitteilen zu können, dass unsere Nettogewinne im Laufe des letzten Wirtschaftsjahres um zehn Prozent zugenommen haben. Folglich hoffen wir, im nächsten Jahr in die osteuropäischen Märkte zu expandieren und haben mit einer bekannten Vertriebsgesellschaft einen Vertrag geschlossen, um Verkaufsmöglichkeiten in der Region zu maximieren. Wenn alles gut geht, hoffen wir, im Jahr 2009 dort ein Regionalbüro einzurichten.

Deshalb gehen wir davon aus, dass unsere Dividende für 2005 höher sein wird als die von 2004. Wir werden die exakten Zahlen bei der Hauptversammlung nächsten Monat zur Verfügung haben.

Wir hoffen, am 27. März das Vergnügen Ihrer Anwesenheit zu haben und möchten uns nochmals für Ihre Unterstützung bedanken.

Mit freundlichen Grüßen

    Ewan Davidson, Generaldirektor

Sample Faxes **Musterfaxe**

FAX MESSAGE

Hans Müller GmbH
Seestraße 7
D-28717 Bremen

TO: Mr. B. Williams
Clark Industries

FROM: Mr. R. Wagner

Date: 15 January 2006

Ref.: My visit next week

Dear Mr. Williams,

As discussed, here my itinerary for next week's visit to England:
20th January
9.30 a.m.	Arrival London Heathrow on flight BA 723.
2.00 p.m.	Meeting at Clark Industries with Messrs. Smith, Jones and Williams. Subject: Market Strategy in Great Britain.
7.00 p.m.	Dinner with Mr. West from Smith & Partners.

21st January
10.00 a.m.	Visit to Brighton Seals & Coatings in Maidenhead.

22nd January
9.00 a.m.	Visit to Smiths Coatings. Subject: Market development.
3.00 p.m.	Depart London Heathrow on flight BA 724.

Could you please arrange for me to be picked up from the airport and book me a room for two nights in a hotel near you?

Looking forward to seeing you again next week.
Best regards,
R. Wagner

Geschäftskorrespondenz

FAXMITTEILUNG

Hans Müller GmbH
Seestraße 7
D-28717 Bremen

AN: Herrn B. Williams
Clark Industries

VON: Herrn R. Wagner
Datum: 15. Januar 2006

Mein Besuch in der nächsten Woche

Sehr geehrter Herr Williams,

wie besprochen mein Programm für den Besuch nächste Woche in England:

20. Januar
9.30 Uhr   Ankunft London Heathrow mit Flug BA 723
14.00 Uhr   Besprechung bei Clark Industries mit den Herren Smith, und Williams. Thema: Marktstrategie in Großbritannien
19.00 Uhr   Abendessen mit Herrn West von Smith & Partners

21. Januar
10.00 Uhr   Besuch bei Brighton Seals & Coatings in Maidenhead

22. Januar
9.00 Uhr   Besuch bei Smiths Coatings. Thema: Marktentwicklung
15.00 Uhr   Abflug London Heathrow mit Flug BA 724

Könnten Sie bitte meine Abholung vom Flughafen arrangieren und ein Zimmer für zwei Nächte in einem Hotel in Ihrer Nähe buchen?

Ich freue mich, Sie nächste Woche wieder zu sehen.
Mit freundlichen Grüßen

R. Wagner

FAX MESSAGE

W. Phillips & Co.
17 New Street
Liverpool.

TO: Mr. B. Clarke
Wayview Ltd.

FROM: Mr. M. Taylor

Date: 7 June 2006
Ref.: Our order no. 159/06, your invoice no. 3479 dated 21st May, 2006

Dear Mr. Clarke,

We refer to our order no. 159/06 and your invoice no. 3479 dated 21st May, 2006. The material which was delivered the week before last is not acceptable. The cloth is torn in the middle and the edges are not neatly sewn. We have examined all the material and unfortunately must confirm that the contents of all boxes are faulty.

We have contacted our customer, who is also of our opinion. We must therefore ask you to cancel the invoice no. 3479 and to deliver replacement material without delay.

When could we expect this replacement delivery? The material is needed for some important samples that we need to dispatch to our customer by the end of next week.

Awaiting your comments.

Best regards,

Mr. Taylor

cc. Mr. Phillips
    Mrs. Green

FAXMITTEILUNG

W. Phillips & Co.
17 New Street
Liverpool

AN: Herrn B. Clarke
Wayview

ABSENDER: Herr M. Taylor

Datum: 7. Juni 2006
Unser Auftrag Nr. 159/06, Ihre Rechnung Nr. 3479 vom 21. Mai 2006

Sehr geehrter Herr Clarke,

wir beziehen uns auf unseren Auftrag Nr. 159/06 und Ihre Rechnung Nr. 3479 vom 21. Mai 2006. Das Material, das Sie vorletzte Woche geliefert haben, ist nicht akzeptabel. Der Stoff ist in der Mitte zerrissen und die Ränder sind nicht sauber genäht. Wir haben das ganze Material überprüft und müssen leider feststellen, dass der Inhalt aller Kartons fehlerhaft ist.

Wir haben mit unserem Kunden Kontakt aufgenommen und er ist völlig unserer Meinung. Wir müssen Sie daher bitten, die Rechnung Nr. 3479 zu stornieren und sofort eine Ersatzlieferung vorzunehmen.

Wann können wir diese Ersatzlieferung erwarten? Wir brauchen das Material für einige wichtige Muster, die wir bis Ende nächster Woche an unseren Kunden abschicken müssen.

In Erwartung Ihrer Rückantwort verbleibe ich
mit freundlichen Grüßen

M. Taylor

Verteiler: Herr W. Phillips
Frau C. Green

FAX MESSAGE

Walsh Electronics Co.
5 New Lane
Edinburgh

TO: Ms. C. Schmidt
Wagner Maschinenbau GmbH

FROM: Robert Jeffries

Date: 21 September 2005
Ref.: Your order 729/05 dd. 2nd September

Dear Claudia,

We regret to have to inform you that order 729/05 dd. 2nd September will not be ready for dispatch on this coming Friday as originally confirmed. One of our machines has broken down, which in turn affects the whole production line, and until this can be mended our production is at a complete standstill. As a result all our orders are affected, not just yours for this particular item. We are hoping that the maintenance people will be able to start work this morning, and all being well our machines will be running again by tomorrow afternoon.

Unfortunately, I cannot let you have a more concrete answer as concerns dispatch until we know how long the repair work will take. I will, of course, let you know as soon as we have some firm answers. Half of the order is already complete and so we could at least send a part of the order if necessary. Please advise how we should proceed.

We apologize again for this delay and for any inconvenience that this may cause, but hope that we can settle this matter promptly.

Thank you and kind regards,

Robert Jeffries

FAXMITTEILUNG

Walsh Electronics Co.
5 New Lane
Edinburgh

AN: Fr. C. Schmidt
Wagner Maschinenbau GmbH

VON: Robert Jeffries

Datum: 21. September 2005
Ihre Bestellung 729/05 vom 2. September

Liebe Claudia,

wir bedauern, Ihnen mitteilen zu müssen, dass der Auftrag 729/05 vom 2. September nicht wie ursprünglich bestätigt am kommenden Freitag zum Versand kommen kann. Eine unserer Maschinen ist defekt, wovon wiederum die ganze Fertigungsstraße betroffen ist, und bis diese repariert ist, steht unsere gesamte Produktion still. Dies hat Auswirkungen auf alle unsere Aufträge, nicht nur Ihren, die diesen bestimmten Artikel betreffen. Wir hoffen, dass unser Wartungspersonal noch heute Vormittag mit der Reparatur anfangen kann, und wenn alles gut geht, können die Maschinen schon morgen Nachmittag wieder anlaufen.

Ich kann Ihnen leider, was den Versand betrifft, keine konkretere Antwort geben, bis wir wissen, wie lange die Reparaturarbeiten dauern werden. Ich werde Sie selbstverständlich informieren, sobald wir genauere Antworten haben. Die Hälfte des Auftrags ist bereits fertig, und wir könnten – wenn notwendig – zumindest einen Teil des Auftrags verschicken. Bitte geben Sie mir Bescheid.

Wir bitten nochmals um Entschuldigung für diese Verzögerung und für eventuelle Unannehmlichkeiten. Wir hoffen aber, dass wir diese Angelegenheit schnellstens abschließen können.

Mit freundlichen Grüßen
Robert Jeffries

FAX MESSAGE   **PAGES: 2**

TO: Katherine   **FROM: Colin**
ADEN Products Limited   Taff Management Consultancy
Porthcawl, PC13 2EJ   Swansea, SW6 7JS
Phone/Fax: **01298 863 963**   Phone/Fax: **0121 631 2776**

Ref: Results!

27th September 2005.

Dear Katherine,

I am pleased to inform you that following your initial consultation with us on 13th August, our team of management consultants have now completed their plans for what we consider to be the most appropriate restructuring programme for ADEN Products Limited.

The next step forward in our advisory process usually takes the form of a meeting with your executive, to present our recommendations and answer any queries they might have regarding implementation of our strategies. This is subsequently followed by a meeting with all company staff, where we explain the actual effect our measures will have upon the workers themselves. Only after both management and all other members of staff are fully informed of the changes our programme will introduce, do we advise implementing reforms of the company's structure.

Because we suggest that our clients should begin reorganisation as soon as possible to gain maximum benefit from our advice, I have included a copy of our up-to-date appointments calendar (see fax p.2). I have clearly marked when I am personally available. Please reply promptly to ensure that your preferred date remains available, or to make alternative arrangements.

I look forward to hearing from you in the near future,

Colin

FAXMITTEILUNG	**SEITEN: 2**
AN: Katherine ADEN Products Limited Porthcawl, PC13 2EJ Phone/Fax: **01298 863 963**	**VON: Colin** Taff Management Consultancy Swansea, SW6 7JS Phone/Fax: **0121 631 2776**

Ergebnisse!

27. September 2005

Liebe Katherine,

ich freue mich, dir mitteilen zu können, dass auf der Grundlage unserer ersten Beratung vom 13. August unser Unternehmensberatungsteam jetzt unsere Pläne für eine nach unseren Vorstellungen angemessene Umstrukturierung von Aden Products Limited fertiggestellt haben.

Der nächste Schritt in unserem üblichen Beratungsprozess ist jetzt ein Meeting mit Eurer Verwaltung, um unsere Empfehlungen vorzustellen und um mögliche Fragen zur Anwendung unserer Strategien zu beantworten. Danach folgt ein Meeting mit dem gesamten Personal, bei dem wir die tatsächlichen Konsequenzen unserer Maßnahmen für die Arbeiter selbst erklären. Erst nachdem sowohl die Geschäftsleitung als auch alle anderen Mitarbeiter voll über die Änderungen, die unser Programm mit sich bringen wird, informiert worden sind, empfehlen wir die Anwendung der Reformen der Unternehmensstruktur.

Da wir glauben, dass unsere Kunden so früh wie möglich mit der Reorganisation beginnen sollten, um maximalen Vorteil durch unseren Rat zu erlangen, habe ich eine Kopie unseres aktuellen Terminkalenders beigefügt (siehe Fax S.2). Ich habe deutlich markiert, wann ich persönlich zur Verfügung stehe. Bitte antworte unverzüglich, um sicherzustellen, dass dein bevorzugter Termin noch zur Verfügung steht, oder um alternative Vereinbarungen zu treffen.

Ich freue mich auf deine baldige Antwort.

Colin

FAX MESSAGE

OL Incorporated
Los Angeles
59037
USA
Tel/Fax (001 54) 475869

TO: Linda Lombada
Toronto Trinx
Tel/Fax: (098) 1234567

FROM: Oliver Pebble
Fax: (001 54) 475869

Date: April 30, 2006

Dear Linda,

Here are the details you requested regarding our delegation for the forthcoming conference in Toronto.

We will be a party of six, requiring four single rooms and one double room with cot for a child, and we expect to arrive in Toronto on 06/03/06. Our flight is scheduled to arrive at 6 p.m., flight number TWA 9874 and we would be grateful if you could send your driver to collect us from the airport.

Our return flight is provisionally booked for 06/10/06, leaving at 9 p.m. in the evening, flight number TWA 9875. Can I ask you to confirm that these dates are suitable by fax?

If you require any further information please do not hesitate to contact me. I am planning to be in the office all day today, so I should be comparitively easy to get hold of.

I'm looking forward to seeing you on June 3rd.

Kind regards,

    Oliver Pebble

FAXMITTEILUNG

> OL Incorporated
> Los Angeles
> 59037
> USA
> Tel/Fax (001 54) 475869

AN: Linda Lombada
Toronto Trinx
Tel/Fax: (098) 1234567

VON: Oliver Pebble
Fax: (001 54) 475869

Datum: 30. April 2006
Liebe Linda,

hier sind die von dir gewünschten Einzelheiten über unsere
Delegation für die bevorstehende Konferenz in Toronto.

Wir werden eine Gruppe von sechs Personen sein und benötigen vier
Einzelzimmer und ein Doppelzimmer mit einer Wiege für ein Kind.
Wir werden voraussichtlich am 3.6.06 um 18.00 Uhr in Toronto landen.
Die Flugnummer ist TWA 98749. Wir wären dankbar, wenn
du uns einen Fahrer schicken könntest, der uns vom Flughafen abholt.

Unser Rückflug ist vorläufig für den 10.6.06 gebucht und startet
um 21.00 Uhr. Die Flugnummer ist TWA 9875. Ich bitte dich, mir
per Fax zu bestätigen, dass diese Daten in Ordnung gehen.

Solltest du noch zusätzliche Informationen benötigen, zögere bitte
nicht mich zu kontaktieren. Ich bin heute wahrscheinlich den ganzen
Tag im Büro, sodass es relativ einfach sein sollte, mich zu erreichen.

Ich freue mich darauf, dich am 3. Juni zu treffen.

Mit freundlichen Grüßen

    Oliver Pebble

Possum Products, The Gap, Brisbane, QL 986, Australia.

From: Michael Weber, Pommie Products
Tel/Fax: 475 6689

To: The Wallaby Walk-In Hotel
Fax: 908 9988

13/10/05

Dear Sir/Madam,

Our company is planning to organise a conference in Brisbane this May and business associates of ours recommended your hotel facilities to us. We would like information regarding your facilities and your availability between the 12th and the 14th of December.

We require fifteen en-suite single rooms for all three nights, a large conference room with overhead projector, a flip chart, suitable seating facilities for at least forty people (preferably in a circular formation) and both lunch and dinner on all three days. If possible, we would like to keep numbers approximate at this stage and confirm them nearer the time.

We were also interested in other facilities available at your hotel: do you have a swimming pool or squash courts? Are you centrally located in the city of Brisbane? How many bars are there within the hotel itself?

I would be grateful if you could reply to my fax as soon as possible, including a detailed description of your hotel's facilities and a quotation of your best price for the conference.

Best regards,

    Michael Weber

Possum Products, The Gap, Brisbane, QL 986, Australia.

Von: Michael Weber, Pommie Products
Tel/Fax: 475 6689

An: The Wallaby Walk-In Hotel
Fax: 908 9988

13.10.05

Sehr geehrte Damen und Herren,

unser Unternehmen plant, diesen Mai eine Konferenz in Brisbane zu organisieren. Geschäftsfreunde von uns haben uns Ihr Hotel empfohlen. Wir hätten daher gerne Informationen über Ihre Ausstattung und über Ihre Raumauslastung für den Zeitraum vom 12. bis zum 14. Dezember.

Wir benötigen fünfzehn Einzelzimmer mit Bad für alle drei Nächte, einen großen Konferenzraum mit Overhead Projektor, Flipchart, geeignete Sitzgelegenheiten (vorzugsweise kreisförmig angeordnet) und sowohl Mittag- als auch Abendessen für alle drei Tage. Wenn möglich, würden wir die Zahlen im Moment gerne offen lassen und sie zu einem späteren Zeitpunkt bestätigen.

Wir sind zudem auch an den anderen Einrichtungen in Ihrem Hotel interessiert: Haben Sie ein Schwimmbad oder Squash-Courts? Liegen Sie im Zentrum von Brisbane? Wie viele Bars gibt es innerhalb des Hotels?

Ich wäre Ihnen dankbar, wenn Sie mir auf mein Fax sobald als möglich antworten und mir eine detaillierte Aufstellung der Ausstattung Ihres Hotels und ein Angebot über den günstigsten Preis für die Konferenz beifügen könnten.

Mit freundlichen Grüßen

    Michael Weber

Minutes   **Protokolle**

Minutes of the meeting held on 15th July 2005 at Walter Hughes Ltd.

Participants:
Mr. W. Hughes
Mr. S. Davies
Mr. R. Humphries
Mr. L. Collins

1. Annual sales to date.

Mr. S. Davis of the sales department reported that the sales as per 30 June 2005 showed an increase of 12% compared to the previous year. This was seen as a positive development and could partly be attributed to the generally positive market trends in all lines of business.

2. Sales strategy.

It was agreed that the present sales strategies are successful and should be continued. New sales should be sought in the Far East, particularly in China. Mr. S. Davies will report on the development at our next quarterly meeting in October.

3. Production.

Mr. R. Humphries of the production department presented the figures for the half year to 30th June. These showed a trend to more cost-effective production which should be continued. There are still too many stoppages for repair and maintenance work. It was agreed to further analyse this area and present more detailed results in October.

4. Miscellaneous.

Several complaints from the staff regarding the new computer system. Mr. W. Hughes will discuss this personally with Mr. Matthews from the EDP department. Christmas shutdown agreed from 23rd December to 3rd January. Customers to be informed by the sales department.

The date for the next meeting was set for 20th October.
18/07/05 wh/fl

Geschäftskorrespondenz

Protokoll der Besprechung vom 15. Juli 2005 bei Walter Hughes Ltd.

Teilnehmer:
Herr W. Hughes
Herr S. Davies
Herr R. Humphries
Herr L. Collins

1. Jahresumsatz bis dato

Herr S. Davies, Vertrieb, berichtete, dass die Umsätze bis 30. Juni 2005 einen Zuwachs von 12% gegenüber dem Vorjahr aufwiesen. Dies wurde als eine positive Entwicklung bewertet und könnte teilweise auf die allgemein positiven Markttrends in allen Branchen zurückzuführen sein.

2. Verkaufsstrategie

Man war sich einig, dass die gegenwärtigen Verkaufsstrategien erfolgreich sind und daher weitergeführt werden sollen. Neue Märkte sollen im Fernen Osten, vor allem in China, gesucht werden. Herr S. Davies wird bei der nächsten Quartalsbesprechung im Oktober über die Entwicklung berichten.

3. Produktion

Herr R. Humphries, Produktion, präsentierte die Zahlen für das Halbjahr bis zum 30. Juni. Es zeigte sich ein Trend zu einer kosteneffektiveren Produktion, die fortgeführt werden sollte. Immer noch gibt es zu viele Unterbrechungen für Reparatur- und Wartungsarbeiten. Es wurde vereinbart, diesen Bereich weiter zu analysieren und detailliertere Ergebnisse im Oktober vorzustellen.

4. Sonstiges

Mehrere Beschwerden vom Personal wegen des neuen Computersystems. Herr W. Hughes wird dies mit Herrn Matthews von der EDV-Abteilung persönlich besprechen. Weihnachtsferien wurden festgelegt vom 23. Dezember bis zum 3. Januar. Die Kunden werden von der Verkaufsabteilung informiert.

Der Termin für die nächste Besprechung wurde für den 20. Oktober vorgemerkt.
18.07.05 wh/fl

Invitations	**Einladungen**

We take pleasure in *inviting you* to join us in celebrating this year's Christmas party.
We would be delighted if you could come.
Enclosed you will find a map of how to get there.
We should *like to take the opportunity* of the presentation of our new …
We hope that you will *give us the pleasure* of your company.

I am looking forward to *meeting you in person* at this function.
Accommodation will be provided at …
Many thanks for your invitation.
We were delighted to receive your invitation.
We look forward to seeing you again.

Thank you very much for *your invitation* which we *accept with the greatest pleasure.*
We would love to come.
I will be delighted to *join you* on Thursday.

I *hereby register* Mr Goody for the conference.
Thank you for the *directions of how to get there.*
We would like to *express our gratitude* for your invitation and would like to confirm …
Many thanks for the *invitation to lunch,* which we will be delighted to accept.

Wir möchten *Sie* zu unserer diesjährigen Weihnachtsfeier *einladen.*

Über Ihr Kommen *würden wir uns sehr freuen.*
Anbei finden Sie eine Anfahrtsskizze.

Wir *möchten* die Vorstellung unseres neuen … *zum Anlass nehmen* …
Wir hoffen, Sie *bereiten uns die Freude* und nehmen teil.

Ich freue mich, *Sie* zu diesem Anlass *persönlich kennen zu lernen.*
Für Ihre Unterkunft ist im Hotel … gesorgt.
Vielen Dank für Ihre Einladung.
Über Ihre Einladung *haben wir uns sehr gefreut.*
Wir freuen uns darauf, Sie wiederzusehen.

Vielen Dank für *Ihre Einladung,* die wir *mit größtem Vergnügen annehmen.*

Wir kommen sehr gerne.
Ich freue mich sehr, am Donnerstag *dabei zu sein.*

Ich *melde hiermit* Herrn Goody für die Teilnahme an der Konferenz *an.*
Vielen Dank für die *Wegbeschreibung.*
Wir möchten Ihnen für Ihre Einladung *herzlich danken* und bestätigen …

Vielen Dank für die *Einladung zum Mittagessen,* die wir sehr gerne annehmen.

We *deeply regret* being unable to …	Wir *bedauern außerordentlich,* dass es uns unmöglich ist …
Ms Schmidt is deeply sorry to *have to decline* your invitation due to family commitments.	Frau Schmidt bedauert außerordentlich, Ihre Einladung aus familiären Verpflichtungen *ablehnen zu müssen.*
Unfortunately, Mr Dräger will be on a business trip at this time.	Unglücklicherweise befindet sich Herr Dräger zu diesem Zeitpunkt auf Geschäftsreise.
Unfortunately I am *unable to come* to this event as I will be abroad in January.	Leider *kann* ich zu dieser Veranstaltung *nicht kommen,* da ich mich im Januar im Ausland aufhalte.

Invitation acceptance

Dear Mr Harper,

Ms Daisy Angel thanks you for the *kind invitation* to the opening of your new gallery on Sunday, 13th February at the Pittsburgh Mall in Cambridge and *gladly accepts the same.*

Yours sincerely,

Lisa Backhouse
(Secretary to Ms Angel)

Declining an invitation

Dear Mr Smith,

Many thanks for your invitation. It is *with deep regret* that we inform you that Ms Davidson will not be able to join you *due to other commitments.* Ms Davidson appreciates your inviting her and she hopes that she will soon

Annahme einer Einladung

Sehr geehrter Herr Harper,

Frau Daisy Angel dankt Ihnen für die *freundliche Einladung* zur Eröffnung Ihrer neuen Galerie am Sonntag, dem 13. Februar, im Pittsburgh Einkaufszentrum in Cambridge, *die sie mit Freuden akzeptiert.*

Mit freundlichen Grüßen

Lisa Backhouse
(Sekretariat Frau Angel)

Ablehnung einer Einladung

Sehr geehrter Herr Smith,

vielen Dank für Ihre Einladung. Wir *bedauern zutiefst,* dass es Frau Davidson *aufgrund anderweitiger Verpflichtungen* leider nicht möglich ist, an den Feierlichkeiten teilzunehmen. Frau Davidson hat sich sehr über Ihre

| have the opportunity to meet you on a similar occasion. | Einladung gefreut und hofft, Sie bald bei einem ähnlichen Anlass kennenzulernen. |

| Yours sincerely,
Delia Lawson | Mit freundlichen Grüßen
Delia Lawson |

Invitation

On the occasion of the presentation of this year's Bullog Design Award, we request the pleasure of the company of Mr David Glan.

The celebrations will be held on Sunday 5th June at the Winston Churchill Hotel in London.

Following a brief reception by Nick Miller, chairman of the Modern Art Association, presentation of the awards will take place in the Regent's Ball Room accompanied by a 5-course dinner.

R.S.V.P.
black tie

Einladung

Aus Anlass der diesjährigen Verleihung des Bullog Design Award, geben wir uns die Ehre Herrn David Glan zu Ihrer werten Teilnahme einzuladen.

Die Feierlichkeiten finden am Sonntag, den 5. Juni, im Winston Churchill Hotel in London statt.

Nach einer kurzen Begrüßung durch Herrn Nick Miller, Vorsitzender der Modern Art Association erfolgt die Verleihung der Auszeichnung im Regent Ballsaal begleitet von einem fünfgängigen Menü.

u.A.w.g.
Smoking, Abendkleid

Geschäftskorrespondenz

E-mails and the Internet

Due to a **malfunction** our entire computer network has **crashed** and we are unable to see your **homepage** at the present time.

We have finally **debugged** the **disc** you sent us last week.

We have sent you a **double density disc** containing the information you requested under the **filename** 'Bod'.

If you need to use my PC, to **log in** type FOG.

So many people are trying to access the **Internet** this afternoon – I'm stuck in a **jam.**

I have downloaded the **data** onto a **hard disk.**
Please don't forget to **save** your work on disk.
If you require photos on your web site, we have a **scanner** here in the office.
I will send my P.A. over to you this afternoon with a **CD-ROM** – our **printhead** is not working.

I think the new **terminal operator** has **overloaded** our system.

Our **programmer** lost the **best part** of a day's work yesterday because of a **disk crash.**

E-Mails und das Internet

Wegen einer **Fehlfunktion** ist unser gesamtes Computer-Netzwerk **abgestürzt** und wir sind daher nicht in der Lage, Ihre **Homepage** zum jetzigen Zeitpunkt anzuschauen.

Wir haben es endlich geschafft, die **CD,** die Sie uns letzte Woche geschickt haben, von **Fehlern zu befreien.**
Wir haben Ihnen eine **Double-Density-Diskette** geschickt, die die Information, die Sie gewünscht hatten, unter dem **Dateinamen** 'Bod' enthält.

Wenn Sie meinen PC (Personal Computer) benutzen müssen, geben Sie FOG ein, um **einzuloggen.**
Heute Nachmittag versuchen so viele Leute Zugang zum **Internet** zu bekommen, dass ich in einem **Stau** stecke.

Ich habe die **Daten** auf die **Festplatte** heruntergeladen.
Bitte vergessen Sie nicht, Ihre Arbeit auf Diskette zu **speichern.**
Wenn Sie Fotos auf Ihrer Webseite benötigen, wir haben einen **Scanner** hier im Büro.
Ich werde Ihnen meinen persönlichen Assistenten heute Nachmittag mit einer **CD-ROM** vorbeischicken.
Unser **Druckkopf** funktioniert nicht.
Ich glaube, dass die neue **Datentypistin** unser System **überbeansprucht** hat.

Unser **Programmierer** hat gestern einen großen Teil seiner Tagesarbeit wegen der **Störung eines Laufwerkes** verloren.

Geschäftskorrespondenz

Have you tried out the new *software*?	Haben Sie die neue **Software** schon ausprobiert?
There seems to be a problem with the **CD drive.**	Es scheint ein Problem mit dem **CD-Laufwerk** zu geben.
Are you *online*?	Sind Sie *online*?
The address of our **web-page** is as follows ...	Die Adresse unserer **Webseite** ist folgende ...
I was very interested in the **web site design concepts** described in your **e-mail** yesterday.	Ich war sehr an den **Entwurfskonzepten der Webseite** in Ihrer **E-Mail** von gestern interessiert.
The **attachment** is in Word 2000 format.	Das **Attachment** ist im Word 2000 Format.
I had problems reading your message sent 12/12/05.	Ich hatte Schwierigkeiten, Ihre Mail vom 12.12.05 zu lesen.
I had problems **converting** your attachment, sent yesterday. Could you **re-send** it in simple text format?	Ich hatte Schwierigkeiten, Ihr gestriges Attachment zu **konvertieren.** Könnten Sie es **noch einmal** im Simple Text Format **schicken**?
I could not open your attachment this morning; my **virus check program** detected a virus.	Ich konnte heute Morgen Ihr Attachment nicht öffnen; mein **Anti-Virus-Programm** hat einen Virus entdeckt.
I apologise for not **forwarding** this message sooner, but due to a typing error your mail was returned marked "user unknown" on several occasions.	Ich bedaure, Ihre Nachricht nicht früher **weitergeleitet** zu haben, aber wegen eines Tippfehlers bekam ich Ihre Mail mehrere Male zurück mit dem Vermerk „user unknown".
For further information *please consult our web site at* www.ert.blag.	Für weitere Informationen **besuchen Sie bitte unsere Webseite unter** www.ert.blag.
Our **modem** does not have the capacity needed to **download** the information.	Unser **Modem** hat nicht die erforderliche Kapazität, um die Information **herunterzuladen.**
To access our site, please use the Java **web browser.**	Zugang zu unserer Webseite ist nur mit einem Java **Webbrowser** möglich.

Geschäftskorrespondenz

Sample E-Mails **Muster E-Mails**

Date: 14 February 2006
From: viertill@gfd.bav.de
To: wyattjl@dds.bham.uk
CC:

Hi Jeremy,
Many thanks for your mail which I received yesterday.

I have taken into account the changes you suggested and have attached, in simple text format, what I would suggest should be the final draft of the marketing concept for your new range of products.

If you have any problems reading the attachment, please let us know and we can fax the relevant documents to you.

I look forward to hearing from you soon,
Till

Datum: 14. Februar 2006
Von: viertill@gfd.bav.de
An: wyattjl@dds.bham.uk
Verteiler:

Hallo Jeremy,

vielen Dank für deine Mail, die ich gestern bekommen habe.

Ich habe deine Änderungen berücksichtigt und übersende dir jetzt ein Attachment im Simple Text Format, in welchem mein endgültiger Vorschlag für das Marketingkonzept für eure neue Produktpalette enthalten ist.

Solltest du irgendwelche Probleme haben, das Attachment zu lesen, bitte sage uns Bescheid, dann faxen wir dir die relevanten Dokumente.

Ich hoffe bald von dir zu hören.

Till

Date: December 10 2005
From: phildaniel@erba.arl
To: ugreen@xxtu.cam
CC:

Subject: Your order no. 123 of 12 units of article 2 in colour grey

Dear Ms. Green,
I would like to confirm your order dated December 4th 2005. Since we have this article in stock, we will be able to dispatch it this week. The invoice will be enclosed as usual.
Please note that we will shut down our plant for Christmas from December 22nd 2005 to January 7th 2006.

With best regards,

      P. Daniel

Datum: 10. Dezember 2005
Von: phildaniel@erba.arl
An: ugreen@xxtu.cam
Verteiler:

Thema: Ihr Auftrag Nr. 123 über 12 Einheiten des Artikels 2 in Grau

Sehr geehrte Frau Green,
hiermit möchte ich Ihren Auftrag vom 4.12. 2005 bestätigen. Da wir diesen Artikel auf Lager haben, können wir ihn noch diese Woche verschicken. Die Rechnung wird, wie immer, beigelegt.
Bitte beachten Sie, dass unser Werk über Weihnachten vom 22.12.05 bis zum 7.1.06 geschlossen bleibt.

Mit freundlichen Grüßen

      P. Daniel

Date: 12 July 2005
From: auction@data.can
To: CJK.mark@lds.usa
CC:

Dear all,
In response to your enquiry regarding our online auction site,
we would like to propose a visit to your company, where we could
explain the different packages we provide, and assess which would
be most appropriate for your company's requirements.

We are in no doubt that, in today's marketing climate, the way
forward for companies requiring new outlets for their products is
the Internet. Our attachment describes how the online auction
system works and details various options available to your firm.

We look forward to meeting you,
F. Watkins (Miss) – marketing manager

Datum: 12. Juli 2005
Von: auction@data.can
An: CJK.mark.lds.usa
Verteiler:

An Alle,
als Antwort auf eure Frage nach unserer Online-Auktionsseite möchten wir
euch einen Besuch in unserem Unternehmen vorschlagen, bei dem wir euch die
verschiedenen Pakete, die wir anbieten, erklären können, um dann abzuschätzen, welches für die Bedürfnisse eures Unternehmens am besten geeignet ist.

Wir haben keine Zweifel, dass es unter den heutigen Marketingbedingungen
für Unternehmen, die neue Absatzmöglichkeiten benötigen, keinen besseren
Weg gibt als das Internet. Unser Attachment beschreibt wie ein Online-
Auktions-System funktioniert und stellt genau die verschiedenen Optionen,
die für eure Firma verfügbar sind, dar.

Wir freuen uns, euch bald begrüßen zu dürfen.
F. Watkins – Marketingmanager

Geschäftskorrespondenz 504

Date: 11 January 2006
From: CJK.mark@lds.usa
To: auction@data.can
CC:

Dear Miss Watkins,
We have a couple of questions before we set a date for you to visit our company and make your presentation. Firstly, are your packages user-friendly? We are not a large firm and are concerned that we will have difficulties designing our entries for the online auction site – or would you do that for us in any event? Secondly, we would like to see some figures regarding the performance of your service. Have you any statistics from other companies already using your site? If so, please forward them ASAP.
Pending receipt of your info, I would like to suggest a visit to us next week – how about Tuesday 19th January?
Best regards,
The team at CJK

Datum: 11. Januar 2006
From: CJK.mark@lds.usa
To: auction@data.can
CC:

Sehr geehrte Frau Watkins,

wir haben ein paar Fragen, bevor wir einen Termin für Ihren Besuch in unserem Unternehmen und Ihre Präsentation vereinbaren. Erstens, sind Ihre Pakete benutzerfreundlich? Wir sind keine besonders große Firma und befürchten, dass wir Schwierigkeiten haben könnten, unsere Einträge für die Online-Seite zu entwerfen – oder würden Sie das sowieso für uns erledigen? Zweitens würde ich gerne einige Zahlen über die Leistungsfähigkeit Ihrer Dienstleistung haben. Haben Sie Statistiken von anderen Unternehmen, die Ihre Seite schon benutzen? Wenn ja, senden Sie sie bitte so schnell wie möglich an uns weiter. Nach Erhalt dieser Informationen würde ich einen Besuch bei uns für nächste Woche vorschlagen – wie wäre es mit Dienstag, den 19. Januar?
Herzliche Grüße,
Ihr CJK Team

8. Geschäftsreisen

Making Appointments	**Terminvereinbarungen**

May I come and *visit* you?
Kann ich Sie *besuchen* kommen?

Can we arrange a *meeting?*
Können wir ein *Treffen* vereinbaren?

I think we should meet.
Ich glaube, wir sollten uns treffen.

I would like an *appointment* to see Mr. Green, please.
Ich möchte bitte einen *Termin* bei Herrn Green.

This is best discussed *face to face*.
Wir sollten es besser *persönlich* besprechen.

When could we meet?
Wann könnten wir uns treffen?

When would it *suit* you?
Wann würde es Ihnen *passen*?

Is next Tuesday OK with you?
Passt Ihnen nächsten Dienstag?

Let me check my *appointment book.*
Lassen Sie mich in meinem *Terminkalender* nachsehen.

I'll *check with* my secretary.
Ich *frage* bei meiner Sekretärin nach.

I'll just see if I have any appointments on that day.
Ich sehe nur nach, ob ich an dem Tag irgendwelche Termine habe.

Four o'clock next Thursday?
16 Uhr nächsten Donnerstag?

I'll see *if he's free*.
Ich sehe nach, *ob er frei ist.*

He won't be in until about 10 a.m.
Er wird nicht vor 10 Uhr hier sein.

He has a meeting in the city in the morning.
Er hat vormittags eine Verabredung in der Stadt.

Could we make it *a bit earlier/later?*
Ginge es *ein bisschen früher/später*?

He has a meeting all day, how about Tuesday morning?
Er hat den ganzen Tag eine Besprechung, wie wäre es mit Dienstagvormittag?

He won't be back off holiday (US: back from vacation) until next Thursday.
Er ist bis nächsten Donnerstag im Urlaub.

Should we say Monday at 10 a.m.?
Sollen wir Montag um 10 Uhr *sagen*?

Let me check with John whether he can make it as well.
Lassen Sie mich bei John nachfragen, ob er auch kommen kann.

Can you *join* us next Monday at 4 p.m.?
Können Sie am nächsten Montag um 16 Uhr *teilnehmen*?

Where should we meet, in your office?
Wo sollen wir uns treffen, in Ihrem Büro?

In the *reception hall* (US: *lobby*).
In der *Eingangshalle*.

Thursday is *a holiday*.
Donnerstag ist *ein Feiertag*.

Geschäftsreisen

Dialogbeispiele

A: We have a problem with the new system.
B: I think this is best discussed *face to face.* Can we arrange a *meeting?*

A: Yes, fine. How would next Tuesday at 11 o'clock *suit* you?

B: Let me check my *appointment book.* No, that's no good. How about Monday, would 10.30 a.m. suit you?

A: Yes, that'll be fine.
B: OK, see you next Monday then.

A: May I come and *visit* you?
B: Yes, *is* next Wednesday *OK with you?*
A: Yes, fine, I'll *make a note* in my appointment book.

A: I would like an *appointment* to see Mr. Green, please.
B: Yes, when would you like to come?
A: Friday the 20th would suit me best.

B: I'm sorry, but he has a meeting in the city on that day. How about Monday the 23rd?

A: No, that's a holiday.
B: Oh yes, I overlooked that. On Tuesday the 24th then?
A: That's OK. At what time?
B: *About* 3 o'clock?
A: Fine. Thank you. See you then.

A: Could we meet for breakfast tomorrow?

A: Wir haben ein Problem mit dem neuen System.
B: Ich glaube, dass wir es besser *persönlich* besprechen sollten. Können wir ein *Treffen* vereinbaren?

A: Ja, in Ordnung. Würde Ihnen nächsten Dienstag um 11 Uhr *passen?*

B: Lassen Sie mich in meinem *Terminkalender* nachsehen. Nein, das geht nicht. Wie wäre es mit Montag, passt es Ihnen gegen 10.30 Uhr?
A: Ja, das passt mir gut.
B: Gut, dann bis nächsten Montag.

A: Kann ich Sie *besuchen?*
B: Ja, *passt es Ihnen* nächsten Mittwoch?
A: Ja, in Ordnung, ich werde es in meinem Terminkalender *notieren.*

A: Ich möchte bitte einen *Termin* bei Herrn Green.
B: Ja, wann möchten Sie kommen?
A: Am Freitag, den 20., würde es mir am besten passen.

B: Es tut mir Leid, aber er hat an diesem Tag eine Besprechung in der Stadt. Wie wäre es am Montag, den 23.?

A: Nein, da ist ein Feiertag.
B: Ach ja, das habe ich übersehen. Dann am Dienstag, den 24.?
A: Ja, in Ordnung. Um wie viel Uhr?
B: *Gegen* 15 Uhr?
A: Gut. Danke. Bis dann.

A: Können wir uns morgen zum Frühstück treffen?

Geschäftsreisen

B: Let me check with my secretary if I've any appointments.

A: OK, I'll wait.
B: Yes, seems to be OK.
A: Should we say 8.30?
B: Fine, see you tomorrow.

A: When is the meeting due *to take place?*
B: On Wednesday afternoon at 2 p.m.

A: Do you have the *agenda?*
B: Yes, we are supposed to make a presentation of the sales figures.
A: Maybe we should meet for lunch to discuss this.

B: OK, tomorrow at 1 p.m. at "Dusty's"?
A: Fine. Who else will be at the meeting?
B: Stephen and John.
A: OK. I'll tell them to be there at 1.

A: Sorry to trouble you again, but *I can't make it* tomorrow at 4. Can we make it a bit earlier, say 2.30?

B: Fine, I'll change it.
A: Thank you. See you then.

Reservations/Hotel

Do you have any *vacancies?*
I would like to *book a room.*

We have *singles and doubles.*

B: Lassen Sie mich bei meiner Sekretärin nachfragen, ob ich schon Termine habe.
A: Gut, dann warte ich solange.
B: Ja, scheint in Ordnung zu sein.
A: Sagen wir 8.30 Uhr?
B: In Ordnung, bis morgen.

A: Wann soll die Besprechung *stattfinden?*
B: Am Mittwochnachmittag um 14 Uhr.
A: Haben Sie die *Tagesordnung?*
B: Ja, wir sollen die Verkaufszahlen präsentieren.
A: Vielleicht sollten wir uns zum Mittagessen treffen, um dies zu besprechen.
B: OK, morgen um 13 Uhr bei „Dusty".
A: In Ordnung. Wer nimmt sonst noch an der Besprechung teil?
B: Stephen und John.
A: In Ordnung. Ich sage ihnen, dass sie um 13 Uhr da sein sollen.

A: Es tut mir Leid, dass ich noch mal störe, aber morgen um 16 Uhr *passt mir nicht*. Geht es ein bisschen früher, sagen wir um 14.30 Uhr?
B: In Ordnung, ich ändere es.
A: Danke. Bis dann.

Reservierungen/Hotel

Haben Sie *freie Zimmer?*
Ich würde gerne *ein Zimmer buchen.*

Wir haben *Einzel- und Doppelzimmer.*

I would need the room for two nights.	Ich bräuchte das Zimmer für zwei Nächte.
Will there be a restaurant and a bar?	Gibt es dort ein Restaurant und eine Bar?
How will I get there from the **bus station?**	Wie werde ich von der **Bushaltestelle** dorthin kommen?
We would like to **place a reservation for a conference room.**	Wir würden gerne **einen Konferenzraum reservieren.**
Could you **fax** this for me?	Können Sie mir das **durchfaxen**?
Please **charge everything to my account.**	Bitte schreiben Sie **alles auf meine Rechnung.**
Please **charge this to my credit card.**	Bitte **buchen Sie das von meiner Kreditkarte ab**.
I would need an overhead projector.	Ich bräuchte einen Overheadprojektor.
I'm sorry, we're **fully booked** due to the exhibition starting next week.	Es tut mir Leid, wir sind **völlig ausgebucht** wegen der Messe nächste Woche.
Maybe you could **try** the Regency.	Vielleicht **versuchen** Sie es beim Hotel Regency.
Do you have **special rates for business travellers?**	Haben Sie **Sondertarife für Geschäftsreisende**?
Could you **confirm** the reservation by fax?	Können Sie die Reservierung bitte per Fax **bestätigen**?
Could you let me have the full address and telephone and fax numbers, please?	Können Sie mir bitte die vollständige Adresse sowie Telefon- und Faxnummer geben?
Is it possible to get more information through the internet?	Ist es möglich, über das Internet mehr Informationen zu bekommen?
There's a photo of our hotel on our internet homepage.	Es gibt ein Foto unseres Hotels auf unserer Internet-Homepage.
Thank you for your **assistance.**	Vielen Dank für Ihre **Hilfe.**
What is the best way to get to the hotel from the airport?	Wie kommt man am besten vom Flughafen zum Hotel?
There is a **shuttle bus** to the **main station** every twenty minutes, the hotel is just around the corner.	Ein **Pendelbus** fährt alle zwanzig Minuten zum **Hauptbahnhof,** das Hotel ist gleich um die Ecke.
There is a **map** on our homepage where you can see how to get to us.	Auf unserer Homepage ist eine **Karte,** der Sie entnehmen können, wie Sie zu uns finden.

Geschäftsreisen

Dialogbeispiele

A: I would like to **book a single room** for two nights from the 21st to 23rd April in the name of Jones. The company is Jones & Son, London.
B: Yes, we have **rooms left.**

A: Do you have small **conference rooms** available? We would need a room for eight people, **refreshments and lunch included.**
B: That would be no problem.
A: Could you send us a **brochure** and a **price list?**
B: We'll send it off today.
A: Is it possible to **rent a car** there?

B: I would recommend renting a car **at the airport.** We have sufficient parking here.
A: Is it also possible to place a reservation by e-mail?
B: Yes, you can do that.
A: Fine, thank you for your help.

B: You are welcome.

A: Are there any **messages** for me?

B: Yes, here, a fax.
A: Is **everything prepared** for our meeting tomorrow?
B: Yes, in the Berkeley room.
A: Do you have a television and DVD player available?
B: Yes, I'll have them brought over.

A: We would like to have a **coffee break** at 10 a.m.
B: No problem.

A: Ich möchte vom 21. bis zum 23. April ein *Einzelzimmer* auf den Namen Jones *reservieren.* Die Firma ist Jones & Son, London.
B: Ja, wir haben noch *Zimmer frei.*

A: Stehen kleine *Konferenzzimmer* zur Verfügung? Wir bräuchten einen Raum für acht Personen, *inklusive Erfrischungen und Mittagessen.*
B: Das wäre kein Problem.
A: Können Sie uns eine *Broschüre* und eine *Preisliste* zuschicken?
B: Schicken wir heute weg.
A: Ist es möglich, dort ein *Auto zu mieten*?

B: Ich würde empfehlen, ein Auto *am Flughafen* zu mieten. Wir haben hier genügend Parkplätze.
A: Ist es auch möglich, per E-Mail zu reservieren?
B: Ja, das können Sie tun.
A: In Ordnung, vielen Dank für Ihre Hilfe.
B: Gern geschehen.

A: Gibt es irgendwelche *Nachrichten* für mich?
B: Ja, hier, ein Fax.
A: Ist *alles* für unsere morgige Besprechung *vorbereitet*?
B: Ja, im Berkeley Zimmer.
A: Stehen ein Fernseher und ein DVD-Spieler zur Verfügung?
B: Ja, ich sorge dafür, dass sie herübergebracht werden.

A: Wir möchten um 10 Uhr eine *Kaffeepause* machen.
B: Kein Problem.

Geschäftsreisen

A: When Mr. Smith arrives, can you please tell him that I am waiting in the bar?

A: Wenn Herr Smith ankommt, könnten Sie ihm bitte sagen, dass ich in der Bar auf ihn warte?

Transportation

Verkehrsmittel

When does the next *flight* to London leave?
Is it possible to *change my ticket* to stop over in Chicago for two days?

Is there somewhere here where I can *rent a car?*
Could you please tell me where I can find the closest *car rental?*

How much are the costs for a *rental car?*
Does the price include tax, insurance and free mileage?

What about *oneway* rentals?
Where is the nearest *taxi stand?*

Wann geht der nächste *Flug* nach London?
Kann ich eventuell *mein Ticket umtauschen,* damit ich zwei Tage in Chicago bleiben kann?

Kann ich hier irgendwo *ein Auto mieten*?
Könnten Sie mir bitte sagen, wo ich die nächste *Autovermietung* finden kann?

Was kostet ein *Mietwagen*?

Beinhaltet der Preis Steuer, Versicherung und unbeschränkte Meilen?

Wie ist es mit „*Oneway*"-Mieten?
Wo ist der nächste *Taxistand*?

Dialogbeispiele

A: When does the next *flight* to London leave?
B: 7.30 p.m. *via* New York.
A: Is it possible to *change my ticket* to stop over in New York for two days?
B: Of course, no problem, but we would have to *charge* you $50.

A: My name is Smith, you have a car reserved for me.
B: Yes, the white car over there.

A: Wann geht der nächste *Flug* nach London?
B: 19.30 Uhr *über* New York.
A: Kann ich eventuell *mein Ticket umtauschen,* damit ich zwei Tage in New York bleiben kann?
B: Natürlich, kein Problem, aber wir müssen eine *Gebühr* von $50 *berechnen.*

A: Mein Name ist Smith, für mich ist ein Auto reserviert.
B: Ja, das weiße Auto da drüben.

Geschäftsreisen

A: There has been a change of plan, can I *hand it back* in Boston?

B: No problem, but that would cost a little more.
A: Please *charge it to my credit card.*

A: Meine Pläne haben sich geändert, kann ich das Auto in Boston *wieder abgeben*?
B: Kein Problem, aber das kostet ein bisschen mehr.
A: Bitte *buchen Sie es von meiner Kreditkarte ab.*

A: From which *platform* is the train to London leaving?
B: From platform 5. It *is delayed by* 15 minutes.

A: Von welchem *Gleis* fährt der Zug nach London ab?
B: Von Gleis 5. Der Zug *hat* 15 Minuten *Verspätung.*

Arrival and Reception

Good morning, how are you?
I am fine, thank you.
Nice to meet you.
How do you do?
Hello, it's nice to see you again.
I'm here to see Mr. Lewis.
I have an *appointment* with Mr. Green.
Is he *expecting* you?
Would you like to *wait* for him in this room?
Please *take a seat.*
Please make *yourself comfortable.*
He'll be along shortly.
May I *offer* you a cup of coffee?

With milk and sugar?
Would you like some tea?
Would you like something to drink?
Can I get you some more tea?

I'm afraid we have run out of biscuits (US: cookies).
Is there somewhere I can hang my coat?

Ankunft und Empfang

Guten Morgen, wie geht es Ihnen?
Mir geht es gut, danke.
Schön, Sie kennen zu lernen.
Wie geht es Ihnen?
Guten Tag, schön, Sie wieder zu sehen.
Ich bin mit Herrn Lewis verabredet.
Ich habe eine *Verabredung* mit Herrn Green.
Erwartet er Sie?
Möchten Sie hier in diesem Zimmer auf ihn *warten*?
Bitte *nehmen Sie Platz.*
Bitte *machen Sie es sich bequem.*
Er kommt sofort.
Darf ich Ihnen eine Tasse Kaffee *anbieten*?

Mit Milch und Zucker?
Möchten Sie eine Tasse Tee?
Möchten Sie etwas trinken?
Kann ich Ihnen noch etwas Tee anbieten?

Es tut mir Leid, aber wir haben keine Kekse mehr.
Kann ich irgendwo meinen Mantel aufhängen?

May I *use the phone?*	Darf ich *telefonieren*?
Is there a phone here I can use?	Kann ich hier irgendwo telefonieren?
Could you *dial this number* for me?	Könnten Sie für mich *diese Nummer anwählen*?
Could you fax this through to my company in London?	Könnten Sie dies bitte an meine Firma in London faxen?
Did you have a good flight?	Hatten Sie einen guten Flug?
How was your *trip*?	Wie war die *Reise*?/Wie war Ihr *Flug*?
I'll have our driver *pick you up* at about 1.30 p.m.	Ich werde unserem Fahrer sagen, dass er *Sie* gegen 13.30 *abholen* soll.
When are you *leaving* Germany?	Wann *verlassen* Sie Deutschland?
When are you going back to the States?	Wann fliegen Sie zurück in die Vereinigten Staaten?
What time are you leaving?	Um wie viel Uhr fliegen/fahren Sie ab?

Dialogbeispiele

A: Hello, it's nice to see you again.

B: Yes, it's been a long time. I'm here to see Mr. Williams.
A: I'll just call him. Would you like *to take a seat?*

A: *He'll be along shortly,* may I *offer* you a cup of coffee?
B: Yes, please.
A: If you would like to wait in here, I'll bring the coffee.

A: Mr. Gregory, how nice to see you. Mr. Frank has been called away, but should be back in ten minutes. Would you like some coffee while you're waiting?
B: I would prefer tea. Is there a phone here I can use?
A: Yes, please *follow me.*

A: Guten Tag, schön, Sie wieder zu sehen.
B: Ja, ist schon lange her. Ich bin mit Herrn Williams verabredet.
A: Ich rufe ihn schnell an. Möchten Sie *Platz nehmen*?

A: *Er kommt sofort,* kann ich Ihnen eine Tasse Kaffee anbieten?
B: Ja, bitte.
A: Wenn Sie hier warten möchten, dann bringe ich den Kaffee.

A: Mr. Gregory, schön Sie wieder zu sehen. Mr. Frank musste kurz weg, aber er sollte in zehn Minuten wieder hier sein. Möchten Sie eine Tasse Kaffee, während Sie warten?
B: Ich trinke lieber Tee. Kann ich hier irgendwo telefonieren?
A: Ja, bitte *folgen Sie mir.*

A: Can I get you some tea?

B: No, thank you. Do you have any cold drinks?
A: Yes, we also have orange juice, cola (US: coke) or mineral water.
B: I'll have some orange juice, then.
A: Here you are.
B: Thank you.
A: Not at all.

Small Talk

Is it much colder in Germany than here in winter?
I hope that the *weather* was better in Hannover than it is here this morning.
Isn't it an awful day today?

The sun shone every day last week but that's very unusual for this time of year.
This rain is terrible, it's a shame that you can't see Liverpool on a sunny day.

Is *doing business* here very different from doing business in Britain?
How long have you been working for H.G.C. Limited?
Are you a member of an *employer's association?*
His latest business venture is proving to be a *cash cow*.
Do you travel abroad much on business?
Is there a strong *work ethic* in the US?

A: Kann ich Ihnen etwas Tee anbieten?
B: Nein, danke. Haben Sie auch kalte Getränke?
A: Ja, wir haben auch Orangensaft, Cola oder Mineralwasser.
B: Dann nehme ich einen Orangensaft.
A: Bitte sehr.
B: Danke.
A: Bitte schön.

Smalltalk

Ist es in Deutschland viel kälter im Winter als hier?
Ich hoffe, dass das *Wetter* in Hannover heute Morgen besser war als hier.
Ist es nicht ein scheußlicher Tag heute?

Letzte Woche schien die Sonne jeden Tag, aber das ist sehr ungewöhnlich zu dieser Jahreszeit.
Dieser Regen ist schrecklich, es ist schade, dass Sie Liverpool nicht an einem sonnigen Tag sehen können.

Unterscheidet sich das *Geschäftsleben* hier sehr stark von dem in Großbritannien?
Wie lange sind Sie schon bei H.G.C. Limited?
Sind Sie ein Mitglied des *Arbeitgeberverbandes*?
Sein letztes Geschäft hat sich als wahrer *Goldesel* herausgestellt.
Machen Sie viele Geschäftsreisen ins Ausland?
Gibt es eine starke *Arbeitsmoral* in den USA?

The **Chancellor of the Exchequer** (US: **Finance Minister**) resigned at the weekend.
The **balance of payments deficit** in the UK contrasts starkly with the **balance of payments surplus** in Germany.
The **economic recovery** in New Zealand won't last.

I don't know if you enjoy the **theatre** ...?
I don't know whether this **exhibition** would interest you ...?
If you are interested in art, one possibility for this afternoon would be visiting the Alte Pinakothek here in Munich.
Would an evening in the **opera** be of interest to you?
I don't know whether you were considering any **sight-seeing** ...?
Are you interested in history?

Do you like classical music?
Do you enjoy shopping?
It's **half-day closing** today – if you need anything from the shops you should go this morning.
There are some very good **shops** in the town centre.
Market day is Wednesday in Leek.
In London, one of the most famous **shopping streets** is Oxford Street.

What is it like in Frankfurt?
Where do you live in Germany?
Do you like living in London?
Do you prefer living in Leipzig or in Berlin?

Der **Finanzminister** ist am Wochenende zurückgetreten.

Das **Zahlungsbilanzdefizit** in Großbritannien steht in völligem Gegensatz zum **Zahlungsbilanzüberschuss** in Deutschland.
Der **Konjunkturaufschwung** in Neuseeland wird nicht von Dauer sein.
Mögen Sie **Theater**?

Würde Sie diese **Ausstellung** interessieren?
Wenn Sie an Kunst interessiert sind, gäbe es hier in München die Alte Pinakothek, die wir besuchen könnten.
Wären Sie an einem Abend in der **Oper** interessiert?
Hatten Sie geplant, einige **Sehenswürdigkeiten** zu **besuchen**?
Sind Sie an Geschichte interessiert?
Mögen Sie klassische Musik?
Gehen Sie gerne einkaufen?
Die Geschäfte **schließen** heute schon **mittags**. Wenn Sie noch etwas einkaufen wollen, sollten Sie das heute Morgen erledigen.
Es gibt einige sehr gute **Geschäfte** in der Stadtmitte.
In Leek ist am Mittwoch **Markttag**.
Eine der bekanntesten **Einkaufsstraßen** in London ist die Oxford Street.

Wie ist es in Frankfurt?
Wo leben Sie in Deutschland?
Leben Sie gerne in London?
Leben Sie lieber in Leipzig oder in Berlin?

Are you married?	*Sind Sie verheiratet?*
No, I'm divorced/separated/single.	Nein, ich bin geschieden/lebe getrennt/bin ledig.
Do you have a *family?*	Haben Sie *Familie?*
Does your husband work?	Arbeitet Ihr Mann?
What does he do?	Was macht er?
How old are your children?	Wie alt sind Ihre Kinder?
Do you have a large family?	Haben Sie eine große Familie?
Do you ski?	Fahren Sie Ski?
Have you ever been horse-riding?	Sind Sie schon mal geritten?
Do you like playing squash?	Spielen Sie gerne Squash?
Have you ever tried sailing?	Haben Sie schon mal Segeln versucht?
Do you enjoy jogging?	Mögen Sie Jogging?
Do you play tennis?	Spielen Sie Tennis?
Do you like doing crosswords?	Lösen Sie gerne Kreuzworträtsel?
Do you play chess?	Spielen Sie Schach?
Have you ever been to Italy?	Waren Sie schon mal in Italien?
Can you *speak* French?	*Sprechen* Sie Französisch?
Where did you go on *holiday* (US: *vacation*) last summer?	Wo haben Sie letzten Sommer Ihren *Urlaub* verbracht?
Was the weather nice?	Hatten Sie gutes Wetter?
What did you do?	Was haben Sie gemacht?
Did you *have a nice time?*	*Hat* es Ihnen *gefallen?*
What was it like there?	Wie war es da?
Was it very different to the US?	War es sehr anders als in den USA?
Where would you like *to go for lunch?*	Wo möchten Sie *zu Mittag essen?*
Do you like Japanese food?	Mögen Sie japanisches Essen?
Would you like to try traditional *German food?*	Mögen Sie die traditionelle *deutsche Küche?*
Are you *vegetarian?*	Sind Sie *Vegetarier?*
I am *allergic* to nuts.	Ich bin gegen Nüsse *allergisch.*
I don't like spicy food.	Ich esse nicht gerne scharf.
Are you ready *to order?*	Möchten Sie jetzt *bestellen?*
I think I need a few more minutes to read the menu.	Ich denke ich brauche noch ein paar Minuten, um die Speisekarte zu lesen.
I would like the *dish of the day* with a side salad, please.	Ich hätte gerne das *Tagesgericht* und als Beilage einen Salat, bitte.

Geschäftsreisen

Would you like a **starter?**	Möchten Sie eine **Vorspeise**?
Yes, please. I would like the smoked salmon paté.	Gerne. Ich möchte die Pastete vom geräucherten Lachs.
What would you like to drink?	Was möchten Sie trinken?
I would like a glass of mineral water, please.	Ich hätte gerne ein Glas Mineralwasser, bitte.
Could I have a glass of water, please?	Kann ich ein Glas Leitungswasser haben, bitte?
Would you prefer red or white wine?	**Möchten Sie lieber** Rotwein oder Weißwein?
Would you like some coffee?	Möchten Sie einen Kaffee?
Yes please, **white,** no sugar.	Ja, bitte, **mit Milch** und ohne Zucker.
Can I get you anything else?	Möchten Sie etwas anderes?
No, I'm fine, thank you.	Nein danke.
Could we have the bill, please?	Können wir zahlen, bitte?
What would you like to drink?	Was möchten Sie trinken?
I would like a pint of lager and half of bitter, please.	Ich hätte gern ein großes Bier und ein kleines Bitter (britisches Bier).
I'll get these.	*Ich werde diese Runde zahlen.*
Is it my round?	Ist es meine Runde?
I'd like two brandys, please – and have one yourself.	Ich hätte gerne zwei Weinbrand, bitte - und nehmen Sie auch einen (als Trinkgeld in Großbritannien).
Same again, please.	*Dasselbe nochmal*, bitte.
Are we allowed to smoke here?	Darf man hier rauchen?
Could we have an ashtray, please?	Können wir einen Aschenbecher haben, bitte.
Last orders at the bar, please!	Letzte Bestellungen vor der Sperrstunde, bitte!
What time does your train leave?	Um wie viel Uhr geht Ihr Zug?
I hope you *enjoyed your stay* in Germany.	Ich hoffe, Sie *hatten einen angenehmen Aufenthalt* in Deutschland.
If you have any *queries,* please do not hesitate to contact us.	Sollten Sie noch *irgendwelche* Fragen haben, zögern Sie bitte nicht, mit uns in Kontakt zu treten.
It was *a pleasure* doing business with you.	Es war *ein Vergnügen* mit Ihnen Geschäfte zu machen.
Likewise.	Danke, gleichfalls.
I hope that we can continue to work together in the future.	Ich hoffe, dass wir auch in Zukunft zusammenarbeiten werden.

I'll e-mail you to *keep you posted* of new developments.

Ich werde Ihnen mailen, um Sie über neue Entwicklungen *auf dem Laufenden zu halten.*

We'll see each other at the conference next month.
I hope we have the opportunity to discuss these developments *face to face* in the near future.

Wir sehen uns nächsten Monat auf der Tagung.
Ich hoffe, wir werden in naher Zukunft die Gelegenheit haben diese Entwicklungen *persönlich* zu besprechen.

Goodbye. It was a pleasure to meet you.

Auf Wiedersehen. Es war ein Vergnügen, Sie kennen gelernt zu haben.

I'm glad to have made your *acquaintance.*

Ich bin sehr erfreut, Ihre *Bekanntschaft* gemacht zu haben.

Dialogbeispiele

A: How was your *business year* in comparison to last year?
B: Our *business report* shows a considerable improvement.

A: Wie war Ihr *Wirtschaftsjahr* im Vergleich zum letzten Jahr?
B: Unser *Geschäftsbericht* zeigt eine beachtliche Verbesserung.

A: What is the *unemployment rate* in Switzerland?
B: Nowhere in Europe has *full employment.*
A: We have introduced many *job creation schemes* in Capetown to combat the problem.

A: Gibt es eine hohe *Arbeitslosenquote* in der Schweiz?
B: In Europa gibt es nirgendwo *Vollbeschäftigung.*
A: In Kapstadt haben wir viele *Arbeitsbeschaffungsmaßnahmen* eingeführt, um das Problem zu bekämpfen.

A: Do you think the US economy is *on the upturn* at the moment?

A: Glauben Sie, dass sich die US-Wirtschaft im Moment *im Aufschwung* befindet?

B: The *balance of trade* does seem to indicate that it is improving.

B: Die *Handelsbilanz* scheint anzuzeigen, dass sie stärker wird.

A: Have you visited Berlin before?
B: Only briefly, in 1993.

A: Waren Sie schon mal in Berlin?
B: Nur kurz, 1993.

Geschäftsreisen

A: Were you hoping to do some sightseeing?
B: Certainly. What can you recommend?
A: Perhaps a walking tour of the *city centre* – to take advantage of the good weather. Afterwards, I can heartily recommend the Shiva restaurant for lunch.

A: Does your wife work?
B: Yes, she works part-time s a midwife. After we had the children she gave up full time work.

A: Is your *daughter* in school?
B: No, she has already *graduated* (UK: *finished school*).

A: What subject is your daughter reading at university?
B: She is *reading* law at the University of Queensland.
A: My son graduated from Oxford last year.
B: Where does your *son* work?

A: What *sports* do you enjoy?
B: I like golf and enjoy fishing in summer, if I have the time.

A: You should go to Scotland – there are a lot of golf courses and good fishing rivers there.

B: I'd like to visit Scotland some day, especially the highlands.

A: Edinburgh is well worth a visit, too.

A: Hatten Sie eine Sightseeingtour geplant?
B: Natürlich. Was würden Sie empfehlen?
A: Vielleicht einen Spaziergang durch das *Stadtzentrum* – bei diesem schönen Wetter. Danach empfehle ich dringend das Restaurant Shiva zum Mittagessen.

A: Arbeitet Ihre Frau?
B: Ja, sie arbeitet Teilzeit als Hebamme. Seit wir die Kinder haben, hat sie aufgehört, Vollzeit zu arbeiten.

A: Ist Ihre *Tochter* in der Schule?
B: Nein. Sie ist bereits *fertig*.

A: Was studiert Ihre Tochter?

B: Sie *studiert* Jura an der Universität von Queensland.
A: Mein Sohn hat letztes Jahr seinen Abschluss in Oxford gemacht.
B: Wo arbeitet Ihr *Sohn*?

A: Welche *Sportarten* mögen Sie?
B: Ich spiele gerne Golf und im Sommer gehe ich Fischen, wenn ich Zeit habe.
A: Sie sollten Schottland besuchen – es gibt dort viele Golfplätze und gute fischreiche Flüsse.
B: Ich würde gerne mal nach Schottland fahren, besonders in die Highlands.
A: Auch Edinburgh ist eine Reise wert.

B: Perhaps next year, I should visit Scotland.

A: Nicola, I'd like to introduce you to one of our overseas partners, Mr. Franz Deffner. Mr. Deffner, Mrs. Adam, our chief accountant.

B: Pleased to meet you, Mrs. Adam.

C: Please, *call me* Nicola.
A: Have a seat, Mr. Deffner.
B: Thank you. Please *call me* Franz.

A: *Did* you *enjoy your meal?*
B: It was *delicious*, thank you.

A: Can I get you anything else?
B: I would like a cup of coffee, please. Black, no sugar.
A: Can we have the bill, please?
B: *Let me get this.*
A: No, please, allow me.
B: Thank you.
A: You're welcome.

A: Was the hotel *to your satisfaction?*
B: Yes, everything was just fine, thank you.
A: When are you flying back to the States?
B: This evening (US: tonight) at 6.30 p.m.
A: I'll have our driver pick you up at 4.30 p.m.

B: That's great, thanks for all your help.
A: Not at all. Have a good trip back. I hope to see you again soon. *Please give my regards to* Jane.

B: Vielleicht sollte ich nächstes Jahr in Schottland Urlaub machen.

A: Nicola, ich würde dich gerne einem unserer ausländischen Partner vorstellen, Herrn Franz Deffner. Herr Deffner, Frau Adam, unsere Chefbuchhalterin.
B: Es freut mich Sie kennen zu lernen, Frau Adam.
C: Bitte, *nennen Sie mich* Nicola.
A: Setzen Sie sich, Herr Deffner.
B: Danke, *nennen Sie mich* Franz.

A: *Hat es* Ihnen *geschmeckt?*
B: Es war *hervorragend*, danke der Nachfrage.
A: Möchten Sie noch etwas Anderes?
B: Ich hätte gerne eine Tasse Kaffee, bitte. Schwarz, ohne Zucker.
A: Können wir zahlen, bitte?
B: *Darf ich das übernehmen?*
A: Bitte überlassen Sie es mir.
B: Danke schön.
A: Keine Ursache.

A: War das Hotel *zufrieden stellend?*
B: Ja, es war alles völlig in Ordnung, danke.
A: Wann fliegen Sie in die USA zurück?
B: Heute Abend um 18.30 Uhr.

A: Ich werde unserem Fahrer sagen, dass er Sie so gegen 16.30 Uhr abholen soll.

B: Prima, und danke für Ihre Hilfe.
A: Bitte schön. Eine gute Heimreise, und ich hoffe, Sie bald wieder zu sehen. *Bitte bestellen Sie Grüße an* Jane.

Geschäftsreisen

Idioms

I have heard that their finances are in a *sorry state of affairs.*
I think the dispute was definitely a case of *six of one and half a dozen of the other.*
I am determined to *get to the bottom* of this issue.
Our new products will be launched and *on the market* next week.

I must say, we don't seem to have much *room for manoeuvre.*
At least we had the *last word.*
There is undoubtedly *room for improvement* in your management strategies.
He knows *all the tricks of the trade.*
His arguments *cut no ice* with me.

Our latest series of advertisements are designed *with the man in the street in mind.*
I would be grateful if you could *show Clare the ropes.*
She doesn't seem able to *make up her mind.*
I had the feeling they were *looking down their noses* at me.

When I *caught her secretary's eye* I had the feeling that she knew something.
My suggestion was met with a general *raising of eyebrows.*
Your experience here with us will *stand you in good stead* when furthering your career.
A stitch in time saves nine.

Typische Redewendungen

Ich habe gehört, dass Ihre Finanzen in *einem traurigen Zustand sind.*
Ich glaube, der Streit war sicherlich *von beiden Seiten gleichermaßen verursacht.*
Ich bin gewillt, dieser Sache auf den Grund zu gehen.
Unser neues Produkt wird nächste Woche *auf dem Markt* lanciert.

Ich muss sagen, wir haben *nur begrenzten Handlungsspielraum.*
Zumindest hatten wir *das letzte Wort.*
Es gibt zweifellos *noch Raum für Verbesserungen* in Ihren Managementstrategien.
Er kennt *alle Tricks in seinem Geschäft.*
Seine Argumente machen *keinen Eindruck* auf mich.

Unsere letzte Anzeigenserie wurde *für den Mann auf der Straße* entworfen.
Ich wäre sehr dankbar, wenn Sie *Clare herumführen könnten.*
Sie scheint nicht zu *wissen, was sie will.*
Ich hatte das Gefühl, dass sie äußerst *hochnäsig mir gegenüber waren.*

Als ich ihrer *Sekretärin einen Blick zuwarf,* hatte ich das Gefühl, dass sie etwas wusste.
Mein Vorschlag rief ein allgemeines *Stirnrunzeln* hervor.
Ihre Erfahrung hier bei uns wird sehr *nützlich* für Ihre spätere Karriere sein.
Vorsicht ist besser als Nachsicht.

It would have been better to have fully repaired our machinery in 1993 – as they say, *a stitch in time...*

When the cat's away, the mice will play.
I'm not at all surprised that deadlines were not met in your absence – *when the cat's away...*

Birds of a feather flock together.

In for a penny, in for a pound.

Two's company, three's a crowd.

What you make on the swings you lose on the roundabouts.
He has really *put his foot in it.*

I think she is quite *down in the dumps* about the whole thing.

She can't *stand the sight* of him.
The Clodock Herald has *dragged our name through the mud.*
He seems to have *taken quite a shine to her.*

Es wäre besser gewesen, wenn wir unsere Maschinenanlage 1993 vollständig repariert hätten – *das hätte uns viel Ärger erspart.*

Wenn die Katze aus dem Haus ist, tanzen die Mäuse.
Ich bin überhaupt nicht überrascht, dass die Deadlines in deiner Abwesenheit nicht eingehalten wurden – *wenn die Katze aus dem Haus ist...*

Vögel mit gleichem Gefieder gruppieren sich zusammen.

Dabei für einen Penny, dabei für ein Pfund.

Zwei sind eine Gesellschaft, drei sind ein Gedränge.

Was man auf der Schaukel verdient verliert man auf dem Karussell.
Da ist er wirklich *ins Fettnäpfchen getreten.*

Ich glaube, sie ist ziemlich *am Boden zerstört* wegen dieser Geschichte.

Sie kann ihn *nicht ausstehen.*
Der Clodock Herald hat *unseren Namen durch den Schmutz gezogen.*
Ich glaube, *er ist sehr von ihr eingenommen.*

Dialogbeispiele

A: I was quite annoyed by his behaviour on Wednesday.
B: You have to *take him with a pinch of salt.*

A: Ich war ziemlich verärgert über sein Verhalten am Mittwoch.
B: Du darfst ihn *nicht zu ernst nehmen.*

A: Yes – but I don't **suffer fools gladly.**

A: This delay is extremely annoying – I wish they'd come to a decision.

B: I fear they might **chicken out** eventually.

A: I think you've **hit the nail on the head.** Perhaps we should go ahead without them.

A: I would be grateful if you could inform me promptly of any further developments.
B: We'll keep our **ears to the ground.**

A: Would you be interested in participating in a joint marketing scheme?
B: I could certainly **bear it in mind** at the next board meeting.

A: Our sales have declined by ten percent since we stopped doing business with JMC.

B: Perhaps we will have to **swallow our pride** and **settle our differences** with them.

A: Do you anticipate any problems updating our database?

B: To be honest, I could do it **standing on my head.**

A: Ja – aber ich **toleriere Ignoranten ungern.**

A: Diese Verzögerung ist sehr ärgerlich – ich wünschte, sie würden zu einer Entscheidung kommen.
B: Ich fürchte, dass sie im letzten Moment **kalte Füße bekommen** werden.
A: Ich glaube, Sie haben den **Nagel auf den Kopf getroffen.** Vielleicht sollten wir ohne sie weitermachen.

A: Ich wäre dankbar, wenn Sie mich über weitere Entwicklungen auf dem Laufenden halten könnten.
B: Wir werden **unsere Augen offen halten.**

A: Wären Sie daran interessiert, an einem gemeinsamen Marketing-Projekt teilzunehmen?
B: Ich werde sicherlich bei der nächsten Direktionssitzung **daran denken**.

A: Unsere Verkäufe sind um zehn Prozent zurückgegangen seit wir aufgehört haben, mit JMC Geschäfte zu machen.
B: Vielleicht sollten wir unseren **Stolz herunterschlucken** und unsere **Streitigkeiten** mit ihnen **beilegen.**

A: Erwarten Sie irgendwelche Probleme mit dem Update unserer Datenbank?
B: Um ehrlich zu sein, das könnte ich **im Schlaf erledigen.**

Geschäftsreisen

A: I find them difficult to deal with when they're together in the office.
B: Well, *birds of a feather...*

A: I was considering pulling out if I still could.
B: I honestly don't think that's possible. You might as well carry on now you've got this far – *in for a penny,* you know?

A: How have you found working with our new deputy manager?
B: Well, I preferred working just with Sarah – *two's company,* after all.

A: Has your expansion in the USA paid off?
B: Well, at the moment it's all *swings and roundabouts.*

A: Are you sure you want me to take over this project?
B: Definitely – Alan *has had a fair crack of the whip.*

A: May I explain my plans to you in more depth?
B: I'm *all ears.*

A: Ich finde es schwierig mit ihnen auszukommen, wenn sie zusammen im Büro sind.
B: Na ja, *sie sind sehr ähnlich.*

A: Ich habe mir überlegt, mich zurückzuziehen, wenn ich es noch könnte.
B: Ich glaube wirklich nicht das das noch möglich ist. Du kannst jetzt auch weiter machen, nachdem du so weit gegangen bist – *wer A sagt muss auch B sagen.*

A: Wie hast du es gefunden, mit unserem neuen stellvertretenden Leiter zusammenzuarbeiten?
B: Ich habe es bevorzugt, nur mit Sarah zu arbeiten – *die Arbeit zu zweit ist schöner.*

A: Hat sich die Expansion in die USA rentiert?
B: Im Moment *gleicht sich das alles aus.*

A: Sind Sie sicher, Sie wollen, dass ich das Projekt übernehme?
B: Auf jeden Fall. Alan *hat seine Chance gehabt.*

A: Kann ich Ihnen meine Pläne etwas ausführlicher erklären?
B: Ich bin *ganz Ohr.*

9. Besprechungen

Presentations

We will schedule our next *quarterly meeting* for ...
We should *notify the participants* of the next annual production meeting as soon as possible.
Handouts containing the *agenda* should be sent out beforehand to everybody.
Will all the *staff* be able to come?

Shall we *postpone* the meeting?

Should we settle on a *later date?*

Would it be better to *cancel* the meeting altogether?
Ladies and gentlemen, *welcome* to today's meeting.
Ladies and gentlemen, I am happy to welcome you to our annual *business meeting.*

Welcome and thank you for coming today.
Ladies and gentlemen, we are gathered here today to listen to Mrs. Smith's *presentation* on ...

We have an extremely important session today.
This month's meeting will have the following subject: ...
The *subject* of tomorrow's session has been decided on by Mr. ...
Mr. Daniel's talk on ... will introduce us to today's *topic.*

Präsentationen

Wir werden unsere nächste *Quartalsbesprechung* für ... ansetzen.
Wir sollten die *Teilnehmer* der nächsten Jahresproduktionsbesprechung so schnell wie möglich *benachrichtigen.*
Handouts mit der *Tagesordnung* sollten vorab an alle verschickt werden.
Wird die gesamte *Belegschaft* kommen können?
Sollen wir die Besprechung *auf später verschieben*?
Sollten wir uns auf einen *späteren Termin* einigen?
Wäre es besser, die Besprechung ganz *abzusagen*?
Meine Damen und Herren, *ich begrüße Sie* zu der heutigen Sitzung.
Meine Damen und Herren, ich freue mich, Sie zu unserer jährlichen *Geschäftsbesprechung* willkommen zu heißen.
Herzlich willkommen und vielen Dank, dass Sie heute erschienen sind.
Meine Damen und Herren, wir haben uns heute hier versammelt, um Frau Smiths *Präsentation* über ... zu hören.
Wir haben heute eine ausgesprochen wichtige Sitzung.
Die Besprechung dieses Monats hat folgendes Thema: ...
Das *Thema* der morgigen Sitzung hat Herr ... bestimmt.
Herrn Daniels Vortrag ... wird uns in das heutige *Thema* einführen.

It is my pleasure to introduce our **guest,** Mrs. Green, to you.	Es ist mir eine Freude, Ihnen unseren **Gast,** Frau Green, vorzustellen.
We are pleased to have Mr. Alfons as our guest.	Wir freuen uns, Herrn Alfons als unseren Gast zu haben.
I am sorry to announce that Mr. Wilbert will be late.	Es tut mir Leid, Ihnen mitteilen zu müssen, dass Herr Wilbert sich verspäten wird.
We will begin the meeting in five minutes.	Wir werden in fünf Minuten mit der Besprechung beginnen.
I hope that we will have an interesting discussion.	Ich hoffe, dass wir eine interessante Diskussion haben werden.
We will start even if not everybody has arrived.	Wir werden beginnen, auch wenn noch nicht alle da sind.
Handouts are provided for every member.	Jedes Mitglied bekommt ein **Handout** (Informationsblatt).
The **agenda** has been handed out **in advance.**	Die **Tagesordnung** ist schon **vorab** ausgeteilt worden.
Everybody should be in possession of a detailed description of today's topic.	Jeder sollte im Besitz einer detaillierten Beschreibung des heutigen Themas sein.
On the handout you can see this meeting's agenda.	Der Tischvorlage können Sie die Tagesordnung dieser Besprechung entnehmen.
The meeting will follow the **items** on the agenda.	Die Sitzung wird den **Punkten** der Tagesordnung folgen.
Items can be **added** to today's agenda.	Der Tagesordnung können Punkte **hinzugefügt** werden.
Items can be **deleted** from the agenda.	Es können Punkte von der Tagesordnung **gestrichen** werden.
We need somebody to **keep the minutes.**	Wir brauchen jemanden, der **Protokoll führt.**
Somebody has to be appointed to keep the **minutes.**	Irgendjemand muss dazu ernannt werden, **Protokoll** zu führen.
Mr. Wilson, would you be so kind to keep the minutes today?	Herr Wilson, wären Sie so freundlich, heute Protokoll zu führen?
If nobody **volunteers** I will have to appoint someone.	Falls **sich** niemand **freiwillig meldet,** muss ich jemanden bestimmen.
Before going into detail I will give you the necessary **background information.**	Bevor ich ins Detail gehe, werde ich Ihnen die notwendigen **Hintergrundinformationen** geben.

Besprechungen

I am going to confront you with some ***controversial issues.***	Ich werde Sie mit einigen ***sehr umstrittenen Punkten*** konfrontieren.
Some ***problematic aspects*** will be ***raised*** during Mr. Daniel's talk.	Während Herrn Daniels Vortrag werden einige ***problematische Aspekte aufgeworfen*** werden.
Due to the controversial topic of the presentation we will probably have a very ***lively*** discussion.	Aufgrund des umstrittenen Themas der Präsentation werden wir wahrscheinlich eine sehr ***lebhafte*** Diskussion haben.
Could you please ***hold back*** all questions and comments until after I am done?	Könnten Sie bitte alle Fragen und Anmerkungen ***zurückhalten*** bis ich fertig bin?
I would prefer answering any questions after having finished my talk.	Ich würde es vorziehen, Fragen erst zu beantworten, nachdem ich meinen Vortrag beendet habe.
If any questions arise please do not hesitate to ***interrupt*** me.	Falls irgendwelche Fragen aufkommen, scheuen Sie sich bitte nicht, mich zu ***unterbrechen.***
Ms. Maier will be happy to react to your comments ***any time***.	Frau Maier wird gerne ***jederzeit*** auf Ihre Kommentare eingehen.
Please feel free to interrupt me any time.	Bitte zögern Sie nicht, mich jederzeit zu unterbrechen.
There will be enough time for questions and comments after the presentation.	Im Anschluss an die Präsentation wird genug Zeit für Fragen sein.
After the first half of the presentation there will be a ***break*** of ten minutes.	Nach der ersten Hälfte der Präsentation wird es eine ***Pause*** von zehn Minuten geben.
I will begin my presentation with giving you an ***overview*** of ...	Ich werden meine Präsentation damit beginnen, Ihnen einen ***Überblick*** über ... zu geben.
We will use ***foils*** to present the facts.	Wir werden ***Folien*** verwenden, um die Sachverhalte darzustellen.
Pie charts are best suited for the presentation of percentages.	***Kreisdiagramme*** sind am geeignetsten für prozentuale Darstellungen.
He will be using ***flip charts*** to illustrate ...	Er wird ***Flipcharts*** zur Verdeutlichung von ... benutzen.
To show you ... I have brought some ***slides.***	Um Ihnen ... zu zeigen, habe ich einige ***Dias*** mitgebracht.
This short film will introduce you to ...	Dieser kurze Film wird Sie mit ... vertraut machen.

I have brought a video to demonstrate ...	Ich habe ein Video mitgebracht, um zu zeigen, ...
From this **table** you can see ...	Aus dieser **Tabelle** können Sie ... entnehmen.
For this, two factors are **responsible**.	Hierfür sind zwei Faktoren **verantwortlich**.
First, ... Second, ...	Erstens, ... Zweitens, ...
I believe that there are several reasons. Firstly, ... Secondly, ...	Ich glaube, dass es verschiedene Gründe gibt. Erstens, ... Zweitens, ...
The **main reason** for this is, ...	Der **Hauptgrund** hierfür ist, ...
Furthermore, ...	**Darüber hinaus/des Weiteren ...**
Consequently, ...	**Folglich, ...**
Therefore/because of this ...	**Deshalb/deswegen ...**
In addition, ...	**Zusätzlich, ...**
There are still the following aspects of the problem to talk about ...	Über folgende Aspekte des Problems müssen wir noch sprechen ...
I almost forgot to tell you ...	Beinahe vergaß ich, Ihnen zu sagen, dass...
I think that we have finally found a **compromise**.	Ich glaube, dass wir endlich einen **Kompromiss** gefunden haben.
The following **suggestions** have been made.	Folgende **Vorschläge** sind gemacht worden.
To present a possible way out of this conflict was the **intention** of my presentation.	**Ziel** meiner Präsentation war, einen möglichen Weg aus diesem Konflikt aufzuzeigen.
I hope that no **misunderstandings** will result from this paper, which I have presented here.	Ich hoffe, dass aus dem Aufsatz, den ich hier vorgestellt habe, keine **Missverständnisse** erwachsen.
To **sum up** ...	Um es **zusammenzufassen** ...
Finally I should say that ...	**Abschließend** sollte ich sagen, dass ...
With the following quotation I will bring my presentation to an end.	Mit dem folgenden Zitat möchte ich meine Präsentation beenden.
With this last **statement** we should open the discussion.	Mit dieser letzten **Feststellung** sollten wir die Diskussion eröffnen.
You may now ask all questions that arose during my presentation.	Sie dürfen jetzt sämtliche Fragen stellen, die während meiner Präsentation aufgekommen sind.
I am now willing to answer any questions.	Ich bin jetzt bereit, Fragen zu beantworten.
We can now discuss whatever you would like to be discussed.	Wir können jetzt alles diskutieren, was Sie zur Diskussion stellen möchten.

Now is the time to comment on Mr. Wilbur's **point of view,** which he has elaborated on this past hour.

Jetzt ist der Zeitpunkt gekommen, Herrn Wilburs **Ansicht** zu kommentieren, die er in der letzten Stunde ausführlich dargelegt hat.

Thank you, ladies and gentlemen, for being here today.

Meine Damen und Herren, vielen Dank, dass Sie heute gekommen sind.

That's all for now, thank you for listening.

Das ist fürs Erste alles; danke, dass Sie zugehört haben.

I think we should **call it a day** and leave this problem for the time being.

Ich denke, wir sollten **Feierabend machen** und dieses Problem vorläufig beiseite lassen.

Dialogbeispiele

A: I think we should **schedule** our next quarterly meeting for Monday next week.

A: Ich denke, wir sollten unsere nächste Quartalsbesprechung für Montag kommender Woche **ansetzen.**

B: That's a good idea, but then we should **notify** everybody as soon as possible. We should also send out **handouts containing the agenda.**

B: Das ist eine gute Idee, aber wir sollten dann jeden so schnell wie möglich **benachrichtigen.** Außerdem sollten wir **Handzettel mit der Tagesordnung** verschicken.

A: O.K., I will do this tomorrow. Do you think that all the **staff** will be able to come?

A: In Ordnung. Das werde ich morgen machen. Glauben Sie, dass die gesamte **Belegschaft** kommen kann?

B: I don't know. If not, we can always **postpone** the meeting to a later date.

B: Ich weiß nicht. Falls nicht, können wir die Besprechung immer noch auf einen späteren Termin **verschieben.**

A: I hope that we will not have to **cancel** the meeting altogether.

A: Ich hoffe, dass wir die Besprechung nicht ganz **absagen** müssen.

A: Ladies and gentlemen, welcome to today's meeting. We are here to listen to Mrs. Smith's presentation on the recent marketing strategies of our European branches. Mrs. Smith, thank you for being here. Will you

A: Meine Damen und Herren, herzlich willkommen zur heutigen Besprechung. Wir sind hier, um Frau Smiths Präsentation der aktuellen Marketingstrategien unserer europäischen Filialen zu hören. Frau

be kind and tell us how you will proceed?

B: Thank you. I am pleased to be here today. Before I begin, I will show you a short film about the changes in the European market situation over the last years. My presentation will then cover several very **controversial aspects** and I hope that we will have a very lively discussion afterwards. If you have any questions, feel free to interrupt me any time.

A: We are pleased to have Mr. Alfons, sales coordinator of our Russian branch, as our guest today. His presentation is not on the agenda but will nevertheless be an important **addition** to our topic.

A: Good morning, ladies and gentlemen. I am pleased to welcome Mr. Daniel of Talcum Industries as our guest. Mr. Daniel's talk on the possibilities of entry into the Chinese market will **introduce us to today's topic.** Mr. Daniel will you please begin?

B: Thank you. I am glad to be here. I will begin my presentation with giving you an overview of last year's development of the sales figures of different European companies.
In order to present the facts, I will use **overhead foils.** To illustrate the percentage of European companies

Smith, vielen Dank, dass Sie heute hier sind. Würden Sie uns bitte sagen, wie Sie verfahren werden?
B: Danke. Ich freue mich, heute hier zu sein. Bevor ich anfange, werde ich Ihnen einen kurzen Film über die Veränderungen der europäischen Marktsituation in den letzten Jahren zeigen. Meine Präsentation wird dann einige sehr **umstrittene Aspekte** abhandeln und ich hoffe, dass wir danach eine sehr lebhafte Diskussion haben werden. Sollten Sie irgendwelche Fragen haben, können Sie mich jederzeit gerne unterbrechen.

A: Wir freuen uns, Herrn Alfons, den Verkaufskoordinator unserer russischen Filiale, heute als unseren Gast zu haben. Seine Präsentation steht zwar nicht auf der Tagesordnung, aber sie wird dennoch eine wichtige **Ergänzung** unseres Themas sein.

A: Guten Morgen, meine Damen und Herren. Ich freue mich, Herrn Daniel von Talcum Industries als unseren Gast willkommen zu heißen. Herrn Daniels Vortrag über die Möglichkeiten des Markteinstiegs in China wird uns **in das heutige Thema einführen.** Herr Daniel, würden Sie bitte beginnen?
B: Danke. Ich freue mich, hier zu sein. Ich werde meine Präsentation damit beginnen, Ihnen einen Überblick über die Entwicklung der Verkaufszahlen des letzten Jahres verschiedener europäischer Firmen zu geben. Um die Fakten darzustellen, werde ich **Overhead-Folien** verwenden. Ich

in the Chinese market, I have decided that *pie charts are most convenient.*

A: Mr. Daniel, sorry to interrupt you, but before you go into detail could you please give us the necessary *background information?*

B: Of course. That is what I had in mind. But could you then please *hold back* any questions and comments until after the first part of my presentation?

A: To show you the present situation, I have brought some *slides.*

Later on we can watch a video which shows how our Brazilian partners have set up the production.

A: From this table you can see how much the foundation of the NAFTA has affected import rates from Mexico.
The following *suggestions* have been made to end this intolerable situation.

A: I come now to the last point of my presentation. ... *To sum up*, we can say that there seem to be several ways to solve this problem.
The *intention* of my talk was to confront you with different alternative solutions.
Thank you for your attention.

habe beschlossen, dass für die Darstellung der Prozentanteile europäischer Firmen auf dem chinesischen Markt *Kreisdiagramme am geeignetsten sind.*

A: Herr Daniel, entschuldigen Sie, dass ich Sie unterbreche, aber könnten Sie uns bitte die nötigen *Hintergrundinformationen* geben, bevor Sie ins Detail gehen?

B: Sicher. Das hatte ich vor. Aber könnten Sie dann bitte alle Fragen und Anmerkungen bis nach dem ersten Teil meiner Präsentation *zurückhalten*?

A: Um Ihnen die aktuelle Situation zu zeigen, habe ich einige *Dias* mitgebracht.
Später können wir uns ein Video anschauen, das zeigt, wie unsere brasilianischen Partner die Produktion eingerichtet haben.

A: Aus dieser Tabelle können Sie entnehmen, wie stark sich die Gründung der NAFTA auf die Importraten aus Mexiko ausgewirkt hat.
Folgende *Vorschläge* sind zur Beendigung dieser unerträglichen Situation gemacht worden.

A: Ich komme nun zum letzten Punkt meiner Darstellung. ... *Zusammenfassend* können wir sagen, dass es mehrere Wege zu geben scheint, dieses Problem zu lösen.
Ziel meines Vortrags war es, Sie mit verschiedenen alternativen Lösungen zu konfrontieren. Vielen Dank für Ihre Aufmerksamkeit.

A: Finally, all I have to say is that I think we should *leave this aspect of the problem for the time being* and call it a day. Good bye, ladies and gentlemen, and thank you for being here. We will meet here again next week.

A: Abschließend bleibt mir nur zu sagen, dass ich denke, wir sollten *diesen Aspekt des Problems für heute beiseite lassen* und Feierabend machen. Auf Wiedersehen, meine Damen und Herren, vielen Dank, dass Sie hier waren. Nächste Woche treffen wir uns wieder hier.

Argumentation

I think that ...
I believe that ...
I am *sure/certain* that ...
I am absolutely sure that ...
In my opinion ...
From my point of view ...
In my eyes ...
I *presume/assume* that ...
As I see it ...
I am persuaded that ...
I am *positive* that ...

The first *reason* for this I would like to mention is ...
Second/secondly there is ... to talk about.
In addition, we shouldn't forget that ...
Furthermore ...
Moreover ...
I would like to add ...

Not only ... but also ...
On the one hand ... on the other hand ...
In general ...
Generally speaking ...
On the whole ...
All in all ...

Argumentation

Ich denke, dass ...
Ich glaube, dass ...
Ich bin *sicher*, dass ...
Ich bin absolut sicher, dass ...
Meiner Ansicht nach ...
Nach meiner Auffassung ...
In meinen Augen ....
Ich *nehme an/vermute,* dass ...
So wie ich das sehe ...
Ich bin überzeugt, dass ...
Ich bin (mir) *ganz sicher,* dass ...

Der erste *Grund* hierfür, den ich erwähnen möchte ist ...
Zweitens sollten wir über ... sprechen.

Zusätzlich sollten wir nicht vergessen, dass ...
Ferner/des Weiteren ...
Darüber hinaus ...
Ich würde gerne ... hinzufügen.

Nicht nur ... sondern auch.
Einerseits ... andererseits ...
Im Allgemeinen ...
Allgemein gesprochen ...
Im Großen und Ganzen ...
Alles in allem ...

Besprechungen

Nevertheless I should not forget to mention ...
In spite of ...
Despite the fact that ...
However ...
Although ...
Instead of ...
Instead, ...

Therefore ...
For that reason ...
I am not at all ***convinced.***

I am not quite sure if I can agree.

What if you are wrong?
Could it be that you ***got something wrong here?***

I am afraid I cannot follow your argument.
Could you please go more into detail?

Wouldn't it be better if we stuck to the subject?
It might be better if ...
What about Mr. Fielding's ***proposal?***

Shouldn't we ***take into account*** other opinions on this subject?

Maybe you should ***consider*** what Ms. Green said earlier.
Why don't you tell us more about ...?

I agree with most of what you presented here, ***yet*** don't you think that ...
Have you thought about looking at this problem ***from a different angle?***

Nichtsdestotrotz sollte ich nicht vergessen zu erwähnen ...
Trotz ...
Trotz der Tatsache, dass ...
Aber/trotzdem/jedoch ...
Obwohl ...
Statt/anstatt ...
Stattdessen ...

Deshalb/deswegen ...
Darum/aus diesem Grund ...
Ich bin überhaupt nicht davon ***überzeugt.***

Ich bin nicht ganz sicher, ob ich dem zustimmen kann.

Was ist, wenn Sie sich irren?
Könnte es sein, dass Sie hier ***etwas falsch verstanden haben?***

Ich fürchte, ich kann Ihrem Argument nicht folgen.
Könnten Sie bitte mehr ins Detail gehen?

Wäre es nicht besser, wenn wir beim Thema blieben?
Es wäre vielleicht besser, wenn ...
Was ist mit Herrn Fieldings ***Vorschlag?***

Sollten wir nicht andere Meinungen zu diesem Thema ***berücksichtigen?***

Vielleicht sollten Sie ***bedenken,*** was Frau Green vorhin gesagt hat.
Warum erzählen Sie uns nicht mehr zu ... ?

Dem meisten von dem, was Sie hier vorgestellt haben, ***stimme ich zu, aber*** denken Sie nicht, dass ...
Haben Sie daran gedacht, dieses Problem ***aus einem anderen Blickwinkel*** zu betrachten?

Everything you said is fine, but one could also *take other aspects into account.*	Was Sie gesagt haben ist schön und gut, aber man könnte auch *andere Aspekte in Betracht ziehen.*
I *wonder* if you have taken into account that …	Ich *frage mich,* ob Sie berücksichtigt haben, dass …
Aren't there more sides to this *issue*?	Hat diese *Angelegenheit* nicht mehrere Seiten?
You are right with what you are saying.	*Sie haben Recht,* mit dem was Sie sagen.
Yes, you could also look at it from this point of view.	Ja, Sie könnten es auch aus dieser Sicht sehen.
Let me see!	Lassen Sie mich überlegen!
Yes, you could actually be right.	Ja, Sie könnten tatsächlich Recht haben.
No, I think you are *mistaken.*	Nein, ich denke, dass Sie hier *falsch liegen.*
Really, I am convinced that one couldn't say it this way at all.	Wirklich, ich bin davon überzeugt, dass man das so überhaupt nicht sagen kann.
Are you really convinced that this is a realistic project?	Sind Sie wirklich überzeugt davon, dass es sich um ein realistisches Projekt handelt?
Excuse me, Madam/Sir, *may I interrupt you?*	Entschuldigen Sie, meine Dame/mein Herr, *darf ich Sie unterbrechen?*
Sorry to *break in,* but …	Tut mir Leid, dass ich Sie *unterbreche,* aber …
Excuse me, may I ask you a question?	Entschuldigen Sie, darf ich Ihnen eine Frage stellen?
I would like to say a few words.	Ich würde gerne einige Worte sagen.
There is something I would like to say.	Ich würde gerne etwas sagen.
It would be good if we could have other opinions on that.	Es wäre gut, wenn wir auch andere Meinungen dazu hören könnten.
If I might just *add something?*	Wenn ich dazu *etwas hinzufügen* dürfte?
Let me *conclude* with the following statement: …	Lassen Sie mich mit der folgenden Feststellung *abschließen:* …
To *wrap up* this discussion, …	Um diese Diskussion *zusammenzufassen* …

Before coming to a ***hasty decision*** we should leave it here.

I believe that most of us are ***opposed*** to this suggestion.

I am afraid we cannot ***back up*** your proposal.
I am sorry, but we cannot ***support*** your idea.
It is impossible to ***accept*** this offer.

I am absolutely sure that this point will not be accepted.
We will ***definitely not*** pursue this option.

Bevor wir zu einer ***übereilten Entscheidung*** kommen, sollten wir es hierbei belassen.

Ich glaube, dass die meisten von uns diesen Vorschlag ***ablehnen***.

Ich befürchte, dass wir diesen Vorschlag nicht ***unterstützen*** können.
Es tut mir Leid, aber wir können Ihre Idee nicht ***unterstützen***.
Es ist (uns) unmöglich, dieses Angebot ***anzunehmen***.

Ich bin absolut sicher, dass dieser Punkt nicht akzeptiert werden wird.
Wir werden diese Option ***auf keinen Fall*** weiterverfolgen.

Dialogbeispiele

A: Mr. Daniel, I am sure that most of us ***agree*** with you when you are saying that we should change our marketing strategies. ***However,*** I am not at all convinced that the suggestions you made are feasible.

B: Despite the fact that you seem to ***disagree,*** I believe that those strategies are realistic. Not only do we have to look at the future of our company in Germany, but we also have to ***take into account*** developments in other European countries. Therefore, in my eyes, new ideas are absolutely necessary.

A: What you are saying is fine, yet don't you think that we have to keep in mind our budget as well?

A: Herr Daniel, ich bin sicher, dass die meisten von uns ***zustimmen***, wenn Sie sagen, dass wir unsere Marketingstrategien ändern sollten. ***Trotzdem*** bin ich überhaupt nicht davon überzeugt, dass die Vorschläge, die Sie gemacht haben, umsetzbar sind.

B: Trotz der Tatsache, dass Sie mir ***nicht zuzustimmen*** scheinen, halte ich diese Strategien für realistisch. Wir müssen nicht nur die Zukunft unserer Firma in Deutschland sehen, sondern auch Entwicklungen in anderen europäischen Ländern ***in Betracht ziehen.*** Deshalb sind in meinen Augen neue Ideen absolut notwendig.

A: Was Sie sagen ist schön und gut, aber denken Sie nicht, dass wir auch unser Budget im Auge behalten müssen?

C: Sorry for interrupting. May I just ask a question? I am afraid I cannot follow your **arguments.** Could you go more into detail, please?

A: The **main reason** for this decline in sales figures is that we have lost one of our best clients. **Secondly,** the increase in prices that we introduced last year has also affected the sales of this product.

B: Excuse me, Sir, **may I interrupt you?** I would like to **add something.**

A: Go ahead, please.
B: Thank you. I **assume** that you are working with the sales figures from last month. **In addition,** we should not forget that our company is also **affected** by the closing of one of our American subsidiaries.

A: Agreeing with all that you talked about I still think that we should go more into detail in certain points. **First,** in my opinion, there is more than one solution to the problem. **Moreover,** I am sure that we will find a much cheaper alternative if we tried to adapt our production lines to the new technology. **Finally,** there is the question of timing that we should talk about. I am absolutely positive that we can save a lot more time than you have **estimated.**

B: **I wonder** if you realize that we are talking about different things here. I

C: Tut mir Leid, wenn ich Sie unterbreche. Darf ich Sie etwas fragen? Ich fürchte, ich kann Ihren **Argumenten** nicht folgen. Könnten Sie bitte etwas mehr ins Detail gehen?

A: Der **Hauptgrund** für den Rückgang der Verkaufszahlen ist der, dass wir einen unserer besten Kunden verloren haben. **Zweitens** hat sich auch die Preiserhöhung, die wir letztes Jahr eingeführt haben, auf den Absatz ausgewirkt.

B: Entschuldigen Sie, **darf ich Sie unterbrechen?** Ich würde gerne **etwas hinzufügen.**
A: Bitte sehr, fahren Sie fort/Nur zu!
B: Danke. Ich **vermute,** dass Sie mit den Verkaufszahlen des letzten Monats arbeiten. **Zusätzlich** sollten wir nicht vergessen, dass unsere Firma auch von der Schließung einer unserer amerikanischen Tochterfirmen **betroffen** ist.

A: Obwohl ich allem zustimme, worüber Sie gesprochen haben, denke ich trotzdem, dass wir in gewissen Punkten mehr ins Detail gehen sollten. **Erstens** gibt es meiner Ansicht nach mehr als eine Lösung für das Problem. **Darüber hinaus** bin ich sicher, dass wir eine viel billigere Alternative finden können, wenn wir versuchen, die Produktion an die neue Technologie anzupassen. **Schließlich** ist da noch die Frage des Timings, über die wir reden sollten. Ich bin ganz sicher, dass wir viel mehr Zeit einsparen können, als Sie **veranschlagt** haben.
B: **Ich frage mich,** ob Sie sich bewusst sind, dass wir über verschiedene

was not trying to point out just one solution. Instead, I intended to *set off* a discussion that would help to find the best of several options.

Dinge sprechen. Ich habe nicht versucht, nur eine Lösung *aufzuzeigen.* Stattdessen war mein Ziel, eine Diskussion *in Gang zu bringen,* die uns helfen würde, die beste von mehreren Optionen herauszufinden.

A: There seems to have been some slight *misunderstanding.* Could you please go back to your first point and *clarify* it?
B: Certainly. Let me put this *foil* on the overhead projector again to illustrate what I had in mind.

A: Hier scheint ein kleines *Missverständnis* vorzuliegen. Könnten Sie bitte Ihren ersten Punkt noch einmal aufgreifen und *klären*?
B: Sicherlich. Lassen Sie mich diese *Folie* noch einmal auf den Overheadprojektor legen, um zu veranschaulichen, was ich im Sinn hatte.

A: Ladies and gentlemen, thank you again for coming to this important meeting today. *To wrap up* our session, the only thing there to say for me is that I think that we have had a very *fruitful discussion.*
On the one hand it is true that we have not come to an agreement concerning the marketing strategies of our different foreign branches in the future. *On the other hand* we have decided on many other points that are equally important.
All in all, I am very *satisfied* with the result of this meeting. For this reason let me thank you for your *participation.*
I am positive that everybody has learned very much today.

A: Meine Damen und Herren, nochmals vielen Dank, dass Sie zu dieser wichtigen Besprechung heute gekommen sind. Um unsere Sitzung *zusammenfassend abzuschließen,* bleibt mir nur zu sagen, dass ich denke, dass wir eine sehr *ergiebige Diskussion* hatten. *Einerseits* konnten wir uns zwar nicht über die Marketingstrategien unserer Auslandsfilialen einigen. *Andererseits* haben wir über viele andere wichtige Punkte entschieden. *Im Großen und Ganzen* bin ich mit dem Ergebnis dieser Sitzung sehr *zufrieden.* Lassen Sie mich Ihnen aus diesem Grund für ihre *Teilnahme* danken.
Ich bin ganz sicher, dass jeder heute sehr viel gelernt hat.

Agreement/Disagreement

I *agree.*
I agree with you.

Zustimmung/Ablehnung

Ich *stimme zu/bin einverstanden.*
Ich bin Ihrer Meinung.

I can agree with what you said.	Ich kann dem, was Sie sagen, zustimmen.
I can see his point.	*Ich verstehe, was er meint.*
I *absolutely/completely* agree with you.	Ich bin *absolut/völlig* Ihrer Meinung.
We have come to an *agreement*.	Wir sind zu einer *Übereinstimmung* gelangt./Wir sind uns einig.
Yes, *you are right*.	Ja, *Sie haben Recht.*
Maybe you are right.	Vielleicht haben Sie Recht.
This is a very *good concept*.	Dies ist ein sehr *gutes Konzept*.
This is a great idea.	Das ist eine großartige Idee.
I hope that we can continue on such good terms.	Ich hoffe, dass wir unser gutes Verhältnis weiterhin aufrechterhalten können.
I am definitely positive that this is correct.	*Ich bin absolut sicher,* dass das richtig ist.
I *sympathize* with your ideas very much.	Ich bin von Ihren Ideen *sehr angetan.*
I can *support* your concept.	Ich kann Ihr Konzept *unterstützen*.
This is exactly how I see it.	Genauso sehe ich es.
This is exactly my *opinion*.	Das ist genau meine *Meinung*.
Me too, I think that this is the only *feasible* way.	Auch ich denke, dass das der einzig *gangbare* Weg ist.
In my opinion this is *the best solution*.	Meiner Meinung nach ist dies *die beste Lösung*.
We couldn't have found a better solution.	Wir hätten keine bessere Lösung finden können.
That's what I think.	Das ist genau, was ich denke.
These are exactly my words.	Das sind genau meine Worte.
There is *no need to worry*.	Es gibt *keinen Grund zur Sorge*.
I disagree.	*Ich stimme nicht zu./Ich bin anderer Meinung.*
I disagree with you.	Ich bin anderer Meinung als Sie.
We do not agree.	Wir stimmen nicht zu.
I cannot *share* your point of view.	Ich kann Ihre Ansicht nicht *teilen*.
I don't think I can agree with your idea.	*Ich denke nicht, dass ich* Ihrer Idee *zustimmen kann.*
I am absolutely *opposed* to his point of view.	Ich bin absolut *gegen* seine Ansicht.

In my opinion, his figures are wrong.

As a matter of fact, I am convinced that you are *on the wrong track.*

Actually, I do think that you are mistaken.

No, I believe that you are wrong.

I absolutely/completely disagree with you.

To be honest, don't you think that his suggestion is more realistic?

I'm afraid that we cannot come to an agreement.

We still have our *doubts* about the increase in sales.

I doubt that you have considered everything.

I can't quite agree with your statement.

I am afraid that *I cannot share your point of view.*

I am sorry to say that you are gravely *mistaken.*

I am sorry, but I disagree entirely.

We can not agree at all.

I would like to *contradict* you in this point.

I really have to contradict you here.

I am afraid we *cannot support* your proposal.

Unfortunately we have to *reject* your offer.

We cannot *back up* your suggestion.

In principle, I disagree with your concept, but there are certain points with which I can agree.

Meiner Meinung nach sind seine Zahlen falsch.

Ehrlich gesagt bin ich davon überzeugt, dass Sie *auf dem falschen Weg* sind.

Eigentlich denke ich wirklich, dass Sie sich irren.

Nein, ich glaube, dass Sie falsch liegen.

Ich kann Ihnen absolut/überhaupt nicht zustimmen.

Um ehrlich zu sein, denken Sie nicht, dass sein Vorschlag realistischer ist?

Ich fürchte, wir können zu keiner Übereinstimmung kommen.

Wir haben immer noch *Zweifel* an einer Verkaufssteigerung.

Ich bezweifle, dass Sie alles in Betracht gezogen haben.

Ich kann Ihrer Feststellung nicht ganz zustimmen.

Ich fürchte, dass *ich Ihre Ansicht nicht teilen kann.*

Leider muss ich Ihnen sagen, dass Sie sich sehr *irren.*

Es tut mir Leid, aber ich bin ganz anderer Meinung.

Wir können überhaupt nicht zustimmen.

In diesem Punkt würde ich Ihnen gerne *widersprechen.*

Hier muss ich Ihnen wirklich widersprechen.

Ich fürchte, wir können Ihren Vorschlag *nicht unterstützen.*

Leider müssen wir Ihr Angebot *ablehnen.*

Wir können Ihren Vorschlag nicht *unterstützen.*

Im Prinzip stimme ich mit Ihrem Konzept nicht überein, aber einigen Punkten kann ich zustimmen.

I can see what you mean, *yet* I still think ...
Ich verstehe, was Sie meinen, *aber* trotzdem denke ich ...

I think that your *proposition* is very good, however, ...
Ich denke, dass Ihr *Antrag* sehr gut ist, dennoch ...

I can agree with you on this point, but ...
Ich stimme Ihnen in diesem Punkt zu, aber ...

Although I respect your *attitude* towards this development, I still think ...
Obwohl ich Ihre *Einstellung* gegenüber dieser Entwicklung respektiere, denke ich ...

Even though I can understand what you mean, I am *opposed* to your strategy.
Obwohl ich verstehe, was Sie meinen, *lehne* ich Ihre Strategie *ab.*

Although I am not convinced that this is feasible, I believe that we should *give it a try.*
Obwohl ich nicht überzeugt bin, dass das machbar ist, glaube ich, dass wir *einen Versuch wagen sollten.*

Wouldn't it be better if we tried to *settle on a compromise?*
Wäre es nicht besser, wenn wir versuchten, uns *auf einen Kompromiss zu einigen*?

What about *leaving the differences aside* and finding a solution?
Wie wäre es, wenn wir die *Meinungsverschiedenheiten beiseite ließen* und eine Lösung fänden?

Why can't we decide on the most important issues today and *postpone* everything else to the next meeting?
Warum können wir nicht über die wichtigsten Punkte heute entscheiden und alles andere auf die nächste Besprechung *verschieben*?

Would you be willing to support such a proposition?
Würden Sie einen solchen Antrag unterstützen?

Do you think that this would be satisfactory?
Denken Sie, dass dies zufrieden stellend wäre?

Would you have any *objections* to this idea?
Hätten Sie *Einwände* gegen diese Idee?

This should be negotiable, don't you think?
Darüber sollten wir verhandeln können, denken Sie nicht?

Would you be prepared to accept this offer?
Wären Sie bereit, dieses Angebot anzunehmen?

If you don't try to understand our point of view, we will not be willing to *strike a compromise.*
Wenn Sie nicht versuchen, unseren Standpunkt zu verstehen, werden wir nicht bereit sein, *einen Kompromiss zu finden.*

Provided that ..., I will accept your *conditions.*
Vorausgesetzt, dass ..., werde ich Ihre *Bedingungen* akzeptieren.

Besprechungen

His solution is as good as mine.
I assume that, *in fact,* my example is less realistic than yours.

This sounds good to me and I think I can accept it.
Good then, I will accept your suggestion.
I am glad that we found a common solution.
No, we will not support this *compromise.*
I still have to *reject* your offer.

That's all I have to say.
This is *my last offer.*
There is no way that you can convince me.
There is no chance that we will *give in.*
He won't ever agree.
We will *never* say yes.

Seine Lösung ist so gut wie meine.
Ich nehme an, dass mein Beispiel *in der Tat* weniger realistisch ist als Ihres.

Das klingt gut und ich denke, ich kann es akzeptieren.
Also gut, ich werde Ihren Vorschlag annehmen.
Ich bin froh, dass wir eine gemeinsame Lösung gefunden haben.
Nein, wir werden diesen *Kompromiss* nicht unterstützen.
Ich muss Ihr Angebot immer noch *zurückweisen.*

Das ist alles, was ich zu sagen habe.
Das ist *mein letztes Angebot.*
Sie werden es nie schaffen, mich zu überzeugen.
Wir werden nie *nachgeben.*
Er wird niemals zustimmen.
Wir werden *niemals* ja sagen.

Dialogbeispiele

A: Mr. Wilson, I'm afraid I cannot *agree* with you on the concept of new marketing strategies. Even though I can accept certain points, I still have my *doubts* about the realisation of your idea.
B: *I cannot see your point* here and I am absolutely convinced that I am right.
A: I am sorry, but *in my opinion* the figures that you presented in your table are wrong.

A: I hope that we *can settle on a compromise* between our two

A: Mr. Wilson, ich fürchte, ich kann Ihnen bei Ihrem Konzept neuer Marketingstrategien nicht *zustimmen.* Obwohl ich einige Punkte akzeptieren kann, habe ich *Zweifel* an der Realisierung Ihrer Idee.
B: *Ich verstehe nicht, was Sie meinen,* und ich bin absolut überzeugt davon, dass ich Recht habe.
A: Es tut mir Leid, aber *meiner Meinung nach* sind die Zahlen, die Sie in Ihrer Tabelle gezeigt haben, falsch.

A: Ich hoffe, dass wir uns *auf einen Kompromiss* zwischen unseren

companies. We have heard Ms. Green's presentation on the new prototype. Mr. Daniel, would you be willing to support such a *proposition* and start with the production?

B: I am not sure if I can agree with everything Ms. Green said. Although *I am not convinced* that this plan is feasible, I believe that we should *give it a try.* Yet, I doubt that you have considered the problem of our tight schedule for the next year.

A: I can see your point, but I think that there is *no need to worry.* In my opinion this plan is very good. Of course we could change the timing a little bit. Would this be *satisfactory* for you?
B: Yes, I think that this is the only feasible way. This *sounds good* to me and I think we can accept it.
A: I see that *we have come to an agreement.*

A: I can *support* your concept, Mr. Alfons. Would you be willing to support Mr. Black's proposition?
B: No, I'm afraid *I cannot share your point of view.* I am sorry, but I think that you are *gravely mistaken* concerning the future market developments in Europe. You are wrong when you are saying that imports will become easier in the future. To be honest, don't you think that Mr. Miller's suggestion is more realistic?

beiden Firmen *einigen können.* Wir haben Frau Greens Präsentation über den neuen Prototyp gehört. Herr Daniel, würden Sie einen solchen *Antrag* unterstützen und mit der Produktion beginnen?
B: Ich bin nicht sicher, ob ich allem, was Frau Green gesagt hat, zustimmen kann. Obwohl *ich nicht* davon *überzeugt bin,* dass der Plan machbar ist, glaube ich, dass wir *einen Versuch wagen* sollten. Trotzdem bezweifle ich, dass Sie das Problem unseres engen Zeitplans für das kommende Jahr in Betracht gezogen haben.

A: Ich verstehe, was Sie meinen, aber ich denke, dass es *keinen Grund zur Sorge* gibt. Meiner Meinung nach ist der Plan sehr gut. Natürlich könnten wir das Timing ein wenig ändern. Wäre das für Sie *zufrieden stellend*?
B: Ja, ich denke, dass das der einzig machbare Weg ist. Das *klingt gut* und ich denke, wir können es akzeptieren.
A: Ich sehe, *wir sind uns einig.*

A: Ich kann Ihr Konzept *unterstützen*, Herr Alfons. Wären Sie bereit, Herrn Blacks Antrag zu unterstützen?
B: Nein, ich fürchte, *ich kann Ihre Ansicht nicht teilen.* Es tut mir Leid, aber ich denke, dass Sie sich in Bezug auf die zukünftigen Marktentwicklungen in Europa *sehr irren.* Sie liegen falsch, wenn Sie sagen, dass Importgeschäfte in Zukunft einfacher sein werden. Um ehrlich zu sein, denken Sie nicht, dass Herrn Millers Vorschlag realistischer ist?

A: ***I assume*** that, in fact, my example is less realistic than his. Even though I can understand what you mean, ***I am opposed to*** Mr. Miller's strategy. That's all I have to say.

B: Well then, if you don't try to understand our point of view, we will not be willing to ***strike a compromise.***

A: I am sorry, but I have to contradict you. We have to find a solution. ***Provided that*** Mr. Miller and I can ***work out*** a new strategy together, I will accept your conditions. Would you be prepared to accept this offer?

B: ***There's no need trying to convince us*** how good your ideas are. As a matter of fact, I am convinced that you are on the wrong track. ***I'm afraid that*** we cannot come to an agreement. There's no chance that we will ***give in***.

A: This was a very fruitful discussion. I hope that we can ***continue on such good terms.*** Therefore I think that we should leave the differences aside and try to find a solution together.

B: This is exactly how I see it. ***I sympathize*** with your ideas very much and I can support your concept. If Talcum Industries agrees it should be negotiable, don't you think?

A: ***Ich nehme an,*** dass mein Beispiel tatsächlich weniger realistisch ist. Obwohl ich verstehe, was Sie meinen, ***bin ich gegen*** Herrn Millers Strategie. Das ist alles, was ich dazu zu sagen habe.

B: Gut, wenn Sie nicht versuchen, unseren Standpunkt zu verstehen, werden wir nicht bereit sein, ***einen Kompromiss einzugehen.***

A: Es tut mir Leid, aber ich muss Ihnen widersprechen. Wir müssen eine Lösung finden. ***Vorausgesetzt, dass*** Herr Miller und ich gemeinsam eine neue Strategie ***erarbeiten*** können, werde ich Ihre Bedingungen akzeptieren. Wären Sie bereit, dieses Angebot anzunehmen?

B: ***Sie brauchen gar nicht versuchen, uns davon zu überzeugen,*** wie gut Ihre Ideen sind. Ehrlich gesagt, bin ich überzeugt, dass Sie auf dem falschen Weg sind. ***Ich fürchte,*** wir werden uns nicht einigen können. Wir werden auf keinen Fall ***nachgeben.***

A: Das war eine sehr ergiebige Diskussion. Ich hoffe, dass wir ***weiterhin ein so gutes Verhältnis aufrechterhalten*** können. Deshalb denke ich, dass wir die Meinungsverschiedenheiten beiseite lassen und versuchen sollten, gemeinsam eine Lösung zu finden.

B: Genauso sehe ich es auch. ***Ich bin*** von Ihren Ideen sehr ***angetan*** und kann Ihr Konzept unterstützen. Wenn Talcum Industries zustimmt, sollten wir darüber verhandeln können, meinen Sie nicht auch?

C: I disagree with you. I doubt that you have considered everything.
B: I really have to contradict you here. We have taken every aspect related to the problem into account.

C: Not only do I have my doubts about the figures you presented, but I also believe that your *estimation* of future sales is wrong.

B: Excuse me, Sir, you are the one who is wrong: the charts and diagrams showed exactly the percentages of different goods sold on the American market.

A: Sirs, I think we should end the discussion. I *propose* that we decide on the most important issues today and *postpone* everything else to the next meeting.

C: Ich bin nicht Ihrer Meinung. Ich bezweifle, dass Sie alles bedacht haben.
B: Hier muss ich Ihnen wirklich widersprechen. Wir haben jeden Aspekt, der mit dem Problem in Verbindung steht, in Betracht gezogen.
C: Ich habe nicht nur meine Zweifel was die Zahlen angeht, die Sie vorgestellt haben, sondern ich glaube auch, dass Ihre *Schätzung* zukünftiger Verkäufe falsch ist.
B: Entschuldigen Sie, Sie liegen falsch: die Schaubilder und Diagramme zeigten genau die Prozentanteile verschiedener Güter, die auf dem amerikanischen Markt verkauft werden.
A: Meine Herren, ich denke, dass wir die Diskussion beenden sollten. Ich *schlage vor,* dass wir über die wichtigsten Punkte heute entscheiden und alles andere auf die nächste Besprechung *verschieben.*

10. Konversation

Welcome	Begrüßung

Greeting people for the first time / Erste Begegnung

Mr .../Ms ...?	Herr .../Frau ...?
Excuse me, are you ...?	Entschuldigen Sie, sind Sie ...?
Hello, *you must be* Mr/Ms ...	Hallo, *Sie müssen* Herr/Frau ... *sein.*
Pleased to meet you. I'm ...	*Freut mich, Sie kennen zu lernen.* Ich bin ...
I'm glad to meet you, too.	Freut mich ebenfalls, Sie kennen zu lernen.

Introducing someone / Jemanden vorstellen

I'd like you to meet ...	*Ich möchte, dass Sie* ... kennen lernen.
Let me introduce you to ...	Darf ich Ihnen ... vorstellen?
May I introduce you to ...?	Darf ich Ihnen ... vorstellen?
Do you happen to know ...?	*Kennen Sie bereits* ...?
How do you do ...	Guten Tag ...
I'm honoured to meet you.	*Es ist mir eine Ehre, Sie kennen zu lernen.*
I'm delighted to meet you.	Sehr erfreut, Sie kennen zu lernen.
I'm very pleased to meet you.	Sehr erfreut, Sie kennen zu lernen.
Nice to meet you.	Es freut mich, Sie kennen zu lernen.
Glad to meet you, too.	Ganz meinerseits.
The pleasure is mine.	*Ganz meinerseits.*
I'm very pleased to make your *acquaintance.*	Sehr erfreut, Ihre *Bekanntschaft* zu machen.
I'd be honoured if you ...	Es wäre mir eine Ehre, wenn Sie ...
This is ... *I've been telling you about.*	Das ist ... , *von dem/der ich Ihnen erzählt habe.*
Come and join us!	Kommen Sie und leisten Sie uns Gesellschaft!
Any friend of ...'s is a friend of mine.	...s Freunde sind auch meine Freunde.

Greeting an acquaintance

Hello ..., ***good to see you again.***
Nice to see you again.
How do you do?
Hello, ***how are you?***
How are things?
How's work?
How are you keeping?
How about you?
Fine, thanks.
I'm ***very well.***
Great.
Not so bad, thanks.
OK, thanks.
I've been ***very busy.***

Very busy, as usual.
No complaints.
Can't complain.
Pretty good, thanks.
Things could be worse.
So-so.
Well, surviving, thanks.
Not so good, actually.
And you?
All right. ***It's been some time.***

I haven't seen you for a while.

Eine(n) Bekannte(n) begrüßen

Hallo ..., ***schön, Sie wiederzusehen.***
Schön, Sie wiederzusehen.
Guten Tag.
Hallo, ***wie geht es Ihnen?***
Wie läuft es so?
Wie ist die Arbeit?
Wie geht es bei Ihnen so?
Und Ihnen?
Danke, ***gut.***
Mir geht es ***sehr gut.***
Großartig.
Ganz gut, danke.
Gut, danke.
Ich war ***sehr beschäftigt.***/Ich hatte ***viel zu tun.***
Ich bin wie immer sehr beschäftigt.
Kein Grund zur Klage.
Ich ***kann mich nicht beschweren.***
Ziemlich gut, danke.
Es könnte schlimmer sein.
So lala.
Mittelprächtig.
Eigentlich nicht so gut.
Und Sie?
Gut. ***Es ist schon lange her, dass wir uns gesehen habe.***
Ich habe Sie eine Weile nicht gesehen.

Becoming acquainted with someone

Asking someone's profession

What do you do?
I'm assistant director of sales.

And what do you do?
I'm (working) ***in*** finance.
I used to ..., now I ...

Miteinander bekannt werden

Jemanden nach dem Beruf fragen

Was machen Sie (beruflich)?
Ich bin stellvertretender Direktor der Verkaufsabteilung.
Und was machen Sie (beruflich)?
Ich arbeite im Finanzwesen.
Früher habe ich ..., heute ...

Asking about someone's hobbies

What do you do at the weekend?
How do you **spend** your weekends?

Have you got a hobby?
What are your hobbies?
I love ... in my **spare time.**
It's very relaxing.
It's very **absorbing.**

Are you interested in sports?
What **kind of sports** do you do?
Yes, I'm interested in most kinds of sports and **enjoy playing myself.**

What do you enjoy reading?
I like **non-fiction.**
I enjoy reading the **daily papers.**
What are you reading at the moment?
Who's your **favourite author?**
I love ...'s books.
This book **reads well.**
Have you read the **editorial** today?

The editorial is very **controversial** today.

Making a date

Do let me invite you to ...
May I come and visit you?
I think **we should meet.**
How about meeting in ...?

What about meeting after ...?

Would you like to meet for lunch?

Jemanden nach seinen Hobbys fragen

Was machen Sie am Wochenende?
Wie *verbringen* Sie Ihre Wochenenden?

Haben Sie ein Hobby?
Welche Hobbys haben Sie?
Ich ... sehr gern in meiner **Freizeit.**
Es ist sehr entspannend.
Es *füllt* mich sehr *aus.*

Interessieren Sie sich für Sport?
Welche **Sportarten** betreiben Sie?
Ja, ich interessiere mich für die meisten Sportarten und bin **selbst begeisterter Sportler.**

Was lesen Sie gern?
Ich lese gern **Sachbücher**.
Ich lese gern die **Tageszeitungen.**
Was lesen Sie denn im Moment?
Wer ist Ihr **Lieblingsschriftsteller?**
Ich liebe die Bücher von ...
Dieses Buch **liest sich sehr gut.**
Haben Sie heute den **Leitartikel** gelesen?

Der Leitartikel ist heute sehr **kontrovers.**

Sich verabreden

Darf ich Sie zu ... einladen?
Darf ich Sie besuchen kommen?
Ich glaube, **wir sollten uns treffen.**
Wie wäre es, wenn wir uns in ... treffen würden?
Vielleicht können wir uns nach ... treffen?

Sollen wir gemeinsam zu Mittag essen?

I suggest that I come and meet you at ...
When could we meet?
When would it *suit you?*
Is next Thursday OK with you?
How about ...?
Could we make it a bit earlier/later?
Should we say Tuesday at 3 pm?
Where shall we meet, in ...?
Yes, *that'll be fine.*

Ich schlage vor, ich treffe Sie in/bei ...
Wann könnten wir uns treffen?
Wann würde es *Ihnen passen?*
Passt es Ihnen nächsten Donnerstag?
Wie wäre es mit ...?
Ginge es etwas früher/später?
Sollen wir Dienstag um 15 Uhr *sagen?*
Wo sollen wir uns treffen, in ...?
Ja, *das passt mir gut.*

Social activites

Gemeinsame Unternehmungen

I would like to *visit the museum.*

There are some very interesting *galleries* in the city centre.
I would like to see the *exhibition about French Impressionism.*

Have you already visited the *cathedral?*
Let's take a look at *the sights.*

Why don't we *get through the cultural part* first?

There's so much to see at the ... museum.
I never pass an opportunity to visit it.
The *current exhibition* has received *major exposures* in the press.

Would you like a *guide?*
I'll take a *catalogue.*
We'll *tackle* this gallery *first.*

Let's go to the cinema this evening.

Ich würde gern *das Museum besuchen.*
Es gibt einige sehr interessante *Galerien* in der Innenstadt.
Ich würde gern die *Ausstellung über den französischen Impressionismus* besuchen.
Haben Sie schon die *Kathedrale* besucht?
Lassen Sie uns *die Sehenswürdigkeiten* besichtigen.
Warum *nehmen* wir uns nicht zuerst *den kulturellen Teil vor?*

Es gibt im ... Museum *so viel zu sehen.*
Ich lasse nie eine Gelegenheit aus, es zu besuchen.
Die *aktuelle Ausstellung* hat einen *großen Anklang* in der Presse erfahren.

Hätten Sie gern einen *Führer?*
Ich nehme einen *Katalog.*
Nehmen wir uns diese Galerie *zuerst vor.*

Lassen Sie uns heute Abend *ins Kino gehen.*

What do you think about **going to the pictures?**	Was halten Sie davon, *ins Kino zu gehen?*
What's on at the moment?	*Was läuft* im Moment?
That film is very **popular** at the moment.	Der Film ist im Moment sehr *populär.*
The film **has received very good reviews.**	Der Film *hat sehr gute Kritiken bekommen.*
We should **ring and reserve tickets.**	Wir sollten *telefonisch Karten reservieren.*
I've seen that film before.	Ich habe diesen Film schon gesehen.
I'd love to see that film.	Ich würde diesen Film gern sehen.
Did you **enjoy** the film?	Hat Ihnen der Film *gefallen?*
I really enjoyed the film.	Mir hat der Film sehr gut gefallen.
I think it's **overrated.**	Ich glaube, er wird *überschätzt.*
The **acting** was very good.	Die *schauspielerischen Leistungen* waren sehr gut.
The **plot** was rather weak.	Die *Handlung* war etwas schwach.
The **performance** was a success.	Die *(Theater-)Aufführung* war ein Erfolg.
It's a very old play.	Es ist ein sehr altes Theaterstück.
This **is a controversial production.**	Die *Inszenierung ist umstritten.*
The **set** was wonderful.	Das *Bühnenbild* war fantastisch.
I was very impressed by the acting.	Die schauspielerische Leistung *hat mich sehr beeindruckt.*
The acting was **not very convincing.**	Die schauspielerische Leistung war *nicht sehr überzeugend.*
An **unknown actress** is cast in the **leading role**.	Die *Hauptrolle* hat eine *unbekannte Schauspielerin.*
The play has **a well-known cast.**	Das Stück ist mit *bekannten Schauspielern* besetzt.

Saying goodbye

Sich verabschieden

Goodbye.	Auf Wiedersehen.
Have a good journey.	Gute Reise.
Give my regards to ...	Grüßen Sie ... von mir.
See you again soon!	Bis bald!
Say hello to ... from me.	Grüßen Sie ... von mir.
I'll take you to the ...	Ich bringe Sie noch zu ...

I enjoyed it very much.	Es hat mir sehr gut gefallen.
When are you leaving?	Um wie viel Uhr reisen Sie ab?
See you then!	Bis dann!
I'll be back in touch once ...	*Ich melde mich bei Ihnen* sobald ...
I definitely look forward *to hearing from you.*	Ich freue mich wirklich darauf, *von Ihnen zu hören.*
I'm really looking forward to it.	Ich freue mich schon darauf.
It was nice to see you again.	Es hat mich gefreut, Sie wieder zu sehen.
Nice to meet you, too.	Es hat mich auch gefreut.
You're leaving already?	Sie gehen schon?
I'm sorry *I didn't get more of a chance* to speak to you.	Es tut mir Leid, *dass ich nicht mehr Gelegenheit hatte,* mit Ihnen zu reden.
I'm sure *we'll have more opportunities* later.	Ich bin sicher, *dass wir dazu* später *noch Gelegenheiten haben werden.*
It's been a pleasure *talking to you.*	Es war mir ein Vergnügen, *mich mit Ihnen zu unterhalten.*
Here's my *card.*	Hier ist meine *Karte.*
And do take mine.	*Und hier ist meine.*
I can *put you in touch with* some *useful contacts.*	Ich kann *Ihnen einige nützliche Kontakte vermitteln.*
I'll be pleased to see you *whenever you get over to London.*	Es würde mich freuen, Sie wieder zu sehen, *wenn Sie einmal wieder nach London kommen.*
It's been lovely talking to you, but *I'm afraid I really have to go now.*	Es war schön, mit Ihnen zu reden, aber *ich muss jetzt wirklich gehen.*
We'll have to *get together again soon.*	Wir müssen *uns* unbedingt *bald einmal wieder treffen.*
Give me a ring when you're free.	*Rufen Sie mich an,* wenn Sie Zeit haben.

Dialogbeispiele

Welcome

Begrüßung

A: *Hello, you must be* Mr Pale! *I'm so pleased to meet you.*

A: *Guten Tag, Sie müssen* Herr Pale *sein*! *Es freut mich sehr, Sie kennen zu lernen.*

B: Hello, Mrs Jones? *I'm glad to meet you, too.*
A: Did you have a good trip?
B: Yes, thank you. The flight was very comfortable.
A: I'm glad to hear that.

A: Oh, there's Trevor Sharp, the Senior Consultant of Mino Ltd. Trevor! Over here! *Come and join us!* Trev, *I haven't seen you for ages*.

B: Hi, Mike. Nice to meet you.

A: *I'd like you to meet* my two friends from London. They're businessmen, too. Boys! This is Trevor Sharp, Senior Consultant of a big electronic company. Trev, *let me introduce you to* Peter Ross and Arthur May.

B: *How do you do*, *I'm honoured to meet you*.
C: How do you do, *I'm delighted to meet you*.

A: Hello, Daisy.
B: Hello, Roger. *Nice to see you again.*
A: *Good to see you, too. How are things?*
B: Pretty good, thanks. My new job is really interesting and my colleagues are very nice people.
A: *I'm glad to hear that,* Daisy.
B: *How about you,* Roger? *I haven't seen you for a while*. How's work?

A: *No complaints.* But we still miss you at N.N. Enterprises, Daisy.

B: Guten Tag, Frau Jones? *Freut mich ebenfalls, Sie kennen zu lernen.*
A: Hatten Sie eine gute Reise?
B: Ja, vielen Dank. Der Flug war sehr angenehm.
A: Freut mich, das zu hören.

A: Ah. Da ist Trevor Sharp, der leitende Berater von Mino Ltd. Trevor! Hier drüben! *Komm und leiste uns Gesellschaft!* Trev, *ich habe dich eine Ewigkeit nicht gesehen.*
B: Hallo Mike. Schön, dich zu sehen.

A: *Ich möchte, dass du* meine beiden Freunde aus London *kennen lernst*. Sie sind ebenfalls Geschäftsleute. Jungs! Das ist Trevor Sharp, leitender Berater einer großen Elektrofirma. Trev, *lass mich dir* Peter Ross und Arthur May *vorstellen.*

B: *Guten Tag, es ist mir eine Ehre, Sie kennen zu lernen.*
C: Guten Tag, *sehr erfreut, Sie kennen zu lernen.*

A: Hallo Daisy.
B: Hallo Roger. *Schön, dich wieder zu sehen.*
A: *Ganz meinerseits. Wie läuft es so?*
B: Ziemlich gut, danke. Meine neue Arbeit ist wirklich interessant und meine Kollegen sind sehr nett.
B: *Freut mich, das zu hören,* Daisy.
A: *Und du,* Roger? *Ich habe dich eine Weile nicht gesehen.* Wie ist die Arbeit?

B: *Kein Grund zur Klage.* Aber bei N.N. Enterprises vermissen wir dich noch immer, Daisy.

Becoming acquainted with someone

A: And you, John, *what do you do?*
I know Janet just told me, but I didn't catch it.

B: Actually, *I'm assistant director of sales.* Our *director* is away on business at the moment, so I'm filling in for him. *And what do you do?*

A: *I used to* design websites; *now I* just tell other people what to do, how to do it and when they have to be done with it.
B: Oh.
A: Yeah, everybody says that. But *it's really an interesting job* and it's creative, too. You have to solve quite a variety of technical problems.

A: *And what do you do at the weekend,* Peter?
B: It depends on the time of year. *I go biking* in the summer. In winter, *I often go swimming.* And you?
A: I shop, go swimming, sometimes *go for bike rides* with a friend. And *I go to museums,* too, if there's an interesting *exhibition.* I get ideas for making adverts more interesting while walking around a museum.

C: Yes, I get ideas in museums too – in the Manchester museums. We have quite a few. What about you, John, *how do you spend your weekends?*

D: I work out, spend some time with my daughters.

Miteinander bekannt werden

A: Und Sie, John, *was machen Sie?*
Ich weiß, Janet hat es mir gerade erzählt, aber ich habe es nicht richtig verstanden.

B: Eigentlich *bin ich stellvertretender Leiter der Verkaufsabteilung.* Unser *Abteilungsleiter* ist gerade auf Geschäftsreise, also vertrete ich ihn. *Und was machen Sie?*

A: *Früher habe ich* Webseiten gestaltet; *jetzt* sage ich einfach anderen Mitarbeitern, was sie zu tun haben, und bis wann sie fertig sein müssen.
B: Ach so.
A: Ja, das sagen alle. Aber *es ist wirklich ein interessanter Job*, und auch kreativ. Man muss viele verschiedene technische Probleme lösen.

A: *Und was machen Sie am Wochenende,* Peter?
B: Es kommt auf die Jahreszeit an. Im Sommer *fahre ich Rad.* Im Winter *gehe ich oft schwimmen.* Und Sie?
A: Ich gehe einkaufen, gehe schwimmen, manchmal *mache* ich mit einer Freundin *eine Fahrradtour.* Und *ich besuche Museen,* wenn es eine interessante *Ausstellung* gibt. Beim Gang durch ein Museum komme ich auf Ideen, wie man Werbung interessanter gestalten kann.

C: Ja, ich komme in Museen auch auf Ideen – in den Museen von Manchester. Wir haben ziemlich viele davon. Und was ist mit Ihnen, John, *wie verbringen Sie Ihre Wochenenden?*

D: Ich trainiere, und ich verbringe Zeit mit meinen Töchtern.

A: Oh, so *you have children.*
D: Yes, two daughters. *My wife and I are divorced,* but I get the girls every other weekend.

A: *What are your hobbies?*
B: Well, *I love painting.* It's very *absorbing. What about you?*
A: *I enjoy riding* very much.
B: Isn't that a bit expensive?
A: Yes, sometimes. But I love it so much that it's worth it.

A: *Have you got any children?*
B: Yes, two. A girl and a boy.

A: And *how old are they?*
B: The elder one is 17 and the younger is only nine.
A: That's a big difference! *Are they both still at school?*
B: My son is still at *primary school,* of course, but my daughter *is doing an apprenticeship* and *has* already *left home.*
A: That's interesting. What kind of apprenticeship is she doing?
B: *She's training to be a* jeweller.

A: *Are you interested in sports?*
B: Yes, I'm interested in most kinds of sports and *enjoy playing myself*.

A: *What kind of sports do you do?*
B: *I play tennis* and I also *play football* with some friends sometimes. And you?
A: Oh, I prefer to watch it on TV.

A: Ach, *Sie haben Kinder?*
D: Ja, zwei Töchter. *Meine Frau und ich sind geschieden,* aber ich bekomme die Mädchen jedes zweite Wochenende.

A: *Welche Hobbys haben Sie?*
B: Also, *ich male sehr gern.* Es füllt mich sehr *aus. Und Ihr Hobby?*
A: *Ich reite* unheimlich *gern.*
B: Ist das nicht ein bisschen teuer?
A: Ja, schon. Aber ich habe solche Freude daran, dass es sich lohnt.

A: *Haben Sie Kinder?*
B: Ja, zwei. Ein Mädchen und einen Jungen.
A: Und *wie alt sind sie?*
B: Die Ältere ist 17 und der Jüngere ist erst neun.
A: Das ist ja ein großer Unterschied! *Besuchen beide noch die Schule?*
B: Mein Sohn besucht natürlich noch die *Grundschule,* aber meine Tochter *macht eine Lehre* und *ist* schon *aus dem Haus.*
A: Das ist interessant. Was für eine Lehre macht sie denn?
B: *Sie macht eine Ausbildung zur* Juwelierin.

A: *Interessieren Sie sich für Sport?*
B: Ja, ich interessiere mich für die meisten Sportarten und *bin selbst begeisterter Sportler*.
A: *Welchen Sport betreiben Sie?*
B: *Ich spiele Tennis* und manchmal *spiele* ich auch mit ein paar Freunden *Fußball*. Und Sie?
A: Oh, ich bevorzuge Sport im Fernsehen.

A: *What do you enjoy reading?*
B: It depends. During the week, I enjoy reading the *dailies* but at the weekend or on holiday, I love to lose myself in a good *novel*.

A: *Who's your favourite author?*

B: That's difficult to say. Perhaps Turgenev.
A: Oh, I find his books *very heavy-going*. I prefer *light reading, detective novels*, for example.

Making a date

A: *When do you leave for* Berlin, Peter?
B: The day after tomorrow, Ben.
A: I'm here until the following week, you know. So we should have a little *farewell party*. *I'll call around* and see if people are free tomorrow evening. *Unless you have something else in mind?*

B: No, Ben. *I'd like that.*

A: *I'm free tomorrow afternoon,* so *let's make* an excursion *together.* Do you know Staten Island?

B: I know it's there, but *I haven't been there yet.*
A: It's not the island that's so interesting, but the means of getting there and back – by ferry. If you want to get to know a city on the water then take a boat. So, *I'll*

A: *Was lesen Sie gern?*
B: Es kommt darauf an. Während der Woche lese ich gern die *Tageszeitungen*, aber am Wochenende oder im Urlaub vertiefe ich mich sehr gern in einen guten *Roman*.
A: *Wer ist Ihr Lieblingsschriftsteller?*
B: Das ist schwer zu sagen, vielleicht Turgenew.
A: Oh, ich finde seine Bücher *sehr schwierig*. Ich bevorzuge *Unterhaltungsliteratur*, z. B. *Krimis*.

Sich verabreden

A: *Wann fahren Sie nach* Berlin *zurück,* Peter?
B: Übermorgen, Ben.
A: Ich bin bis nächste Woche hier, wissen Sie. Also sollten wir eine kleine *Abschiedsparty* machen. *Ich werde herumtelefonieren* und schauen, ob die Leute morgen Abend Zeit haben. Das heißt, *wenn Sie nichts anderes vorhaben?*
B: Nein, Ben. *Das würde mir Spaß machen.*

A: *Morgen Nachmittag habe ich frei, lassen Sie uns* einen Ausflug *zusammen machen.* Kennen Sie Staten Island?
B: Ich weiß, dass es das gibt, aber *ich bin bisher noch nicht dort gewesen.*
A: Die Insel ist nicht so interessant, aber die Art und Weise, wie man hin- und zurückkommt – mit der Fähre. Wenn Sie eine Stadt am Wasser kennen lernen wollen, nehmen Sie

Konversation

A: *pick you up* at the hotel at two o'clock.
B: Great! *I'm really looking forward to it*, Ben.

A: Will you be staying for the *final session*, John?
B: No, *I have to get moving.* But, look, *join me for a drink afterwards.* You can then fill me in on the rest of the day's proceedings. I'll wait for you in the lobby – *if you have nothing else in mind*, I mean.

A: No, of course. That's a great idea. *I'll come straight to* the hotel *after* the session *ends.*

Social Activites

A: *I would like to* see some art.

B: That's an excellent idea. *Do you mind if I accompany you* to the museum?
A: *On the contrary, I would appreciate it!* But I would like to visit some *art galleries*, too.
B: There are some excellent ones in the *city centre.* Very modern. Very avant-garde.
A: Indeed? So, *let's tackle* the galleries first, then go to the *museum* ...
B: ... and after getting through the *cultural part*, we should have dinner together.
A: Brilliant idea! I'm convinced you know a pretty good restaurant in town.

ein Boot. Also, *ich hole Sie* dann um zwei vom Hotel *ab.*
B: Großartig! *Ich freue mich sehr darauf*, Ben.

A: Werden Sie bis zur *Abschlusssitzung* bleiben, John?
B: Nein, *ich muss weiter.* Aber *gehen wir danach doch noch auf einen Drink.* Sie können mich dann über den Rest des Tagesverlaufs informieren. Ich werde in der Lobby auf Sie warten – *wenn Sie nichts anderes vorhaben*, meine ich.
A: Nein, natürlich nicht. Eine großartige Idee. *Ich komme nach Ende der* Sitzung *direkt ins* Hotel.

Gemeinsame Unternehmungen

A: *Ich würde* mir *gern* ein wenig Kunst ansehen.
B: Das ist eine hervorragende Idee. *Hätten Sie etwas dagegen, wenn ich Sie* ins Museum *begleiten würde?*
A: *Im Gegenteil, das wäre sehr angenehm.* Aber ich würde auch gern einige *Kunstgalerien* besuchen.
B: Es gibt einige sehr gute in der *Innenstadt.* Sehr modern. Sehr avantgardistisch.
A: Tatsächlich? Nun, *nehmen wir uns* zuerst die Galerien *vor*, anschließend gehen wir ins *Museum* ...
B: ... und wenn wir den *kulturellen Teil* hinter uns haben, *sollten wir gemeinsam zu Abend essen.*
A: Tolle Idee! Ich bin überzeugt davon, dass Sie ein wirklich gutes Restaurant in der Stadt kennen.

A: *Have you any plans for this evening?*
B: Actually, *I have nothing special in mind.*
A: *What do you think about* going to the pictures?
B: Good idea! *What's on* at the moment?
A: The new film by NN: It's very popular in Britain at the moment.
B: Yes, I've heard of it. It has received excellent *reviews*.

A: Well Janet *how did you enjoy the performance?*
B: Very much! The *set* was wonderful and *I was really impressed by the acting! What do you think,* Roger?
A: The *main actor* was fantastic, but the *supporting actress* nearly stole the show!
B: You're right, Roger. *She's very promising.*

Saying goodbye

A: *When are you leaving?*

B: My airplane leaves at 5.15, so I will arrive in Berlin in time to have dinner with my family.

A: Well, *goodbye then, and have a good journey.* And remember: I'll be visiting Germany next spring.

B: I'm really looking forward to it. *See you then!*

A: *Haben Sie heute Abend schon etwas vor?*
B: Eigentlich *habe ich nichts besonderes vor.*
A: *Was halten Sie davon,* ins Kino zu gehen?
B: Gute Idee! *Was läuft* zur Zeit?
A: Der neue Film von NN: Er ist in England momentan sehr populär.
B: Ja, ich habe davon gehört. Er hat hervorragende *Kritiken* bekommen.

A: Nun, Janet, *hat Ihnen die Aufführung gefallen?*
B: Sehr! Das *Bühnenbild* war fantastisch und *ich bin wirklich von der schauspielerischen Leistung beeindruckt! Was meinen Sie,* Roger?
A: Der *Hauptdarsteller* war herausragend, aber die *Nebendarstellerin* hat ihm fast die Show gestohlen!
B: Sie haben Recht, Roger. *Sie ist sehr vielversprechend.*

Sich verabschieden

A: *Um wie viel Uhr reisen Sie ab?*
B: Mein Flugzeug startet um 17.15, so dass ich in Berlin rechtzeitig ankomme, um mit meiner Familie zu Abend zu essen.
A: Nun, *dann auf Wiedersehen und eine gute Reise.* Und denken Sie daran: Ich komme im nächsten Frühjahr nach Deutschland.
B: Ich freue mich schon darauf. *Bis dann!*

A: *It was nice to see you again,* Angela.
B: *Nice to see you, too,* Harry.
A: *I'll be back in touch* once I've had a few more meetings and made some decisions.

B: Well, *I definitely look forward to hearing from you.* Goodbye.

A: *Es hat mich gefreut, Sie wieder zu sehen,* Angela.
B: *Es hat mich auch gefreut,* Harry.
A: *Ich melde mich bei Ihnen,* sobald ich einige weitere Besprechungen geführt und ein paar Entscheidungen getroffen habe.
B: Also, *ich freue mich wirklich darauf, von Ihnen zu hören.* Auf Wiedersehen.

A: Oh, *you're leaving already?*
B: Yes, I've got quite a lot of work to do at the moment and *I've got to catch an early flight* tomorrow morning.
A: Well, *I'm sorry I didn't get more of a chance to speak to you.*

B: *I'm sure we'll have more opportunities later.*

A: Ach, *Sie gehen schon?*
B: Ja, ich habe momentan ziemlich viel Arbeit und *ich muss* morgen *einen frühen Flug nehmen.*
A: Also, *es tut mir Leid, dass ich nicht mehr Gelegenheit hatte, mit Ihnen zu reden.*
B: Ich bin sicher, dass wir dazu später noch Gelegenheiten haben werden.

A: ... *It's been a pleasure talking to you,* Mr. Grant. *Here's my card.*
B: *And do take mine. I'll be pleased to see you* whenever you get over to London.

A: If you ever have to go to Germany *I can put you in touch with* some useful contacts there, too.

A: ... *Es war mir ein Vergnügen, mich mit Ihnen zu unterhalten,* Mr. Grant. *Hier ist meine Karte.*
B: *Und hier ist meine. Es würde mich freuen, Sie wieder zu sehen,* wenn Sie einmal wieder nach London kommen.
A: Sollten Sie jemals nach Deutschland müssen, *kann ich Ihnen* auch *dort einige nützliche Kontakte vermitteln.*

A: Well, *it's been lovely talking to you, but I'm afraid I really have to go now.*
B: That's a pity. *We'll have to get together again soon.*
A: That would be great. *Give me a ring when you're free.*

A: *Es war schön, mit Ihnen zu reden, aber ich muss jetzt wirklich gehen.*
B: Das ist schade. *Wir müssen uns unbedingt bald einmal wieder treffen.*
A: Das wäre toll. *Rufen Sie mich an, wenn Sie Zeit haben.*

Anhang

Occupational Titles

accountant	Buchhalter(in), Rechnungsprüfer(in)
account manager	Kundenbetreuer(in)
administrative manager	Verwaltungsdirektor(in), Geschäftsführer(in)
advertising director/manager	Leiter(in) der Werbeabteilung, Werbeleiter(in)
agent	Vertreter(in)
area manager	Bereichsleiter(in), Gebietsleiter(in)
assistant	Assistent(in), Mitarbeiter(in), Stellvertreter(in)
assistant ...	...assistent(in), stellvertretende(r) ...
auditor	Wirtschaftsprüfer(in), Rechnungsprüfer(in)
bank director/manager	Bankdirektor(in)
branch manager	Filialleiter(in), Zweigstellenleiter(in)
broker	(Börsen-)Makler(in), Broker(in)
business (sales) manager	kaufmännische(r) Direktor(in)
business consultant	Unternehmensberater(in)
buyer	Einkäufer(in)
chairman	Vorsitzender, Präsident
chairperson	Vorsitzende(r), Präsident(in)
chairperson of the board (of directors)	Vorstandsvorsitzende(r)
chairperson of the supervisory board	Aufsichtsratsvorsitzende(r)
chairperson and managing director *(UK)*	Vorstandsvorsitzende(r)
chairwoman	Präsidentin, Vorsitzende
chief ...	Chef..., Haupt..., leitende(r) ...
chief accountant	Hauptbuchhalter(in), Leiter(in) der Buchhaltung
chief engineer	leitende(r) Ingenieur(in)
chief executive (officer) *(US)* CEO	Hauptgeschäftsführer(in), Vorstandsvorsitzende(r)
chief financial officer *(US)* CFO	Leiter(in) der Finanzabteilung
civil servant	Staatsbedienstete(r), Beamte(r)
commercial representative	Handelsvertreter(in)
consultant	Berater(in)
copywriter	Werbetexter(in)
customer relations manager	Kundendienstleiter(in)
customer service manager	Kundendienstleiter(in)
data processing manager	Leiter(in) der EDV-Abteilung, Leiter(in) des Rechenzentrums
departmental manager	Abteilungsleiter(in), Referatsleiter(in)
department head	Abteilungsleiter(in), Referatsleiter(in)
deputy	...assistent(in), stellvertretende(r) ...
design engineer	Konstrukteur(in)

development director/manager	Leiter(in) der Entwicklungsabteilung
development engineer	Entwicklungsingenieur(in)
director	Direktor(in), Leiter(in), Vorstandsmitglied
director general	Generaldirektor(in), Hauptgeschäftsführer(in)
director of finance	Leiter(in) der Finanzabteilung
director of marketing	Marketingleiter(in)
director of planning	Leiter(in) der Planungsabteilung
director of public relations/PR	PR-Leiter(in), Leiter(in) der Abteilung Öffentlichkeitsarbeit
director of sales	Verkaufsleiter(in)
director of the ... department	Abteilungsleiter(in) ...
distribution director/manager	Vertriebsleiter(in)
district manager	Gebietsleiter(in), Bezirksleiter(in)
divisional director/manager	Geschäftsbereichsleiter(in)
editor	Redakteur(in)
editor-in-chief	Chefredakteur(in)
employee	Angestellte(r)
engineer	Ingenieur(in)
engineering manager	Leiter(in) der technischen Abteilung
export director/manager	Leiter(in) der Exportabteilung
factory manager	Fabrikdirektor(in), Werksleiter(in)
field sales manager	Außendienstleiter(in)
financial manager	Leiter(in) der Finanzabteilung
general (executive) manager GM	Generaldirektor(in), leitende(r) Direktor(in), Geschäftsführer(in)
head	Chef(in), Leiter(in), Direktor(in)
head of department/division/section	Abteilungsleiter(in)
head of staff	Personalleiter(in), Leiter(in) der Personalabteilung
human resources manager	Personalleiter(in), Leiter(in) der Personalabteilung
import director/manager	Leiter(in) der Importabteilung
lawyer, solicitor; attorney *(US)*	Rechtsanwalt/Rechtsanwältin
lecturer	Dozent(in), Lektor(in)
logistics manager	Leiter(in) der Logistikabteilung
management consultant	Unternehmensberater(in)
manager	Geschäftsführer(in), (Abteilungs-)Leiter(in)
managing director *(UK)* MD	geschäftsführende(r) Direktor(in), Hauptgeschäftsführer(in)
managing partner	geschäftsführende(r) Gesellschafter(in)
marketing (and sales) manager	Verkaufsleiter(in), Vertriebsleiter(in)
marketing assistant	Assistent(in) der Marketingabteilung
marketing manager	Leiter(in) der Marketingabteilung
office manager	Geschäftsstellenleiter(in)
office staff	Bürokräfte

Berufsbezeichnungen

partner	Gesellschafter(in), Teilhaber(in), Partner(in)
personal assistant to managing director *(UK)*	Sekretär(in) der Geschäftsleitung, Direktionsassistent(in)
personnel director/manager	Personalleiter(in)
planning director	Leiter(in) der Planungsabteilung
plant manager	Fabrikdirektor(in), Werksdirektor(in)
president	Vorstandsvorsitzende(r)
press officer	Pressereferent(in), Pressesprecher(in)
principal	Direktor(in)
private secretary	Privatsekretär(in)
product manager	Produktmanager(in), Produktbetreuer(in)
production director/manager	Fertigungsleiter(in), Produktionsleiter(in), Betriebsleiter(in)
programmer	Programmierer(in)
project leader/manager	Projektleiter(in)
public relations/PR director	Leiter(in) der Abteilung Öffentlichkeitsarbeit, Leiter(in) der PR-Abteilung, Pressesprecher(in)
public servant	Staatsbedienstete(r), Beamte(r)
publicity manager	Werbeleiter(in)
purchasing executive/officer	Einkäufer(in)
purchasing manager	Einkaufsleiter(in), Leiter(in) der Abteilung Einkauf
regional director/manager	Bezirksleiter(in), Gebietsleiter(in)
research director/manager	Leiter(in) der Forschungsabteilung
sales director/manager	Verkaufsleiter(in), Vertriebsleiter(in)
sales engineer	Verkaufsingenieur(in), Vertriebsingenieur(in)
salesman	Verkäufer
salesperson	Verkäufer(in)
sales representative	Handelsvertreter(in), Verkäufer(in)
saleswoman	Verkäuferin
semi-skilled worker	angelernte(r) Arbeiter(in)
senior manager	leitende(r) Mitarbeiter(in)
service manager	Leiter(in) der Kundendienstabteilung
shareholder *(UK)*	Aktionär(in), Anteilseigner(in)
shipping agent	Spediteur(in)
skilled worker	Facharbeiter(in)
special assistant to managing director	Sekretär(in) der Geschäftsleitung, Direktionsassistent(in) mit besonderen Aufgaben
staff director/manager	Leiter(in)/Direktor(in) der Personalabteilung, Personalleiter(in), Personalchef(in)
stockholder *(US)*	Aktionär(in), Anteilseigner(in)
(computer) systems manager	Leiter(in) der EDV-Abteilung
team leader	Gruppenleiter(in), Teamleiter(in)

technical director/manager	technische(r) Direktor(in)/Leiter(in)
treasurer (US)	Finanzdirektor(in)
unskilled worker	ungelernte Arbeitskraft
vice chairman, vice president (US)	stellvertretende(r) Generaldirektor(in)
works manager	Werksleiter(in), Fabrikdirektor(in)

Berufsbezeichnungen

Abteilungsleiter(in)	department head, (departmental) manager
Abteilungsleiter(in) ...	director of the ... department, head of the ... department/division/section
Aktionär(in)	shareholder (UK), stockholder (US)
angelernte(r) Arbeiter(in)	semi-skilled worker
Angestellte(r)	employee
Assistent(in)	assistant
...assistent(in)	assistant ..., deputy ...
Assistent(in) der Marketingabteilung	marketing assistant
Aufsichtsratsvorsitzende(r)	chairperson of the supervisory board
Außendienstleiter(in)	field sales manager
Bankdirektor(in)	bank director/manager
Beamte(r)	civil servant, public servant
Berater(in)	consultant
Bereichsleiter(in)	area manager
Betriebsleiter(in)	production director/manager
Bezirksleiter(in)	district manager, regional director/manager
Börsenmakler(in)	broker
Buchhalter(in)	accountant
Bürokräfte	office staff
Chefredakteur(in)	editor-in-chief
Direktionsassistent(in)	personal assistant to managing director (UK)
Direktor(in)	director, principal
Dozent(in)	lecturer
Einkäufer(in)	buyer, purchaser, purchasing executive/officer
Einkaufsleiter(in)	purchasing manager
Entwicklungsingenieur(in)	development engineer
Fabrikdirektor(in)	factory/plant manager
Facharbeiter(in)	skilled worker
Filialleiter(in)	branch manager
Finanzdirektor(in)	treasurer (US)
Gebietsleiter(in)	district manager, area manager
Generaldirektor(in)	director general; managing director (UK) MD, chief executive (officer) CEO

Berufsbezeichnungen

Geschäftsbereichsleiter(in)	divisional director/manager
Gesellschafter(in)	partner, director
geschäftsführende(r) Direktor(in)	managing director *(UK)* MD, chief executive (officer) *(US)* CEO
geschäftsführende(r) Gesellschafter	managing partner
Geschäftsführer(in)	manager
Geschäftsstellenleiter(in)	office manager
Gruppenleiter(in)	team leader
Handelsvertreter(in)	commercial representative, sales representative
Hauptbuchhalter(in)	chief accountant
Hauptgeschäftsführer(in)	general (executive) manager GM, managing director *(UK)* MD
Ingenieur(in)	engineer
kaufmännische(r) Direktor(in)	business (sales) manager
Konstrukteur(in)	design engineer
Kundenbetreuer(in)	account manager
Kundendienstleiter(in)	customer relations/service manager
leitende(r) Ingenieur(in)	chief engineer
leitende(r) Mitarbeiter(in)	senior manager
Leiter(in) der Abteilung Öffentlichkeitsarbeit	public relations director, PR director
Leiter(in) der EDV-Abteilung	data processing manager, (computer) systems manager
Leiter(in) der Entwicklungsabteilung	development director/manager
Leiter(in) der Exportabteilung	export director/manager
Leiter(in) der Finanzabteilung	director of finance, financial manager, chief financial officer *(US)* CFO
Leiter(in) der Forschungsabteilung	research director/manager
Leiter(in) der Importabteilung	import manager
Leiter(in) der Kundendienstabteilung	customer service manager
Leiter(in) der Logistikabteilung	logistics manager
Leiter(in) der Marketingabteilung	marketing manager
Leiter(in) der Personalabteilung	personnel director/manager, staff director/manager, human resources manager
Leiter(in) der Planungsabteilung	director of planning, planning director
Leiter(in) des Rechenzentrums	data processing manager, (computer) systems manager
Leiter(in) der technischen Abteilung	engineering manager
Leiter(in) der Werbeabteilung	advertising director/manager
Marketingleiter(in)	director of marketing
Personalleiter(in)	head of staff, human resources manager, personnel director/manager
Präsident(in)	chairman, chairwoman, chairperson

Pressesprecher(in)	press officer, PR director
Privatsekretär(in)	private secretary
PR-Leiter(in)	director of public relations, PR director
Produktionsleiter(in)	production director/manager
Produktmanager(in)	product manager
Programmierer(in)	programmer
Projektleiter(in)	project leader/manager
Rechnungsprüfer(in)	accountant, auditor
Rechtsanwalt/Rechtsanwältin	lawyer, solicitor, attorney *(US)*
Redakteur(in)	editor
Spediteur(in)	shipping agent
stellvertretende(r) ...	assistant ..., deputy ...
stellvertretende(r) Generaldirektor(in)	vice chairman, vice president *(US)*
technische(r) Direktor(in)/Leiter(in)	technical director/manager
Teilhaber(in)	partner, director
ungelernte Arbeitskraft	unskilled worker
Unternehmensberater(in)	business/management consultant
Verkäufer(in)	salesman, saleswoman, salesperson
Verkaufsleiter(in)	director of sales, sales director/manager, marketing (and sales) manager
Vertreter(in)	agent
Vertriebsleiter(in)	distribution director/manager, sales director/manager
Verwaltungsdirektor(in)	administrative manager
Vorsitzende(r)	chairman, chairwoman, chairperson
Vorstandsvorsitzende(r)	chairman/chairwoman/chairperson of the board (of directors), chairman/chairwoman/chairperson and managing director *(UK)*
Werbeleiter(in)	publicity manager, advertising director/manager
Werbetexter(in)	copywriter
Werksleiter(in)	factory/plant/works manager
Wirtschaftsprüfer(in)	auditor
Zweigstellenleiter(in)	branch manager

Im Englischen werden Berufsbezeichnungen bei der Anrede, auch in Briefen, üblicherweise groß geschrieben.
Der Trend in deutschen Unternehmen geht dahin, Titel aus dem anglo-amerikanischen Raum zu verwenden. Dabei ist allerdings zu beachten, dass sich die Aufgabenbereiche und Funktionen der einzelnen Positionen in der deutschen und der amerikanischen bzw. englischen Unternehmensstruktur stark unterscheiden.
„Manager", zum Beispiel, bedeutet vor allem im amerikanischen Englisch nicht generell Abteilungsleiter, sondern wird für eine verantwortungsvolle Position in einem bestimmten Bereich verwendet. Differenziert wird hierbei anhand des Artikels:
*He's **the** sales manager.* – Er ist (der) Verkaufsleiter.
*He's **a** sales manager.* – sinngemäß: Er ist Leiter eines Verkaufsteams.

Unternehmensaufbau

Chairman and Managing Director
Aufsichtsratsvorsitzende(r)/Vorstandsvorsitzende(r)

- Marketing Director
  Direktor(in) der Marketingabteilung
  - Sales Manager
    Vertriebsleiter(in)
  - Client Services Manager
    Leiter(in) der Kundendienstabteilung

- Personnel Director
  Leiter(in) der Personalabteilung
  - Office Manager
    Geschäftsstellenleiter(in)

- Company Secretary
  Geschäftsführer(in)
  - Chief Accountant
    Leiter(in) der Buchhaltung

- Technical Director
  Technische(r) Direktor(in)
  - R&D Manager
    Leiter(in) Forschung und Entwicklung

- Production Director
  Fertigungsleiter(in)
  - Factory Manager
    Werksleiter(in)

Die deutschen Übersetzungen sind nur ungefähre Entsprechungen und können je nach Unternehmen variieren.

Rechtsformen

Deutschland	UK	USA
Aktiengesellschaft (AG)	joint-stock company, public limited company (plc)	open corporation, general corporation (Inc., incorporated)
eingetragene Gesellschaft	registered company	incorporated (Inc.) company
Einzelunternehmung	sole proprietor(ship)	sole proprietor(ship)
gemeinnützige Gesellschaft	non-profit(-making) organization	non-profit(-making) organization
Gesellschaft des bürgerlichen Rechts (GbR)	civil-law company	civil-law company
Gesellschaft mit beschränkter Haftung (GmbH)	(private) limited company (Ltd., Limited)	close(d) corporation, limited liability company (LLC, Corp.)
Kapitalgesellschaft	joint-stock company	corporation
Kommanditgesellschaft (KG)	limited partnership	limited partnership
Offene Handelsgesellschaft (OHG)	general partnership	ordinary partnership
öffentlich-rechtliche Gesellschaft	public-law corporation	public-law corporation
Personengesellschaft	partnership	partnership

Important International Organizations

Andean Community (CAN)	Gemeinschaft der Andenstaaten (CAN)
Asia-Pacific Economic Cooperation (APEC)	Asiatisch-Pazifische Wirtschaftsgemeinschaft (APEC)
Association of South East Asian Nations (ASEAN)	Verband Südostasiatischer Nationen (ASEAN)
Bank for International Settlements (BIS)	Bank für Internationalen Zahlungsausgleich (BIZ)
Caribbean Community and Common Market (CARICOM)	Karibische Gemeinschaft und Gemeinsamer Markt (CARICOM)
Common Market for Eastern and Southern Africa (COMESA)	Gemeinsamer Markt für das östliche und südliche Afrika (COMESA)
Economic Community of West African States (ECOWAS)	Wirtschaftsgemeinschaft Westafrikanischer Staaten (ECOWAS)
European Central Bank (ECB)	Europäische Zentralbank (EZB)
European Free Trade Association (EFTA)	Europäische Freihandelsassoziation (EFTA)
European Union (EU)	Europäische Union (EU)
General Agreement on Tariffs and Trade (GATT)	Allgemeines Zoll- und Handelsabkommen (GATT)
International Air Transport Association (IATA)	Internationaler Luftverkehrsverband (IATA)
International Atomic Energy Agency (IAEA)	Internationale Atomenergie-Organisation (IAEO)
International Bank for Reconstruction and Development (IBRD)	Internationale Bank für Wiederaufbau und Entwicklung (IBRD)
International Centre for Settlement of Investment Disputes (ICSID)	Internationales Zentrum für die Beilegung von Investitionsstreitigkeiten (ICSID)
International Chamber of Commerce (ICC)	Internationale Handelskammer (ICC)
International Development Association (IDA)	Internationale Entwicklungsorganisation (IDA)
International Energy Agency (IEA)	Internationale Energie-Agentur (IEA)
International Finance Corporation (IFC)	Internationale Finanz-Corporation (IFC)
International Labour Organization (ILO)	Internationale Arbeitsorganisation (IAO)
International Monetary Fund (IMF)	Internationaler Währungsfonds (IWF)
International Standards Organization (ISO)	Internationale Standardorganisation (ISO)
Mercosur (Southern Common Market)	Mercosur (Gemeinsamer Markt des Südens)
Multilateral Investment Guarantee-Agency (MIGA)	Multilaterale Investitions-Garantie-Agentur (MIGA)

North American Free Trade Agreement (NAFTA)	Nordamerikanisches Freihandelsabkommen (NAFTA)
Organization for Security and Cooperation in Europe (OSCE)	Organisation für Sicherheit und Zusammenarbeit in Europa (OSZE)
Organization for Economic Cooperation and Development (OECD)	Organisation für wirtschaftliche Zusammenarbeit und Entwicklung (OECD)
Organization of Petroleum Exporting Countries (OPEC)	Organisation Erdöl exportierender Länder (OPEC)
United Nations (UN)	Vereinte Nationen (VN, UNO)
United Nations Conference on Trade and Development (UNCTAD)	Handels- und Entwicklungskonferenz der Vereinten Nationen (UNCTAD)
United Nations Industrial Development Organization (UNIDO)	Organisation der Vereinten Nationen für industrielle Entwicklung (UNIDO)
World Bank (group)	Weltbank(gruppe)
World Customs Organization (WCO)	Weltzollorganisation (WZO)
World Intellectual Property Organization (WIPO)	Weltorganisation für geistiges Eigentum (WIPO)
World Trade Organization (WTO)	Welthandelsorganisation (WTO)

Wichtige Internationale Organisationen

Allgemeines Zoll- und Handelsabkommen (GATT)	General Agreement on Tariffs and Trade (GATT)
Asiatisch-Pazifische Wirtschaftsgemeinschaft (APEC)	Asia-Pacific Economic Cooperation (APEC)
Bank für Internationalen Zahlungsausgleich (BIZ)	Bank for International Settlements (BIS)
Gemeinsamer Markt für das östliche und südliche Afrika (COMESA)	Common Market for Eastern and Southern Africa (COMESA)
Gemeinschaft der Andenstaaten (CAN)	Andean Community (CAN)
Europäische Zentralbank (EZB)	European Central Bank (ECB)
Europäische Freihandelsassoziation (EFTA)	European Free Trade Association (EFTA)
Europäische Union (EU)	European Union (EU)
Handels- und Entwicklungskonferenz der Vereinten Nationen (UNCTAD)	United Nations Conference on Trade and Development (UNCTAD)
Internationale Arbeitsorganisation (IAO)	International Labour Organization (ILO)
Internationale Atomenergie-Organisation (IAEO)	International Atomic Energy Agency (IAEA)

Wichtige Organisationen

Internationale Bank für Wiederaufbau und Entwicklung (IBRD)	International Bank for Reconstruction and Development (IBRD)
Internationale Energie-Agentur (IEA)	International Energy Agency (IEA)
Internationale Entwicklungsorganisation (IDA)	International Development Association (IDA)
Internationale Finanz-Corporation (IFC)	International Finance Corporation (IFC)
Internationale Handelskammer (ICC)	International Chamber of Commerce (ICC)
Internationaler Luftverkehrsverband (IATA)	International Air Transport Association (IATA)
Internationaler Währungsfonds (IWF)	International Monetary Fund (IMF)
Internationale Standardorganisation (ISO)	International Standards Organization (ISO)
Internationales Zentrum für die Beilegung von Investitionsstreitigkeiten (ICSID)	International Centre for Settlement of Investment Disputes (ICSID)
Karibische Gemeinschaft und Gemeinsamer Markt (CARICOM)	Caribbean Community and Common Market (CARICOM)
Mercosur (Gemeinsamer Markt des Südens)	Mercosur (Southern Common Market)
Multilaterale Investitions-Garantie-Agentur (MIGA)	Multilateral Investment Guarantee Agency (MIGA)
Nordamerikanisches Freihandelsabkommen (NAFTA)	North American Free Trade Agreement (NAFTA)
Organisation der Vereinten Nationen für industrielle Entwicklung (UNIDO)	United Nations Industrial Development Organization (UNIDO)
Organisation Erdöl exportierender Länder (OPEC)	Organization of Petroleum Exporting Countries (OPEC)
Organisation für Sicherheit und Zusammenarbeit in Europa (OSZE)	Organization for Security and Cooperation in Europe (OSCE)
Organisation für wirtschaftliche Zusammenarbeit und Entwicklung (OECD)	Organization for Economic Cooperation and Development (OECD)
Verband Südostasiatischer Nationen (ASEAN)	Association of South East Asian Nations (ASEAN)
Vereinte Nationen (VN, UNO)	United Nations (UN)
Weltbank(gruppe)	World Bank (group)
Welthandelsorganisation (WTO)	World Trade Organization (WTO)
Weltorganisation für geistiges Eigentum (WIPO)	World Intellectual Property Organization (WIPO)
Weltzollorganisation (WZO)	World Customs Organization (WCO)
Wirtschaftsgemeinschaft Westafrikanischer Staaten (ECOWAS)	Economic Community of West African States (ECOWAS)

Curriculum Vitae *(UK)*/Resumé *(US)*

Personal Information:
Name: Thomas Smith
Address: 5 Harbour Street, London, SW9 8RU
Telephone: 0181-1234567
Nationality: British
Date of Birth: 29/01/1982
Marital status: Single

Education:

10/05 – 05/06	**Know-How Institute of Management,** London: Advanced Diploma Advertising, E-Business & PR
10/04 – 08/05	**University of London**, Business School, final year B.A. International Business
10/03 – 07/04	**Philipps University Marburg**, Germany: one year Erasmus exchange programme - International Business
10/01 – 08/03	**University of London**, Business School, B.A. International Business & German
09/95 – 06/01	**Two Towers Secondary School**, London: A levels German and Mathematics

Professional Experience:

02/05 – 05/06	**AIC Bank Headquarters,** London: Investment Administrator
04/02 – 10/04	**Gilderoy**, London: Temporary Account Manager
10/03 – 12/03	**Brown David International,** London: internship with focus on market research and analysis
06/01 – 04/02	**Guppi,** London: Sales Consultant

Skills and Interests:

fluent German, good working knowledge of French, MS Office
sailing, web design, photography

References can be requested from:

Mrs Sarah McLean	Prof. John Knower
Human Resources Management	Business School
AIC Bank Headquarters	University of London
Central Road 01	London
London	NW2 1RD
SW1 2DA	

Tabellarischer Lebenslauf

Persönliche Daten:
Name: Thomas Smith
Adresse: 5 Harbour Street, London, SW9 8RU
Telefon: 0181-1234567
Nationalität: Brite
Geburtsdatum: 29.01.1982
ledig

Ausbildung:

10/05 – 05/06	**Know-How Management Institut,** London: Abschluss Werbung, E-Business & PR
10/04 – 08/05	**Universität London**, Fakultät für Wirtschaftswissenschaften: Abschluss: B.A. International Business (VWL)
10/03 – 07/04	**Philipps-Universität Marburg**, Deutschland: Auslandsjahr als Erasmus Student (VWL)
10/01 – 08/03	**Universität London**, Fakultät für Wirtschaftswissenschaften: B.A. International Business (VWL)
09/95 – 06/01	**Two Towers Secondary School**, London: A-Levels in Deutsch und Mathematik

Beruflicher Werdegang:

02/05 – 05/06	**AIC Bank Headquarters**, London: Sachbearbeiter Investment
04/02 – 10/04	**Gilderoy**, London: Kundenbetreuer
10/03 – 12/03	**Brown David International**, London: Praktikum im Bereich Marktforschung und Datenanalyse
06/01 – 04/02	**Guppi**, London: Verkaufsberater

Sonstige Qualifikationen und Interessen:
Deutsch (fließend), Französisch (gut), MS Office
Segeln, Webdesign, Fotografie

London, 16.05.2006

Countries and Continents

Continents

Africa
America
Asia
Australia
Europe

Countries of the World

Country	Region	Capital	Difference to CET in h
Afghanistan	Central Asia	Kabul	+ 3
Albania	Southeastern Europe	Tirana	0
Algeria	Northern Africa	Algiers	0
Andorra	Western Europe	Andorra la Vella	0
Angola	Southwestern Africa	Luanda	0
Antigua and Barbuda	Central America; Caribbean	St. John's	– 5
Argentina	South America	Buenos Aires	– 4
Armenia	Southwestern Asia	Yerevan	+ 3
Australia	Oceania	Canberra	+ 7/+ 9
Austria	Central Europe	Vienna	0
Azerbaijan	Southwestern Asia	Baku	+ 3
Bahamas	Central America; Caribbean	Nassau	– 6
Bahrain	Middle East	Manama	+ 3
Bangladesh	Southern Asia	Dhaka	+ 5
Barbados	Central America; Caribbean	Bridgetown	– 5
Belarus	Eastern Europe	Minsk	+ 1
Belgium	Western Europe	Brussels	0
Belize	Central America	Belmopan	– 7
Benin	Western Africa	Cotonou	– 1
Bhutan	Southern Asia	Thimphu	+ 7
Bolivia	Central South America	La Paz	– 5
Bosnia and Herzegovina	Southeastern Europe	Sarajevo	0
Botswana	Southern Africa	Gaborone	+ 1
Brazil	South America	Brasilia	– 3/– 6
Brunei Darussalam	Southeast Asia	Bandar Seri Begawan	+ 7
Bulgaria	Southeastern Europe	Sofia	+ 1

Burkina Faso	Western Africa	Ouagadougou	−1
Burundi	Eastern Africa	Bujumbura	+1
Cambodia	Southeast Asia	Phnom Penh	+6
Cameroon	Central Africa	Yaoundé	0
Canada	North America	Ottawa	−6/−9
Cape Verde	Western Africa	Cidade de Praia	−2
Central African Republic	Central Africa	Bangui	0
Chad	Central Africa	N'Djamena	0
Chile	South America	Santiago de Chile	−5
China	East Asia	Beijing	+7/+8
Colombia	South America	Bogotá	−6
Comoros	Eastern Africa	Moroni	+4
Congo	Central Africa	Brazzaville	0
Congo, The Democratic Republic	Central Africa	Kinshasa	0
Costa Rica	Central America	San José	−5
Croatia	Southeastern Europe	Zagreb	0
Cuba	Central America; Caribbean	Havana	−6
Cyprus	Southeastern Europe	Nicosia	+1
Czech Republic	Central Europe	Prague	0
Denmark	Northern Europe	Copenhagen	+7/+8
Djibouti	Northeastern Africa	Djibouti	+2
Dominica	Central America; Caribbean	Roseau	−5
Dominican Republic	Central America; Caribbean	Santo Domingo	−5
East Timor (Timor-Leste)	Southeast Asia	Dili	+8
Ecuador	South America	Quito	−6
Egypt	Northeastern Africa	Cairo	+1
El Salvador	Central America	San Salvador	−7
Equatorial Guinea	Central Africa	Malabo	0
Eritrea	Northeastern Africa	Asmara	+2
Estonia	Northeastern Europe	Tallinn	+1
Ethiopia	Northeastern Africa	Addis Ababa	+2
Fiji	Oceania	Suva	+11
Finland	Northern Europe	Helsinki	+1
France	Western Europe	Paris	0
Gabon	Central Africa	Libreville	0
Gambia	Western Africa	Banjul	−1
Georgia	Southwestern Asia	Tbilisi	+3
Germany	Central Europe	Berlin	0
Ghana	Western Africa	Accra	−1
Great Britain	Western Europe	London	−1
Greece	Southeastern Europe	Athens	+1
Grenada	Central America; Caribbean	St. George's	−5

Guatemala	Central America	Guatemala City	−7
Guinea	Western Africa	Conakry	−1
Guinea-Bissau	Western Africa	Bissau	−1
Guyana	South America	Georgetown	−5
Haiti	Central America; Caribbean	Port-au-Prince	−6
Honduras	Central America	Tegucigalpa	−7
Hungary	Central Europe	Budapest	0
Iceland	Northern Europe	Reykjavik	−1
India	Southern Asia	New Delhi	+4
Indonesia	Southeast Asia	Jakarta	+6/+7
Iran	Middle East	Tehran	+2
Iraq	Middle East	Baghdad	+2
Ireland	Western Europe	Dublin	−1
Israel	Middle East	Jerusalem	+1
Italy	Southern Europe	Rome	0
Ivory Coast (Cote D'Ivoire)	Western Africa	Abidjan	−1
Jamaica	Central America; Caribbean	Kingston	−6
Japan	East Asia	Tokyo	+8
Jordan	Middle East	Amman	+1
Kazakhstan	Central Asia	Astana	+3
Kenya	Eastern Africa	Nairobi	+2
Kiribati	Oceania	Bairiki	+11
Kuwait	Middle East	Kuwait	+2
Kyrgyzstan	Central Asia	Bishkek	+4
Laos	Southeast Asia	Vientiane	+6
Latvia	Northeastern Europe	Riga	+1
Lebanon	Middle East	Beirut	+1
Lesotho	Southern Africa	Maseru	+1
Liberia	Western Africa	Monrovia	−1
Libya	Northern Africa	Tripoli	0
Liechtenstein	Central Europe	Vaduz	0
Lithuania	Northeastern Europe	Vilnius	+1
Luxembourg	Western Europe	Luxembourg	0
Macedonia	Southeastern Europe	Skopje	0
Madagascar	Southeastern Africa	Antananarivo	+2
Malawi	Southeastern Africa	Lilongwe	+1
Malaysia	Southeast Asia	Kuala Lumpur	+6/+7
Maldives	Southern Asia	Male	+4
Mali	Western Africa	Bamako	−1
Malta	Southern Europe	Valletta	0
Marshall Islands	Oceania	Majuro	+11
Mauritania	Northwestern Africa	Nouakchott	−1
Mauritius	Southeastern Africa	Port Louis	+3
Mexico	North America	Mexico City	−7/−9

Micronesia	Oceania	Palikir	+ 10
Moldova	Southeastern Europe	Chisinau	+ 1
Monaco	Western Europe	Monaco	0
Mongolia	Central Asia	Ulaanbaatar	+ 6
Morocco	Northwestern Africa	Rabat	− 1
Mozambique	Sotheastern Africa	Maputo	+ 1
Myanmar (Birma)	Southeast Asia	Rangoon	+ 5
Namibia	Southwestern Africa	Windhoek	+ 1
Nauru	Oceania	Yaren	+ 11
Nepal	Southern Asia	Kathmandu	+ 4
Netherlands	Western Europe	Amsterdam	0
New Zealand	Oceania	Wellington	+ 11
Nicaragua	Central America	Managua	− 7
Niger	Western Africa	Niamey	0
Nigeria	Western Africa	Abuja	0
North Korea	East Asia	Pyongyang	+ 8
Norway	Northern Europe	Oslo	0
Oman	Middle East	Muscat	+ 3
Pakistan	Southern Asia	Islamabad	+ 4
Palau	Oceania	Koror	+ 8
Panama	Central America	Panama City	− 6
Papua New Guinea	Oceania	Port Moresby	+ 9
Paraguay	South America	Asunción	− 5
Peru	South America	Lima	− 6
Philippines	Southeast Asia	Manila	+ 7
Poland	Central Europe	Warsaw	0
Portugal	Southwestern Europe	Lisbon	− 1
Qatar	Middle East	Doha	+ 2
Romania	Southeastern Europe	Bucharest	+ 1
Russia (Russian Federation)	Eastern Europe/Asien	Moscow	+ 1/+ 7
Rwanda	Eastern Africa	Kigali	+ 1
Samoa	Oceania	Apia	− 12
San Marino	Southern Europe	San Marino	0
São Tomé and Principe	Central Africa	São Tomé	− 1
Saudi Arabia	Middle East	Riyadh	+ 2
Senegal	Western Africa	Dakar	− 1
Serbia and Montenegro	Southeastern Europe	Belgrade	0
Seychelles	Eastern Africa	Victoria	+ 3
Sierra Leone	Western Africa	Freetown	− 1
Singapore	Southeast Asia	Singapore	+ 7
Slovakia	Central Europe	Bratislava	0
Slovenia	Central Europe	Ljubljana	0
Solomon Islands	Oceania	Honiara	+ 10
Somalia	Northeastern Africa	Mogadishu	+ 2
South Africa	Southern Africa	Pretoria (Tshwane)	+ 1

South Korea	East Asia	Seoul	+ 8
Spain	Southwestern Europe	Madrid	0
Sri Lanka	Southern Asia	Colombo	+ 4
St. Kitts and Nevis	Central America; Caribbean	Basseterre	– 5
St. Lucia	Central America; Caribbean	Castries	– 5
St. Vincent and the Grenadines	Central America; Caribbean	Kingstown	– 5
Sudan	Northeastern Africa	Khartoum	+ 1
Suriname	South America	Paramaribo	– 4
Swaziland	Southeastern Africa	Mbabane	+ 1
Sweden	Northern Europe	Stockholm	0
Switzerland	Central Europe	Bern	0
Syria	Middle East	Damascus	+ 1
Taiwan (Republik China)	East Asia	Taipei	+ 7
Tajikistan	Central Asia	Dushanbe	+ 4
Tanzania	Eastern Africa	Dodoma	+ 2
Thailand	Southeast Asia	Bangkok	+ 6
Togo	Western Africa	Lomé	– 1
Tonga	Oceania	Nuku'alofa	+ 12
Trinidad and Tobago	Central America; Caribbean	Port-of-Spain	– 5
Tunisia	Northern Africa	Tunis	0
Turkey	Southeastern Europe/ Southwestern Asia	Ankara	+ 1
Turkmenistan	Central Asia	Ashgabat	+ 4
Tuvalu	Oceania	Funafuti	+ 11
Uganda	Eastern Africa	Kampala	+ 2
Ukraine	Eastern Europe	Kiev	+ 1
United Arab Emirates	Middle East	Abu Dhabi	+ 3
United Kingdom (UK)	Western Europe	London	– 1
United States of America (USA)	North America	Washington D.C.	– 6/– 11
Uruguay	South America	Montevideo	– 4
Uzbekistan	Central Asia	Tashkent	+ 4
Vanuatu	Oceania	Port Vila	+ 10
Vatican City	Southern Europe	Vatican City	0
Venezuela	South America	Caracas	– 5
Viet Nam	Southeast Asia	Hanoi	+ 6
Yemen	Middle East	Sana	+ 2
Zambia	Southern Africa	Lusaka	+ 1
Zimbabwe	Southern Africa	Harare	+ 1

Länder und Kontinente

Kontinente

Afrika
Amerika
Asien
Australien
Europa

Länder der Welt

Land	Region	Hauptstadt	Zeitunterschied in h zur MEZ
Afghanistan	Zentralasien	Kabul	+ 3
Ägypten	Nordostafrika	Kairo	+ 1
Albanien	Südosteuropa	Tirana	0
Algerien	Nordafrika	Algier	0
Andorra	Südwesteuropa	Andorra la Vella	0
Angola	Südwestafrika	Luanda	0
Antigua und Barbuda	Mittelamerika; Karibik	St. John's	– 5
Äquatorialguinea	Zentralafrika	Malabo	0
Argentinien	Südamerika	Buenos Aires	– 4
Armenien	Vorderasien	Jerewan	+ 3
Aserbaidschan	Vorderasien	Baku	+ 3
Äthiopien	Nordostafrika	Addis Abeba	+ 2
Australien	Ozeanien	Canberra	+ 7/+ 9
Bahamas	Mittelamerika; Karibik	Nassau	– 6
Bahrain	Vorderasien	Manama	+ 3
Bangladesch	Südasien	Dhaka	+ 5
Barbados	Mittelamerika; Karibik	Bridgetown	– 5
Belarus (Weißrussland)	Osteuropa	Minsk	+ 1
Belgien	Westeuropa	Brüssel	0
Belize	Mittelamerika	Belmopan	– 7
Benin	Westafrika	Cotonou	– 1
Bhutan	Südasien	Thimphu	+ 7
Bolivien	Südamerika	La Paz	– 5
Bosnien-Herzegowina	Südosteuropa	Sarajevo	0
Botsuana	Südafrika	Gaborone	+ 1
Brasilien	Südamerika	Brasilia	– 3/– 6
Brunei Darussalam	Südostasien	Bandar Seri Begawan	+ 7
Bulgarien	Südosteuropa	Sofia	+ 1

Burkina Faso	Westafrika	Ouagadougou	− 1
Burundi	Ostafrika	Bujumbura	+ 1
Chile	Südamerika	Santiago de Chile	− 5
China	Ostasien	Peking (Beijing)	+ 7/+ 8
Costa Rica	Mittelamerika	San José	− 5
Dänemark	Nordeuropa	Kopenhagen	+ 7/+ 8
Deutschland	Mitteleuropa	Berlin	0
Dominica	Mittelamerika; Karibik	Roseau	− 5
Dominikanische Republik	Mittelamerika; Karibik	Santo Domingo	− 5
Dschibuti	Nordostafrika	Dschibuti	+ 2
Ecuador	Südamerika	Quito	− 6
Elfenbeinküste (Cote D'Ivoire)	Westafrika	Abidjan	− 1
El Salvador	Mittelamerika	San Salvador	− 7
Eritrea	Nordostafrika	Asmara	+ 2
Estland	Nordosteuropa	Tallinn	+ 1
Fidschi	Ozeanien	Suva	+ 11
Finnland	Nordeuropa	Helsinki	+ 1
Frankreich	Westeuropa	Paris	0
Gabun	Zentralafrika	Libreville	0
Gambia	Westafrika	Banjul	− 1
Georgien	Vorderasien	Tiflis	+ 3
Ghana	Westafrika	Accra	− 1
Grenada	Mittelamerika; Karibik	St. George's	− 5
Griechenland	Südosteuropa	Athen	+ 1
Großbritannien	Westeuropa	London	− 1
Guatemala	Mittelamerika	Guatemala-Stadt	− 7
Guinea	Westafrika	Conakry	− 1
Guinea-Bissau	Westafrika	Bissau	− 1
Guyana	Südamerika	Georgetown	− 5
Haiti	Mittelamerika; Karibik	Port-au-Prince	− 6
Honduras	Mittelamerika	Tegucigalpa	− 7
Indien	Südasien	Neu-Delhi	+ 4
Indonesien	Südostasien	Jakarta	+ 6/+ 7
Irak	Vorderasien	Bagdad	+ 2
Iran	Vorderasien	Teheran	+ 2
Irland	Westeuropa	Dublin	− 1
Island	Nordeuropa	Reykjavik	− 1
Israel	Vorderasien	Jerusalem	+ 1
Italien	Südeuropa	Rom	0
Jamaika	Mittelamerika; Karibik	Kingston	− 6
Japan	Ostasien	Tokio	+ 8
Jemen	Vorderasien	Sana	+ 2
Jordanien	Vorderasien	Amman	+ 1
Kambodscha	Südostasien	Phnom Penh	+ 6
Kamerun	Zentralafrika	Jaunde	0
Kanada	Nordamerika	Ottawa	− 6/− 9

Kap Verde-Inseln	Westafrika	Cidade de Praia	− 2
Kasachstan	Zentralasien	Astana	+ 3
Katar	Vorderasien	Doha	+ 2
Kenia	Ostafrika	Nairobi	+ 2
Kirgisistan	Zentralasien	Bischkek	+ 4
Kiribati	Ozeanien	Bairiki	+ 11
Kolumbien	Südamerika	Bogotá	− 6
Komoren	Ostafrika	Moroni	+ 4
Kongo	Zentralafrika	Brazzaville	0
Kongo, Demokratische Republik	Zentralafrika	Kinshasa	0
Kroatien	Südosteuropa	Zagreb	0
Kuba	Mittelamerika; Karibik	Havanna	− 6
Kuwait	Vorderasien	Kuwait	+ 2
Laos	Südostasien	Vientiane	+ 6
Lesotho	Südafrika	Maseru	+ 1
Lettland	Nordosteuropa	Riga	+ 1
Libanon	Vorderasien	Beirut	+ 1
Liberia	Westafrika	Monrovia	− 1
Libyen	Nordafrika	Tripolis	0
Liechtenstein	Mitteleuropa	Vaduz	0
Litauen	Nordosteuropa	Vilnius	+ 1
Luxemburg	Westeuropa	Luxemburg	0
Madagaskar	Südostafrika	Antananarivo	+ 2
Malawi	Südostafrika	Lilongwe	+ 1
Malaysia	Südostasien	Kuala Lumpur	+ 6/+ 7
Malediven	Südasien	Male	+ 4
Mali	Westafrika	Bamako	− 1
Malta	Südeuropa	Valletta	0
Marokko	Nordwestafrika	Rabat	− 1
Marshall-Inseln	Ozeanien	Majuro	+ 11
Mauretanien	Nordwestafrika	Nouakchott	− 1
Mauritius	Südostafrika	Port Louis	+ 3
Mazedonien	Südosteuropa	Skopje	0
Mexiko	Nordamerika	Mexiko-Stadt	− 7/− 9
Mikronesien	Ozeanien	Palikir	+ 10
Moldawien	Südosteuropa	Chisinau	+ 1
Monaco	Westeuropa	Monaco	0
Mongolei	Zentralasien	Ulan-Bator	+ 6
Mosambik	Südostafrika	Maputo	+ 1
Myanmar (Birma)	Südostasien	Yangon	+ 5
Namibia	Südwestafrika	Windhuk	+ 1
Nauru	Ozeanien	Yaren	+ 11
Nepal	Südasien	Kathmandu	+ 4
Neuseeland	Ozeanien	Wellington	+ 11
Nicaragua	Mittelamerika	Managua	− 7
Niederlande	Westeuropa	Amsterdam	0

Niger	Westafrika	Niamey	0
Nigeria	Westafrika	Abuja	0
Nordkorea (Demokratische Volksrepublik Korea)	Ostasien	Pjöngjang	+ 8
Norwegen	Nordeuropa	Oslo	0
Oman	Vorderasien	Maskat	+ 3
Österreich	Mitteleuropa	Wien	0
Osttimor (Timor-Leste)	Südostasien	Dili	+ 8
Pakistan	Südasien	Islamabad	+ 4
Palästinensische Gebiete	Vorderasien	Gaza/Ramallah	+ 1
Palau	Ozeanien	Koror	+ 8
Panama	Mittelamerika	Panama-Stadt	– 6
Papua-Neuguinea	Ozeanien	Port Moresby	+ 9
Paraguay	Südamerika	Asunción	– 5
Peru	Südamerika	Lima	– 6
Philippinen	Südostasien	Manila	+ 7
Polen	Mitteleuropa	Warschau	0
Portugal	Südwesteuropa	Lissabon	– 1
Ruanda	Ostafrika	Kigali	+ 1
Rumänien	Südosteuropa	Bukarest	+ 1
Russland (Russische Föderation)	Osteuropa/Asien	Moskau	+ 1/+ 7
Salomonen	Ozeanien	Honiara	+ 10
Sambia	Südafrika	Lusaka	+ 1
Samoa	Ozeanien	Apia	– 12
San Marino	Südeuropa	San Marino	0
São Tomé und Principe	Zentralafrika	São Tomé	– 1
Saudi-Arabien	Vorderasien	Riad	+ 2
Schweden	Nordeuropa	Stockholm	0
Schweiz	Mitteleuropa	Bern	0
Senegal	Westafrika	Dakar	– 1
Serbien und Montenegro	Südosteuropa	Belgrad	0
Seychellen	Ostafrika	Victoria	+ 3
Sierra Leone	Westafrika	Freetown	– 1
Simbabwe	Südafrika	Harare	+ 1
Singapur	Südostasien	Singapur	+ 7
Slowakei	Mitteleuropa	Bratislava	0
Slowenien	Mitteleuropa	Ljubljana	0
Somalia	Nordostafrika	Mogadischu	+ 2
Spanien	Südwesteuropa	Madrid	0
Sri Lanka	Südasien	Colombo	+ 4
St. Kitts und Nevis	Mittelamerika; Karibik	Basseterre	– 5
St. Lucia	Mittelamerika; Karibik	Castries	– 5

St. Vincent und die Grenadinen	Mittelamerika; Karibik	Kingstown	− 5
Südafrika	Südafrika	Pretoria (Tshwane)	+ 1
Sudan	Nordostafrika	Khartum	+ 1
Südkorea (Republik Korea)	Ostasien	Seoul	+ 8
Suriname	Südamerika	Paramaribo	− 4
Swasiland	Südostafrika	Mbabane	+ 1
Syrien	Vorderasien	Damaskus	+ 1
Tadschikistan	Zentralasien	Duschanbe	+ 4
Taiwan (Republik China)	Ostasien	Taipeh	+ 7
Tansania	Ostafrika	Dodoma	+ 2
Thailand	Südostasien	Bangkok	+ 6
Togo	Westafrika	Lomé	− 1
Tonga	Ozeanien	Nuku'alofa	+ 12
Trinidad und Tobago	Mittelamerika; Karibik	Port-of-Spain	− 5
Tschad	Zentralafrika	N'Djamena	0
Tschechien (Tschechische Republik)	Mitteleuropa	Prag	0
Tunesien	Nordafrika	Tunis	0
Türkei	Südosteuropa/ Vorderasien	Ankara	+ 1
Turkmenistan	Zentralasien	Aschgabat	+ 4
Tuvalu	Ozeanien	Funafuti	+ 11
Uganda	Ostafrika	Kampala	+ 2
Ukraine	Osteuropa	Kiew	+ 1
Ungarn	Mitteleuropa	Budapest	0
Uruguay	Südamerika	Montevideo	− 4
Usbekistan	Zentralasien	Taschkent	+ 4
Vanuatu	Ozeanien	Port Vila	+ 10
Vatikanstaat	Südeuropa	Vatikanstadt	0
Venezuela	Südamerika	Caracas	− 5
Vereinigte Arabische Emirate	Vorderasien	Abu Dhabi	+ 3
Vereinigte Staaten von Amerika (USA)	Nordamerika	Washington D.C.	− 6/− 11
Vereinigtes Königreich	Westeuropa	London	− 1
Vietnam	Südostasien	Hanoi	+ 6
Zentralafrikanische Republik	Zentralafrika	Bangui	0
Zypern	Südosteuropa	Nikosia	+ 1

Buchstabieralphabet – Spelling Alphabet

	Deutsch	*UK*	*US*	*International (NATO)*
A	Anton	Alfred	Abel	Alpha
B	Berta	Benjamin	Baker	Bravo
C	Cäsar	Charles	Charlie	Charlie
D	Dora	David	Dog	Delta
E	Emil	Edward	Easy	Echo
F	Friedrich	Frederick	Fox	Foxtrott
G	Gustav	George	George	Golf
H	Heinrich	Harry	How	Hotel
I	Ida	Isaac	Item	India
J	Julius	Jack	Jig	Juliet
K	Kaufmann	King	King	Kilo
L	Ludwig	London	Live	Lima
M	Martha	Mary	Mike	Mike
N	Nordpol	Nelly	Nan	November
O	Otto	Oliver	Oboe	Oscar
P	Paula	Peter	Peter	Papa
Q	Quelle	Queen	Queen	Quebec
R	Richard	Robert	Roger	Romeo
S	Siegfried	Samuel	Sugar	Sierra
T	Theodor	Tommy	Tare	Tango
U	Ulrich	Uncle	Uncle	Uniform
V	Viktor	Victor	Victor	Victor
W	Wilhelm	William	William	Whiskey
X	Xanthippe	X-Ray	X	X-Ray
Y	Ypsilon	Yello	Yoke	Yankee
Z	Zeppelin	Zebra	Zebra	Zulu
Ä	Ärger			
CH	Charlotte			
Ö	Ökonom			
SCH	Schule			
Ü	Übermut			

Unregelmäßige Verben im Englischen

Infinitiv	Präteritum	Partizip
abide	abided, abode	abided, abode
arise	arose	arisen
awake	awoke	awoken
babysit	babysat	babysat
be	was	been
bear	bore	born
beat	beat	beaten
become	became	become
befall	befell	befallen
beget	begot	begotten
begin	began	begun
behold	beheld	beheld
bend	bent	bent
bereave	bereft, bereaved	bereft, bereaved
beseech	besought	besought
beset	beset	beset
bet	bet, betted	bet, betted
betake	betook	betaken
bid *(bieten)*	bid	bid
bid *(sagen)*	bade, bid	bidden
bind	bound	bound
bite	bit	bitten
bleed	bled	bled
blow	blew	blown
break	broke	broken
breastfeed	breastfed	breastfed
breed	bred	bred
bring	brought	brought
broadcast	broadcast, broadcasted	broadcast, broadcasted
browbeat	browbeat	browbeaten
build	built	built
burn	burnt, burned	burnt, burned
burst	burst	burst
bust	bust, busted	bust, busted
buy	bought	bought
cast	cast	cast
catch	caught	caught
chide	chid	chidden
choose	chose	chosen
cleave *(spalten)*	cleft, clove	cleft, cloven
cleave *(treu bleiben)*	cleaved	cleaved
cling	clung	clung

come	came	come
cost	cost	cost
creep	crept	crept
cut	cut	cut
deal	dealt	dealt
dig	dug	dug
dive	dived, dove *(US)*	dived
do	did	done
draw	drew	drawn
dream	dreamt, dreamed	dreamt, dreamed
drink	drank	drunk
drip-feed	drip-fed	drip-fed
drive	drove	driven
dwell	dwelt, dwelled	dwelt, dwelled
eat	ate	eaten
fall	fell	fallen
feed	fed	fed
feel	felt	felt
fight	fought	fought
find	found	found
fit	fitted, fit *(US)*	fitted, fit *(US)*
flee	fled	fled
fling	flung	flung
fly	flew	flown
forbid	forbade	forbidden
forecast	forecast, forecasted	forecast, forecasted
foresee	foresaw	foreseen
foretell	foretold	foretold
forget	forgot	forgotten
forgive	forgave	forgiven
freeze	froze	frozen
get	got	got, gotten *(US)*
give	gave	given
go	went	gone
grind	ground	ground
grow	grew	grown
hang *(jdn erhängen)*	hanged	hanged
hang *(etw aufhängen)*	hung	hung
have	had	had
hear	heard	heard
heave	heaved, hove	heaved, hove
hew	hewed	hewed, hewn
hide	hid	hidden, hid
hit	hit	hit
hold	held	held
hurt	hurt	hurt
inlay	inlaid	inlaid
input	input	input
inset	inset	inset

keep	kept	kept
kneel	knelt, kneeled *(US)*	knelt, kneeled *(US)*
knit	knitted, knit	knitted, knit
know	knew	known
lay	laid	laid
lead	led	led
lean	leaned, leant	leaned, leant
leap	leapt, leaped	leapt, leaped
learn	learnt, learned	learnt, learned
leave	left	left
lend	lent	lent
let	let	let
lie	lay	lain
light	lit, lighted	lit, lighted
lose	lost	lost
make	made	made
mean	meant	meant
meet	met	met
miscast	miscast	miscast
mishear	misheard	misheard
mishit	mishit	mishit
mislay	mislaid	mislaid
mistake	mistook	mistaken
misunderstand	misunderstood	misunderstood
mow	mowed	mown, mowed
offset	offset	offset
overcome	overcame	overcome
overdo	overdid	overdone
overeat	overate	overeaten
overhang	overhung	overhung
overhear	overheard	overheard
overlay	overlaid	overlaid
overrun	overran	overrun
oversee	oversaw	overseen
oversleep	overslept	overslept
overtake	overtook	overtaken
overthrow	overthrew	overthrown
overwrite	overwrote	overwritten
partake	partook	partaken
pay	paid	paid
plead	pleaded, pled *(US)*	pleaded, pled *(US)*
prove	proved	proved, proven *(US)*
put	put	put
quit	quit, quitted *(UK)*	quit, quitted *(UK)*
read	read	read
rebuild	rebuilt	rebuilt
recast	recast	recast
redo	redid	redone
repay	repaid	repaid

Unregelmäßige Verben

resell	resold	resold
reset	reset	reset
restring	restrung	restrung
retake	retook	retaken
retell	retold	retold
rewind	rewound	rewound
rewrite	rewrote	rewritten
ride	rode	ridden
ring	rang	rung
rise	rose	risen
run	ran	run
saw	sawed	sawn, sawed *(US)*
say	said	said
see	saw	seen
seek	sought	sought
sell	sold	sold
send	sent	sent
set	set	set
sew	sewed	sewn, sewed
shake	shook	shaken
shear	sheared	shorn, sheared
shed	shed	shed
shine *(glänzen)*	shone	shone
shine *(Schuhe putzen)*	shined	shined
shit	shit, shat	shit, shat
shoot	shot	shot
show	showed	shown, showed
shrink	shrank, shrunk	shrunk
shut	shut	shut
sing	sang	sung
sink	sank, sunk	sunk
sit	sat	sat
slay	slew	slain
sleep	slept	slept
slide	slid	slid
sling	slung	slung
slink	slunk	slunk
slit	slit	slit
smell	smelt, smelled	smelt, smelled
smite	smote	smitten
sow	sowed	sown, sowed
speak	spoke	spoken
speed	sped, speeded	sped, speeded
spell	spelt, spelled	spelt, spelled
spend	spent	spent
spill	spilt, spilled *(US)*	spilt, spilled *(US)*
spin	spun	spun
spit	spat, spit *(US)*	spat, spit *(US)*
split	split	split

spoil	spoilt, spoiled	spoilt, spoiled
spread	spread	spread
spring	sprang, sprung *(US)*	sprung
stand	stood	stood
stave	staved, stove	stave, stove
steal	stole	stolen
stick	stuck	stuck
sting	stung	stung
stink	stank, stunk	stunk
strew	strewed	strewed, strewn
strike	struck	struck
string	strung	strung
strive	strove	striven
swear	swore	sworn
sweep	swept	swept
swell	swelled	swollen, swelled
swim	swam	swum
take	took	taken
teach	taught	taught
tear	tore	torn
tell	told	told
think	thought	thought
throw	threw	thrown
thrust	thrust	thrust
tread	trod	trodden
unbend	unbent	unbent
undercut	undercut	undercut
undergo	underwent	undergone
underlie	underlay	underlain
underpay	underpaid	underpaid
understand	understood	understood
undertake	undertook	undertaken
underwrite	underwrote	underwritten
undo	undid	undone
unfreeze	unfroze	unfrozen
unwind	unwound	unwound
upset	upset	upset
wake	woke, waked	waken, waked
wear	wore	worn
weave	wove	woven
wed	wedded, wed	wedded, wed
weep	wept	wept
wet	wet, wetted	wet, wetted
win	won	won
wind	wound	wound
withdraw	withdrew	withdrawn
withstand	withstood	withstood
wring	wrung	wrung
write	wrote	written

Unregelmäßige Verben 588

German Irregular Verbs

Infinitive	Past Tense	Past Participle	Prs. Sing. 1st + 2nd pers.
backen	backte/buk	gebacken	ich backe, du bäckst
bedürfen	bedurfte	bedurft	ich bedarf, du bedarfst
befehlen	befahl	befohlen	ich befehle, du befiehlst
befleißen	befliss	beflissen	ich befleiße, du befleißt
beginnen	begann	begonnen	ich beginne, du beginnst
behalten	behielt	behalten	ich behalte, du behältst
beißen	biss	gebissen	ich beiße, du beißt
bergen	barg	geborgen	ich berge, du birgst
bersten	barst	geborsten	ich berste, du birst
bewegen *(induce)*	bewog	bewogen	ich bewege, du bewegst
biegen	bog	gebogen	ich biege, du biegst
bieten	bot	geboten	ich biete, du bietest
binden	band	gebunden	ich binde, du bindest
bitten	bat	gebeten	ich bitte, du bittest
blasen	blies	geblasen	ich blase, du bläst
bleiben	blieb	geblieben	ich bleibe, du bleibst
bleichen *(bleach)*	blich	geblichen	ich bleiche, du bleichst
braten	briet	gebraten	ich brate, du brätst
brechen	brach	gebrochen	ich breche, du brichst
brennen	brannte	gebrannt	ich brenne, du brennst
bringen	brachte	gebracht	ich bringe, du bringst
denken	dachte	gedacht	ich denke, du denkst
dreschen	drosch	gedroschen	ich dresche, du drischst
dringen	drang	gedrungen	ich dringe, du dringst
dünken	dünkte	gedünkt	mich dünkt, dich dünkt
dürfen	durfte	gedurft	ich darf, du darfst
empfangen	empfing	empfangen	ich empfange, du empfängst
empfehlen	empfahl	empfohlen	ich empfehle, du empfiehlst
empfinden	empfand	empfunden	ich empfinde, du empfindest
enthalten	enthielt	enthalten	ich enthalte, du enthältst
erbleichen	erblich	erblichen	ich erbleiche, du erbleichst
erküren	erkor	erkoren	ich erküre, du erkürst
erlöschen	erlosch	erloschen	ich erlösche, du erlöschst
erschallen	erscholl/erschallte	erschollen	es erschallt
erschrecken	erschrak/erschreckte	erschrocken/erschreckt	ich erschrecke, du erschrickst

Unregelmäßige Verben

essen	aß	gegessen	ich esse, du isst
fahren	fuhr	gefahren	ich fahre, du fährst
fallen	fiel	gefallen	ich falle, du fällst
fangen	fing	gefangen	ich fange, du fängst
fechten	focht	gefochten	ich fechte, du fich(t)st
finden	fand	gefunden	ich finde, du findest
flechten	flocht	geflochten	ich flechte, du flich(t)st
fliegen	flog	geflogen	ich fliege, du fliegst
fliehen	floh	geflohen	ich fliehe, du fliehst
fließen	floss	geflossen	ich fließe, du fließt
fressen	fraß	gefressen	ich fresse, du frisst
frieren	fror	gefroren	ich friere, du frierst
gären	gor/gärte	gegoren/gegärt	es gärt
gebären	gebar	geboren	ich gebäre, du gebärst/gebierst
geben	gab	gegeben	ich gebe, du gibst
gedeihen	gedieh	gediehen	ich gedeihe, du gedeihst
gefallen	gefiel	gefallen	ich gefalle, du gefällst
gehen	ging	gegangen	ich gehe, du gehst
gelingen	gelang	gelungen	es gelingt
gelten	galt	gegolten	ich gelte, du giltst
genesen	genas	genesen	ich genese, du genest
genießen	genoss	genossen	ich genieße, du genießt
geraten	geriet	geraten	ich gerate, du gerätst
gerinnen	gerann	geronnen	es gerinnt
geschehen	es geschah	geschehen	es geschieht
gestehen	gestand	gestanden	ich gestehe, du gestehst
gewinnen	gewann	gewonnen	ich gewinne, du gewinnst
gießen	goss	gegossen	ich gieße, du gießt
gleichen	glich	geglichen	ich gleiche, du gleichst
gleiten	glitt	geglitten	ich gleite, du gleitest
glimmen	glomm/glimmte	geglommen	es glimmt
graben	grub	gegraben	ich grabe, du gräbst
greifen	griff	gegriffen	ich greife, du greifst
haben	hatte	gehabt	ich habe, du hast
halten	hielt	gehalten	ich halte, du hältst
hängen	hing	gehangen	ich hänge, du hängst
hauen	hieb/haute	gehauen	ich haue, du haust
heben	hob	gehoben	ich hebe, du hebst
heißen	hieß	geheißen	ich heiße, du heißt
helfen	half	geholfen	ich helfe, du hilfst
kennen	kannte	gekannt	ich kenne, du kennst
klimmen	klomm	geklommen	ich klimme, du klimmst
klingen	klang	geklungen	ich klinge, du klingst
kneifen	kniff	gekniffen	ich kneife, du kneifst
kommen	kam	gekommen	ich komme, du kommst
können	konnte	gekonnt	ich kann, du kannst
kriechen	kroch	gekrochen	ich krieche, du kriechst
küren	kürte/kor	gekürt	ich küre, du kürst

Unregelmäßige Verben

laden	lud	geladen	ich lade, du lädst
lassen	ließ	gelassen	ich lasse, du lässt
laufen	lief	gelaufen	ich laufe, du läufst
leiden	litt	gelitten	ich leide, du leidest
leihen	lieh	geliehen	ich leihe, du leihst
lesen	las	gelesen	ich lese, du liest
liegen	lag	gelegen	ich liege, du liegst
löschen	losch/löschte	geloschen	ich lösche, du lischt
lügen	log	gelogen	ich lüge, du lügst
mahlen	mahlte	gemahlen	ich mahle, du mahlst
meiden	mied	gemieden	ich meide, du meidest
melken	molk	gemolken/gemelkt	ich melke, du melkst
messen	maß	gemessen	ich messe, du misst
misslingen	es misslang	misslungen	es misslingt
mögen	mochte	gemocht	ich mag, du magst
müssen	musste	gemusst	ich muss, du musst
nehmen	nahm	genommen	ich nehme, du nimmst
nennen	nannte	genannt	ich nenne, du nennst
pfeifen	pfiff	gepfiffen	ich pfeife, du pfeifst
preisen	pries	gepriesen	ich preise, du preist
quellen	quoll	gequollen	ich quelle, du quillst
raten	riet	geraten	ich rate, du rätst
reiben	rieb	gerieben	ich reibe, du reibst
reißen	riss	gerissen	ich reiße, du reißt
reiten	ritt	geritten	ich reite, du reitest
rennen	rannte	gerannt	ich renne, du rennst
riechen	roch	gerochen	ich rieche, du riechst
ringen	rang	gerungen	ich ringe, du ringst
rinnen	rann	geronnen	es rinnt
rufen	rief	gerufen	ich rufe, du rufst
salzen	salzte	gesalzen/gesalzt	ich salze, du salzt
saufen	soff	gesoffen	ich saufe, du säufst
saugen	sog/saugte	gesogen/gesaugt	ich sauge, du saugst
schaffen *(create)*	schuf	geschaffen	ich schaffe, du schaffst
schallen	schallte/scholl	geschallt	es schallt
scheiden	schied	geschieden	ich scheide, du scheidest
scheinen	schien	geschienen	ich scheine, du scheinst
scheißen	schiss	geschissen	ich scheiße, du scheißt
schelten	scholt	gescholten	ich schelte, du schiltst
scheren	schor	geschoren	ich schere, du scherst
schieben	schob	geschoben	ich schiebe, du schiebst
schießen	schoss	geschossen	ich schieße, du schießt
schinden	schund/schindete	geschunden	ich schinde, du schindest
schlafen	schlief	geschlafen	ich schlafe, du schläfst
schlagen	schlug	geschlagen	ich schlage, du schlägst
schleichen	schlich	geschlichen	ich schleiche, du schleichst
schleifen *(sharpen)*	schliff	geschliffen	ich schleife, du schleifst

Unregelmäßige Verben

schließen	schloss	geschlossen	ich schließe, du schließt
schlingen	schlang	geschlungen	ich schlinge, du schlingst
schmeißen	schmiss	geschmissen	ich schmeiße, du schmeißt
schmelzen	schmolz	geschmolzen	ich schmelze, du schmilzt
schnauben	schnaubte/schnob	geschnaubt/geschnoben	ich schnaube, du schnaubst
schneiden	schnitt	geschnitten	ich schneide, du schneidest
schreiben	schrieb	geschrieben	ich schreibe, du schreibst
schreien	schrie	geschrien	ich schreie, du schreist
schreiten	schritt	geschritten	ich schreite, du schreitest
schweigen	schwieg	geschwiegen	ich schweige, du schweigst
schwellen	schwoll	geschwollen	ich schwelle, du schwillst
schwimmen	schwamm	geschwommen	ich schwimme, du schwimmst
schwinden	schwand	geschwunden	ich schwinde, du schwindest
schwingen	schwang	geschwungen	ich schwinge, du schwingst
schwören	schwor	geschworen	ich schwöre, du schwörst
sehen	sah	gesehen	ich sehe, du siehst
sein	war	gewesen	ich bin, du bist
senden	sandte/sendete	gesandt/gesendet	ich sende, du sendest
singen	sang	gesungen	ich singe, du singst
sinken	sank	gesunken	ich sinke, du sinkst
sinnen	sann	gesonnen	ich sinne, du sinnst
sitzen	saß	gesessen	ich sitze, du sitzt
sollen	sollte	gesollt	ich soll, du sollst
spalten	spaltete	gespalten/gespaltet	ich spalte, du spaltest
speien	spie	gespien	ich speie, du speist
spinnen	spann	gesponnen	ich spinne, du spinnst
sprechen	sprach	gesprochen	ich spreche, du sprichst
sprießen	spross	gesprossen	ich sprieße, du sprieß(es)t
springen	sprang	gesprungen	ich springe, du springst
stechen	stach	gestochen	ich steche, du stichst
stecken	steckte/stak	gesteckt	ich stecke, du steckst
stehen	stand	gestanden	ich stehe, du stehst
stehlen	stahl	gestohlen	ich stehle, du stiehlst
steigen	stieg	gestiegen	ich steige, du steigst
sterben	starb	gestorben	ich sterbe, du stirbst
stieben	stob	gestoben	ich stiebe, du stiebst
stinken	stank	gestunken	ich stinke, du stinkst
stoßen	stieß	gestoßen	ich stoße, du stößt

Unregelmäßige Verben

streichen	strich	gestrichen	ich streiche, du streichst
streiten	stritt	gestritten	ich streite, du streitest
tragen	trug	getragen	ich trage, du trägst
treffen	traf	getroffen	ich treffe, du triffst
treiben	trieb	getrieben	ich treibe, du treibst
treten	trat	getreten	ich trete, du trittst
triefen	triefte/troff	getrieft/getroffen	ich triefe, du triefst
trinken	trank	getrunken	ich trinke, du trinkst
trügen	trog	getrogen	ich trüge, du trügst
tun	tat	getan	ich tu(e), du tust
überessen	überaß	übergessen	ich überesse, du überisst
verbieten	verbot	verboten	ich verbiete, du verbietest
verbrechen	verbrach	verbrochen	ich verbreche, du verbrichst
verderben	verdarb	verdorben	ich verderbe, du verdirbst
verdingen	verdingte	verdungen/verdingt	ich verdinge, du verdingst
verdrießen	verdross	verdrossen	ich verdrieße, du verdrießt
vergessen	vergaß	vergessen	ich vergesse, du vergißt
verhauen	verhaute	verhauen	ich verhaue, du verhaust
verlieren	verlor	verloren	ich verliere, du verlierst
verlöschen	verlosch	verloschen	es verlöscht
verraten	verriet	verraten	ich verrate, du verrätst
verschleißen	verschliss	verschlissen	ich verschleiße, du verschleißt
verschwinden	verschwand	verschwunden	ich verschwinde, du verschwindest
verstehen	verstand	verstanden	ich verstehe, du verstehst
verwenden	verwendete/verwandte	verwendet/verwandt	ich verwende, du verwendest
verzeihen	verzieh	verziehen	ich verzeihe, du verzeihst
wachsen	wuchs	gewachsen	ich wachse, du wächst
wägen	wog	gewogen	ich wäge, du wägst
waschen	wusch	gewaschen	ich wasche, du wäschst
weben	webte/wob	gewebt/gewoben	ich webe, du webst
weichen	wich	gewichen	ich weiche, du weichst
weisen	wies	gewiesen	ich weise, du weist
wenden	wandte/wendete	gewandt/gewendet	ich wende, du wendest
werben	warb	geworben	ich werbe, du wirbst
werden	wurde	geworden	ich werde, du wirst
werfen	warf	geworfen	ich werfe, du wirfst
wiegen	wog/wägte	gewogen	ich wiege, du wiegst
winden	wand	gewunden	ich winde, du windest
wissen	wusste	gewusst	ich weiß, du weißt
wollen	wollte	gewollt	ich will, du willst
wringen	wrang	gewrungen	ich wringe, du wringst
ziehen	zog	gezogen	ich ziehe, du ziehst
zwingen	zwang	gezwungen	ich zwinge, du zwingst

Wichtige Abkürzungen im Englischen

abbrev.	*abbreviation*	Abkürzung
AC	*alternating current*	Wechselstrom
A.D.	*anno Domini*	A.D.
a.m.	*ante meridiem*	vormittags
amt.	*amount*	Menge
approx.	*approximately*	ca.
attn.	*to the attention of*	z.Hd.
Ave.	*Avenue*	Allee
b.	*born*	geboren
B.A.	*Bachelor of Arts*	akademischer Grad vor dem M.A.
BBC	*British Broadcasting Corporation*	BBC
B.C.	*before Christ*	v. Chr.
BR	*British Rail*	Britische Eisenbahngesellschaft
Bros.	*brothers*	Gebrüder
c/ct	*cent*	Cent
Capt.	*Captain*	Kapitän
cd	*cash discount*	Rabatt für Barzahlung
CD	*compact disc*	CD
CEO	*Chief Executive Officer*	Generaldirektor
CET	*Central European Time*	MEZ
cf.	*confer*	vgl.
CIA	*Central Intelligence Agency*	CIA (der amerikanische Geheimdienst)
c/o	*care of*	bei, c/o
Co.	*company*	Fa.
C.O.D.	*cash on delivery*	per Nachnahme
CV	*Curriculum Vitae*	Lebenslauf
D.A.	*district attorney*	Staatsanwalt
dir.	*director*	Direktor
dbl.	*double*	doppel
D.C.	*direct current*	Gleichstrom
Dept.	*department*	Abteilung
€	*euro*	Euro
E.C.	*European Community*	Europäische Gemeinschaft
EDP	*Electronic Data Processing*	EDV
EEMU	*European Economics and Monetary Union*	EWWU, Europäische Wirtschafts- und Währungsunion
e.g.	*exempli gratia*	z. B.
encl.	*1. enclosed*	anbei
	2. enclosure	Anlage
esp.	*especially*	besonders
etc.	*et cetera*	usw.
EU	*European Union*	Europäische Union
FBI	*Federal Bureau of Investigation*	FBI (Bundespolizei in den USA)
ft.	*foot*	Fuß
GNP	*gross national product*	Bruttosozialprodukt
HP	*Hire Purchase*	Ratenkauf
H.R.H.	*His/Her Royal Highness*	Seine/Ihre Königliche Hoheit
ID	*identification*	Ausweis

i.e.	*id est*	das heißt
inc.	*incorporated*	eingetragen
incl.	*including*	einschließlich, inklusive
IOU	*I owe you*	Schuldschein
IQ	*intelligence quotient*	Intelligenzquotient
Jr.	*junior*	Junior
lb.	*pound*	Pfund
Ld	*Lord*	Herr (Teil eines Titels)
Ltd.	*limited*	GmbH
MD	*Medicinae Doctor*	Dr. med.
m.p.h.	*miles per hour*	Meilen pro Stunde
Mr	*Mister*	Herr
Mrs	*(nur als Abkürzung)*	Frau
Ms	*(nur als Abkürzung)*	Frau (auch für Unverheiratete)
Mt	*mount*	Teil des Namens vor einem Berg
n/a	*not applicable*	nicht zutreffend
NATO	*North Atlantic Treaty Organization*	NATO
NB	*nota bene*	bitte beachten
no.	*number*	Nr.
oz.	*ounce*	Unze
p.	*1. page*	S.
	2. pence	Penny
p.a.	*per annum*	jährlich
PC	*personal computer*	Personalcomputer
pd	*paid*	bezahlt
p.m.	*post meridiem*	nachmittags, abends
p.o.	*post office*	Post
pp.	*pages*	Seiten
PTO	*please turn over*	bitte wenden
Rd.	*road*	Str.
Ref.	*reference*	Bezug
ret.	*retired*	in Ruhestand
ROM	*read-only memory*	ROM
rpm	*revolutions per minute*	Umdrehungen pro Minute
RSVP	*répondez s'il vous plaît*	u.A.w.g.
RV	*recreational vehicle*	Wohnmobil
sq.	*square*	Quadrat
Sr.	*Senior*	Senior (nach einem Namen)
St.	*1. Saint*	St.
	2. Street	Str.
TV	*television*	Fernsehen
U.K.	*United Kingdom*	Vereinigtes Königreich (England, Schottland, Wales, Nordirland)
USA	*United States of America*	USA
VAT	*value-added tax*	Mwst.
VCR	*video cassette recorder*	Videorekorder
vol	*volume*	Band
VP	*vice president*	Vizepräsident
vs.	*versus*	gegen
yd.	*yard*	Yard
ZIP code	*Zone Improvement Plan*	Postleitzahl

Important German Abbreviations

Abb.	*Abbildung*	illustration
Abk.	*Abkürzung*	abbreviation
Abs.	*Absender*	sender
Abschn.	*Abschnitt*	paragraph
Abt.	*Abteilung*	department
Adr.	*Adresse*	address
AG	*Aktiengesellschaft*	joint stock company
allg.	*allgemein*	general
Anl.	*Anlage*	enclosure
Anm.	*Anmerkung*	note
AZUBI	*Auszubildende(r)*	trainee, apprentice
Betr.	*Betreff*	reference
bezgl.	*bezüglich*	with regard to
Bj.	*Baujahr*	year of construction
BLZ	*Bankleitzahl*	sort code, *(US)* bank identification number
BRD	*Bundesrepublik Deutschland*	Federal Republic of Germany
b. w.	*bitte wenden*	please turn over
bzw.	*beziehungsweise*	or, or rather, respectively
ca.	*circa*	approx.
c/ct	*Cent*	cent
DB	*Deutsche Bahn*	German Railways
d.h.	*das heißt*	i.e.
DIN	*Deutsche Industrienorm*	German Industrial Standard
Dipl. Ing.	*Diplomingenieur*	academically trained engineer
Dipl. Kfm.	*Diplomkaufmann*	person with a degree in commerce
Dr.	*Doktor*	Dr.
Dr. med.	*Doktor medicinae*	MD
dt.	*deutsche(r,s)*	German
Dtzd.	*Dutzend*	dozen
€	*Euro*	euro
ebf.	*ebenfalls*	as well
EDV	*Elektronische Datenverarbeitung*	EDP
EWWU	*Europäische Wirtschafts- und Währungsunion*	EEMU European Economic and Monetary Union
einschl.	*einschließlich*	including
engl.	*englisch*	English
EU	*Europäische Union*	European Union
ev.	*evangelisch*	Protestant
e.V.	*eingetragener Verein*	registered society
evtl.	*eventuell*	possibly, perhaps
Fa.	*Firma*	firm
FCKW	*Fluorchlorkohlenwasserstoff*	fluorocarbon
ff.	*folgende Seiten*	in the following
Fr.	*Frau*	Mrs/Ms/Miss
geb.	*geboren*	born
Gebr.	*Gebrüder*	Bros.
ggf.	*gegebenenfalls*	if necessary

Wichtige Abkürzungen

Ges.	*Gesellschaft*	Co.
GmbH	*Gesellschaft mit beschränkter Haftung*	Ltd.
Hbf	*Hauptbahnhof*	central railway station
Hbj.	*Halbjahr*	half year
hlg.	*heilig*	holy
HP	*Halbpension*	half board
Hr.	*Herr*	Mr.
i. A.	*im Auftrag*	on behalf of
inkl.	*inklusive*	incl.
i. R.	*im Ruhestand*	retired
i. V.	*in Vertretung*	on behalf of
Jh.	*Jahrhundert*	century
kath.	*katholisch*	Catholic
Kfz	*Kraftfahrzeug*	motor vehicle
KG	*Kommanditgesellschaft*	limited partnership
Kto.	*Konto*	account
Lkw	*Lastkraftwagen*	lorry, truck *(US)*
MEZ	*Mitteleuropäische Zeit*	CET
mtl.	*monatlich*	monthly
Mrd.	*Milliarde*	thousand million *(UK)*/billion *(US)*
Mwst.	*Mehrwertsteuer*	value-added tax
n. Chr.	*nach Christus*	A.D.
Nr.	*Nummer*	no.
n. V.	*nach Vereinbarung*	by arrangement
Pkt.	*Punkt*	point
Pkw	*Personenkraftwagen*	motor car, automobile
PLZ	*Postleitzahl*	postal code, ZIP code *(US)*
PS	*Pferdestärke*	horsepower
P.S.	*post scriptum*	P.S.
rd.	*rund*	approx.
s.	*siehe*	see
S.	*Seite*	page
s.o.	*siehe oben*	see above
SSV	*Sommerschlussverkauf*	summer sale
Std.	*Stunde*	hour
Str.	*Straße*	St.
s.u.	*siehe unten*	see below
TÜV	*Technischer Überwachungsverein*	Association for Technical Inspection
u.	*und*	and
u. a.	*unter anderem*	among other things
usw.	*und so weiter*	etc.
u. U.	*unter Umständen*	circumstances permitting
u. v. a.	*und viele(s) andere*	and much/many more
v. Chr.	*vor Christus*	B.C.
vgl.	*vergleiche*	cf.
Wdh.	*Wiederholung*	repetition
WSV	*Winterschlussverkauf*	winter sale
z. B.	*zum Beispiel*	e.g.
z. Hd.	*zu Händen*	attn.
z. T.	*zum Teil*	partly
zzt.	*zurzeit*	at present

SMS Glossary

AIUI	*as I understand it*	soweit ich es verstehe
ATM	*at the moment*	zurzeit, im Moment
BBL	*be back later*	ich komme später wieder
BCNU	*be seeing you*	man sieht sich, bis bald
BION	*believe it or not*	ob du es glaubst oder nicht
BRB	*be right back*	komme gleich zurück
CU	*see you*	bis bald
CUL	*see you later*	bis später
DIKU	*do I know you?*	kenne ich dich?
EOM	*end of message*	Ende der Nachricht
FYI	*for your information*	zu deiner Information
J/K	*just kidding*	war nur Spaß
JAM	*just a minute*	einen Moment bitte!
L8R	*later*	später
LOL	*laughing out loud*	ich muss laut lachen
MYOB	*mind your own business*	kümmere dich um deinen Kram
NRN	*no reply necessary*	keine Antwort nötig
RFD	*request for discussion*	Diskussionsbedarf
TIA	*thanks in advance*	vielen Dank im voraus
THX	*thanks*	vielen Dank
TTYL	*talk to you later*	wir sprechen uns später
4U	*for you*	für dich

Mobile rules: There are no rules governing the use of a mobile telephone in Britain, apart from during the take-off and landing of an aircraft. But the sensitive businessperson follows certain rules:
He or she switches their mobile off in a restaurant – and of course in the cinema, theatre, opera house and concert hall.
In the office, it's considerate to switch the mobile off during important staff conferences. The secretary can be instructed to break in with calls requiring urgent attention.
Legislation making it illegal to use a mobile in the hand while driving is also being considered in Britain.

Die Zahlen

Die Grundzahlen

0	*nought, zero*
1	*one*
2	*two*
3	*three*
4	*four*
5	*five*
6	*six*
7	*seven*
8	*eight*
9	*nine*
10	*ten*
11	*eleven*
12	*twelve*
13	*thirteen*
14	*fourteen*
15	*fifteen*
16	*sixteen*
17	*seventeen*
18	*eighteen*
19	*nineteen*
20	*twenty*
21	*twenty-one*
22	*twenty-two*
etc.	
30	*thirty*
40	*forty*
50	*fifty*
60	*sixty*
70	*seventy*
80	*eighty*
90	*ninety*
100	*one hundred*
101	*one hundred and one*
200	*two hundred*
1,000	*one thousand*
1,001	*one thousand and one*
1,000,000	*one million*

Die Ordnungszahlen

1st	*first*
2nd	*second*
3rd	*third*
4th	*fourth*
5th	*fifth*
6th	*sixth*
7th	*seventh*
8th	*eighth*
9th	*ninth*
10th	*tenth*
11th	*eleventh*
12th	*twelfth*
13th	*thirteenth*
14th	*fourteenth*
15th	*fifteenth*
16th	*sixteenth*
17th	*seventeenth*
18th	*eighteenth*
19th	*nineteenth*
20th	*twentieth*
21st	*twenty-first*
22nd	*twenty-second*
23rd	*twenty-third*
24th	*twenty-fourth*
25th	*twenty-fifth*
26th	*twenty-sixth*
27th	*twenty-seventh*
28th	*twenty-eighth*
29th	*twenty-ninth*
30th	*thirtieth*
40th	*fortieth*
50th	*fiftieth*
60th	*sixtieth*
70th	*seventieth*
80th	*eightieth*
90th	*ninetieth*
100th	*(one) hundredth*
137th	*(one) hundred and thirty-seventh*
1,000th	*(one) thousandth*

Numbers

cardinal numbers

0	*null*
1	*eins*
2	*zwei*
3	*drei*
4	*vier*
5	*fünf*
6	*sechs*
7	*sieben*
8	*acht*
9	*neun*
10	*zehn*
11	*elf*
12	*zwölf*
13	*dreizehn*
14	*vierzehn*
15	*fünfzehn*
16	*sechzehn*
17	*siebzehn*
18	*achtzehn*
19	*neunzehn*
20	*zwanzig*
21	*einundzwanzig*
22	*zweiundzwanzig*
23	*dreiundzwanzig*
30	*dreißig*
40	*vierzig*
50	*fünfzig*
60	*sechzig*
70	*siebzig*
80	*achtzig*
90	*neunzig*
100	*(ein)hundert*
101	*hundert(und)eins*
230	*zweihundert(und)dreißig*
538	*fünfhundert(und)achtunddreißig*
1 000	*(ein)tausend*
10 000	*zehntausend*
100 000	*(ein)hunderttausend*
1 000 000	*eine Million*

ordinal numbers

1.	*erste*
2.	*zweite*
3.	*dritte*
4.	*vierte*
5.	*fünfte*
6.	*sechste*
7.	*sieb(en)te*
8.	*achte*
9.	*neunte*
10.	*zehnte*
11.	*elfte*
12.	*zwölfte*
13.	*dreizehnte*
14.	*vierzehnte*
15.	*fünfzehnte*
16.	*sechzehnte*
17.	*siebzehnte*
18.	*achtzehnte*
19.	*neunzehnte*
20.	*zwanzigste*
21.	*einundzwanzigste*
22.	*zweiundzwanzigste*
23.	*dreiundzwanzigste*
24.	*vierundzwanzigste*
25.	*fünfundzwanzigste*
26.	*sechsundzwanzigste*
27.	*siebenundzwanzigste*
28.	*achtundzwanzigste*
29.	*neunundzwanzigste*
30.	*dreißigste*
40.	*vierzigste*
50.	*fünfzigste*
60.	*sechzigste*
70.	*siebzigste*
80.	*achtzigste*
90.	*neunzigste*
100.	*(ein)hundertste*
230.	*zweihundert(und)-dreißigste*
1 000.	*(ein)tausendste*

0 is always read as *null*.
Numbers less than one million are written as one word.

Maße und Gewichte

Seit 1996 gilt in Großbritannien parallel das internationale Einheitensystem (Système International d'Unités = SI).

Längenmaße

1 mm		*0.03937 inches*
1 cm	10 mm	*0.3937 inches*
1 m	100 cm	*3.281 feet*
1 km	1000 m	*0.62138 miles*
1 inch		2,54 cm
1 foot	*12 inches*	30,48 cm
1 yard	*3 feet*	91,44 cm
1 mile	*5280 feet*	1,609 km
1 acre		4046,8 qm

Handelsgewichte

1 Tonne	1.000 kg	*0.984 ton (UK)/ 1.1023 tons (US)*
1 dt. Pfund	0,5 kg	
1 ounce		28,35 g
1 pound	*16 ounces*	453,59 g
1 ton	*2,240 s. (UK)*	1016,05 kg *(UK)*
	2,000 lbs. (US)	907,185 kg *(US)*
1 stone	*14 pounds*	6,35 kg

Flüssigkeitsmaße

1 l	*1.7607 pints (UK)*	*2.1134 pints (US)*	
	0.8804 quarts (UK)	*1.0567 quarts (US)*	
	0.2201 gallons (UK)	*0.2642 gallons (US)*	
1 gill		0,142 l *(UK)*	0,1183 l *(US)*
1 pint		0,568 l *(UK)*	0,4732 l *(US)*
1 quart	*2 pints*	1,136 l *(UK)*	0,9464 l *(US)*
1 gallon	*4 quarts*	4,546 l *(UK)*	3,785 l *(US)*

Temperaturumrechnung

Grad Celsius in Grad Fahrenheit: Grad Celsius mal 9 geteilt durch 5 plus 32
Grad Fahrenheit in Grad Celsius: Grad Fahrenheit minus 32 mal 5 geteilt durch 9

Celsius °C	Fahrenheit °F	Celsius °C	Fahrenheit °F	Celsius °C	Fahrenheit °F
−20	−4	0	32	25	77
−17,8	0	5	41	30	86
−15	5	10	50	35	95
−10	14	15	59	37,8	100
−5	23	20	68		